KASHIWA CLASSICS

ヨーロッパ・ユダヤ人の絶滅［上巻］

THE DESTRUCTION OF THE EUROPEAN JEWS

revised and updated edition

ラウル・ヒルバーグ

Raul Hilberg

望田幸男＋原田一美＋井上茂子＝訳

志水真裕美＋服部伸＋片山良巳＝翻訳協力

柏書房

ヨーロッパ・ユダヤ人の絶滅　上巻

THE DESTRUCTION OF THE EUROPEAN JEWS,
revised and updated edition
by Raul Hilberg

Japanese translation rights arranged with Raul Hilberg
c/o Raines & Raines, New York
through Tuttle-Mori Agency, Inc., Tokyo

日本語版凡例

一、本書は、クレジット上、一九九七年「改訂・最新版」の英語原書を完訳したことになっているが、実際には、一九八五年刊行の「改訂・決定版」に数百枚の改訂用英文タイプ原稿とペーパーバック版での改訂を加味したものの全訳である。改訂は原注（すなわち典拠資料）にも及び、その結果、一九八五年英語版との照合は部分的にのみ可能である。ただし、改訂内容の明示は通読を困難にするものと考え行っていない。本書の改訂について、詳しくは下巻収録の「訳者解説」を参照してほしい。

一、原注には本書の理解に影響のない煩瑣な部分を省略した項目もある。ただし、項目全体を削除したものはない。

一、本文中の訳注は［　］で示した。また、アステリスク(*)を付した用語については、章もしくは節の末に訳注があることを示す。

一、章の本文冒頭、または節・項の見出し下にある「**原注**」に続く数字は、原注の各該当頁、もしくは該当頁の冒頭を指す。

一、一九八五年版では削除されている、一九六一年刊行の初版序文を新たに追加した。

一、その他、凡例に準ずる原則については「訳者解説」に記した。

上巻目次

下巻主要目次

序文

本書の内容にかかわる作業が開始されたのは一九四八年であった。それから三六年間が過ぎ去ったが、この作業は青春時代から初老の域に至るまで私にまとわりついてき、ときには中断することはあっても、問われている問題の性質上、けっして放棄されることはなかった。当初から私は、ヨーロッパのユダヤ人がどのようにして絶滅されたか、それを知りたいと思っていた。そして絶滅のメカニズムそれ自体を追究したいと思った。ところがその問題を調べていくうちに、私は、ヨーロッパ大陸にまたがる事務機構の網の目のなかで官僚たちが執行している行政過程を研究していることに気づいた。こうして、このような機構の諸構成部分を、その機能のすべての面とともに把握すること、これが私の生涯の主要な課題となった。

ことが「いかに展開したか」を問うことは、加害者・犠牲者・傍観者について検討する道であった。これら三者の役割は本書のなかで叙述する。ドイツの官吏たちの形姿は、覚書を机から机へと通過させ、定義や分類について協議し、ユダヤ人に対する冷酷な追及のなかで法律や極秘命令を起草する、そうした作業のなかに示される。これに対するユダヤ人社会の形姿は、こうした反ユダヤ人諸方策のやぶのなかにあって、ドイツ人の攻撃に応答したりしなかったりするという形となって現われる。これ以外の局外の世界は傍観者という姿勢をとって、この歴史の部分を形成する。

絶滅はドイツ人の行為である。それゆえに叙述の焦点は、ドイツの発意者・主唱者・実行者におかれる。彼らは行為の枠組みをつくった。枢軸国や占領地における協力者たちの貢献も、その枠組みのなかで行われたのである。また彼らは、ユダヤ人がゲットーのなかで、また駆り集めというルーレットの前で、さらにガス室の入口で直面したような諸条件を創出した。こうした現象の構造を探究することは、ドイツ人に関する問題を問うことから始めねばならない。

私はその回答を膨大な記録のなかに捜し求めた。これらの資料は事件の記録だけでなく、行政機構の創出物でもあった。記録的資料と呼ばれるものはかつての命令、書簡、報告書である。その日付、署名、発送などは直接的に明らかになるところであり、書類は関係者の行為の表現形式である。今日、多量に残っている収集品はドイツ人のものであるが、ユダヤ人や非ドイツ人の遺品もある程度は存在している。私はそのすべてを参考にしたが、それはそこに含まれている事実のためだけではなく、それが書かれた心性を復元するためであった。

こうしたことは手短に語り得るものではない。ともかく本書は広大で複雑な企てを叙述しているために、膨大で入り組んだものになった。また、一九三三年から一九四五年のドイツ内外における絶滅にかかわる重要な諸事件のほとんどすべてを扱ったがゆえに、本書は詳細なものになった。このように完全を期したのも、完璧を期して採られた諸方策を漏らさず記録するためであった。

本書の初版は二三年前にシカゴで発刊された。それは二段組で八〇〇ページにおよび、数回の版を重ねた。初版が印刷にまわされたとき、それには誤りもあり、話の筋に無理があったり、分析や結論には不完全さや不正確さもあることを私は承知していた。また正確さ、バランス、明晰さをいっそうそなえるには、もっと多くの記録を利用しなければならないことも承知していた。

私の当初の調査はニュルンベルク裁判の証言や当時アメリカに存在した押収ドイツ文書類に主として集中していたが、いまでは私の調査範囲は、数カ国の文書館の種々の資料にまで拡大されている。作業は長期化したが、それによって、これまで隠され、まったく発見されていなかった組織や事件についての情報を得ることができた。私が発見した記録のなかには、「死の列車」のダイヤを組んだドイツの鉄道の電報、戦時下のベルリンにおけるユダヤ人組織の役員とゲシュタポとの定期協議の記録、アウシュヴィッツ絶滅収容所に関するアメリカ戦略情報局のファイルのなかで欠落していたものなどが含まれていた。その一連の通信類はそれぞれの内部用語で書かれており、それぞれが独自の世界を形成し、連関性を欠いていた。

私が調査を進めているあいだに、状況は著しく変化した。一九四〇年代と五〇年代には、私は記録を手で写し、事務机で原稿を書き、それを自分でタイプしたりした。当時、アカデミズムの世界は私が取り組んでいるような問題には関心を示さず、出版社も歓迎していなかった。事実、私はこの問題を追究しないよう忠告を受けることがしばしばであった。ずっとのち、私はデュッセルドルフやウィーンの文書館で、ぼんやりとした灯に包まれながら、まだ証言類をコピーしていた。だがもう孤独感はなくなっていた。もはや問題は扱われてはならないことではなく、社会の注目を引くようになっていた。

私がわずかな資力で勉学を開始したとき、幸運にも決定的な援助を受けた。私はハンス・ローゼンベルクを忘れることができない。官僚制に関する彼の講義は、まだ大学生であったころの私の思考をまとめるのに役立った。亡きフランツ・ノイマンの援助は、私がコロンビア大学で博士論文の作成にたずさわっていたときのことだが、私の研究の初期段階において決定的なものであった。同じころウィリアム・T・R・フォックスは、窮乏していた私を格別の親切な行為によって援助してくれた。また亡きフィリップ・フリードマンは私の仕事を信じ激励してくれた。私の亡き父マイケル・ヒルバーグの文体・文章力を私は受けつぐことができた。旧友エリク・マーダーは、私が長文の手書き原稿を読み上げるのを聞いてくれ、また次々に起こる困難を克服するのを、その驚くべき見識ある配慮によって助けてくれた。亡きフランク・ペトチェックは、私の計画がまだ未完であったころ、これに関心をよせ、原稿を逐一読んでくれ、そして稀有な努力で初版の公刊を可能にしてくれた。

研究者は文書館員や図書館員に全面的に依存しているものである。私を助けてくれた人びとのうちには、その名前を記憶していないものもあり、また誰であるか思い出すことができないものもある。彼らの専門知識はきわめて重要であったけれども、彼らのすべてについて述べることはほとんど不可能であり、それゆえ、ここではYIVO研究所のディナ・アブラモビッチ、ヤド・ヴァシエム記念館のブロニア・クリバンスキー、国立文書館のロバート・ウルフ、レオ・ベック研究所のシビル・ミルトンなどの名前を挙げておこう。ビート・クラースフェルド財団のサージ・クラースフェルドと現代ヘブライ語記録文書センターのリリアーナ・ピッチョット・ファルジョンは彼らの貴重な刊行物を送付してくれ、その資料について語ってくれた。また多くの歴史家やその他の分野の専門家たちは、コロンビア大学法律図書館、国会図書館、ドイツ裁判所文書館、フランクフルトやニュルンベルクのドイツ鉄道文書館、ミュンヘンの現代史研究所、コブレンツのドイツ連邦共和国文書館、ルードヴィヒスブルクの司法行政センター、ベルリン・ドキュメント・センター、パリの現代ユダヤ人記録センター、アメリカ・ユダヤ人委員会の文書館、アメリカ法務省の特別調査局などにおける私の資料収集を容易にしてくれた。

私は一九五六年以来、ヴァーモントに住んでおり、この数十年間、ヴァーモント大学で研究している。ヴァーモント大学は給与、休暇、折々の少額の研究費などを保証している研究組織だけが提供できるような類の援助をあたえてくれた。また大学で私は身近に仲間ももてた。彼らのうち第一に挙げるべきは亡きL・ジェイ・グールドであり、彼は私に対していつも寛容であった。また最近ではスタニスラフ・スターロンとともにワルシャワ・ゲットー議長アダム・チェルニアコフの日記を研究し、サミュエル・ボゴラードとともにホロコースト講座で教えた。

私の著書が発刊されたとき、H・R・トレヴァー＝ローパーが書いてくれたいくつかの文章は、私の著書が認められるうえで大きな力になった。作家ヘルマン・ヴークと映画製作者クロード・ランズマンは、ユダヤ人の運命をスケールの大きな芸術的努力によって描き出し、多くの問題で私にさらなる探索の必要を感じさせた。

私の文筆上の代理人シーロン・レインズは、私のテーマについて理解ある文筆家であり、私のために絶えざる努力をしてくれた。ホームズ・アンド・マイアー出版社のマックス・ホームズは、私の意図を深く理解しつつ第二版を出版してくれた。

家族に対しても一言したい。息子のデーヴィドと娘のデボラは私に目的と平安をあたえてくれ、妻のグウェンドリンは私への気づかいと信頼によって私を助けてくれた。

ヴァーモント州バーリントン市にて

一九八四年九月

初版序文——一九六一年

はじめに本書の扱う範囲について一言しておくべきであろう。タイトルにある「ユダヤ人」という言葉によって誤解を生じないように指摘しておきたいのは、本書はユダヤ人ではなく、ユダヤ人を迫害した人びとに関するものであり、したがって犠牲者についてはさほど触れていない。本書の焦点は迫害者におかれている。

本書で叙述されるのは、ナチスの巨大な絶滅組織機構とその機構において重大な役割を果たした人びとである。ヨーロッパのユダヤ人を完全に絶滅しようとして、ドイツ官僚機構は重要かつドラスティックな諸決定を下したが、その際に次々に発せられた通信・覚書・議事録なども、以下の叙述で紹介する。さらに絶滅計画の実行を妨げた行政的・心理的障害について、またこれらの障害がどのように除去されたかについても述べる。

他方、ヨーロッパやその他におけるドイツのユダヤ人政策の影響に重点をおくつもりはない。またユダヤ人の受難について詳説するつもりも、ゲットー生活や収容所生活の諸特徴を吟味するつもりもない。ユダヤ人の諸組織については、それらが絶滅過程における手段として用いられた範囲で、ドイツ側の目を通じて考察する。要するに本書では、ユダヤ人組織やユダヤ人社会の構造の内的発展は、つまりユダヤ人史は扱わず、難破を生じさせた嵐を問題とするのである。これは西洋の歴史の構成部分である。西洋の歴史はしばしばユダヤ人によって形成されてきたが、しかし、それはユダヤ人にたいする加害者たちによっていっそう変動にさらされてきた。それというのも、私が他人になにか重大なことをなすならば、私は自分自身にも重大なことをしたことになるからである。

ドイツのユダヤ人政策の重要性を全面的に解明することは、いまだ果たされてはおらず、ヨーロッパ・ユダヤ人の絶滅はいまだ歴史的事件として位置づけられていない。このことは、数百万の人びとが姿を消したことを一般的に否定することを意味するものではなく、これらの人びとが射殺され、収容所でガスで殺害されたことにたいして、重大な疑問を発することを意味するものではない。しかし事実の承認は、学問的意味においてそれを容認することだと単純化しえない。このような前例のない重大な事件は、それが諸力・諸文化間の関係や社会に関する既存の諸観念について、全体として吟味された場合に、はじめて学問的に受け入れられるのである。本書で叙述されている諸事件は、わずか一世代前には、起こりそうもなく、実行できそうもなく、想像さえも及ばないことと思われたものだ。しかし、それは現実に起こったのだ。ユダヤ人の絶滅はその過程の極点であった。正確にいえば、その検討は集団現象として重視されるべきであり、社会・政治諸理論のテストとして有益である。しかし、このようなテストを行うには、ユダヤ人が絶滅されたということを知るだけでは十分ではない。このような行為がどのように行われたかを把握しなくてはならない。この点こそが本書が語ろうとするところである。

ヨーロッパ・ユダヤ人の絶滅　上巻

第1章

予備的考察

ドイツ人によるヨーロッパ・ユダヤ人の絶滅は、一大事業であったが、ドイツ人の暴力下にユダヤ人を破滅させることは、明らかに失敗であった。この二つの現象はともに長い前史をもつ帰結であった。

反ユダヤ政策や反ユダヤ的行為は一九三三年をもって始まるものではない。多くの国においてユダヤ人は絶滅行為の犠牲となってきた。こうした行為の目的はなんであったのか。反ユダヤ的行為を執拗に行った人びとの狙いはなんであったのか。西ヨーロッパの歴史を通じて、三つの政策が少数派たるユダヤ人に一貫して行われてきた。

最初の反ユダヤ政策は、ローマにおいて紀元後四世紀に始まった[1]。紀元四世紀初頭、コンスタンティヌス一世の治世において、キリスト教教会は勢力を伸ばし、国家宗教となった。この頃から国家は教会政策を遂行した。その後の一二世紀のあいだに、カトリック教会はユダヤ人にかかわる方策を定めた。キリスト教以前のローマ人は宗教や信仰の独占権を要求することはなかったが、彼らとは違って、キリスト教教会はキリスト教の教義を受け入れることを執拗に求めた。キリスト教教会のユダヤ人政策を考える場合に重要なことは、教会が改宗政策を推進したのはその影響力の拡大のためではなかったことである（ユダヤ人はつねに少数派であった）。教会にとって改宗政策を推

原注1-3

し進めることは、不信心者を永遠の業火のもとにある運命から救い出すという真の信仰者の義務であったのだ。改宗を熱烈に追求することは、信仰の深さの指標であったのだ。キリスト教は他宗教のように多くの宗教の一つではなく、真の宗教、唯一の宗教であった。だから、その教会に属さない者は愚かであるか、あるいは誤っているのだ。だがユダヤ人はキリスト教信仰を受け入れなかった。

キリスト教信仰のごく初期の段階では、多くのユダヤ人はキリスト者をユダヤ教の一分派に属する者とみなしていた。初期のキリスト者たちは、せんじつめればユダヤ律法を遵守しており、彼らはその宗教生活に洗礼式のような若干の非本質的な儀式を付加していたにすぎなかった。しかしキリストが神格化されるや、急速に彼らの見解は変化していった。他方、ユダヤ人は一つの神しかもっておらず、しかもその神は不可分なものであり、不信仰を許さず、いかなる他の神も容認するものではなかった。その神はキリストではなく、キリストは神ではなかった。それ以来、キリスト教信仰とユダヤ教信仰は相容れないものとなり、キリスト教信仰の受容はユダヤ教信仰の放棄を意味することになった。

古代でも中世でも、ユダヤ人はユダヤ教信仰をやすやすとは捨てなかった。キリスト教教会は忍耐強く、執拗に、頑固なユダヤ教信者を改宗させようとした。そして一二〇〇年間、間断なく神学的論争がたたかわされた。だが彼らの信仰は変わらなかった。キリスト教教会側はしだいに言論に暴力をもって代行

させ始めた。教皇はユダヤ人たちに圧力を加えることを容認せず、ローマは暴力的改宗をけっして許さなかった。(2) だが聖職者たちは全体として圧力を行使した。一歩一歩、しかし効果をあげつつ、教会は無抵抗の犠牲者にたいする「防御」策を講じた。すなわち教会は、宗派間の婚姻、宗教的問題を論じること、さらに共同宿泊所に居住することなどを、きびしい戒律で禁止することで、ユダヤ人と交わることによって生じる「有害な」影響からキリスト教徒をまぬがれさせようとした。また教会は、ユダヤの律法解説書タルムード*を焼却し、公職からユダヤ人を排除することによって、キリスト教徒を「有害な」ユダヤの教えから守ろうとしたのであった。(3)

　こうした方策については十分に後述するが、それは絶滅行為の先駆をなすものであった。しかし教会がほとんどその目的を成就していなかったことは、キリスト教に屈服したわずかのユダヤ人の扱い方によって明らかとなっている。聖職者たちは自分たちの成功をけっして確信していたわけではなかった。そのことは以下の諸事実が立証している。すなわち中世ではすべての改宗者をかつてのユダヤ教徒と同一視することが広がっていた。(4) また新たに改宗し異端の疑いのあるキリスト教徒の審問、(5) またスペインで行われていたことだが、純粋のキリスト教信仰の保持者にたいして「信仰純度証明書」の発行、さらに二分の一改宗者、四分の一改宗者、八分の一改宗者などの区別、こうしたことは教会の方策が成功していなかったことを示している。(6)

　改宗のすすめが成功しなかったことはさらに大きな影響をもたらした。教会は、ユダヤ人がキリスト教徒とは異なった、キリスト教に耳を傾けない、キリスト教にとって危険で特殊な人間集団だとみなすようになった。一五四二年、宗教改革の指導者であり新しい教会の創設者であったマルティン・ルターは以下のように書いている。

> ユダヤ人のなかに、いささかでも理性と分別があれば、彼らはこう考えるにちがいない。おお神よ、私たちは良い状態にはありません。私たちの悲惨さはあまりに大きく、あまりに長く、あまりにきびしい。神は私たちを忘れ去ってしまったのだ、などと。私はユダヤ人ではないが、しかしユダヤ人にたいするこのような残酷な神罰について本気で考えたくありません。なぜなら私は、私の肉体と魂を貫通するある考えにおののいているからです、すべての偽りのキリスト教徒や不信心者にたいして永遠の神罰として、なにが起ころうとしているのか、と。(7)

要するに、彼がもしもユダヤ人であったら、彼はずっと以前にキリスト教信仰を受け入れていたというのだ。

　さらにルターは続ける。民族というものは一五世紀間も苦しみながら、なおかつ自分たちが選ばれた民族だと信じることはできないものだ。しかしユダヤ人は蒙昧であった。神罰をこうむった。神は彼らを狂ったように、やみくもに、激怒して、その永遠なる業火をもって苦難の目にあわせた。その永遠なる

業火について、予言者たちは言う、神罰はたれびとも消し去ることのできない炎のように投げつけられるであろう、と。(8)

ルターの原稿はユダヤ人にたいする憎しみが増大した時期に公刊された。一二〇〇年間の改宗政策にじつに多くのものが投資されたが、得られたものはあまりに僅かであった。一三世紀から一六世紀まで、イギリス、フランス、ドイツ、スペイン、ボヘミア、イタリアなどのユダヤ人たちは、改宗か、そうでなければ追放かのいずれかしか選べない最後通告を突きつけられたのだ。

追放は史上、第二の反ユダヤ政策であった。たしかに、その政策は当初はユダヤ人にゆだねられたひとつの選択肢として登場した。だが、教会と国家が分離し、国家が教会政策を推進しなくなってからずっとのちまで、追放と排除は反ユダヤ人活動の目標であり続けた。

一九世紀の反ユダヤ主義者は宗教的目的からは絶縁したが、ユダヤ人の移住を推進した。彼らはユダヤ人を正義と理性の名のもとに憎悪した。ユダヤ人は、あたかも破産した会社の権利を買い集める相場師のように、教会の敵対心にさらされたのであった。ユダヤ人の敵たちは憎しみをこめてこう考えた、すなわちユダヤ人は依然として改宗も同化もしないだろうし、自分たちの考えや信仰に固執している完成体である、と。

追放と排除の政策はナチスによっても採用され、一九四一年まであらゆる反ユダヤ人活動の目標であり続けた。その年は反ユダヤ主義の歴史における転換点となった。一九四一年、ナチスは総力戦のまさに渦中にあった。数百万人のユダヤ人がゲットーに閉じ込められ、移住は不可能となった。ユダヤ人たちをマダガスカル島に船で運ぶという土壇場の計画も実現しなかった。「ユダヤ人問題」はなんらかの別の方法で「解決」されねばならなかった。この決定的な時にナチスは「領域における解決」を構想した。すなわち「ヨーロッパにおけるユダヤ人問題の最終解決」であり、ヨーロッパ・ユダヤ人の滅亡をもくろんだのだ。彼らは殺害されねばならないとされた。これこそ史上、第三の反ユダヤ政策である。

約言すれば、紀元四世紀以来、三つの反ユダヤ政策が登場した。改宗、追放、そして抹殺である。第二のものは第一のものにたいするもうひとつの選択肢として、第三のものは第二のものにたいするもうひとつの選択肢として現われた。

一九三三年から一九四五年のヨーロッパ・ユダヤ人の絶滅は、歴史上、前例のないものである。規模と形態の点で、それまでに比較可能なものはなかった。五〇〇万の人間が数年という短い期間に組織的計画にもとづいて殺害されたのだ。その犯罪行為――それが未来にたいしてもつ意味はいうまでもなく――をだれもしっかり把握しないままに、「絶滅」は終わりを告げてしまった。

だが、その大変動を分析すれば、ナチス支配の一二年間に生じたことの大半は、すでに過去に起こっていたのがわかるはずだ。ナチスの絶滅行為は真空から生じたものではなく、それは循環的にあらわれる傾向の頂点にあるものであった(9)。われわれは、この傾向を、反ユダヤ政策遂行者たちの継続的な三つの目標のなかに見出してきた。キリスト教会の伝道者たちは結局、こういってきた、すなわち、あなたたちはユダヤ人として、われわれとともに生きる権利はない、と。これを受けて世俗の支配者たちは、ユダヤ人たちに、われわれとともに生きる権利はない、と宣言した。そしてナチスはついに、おまえたちは生きる権利そのものがないのだ、と宣告した。

このような思い切った目標設定は、反ユダヤ主義的行為と思想の徐々なる、しかし絶えざる拡大をもたらした。その過程は、ユダヤ人を強引にキリスト教徒にしようとする試みから始まり、彼らに移住せざるをえなくさせ、ついに彼らを死へと追いやることによって終局を迎えた。ナチスは過去と絶縁しようとはせず、それを引き継いだのだ。彼らがことを始めたのではなく、完成させたのだ。反ユダヤ主義の歴史のなかに、ナチスがユダヤ人の絶滅を推進するにあたって用いた行政的・心理的諸手段の多くが見出される。また遠い過去のなかに、外部からの攻撃にたいするユダヤ人たちの反応の特徴のルーツが見出される。

歴史的事例の意義は、行政分野において最も容易に理解されよう。ユダヤ人の絶滅は行政的過程の産物であり、行政的諸措置が次々と組織的に遂行される必要があった。近代社会において、大量の人間を短期のうちに殺害できる方法はそう多くはない。これは、多くの困難や障害をもたらす最大級の能率問題である。だが、ナチスによるユダヤ人絶滅の記録類に目を通すと、ナチ期の行政機構はどうしたらよいか知っていたという事実に直面する。ドイツの官僚たちは、誤りなきすぐれた方向感覚をもって、目標にむけての最短距離を発見したのである。

いうまでもなく課題の性格がその完遂の形態を規定するものである。意志あるところ、また道ありである。また意志が強固であれば、道も見出されるものである。だが実験のために許された時がないとしたら、どうなるだろうか。その課題が早急に能率的に果たされねばならないとしたら、どうなるだろう。目標への道がひとつしかない迷路のなかのねずみは、多くの試しをしたのちに、目標への道を選ぶことを学ぶものである。官僚たちもしばしば迷路に陥った。しかし彼らは試みをする余裕がなかった。ぐずぐずしたり、立ちどまっている暇はなかった。だから過去の経験は重要であったし、決定的なものであった。必要は発明の母といわれているが、しかし先例がすでにあったとしたら、道標がすでにつくられているとしたら、発明はもはや必要ではない。ドイツの官僚たちはこのような先例に頼ることができたし、このような道標に従うことができた。なぜなら彼らは、教会や国家による一五〇〇年間の絶滅活動のなかに蓄積されてきた行政経験の膨大な貯水池を利用することができたからである。

カトリック教会は、ユダヤ人を改宗させようとして、多くの方策を講じてきた。これらの方策は、キリスト教徒の共同体をユダヤの教えから守るために、またユダヤ人の頑固さを弱めるために策定された。注目すべきは、四世紀にキリスト教がローマの国家宗教になるやいなや、ユダヤ人の市民的平等権は終わりを告げたことである。それゆえに「教会とキリスト教国家は、また公会議の決議とローマ帝国の法は、手に手をとってユダヤ人たちを迫害するために機能した」[10]。もちろん、これらの方策の大半が、その創案の時期からのすべてを含むものではないが、それはナチス時代の先例になった。表1-1はカトリック教会の基本的な反ユダヤ人方策とナチスによるそれとを比較したものである[11]。

教会法をどんなに集約しても、ローマのゲットーの叙述ほど事態を明示しうるものはない。そのゲットーは、イタリア王国軍による一八七〇年のローマ市占領までは、教皇庁によって維持されていたものである。それが終わりを告げる頃ゲットーを訪れたあるドイツ人ジャーナリストが、『ノイエ・フライエ・プレッセ』にそのスケッチを公表した[12]。そのゲットーは湿った、暗い、きたない街路からなり、なかに四七〇〇人が押し込められていたという。

ユダヤ人がゲットーの境界外に住居や店舗を借りるためには、枢機卿代理の許可を必要としたし、ゲットー外に不動産を取得することも、また生産品や書籍の取引きも禁止されていた。上級学校への進学も、弁護士・薬剤師・公証人・画家・建築家への就業も禁じられた。ユダヤ人が医者になりえたのは、ユダヤ人の患者だけを診療する場合に限られた。どんなユダヤ人も公職には就任できなかった。彼らは非ユダヤ人と同様に税金を支払うことを要求され、加えて以下の義務を負った。（1）ゲットーの財務行政とユダヤ人社会を監視していたカトリック官吏の年間維持費、（2）ユダヤ人のなかでの布教事業のために年額五二五〇リラ、（3）同じ目的のために改宗者の修道院に年額五二五〇リラ、その見返りに教皇庁側は福祉目的のために年間一五〇〇リラを支出した。だが教育や病人の看護のためには、国のいかなる資金も支出されなかった。

ローマのゲットーにおける教皇統治は、教会法の累積的効果というものを想起させる。これはその最終結果であった。さらに教会政治は教会による規制を前面に押し出しただけではなく、一〇〇〇年以上にわたって、教会の意志は国家によって強制された。教会会議や公会議の諸決定は国家行動の基本的道標となった。あらゆる中世諸国家は教会法を手本とし、それに磨きをかけた。こうして「国際的中世ユダヤ法」ともいうべきものが形成され、それは実際に一八世紀まで発展しつづけたのであった。聖職者統治が国家的に補完され仕上げられた結果は、表1-2に示されており、そのナチ版も掲示されている。

これらはナチ官僚機構に継承されたいくつかの先例である。たしかに過去の教訓がすべて一九三三年に想起されたわけではなく、多くは時の流れのなかであいまいになってしまっていた。そのことは、暴行や迫害の回避のようなネガティブな教訓にとくにあてはまる。一四〇六年、国家当局はウィーンのユダヤ人地区における暴徒による暴行から利益を引き出そうとした。だがキリスト教徒は、この迫害でユダヤ人よりも大きい被害を受けた。それというのはゲットーが燃えているあいだ、炎上して

表1-1　教会の反ユダヤ政策とナチスの反ユダヤ政策

〈教会〉	〈ナチス〉
・キリスト教徒とユダヤ人の結婚・性交の禁止（エルヴィラ教会会議　306年）	・ドイツ人の血と名誉の保護法（1935年9月15日）
・ユダヤ人とキリスト教徒は食卓をともにすることを許されない（エルヴィラ教会会議　306年）	・ユダヤ人の食堂車への立ち入りを禁じる（運輸相通達，1939年12月30日）
・ユダヤ人は公職に就くを禁ず（クレルモン教会会議　535年）	・職業官吏再建法（1933年4月7日）
・ユダヤ人はキリスト教徒を雇用したり，奴隷にすることを許されない（オルレアン第3回教会会議　535年）	・ドイツ人の血と名誉の保護法
・ユダヤ人は聖週の間は街路に現われるのを禁ず（オルレアン第3回教会会議）	・ユダヤ人が特定の日（ナチス祝祭日等）に街路に現われるのを禁じる権限を地方当局にあたえる警察命令（1938年11月28日）
・ユダヤ教律法集などの焼却（トレド第12回教会会議　681年）	・ナチス・ドイツにおける焚書
・キリスト教徒がユダヤ人医者を愛顧することは許されない（コンスタンチノープル教会会議　692年）	・1938年7月25日の法令
・キリスト教徒はユダヤ人の家に居住することは許されない（ナルボンヌ教会会議　1050年）	・ユダヤ人を一定の住居に収容すべし（1938年12月28日のゲーリングの指示）
・ユダヤ人はキリスト教徒と同じように教会支援のために納税すべきこと（ヘローナ教会会議　1078年）	・ユダヤ人はナチス党員に課せられた党寄付の代償として特別所得税を納めるべし（1940年12月24日の「社会負担調整税」）
・日曜労働の禁止（サボルチュ教会会議　1092年）	
・ユダヤ人は、法廷においてキリスト教徒にたいして原告になること，あるいは証人になることは許されない（第3回ラテラン公会議　1179年，教理典礼26）	・ユダヤ人は，民事訴訟をおこすことは許されない（ナチ党官房の提案，1942年9月9日）
・ユダヤ人は，キリスト教を受け入れた子孫に遺産を保留することを許されない（第3回ラテラン公会議　1179年，教理典礼26）	・「民族の健全な判断」にもとるような遺言を取り消す権限を法務省にあたえる法令（1938年7月31日）
・ユダヤ人は他から区別されるような衣服をまとわねばならない（第4回ラテラン公会議　1215年，教理典礼68．キリスト教徒は青いベルトを，ユダヤ人は黄色のベルトをするというカリフ・オマール2世［634-44］の布告がモデル）	・1941年9月1日の指令
・ユダヤ教教会の新設の禁止（オックスフォード公会議　1222年）	・帝国全土におけるシナゴーグの破壊（ハイドリヒからゲーリングへ　1938年11月10日）
・キリスト教徒はユダヤ教の式典に出席してはならない（ウィーン教会会議　1267年）	・ユダヤ人との親密な関係をもつことを禁止（ゲシュタポ指令　1941年10月24日）

・ユダヤ人は，カトリック信仰の教義について，素朴なキリスト教徒と論争することをしてはならない（ウィーン教会会議　1267年）	
・ユダヤ人はユダヤ人ゲットーに住まなければならない（ブレスラウ教会会議　1267年）	・1939年9月21日のハイドリヒ命令
・キリスト教徒は，ユダヤ人に土地を売ったり貸したりしてはならない（オフェン教会会議　1279年）	・ユダヤ人への土地売却の禁止令（1938年12月3日）
・キリスト教徒がユダヤ教を受け入れたり，改宗したユダヤ人がユダヤ教に回帰したりすることは，異端的行為である（マインツ教会会議　1310年）	・キリスト教徒がユダヤ教を受け入れることは，ユダヤ人として扱われる可能性におかれる（1942年6月26日，ケーニヒスベルク上級地方裁判所・第4民事部決定）
・教会の物品をユダヤ人に売却したり，譲渉することは禁じられる（ラヴール教会会議　1368年）	
・ユダヤ人は大学の学位を得ることは許されない（バーゼル公会議　1434年）	・ドイツの学校・大学過剰禁止令（1933年4月25日）

表1-2　反ユダヤ政策—ナチ時代以前とナチ時代—

〈ナチ時代以前〉	〈ナチ時代〉
・バイエルン王ルートヴィヒ（1328—37）がユダヤ人に課した人頭的保護税	
・ドイツの都市で殺害されたユダヤ人の財産は，公的財産とみなされる．「なぜならユダヤ人は彼らの財産をふくめて帝国に帰属する」（14世紀の法令）	・ユダヤ人の財産は死後は没収される（1943年7月1日の帝国公民法第13命令）
・キリスト教徒の債務者にたいするユダヤ人の債権の没収（14世紀末のニュルンベルク）	・1941年11月25日の帝国公民法第11命令
・科料，たとえばキリスト教徒の子供を殺害したことにたいする科料（レーゲンスブルク，1421年）	・ユダヤ人の「償罪金」に関する命令（1938年11月12日）
・ローマのゲットー周辺の壁に対する代償は関係ユダヤ人から徴収される（1555年）	・ワルシャワのゲットー周辺の壁に対する代償は関係ユダヤ人から徴収される（1941年）
・その所有者がユダヤ人であることを証明している公文書や証明書の発行（フランス革命期）	・身分証明書の携帯義務（1938年7月23日の布告）
・1800年頃，ユダヤ人詩人ルートヴィヒ・ベルネは彼の旅券に「フランクフルトのユダヤ人」と記しておかねばならなかった．	・ユダヤ人の旅券所持に関する命令（1938年10月5日）
・17世紀のフランクフルトにおける居住証明，買い物時間の特定，移動の自由制限	・ユダヤ人の居住証明（1942年4月17日） ・移動の自由制限（1941年9月1日）
・ユダヤ人名の強制命令（19世紀の行政的慣行）	・1937年1月5日の布告 1938年8月17日の布告

いたユダヤ人質屋には街頭で暴行をしていた人びとの財産が含まれていたからである。[13] しかし、この体験は、一九三八年十一月、ナチスの暴徒がユダヤ人商店にふたたび殺到したときには、すべて忘れ去られていた。今度は主要な損失者はドイツ人所有者に、会社であった。保険会社は破壊された建物のドイツの保険破損されたウィンドウ・ガラスの弁済をしなければならなかった。歴史の教訓はくり返し学ばねばならなかったのだ。

古いやり方のなかにはくり返されたものもあったとはいえ、多くの新たな創見は古いもののなかに見出しえなかったことは、強調しておかねばならない。行政上の先例は教会や国家によって創出されたが、その先例自体は不十分なものであった。絶滅への道は過去数世紀のうちに準備されたものだが、それは途切れがちの道であった。改宗・排除の反ユダヤ人政策は絶滅活動を極点にまで推進しえたが、これらの政策は目標であったばかりでなく、官僚機構がそのまえで立ち止まらねばならない、また越えることのできない限界でもあった。こうした制約を除去してこそ、絶滅作戦の全潜在力を発揮させえたのだ。これこそ、ナチ行政官たちが即興演奏者に、革新者になりえた理由である。またヒトラー治下のドイツ官僚が、カトリック教会が一二世紀間になしえたよりも、計りしれないほど大きなダメージを一二年間で与えた理由でもある。

しかしながら行政上の先例が、われわれが関心をもつただひとつの歴史的遺産ではない。西欧社会において絶滅行動は、ただの技術的現象ではない。絶滅過程に現われる諸問題は行政的なものだけでなく、心理的なものでもある。キリスト教徒は善を選び、悪を拒否するよう命じられている。それゆえ絶滅事業が大きいほど、より大きくなるものはその途上にある道徳的障害である。これらの障害は除去されねばならず、内的葛藤がなんとしても除去されねばならない。実行者が自らの良心のあかしをたてようとする主要な手段のひとつは、その犠牲者に悪のマントを着せることであり、犠牲者を絶滅しなければならない目標物として描くことである。

記録された歴史のなかに、このような描写はたくさんある。それは、いつも数世紀を通じて諸大陸を超えて浮動している——雲が噴出するかのように。その起源がなんであれ、その目的がなんであれ、それらのきまり文句の役割はつねに同一である。それは絶滅思想の正当化として用いられ、絶滅行動の弁明として用いられている。

ナチスはこのようなきまり文句を必要とした。彼らはまさにユダヤ人についてこのようなイメージを必要とした。それゆえにヒトラーが政権についたとき、そうしたイメージがすでに存在したことは、小さくない意義をもっている。そのモデルはすでに固定的になっていた。ヒトラーがユダヤ人について語るとき、彼は耳慣れた言葉でドイツ人に語ることができた。彼が犠牲者をあしざまにいったとき、彼は中世の概念を復活させた。彼が荒々しくユダヤ人攻撃を叫んだとき、彼はあたかも眠りから、長く忘れ去られていた挑戦へとドイツ人を駆り立てた。これらの非難は正確にはいつごろからのものであろうか。また、そうしたことがどうして権威ある響きをもっていたのであろうか。

ナチスのプロパガンダや通信のなかで出会うユダヤ人像は、数百年前のものから引き出された。マルティン・ルターはすでにそうしたユダヤ人像のアウトラインをスケッチしており、ナチスは自らの時代において、それに加えるものはほとんどなかった。ここにルターの書物『ユダヤ人とその虚偽について』からの若干の抜粋がある。あらかじめいっておきたいことは、ルターの思想は彼の同時代人の多くによって共有されていたこと、また彼の表現形式はその時代のスタイルに適応したものであったことである。彼の書物をここで引き合いに出すのは、彼がドイツ思想の発展において高くそびえて立つ人物であったからである。また、このように重大な影響をもつ世界観の根源をつきとめようとするとき、彼の論文を無視しえないからである。ユダヤ人に関するルターの論文は公衆に直接に説かれたものであり、言葉は流れるように、そして真実の滝のように、聴衆に説きおよんだのであった。その言葉はこうだ。

これによりユダヤ人が神の第五のおきてをどのように理解し、それに従っているか、容易に知ることができる。すなわち彼らは一四〇〇年以上にもわたって、すべてのキリスト教徒にたいする血に飢えた追跡犬であり殺害者である。実際、彼らは、彼らが飲用水や井戸に毒を入れたり、また子供をかどわかして切り刻んだという告発を受け、しばしば火あぶりにされた。それはユダヤ人が、キリスト教徒の血をもって、ひそかに彼らの気分を静めるためであった。[14]

ユダヤ人が、自分たちはドイツ人によって捕囚されていると苦情を訴えるとき、それが巧みで、ひどい、しつこい虚言であることをわれわれは知っている。エルサレムが破壊されてから一四〇〇年以上がたっているが、われわれキリスト教徒が全世界的にユダヤ人によって苦しめられ、迫害されてから、三〇〇年以上がたっている。だからユダヤ人がわれわれを捕らえて殺害した、と苦情を訴えてもさしつかえないだろう。それは明白な真実である。さらに、いかなる悪魔が彼らをわが国に連れてきたか、いまだにわれわれは知らない。だから、われわれは彼らをエルサレムのなかに探し求めはしなかったのだ。[15]

今日でも、ユダヤ人をここに引き止めてはいない、とルターは続ける。ユダヤ人は行きたいときには、いつでも行くことができる。なぜなら彼らは重荷であるからだ。彼らは「わが国における疫病、ペスト、災害」のようなものである。彼らは「とくに居心地よい避難所」であるフランスから追放された。「親愛なるカール帝」は彼らを「最良の避難所」スペインから追放した。今年は彼らは「きわめて居心地のよい避難所」であるプラハをふくむボヘミアのすべての都市から追放された。同様にレーゲンスブルク、マグデブルク、その他の都市からも追放された[16]。

　ひとが国でも家でも歓迎されていないとしたら、それは捕囚と呼ばれるか。ユダヤ人こそがわれわれキリスト教徒を、わが国に捕らえているのだ。彼らは、彼らのために金と財産を稼がせようと、われわれを懸命に働かせている。彼らは炉のうしろに座り、怠惰にむだ話をし、西洋なしを焼き、むさぼり食い、がぶがぶ飲み、われわれの富でのんびり過ごしている。彼らは、彼らの呪うべき高利によって、われわれとわれわれの財産を手中にした。そして、われわれを侮り、われわれにつばを吐きかける。それというのも、彼らがわが国土を所有している怠惰な地主になるのを許すように、われわれが働いているからだ。それゆえに彼らはわれわれの主人であり、われわれは富・汗・労働をもって彼らに奉仕している。彼らは、われわれの主を呪っている。主がわれわれに報いるからである。悪魔がわれわれキリスト教徒のなかに、このような楽園をもつことができるなら、悪魔が笑い踊ってはならない理由があろうか。しかも悪魔は、神と人間をあざけりつつ、ユダヤ人という彼の聖者を通じて、その楽園をむさぼっているのだ。

　彼らは、われわれの所有地にもっているその所有地——日々われわれから奪いかすめているもの——において、素晴らしい日々を過ごしているが、それはダビデやソロモンのもとでのエルサレムでは経験しえなかったものだ。しかし、それでも彼らは自分たちがわれわれによって捕囚されている、と不平をいっている。そうだ、われわれは、気鬱やその他の病気にとらわれているように、彼らにとりつかれている[17]。

　ルターは問う。このような運命に値するほど、キリスト教徒がなにをしてきたというのか、と。「われわれはユダヤ人売春婦を呼びもしないし、彼らを呪いもしないし、彼らの子どもをかすめたり、その手足を切ったりしていないし、彼らの飲料水に毒を入れたりもしていない。われわれは彼らの血を渇望もしていない」。モーゼが言ったことと違いはしなかった。神は断固として激怒しつつ彼らをこらしめてきた[18]。

　これはルターのユダヤ人像である。第一に彼らは世界を支配しようとしている[19]。第二に彼らはキリストと全キリスト教世界の最も重大な犯罪人であり、その殺人者である[20]。第三にルターは、疫病、ペスト、純然たる災厄として、彼らに言及している[21]。ユダヤ人による世界支配、彼らの犯罪性、彼らによる災厄というルターのユダヤ人像は、しばしば正当でないと拒まれてきた。しかし否認や暴露にもかかわらず、こうした非難は生き続けた。四〇〇年間、ユダヤ人像は変わらなかった。

　一八九五年、ドイツ帝国議会で、反ユダヤ主義派による提案によって、非ドイツ系ユダヤ人排除の方策が論議された。反ユダヤ主義派のアールヴァルトの演説から若干の抜粋をしよう[22]。

悪いうわさのないユダヤ人が多く存在することは確かなと

ころであります。それにもかかわらず、ユダヤ人全体を有害なものとみなすのは、ユダヤ民族全体の民族的特質がそのようなものであり、それはゲルマン民族の民族的特質と長期的には調和しえず、これまでは有害なことをしていないユダヤ人でも、現状では将来、有害なことを行うと思われるからです。なぜなら彼らの民族的特異さが彼らをそこに追いやるからです。

皆さん、インドに暗殺を常習とするサグ団*という宗派がありました。もちろん、この宗派には一度も殺人をしたことのない者も多くおりました。しかし、この宗派に属している者が殺人をしたことがあるかどうかを考慮することなく、イギリス人がこの宗派を絶滅したのは適切な行為だった、と私は思います。なぜなら当時の状況のもとでは、この宗派に属するすべての者が暗殺を行ったであろうからです……。

アールヴァルトは、反ユダヤ主義者がユダヤ人と闘うのは、彼の宗教のゆえではなく、その民族ゆえである、と明言しつつ以下のように続ける。

ユダヤ人は、いかなる外敵もなしえなかったことをなし遂げました。すなわち彼らは、人びとをフランクフルト市から郊外へと追いやりました。こうしたことは、ユダヤ人が多数いるところでは、あらゆるところで生じています。皆さん、ユダヤ人は実際に猛獣であります。

リッケルト氏（ユダヤ人排除に反対の議員）は以下のような発言をもって始めました。すなわち、われわれはすでに多すぎるほどの法律をもっており、それゆえに、われわれは新しいユダヤ人立法の活動にかかわるべきではありません、と。

これは、これまで反ユダヤ主義に反対した理由のなかで、最も奇妙なものであります。あまりに多くの法律があるから、ユダヤ人を放置しておけですって!?　それならユダヤ人をなくせば、いまある法律の半分をなくすことができるわけです。

それからリッケルト議員はこう言いました。彼が実際にどういったか、私はメモをとれなかったのですが、意味はこうでした。五〇〇〇万人のドイツ国民がわずかのユダヤ人を恐れているなんて、醜態であります、と（リッケルト氏はユダヤ人の数が多くないことを立証するために、統計を引いております）。よろしい、皆さん、まともな敵にたいして、まともな武器で戦う場合なら、リッケルト氏は正しいでしょう。ドイツ人は一握りのまともな人びとを恐れていないことは、自明だからです。しかし寄生虫のように生きているユダヤ人にたいしては別です。私ほど大きくはないリッケルト氏は、ひとつのコレラ菌でも恐れるでしょう。皆さん、ユダヤ人はコレラ菌なのです（笑い）。

皆さん、問題になっているのは、ユダヤ的なるものの伝染力と浸透力なのです。

アールヴァルトは議員たちに「これらの猛獣」を根絶するこ

とを訴えつつ、さらに以下のようにいう。

ユダヤ人もドイツ人である――ここにさきに二人の発言者の主要論点があったのですが――ということに関していえば、私は断固として反対せざるをえません。ユダヤ人はドイツ人ではありません。ユダヤ人もドイツで生まれ、ドイツ人の乳母に育てられ、ドイツの法律に従い、兵士とならねばならなかったとしても――どんな兵士かなどと私は問うつもりはありませんが――（右翼席から笑い）、彼らが義務をすべて果たし、納税もしなければならなかったとしても、それらのことすべてが国籍を決定するものではなく、決定的なものは人種であります。ここでかつて申したことのある月並みな比較をすることをお許しください。牛舎で生まれても馬は牛ではありません（高笑い）。ドイツで生まれてもユダヤ人はドイツ人ではありません。彼はあくまでユダヤ人です。

それからアールヴァルトは、これは笑いごとではなく、きわめて真剣な問題である、という。

問題をこのような視点から見ることが必要です。われわれは、オーストリア帝国議会の反ユダヤ主義派のように、ユダヤ人を射殺した者にあたえる政府支出金を要求するとか、あるいはユダヤ人を殺害した者にはその財産を継承させるとか、そのようなことまでは考えてはいません（笑い、ざわめき）。しかし、われわれはユダヤ人を平穏かつ理性的にドイツ人から分離することをのぞみます。そのためには、なによりも水門のとびらを閉ざし、ユダヤ人の多くが入り込めないようにすることです。

三五〇年を隔てる二人の人物が同じようなことを語りえたことは注目に値する。アールヴァルトのユダヤ人像は、その基本的特徴の点で、ルターのそれの模写である。すなわちユダヤ人は、（1）いかなる外敵もなしえなかったようなことをなし遂げた敵である。すなわち彼らは人びとをフランクフルト市から郊外へと追いやった。（2）ユダヤ人は犯罪者であり、暗殺集団であり、猛獣である。彼らは多くの犯罪を犯すので、彼らの排除によって、帝国議会は犯罪取締りの法律を半分にすることができる。（3）彼らは伝染病の病源菌であり、もっと正確にいえばコレラ菌である。ナチス統治下では、このようなユダヤ人像は、演説・ポスター・書簡・覚書のほとんど際限ない流れとなって、説かれ、くり返された。ヒトラー自身好んで、ユダヤ人を敵であり脅威であり、危険で狡猾な敵手とみなした。以下は、彼が一九四〇年に「権力のための闘争」を述べた演説からの抜粋である。[23]

そのサタンのような権力は、わが全民族の心をとらえ、科学的・知的ならびに政治的・経済的生活のすべての重要地点を手中にし、その重要地点から全国民を監視していた。このサタンのような権力にたいする闘争が課題であった。それは、ユダヤ人にたいする闘争を企図していたあらゆる人びとを、またユダヤ人の権力の伸張に抵抗しようとしたあらゆる人びとを、法をもって追及せんとする権力との闘争でもあった。当時、全能なるユダヤ民族はわれわれに宣戦を布告していたのだ。

大管区指導者ユリウス・シュトライヒャーは、ユダヤ人が犯罪者であるという主張を強調していた。以下はヒトラー・ユーゲントにたいするシュトライヒャーの典型的演説からの抜粋である。それは一九三五年に行われたものである。

少年ならびに少女諸君、一〇年ほどまえをふり返ってみよう。大戦争——あの世界戦争——は世界諸国民のうえを旋回し、結局、廃墟の山を残した。この恐ろしい戦争のなかで勝者として残ったのは一民族にすぎなかった。それは、キリストがいうところでは、悪魔を父とする民族である。その民族はドイツ民族の肉体も魂も破滅させたのだ。

しかし、そのときヒトラーが立ち上がり、世界は以下のような思いをもって新たな勇気をあたえられた、という。

人類は、この民族からふたたび自由になるであろう。この民族は犯罪者の印を帯びたまま数百年、数千年にわたって世界を放浪してきたのだ。

少年ならびに少女諸君、ユダヤ人がかつて選ばれた民族だといっても、そのようなことを信じるのではなく、ユダヤ人は選ばれた民族ではない、と主張するわれわれを信じよ。なぜなら選ばれた民族が、今日のユダヤ人のようなことをやるはずがないからである。

選ばれた民族は他者を自分たちのために働かせ、その血を吸うために世界に登場してきたのではなく、農民たちを家や農地から追放するために、また諸国の父たちを貧困化させ絶望させるために、諸民族のなかにやってきたのではない。選ばれた民族は、動物でも屠殺したり死ぬほど苦しめたりはせず、他人の労働の汗によって生きようとはしない。さらに選ばれた民族は、自分が働いているがゆえに生きている人びとの仲間に入ろうとする。けっして、このことを忘れるでない。

少年ならびに少女諸君、諸君らのために、われわれは牢獄に入った。諸君らのために、われわれはつねに苦難にあってきた。諸君らのために、われわれはあざけりや辱めを受けてきたし、さらに、われわれはユダヤ民族にたいする、またキリストがたたかってきた組織された世界犯罪団体にたいする戦士に、すなわちこれまでの最大の反ユダヤ主義者になった。(24)

親衛隊・警察長官ヒムラー、法律家でポーランド総督ハンス・フランク、法相ティーラックをふくめて多くのナチスは、ユダヤ人が低級な人種であり、接触するとドイツ民族を命取りの病に感染させる一種の細菌である、という見解にとりつかれていた。ヒムラーはかつて親衛隊司令官たちに、殺したユダヤ人の財産の横領をけっして許容しないように忠告したときに言った。「われわれは細菌を撲滅したがゆえに、最後に自分たちが細菌に感染し、それによって死ぬことをのぞまない」[25]。フランクはしばしばユダヤ人を「しらみ」にたとえた。そして彼は、ポーランド領のユダヤ人が殺害されたとき、病めるヨーロッパはいまふたたび健康になるだろうと語った[26]。法相ティーラックはかつて当惑していたヒトラーに以下の書簡を書いた。

あるユダヤ女が子どもを生んだのち、自分の母乳を小児科医に売り、その際に自分がユダヤ人であることをかくしていました。この乳で小児科病院のドイツ人の乳児が育てられました。被疑者は詐欺のゆえに告訴されました。母乳の買い手も罰せられました。なぜならユダヤ女の母乳はドイツ人乳児の食事とはみなされないからです。被疑者の恥知らずな行為は侮辱罪でもあります。ところが真相を知らない両親に不必要な心配をさせないために、正式に起訴はされませんでした。私は事件の優生学的側面について保健全国指導者と検討します[27]。

二〇世紀のナチスは、一九世紀の反ユダヤ主義者や一六世紀の聖職者のように、ユダヤ人を敵・犯罪者・寄生虫とみなしていた。しかし現代のパンフレット類と古い書類とのあいだには、説明を要する差異もある。ナチスと反ユダヤ主義者の言説には、人種にたいする言及が見られる。こうした定式化は一六世紀の書物には現われていない。逆にいえばルターの著作には、神の怒り、ソドムとゴモラよりもひどい雷鳴と稲妻、狂乱、無分別、激怒についての言及がくり返されている。これらは一九世紀には姿を消していた。

しかし神による運命の打撃についてのルターの言及と人種的特質についてのアールヴァルトのそれとのあいだには、密接な機能的関係がある。なぜなら両者とも、ユダヤ人は不変であり、ユダヤ人はユダヤ人であり続けることを示そうとしていたからである。ルターは言う。「神のきびしい打撃によってさえ、良くしえなかったものを、われわれの言葉と行為によって変えることはできない」[28]。ユダヤ人のなかには、神の激しく強く燃えるような試練でさえ、消滅させえない邪悪なものがあると考えられていたが、アールヴァルトの時代には、これらの邪悪な諸性質――頑固で不変なもの――は、ある特定の原因に帰せられていた。すなわちユダヤ人は自らを救うことはできない。なぜなら彼らの人種的特質が彼らを反社会的行為に追いやっているからである、と。それゆえ人種概念でさえも時代の思想傾向に入りこんだ、と見ることができる。そこで、やや立ち入って人種概念の機能を吟味しよう。

反ユダヤ主義的人種主義の起源は一七世紀後半に求められる。それは当初、風刺漫画の「ユダヤ人カリカチュア」として現われた[29]。これらのカリカチュアはユダヤ人のなかに人種的特質を発見する最初の試みであった。とはいえ人種主義は一九世紀になってから「理論的」基礎を獲得したのである。一九世紀の人種主義者は、文化的特質が良くも悪しくも、肉体的特質の産物であると明言した。肉体的属性は変わらないがゆえに、社会的行動パターンも不変なものに相違なかった。それゆえに反ユダヤ主義者の目には、ユダヤ人は「一人種」となったのであった。[30]

とはいえヨーロッパ・ユダヤ人の絶滅は基本的にはドイツ人の犯行であったので、まずなによりもドイツ人に注目しなければならない。ユダヤ人がどのような目にあったかは、ベルリンと前線でドイツの要職にあったものたちがどのような決定を下したかを見なければ理解できない。だが、ドイツ側の行動と負担はユダヤ人側の反応によって影響されていた。ドイツ側はその特種な作業に限られた手段しか行使できなかったので、その進行程度と最終的成功はユダヤ人側の反応のあり方によって左右されたのであった。

絶滅に直面したなかでのユダヤ人の態度は急場しのぎのものではなかった。ヨーロッパ・ユダヤ人は歴史上、いくたびも暴力に直面してきた。そうしたなかで彼らは一連の反応形態を生み出してはきたが、それは数世紀にわたってきわめて一定したものであった。そのパターンは下図のように示される。

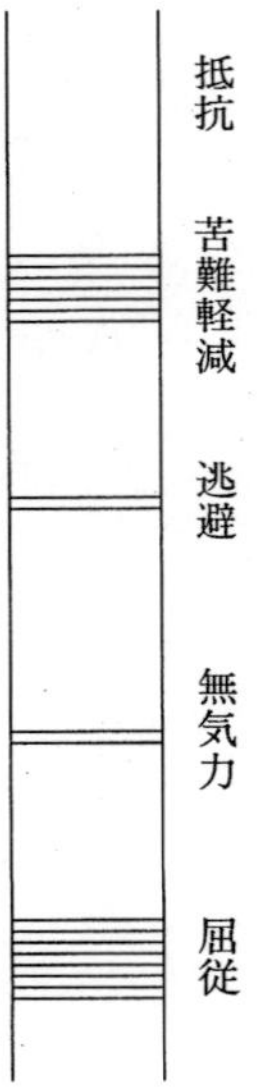

予防攻撃、武力抵抗、報復などは、ユダヤ人流浪史においてほとんど見られない。最後にして唯一の大反乱が二世紀初頭、ローマ帝国において発生したが、それは、ユダヤ人がまだ東地中海地域の密集した移住地で生活しており、独立ユダヤ国を心に描いていた頃であった。[31]中世を通じてユダヤ人社会はもはや闘争を考えようとはしなかった。[32]中世のヘブライ詩人たちは好戦的な芸術を讃えることはなかった。ヨーロッパ・ユダヤ人は設置された行政機関の保護下に置かれた。このような非自立性は法的・身体的・心理的なものであった。

ヨーロッパ・ユダヤ人の心理的非自立性は次の事件によって明示されている。一〇九六年、ドイツのユダヤ人社会に、フランスから次のような警告がもたらされた。すなわちユダヤ人撲滅主義者たちがユダヤ人を殺しに来る、と。この知らせを受けたマインツのユダヤ人指導者たちは次のように応答した。「私たちはあなたがたの幸福をたいへん心配しています。私たちについて言えば、さほどの恐怖の種はありません。私たちの生命が剣によって脅かされているなんて聞いたこともありません」。だがユダヤ人撲滅主義者たちはほどなくやって来て、シュパイアー、ヴォルムス、マインツなどのドイツ諸都市のユダヤ人たちを襲撃した[33]。八〇〇年以上ものちになって、オランダ・ユダヤ人評議会議長は以下のように言った。「ドイツ人がポーランド・ユダヤ人に残虐行為を犯したという事実は、彼らがオランダ・ユダヤ人に対して同じようにふるまうと考える理由にはならなかった。なぜなら第一にドイツ人はつねにポーランド・ユダヤ人の悪評をふりまいていたし、第二にポーランドとは違ってオランダでは、ドイツ人は世論に留意しなければならないからである」[34]。だがオランダにおいても、ポーランド東部と同じように、ユダヤ人は絶滅の危機にさらされた。

　離散したユダヤ人にとって、武力抵抗は無縁でエピソード的なものとなってきた。暴力は、ユダヤ人の生活がユダヤ人国家のもとで再建されるまでは、二度とユダヤ人の採用するところとはならなかった。一九三三年から一九四五年の破局の時期には、抵抗の事例はわずかになった。とりわけ、それは、いつ、どこで起ころうとも、最後の（けっして最初ではない）手段であった[35]。迫害されたユダヤ人たちは、迫害者に対する他国のユダヤ人組織による報復行動さえ拒絶した。それは状況をいっそう悪化させないためであった。一五五六年のアンコーナのユダヤ人の反応がそうであった。そのときオスマン帝国のユダヤ人商人たちはアンコーナや教皇領の諸港のボイコットを組織しようとしたのだ[36]。同じように一九三三年三月、ドイツのユダヤ人在郷軍人会は、外国の亡命ユダヤ人による反ドイツ的声明に公然と反対を表明した[37]。

　他方、苦難を軽減する試みは、ユダヤ人団体による典型的で即座の反応であった。この試みは、請願、保護、弁償、賠償金、命令の先取り的励行、救援、救助、救出、生活再建など、要するに、すべての活動が、危険を避けるためのものであり、またすでに暴力が行使された事件の場合に、その影響を軽減するためのものであった。若干の例を挙げよう。

　古代エジプトのアレクサンドリア市は五つの地域に区分されており、ユダヤ人はデルタ地方に相当集中していたが、都市の他の地域にも居住していた。紀元三八年、ローマ皇帝カリグラは半神として崇拝されることをのぞんだが、ユダヤ人たちは彼に敬意を払うことを拒否した。そこで反乱がアレクサンドリア市でおこった。ユダヤ人たちはデルタ地方に追いやられ、遺棄された住宅を暴徒が引き継いだ。権利の平等は一時的に廃止され、デルタ地域への食料供給はとめられ、すべての出口は封鎖された。時折、ローマ騎兵隊の百人隊の隊長が武器の捜索を口実にユダヤ人の家に侵入した。こうした状況のもとで、ユダヤ人たちはローマへ使者――近代的にいえば――を出した。それはカリグラ皇帝に救済を請願するためであった。その使節団には有名な哲学者フィロンもふくまれており、彼はローマで反ユダヤ主義者の政治家アピオンと論争した[38]。これはユダヤ人の請願外交の最も初期の事例のひとつである。それから一九〇〇年以上ものちの一九四二年、ブルガリア系ユダヤ人の使節団が同じような目的のために請願した。その際には、ユダヤ人たちは典型的な訴えをたずさえて、彼らの故郷からの放逐を回避しようとしたのだ[39]。

　しばしばユダヤ人は金で保護を買うことも試みた。一三八四年、多くのユダヤ人の血がフランケンで流されたときのことである。ユダヤ人は金で自由を買い取ろうとした。支払いの取り決めは急いで行われた。ニュルンベルク市では八万グルデンという途方もない金額が集められた。ヴェンチェル王はここから一万五〇〇〇グルデンを得た。その他の諸都市との交渉にのぞんだ国王の使節は、四〇〇〇グルデンを受け取った。ニュルンベルク市の純益は六万グルデン（一九万ターラー）を超えたという。[40] オランダからコーカサスにいたるナチ占領下のヨーロッパで、ユダヤ人は金や貴重品で自由を買い取るという同じような試みをしたのである。

ユダヤ人軍需工場における最も賢明な対応のひとつは、命令を先取り的に励行することであった。この種の苦難軽減の試みにおいては、犠牲者は危険を予知し、要求されていることを実行することによって、それに備える。しかも最後通告に直面するまえにそうするのだ。自ら言いなりになるのである。命令の先取り的励行の事例は、一九三三年以前では、ユダヤ人の職業配置を商業的・法律的活動から技術的・熟練的労働や農業労働へと変位させるというヨーロッパ・ユダヤ人による努力であった。これはドイツでは「職業階層の変動」として知られていた。ユダヤ人が新しい職につけば、より目立たず、より傷つきにくくなり、非生産的という批判をより受けにくくなるだろうという願望によって促進された。[41] 先取り行為のもうひとつの事例は、一九三三年以前のドイツのユダヤ人企業において、ユダヤ人の雇用が自己抑制されたことである。ユダヤ人企業の大半はユダヤ人労働者の雇主となっていたが、いまや、このようなユダヤ性をはっきり表明することを避けようとする企業もあった。[42] 数年後、ナチ支配下のヨーロッパにおいてユダヤ人評議会は、ドイツ側の要求を先取りすべく多くの時を費やした。ドイツ側は、他人の負担を背負えそうもないユダヤ人に対する個別経済政策の影響を気にとめなかったが、ユダヤ人評議会はすくなくとも有害な影響から弱者を保護しようとした。同様にワルシャワのユダヤ人評議会は、ドイツ人がほしがっていたユダヤ人の所有物を徴収することを考えた。[43] 同じ理由でユダヤ人評議会はユダヤ人労働力を徴発するシステムを考案したが、それは裕福なユダヤ人には金を払わせることで免除した。その金はドイツのために報酬なしで働いていた貧しいユダヤ人家族への支給に使われた。[44]

災厄後に苦痛を軽減するやり方は、ユダヤ人社会においてはきわめて高度に発展した。救済、救助、救援は古くからのユダヤ人のやり方である。救済委員会や小委員会は著名なユダヤ人によって構成されたが、それは今日、アメリカのユダヤ人アピール組織に典型的に見られるものであり、一九世紀にもよく行われた方法であった。すでに一八六〇年代に、ロシア系ユダヤ人のための募金がドイツでかなり大規模に行われた。[45] 生活再建——新しい環境か、迫害の緩和ののちに故郷においてかにかかわりなく、ユダヤ人の生活の再建——は、数百年にわたる習慣的順応となっていた。それはユダヤ人生活の連続性と同一のことである。大半のユダヤ人史概説は持続的術策、くり返される再順応、ユダヤ人社会の果てしない再建にささげられている。一九四五年に続く数年間には、歴史家たちはユダヤ人の再建努力に最大のスペースをさかねばならなかった。

次に逃避という反応に移ろう。さきの図では、逃避反応は苦難軽減の反応ほど目立ってはいない。しかしユダヤ人の反応パターンにおける逃避や潜伏が欠如している、と言いたいわけではない。むしろユダヤ人はこうした方法に、希望も期待ももってはおらず、それを頼みにもしていなかった、ということを指摘したいのだ。ユダヤ人は国から国へとつねに放浪してきた。しかし彼らがそうしてきたのは、ひとつの統治体制の制約があまりに重苦しいものであったからだ。ユダヤ人は主に二つの理由、すなわち放逐と経済的苦境のゆえに移住してきた。ユダヤ人は虐殺からまぬがれることはまれであったが、彼らはそれを生き抜いてきた。ユダヤ人の志向性としては、反ユダヤ主義的統治から逃避せず、それとともに生き延びてきた。多くの記録によって認められているように、ユダヤ人はヒトラーとともに生きていこうとしたのは事実である。逃亡の時間的余裕があったときに彼らは逃亡しそこね、殺害者たちがすでに彼らに狙いをつけているときに、身をかくす機会を逸することがよくあった。

考えつくかぎりのほとんどの行動が、苦痛を深化させ、最後の苦闘を近づけるに過ぎないとき、災厄は切迫したものとなる。このような状況のなかでは、犠牲者たちは無気力状態に陥る。そうした反応はほとんど表に出ないが、一九四一年にあるドイツの観察者は、ガリツィアにおけるユダヤ人社会が殺戮作戦のショックのために「神経症的絶望」のなかで死を待つがごとくに、いらいらしている兆候を記している。[46] 絶滅地域の外にあったユダヤ人たちのなかには、受け身な姿勢もまた現われていた。大量殺戮が開始されたばかりの一九四一年と四二年には世界中のユダヤ人は、都市や全農村のユダヤ人が消失してしまうのではないかと思っていた。

われわれの整理にもとづく最後の反応形態は屈従である。ユダヤ人にとって反ユダヤ主義的な法律や命令への屈従は、つねに生きることと同等であった。そうした諸制約にたいしては反対の請願や回避の試みが行われてきたが、それらの試みが不成功に終わったときには、おのずと屈従の道がきまった行動様式となった。それはきわめて長期にわたり、徹底して行われた。一七世紀フランクフルトにおいて一六一四年九月一日、ヴィンセンツ・フェトミルヒという人物の指導のもとに、暴徒が殺害・略奪のためにユダヤ人街を襲撃した。多くのユダヤ人たちは共同墓地に避難し、そこで彼らは群がり祈りながら、死者の衣服を身につけ殺害者たちを待ったのであった。[47] これはとくに適切な事例である。なぜなら墓地での自発的集いという形態は、一九四一年のナチスによる殺害行動に際して、しばしばくり返されたからである。

暴力にたいするユダヤ人の反応は、つねに苦難軽減への努力と屈従であった。本書の数百ページのなかで、この反応パターンの再現にくり返し注目していくであろう。とはいえ、そうしたくり返しの前に、「ユダヤ人の反応」という言葉はゲットーのユダヤ人のみを指している、ということを再度、強調しておきたい。この反応パターンはゲットーで生まれ、ゲットーとともに消滅した。それはゲットー生活の本質的部分であり、ゲットーのユダヤ人「すべて」に、すなわち同化主義者やシオニストにも、資本主義者や社会主義者にも、異端者や宗教者にも当てはまることである。

さらに、もうひとつの別の論点に目をくばらねばならない。すでに見たように、苦難軽減の努力と屈従はキリスト教以前の時代にまでさかのぼりうるものである。その発端はユダヤ人哲学者・歴史家のフィロンとF・ヨセフスに始まるが、彼らはユダヤ人のためにローマ人と取引きをし、ユダヤ人が言葉でも行動でも他民族を攻撃しないように警告した。こうしたユダヤ人の対応形態は、教会による大改宗運動の時代に、ユダヤ人の生き残りを保証し、排除と追放の時代にあっても、陣容を整えたユダヤ人社会に、生存への足場とチャンスを再度、保証したのであった。

それゆえにユダヤ人がつねに攻撃者側と協調してきたとしても、彼らは、彼らの方策が最小のダメージと最小の損失をもたらしていることを自覚しつつ、熟慮と計算のうえでそうしてきたのである。ユダヤ人は、絶滅政策が自己資金で行われており、ある程度は利益になったとしても、それを超えて経費がかさんでいることを知っていた。ある歴史家は次のように指摘している、「ひとは、搾乳しようとしている乳牛を殺しはしない」[48]。中世においてユダヤ人は重要な経済的機能を果たしていた。ルターやその同時代者たちによって大いに非難された高利貸の場合も、厳密にいえば、ますます複雑化する経済体制の発展にとって重要な触媒機能をもっていた。近代においても、ユダヤ人は商取引、専門職、芸術などにおいて先駆的役割を演じてきた。彼らのなかには、ユダヤ人は「不可欠の存在」であるという確信が生まれていた。

一九二〇年代初頭、フーゴー・ベッタウアーという人物が『ユダヤ人なき都市』というタイトルの幻想小説を書いた[49]。ヒトラーの権力掌握の一一年前に発刊されたこの意味ありげな小説は、ウィーンからのユダヤ人の追放を描いている。ここで著者は、ウィーンがユダヤ人なしでは、いかにやっていけないかを示している。結局、ユダヤ人は呼び戻されることになる。ここにはユダヤ人絶滅の前夜におけるユダヤ人の、またユダヤ人指導者の精神構造が描かれている。一九三三年、ナチスが権力をにぎったとき、古くからのユダヤ人の対応パターンがふたたび作動した。しかし今度は結果は破局的であった。ドイツの官僚制はユダヤ人の弁解に手加減せず、ユダヤ人の不可欠性によって立ちどまることもなかった。ドイツの官僚たちは、出費のことも気にすることなく、スピードを加速し、破壊効果を持続的に拡大しつつ、ヨーロッパ・ユダヤ人の絶滅に着手した。ユダヤ人社会は抵抗に転換することもできずに、ドイツの方策のテンポと協調し、結局、ユダヤ人絶滅を早めたのであった。

それゆえに加害者側も犠牲者側も相互に取引きしつつ、彼らの古くからの経験にたよった。だが、ドイツ人はそれを成功のうちに行い、ユダヤ人は大いなる不幸のうちにそうしたのであった。

訳注

5 タルムード　ヘブライ語で教義・教訓を意味し、教典と注釈からなる。前者は祭祀・税法・効能など社会全般にわたって詳細に規定。後者は前者の注解・解説。通常、六世紀頃編纂されたものが重視されている。

14 サグ団（Thugs）　一三～一九世紀に存在した北インドの殺人強盗団。

第2章
前史

　これまで、ナチ時代以前に見られ、一九三三年から一九四五年に再現された歴史的な事件やパターンを見てきた。これらは絶滅過程の先例となったものである。ここで絶滅過程が始まる風土の叙述へと向かおう。このような風土を生み出した諸行動を先行事情と呼ぶことにする。

　ここで述べる特有の問題は端的にいえばこうである。すなわち一九三三年に反ユダヤ人的行動を容易にした状況はどのようなものであったろうか。ユダヤ人を敵・犯罪者・寄生者として描くユダヤ人敵視の像はもうまったく古くなっていた。ヨーロッパ・ユダヤ人にたいする行政側の諸政策もはやくから行われてきた。ユダヤ人関係立法は中世の産物である。さらに指摘すべきは、複雑なレベルで効果的機能を果たしうる行政機構がドイツで数世紀にわたって発展してきたことである。だからヒトラーはどんなプロパガンダも創始せず、どんな法律も創案せず、どんな機構も創造したわけではなかった。彼は権力への到達に成功しなければならなかっただけであった。

　アドルフ・ヒトラーの首相就任は、官僚たちにとっては、ユダヤ人に対する行動開始の合図であった。ナチ運動が掲げるものはなんであれ、すべてドイツ人の目標となった。こうした状態が全般的な雰囲気であり、期待であった。ナチ党、すなわち国民社会主義ドイツ労働者党は、官僚機構と全社会を活性化させるという課題を自らに課した。だが、一連の細目は用意しておらず、一五年間の活動期間に、個別的な実行案も練りあげはしなかった。

原注3-5

　ナチ党は第一次世界大戦直後に結成された。創設者たちは一九二〇年二月四日に二五カ条の綱領*を起草したが、そこには直接あるいは間接にユダヤ人問題を扱った四つの章句がふくまれていた。それは党によって官僚に提示された指導方向のすべてであり、以下のようなものであった。

第四条　国家公民は民族共同体の成員で、宗派にかかわりなくドイツ人の血をもつもののみである。それゆえにどんなユダヤ人も民族共同体の成員ではありえない。

第五条　国家公民でないものは、ドイツにおいては外来者としてのみ生活でき、外国人法のもとにおかれねばならない。

第六条　国家の指導および法の決定権は、国家公民のみに与えられる。したがって、われわれは国・州・市町村におけるあらゆる公職が、種類のいかんにかかわりなく、国家公民によってのみ担われることを要求する。

第八条　非ドイツ人の移住はすべて認めない。一九一四年八月二日以降、ドイツに移住してきた非ドイツ人は、ただちにドイツ帝国を去らねばならない。[1]

加えて第一七条は公共の目的のために不動産の無償収用を定めている。この規定はナチ党の資産ある支持者も困らせていたが、そこは、ユダヤ人の財産だけがふくまれる、とヒトラーによって専断的に解釈された[2]。

ナチ党ナンバー・ツーのゲーリングが戦後、明らかにしたところによれば、党綱領は「少数の大学出でない人びと」によって起草され、ヒトラーもゲーリングも起草には加わらなかった[3]。

一九三〇年代初頭、ようやくナチ党は党内に法務部と内務部を作り上げていた。後者は一九三一年に創設されたが、二人の文官がトップだった（ヘルムート・ニコライおよび代理のエルンスト・フォン・ハイデブラント）[4]。彼らは公民権、ユダヤ人の排除、登録証明などの問題にたずさわった。元の原稿類は現存していないが、ハイデブラントが三一年発行のある雑誌に彼の覚書を要約している。そこで彼は、最初の諸方策にすぐに「あまりに恐ろしい結果」を結びつけることに警告を発していた[5]。

一九三三年三月六日、ヒトラーの首相就任から七週間後のことである。経済省次官バングが内閣官房長官ラマースに私信を書き、そのなかで最初の反ユダヤ政策[6]（東方ユダヤ人の移住禁止や姓名変更の取り消し）を示唆した。同じ月のうちに、内務省によって招集された研究グループは、反ユダヤ法の詳細な草案を策定した。一、二名の著名な反ユダヤ主義者も参加していたこのグループは、その草案のなかで後年採用された多くの方策（追放、混合婚の禁止、姓名変更の禁止、ユダヤ人評議会の制度化）を先取りしていた。だがこのグループもその作業のなかで、ユダヤ人たちが困難な、部分的には不当な、それゆえに可能な限り緩和されねばならない運命に遭遇していることを認めざるをえなかった[7]。

とはいえ、政府官僚がこうした発案によって大いに動揺したとか、彼らがいつもそのことを気にかけていたとかという事実はない。むしろ、それらはユダヤ人問題において従うべき方向および直面する障害に関して、党内外において考え方が一致していたことを示すものであった。政府官僚は方針を提示される必要はなかった。一九三二年十月三日、ヒトラーの権力掌握から四カ月前、内相フォン・ガイルは「低級な文化帰属者」の場合、ドイツ公民権の取得のためには二〇年間の最少居住期間を考えていた[8]。この場合、主としてポーランド・ユダヤ人が想定されていた。三二年十二月二十三日、ユダヤ人を危険にさらしたり、彼らを隔離することに関心をもっていたナチ党員が、ユダヤ人はユダヤ的姓名のみをもつべきだと主張したとき、プロイセン内務省官吏ハンス・グロプケは、内部向け指令において、ユダヤ人の「ユダヤ家系をごまかすための」姓名変更を禁止すべきだ、と書いている[9]。三三年三月と四月にユダヤ人を公職から排除する政府作業は、すでに最初の反ユダヤ法制定の方向に向かいつつあった。

ナチ党は政府・実業界・社会一般において反ユダヤ活動が行われる雰囲気をつくる必要がある、とまだ感じていた。このために党は檄をとばし、示威行動をし、ボイコットを展開した。こうしたことにおいて党員たちは少なくとも専門的経験を提供することができた。しかし彼らは批判から免れていたわけではなかった。

とくにドイツの知的エリートは「宣伝」や「騒動」に対する嫌悪を常に表明していた。言葉や議論の粗暴さは平凡で無教養な人びとを連想させた。ときには「反ユダヤ主義者」という言葉そのものが否定的な意味をもっていた。[10] ナチズムの出現は反ユダヤ的語調でしゃべる傾向を生み出したけれども（オスロ駐在のあるドイツ貴族外交官が新精神に動かされて、古くからの反ユダヤ的小説を家族の読物にした）[11]、習慣というものは身につけるのは難しく、捨てるのは容易である。このことは、大半の高級幹部たちがユダヤ人をけっして憎悪したことはないと、戦後きまって言明した理由である。

街頭活動はドイツの上流階級にとって好ましいものではなかった。ユダヤ暦の新年である一九三一年九月十二日、ベルリンの褐色の制服の隊列（突撃隊）が、ユダヤ教会から帰途につくユダヤ人に危害を加える計画をした。礼拝が終わる時刻を間違えて、突撃隊は行動を一時間おくれて開始し、多くの非ユダヤ人を襲撃してしまった。暴行の組織者たちに対して裁判所の判決が下された。裁判官はナチスの隊列に軽い判決を下したけれども、その事件は党の威信を高めることにはならなかった。[12]

一九三三年、ナチ党員は個々のユダヤ人に対する暴行キャンペーンを推進し、反ユダヤ・ボイコットを呼びかけるチャンスをつかんだ。今度は外国において大反響がおこった。ボイコット運動がドイツの輸出品にたいして始められ、それはユダヤ人からも非ユダヤ人からも支持された。一九三三年三月二十七日、副首相フォン・パーペンはドイツ・アメリカ商業会議所に書簡を発せざるをえなくなり、そこで彼はアメリカ側にたいする不当干渉は「一ダースも超えていない」こと、数十万のユダヤ人が苦しめられないでいること、ユダヤ人の大書店がまだ営業をしていること、サン・バルテルミの虐殺*のようなものは存在していないこと、等々を指摘していた。[13]

一九三三年六月、ドイツ外相フォン・ノイラートはロンドンを訪問した。彼はヒンデンブルク大統領宛の報告のなかで、ロンドンにはほとんど感謝することはできない旨、またユダヤ人問題は再三おこっており、どんな反対論もなんの効果もない、と記していた。イギリス側は、この問題を判断するにあたって、感情によってだけ導かれていると言明した。この点は「きわめて真剣な会談」のなかで、イギリス国王自身によってノイラートに言明された。国際会議で多くの政府代表が著名なユダヤ人によって構成されているのは、抗議の一形態であることに、ノイラートは気付いた。[14]

もうひとつの困難はナチ党員の未熟な行動によって生み出された。多くのユダヤ人が虐待されたが、殺された者は少数であった。バイエルンでは警察が党制服部隊＝親衛隊員数名を、ユダヤ人虐待の理由で逮捕したことがあった。それでアシャッフェンブルク市にある親衛隊本部は、警察官は親衛隊のいかなるメンバーも逮捕できない、と主張した。この主張はたいへん奇妙であったので、バイエルン州法相ハンス・フランクは彼自身がナチ党トップ・リーダーのひとりであったが、この主張に疑念をもち、バイエルン州首相（ジーベルト）に、親衛隊長官ヒムラーやヒムラーの上司である突撃隊長官レームと問題について論議するよう依頼した[15]。

この事件からほどなく、バイエルンのダッハウ強制収容所で、数名の殺害事件がおこった。犠牲者はドイツ人二人とユダヤ人一人（デルヴィン・カッツ博士）であった。ヒムラーとレームは、責任を負っている親衛隊メンバーにたいする処分は、「国家的・政治的」理由から取り消すよう要請した。バイエルン州内相ヴァーグナー（ナチ党員）は同意したが、しかし将来、このような要請はくり返さないことを要望した。彼はフランクに書簡を送り、そのなかで「周知のようにもっぱら犯罪人を収容している」強制収容所における処分の取消しを依頼した[16]。

たいへん興味深いのは、ユダヤ人に対する衝動的な行動について、親衛隊自身のなかに懐疑的な気持ちがあったことである。一九三四年五月、国家保安本部長官ハイドリヒに彼の下僚から提出された覚書に、以下のように述べられている。

> ユダヤ人は経済的分野においてだけでなく、……彼らの生命の潜在力を奪わねばなりません。ドイツは彼らにとっては未来なき国でなければなりません。ドイツでは年配世代だけが平和のうちに死ぬことを許されるべきであって、若い世代に対しては、国外移住へと誘導するために、そうあってはなりません。しかし、そのための方法として、乱暴な反ユダヤ主義は拒否されねばなりません。ネズミと戦うには、連発銃をもってするのでなく、毒とガスをもってすべきです。街頭的方法に対する外国の反応は、どんな地方的成功よりもはるかに重要です。

だが偶発的事件を避けるようにとの勧告は、公的政策に取り入れられなかった。扇動の続行、とくに党主導のボイコットはドイツ実業界のデリケートなバランス感覚をかき乱した。一九三五年八月二十日、党行動の経済的影響に関する省庁間会議が、帝国銀行総裁シャハトのもとで行われた。この会議には内相フリック、蔵相フォン・クロージク、法相ギュルトナー、文相ルスト、数名の次官、そして国務相アドルフ・ヴァーグナー（党代表としての資格で）が参加した[17]。

シャハトは以下のような指摘をもって論議を始めた。すなわち、ユダヤ人にたいする「非合法」活動はすぐに停止すること、さもなければ自分は経済面からの再軍備という課題に対処しえないだろう、と。そして彼は若干の事例を挙げつつ続けた。ボイコット運動の指導者シュトライヒャーはドイツ企業のユダヤ人外国代理店代表の解職を強制しているが、これらのユダヤ人代表は「とくに有能」である。エジプトの合同保険会社のユダヤ人代理人がナチ党の嫌がらせにさらされたとき、彼は簡単に職を辞し、営業活動を停止してしまい、それでイギリス企業に市場を奪われてしまった、と。シャハトはさらに別の事例を挙げる。ライプツィヒをはじめとする多くの都市で、ユダヤ人は公衆浴場に入ることを禁じられたが、このことはライプツィヒ見本市の最中に、どういう影響をもたらしたであろうか。このような「非合法的活動」は外国において反対運動を誘発したのだ。あるフランス人輸入業者は、靴メーカーのザラマンダーに発注していた大量の注文を取り消したし、ボッシュ染料工業会社は南米の市場すべてを失った、と。シャハトはさらに述べる。ユダヤ人企業なしでもやっていくことができる、としばしばいわれているが、世界情勢を認識していない者が、このように主張できるのだ。ユダヤ人は輸入の場合にも必要である、なぜなら軍隊にとって必要な原料取引がユダヤ人の手中にあるからだ、と。

シャハトは言う。このことは、ユダヤ人に対する個々の行動すべてが非難されるべきだというわけではない、たとえば「ユダヤ人おことわり」の標識を立てることに異論をはさむものではない、このようなものはアメリカ合衆国でもしばしば見られる、と。しかし彼にとって療養地バート・テルツからユダヤ人を追放するケースはたいへん問題であり、ランゲンシュヴァールバッハからユダヤ人を追放するというナチ党のやり方は「いっそう問題である」ケースである。さらに彼にとってまったく信じられなかったのはアルンスヴァルデでおこった事件である。帝国銀行支店の支店長（シャハトの部下）が、戦時中、曹長で鉄十字章を与えられたユダヤ人からあるものを買った。それでシュトライヒャーは三つの掲示板に帝国銀行理事会の絵を掲げ[18]、絵の下に以下のように書いた、すなわちユダヤ人から購入する者は、だれであれ売国奴である、と。シャハトはただちに党支部に抗議し、同じ掲示板に謝罪文を掲げるよう要求し、彼の抗議文のコピーを党の地方最高責任者である大管区指導者クーベに送った。しかし彼の要求は満たされず、彼は帝国銀行支店の閉鎖を命じたが、しかし彼がとくに失望を禁じえなかったのは、大管区指導者クーベが彼に返答する必要を感じなかったことであった。

内相フリックが次に発言した。彼もユダヤ人にたいする「野蛮な個別行動」は停止するべきだという意見であった。内務省はすでに多くの法令にもとづいて活動しており、そこではユダヤ人問題は完全に法律にもとづいて解決しつつあった。

国務相ヴァーグナーが党代表として次に発言した。彼もこうした野蛮なやり方には反対であった。彼は言う。国民は、帝国政府がユダヤ人にたいする措置を講じつつあることに気付けば、すぐに自発的に中止するであろう、と。

宣伝省の代表は、ユダヤ人から購入した帝国銀行理事会にたいするシュトライヒャーの非難は間違ったことはなにもない、と述べた。これにたいしてシャハトは、憤慨して応答した。すなわち、こんな考えは聞いたこともない、自分は非ナチ党員として、自分が好きなところで購入する権利をもっており、そうでない法律など知らない、宣伝省代表は、政府諸機関でさえユダヤ人に発注していたことを知らないのだ、アルンスヴァルデ事件は「このうえなく不誠実で卑劣な事件」である、と。

この会議の結論はこうであった。すなわち新しいユダヤ人企業の設立を妨げるような法律を制定すること。そして政府はドイツ人企業にのみ発注するように努めること、ヴァーグナーは新法をもっと制定するようにという党の提案に従うこと。いうまでもなく、これらの結論はさほど重要な意味をもたなかった。新しいユダヤ人企業に関する決定は無用な存在となり、ドイツ人企業への発注はのちに法制化された。しかしナチ党による新法制定の提案は実現されなかった。

シャハトが抗議し、望んでいたこと、この点を明確にすることは重要である。彼は反ユダヤ行動に反対していたのではなく、「野蛮な」ナチ党のやり方に反対したのだ。彼は「合法的」な道、すなわち不安定性ではなく安定性を望んだのだ。企業活動をそこなうことは不安定性であった。彼はけっして反ユダヤ法に反対ではなく[19]、逆にそれを彼は歓迎し、それが機敏に発せられなかったときいらいらしたほどであった[20]。それというのも根本的には彼は、自分が実業の世界に対処するためには、「けじめがついていること」が望ましかったからである。

一九三五年十月四日、シュトライヒャーでさえ、ユダヤ人問題は「少しずつ」合法的に解決されつつある、と言明した。彼は言う。すなわち、これらの諸法令の巨大な重要性を認識している者はだれであれ、とんでもない言い掛かりをすることに堕していくのを許さないであろう。「われわれは、どんなウィンドウも打ちこわしはしないし、どんなユダヤ人も傷つけない。われわれは、そんなことをしてはならない。そうした類の行動に参加する者はだれであれ、国家の敵であり、挑発者であり、ユダヤ人ですらある[21]」。しかし、一九三八年十一月、完全に予想をくつがえすような事態が発生した。

ナチ党の特定の部局が不穏になり、突然、一九三三年の「野蛮」な行動よりもはるかに重大な結果をもたらす騒乱を開始した。この爆発がナチ体制下の六年目におこったことは記憶されねばならない。官僚たちに「民族の意志」を想起させる必要はもはやなかった。絶滅過程はもう始まっていたのだ。数十にのぼる反ユダヤ諸法はすでに公布され、用意されていた。今日われわれはこの騒乱の本当の理由を知っている。親衛隊は別としてナチ党はユダヤ人問題において、もはや重要な役割を果たしていなかった。このことは突撃隊と宣伝機構の場合にとくに当てはまった。一九三八年の騒乱は権力欲によって引き起こされた。党人たちは絶滅過程を実際に遂行する点で、役割を果たすことを望んだが、それは惨めにも失敗した。ことの経過はこうである。

一九三八年十一月七日、一七歳のユダヤ人移住者ヘルシェル・グリュンシュパンはパリ駐在ドイツ大使館におもむき、下級大使館員エルンスト・フォム・ラートめがけて弾丸二発を発射した。九日午後フォム・ラートは傷がもとで死亡した。これはこの種の最初の殺害ではなかった。三年ほど前、あるユダヤ律法学専攻学生がナチ党スイス支部の指導者を射殺した[22]。このスイスでの射殺はこれといった影響はもたらさなかったが、パリの事件はナチ党の行動への好機とされた。三八年十一月九日、宣伝相ヨーゼフ・ゲッベルスはミュンヘンにおけるナチ党指導者たちに以下のように語った、すなわちユダヤ人にたいして騒乱がクアヘッセンとマクデブルク＝アンハルトの諸地方で起こった、と。そして彼は言った。彼の提案にもとづいて、ヒトラー総統が次のように決断した、すなわち、騒乱が自然に全国的に拡大したら、その騒乱を妨げないように、と。党指導者たちは注意深く耳をかたむけていた。彼らにとってゲッベルスの発言が意味するところは、党は示威運動の提唱者として表面に立ち現われてはならないが、しかし示威運動を組織し実行しなければならない、ということであった[23]。

騒乱はまたたく間に広がっていった。突撃隊は国中のすべてのシナゴーグを組織的に炎上させるべく、部隊を派遣した[24]。黒い制服の親衛隊と正規の警察には通報されなかった。同夜おそく、ヒムラーの副官で親衛隊カール・ヴォルフ分隊長はまだ事務所におり、会議に出席していた。十一時十五分に電話がかかり、ゲッベルスが計画を指令した旨、知らされた。ヴォルフはただちにヒムラーと接触した。親衛隊・警察長官ヒムラーは十一月十日の午前一時にやってきて、大規模な略奪をさせないために、また付随的に強制収容所をユダヤ人二万人をもって満たすために、部下の出動を命じた[25]。ヒムラーは時間をみはからってから、メモを書きとらせた。そのなかで彼はゲッベルスの計画にたいする彼の反応を述べている。それは次のようであった、「命令は帝国宣伝指導部から発せられた。私は、ゲッベルスが権力を渇望して（これについてはずっと以前から私は気付いていたが）、また彼の無知さ加減から、対外的政治情勢がきわめて重大化しているまさにそのときに、この行動を開始したのではないかと思う。……私は、それについて総統に聞きただしたとき、総統はこの事件についてなにも知らなかった、という印象をもった[26]」。

ヒムラーの反応はかなり穏やかに見えた。結局、彼も一般的には独自の決定を下すことを好ましく思ったとしても、騒乱によって彼にもしかるべき利益があったのだ。しかし他のナチ党のトップ・リーダーたちの反応はそれほど無関心ではなかった。経済相フンク（シャハトの後任）は騒乱について耳にすると、宣伝相に電話した。

> ゲッベルス、君は狂ったのか、こんな無茶をして。ドイツ人であることを恥じなければならん。対外的威信はすべて失われるぞ。私は国富を保持するのに日夜努力しているのに、君は軽率にもそれを窓の外へほうり投げたのだ。ただちに、これを停止しなければ、私は不快なことをすべてを投げ出すぞ[27]。

ナチ党ナンバー・ツーのゲーリングは、なにが起こっているのかまったく知らなかった。騒乱の扇動が行われていたとき、彼は汽車に乗っていたのだ。彼はベルリン駅に着いたとき、ニュースを聞いた。彼はただちにヒトラーに、ゲッベルスの無責任な行為、それが経済、ことに「物資保持の精神」にもたらす破局的影響などについて訴えた。ヒトラーはある程度はゲッベルスを弁護したが、しかし、こうした事件がくり返されてはならない、という点では同意した。その日（十一月十日）、ゲーリングとヒトラーは改めて会った。このときはゲッベルスも同席した。宣伝相は「彼のいつものおしゃべり」を始めた。ユダヤ人による殺人は今度のことが初めてではない、こういうことは許すことはできない、と。このときゲッベルスはゲーリングをびっくりさせるような提案をした。ユダヤ人は罰金を払わねばならない、と。「彼は、各大管区ごとに罰金を徴収すべきだと要求し、しかもまったく理解しがたい高額を挙げたのである」。ゲーリングは反論し、このような方策はまったく不可能だ、といった。そして、さらに彼は言う。ゲッベルス氏はベルリンの大管区指導者でもあり、その大管区には多くのユダヤ人がいるのだから、彼は最も利益にあずかることになろう。もし、このような方策がとられるならば、国家が金集めをしなければならなくなる、と。ヒトラーは同意したが、議論はしばし行ったり来たりしたのち、一〇億ライヒスマルクで見解の一致をみた。(28)

ゲッベルスは敗北し、彼の願望は挫折し、彼の権力欲は満たされないままに終わった。たしかだと思っていた獲物は彼の手からすべり落ちた。これ以後はゲッベルスについて語ることはあまりないであろう。彼の返り咲きの試みもあったが、ユダヤ人絶滅において彼の役割が最高の重要性をもつことは、二度と起こらなかった。ベルリン大管区指導者としての彼はユダヤ人絶滅について首都から一定の発言権をもった。そして宣伝相・党宣伝責任者としての彼は、最高のスローガン案出者であり続けた。しかし、この役割でさえ、彼は他の者たちとわかちあわねばならなかった。そして、とかくするうちに宣伝相はドイツ官僚機構のなかで、きわめて人気のない人物になっていった。なぜなら、彼は幾多の不快な諸問題を官僚たちの責任にかぶせたからである。

好ましくない反響はまず外国の反応であった。外国紙の批評は批判的なものであり、対外折衝はぎすぎすし、ドイツ商品のボイコットはじわじわと激しくなってきた。

ワシントン駐在大使ディークホフは外務省宛に以下のように書き送った。「合衆国を現在おそっている嵐が、予知できる程度に将来おさまり、われわれがふたたび活動できるようになることを」私は念願している。十一月十日までは、相当数のアメリカ人が反ドイツ・キャンペーンから遠ざかっていたが、いまや、そうした事態は変わり、非難の叫び声がやってくるのはユダヤ人からだけでなく、ドイツ系アメリカ人さえもふくめて、あらゆるグループ、あらゆる階級からである、と。さらにディークホフは続ける。「とくに私が衝撃を受けたのは、徹底した反共産主義者であり、たいてい反ユダヤ主義的である尊敬すべき愛国的階級の人びとが、ほとんど例外なくわれわれから顔をそむけ始めたことである。ユダヤ系新聞が以前よりもいっそう興奮した論調で書き、カトリックの司教による反ドイツ・キャンペーンが以前よりいっそう厳しくなっていることは驚くにあたらない。しかしデューイ、フーヴァー、ハーストなどかなり自制的で、ある程度まで親独的な発言をしていた人びとが、いまやドイツにたいして激しく厳しい態度を公然ととりつつあるのは、重大な事態である。……全般的に憎悪の雰囲気のなかで、ドイツ商品ボイコットという考えが新たに熱情をかきたてられ、取引交渉はもはや考えられなくなった」[29]。このような報告は世界中から外務省に流れこんできた[30]。

ただ外交官たちも若干の動揺にさらされてはいたが、最も失望感をもったのは輸出業者、軍事専門家、外貨供給に関心をよせているすべての人びとであった。ドイツ貿易はしばらく前から、諸外国からの組織的ボイコットに悩まされてきた。しかし、まだボイコット運動はたいてい消費レベルに限られ、もちろんドイツのユダヤ人企業には向けられず、わずかの非ユダヤ人企業がボイコット運動にさらされていただけであった。ところが反ユダヤ騒乱は事態を変えた。いまやボイコット運動は、小売商人、卸売人、輸入業者のなかに多くの支持者を獲得した。

このことは実際には契約の大量キャンセル、とくにフランス、イギリス、アメリカ、カナダ、ユーゴスラビアのそれを意味した。国防軍の国防経済関係の幹部たちは、多くの企業が輸出業務の二〇～三〇パーセントを失ったと報告した。最も厳しい打撃を受けたもののなかには、皮革製品や玩具の製造業がふくまれていた。イギリスにおけるすべての取引きを失った玩具企業もあり、アメリカにおける販路をすべて失った玩具企業もあった。ドイツにおいてユダヤ人企業が排除されたために、これらの企業が手にしていた為替の多くも捨て売りされた。こうして企業主であるユダヤ人が拘束されたある企業では、新しい「アーリア人」管理者のもとで、ユダヤ人迫害以前にすでに取り決めていた六〇万ライヒスマルクに達する契約を獲得できなかった。とはいえ最も耐えがたかったのは、ドイツの「アーリア」系企業と外国のそれとのあいだの旧来の顧客関係の断絶であった。ドイツ人側は、非ユダヤ人企業がボイコットに参加せざるをえないと思っているのはなぜなのか理解できなかった。だが、それは実際に起こったのだ。オランダにおけるクルップ、フォード・ドイツ支社、ＤＫＷ、ＢＭＷのようなドイツ企業の代理業務を行っていたオランダ最大の貿易商社がアムステルダムにあったが、その商社はドイツ取引のすべてを取り消し、イギリス諸企業の代理業務を引き受けたのであった[31]。

ユダヤ人迫害の第一の帰結は外国における善意の喪失であったのは言うまでもないが、その第二の帰結は自国における物的損害であった[32]。

一九三八年十一月十二日、つまり騒乱から二日後、ゲーリングは損害を調査し対策を協議するために会議を招集した。そこには経済相フンク、宣伝相ゲッベルス、蔵相フォン・クロージク、保険業界代表ヒルガルト、保安警察長官ハイドリヒ、治安警察長官ダリューゲ、外務省を代表してヴェルマン、その他の利害関係者たちが出席した[33]。冒頭、ゲーリングは、もうデモンストレーションにはあきあきしたことを強調し、そして次のように言った。

あのデモンストレーションはユダヤ人に害を加えなかったが、しかし私はドイツ経済の調整に究極的に責任ある立場にあるがゆえに、私を傷つけたことになる。もし今日、ユダヤ人の商店が破壊されるならば、商品が街頭にほうり出されるならば、保険会社は損害を償うだろう。……ユダヤ人商店を一掃し炎上させ、そしてドイツの保険会社に損失を償わせるとは、狂気の沙汰である。私が心から必要としている品々、莫大な衣料などさまざまな物品が焼かれている。それらはなにからなにまで不足しているものである。原料品なら、入荷する前に焼くほうがいい。

ゲーリングの冒頭発言に続いて、保険の専門家ヒルガルトが発言を求められた。彼のくわしい説明はなにやら中世の修道院年代記を想起させるようなものであった。そこで語られていることはこうだ。ウィーンのユダヤ人街が暴徒によって襲われたとき、もたらされた損害はユダヤ人よりもキリスト教徒のほうが大きかった。なぜならユダヤ人質屋にあったドイツ人の財産が損害を受けたからである、と。ヒルガルトは一九三八年の今日、同じような物語をしたのである。約六〇〇万ライヒスマルクの保険に入っていたウィンドウが粉々にされた。すくなくとも、この半分は外国為替でないと入手できないものであった。なぜなら高価なウィンドウのガラス板はベルギーで生産されていたからである。しかもユダヤ人商店のウィンドウはユダヤ人店主のものではなく、ドイツ人家主の所有物であった。問題はユダヤ人商店の店頭におかれていたのがキリスト教徒の所有物だったという話と類似している。マールグラフ宝石店の損害だけでも一七〇万ライヒスマルクと報告されている。

このときゲーリングはさえぎって、こういった、「ダリューゲとハイドリヒ、君たちは大規模な手入れによって、その宝石を私のところに調達してこなければならない」。これにたいしてハイドリヒは答えた。盗品を取り戻すことは容易ではない。ものは街頭にほうり出された。「群衆はいうまでもなくミンクやスカンクの毛皮などを拾うために殺到しました。それを取り戻すことはきわめて難しいでしょう。子どもたちでさえ、おもしろ半分にポケットを満杯にしたのです」。さらにハイドリヒはゲッベルスの得た利益にたいして、あてこすりにいった。「ヒトラー・ユーゲントは党の同意なしに、このような行動に参加すべきではない、と思う」。

ヒルガルトは説明を続けて、全損害は二五〇〇万ライヒスマルクに達するだろう、といった。ハイドリヒは消費財の損失、徴収不能となった税金、その他の間接的損失などを加えれば、何十億ライヒスマルクの損失が見込まれることを示唆し、さらに七五〇〇の店舗が略奪されたことを付言した。ダリューゲは、多くの場合、店頭の商品が店舗所有者の財産ではなく、ドイツ人卸売業者の所有物であることを指摘した。

ヒルガルト「われわれはその損失にたいしても償わねばなりません」

ゲーリング（ハイドリヒにむかって）「君が二〇〇人のユダヤ人を殺害しても、それだけの価値を破壊しなかったら、よかったのだが」

ハイドリヒ「三五人を殺害しました」

結局、会議は損失請求にたいする対応策を決定した。すなわち損失を以下のような方法で類別した。（1）保険をかけていないユダヤ人財産の損失はユダヤ人の損失のままとされ、宝石、毛皮、その他の貴重品はユダヤ人所有者に返されない。なんらかの損害補償がなされたかぎりは、その諸品目は国家によって没収される。[34]（2）保険をかけているドイツ人財産（主にウィンドウ・ガラスや消費財の積み荷）は、保険会社が償う。（3）保険をかけているユダヤ人財産の損失は次のように扱う。すなわちユダヤ人の保険金請求権は国家が没収する。保険会社には政府に支払うよう指示する。ユダヤ人財産所有者には「街路の外見の修復のために必要な費用」を負担するよう指示する。[35]だが、その後の法令で、修復費を一〇億ライヒスマルクの負担金から差し引くことが認められた。[36]それゆえ、これらの対応策の実際の効果は保険会社に損害賠償の負担をかけることになった。

ヒルガルトは、保険会社の公的信用が崩壊しない程度に、保険会社に支払わせねばならない、と主張したが、政府による内々の償還をのぞんだ。だがゲーリングはそんなことはまるで考えなかった。それでも会議のなかでヒルガルトは、小会社にたいしてはしかるべきことがなされるだろう、という見込みを得た。ただし、それは「絶対的に必要」な場合にのみであるとされた。この点で会議記録には欠落がある。しかし議事録第五部でゲーリングは指摘している。「保険会社がすべての損失を償う必要がなければ、結局、保険会社にはある程度の利潤が残るだろう。ヒルガルト君、君は楽しい思いができるよ」と。

ヒルガルト「われわれが損失すべてを支払う必要がないことを利潤と呼ぶ理由はまったくありませんよ」

ゲーリング「ちょっと待ってくれ。もし君が法的に五〇〇万ライヒスマルクを支払わねばならない場合、突然、眼前にやや肥満した天使が現われ、君は一〇〇万ライヒスマルクを支払わなくてもよい、と告げたとしたら、どうして、それを利潤と呼ぶことができないのかね。私は君と山分けすることになるか、あるいは君がなんといおうとも、君が全身で喜びを表現しているのがわかる。君は大もうけしたのだ」

（所見　公然たる騒乱によってもたらされた損失補償金を、保険会社に支払わせる税を導入したいものだ）

ヒルガルトは否定的に答えた。彼の考えによれば「名誉あるドイツ商人」はいぜんとして勘定を払わねばならない。保険会社は決定的な被害者である。「そうであり、そうであり続けるであろう。このことにだれも異論をいうことはできない」と。

ゲーリング「それでは君はなぜ、あんなにたくさんのウィンドウを粉々にしないように注意しなかったのだ。君も民族の一員じゃないか」

ゲッベルスのユダヤ人迫害がもたらした第三の問題は、シナゴーグの破壊であった。外国の反響や保険金請求と比較して、これは相対的に小さな問題であった。ゲーリングはシナゴーグの価値を認めていなかったので、彼はそれをドイツ人財産とはみなしていなかった。しかし廃墟は邪魔になった。この問題について書簡のやり取りののち、教会省は、建物の残骸の除去をユダヤ教徒に背負わせるために、建築法規を援用する解決策を思いついた。[37]

扱うべき第四の問題は、法廷におけるユダヤ人の行動であった。法務省はこの問題に関心を払い、法令を発し、ドイツ国籍のユダヤ人は十一月八—十日の「諸事件」から生じたどんな場合にも、法的請求権をもたないとした。[38]ところが被害をこうむった外国籍ユダヤ人は、当然のことながら国家にたいして外交上の訴訟や請求権に訴えた。ゲーリングはこのジレンマから抜け出せず、ユダヤ人がポーランドを去ったとたんに、ポーランド人のように扱わねばならないことに腹を立てていた。外務省代表ヴェルマンが、ドイツに報復しようとしているアメリカのような国々と折衝しなければならないことを指摘したとき、ゲーリングは、アメリカは強盗国家であり、ドイツの対米投資はずっと以前から引き上げられねばならなかった、と返答した。そして言った。「しかし君は正しいよ。ヴェルマン君、それは考慮されねばならないことだ」。[39]

第五の問題はいくつかの点で最も困難なものであった。騒乱のなかで刑法上、犯罪となるような行為が多く行われた。個人所有のものが盗まれた（のちに国家に引き渡されることもなく）。女性たちは暴行を受け、男たちは殺された。一九三九年一月二十三—二十六日、法相ギュルトナーは問題を議論するために、最高裁判所の検察官たちを招集した。法務省次官フライスラーは以下のように説明した。問題は二重に、すなわちナチ党員の訴追と非党員の訴追とある。非党員に関するかぎり、司法機関は、その活動を世間に触れまわることなく、ただちに行動することができる、と。ギュルトナーは、「目立つ奴」だけを訴追せよ、たとえば暴行は罰すること、他方、わずかばかりの食物の盗みのようなささいな事は取消にせよ、と主張した。検事長ヨエルは、ズボン下を盗んだような者まで訴追する必要はない、とギュルトナーに同意した。そして次のように付言した。誘惑は大きく、必要品は不足し、教唆はあきらかにあったという状況が配慮されねばならない、党員については、党からの排除ののちに訴追されるべきである、なぜなら彼は命令に従って行動したかもしれないからだ、と。[40]

一九三九年二月、党最高裁判所が、不当な侵害をした三〇名の場合について判定するために招集された。ゲーリングへの報告のなかで、裁判長ブーフは、ユダヤ人虐殺が自然発生的なものでなく組織的なものであったという、罪を軽減すべき事情があることを指摘した。被告のうち二六名がユダヤ人を殺害していたが、これらの党員のひとりといえども除名されなかった。

二六名全員のために、法相は刑事法廷における訴訟取消しを主張した。彼はいう。これらすべてのケースにおいて、法廷は「恥ずべき」目的を見出せなかった。被告たちが命令なしで行動したとしても、虐殺の目的が復讐であることを彼らは理解していた。彼らが殺害を命令されていたか、あるいは彼らの憎悪感情のもとに実行したか、いずれにせよ除名や訴追は正当化されない、と。これに対して女性に暴行を働いた四名は党から除名され、法廷に引き渡された。道徳的犯罪はユダヤ人虐殺の場合でも正当化されなかったのだ。これらのケースでは被告たちは彼らの行動の口実としてのみ、騒乱を利用したのである。(41)

大半の党指導者をふくめて、すべてのドイツ官僚が、ゲッベルスによるユダヤ人虐殺を困惑と戸惑いをもって迎えた。財産の破壊、あらゆるドイツ諸都市におけるシナゴーグの破壊、諸事件への外国の反応、外国籍ユダヤ人による請求、これらは予想以上のものであった。十一月十二日の会議の最後に、ゲーリングは「断固として私は個別行動すべてを最終的に除去するつもりだ」と言明した。それからほどなく大管区指導者会議でゲーリングはユダヤ人虐殺について反対をくり返した。彼は言った、騒乱は下等な本能に身をまかせ、そのうえ望ましくない外国の反響をもたらしてしまった、と。(42)

十一月の虐殺はドイツにおけるユダヤ人に対する街頭暴行の最後の機会となった。一九四一年九月、宣伝相の指示でユダヤ人に黄色の星をつけるという法令が発せられたが、そのとき党官房長ボルマンは、十一月のような「デモンストレーション」をくり返さないことを念押しする命令を発した。ボルマンは言った、党員が個々のユダヤ人に暴行を加えるならば、運動の威信は損なわれるであろう、と。そして彼は、このような行為はきびしく禁止されるし、され続ける、と結んだ。(43)

ゲッベルスをのぞいて党指導部すべてがユダヤ人虐殺と街頭暴行に対し嫌悪を、さらに恐怖さえ抱いていたが、その唯一の理由は、これらの「行為」が統制不可能であることを知っていたからであった。暴徒が野放しになれば、事態は手におえなくなるからであった。ユダヤ人虐殺はあまりに高くつき、結局、何ものももたらさなかった。それゆえ一九三〇年代の党活動は、ドイツ官僚たちに以下のような作用をしただけであった。党の内外を問わず、あらゆる官僚たちは、ユダヤ人に対する方策は組織的に行われねばならず、ゲッベルスやその他の扇動家たちによる未熟な状況操作はなんとしても避けるべきだ、と確信したのであった。いまやユダヤ人は「合法的」に扱われるようになった。すなわち個々の方策の正式の計画化、覚書・通信・会議を通じて行われるようになった。それゆえそれぞれの方策のすみずみまで、注意深く考慮が払われ、性急な行動は排され、官僚たちが主導した。この官僚的絶滅過程こそ、一歩一歩進められ、最後に五〇〇万人の犠牲者を出した抹殺へと到達したものである。(44)

他方、ユダヤ人たちはこのような暴行に対してどのように反応したのであろうか。たいへん奇妙なことにナチ党による行過ぎに対するユダヤ人の反応は、肝心のところでドイツ官僚たちの反応と一致した。ヒトラーの権力掌握前、ユダヤ人は、激しい非難を常にさし控えてきたし⑮、共産主義者や社会民主党の隊列とともに街頭行進することもつつしんできた⑯。ユダヤ人諸組織は、副首相パーペンと同様に、諸外国におけるデモンストレーションや「残虐行為」宣伝に対して、急いで抗議を発した。ユダヤ人退役軍人組織は国外移住者を、ユダヤ人仲間を「見捨て」、ドイツ人とドイツ系ユダヤ人の不利益点になるように、「安全な隠れ場から矢を放つ人」びとであると攻撃した⑰。

同化主義的ユダヤ人中央組織であるユダヤ教ドイツ公民中央協会は、憤激しつつ以下のように言明した。「だれもわれわれから、わが祖国ドイツを奪い去ることはできない。……われわれはこの戦闘を闘い抜くことによってドイツ人としての闘いを行うのであって、利己的なユダヤ人としての戦闘を遂行するのではない⑱」。ユダヤ人は、自分たちが苦難の時代を体験しつつあるものの、その立場を維持しえなくなったのではない、と確信していた。「ひとはわれわれを飢えにさらすことはできるが、餓死させることはできない⑲」。シャハトと同じように、ユダヤ人たちは不安定さに終止符を打ち、彼らの地位を確たるものにするような法令の発令を期待していた。「ひとはいかなる法のもとにあっても生きていくことはできる⑳」。

一九三三年四月初旬はナチ党による宣伝・ボイコット・暴行の最初の波の時期であり、最初の反ユダヤ法が発せられた時であったが、そのときユダヤ人社会における二つの流れのあいだに論争が起こってきた。この論争はそれぞれ自己弁明的であった。同化主義者の機関紙『中央協会新聞』は絶望感から生まれた論説を発した。そこではゲーテの有名な幻滅の愛に関する言葉を引用していた。「私が汝を愛するとき、なにが汝とかかわりがあろうか」。これに対しシオニストの機関誌『ユーディシェ・ルントシャウ』は挑戦的につぎのように応答をした、「私が汝を愛するならば、それは汝にかかわりあることだ。ドイツ人は数百年にわたる歴史的きずなをそう簡単に切りえないことを知るべきである㉛」。だが、そのきずなは絶ち切られた。官僚たちはドイツ人とユダヤ人社会のきずなをつぎつぎと切断した。すでに六月にはシオニスト系新聞は絶望し、最後のアピールを発した。

国民社会主義者は彼らのデモンストレーションにおいてユダヤ人を「国家の敵」として明示した。この呼称は誤りである。ユダヤ人は国家の敵ではない。ドイツ系ユダヤ人はドイツの勃興を望んでおり、つねにドイツのために、彼らの知識の最良なるものと彼らの精神的能力のすべてを投入してきた。これこそユダヤ人が続行せんとしていることである㉜。

一九三九年までには非難のアピールでさえ姿を消した。ユダヤ人団体の指導者たちは、公的に認可された出版物で、読者にたいして、公的な命令や指示のすべてを最大限、正確に実行することという助言の言葉を吐いただけであった㉝。ユダヤ人は彼らの律法をもっていたのだ。

訳注

26 二五カ条の綱領　一九二〇年二月二十四日に公表されたナチ党の綱領。二五カ条からなり、ユダヤ人問題以外では大ドイツの建設、ヴェルサイユ条約の廃棄、労働の義務と全体の利益の優先、不労所得の廃止、トラストの国有化、大百貨店の市町村有化、地代の廃止、職業身分議会の創設などが盛り込まれていた。

28 サン・バルテルミの虐殺　フランスのユグノー戦争の最中（一五七二年八月二十四日夜）に起こった新教徒虐殺事件。新教徒の台頭を恐れた王室と旧教徒側の共謀によって行われた。フランス全土に飛び火し、パリで三〇〇〇人、全土で数万人の犠牲者が出たという。

第3章

絶滅の構造

ユダヤ人の絶滅は一見したところ不可分の、単一にまとまった出来事という外観をもっている。だが、子細に観察するならば、順を追った歩みの過程であることが明らかとなる。その歩みは広範な官僚機構における無数の政策決定者たちが主導したものである。それゆえに、その大変動の根本的な特徴はその構造である。すなわち発展の論理、決定に至るメカニズム、日々の行政的活動にかかわる機構などである。

絶滅過程は一定のパターンとして展開した。[1] だが、それは基本的な計画があって、その結果として生じたものではない。一九三三年には官僚のだれもが一九三八年にどんな方策がとられるか予想できなかったし、四二年の諸決定を三八年に予言することもできなかった。絶滅過程は一歩一歩と重ねられた営みであり、行政官たちは一歩以上先を考えることはほとんどできなかった。

絶滅過程の歩みは以下のような順で進行した。まず「ユダヤ人」という概念が確定され、ついで財産収用が開始され、そしてユダヤ人のゲットー収容、最後にヨーロッパ・ユダヤ人の抹殺が決定された。移動殺戮部隊がロシアに派遣され、その他のところでは犠牲者たちは絶滅収容所へ移送された。したがって、時間的展開で示すと左図のようになる。

原注5

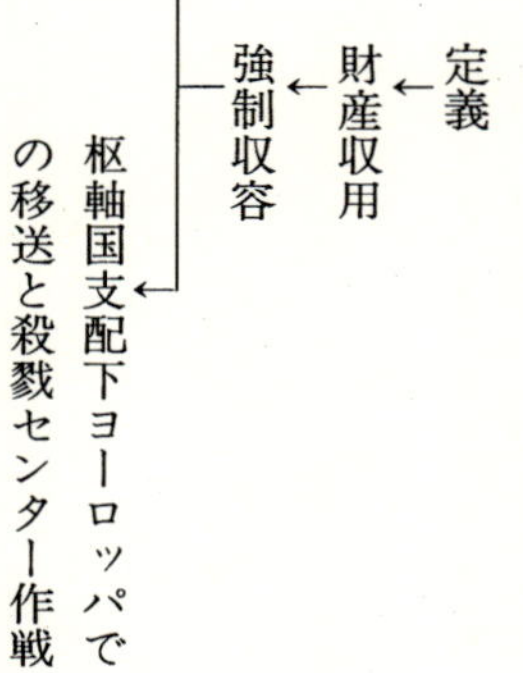
占領下ソ連での移動殺戮作戦

「絶滅過程」という概念には前章で論じたナチ党の諸活動をふくんでいない。シャハトとフリックはこれらの党活動を「個別行動」と呼んだ。これは行政的な意味をなんらもっておらず、なんらの行政的パターンにもはまらず、なんらの行政的目的をも追求するものではなく、行政活動の一階梯をなすものでもない。これが、一九三八年以降、こうした党活動がドイツにおいては完全に消失し、占領地域でまれにしか行われなかった理由である。

ユダヤ人の定義という問題は一九三八年の血なまぐさい騒乱と比べて、かなり害意の少ない措置に見える。しかし、その意義は大きい。なぜなら犠牲者の定義はさらなる行為に不可欠であったからである。その措置自体はだれをも害するものではなかったが、それは行政的持続性をもつものであった。この点がたんなる虐殺と絶滅過程との主要な相違である。虐殺（ポグロム）は財産の一定の損失と人的被害をもたらしたが、それがすべてであり、それ以上のことはなかった。他方、絶滅過程における措置はそれだけで孤在しているものではなかった。それはかならずしもダメージをもたらすことはなかったが、しかしつねに因果関係のなかにあった。絶滅過程の一歩はつぎの一歩の種子を宿していた。

　絶滅過程は二つの方策によって支えられている。すなわち移住（一九三三—四〇年）と抹殺（一九四一—四五年）である。こうした政策の変化にもかかわらず、絶滅過程の行政的連続性は中断されていない。一九四〇年以前に導入された三つの措置（定義、財産収用、強制収容）は移住への誘因となったばかりでなく、殺戮作戦への踏石として役立ったが、この事実のなかに、行政的連続性の理由を見ることができる。

定義 ……… 移住
↓
財産収用 ……… 移住
↓
強制収容 ……… 移住
↓
抹　殺

抹殺へいたる道は古くから存在する道を通じてまっすぐに延びていた。

　われわれはますます徹底したものとなっていく行政的発展を扱っている。こうした過程において多くの官僚は、古くからの法的手続き上の原則や条件における障害を認識した。彼らがのぞんだことは無制約的な行動であった。それゆえ彼らは、形式的な書類による命令が徐々に手続きとして廃棄されていく雰囲気を醸成していった。公然たる法策定から秘密裏の操作へという力点の移動は、以下のような連続系として表現できる。[2]

諸法律
↓
施行命令
↓
省あるいは地方の命令や条例
↓
社会にたいする法律や命令の公告
↓
必要不可欠な場合の地方官吏による告示
↓
非公表の文書による命令
↓
下僚にたいする非公表の非限定的権限付与
↓
口頭による命令と権限付与
↓
指示・説明を必要としないで決定をなしうる官吏の基本的了解

結局、ユダヤ人の絶滅は法律や命令の産物というよりも、精神とか、共通理解とか、一致や同調の問題であった。

この企てに加担したのはだれなのか。この事業のためにどんな機構が作動したのか。絶滅機構はさまざまなものの集合体であった——全作業を担った官庁はなかった。ある特定の機関が特定の措置の実行過程における指導的役割を果たしたとしても、全過程を方向づけ調整した機関は存在しなかった。絶滅のエンジンは、まとまりのない、分岐した、とりわけ分散的な機構であった。

まず、この装置がどんなに巨大なものにならざるをえなかったか考えてほしい。一九三三年にユダヤ人はほとんど完全に解放されており、ドイツ社会に統合されていた。それゆえにユダヤ人をドイツ人から分離することはきわめて複雑な過程であった。なんらかのかたちで反ユダヤ政策に関心をもたなかったような機関や実務組織はほとんど存在しなかった。「ドイツ政府」と呼びうるような公的・私的機関を、また「絶滅機構」と呼びうる実務組織を列挙するならば、それは反ユダヤ政策になんらかの意味で関心をもっていた機関や組織であった。

とはいえ「ドイツ政府」という呼称と「絶滅機構」という呼称には異なった役割が課されており、「政府」はもっと包括的なタームであり、社会における行政諸機能の総体を意味しており、「絶滅」はきわめて特殊な行政活動のひとつにすぎない。政府部内で強力な機関でありえたものでも、絶滅機構における決定的部分とはかぎらないし、逆に絶滅機構において中心的機関であっても、それが政府機構における重要な結節点とはかぎらない。要するに絶滅機構について語る場合、ドイツ政府にその特殊な役割をゆだねざるをえない。それでは、その政府はどのように組織されていただろうか。その構造はどのように描いたらよいのであろうか。

ドイツの行政機構は総統（ヒトラー）と四つの別種のヒエラルヒー的集団、すなわち政府官僚機構、軍、工業・財政機構、党からなっていた。この詳細は表3－1～5に示しておいた。

官僚と軍は数世紀にわたってドイツ国家の二つの支柱と考えられてきた。それらは一七世紀中頃に起源をもっており、その発展はたんに行政機構としてではなく、それ自体の伝統・価値・政策をもつ階層秩序としての発展であり、ある意味で近代ドイツ国家の発展と同意語であり、同一視しうるものである。産業機構は、一九世紀になって初めて官僚や軍に匹敵する政治的要因となった。党はナチ政府において最も新しい階層的制度であり、一九三三年にやっと一〇歳を迎えたのであった。しかし党はすでに壮大な官僚機構をもち、その他の階層制度と競合し、若干の領域ではそれらの組織の特権を脅かすほどであった。これら四つの官僚制は歴史的起源を異にするにもかかわらず、また利害関係を異にするにもかかわらず、すべてユダヤ人の絶滅という一点では一致しえた。これらの共同行動は実際、完璧なものであったので、それらがひとつの絶滅機構として融合したことを指摘できる。

それぞれの階層制度の独自の貢献はその権限に即しておおま

表3-1　各省大臣・次官一覧

ヒトラー
総統代理ゲーリング

帝国行政全権
(フリック)
ヒムラー

経済全権
フンク

	内務	法務	教育	教会	経済	食糧	労働	大蔵
(大臣)	(フリック) ヒムラー	(ギュルトナー) (シュレーゲルベルガー) ティーラック	ルスト	ケーアル	(シャハト) フンク	(フーゲンベルク) (ダレ)	ゼルテ	シュヴェリーン・フォン・クロージク
(次官)	プフントナー シュトゥッカート コンティ	(シュレーゲルベルガー) (フライスラー) ローテンベルガー	チンチュ	ムース	(バング) (ブリンクマン) (ラントフリート) ハイラー	バッケ	エンゲル ジュルプ	ラインハルト

	宣伝	外務	東部占領地域	運輸	郵政	軍需	ドイツ帝国銀行
(大臣)	ゲッベルス	(ノイラート) リッベントロプ	ローゼンベルク	ドルプミュラー	オーネゾルゲ	(トット) シュペーア	(シャハト) フンク
(次官)	グッテラー	(マッケンゼン) (ヴァイツゼッカー) シュテーングラハト	マイヤー	(クラインマン) ガンツェンミュラー		シュルツェ＝フィーリッツ	ランゲ プール

[注]　(　) 内の人名は前任者．ここに示していない内閣官房はヒトラーと省の間に置かれ，両者をつなぐ役目を果たす．

表3-2　国防軍

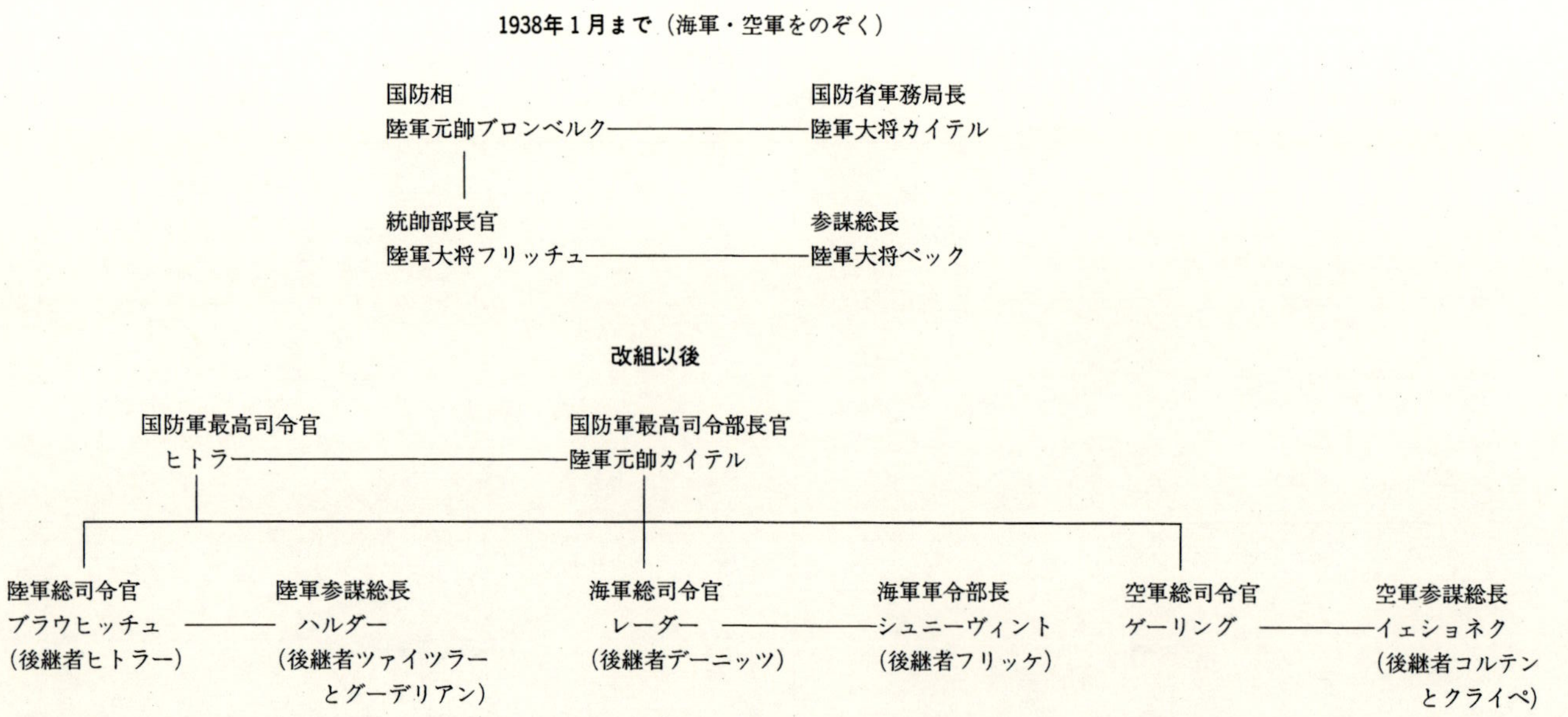
1938年1月まで（海軍・空軍をのぞく）
国防相
陸軍元帥ブロンベルク
国防省軍務局長
陸軍大将カイテル
統帥部長官
陸軍大将フリッチュ
参謀総長
陸軍大将ベック
改組以後
国防軍最高司令官
ヒトラー
国防軍最高司令部長官
陸軍元帥カイテル
陸軍総司令官
ブラウヒッチュ
（後継者ヒトラー）
陸軍参謀総長
ハルダー
（後継者ツァイツラー
とグーデリアン）
海軍総司令官
レーダー
（後継者デーニッツ）
海軍軍令部長
シュニーヴィント
（後継者フリッケ）
空軍総司令官
ゲーリング
空軍参謀総長
イェショネク
（後継者コルテン
とクライペ）

表3-3　産業機構

計　画				軍需生産 分配 優先順 その他		合理化・経済性	実際業務 その他
四カ年計画庁		計画局		軍需省			全国経済会議所
ゲーリング (代理ケルナー) ――		ケーアル		シュペーア			ピーチュ
ヘルマン・ゲーリング工業所	東部中央信託局	実務グループ	全権	中央委員会	工業リング	全国連合	全国グループ
プライガー	ヴィンクラー	食糧：バッケ 森林：アルパース 価格： フィッシュベック その他	労働：ザウケル 化学工業： クラウフ その他	兵器：ツァンゲン その他	各リングのメンバーが最終生産物の部品を生産する． 例： ボールベアリング	鉄：レヒリング 石炭：プライガー その他	工業：ツァンゲン 商業：ハイラー その他 (全国経済会議所の地方機構は，工業・商業会議所からなる．)

表3-4　ナチ党

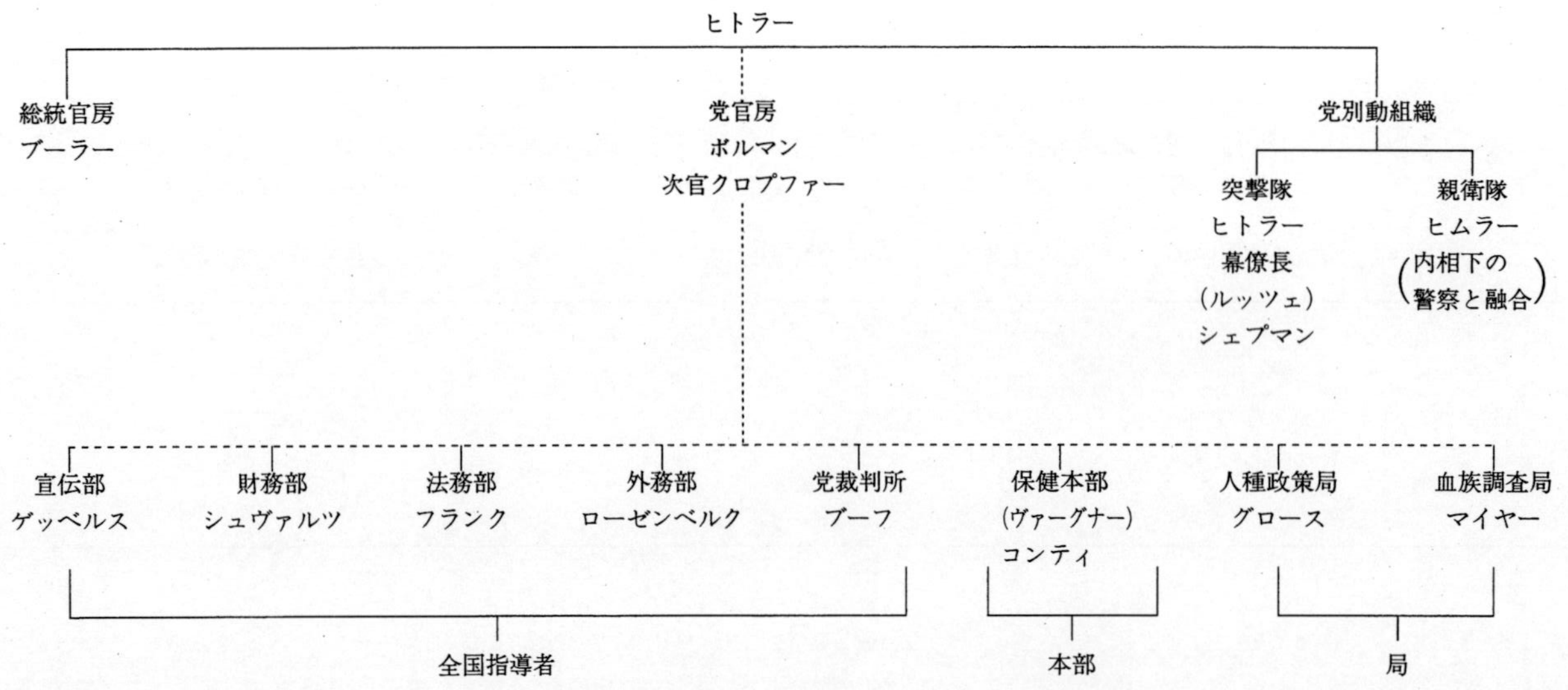

［注］点線はヒトラーへの報告部局としての，またヒトラーの指示の伝達部局としての党官房の地位を示している．
全党部局はヒトラーに責任を負う．ここではすべての部局が挙がっているわけではない．

表３－５　地方機構

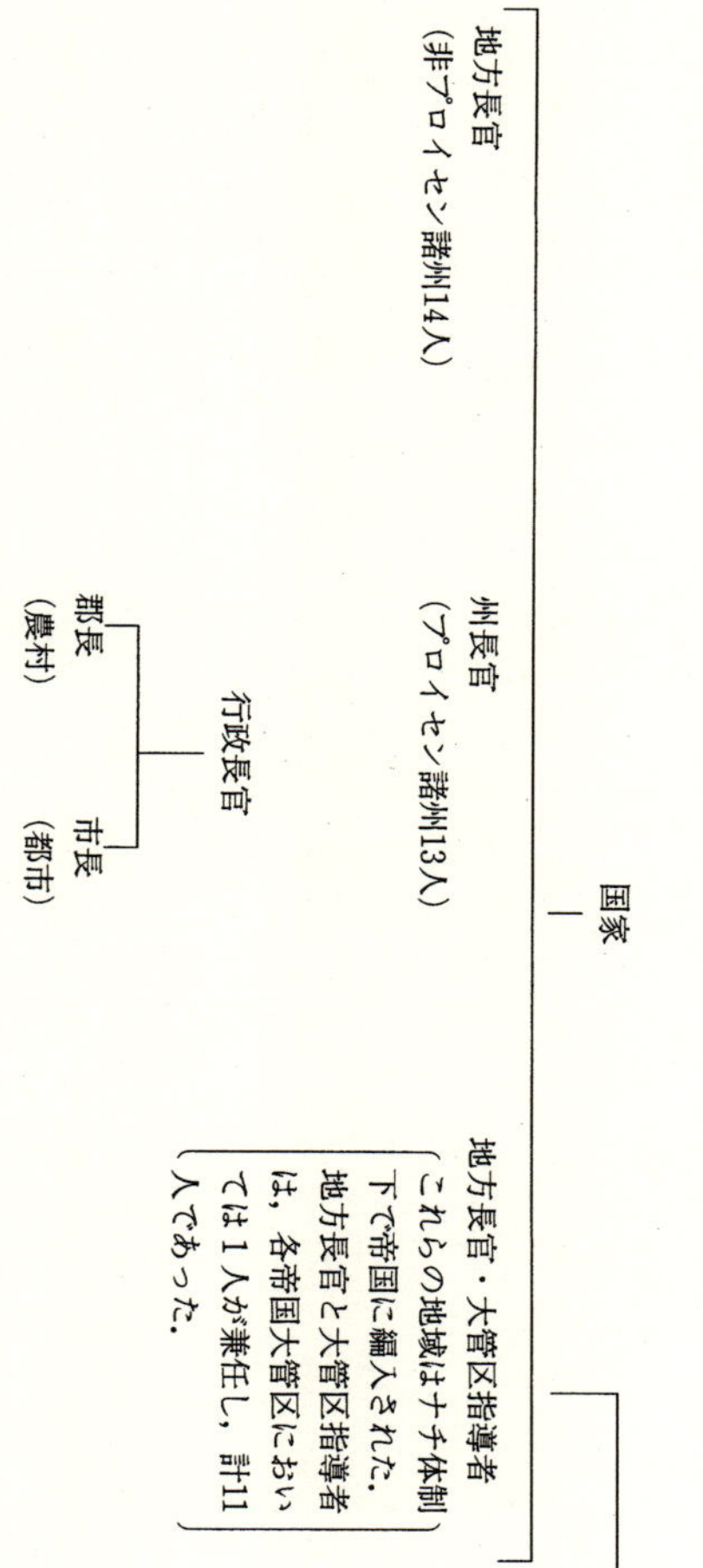
党
これらの地域はナチ体制下で帝国に編入された．地方長官と大管区指導者は，各帝国大管区においては１人が兼任し，計11人であった．
大管区指導者
非プロイセン諸州とプロイセン諸州で31人．大管区は州と必ずしも一致しない．
管区指導者
地区指導者

かには測定されうる。政府官僚制は絶滅過程の初期段階における反ユダヤ法制定の主要機関であった。それは、「ユダヤ人」の定義を規定した法令や規制を作成したが、このユダヤ人概念がユダヤ人財産の収用を準備し、ユダヤ人社会のゲットー化に影響をあたえた。こうして政府官僚は全絶滅過程の方針を定め、方向付けをした。このことはユダヤ人絶滅における政府官僚の最も重要な機能であった。さらに、それは後年のもっと厳しい反ユダヤ政策における驚くべき役割も演じた。外務省は絶滅収容所へのユダヤ人の移送に関して同盟諸国と協定を結び、ドイツの鉄道は移送の責任を受け持ち、警察は親衛隊と完全に融合しつつ、絶滅活動に精力的にたずさわった。

軍は戦争勃発後、東欧・西欧における広大な領域を統制することを通じて、絶滅過程に引き込まれていった。軍の部隊や機関は特別移動部隊によるユダヤ人の殺害や絶滅収容所へのユダヤ人の移送などをふくむあらゆる方策に関与しなければならなかった。

工業・財政機構は財産収用や強制労働体制に関して、さらにはガス殺害に関しても重要な役割を果たした。

党は、ドイツ人・ユダヤ人関係のデリケートな諸問題（二分の一ユダヤ人、混合婚をしたユダヤ人など）をふくむすべての問題にかかわり、激烈な行動を全般的に推進した。党の軍事部門であった親衛隊（内相下の警察と融合）が最も激烈な行動、すなわち殺戮作戦を実行したのも偶然ではない。

これら四つの階層制度は絶滅過程に関する行政的措置だけでなく、それぞれの組織的特性を帯びた貢献をした。行政官僚はその的確な計画性と官僚的徹底性を、その他の組織に浸透させた。軍からは、絶滅機構はその軍事的な厳格さ・規律・無情さを取り入れた。工業界の影響は計算合理性・節約・再利用の強調の点で、また絶滅収容所における工場のような能率性の点で甚大なものを感じさせる。最後に党は全絶滅機構に、「理想主義」「使命感」「歴史創造の意識」などを付与した。こうして、これら四つの官僚制は行動においてだけでなく、思想においても合体していた。

以上に述べたところからユダヤ人の絶滅は、広範な行政機構の仕事であったといえる。これらの装置は交互にそれぞれの歩みを進めた。諸決定の推進と実行はたいていこの装置の手中にあった。ヨーロッパ・ユダヤ人を絶滅するために、特定の機関が創出されることはなかったし、特定の予算も割かれなかった。それぞれの組織は絶滅過程においてそれぞれの役割を果たし、それぞれの課題を実行する方法を発見せねばならなかった。

第4章

ユダヤ人の定義

絶滅過程は一連の行政措置であり、それは一つの明確な集団に照準が当てられていた。ドイツの官僚は自分たちが誰を扱わなければならないのかを理解していた。すなわち、その処置のターゲットはユダヤ人であった。しかし、厳密に言って、ユダヤ人とはなんなのか。その集団の構成員とはなにものなのか。この問いにたいしては行政全般の諸問題を扱う行政機関——内務省が解決しなければならなかった。定義づけの過程において、官庁、ナチ党関係者がその問題に関心をもつようになってきた。したがって、理解の助けのために、表4-1～3によって内務省と、何年にもわたって、反ユダヤ的な行動の局面全般に緊密にかかわっていた二つの機関——司法機構と内閣官房——の構成を示しておく。

原注5-7

ユダヤ人を定義する問題はけっして単純ではなかった。実際のところ、反ユダヤ主義の初期の世代にとってそれはつまずきの石であった。一八九〇年代における反ユダヤ主義的な帝国議会議員ヘルムート・フォン・ゲルラッハは、回顧録のなかで、帝国議会の一六人の反ユダヤ主義派のメンバーがどうして反ユダヤ主義的な法案を一度も提出しなかったのかを説明した。彼らはユダヤ人の有効な概念定義を見つけられなかったのだ。皆が口をそろえて次のように言った。

表4-1　内務省

大臣	ヴィルヘルム・フリック博士*1
首席次官	ハンス・プフントナー*2
国法と立法	次官ヴィルヘルム・シュトゥッカート博士*3
代理	部長ヘーリング
国法	課長メディクス
行政法	課長ホッヘ博士
公民法	課長フープリヒ博士
帰化	上級参事官ドゥカート博士
国際法	課長グロプケ
人種	課長レーゼナー
改姓	課長グロプケ
保健	次官レオナルド・コンティ博士*4
国民保健	局長クロップ博士
優生学と人種	部長リンデン博士

［注］同省のより綿密な図表と記述に関しては，Hans Pfundtner (ed.), *Dr. Wilhelm Frick und sein Ministerium* (München, 1937)；ハンス・グロプケによる宣誓供述書，1947年11月14日（NG-3540）；内務省の組織図，1938年（NG-3462）；*Taschenbuch für Verwaltungsbeamte*, 1943. にある内務省の組織図，1943年（PS-3475）参照．

＊1　フリックの後任には1943年にヒムラーが就いた．

＊2　プフントナーは1943年に辞任した．その地位は欠員のままにしておかれた．

＊3　シュトゥッカートは1935年に任命された．彼の前任者は次官グラウアートであった．

＊4　コンティも1935年に任命された．彼の前任者は局長ギュット博士であった．

表4-2　司法機構

法務省

	1933-41年	1941-42年	1942-45年
大臣：	ギュルトナー	シュレーゲルベルガー（代行）	ティーラック
次官：	シュレーゲルベルガー	ローテンベルガー	クレム

	I	人事と組織	レッツ
	II	養成	ゼーゲルケン
刑事	III	刑事立法	シェーファー
刑事	IV	刑法（訴訟手続き）	エンガート
刑事	V	刑執行	マルクス
民事	VI	民法	アルトシュテッター
民事		代理	ヘッセ
民事		人種担当	レクスロート，マインホーフ
民事	VII	商法・国際法	クヴァソウスキー
民事	VIII	年金	シュネラー

裁判所

通常裁判所（それぞれの法廷は刑事と民事の両部門に分かれた）	臨時裁判所（政治犯の訴追）
帝国最高裁判所	民族裁判所
｜	
上級地方裁判所	
｜	
地方裁判所	
｜	
区裁判所	特別裁判所

［注］　帝国政府の組織図（フリックによる許認、PS-2905）；第六部門の組織図，1944年2月（NG-917）；ローテンベルガーによる宣誓供述書，1947年2月12日（NG-776）；裁判官や検察官の肩書に関しては NG-2252参照．

表4-3　内閣官房

長官		ハンス・ハインリヒ・ラマース
次官		クリツィンガー
A	行政，プロパガンダ，教育，保健	メーアヴァルト
B	四カ年計画，帝国銀行，運輸，農業	ヴィルウーン
C	財務，予算，労働，会計監査，官僚組織	キリー
D	外務，東欧占領地域	シュトゥッターハイム
E	内務，警察，司法，国防，党	フィッカー

［注］　内閣官房の組織図（NG-3811）；ラマースの役割と権限に関するオットー・マイスナー博士による宣誓供述書，1947年5月15日（NG-1541）；ハンス・ハインリヒ・ラマースによる自身の経歴に関する宣誓供述書，1947年4月26日（NG-1364）；フリードリヒ・ヴィルヘルム・クリツィンガーによる自身の経歴に関する宣誓供述書，1947年4月25日（NG-1363）．

ユダヤ人がなにを信じようがかまやしない。
その人種には不快感がわくんだ。

しかし、いかにして法的に人種を定義すればよいのか。反ユダヤ主義者たちはこの問いについて意見を一致させられなかった。だから「誰もがユダヤ人を罵り続けたが、誰も彼らに敵対する法案を提議できなかった」[1]。一九二〇年にナチ党綱領を書いた「大学出でない」人びともまた定義を与えなかった。彼らはただ、共同体の成員は「宗派にかかわりなく、ドイツ人の血」をもつものだけであると指摘したにすぎない。

内務省はユダヤ人の官吏を解雇する最初の反ユダヤ的な法令を起草するさい、反ユダヤ主義者たちや初期ナチ党員が悩んだ同じ問題に直面した。しかし、内務省の官僚たちは体系的にその問題に取り組み、まもなくその答を見出したのであった。一九三三年四月七日の法令[2]によって「非アーリア人の家系」の官吏は退職させられることになった。「非アーリア系」という用語は、一九三三年四月十一日の法令[3]で、ユダヤ人の父母かユダヤ人の祖父母をもつすべてのものの呼称と定義された。父母や祖父母がユダヤ教の信者であればユダヤ人とみなされたのだった。

この定義の表現法はそのようなものであったので、党綱領の規定に反するものであるとはいえなかった。内務省は国民を二つに分類した。ユダヤ人の祖先をもたないもの（すなわち、純粋な「ドイツ人の血」）と、ユダヤ教徒であれキリスト教徒であれ、ユダヤ人の父母か祖父母を少なくとも一人もつすべてのもの――「非アーリア人」とに。その定義は、血液型、鼻の曲がり方、その他の身体的特徴のように人種の基準となるものにはけっしてもとづいていなかったことが指摘される。ナチスの解説者はプロパガンダ的な理由でその法令を「人種法」[4]と呼び、非ドイツ人の文筆家らもこうした定義を「人種的」[5]と呼んだ。しかし、「アーリア人」か「非アーリア人」かのグループに分類する基準が宗教であった――もちろん当人の宗教ではなく、いかなる場合でも祖先の宗教――ということを理解するのは重要である。いずれにせよ、ナチスは「ユダヤ人の鼻」に関心があったのではなかった。彼らは「ユダヤ的影響力」に関心があったのである。

（アーリア条項として知られる）一九三三年の定義づけによって、いくつかの難問がもち上がった。一つの問題は、法令に人種的特徴を付与するために選び出された「アーリア人」と「非アーリア人」という用語から生じた[6]。諸外国、とりわけ日本は、非アーリア人がアーリア人に劣っているという全体的なふくみに不快感を表わした。一九三四年十一月十五日に、内務省と外務省の代表が党人種政策局長グロース博士とともに極東政策に関するアーリア条項の逆効果について議論したが、出席者たちは結論を出せなかった。外務省の報告によると、ドイツの政策は人種の「価値」というより、むしろ人種の「類型」を区別しているのだ、と海外駐在員たちは説明していた。この見方によれば、おのおのの人種はそれ自体の社会的特徴を生み出すが、ある人種の特徴が必ずしも他の人種のそれに劣るものではなかった。要するに、人種的な「類型」は肉体的かつ精神的な属性より成り立っているのであって、ドイツの政策はそれぞれの人種が主体的に発展することを可能にする諸条件の促進を試みているのにほかならなかった。しかしながら、こうした説明では極東の諸国を完全には満足させられず、それらの国々は依然として、「非アーリア人」という包括的な用語は自分たちをユダヤ人と同じカテゴリーにおくものだと感じていた。(7)

この措置の本質に触れるもう一つの難問があった。「非アーリア人」という用語は完全なユダヤ人――すなわち、祖父母が四人ともユダヤ人である人物――のみならず四分の三のユダヤ人、四分の二［二分の一］のユダヤ人、四分の一のユダヤ人をもふくむようなものとして定義されていた。そのような定義は必然的に、ほんのわずかでも「ユダヤ的影響」を受けたような人物をすべて公的地位から締め出すために考案されたものだった。にもかかわらず、「非アーリア人」という用語が完全なユダヤ人をふくむことはさておき、その後のもっと徹底的な措置で多くの人びとがふくまれることによって、いくつかの難問が生じたのだった。そのような人びとを排除するべく、その後の法令の適用を限定するために、「ユダヤ人」とは実際になにを意味するのかという定義が必要になってきた。

一九三五年の初頭に、その問題が党員たちの関心を集めた。ある会合に当時の党保健本部責任者ヴァーグナー博士、グロース博士（人種政策局）、そして当時医師連合事務長で、のちに党保健本部長代理となったブローメ博士が同席した。ブローメ博士は部分ユダヤ人という独自な存在に反対意見を唱えた。彼は「第三の人種」をのぞまず、結果として、すべての四分の一ユダヤ人がドイツ人とみなされ、すべての二分の一ユダヤ人がユダヤ人とみなされるよう提案した。その理由は「二分の一ユダヤ人にはユダヤ人の遺伝子が紛れもなく支配的である」(8)ということであった。この見方はのちに党の政策となったのだが、党はその政策の内務省への強制に成功することなく、内務省で最終的な法令が書かれた。

一九三五年九月十三日、ニュルンベルク党大会の場で、ヒトラーは――二日のうちに――「ドイツ人の血と名誉の保護のための法」という名のもとに法令を書くことを命じた。早速、内務省の専門家で、課長のメディクスとレーゼナーが空路ニュルンベルクに招喚された。彼らが到着すると、そこにはプフントナー次官とシュトゥッカート次官、ゼール課長（内務省の行政事務の権威）、ゾンマー課長（副総統ヘスの代理）、そして法律を起草する警察署職員が何人か居合わせた。内相フリックと党保健本部長ヴァーグナーはヒトラーの宿舎と警察署のあいだを草稿をもって往復した。音楽と行進の足取りに合わせ、旗を翻しつつ行われた大騒ぎのなかで、新しい法令がようやく作成された。その法律はもはや「非アーリア人」ではなく、「ユダヤ人」を扱うものとなり、ユダヤ人と「ドイツ人あるいはその類縁の血」をもつ市民とのあいだの婚姻や婚外交渉を禁じ、四五歳以下の「ドイツ人あるいはその類縁の血」をもつ女性市民がユダヤ人家庭で雇われることやユダヤ人が国旗を掲揚することが禁じられた。[9] 従来使用されてきた用語はどれもその法令では定義されなかった。

九月十四日の夕刻、フリックはヒトラー訪問から自邸に戻り、帝国公民法の起草を急ぐようにと疲れ切った専門家たちに伝えた。次官と課長たちは今度は公民法を起草するために、フリック邸の音楽室に働きに出かけた。まもなく彼らは用紙を使い果たして、古びた献立表を利用しはじめた。午前二時三十分までに公民法は仕上げられ、「ドイツ人あるいはその類縁の血」をもつものだけが公民たりうると規定した。ナチス・ドイツにおける「公民概念」は何の含意もなかったので、官吏たちは、「完全なユダヤ人」は公民たりえないという趣旨の条項にしがみついたことをのぞいて、この法令の起草にいかなる関心も払わなかった。このことは新たな類別化、つまり一方で、ドイツ人や部分ユダヤ人と、他方で宗教のいかんにかかわらず、祖父母が四人ともユダヤ人であるような人びととを区別するという意味をふくんでいた。ヒトラーはこの含意を即座に見て取り、その規定箇所を抹消した。[10]

部分ユダヤ人にたいする党と行政機関の態度がいまやはっきりと浮かび上がってきた。党は部分ユダヤ人を「ユダヤ的影響」を受けたものと「評し」、行政機関は部分ユダヤ人のなかの「ドイツ的部分」を保護することを望んだ。[11] 最終的な定義は内務省で作成されたので、党の見解が優位に立ちえなかったことは驚くに当たらない。

定義の立案者は次官シュトゥッカート博士とユダヤ人問題の専門家レーゼナー博士であった。シュトゥッカートは当時三三歳の青年であった。彼は国民社会主義者［ナチス］で、ヒトラーとドイツの運命の信奉者であり、そしてまた党人とも考えられた。この二つの概念には差異がある。誰もが自身の行動によってナチスたることを証するかぎり、ナチスであると推定されたし、またそう受け取られた。しかし誰もが党人とみなされたわけではなかった。党のなかに重要な地位を占め続けたり、自身の地位が党の恩恵を受けていたり、党とその他の権力者層が一致しない場合に党の利益を代表したりする人びとだけが党人であった。シュトゥッカートは党に属し（彼は肩書だけ親衛隊に属してもいた）、他のものより早く出世したし、党がなにを望んでいるかを承知していた。しかし、定義づけの作業において党と同調することを拒否した。

シュトゥッカート側のユダヤ人問題に関する専門家ベルンハルト・レーゼナー博士は長らく税関管理局に従事したのち内務省に転任した。定義やユダヤ人問題といったことは彼にとってまったく新しい経験であった。それでも彼は新たな任務で有能な「専門家」となった。最終的に彼は二七の反ユダヤ法令を起草、ないしはその起草を手伝った。[12] 彼は大蔵省、労働省、外務省など、多くの政府機関で見かけるユダヤ人問題における「専門家たち」の典型である。

この二人には早急にとり行わなければならない仕事があった。「ユダヤ人」と「ドイツ人」という用語はすでに刑事処罰をふくむ法令に用いられていた。無駄にできる時間はなかった。最終的な定義の原文は一九三五年十一月一日の日付があるレーゼナーが書いた覚書と実質的に一致する。[13] レーゼナーはその覚書で二分の一ユダヤ人という重大問題に触れた。彼は二分の一ユダヤ人を完全ユダヤ人と同一とみなす党の提案を退けた。第一に、そのような分類ではユダヤ人側を力づけてしまう、とレーゼナーは論じた。「原則として、二分の一ユダヤ人は完全なユダヤ人よりもさらに重要な敵とみなされるべきである。なぜならば二分の一ユダヤ人はユダヤ人の特徴に加えて、完全なユダヤ人には欠けているじつに多くのゲルマン人の特徴を有しているからである」。第二に、そうした同一化は結果として不当なものになろう。二分の一ユダヤ人は移住することもできないし、雇主がユダヤ人である職を得るために完全ユダヤ人と競合することもできないからである。第三に、潜在的な四万五〇〇〇人の兵士を奪われることになる軍隊からの要求があった。第四に、二分の一ユダヤ人にたいする排斥は非現実的であった（ドイツ人は同意しないであろう）。第五に、二分の一ユダヤ人は価値ある貢献をしてきた。第六に、ドイツ人と二分の一ユダヤ人のあいだの婚姻が数多く存在した。たとえばシュミット氏は結婚して一〇年経って自分の妻が二分の一ユダヤ人であること——思うに、どんな部分ユダヤ人の妻もみな秘密にしておく事実——に気づいたといったことを想定してみよ。

　こうした諸問題を考慮して、レーゼナーは二分の一ユダヤ人を二つの集団に分類したほうが良いと提案した。[14] 二分の一ユダヤ人をその政治的信念に応じて一人ひとり分類する実際的な方法はなかった。しかし、機械的にその問題に対処する方法があった。レーゼナーはユダヤ教の信者であるか、ユダヤ人と結婚した二分の一ユダヤ人のみがユダヤ人とみなされるべきだと提案した。

　レーゼナーの提案は一九三五年十一月十四日付の帝国公民法の第一条に取り入れられた。[15] その最終稿において、機械的な分類方法で「非アーリア人」を次に述べるカテゴリーに区別した。すなわち（1）少なくとも三人のユダヤ人の祖父母の子孫である（完全なユダヤ人と四分の三ユダヤ人）、あるいは（2）二人のユダヤ人の祖父母の子孫である（二分の一ユダヤ人）、と同時に（a）一九三五年九月十五日にユダヤ教の教団に属していたか、その日付以後に教団に加わった、あるいは（b）一九三五年九月十五日にユダヤ人と結婚していたか、その日付以後に結婚した、あるいは（c）ドイツ人の血と名誉を守るための法律が一九三五年九月十五日に施行されてから四分の三ユダヤ人か完全ユダヤ人とのあいだに結ばれた婚姻から生まれた子である、あるいは（d）四分の三ユダヤ人か完全ユダヤ人との婚外交渉から生まれた子である、および一九三六年七月三十一日以後に私生児として生まれたもの、以上すべてがユダヤ人と定義された。祖父母の身分の確定のためには、祖父であれ祖母であれ、ユダヤ教の教団に属していればユダヤ人であると依然として認定された。[16]
ユダヤ人としてではなく、「混じり合ったユダヤ人の血」をもつ個人として定義されたのは（1）二人のユダヤ人の祖父母の子孫（二分の一ユダヤ人）ではあるが、（a）一九三五年九月十五日にユダヤ教に属していなかったものやそれ以後にユダヤ教に入らなかったもの、および（b）一九三五年九月十五日にユダヤ人と結婚していなかったものやそれ以後にそのような人と結婚していなかったもの（そのような二分の一ユダヤ人は第一級「混血児」と呼ばれた）、そして（2）一人のユダヤ人の祖父母の子孫であるもの（第二級「混血児」）であった。「第一級混血児」と「第二級混血児」という呼称は一九三五年十一月十四日の法令にはふくまれなかったが、内務省によるその後の裁定につけ加えられた。(17)

したがって、実際のところ、レーゼナーは非アーリア人を二つの集団、すなわち混血児とユダヤ人とに分けた。混血児はもはや絶滅過程にさらされることはなかった。彼らは以前の法令のもとで非アーリア人のままであり、その法令に影響を受けつづけたが、その後の処置は、全体として、「ユダヤ人」にたいしてのみ講じられた。それ以後、混血児は除外された。

レーゼナー法令とそれに先立つアーリア条項の執行は、ナチスの心性への深い洞察をもたらすものとして、興味深い複雑な企てであった。第一に、どちらの法令も家系、すなわち祖父母の宗教的身分にもとづいていた。そのため、家系を「証明する」ことが必要であった。この点で、両法令は「非アーリア人」ばかりでなく、帝国に雇われることを望むか、党内で自分の祖先の記録を調べる必要のあるすべてのものに影響を及ぼした。ある地位を志すもの（多くの場合、官吏）は七つの書類、すなわち自分自身の出生証明書か洗礼証明書、両親の証明書、四人すべての祖父母の証明書を必要とした。(18)

一八七五―七六年以前には、出生は教会にだけ登録されていた。(19)それゆえに教会は絶滅過程のまさにその最初の措置の執行に追い込まれた。教会は当然のことながらその仕事におけるみずからの役割を果たした。しかし官吏たちの協力を得ることはそう簡単ではなかった。官吏は、彼らの申し立てが解職に通じると思われた場合にのみ、書式に記入しなければならなかったけれども、不安は大きかった。内相は全官吏とその妻が血統証明を提出するよう提議した。(20)また法相は公証人による証明を要求した。(21)大学のなかには（非アーリア系学生数を数えたのちに）、せいぜい構成員の誠実さへの訴えで満足するものもあったが、党は、必ずしも成功しなかったとはいえ、無制限に証拠提出を要求した。一九四〇年になってもまだ、党の外務部の長は、書類を提出するよう職員に催促していた。だが、関係部局のほとんどの職員は、応じそこねたという弁解も説明さえも行わずに、記録提出を求める指示をあっさり無視してきた。(23)

三〇年代初頭においてすでに、免許をもつ「家族調査官（血族調査官）」というまったく新しい職業が、書類を探すさいに、申請者や官吏の手助けをするために姿を現わしてきた。血族調査官は父母や祖父母の載る「家系図」を編纂した。時には曾祖父母の調査も行う必要があった。しかし、そうした手続きは二つのタイプの事例に限定されていた。（1）将校の事例と同じように、一七五〇年からの非ユダヤ人の家系の証拠を要求した親衛隊のような党組織の職務への志願、それと（2）ユダヤ人の祖父母がほんとうにキリスト教徒の両親から生まれたことを示そうとする試み。この後者の手続きは、祖父母のどちらかがユダヤ教に属するかぎりユダヤ人と推定されたので、おこり得たのである。同様に、曾祖父母の身分の照会は申請者の損害になりがちであった。というのも、キリスト教徒の祖父母がほんとうはユダヤ人の子であったことが示されれば、その祖父母はユダヤ人とみなされ、「不利な」分類がなされるからだ。[24]

事実の訂正についての最終的な裁定は、申請者に伝える義務があった代理人によってなされたが、疑わしい事例にたいしては家族調査に従事した党事務局（血族調査局）が代理人の参考となる専門家の意見を提示した。これに関しては、婚外交渉の子という、非常に興味をそそる疑わしい事例があった。これらの個人の身分は特別の問題を引き起こした。家系が決定されないものはどのように分類したらよいのか。この問題はユダヤ人の母をもつものとドイツ人の母をもつものに二分された。

未婚のユダヤ人の母の子の事例において、「血族調査局」は一九一八年以前に生まれた子はユダヤ人の父をもち、一九一八年以後に生まれた子はキリスト教徒の父をもつものとした。この推定の根拠は「解放論」として知られるナチスの仮説であったが、それによれば、ユダヤ人は一九一八年以前にはドイツ人と交わらなかったとされた。しかし、一九一八年以後ユダヤ人にはドイツ民族の体系的な解体を推し進める機会があった。この行為には婚外交渉による里子をふくんでいた。

この理論に関して、党の法務部のクレム区裁判所判事は、ユダヤ人はこうした慣行の罪を犯したのだが、結局、その慣行とはもっぱらドイツ人女性を辱めるよう意図されたことは間違いないと指摘した。ユダヤ人女性がドイツ人男性を傷つけるために、妊娠したとは思われなかった。血族調査局に用いられた規準にしたがえば、ユダヤ人の母親は事務局に誰が父親であるか告げることを簡単に拒否することができ、その子供は自動的に第一級の混血児になる、とクレムは不平をこぼした。[25] クレムの論評は正鵠を射ていただろう。これがおそらくは多くの完全ユダヤ人にたいして完全に有利にはたらく唯一のナチ理論であった。

「解放論」は未婚のドイツ人の母の子には適用されなかったようである。その理由は簡単で、党の血族調査局がたとえそのような事例を受け取るにしてもきわめてまれであったからである。たとえそのような事例を受け取ったとしても、一九一八年以後に生まれたドイツ人の私生児についてのみ第一級の混血児として分類された。しかし党はそうした事例を受け取らなかったので、ドイツ人の私生児はドイツ人にとどまり、ナチス・ドイツにおけるドイツ人の権利と義務をすべて有していた。けれども、ユダヤ人か混血児がドイツ人の母の子の父であることが認められたような二、三の例があった。こうした事例のいくつかで、混血児と分類されたものは裁判に訴え、法律上の父が実際の父ではなく、それゆえに分類を見直す根拠があることを指摘した。

そのような事例にたいして、法務省は、父であることを認めたものの動機を裁判所は審理することはできないこと、また「もっぱら自分の子供をユダヤ人の家系の不利益から保護することに関心のある」母親による証言はどのようなものも退けうるという法規を定めた[26]。

家系を証明するというやっかいな仕事が法令の執行を混乱させる唯一の問題ではなかった。いくつかの事実が与えられれば、個人がドイツ人、混血児、それともユダヤ人であるかどうか決定することがすぐに可能であったろうという意味で、定義は完全無欠なものであるかにみえたけれど、実際にはいくつかの解釈の問題があった。その結果、定義をもっと正確なものとするために立案された行政上・司法上の数多くの裁定が見出される。

主要な解釈の問題はレーゼナー法令の規定に依拠していたが、それによれば、二分の一ユダヤ人は一九三五年九月十五日以後ユダヤ教に属さず、ユダヤ人と婚姻を結んでいないかぎり第一級混血児として分類された。人が婚姻を結んでいるか否かを決定するさいに法律上の困難はいっさいなかった。婚姻は明確に定義された法的な概念である。しかしユダヤ教への忠誠についての規準を決定するのはそれほど簡単なことではなかった。二分の一ユダヤ人がユダヤ人か第一級の混血児かいずれに分類されるかは、つまるところ、人が自身をユダヤ人とみなしたかという問いにたいする返答しだいであった。

一九四一年に帝国行政裁判所は、ユダヤ人としては育てられず、ユダヤ教の礼拝に一度も加わったことがないという二分の一ユダヤ人から請願書を受け取った。けれども、一九一四年以来いろいろな機会に、その請願者が用紙や公式書類に記入するさいにみずからユダヤ人と称したという証拠があり、また彼がユダヤ人であるという当局の印象をぬぐい去ることができなかったので、裁判所は彼をユダヤ人と分類した。推定事項を黙認することはユダヤ人として分類されるにたる行為であった[27]。

その後の判決で帝国最高裁判所は行為だけでは十分でないと裁定した。行為によって明らかにされる態度が決め手となった。その特殊事例は二分の一ユダヤ人（第一級混血児）と結婚した、その二分の一ユダヤ人の若い女性に関することであった。その婚姻の結果、彼女はユダヤ人のカテゴリーに入れられなかった。しかし、今度は彼女の宗教の問題があった[28]。彼女はユダヤ人の父に強要されてユダヤ教の教育を一九二三年と二四年に受けていたという証拠が示された。つづく数年間に彼女は、年一回、ユダヤ教の大祭日に父親についてユダヤ教の礼拝に行った。父親が一九三四年に亡くなってから、彼女はシナゴーグを訪れることをやめたが、ユダヤ人団体に仕事を求めたときに彼女は自分の宗教をユダヤ教と記入した。さらに、一九三八年まで、彼女はあるユダヤ教会のメンバーとして入会していた。裁判所は彼女を「ユダヤ人ではない」と判決を下した。彼女は祈禱と祝福をもって正式にユダヤ教に入信させる父親の企てに抵抗したという証拠が示された。彼女は宗教的な理由からではなく、ただ父親を喜ばせるためにシナゴーグへ行ったのだった。ユダヤ人団体関係の職を求めるさい、彼女にはユダヤ人であるという感情ではなく、もっぱら経済的な事情が動機になっていた。彼女はユダヤ教の教会リストに記されていることがわかるとすぐに、自分の名前を削除するように要求した。[29]

個人の態度と意志が、心理学的な観点からたいへん興味深いもう一つの事例において決め手となった。一九二八年にドイツ人の女性と結婚した二分の一ユダヤ人はその直後シナゴーグのメンバーをやめた。一九四一年にベルリンのユダヤ人団体は、当時絶滅過程において重要な機能を果たしていたが、突然そのユダヤ人の財産に関する情報を要求し、この情報が拒絶されると、ユダヤ人団体は裁判に訴え、被告はシナゴーグから去ったのであって宗教をやめたのではないと主張した。裁判所はユダヤ人団体の主張を退け、ユダヤ教徒団体は法人格や公法的な地位をいっさいもたないことを指摘した。したがって、依然としてみずからをユダヤ人とみなしている証拠がないかぎり、シナゴーグから去ったものはみな同時に宗教を放棄したのだが、この事例にはそのような証拠がなかった。それどころか、被告は党組織の成員である証拠を提出し、その他あらゆる点で裁判所はこの男がシナゴーグから去ったとき、ユダヤ人社会とのつながりを切りたがったのだと確信した。

この判決は党の人種政策局が非難したものの一つであった。当局の弁護士シュミット゠クレヴェノフは、ユダヤ教会が被告を教会員であると主張している事実に言及し、裁判所は「大祭司よりさらにいっそう大祭司的で」あらねばならないのかと尋ねた。[30]

これらすべての判決から、二分の一ユダヤ人にたいする司法官の関心は明らかである。その関心とはドイツ人共同体の保護とユダヤ人の絶滅のどちらをとるべきか比較検討したいという願いの所産であった。ある人が親の家系によってドイツ人ともユダヤ人ともいえるとき、裁判官たちはその人においてどちらの要素が支配的であるかを決定しなければならなかった。これを行うために、彼らはいかに個人がみずからを分類したかの質問をするさいに、レーゼナーよりもう少し厳密でなければならなかった。

レーゼナー法令に関する法廷の解釈は、定義の基本点に「人種的な」ところがまったくないことを改めて例示している。実際、非常に奇妙な事例が二、三あって、そこでは四人のドイツ人の祖父母をもつものがユダヤ教に属するがゆえにユダヤ人と分類された。その判決では、アーリア人として扱われるのは「人種的な」必要条件をもつ人びとであるが、「巻き込まれた個人がアーリア人としての血にもかかわらずユダヤ人社会に縛りつけられていると感じ、そしてこの事実を対外的に示す場合には、彼の態度が決め手となる」と、裁判所は指摘した。[31] また別の判決では、帝国財政裁判所によって、ユダヤ教を信奉するアーリア人はそのユダヤ教信仰の持続ゆえにユダヤ人として扱われることになっているとされた。その裁判所によれば、「人種的に見れば非ユダヤ人ではあるが、ユダヤ教信徒共同体の成員であると公然と主張する」個人は「共同体に属し、それゆえにユダヤ人とみなされた」。[32]

司法官がレーゼナーの定義をより厳密なものにすることによって、その抜け道を封じたときですら、しだいに増える事例において、特定の集団への分類が不当とみなされる個人のために例外をもうけることが必要になってきた。混血児を創案するとき、レーゼナーはいわゆる第三の人種、すなわち、行政上の目的でユダヤ人でもドイツ人でもない民族集団を構想した。とくに第一級混血児はしだいに厳しくなる一連の差別に苦しんだ。彼らは行政事務から閉め出され、公的な承認がなければドイツ人と結婚できず、軍隊では戦地勤務ができず、中等学校や大学に行けず、(一九四四年秋からは) 要塞建設の強制労働にかり出された。

こうした差別のために、例外的な扱いをのぞむ圧力が同僚、上司、友人、親戚たちから加えられた。その結果、一九三五年に混血児をより高いカテゴリーに分類し直すために、ある手続きが実施された。すなわち、第一級混血児が第二級混血児へ、第二級混血児がドイツ人へ、あるいは第一級混血児がドイツ人へと分類された。この手続きは「解放」としてよく知られた。二つの種類、「偽りの解放」と「正真正銘の解放」があった。偽りの解放とは事実か法律の説明にもとづいた再分類であった。たとえば、それは、推定上のユダヤ人の祖父が本当はユダヤ人ではなかったとか、あるいは当然のことと考えられたユダヤ教への信仰が存在しなかったとかによって実現された。(33) 「真の解放」は申請者の「価値」を示すことでもたらされた。真の解放を申請すると、申請者が文民であれば、その願いは内務省や内閣官房からヒトラーへ送られ、申請者が軍人であれば最高司令部や総統官房を通してヒトラーへ送られた。(34)

ときにこの恩恵にあずかるものは高官であった。内閣官房の参事官キリーは、ユダヤ人の絶滅に重大な役割を果たした人物だが、第二級混血児であった。彼の妻は第一級混血児であった。彼は入党し、自分の出生について誰にも告げず内閣官房に入り込んだ。一九三三年四月七日の法令が公布されたとき、キリーは事の次第を官房長官ラマースに知らせて辞職を申し出た。ラマースはキリーの妻のために深刻な事態を予想したが、キリーに辞職しないよう勧告した。その後すぐラマースはヒトラーと会談し、ヒトラーはキリーが職務にとどまることに同意した。一九三六年のクリスマスイヴに、キリーの家族がツリーやプレゼントを囲んで座っていると、特使が特別のプレゼント――キリーや子供たちのための解放――をもってきた。(35)

ライプツィヒ大学心理学研究所長ヴィルヘルム・ヴントの後継者フェリックス・クリューガーは、正真正銘の解放を求めているあいだ、たいへん困難な時期を経験した。クリューガーの専門は心理学であったが、彼は第二級混血児に分類された。一九三七年に彼が激しい攻撃を受けて退任したとき、彼の功労に対する総統の慣例的な謝辞もなかった。三八年一月四日、彼は屈辱を感じつつこう述べた、すなわち、彼の両親はフリードリヒ・エンゲルというユダヤ的姓名（この姓名の人物は一八五九年に死亡）を彼につけることを留保してきた、しかもエンゲルはクリューガーの祖父ではなかった。なぜなら彼の母は別の男の私生児であったからである、と。このような理由付けではうまく行かず、クリューガーは一九四〇年、名誉教授リストから削除された。今度は彼は、烙印を押されたと苦々しげに書いた。結局、彼は一九四四年に死亡するまえに意図を貫くことができたが、そこの大管区指導者を納得させることはできなかった[36]。

「解放」はしだいに増えていったので、一九四二年七月二十日に、ラマースはヒトラーがその数を削減することをのぞんでいると最高諸官庁に告げた。その申請書はたいへん「慎重に」処理された。ヒトラーは混血児の非の打ちどころのない行為が「解放」のための十分な根拠であるとは考えなかった。混血児は「確実な価値」を示さねばならず、たとえば一九三三年以前に、長年のあいだ中断なく、自分の祖先を意識することなく党のために闘ってきたかどうかが証明されねばならなかった[37]。

混血児とドイツ人を対等に扱う傾向に反対はなかったという印象を残さないように、第二級混血児をドイツ人として分類し直し、すべての第一級混血児をユダヤ人に一変させることによって「第三の人種」を排除するもう一つの傾向があることが指摘されるべきであろう。党・警察グループからのこうした圧力は一九四二年に頂点に達したが、一度もうまくいくことはなかった。

このようにレーゼナーの定義は全絶滅過程において分類の基準のままであったことがわかる。たとえいくつか異なる定義がその後被占領国や枢軸国で採用されたにせよ、これら初期の法令の基礎概念は不変のままであった。

ここに用語とそれらの意味を概括しておこう。

非アーリア人
- 第二級混血児…ユダヤ人の祖父母を一人もつ者
- 第一級混血児…一九三五年九月十五日にユダヤ教に属しておらず、ユダヤ人と結婚しておらず、ユダヤ人の祖父母を二人もつ者
- ユダヤ人…一九三五年九月十五日にユダヤ教に属していたか、ユダヤ人と結婚していた場合はユダヤ人の祖父母を二人もつ者、それにユダヤ人の祖父母を三人ないし四人もつ者

第5章

収用

絶滅過程の第一段階は一連の定義づけからなっていたにすぎなかった。とはいえ、その段階は非常に重要であった。結局、それは意のままに砲撃されうる標的を生み出すことになった。ユダヤ人がこの射程距離にとらえられた。最初、彼らはまだ移住することができたが、のちには来るべきことに心の準備をすることしかできなかった。

つぎの数年間に絶滅装置はユダヤ人の「富」に向けられた。ユダヤ人の家族はつぎつぎに貧窮のなかに突き落とされていくことに気づいた。ユダヤ人は奪い取られれば取られるほど、与えられるものは少なくなっていった。ユダヤ人は自分たちの職業、事業、貯蓄、賃金、食と住を要求する権利、そして下着、金歯、女性の髪にいたる最後の持物までもが奪われた。この過程を「収用」と呼べるだろう。

収用装置は全部で四つの大集団で構成された。収用作業の最前線にあった組織は行政と経済の部門であった。これら関連機関のいくつかは、四カ年計画庁*、大蔵省、経済省、労働省、食糧農業省をふくんでおり、表5－1～5に示した。

1　免職

原注7－

まさに最初の収用策はあの「悪魔の力」を打ち破るよう意図されていたが、ヒトラーの言によれば、その悪魔の力は「政治的、経済的のみならず、科学的、知的な生活のすべての重要地点を手中にしていたし、またこの重要地点から全民族を監視していた」[1]。要するに、最初の経済処置はナチス・ドイツの四つの支配集団にあらゆる種類の地位を占めていたユダヤ人にたいして向けられた。

一九三三年の非アーリア人人口（ユダヤ人と混血児）はおよそ六〇万人、すなわちドイツの総人口の一パーセントであった。官庁の非アーリア人数はおよそ五〇〇〇、すなわち政府職員の総数の〇・五パーセントであった[2]。これら非アーリア人は職業官吏再建法によって職業を奪われた。一九三三年四月七日に発布されたその法律[3]には、ヒトラー、フリック（内務）、フォン・クロージク（大蔵）が署名した。署名の順序が語るところによれば、その法令は、内務省の適切な専門家たちが起草し、大蔵省の有能な専門家たちが公布前に意見を求められた。

この法律の全歴史は各州の省庁をふくむ多数の行為者の複雑な関係を提示している。一九三三年三月初旬には、ユダヤ人裁判官、とくに刑事裁判にたずさわっていた者に対して大量の党アジテーションが行われた。同月中旬には少なくない各州法相

表 5－1　四カ年計画庁

ゲーリング		
	顧問	局長グリッツバッハ
次官		ケルナー
	次官代理	部長マロツケ
	首席専門家	局長ヴォールタート
		局長グラムシュ
		司法官試補ハーン博士
ヘルマン・ゲーリング工業所総支配人		次官プライガー

［注］　フリックの確認した帝国政府の組織図，1945年（PS-2905）および本文で引用される文書から集められた情報．

表 5－2　大蔵省

大臣			シュヴェリーン・フォン・クロージク
次官			フリッツ・ラインハルト
	関税検査官		ホスフェルト（親衛隊・警察へ転任した）
	財務部		部長バイルホファー
		国債管理	パツァー
	東部中央信託局問題		カスドルフ博士
I	国家予算		局長フォン・マントイフェル
		武装親衛隊予算	課長ラーデマッハー
II	関税と売上税		局長ヴーハー博士
III	財産税と所得税		局長ヘディング
		反ユダヤ贖罪金	ウーリッヒ博士
IV	官吏の給与と年金		局長ヴェーファー
V	国際金融		局長ベルガー博士
		経済戦争	シュヴァント博士
		敵国財産	ベンファー
VI	管理		局長マース
		管理機関	局長グロート
		敵国財産管理	課長メーデル博士
帝国金庫			フィービヒ
租税裁判所			参事官ミレ

［注］　Ludwig Münz, *Füher durch Behörden und Organisationen* (Berlin, 1939), S. 112；大蔵省の組織図，1943年7月10日（NG-4397）；フリックの確認した帝国政府の組織図，1945年（PS-2905）．

表5-3　経済省

大臣	（シャハト）フンク
次官	（バング，ブリンクマン，ラントフリート）ハイラー
特任次官	ポッセ
I　人事と管理	イルグナー
II　経済組織と工業	（ハンネケン，ケーアル）オーレンドルフ
III　外国貿易	（ヤークヴィッツ）キルヒフェルト
IV　信用・銀行制度	（クルッキ）リーレ
V　鉱業	ガーベル

［注］ フリックの確認した帝国政府の組織図，1945年（PS-2905）．右端は最終の担当者で，カッコ内は前任者．

表5-4　労働省

大臣	ゼルテ
次官	ジュルプ
次官	エンゲル
I　総務	ベルガー
II　労働保険	チンマー
III　賃金	空席
IV　都市計画と建築監督	ドゥルスト
V　失業救済	バイジーゲル
VI　労働配置ヨーロッパ局	ティム

［注］ 表5-3の注を参照．

表5-5　食糧農業省

大臣	（フーゲンベルク，ダレ）バッケ（事務取扱い）
次官	ヴィリケンス
次官	リーケ
総務	シューレンベルク
市場管理と農業生産	モーリツ
農業労働と信用制度	ローレンツ
貿易政策	ヴァルター
農民身分	マントイフェル
国有地	クンマー
新地域入植	ヒーゲ
村落建設	ラインターラー

［注］ 表5-3の注を参照．

が、こうした裁判官を民事にまわしたり、期間不定の休暇を勧告したりした。[4] 三月二日、プロイセン内閣は、法務省に以下のような通告をした、すなわち「キリスト教信仰を奉じない者による法律職保持の制限」を要望する、と。同日、プロイセン法務省は、非キリスト教徒の裁判官、および一九一八年十一月以前に任官していなかったか、または旧軍人でなかった裁判官、これらの罷免のための法案を内閣に提出した。つぎの週のうちに、プロイセン蔵相ポピッツと帝国内務省上級参事官ゼールは、帝国および州の行政機構を「簡素化」するために官吏の解任を定めた広範な規程を策定していた。[5] これらの草案が議論されているあいだに、ヒトラーが介入し、彼はすべてのユダヤ人官吏を全国規模で罷免することを要求した。[6]

一九三三年四月四日、老大統領ヒンデンブルク*はヒトラーに以下のような書簡を発した。すなわち、ここ数日、一連の事柄を耳にしている。非の打ちどころのない戦傷者の裁判官、弁護士、司法官吏が、ユダヤ人家系であるという理由で、強制的に休暇を取らされ、その後罷免されたりしている。戦傷者の官吏に対するこうした扱いは自分には耐え難いものである、と。彼の見解では、行政官・裁判官・教師・弁護士は、戦傷者であったり、旧軍人であったり、さらには戦死者の息子や父であったりした場合には、その職にとどまらせるべきであった。また彼らがドイツのために十分に戦い血を流すことができたならば、今日でもドイツに奉仕する価値をもっているのであった。

ヒトラーの返事は四月五日付の長文の書簡でなされた。すなわち、首相・総統として彼はユダヤ人問題について述べねばならなかった。それは論調の高いものであった。彼は前置きなしに、自分の態度に対する二つの理由を挙げた。第一は法律職や医事職におけるユダヤ人の高い比率のゆえに、ドイツ人（旧軍人をふくむ）が長期的に官職から排除されていること、第二に、その能力を実業活動に集中してきた異物によってドイツ国家が弱体化されていることを、である。将校団はつねにユダヤ人を拒否してきたことを、ヒトラーはヒンデンブルクに想起させた。さらに彼は、ヒンデンブルク元帥の人間性に敬意を表しつつ、すでに帝国内相フリックと以下のような法律について論議してきたことを述べた。すなわち罷免が恣意的にならないようにする法律、また軍人・戦傷者、その他の業績ある者、長期にわたってけっして不平をもらさなかった者、こうしたユダヤ人には配慮する法律について論議した。[7]

数日後、その法律が公になったとき、それは、帝国・州・市町村・公共団体の官吏をふくめて、非アーリア系官吏の強制的退職を定めていた。その際にプロイセンの旧法やヒンデンブルク書簡によって要求されていた例外事項を認めていた。非アーリア条項が適用されなかったのは、一九一四年八月一日以来奉職してきた官吏、あるいはドイツないし第一次世界大戦においてドイツの同盟国のために前線で戦った官吏、あるいは父親か息子が大戦中ドイツ側にたって戦死した官吏であった。これらの例外の本質は、忠誠には忠誠をもって報いるべきだという感情を示していると思われる。さらにまた退職を余儀なくされた人びとは、一〇年間の奉職をまっとうしていれば、年金を受けとる権利を付与された[8]。

こうした打撃が加えられたのち、もはや政治的自由の範囲は限界に達したという感情が広まった。一九三三年四月二十五日、フリックを議長に、各州の首相・内相の出席のもとで会議がもたれたが、そこでプロイセン首相としてのゲーリングによって特別の警告がなされた。すなわちヒトラーが、法律の実施にあたり、ヒンデンブルク大統領の要望と外国の反応を無視することのないよう留意せよ、と自分に語った、と。すなわちドイツは欲することはなんであれやれるのだ、というわけにはいかないのだ。すでにドイツは孤立した。ユダヤ人は状況をますます先鋭化させようとしている。ユダヤ人には激しい打撃を食わさねばならないが、事態について誤解している部外者たちに、ドイツ人が野蛮人であるという非難をする口実をあたえてはならない。実際に人類に対して学術的貢献をしているユダヤ人は排除してはならない。ヒンデンブルクも「学術的能力あるもの」と前線経験ある兵士とを同等にみなすことを熱心に考えている、と[9]。

ユダヤ人に直接被害をあたえた最初の法律が公布されたときの雰囲気は以上のようであった。それはかなり穏和な措置であったが、絶滅過程は慎重に始められ、終わりには抑制を失ってしまった過程であった。被害者たちは長期にわたって同じ状態におかれていることはなかった。そこにはつねに変化があり、その変化はつねに悪化の一途をたどった。官吏法も同じような道を通った。

例外事項がまもなく無効になり、最初は守られていた人が、まもなく職を失った。免職の梃子になったのは、そのような退職が「行政の簡素化」を促すのであれば、誰でも公務から退けられうると規定した法令の中の条項だった。内務省の部長フープリヒによれば、この条項は高齢の官吏、退役軍人あるいは死亡した退役軍人の親族であるところの非アーリア人を排除するために広範囲に用いられた。その方法で退職させられた官吏たちへの年金の支払いには制約がいっさいなかった[10]。ついに、「ユダヤ人」という概念を定義した一九三五年十一月十四日の法令が、残存するすべてのユダヤ人の官吏は（ユダヤ人学校の教師だけをのぞいて）一九三五年十二月三十一日までに免職されることになると規定した。この法令で退職した官吏は、第一次世界大戦で前線の兵士として服役した場合にだけ年金を受けられた[11]。

いまやユダヤ人は公務から排除されたが、年金制度の規則は完全なものというにはほど遠かった（表5－6を参照）。しかるべき解決が必要だった。官僚にとって、当然、これは停止しなければならない年金もあるであろうことを意味した。しばらくのあいだその問題についてはなにもなされなかったが、その後、一九三九年十一月に、プフントナー次官が内閣官房長官ラマースにユダヤ人への年金支出の削減のための複雑な規定を提案した[12]。郵政大臣オーネゾルゲは草案が複雑すぎると評し、「行政機関がユダヤ人のために付加的な難題に苦しめられることはのぞましくないと考える」と書いている。

表5-6　年金制度の規定

	1933年	「簡素化」条項	1935年
退役軍人		年金支給	年金支給
生存する親族		年金支給	年金支給なし
1914年以前の兵役		年金支給	年金支給なし
10年以上の兵役	年金支給		
10年以下の兵役	年金支給なし		

さらにまた、まだ国内にいたユダヤ人――ほとんどが「なにもせずぶらぶらしていた」――が戦時中に保護検束、保安拘禁、「ないしはそれに類するもの」で投獄されるであろうことは「きわめてありそうなことに」思われた。その結果、ユダヤ人にたいするすべての年金規則を廃止することで、また現行規則がつづくかぎりにおいて、あるいは非常時の場合にのみ支給することで不測の事態に備えることにした[13]。一九三九年に書かれたこの書簡は、いかに迅速にドイツの官僚制が――郵政省においてすら――年金のようなささいな事柄に関して思い切った考えを展開しえたかを示している。投獄「およびそれに類するもの」がすぐに現実になってきた。けれども年金は手つかずのままであった。その問題はユダヤ人が殺害されるまで再浮上することはなかった。

官吏法の諸条項は官吏でない専門職にも適用された。ユダヤ人医師は国庫から助成されている疾病保険金庫の医師登録を認められていたが、官吏法の補足法令によって彼らの加入は拒否された。ただし前線勤務や伝染病病棟勤務の者、または一九一四年八月一日以前に現役であった者は、補足法令の適用をまぬがれた[14]。二〇〇〇人の非アーリア人医師がただちに影響を受けた。そしてこの法令に、歯科医や歯科技工士に適用される別種の法律がほどなく補充された[15]。官吏法は疾病保険金庫の医師や歯科医の診察料の否認によって明らかに拡大適用された。さらに追加の規制がなされ、非アーリア人医師がアーリア人医師の代行をすることが禁止され、両者混合の診療行為も禁じられた[16]。

ヒトラーと法相ギュルトナーによって三三年四月七日付で急いで起草された法律によれば、私的業務にたずさわる非アーリア人弁護士は、三三年九月下旬までに資格剝奪が可能となった。企業に雇用されていた弁護士の場合は、その資格剝奪は雇用契約の解消の「重要な」理由として明記されていた。ただし一九一四年八月一日に開業していた者、前線勤務したことのある者、戦死者の父または息子である者は、資格剝奪をまぬがれた[17]。

官吏からの追放とはちがって、軍隊からの免職はとりたてて困難をひきおこさなかった。第一に、一九三三年における陸軍は比較的小規模な組織であり、その規模は条約で一〇万人に制限されていた。第二に、軍隊はつねにユダヤ人にたいして差別をしていた。一九一〇年になってもまだ、ユダヤ人は宗教をかえるか医師でないかぎりは、プロイセン軍で職業的将校になることができなかった[18]。それゆえに軍隊における非アーリア人の身分は、一九三五年五月二十一日に発布されて、ヒトラー、国防相フォン・ブロンベルク元帥、内相フリックが署名したただ一つの法令によって規定されることになった[19]。その法律は「アーリア人の」家系が軍隊の現役勤務にとって必要条件であることを規定したが、しかし、内務省と国防省が合意した「例外」の条項があり、戦時の非アーリア人の服務については、特別指令によって定められうるとしたもう一つの条項があった。ここで想起されるべきは、この法律は内務省がユダヤ人という用語の定義をする数カ月「前」に公布されたものであり、また非アーリア人をユダヤ人と混血児に分けた理由の一つが、戦場における後者の有用性であったことである。二分の一ユダヤ人は、軍人・元軍人の場合には、ヒトラーや党に忠実な党員にとっては我慢できない特権や便宜を要求することができた。それゆえに一九四〇年四月八日、国防軍最高司令部長官カイテル元帥は、第一級混血児を戦地勤務からはずす規制を発した[20]。

ここには明らかに人的資源の潜在的喪失に対する配慮があった。こうした措置の策定者たちはドイツにおける改宗者や部分ユダヤ人の人数については無知であった。どの集団も一九三三年の人口調査では算定されておらず、党や内務省の専門家たちはイデオロギー的考慮につき動かされて、現実よりもはるかに大きい見積もりをした[21]。のちに混血児が召集された。彼らは予想よりはるかに少なかったけれども、戦線で彼らが使役されたことは新たな困難を生じさせることになった。

党内にはユダヤ人はいなかったので、免職はなかった。しかし党の勝利は芸術界におけるユダヤ人問題を浮上させた。ヨーゼフ・ゲッベルスのもとに宣伝省が創設されたのに続いて、帝国文化院が三三年九月二十二日に新たに設立された。ここには文学・新聞・ラジオ・演劇・音楽・視覚芸術、そして（三三年七月十三日からすでに存在した）映画の部会が設置された。その部会メンバーにならなければ、芸術家として公衆の面前に現われることはできなかった。そのメンバーとしての信頼性や適格性の欠如は排除の十分な理由となった。ユダヤ人は適格性を欠くものとして、徐々に排除されていった[22]。

最も興味深く、また最も複雑な免職過程は商工業部門に現われた。商工業は単一の階層秩序ではなく、いろいろな組織の寄せ集めであった。すべての企業体にユダヤ人従業員を免職させるよう指導することのできる官職はなかったので、それぞれの会社が自社に所属するユダヤ人について独自の決断を下さねばならなかった。それゆえに商工業部門でユダヤ人は自分は安全だと思っていた。彼らは、まったく私的な組織が強制されることなく絶滅過程に加わるものとは思っていなかった。つぎに述べるのはI・G・ファルベンの事例である。

一九三三年七月に、デュポン派遣団はドイツのI・G・ファルベンを視察に訪れた。デュポンの代表たちはI・G・ファルベンの職員たちとたびたび会談し、この話し合いのなかでデュポンの委員の一人はI・G・ファルベン帝国を築くのに貢献した多くのユダヤ人のなかの一人と会談した。そのユダヤ人の役員とは管理委員会副議長カール・フォン・ヴァインベルク博士であった。管理委員会は、実際の権力をもたないが、その助言が重視されているI・G・ファルベンの「経験豊かな人たち」の委員会であった。(23) 以下がフォン・ヴァインベルクについてのアメリカの実業家の印象であった。

昼食会のあと、われわれはカール・フォン・ヴァインベルク博士を訪れたが、彼は現在七三歳であり、I・Gの現役たちと協議するために毎日出社している。フォン・ヴァインベルク博士もまたドイツの情況を話題にしたが、彼はユダヤ人ではあったが、ドイツの動向にはっきりと同意していた。彼はそのうえ、自分のすべての金がドイツに投資されていて国外には一ペニヒも所有していないとさえ述べた。われわれはI・Gとの協力関係を増大する案件について話し合ったが、それについて彼は心からの賛同を表明した。I・Gの合衆国への関心に触れて、フォン・ヴァインベルク博士は、I・Gは投資を大歓迎すると述べ、その様子から彼らがその市場から手を引くつもりのないことをわれわれに理解させた。(24)

ヴァインベルクは特別の人物であった。フランクフルトには彼の名にちなんだ街路があった。ドイツにユダヤ人が存在していたことを連想させるものを除去するのは一般的であったが、都市の街路命名委員会はヴァインベルクの場合にはそうするのをためらった。しかし彼にはドイツにおいてもはや未来はなかった。彼はファシストのローマにおいてであったが、亡命中に死亡した。(25) I・G・ファルベンの他のユダヤ人上級社員は、そのほとんどすべてが一九三七年までに免職された。(26)

商工業部門の免職はドイツの企業が克服しなければならない二つの障害、雇用契約と能率問題のゆえにいっそう注目に値した。ユダヤ人との長期雇用契約は法律上の困難を提起した。ユダヤ人職員を解雇するよう企業に指導したり、契約書に想定された雇用の義務から会社を解放したりする法令はなかったので、多くの事例が実際に裁判にかけられた。法廷においてドイツの企業は、通常、党からの圧力があるという理由で、あるいは雇用契約のある条項がいかに関係の薄いものであっても訴訟に適用できるという理由で、解雇を正当化しようとした。(27)

こうした試みがどこまで推し進められたのかは帝国最高裁判所が裁決した事例によって示されている。被告である映画会社(ドイツ人)は、その契約のなかに「病気、死亡、あるいは舞台監督の仕事を不可能にするような類似の理由」の場合に雇用を終了させることを規定した条項があるので、長期契約を結んでいたユダヤ人の舞台監督を退職させる権利を与えるよう要求した。帝国最高裁判所は、原告の「人種の特質」が病気や死亡に相当するという理由で、その条項が「無条件に適用できる」とする判決を出した。(28) ドイツ最高裁判事の判断では、ユダヤ人はすでに生ある有機物であることをやめ、ドイツの商工業の成長にもはや寄与することのできない無機物であった。

ユダヤ人をドイツの企業から免職することに第二の障害になったのは能率の問題である。(輸出業における販売職のような)

ある種の職でユダヤ人は理想的であるか、あるいはかけがえのない存在であるとさえ強く思われていた。[29] こうした認識に導かれて、I・G・ファルベンや外国支社をもつ他の数社は、ユダヤ人職員を諸外国に転任させた。こうやってユダヤ人がドイツから追い出されることで、すべての問題が解決されたかにみえた。けれども、大企業は例外なくユダヤ人の在外代理人を「漸次減少させること」を決定したので、こうした解決策ですら一時的なものにすぎなかった。[30]

免職が勢いを得るにつれて、ユダヤ人にとって状況はますます悪化してきた。ユダヤ人の免職が遅れれば遅れるほど、退職手当、示談金、あるいは年金が少なくなっていった。[31] その過程は政府官僚が介入する以前から進行した。早くも一九三八年に内務省は「ユダヤ人企業」という用語を定義する法令を用意した。一九三八年六月十四日に発布されたその法令[32]は、ユダヤ人の企業を強制的にドイツ人の手に移す根拠を形成することになった。けれども、その定義は適用範囲がたいへん広かった。ユダヤ人が出資している場合だけでなく、法定代表人か役員会メンバーがユダヤ人である場合でも、商業行為はユダヤ的とみなされた。ドイツの商社の支店はその支店の支配人がユダヤ人の場合、ユダヤ的とみなされた。そのような定義によって、ユダヤ人の取締役、業務代行人（企業の代表権をもつ支配人）、あるいは支店長がまだ在職中であるかぎり、こうした重役の解雇が誘発された。一九三八年十一月に、いくつかの省庁がふたたび介入した。ゲーリングが署名した一九三八年十一月十二日の法令[33]によって、ドイツの企業は年末までにユダヤ人経営者をすべて解雇するよう指導を受けた。免職は通告の六週間後に発効した。そのような通告の満期後、ユダヤ人の支配人は雇い主にもはや金銭的な請求を行えなかった。

かくしてユダヤ人財産の収用が、絶滅機構によって緩慢だが徹底的なユダヤ人の粛清とともにはじまった。これは、ナチスの目で見れば、至極もっともな開始であった。ユダヤ人を支配する前に、彼らの「支配」を排除することがどうしても必要であった。けれども、免職はユダヤ人社会にたいしてかすり傷しか与えない攻撃にすぎなかった。この攻撃中に、二、三千人しか傷を負わせることができなかった。ユダヤ人の「力」の主要な源泉、ユダヤ人の「支配」の砦、ユダヤ人の「搾取」の象徴は、無数の小商店から「大企業」という称号を受ける資格があったわずかな大会社にいたるまで、独立自営のユダヤ人企業であった。

訳注

66 四カ年計画　一九三六年九月のナチ党大会で発表され、ドイツを四年のうちに産業的に自立させることを目指した。責任者はゲーリング。

69 ヒンデンブルク　ドイツの将軍、一九二五年ヴァイマル共和国第二代大統領に選出される。三二年ヒトラーを破って大統領に再選されたが、翌年一月、第一党となっていたナチ党の党首ヒトラーを首相に任命する。三四年彼が死亡すると、ヒトラーは首相兼大統領兼党最高指導者として自己を総統（フューラー）と称した。

2　アーリア化

原注8-

全体としてドイツ実業界におけるユダヤ人の関与は、一九三三年以前には以下のような割合・状況・傾向を示している。（1）ユダヤ人人口の大半は自営業であった。（2）ユダヤ人は小売業・不動産業・法律職・医療業のような目に見える活動において、ならびに金融業や食料・金属の卸売業において高い割合を占めていた。（3）商工業の数部門、とくに金融業・金属業において、ユダヤ人の市場占有率は、ヒトラーの権力掌握の以前に、低落しつつあった。[1]事実、あるナチス研究者は、ユダヤ人の経済的影響力は一九一三年までにピークに達していたと結論している。[2]このような構造はユダヤ人企業に対する来るべき攻撃を受けやすい条件を明示していた。

ユダヤ人企業の運命は解体か「アーリア化」かどちらかであった。解体させられた企業は存在を停止し、「アーリア化」の場合にはドイツ人の民間企業がユダヤ人の民間企業を買収した。アーリア化は二つの局面に分かれた。（1）いわゆる自発的アーリア化（一九三三年一月から一九三八年十一月まで）、これはユダヤ人の売り手とドイツ人の買い手との「自発的な」合意にもとづく譲渡であり、（2）「強制的アーリア化」（一九三八年十一月以降）、これはユダヤ人所有者に自分の資産の売却を強いる政府命令を遂行する譲渡であった。

「自発的」という言葉は、ナチス体制下のいかなるユダヤ人の資産の売却も、自由社会において自由に取り決められた契約という意味での自発的ではなかったのでカッコ付きがふさわしい。ユダヤ人は売却する必要に迫られていた。彼らは長く待とうとすればするほど、ますます圧力が増大し、代償が少なくなっていった。これはユダヤ人の力がまったく無くなってしまったことを意味してはいない。アーリア化においては、まだ以下のことができた。すなわち絶滅過程のこの段階においては唯一、ユダヤ人は一定の行動の自由をもち、ドイツ人にたいしてドイツ人をけしかけたり、引きのばし戦術を行う機会があったのである。しかしそれは危険な駆け引きであった。時代はユダヤ人にとって逆流していたのである。

経済不況によって、また日常的操業を維持するためにドイツの銀行から大きい資金を仰ぐことによって、すでに著しく弱体化した企業があったが、そうした企業にとっては、ナチ体制の到来は近い将来の終焉を意味した。東部ドイツのデパート、ヘルマン・ティーツ社はこのような状況におかれていた。そのユダヤ人オーナーたちは一九三四年に退陣し、三五年現在でアーリア化された営業はヘルティ名義で行われていた。[3]

頑張り抜くか屈するかは規模の問題ではなかった。ユダヤ人の大企業はドイツ人の買い手にとってあなどりがたいものであったが、「魅力的なもの」でもあった。ユダヤ人企業が自由にできる蓄積が大きいほど、ますます大きな力がユダヤ人企業に集中した。したがって、ユダヤ人企業が売却されるスピードは、たんにオーナーの資金の問題ではなく、彼の期待や憂慮の問題であった。オーナーは所有財産の残余に必死にしがみつくためだけに、その一部を売却するときもあれば、ただちに一切合切を売却するときもあった。一九三八年と一九三九年にドイツ人の占領地において二、三の興味深い迅速な売却の例がある。ドイツ人は三八年三月にオーストリアへ、同年十月にチェコスロヴァキアのズデーテン地方へ、三九年三月にボヘミア＝モラヴィア（保護領）へと進撃した。これらの地域において売却がドイツ軍の進駐前に行われた例がある。要するに、ユダヤ人の恐怖心は圧力がかけられるより前に実際的結果を発生させていたのである。

オーストリアにおける併合前の最も重要な交渉は、ロートシルト［ロスチャイルド］家*支配のオーストリア・クレディット・アンシュタルトとドイツのI・G・ファルベン社とのあいだで行われた。交渉の対象は、クレディット・アンシュタルトの子会社、スコーダ製作所ヴェツラル火薬工場であった。話し合いはもともとオーストリアに新工場を建設する目的ではじめられたのであったが、議論のさなか、I・G・ファルベン側の代表イルグナーは、クレディット・アンシュタルトが火薬工場の持株の五一パーセントをI・Gに売却することを要求した。(4)クレディット・アンシュタルトは小国オーストリアから投資の見込みがほとんど期待できないという理由で、この要求を拒絶した。いいかえれば、クレディット・アンシュタルトは、I・G・ファルベンが、景気のよい火薬工場のように割のよい会社を獲得するために提供した資金を、もてあましたのである。(5)

にもかかわらず交渉は継続された。併合の一カ月前の一九三八年二月に、クレディット・アンシュタルトは火薬工場とオーストリアのもう一つの化学コンツェルン（株式会社ドイツ＝マトライ・カーバイト工場）との合併に合意した。この合併はI・G・ファルベンの「後援」のもとに行われることになったので、新会社はドイツのコンツェルンに支配される可能性があった。(6)この合意は心理学上からいえば、クレディット・アンシュタルトがみずからの産業基盤のI・G・ファルベンによる支配を、不承不承にせよ容認することに同意していたことを意味するので重要である。合併案はロートシルトの経営権の完全な排除を規定していなかったが、明らかにそのような意図がドイツの交渉団の念頭にはあった。一九三八年四月にその問題の報告をしたI・G・ファルベンの役員たちによれば、最初の合意に達してからも実際に議論は継続されたし、ドイツ軍がオーストリアに進撃してはじめて話し合いは打ち切られたのだった。(7)

併合後に何が起こったのか。クレディット・アンシュタルトの幹部ローテンベルクは制服姿のナチ突撃隊に誘拐され、走行中の車から放り出された。(8)火薬工場を著名な企業に築き上げ、その総支配人となったイジドール・ポラック技師は横死を遂げた。一九三八年四月のある日、突撃隊は家宅「捜索」を行うために彼の家をおとずれた。「捜索」中に彼は暴行されて亡くなったのだ。(9)そのあいだ、ドイツ人実業家たちは計画を推進し、クレディット・アンシュタルトは巨大なドイツ銀行にのみこまれ、その子会社である火薬工場はI・G・ファルベンの手に落ちた。[10]

オーストリアの場合と同様に、プラハにおけるユダヤ人の利権がチェコスロヴァキア政府の解体以前に売却された。ドイツのプラハ進攻の一カ月前の一九三九年二月に、ユダヤ人支配のボヘミヤ・エスコント銀行はドイツのドレスデン銀行の手に渡った。クレディット・アンシュタルトの役員と同様に、エスコント銀行の重役たちはその売却から大して利益をあげなかった。重役のファイルヒェンフェルト博士とロープ博士は強制収容所で死亡し、重役のカントル博士は絞首刑にされた。[11]

クレディット・アンシュタルトとエスコント銀行は双方とも、ドイツ人が暴力を行使しうる立場になる以前に、国境を越えて脅威が感じとられ、反応が生じた事例であった。ユダヤ人は暴力を予知し、前もってそれに服従した。

発展が期待されるユダヤ人企業は、可能なかぎりの低価格で売却するように強い圧力をうけた。こうした圧力は特定のユダヤ人企業にではなく、ユダヤ人企業全体にたいしてかけられた。ユダヤ人企業は主としてその顧客や部品製造業者との関係を断とうとする動きにさらされた。顧客の引き離しは反ユダヤ人不買運動によって行われることになり、部品補給の寸断は一連の割当策によって遂行された。強調しておかなければならないのは、こうした努力はアーリア化を推進する強制手段としてではなく、「自発的な」売却の促進をめざしたものであったということである。

不買運動は、最初、一九三三年三月二十九日にボイコット委員会を設立したナチ党によって始められた。各委員はつぎのとおりであった。[12]

ユーリウス・シュトライヒャー、委員長
ロベルト・ライ、ドイツ労働戦線
アドルフ・ヒューンライン、突撃隊
ハインリヒ・ヒムラー、親衛隊
ラインホルト・ムホウ、党経営細胞指導部
ハンス・オーバーリンドーバー、ナチ党戦争犠牲者救援機関指導者
ヤーコプ・シュペンガー、ナチ官吏同盟指導者
ヴァルター・ダレ、党農政部長
フォン・レンテルン博士、営業中間層闘争同盟全国指導者
ハンス・フランク博士、ナチ法律家同盟指導者
ゲルハルト・ヴァーグナー、ナチ医師同盟指導者
ヴィリー・ケルバー、ヒトラー・ユーゲント
アヒム・ゲルケ博士、党情報部長

この委員会は、シュトライヒャーやゲッベルスのような有名人が演説する大衆集会を招集することで、また褐色のシャツを着た突撃隊や黒色の制服を着た親衛隊による「守備隊」をユダヤ人商店の店先に配置することで、その任務をつとめた。守備隊は、店舗の所有者がユダヤ人であることを大衆に「知らせ

る」ように命じられた[13]。ときにはショーウィンドウに「ユダヤ人」と落書きすることで情報が伝達された[14]。

党のボイコット委員会は、ドイツのコンツェルンによるユダヤ人企業の買収を促進するためではなく、むしろユダヤ人にたいする「民衆的憎悪」を各省庁に想い起こさせ、それによってユダヤ人対策を強化させるためにその運動を開始したことが指摘されるべきであろう。それにもかかわらず、不買運動ははっきりとした経済目的をもっており、それは抑えられるどころか、さらに度を増し、拡大していった。

一九三五年八月二十日のシャハト会議の終わりに、ユダヤ人企業のいっさいの公的契約の差し止めが取り決められたことをわれわれはすでに見てきた。この決定は公的契約裁定に関する内閣官房命令を補正することで履行された[15]。と同時に、不買運動は官公庁のみならず国家公務員にとっても強制的なものとなった。内務省の主導のもと、公務員たちは、ユダヤ人の医師、弁護士、歯科医、病院、薬局、それに――法務省の指示で――産院や葬儀屋などの関係業務にたいする報奨金をもはや受け取ることができないと命じられた[16]。強制的な不買運動は党員たちにも適用される。ある特殊事例において、党員であるクルト・プレレ博士は、彼の妻が彼の知らぬ間にコーンという名のユダヤ人の商店で一〇ペニヒの絵はがきを買ったという理由で、党裁判所に召喚された。プレレは党裁判所によって除名され、そして副総統（ヘス）の要請で、彼がいつも進んで国民社会主義の政府を支持し擁護するかどうか疑わしいという理由で、公証人としての職業を営むことを禁じられた[17]。

党員や公務員や官公庁のあいだで不買運動が推進されたことは驚くにあたらない。というのも、その「運動」と帝国がその政治活動の指導的地位にあるとみなされていたからである。彼らが模範を示し、人びとはつきしたがうことになった。しかし不買運動全体はのぞんでいなかった効果をまねくことになった。とくにユダヤ人企業の急速な崩壊は、ドイツ人企業のそれに見合った拡大をもたらさないままに、非ユダヤ人従業員の失業、経済活動の停滞、税収の減少を結果した。ユダヤ人企業の盛んな都市においては、このような事態はいっそう厳しいものであった[18]。

それでも圧力は厳しかった。三〇年代の中頃からユダヤ人生産者は、顧客からだけでなく原料供給者からも分断された。原料供給は三つの方法で制限された。（1）ドイツ人納入業者によるユダヤ人にたいする自発的な販売拒否。（2）企業連合の働きかけによる、ユダヤ人構成員たちへの原料割当量の停止または削減。（3）政府による外貨の割当の削減（ユダヤ人の生産者に輸入原材料を与えないという目的で）。必然的に、こうしたことは面倒で、十分に効果的とはいえない諸規制であったが、それらはユダヤ人企業の価値を下落させる全体的な計画の一環として実施された[19]。

割当規制や、不買運動、そしてさらにひどいことが起こるのではないかというユダヤ人の不安の結果として、多くのユダヤ人の実業家たちはみずから進んで所有財産を売却した。いまや

「市場」が存在した。何千ものドイツ人の企業が適当なユダヤ人企業をさがして国中を調査していた。ユダヤ人企業はいまや、ドイツの商業用語でいう「物件」になった。「物件」は見つかりやすいとはかぎらなかったので、探索がそれ自体専門の仕事になった。この仕事を専門的にあつかった機関が銀行であった。それは実入りのよい事業であった。銀行はアーリア化の実行によって三重の利益を受け取った。（1）買い手と売り手の斡旋にたいする手数料（販売価格のおよそ二パーセント）、（2）買い手への融資にたいする利子、（3）銀行とアーリア化された企業とのあいだで契約が取り結ばれた後続の仕事からの利益（そのような仕事はたいてい買い手になりそうなものと銀行との契約書のなかの一条項から派生したが、それにもとづいて買い手はその銀行を新規に獲得した企業のための「主要銀行」とすることになった[20]）。さらに、銀行は周旋業者である――物件を関心のある買い手に勧める――ばかりでなく買い手自身であり、またユダヤ人の銀行ないしは厳選した産業関係の株券を買い取る機会を逃さなかった。ドイツの商工業はどの部門も争奪戦の状態であったが、銀行はまさにそのただなかにいた。

アーリア化ブームにおいてユダヤ人の被害は著しかったが、一九三八年の初頭にドイツ経済界には購買欲が弱る兆候があった。ユダヤ人の忍耐が彼ら自身の恐怖やドイツ人の圧力を乗り越えた。一九三八年五月、ドレスデン銀行頭取はドイツ人の買い手よりユダヤ人企業の数のほうが多いと不平をこぼした。ユダヤ人の大いなる忍耐のために買い手を見つけることがとりわけ難しくなった。この形勢の逆転を分析することから、ドレスデン銀行の専門家は唯一重要な結論を導き出した。すなわち価格を下げなければならない、と[21]。

ユダヤ人の「物件」の価格を下げるために、直接的な圧力が必要とされ、ユダヤ人企業へ直接圧力をかけるためには、買い手同士の競争をやめなければならなかった。ある経済新聞によると、「かつての強力な［ユダヤ人の］競争相手をのみこみたいという衝動、あるいはもう一方の［ドイツ人の］競争相手の鼻先からそのようなおいしそうなごちそうをひったくりたいという衝動は、きっと多くの場合、評価額の高騰を引きおこしていたにちがいない[22]」。買い手同士の競争が排除されたことで、ユダヤ人のオーナーは一人のドイツ人の交渉者か、買い手の共同戦線とかかわり合わねばならなくなった。

そのような協力行動を生じさせた方法は買い手同士の協定であり、それには二つのタイプがあった。一つは、数人の買い手が行動をともにして一つのユダヤ人企業の買収を担当するもので、もう一つは、いくつかのユダヤ人企業を特定の買い手数社に割り当てるものである。協定の第一のタイプは、一九三七年十一月三十日にユダヤ人企業ラヴァック&グリンフェルトの株券を折半で買いとるために、中部ドイツ製鉄会社（フリック）とL・ポセール商会が結んだ契約に例証されている。その協定は、買いとってから一九四三年一月一日まで、どちら側も相手の同意なしにはその株券を処分することができないと定めていた。一九四三年一月一日以降でも、どちら側も他方に利益を半分提供しないかぎりその株券を処分することができなかった㉓。一ユダヤ人企業は、その金融力の点で異なる会社の借款団によって事業を引き継がれることもあった。ただし、それはグループ内の信用ある企業が銀行に借款を求めている弱体企業を支援する意志のある場合であったが㉔。

複数の当事者が複数の物件に関心を示した場合、各購入者に一つの物件を割り当てることが慣例であった。たとえば一九三九年三月二十三日に、ドレスデン銀行やドイツ銀行やドイツ・クレディット・アンシュタルトがユダヤ人の支配する三銀行を分配することに合意した。すなわちドレスデン銀行はボヘミアのエスコント銀行を獲得することになり、ドイツ銀行はボヘミア合同銀行を買収することになり、ドイツ・クレディット・アンシュタルトはレンダー銀行を接収することになった㉕。どのタイプの協定もユダヤ人のオーナーに売買条件を話し合う機会を与えないように意図されていた。概して、そのような協定に狼狽したユダヤ人は、買い手の言い値で売るか、そうでなければまったく売ることができなかった。

一九三八年四月二十六日に、政府官僚は価格水準を下げるためにもう一つの決定的な措置を講じた。それ以後、ユダヤ人からドイツ人への企業の移譲に関する契約には正式の認可が必要となった㉖。この法令が出されてから一カ月後、経済省の参事官ゴットハルト博士はドレスデン銀行の役員にその措置の目的と効果について説明した。ゴットハルトによれば、購入者はこれまで企業の設備評価にたいしてだけでなく「企業価値」（商標、世評、販売契約、そのほか評価を高める諸要素）のような無形資産にたいしても代金を支払っていた。当節では非アーリア人のコンツェルンは「企業価値などもたない」ので、これからはもはや、買い手は「企業価値」にたいして金を払わなくてもよくなった。そのうえドイツ人の購入者は、雇用契約やユダヤ人卸売業者との契約などをふくめ、諸契約の一方的破棄にたいして移譲後に支払わなければならないような金額を購入価格から控除することになり、したがって通例、経済省は本来の価格の三分の二から四分の三までの支払いを定めた契約にたいしてだけ認可を与えることになった㉗。

ユダヤ人のオーナーに与えられた選択の道はいまや明白であった。彼らは命じられた条件で売却するか、それとも今後の展開を待ちつづけるかであった。どのユダヤ人も今後の展開が事態を緩和させるとは考えなかったが、最も強大な企業の二、三のオーナーはまさに未来に立ち向かおうとしていた。

チェコスロヴァキアに及ぶ中部ドイツの石炭地帯では、広大な地所を管理するユダヤ人の三つの家族が、なにが起ころうとも屈しないことを決意していた。ドイツの通貨ではどのような価格でも、自分たちの所有財産を手放したがらなかったこれら三つの家族とは、ロートシルト家、ヴァインマン家、そしてペチェック家であった。彼らの行った闘いはユダヤ人としての闘いではなく、それぞれの利害のために、ナチズムに耐え抜こうとしたわけではないが、なんとか切り抜けようとするむなしい試みへの三者三様の格闘であった。買い手の圧力に抵抗しようという決意は、衝突に起因する損害が売却によって生じる損失よりも小さいだろうという確信から生まれた。というのも、これらのユダヤ人は自分たちの資産を株券の最新の市場価値によってではなく、生産統計や設備能力、鉱石と石炭の埋蔵量によって評価していたからだ。ロートシルト家、ヴァインマン家、そしてペチェック家は貧しいユダヤ人には手の届かない武器、たとえば外国の持株会社や「絶対に必要だ」という論法などの武器をもって闘う覚悟ができていた。これらの企業のアーリア化には、ドイツ経済界において先例のない圧力と無慈悲な戦術が必要であろうことをドイツ人たちは知っていた。こうした圧力と無慈悲さは、少なくとも部分的には、独特の工業機関、すなわちヘルマン・ゲーリング工業所*が遂行した。

ゲーリング工業所は国有の企業としてヘルマン・ゲーリングや彼の少数の腹心によってナチ期の初期につくられた。ゲーリングはたいへん簡単な方法で鉱山と地所を獲得した。彼は事実上すべての大製鉄業者に、その資産の一部をゲーリング工業所に譲渡するよう要求した(28)。彼はこの方法を正当化するために簡潔な論証を行った。すなわちゲーリング工業所は収益のためにではなく、帝国を利する「国政のため」に創設されたのであると。そのような能弁な論証がドイツのナンバー・ツーによって述べられると、あらがいがたいものとなった。ドイツが一九三八年に膨張しはじめると、ゲーリング工業所も自然と拡張しようとした。その大きな好機は、新領土における非ドイツ人の大企業の獲得にあった。したがって、ゲーリングがロートシルト、ヴァインマン、ペチェックらの資産に熱いまなざしを投げかけたとしても驚くにはあたらない。彼はユダヤ人大財閥のアーリア化請負人と自認していた。「あらゆる大企業をアーリア化することが当然わたしの運命になろう」(29)。そういうわけでゲーリングは、実業家たちと、歩兵隊のようにユダヤ人と戦闘を行うために会議室に送り込まれてくる政府職員たちとの、連携をささえる推進力となった。

こうした戦闘の一つはロートシルト［ロスチャイルド］家と行わなければならなかった。その家族は数カ国に広がっていた。ウィーンにはロートシルト男爵（ルイ）がいて、プラハにもう一人の男爵（ユージーン）がいて、パリに三人目（アルフォンス博士）がいた。ロートシルトの投資も同様に拡散していた。というのも、その家族は用心深く一つのかごにすべての卵を入れないようにしていたからであった。加えて、所有財産は互いに絡み合っていた。たとえば、ウィーンのロートシルトはチェコスロヴァキアに利害をもち、プラハのロートシルトはフランスに資産を保有するといったことなどがあった。こうした仕組みがロートシルト家にある種の弾力をもたらしていた。その帝国全体に同時に打撃を加えることはできなかったし、そのどの部分にたいしてでも攻撃をすれば、必ずその構造の他の拠点から対策がでてくるという危険を招いた。

チェコスロヴァキアのモラフスカ・オストラヴァの近くに、ロートシルト家は、ドイツ人が関心をもつ大製鉄企業、ヴィトコヴィッツ鉱業製鉄業共同鉱山会社を所有していた。チェコスロヴァキアが崩壊する二年以上「前」の一九三七年二月に、ロートシルト家はヴィトコヴィッツ株の所有権をロンドン連合保険会社に譲渡した。今度は連合保険が無記名証券を出したが、それはヴィトコヴィッツへの資本参加を示していた。[30]その証明書はロートシルト家と、ロートシルト家と親密なグートマン家が所有した。これはナチスを困惑させずにはおかない最初の動きであった。というのも連合保険はイギリスの企業であり、ロートシルト家はいまやヴィトコヴィッツをイギリス資産とみなしたからである。一九三八年三月に、ドイツはオーストリアに進撃した。併合の二日後、ウィーンのロートシルト（ルイ男爵）が逮捕された。[31]これはロートシルト家にとって困難を起こさずにはすまない最初の動きであった。ルイ男爵は釈放されず、まもなく彼が人質として拘留されていることが明らかになった。彼の逮捕はおそらくアーリア化における出国差し止めの最初の適用であった。

一九三八年十二月二十九日に、ウィーン・レンダー銀行は「ヘルマン・ゲーリング」採鉱製鉄工業所にヴィトコヴィッツに関する評価報告書を送った。その評価は一九三五年十二月三十一日になされたものであったが、レンダー銀行は、チェコでつづいて起こるであろう通貨切り下げや経営改善にかんがみて、現在の価値がますます高まってくると指摘した。[32]チェコスロヴァキア侵攻の一カ月前の一九三九年二月に、それまでにフランス市民になっていたプラハのロートシルト（ユージーン）は、「チェコスロヴァキア政府へのヴィトコヴィッツの売却にたいする英国政府からの支持を得るために」ロンドンへおもむいた。[33]チェコ最大の金融機関、ジヴノ銀行の頭取であった（チェコの交渉者）プライス博士も同席していた。交渉者たちはイギリス通貨で一〇〇〇万ポンドの暫定価格について討議した[34]（ちなみにこの金額はミュンヘン協定の代償としてイギリス側がチェコスロヴァキア政府に約束した額とぴったり一致していたことが特筆される）。だが、いずれにせよ三月にドイツ側は、ヴィトコヴィッツをふくめて、チェコスロヴァキアの残りを占領し、交渉は対象なきものとなった。

ついでドイツ側は以下の動きを起こした。ヴィトコヴィッツを買収する準備が行われた。チェコスロヴァキア占領から一週間後の一九三九年三月二十三日に、経済省の産業局長ケーアルは、ドレスデン銀行の役員カール・ラッシェ博士と、ジヴノ銀行の頭取でチェコスロヴァキア政府を代表して一カ月前に交渉したまさに同じ人物、ヤロスラフ・プライス博士にたいして、帝国を代表して資産を買収するためにロートシルトと交渉を開始する権能を与えた。ケーアルは自分の権限で外国為替が必要なら手配できると言及した。[35]

一九三九年三月二十七日に、ドイツの代表団がパリに到着し、ロートシルト企業グループと会見した。[36]以下の人物が交渉に参加した。

ドイツ側　ラッシェ博士（ドレスデン銀行）
　　　　　プライス博士（ジヴノ銀行）

ヴォルツット取締役（ウィーン・レンダー銀行、役員）

ユダヤ側　ユージーン・ロートシルト男爵（プラハ／パリ）
アルフォンス・ロートシルト男爵（パリ）
ヴィリー・グートマン男爵
ケージング取締役
シュナーベル取締役
フェデラー総支配人（ヴィトコヴィッツ監査役会議長）

会議の冒頭、ドイツ側グループが売買の申し込みをした。ストックホルムの子会社フレヤ鉱業所株式会社（鉄鉱山、資本金二六〇万スウェーデン・クローナ）[37]をふくめたヴィトコヴィッツの経営権の譲渡にたいして、ドイツ側は一三億四一〇〇万チェコ・コルナを申し出た。この金額は少額が外国為替で支払えることをのぞいてチェコ通貨で支払われることになった[38]。

チェコスロヴァキアの崩壊以前に、一三億四一〇〇万チェコ・コルナは約一〇〇〇万ポンドに相当した。しかし、チェコの通貨はチェコスロヴァキア自体と同様に囚われの身となっていた。チェコ・コルナはロートシルト家にとって使いものにならなかった。そのような大金を再投資することはできず、またイギリスや合衆国やスイスなどで売却すれば必ず大きな損失を出した。ロートシルト企業グループは結果的に申し出をはねつけ、その代わりにイギリス通貨で一〇〇〇万ポンドの支払いを要求した。ロートシルト＝グートマン代表団は、株券の売り手がイギリスの法人、すなわち連合保険会社であることを指摘した。このイギリスの法人はあれこれのオーナーの国籍を差別待遇しない、とロートシルト側は説明した。そこでは一つの通貨、イギリス通貨ポンドですべてのオーナー（無記名証券の所有者）に利益配当金を支払っている、と[39]。

会合は休会し、翌日交渉者たちはふたたび会見した。二度目の集まりはやや不穏な雲行きになった。ドイツ側は、広範囲にわたるロートシルトの組織が動きだしたことにはじめて気がついた。スイスやオランダやアメリカの銀行に預けられた種々のヴィトコヴィッツの預金が凍結された、すなわち、法的状況が明確にされるまでは預金口座から金を引き出せなくするために裁判所命令が出されたのである。フレヤへの二〇万ポンドの信用貸しは差し止められた。

ドイツ側は憤慨した。帝国外国為替法のもとで、あらゆる「自国民」はライヒスマルクと交換すべく在外資産を帝国に差し出さなければならなかった。ロートシルトのやり口はこの法律を犯し処罰の対象になるものであった。ユージーン・ロートシルト男爵（プラハのロートシルト家）はそれゆえに代案の提起を求めた。ドイツ側はイギリス通貨で二七五万ポンドを申し出た。これはロートシルト側が検討できうる申し出であり、しばらく価格交渉したのちに、三六〇万ポンドまで引き上げられた。いいかえれば、ドイツ側がヴィトコヴィッツとそのスウェーデンの子会社フレヤを獲得したのにたいして、ロートシルト側は彼らが要求していたイギリス通貨の三分の一強とルイ男爵を獲得したのだった。

ルイ男爵を受け戻すためには、外貨支払いの一部が彼の解放前になされねばならなかった。したがってロートシルトの組織は、「ルイ・ロートシルトが五月四日ないしはそれ以前にスイスかフランスの国境を越えてドイツを自由に出国するものとする」[40]という条件で、ドイツ側の望む通貨と有価証券を用意するために、クーン、レープ、マンハッタン、コーハーなどの銀行、オランダ商業銀行、アムステル銀行、ブランカール商会、その他の金融機関に書状や電報を送りつけ、ロートシルトの預金の支払停止を解いた。ドイツ側では、ケーアル（経済省）がラッシェに書簡を出してルイ男爵と交渉する権限を与え、ウィーンのゲシュタポ司令事務所への書簡ではラッシェとロートシルトの会合を許可するよう求めた。[41]

ルイ・ロートシルトの釈放後、ドイツ側は外貨支払いの手配を完了するよう動いた。一九三九年六月十五日、兵器の専門家集団が会合して戦車計画にヴィトコヴィッツをふくめることを議論した。参加者のなかにはヴィトコヴィッツに軍事秘密をゆだねることについて疑念を呈するものもいた。アーリア化の完成のため、ヴィトコヴィッツはドイツ的なものとみなされるようトップから最下層にいたるまで必要な人事異動がなされた。[42]一週間後に判明したことだが、ヴィトコヴィッツはその年が終わるまでイギリス海軍からの注文を履行することになっていた。[43]けれども、そのあいだドレスデン銀行のラッシェ頭取は協定を結ぶためにパリとベルリンを往復していた。[44]他方、競合していたドイツ銀行の代表団は、ヘルマン・ゲーリング工業所のプライガー次官に、このように大きい契約から排除されている、と不満を訴えていた。[45]プラハではチェコの金融当局（「自立的」チェコ政府の大蔵大臣カルフス）はドイツ側が「保護国」の所有する外貨で購入価格を賄おうと画策したことに抗議していた。[46]すなわち、カルフス蔵相はチェコ側がその事業計画に金を払うことになると悟っていたのだ。

七月に、最終的な協定書が作成された。双方は三二〇万ポンドに相当する無記名証券一〇〇枚のうち八〇枚を譲渡することで合意した。売り手は残り二〇枚の株券を四〇万ポンドの価格で売りに出す権利を与えられ、買い手はそれを余儀なく受け取らされた。[47]一九三八年度の収益は買い手に取り立てられた。これが、実際に、三月に合意された条件であった。その契約が九月末に発効することも、[48]三月に合意されていた。[49]ドイツ側は満足した。七月十三日に、協定がバーゼルで調印され、[50]八月二日に、ラッシェが親衛隊・警察長官ヒムラーの幕僚長のヴォルフSS中将に書簡を出したが、それによるとドレスデン銀行は購入価格を下げるうえで警察による貢献（ルイ男爵の逮捕）にたいして謝意を表した。[51]だが突然、思わぬ障害が起こった。

一九三九年九月一日に戦争が勃発し、その協定は効力をもたなくなってしまった。ロートシルト家の財政顧問ケージング重役による戦後の報告によれば、その契約は、支払いやいくつかの条件面で満足がいくまでは法的権利の譲渡が行われないよう意図的に策定されていた。ケージングによると、こうした予防措置の狙いは戦争の勃発と同時に全協定を停止させることであった。[52]

ロートシルト家の意図がどのようなものであったのかわれわれにはわからない。この金融帝国は、戦争がはじまる時を正確に予言できる力をもっていたのかどうかもわからない。その取引きがロートシルト家にとって痛みを伴うものであり、そしてそれゆえに三六パーセントの補償金でその権限を投げ売りするか、ヒトラー政権の崩壊後それを取り戻しうるという希望で我慢するかの選択にあたって、ロートシルト家は戦争が決着をつけてくれるまで、どちらにするか迷っていた。こうして、一九三九年九月、ヴィトコヴィッツ工場のオーナーたちはナチ政権とロートシルト家のどちらが長続きするか知ろうと躍起になった。しかしその待機は平穏無事というわけではなかった。

一九三九年十一月に、ドイツ側はスウェーデンの裁判所に訴訟を起こすことでフレヤ鉱業所の株を手に入れようとした。彼らは失敗した。[53] 一九四〇年一月に、もはやイギリス海軍のための製造をやめていたヴィトコヴィッツ工場は以下のメンバーからなる委員会の「監督」下におかれた。[54]

デリウス博士、ヘルマン・ゲーリング工業所
カール・ヘルマン・フランク、次官、保護領管理局
プライガー、ヘルマン・ゲーリング工業所総支配人
ラーベ、ヘルマン・ゲーリング工業所総支配人
ラッシェ博士、ドレスデン銀行
ラインレンダー博士、経済拡充全国センター
ヴァイガント少将、軍需監査官（プラハ）

ゲーリングがいまや権力の座についていた。けれども、ドイツ側はまだ依然として協定を結ぶことをのぞんでいた。ヴィトコヴィッツ工場はイギリス所有であったので、戦時下にもかかわらず、いまだドイツ側はイギリスと折り合いがつくことを期待していた。要するに、物質的な所有が彼らにとっての問題を解決するものではなかった。それゆえに一九四〇年三月に、ラッシェはスウェーデンの子会社フレヤの社長、スネ・ウェッテルに書簡を出し、新たな交渉を示唆し、[55] 四月にはストックホルムにおもむき、思い切った手段をとると脅した。すなわちロートシルト家が中立国において交渉する用意がなければ、ヴィトコヴィッツ工場はドイツ企業（ヘルマン・ゲーリング工業所）の利益になるように後者に「賃貸される」であろう。こうしてオーナーたちはいっさいの戦時利得を取り上げられ、加えて今度は「別方向で」、フレヤにたいする要求を認めさせるであろう、[56] と。しかしロートシルト側は交渉の用意ができていなかった。そのあとすぐ、一九四〇年六月に、フランスが降伏した。

休戦の日に、ドレスデン銀行は国防軍最高司令部に特別通行証でラッシェがフランスに旅行することが可能かどうか質問した。理由は、フレヤの株券がパリのどこかに隠されているという噂にあった。[57] その株券は、実際にはパリ・ロートシルト銀行

に隠されていた。[58]ロートシルト家は弱腰になりはじめていた。イギリスはドイツとイタリアにたいして独力で戦っており、ナチ政権はこれまで戦争の試練に耐え、どこでも勝利を得て立ちあらわれ、ゆるぎないように思われたのだ。

一九四〇年十二月、ドイツ帝国銀行の対外部門はドレスデン銀行の理事長ゲッツを呼び出して、アメリカのある銀行が、ドイツ側がヴィトコヴィッツに関する交渉の再開に関心があるかどうか、[59]ロートシルト家の名で、問い合わせしていることを知らせた。ラッシェはロートシルト家がこうした方策を講じたことに少々驚いた。彼はもはや交渉にそれほど意欲的ではなかったが、話し合いをスペインでもつことに同意した。[60]こうした話し合いはどうも行われなかったらしく、どちらの側も積極的な動きを起こさなかった。一九四一年六月になっても、接収も戦争も起こらなかったかのように、フレヤ鉱業所はヴィトコヴィッツ向けの鉄鉱石の船積みを定期的に行っていた。[61]

一九四一年の初頭に奇怪な出来事が起こった。ヴィトコヴィッツの株券を所有するイギリス企業の所有権を示す無記名証券一〇〇枚の存在を想起してほしい。このヴィトコヴィッツ株は二二万三三一二株を数えた。[62]一万四〇〇〇株はルイ・ロートシルトの釈放の身代金協定の一部としてドイツ側の手に渡った。四万三三〇〇株（かなりの包み）はユージーン・ロートシルト男爵がドイツを恐れて逃亡したとき、パリに残された。これらの株券はフランスの役人（ジャニコ、セーヌ県税務署長）とロートシルト家の代理人に守られて、ヌヴェールのある保管金庫におかれていた。一九四一年一月八日に、ドイツ人の一団（外国為替特別防衛隊）がその保管金庫に到着し、フランス人を押し退けて株券を奪い去った。ヴィシー政府はかなり困惑したが、フランスにあるロートシルト家のいっさいの資産を一時差し押える（没収する目的で凍結する）ことでこの行動に対抗した。[63]ドイツ側は引き下がり、適当な金額で株券を購入しようと申し出た[64]（この譲歩は二二万三〇〇〇株の大部分かすべてを手に入れる計画の一部であったが、実際にはパリで発見された四万三三〇〇株だけが「手の届く範囲」であったので、その計画はあまり現実的なものではなかった[65]）。

その結果、ゲーリング工業所は所有者ではないのにこの会社を占有しつづけた。一九四四年三月三十一日付覚書には、ヴィトコヴィッツ工場はゲーリング複合体の一部として「資本参加なし――経営上の結びつきのみ」という表示で記載されている。[66]結びつきが「経営上」だけであるという事実にもかかわらず、ゲーリング工業所は一九四一年度二四〇万ライヒスマルクを計上した収益を入手した。[67]こうしてヴィトコヴィッツの「アーリア化」の歴史は終わったのである。

われわれはいまやアーリア化技法の進展における画期をここに見ることができる。ロートシルト以前の兵器庫にはつぎの主要兵器がふくまれていた。（1）ボイコット、（2）割当制限、（3）買い手の協定、（4）法令による「信用」の排除。ところがヴィトコヴィッツのアーリア化がつぎの方法を明示した。（5）全権代表（ドレスデン銀行）による交渉、（6）出国査証制限、（7）株券の窃盗未遂、（8）企業の引き取りと収益の横領。

しかしながら、ロートシルトの場合はドイツ側のやり方の効率性を示す最良の見本ではない。実際上、ゲーリングはみずからの目標を達成したが、処理を終了することはできなかった。最終的な譲渡などは存在せず、ヴィトコヴィッツはドイツの一工場として登記されることはなかった。このような事態は、ロートシルト家がヴィトコヴィッツをイギリス企業に転換することに成功したという事実だけに帰することができる。イギリス国旗によってドイツ人が会社の新しいオーナーとして就任するのが妨げられた。

ヴァインマンとペチェックの場合には譲渡は成就した。この両家にたいしてドイツ側は驚くべき圧力をかけねばならなかった。帝国自体が最終的に介入し、企業を押収し、関心をもった買い手に売却して儲けを上げた。しかしこうした「押収」は一般的な没収の過程にはまったく当てはまらない。それはドイツ側の交渉者が、彼らの意のままになる手段とトリックをすべて用いてもうまくいかず、そののちにはじめて行使された独特の方策であった。要するに、こうした「押収」はユダヤ人オーナーの頑固で非協力的な態度にたいする一種のペナルティとして課された。ここでの二者の「挑戦」はまったく同じものではなかった。すなわちヴァインマン家は嘆願書を出し、ペチェック家は公然と反抗した。しかし結局、彼らの運命は同じであった。ナチ・ドイツにおいては自分の権利を主張することで生き延びることが保証されるようなことはあり得なかった。

ヴァインマンとペチェックの資産に最も関心を示した団体は、ヴィトコヴィッツを獲得したのと同じ団体、すなわちヘルマン・ゲーリング工業所であった。ゲーリング工業所はもともと石炭および鉄鋼コンツェルンであった（この二部門はドイツでは同一企業内にしばしば見られた。鉄鋼会社はつねに「石炭補給基地」を探し求めていた。つまり、製鋼業は安定供給を保証する炭鉱の獲得に関心があったのだ）。ゲーリング工業所は「国政レベルの利害」において操業されていたので、ゲーリングはズデーテン地方（一九三八年十月にチェコスロヴァキアから分離併合）の軟炭鉱を彼の会社の所有にするという合意を経済相フンクから容易に得ることができた。[68]

ズデーテン地方の炭鉱をゲーリングの会社に吸収するために、新会社、ズデーテンのブリュックス鉱業株式会社（Ｓｕｂａｇ）が一九三九年六月十日に設立された。意味深長なことに、このゲーリングの子会社の初めての会合はズデーテン地方のブリュックスではなく、ベルリンのドレスデン銀行の部屋で開かれた。[69] この場所選定の理由は明らかであった。ブリュックスの所有権はまだ獲得されていなかった。まずアーリア化がドレスデン銀行によって実施されなければならなかった。当の鉱山はまだヴァインマン家とペチェック家が所有していたのだった。

両財閥のうち小さいが古いのは、ズデーテン地方のアウシッヒに本部をおくヴァインマン社であった。この会社の査定額が冒頭からの議題になった。表５－７は評価の食い違いを示して

表5-7　ヴァインマン社の企業評価額　（単位：千ドル）

会社名	ヴァインマンが保持する株券の額面評価		ヴァインマン側の市場価格の見積もり		ドイツ側の市場価格の見積もり	
	コルナ	ドル	コルナ	ドル	コルナ	ドル
ブルッハー石炭採鉱所株式会社（100%ヴァインマン）	10万	3500	10万-11万9000	3500-4165	4万-5万	1400-1750
西ボヘミア鉱業株式会社（40%ヴァインマン）	5万	1750	6万-7万	2100-2450	4万2500	1477.5
合　計	15万	5250	16万-18万9000	5600-6615	8万3000-9万2500	2900-3877.5

いる。ドイツ側はヴァインマン家がのぞんだ金額のおよそ半分しか提示しなかったことが特筆される。そのかなり低い査定の理由はヴァインマンの主要な会社、ブルッハー石炭採鉱所がこの一〇年間に損失を出してきたという事実に求められた。[70]

会社の査定額を算定するにはさまざまな方法がある。一つの方法は施設の価値と「信用」（生産物の市場価値）を評価することである。それが明らかにヴァインマン家が行ったことである。もう一つの方法は過去の収益（あるいは損失）を将来に投映し、過去の実績という見地から査定額を評価することである。それがドイツ側が行ったことである。

さらにいっそう重要なもう一つの難問、すなわち外国為替の問題があった。ドイツ側がせめてポンドかドルで申し出をしていたら、ヴァインマン家は満足したかもしれない。しかし申し出は囚われの通貨、チェコ・コルナで行われた。ヴァインマン家はロートシルト家が行ったようにやるべきであったのにそれを怠った。彼らは財産を守るためにイギリス、スイス、あるいはアメリカに会社を設立しなかった。実際、一九三八年の夏、ドイツのチェコ侵攻「以前」に、ヴァインマン家の財政顧問ガイリンガーは、ヴァインマンの企業をチェコ人には外国為替でもなんでも売却しないという確約をズデーテン地方のドイツ人勢力に与えた。[71]ヴァインマン家は一つだけ予防措置をとった。一九三六年に、彼らはチェコ政府に外貨で支払い可能な融資をした。[72]けれども、一九三九年三月には、もはやチェコ政府は存在しておらず、ドイツ人の立場からいえば、チェコという国家は存在しなかった。その融資に関しては、チェコ政府が約束した外貨がどこからもたらされるのかという問題について、ドイツ人の関心をかき立てただけであった。そうした理由から（またヴァインマン家の所有財産のアーリア化に関しては、どんな合意も達成されていなかったので）、プラハ侵攻中に捕らわれたハンス・ヴァインマンは出国を許可されなかった。ルイ・ロートシルトとはちがって、彼は自由の身ではあったが、「交渉の用意があることを保証する」ために、パスポートを与えられなかった。(73)

ハンス・ヴァインマンをプラハから脱出させるため、（パリの）フリッツ・ヴァインマンは「本物のパスポート」を得るのに二万スイスフランを支払った。ところがハンス・ヴァインマンが突然パスポートなしでひそかに逃げ出した。ドレスデン銀行におけるアーリア化の二人の専門家、ラッシェとアンスマンがフリッツ・ヴァインマンと彼の財政顧問ガイリンガーと企業買収について話し合うために、一九三九年五月二十五日にパリに到着したとき、フリッツは二万フランを返却するよう要求することから話し合いをはじめた。(74)明らかにハンスの脱出に勇気づけられて、フリッツ・ヴァインマンはそのとき外貨で自分の鉱山の支払いをすることを要求したのだ。自分の主張を強調するために、彼はつぎのような理由を列挙した。第一に、彼はドイツに重要な奉仕をしてきたので、外貨の請求権がある、と。ドイツ側交渉者には「あきれるほどのあつかましさ」に思えたが、彼は「国民社会主義の諸原理をヒトラーより以前に信奉していた」と論じ、さらにアウシッヒ（鉱業所本部の所在地）は「当時もいまも疑いなく彼ぬきでは考えられないだろう」と主張した。最後に、ヴァインマンは一九三八年に地方のズデーテン・ドイツ人の要望でチェコ人に自分の所有地を売らなかったことをドイツ側に想起させた。そして、このことはリヒター、シッケタンツ、ヘンラインのようなズデーテン地方の指導的人物が、そして誰よりもゲーリング自身が証明するところである、と述べた。

だがフリッツ・ヴァインマンの主張はドイツ人にたいして意図したような効果を及ぼさなかった。ドレスデン銀行の役員たちは腹を立てていた。ラッシェとアンスマンはヴァインマンの奉仕にたいする自分たちの理解がまったく違っていることを指摘し、支払い問題についての彼の解決法（外国為替）は「まったく問題外」であるとくり返し述べた。ドイツ側交渉者はそのときハンスの不法移住が新たな状況を生みだし、ヴァインマンのすべての資産はいまや没収されるかもしれない、と言明した。

それでフリッツ・ヴァインマンは最後の切り札を出した。彼が財政上関与していた会社による輸出品があった。この輸出品の販売から受け取った外国為替がドイツに流入することはけっしてないだろうと彼は約束した。これは根拠に乏しい弁明であり、会談は打ち切られた。ヴァインマンは敗北した。

一九三九年九月に、経済省は帝国の利益となるようヴァインマン社を売却することを命じた。(75)十月にドレスデン銀行はいくつかの銀行に預けられていた株券の徴収に着手した。(76)ヘルマン・ゲーリング工業所がヴァインマン・コンツェルンを一歩一歩――子会社ブリュックスを通じて――買収していった。大蔵省は、ブリュックスが経済省の専門家によって決められた査定額のおよそ六〇パーセントしか支払わなかったので、ヴァインマンの所有財産がゲーリング工業所へ売却されたことにさほど満足を示さなかった。[77] ゲーリング工業所が「帝国所有の」ものであるのは間違いなかったが、にもかかわらず財政的には独立していたからである。ゲーリングが自分の会社のために節約したものは、帝国の予算から削られた。いいかえれば、ゲーリングは帝国から買値の四〇パーセントを詐取していたのだ。

ヴァインマン家は自分の会社の実質的な所有のみならず財産請求権もまた失った。こうした急速な展開をもたらしたのはなんであったのか。ヴァインマン家は完全に屈従していた。フリッツ・ヴァインマンは自分がなくてはならない人物であると主張した。彼はみずからナチ党員であるといってはばからなかった。もちろん、こうした申し立てを文字どおりに受け取るのは大きな誤りであろう。フリッツ・ヴァインマンは欠くべからざる人物でないのと同様にナチ党員でもなく、彼は昔からのユダヤ的な反応パターンを演じているのにすぎず、しかもそれをユダヤ人の仲間より熱心にやったのだった。

一九四一年にヴァインマン家は合衆国にやって来た。フリッツ・ヴァインマンはフレデリック・ワイマンになった。ハンスはハンスのままであったが、彼の息子チャールズは「まもなくアメリカ産業モデルの不可欠の人物になった」。一九五三年一月四日のニューヨーク・タイムズ紙の記事には、ヴァインマン家がユダヤ人であり、その資産はアーリア化されたという事実が触れられていない。そのかわりに、彼らはチェコ政府に財政的な支援を与えたので、自分たちの鉱山を失ったのだという印象になっている。それればかりか、その記事には「ユダヤ人」という言葉も現われない。ハンスの息子チャールズ・ワイマンはすでにいくつかの会社の共同経営者であり、「ユニテリアン派の教会の指導者でもある」と言及されている。その記事はさらに続けてこう書いている。「ワイマン家がアメリカ様式にどれほどぴったり適合しているかは、おそらくチャールズと彼の妻のオルガが三人の子供に与えた名前が物語っている。彼らはジョン・ハワード、トーマス・マイケル、ヴァージニア・アンである」。[78] これはたしかに一つの適応力である。

ドレスデン銀行と経済省はヴァインマン家の訴えに素早くかつ果断に反応した。フリッツ・ヴァインマンの申し立ては没収への道を地ならしするものにすぎず、ドイツ側からは彼の訴えは追従的な行為としてではなく、（意図的ではないにしても）嘲笑的な行為として解釈された。一人のユダヤ人がなくてはならない存在であるとか国民社会主義思想さえもっているという考えは侮辱としてしか扱われなかった。さもなければ、絶滅過程のいっさいの論理的根拠は崩れ去ってしまうからである。

論じるべきアーリア化の歴史の最後はペチェック社の最後である。ペチェックの資産は二つの家系、すなわちユリウス・ペチェックの子孫とイグナーツ・ペチェックの子孫によって所有

表５－８　ペチェック社の企業

ユリウス・ペチェック（本社プラハ）	ドイツ アンハルト炭鉱株式会社，ハレ ヴェルシェン＝ヴァイセンフェルダー褐炭株式会社，ハレ	2401万2000ライヒスマルク 960万4800ドル
	チェコスロヴァキア（ズデーテン） 北ボヘミア炭鉱株式会社，ブリュックス ブリュックス炭鉱鉱業会社	２億－２億4300万コルナ 700万－850万ドル
イグナーツ・ペチェック（本社アウシッヒ）	ドイツ エーリガー鉱業株式会社 プロイセン鉱山株式会社 ニーダーラウジッツ炭鉱株式会社 フベルトゥス褐炭株式会社 「イルゼ」鉱業株式会社 「アイントラハト」株式会社 その他	２億ライヒスマルク 8000万ドル
	チェコスロヴァキア（ズデーテン） ブリタニア株式会社，ファルケナウ 連合ブリタニア株式会社，ゼーシュタット ドゥクス炭鉱株式会社，テプリッツ＝シェーナウ	3670万コルナ 128万6500ドル

されていた。両家はドイツとチェコスロヴァキアにある炭鉱を経営していた（この所有財産のリストは表５－８のとおりである）。

ペチェック「複合体」のアーリア化は二つの交渉団体、フリードリヒ・フリックの中部製鉄所とドレスデン銀行にゆだねられた。仕事の分担は領土ごとに行われた。フリードリヒ・フリックはドイツにあるユリウスとイグナーツ・ペチェックの資産の譲渡を交渉する権限が与えられた。ドレスデン銀行はチェコスロヴァキアにある鉱山に関する交渉全権委員であった。[79]この分担は「領土ごとの解決」を明確に優先させている。中部ドイツ地域の諸鉱山がまずアーリア化されるはずになっていた。

二つのペチェック・グループは一体化していなかった。彼らは互いに張り合い「対立さえ」していた。[80]アーリア化の脅威が両家を襲ったとき、彼らは対照的な形で反応した。

ユリウス・ペチェック家は優越した団体交渉の立場にあった。彼らはアメリカの架空会社に支配されるイギリスの架空会社をつくった。その組織全体がドイツ人には「分かりにくかった」。ユリウス・ペチェック家は実際には外国関係者に鉱山を売却したのだが、このペチェック・グループは買い戻し権を留保しているようにフリック交渉団には思われた。[81]いずれにせよ、証拠となるものはなにもなかった。それから突然、心の準備をする時間をドイツ側に与えずに、ユリウス・ペチェック・グループは売却することを申し出た。ペチェック家はドイツにおける彼らの営業活動の停止を要望し、今後は外国為替だけを受け取る、と言明した。自分たちの主張を強調するために、彼らは外国との密接な関係のためにアーリア化を受け付けないことを示した。[82]

フリックはペチェック家が戦争ないしは類似の破局にたいする恐怖によって動かされていると推測したが、[83]彼は素早く行動した。「ゲーリング陸軍元帥の命令で」、ヴィンターシャル株式会社、I・G・ファルベン、そしてフリック自身の中部ドイツ製鉄所によって組織された企業連合が、ユリウス・ペチェック家所有のドイツ鉱山を買収した。その企業連合はフリックが代表をつとめており、ペチェックのほうはニューヨークのユナイテッド・コンティネンタル・コーポレイションが代表をつとめていた。その契約によれば、買い手のほうは一一七一万八二五〇ライヒスマルクで二四〇〇万ライヒスマルク相当の株券を取得した。しかし、支払いは外国為替で行われ、それは「ゲーリング陸軍元帥のたっての要望で」経済省が用立てた。ドル価格は四七五万ドルであった。その契約は一九三八年五月二十一日に調印された。[84]

この迅速な仕事のあとには、ドレスデン銀行はズデーテン地方でユリウス・ペチェック社とのあいだになんの苦労もなかった。その後一年以内に、帝国のために行動していたドレスデン銀行が石炭の引渡しに加えて七〇〇〇万コルナ（チェコ通貨）で、二億―二億四三〇〇万コルナ相当の鉱山を取得した。代金だけはただちに支払わねばならなかったが、石炭の引渡しは五年の間隔がおかれることになった。経済省のケーアル産業局長はその取引に大喜びした（「非常に満足し好都合である」）。彼は、帝国はいつでも倍の価格でこの所得物を売却することができると考えた。[85] しかしドレスデン銀行がこの労力にたいして請求書を差し出したとき、帝国の役人の面目は潰れた。その手数料は通常の二パーセントではなく四パーセントであった。ドレスデン銀行は買い付けのために自己資金を前納したので、帝国は六・五パーセントの利息を支払わなければならなかった。大蔵省との協議のあと、今後の取引では手数料が二パーセント、利息が五・五パーセントとすると取り決められた。[86] そのうえ、ユリウス・ペチェックのズデーテンの資産の購入者はもちろんヘルマン・ゲーリングの子会社ブリュックスであったので、鉱山売却には一〇〇パーセントの利益率はなかった。[87]

ユリウス・ペチェック家は大きな損失を出して鉱山を手放したけれども、素早くかつ巧妙に行動した。彼らは要求の背後で適度な圧力を用いた。そういうわけで彼らは他のユダヤ人の交渉者と比較してきわだって成功したのだった。ドイツ側はこうした事実に気づき、イグナーツ・ペチェックのアーリア化が完了するやいなや後悔したのだった。

イグナーツ・ペチェックの子弟たちは、その親類とはちがって、財産を手放さないと決意した。ペチェックの鉱山は中部ドイツの石炭産業の重要部分であったので、この決意はドイツ側にとって深刻な問題であった。一九三八年一月のはじめに、ゲーリングは「ペチェック問題解決」のための委員会を設立した。その委員会にはつぎのようなメンバーがいた。[88]

ポッセ次官、経済省
ケプラー次官、四カ年計画庁
プライガー次官、ヘルマン・ゲーリング工業所
フリック、工業専門家の資格で
ザウケル、所轄の大管区指導者として

フリックが主要な交渉者になった。この選抜は二つの理由によるものだった。第一に、フリックは利害関係をもたない専門家ではなかった。彼はその地域で最大の工業家であり、その協議の結果に個人的な関心をもっていた（これまで見てきたように、フリックはユリウス・ペチェック・グループのアーリア化から利益を上げていた）。

フリックとペチェック家とは互いに見ず知らずの他人ではなかったことは興味深い。フリックと同様に、老イグナーツ・ペチェックも自力でたたき上げた人であった。ヴァインマン社の業務代行人（会社を代表する権限をもった取締役の補佐役）として出発したイグナーツは独立してつぎつぎに鉱山を手に入れた。フリードリヒ・フリックはペチェック社の監査役として勤務した。その後、彼は自分自身の産業帝国である中部ドイツ製鉄所を率いた。フリックとペチェックは連絡を保ってきており、一九三四年にイグナーツ・ペチェックが死去する前に、フリックは彼の七五歳の誕生日にお祝い状を出した。「わたくしはいつも老イグナーツ・ペチェックとたいへん懇意にしていた」、と戦後フリックは述べている。[89]

ペチェックの資産にこのような関心を抱き、ペチェック家とこのように密接な間柄にある人物なら、帝国のためにどのように交渉しえたであろうか。個人的な利得へのフリックの努力に関するかぎり、ゲーリングは彼が帝国のためにどのような競争相手とも渡り合うことができると確信していた。のちに見られるように、この計算は正しかったことが証明された。フリックとペチェック家の個人的な関係はアーリア化の障害物ではないことが証明されることになった。絶滅過程はその初期においてさえ人的関係と態度を激変させてしまうものであった。

一九三八年一月十日に、フリックの代理人シュタインブリンクは覚書を書いているが、そのなかでイグナーツ・ペチェック・グループは資産を売却したり、他の不動産と引き替えに鉱山を譲渡したりする気がないと指摘し、以下のように記した。そうした状況にかんがみて、「場合によっては武力行使ないしは国家の介入を考慮に入れなければならないだろう」[90]と。

この言及は意義深い。これほど赤裸々なナチ哲学の表明は秘密文書でもまれにしか見られない。この場合の言及は二重の意味で重要である。というのは同じ覚書に、たとえペチェック家が進んでライヒスマルクで売却する意志があるにしても、その資産にたいして支払うほどの資金がないだろうという明確なほのめかしがあるからである。四つの当事者――すなわち、I・G・ファルベン、合同製鋼所、ヘルマン・ゲーリング工業所、ドレスデン銀行――はペチェック株にたいして額面価格で支払うのに必要な資金の半分も工面できる用意はなかった。[91]

そのあいだに、イグナーツ・ペチェック家はスイスとオランダで架空会社の設立に着手していた。[92] 時間を無駄にするわけにはいかなかった。数カ月の推移とともにイグナーツ・ペチェック家は外国の会社に所有財産を分散させたが、この過程をドイツ側は「霧に包まれている」と呼んだ。一九三八年一月十九日に、イグナーツ・ペチェック・グループの指導者カールは経済省に招喚され、そこで彼はポッセ次官と集まったドイツの役人に「みなさんは戦争をのぞんでいるのですね。こちらにもその用意がありますよ」と表明した。[93]

ドイツ側は戦端をひらく方策をさがした。六月にフリックの弁護士はペチェック家にたいする可能な法的手段についての覚書を提出した。そのような手段をとる口実がないと弁護士は不平を述べたが、というのも財産を売却することをユダヤ人に強いる法律がないからであった。それで彼は唯一の解決策としての法律の草稿を同封した。[94] そして七月に事態は動きはじめたのだった。

七月二十二日に、省庁間の会議が招集されてペチェック問題を討議した。ユダヤ人の家族を関心事とする唯一の会議といえよう。[95] つぎのような役人が参加した。

局長ヴォールタート（議長）、四カ年計画庁
司法官試補ハーン博士、四カ年計画庁
上級参事官ミュラー博士、上級財務局長、ベルリン
税務監査官クラウゼ、上級財務局長、ベルリン
公使館参事官アルテンブルク、外務省
領事カリッシュ博士、外務省
上級参事官ゴットハルト博士、経済省
鉱山官エーベルト、経済省
リントゥル博士、石炭帝国委員
区裁判所判事ヘルビッヒ、法務省

ヴォールタートは、ゲーリングがドイツにあるイグナーツ・ペチェックの資産のアーリア化を命じた、と指摘することから議論をはじめた。この資産の価値は二億ライヒスマルクであった。法務省の代表はどのような反ユダヤ法のもとでも法的手段をとる根拠がないと説明した。会議が進むにつれて、各省の代表は資産買収のための資金の求めには議論の余地なく応じられないという点で全員意見が一致した。石炭帝国委員は経済にたいするペチェックの石炭の重要性を強調し、即時のアーリア化を要求した。けれども、誰もペチェックの炭鉱の生産を破滅させるような方策をとれないことで意見がまとまった。大蔵省は部分的解決策を提案した。すなわち、いつでも税金を請求できる、と。実際、すでに調査でペチェック家は帝国に三〇〇〇万ライヒスマルクを支払う義務があることがわかっていた。会議出席者はつぎに代替の解決案を検討した。すなわち、ユダヤ人は社会にとって危険であるという理由で、ペチェック連合体の子会社のユダヤ人取締役を入れ替えること、ペチェックの支配する東エルベ亜炭企業連合（卸売業団体連合）を解体すること

など。

租税請求はペチェック帝国をぐらつかせる梃子になることがわかった。一九三八年十月に、ドイツ人はチェコスロヴァキアのズデーテン地方に侵攻し、さらなる税の滞納を見つける目的で、アウシッヒにあるイグナーツ・ペチェックの本拠地を占拠した。事態がとてもうまくいっていたので、大蔵・経済の官僚と中部鉄鋼代表の会議で、シュタインブリンクは「ペチェック家がまだ十分に軟化していない」という理由から交渉の中断を勧告した。[96] 短命の、分断されたチェコ国家（一九三八年十月から一九三九年三月まで）の政府からの助力がドイツの要求に応じてなされた。チェコの外相フヴァルコフスキーは「チェコ国家もペチェック家に欺かれてきたので」[97] あらゆる点で進んで調査に協力することを表明した。

一九三九年六月に、大蔵省は三〇〇〇万ライヒスマルクから三億ライヒスマルクへ請求額を引き上げた。これによってドイツにあるペチェックの総資産ではいまや帝国から請求された税金を支払えなくなった。[98] 大蔵省は大喜びであった。六月二十六日に大蔵省の課長ゲープハルトは大蔵省の立場がいまや「これまでになく強くなった」と述べた。シュタインブリンクとの会話で、ゲープハルトはそれを「揺るぎない」と形容した。いいかえれば、全権使節や委員会といろいろトラブルをくり返したのち、大蔵省は苦もなくその仕事をやってのけたのだった。ゲープハルトの幸福はたった一つの想念によってだけ曇らされていた。「帝国がユリウス・ペチェック・グループとあまりに性急に取引をしたのは残念だった」と彼は述べた。間違いなく、この財閥も「不法な営業行為」に携わってきたのだ。[99]

イグナーツ・ペチェック社はいまや帝国によって売却された。中部ドイツ鉱山は、ゲーリング工業所と中部鉄鋼のあいだのずるい悪徳商法の対象とされ、帝国元帥（ゲーリング）が「国政の利益」において明らかにのぞましい掘り出し物を受け取るという条件で、ゲーリングとフリックによって分け合われた。[100]

チェコの鉱山は、そのあいだに易々とドレスデン銀行が獲得したのだが、受け皿会社（アーリア化した資産を引き継ぐために組織された会社）にゆだねられた。この会社、エガーレンダー鉱業株式会社は、チェコの鉱山への租税請求を部分的にしか納入できずに帝国に没収され、帝国所有になってしまった。そのうえで、エガーレンダー鉱業は工業界の名門ゼーボームが支配する私企業に売却された。[101]

イグナーツ・ペチェック家とヴァインマン家の運命は、カール・ペチェックが「宣戦布告をした」のに反して、ヴァインマン家が交渉し嘆願したにせよ、同じであった。この謎にたいする答は、ヴァインマン家もペチェック家も否応なしに力くらべへと帰着する戦略を追求したことである。決定的瞬間において、両家とも無防備であった。ヴァインマン家は古くさい駆け引きをしていたが、彼らの手際はまずくはなかった。しかし彼らは確固とした足場もなしに駆け引きをしていた。イグナーツ・ペチェック・グループは文字どおり団体交渉をするには大きすぎたので、しっかりした足場に立っていたけれども、やむなく敗北を自認した。というのも彼らはドイツ国家の総力にたいして単独で闘いを挑んでいたからである。

ヴァインマン家とイグナーツ・ペチェック社が「罰則」として没収されたことは「自発的な」アーリア化の終息を示している。もちろん、ここでいう「自発的」とは、ヴァインマン家とペチェック家がドイツ側と売買条件を話し合う機会が依然としてあったことを意味しているにすぎない。そのような機会があるかぎりでは——条件がどれほど不利でかつ圧力がどれほど強いものであったにしても——その過程は自発的なものであったと考えられた。不本意の、あるいは強制的なアーリア化はユダヤ人交渉者がまったくいないことが特徴となっていた。その場合、ユダヤ人の所有者は「管財人」が代理をつとめた。すなわち、交渉の当事者はどちらもドイツ人であった。

強制的アーリア化計画の導入には二つの理由があった。一つは各省の焦燥であった。強制的な手続きの過程はスピードアップされ、終末の日が決められ、その制限時間内に譲渡の全面的な完了が企図された。もう一つの理由はより重要であった。政府官僚がユダヤ人企業の配分に発言権をもちたいとのぞんだことである。

アーリア化の重要な結果の一つは産業界の集中化が進展したことであった。小口の買い手のあいだでユダヤ人企業を分配する傾向がなかったことはこれまで見てきた。企業連合の解体も存在しなかった。同様に、一つの大きなユダヤ人企業が買い付け団体か受け皿団体の役割を果たしているいくつかのドイツ人企業に乗っ取られるということは、まれにしか起こらなかった。たいていドイツ人の買い手はユダヤ人の売り手より規模が大きかった。要するに、アーリア化はかねてから強大な企業の力をいや増すようにドイツ人実業界の構造を変革した。このことは強大な実業家によって代表される産業界全体が、ますます強力になったことを意味している。

しかしながら、配分の問題において、党と省庁はうまく共同戦線を張れなかった。実際、二つの権力者集団には意見の衝突があった。大半の党職員と内務省は小企業の擁護者になったのにたいして、経済省、大蔵省、そして最後に、大きな意志決定力をもった党の代弁者（ゲーリング）はいわゆる「寛大な」観点から大企業と歩調を合わせた。その係争点は、大きな議論となったが、混血児の扱いに関する一九四〇年代の論争によって片隅に押しやられた。先の議論は強制的アーリア化過程の開始を告げる明らかな準備段階であった三つの内務省令の発表によって引き起こされた。

一九三八年四月二十六日に、内務省はすべてのユダヤ人に自分たちの資産を登録するよう命じた。[102] 特徴的なことに、対抗する省庁と相関関係にない地方の官職、すなわちプロイセンとバイエルンの行政長官、ベルリンの警察長官、チューリンゲン、ヘッセン、シャウムブルク＝リッペ、ハンブルク、リッペの地方長官、ザクセンの管区長、メクレンブルクとアンハルトの州大臣、ザールラントとオーストリアの帝国委員といったものたちに登録の仕事がゆだねられた。

同時期のもう一つの法令によってドイツ人へのユダヤ人企業の譲渡をふくむ契約は「高等行政官庁」の承認を必要とすると定められた。[103] 通常、高等行政官庁という用語は、登録を委託されるといったたぐいの行政一般に関する地方官庁を包含しているにすぎず、ユダヤ人財産の届出を受け付ける機関を指していた。けれども、この場合には、経済省、党の大管区・管区の経済顧問、地方の商工会議所、関連する企業連合などが加わっていた。[104] すべての機関が最終的な決定には拒否権を欲しがった。

一九三八年六月十四日に、内務省は三番目の命令（ユダヤ人企業の定義づけ）を発した。[105] この命令によって、経営者もしくは法的代表者がユダヤ人であれば、または一九三八年一月一日に経営陣か監査役のメンバーの一人がユダヤ人であれば、企業はユダヤ的であると定められた。さらにユダヤ人が株券の四分の一以上か投票権の二分の一以上をもっていたり、事実上顕著にユダヤ人の影響下にある企業は、ユダヤ的であるとみなされた。ユダヤ人企業の支社はユダヤ的と宣告され、非ユダヤ人企業の支社は支社長がユダヤ人であればユダヤ的とみなされた。

一九三八年六月十四日、企業定義法の発布の当日に、内相フリックは強制的アーリア化の導入を提議することで議論の口火を切った。[106] ユダヤ人企業は債権と引き換えに帝国に譲渡され、適当な中産階級の買い手に信用貸しで売却してはどうかと、フリックは提案した。非ユダヤ人の債権者の権利はおおむね無視された。フリックの意見では、その日までユダヤ人と取引関係をつづけてきたアーリア人の債権者はいずれにしても配慮を受けられなかった。

一九三八年八月二十三日付の返書で、蔵相フォン・クロージクは、内務省の中産階級への特恵傾向に関して、原則的に重要な企業は財政面で強大なコンツェルンに接収されるべきだし、支社をもちすぎた企業を解体すべきであると言明した。蔵相は帝国が買い手に貸し付けの返済を猶予することにたいして（「帝国の信用は損なわれてはならない」）、また非ユダヤ人の債権者の請求権の取り消しには同意できない、と表明した。彼は返書の結びとして、ユダヤ人の資産の強制的な譲渡をのぞむなら、ユダヤ人がみずからの企業を整理せざるを得なくなる期限を設けることが一番よいと述べた。[107]

この議論の最終発言はゲーリングが一九三八年十一月十二日の会議で述べた。

これらのユダヤ人の店舗をすべてナチ党員の手中にゆだねるように強力に推進したいのは当然でしょう。……だが、わたしはかつて恐るべき事態を目撃してきました。大管区指導者たちの取るに足らないお抱え運転手らがこうした譲渡でたいへんな儲けを上げ、いまやおよそ五〇万もっています。おわかりですね。それは正しいことでしょうか。（同意）もちろん、そのような事態は信じられないことです。……われわれは企業を引き継いだアーリア人が業務に経験を積み、自分の仕事に精通することを強くのぞみます。一般的にいうと、彼は店のための金を工面しなければならないのです。[108]

こうして議論は終わった。

一九三八年七月から十二月まで、政府の官僚はユダヤ人の企業と自営業の残存する構造に六連打で徹底的に打撃をあたえた。その法令は（a）営業活動、診療所、法律事務所、および小売店などの業務停止日程の取り決め、（b）小売店、生産企業、不動産、および農地の（経済省の被指定人による）信託管理を規定した。そのさいユダヤ人の小企業が、とりわけ「込み合った」地域では、完全に清算されることになるという前提からこうした措置が生まれてきた。そして成績のよい企業や商店だけがアーリア人の手に譲渡されるに値するとされた。(109)

一九三八年六月六日付の最初の法令は営業サービスを取り扱った。(110) それは同年十二月三十一日までに、つぎのようなユダヤ人の営業活動を終了することを規定した。それは警備業、興信所、不動産代理店、観光ガイド、非ユダヤ人間の結婚斡旋所、および行商であった。この法令実施による金融上の損失にたいしての補償などはまったく考慮に入れられていなかった。

第二の法令はユダヤ人医師を標的にしていた。この法律は最高レベルで検討された。すでに一九三七年六月十四日、帝国医師指導者ヴァーグナー博士がヒトラーと会見したとき、ヒトラーは以下のように言明した。すなわち彼にとってユダヤ人医師の除去は、官吏の罷免以上に重要でさえある。なぜなら医師は国民の指導者であるからだ、と。ヒトラーは罷免されたユダヤ人医師のわずかな公給をも停止しようとさえしたが、結局、そのようにはならなかった。それというのも、三三年に資格を奪われたユダヤ人医師たちは無給だったからである。他方、医師の不足は内務省次官プフントナーにいくつかの問題をつきつけた。三七年十二月十八日、彼は四〇〇〇人のユダヤ人医師を平時・戦時を問わずぎりぎりつめることができるか考えた。三八年六月十一日には彼は問題を発展させ、旧帝国内の総計五万五〇〇〇人の医師のうちから四〇〇〇人のユダヤ人医師を、新たに併合したオーストリア内の七〇〇〇人のなかから三三〇〇人のユダヤ人医師を削減できるか考えた。三八年七月二十五日付の法令には、ヒトラー、フリック（内相）、ヘス（総統代理）、ギュルトナー（法相）、ラインハルト（大蔵省次官）が署名していた。その法令では、内務省にユダヤ人医師に免許を発行したり、彼らによるユダヤ人診療を禁止したりする権限があたえられた。また患者診療のためにユダヤ人医師に賃貸されたアパートの貸借期間は、家主か借用者かどちらかの選択にもとづいて有限とされた。(111)

次はユダヤ人弁護士の場合。三八年四月に法務省次官シュレーゲルベルガーは、ドイツの弁護士はユダヤ人弁護士を除去することを望んでいる、と内閣官房次官クリツィンガーに報告した。ヒトラーは同意した。さらにユダヤ人弁護士に業務を許すぎりぎりの一線について話し合われた。これはオーストリアの合併によってさらに促進された。ウィーンでは二一〇〇人の弁護士のうちユダヤ人は一六〇〇人であった。三八年九月二十七日、ヒトラー、フリック、ヘス、ギュルトナー、ラインハルトの連署で法令が発された。業務継続を可能とされる一線は、三八年十二月三十一日に以下のように定められた。今後、ユダヤ人依頼人を代理する業務にとどまりうる弁護士もありうる、と。[112]

こうした三つの法律は徹底した一掃法令であった。これらの法律の条件下では、ユダヤ人からドイツ人への企業の譲渡はまったく行われなかった。顧客、患者、弁護依頼人だけがドイツ人担当者に引き渡された。

十一月暴動のときに、ヒトラーとゲーリングは罰金と類似の問題について論じ合った。この論議の所産の一つは、ヒトラーがユダヤ人問題の「経済的解決」をする決意をしたことであった。いいかえれば、彼は残存するすべてのユダヤ人企業がアーリア化されることをのぞんだ。ヒトラーの特徴をよく示しているのだが、彼の動機はまったく経済的なものではなかった。彼は――とくにデパートの――迅速なアーリア化をのぞんだ。なぜならアーリア人の顧客、とりわけ午後六時から七時までのあいだだけ買い物に行くことができる役人や公務員は相応のサービスを得ている、と彼は思わなかったからである。[115] こうした推論の妥当性がどうであれ、ただちに対応策が施された。

一九三八年十一月十二日に、小売業は十二月三十一日までにいっさいの商業活動を停止するよう命じられた。[114] この法令を入念に仕上げるために、ブリンクマン次官（経済省）とギュルトナー法務相が署名した同年十一月二十三日の行政命令[115]によって、商店、通信販売会社、デパートなどをふくむユダヤ人の小売業全体は解体して原則として閉鎖せよと命じられた。ユダヤ人のオーナーたちは自身の株式を消費者に売却することを禁じられた。全動産は関連の特殊部門か地方自治体の目的連合に売りに出されることになった。価格は関連の商工会議所の会頭が指名した専門家によって決定されることになった。いいかえれば、ドイツ人の消費者はこの商取引からなにも得るものがなく、ドイツ人の競争相手が掘り出し物を得ることになった。物事を早く進めるために、経済省は清算人を指名する権限を与えられ、特別の場合にはドイツ人の買い手に譲渡（アーリア化）することができた。けれども、手工業経営のユダヤ人オーナーらはあっさり登記簿から抹消され、彼らの許可証は没収されることになった。

一九三八年十二月三日に、最後にして最も重要な法案が成立した。[116] フンクとフリックが署名したこの法令はユダヤ人の工業企業、不動産、有価証券を取り扱った。ユダヤ人の工業会社については、法案は所有者が一定の期限内に売却するか清算するよう義務づけられると規定した。「管財人」は売却か清算を成就するよう任命され、経済省によって指名されたが、帝国の上級行政官庁の「監督」を受けた。売却を遂行するために、管財人は拒否権の行使者（大管区経済顧問、商工会議所、工業団体）の権限も得なければならなかった。交渉者としての管財人の権能は法的に必要とされたいっさいの代行権限に取って代わった。

さらに、その法令によりユダヤ人は自分の土地、山林、すなわち不動産を売却するよう命じられると定められた。これらの所有財産においても、売却のために管財人が任命された。けれども、これから見るように、不動産のアーリア化は、多くの場合ユダヤ人が家屋を「屋根のアンテナ」に至るまで抵当に入れたので数年間おくれた。[117] 結局、その法令はユダヤ人にいっさいの株券、公債、有価証券を大蔵省の地方事務所に供託するよう命じた。有価証券や権利証書にはユダヤ人の印が付けられた。有価証券の処分はこれ以後経済省の認可を必要とした。

これが「経済的解決」であった。これらの法令はすべての問題を解決するものではなかった、と付言しておかなければならない。まず第一に、それらはボヘミアやモラヴィアといったいわゆる保護領では実施されておらず、そこではドレスデン銀行とそのグループが「自発的」アーリア化に忙殺されていた。[118] 第二に、この法律は帝国にあるユダヤ人の外国企業には適用されなかった。外国人に適用しようという試みは行われたのだが成功しなかった。四月二十六日の登録法で、外国籍のユダヤ人は在外資産を登録するよう命じられた。その法令はある程度は行政的であり、ある程度は宣伝的である文言もふくんでいた。その文言は登録した資産がドイツ経済の必要性と合致して用いられるという趣旨であった。こうした条項にたいして、合衆国、イギリス、フランス、ベルギー、スイス、ポーランド、ラトヴィア、リトアニア、チェコスロヴァキアは異議を申し立てた。ベルギーとポーランドをのぞくこれらすべての国は、相互の国民の財産を十分な補償なしに侵害することを当事者に明確に禁じる条約もドイツと結んでいた。

こうした抗議の結果として、外務次官ヴァイツゼッカーは「利用」という原理の見境のない適用によって深刻な政治的帰結を招くであろうと指摘した。[119] この意見はリッペントロップ、フリック、ヒトラーとの協議ののち、内閣官房長官ラマースにより確認された。外国籍のユダヤ人が外国人として扱われるのかそれともユダヤ人として扱われるのかという興味深い問題——将来の政策にたいする暗示に満ちている——が、この四人によって論議された。原則として、彼らはユダヤ人として扱われるべきだが、対外政策のゆえに、個別の事例において例外が必要になるかもしれないと結論づけられた。[120] こうした論議の結末としてゲーリングは外国籍のユダヤ人に強制的なアーリア化を免除する決定をしぶしぶ下した。彼は一九三八年十二月十二日の会議においてこの決定を以下のように限定した、「ソフトな圧力、つぎに強力な圧力、そして賢明な策略を通して自発的なアーリア化を誘発させせよう」。[121]

党は、「中産階級」または「大管区指導者の取るに足らないお抱え運転手」という問題——たとえ、どのように問題を考えようとも——が無視されていたので、アーリア化問題の「解決」に完全には満足していなかった。それゆえシュトライヒャーの管轄区＝フランケン大管区で、党はみずからの経済的解決策を決めた。十一月法令の直前に、時間を浪費してはならないという想定のもとに、シュトライヒャー大管区指導者の事務所は仕事に取りかかった。ユダヤ人はつぎつぎと呼び集められて自分の不動産を、フュルト市、大管区、あるいはふさわしい購入者に譲渡する文書に署名させられた。フュルト市はユダヤ人社会から一〇万ライヒスマルク相当の財産を一〇〇ライヒスマルクで獲得し、ある私人から二万ライヒスマルク相当の不動産を一八〇ライヒスマルクで取得した、などなど。ユダヤ人はつぎからつぎへと登録に現われ、書類につぎからつぎへと署名がなされた。

ところが、執行官のなかには土地登記簿に執行――取引の合法化に必要な処置――と記載するのを拒むものがいたので困難が生じることがあった。裁判官の一人ライス区裁判所判事は推進することをいとわなかった。「意志の自由という点には疑問もあろうが、人生におけるどんな行為も結局はなんらかの影響を受けている」と彼は言明した。しかしライスは執行の詳細を文書化しようとした。さらに、司法官のなかには、大管区それ自体はいかなる「法的人格」ももたないので、シュトライヒャー大管区指導者が、大管区に譲渡された財産の購入者として記録されるよう、主張するものもいた。党員たちは、大管区指導者の名前は「削除され」なければならず、大管区指導者代理ホルツの名を管財人として記載することに決めた。法務省次官シュレーゲルベルガーはこうした処置に異議を差し挟まなかったし、党職員たちは「フランケン大管区はユダヤ人問題に特別の貢献をおこなったので、特別の権利を得る資格があった」と弁明した。[122]

党が不満を抱いたとすれば、帝国には不平をいうもっと正当な理由があった。というのも主だった利益は、党でも帝国でもなく民間の経済団体、すなわちユダヤ人企業の取得者たちと解散させられた会社の競争相手たちに生じたからである。このことは自発的なアーリア化と同様に強制的なアーリア化のもとでも当てはまった。ある特定の階層が「民族の福利」のために講じられた処置からすべての利益を得るという考えは、ゲーリングにとってさえ不愉快なものであった。したがって、新しい所有者は利益の一部を放棄しなければならないと決定された。

まず、購入価格と実際価額との格差を埋める問題があった。ゲーリングにとって、管財人たちはユダヤ人に奉仕してはならないものだった。彼らは国家に仕えるために任命されているのだ。彼の考えでは、管財人たちはユダヤ人所有の資産にたいして支払われる金額を定めねばならなかった。「もちろん、この金額はできるだけ低く設定すること」と彼は述べた。しかし資産をドイツ人の買い手に譲渡するさいに、管財人は可能なかぎり高い価格――実際価額――を獲得しなければならなかった。差額は帝国が着服することになった。[113] そういうわけでゲーリングは買い手たちのなかに「取るに足らないお抱え運転手」はのぞまなかった。けれども、ドイツ人の買い手は自発的なアーリア化のもとで支払ったよりも高い金額を強制的なアーリア化のもとで支払う気にはならなかったので、その計画はうまくいかなかった。したがって、企業は実際には「できるだけ少額」で売却され、帝国は管財人ではなく買い手から差額を徴収しなければならなかった。それは生やさしいことではなかった。

一九三九年十二月三日の法令にもとづいて、[124] ユダヤ人資産の受取人は購入価格と実際価額との想定される差額分の「均衡」税を支払うよう義務づけられた。その税は四月二十六日と十二月三日の法令にもとづいて、取引について官庁の許可を受けるべきであった買い手たちだけに課せられた。その際に、一九三八年四月二十六日以前に完了したアーリア化はふくまれなかった。一九四一年二月六日付の経済省による回覧通達によってはじめて、一九三八年以前の執行にさかのぼって同じ税が課せられることになった。とりわけ同省は税金の徴収にさいして「堅苦しく」やらないよう指示した。[125] 実際に堅苦しくやられなかったことは、三年間の国家歳入におけるつぎのような「均衡」税収入によって示されている。[126]

一九四二年　三四五三万〇四三八・八七ライヒスマルク
一九四三年　九一五万六一六一・一七ライヒスマルク
一九四四年（推定額）　五〇〇万ライヒスマルク

この税金に加えて、ユダヤ人企業の取得者はさらにもう一つの犠牲、すなわちユダヤ人の商標と会社名の削除を経験することになった。この法案は一九三八年十一月十二日の会議でゲーリングによってはじめて要求された。多くのアーリア人がユダヤ的な名称をもちつづけるほど「商売熱心であった」ことを指摘しつつ、ゲーリングはこうしたアーリア化された会社の多くが十一月暴動で誤って略奪されたことを強調した。こうして、「元ユダヤ人企業の名称は完全に姿を消し、ドイツ人は自分の名称か自分の会社の名称を名乗らなければならなくなった」。[127]

しかしドイツ人の実業家にとって問題はそれほど自明のことではなかった。商品をそのもとで販売している商標や会社名は資産価値のあるものであり、その資産には貨幣価値があった。実際のところ、アーリア人の買い手はこの特殊な資産にたいして金を支払わなかった。というのもそれは「信用」の一部であって、ユダヤ人が「信用」をもっているとは思われなかったし、同時にまた、それにたいして金を支払わないという理由だけで、なにか価値のあるものを失うことは誰ものぞまないからであった。したがって商店主や企業経営者たちは、一九三八年十二月三日の法令において、管財人がユダヤ人企業の名称を廃止する権限を与えられたときには喜ばなかったし、またユダヤ人のオーナーの名前をまだもっていたユダヤ人企業のすべての買い手に、そのような名称を四カ月以内に廃止するよう義務づける一九四一年三月二十七日の法令[128]にたいしては、なおいっそう喜びはしなかった。十分に念を入れるために、（この法案に責任のある）法相はすべての元ユダヤ人オーナーの名前が、ユダヤ的な響きの有無にかかわらず、完全な形であろうと略した形であろうと取り去ること、と説明口調で指示した。[129] その法令はいくつもの請願書や書簡や会議を誘発した。

一九四一年四月十八日に、ローゼンタール陶磁器株式会社はゲッベルスに手紙を出して、名誉ある帝国国務大臣が、「ローゼンタール」という名称を、この場合「それは名称の問題ではなく、製品の象徴であった」ので、例外とするよう法務省を説得してほしいと依頼した。その会社の創建者、フィリップ・ローゼンタール枢密顧問官（ユダヤ人）は一九三三年に引退してしまったし、ローゼンタール家はこれまで一度も二〇パーセント以上の株券を支配したことがなかった。この名称はこの五〇年間に世界中で認められていた商標であり、とくに諸外国で、「ローゼンタール」は磁器製品における「品質の精髄」となっていた。しかも、その会社はすでに一九三八年に「磁器工場フィリップ・ローゼンタール株式会社」から「ローゼンタール陶磁器株式会社」へと変更されていた。(130)

宣伝省は法務省に紹介状をつけて請願書を取り次いだ。(131)磁器会社はそれに励まされて、会社の役員が一九三三年までに完全にアーリア化され、監査役は一九三四年までにユダヤ人が一掃され、総支配人は同年完全なアーリア人である彼の未亡人に取って代わられ、そしてローゼンタール家は一九三六年までにその持株をアーリア人の大企業に譲渡したことを指摘し、そうしたことを書いた覚書をくり返し浴びせかけた。(132)法務省は降参した。ユダヤ人企業を定義した一九三八年六月十四日の法令で、ローゼンタールはユダヤ人企業ではなかったとされていたので、適用されないと結論が下された。(133)

ローゼンタールの事例は、企業とその名称を引き継いだアーリア人が反ユダヤ的な広告を新聞に載せるような人物であったので、とりわけ興味深い。この事例はまたその戦後の事情においても注目される。その新しい経営者は「ローゼンタール」の名が海外でよく知られていると適切にも主張した。戦後、その会社は陶磁器をニューヨークにある幾多のユダヤ人のデパートに輸送し、デパートは、その商品をいつもユダヤ人の製品を買っていると信じている幾多のユダヤ人顧客に販売したのである。例外措置をつくったローゼンタールのやり方は産業界を喜ばせなかった。実業家たちは法令の撤回をのぞんだ。一九四一年五月二十九日に、各省と企業の代表がその問題を論議するために会合した。議長の座にあった法務省のキューネマン課長は、開会の挨拶で、法令の目的はユダヤ人企業の名称を葬り去ることであり、その結果ドイツ人商人が将来「ドイツ経済におけるユダヤ人企業の覇権の名残」から解放されて自分の商品を売ることができるのだと説明した。工業全国グループの代表ゲルデス博士は素直にこの法令の施行を戦争終結まで延期するほうがよいと提案した。経済省上級参事官フォン・ケルンが彼を支持し、農業省のハイネマン博士と全国商業会議所のグロッセ博士もそうであった。(134)党の官房（フォン・カルデンベルク検事）だけが議長を支持した。

つぎの書簡でも異論の重点は法務省に向けられていた。工業全国グループはすべての有名企業の名称にたいする全面的な例外処置をのぞんだ。企業代表の一人フンケは宣伝省に出した書簡のなかで、法令には決定的な欠陥があることを指摘した。すなわち、この法令はユダヤ人企業を引き継いだ会社にだけ効力をもっている。チューリンゲンにある小さな磁器工場が「ローゼンタール」のような世界的に有名な会社名称を、その所有者が使用する権利を奪われるやいなや、名称登録するのを妨げられるのはどうしてなのだろうか。「一番すばしこい」会社は報われているように思われるが、他方、法令の主要な目的——かつてのユダヤ人所有者の名前の消滅——は実現されないままになっている、と。[135] 法令全体が実現不可能と思われた。誰もそれをのぞまなかった。党官房だけが悩み疲れた法務省を支持しつづけた。党官房はすべてのユダヤ人の名前、フリーメイソン会員の名前、[136] 非ゲルマン的商標などにまで法令の拡張をのぞんでいたのだ。論争の結果は法務省の完敗であった。九月に、戦中のユダヤ人名称の廃止に関しては「これ以上なにもすることがない」と結論を下した。[137]

アーリア化過程を概観すると、産業界が大多数のユダヤ人企業を吸収して数多くの強制的な清算から利益を受けたことがわかる。こうした利益の額を示す数字はどこにも見あたらない。ただユダヤ人企業の購入者はその価値の七五パーセント以上を支払うことはほとんどなく、しばしば五〇パーセント以下しか支払わなかったことがわかるだけである。またユダヤ人企業の清算によるドイツ人の受益者は多かれ少なかれ、なにも投資をする必要がなかった。それゆえに経済界の利益は数十億ライヒスマルクと見積もられた。

帝国に関してはどうか。帝国が、帝国だけがアーリア化から利益を得る権限があるというゲーリングの断言についてはどうか。大蔵省は直接的には、わずかしか受け取らなかった。いくつかの重要な罰則としての没収（購入者がゲーリングであるときには、たいして利益を生まなかった）はさておき、また（これもあまり利益を生まなかった）アーリア化均衡税はさておいて、同省にはなんらの収益もなかった。しかし、間接的に帝国はユダヤ人の資産価値の余剰物から少なからぬ収益を得ていた。それはユダヤ人がアーリア化の過程で自分たちの企業にたいする支払いとして得ていた巨額の現金やその他の流動資産を徴収したものであった。その金は二種の財産税、いわゆる帝国出国税といわゆる贖罪弁済によって大蔵省にもたらされた。

訳注

76 ロートシルト［ロスチャイルド］家　一八世紀後半〜一九世紀初頭、フランクフルト・アム・マインで始めた布と古銭の商売から致富の道を開いたユダヤ人の国際的金融業者の一族。ナポレオン戦争中に五人の息子たちをフランクフルト、ウィーン、ナポリ、ロンドンに配し、それぞれロートシルト商会を経営させ成功を収め、世界各国に伸長していく基礎を築いた。血族間の結婚によって富と存在の永続化を図った。

81 ゲーリング工業所　四カ年計画責任者となったゲーリングが、この計画からの融資をもとに設立。彼の個人資産の増大に役立った。やがて、これは一つの持株会社（ヘルマン・ゲーリング工業所）によって統一された三つの事業所に発展する。すなわち鉱山冶金関係、武器・機械製造関係、内陸水運関係の三つの株式会社がそれである。

3　財産税

原注13

出国税はまず、ヒトラーが権力を握る一年以上前の一九三一年十二月八日に定められた。[1] 当初、その法案の対象となったのは、三一年一月三十一日に二〇万ライヒスマルク相当の財産をもっていたか、三一年に二万ライヒスマルク以上の収入があり、他国へ移住意志のあるすべての帝国国民であった。ナチ体制初期の数カ月間に、多くのユダヤ人が、直接税の支払いの負担過重という理由で税金の軽減を請願した。大蔵省次官ラインハルトはこの要求の裏の意味を読み取った。ユダヤ人の移住はのぞましいが、にもかかわらず、この「最後の寄付金の徴収」は必要である、とラインハルトは記している。[2] 三四年五月十八日に、その法令の効力は拡大され、三一年一月三十一日に（あるいはそれ以後）五万ライヒスマルク以上の価値をもつ財産を所有したか、三一年に（あるいはそれ以後）二万ライヒスマルク以上の収入がある、すべての移住意志のある帝国国民に適用されることになった。[3]

「財産」には、個人企業の株券や国債のような流動資産とともに、通常の財産税法のもとで課税対象となるいっさいの価値がふくまれた。例外や許容控除といったものはなかった。有資格の移住民は彼がその時点でもっている課税対象となった流動資産の四分の一を支払わなければならなかった。それは、たとえば一九三一年一月一日に、課税対象となる財産が六万ライヒスマルク相当あり、移住のとき、すなわち一九三八年にまだ一万六〇〇〇ライヒスマルクを所有していたユダヤ人は四〇〇〇ライヒスマルクを支払うことを意味した。課税対象となる財産が五万ライヒスマルクを上回ることはなかったが、一九三二年だけで収入が二万五〇〇〇ライヒスマルクあったユダヤ人は、移住のときに彼がもっていたすべての課税対象となる財産の四分の一を支払った。もしこうした資産が五〇〇〇ライヒスマルクであれば、彼は一二五〇ライヒスマルクを支払うことになった。[4]

明らかに一九三四年に提出された修正案、およびこの法令の発効のために定められた施行令は、効力の変化だけではなく目的の変化を反映していた。最初の法案は移住を、とくに財産を商品出荷か通貨切り替えの形で国外へもち出そうとした裕福な人びとの移住を「思いとどまらせる」ために立案されていた。修正法案は移住を――今度は、国外で新たに生活をはじめるために国を去ろうとしているユダヤ人の移住を「利用しよう」として立案された。この変化は五年間、すなわち一年はナチス以前、四年間はナチ政権下の歳入を示すつぎの数字に例証されている。[5]

一九三二／三三年度	一〇〇万ライヒスマルク
一九三五／三六年度	四五〇〇万ライヒスマルク
一九三六／三七年度	七〇〇〇万ライヒスマルク
一九三七／三八年度	八一〇〇万ライヒスマルク

一九三八／三九年度　　三億四二〇〇万ライヒスマルク

一九三三―三四年度、一九三四―三五年度、そして一九三九―四〇年度の国庫歳入のデータはないけれども、移住統計にもとづいてこれらの期間の額を見積もることはできる。そうした根拠によれば、大蔵省は一九三三―三四年度と一九三四―三五年度の両会計年度においておおよそ五〇〇〇万ライヒスマルク、一九三九―四〇会計年度（最後の著しい移住年度）においてざっと三億ライヒスマルクを徴収したといえる。[6] 帝国出国税はその結果、九億ライヒスマルク前後であった。

第二の財産税、すなわちパリ駐在フォム・ラート公使館参事官の暗殺後ユダヤ人に課せられた「贖罪弁済」の導入に至った状況についてはすでに述べたところである。ゲーリングとゲッベルスの衝突後、党ではなく大蔵省がその科料の受領者に指定された。その論議のあいだ、ヒトラー、ゲーリング、ゲッベルスはその税の総額、おおよそ一〇億ライヒスマルクも取り決めていた。その総額の徴収が興味深い問題を提起した。

収税吏は前もってこの税がどれほどの歳入を生み出すのか正確に断言することができなかった。税金はたいていいつも所得、財産、財産回転率の一定の歩合として表される。所得、財産価値、もしくは財産回転率が会計年度ごとに変化すれば、その税はたしかに相当額の歳入を生み出す。したがって、歳入徴収を予測するにはいくぶん面倒な計算をする必要があったが、大蔵省はそれよりもさらにいっそう困難な仕事をかかえていた。すなわち一定の税率から予想の歳入を算定する代わりに、明確な最終額から税率を確定しなければならなかった。指標となるべき前例はなかった。これまではユダヤ人に限定して課税される租税が存在しなかった（帝国出国税はすべての移住者が支払った）。

ユダヤ人の所得があまりに早く減少してしまったので、所得税が問題であることは大蔵省にはわかっていた。それに相応する税額を徴収できる唯一の方法が財産税であった。しかしこれにはどれだけの財産をユダヤ人がなお所有しているのかを知る必要があった。たまたま大蔵省はユダヤ人資産がどれだけあるかを知っていた。贖罪としての租税が課せられるほんの数カ月前に、内務省は、遅かれ早かれすべてのユダヤ人の財産がドイツ人のものになるという確信から生まれた将来への見通しをもって、ユダヤ人に財産を登録するよう命じた。

アーリア化の準備法案としてすでに触れた一九三八年四月二十六日の法令[7]によって、全ユダヤ人は国内外の財産評価額を報告するよう命じられた。外国籍のユダヤ人は国内の財産だけ報告させられた。贅沢品でないかぎり個人が用いる動産や家財道具をふくめる必要はなかったが、財産は最新の通常価格で評価し、その評価額が五〇〇〇ライヒスマルク以上であれば報告しなければならなかった。（旧帝国とオーストリアで実施されていた）この法令にしたがって、つぎの財産評価が登録された。[8]

ドイツ国籍の一三万五七五〇人のユダヤ人は七〇億五〇〇〇万ライヒスマルクを、外国籍の九五六七人のユダヤ人は四億一五〇〇万ライヒスマルクを、国籍のない二二六九人のユダヤ人は七三五〇万ライヒスマルクを報告し、よって総額は七五億三八五〇万ライヒスマルクであった。その際、財産の種類によって帝国および国籍のないユダヤ人の場合のみ以下のように分類された。

（単位：ライヒスマルク）

農業・森林	一億一二〇〇万
不動産	二三億四三〇〇万
企業（負債は除外）	一一億九五〇〇万
流動資産	四八億八一〇〇万
計	八五億三一〇〇万
負債	一四億〇八〇〇万
純資産	七一億二三〇〇万

こうした手中にあった数字によって、大蔵省はたやすく税率を査定しえたのである。

一九三八年十一月十二日にゲーリングは「贖罪としての租税」を布告した[9]。九日後の十一月二十一日に、大蔵省はその実施法令を準備し[10]、一九三八年四月二十六日の法令で財産を報告したすべてのユダヤ人（外国籍のユダヤ人をのぞく）に支払い義務を課した。査定評価は十一月十二日に合わされた。四月二十六日から十一月十二日までに約二〇億ライヒスマルクの登録財産がドイツ側に所有権が移ったと見積もられた[11]。大蔵省筋は売り手の大多数が——すべてとまではいかないが——すでに国を去ったものと推測しなければならなかった。この二〇億と、外国籍のユダヤ人の財産（四億）を差し引いたのちに、最低五〇億ライヒスマルク相当の課税可能な財産が残った。支払い義務を負ったユダヤ人それぞれが支払う「租税」は、登録財産の二〇パーセントに設定され、一九三八年十二月十五日、三九年二月十五日、同年五月十五日、同年八月十五日の四回分割払いで支払われることになった。大蔵省当局は移住を希望するユダヤ人に保証金の支払いを請求する権限を与えられた。

しかし見込みのある移住者たちは、大蔵省が三九年二月九日に、罰金支払い後に残る財産に応じて帝国出国税を査定することを決定したとき、特権をあたえられた[12]。

また大蔵省は、必要な現金をライヒスマルクでもっていないユダヤ人に対応しなければならなかった。そこで大蔵省は、三八年十二月十日の極秘訓令において、ユダヤ人所有の貴重品や美術品の購入のために経済省によって設立された役所に注目するように、関係部局に要請した。ユダヤ人は外国の口座から支払うこともできた。ただし有価証券の支払いは歓迎されなかった。それは、当局公認の為替相場で見積もられた場合にのみ許された。優先順位は株券、社債、国債の順であった。このような証券引受けはユダヤ人にまで及んでいた特権と考えられたので、ユダヤ人は証券取引売上税を支払わねばならなかった[13]。この極秘訓令においては以下のような考慮はされていなかった。すなわち大蔵省は、市場が帝国の国債のために台なしにならな

いように、ユダヤ人に彼らの有価証券を市場に売りに出させるわけにはいかなかったことを。(14)

現金、美術品、外国為替、そして有価証券がどんどん集まりはじめたので、大蔵省はレートが二〇パーセントではあまりにも低く設定されてしまったのではないかと危惧するようになった。そのため、一九三九年十一月十五日に五パーセントの引き上げが行われた。(15)この引き上げでつぎの数字に示されるように目標額が突破された。(16)

（単位：ライヒスマルク）

一九三八会計年度	四億九八五一万四八〇八
一九三九会計年度	五億三三一二万六五〇四
一九四〇会計年度	九四九七万一一八四
総計	一一億二六六一万二四九六

「帝国出国税」と「ユダヤ人贖罪弁済」は表5-9に要約されている。その二つの税は総額二〇億ライヒスマルクをもたらした。一九三八会計年度の全収益額（八億四一〇万ライヒスマルク）はその年の総歳入（一七六億九〇〇〇万ライヒスマルク）の約五パーセントを占めた。(17)一九三八会計年度（一九三八年四月一日から三九年三月三十一日まで）は軍事動員の年であった。財源不足は「危機的」であった。大蔵省はユダヤ・マネーを徴収し、ただちに軍備拡大の水路に注ぎ込んだ。(18)

二〇億ライヒスマルクは、ヨーロッパ全体の絶滅過程から帝国が引き出した最大の利益を意味したが、その金額は一九三八年にユダヤ人が報告した資産の三分の一以下であった。その年に登録された七五億ライヒスマルクから帝国が受け取ったのはわずかな残り物であった。このことが明らかになったのは、大蔵省がアーリア化された財産にたいしてユダヤ人が受け取った「ばかげた代償」では財産税を支払うには足りない場合があることを知ったときであった。(19)

表5-9　「帝国出国税」と「ユダヤ人贖罪弁済」

	出国税	贖罪弁済
支払義務	1931年1月1日（もしくはそれ以後）に5万ライヒスマルク以上の財産か1931年（それ以後）に2万ライヒスマルク以上の所得があった，帝国から移住した全国民	5000ライヒスマルク以上の財産を登録したすべてのユダヤ人（外国籍のユダヤ人以外）
税の総額	課税対象財産の25%	登録された財産の25%
収益	9億ライヒスマルク	11億ライヒスマルク

4　凍結通貨

原注13–

いまやこう問いかけてよいかもしれない。ユダヤ人が財産を売却し、租税を支払い、それでもなお金を残したと考えられるだろうか。彼が金を求めて銀行へ行き、それをドルに交換し、アメリカへ旅立つことができたろうか。その答は、もちろん否である。

まず第一に、ドイツにおけるユダヤ人の全資本はユダヤ人がまともに稼いだものではないだろうから、本来ドイツ民族に帰属するという見方があった(1)。それゆえにユダヤ人がわずかの金であれ、外国へ移送することは許されなかった。それでユダヤ人の手元に金が残っておれば、帝国はそれを押収することを考えたのだ。第二のもっと重大な理由はつぎのようなものであった。すなわち、万一移住してゆくユダヤ人が自分の財産のいくらかを回収することが許されるとしたら、帝国はもっぱらライヒスマルクと交換に外国通貨を支出せざるを得なかったことだろう。それは問題外のことであった。一九三一年以来ずっと、厳格な為替管理が外国通貨での商取引すべてを規制してきた。いかなるドイツ人も所有するすべての外国通貨をドイツ帝国銀行に差し出すことが法的に義務づけられた。そういうわけで、輸出業者が外国に商品を売る場合はライヒスマルクで支払われ、帝国はドル、ポンド、フランなどいかなる外国通貨もストックした。

こうした外貨ストックの動員の目的は、利用できる外国の資金はなんでも必要不可欠な輸入にのみ用いるようにすることであった。ユダヤ人の移住者に外国における新生活を可能にするために、この蓄えを転用することは一番あとまわしにされた事柄であった。しかしユダヤ人の移住を促進しようとしたら、なにかそのようなことがなされねばならなかった。諸外国は、貧困なユダヤ人はいうまでもなく、どんなユダヤ人でも受け入れることを嫌がった(2)。そのために、外貨管理は早急な移住にたいする主なつまずきの石の一つであった。その問題は二つの手段、すなわち外国のユダヤ人仲間による金融支援か、あるいは例外的で、間接的な、禁制の外国取引によってしか解決されなかった。外国籍のユダヤ人の援助が失敗した結果、財貨の放出はどの移住計画においても絶対に欠くことができないものとなった。

以下にあげるものはユダヤ人が外国に財貨を移送するのに用いた一二の方法のリストである。こうした手段が少なくとも一二もあったことは、それ自体ドイツのジレンマを如実に語るものといえる。

（1）いわゆる外貨持出しの限度。各移住者は、ユダヤ人をふくめて、外国通貨で一〇ライヒスマルクの額（公式の為替レートで）を、しかも目的地がドイツと国境を接していない国であれば、その額の二倍まで国外へ持ち出すことが許された。いいかえれば、合衆国に旅立つ三人家族は二四ドル（六〇ライヒスマルク）を持ち出すことができた(3)。

(2) 商品持出しの限度。一移住者につき一〇〇〇ライヒスマルク相当の商品を持出すことも許された。価格計算にたいしては帝国における市場価値よりむしろ目的地での売却価値が左右した。[4]

(3) 各移住者は家財道具をふくめて私物を国外へ持出すこともできた。しかし、移住者は持出そうとするすべての品目の認可リストを官憲に提出するように要請された。[5] そのリストの目的は宝石類や貴重品の輸出を防ぐために積荷を選別することであった。もちろん、そのような品目を国外へこっそり持出す傾向はあったが、官僚はそのような持出しを防ぐことに最善を尽くした。一九三九年二月二十一日に、「評価ならびに保証については経済相が詳細に定める」という規定にもとづいて、ユダヤ人は経済省の買取所に金、プラチナ、銀、貴金属、美術品を引き渡すよう命令された。[6]

(4) 移住前に財貨を処分するもう一つの方法は、ライヒスマルクで鉄道や船舶を予約することであった。この方法はまったく差し支えなかったが、外国の汽船会社は必ずしもドイツ通貨を歓迎するとは限らなかった。たとえば、イタリア汽船会社ロイド・トリエスティーノは外貨で料金の半額を支払うように求めた。[7]

(5) ユダヤ人移住一般信託所。これは、ユダヤ人の五〇パーセントの損失でライヒスマルクを（パレスチナ通貨以外の）外国通貨に換金するために設立された交換所であった。複雑なスケジュールがこうした手続きを困難にした。一九三七年十月まで、上限は八〇〇〇ライヒスマルクであったが、その後いくつかの事例において五万ライヒスマルクまで最高額が引き上げられた。しかし、一九三八年にはもはや新たな申請書は受け付けられなかった。[8]

(6) ユダヤ人のパレスチナ移住は、いわゆるハーヴァラ協定によって自分たちの資本を持出す特別の機会を与えられた。この協定はドイツ帝国とパレスチナのユダヤ人機関によって取り結ばれた。形式的にはそれは形を変えた為替決済協定であった。その条件下でパレスチナへの移住を希望したユダヤ人の「資本家」は、ドイツからパレスチナへ商品を移送するためにドイツ人の輸出業者と契約を結ぶことを許された。ドイツ人の輸出業者には、移住するユダヤ人の凍結預金口座から引き出された財源で支払われた。移住者はパレスチナに到着後、ユダヤ人機関からパレスチナの通貨を受け取った。要するに、経路はつぎのようなものであった。[9]

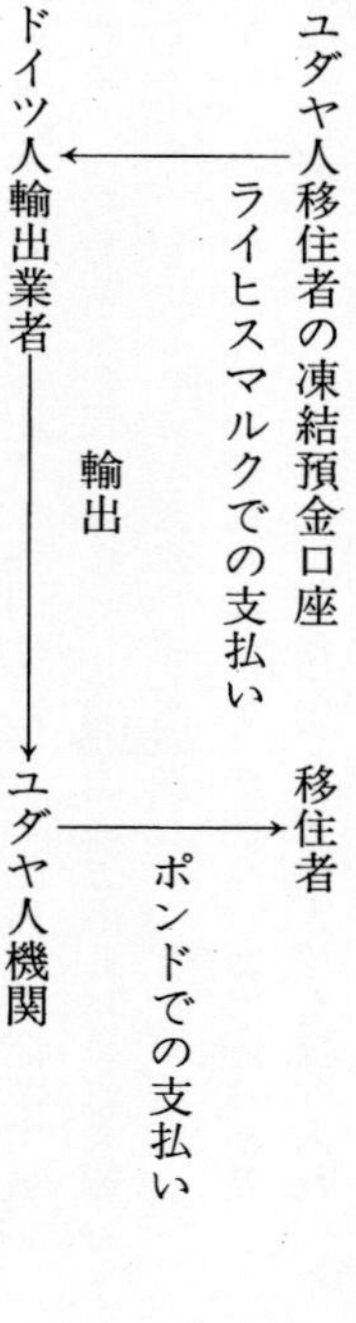

ユダヤ人機関と輸出業者は移住者自身とまったく同様にこの協定に満足していた。ドイツ商品がパレスチナに流入したのだ

が、しばらくしてから、ハーヴァラ為替決済協定の補足としてパレスチナのオレンジとドイツの木材、包装紙、自動車、ポンプ、農耕機械などとの交易をもたらすバーター協定が付け加えられた[10]。ナチス・ドイツとパレスチナのユダヤ人社会との経済関係は優れたものであるように思われた。もちろん、ナチ党、（ユダヤ人問題を担当した）外務省ドイツ局、そしてユダヤ人のため自分たちの利益がまったく無視されたと不平をこぼしたパレスチナのドイツ人のなかでは少なからぬ不満があった[11]。にもかかわらず、この興味深い協定は存続した。

（7）外国通貨によるアーリア化の弁済。この方法は外国籍をもつか、外国企業における持株を売却できるユダヤ人に主として開かれていた。それは、企業の買い手が外国居住者であるならば、行使することができた[12]。結局、移住ユダヤ人がアーリア化されたコンツェルンの旧オーナーとして、そのコンツェルンの外国支店における資金を差し押さえることによって、新オーナーに対して請求権を主張できる場合、この方法を行使できる可能性をもっていた[13]。

（8）凍結されたライヒスマルクの売却。移住者があとに残していった金は、自動的に自分が管理できない凍結預金口座（封鎖勘定）に切り替えられた。凍結預金口座は外国為替管理局の管理下におかれた。そこは行政上は高等税務署長の事務所（大蔵省の地方官庁）の一つであったが、経済省から指示を受けていた[14]。外国為替管理局は以下の三つの場合にかぎって、凍結預金口座の解除を容認する権限を与えられた。（一）ドイツ人への信用貸しの場合、（二）保険金給付を行う場合、（三）不動産を取得する場合。もちろん、こうした例外的な受給は移住するユダヤ人のためにではなく、そのような投資を行うことに関心を示す非ユダヤ人である外国人に向けられたものであった。けれども、凍結されたマルクがいくつかの場合に解除されたという事実は少なくともなんらかの対価をもたらした。実際、ユダヤ人のなかには一凍結マルク＝二〇セント以上——すなわち、せいぜい五〇パーセントの損失——の為替レートで、凍結された預金を売却できたものもいた[15]。凍結マルクの預金を売却しなかったユダヤ人は、大蔵省によるその後の没収によってその預金を失った。

（9）法律に違反する通貨の持出しは、小金しかもたずにそれを仲介人ぬきで換えたがる貧しいユダヤ人が行った。ドイツからひそかに持出される現金は、記念品商売をする人をのぞいて、誰かに役立ててもらうためにはこっそり持ち帰らなければならなかったので、そのような取引の為替相場では一マルク＝一〇～一三セントにしかならなかった[16]。ドイツ軍がプラハに進撃する前に三・四三セントの価値があったチェコ・コルナは、一週間後にニューヨーク銀行では一セント以下で売られた[17]。

（10）また別の、違法でかつよく見られた外貨取引は、三つのユダヤ人関係者（ドイツ通貨をもつ移住意志のあるユダヤ人、残留した貧しいユダヤ人、そして貧しいユダヤ人に援助の手を差し伸べることをいとわない外国の親戚たち）が必要とした私的協定であった。その協定のもとで、移住者は自分のライヒスマルクを貧しい家族に与え、その後、外国で援助してくれる親戚から同価値のドル（あるいはポンドかフラン）を受け取った。

（11）通貨法のもとで、ドイツ国籍者による外国への出資は帝国に報告しなければならなかったので、外国への出資は通貨の支払いと同意義であった。それゆえに外国の投資物を確保する方法はただ二つ――報告しないでいるか、あるいはそれを保有する許可を得ることによる――しかなかった。どちらのやり方もほとんど行われなかった。

（12）多くのユダヤ人は非常に貧しく乗車料金を払う余裕すらなかったので、国家保安本部長官ハイドリヒは、典型的なハイドリヒ方式によって型にとらわれない緩和措置を決定した。一九三八年十一月十二日の会議で、ハイドリヒはそれをこのように説明した。「ユダヤ教徒団体（ウィーンにあるユダヤ人共同体組織）を通して、われわれは移住することをのぞむ裕福なユダヤ人から一定額の金を出させた。こうした金額の支払いによって、また（諸外国のユダヤ人の口座から引き出した）外貨の追加額によって、多くの貧しいユダヤ人が出国できるようになった。問題は裕福なユダヤ人を出国させることではなくユダヤの下層民を追い払うことだった」。ゲーリングはこうした方策に熱心ではなかった。「しかし、おまえたちはこんなことをよく考えてみたことがあるのか。ユダヤの下層民から何十万引き出してきても役に立ちはしない。こうした方策によってはたいした外貨にありつけはしないのだから、こんな方策は長続きすることはないんだ、とは考えないのか」。ハイドリヒは自己弁護した。「ユダヤ人が手に入れてきたのはすべて外貨なんですよ」[18]。

三八年十一月十二日の外貨関係官吏の会議に用意された覚書のなかに、一七万人のユダヤ人が外貨・商品や外国資産の譲渡証書などの財貨約三億四〇〇〇万ライヒスマルク（一人あたり二〇〇〇ライスマルク）をもって移住したと記されていた[19]。だが、こうした状態は過ぎ去った。その後はもっと厳しくなっていった。とくに、移住者たちが携帯できるものがない場合にはそうであった。

貧しいユダヤ人の問題は非常に重大であったので多くの筋から注目を浴びていた。一九三八年の終わり頃、当時もはや経済相ではなかったが、いまだに有力人物であった帝国銀行頭取シャハトは、約一五万人のユダヤ人の移住計画案を携えてロンドンにおもむいた。そのユダヤ人たちは財産をあとに残し、移住にかかる費用は外国のシンジケートがまかなうことになっていた。この外国人グループは一五億マルクを前払いし、「追加輸出品」の形で長期で帝国から（利子を付けて）払い戻されることになっていた[20]。シャハトとその協力者たちの動機はつぎのような線に沿っていたように思われる。第一に、その計画はユダヤ人からすべての財産を奪ったり、彼らを窮乏させたかどでドイツを告発した外国のプロパガンダとたたかう一つの方法であった（まさにそのとき、ドイツ人はチェコスロヴァキアにいるズデーテン＝ドイツ人の取扱いに関してまったく同一の告発を行っていた[21]。

さらに重要な動機は、ドイツは結局、保証がないままユダヤ人の財産を奪うことよりも、「追加輸出」から受け取る利益のほうが大きいというシャハトの確信であった。追加輸出は、なによりもまず、ドイツ商品の新規の消費者を数多く生み出すだろう。ひとたび消費者になれば、いつまでもずっと消費者になるだろうし、ひとたび市場ができれば、ずっと市場になることだろう。輸出は長い目で見れば割に合うだろう。シャハトはこのように確信していた。他方、もし戦争が輸出を妨げることになれば、すべての問題が一挙に解決されるだろう。ユダヤ人は遠隔の地にあるが、ユダヤ人の財産はひきつづき国内にある。いずれにせよ、ドイツが失うものはなにもなかった。

シャハト計画は一つにはドイツ外務省の反対のために実現しなかった。リッベントロプは、どういう形にしろ「彼らがドイツ人から盗んだ」財産を外貨に替えるのをユダヤ人に許すべきだ、ということがわからなかった[22]。交渉はシャハト自身の指揮でロンドンで行われており、外務省は閉め出された。その管轄権は無視された。こうした処置に激怒した外相はいっさいの計画を承認しないことを表明した[23]。財産およびユダヤ人は依然として国内にとどめおかれたのである[24]。

5　強制労働と賃金規制

原注14–

一九三九年に、本来の規模の半分になってしまったユダヤ人社会はすでにすっかり貧窮化していた。資本家たちはその資本を失い、知的職業者たちはその職業を失い、普通の労働者たちは仕事を失った[1]。かつてユダヤ人企業にいたユダヤ人被傭者は、会社のアーリア化・解散によって生きる道を断たれた。人的構成もまた「アーリア化」されたのだった[2]。

それだけではない。残存するユダヤ人は移住した人びとよりも過酷な労働にさらされた。移住によって若年層が流出し、大勢の女性がおき去りにされたので、あとに残されたユダヤ人は生き延びていく能力に乏しかった。旧帝国（一九三三年次の国境）内において、四〇歳以上のユダヤ人の割合は一九三三年＝四七・七パーセントから三九年＝七三・七パーセントに変化し[3]、女性の割合は一九三三年＝五二・二パーセントから三九年＝五七・七パーセントに上昇した[4]。要するに、ユダヤ人社会は一大扶養家族という様相を呈することになった。しかし官僚のなかで救済活動は一番後回しにされた。

一九三八年三月二十九日の法令で、ユダヤ人の福祉団体は非課税の権利を奪われた[5]。同年十一月十九日に、フリック、クロージク、労働相ゼルテたちが署名した法令によって、原則的にユダヤ人たちは公的な福祉事業から除外されることになった[6]。

その後の数カ月間に、貧困なユダヤ人を苦しい、屈辱的な労働へと追いやる第一歩が進められた。

一九三八年十二月二十日に公布された法令において、次官である帝国職業紹介所の所長ジュルプはゲーリングの「特別承認」のもとに、失業したユダヤ人を建設計画や開墾計画に従事させ、非ユダヤ人の労働者と隔離するという原則を打ち立てた。(7) 一九四一年のはじめに、(8) 約三万人のユダヤ人が過酷な労働計画にグループ単位で従事した。残りの労働可能なユダヤ人はいくつかの工場や拡大しつづけるユダヤ人共同体組織で働いていた。わずかばかりの知的職業者たちは、共同体組織の保健や法律上の世話をする仕事に携わっていた。私的に現金を蓄えることもも う見られなくなった。四一年四月二十九日、ライプツィヒ特別法廷は、あるユダヤ人夫婦に金を蓄えたかどで服役を申し渡した。(9)

ユダヤ人はすでに自分たちの勤め口、財産、金を失っていたので、懸命に働いて自分の仕事に専念さえしておれば、今後干渉されはしないという希望を抱いていたが、結局のところ、ユダヤ人の「力のより所」はたたき壊され、略奪は終わりを告げた。にもかかわらず、官僚は中途でやめることはできなかった。絶滅過程は続行されねばならなかった。一九三九年以前に、反ユダヤ人法案がユダヤ人資本に向けられたものであったのにたいして、戦時の法令は所得を取り扱った。これ以後、官僚はユダヤ人から収入を取り上げた。所得の収用は財産の没収より収益はずっと小さかったが、ユダヤ人にとってはより深刻なものであった。貧しいユダヤ人は裕福なユダヤ人よりも所得のなかで生活必需品に費やす割合が大きく、また極貧の人びとは所得のすべてを必需品に当てた。官僚による絶滅過程は着実に進行し、ユダヤ人は最低限の必需品すらも奪われていった。生き延びることはますます困難になっていった。

特徴的なことには、ユダヤ人の財産の事例とまったく同様に、ユダヤ人の所得の問題においても経済部門が最初に選ばれた。まず、ユダヤ人の賃金が削減され、残ったものに税金が課された。

ユダヤ人にたいする賃金政策の成文化は、ドイツの労働法はユダヤ人への一定の支払いを削減するように修正されるべきとする原則にもとづいて、一九三九年の末に労働省で始められた。(10) 同省の官僚が提出された法案の細部を議論しているあいだに、産業界は独自の処置を講じはじめた。数多くの企業が休日手当の支払いを拒み、ユダヤ人の被傭者は裁判に訴えることで反対を示した。カッセルの労働裁判所はもちろん会社側を支持し、ユダヤ人は労働を遂行する「精神態度」をもたず、ユダヤ人にとって労働は商品にしかすぎず、加えてユダヤ人は雇用者への忠誠心をもたないと主張した。これ以後、ユダヤ人は休日手当を受け取る権利を与えられなくなった。(11)

一九四〇年のはじめにユダヤ人への賃金支出を規制する法律の草案が労働省で作成された。その草案では、ユダヤ人は休日手当、家族や子供たちへの手当、出産や婚姻の補助金、死亡手当、ボーナス、記念日の贈り物、事故の場合の補償、そして

――家から遠く離れた労働者の場合に――家族を訪ねるために支払われるほとんど毎年の旅行手当を取り上げられた。[12] 提議された法令は、主に（ユダヤ人は実際に行われた仕事にたいしてのみ報酬を受け取るべきとする規則のような）明文化された原則の代わりに、例外の一覧表だけをふくんでいたために数多くの反対にあった。[13] こうした異議申し立ては労働相の管轄権にかかわる自尊心を傷つけたので、彼は他の省庁の同意を待つことなく、労働省の地方部局に適切な指示を出して自分の考えを履行することを決心した。[14]

その年の終わりに労働省は、ユダヤ人の労働身分に関する会議に出席するよう内務省に求められた。ジュルプ次官は招待状を受け取り、労働省を代表して返事を書いたが、それにつぎのような言葉を付け加えた、「わたくしは労働法に関するすべての問題を成文化する責務がありますし、またユダヤ人が非公式に雇われつづけるかぎりユダヤ人を注視していくのは当たり前のことだと考えています」。[15]

その会議は内務省のユダヤ人専門家レーゼナー課長を議長として開かれた。出席者のなかの一人（ゲーリングの代理）は、ユダヤ人が労働法上の特別な地位をもつという趣旨の決定をのぞんでいるだけだと明言した。提議された法令には彼はまったく関心がなかった。したがって会議出席者たちは、一つは原則を打ち立てるための法令、もう一つは細部を規定する法令の二つで妥協をした。[16]

特別の労働身分という原則は、四カ年計画庁のケルナー次官が署名した一九四一年十月三日の法令において最終的に公表された。[17] 一九四一年十月三十一日付の労働省の施行令（エンゲル次官が署名）によって、[18] ユダヤ人は実際になされた仕事にたいして賃金が支払われるという権利しかもたないことが規定された。そのうえ、ユダヤ人が受け取る権利を与えられていない（そしてすでにかなり長いあいだどうしても受け取ってこられなかった）支払いが列挙された。しかし、その法令は新しい重要な規定もいくつかふくんでいた。すなわち、ユダヤ人は職業安定所から割り当てられる仕事を残らず引き受けなければならず、ユダヤ人はグループ単位で雇用されなければならず、一四歳から一八歳までのユダヤ人青年の雇用は時を選ばずに行われ、ユダヤ人の病人（傷病兵をのぞく）はどんな任務でも引き受けなければならなかった。要するに、産業界はほとんど制限のない搾取、すなわち最大の労働にたいして最低限の賃金を支払うという権利を与えられたのだった。

6　特別所得税

原注15

大蔵省はいまやユダヤ人の賃金（あるいは彼らの手元に残されたもの）に課税する仕事を抱えていた。ユダヤ人への特別所得税という着想は、実際には、最初の草案が内務省で作成された一九三六年の末に出された。一九三六年はユダヤ人がはじめてナチ党指導者（スイス在住ドイツ人ナチ党指導者ヴィルヘルム・グストロフ）を暗殺した年であったので、ヒトラー自身、懲罰的な理由からこの税を望んでいた。所得税は一種の罰金として期待された。(1) 大蔵省第三局によって用意されたつぎの草案は、実際には、民族の敵としてのユダヤ人の行状と相関的に税率が設定されたが、(2) 法的論拠が薄弱であり、とりわけ国外のドイツ人マイノリティにたいする報復の可能性（典型的なナチスの懸念）のために政治的に危険であるとして、法務省がその処置に反対したので、その懲罰的な思想は放棄された。(3) ゲーリングもフォム・ラート（パリ駐在ドイツ大使館員）の暗殺後に、償いを求める懲罰的思想に動かされたけれど、その法案は好まなかった。(4)

いっさいの反対にもかかわらず、税をめぐるやりとりはいくつかの帰結をもたらした。その一つが一九三八年のユダヤ人児童にたいする所得税控除の廃止であった。(5) 一九三九年の所得税変更法によれば、「児童」のなかにはユダヤ人はふくまれなかった。(6) 給与所得者のステイタスよりむしろ児童のステイタスを明記する理由は、ユダヤ人の子のキリスト教徒の父親には免税を認めない一方、混血児のユダヤ人の父親には免税額を認めることを保証したかったからであった。要するに、この処置は子がユダヤ人として分類された親たちに向けられたものだった。(7)

当初のやりとりには懲罰的思想とは異なる税の正当化もふくまれていた。その措置が棚上げされたあとも長くシュトゥッカートの心のなかに残ったのは、彼が最初に言及した正当化であった。ユダヤ人はナチスの慈善団体や福祉団体に寄付を行わない、とシュトゥッカートは推論した。そのような寄付の代わりに、ユダヤ人に特別所得税を課すべきであると彼は主張した。(8) この奇抜な着想は無駄にされなかった。一九四〇年八月五日に、その提案はユダヤ人にたいしてではなく、当時ますます大勢が帝国に流入していたポーランド人にたいして適用された。その税金は「社会負担調整税」と呼ばれた。それは毎月三九ライヒスマルクの控除額を保証した一五パーセントの特別所得税であった。それは通常の所得税に加えて取り立てられた。(9) その処置はポーランド人にたいして定められたのち、もともと意図されていた民族、ユダヤ人にまで拡大された。これは、大蔵省のラインハルト次官が署名した一九四〇年十二月二十四日の法令によって成し遂げられた。(10)

7　配給対策

原注15-

ユダヤ人社会の経済的絞殺は賃金カットや増税にとどまらなかった。すべてを差し引いた後もユダヤ人にはまださささやかな所得が残り、それは官僚たちには、ドイツの商品とサービスへのユダヤ人の要求の源泉として、腹立たしく思われた。これでは十分といえない。しかしユダヤ人はわずかなマルクしかもっておらず、このマルクで、一番必要なもの、食物を求めなければならなかった。食物はただの商品ではなかった。ドイツでは、食物は「生の手段」と呼ばれた。第一次世界大戦ではドイツ軍は飢餓に直面し、第二次世界大戦では食物は厳密な配給制度のもとでドイツに配給されるように、占領したヨーロッパのすべての地域から略奪された。したがってドイツの官僚がユダヤ人消費者にたいして食糧品の配給に制限を課しはじめたとしても驚くにはあたらない。ユダヤ人は自分の割当分を受け取れなかった。

配給は食糧農業省の責任であった。三、四週間ごとに同省は各地方の食糧庁に配給の指示を送った。地方レベルで食糧庁は、地域の食料事情に沿ってこの指示を補足した。

食料供給は、四つのカテゴリーに分けられた。（1）非配給食品、（2）一般消費者への基礎配給、（3）重労働者・夜間労働者・児童・妊産婦・病人・廃疾者への追加配給、（4）配給食料の在庫が豊富にある時や、通常入手できない非配給食料が入手できた時の、特別割当（時と場所で異なる）。食糧農業省は、ドイツの官僚に特徴的である着実な進め方でユダヤ人購買者に制限を課していった。特別割当から始まり、追加配給、ついには基礎配給や非配給食品へと制限が課せられた。

一九三九年十二月一日に食糧農業相代行のバッケは、地方の食糧庁に、一九三九年十二月十八日から一九四〇年一月十四日までの配給期間、ユダヤ人には特別割当を行わないよう指令した。結果としてユダヤ人には、肉とバターの量を少なく、ココアと米は与えないようにすること。配給カードが発行される前に、券を無効にせよ。カードの所持者がユダヤ人と疑われる場合には、警察や党事務所に問い合わせること。この命令は新聞に公表してはならない、というのである。[1] 次の配給期間（一九四〇年一月十五日から二月四日まで）の指令は、ふたたび特別割当のカットであったが、今度は肉と野菜であった。[2]

地方の食糧庁は、この命令に統一的に従ったわけではない。混乱のためか過度の熱心さのためか、児童・重労働者・廃疾者への追加配給、さらには一般消費者への基礎配給までカットされた。一九四〇年三月十一日に地方の食糧庁に以下の内容が伝えられた。基礎配給と児童等への追加配給には手をつけるな、しかし特別割当はカットせよ、同様に、通常手に入らないが客のリストに基づいてときどき分配される非配給品は、ユダヤ人に渡すな、今期間では、非配給食料には鳥肉・魚・燻製食品が含まれる、と。

この指令は、食糧庁の指針として次のような手続規則と勧告を列挙していた。ユダヤ人がもっている配給カードにはJの文字をスタンプすること。特別配給券はJのところで無効になること。家族配給カードは、緊急に必要な場合のみ、旅行時やレストランの券と交換することができること。ユダヤ人は食料なしで短い旅行ができること。最後に、食糧庁は、ユダヤ人の特別買い物時間を設定する権限を与えられた。事実上、この規定は、先着順に売られる品目が、けっしてユダヤ人消費者の手に渡らないようにしたのである。[3] ユダヤ人の買い物時間はウィーンで午前十一時から午後一時までと午後四時から午後五時まで、ベルリンで午後四時から午後五時までのみ、プラハで午後三時から午後五時までと定められた。[4]

一九四〇年三月十一日の指令にもかかわらず、地方レベルで混乱がつづいた。そのような混乱の一つの結果として、ひどく奇妙な出来事が起こった。ベルリンは本物のコーヒー（すなわち代用コーヒーではなくコーヒー豆）の船荷を受け取った。市民はコーヒーを求める登録をしなければならなかったが、禁止令がないので、五〇〇〇人のユダヤ人が登録者のなかにふくまれていた。食糧庁はその登録を見つけると、ユダヤ人をリストから外して公共の秩序を妨げたかどで彼らに罰金を課した。一人のユダヤ人がそのことを地方裁判所に訴えた。食糧庁は、ユダヤ人はコーヒーを受け取る権利がないことを知っていたはずであると主張したが、裁判所は罰金が「法律の不自然な解釈」にもとづいてはならないという理由で食糧庁の主張を却下した。新法相ティーラックは一九四二年に着任するとき、その有名な「裁判官への訓示」の冒頭でその事例を話題にした。以下ティーラックが述べたことである。

区裁判所の判決は形式においても内容においても、ユダヤ人にたいするドイツの行政官庁の恥さらしの行為に紙一重のものである。裁判官は、ユダヤ人のずうずうしく我慢のならない振る舞いにたいして健全な国民感情がどのように反応したかについては一言も触れることなく、ユダヤ人と彼の五〇〇〇人の人種仲間に彼の権利とドイツの一官庁にたいする勝利を二〇ページの論告で保証したが、この裁判所はユダヤ人が判決をどのような満足をもって歓迎したのか自問しただろうか。[5]

ところで、この裁判に「勝利した」ユダヤ人たちはすぐに強制収容所に送られた。[6] これらのユダヤ人はもはやコーヒーを口にすることはなかった。

一九四一年に、すべての抜け道をふさぐことを決定した食糧庁は、諸外国からの船荷にたいしていくつかの措置を講じた。こうした荷物は、中立国に援助してくれる友人や親戚がいるような幸運なユダヤ人の食料不足を補った。しかし同省はユダヤ人がその親戚とドイツ国民から食料を二重に受け取るということに耐えられなかった。それゆえに、食糧省は大蔵省の税関当局にユダヤ人のために使うことがはっきりわかる荷物または疑わしい荷物について、食糧庁に毎週報告書を出すように要請した。そして、その内容物は配給食料からただちに差し引かれた[7]。

しだいに食糧農業省が食糧庁に出す指示はきびしくなっていった。品目はつぎつぎに減らされたり完全に外された。一九四二年六月二十六日に、同省はユダヤ人の食料供給問題の最終検討を行う会議を開くために、党官房・内閣官房・四カ年計画庁・宣伝省の代表たちを招いた[8]。

公式議事録から判断すると[9]、その会議はきわだって円滑に進行した。すべての提案は満場一致で採択された。会議出席者は、食糧農業省の指示どおりにユダヤ人がもはやケーキも口にしていないことを知らされた。さらに、数多くの食糧庁がすでに白いパンとロールパンの配給を禁止していた。出席者全員は、ユダヤ人に白いパンとロールパンを与えるのを差し控えるように、すべての食糧庁に指導することが「妥当」であろうという点で合意した。つぎに彼らは、同省がすでにユダヤ人に卵のカードを配布しないように食糧庁に指示したと聞き及んだ。また彼らはユダヤ人にいかなる食肉の購入もまったく許さないことは「正当と認められる」と考えた。

第三に、官僚はユダヤ人児童がいまだに享受していた待遇の平等を取り除くほうが「正しい」という確信で全員一致していた（これまで、ユダヤ人児童はドイツ人児童に与えられるのと同じパンや肉やバターの追加量を受けていた）。したがって、これらの追加配給のカットが決定され、成人のドイツ人消費者の配給量がユダヤ人児童に与えられた。だが、それは依然として非常に大きなものであったので、官僚はユダヤ人成人に与えられる配給量のレベルにまでユダヤ人児童の配給量を減じることに同意した。その結果、ユダヤ人成人が食肉配給券を剥奪されると、ユダヤ人児童も同様になった。ユダヤ人児童は牛乳の配給においても平等に享受していたので、牛乳の配給量も変えることが適当であると考えられた。それ以後、ユダヤ人児童は完全な牛乳ではなく脱脂乳を受け取ることになった。アーリア人児童は、三歳まで毎日脱脂していない牛乳を四分の三リットル受け取り、六歳までは二分の一リットル、六歳から一四歳までは四分の一リットルを受け取った。ユダヤ人児童は六歳までしか受け取れず、乳児にたいする最大量でも脱脂乳の二分の一リットルを超えることはなかった。

つぎに官僚は、妊婦、乳児を抱える母親、病人たちの配給量をきめ細かく吟味した。食糧省の代表は、ユダヤ人の母親は一九四二年四月の指示によってすでに解決保護されてきたし、また内務省の保健担当次官（コンティ博士）がユダヤ人と病人や廃疾者にいかなる追加配給も処方しないよう医師たちに指示してきた、と報告した。このコンティの命令は食糧庁への指示によって裏づけられることが合意された。

最後に、会議出席者たちは、長時間労働者、夜間労働者、重労働者のための追加配給を停止することが「正しい」と考えた。これまで、こうした特別配給は能率上の理由からユダヤ人に与えられてきたが、ユダヤ人による仕事がドイツ人による仕事と同じ価値をもたないことが改めて明らかになり、ユダヤ人労働者への追加配給の配分はドイツ労働階級の大半を不機嫌にさせた。にもかかわらず、危険にさらされたユダヤ人に一日二分の一リットルの脱脂乳を与えることは必要と考えられた。この例外はとくに発電所で働くユダヤ人（ベルリンだけでおよそ六〇〇〇人）に適用された。これに関して、会議出席者はベルリンではすでにしばらく前からユダヤ人労働者のための追加配給を打ち切っていることを知らされた。

会議の終わりにはっきりしたのはつぎのようなことである。保健担当次官コンティ博士が出席していなかったので、どの出席者も、提議された配給カットがユダヤ人を肉体的に弱らせ、ひいてはアーリア人をも脅かす疫病を流行させないものかどうかを専門的に判断することができなかった。したがって、配給のカットを実施する前にコンティ次官の同意を求めることが決定された。つぎに特筆されるのは、労働配置総監ザウケルも出席していなかったので、仕事の能率上の観点から、彼のアドバイスが求められると決定されたことである。

次官コンティ博士も労働配置総監ザウケルもとくに異論はなかったようである。というのも、一九四二年九月十八日付の地方の食糧庁への指示[10]が、六月二十九日会議の思い切った諸決定を弱めはしなかったからだ。一つの点で、九月十八日の指示はさらにいっそう影響が強かった。すなわち食糧農業省をひどく悩ませていたに違いないもの、すなわち外国からの食料荷物について新たな制約がかけられた。これまでユダヤ人向けの食料荷物は開封され、中身は受取人の配給量と相殺された。そのさいに非常に多くの禁止品目があったので、いまやコーヒーやサラミソーセージのような禁制品が入っている荷物は、税関当局の手でドイツの病院など大口の消費者への配給のために食糧庁に移されることになった[11]。

一九四二年は大量強制移送の年であったので、帝国内のユダヤ人は減少しつづけた。一九四三年までには、配給問題はたいへん簡素なものとなり、ウィーンではユダヤ人評議会がクライネ・プファールガッセ八番の本部で毎日粗末な食事を分け与えた。食事は午後一時までにとらねばならなかった。強制労働で働くユダヤ人は午後七時まで食事を受けることができた[12]。官僚は、このようにペンをちょっと動かすだけで、豊富な知識と資金に恵まれ、かつて栄えていた共同体を、一日の終わりに乏しい食事を求める飢えた強制労働者の群れへとおとしめたのである。

第6章

強制収容

1　帝国・保護領

原注16-

絶滅過程の第三段階はユダヤ人社会の集中化であった。この集中化はドイツにおいて二つの展開により構成された。すなわちユダヤ人をいくつかの大都市に詰め込むことと、ユダヤ人とドイツ人を切り離すことである。都市集中化の過程は前章で論じられた反ユダヤ的な経済対策の帰結であり、ゲットー化の過程は一歩一歩、長い時をかけて計画された。

ナチスの権力掌握以前でも、ドイツのユダヤ人社会はすでに高度に都市に集中していたが、一九三三年以後さらにいっそう都市への殺到が顕著になった。孤立したユダヤ人家族は村から町へ向かった。そこから流れはベルリン、ウィーン、フランクフルト、その他の人口密集地へとつづいた[1]。旧帝国とオーストリアの地域を全体として見てみると、一〇万以上の人口を有する都市にユダヤ人が居住する割合は一九三三年の七四・二パーセントから三九年の八二・三パーセントに上昇した[2]。三九年五月十七日の国勢調査によるとユダヤ人の人口は三三万〇八九二人であった。この数字の三分の二以上がつぎの一〇都市に住んでいた。

ウィーン	九万一四八〇人
ベルリン	八万二七八八人
フランクフルト	一万四四六一人
ブレスラウ	一万一一七二人
ハンブルク	一万〇一三一人
ケルン	八五三九人
ミュンヘン	五〇五〇人
ライプツィヒ	四四七七人
マンハイム	三〇二四人
ニュルンベルク	二六八八人
計	二三万三八一〇人

全帝国のユダヤ人の半数以上が二つの都市、ウィーンとベルリンに居住していた。

くり返しになるが、ドイツ人がこうした動向を計画したのではなかった。この移住は主としてユダヤ人社会がしだいに貧しくなってきたことによるものであり、そしてこの貧困化は、ユダヤ人内部での依存関係の増大、つまり貧しいユダヤ人がユダヤ人救済団体に依存することを生じさせた。少なくとも一人の市長、フランクフルトの市長はいなかのユダヤ人が彼の市に殺到するのをなんとかして止められないものか警察署長に尋ねた。警察署長は「残念ながら」それを行う法的手段がありませんと答えた[4]。

都市へのユダヤ人の流入が規制されなかったこととは対照的に、ユダヤ人社会のゲットー化（すなわち周囲のドイツ人住民からの隔離）は、着実に官僚の手で主導されていた。ゲットー化は、壁が張り巡らされたユダヤ人区域が帝国とボヘミア＝モラヴィア保護領の諸都市に設置されたということを意味してはいない。そのような区域は、のちに東方のポーランドやロシアに設置されたが、ドイツのユダヤ人社会はゲットーの多くの特徴をもつ諸条件下におかれた。こうしたもろもろの特徴はゲットー化の過程の五つの段階、すなわち（1）ユダヤ人とドイツ人の社会的接触の断絶、（2）住宅の制限、（3）移動の自由の制限、（4）ユダヤ人標識明示の制度化、（5）ユダヤ人の管理機構の設立、に反映していた。

社会的接触の断絶はユダヤ人の隔離への第一段階であった。マイノリティ・グループの構成員が支配的グループとの人間関係を享受する国において、徹底的な人種隔離策はこうした関係が解消されるまで、また一定の距離が二つのグループのあいだに設けられるまで成功しないだろう。社会的関係の解消は行政機関や産業機関からのユダヤ人の免職、ユダヤ人企業体制のアーリア化ないしは解散で開始された。しかし、こうした措置は主に経済的なものであった。その社会的帰結は偶発的なものであった。

ユダヤ人とドイツ人の混血禁止について綿密に考え抜かれた措置もある。こうした反混血法は二つのカテゴリーに分けられる。一つはドイツ人がユダヤ人とたいへん友好的であり、それゆえに、そのような友好関係がドイツ人の純潔と国民社会主義思想のために禁止されなければならないという思い込みにもとづいていた。もう一つのカテゴリーは、ドイツ人がユダヤ人にたいへん敵対的であったので、隔離策が公共秩序の維持のために必要とされるという正反対の前提にもとづいていた。この矛盾する推論にたいする説明がたった一つある。前者のカテゴリーは、行政上の効率のために、ドイツ人にたいして講じられねばならなかった方策であり、後者における隔離の目的はユダヤ人にたいしてのみ適用される制限によって成就されうるものであった。

混血に対する最初の法令は「ドイツ人の血と名誉を守るための法律」であった。[5] そこでは四五歳以下のドイツ人女性をユダヤ人家庭に雇用することは禁じられた。一九三五年の時点でも家事使用人の時代は過ぎ去ってはいなかった。中産階級のユダヤ人家庭から数千人のドイツ人女性の強制的分離によって、貧しいユダヤ人女性による交替の叫びが殺到することとなった。[6] ユダヤ人家庭における就業禁止に対応しては保養地のホテルや高級宿屋においても類似のことが行われた。四五歳以下のドイツ人女性がそこで雇用されているかぎり、ユダヤ人客は排除された。[7]

「血と名誉の法律」にとってもっと厄介なことが、ユダヤ人とドイツ市民のあいだの結婚や正式の結婚によらない関係の禁止から生じた。こうした結果は法律の解釈や執行において明らかになった。その法令の施行後に結ばれた混合婚は無効とみなされたので、その婚姻の当事者は自動的に婚外交渉の罪も犯していた。男性も女性も混合婚をしたかどで刑罰に処せられたのだが、「男性」（ユダヤ人であろうとドイツ人であろうと）だけは

表6-1　「混血児」の婚姻規定

許可される婚姻
- ドイツ人——ドイツ人
- 第二級混血児——ドイツ人
- 第一級混血児——第一級混血児
- 第一級混血児——ユダヤ人
- ユダヤ人——ユダヤ人

特別許可によってのみ例外とされる婚姻
- 第一級混血児——ドイツ人
- 第一級混血児——第二級混血児

禁止婚姻
- ドイツ人——ユダヤ人
- 第二級混血児——ユダヤ人
- 第二級混血児——第二級混血児

［注］ RGBl, 1933 I, 1333 ; Wilhelm Stuckart/Rolf Schiedermair, *Rassen- und Erbpflege in der Gesetzgebung des Reiches* (Leipzig, 1944), pp, 46-48; *Die Judenfrage*, April 25, 1941, pp. 22-24.

婚外交渉のかどで投獄された。「女性」（ユダヤ人であろうとドイツ人であろうと）が訴追を免除されたのはヒトラーの要望であった。

どうしてヒトラーがこうした免除を強く要求したのかはわからない。騎士道精神であったのかもしれないし、よりそれらしくありそうなのが、女性（ドイツ人女性でも）が自分の意志をもたない非常に弱い個人であるという確信であった。だが裁判官も保安警察もその免除を喜んではいなかった。したがって司法会議の席上、言葉のうえだけヒトラーの要望にしたがうことが決められた。いかなるドイツ人女性もユダヤ人との情交で（あるいは人種冒瀆という罪で）処罰されることはなかったが、彼女が訴訟において被告の男性にたいして偽証をしたとすれば偽証罪のかどで投獄することができた。[8] 保安警察長官ハイドリヒは、ユダヤ人女性はドイツ人の相手が投獄されているあいだは自由に行動することはできない、と判断した。したがって前述のような制約はヒトラーの命令であろうとなかろうと彼の気質に合わなかった。そこで彼はドイツ人男性が人種冒瀆のかどで有罪判決を受けることがあれば、強制収容所に連行するためにユダヤ人女性の即時逮捕を行うように国家警察と刑事警察に秘密指令を出していた。[9]

さらに過酷な修正が混血児に関して提議された。「ドイツ人の血と名誉を守るための法律」のもとで混血児の身分はどのように扱われていたのかといえば、その法律では明らかにユダヤ人とドイツ人のみに言及されており、ユダヤ人の概念定義はまだ完成されておらず、混血児はまだ集団としては存在していなかった。しかしながら、この「第三の人種」が生み出されるやいなや、混血児は——ユダヤ人でも「ドイツ人あるいは同類の血統」の市民でもないものとして——実際にユダヤ人とドイツ人のあいだの架け橋となっているものとされた。混血児は誰とでも結婚できるし、誰とでも婚外交渉をもつことができた。これはたいへん厄介な存在であったので、対策をたてなければならなかった。婚姻にさいしてのいくつかの禁止条項が、ただちに混血児に関して規定された（これらの修正は表6-1に記載されている。[10] 混血児の婚姻についての規定を理解するためには、第一級混血児が一九三五年九月十五日までにユダヤ教徒ではなく、ユダヤ人と結婚していない、ユダヤ人の祖父母を二人もつものであることを思い出していただければよい。第二級混血児はユダヤ人の祖父母を一人しかもたないものとされた）。

こうした規定は第一級混血児を孤立させた。彼らは公的許可があった場合をのぞけば、第一級混血児やユダヤ人以外のものと結婚することは許されなかった。けれども、奇妙なことに、第一級混血児は婚外交渉を妨害されることはなかった。ユダヤ人の配偶者を選ぼうとドイツ人の配偶者を選ぼうと、人種冒瀆にはならなかった[11]。いうまでもなく、こうした抜け道をふさぐ試みがいくつかなされた。一九四一年に、ヒトラー自身、第一級混血児とドイツ人の婚外交渉を禁止した、「血と名誉の法律」にたいする修正案を要望した[12]。しかし、ある会議で議論を積み重ねたのち、その問題はヒトラーの承諾のもとに断念された[13]。明らかに官僚はそのような禁止事項を実施できるという確信をもっていなかったのだ。

このようなことの裁判が望ましくないのは明らかだった。いまや残されたのは法律外の措置であった。親衛隊の極秘回状のなかには、第一級混血児がドイツ人と特別の関係にあるならば、「彼らは国家警察の処置に従わせる」と記されていた[14]。

このことは人種冒瀆法令がどの程度うまくいったのかという問いを発せさせる。違法行為の数が法律の有効性の規準とすれば、官僚には難問であったろう。一九四二年に、六一人ものユダヤ人が旧帝国で人種冒瀆の罪に問われた（この数字はもちろんユダヤ人の女性ではなく男性だけのものである）。それは同年に五七回の有罪判決がでた旅券詐欺や五六回の有罪判決がでた通貨法違反に匹敵する[15]。それでは、どうしてユダヤ人とドイツ人の交際の必要性がこれほど持続していたのか。結婚するつもりでいた非常に多くの混血児のカップルがそれを実行する前に、「血と名誉の法律」が彼らをとらえたのだ、と理解する必要がある。そのようなカップルには三つの選択肢があった。絶縁する、それが法令の狙いであった。さもなければ、カップルは移住してゆくことができた。第三に、「罪深い生活をする」こともできた。

ところで、移住を選択すれば犯罪とみなされた。ユダヤ人女性と結婚するために一九三二年にユダヤ教徒となり、その後チェコスロヴァキアに移住したドイツ人が彼女と結婚したのだが、チェコスロヴァキアの占領後とらえられたという事例が少なくとも一つあった。被告はユダヤ人であると主張したが、裁判所はその主張を退けた。被告は、法律は領有支配権内においてのみその規定によって人びとを拘束する、という一般的な法的原則も主張した。その法律には外国で生活するドイツ市民への適用に付随する文言が見あたらなかった。しかし裁判所は、被告はその規定に反することを行う目的で国を退去したことによって、その法律に違反したのだと判決を下した。彼の移住は彼の全体的な犯罪の一部であるとされた。だから彼はすでにドイツ国内にいるときに法律に違反したのだとされた[16]。

大多数の有罪判決の理由の一つは、一律の婚姻禁止にもかかわらず混血児のカップルが別れたがらないことであった。しかしながら、理由はまだもう一つあった。人種冒瀆の事例はほとんどいつも裁判所がきびしく扱っていた。刑の軽減事由は存在せず、綿密な証拠の必要もなかった。立証責任はもっぱら被告側にあった。たとえば、被告人は彼の女性配偶者の身分を知らないと主張することができなかった。いや実際には、帝国最高裁判所は、婚外交渉をもちたいとのぞむドイツ人男性は法的に彼女がユダヤ人ではないことを保証するために彼女の書類（アーリア人証明）を明示する法的義務があると判決を下した。彼は二分の一ユダヤ人女性にとくに気をつけねばならなかったが、彼女の場合にはユダヤ人（禁じられた関係）か第一級混血児（許可された関係）かが問題になった。そこには宗教上の所属にかかわる複雑な法律問題がからんでいた。[17] 被告人は証拠のない申し立ての主張にたいしても無力であった。いうまでもなく、婚外交渉は容易には立証されないが、ドイツの裁判所では愛人関係のわずかな兆候でも有力な根拠になりえた。「司法界でセンセーションを巻き起こした」[18] 最も悪名高い例が、ニュルンベルクのユダヤ人教徒団体の指導者レーマン・カッツェンベルガーにたいする起訴であった。

事実はつぎのようなものであった。一九三二年に、カッツェンベルガーはニュルンベルクで靴の卸売店をやっていた。彼はそのとき五九歳の裕福な男であり、成人した子どもがいた。その年、二九歳の若い未婚のドイツ人女性がカッツェンベルガーの建物で写真屋を営むためにニュルンベルクにやってきた。彼女の父親はカッツェンベルガーに娘の面倒を見てくれと頼んだ。その年、カッツェンベルガーはいくつかの問題を抱えたこの若い女性を助け、ときには金も貸し、ちょっとした贈り物も与えた。この交友関係は彼女が結婚したのちも、戦争が勃発してからもつづいた。ある日この女性イレーネ・ザイラー夫人はナチ党管区指導部に招喚されて交友関係を断つように警告を受けた。彼女はそれを約束したが、その後しばらくしてカッツェンベルガーは逮捕され、通常裁判所の刑事部で人種冒瀆に関して取り調べられた。カッツェンベルガーはそのとき六〇代後半であり、ザイラー夫人は三〇歳を超えていた。

事件を担当した検事ヘルマン・マルクルは、まったくおきまりの問題だと考えた。彼は「穏やかな」判決をしようとした（「血と名誉の法律」のもとで、人種冒瀆の罪を問われたものは思うがままの投獄期間を宣告された）。しかしながら、管轄の特別裁判所（政治事件について司法権をもつ特別裁判所）の首席裁判官はその訴訟手続きを伝え聞いて、すぐにこの事件に関心を示した。担当検事マルクルによれば、この裁判官、地方裁判所裁判長ロートアウク博士は「痼癖」もちであった。彼は検事たちにさえ恐怖感を抱かせる、頑固で強情な狂信者であった。カッツェンベルガー事件が彼の注意を引くと、彼はその訴訟を自分の裁判所に移すよう命じた。もう一人の検事ゲオルク・エンガート博士によればロートアウク裁判官はその事件を自分の裁判所に「引き込んだ」。というのも、彼はユダヤ人に死刑を宣告するこの機会をのがさないように決心していたからだった。

ロートアウクの特別裁判所の訴訟は見せ物裁判になった。彼は証人たちをあおり立てた。被告弁護人によって証言が虚偽であると証明されても、証人は思い違いをしたのだという裁定でかたづけられた。ロートアウクはしばしばユダヤ人についての侮辱的な見解を差しはさんだ。カッツェンベルガーが話そうとすると、裁判官はそれをさえぎった。カッツェンベルガーは最終弁論で無罪をくり返し主張しようとし、ロートアウクによるユダヤ人のあら探しを批判し、また彼はカッツェンベルガーが人間であることを忘れていると非難した。またカッツェンベルガーがフリードリヒ大王の名前を持ち出したときロートアウクはすぐに口を差しはさんで、とくにユダヤ人がプロイセンの偉大な王の偉大な名前を「汚すこと」に異議を唱えた。

一九四二年三月十三日に、地方裁判所裁判長ロートアウク博士は、地方裁判所裁判官のフェルバー博士やホフマン博士とともに、判決を下した。彼はつぎのとおりに「内容」を概括した。

それで二人は性交もふくめて互いにさまざまな形で性的な接触があったといわれています。彼らはあるときはザイラー夫人のアパートで、あるときはカッツェンベルガーの商店で互いに口づけをしていたことが申し立てられています。ザイラーはカッツェンベルガーの膝の上に座っていたと申し立てられましたし、カッツェンベルガーは性的満足を得るつもりで彼女の服の上から（下ではなく）彼女の太股を撫でたといわれています。そのようなときにカッツェンベルガーはザイラーをきつく抱きしめて彼女の胸の上に頭を押し当てたと申し立てられています。

ザイラーは冗談半分ではあったが、カッツェンベルガーと口づけをしたことがあったと認めた。ロートアウクは彼女がカッツェンベルガーから金を受け取っていたこと、また彼女が「近づきやすかった」ことを指摘することで冗談半分という動機を退けた。ロートアウクは判決を下して、カッツェンベルガーに死刑を宣告し、ザイラー夫人を偽証罪で投獄した[19]。

判決の宣告後、事件の余波が起こった。一九四二年三月のことで、ロシアで春の大攻勢が準備されていたのだが、ドイツ軍の司令官にしてドイツ帝国総統アドルフ・ヒトラーはその判決を聞き及んで、女性に刑を宣告することにたいする禁止命令が留意されなかったことに異議を申し立てた。いかなる女性も人種冒瀆のかどで刑に処せられることはできない、とヒトラーは述べた。ヒトラーはすぐにザイラー夫人が人種冒瀆ではなく宣誓にうそをついたかどで投獄されたことを知らされた。この説明がヒトラーをなだめることになった[20]。

六月に、カッツェンベルガーは処刑されたが、その後しばらくして六カ月の刑期をつとめたザイラー夫人は釈放された[21]。

カッツェンベルガー事件はユダヤ人とドイツ人の個人的な交友関係をうちくだこうとする試みの前兆であった。レーマン・カッツェンベルガーがニュルンベルクのユダヤ教徒団体（帝国で一〇番目の大きさ）の会長であったこと、ロートアウクがその事件を裁定する機会をもつまでに、カッツェンベルガーは通常裁判所に告訴されていたこと、カッツェンベルガーが告訴されるまでにザイラー夫人は党からユダヤ人の指導者との交際をやめるように警告されていたこと、これらが想起されなければならない。カッツェンベルガー事件は決定的な行政上の意味を十分にもっており、それはユダヤ人社会を隔離する試みの一部であった。一九四一年十月二十四日に国家保安本部がすべてのゲシュタポに発した命令のなかにこうした事実の裏づけが認められる。それにはつぎのようにある。

> いまも以前と同じように、アーリア人がユダヤ人と親しい関係を維持していることや、人目につくように公然とユダヤ人とともに姿を現わすことが、最近くり返し見られる。これらのアーリア人はまだ国民社会主義の基本原理を理解していないように思われるという事実を考慮して、また彼らの行為は国家の措置にたいして敬意を欠くものであるとみなさなければならないので、そのような場合にアーリア人の当事者を一時的に教育目的のために保護拘禁することになり、また深刻な場合には彼らを三カ月までの期間で強制収容所に入れるよう命じた。ユダヤ人の当事者はどのような場合でも、さしあたり保護拘禁し強制収容所に送ることになる。[22]

いうまでもなく、保安警察の訴訟はまったく裁判手続きを踏まないものであった。それは通常裁判であれ特別裁判であれ、裁判所への出頭は定められていなかった。その命令は、必ずしも人種冒瀆として分類されることがない関係（すなわちユダヤ人とドイツ人の隣人関係、とりわけ街頭での会話や家庭訪問などによって示されるような明白で公然たる交際）を処罰することを企図していた。おそらく、そのような交際を許容すれば、ドイツ人のなかには強制移送の検挙にあたってユダヤ人に避難所を提供する気になるものがいるかもしれないという不安があったのだろう。だが、決断を迫られたときにドイツ人はほとんどユダヤ人の友人を保護する行動を起こさなかったので、その恐れには根拠がなかった。

「血と名誉の法律」と保安警察長官ハイドリヒによる命令は、ユダヤ人とドイツ人の親密な人的関係——深い仲であれプラトニックなものであれ——をやめさせるために企てられた。これら二つの処置は、ユダヤ人の当事者だけでなくドイツ人の当事者にも向けられていた。そういうわけで、これらの指示は一種の異端にたいする中世的キャンペーンを想起させた。ユダヤ人の女友達と結婚するために国を去ったドイツ人は、異端の罪を犯しており、自分がユダヤ人であると主張するわけにもいかなかった。同様に、昔なじみのユダヤ人の知人と話を交わすために通りで立ち止まったドイツ人も、ナチスの「原理」にたいする理解や敬意に欠けているという罪を犯していた。[23]

もちろん、ゲットー化はもっと先に進んでいた。できるだけ長くまたできるだけ多く、ドイツ人とユダヤ人を離しておこうとされた。特定のときに特定の場所からユダヤ人を追放することによって、こうした処置は講じられた。これらの法令のための理由づけは、ドイツ人がユダヤ人を好まないこと、アーリア人がユダヤ人の存在に「迷惑をかけられる」こと、それゆえにユダヤ人が閉め出されるか遠ざけられなければならなかった、ということであった。

これらの人種隔離策のなかで最も重要なのは一九三三年四月二十五日の「ドイツ人学校の過密化防止法」であり、それは教育機関における非アーリア人の数を全住民のなかの非アーリア人の比率に減少させた。(24)

そこで受入れ率は一・五パーセントに固定された。一方、全体としてのユダヤ人学生団を累進的に削減するために登録最高限度が策定された。一九三六年までに六〜一四歳の年齢集団におけるユダヤ人児童の半分以上が、ユダヤ人社会によって運営されている学校に収容されていた。(25)とはいえユダヤ人社会の工科大学や総合大学はなかった。ドイツの高等教育機関に登録されていたユダヤ人の地位は、ますます重要なものではなくなってきた。(26)三八年十一月にはドイツの学校に残っていたユダヤ人学生が放逐された。その日からユダヤ人はユダヤ人学校にだけ在学を許されるようになった。(27)

学校隔離策はユダヤ人社会にとってたいへん深刻な問題を生みだしたけれど、ドイツ人の官僚の上層部では、ユダヤ人の列車での旅行に関する規制命令ほどには議論や論争は起こらなかった。宣伝相ゲッベルスは旅行規制法案の準備のために一九三八年十一月十二日に会議を招集した。ここにあるのはその討議からの抜粋である。

ゲッベルス　ユダヤ人はドイツ人と寝台車の客室を共有することがいまだに可能だ。だから、隔離された客室をユダヤ人が利用し、客室が満員の場合にはユダヤ人は座席を要求できないという運輸省による法令が必要である。彼らはドイツ人全員が座席を確保してからはじめて隔離された客室を与えられる。彼らはドイツ人と混座させられないし、座席がなければ、廊下で立たなければならない。

ゲーリング　その場合、隔離された客室を彼らに与えるほうがより道理にかなっていると思う。

ゲッベルス　列車が混雑していれば駄目です！

ゲーリング　ちょっと待て。ユダヤ人用の客車が一台だけあるじゃないか。

ゲッベルス　ミュンヘンへ急行列車で行くユダヤ人は多くないですが、列車に二人のユダヤ人が乗っていて他の客室が満員であると仮定してみましょう。そのときこの二人のユダヤ人が一つの客室を独占することになります。だから、ユダヤ人はドイツ人が座席を確保してはじめて席を要求するようにと私は言っているんです。

ゲーリング　私はユダヤ人に一つの客車あるいは一つの客室を与えてきた。それで君のいうような事態が起こって列車が満員であるとすれば、実際のところ、私たちは法律を必要とはしないだろうよ。私たちが彼をけり出すと彼は道中ずっとトイレで一人だけ座っていなければならないだろうからな！

ゲッベルス　同意できませんね。そうなるとは思わない。法律があるべきなんだが……。(28)

運輸省がユダヤ人の旅行に関する指示を出すまでに一年以上が経過した。「旅客列車の秩序維持のために」ドイツ国籍のユダヤ人および国籍のないユダヤ人は、「大ドイツ」内のすべての鉄道路線で寝台車や食堂車の利用をいっさい禁じられた。しかしながら、その指示は、運輸省が非現実的とみなしたユダヤ人用隔離室を導入するものではなかった。(29)一九四二年七月になると、ユダヤ人は鉄道の駅の待合室やレストランから閉め出された。こうした処置は運輸省によってではなく保安警察によって命じられるようになり、(30)運輸省はもう客室問題にかかわることはなかった。

学校と鉄道の法令とならんで、ドイツ市民の「便宜」を約束し、「公共の秩序」を維持するために「混雑」を緩和するよう他にも多くの措置が講じられた。食糧農業省が導入したユダヤ人特別買い物時間についてはすでに言及した。宣伝相ゲッベルスと保安警察長官ハイドリヒの主張で、ユダヤ人は行楽地や海辺から閉め出された。(31)入院中のユダヤ人はユダヤ人施設に移され、アーリア人の理髪店のサービスはもはやユダヤ人には及ばなかった。(32)

反混住法はゲットー化の過程の第一局面であった。大部分は一九三〇年代に起案されたものであり、その目的はユダヤ人とドイツ人の社会的区別に限定されていた。第二局面で、官僚はユダヤ人の特別な住宅施設を配分しないことで物的側面からの集中を試みた。この種のゲットー化措置は多くの人びとが住宅を移らなければならないので、つねに難しい行政問題となった。

重要な処置が住宅分野で講じられるまでに、ゲーリングは一九三八年十一月十二日の会議において、ユダヤ人をゲットーに押し込むべきか家のなかに押し込むべきか、というきわめて基本的な問いを持出した。あらゆる種類の行動制限やユダヤ人記章を提案していた保安警察長官ハイドリヒに向かって、ゲーリングはつぎのように述べた。

しかし、ハイドリヒ君、どの都市でも、大規模なゲットーの建設は避けられないよ。つくらないといけないんだ。(33)

ハイドリヒは語気強く答えた。

ゲットーの問題に関しては、ただちに私の立場を明らかにしたいのですが。警察の見地からいえば、ユダヤ人だけが暮らすことになる完全に隔離された区域の形でゲットーがつくられるとは思わないんです。ユダヤ人が集合するゲットーをユダヤ民族ばかりに囲まれては私たちは管理することができません。それは相変わらず犯罪者や疫病のようなものにとっても格好の隠れ場所になるでしょう。私たちはユダヤ人をドイツ人住民と同じ住宅地域で暮らさせておきたいとは思いませんが、今日ドイツ人住民はユダヤ人が街や家で行儀よくす

表6-2　混合婚の分類

	ユダヤ教徒として育てられなかった子ども（第一級混血児）	ユダヤ教徒として育てられた子ども	子どもなし
ユダヤ人の妻―ドイツ人の夫	特権をもつ	特権をもたない	特権をもつ
ユダヤ人の夫―ドイツ人の妻	特権をもつ	特権をもたない	特権をもたない

［注］1939年1月17日ボルマンからローゼンベルクへの手紙（PS-69）.

るようにしむけています。全住民の監視によってユダヤ人を管理するのは、ユダヤ人の日常生活を制服警官によっても監督することができない区域に何千ものユダヤ人を抱えるよりもましなんです。(34)

「警察の見地」は二つの点でたいへん興味深い。ハイドリヒはドイツ人の全住民を一種の補助警察とみなした。彼らはユダヤ人が「行儀よくする」ことを確かめ、全体的なユダヤ人の動きを監視し、疑わしいことはなんでも報告することになった。ハイドリヒの疫病の予言も興味深い。もちろん、疫病はゲットーの壁の必然的な付随物ではないが、住宅事情が悪化し、医療サービスが不十分であり、そしてなによりも、食料供給が止められるとどうしても発生する。ポーランド人ゲットーではハイドリヒの予言が現実になった。ポーランド人ゲットーの管理機構は脆弱で、疫病が突然発生した。ゲーリングはハイドリヒの忠告に留意し、一九三九年十二月二十八日に、ユダヤ人を区域よりむしろ自宅にいるまま集中するように指示を発した。(35)

移住が開始される前に、もう一つの問題、混合婚の問題の解決が必要だった。「血と名誉の法律」において官僚は新たな混合婚を禁止したが、その法律は既存の混合婚には効力がなかった。婚姻法のもとで、混合婚はその他の婚姻と同じ規定にしたがっていた。たとえば、離婚は当事者の一人がなにか悪いことをしたか、当事者たちが少なくとも三年間別居していたかしなければ認められなかった。

混合婚に効力をもつたった一つの規定は、一九三八年の婚姻法に記載されていた。その規定のもとで、混合婚をしたアーリア人が離婚できるのは、裁判所に以下のことを納得させ得た場合であった。すなわち、彼（もしくは彼女）がニュルンベルク法の導入後にユダヤ人問題を認識し、もし混合婚が生じる前にそのような認識をしていたとしたら、けっしてこのような婚姻を結ばなかったろうということを。もちろん、その説明は裁判所が満足するように証明されなければならなかった。しかも、アーリア人の該当者は一九三九年の末になってようやくそのような根拠で離婚訴訟を起こすことが認められた。(36) 明らかに少数のドイツ人しかこうした面倒な――そして潜在的にはやりきれない――訴訟手続きを利用しなかった。一九三九年にはまだ帝国・保護領におよそ三万組の混合婚を結んだ夫婦が存在した。すなわち、ほぼ一〇人中一人のユダヤ人が混合婚を結んでいた。(37)

いま官僚が直面している問題は、この三万組の夫婦をどう処理すればいいかということであった。彼らもユダヤ人の特別住居に移すべきだろうか。

一九三八年十二月二十八日のゲーリング指令は混合婚を結んだ夫婦を二つのカテゴリー――「特権をもつ」カテゴリーと「特権をもたない」カテゴリー――に分けることでこの問題を解決した（分類基準は表6-2に示されている）。

子どもをもつ混合婚の夫婦を分類する決定要因は、子どもの宗教的身分であったことが特筆される。子がユダヤ教徒として育てられなければ、その子は第一級混血児であった。そのような身分において、彼は軍隊か労働奉仕に加わる法的義務があった。ゲーリングはそのような混血児がユダヤ人の占有する住宅で「ユダヤ人の扇動にさらされる」ことをのぞまなかった。だから彼はそのような子どもをもつすべての夫婦に特権を認めたのだ。子どものない夫婦の場合、ドイツ人の夫のユダヤ人妻は、おそらく家計がドイツ人配偶者に依存するので特権をもつものとみなされた。他方、ユダヤ人の夫のドイツ人妻はおおむねユダヤ人の家に住んでいた。ゲーリングはこうしたドイツ人妻が夫と離婚してドイツ人社会に「戻る」ように願った。[38] 部分的な統計から判断すると、[39] 特権をもつ夫婦はおよそ三対一の割合で特権をもたない混合婚を数のうえで圧倒したが、その比率の原因は、混合婚の夫婦の大半が子どもをユダヤ教徒として育てなかったからである。

さらに一九四一年から四四年のあいだは、混合婚をしたユダヤ人は、特権のない結婚の場合をふくめて、一般に追放されなかった。その場合、ドイツ人配偶者がまだ生存しており、結婚がまだ続いていることが想定されていた。このような当初の免除の固定化は、段階的絶滅過程の特徴である。ある段階で、失われた「はずみ」を回復したりすることも、機能しつつある作業を放棄することも困難であった。とはいえ混合婚をしたユダヤ人は不安定な生活を強いられ、日常的にささいな規則違反のために逮捕されたりしないように注意しなければならなかった。彼らは集団として義務の免除が続くとは確信できなかった。事実、のちに官僚機構のなかでは、混合婚をしたユダヤ人の変則的な状態を廃止しようとする動きがおこった。

住宅制限の実行はたいへん緩慢であった。非常に多くのユダヤ人家族が立ち退かなければならなかったが、それにはユダヤ人家族の行き場所が見つからないかぎり解決策はなかった。家のない家族が別のユダヤ人家庭に宿泊できれば、あるいはユダヤ人の使用に予定された家が空いていれば、立ち退きを実行することができた。ユダヤ人に対する最初の立ち退き規制は三三年四月七日の法律に見られ、そこでは資格を剥奪されたユダヤ人弁護士によって所有されていた賃貸権の廃止が認められていた。[40] 次いで三八年七月二十五日の法令は同様に医師に関して規定した。一九三八年という年は借用規則や賃貸契約の法律解釈が非常に曖昧になった時期であった。その年のあいだに数多くのユダヤ人が移住してゆき、その結果、空室が生じた。一九三八年九月十六日付の判決で、ベルリン法廷は借用諸法規がまったくユダヤ人には適用されないという裁決を下しさえした。ユダヤ人は民族共同体の構成員ではないので、家族共同体の構成員であり得なかった。[41] この判決は少し事態を先取りしていたが、実際にはヒトラー、ギュルトナー、クローン（労働相代理）、ヘス、フリックらが署名した一九三九年四月三十日付の法令に取り入れられた。[42] その法令では、ドイツ人家主が、ユダヤ人借家人がどこかで暮らすことができることを示す証明書を提示すれば、ユダヤ人借家人に解約を通告しうることを規定した。同時に、その法令では、まだ自分の住宅をもっているユダヤ人は、家のないユダヤ人を借家人として受け入れる義務を負うことを規定した。

いまやユダヤ人の建物へのユダヤ人の詰め込みがはじまった。住宅を選定してユダヤ人を移転させるのは地方の住宅局の仕事であった。大都市の住宅局にはユダヤ人の転居のための特別部局があった。一九四一年までに、ユダヤ人の建物に空室か隙間がないか厳重に監視していたユダヤ人組織に、残存している共同住宅の割当を委託するほどに、その動きは明らかに前進した。いうまでもなく、ユダヤ人の官僚たちはゲシュタポのきびしい監督下で働いていた。[43] 結局、ユダヤ人家屋は床から天井までいっぱいになった。旅行カバン、かご、ダンボールなどは積み重ねられ、家具類は部屋の真ん中に置かれた。また部屋は毛布をつるして分割された。ある収容施設では、二つのフロアに――一方には男、他方には女――三二〇人が住んだ。[44]

住宅制限だけがユダヤ人を拘束するものではなかった。官僚はユダヤ人の移動や通信をきびしく取り締まった。これらの多くの規制は警察当局によって発せられた。三八年十二月五日、新聞は親衛隊全国指導者ヒムラーの臨時布告を報じた。そこではユダヤ人の運転免許の剝奪が命じられていた。[45] この布告によって影響を受けたのはごく僅かな人びとであったが、重要な意味をもったのはそれが発せられた形式であった。ヒムラーは彼の命令を正規のルートを通じて官報でまえもって示すことをしなかった。彼は自分の方策を正当化するのに、どんな法律も法令も引き合いに出さなかった。だが彼の案は帝国裁判所によって是認されねばならなかった。布告の発表後、帝国当局トップレベルは黙認し、裁判所は是認した。それゆえに布告が現われた日から、それは有効であるとされた。[46]

一九三九年九月、戦争勃発後まもなくして、地方の警察はユダヤ人に午後八時以降の外出禁止を命じた。帝国広報部長は「ユダヤ人はアーリア人の女性に危害を加えるのによく灯火管制を利用してきた」という説明を付けてこの規制を正当化するよう新聞各社に指示を出した。[47] 同年十一月二十八日に、保安警察長官ハイドリヒはある法令に署名したが、その法令において彼は、プロイセン、バイエルン、ズデーテン地方の行政長官、ウィーン市長、ザールラント帝国委員、その他の地域の管轄庁に、ユダヤ人に移動制限を課する――一定の時間帯に人前に現われることを禁止するだけでなく、すべての時間帯に一定の地域に入ることを禁止する権限を与えた。[48] そこでさっそくベルリンの警察長官は一定の地域が立入禁止地帯であると宣言した。[49]

プラハの警察長官（カルバート）はユダヤ人に、移住目的をのぞいて、住所を変えたり市街区域を離れたりすることを禁止した。(50) 一九四一年七月十七日に、カルバートはユダヤ人がプラハの森に立ち入ることも禁じた。(51) 同年九月一日の法令（あとで十分に議論される基本的方策）によって、ユダヤ人は地方警察当局の許可書をもっていなければ住宅地区の境界線を越えることを禁じられた（混合婚のユダヤ人はこうした制限から免除された）。(52) ゲットーが具体化しはじめたのだった。

都市の「なか」の移動はユダヤ人の都市交通機関の利用に関する命令によってさらにいっそう規制された。プラハでは警察長官が一九四一年十二月十二日の法令でユダヤ人に路面電車やバスの利用を禁じた。(53) オーストリアをふくめた帝国の領域内では、運輸省は一九四一年九月十八日に、ユダヤ人はラッシュアワーのときは、都市交通機関を利用できないこと、そうでないときには、ユダヤ人は立っているドイツ人の乗客がいないときだけ着席できることを定めた。(54)

一九四二年三月二十四日に、保安警察長官ハイドリヒは、運輸省や郵政省と一致して、ユダヤ人が地下鉄や路面電車やバスをふくめて、公共交通機関を利用する権利をきびしく制限する命令を出した。これからは、ユダヤ人はそのような交通機関の利用に（地方の治安警察が出す）警察の許可書を必要とした。許可書は、労働者が家から職場までの距離が七キロメートルか一時間あることを証明できれば、与えられることになった。病人か障害をもつ労働者は比較的短距離でも許可書を得ることができた。学童は、通学距離が片道五キロメートルか、雨天であれ晴天であれ少なくとも一時間かかれば許可書を与えられることになった。弁護士や医師はどんな距離でも許可書を得ることができた。(55)

同時に、電話を利用する権利の取り消しによって、さらにいっそう情報伝達が絶たれることになった。一九四一年に、私用の電話機はユダヤ人の共同住宅から剝奪された。この処置につづき、アーリア人との会話を別にして、公衆電話を利用することが禁止された。最後に、すべての電話ボックスに「ユダヤ人使用禁止」という標示がつけられた。(56)

こうした入念な制限は入念な標識明示制度によって強化された。この制度の第一原則は身分証明書による身元確認であった。証明書類はいかなる警察国家においても重要な構成要素であり、ユダヤ人の場合には書類の必要条件はとくに厳しかった。フライブルク大学のファイルによれば、早くも一九三三年に非アーリア人学生は彼らの正規の褐色の身分証明書を黄色のものに交換せねばならなかった。(57) 五年後、内務省と法務省によって準備された一九三八年七月二十三日の法令(58)は、ドイツ国籍のすべてのユダヤ人に（彼らがユダヤ人であることを公にする）身分証明書を申し込むように命じた。その証明書は同年十二月三十一日までに請求しなければならなかった。一五歳以上のユダヤ人はいつでも自分の証明書を携帯しなければならなかった。党とか官庁の事務所を相手にするさいに、ユダヤ人は自分がユダヤ人であることを示し、たとえ求められなくても自分の証明書を見せることになった。

さらに、移住しようとしているユダヤ人は旅券を申請しなければならなかった。当初は、旅券のどこにも携帯者がユダヤ人であるかどうかを示していなかった。発行される、もしくはすでに交付されたユダヤ人の旅券に、なんらかの修正を加えようとは誰も思わなかった。ところが、スイスではそれができた。オーストリア併合後、多くのユダヤ人はスイス入国に必要な査証を廃止したドイツ＝スイス協定を利用していた。一九三八年六月二十四日に、スイス連邦警察長官ハインリヒ・ロートムントは、ウィーン・ユダヤ人のスイスへの「氾濫」にたいしてベルンのドイツ公使館に抗議し、スイスはドイツほどユダヤ人を必要としていないと言明した(59)。

八月十日にベルリン駐在スイス公使は、ユダヤ人のスイスへの流入が「異常な大きさ」に達したことを伝えるために、ドイツ外務省の政務局長を訪ねた。ある日、四七人のユダヤ人が独力でバーゼルに到着した。スイス政府は、ドイツ人が熟知している「ユダヤ化」に断固として反対した。そういう事情なので、スイスはいまや査証義務をふたたび課すことを検討していた(60)。八月三十一日に、ベルンは査証協定の廃棄通告をした。しかし、三日後に、スイス連邦警察長官（ロートムント）は歩み寄る用意があることをベルン駐在ドイツ公使に知らせた。すなわちスイス政府は、旅券の所持者がユダヤ人であることが旅券に明記されれば、ドイツ系ユダヤ人に査証義務を課さなくてもよい、と。この条件は「互恵主義」（すなわちスイスが受け入れを渋ったスイス系ユダヤ人にたいする査証の必要）について押し問答があったが、結局受け入れられた(61)。九月二十六日に、ロートムントはベルリンにおもむいた。九月二十九日に、帝国がユダヤ人のすべての旅券に、携帯者がユダヤ人であることを識別する印を付ける（スイスへの旅行であろうとなかろうと）義務を負うことを規定した条約が調印された(62)。この協定が取り決められた数日後、旅券法が発せられた。

保安警察の管理部長ベスト(63)が署名した一九三八年十月五日付の命令(64)によって、ユダヤ人の所持するすべてのドイツ国旅券にJの大きな赤いスタンプが押されると規定された。外務省法務局の公使館参事官レーディガーへの一九三八年十月五日付の書簡(65)で、ベストは以下のような要請をした。すなわち更新あるいはその他の目的で書類が領事館か公使館に提出されたら、ただちに外国居住のユダヤ人の旅券にスタンプを押すように、また自分の旅券にスタンプを押すことに応じなかった外国居住のユダヤ人のリストを作成するように、と。

十月十一日に、レーディガーはドイツの外交上の在外代表に書簡を出し(66)、こうした要請についてくり返し詳細に述べた。とくに六カ月以上有効である旅券の所持者に要請され、その他のユダヤ人は旅券を提示するときにはじめてスタンプを押してもらうことになり、検印にたいしてはいかなる手数料も請求されないとなったことなど。こうした指示は、その後ドイツ人が占領した国ぐにに移住した何万ものユダヤ人に標識明示制度を拡大した点で大きな意味をもっている。

スタンプが押されるのは族券だけにとどまらなかった。一九四〇年三月十一日に食糧農業省が、ユダヤ人の所有する配給カードに身元確認のためにJの印を付けるよう命じたことはすでに見てきた。[67] 一九四二年九月十八日に、食糧農業省のリーケ次官はユダヤ人に出される配給カードにただちに、しかも徹底的に Jude という印を印刷するように命じた。[68]

標識明示制度の第二号はユダヤ人名の付与からなっていた。このプロセスは姓名の変更に対して制限が加えられた一九三二年にすでに始まっていた。たしかに内部的指令は限定された範囲のものであった。だが、その後の数年間に多くの提案が、姓名問題に関心をもつ党員たちから内務省になされた。三三年三月、経済省次官バングが、一九一八年十一月以来、認められていた姓名変更の廃止をラマース官房長官に提議した。[69] 三六年六月、ヒムラーはプフントナーに、総統はジークフリートやトゥスネルダといった名前をユダヤ人がもつことをのぞんでいない、と通知した。[70] 三八年一月五日、ひとつの方策が実施された。その日の法令では、[71] 三三年一月三十日以前に認められた姓名の変更は廃止される、と定められた。

その法令後、三八年八月十七日に内務省の姓名専門家グロプケ課長が起章し、シュトゥッカート次官と法相ギュルトナーが署名した法令がつづいた。[72] これによって、すでに内務省認定リストにあるファーストネームをもっていなければ、ユダヤ人男性は通常のファーストネームにイスラエルというミドルネームを、ユダヤ人女性はサラをつけ加えなければならないと規定された。その認定リスト——ちなみに、それは新生児の命名に使用をしいられた——もまた専門家グロプケが作成したものだった。[73]

リストを編集するさいにグロプケは、完全にドイツ化されて国民意識においてもはや異国のファーストネームとはみなされないようなヘブライ人名を省かなければならなかった。だから彼は、男性ではアダム、ダニエル、ダーヴィト、ミヒャエル、ラファエルのような名前、女性ではアンナ、デボラ、エスター、エーファ、ルートのような名前を削除した。その代わりに、彼は（男の子には）ファレーグ、ファイビッシュ、ファイゼル、ファイテル、ファイヴェル、フェレーグを、そして（女の子には）シャルネ、シャインデル、シャイネ、シェーヴァ、シュレームヒェ、ゼムヒェ、ジムヒェ、スローヴェ、シュプリンツィなどその他多くの歪曲された形や想像の産物を補充した。新しい名前は地方の治安警察によって出生証明書や結婚証明書に記載された。これ以後、新しい呼称がユダヤ人の私文書だけでなく公判記録やすべての公式文書に現われた。とはいえ、姓名のこのような分別は、ドイツ人にエスター、ルート、ヨーゼフ、アブラハムを使用すること、あるいはヨーゼフの代わりにゼップや、ユーディトの代わりにユッタを用いることが適切かどうか疑念をおこさせた。[74] あるナチ党員に心配の種が生じた。それというのも、彼の妻が生まれたばかりの息子にヨアヒムの代わりにヨーヘムと名づけたことに、休暇中に気づいたからである。この党員にはヨーヘムはヘブライ語と思われたのだ。[75]

標識明示制度の第三号は人間と住宅の外見になされた刻印であった。外見上の刻印は、視覚的に、ユダヤ人をその他の人びとから引き立たせた。間接的には、この過程はすでに三〇年代の半ばにはじまっていた。休日に窓から赤＝白＝黒の旗を揚げたり（さらに熱烈なナチ党員は窓にヒトラーのカラー写真を貼った）、ナチスの記章やかぎ十字の腕章をつけたり、「ドイツ式敬礼」（腕を差し伸ばして「ハイル・ヒトラー」）をするのが、とくに大都市ではよく見受けられた。ドイツ人社会の一員であることのこうした表明はだんだんとユダヤ人には禁じられた。「血と名誉の法律」はユダヤ人が帝国国旗を掲揚するのを禁止し、わざわざシオニズムの青＝白＝青の旗を揚げることをユダヤ人に許可した。[76] 一九三五年十一月十四日の命令は記章、勲章、称号などの使用を規制した。[77] 最後に、一九三七年十一月四日付の法務省布告はユダヤ人が「ドイツ式敬礼」をすることによって身元を隠す手段にすることを禁じた。[78]

直接的な刻印はまず一九三八年十一月十二日の会議でハイドリヒから提案された。ハイドリヒがその提案の要点を述べると、ドイツ第一の工業家であったばかりでなくドイツ第一の制服デザイナーでもあったゲーリング（会議の議長）は、期待をもって「制服は？」とほのめかした。躊躇なく「記章です」とハイドリヒは答えた。[79] けれども、ヒトラーはその時はユダヤ人の刻印に反対しており、ゲーリングは一九三八年十二月六日の大管区指導者会議でその決定を発表した。[80]

ユダヤ人の刻印はヒトラーの禁止令が効力をもたずにいたポーランドでまず実施された。また帝国内の労働の場でユダヤ人に腕章をつけさせる場合もあった。[81] 四一年七月三十日に、プラハの保護領管理局のカール・ヘルマン・フランク（次官にしてSS中将）は、ラマースへの書簡でボヘミア＝モラヴィアのユダヤ人に印を付けることが許可されるよう緊急に要請した。[82] ラマースはその要請を内務省へ転送した。[83] シュトゥッカートは一九四一年八月十四日に、その法令が帝国・保護領全体に適用され得るかどうか問題提起してみると答えた。しかし、彼はまず外務省や労働省の判断を聞く意向だった。[84]

この点で、一九四一年八月二十日に宣伝省が率先してヒトラーに考えを変えるように要望した。ヒトラーはこれに同意した。[85] この成功ののち宣伝省は、同省のグッテラー次官を議長とする会議に関連省庁を招いた。[86] この会合に出席した内務省のユダヤ人問題の専門家レーゼナー課長は戦後つぎのように述べた、「それは例によって関係専門家の小さな会議であろうとわたしは決めてかかっていた」。ところが、いくつかの演説があった。「それから会議に似合わず拍手喝采が起こった——まるでそれは選挙運動のようであった」。[87] にもかかわらず、結局、その法令の起草はレーゼナーに一任された。[88]

一九四一年九月一日付の最終案によって、[89] 六歳以上のユダヤ人はユダヤの星印を身につけなければ人前に姿を出すことができないと規定された。明細事項によれば、その星印は手のひら大とされた。そして黄色地の星印の中心に Jude と黒く刻まれた。星印は衣服の左前側にしっかりと縫いつけられることになった。ただし特権をもつ混合婚をしたユダヤ人は免除された。

星印はベルリン軍旗製造ガイテル商会で製造され[90]、ただちに配布された。さしたる反響はなかった。星印を書類入れや本と一緒に隠したユダヤ人もいた。もちろん、こうした行為はベルリンのゲシュタポにとっては許しがたいものであった[91]。ジーメンスのガルテンフェルト・ケーブル製造工場の経営者側は、ユダヤ人はあらかじめ分離されていると主張して、ユダヤ人労働者たちが構内で星印をつけるのを嫌がった。工場が法令の意味で公的な場所かどうかという問題は、国家保安本部によって検討されるべきことだった[92]。ナチ党は、街頭における星印の表示が新たな騒動をおこすかもしれないと恐れていたので、ユダヤ人を悩ませないようにと党員に警告を発した[93]。とくに児童が注意されることになった。しかし暴力の記録はない。いや実際には、わざわざあるユダヤ人労働者に丁寧に挨拶する少女の話がある。彼女は「ハイル・ヒトラー、ユダヤ人さん」といった[94]。

洗礼を受けたユダヤ人が星印をつけて礼拝に姿を現わしたときには、教会にとっては奇妙な状況が生じた。東部ドイツにおけるカトリック教会の指導者、初老の枢機卿ベルトラムはブレスラウで以下のような指示を発した。すなわち星印をつけた者に対する特別礼拝の挙行は「大いなる困難」――官僚や党員によって礼拝からの欠席や離脱を求められたといったような――の場合にのみ考えられるべきである、と[95]。また七州の福音主義ルター派の代表たちは、マルティン・ルターの教えを引き合いに出して、以下のように言明した。すなわち人種的にユダヤ人であるキリスト教徒は、ドイツの福音主義教会においていかなる場所も、いかなる権利ももっていない、と[96]。

一方、保安警察は住宅に刻印する作業を広げていた。一九四二年にユダヤ人は白い紙に黒字で印刷した星印を戸口に貼り付けるよう命じられた[97]。

身分証明書、独自の名前の付与、目につきやすい付け札、こうした標識明示の制度の全体は警察が手にした強力な武器であった。まず第一に、その制度は居住地の強制や移動の制限のための補助手段であった。第二に、それは警察がどこでも、いつでも、どんなユダヤ人でも拘引することができる独自の取締り手段であった。第三に、そしておそらく最も重要なものだが、身元表示はその被害者を無力化する効果があった。その制度はユダヤ人を以前よりいっそう命令に従順で扱いやすい存在にした。星印を身につけたものは人目にさらされており、すべての視線が自分に注がれているように感じた。それはまるで全住民が警察力となって、自分を監視し、自分の行動を見張っているかのようであった。そうした状況下では、いかなるユダヤ人も、まず人目をひく付け札、正体を明らかにするミドルネーム、暴露効果のある配給カード、旅券、身分証明書などを振り捨てなければ、抵抗したり、逃げたり、隠れたりすることはできなかった。だがこうした重荷を取り除くことは被害者が識別され告発されうるので危険であった。ほとんどのユダヤ人はその危険を冒さなかった。大多数のものが星印を身につけたし、それを肌身はなさずもって、途方に暮れていた。

ユダヤ人社会がいかに首尾一貫して社会的に隔離され、特別住宅に押し込まれ、移動に制限を加えられ、標識明示の制度によって人目にさらされていたかを見てきた。われわれがゲットー化と呼ぶこの過程は、ドイツ人がユダヤ人を抑圧するユダヤ人の行政機構を設立することで成就された。ユダヤ人が最終的にいかに絶滅されたのかを理解するためには、ユダヤ人官僚機構の起源を知ることが不可欠である。ユダヤ人自らその機構を作り出したのである。

一九三三年以前にはユダヤ人社会の組織はまだ分散的であった。ユダヤ人が居住している各都市には、幹部会をもつ共同体組織があり、それはユダヤ人学校・シナゴーグ・病院・孤児院・福祉活動などに責任を負っていた。法律的には共同体組織は、生まれながらにユダヤ教を信仰し、その成員から正規に離脱しない限り、その地域に住んでいる者すべてから税金を取り立てることができた[98]。南ドイツ諸邦（バーデン、ヴュルテンベルク、バイエルン）には地方組織もあった。それは共同体組織における予算や役職を統制する法的権限をもっていたが、ザクセンやプロイセンの地方組織は地方共同体の連合にすぎなかった。しかしプロイセンの地方組織はドイツにおけるユダヤ人の七二パーセントを傘下においており、ベルリン、フランクフルト・アム・マイン、ブレスラウ、ケルンなどの重要都市をふくんでいた。その議長のレオ・ベック師はヒトラーの権力掌握前夜の三二年にプロイセンと「政教条約」を進めていた[99]。

当時、ユダヤ人社会は一九一八年以後のドイツ全体の動向を反映して、中央集権化しつつあった。ワイマル共和国時代に、ユダヤ人中央組織の種々の素案が用意された[100]。二八年に「全国組織」の確立は未決定にしたまま、各地方組織の代表が会合をもち、作業グループを作り、プロイセン地方連盟をグループの書記とし、ドイツにおける公的代表機関に対してユダヤ人の利益を代弁する委員会を設立した[101]。三三年春、おおざっぱなユダヤ人中央組織が形成された。その後、重要な機能をもった機構がだんだんにつくられ[102]、その発展の諸段階は以下のような名称変更のなかに示されている。

一九三三年　ユダヤ人地方連盟の全国代表機関
　議長団　レオ・ベック、レオ・ヴォルフ（上級地方裁判所上級事務官）
　ドイツ・ユダヤ人の全国代表機関
　会長　レオ・ベック、副会長　オットー・ヒルシュ（課長）

一九三五年　ドイツ・ユダヤ人全国代表機関
　会長　レオ・ベック、副会長　オットー・ヒルシュ

一九三八年　ドイツ・ユダヤ人全国連盟
　会長　レオ・ベック、副会長　オットー・ヒルシュ

一九三九年　ドイツ・ユダヤ人全国連合
　会長　レオ・ベック、副会長　ハインリヒ・

シュタール

ユダヤ人指導部は三三年にナチスの権力掌握に直面するや、反ユダヤ主義やドイツにおけるユダヤ人の将来について、ナチスと「堂々と」「公然たる討論」を始めた。[103] 三三年三月、ベックとベルリン・ユダヤ人共同体の幹部クレーマンはヒトラーに書簡を急送した。そのなかで彼らは公開声明を発し、ナチスのボイコットについて驚きを表明し、第一次世界大戦におけるユダヤ人死者一万二〇〇〇人に注意を喚起し、「少数者の悪事」に責任をとることを拒否した。[104] 種々のユダヤ人利害グループの代表たち――そのなかには「ユダヤ教ドイツ公民中央協会」、退役軍人、シオニストなどの代表がいた――は、くり返しヒトラーやその他のナチ高級幹部と会見した。ある代表は三三年三月二十五日にゲーリングによって接見を受けたが、この会合はこういった類のものの最後となった。[105] 後年ユダヤ人指導者たちは、帝国においても占領地においても、彼らが親衛隊大尉に哀願するまでには、もっと下級のドイツ人官吏と折衝せざるをえなくなった。三三年には彼らはこうした未来を予見できず、最優先課題として全国代表機関の創設に努めていた。ユダヤ人地方連盟の全国代表機関は、こうした狙いの最初の表現であったが、それはベルリン共同組織とプロイセン地方連盟を拡大した以上のものではなかった。ベック師はこの力弱い代表機関の限界を認識しており、数カ月後に身を引いた。[106]

三三年の晩夏、エッセンのユダヤ人指導者のグループが全国代表機関を改組するキャンペーンに着手した。彼らはベルリン以外の組織の代表の増大や全国の諸組織の参加を要請した。彼らの狙いはベルリンの孤立化であり、党派的政治に超然としている人物、すなわちレオ・ベックに新しい全国組織の指導をゆだねることであった。[107] 三三年八月二十八日、エッセンのユダヤ教会で行われた集会は計画の策定を試みた。ゲオルク・ヒルシュラント（エッセン）を長とする作業委員会が作られ、シオニストたち――これまで少数派であったが影響力を増大させつつあった――を仲間として参加させる権限が彼にあたえられた。オットー・ヒルシュ（シュトゥットガルト）は計画概要の策定を委任された。[108] ヒルシュは「ドイツ・ユダヤ人たちへ」という声明を起草した。そこには以下のように述べられていた、「すべてのユダヤ人各地方連盟とすべての大組織の同意をもって、われわれはドイツ・ユダヤ人全国代表機関の指導部を創設した」。[109]

三三年九月三日、ヒルシュラントの作業委員会はベルリンで会合をもった。そこでは、これまでの指導者たちに取って代わるべき人びとによる指導部について話し合われた。将来の指導者たちが選ばれるリストには、哲学者マルティン・ブーバー、ノーベル化学賞受賞者リヒャルト・ヴィルシュテッターがふくまれていた。そして委員会はベックを会長に、ヒルシュを事務局長に選んだ。[110]

九月三日の会合から二週間後に全国代表機関が発足した。だが、そこには以下の人びとはふくまれていなかった。すなわち自由主義的なベックや彼のキリスト教教義研究を白眼視していた正統派ユダヤ人がそうだ。また国民的ドイツ・ユダヤ人連盟の同化主義者たちもそうだ。彼らは、ドイツへの自分たちの独自の貢献によって彼ら以外のユダヤ人の貢献よりも大きい権利をあたえられる、と信じていた。さらに対極にはシオニスト修正主義者たちが立っていた。彼らは全面的移住の必要性を信じていたのだ。[111]そのうえ幹部会の割り振りにも十分に注意を払う必要があった。新たに加わったシオニストたち、その他の大ユダヤ人組織、ベルリン（ドイツにおけるユダヤ人の三分の一が居住）などの地方組織にも席が空けられた。結局ブーバーやヴィルシュテッターなどのための空席はなくなった。[112]この全国代表機関の指導にあたることになった人びとは、すべて政治的に経験を積んでおり、ただちにその知見を相互にだけでなく、ドイツやユダヤ人社会の多くの諸問題において発揮した。

全国代表機関の当初の政策は、ユダヤ人が以下のような期待のもとに耐え続けることであった、すなわちナチス・ドイツが反ユダヤ主義路線を緩和し、生き続けていくのに十分な「生存圏」をユダヤ人社会に認めるという期待を。それまでは移住は唯一の方針ではなく、ひとつの方針とみなされていた。[113]だが三五年末までには、この方針はもはや維持できなくなった。象徴的には全国代表機関は、ドイツ系ユダヤ人の代表から、ドイツにおけるユダヤ人のそれへと、名称を変更することを要請されていた。実質的には、その活動は職業訓練や移住、持続的福祉活動のような問題に集中していた。それゆえ全国代表機関はその予算を増やさなければならなかった。[114]その資金はまだ各ユダヤ人社会や各地方連盟に依存していたが、外国のユダヤ人福祉組織から多額の資金を提供されており、[115]このようにして中央主導的性格を強めていった。

多くのユダヤ人が経済的足場を失った三八年に、さらに変化がおこった。いくつかの小さなユダヤ人共同体は、移住によって縮小し、共同体所有の不動産やその売却金の管理について問題が生じた。全国代表機関はその「代表」機能を失うほどになり、行政諸目的のための全国的連合体と化した。三八年七月二十七日、ユダヤ人指導部は、旧帝国において宗教的にユダヤ教徒であったものは全国連盟に所属すべし、と決定した。三九年二月には新しい全体組織は別の名称、すなわち全国連合となった。[116]最後の決定的変化がおこったのはこのときであった。三九年七月四日、全国連合は保安警察によってすべての付属物をふくめて接収された。

一九三九年七月四日の布告[117]は、レーゼナー課長と同僚の専門家シーダマイアーによって起草された。[118]それには内相フリック、副総統ヘス、教育相ルスト、教会相ケルルが署名した。その法令により組織の名前は「全国代表機関」から「全国連合」に改められた。組織の権限領域は（ズデーテン地方を含めるがオーストリアと保護領を除外する）旧帝国に限定された。ユダヤ人地方共同体組織はすべて厳密な上下関係において全国連合の下におかれた（表6－3、4参照）。全国連合はユダヤ人学校の維持や貧しいユダヤ人の経済的支援をまかされた。

表6-3　ユダヤ人共同体組織（1939年）

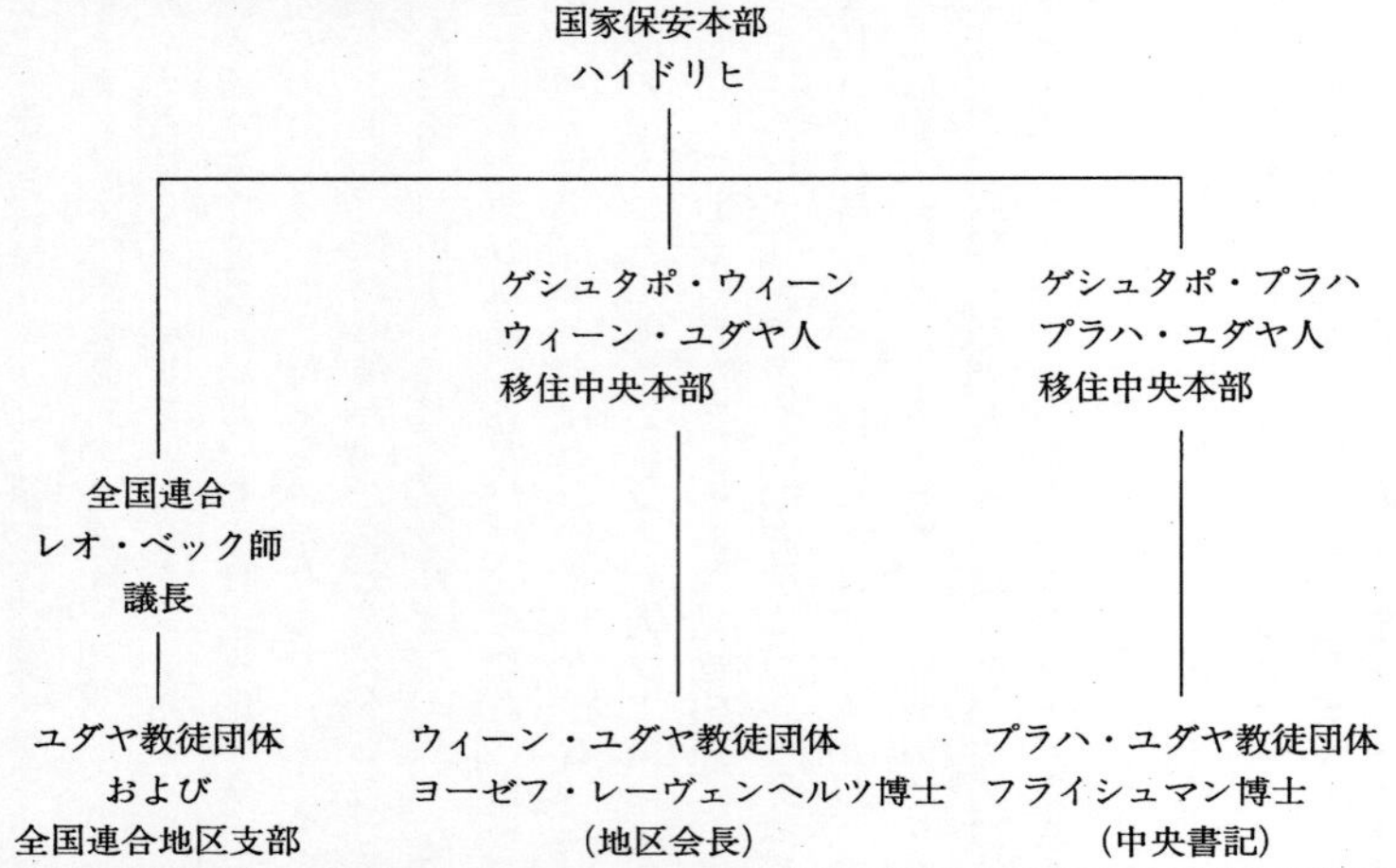

［注］　帝国領内のユダヤ教徒団体と全国連合の地区支部は地方のゲシュタポの監督下にあった．この表に関する情報はニューヨーク市のYIVO研究所の資料にもとづいた．

表6-4　「全国連合」（1939年）

幹部会議長	レオ・ベック師
副議長	ハインリヒ・シュタール
幹部会員	パウル・エプシュタイン博士 モーリツ・ヘンシェル フィリップ・コツォヴァー アルトゥア・リリエンタール博士 ユリウス・ゼーリヒゾーン博士
財務および共同体	アルトゥア・リリエンタール博士
財務	パウル・マイヤーハイム
共同体	アルトゥア・リリエンタール博士
移住	パウル・エプシュタイン博士
情報、統計、女性の移住	コーラ・ベルリーナー博士
輸送、財務、管理	ヴィクトル・レーヴェンシュタイン
カウンセリングおよびプランニング	ユリウス・ゼーリヒゾーン博士
パレスチナへの移住 　（パレスチナ・ユダヤ人機関ドイツ代表）	エーリヒ・ゲレヒター ルートヴィヒ・ヤコビ博士
移住準備	
職業訓練および再訓練	コンラート・コーン博士
農業	マルティン・ゲルソン
商業および自由業、住宅問題	フィリップ・コツォヴァー
学校	パウラ・フュルスト
教師	イルゼ・コーン
語学教授	イルゼ・コーン
福祉	コンラート・コーン
一般福祉問題	ハンナ・カミンスキ
保健	ヴァルター・ルスティヒ

［注］　『ユダヤ人会報』（ベルリン），1939年7月21日．『ユダヤ人会報』に記載されたように，ユダヤ人のすべての役員はイスラエルかサラというミドルネームをもっていた．『ユダヤ人会報』は全国連合の公報であった．ウィーンにもユダヤ人共同体が刊行する『ユダヤ人会報』があり，プラハにも別の『ユダヤ人会報』があった．

表6-5　旧帝国におけるユダヤ人の出生と死亡（オーストリアと保護領を含まず）

年度	出生数	死亡数	年度末の人口
1940	396	6199	約175,000
1941	351	6249	約140,000
1942	239	7657	51,327（強制移送後）
1940-42	986	21,105	

［注］　1943年3月27日コルヘアからヒムラーへの報告（NO-5194），大量移送は1941年10月に始まった．

全国連合の対象はすべてユダヤ人であり、それには宗教にもとづくユダヤ人だけでなく、定義法令によってユダヤ人と分類されたすべての人が含まれた。そのかぎりでは、ほとんど変化がなかった。しかし、その法令にはもう一つの規定があり、非常に重要であることが判明した。すなわち（保安警察のことを意味する）内務省は全国連合に追加の仕事を割り当てる権限を与えられた。こうした規定はユダヤ人の管理機構をユダヤ人社会の絶滅のための道具に変えた。全国連合はその下部組織とともにドイツ移送機構の道具と化した。

このような編成替えは選任された人的構成の変更なしに行われた。ドイツ人側は全国連合を創出もせず、その指導部を指名もしなかった。レオ・ベック師、オットー・ヒルシュ、ハインリヒ・シュタール、その他の指導者はすべてユダヤ人であった。彼らは操り人形ではなかったので、絶滅過程に彼らが関与しているあいだ、ユダヤ人社会におけるその地位とアイデンティティを保持していた。また彼らは精励さを失わなかったので、変わらぬ有能ぶりを発揮した。その有能さは、彼らがドイツ人監督者を助けつつユダヤ人の安寧を推進した際に、示したものであった。彼らは死亡、誕生、その他の人口統計資料を国家保安本部に報告したり、『ユダヤ人会報』を通じてユダヤ人住民にドイツ側の諸規則を伝達したりすることによって、追従という行動を始めた。彼らはゲシュタポに近づきやすい特別の銀行口座を設置したり、定められた家屋にユダヤ人を集めたりすることにたずさわった。最後には彼らは移送の準備のために水路図・地図・リストを用意し、場所・食料・要員を提供した。全国連合やウィーンとプラハの組織はユダヤ人評議会の原型であり、そうしたものはポーランドやその他の占領地に出現し、ユダヤ人の惨禍をもたらす活動にたずさわることになる。こうした体制こそ、一方でドイツ人が犠牲者たちの締めつけを強化しつつ、他方で彼らの人的資源と資金を節約することを可能にしたものである。彼らはひとたびユダヤ人指導部を支配のもとにおくや、全ユダヤ人社会を統制しうるようになったのである。

ユダヤ人の集中は帝国・保護領において絶滅過程の準備段階の終了を特徴づけており、この準備段階の致命的結果は二つの現象にあらわれている。その一つは加害者と被害者の関係であった。官僚がまさに最も徹底的な行動をとろうとしていたそのとき、ユダヤ人共同体は命令や指示に完全服従するほど落ちぶれていた。ドイツ人の抑圧制度のもう一つの現われはユダヤ人共同体において生と死のたえず広がりゆく隔たりであった。その出生率はゼロに落ち込みつつあり、死亡率は着実に前代未聞の高さにまで上昇していった（表6-5参照）。ユダヤ人共同体は瀕死の組織体と化した。

2　ポーランド

原注20-

ドイツ軍が一九三九年九月にポーランドに侵攻したとき、絶滅過程はすでにすっかり強制収容段階に突入していた。その結果、ポーランド系ユダヤ人がさっそく脅かされた。その強制収容は帝国・保護領でなされたよりも、ずっと思い切った迅速さで実行された。新たに占領されたポーランド領は、実のところ実験地であった。短期間のうちにポーランドの絶滅機構がベルリンの官僚制に追いつきそれを追い越した。

こうした展開には三つの理由があった。一つはポーランドにおけるドイツ人の行政機関の人的構成に見いだされる。これから見るように、その行政機関の構成員は膨大な数のナチ党員であった。それは帝国の行政機関ほどには注意深くも、きちょうめんでも、「官僚的」でもなかった。

第二の要因はポーランド・ユダヤ人に対するドイツ人の感覚であった。これらのユダヤ人は底辺におかれていた。彼らは戦前からくり返し標的にされてきた。時代が下っては一九三八年にドイツからポーランド国境へ移送された数千のユダヤ人があった。それより一五年前、ポーランド市民権をもっていたユダヤ人が、バイエルン政府によって好ましくない者として退去させられた。[1] もっと早くには一九一八年四月二十三日、ポーランド・ユダヤ人——未熟練労働者で、ドイツ東部諸州に流入しようとしていた――は、プロイセン内務省によって流入を禁じられた。理由は、彼らが働くことに関心をもたない移民であること、また彼らが道徳的に不安定で肉体的に不潔であり、ドイツに発疹チフスをもたらすことであった。(2)

このような観念におおわれて、ポーランドにおけるナチ体制は、ドイツにおけるよりも慎重さを欠き、徹底的であった。典型的な事例を挙げると、第一次世界大戦のときドイツ軍やオーストリア＝ハンガリー軍の兵士であった人でも、ポーランド・ユダヤ人であればどんな譲歩もなされなかった。ドイツ・ユダヤ人の場合よりももっと高い居住密度を、ポーランド・ユダヤ人に割り当てるのに躊躇されはしなかった。またドイツでユダヤ人に許されていたよりも少ない食料しかポーランド・ユダヤ人にはあたえられなかった。さらにポーランドでは、ドイツとは異なって、反ユダヤ的措置が非ドイツ人に苦しい圧迫となったとしても、躊躇はなかった。ポーランド人の安寧に配慮するような指示は出されなかった。

ポーランド・ユダヤ人への過酷な扱いに関する第三のもっとも重要な理由は、彼らの数的重みであった。ポーランド人口の一〇パーセント、すなわち三三〇〇万人のうち三三〇万人がユダヤ人であった。ドイツとソヴィエト連邦が一九三九年九月にポーランドを分割したとき、このユダヤ人のうち二〇〇万人が突然ドイツ人の支配下におかれた。ワルシャワだけでおよそ四〇万のユダヤ人がいた。すなわち一九三三年にドイツに居住していたユダヤ人とほぼ同数であり、一九三九年の末に帝国・保護領全体に残留していたユダヤ人よりも数が多い。それほど多くのユダヤ人の立ち退きと隔離はまったく異なる問題を提起し、まったく異なる解決を生み出した。このようにポーランドにおける強制収容はこの章の第一節で論じられたような相互調整された制約システムにとどまりえなかった。それどころか、ポーランドでは外界から完全に切り離された中世のゲットーがよみがえった。

絶滅過程がドイツで採り入れられたのは個別行動、つまり個々のユダヤ人にたいする偶発的な暴動のあとであったことが想起される。オーストリアでも、併合後の短期間に個別行動が見られた。ドイツ軍が東進すると、こうした個別行動はポーランドでも行われた。帝国やオーストリアの場合と同じように、暴力には当局にも犠牲者にも不安と秩序の必要性を確信させる効用があった。まさにドイツにおけるように、個別行動は党の構成分子によってはじめられ、地域の行政機関にたいして責任をもつ当局によって防止された。ポーランドにおける党の構成分子は、国防軍の構成部分として戦った軍事的党組織、すなわち武装親衛隊であった。初期の管理機関は国防軍であった。

最初の暴力行為の報告は戦争勃発の数日後にあらわれた。ある地区で一人の憲兵と一人の親衛隊員が、一日中、橋の補修作業に従事していた五〇人のユダヤ人をシナゴーグに追い立ててなんの理由もなく射殺した。親衛隊員がポーランド人の残虐行為に刺激されて「若気の至り」で行動をおこしたと指摘される長文の書簡にもとづいて、両被告人の刑罰は三年の懲役と確定された[3]。

この出来事の数日後、第一四軍の司令官ヴィルヘルム・リストは、財産の略奪、シナゴーグの焼き討ち、女性の強姦、ユダヤ人の射殺を禁じる命令を出さなければならなかった[4]。しかし戦闘行為が終わってからも個別行動はつづいた。一九三九年十月十日に、陸軍参謀総長ハルダーは日記につぎのような言葉をのこしていた、「ユダヤ人の虐殺――規律だ!」[5]。その後数カ月、軍は親衛隊の残虐行為の証拠を系統だって集めはじめた。軍はユダヤ人よりむしろ親衛隊に関する事例を集めることに関心を寄せていたことが注目される。それゆえに反ユダヤ人的な個別行動に関する国防軍の覚書にも、親衛隊にたいする数多くの不平不満が満ちあふれていた。

一九三九年十一月二十三日に、新たに編成されたポーゼン［ポズナン］第二一軍管区の司令官ペツェル砲兵大将は九月三十日にトゥルツクという町で起こった事件を報告した。古参の親衛隊将校の指揮下に親衛隊員を満載したたくさんのトラックがその町を通りかかった。親衛隊員たちは乗馬用むちをたずさえていて、通りすがりに通行人の頭に無差別に打ちつけた。大勢の外国籍のドイツ人もむち打たれた。その一団はシナゴーグまでユダヤ人を追い込み、彼らに歌いながらはい回るよう強要した。そのときユダヤ人たちはむち打たれるためにズボンをおろすよう強いられた。むち打ちのあいだ、一人のユダヤ人は恐怖のあまり排便したと覚書にはつづられていた。親衛隊員たちはそこでさっそくこの汚物を他のユダヤ人の顔に塗り付けるよう強要した。その報告には、ユダヤ人というテーマにつづいて、国防軍には一言も触れることなく親衛隊を賞賛する勝利演説を行ったゲッベルスの代理にたいする苦情がつづられている[6]。

一九四〇年二月に、ポーランド方面陸軍司令官（ブラスコヴィッツ）は陸軍最高司令官（フォン・ブラウヒッチュ）に提出する長文の苦情一覧表をまとめた。その報告は全部で三三項目をふくみ、その一つひとつが個別の苦情であった。たとえば、第七項目は一九三九年十二月三十一日に街頭で、夜間、厳寒のなか行われた捜査を扱っていた。警察は金品を捜すふりをしてユダヤ人、とくに女性に衣服を脱ぐよう強要した。もう一つの苦情（第八項目）は、SS少尉ヴェルナーが、偽名を使って、ワルシャワのユダヤ人女優ヨハンナ・エプシュタインと同棲していたことに触れていた――親衛隊将校が犯した人種スキャンダルの明白な事例。第三一項目はナシェルスクでのむち打ち騒ぎの描写であった。この騒ぎは一晩中つづいて一六〇〇人のユダヤ人が被害を受けた。最後の第三三項目は、一〇代の二人のユダヤ人の少女をベッドから引きずり出した二人の警官の事例を報じていた。少女の一人はポーランド人墓地で強姦された。もう一人の少女は病気であったのだが、警官たちはいつかそのうち彼女を手に入れて彼女に五ズウォティ払う、といった。

この報告書のなかでわれわれにとって最も興味深い部分はその結論である。「現在行われているように、一万人を超えるユダヤ人とポーランド人を無差別に殺すのは間違いである。というのも――住民大衆に関するかぎりでは――これでポーランド

地図6－1　ドイツ占領下のポーランド

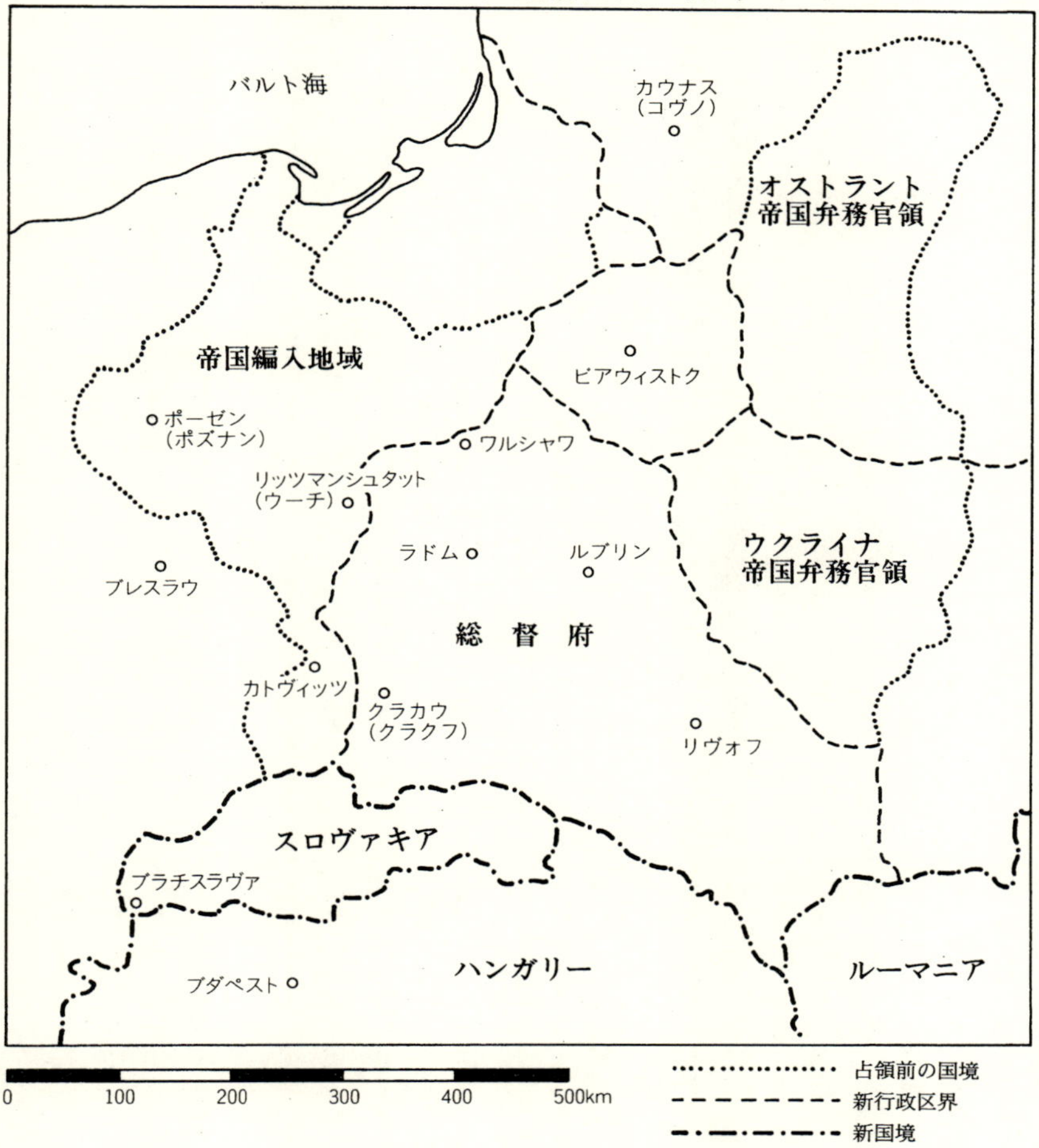
バルト海
カウナス
（コヴノ）
オストラント
帝国弁務官領
帝国編入地域
ビアウィストク
ポーゼン
（ポズナン）
ワルシャワ
リッツマンシュタット
（ウーチ）
ラドム
ルブリン
ウクライナ
帝国弁務官領
ブレスラウ
総督府
カトヴィッツ
クラカウ
（クラクフ）
リヴォフ
スロヴァキア
ブラチスラヴァ
ブダペスト
ハンガリー
ルーマニア
0
100
200
300
400
500km
占領前の国境
新行政区界
新国境

国家という理念を一掃することにはならないし、ユダヤ人が根絶されることにもならないだろうからだ」とブラスコヴィッツ大将は書き留めた。(7)

ブラスコヴィッツによる苦情は経済相シャハトが五年前に語った言葉をそのまま繰り返していた。シャハトと同様に、陸軍大将は徹底的な行動という発想にではなく、親衛隊が二〇〇万人のユダヤ人というような大量の人びとを意のままにしようとする素人くさい方法にだけは憤慨していた。実際に、親衛隊のなかの「専門家たち」はすでにその状況を認識していた。

一九三九年九月十九日に、保安警察長官ハイドリヒは、いくつかのポーランド問題について論議するために陸軍総司令部の主計総監ヴァーグナーと会見した。彼らはポーランドの「ユダヤ人、知識人階級、聖職者、貴族」の「最終的な一掃」で合意した。(8) 翌日、陸軍参謀総長ハルダーは日記に「ゲットー計画は大まかには存在しているが、詳細はまだはっきりしていない」と書き記した。(9) そうした計画は二四時間後、国家保安本部から派遣された部局長とすでにポーランドに保安警察部隊（行動部隊）から呼び戻された司令官たちとの会議で発展させられた。その決定はユダヤ人をドイツ語使用地域から追放し、ポーランドの田舎からユダヤ人住民を移動させ、大都市のゲットーにユダヤ人を集中する、というものであった。(10) こうした決定はその日のうちに行動部隊に命令として発せられ、(11) 強制収容所計画の構成要素をなすものとなった。

その命令の導入部では究極の目標、すなわちユダヤ人の移送について要約していた。それはのちに完成されたが、この時点では全面的には描かれてはいなかった。強制収容命令の第一部は、ユダヤ人がダンツィヒ［グダニスク］、西プロイセン、ポーゼン、東部オーバーシュレジエンの各地から追放されることになると規定した。その後、これらの地域は編入地、すなわち帝国の統治下に統合された領土になった。これらの地域出身のユダヤ人はポーランド領内に、その後「総督府」として知られる領土に押し込まれることになった。総督府のユダヤ人はいくつかの都市に強制収容されることになった。鉄道の接続駅か少なくとも鉄道線路沿いに位置するような都市だけが強制収容地として選ばれることになった。原則として、五〇〇人以下のすべてのユダヤ人共同体は解体されて最寄りの強制収容所に移されることになった。

ハイドリヒ命令の第二部によれば、各ユダヤ人共同体には長老会議（ユダヤ人評議会）がおかれ、それはラビならびに有力人物からなると定められた。ユダヤ人評議会はあらゆる指示の厳格な執行にたいして（言葉の文字どおりの意味で）最大限の責任をとることになった。ユダヤ人評議会はその地域のユダヤ人をとりあえず人口調査し、地方から強制収容地へのユダヤ人の立ち退きにたいして、移送中のユダヤ人の扶養にたいして、そして到着後の住宅供給にたいしてみずから責任をとることになった。ユダヤ人が家財道具をもっていくことにたいしては異議は出なかった。強制収容に付与された理由は、ユダヤ人が狙撃や略奪行為にはっきりと加わっていたということであった。

国防軍がこの計画の遂行に関与したがらなかったことは注目される。一九三九年九月十九日のハイドリヒとヴァーグナーの討議において、後者（陸軍主計総監）は、軍当局が親衛隊および警察からいっさいの活動の報告を受けること、しかも軍隊の撤退と文官への権力の移譲ののちに――すなわち十二月初旬過ぎに――「解決」が行われることを強く要求した。[12] ポーランドにおける権力を軍隊が早期に放棄するということで、この要求は容易にかなえられた。今後は軍隊がそのような仕事で手を汚す必要はなかった。一九四一年に、後述するように軍隊は、ヨーロッパのユダヤ人の絶滅のために みずからに割り当てられた役割からまぬがれえたが、ポーランドでは強制収容過程は新たに組織された文民行政府の管理下にはっきりとおかれた。

行動部隊のほうでは多くのことはできなかった。ゲットー化は少数の大隊規模の部隊にはあまりに複雑な処置であった（その部隊は解散され、軍事支配下の領土における正規の保安警察の行政機構に編成替えされることになっていた）。しかし行動部隊はユダヤ人評議会をいくつか設立した。[13] ワルシャワでは三九年十月四日、少数の保安警察隊がユダヤ人共同体の本拠に手入れをしたが、その際に彼らは金庫に興味を示し、議長は誰かと追及した。門番は彼らに議長はアダム・チェルニアコフだと語った。[14] 同日、チェルニアコフは行動部隊の占拠していた建物へ追われ、評議会メンバーに新たに二四人を加えて指導部を構成するよう通告された。[15] 数日後、チェルニアコフはリストを作り、組織図を起草した。[16] 行動部隊は「ユダヤ人共同体を議長や事務局とともに、あたかもユダヤ博物館のように閉じ込めた」。[17]

民政時代は十月末に始まった。そこには二種類の行政機構があり、ひとつは帝国に編入された領土に、もうひとつはいわゆる総督府に設けられた。編入地における行政機関は帝国のそれをモデルにしていた。新しい二つの帝国大管区、すなわちダンツィヒ＝西プロイセンとヴァルテラントは征服された編入地から切り離された。帝国大管区はプロイセン（もしくは非プロイセン地域）と党の管轄区（大管区）の特徴を合わせもつ管轄区域単位であった。この管轄区域単位の長は同時に大管区指導者でもある地方長官であった。

ダンツィヒ＝西プロイセンの地方長官兼大管区指導者はフォルスターという男であった。フォルスターはすでにダンツィヒ「自由市」の大管区指導者であったので、その任命は結果として彼の職務を拡大させた。ヴァルテラントの地方長官兼大管区指導者グライザーはかつてダンツィヒ市参事会の議長であった。在職中に彼は、ドイツ軍が到着するよりずっと以前にあらゆる種類の反ユダヤ法を提議したことで有名であった。「自由市」は「血と名誉のための法律」、ユダヤ人の医師と弁護士を追放する法令、そして体系的なアーリア化計画を制定した。ダンツィヒの一万のユダヤ人のうちおよそ三〇〇〇人が戦争前に移住した。[18] ダンツィヒが侵略されてから、市参事会議長グライザーは失職したが、ヴァルテラントの地方長官になるために南へ配置替えされた。数万のユダヤ人しか抱えていない同僚のフォルスターとはちがって、グライザーは数十万人を抱えることになった。それゆえに強制収容や強制移送、そしてさらに絶滅作業における彼の役割はきわめて重要なものになった。

二つの帝国大管区に加えて、編入地には隣接する帝国の行政区域に編入された二つの小地域も含まれていた。東プロイセン州はこうして若干の地域を付加し、シュレジエンは大シュレジエンとなった。しかしながら大シュレジエンは行政単位として大きすぎ、そのため、一九四一年一月に、大大管区は二つの大管区、すなわち旧ドイツ領のみを含み、カール・ハンケ州長官兼大管区指導者によって支配されたウンターシュレジエン（中心地ブレスラウ）と、大部分が編入地からなり、フリッツ・ブラハト州長官兼大管区指導者のもとにおかれたオーバーシュレジエン（中心地カトヴィッツ［カトヴィツェ］）とに分けられた[19]。

こうして新行政単位の区分において、各地方長官とその管轄のもとに連れてこられたポーランド系ユダヤ人の数はつぎのようなものになった。

ダンツィヒ＝西プロイセン（フォルスター）……ゲットーなし
東プロイセン（コッホ）……三～四万人
ヴァルテラント（グライザー）……約四〇万人
オーバーシュレジエン（ブラハト）……一〇万人

編入地の東および南にドイツは、はじめ「ポーランド総督府」として、のちにただ単に「総督府」と呼ばれた新しいタイプの地域行政機関を創設した。一九三九年に、この地域には約一四〇万人のユダヤ人がいた。編入地と総督府との主な違いは官僚組織の中央集権化の度合いであった。地方長官は実質的には調整係であり、それゆえにさまざまな省庁の地方局はベルリンから職務上の指示を受け取り、またつぎのような原則にしたがって地方長官か州長官からの地域関係命令にだけ服従した。

ヒトラー ──→ 地方長官
↓ ↓
省庁 ──→ 地方局

垂直方向の矢印は職務上の権限を、水平方向の矢印は地域的ヒエラルヒーを表わしている。

総督府ではこの閉鎖的な図式が当てはまらなかった。総督ハンス・フランクは省庁の事務局をおかず、彼にだけ責任がともなう本部をおいていた。

ヒトラー ──→ フランク
↓ ↓
省庁 本部

総督としてのフランクは地方長官や州長官よりも大きな権限をもっていた。彼はより多くの威信も得ていた。というのも彼は無任所大臣、党の全国指導者、ドイツ法学学士院院長、要するに、あらゆる点でナチ党の大物であったからだ。

フランクはポーランドにやってくるとき、彼のいくつかの本部をまかされていた党幹部の一行を引き連れてきた[20]。

総督　ハンス・フランク
総督代理（一九四〇年五月まで）　国務大臣ザイス＝インクヴァルト
次官　ビューラー博士
次官代理　ベプレ博士
上級親衛隊・警察長官（一九四二年四月から治安担当次官）クリューガーSS大将（一九四三年にコッペに代わった）
主要部局
内務　課長ジーベルト博士（ヴェスターカンプ、ジーベルト、ローザッカー）
法務　課長ヴィレ
教育　枢密顧問官ヴァツケ
宣伝　上級参事官オーレンブッシュ
鉄道(東部鉄道)　総裁ゲルタイス
郵政　長官ラウクスマン
建設　長官バウダー
林務　上級林務官アイスフェルト博士
発券銀行　帝国銀行取締役ペルシュ博士
経済　部長エンマーリヒ博士
食糧農業　ケルナーSS少将（ナウマン）
労働　フラウエンドルファー博士（シュトルーベ）
財務　財務長官シュピンドラー（ゼンコヴスキー）
保健　上級医事参事官ヴァルバウム博士（タイトゲ）

総督府の地方ネットワークは帝国の地方組織に密接に対応したが、その官名は表6－6が示すようにいくぶん異なる。

知事はもともと地区長と呼ばれたが、新しい官名は士気を高めるものとして授けられた[21]。一九三九年にポーランドには四人の知事がいた。ソ連との戦争の勃発後、ドイツ軍はガリツィアを侵略し、この地域は一九四一年八月に総督府のなかの五番目の地区になった（知事とその副知事の名前は表6－7に記載されている）。通例、知事は党員であったが、副知事のほうは公務員であった。総督府の行政はその底辺における官僚的徹底性とその頂点における党主導とを組み合わせたものだった[22]。

総督ハンス・フランクは感傷性と残忍性を合わせもつ気むずかしい独裁者であった。彼は雄弁で明確な言葉づかいをする法学者であり、街の言葉で大衆に話しかけることのできる党員でもあった。クラカウ［クラクフ］の大邸宅で、フランクはショパンのピアノ曲を演奏して客をもてなし、いかにも教養のある支配者らしくふるまった。しかし会議室では、彼はポーランドにおける絶滅過程の主な計画立案者の一人であった。彼は強壮ではあったが血の気のない顔をしていた。党の会計責任者シュヴァルツはかつて彼のことを「フランク国王」と呼んだことがあった[23]。

表6-6　帝国と総督府の地方組織

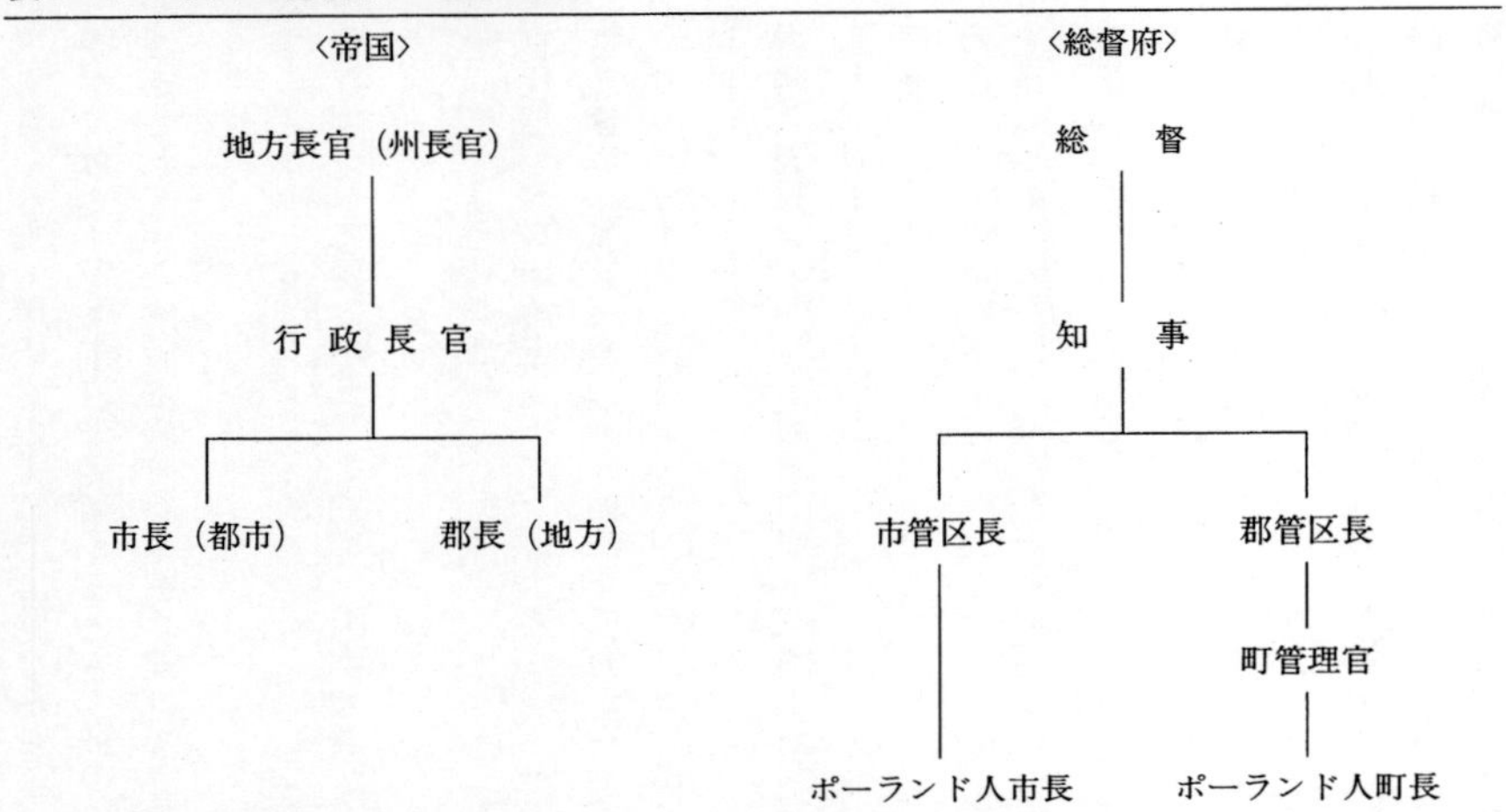

表6-7　知事

クラカウ

知事：ヴェヒターSS少将（ヴェンドラー，フォン・ブルクスドルフ両SS少将）

副知事：ヴォルゼッガー課長（アイゼンロール博士，シュトゥム博士）

ルブリン

知事：シュミット（ツェルナー，ヴェンドラー）

副知事：郡長シュミーゲ博士（ローザッカー，上級参事官エングラー，シュリュター）

ラドム

知事：カール・ラッシュ博士（次官補クント）

副知事：上級参事官エーゲン博士

ワルシャワ

知事：フィッシャーSS少将

副知事：地方裁判所裁判長バルト（フンメル検察官）

ガリツィア

知事：ラッシェ（ヴェヒターSS少将）

副知事：参事官ローザッカー（バウアー，ブラントル）

［注］ Dr. Max Freiherr du Prel, *Das Deutsche Generalgouvernement in Polen* (Krakow, 1940), pp. 87, 100-101, 147, 200 ; du Prel, *Das Generalgouvernement* (Würzburg, 1942), pp. 375-80 ; *Krakauer Zeitung*, passim.

総督はやすらぎなき王であった。彼はポーランド人を、いわんやユダヤ人を恐れてはいなかったが、彼から権威や権力を奪いたがっているベルリンの名士たちと必死の闘争をくり広げていた。フランクは、自分はヒトラーにたいしてだけ責任を負う絶対的な独裁者であり、総督府は自分の私的な領分であり、いかなるものもクラカウの大邸宅から命令を受けないかぎり、この領分ではなにも許されないことを飽きもせず指摘しつづけた。「ご存じのように、私は行政管理の統一性の熱狂的な信奉者なのです」と彼は述べた。[24]「行政管理の統一性」とは総督府で官職に就いているものは誰も、フランク以外のものから命令を受けてはいけないことを意味した。総督府の事務局に指示を与えようとするベルリンの諸機関による企てを、フランクは自分の「領土のなかに割り込んで権力をふるう」行為であると呼んだ。彼はそれを容認しなかった。しかし行政管理の統一性は、実際には、少なくとも三つの機関に関するかぎりフィクションであった。

第一の例外は国防軍であった。フランクは国防軍にたいしていかなる権限ももっていなかった。その権限はもっぱら代々、東部総司令官（ブラスコヴィッツ大将）、総督府軍政長官（騎兵大将クルト・フォン・ギーナント男爵）、そして最後に、総督府軍管区司令官（ギーナントと歩兵大将ヘーニケ）などの将官が保持していた。国防軍は部隊のみならず軍需監査部（シンドラー中将）の掌中にある軍需生産も管理監督していた。ギーナントとシンドラーの関係はつぎのような図式で説明される。ギーナントとシンドラーは絶滅過程において、付随的ではあるが小さくはない役割を果たした。

予備軍司令官
フロム――――→ギーナント
　　　　　　　　　↓
国防軍最高司令部／経済・軍備局
トーマス――――→シンドラー

フランクのいう行政管理の統一性の第二の例外は鉄道組織であった。フランクはゲルタイスを長とする鉄道本部をもっていたけれど、そのポストは、ドイツ帝国鉄道の傘下にある東部鉄道の総裁でもあった。東部鉄道は総督府に差し押さえられたポーランド国有鉄道を運営していたのだが、[25] その主な職員は九〇〇〇人のドイツ人で構成されていた。[26] しかし、その鉄道はポーランドの設備に加えて、およそ四万人の鉄道従業員を受け継いだ。[27] 一九四三年の末まで東部鉄道は依然として九〇〇〇人のドイツ人によって運営されていたが、そのころまでに数千人のウクライナ人にくわえて、一四万五〇〇〇人のポーランド人を雇っていた。[28] この統計資料は非常に重要である。なぜなら鉄道行政は強制収容においてきわめて重大な役割と強制移送において決定的な役割を果たすことになったからである。

フランクのいう絶対的な権限の第三の、そして最も重要な例外はハインリヒ・ヒムラーの組織つまり親衛隊・警察であった。

表6-8　親衛隊本部機構

親衛隊本部	(ヴィットイエ) ベルガー
国家保安本部	ハイドリヒ (カルテンブルンナー)
治安警察本部	ダリューゲ (ヴュネンベルク)
ヒムラーの幕僚長	ヴォルフ
親衛隊経済管理本部	ポール
親衛隊人事本部	シュミット (フォン・ヘルフ)
親衛隊裁判本部	ブライトハウプト
親衛隊作戦本部	ユットナー
ハイスマイヤー機関 (親衛隊員の家族への奉仕)	ハイスマイヤー
ドイツ民族性強化帝国委員幕僚本部	グライフェルト
民族ドイツ人事業本部	ローレンツ
人種・植民本部	ホーフマン (ヒルデブラント)

[注]　*Organisationsbuch der NSDAP*, 1943, pp. 417-29 (PS-2640). 人名は諸資料よりとる.

表6-9　治安警察と国家保安本部の地方機構

	帝国	占領地域	侵攻地域
治安警察	治安警察監査官	治安警察司令官	部隊(連隊と大隊に組織された)
国家保安本部	保安警察・保安部監査官	保安警察・保安部司令官	遊動隊 (大隊規模の行動部隊と中隊規模の出動部隊に組織された)

ヒムラーの組織とはいかなるものであったのか、そしてそれはどのようにして総督府において影響力を獲得していったのか。

ヒムラーはギムナジウムの教授・校長の息子であったが、第一次世界大戦の戦闘をかろうじて免れ、その後しばし農耕生活にたずさわった。青年期の彼の日記は、彼が通常の市民の子であったこと、ありふれた感覚といささか学者ぶった細心さをもっていたことを語っている。[29] 彼は保守的なもの、型にはまったもの、さらには愛国的なものなど広く読書し、読んだ本のリストを残している。このリストのなかには反ユダヤ主義的なものはわりあい少なく、日記からは彼が反ユダヤ主義的観念を育んでいったのはきわめておそかったことがうかがわれる。彼は二〇代初めに権力への渇望からナチ運動に参加し、親衛隊の組織を担った。彼の資質は親衛隊や警察における戦時期の指導に現われている。彼はいつも買収への警戒をしていた。とくに彼のライバルのなかにあってはそうであった。彼が種々の方面に権力基盤を広げていったとき、あらゆる種類のことに巻き込まれた。[30] 彼は多くのことに関心を寄せ、それは外交問題、内政、兵器生産、住民の移住、戦争指導、ユダヤ人の絶滅の経過などあらゆる種類におよんだ。彼はそういった問題について長々と語ることができたし、三時間つづけて聴衆を放さずにおくこともしばしばであった（聴衆は親衛隊の将官たちからなっていたことをつけ加えておこう）。なによりも、ヒムラーの力は彼の自主独立性にもとづいていた。これが最も重要な事実であった。ヒムラーはいかなるヒエラルヒーにも属していなかったが、あらゆるヒエラルヒーに足がかりをもっていた。絶滅機構において彼は必然的に政府官僚と党という二つのヒエラルヒーのあいだに位置づけられる。ヒムラーは大蔵省から資金の大半を受け取っており、党から部下の大半を徴募していた。財政的にもその人事構造においても、親衛隊・警察は結果として公務員と党員の融合体であった(31)。

親衛隊・警察は、中央ではその部局長が直接ヒムラーにたいして責任を負った本部を通じて、地方では同様に直接ヒムラーにたいして責任を負った地方の親衛隊・警察指導者を通じて作戦行動をとっていた。

中央の組織は一二の本部からなっていた（表6－8）。この機構の警察部分は国家保安本部と治安警察本部に見られる。前者は内部でゲシュタポが優勢を占める比較的小さい組織であり、後者はドイツに古くからある制度である。

国家保安本部(32)
　保安警察
　　ゲシュタポ……………約四万～四万五〇〇〇人
　　刑事警察………………約一万五〇〇〇人
　保安部（旧ナチ党諜報部）…数千人
治安警察(33)
　駐在勤務……………………約二五万人（予備要員ふくむ）
　　都市部：都市警察
　　農村部：地方警察
　部隊…………………………約五万人（予備要員ふくむ）

地方組織のトップには三〇人以上の上級親衛隊・警察長官が位置を占めていた（その数は時に応じて変化した）。ポーランドで管轄権をもつ五人は、総督府のクリューガー（コッペ）、ダンツィヒ＝西プロイセンのヒルデブラント、ヴァルテラントのコッペ、東プロイセンのレディース（シュポレンベルク）、シュレジエンのシュマウザーであった。地方機構の主要部局は、以下のような通例の職務上・管轄区域上のパターンのとおりに、上級親衛隊・警察長官によって統合された。

ヒムラー ――→ 上級親衛隊・警察長官
↓　　　　　　↓
本部　　　　　地方本部

これから主に二つの本部、すなわち治安警察本部と国家保安本部の地方機構を問題にしてみよう。この二つの本部は、一つは帝国における、もう一つは占領地における、三つ目は侵略を受けつつある地域における三つのタイプの地方機構をもっていた（表6－9）。

治安警察の遊動部隊が国から国へと移動する恒常的組織であったことは注目されるべきである。総督府には実際に治安警察司令官のもとにあったこのような部隊（一万人以上）が駐屯していた(34)。機能上の管轄権の問題として治安警察は、占領地において残されたり再組織されたりした正規の地元の警察に対する統制権を主張した。総督府ではポーランド警察（およびソ連攻撃後はガリツィア地区におけるウクライナ警察）は、総数一万六〇〇〇人を超えた(35)。保安警察は占領下のヨーロッパにまばらに拡大した。その行動部隊は侵攻した地域におけるあらゆる展開のために新たに編成されたが、その駐留隊員はつねに散在のままにとどまり、基本的に即席的で一時的なものであった。総督府では三〇〇〇人が配された(36)。保安警察の監督下におかれたそれぞれの地元警察は、地元の刑事警察のように、かなり小規模であった。

総督府における中心的警察官僚は以下のとおりである（就任順）。

治安警察司令官　ベッカー、リーゲ、ヴィンクラー、ベッカー、グリュンヴァルト、ヘーリング

保安警察・保守部司令官　シュトレッケンバッハ、シェーンガルト、ビーアカンプ

総督府における警察組織は高度に中央集権化された。五地域の親衛隊・警察指導者は以下のとおりである（就任順）。

クラカウ：ツェヒ、シェードラー、シェルナー、ティエール

ルブリン：グロボツニク、シュポレンベルク

ラドム：カッツマン、オーベルク、ベトヒャー

ワルシャワ：モーダー、ヴィーガント、フォン・ザメルン、シュトロープ、ガイベル

ガリツィア：オーベルク、カッツマン、ディーム

親衛隊・警察のそれぞれの指導者は治安警察指揮官と保安警察指揮官を指揮した。その関係は次のようなものである。

ヒムラー ——→ 治安警察長官（国家保安本部長官）
↓　　　　　　　↓
クリューガー ——→ 治安警察司令官（保安警察・保安部司令官）
↓　　　　　　　↓
親衛隊・警察指導者 ——→ 治安警察指揮官（保安警察・保安部指揮官）

フランクにとって、これは不完全な構図であった。彼は一種の「領邦君主」として自分がクリューガーの上に立つ立場にあると考えた。すなわち左表がそれである。

ヒトラー――→ヒムラー――→治安警察長官
（国家保安本部長官）
フランク――→クリューガー――→治安警察司令官
（保安警察・保安部司令官）
知事――→親衛隊・警察指導者――→治安警察指揮官
（保安警察・保安部指揮官）

そのような関係を確かなものとするために、フランクは実際にクリューガーを保安担当次官に任命した(37)。その新しい官名は名誉あるものとは考えられず、こうしてフランクはクリューガーが彼から命令を受ける立場にあることを確保しようとした。当然のこととして、ヒムラーはそのような関係をばかげたものとみなした。フランクが管轄区域の中央集権化の「熱狂者」であったのとちょうど同じように、ヒムラーは管轄分野の中央集権化の熱狂者であった。ヒムラーは自分にたいして一〇〇パーセントの責務を果たすことを部下に要求した。

　こうして当初からフランクとヒムラーはライバルであり、この摩擦を立証する最初のものがユダヤ人問題であったとしても不思議ではない。というのもヒムラーの組織は当初からポーランドのユダヤ人問題における最高権限を要求したからだ。それは出すぎた主張ではなかった。帝国・保護領における強制収容過程の最終段階を想起すれば、こうした支配権の主張は理解できる。移動の制限と身元確認処置の執行において、とくにユダヤ人の管理機構の指導において、親衛隊・警察がしだいに最も重要な統制機構として浮かび上がってきた。絶滅過程が徹底的な段階に突入すると、ますます警察の作戦行動という様相を帯びはじめた。移動の取締り、逮捕、強制収容――これらすべてが警察の職務であった。

　帝国・保護領での親衛隊・警察の台頭は目立ったものではなかった。ドイツ本国におけるヒムラー組織の重要性の増大は、絶滅過程の当然の成り行きから生じたものであった。しかしポーランドでは、絶滅過程が突如、強制収容段階から開始された。それゆえに非常に高いレベルの政策決定に親衛隊・警察が直接立ち入ってきたことは、人目を引くとともに、トラブルのもともなった。すでに述べたように、実際に保安警察長官ハイドリヒは、民政が組織される「以前」の一九三九年九月二十一日に、ゲットー化命令を出した。それはヒムラーがユダヤ人問題においてフランクの影響を受けないばかりか、彼に先んじていたということを意味する。ポーランドの絶滅過程はこうしてこの二人によって実施されることになった。ライバル同士として、ヒムラーとフランクは無慈悲という点においてのみ張り合っていた。その競合はユダヤ人のためにはならず、彼らが絶滅するのを促進した。

原注21-

追放

これまで見てきたように、ポーランド系ユダヤ人を強制収容するハイドリヒ計画は二つの段階に分かれていた。第一段階のあいだに、およそ六〇万人のユダヤ人が帝国編入地域から総督府へ移送されることになり、その結果、総督府のユダヤ人人口は約一四〇万から二〇〇万に増大することになった。ハイドリヒ命令の第二部はこの二〇〇万人のユダヤ人を閉鎖された区域――ゲットー――に押し込むことを規定した。

国防軍は軍政から民政に行政権が移譲されるまで「一掃」が延期されるよう強く主張したので、第一段階はすぐには開始されなかった[38]。その結果、一九三九年十一月十五日以降に、ユダヤ人を移住させる目的で総督府の全鉄道網（東部鉄道）を用意する取り決めがなされた[39]。大量移住がはじまる直前に、総督府の上級親衛隊・警察長官クリューガーは、各本部長と知事の会合で、ユダヤ人に加えて、編入地域のポーランド人が総督府に送られることになると通告した。合計一〇〇万人のポーランド人とユダヤ人が一日一万人の割合で春までに移送されることになった[40]。

編入された領土の人口減少の地方は、ラトヴィア、エストニア、ソ連とのそれぞれの協定によって、これらのバルト諸国から、また新たにソ連領となったヴォリューニアやガリツィアから「帰還した」少数民族としてのドイツ人であふれることになった[41]。

予定より少し遅れて、十二月一日から列車が総督府に向けて走りはじめた[42]。こうした移動がはじまるやいなや、立ち退き計画はいっそう拡大された。編入地域出身のユダヤ人やポーランド人のみならず、帝国出身のユダヤ人やジプシーが総督府に送られることになった。すべての編入地域とともに帝国は、ユダヤ人、ポーランド人、ジプシーを等しく追放することになった。編入地域のなかで人口を減少させた地域は、ソ連との特別協定によって、バルト諸国とソ連の勢力範囲に割り当てられたその他の領土から「帰国する」民族ドイツ人で補充されるはずであった。膨大な数の移動が始まった。事前の通告とか計画性とかいったものはなく、列車がつぎつぎに総督府に進入した。ルブリンをユダヤ人特別居留地にするという案が出されるまで、輸送列車はさらに先へと東進していった。

はじめのころフランクはこうしたすべての移動をやすやすと成し遂げた。一九四〇年一月におそらくフランクが書いた無署名の覚書には、たいへん冷静な言葉ですべての試みが以下のように述べられている。全体的に見て、一〇〇万人のユダヤ人（編入地から六〇万人、帝国から四〇万人）を受け入れる準備ができていた。彼の「王国」にユダヤ人を滞在させるのはいずれにせよ一時的なことであった。「戦勝後」、「おそらくマダガスカル島に」、数百万人のユダヤ人の立ち退きが十分な生活圏を生み出すつもりだった。フランクはますます総督府に送られつつあった多くのポーランド人のことを気に病む必要はまったくなかった。「戦勝後」、「余分なポーランド人」は東欧地域全体の「再編成」の一環として、さらに東方へ、おそらくシベリアに送られることとだろう。(43)

ヒムラーの壮大な移住計画は長くは有効性をもちえなかった。状況をよく観察すると、フランクにとって容易でない事態になっていた。ユダヤ人、ポーランド人、ジプシーらが限られた地域に絶え間なく流入したことは、彼の行政機関、とりわけ、もはやその負担に耐えることのできないルブリン地区の行政機関にとっては死活問題となった。(44)

計画の最初の二カ月で約二〇万人のポーランド人とユダヤ人が総督府に押し込まれた。その数にはウィーン、プラハ、モラフスカ・オストラヴァ（保護領）、シュテッティンからの六〇〇〇人のユダヤ人が含まれた。(45)シュテッティンの移送は非常に残酷なものだった、と外国の報道機関で広く論評された。(46)一九四〇年二月十二日に、フランクはベルリンにおもむいて、自分ののど元にむりやり押し込むような輸送方法にたいして異議を申し立てた。(47)

親衛隊全国指導者ヒムラー、地方長官のフォルスターとグライザー、州長官のコッホとヴァーグナーの前で、議長（ゲーリング）はこれからは総督への事前通告なしに総督府へ輸送列車が送られることになると言明した。コッホ（東プロイセン）は自分の地域からはユダヤ人が一人も総督府に送られなかったと指摘した。フォルスター（ダンツィヒ＝西プロイセン）はほとんどユダヤ人が残っていない、すなわち一八〇〇人しかとどまっていないと発表した。グライザー（ヴァルテラント）は八万七〇〇〇人のユダヤ人とポーランド人が立ち退いてからもまだ四〇万人のユダヤ人と三七〇万人のポーランド人がいると報告した。ヴァーグナー（シュレジエン）は自分の地域の「信頼できない」一〇万人のポーランド人に加えて、一〇万から一二万人のユダヤ人を強制移送するように要請した。そのあとヒムラーは帝国の四万人のドイツ人、バルト地方の七万人のドイツ人、ヴォリューニア地方の一三万人のドイツ人、そしてルブリンの三万人のドイツ人のために編入地に受け入れ地をつくることを主張した。そのさいに最後のグループは、その地域がユダヤ人特別居留区になったので、ルブリンから去ることになった。(48)

ゲーリングは、総督府に輸送列車の到着を「通知」しなければならないとだけ命じたが、フランクはすべての輸送列車の到着にたいして絶対的な拒否権を与えられたという強固な確信をもって帰った。(49)一九四〇年三月二十三日にゲーリングがすべての立ち退きの中止を命じたので、この解釈は正しかったことが証明された。それ以後、輸送列車はフランクの許可がなければ運行されなかった。(50)ところが自分の大管区に四〇万人のユダヤ人を抱えるヴァルテラントの地方長官グライザーは猛烈に抗議した。彼は以下のように理解していたのだ。ゲーリングはシュテッティン「事件」のためにそのような命令を出したが、一九四〇年二月十二日にフランクがすでに、ウーチ市の二〇万人のユダヤ人を総督府に移送することをグライザーに約束していたので、元帥（ゲーリング）はヴァルテラントのことを言っていたのではない、と。だから彼はこの心境の変化を知ってうろたえた。[51]しかしフランクは勝利をさらったのだった。三月十一日に、ヒムラーは運輸省次官クラインマンにその協力を感謝し、この謝辞とともに立ち退き計画は中止された。[52]

にもかかわらず、この時点で、フランク自身が小規模の立ち退き計画に着手する決心をした。彼のいう移住は総督府の内部で行われるものだった。とくに、フランクはその首府クラカウからユダヤ人住民を放逐したがっていた。一九四〇年四月十二日に本部長らへの演説で、総督はクラカウ市の状態がひどすぎると評した。たとえば「師団を指揮している」ドイツ人将官たちは、共同住宅の不足のために、ユダヤ人も入っている住宅に入居せざるを得ず、同じことがすべてのランクの官吏にも当てはまり、そのような状態は「耐え難い」ことである、と。六万人のユダヤ人を抱えるクラカウ市では一九四〇年十一月一日までにユダヤ人はいなくなるべきだとされた。約五〇〇〇人から多くても一万人のユダヤ人手工業者だけが残留を許された。そこでフランクは、帝国が数十万人のユダヤ人を総督府に追放することができるのなら、クラカウの五万人のユダヤ人も受け入れることができるはずだと推論した。彼は言う、ユダヤ人は「もちろん盗んだ財産をのぞいて」全財産をもっていくことを許され、旧ユダヤ人地区は浄化されて、その結果、あとから来たドイツ人はそこで暮らして「ドイツの空気を呼吸する」ことができるだろう、と。[53]

クラカウからの追放は自発的な段階とそうでない段階に二分された。一九四〇年八月十五日まで、同市のユダヤ人は全財産をもって総督府内で自分が選んだどんな都市にでも移住する機会を与えられた。知事たちはこうしたユダヤ人を受け入れるよう指示された。八月十五日の夜中までまだクラカウにいるものはすべて、制限された手荷物をもって、[54]行政機関が選んだ諸都市に「組織的に」追放されることになった。

「ユダヤ人評議会にたいする猛烈な説得工作」によって、二万三〇〇〇人のユダヤ人の「自発的な」移住を達成することができた。[55]自発的な段階の最終日にフランクは、「立派な人」が街を歩くことができないほどユダヤ人が「うようよしている」都市に、アドルフ・ヒトラーの大ドイツ帝国の代表たちが滞在させられるのは断じてがまんできないと、演説のなかでくり返した。クラカウの追放は全ヨーロッパのユダヤ人が「姿を消す」きっかけとして意味づけられる、とフランクは言う。[56]明らかにフランクはマダガスカル島のことを念頭においていた。

自発的でない段階はすぐに実行に移された。ユダヤ人評議会を通じて関係家族に送られた通告書によって、さらに九〇〇〇人のユダヤ人が九月中旬までに追い出された。追い出された総数はこれで三万二〇〇〇人になった。[57]こうした徹底的な処置にもかかわらず、当市の住宅状況は予想されたほどには改まらなかった。一つの理由としては、ユダヤ人が「ぎっしり」収容されていた（すなわちユダヤ人の住宅は詰め込まれすぎていた）からである。そのうえ、ユダヤ人の住宅はドイツ人が住むには許容できないほど荒廃していた。[58]とはいっても、いやおそらくこうした結果のために、追放はつづけられた。一九四〇年十一月二十五日にクラカウの知事はさらに一万一〇〇〇人のユダヤ人に退去命令を出した。こうした立ち退きはアルファベット順に行われた。AからDで始まる名前をもつものはすべて一九四〇年十二月二日に届け出ることになり、EからJのグループは十二月四日にといった具合であった。[59] この措置は退去者総数を、フランクがもくろんでいた目標に近い四万三〇〇〇人に引き上げた。クラカウに残留するユダヤ人は同市のポドゴルツェ地区の封鎖されたゲットー、すなわちユダヤ人居住区に押し込まれた。[60]

フランクはクラカウ追放を喜んでいたが、しかし地方の郡管区長は、総督が、編入地域からのユダヤ人に対してそうであったように、これらの追放者の流入を快くは思わなかった。[61] クラカウ郊外ではポーランド住民は、都市のユダヤ人が、それまで安定していたアパート代を、法外な金額や一年分を前金で支払うなどして揺るがしたことに不平をもらしていた。クラカウ農村地域の郡管区長は以下のように語った、すなわちユダヤ人に居住地の自由選択を許したことは間違いだった、ユダヤ人の大半は自分の管轄地域に群がっている、[62] と。

都市からの追放はその他のところでも、同じような影響をともないつつ実行された。一九四〇年十二月、ラドム市のユダヤ人一五〇〇人は「まったく貧困化し零落していた」と記述されていたが、小都市ブスコに送り出された。前述の郡管区長は言う、都市はこのように農村地域の犠牲のもとに都市の福祉負担からまぬがれている、[63] と。とはいえ二月には彼はさらに一〇〇〇人のユダヤ人を受け入れ、その結果、ユダヤ人居住地域における居住密度は一部屋二〇人に増え、発疹チフスが突発した。[64]

一九四一年三—四月にはルブリンの知事ツェルナーは、ルブリン市から一万五〇〇〇人のユダヤ人を追放しようとした。それというのも当時存在したゲットーは最大収容能力二万人とされていたからである。市内のユダヤ人居住のアパートは消毒され、ポーランド人家族が入ることになった。ツェルナーの意見では、ポーランド人がユダヤ人よりも発疹チフスにかかりやすい以上、消毒が必要だった。その代わりに古いポーランド人居住のアパートは、ドイツ軍に移譲された。そのドイツ軍はソ連軍の侵入に備えて、その地域に集中していたものであった。[65]

排除計画に対しては、その影響が感じられた時にはいつでも、苦情が申し立てられた。にもかかわらず、ユダヤ人地区の詰込み過ぎにたいして有効な異議を見いだせないでいる人びと（とりわけヒムラー）がいた。一九四〇年六月二十五日に、フランクはラマースに書簡を出して、新計画によって何千人ものユダヤ人とポーランド人が総督府に送られつつあるという、ダンツィヒやヴァルテラントの中心ポーゼンから発生する絶えざる噂に苦しめられていると述べた。とくに国防軍が占拠作戦のために広大な地域を要求するといった動きはまったく問題外である、とフランクはラマースに知らせた。[66]

七月のはじめに、フランクはふたたび大喜びした。一九四〇年七月十二日に、総統みずからがこれ以上ユダヤ人を総督府に送らないことを決定した、と彼は本部長たちに知らせた。その代わり、帝国、保護領、総督府のユダヤ人全体が、講和条約の締結の直後、「考えうるかぎり最短の時間」で、アフリカかアメリカの植民地に移送されることになった。それにはフランスがまさにその目的でドイツに割譲することになったマダガスカル島が考えられる、と彼は述べた。五〇万平方キロメートルの面積をもつその島（ついでにいうと、大部分がジャングル）はらくらくと数百万人のユダヤ人を収容することができる。「私が調停することで総督府のユダヤ人も新しい土地で新生活をはじめるという便宜から利益を得るかもしれない」と彼はつづけた。その提案はベルリンに受け入れられたので、総督府の行政機関全体が「とてつもなく大きな荷物をおろすこと」を期待することができるのだ、とフランクは結論づけた。(67)

晴れやかに喜ぶフランクは、これまで輸送列車がユダヤ人の退去者で満ちあふれることに悩まされてきた、とルブリン地区で演説した。そして海上輸送が復活すればすぐに、ユダヤ人は「区画ごとに、男性ごとに、既婚女性ごとに、未婚女性ごとに」連れ去られるだろう、と彼は述べた。聴衆のなかで「哄笑」（聴衆が喜びを示したときにドイツ人記録係が用いた言葉）が起こったが、フランクはルブリンもドイツ人の男性や女性にたいして「礼儀作法にかなった」「人間味のある」都市になるだろう、と公言した。(68)

しかしフランクが喜ぶのは時期尚早であった。フランスとの講和条約は結ばれず、アフリカの島がユダヤ人のためにとっておかれることはなかった。フランクはユダヤ人問題に行き詰まり、新たな追放という責任が彼の行政機関を悩ませることになった。

一九四〇年十月二日に、フランクはヒトラーの部屋でナチ幹部たちと会見した。ウィーンの地方長官フォン・シーラッハは、自分の手から離れてフランクが受け入れなければならないユダヤ人が五万人いると述べたが、フランクは、それはまったく不可能だと答えた。そこでさっそく、東プロイセンの州長官エーリヒ・コッホが自分はいままでユダヤ人もポーランド人も強制移送してこなかったが、いまこそ総督府がこれらの人びとをもっとたくさん受け入れる時がやってきたのだと言葉を挟んだ。ふたたびフランクはそのような大量のポーランド人とユダヤ人を受け入れるのはまったく不可能であると抗議した。彼らを受け入れる余地さえなかったのである。このときヒトラーは総督府の人口密度にはまったく関心がないし、自分にとって総督府は「巨大なポーランド強制労働収容所」であると述べた。(69)

もう一度フランクは襲ってくる上げ潮を受け流した。ただし、ポーランド人とウィーンのユダヤ人が何人か自分の領域を越えてくることは防げなかった。ようやく、一九四一年三月二十五日に、クリューガーはこれ以上輸送列車が総督府に送られることはないだろうと通知した。(70)これからはもうフランクに重圧がかかることはなく、編入地域の行政機関に重圧がかかっていった。

一九四一年十月に、大量の強制移送が帝国ではじまった。それは絶滅過程が終わるまで終了しなかった。この移送の目的は移住ではなくユダヤ人の絶滅であった。しかしながら、いまのところはまだ犠牲者がガスで処刑される絶滅収容所が存在していなかったので、死の収容所の建設を待つあいだ、ユダヤ人は編入地域やさらに東方の占領下ソ連のゲットーにほうり込まれることに決められた。編入地域において終着駅となったのはウーチ市のゲットーであった。

一九四一年九月十八日に、ヒムラーは地方長官グライザーに、提案された立ち退きについて書簡を送った。総統は旧帝国と保護領ができるだけすみやかに「ユダヤ人から解放される」ことを望んでいる、とヒムラーは書いた。それゆえにヒムラーは来春ユダヤ人をさらに東方に輸送するために、「第一歩として」彼らを編入地域に移送することを計画していた。彼は六万人のユダヤ人を、十分に部屋があると「聞いていた」ウーチのゲットーに宿泊させるつもりであった。ヒムラーはグライザーの協力を期待しつつ、ハイドリヒSS中将にこうしたユダヤ人の移動を実行する仕事を任せているという言葉で締めくくった。[71]

その書簡には欠落があるけれど、引きつづき出されたいくつかの書簡から、グライザーは六万人の移住者数を二万人のユダヤ人と五〇〇〇人のジプシーに減じることに成功したことが推論される。しかし、この削減された総数でも地方当局にはショックだった。ウーチ（この市は「リッツマンシュタット」と改名された）市長代理はただちにその地域の行政長官ユーベルへーアSS名誉少将に異議を申し立てた。[72]

ヴェンツキ市長は抗議文のなかで、その処置の結果にたいしてあらゆる責任を放棄すると通告した。そして彼はその理由を列挙した。すなわちゲットーは元来四・一三平方キロメートルの面積に一六万四〇〇人を収容していた。その人口がいまや死亡したり強制労働収容所に向かったりしたために、一四万四〇〇〇人に減少したが、それにたいして面積の方はそれ以上に三・四一平方キロメートルに減少した。人口密度はいまや一平方キロメートルあたり五万九九一七人であった。一四万四〇〇〇人は二万五〇〇〇室の部屋がある二〇〇〇戸の住宅に居住している。すなわち一部屋あたり五・八人である。

ヴェンツキは書簡で以下のように述べている。ゲットーのなかでは大きな工場が帝国の必要とする生活必需品を生産していたが、ゲットーには餓死寸前の配給量しかやってこない。石炭は欠乏し、被収容者は、ストーブの火をたやさないためにやむなく扉や窓や床を引きはがした。追加された二万人のユダヤ人と五〇〇〇人のジプシーが到着すると、一部屋あたりの人口密度が七パーセント上昇した。新来者は工場で寝泊まりしなければならないので、生産が途絶えた。餓死が増え、疫病は抑えられないまま猛威をふるい、糞便の処理のために溝を掘るので蠅の数が増えて、結局はドイツ人居住区が悩まされた。ジプシーは、生まれつきの扇動家や放火犯として、大火災などを発生させた、と。ユーベルへーアはこのヴェンツキ書簡にいくつか下線を引いてヒムラーに送った。[73]

こうした抗議にたいするハイドリヒの応対は、運輸省と結んだ協定どおり計画的に輸送列車が到着しはじめるだろうという返事をユーベルヘーアに電報で送ることだった。[74] ヒムラーは不運な行政長官にもっと懐柔的な手紙を書いた、「もちろん、新たなユダヤ人を引き受けるのは愉快なことではない。しかしこうしたことにたいして、君のところの大管区指導者が示したのと同じような当然の思慮分別を示すことを、心から君に求めたいのだが」と。ヴェンツキの反論は明らかに部下によって専門家風に作成されたものだったが、ヒムラーはそれを承認できなかった。彼は言う、戦時生産が現今ではどんなことにも反対するうえで優先的理由である、ユダヤ人が工場に寝泊まりすることを誰も要求していない、ゲットーの人口は減少したので、ふたたび増やすことができる、と。ジプシーの放火犯に関して、ヒムラーはゲットーで火災が起こるたびに一〇人のジプシーが射殺されると告知することを、ユーベルヘーアに勧め、「ジプシーがこれ以上ない最も有能な消防士であることがわかるだろう」とヒムラーは書簡を締めくくった。[75]

ユーベルヘーアはいまや本当に眠りからさまされた。彼はヒムラーに二通目の手紙を書いて、国家保安本部の代表、親衛隊少佐アイヒマンがゲットーを視察し、ジプシーのように駆け引き上手のやり方で実情を親衛隊全国指導者に完全に誤って伝えたのだと説明した。ユーベルヘーアはそれから建設的な提案を行い、ユダヤ人をウーチよりむしろワルシャワに送るようヒムラーに懇願した。ユーベルヘーアは総督府のワルシャワ・ゲットーにはまだダンスホールやバーがあることをベルリンの新聞で読んでいた。彼は『ベルリン画報』でその写真を見ていた。手紙の結びはこうである、ワルシャワは二万人のユダヤ人と五〇〇〇人のジプシーにふさわしいところである、と。[76]

今度はヒムラーがぶっきらぼうな返事をした、「行政長官、自分の手紙をもう一度読み直してみたまえ。口のききかたが間違っているよ。君はどう見ても目上のものに話しかけているということを忘れていたんだ」、今後、ユーベルヘーアの事務所からの連絡はすべて受け取らない、と。[77] ハイドリヒはグライザーに手紙を出して、ユーベルヘーアが、ジプシーのように駆け引き上手であると親衛隊員アイヒマンを非難したことにたいして抗議した。[78]

十月十六日、最初の輸送列車が到着しはじめた。十一月四日までに二〇台の輸送列車が二万人のユダヤ人をゲットーにほうり込んだ。すなわちウィーンから五〇〇〇人、プラハから五〇〇〇人、ベルリンから四二〇〇人、ケルンから二〇〇〇人、フランクフルトから一一〇〇人、ハンブルクから一〇〇〇人、デュッセルドルフから一〇〇〇人、占領されたルクセンブルク大公国から五〇〇人（ジプシーも到着した）。[79] ゲットーはきわめて混雑したので、新来者の多くは工場で寝泊まりしなければならなかった。[80]

十月二十八日に、グライザーはヒムラーに親しみを込めて送った手紙で以下のように書いた、大管区指導者は行政長官ユーベルヘーアと会談した、彼は「有名な癇癪」を起こしていた、しかし行政長官はいつも自分の義務を果たしてきた古参のナチ党員であった、彼はこの行為を成功に導くためにはなんでもした、と。[81]

ヒムラーはグライザーの手紙を受け取ったと答えた。そして以下のように書いた、「ご存じのように、私は恨みを抱くようなことはないのです」。善意のユーベルヘーアは休暇を取って神経を休ませることになった。それですべて忘れられるだろう、と。[82] たしかに、その事件はすぐに忘れられた。というのも、一九四二年七月二十八日に、ユーベルヘーアはヒムラーに誕生日の贈り物――「親衛隊の旗手」という銘の入った陶磁の彫像――のお礼を述べる機会を得たからである。[83]

追放は終了し、事態は安定した。

ゲットーの設立

原注23-

一九三九年の秋から四一年の秋まで、三つの移送の動きが西から東へと行われた。(1)ユダヤ人(およびポーランド人)が編入地から総督府へ、(2)ユダヤ人(およびジプシー)が帝国・保護領から総督府へ、(3)ユダヤ人(およびジプシー)が帝国・保護領から編入地域へと。こうした動きはその数の大きさよりむしろその心理的な原動力という点で重要である。それは当時、官僚全体をゆるがした非常な緊張状態のあらわれである。一九三九―四一年という時期は強制移住計画から「最終解決」策への移行の時期であった。過渡期のさなかに、大規模移送が「一時的な」解決を求めて西から東へと推し進められた。総督府では、一五〇万人のユダヤ人がすでにその地域におり、彼らをさらに東へ移送させる見込みがなかったので、いらだちがピークに達していた。

移送が一時的な解決を顧慮した暫定的な方策とみなされたとすれば、閉鎖的なゲットーにユダヤ人を強制収容することを規定したハイドリヒ計画の第二部は、犠牲者の最終的な大量移住を準備する補助手段にすぎなかった。編入地域の管理機関はただユダヤ人を総督府に追放することばかりを期待していたが、総督はアフリカのマダガスカル島植民地にすべてのユダヤ人を強制移住させることを可能にする「勝利」だけを期待していた。したがって、どのような趣旨でこのゲットー化が取り組まれていたかが容易に理解できよう。はじめの六カ月間、計画の立案はほとんどなされず、混乱ばかりが目立った。行政上の準備は迅速に完了したが、ゲットーの実際の設立は遅々として進まなかった。たとえばワルシャワの巨大なゲットーを取り囲む壁は一九四〇年の秋まで完成しなかったし、ルブリンのゲットーは一九四一年の春まで設立されなかった。

ゲットー化過程の準備段階は、標識明示、移動の制限、ユダヤ人統制機構の設立からなっていた。これらの方策が「ユダヤ人」を標的にしているかぎり、ユダヤ人なるものが規定されねばならなかった。注目すべきことに、類別化の問題に関してポーランド社会の感情や利害については当初、総督府においてはほとんど考慮されなかった。三九年十二月にピョートルクフの都市弁務官ドレクセルは、ユダヤ人の両親をもつ者はすべてユダヤ人である、と結論を下した。[84] その後の春のあいだに、総督府内務課に新たに任命されたユダヤ人専門家ゴットングは、ユダヤ人に二分の一ユダヤ人のみでなく、解消されていない混合婚をしている非ユダヤ人もふくめた定義を提案した。[85] 結局、一九四〇年六月、ニュルンベルク原則が法令によって総督府に導入された。[86] そのときまでに集中過程はすでに進行していた。

早くも三九年十一月、フランクは、一二歳に達したすべての「ユダヤ人の男女」は青いユダヤの星印のはいった白い腕章をつけるようにと、命令を発した。[87] 彼の命令は一九三九年十一月二十三日の法令によって実施された。[88] 編入地域では、少数の行政長官がその標識を課した。ヴァルテラントの地方長官グライザーは、自分の管区のすべてのユダヤ人は衣服の前・後ろに一〇センチメートル四方の黄色の星印を縫いつけるようにと命じた。[89] ユダヤ人はすぐにその星印に順応した。たとえばワルシャワでは、腕章の販売が本格的な職業になった。腕章には布製の普通のものと、洗濯できるプラスチック製の凝ったものがあった。[90]

その標識法令とともに、ユダヤ人は自由に移動することを禁じられた。上級親衛隊・警察指導者クリューガーが署名した一九三九年十二月十一日の総督府令によって、ユダヤ人は一定地域内をのぞいて住居を変えることを禁じられ、午後九時から午前五時までの外出を禁じられた。[91] また一九四〇年一月二十六日の法令で、ユダヤ人は正式に認可された小旅行をのぞいて鉄道を利用することを禁止された。[92]

ゲットーの形成に先立って最も重要な集中化政策はユダヤ人評議会の設立であった。三九年十一月二十八日の総督府令によれば、人口一万人以下のユダヤ人共同体はすべて一二人からなるユダヤ人評議会を選出せねばならなかった。そして一万人以上の場合には、二四人の評議会を必要とした。[93] この法令は、評議会の多くがすでに確立されたのちに公布されたが、その公布はユダヤ人評議会に対する国家的指導監督の承認および公的制度としての性格の確認を意味していた。

帝国におけるようにポーランドでも、ユダヤ人評議会は戦前からのユダヤ人指導者によって占められていた。彼らはポーランド共和国に存在してきたユダヤ人地方評議会の留任者、あるいはユダヤ人政党の代表者として市町村の議会に席をもっていた者、さらにはユダヤ教団体や慈善団体にポストを占めていた者であった。[94] 全体として戦前の評議会の議長（あるいは彼が役目を果たせない場合には代理または自発的な評議会メンバー）は、行動部隊の将校あるいは新たな行政官吏によって招集され、ユダヤ人評議会を形成するように指示された。[95] メンバーの選任を急いだため留任は多かったが、追加されることはまれであった。たとえばワルシャワやルブリンでは、残留していた旧メンバーの大半が再任命され、新たに指名された者は、主として要請されていた二四名を集めるために任命された。指導者の伝統的な構成にいささかの変化があったとしても、それは以下のようであった。すなわちドイツ語を話すことができる者が多く、ユダヤ教正統派のラビ（彼らの服装や話し振りはドイツ人にとっては挑発的であった）や社会主義者（その過去の活動は危険視された）はごくまれであった。[96]

かつてのころとはっきり異なっていたのは、新たに地位についたユダヤ人評議会をめぐる環境であった。評議会メンバーが占領前のような公的承認を得ようと、どんなに熱心であったにせよ、いまや彼らは未知なるものに不安を覚えざるをえなかった。ある古参ユダヤ人政治家がワルシャワ・ユダヤ人評議会メンバーに選ばれた。彼は、アダム・チェルニアコフ（化学技術者）が自分の事務所で新しく任命された数人と会い、シアン化物の錠剤二四錠のはいったビンをおいている机の引き出しの鍵の置き場所を彼らに示したその日のことを想起した。[97]

開戦前、これらのユダヤ人指導者たちは、学校で児童を教育すること、無料食堂で空腹の人に食事を与えること、そして病院で病人を治すことにたずさわっていたが、いまや第二のまったく異なる機能、すなわちドイツ人の指示や命令をユダヤ人住民に伝達すること、ドイツ人の命令を執行するためにユダヤ人警官を起用すること、ユダヤ人の財産・労働力・生命を敵対者としてのドイツ人に引き渡すことが追加された。ユダヤ人評議会は、その歴史的機能の実践において、苦しみをやわらげようと、ゲットーにおける大量の死に歯止めをかけるという見込みのない努力を最後までつづけた。しかし同時に、評議会はドイツ人の要求にすなおに応じたし、ドイツ人の権力者へのユダヤ人社会の恭順を呼びかけた。こうしてユダヤ人の指導者たちはユダヤ人を救いもしたし、滅ぼしもした。――救われるユダヤ人もいれば滅ぼされるユダヤ人もおり、救われるときもあれば滅ぼされるときもあった。指導者のなかにはこのような権力行使を拒むものもいれば、それに陶酔するものもいた。

時がたつにつれて、ユダヤ人評議会はその仕事の福祉部分の実施にはますます無力になっていき、他方でナチスの法令の執行の道具化の道をたどった。ユダヤ人評議会の破壊的機能が増してくるにつれて、ユダヤ人の指導者の多くは主人のドイツ人のように見えるようになりたいという抑えられない衝動を感じた。一九四〇年三月、クラカウのあるナチ評論家は一方でユダヤ人居住区の貧困や不潔と、他方で美しい掛け図、快適そうな革張りの椅子、重厚な絨毯などが満ちあふれたユダヤ人共同体本部のぜいたくな事務用品との著しい相違におどろいた。[98]ワルシャワのユダヤ人指導者グループはブーツを履くことが習慣になった。[99]ウーチのゲットーの「独裁者」ルムコフスキは自分の肖像画を載せた郵便切手を発行したし、「わが子たち」「わが工場」「わがユダヤ人」といった表現を含む演説をおこなった。[100]そのとき内側から見て、ユダヤ人の指導者たちがゲットー共同体で絶対的権力をふるう支配者と化したことはもはや明らかだったように思われる。しかしながら、外側から見ると、こうした絶対的な支配者が現実に誰に従属していたのかはまだ明らかでなかった。

一九三九年十一月二十八日の総督府令で、ユダヤ人評議会は（都市の）市管区長と（農村の）郡管区長の指揮下におかれた。同様に、編入地域のユダヤ人評議会は市長と郡長にたいして責

表6－10　ユダヤ人評議会にたいするドイツ支配機構

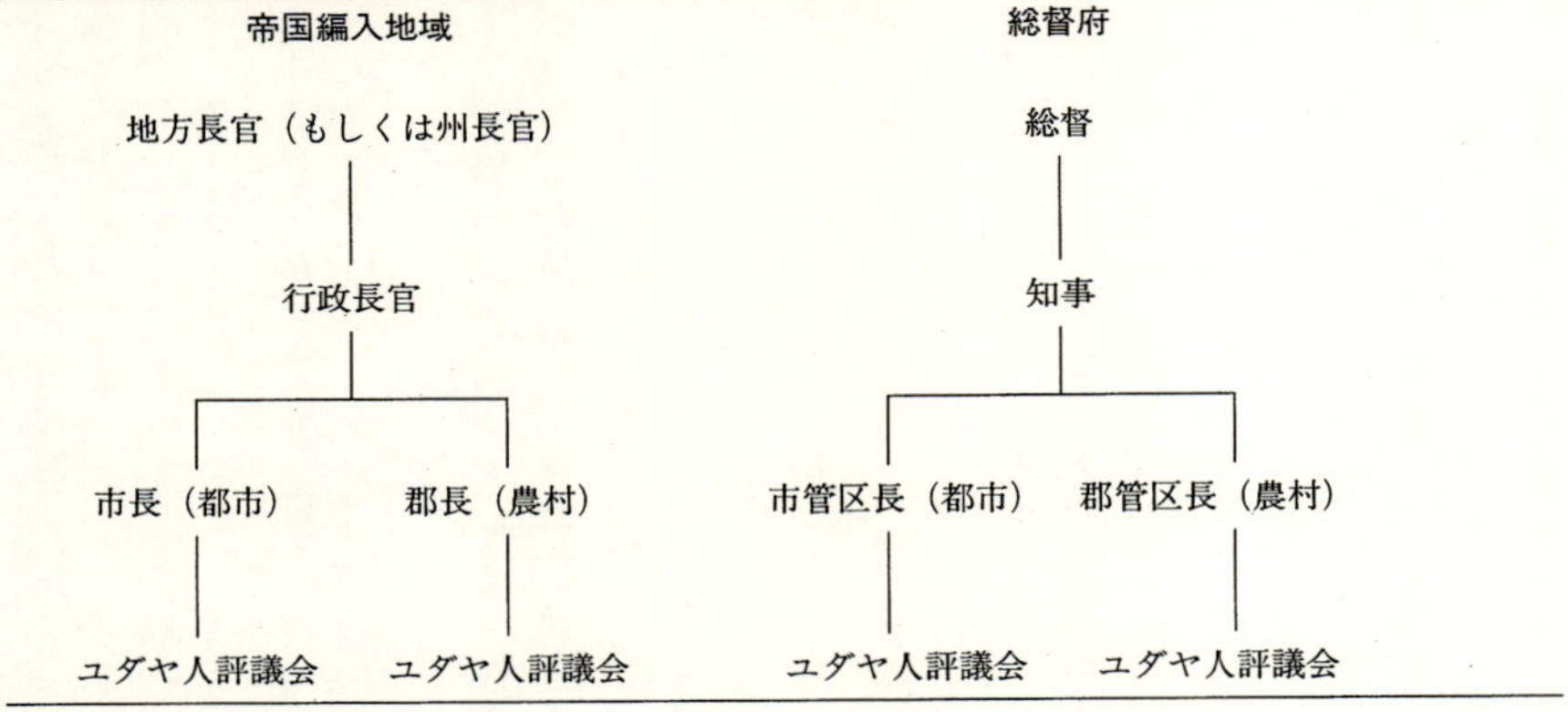

任を負うことになった（表6－10）。

十一月二十八日の法令によれば、ユダヤ人評議会にたいする地方当局の権限には制限がなかった。ユダヤ人評議会のメンバーたちは、いかなる指示の実行にたいしても個人的に責任をもたされた。実際、ユダヤ人の指導者たちは自分たちの上に立つドイツ人君主の面前では恐れおののいていたので、ナチスの役人たちは希望を伝えるだけでよかった。フランクが満足を感じながら指摘したように「ユダヤ人は命令を進んで引き受ける」[101]。しかしこうした制度が問題にされないままにおかれるということはなかった。

一九四〇年五月三十日に、クラカウのある会合で、親衛隊・警察はユダヤ人評議会にたいする権限をみずからのものとする試みを開始した。総督府の保安警察・保安部司令官シュトレッケンバッハSS少将は、保安警察がユダヤ人問題に「たいへん関心をもっている」ことを文官の同僚たちに知らせた。それゆえにユダヤ人評議会が創設されたのだ、と彼は述べた。いまや地方当局は、ユダヤ人のやり方についての認識がある監視官を評議会に派遣し、評議会の活動をきびしく監視した。しかし、こうした制度の結果として、保安警察はある程度は目立った存在であったが、すべての諸機関が巻き込まれていった。たとえば、労働力調達の問題ですべての機関があてもなくユダヤ人評議会に接近した。

この問題は明確な「解決策」を必要とした。まず第一に、誰がユダヤ人評議会を管理するのかが決定されなければならなかった。すなわち郡管区長なのか、知事なのか、市管区長なのか、あるいはことによると保安警察でさえあるのか。シュトレッケンバッハが保安警察を推薦するときはいつも「実際的な理由」からであった。おそかれはやかれユダヤ人問題に付随するすべての問題は、とくに「強制執行権」を必要とするときはいつも、保安警察にゆだねられた。そのうえ、保安警察だけがユダヤ人に影響を及ぼす諸条件について持続的に認識をもっていたことは経験が物語っていた。このことは保安警察がいわば成果をかすめ取りたがっていることを意味するものではまったくなかった。保安警察はユダヤ人の財産には興味がなかった。それはドイツからすべての資金を得ており、私腹を肥やそうとは思っていなかった。それゆえにシュトレッケンバッハは、ユダヤ人評議会、「それとともにユダヤ人社会全体」が保安警察の監督下におかれること、ユダヤ人社会にたいするすべての要請が保安警察によって扱われることを提案した。ユダヤ人社会がこれまでどおりにさらに食い物にされるならば、いつか総督府は数百万人のユダヤ人という重荷を負わねばならなくなるだろう。結局、ユダヤ人はたいへん貧しくなり、総督府には裕福なユダヤ人が存在せず、ただ「ユダヤ人プロレタリア階級」だけが存在することになる。したがって自分は保安警察への権限の移譲を歓迎する、と。たしかに、保安警察はけっしてこの余分の負担を背負いたがってはいなかったが、現行制度が「当を得た」ものでないことは経験が物語っていた。

　この発言が終わっても、フランクは沈黙していた。ルブリン知事ツェルナーが管轄地区の状況を説明した。彼はフランクが発言しなかったので、保安警察の人員が不十分なためユダヤ人評議会を統制することができない、とだけほのめかした。ツェルナーが言い終えてから、クラカウ知事ヴェヒターが発言し、そのなかで彼は、ユダヤ人問題において民政は保安警察抜きではやっていけないし、逆に、保安警察は文民の組織抜きで行動することができないと指摘して、遠回しにシュトレッケンバッハの見解を当てこすった。ヴェヒターは、慎重に、おそらくその二つの機関は協力できるだろうとほのめかした。最後にフランクが腹蔵なく発言した。彼はそっけない弁護士言葉でシュトレッケンバッハの提案をはねつけた。「警察は国内の秩序を維持するための帝国政府の武力なんだ……警察は自己目的をもっているわけではないんだよ」[102]。

　警察側の初手は失敗した。それでも挑戦は行われ、つづく数年間に、ユダヤ人をめぐるせめぎあいが絶えずつづくことになった。最後に警察は勝利したが、その報償は死体の山であった。

　三つの準備段階——標識化、移動の制限、ユダヤ人統制機構の設立——が民政の初めの数カ月のあいだに取り入れられた。しかしそれからゲットーの設立が本格的に始まるまで一年かかった。ゲットーの設立、正確にいうと、閉鎖されたユダヤ人地区の創設は分散化の過程であった。そのイニシアティブは市町村では管轄権を有する市管区長か郡管区長が取り、また主要なゲットーの場合だけ知事かフランク自身が取った。

　ワルシャワ地区陸軍司令部は以下のような不満をもらしてい

た。すなわち各郡管区長は自らの管轄下の郡のユダヤ人を集める方法について決定することを許されていたので、移住者群は統一した映像を提示しているというよりも、あちこちと絶えず動いている印象を作っている、と。[103]都市では統一した計画化はまったく問題にならなかった。複雑な人口分布、交錯する経済活動、そして入り組んだ交通ということだけからでもそうであった。

当初のいくつかのゲットーは一九三九年から四〇年の冬期に編入地域で姿を現わした。[104]最初の主要なゲットーは一九四〇年四月にウーチ市で創設された。翌春、ゲットーの設立はゆっくり総督府内に広がっていった。ワルシャワのゲットーは一九四〇年十月に創設され、[105]ワルシャワ地区の小規模のゲットーは一九四一年のはじめに設立された。[106]クラカウ市に残留するユダヤ人のためのゲットーは一九四一年三月に設立された。[107]ルブリンのゲットーは一九四一年四月に設立された。[108]二つの分離した地区に形づくられたラドムの二重ゲットーはその同じ月に完成された。[109]ラドム地区内のチェンストホバ[110]とキエルツェ[111]のゲットーもそのころ成立した。一九四一年八月に、総督府は五番目の地区ガリツィアを獲得したが、それはドイツ軍がソ連からもぎ取った地域であった。ガリツィアの首府リヴォフは一九四一年十二月にポーランド第三の規模のゲットーの所在地になった。[112]総督府におけるゲットーの設立は、全体として、その年の終わりまでに完了した。[113]ほんの二、三のゲットーの設立だけが一九四二年までかかった。[114]

ゲットーの創設について中央からはいかなる命令や計画もなかったが、その手順はどの都市でも著しく似通っていた。これはたいして驚くにあたらない。なぜならゲットーの設立の問題はたいていどこでも同じようなものだったからだ。あとに続くすべての作戦行動の原型となった最初の大ゲットーの設立作戦、すなわちウーチのゲットーの設立を見てみよう。

一九三九年十二月十日に、カリシュの行政長官ユーベルヘーアは、ゲットーの設立を準備するための「作業スタッフ」を任命した。ユーベルヘーア自身がその議長役を引き受け、ウーチの代表として上級参事官モーザー博士を代理役に任命した。作業スタッフには党員、市の役人、治安警察、保安警察、親衛隊のどくろ隊、ウーチ商工会議所、ウーチの税務署などが含まれた。準備は秘密裏に行われ、行動は不意に電撃的に行われた。これから見るように、こうした秘密主義は、多くのユダヤ人財産を「持ち主なし」のままにし、容易に押収できるようにするために必要とされたのだった。とかくするうちに多くのユダヤ人がアパートから追い出され、未来のゲットー地域に向かうように指示された。それはバルト海地域からやってきた民族ドイツ人に部屋を用意するためであった。[115]

ユーベルヘーアはゲットーを恒久的な施設とはみなさなかった。「ゲットーの創設は、もちろん暫定処置にすぎない。どんなときにどのような手段で、ゲットーから――そしてそれによってウーチ市からも――ユダヤ人を一掃するか私に任せてもらおう。いずれにせよ、われわれはこうしたペスト腺腫を焼き尽くさなければならないのだ」と彼はその命令のなかで述べた。[116]

作業スタッフはバウティ地区というスラム街をゲットー用地に選んだ。その地区にはすでに六万二〇〇〇人のユダヤ人がいたが、当市の他の地域やその郊外に居住する一〇万人以上のユダヤ人が移ってきた。[117] 一九四〇年二月八日に、ウーチの警察署長シェーファーSS少将は突如として命令を出した。ポーランド人と民族ドイツ人は二月二十九日までにゲットー用地を退去しなければならなかった。[118] ユダヤ人は集団でゲットーに移らねばならなかった。数日おきに警察署長は当市の一定の地区ごとの移転予定を発表した。その地区に居住するユダヤ人は指定された期日内にゲットーに移らねばならなかった。最初の集団は二月十二日から十七日までにその共同住宅を明け渡さなければならず、[119] 最後の集団は四月三十日に移った。それから一〇日後の五月十日に、警察署長シェーファーは外界からゲットーの住民を孤立させる命令を出した。「ユダヤ人は原則としてゲットーを離れてはならない。この禁止令はユダヤ人の最長老（ルムコフスキ）やユダヤ人の警察指導者にも当てはまる」と彼は命令し、「ドイツ人とポーランド人は原則としてゲットーに入ってはならない」とつづけた。ゲットー入構許可書はもっぱら警察署長から発行された。ゲットーのなかでも、ユダヤ人は移動の自由を許されず、午後七時から午前七時まで彼らは外出を許可されなかった。[120]

移転が完了してから、ドイツ側はゲットーのまわりに柵をめぐらした。[121] 柵には治安警察の派遣隊が配置された。秘密警察的な仕事は保安警察にゆだねられた。それは二つの組織、国家警察（ゲシュタポ）と刑事警察（クリポ）からなっていた。国家警察は、その名称が暗示しているように、国家の敵対者を相手にした。ユダヤ人はとくにきわだった敵対者であったので、国家警察はゲットーのなかに事務局を設立した。刑事警察は普通犯罪の処理に権限を有した。刑事警察の二〇人の派遣隊は結果的にゲットーを警備する治安警察に配属させられた。派遣隊の職務は闇取引を防止することであった。しかしその制度は刑事警察をいらだたせた。同僚のゲシュタポと同様に、刑事警察警官はゲットーのなかに入りたがっていたからである。したがって、刑事警察警視ブラッケンは覚書のなかで柵の向こう側に派遣隊を配備する切迫した必要性を説いた。「ゲットーには、少なくとも約二五万人のユダヤ人が暮らしており、そのすべてが多かれ少なかれ罪を犯す可能性がある」と彼は述べた。[122] だから刑事警察による「不断の監視」の必要性があった。こうして派遣隊が配備された。

行政長官ユーベルヘーアが予言したように、ゲットーは暫定処置であったが、それは移住にとどまらず、絶滅への道であった。ウーチのゲットー収容者はそこで死亡するか絶滅収容所に強制移送された。後述するように、このゲットーの解体には非常に長い時間がかかった。最終的には一九四四年八月に解体されたので、四年四カ月のあいだ存在した。これはナチ支配下のヨーロッパでどのゲットーも及ばなかった記録であった。

編入地域の境界の彼方、総督府ではゲットー形成の根拠として三つの見解があった。第一はドイツ人医師たちによって主張されたものであり、彼らは、ユダヤ人住民が発疹チフスを広めている、と確信していた。[123] 第二の主張によれば、都市居住者としての、また配給カード保持者としてのユダヤ人は、（ワルシャワ地区食糧・農業責任者の言によれば）実際的目的のためにパンを得る権利だけを許されているが、彼らは非配給食品を得ようと努め、配給品目の闇市を創出していた。[124] 第三は、ドイツ人の官吏と軍人には適切な居住空間が保証されていない、という主張であった。[125] これらに対する回答がゲットー化として現われた。しかしゲットーが設立されても、発疹チフスが密集したユダヤ人のところで増大し、ユダヤ人による闇取引が餓死を食い止めるために増大し、住居はまだドイツ人によって必要とされた。実際、ゲットー創出のための三つの原則的説明は、後年、ゲットーを解体しユダヤ人をいっせいに移送する理由として再生するのである。

ゲットーの形成は当初から容易な企てではなかった。ワルシャワの場合、それには一年を要したが、最初の一歩は三九年十一月初旬であった。そのとき軍司令官はユダヤ人の大半が居住していた旧市内の地域に「伝染病汚染につき立入禁止区域」を設営した。その区域にはドイツ兵は出入りを禁じられた。[126] ワルシャワ地区の知事フィッシャーは、早くも一九三九年十一月七日に、ワルシャワのユダヤ人（その数を彼は三〇万と見積もった）をゲットーに閉じこめたほうがよいと提案した。フランクは即座にその提案に同意した。[127] 冬のあいだにフィッシャーはヴァルデマル・シェーンの指揮下に移住課を創出した。シェーンはゲットー計画において重要な役割を果たしており、そのため計画実行の代理役に任じられた。ヴィスワ川東岸にゲットーを設立するという最初の考え（二月）は、一九四〇年三月八日の会合で却下された。その理由はワルシャワの職人の八〇％がユダヤ人であること、であったので、うまく「封鎖」できないことであった。彼らは不可欠であったのでゲットーについては疑念が表明された。[128] それゆえに食料付きの閉鎖的ゲットーについては疑念が表明された。[128]

チェルニアコフはひそかに記している、「ユダヤ人共同体が『ゲットー』を針金や柱などで囲み、のちには監視することまで要請された」。[129] ゲットーという言葉を『　』で示したのは、それがすでに確立された隔離を意味していたからである。三月二十九日、チェルニアコフは以下のように記している、ゲットーは「壁で囲まねば」ならなかった、と。翌日、彼は「壁を造ることが実際にできないこと（水道・電気・電線の施設を破壊してしまうため）」について都市司令官ライストと議論した。[130] 壁の建設は実際に四月には中止された。そのとき、ドイツ側はユダヤ人をルブリン地区に送り出すという一時的な考えを抱きつつあった。シェーンの移住課は当時、二つのゲットー設立の可能性を検討した。二つのゲットーとは、都市の経済や交通量における障害を最小にするために、西部と東部にそれぞれひとつである。しかし、この計画は、マダガスカル計画の知らせがワルシャワに到着したのちに、放棄された。[131] チェルニアコフは七月十六日、ゲットーが結局造られないことになった、と報告している。[132] とはいえ一九四〇年八月、総督府内務課の衛生係は軍隊の集結の増大を指摘しつつ、ゲットーの設営を要求した。内務課の衛生係以外の係は、ゲットー設立を黙認しつつ、ゲットーが経済的に生存できないことのないように、ゲットーを完全封鎖することにだけ反対した。

一九四〇年九月六日に、さらにもう一つの方向から圧力がかけられた。当日、フランクと上級医事参事官ヴァルバウム博士との討議において、ヴァルバウムはユダヤ人のあいだに斑点熱の発生率が高まっているという統計資料を提示した。彼によれば、ユダヤ人はユダヤ人以外の住民にその病気を蔓延させている。そうした状態を救済するには、「保健政策に関する」処置を講じること、すなわち閉鎖されたゲットーにユダヤ人を閉じ込めることが非常に重要である、と彼は結論づけた。[133] 九月十二日に、フランクは主要部局長会議でワルシャワ市の五〇万人のユダヤ人が全住民の脅威になっていると発表した。ユダヤ人にはもはや「歩き回る」許可を与えることができなかった。彼らをゲットーに連れて行かなければならない。[134] チェルニアコフは強制居住と移動の自由を結合させた「開かれた」ゲットーという希望をまだ抱いていたが、九月二十五日に決定を知った。その日、彼はその性格についてなんらの疑念ももつことなく「ゲットー」と記したのである。[135]

ワルシャワの「ユダヤ人居住地区」は一九四〇年十一―十一月に六週間以上かかって設営された。それは旧隔離地区の三分の二の広さであった。[136] この移動過程で一一万三〇〇〇人のポーランド人がゲットー地区を離れ、一三万八〇〇〇人のユダヤ人がそこに入った。[137] さらに七万二〇〇〇人のユダヤ人がワルシャワ西部からゲットーに送り込まれた。それは編入地域からのポーランド人被追放者に居住地を与えるためであった。ゲットーはT字形をしており、「アーリア」居住区が狭い南部と広い北部とを分けている地点で、もっとも狭くなっていた。その境界は、既存の防火壁を活用し保安問題を最小化するという視点で設定されていたが、最終的なものではなかった。併合主義が潜行しつつあった四一年九月中には、ドイツ人官吏のなかには、ゲットーの南部分を切断することを考える者がいた。この時点でドイツ行政機構におけるある異常な人物が異常な行動をおこした。その人物はドイツ市行政機関の主任医師ヴィルヘルム・ハーゲン博士であった。彼は市管区長への無遠慮な書簡のなかで、チフスの流行の広がりを予言し、提案されている計画を「狂気の沙汰」と断じた。[138] 南部のゲットーは存続したが、多くのブロックがはがされ、多くの壁建造が指示され、二つのゲットーの唯一の絆はいまや「アーリア」回廊となった地帯にかかる歩道橋だけであった。

ワルシャワ・ゲットーは自由な出入りを許していなかったが、当初は二八カ所に出入口があり、通行証をもった約五万三〇〇〇人が利用した。ワルシャワ地区の主任医師ランプレヒト博士は多数の許可書に反対し、それがゲットーの全目的をくつがえすと主張した。そして入口は一五に削減された。[139]

ワルシャワ警察隊（ヤルケ中佐）はゲットーを監視する責任

を負った。この任務は第三〇四大隊によって遂行され、ポーランド人警察隊とユダヤ人警察隊によって補完された。各入口には、これら各部署から一人ずつが配置されたが、内部には二〇〇〇人の保安警察が配備された。(140)

ワルシャワのゲットーが封鎖されてから、総督府の全地域の市管区長と郡管区長は先例にならった。町から町へと、地方の役人たちは同じような三段階の過程を経験した。彼らはゲットーの位置を選定し、突如として移住命令を出し、そして完成したゲットーを立入禁止にした。もちろん、いくつかの相違もあった。多くの小規模なユダヤ人共同体はゲットーの町に閉じ込められ、町全体がゲットー化した。(141)大規模なユダヤ人共同体は孤立した市街区に押し込められ、そのそれぞれが市のなかの市になった。

表6－11の統計(142)から明らかなように、ゲットーはたいていい公園や空き地のない、ぎっしり詰め込まれたスラム区域であった。小規模であっても、主要都市のただなかに設置されたゲットーは、いつも決まって交通問題を生みだした。ワルシャワでは、路面電車が路線コースを変更しなければならなかった。(143)ウーチ市の行政機関はゲットーを迂回して通る新しいバス路線を設けなければならなかった。(144)ルブリンでは、市管区長ザウアマンはユダヤ人地区の周囲に迂回路を建設しなければならなかった。(145)

ゲットーの規模・形態・立地が守備隊に対する要件をも決定した。二つのゲットーがあったグロドノ市ではユダヤ人人口はワルシャワの場合よりもはるかに少なかったが、ときには大警察隊が囲い込み地周辺に展開したこともあった。(146)最後に立地条件がゲットーを封鎖した決定要因のひとつであった。ワルシャワ、クラカウ、ノヴィ＝ソンチのようなわずかな都市だけが、その周辺を大きい中世風の壁やはめ込みの門で囲んでいた。(147)リヴォフの場合には、上級親衛隊・警察長官は四二年九月七日に、二・五メートルの高さの木製フェンスで囲み、有刺鉄線で上をおおった建造物の建設を指示した。このような事業は四七五立方メートルの材木の配備を必要とした。(148)ウーチやルブリンの場合、とりわけゲットーにおいては、有刺鉄線のついた木製フェンスが装備されていた。その他のゲットーでは、とくに小規模の場合には、境界を明示するシールドによってだけ分別された。(149)

すべてのゲットーが完全に閉鎖されていたわけではないが、いかなるユダヤ人もその範囲外にとどまることは許されなかった。例外はいっさいなかった。ウーチではポーランド人の配偶者と混合婚をしていたユダヤ人や混血児はすべてゲットーに押し込まれた。(150)一九四一年二月二十六日にソ連大使館の一等書記官ボグダノフは、ソ連の同胞たちが特定地域に居住することを強制されるのかどうかを尋ねた。外務次官補ヴェルマンは問題はユダヤ人かどうかであり、ソ連国籍のユダヤ人は他の国籍のユダヤ人と同じ扱いを受けていると答えた。(151)

一九四一年の終わりまでに、編入地域と総督府内におけるほとんどすべてのユダヤ人はゲットーで生活するようになっていた。彼らの監禁はドイツ管理機構の変化とユダヤ人官僚機構の拡大をともなった。ウーチとワルシャワではゲットーの監視の

表6-11　ワルシャワとウーチのゲットーの人口

	ワルシャワ市 1941年3月	ワルシャワの 「アーリア人」	ワルシャワ のゲットー	ウーチのゲットー 1941年9月
人口	1,365,000	920,000	445,000	144,000
面積 km²	141.4	138.0	3.36	4.14
部屋数	284,912	223,617	61,295	25,000
一部屋あたりの人数	4.8	4.1	7.2	5.8

表6-12　ウーチのゲットーにたいするドイツの統制機構

地方長官グライザー

行政長官ユーベルヘーア――ウーチの行政長官代理
上級参事官モーザー博士

警察署長――市長ヴェンツキ
シェファーSS少将　（代理：副市長マルダー博士）
（後任は
アルベルトSS少将）

ウーチ市ゲットー管理局
局長：商学士ハンス・ビーボウ
局長代理：リッベ

ユダヤ人最長老：ルムコフスキ

表6-13　ワルシャワ・ゲットーにたいするドイツ統制機構

知事フィッシャー博士

ユダヤ人居住地区　委員――取引所
アウアースヴァルト（代理：グラスラー）　ビショフ（代理：ラートエ）

ユダヤ人評議会議長
チェルニアコフ（代理：リヒテンバウム）

［注］ Yad Vashem microfilms JM1112, 1113.

ために新しいドイツ人の事務機構が導入された。[152]

ウーチのユダヤ人評議会は「ゲットー食糧経済局」の管理下におかれた。もともと、この事務局はゲットーにかかわる経済問題だけを統制していた。しかし、まもなく、その名称は「ウーチ市ゲットー管理局」に変えられ、名称の変更とともに機能の変化も起こった。管理局はあらゆるゲットー問題の処理を引き受けた。地方の政治機構におけるゲットー管理局の位置は表6－12に示されている。[153]

ワルシャワでは行政上の変化も段階的に生じた。初めはユダヤ人評議会は行動部隊IVに対して責任を負い、その後は市管区長から指示を受けた。[154]ゲットー形成過程において評議会に対する統制は、地区行政機関の移住課（シェーン）の手中に移った。シェーンはゲットーに行き来する貨物の流れを調整するために、（パルフィンガーの指揮下に）「取引所」をつくった。四一年五月一日までにユダヤ人地区担当委員がフィシャー知事によって任命された。そのポストは若い弁護士ハインツ・アウアースヴァルトが占めた。彼はそれまで内務課の住民・福祉係長であった。アダム・チェルニアコフは年齢的にはほとんど彼の倍であった。取引所は老練な銀行家マックス・ビショフ（前ウィーン・レンダー銀行勤務）のもとにおかれたが、彼は契約をしてその地位についた。[155]アウアースヴァルトービショフ行政は表6－13[156]に示した。

ゲットー化はユダヤ人評議会における広範な変形を生じさせた。評議会は本来の形態においてはドイツ行政機関とユダヤ人住民との接合点となっており、その初期の活動は労働力の供給や福祉に集中していた。ゲットーにおいては評議会議長が事実上、市長であった（チェルニアコフは市長の肩書をもっていた）。そして各評議会は市行政機関の機能を果たさねばならなかった。ユダヤ人官僚機構は、それまでは登記や財政にたずさわる少数のスタッフからなっていたが、いまや住宅、衛生、治安などの緊急の諸問題について発言するために拡大し分岐した。その機構は、有給・無給の、有資格・無資格の、誠実な・利己的な、さまざまな職員によって膨張した。そこでは情実、依怙ひいき、公然たる汚職などは日常茶飯のことであった。[157]

ゲットー間には評議会の機能範囲においても、また評議会政治の方式においても一定の相違があった。ゲットーのなかには、とくにウーチでは、商店や製造業が続けられているものもあり、ワルシャワのようなところでは、私企業の存在が特徴であった。また専断的な評議会もあり、その責任をさまざまに分担しているものもあった。[158]

住民の生活を規制したり干渉したりする権限から判断すると、ウーチのゲットーのユダヤ人官僚はおそらくゲットーの官僚全体のなかで最も全体主義的な人びとであったろう。一九四〇年にウーチのユダヤ人評議会のもとで働いた職務リストはつぎのようなものである。[159]

ユダヤ人長老

ユダヤ人長老会議

本部
- 中央交渉部
- 連絡部
- 人事部
- 会計部
- 案内所
- 葬儀部
- ラビ関係部*
- ユダヤ人長老の児童移住地担当部

登記・戸籍局
- 登記部
- 戸籍部
- 統計部

治安本部
- 法律担当部
- 四つの分署
- 二つの予備隊
- 補助警察
- 公衆衛生管理部
- 価格統制部
- 特別行動隊

消防局

郵便本局および郵便支局

ゲットー内ドイツ人・ポーランド人財産管理委員会

住宅局

財政局
- 賃貸部
- 税務部
- 強制執行部
- 銀行（本店および支店）
- 貴重品・衣類購入局

経済局
- 家屋管理部
- 家屋警備部
- 煙突掃除部
- 技術修理部
- 生ごみ・下水処理部
- 物品保管所
- 家庭用品販売部

農業局（本局および支局）

学校局

労働管理本部
- 四つの仕立屋担当部
- 二つの家具職人担当部
- 一つの靴屋担当部
- 一つの織物職人担当部

公共事業局
- 職業紹介所

建設部
食糧調達局
物品受取所
中央事務所
会計監査部
倉庫部
　野菜倉庫
　石炭倉庫
　乳製品倉庫
　食肉倉庫
　食肉冷蔵倉庫
　タバコ倉庫
パン供給部
三六の食糧配給所
一七の医師の処方箋で購入できる牛乳・バターおよび食料の販売店
一四の食肉販売所
福祉局
金品救済部
託児所
二つの孤児院
老人ホーム
肢体不自由者療養所
無宿者収容所
共同調理部
児童移住部
児童保養所
保健局
中央事務所
四つの病院
四つの診療所
歯科医院
中央薬局部と四つの薬局
二つの救急部隊
研究所
細菌検査研究所
殺菌消毒部

ウーチのユダヤ人組織は、まさにその構造において、絶滅過程におけるゲットー固有の二重の役割を反映していた。ゲットーの救命的機能は主にリストの最後の三つの部局、すなわち食糧調達局、福祉局、保健局によって例示されている。絶滅機能は本部、登記・戸籍局、そのなかでもとくに警察において最も明瞭に認められる。特徴的なことに、最もあからさまに絶滅的であった部局、すなわち警察は、その構造においてもドイツ的規範にしたがっていた。ゲットーの警察の構造をよく見てみると、治安警察のようなもの（分署、予備隊、補助警察、それに公衆衛生管理が備わった）と、保安警察のようなもの、すなわち刑事上の機能をもった価格統制部とゲシュタポの機能をもった特別行動隊に分かれていたことが明らかになる。ある点でウーチのゲットーの機構はナチスの原型よりも急進的ですらあった。つまり、ユダヤ人評議会は独立した司法部門をもっておらず、ゲットーの唯一の法律担当部は警察に組み入れられていたのだった。

ワルシャワ市の評議会はもっと複雑な方式で組織されていた。評議会の審議はワルシャワ・ゲットーでは重大であった。評議会の会合の正規の協議については委員会によって準備され、その委員会は当初は評議会メンバーによって構成されたが、結局、影響力を行使したがっていた専門家をふくむことになった。(160) 行政各部局は、その長には必ずしも評議会メンバーがついていたわけではなかったが、扱う仕事は治安、病院、保健、住宅、労働、経済、金融、社会福祉、共同墓地、訴願、教育、不動産、人口統計、会計監査、軍税、郵便事業などとともに、記録保管さえもふくんでいた。四つの重要な部局が実際には独立組織に編成替えされた。食料や石炭を分配する暫定的な部局は臨時事業機関となり、製造部門はユダヤ人製造有限会社として合体され、商業部はゲットー外への配達のための販売会社として再組織され、銀行部はユダヤ人居住地区のための協同組合銀行と名称変更された。

警察は特殊な問題であった。ワルシャワ・ゲットーの治安部隊は占領されたポーランドにおける最大のユダヤ人警察力であった（ピーク時には約二〇〇〇人）。チェルニアコフは、ゲットー行政におけるこの構成要素ではとくに専門性の必要を主張していたが、トップの地位の若干には警察経験ある人物を任命した。このような人びと、たとえば前ポーランド警察警視のシェリンスキ警察隊隊長は、キリスト教に改宗した人物だった。ゲットー運営においてこれらの人びとに特殊な役割を考慮して、チェルニアコフは彼らの仕事に関して多くの不満や抗議の声を聞き流していた。(161)

チェルニアコフの人生を複雑にさせたものはもうひとつのユダヤ人警察の存在であった。それはドイツ保安警察の支援のもとで働くことが、ユダヤ人住民から疑惑の目で見られていた、ウーチ・ゲットーのユダヤ人警察と類似のものであった。公的名称は「ユダヤ人居住地区における闇取引と価格つり上げとたたかう監視センター」であったが、俗称はレシュノ街一三番地にある本部の住所にちなんで、「一三」であった。約五〇〇人を抱えていた「一三」に加えて、もっと小規模で、同じく疑惑の目で見られていた「救急勤務」があった。四一年八月、チェルニアコフはユダヤ人地区担当委員アウアースヴァルトの援助を得て、やっかいな監視センターを解散するのに成功した。そのセンターはチェルニアコフやアウアースヴァルトの部署における司法の一体性の原則に抵触していたのだ。(162) すくなくともこの点では、ゲットー指導者たるチェルニアコフの闘争とドイツ人監視者の闘争は同一方向をめざすことができた。

ゲットーの維持

ゲットーは囚われ人の都市国家であった。そこでは地域的制限がドイツ当局に対する絶対的従属と結合していた。ゲットーの創出とともに、ポーランドのユダヤ人社会はもはや統合化された全体性をもっていなかった。それぞれのゲットーは単独化され、にわかに孤立化され、多くの内部問題を抱え、基本的生計のために外部世界に依存しなければならなかった。

原注25―

ゲットーという観念にとって決定的なものは、その居住者の完全なる隔離である。その境界を越えての人的接触は、極度に制限され、完全に切断され、唯一の機械的なコミュニケーション・ルートのなかに取り残された。そのルートとは電話線、銀行業務のルート、手紙・小包の発信や受取りのための郵便局などである。それゆえにゲットー居住者は肉体的に監禁されたのである。大ゲットーでさえ、その居住者は壁やフェンスから数分以上歩く必要はなかった。居住者は標識の星をつけねばならず、夜間外出禁止のあいだは、アパートにとどまっていなければならなかった。

ゲットーが存在するようになると、ドイツ側は行政的負担を軽減するために、ゲットーの機構と制度をただちに利用した。多くの人員を必要としてきた負担を、いまやユダヤ人社会に転化させることができたのであった。[163] だが彼らは、ゲットーをいかに維持していくか、また過去に生活を支えてきた事業や仕事を奪われた人びとが、将来、壁のかなたでいかにして自活するか、こうした問題を避けることができなかった。

ヴァルテラント大管区指導者グライザーが一九四〇年七月にフランクを訪れたとき、彼によるウーチ・ゲットーの最近の建設はまったくの臨時的措置であった、と主張した。彼は、ゲットーに収容したユダヤ人を冬を越えて維持していくことなど考え及ばなかったのだ。[164]

事実、ポーランド人とユダヤ人の財産を奪った東部中央信託局は、助成金二五〇〇万ライヒスマルクを約束したが、それはつぎのような条件においてであった。すなわち押収活動によって四倍の数字が得られうること、またゲットーの引き払いは一九四〇年十月までには行われることであった。[165] もちろんゲットーは解体されなかった。局長ヘディング（大蔵省所得税担当責任者）は八月に状況を検討して言及した、ユダヤ人はその処分可能な財産を使い果たすやいなや、商品を生産したり、彼らが入手したものの見返りに労働したりせねばならないであろう、だが、その全生産物は、彼らが受け取る商品価値の二〇パーセントにしか匹敵しないであろう、と。その間ウーチ市は、保健・消毒・移送の支出に対して、その配達物価格の一五パーセントを取っていた。ところがウーチはドイツ帝国に編入された領土の一部であったので、大蔵省代表としての上級財務長官は、税金の代わりに付加金三パーセントを徴収することをのぞんだ。[166] その要求は市当局からの反対に直面した。

ウーチにおけるこのような経験こそ、総督府の専門家たちが数カ月にわたって研究していたものであった。それは、彼らがワルシャワ市におけるゲットー化を推進する以前のことであった。[167]だが一九四〇年十一月にゲットーが完成すると、四一年四月の二つの会合で以下のことが議論された。すなわち食料・石炭・水・電気・ガス・家賃・廃物除去・税金などの支払いをどのようにして可能にするのか、また公的機関やポーランド人債権者に負っている負債をどのようにして払うのか、と。

ワルシャワ知事フィッシャーは考えた、ウーチでは機械や原料をゲットー敷地から除去するという失敗をしたが、ワルシャワにおける展開は予想以上に良好である、ゲットーのユダヤ人は用具をもっており、ポーランド人企業のために働き、家賃を支払い、十分な食料ももっている、と。[168]だが発券銀行担当のペルシュは異論を唱えた。彼はいう、ウーチ・ゲットーは一カ月に一〇〇万ライヒスマルクの補助金を得ており、ワルシャワ・ゲットーも同様に支援されねばならない、と。[169]財務長官シュピンドラーにとっては、ワルシャワ・ゲットーのために七～一〇億ズウォティの年間支出は絶対に「耐えられない」ものであった。[170]総督府の経済部長エンマーリヒはゲットーの支払いバランスのなかに根本的問題点を見ていた。彼はいう。問題はゲットー経費の経常在庫の吟味によって解決されるべきでない。なぜならゲットーは一年間区切りでつくられてはいないからである。もっと大きい時間的枠組みで考えるべきである。ポーランド人に対する負債のユダヤ人による支払いとか、ゲットーとポーランド人原料企業との競合とか、そうした問題に関するゲットーとポーランド経済の関係について考えるべきである、と。

そこでヴァルター・エンマーリヒ部長は経済学者ガーター博士を登用した。彼は生産の合理化・計画化の専門家として、ワルシャワ・ゲットーを研究してきた。彼は以下のような筋書きを提示した。まずユダヤ人六万～六万五〇〇〇人がゲットーにおいて次のような条件のもとで使役されることを前提にした。一日の生産性が平均で労働者一人当たり五ズウォティであること（想定された方式でいえば、［生産性プラス原料プラスその他のコストプラス利潤］＝管理価格による完成生産物の価値）、また一年間に七～八カ月のゲットー外の計画に従事するユダヤ人数の現行割合が維持され、彼らが現行賃金で働き続けること。このような条件が満たされるならば、一日当たり五〇万ズウォティ相当の価値もしくは一人当たり九三グロシ（一〇〇グロシ＝一ズウォティ）を所得することができる、と。また彼は以下のように強調した。この数字は最低生活条件ではないが、それは支払いバランス計画にもとづいたものである。さらにこの目標の達成はドイツの大企業の投資を必要とし、その代わりにそれらの大企業は年間三～四億ズウォティの融資を必要とするであろう、と。移住課長シェーンにとっては、この考えは「あまりに理論的」であった。[171]その後、ビショフがフィッシャー［ワルシャワ知事］によって取引所の責任者によびもどされたとき、ビショフの提起した問題は、いまは閉鎖されているユダヤ人地区の経済的自立の熱望が、満たされるかどうかということであった。[172]

悲観的に考えれば疑問視する十分の理由があった。ゲットー住民は失職していた。ゲットーの建設は経済的切断の、最後にしてどうにもならない行為であった。ユダヤ人社会は一九三〇年代にすでに恐慌によって、そして三九年に戦争によって弱体化していたが、そこへ経済的分断状況がおそってきたのである。ゲットーに残存していた工場や手工業店舗の市場は壁によって切断され、ワルシャワのくず拾いのようなブローカーは供給者や顧客からも切り離され、ゲットーの外でかつて行われていた仕事も消失していた。ゲットー経済は根底から建設しなければならなかった。

総督府の経済学者たちによって論じられていた仮説的生産は急に手の届くものではなく、どんなゲットーも理論上でさえも輸出だけによっては、自らを維持していく直接的な見通しをもち得なかった。このことは、すべての船積み荷が公的ルートを通じて送らねばならないかどうかにかかわりなく、また高値で闇市場に向けられる積み荷があるかどうかにかかわりなく、真実であろう。それゆえ当初、ゲットーの住民は必要な買い物をするためには、彼らの私的資産（主に現金、貴重品、家具、衣服など、過去の稼ぎの残り物）を用いざるを得なかった。しかし、これらの財源は限界があり、ひとたび使い果たしたり売ったりしたら、なくなってしまった。こうしてゲットーの生存は、まず減少していく個人的蓄えを補充するための生産を組織する力量、別言すれば経済的出入りのバランスを維持する不安定な事業に依存していた。

ゲットーが直面したのは外部への支払いだけでなく、内部的問題も抱えていた。そこにはわずかながらも資産をもっている者もあり、資産のない者もいた。また仕事をもっている者もいたが、失職している者もいた。いうまでもなく、こうしたアンバランスは大半のゲットー住民にとっては不気味な意味合いをもっており、再分配や平等化のためのどんな方法も困難に直面せざるをえなかった。慈善的努力はもともと限界があり、増税は事態をぶち壊した。とくにワルシャワでは多くの闇市交換（その性質上、記録はないが）によってそうであった。一般に税金は、金額が不当ならざる程度とみなされるぎりぎりのところで取り立てることができた。それゆえに歳入は類型的には大半のところ、以下のような種類の混合的税からなっていた。[173]

給与税、人頭税、軍用パン税、強制労働免除者による税、賃借税、共同墓地税、追加郵便料、薬剤報酬、登記料

パン税が重要であったワルシャワでは、歳入構造は、衣食にも事欠く者を生かすために貧者からの取り立てという様相を呈していた。このためチェルニアコフは、必要なら力をもってしても、ユダヤ人事業家から納税させることも試みた。[174]ゲットーの実業部門では彼のやり方は、彼が資本市場を崩しつつある、という憤懣を生じさせた。[175]

ゲットー金庫における慢性的な資金不足は、被傭者の賃金未払いとして「借上げ」を生じさせた。[176]ゲットーのすべての被傭

者が、たいした仕事はないにもかかわらずそれにしがみついている主要な理由は、食料配給がふえたり、その他の特権が得られるからであった。そうだとしたら、この自由なる労働は実際には労働でもなく、自由でもなかった。そうであってもチェルニアコフは、彼の治安活動が代償を得ていないことを心配した。それというのも彼はその活動が専門職業的なものであることを願望していたからである[177]。

ドイツ側はゲットー経済の能力の限界を知っており、重苦しい救いがたい貧困という状況では、安定装置としてのユダヤ人評議会の役割について意識していた。ドイツ側がゲットーを維持しなければならないという範囲内で、彼らは、基本的な必要事項を扱う評議会権限を強化せざるをえなかった。それはドイツ側の要求と指令をともに実行できなくなるのを避けるためであった。それゆえに、しばしばドイツ人官史は評議会に「譲歩」した。そして評議会が、没収されたユダヤ人資金から借用するのを認めたり[178]、もはやユダヤ人貧困者を助けていなかったポーランド市町村にユダヤ人によって払われていた社会福祉税を、ユダヤ人慈善組織に払い戻すことを考えたりした[179]。チェルニアコフがさまざまな税や手数料を徴収する許可を要望したとき、移住課長代理モーンスは、チェルニアコフの提案を支持して以下のように述べた、「ユダヤ人評議会の威信をどんな事情があろうとも高め強化することは、ユダヤ人地区の困難な行政のためである[180]」。このような思考方向は、数カ月後にワルシャワ・ゲットー担当委員アウアースヴァルトによって、はっきりと繰り返された、「欠陥があらわになったとき、ユダヤ人の憤激の方向はドイツの管理機関にではなく、ユダヤ人行政機関に向かう[181]」。

これらのドイツ側管理者たちは壁の彼方の基本的秩序を確保することに重大な関心をもっていたけれども、彼らは、ゲットーの存立可能性を決定的に弱めていた対ユダヤ人措置を取り止めることはしなかった。ドイツ側は搾取のために以下の三つの方策をとった。(1)公的・非公的ルートで生産物を輸出するゲットーの力量を侵食する没収行為。(2)労働者の搾取、これによって外部の雇い主がユダヤ人賃金の犠牲のうえに彼らの利潤を増大させることができた。(3)食料輸入の禁止、これによってゲットーが輸出収益を、パンの購買力に変えることが不可能になった。こうして多くのユダヤ人は高値で闇市のパンを買わざるをえなくなった。

ユダヤ人評議会の側はあらゆる禁止を切り抜けようとしたが、彼らは結果が決まっているゲームをしているようなものであった。それというのも、もともと問題を発生させたドイツ側が解決方法を最終的には管理していたからである。こうして評議会はもはや脱出できないジレンマに陥った。つまり彼らはドイツ側の意志を自動的に強制することなしに、ユダヤ人を救うことができなかったのだ。ユダヤ人は武器ももたずに、ひたすら希望だけにしがみついた。アウアースヴァルトはいう、「ユダヤ人は戦争の終結を待ち続け、それまではおとなしく振る舞っている。現在までに、そこにはなんの抵抗精神の兆候も存在していない[182]」。

押収

原注26–

帝国と保護領では、ユダヤ人の集中化に先だって収用が行われた。承認できる措置がある限り、官僚はまず収用を考え、その後に、ゲットー化を考えたのである。しかし、ポーランドではその逆であった。ここでは、絶滅のプロセスがハイドリヒの精巧な集中化計画とともに導入された。この計画は、ポーランド領域における反ユダヤ行動の焦点となった。そして、収用はゲットー化に関連して計画され、実行されたのである。収用はゲットー形成の一部分であった。

財産の押収、強制徴用、食料徴発は、精巧な行政的措置であった。ドイツでは、財産の収用による利益の方が、労働政策や食料政策による利益よりもはるかに大きかった。というのは、ドイツのユダヤ人社会には、財産は大量にあったが、人が少なかったからである。ポーランドでは状況がまったく逆であった。ポーランドのユダヤ人社会には財産がほとんどなかった。しかし、この財産の獲得でさえ、おろそかにされることはなかった。実際、この押収のプロセスは、この財産に関心のある機関だけではなく、自己の権力の保持と拡大に関心のある機関のあいだで、管轄権の議論を引き起こしたのである。

最初の問題は、ゲーリングが、ポーランドにおける押収措置をすべて取り仕切ろうと決めたときに、発生した。この目的のために、彼は、東部中央信託局を設立したが、この組織の本部は、ベルリンの四カ年計画庁の中にあった[183]。東部中央信託局は、すぐに、ダンツィヒ（ダンツィヒ＝西プロイセン大管区）、ポーゼン（ヴァルテラント）、ツィヘナウ（東プロイセン）、カトヴィッツ（シュレジエン）、クラカウ（総督府）に、支部を置いた。東部中央信託局の局長は、引退した市長のマックス・ヴィンクラーであった[184]。

本部をベルリンに持ち、総督府に権限が及ぶ役所の創設は、フランクの意図する行政管理の統一性を侵害するものであった。それは、彼の領域へ「侵入した統治行為」であったため、許し難いものであった。そこでフランクは、ゲーリングの行動に対して、課長プローデック博士を長とする独自の信託局を設立した[185]。ゲーリングは、この件を問題として取り上げなかった[186]。そのため、ポーランドには「二種類」の信託組織が存在することになった。一つは、ヴィンクラーを長とする、帝国編入地域を管轄する組織、もう一つは、プローデックを長とする、総督府に権限を持つ組織である。言うまでもないことだが、この両組織とも、売買によって財を手に入れたのではなかった。財産を押収し、その押収財産を、一定の優先順位にしたがって、興味を持つ買い手に売却したのである。編入地域での売却による収益は、ドイツ帝国にもたらされたが、総督府における売却の収益は、クラカウの行政府に留まった。

スムーズで効果的な押収が簡単にできるように、両組織とも準備措置をとった。帝国編入地域で法制化された唯一の準備措置は、ゲーリングの署名した、ユダヤ人財産の押収に関する一九四〇年九月十七日の命令であった。この命令の目的は、押収される財産の所有者が何らかの方法で財産を処分することを、阻止することにあった。(187)

総督府の行政官庁は、準備作業をもっと精緻に行った。一九三九年十一月までに、総督府の為替・貿易局局長は、全ユダヤ人の銀行預金と口座を封鎖した。ユダヤ人の預金者は、週に二五〇ズウォティ（一二五ライヒスマルクまたは五〇ドル相当）しか引き出すことが許されず、それ以上は、業務上の維持費として必要な場合しか、引き出すことができなかった。同時に、ユダヤ人は二〇〇〇ズウォティ（一〇〇〇ライヒスマルクまたは四〇〇ドル相当）を超える現金をすべて預けなくてはならず、ユダヤ人で負債のある者は、五〇〇ズウォティ（二五〇ライヒスマルクまたは一〇〇ドル相当）を超える額をすべて封鎖口座に払い込まなくてはならなかった。(188)もちろん、こういった措置はユダヤ人の財産の売買に水を差すことになった。そして、フランク総督の署名した一九四〇年一月二十四日の押収命令によって、ユダヤ人財産の売買は禁止された。(189)この同じ日に、総督府官庁は登録令を制定した。この措置は、一九三八年四月二十六日のドイツ帝国における命令と異なり、あらゆる財産――その中には、衣服、台所用品、家具、もちろん宝石を含む――の登録を要求していた。少量であるから許されるということはなかった。(190)

実際の押収のプロセスは、三つの段階に分かれていた。ゲットー化に先立つ第一段階では、押収は最上の部分をかすめ取ることに限定されていた。この段階では、信託組織やその非公認のライバルが、商店を略奪し、資産家の家屋を押収した。(191)第二段階は決定的であり、ゲットー化のプロセスと結びついていた。ユダヤ人は、ゲットーに移るときに、財産のほとんどを残していった。この「持ち主のいなくなった」財産が、押収された。したがって、ゲットーをどこに置くかが、この作戦の成功にとって非常に重要であったことは、容易に理解できる。ふつうゲットーの場所として好まれた場所はスラム街であった。そうすれば、りっぱな家屋や住宅、家具が残されることになったからである。しかし、この解決方法には難点もあった。スラム街には、しばしば倉庫と工場が集中していたからである。こうして、たとえばウーチのゲットーをつくる際に、最大の繊維倉庫が、計画中のゲットーの範囲内にあることがわかるといったようなことも起こった。もちろん、その土地の商人たちは困惑した。商人の一人は、「この莫大な価値のあるものをゲットーのなかに残しておくなど、意図したこととは言えまい。できる限り、品物を押収し、ゲットーの外の収納場所に保管しなくてはならない」と、書き記している。(192)それに劣らず重要な点は、ユダヤ人の移動が、まさに突然行われることであった。それはユダヤ人が呆然自失に陥り、動産のほとんどを残していくようにするためであった。ユダヤ人には、ゲットーに自分の全所有物を運び込む準備の時間は与えられなかったし、人口過密のゲットー地区で適切な保管場所を見つける時間もなかった。(193)

押収の第三段階では、信託組織は財産を管理するため、あるいは貴重品を引き出すために、ゲットーにまで手を伸ばした。この段階はそれほど収益の上がるものではなかった。というのは、諸機関はゲットーを、一時的な制度だとみなしていたからである。ゲットーを解体するときにすべてを押収する方が、隠された財産を求めてゲットーを探し回るよりも、明らかに簡単であった。したがって、ユダヤ人の移送[194]を扱う章で、押収に関することをもっと述べなくてはなるまい。

押収過程で最も興味深い点は、明らかに、買い手への財産の分配である。これは絶滅過程全体の特徴であるが、ユダヤ人の財産を取り上げるよりも、その財産を誰の手に渡すかを決定する方が困難であった。ただの物をほしがる者が多いのは常であり、ポーランドもその例外ではなかった。

編入地域ではとくに、分配が大問題になった。この地域は大規模な社会変動の舞台となった。ユダヤ人はゲットーに送られ、ポーランド人は追放された。帝国ドイツ人が*——役人であれ、一攫千金を狙う者であれ——何千人と殺到し、バルト諸国やヴォリューニア出身の民族ドイツ人*もやってきた。さらに、この地に住んでいた民族ドイツ人も忘れてはならない。彼らは、自分たちこそ、すべての物に対して優先権があると考えていた。したがって、編入地域での押収財産の分配は、非常に複雑な仕事であった。

ユダヤ人とポーランド人の企業は、徹底的な解体にさらされた。概算によると、一九三〇年に編入地域では、七万六〇〇〇の小企業と、九〇〇〇の中企業、二九四の大企業が存在していた。[195]ほどなく、東部中央信託局が、全国工業グループと協力して、良いものと悪いものとをより分けた。ウーチ地域だけで、四万三〇〇〇の非製造業企業が三〇〇〇社に削減された。[196]解体された会社は、原料と完成品の大量の在庫を持っていたので、在庫品は即座に押収機構を通じて運ばれた。原料と半加工品は、国防軍（東部総司令官・原料獲得全権ビューアマン少将）の手に渡り、軍需産業に引き渡された。[197]このように、軍にとっては一石二鳥であった。つまり、軍は、原料不足を緩和し、産業界に原料を売却することで利益を得たのである。完成品を処分するために、東部中央信託局は、管理・活用会社を設立した。この会社は、その名称が暗示しているように、まずユダヤ人の資財を獲得し、ついで売却するものであった。[198]

生き残った企業は、ヒムラーのドイツ民族性強化幕僚本部の最大の関心の対象となった。この幕僚本部は、親衛隊・警察の一二の本部の一つであった。ここの第一の任務は、新しく併合した領土において、その土地のドイツ人を強化し、ドイツ人の新たな入植を奨励することによって、その土地をゲルマン化することであった。そこで、この幕僚本部は、押収企業の分配の際に、その地のドイツ人住民やドイツ人入植者を、その地にいない帝国ドイツ人の投資家よりも優先するよう努力した。東部中央信託局が創設されるとすぐに、民族強化幕僚本部の長官グライフェルトSS少将は、ヴィンクラーのもとに連絡将校のガルケSS中佐を派遣した。次に、グライフェルトは、管財人の任命や売買の締結のすべてに対して、拒否権が行使できると主張し、それに成功した(199)（管財人は、しばしば利害関係のある買い手であったので、このような予防措置がなされたのである）。最後に、ヒムラーとヴィンクラーは、民族ドイツ人が、押収企業を入手する際に、そこにある機械設備と在庫品の価格を支払うだけでよいという点で合意した。その他の価値は支払う必要がなく、借金は引き継ぐ必要がなかった(200)。

東部中央信託局は、こうなると拘束服を着せられたも同じであった。ヴィンクラーは、とくに、あらゆる管財人の任命とあらゆる売買契約の書類をグライフェルトに提出して承諾を求めなくてはいけないという、この煩わしい義務から免れようと必死になった。しかし、この厄介払いには代償が伴った。一九四〇年七月二十九日に、ヴィンクラーはグライフェルトと新たに合意して、企業の売買に厳格な優先順位を設けた。ヴィンクラーとグライフェルトは、予想される買い手の四つの優先グループを設定した。

第一グループ（最優先グループ）は、一九三八年十二月三十一日に帝国編入地域に居住していた帝国ドイツ人（ドイツ国籍所持者）と民族ドイツ人。

第二グループは、民族ドイツ人の移住者すべて。

第三グループは、一九一八年十月一日（現編入地域がポーランド領になったとき）に、この地域での居住を放棄した帝国ドイツ人と民族ドイツ人、ダンツィヒのドイツ人すべて、および戦争のために西部ドイツから編入地域に疎開してきたドイツ人。

第四グループ（優先順位の最も低いグループ）は、その他の興味を持つドイツ人の買い手すべて。

どのグループの中でも、優先順位は第一に、参戦兵士と、ポーランド人による「殺害」から生き残った民族ドイツ人、第二に信頼できる党員と大家族、第三に戦没兵士の遺族、最後にその他の人びとにあてられた(201)。

参戦兵士を最優先にするのは、実施が少し難しかった。というのは、ドイツは戦争を始めたばかりの段階だったからである。したがって、将来の参戦兵士にゆき渡るように、押収企業を残しておかなくてはならなかった。それを行ったのが、兵士が戦争から帰ってくるまで、ユダヤ人とポーランド人の企業を経営し、拡大する目的で引き継いだ、新設のいわゆる受け皿会社であった。東部中央信託局は、何百万のライヒスマルクをこの会社に注ぎ込んで、「信託」の機能を果たさせた(202)。

民族ドイツ人の買い手側にも、資金が必要だった。したがって、民族性強化幕僚本部は農業分野を取り扱う二つの金融機関を設立した。それは、ドイツ入植会社と、ドイツ移住信託会社であった(203)。資金を必要とする他の買い手には、ドイツの銀行からの融資があった。どこにでも支店のあるドレスデン銀行は、ポーゼンに本店のある「東部銀行株式会社」という子会社を設立した。東部銀行は親会社と事実上同じ仕事を専門とした。つ

まり、信託下にあるポーランド人とユダヤ人の企業の「再民営化」を行ったのである。(204)

住居と家具について、二、三語らなければなるまい。というのは、編入地域では、企業だけでなく、住居の需要もあったからである。名目上は、東部中央信託局が、持ち主のいなくなった住居とその中身の管轄を一手に引き受けていた。しかし、実際の分配過程では、住民の自助行為がかなりの役割を果たした。ゲットーになることが決定された地区から追い出されたドイツ人とポーランド人が、持ち主のいなくなったユダヤ人の住居に引っ越していかなくてはならないことは、明らかであった。ドイツ人移住者も早急に定住したいと願った。ドイツの役人は、新しい事務所の家具をととのえるために、裕福なユダヤ人の住居を略奪した。秩序を保つため、土地の行政官はしばらくたってから、ユダヤ人の家具の在庫を東部中央信託局に報告するよう命令を受けた。(205) 残っていた家具は、中央信託局に押収され、企業に適用されたのと同じ基準にしたがって、分配された。家具は、ヴィンクラーとグライフェルトとのあいだの合意に含まれていたのである。(206)

総督府における押収過程は、編入地域における押収と同じく迅速であった。二年以内に、一一万二〇〇〇社あったユダヤ人企業は、存続する価値があると判定された三〇〇〇社に削減された。(207) 企業接収の際に、ポーランドにおけるあらゆる価値のある物件を飲み込もうとしていたドイツの企業が、リードしたようである。一九三九年七月、つまり開戦の一カ月以上前すでに、I・G・ファルベンは、「ポーランドにおける最も重要な化学企業」という題の報告書を準備していたのである。(208) あとに続くアーリア化の本質は、ワルシャワ地区の統計から見て取れる。その統計によると、一九四二年夏に、九一三の非農業企業が、二〇八人の「管財人」によって管理されており、その「管財人」の民族別内訳は、帝国ドイツ人七〇人、民族ドイツ人五一人、ポーランド人八五人、ロシア人一人、ウクライナ人一人であった。(209) ユダヤ人企業の大多数の運命は解体であった。ドイツの支配下に入って六カ月後に、たいていの企業は消え去り、ゲットーが形成されるあいだにアーリア人地区に残っていた店は閉店することになった。(210)

国家によって押収されたが、民間に売却されなかったユダヤ人の不動産管理に、奇妙な状況が生じた。ワルシャワの町では、ゲットーの境界線の両側にある、四〇〇〇軒のユダヤ人所有の家屋が没収された。ゲットーの外では、不動産が二四一人のドイツ人「全権」のもとに置かれ、その全権の下に一二〇〇人のポーランド人の「管理人」がいた。ゲットーの中では、二五二人のドイツ人「主任全権」、五七人のユダヤ人「全権」、四五〇人のユダヤ人「家屋管理人」が信託管理を行っていた。(211) 信託管理されている住居の借家人は、家賃を信託局に払い、信託局は、賃金、税金、設備費、保険金、修繕費、抵当利子、アーリア人共同所有者に対する「前払金」などのさまざまな経費を支払った。(212) 完全な解体にさらされた企業は、在庫の処分の問題しか残さなかった。総督府行政は、この問題を解決するため、各都市あるいは各農村地域に「信頼できる」ドイツ人の卸売・輸入会社を設立させ、その会社が在庫品売却の全権を持ち、闇市に何一つ流れないよう保証するようにした[213]。

ポーランドのユダヤ人財産の売却から出た利益は、明らかに巨大なものではない[214]。だから、ドイツの機関は、この略奪品に不満で、ユダヤ人が大量の財産をゲットーの中に隠したのだと考えた。したがって、ユダヤ人ゲットーが存在する限り押収は終わらなかった。ユダヤ人評議会は、ドイツ人の監督の経費を支払うよう、当然のごとく要求された。こうして、ウーチではゲットーがゲットー管理局の資金を出さなくてはならず[215]、ワルシャワではチェルニアコフに、ドイツの会社シュミット・ミュンスターマン土木工事有限会社が行ったゲットーの壁建設の主要代金の請求書が回された[216]。ドイツの役所のさまざまな要求を満たすために、ゲットーから徴発することは、これとは別のよく行われた措置だった。たとえば、ワルシャワ・ゲットーのユダヤ人評議会経済部は、タオルやシーツのような通常の品物を定期的に提出しなくてはならなかった[217]。ドイツ軍が一九四一年十二月にロシア戦線で最初の冬と直面したときには、親衛隊・警察は、ユダヤ人の持っている毛皮をすべて、ゲットーの中に特別に作った収集所で引き渡すように命令した[218]。収集所の前には長い列ができ、ユダヤ人評議会の全職員が、外套、外套の裏地、毛皮、毛皮の襟巻を数える作業に追われた[219]。ドイツ人側での数える作業は長いことかかった。その結果、大量の毛皮がクラカウの中央倉庫に一九四一年三月二十三日まで、つまり早春まで、山積みにされることになった[220]。

このような組織的押収に加えて、かさばらず何らかの価値があるかもしれないほとんどあらゆるものを、ゲットーから奪う試みが、周期的に行われた。一九四〇年にすでに、いくつかの機関は、隠されたゲットーの宝を「発見」する仕事に忙殺されていた。このような活動は、「サボタージュ」と「腐敗」の糾弾にいたった。ウーチでは刑事警察の派出所がゲットー内部に作られていた。有利な地位を利用して、この派出所は、大量の品物や金《きん》や貴重品を取り上げたので、ゲットー管理局は、「サボタージュ」を嘆かなくてはならないと思うまでにいたった[221]。一九四〇年十月二十三日、刑事警察とゲットー管理局は合意に達し、ゲットーの中で派出所によって押収された品物はすべて、ゲットー管理局に引き渡されることとした。その代わり、もし刑事警察の職員が、特定の品物を「考慮」してそれを評価額で購入したいと思うときには、ゲットー管理局は異議を唱えないと宣言した[222]。

親衛隊・警察は、形勢が逆転したとき、これほど思いやりがなかった。ヒムラーは悪習を憎んでおり、彼が最も憎んだ悪習は、汚職であった。一九四二年三月五日に、ヒムラー、ボルマン、ラマースは、「内輪で」いくつかの「問題」を話し合うために、フランクと会った。この話し合いの目的は、「このようなことで総統を煩わせることなく」、この問題を解決することであった。フランクは、ひどく守勢に立たされ、「芝居がかった態度で」、自分の仕事と汚職のことを語った。申し立てによれば、彼が「汚職の長」であった。フランクは、このような糾弾に耐えるつもりはなかった。そこでヒムラーは、けなす口調で、総督府行政全般について語り、ゲットーでの私人による売買のせいで、「ありえない」状況が起こっていることを指摘した。さらに続けて、ヒムラーは、総督の姉妹であるフランク嬢が、個人的にユダヤ人と交渉していることや、フランクの司令部の「城」が、ゲットーからの品物で満ちていること、この品が「恣意的」な値段で獲得されたものであることなどを非難した。次に、ヒムラーはラドムの知事ラッシュ博士の「とてつもない汚職」のことを語った。フランクは、ルブリンの親衛隊・警察長官グロボツニクの召還を要求して、応戦した[223]（ちなみに、ラッシュとグロボツニクは、ヒムラー＝フランク戦争の犠牲者となった）。この間に、信託局は、ゲットー・システムの解体から、第二の、今までより大きな利益を期待した。しかし、のちに触れるように、彼らは失望することになった。

労働の搾取

原注28-

ポーランドにおける収用には、三つの要素があった。ポーランド・ユダヤ人は貧しかったので、押収は、財政上その他の点からみて、収用の中で最も重要性が少なかった。明らかに、ドイツ帝国、オーストリア、保護領の八〇万人のユダヤ人が持っていた財産は、編入地域と総督府の二五〇万人のユダヤ人が持っていた財産よりも多かった。ドイツ人にとって、ポーランド・ユダヤ人の経済的重要性は、その人数に表わされていた。二五〇万人は重要な生産要素であった。ユダヤ人が、調達可能な熟練労働力の中で、並外れて高い割合を占めているポーランドでは、これはとくに当てはまった。

ポーランド戦の最初の衝撃は、大量の失業者を生み出した。経済全体が破壊された。こうして、占領初期には、二一五万人の人が職を失い、六四二万人[224]（失業者とその扶養家族）がこの大変動の直接の影響を受けた。この時期には、強制労働システムの必要はなかった。しかし、ドイツ人にとっては、何千ものユダヤ人が「ぶらぶらしている」光景は、すぐに対処しなくてはならない挑戦状であった。占領が始まって二、三週間のうちに、軍部と文官の役所が、路上でユダヤ人を捕まえ、強制的に、割石を片付けさせたり、戦車よけの溝を埋めさせたり、雪かきをさせたり、その他のあらゆる緊急の仕事をさせた[225]。

一九三九年十月二十六日、総督府行政は、この種の強制労働を一般原則にした。同日の日付の命令は、ユダヤ人は、「強制労働部隊」での労働の義務があると規定していた[226]。この強制労働部隊は、「ユダヤ人部隊」とも言われたが、ポーランドにおける労働力活用の最初の形態であった。ある事務所でユダヤ人が必要なときにはいつでも、ユダヤ人が路上で捕まえられ、隊列に組織されて、仕事につかされた。仕事が終わると、ユダヤ人は解散させられ、その翌日にまた同じプロセスが最初から始まったのである[227]。

ワルシャワのユダヤ人評議会は、路上で捕まえられて労働を強制されることを、最初の議題にした。評議会は、ドイツ人が必要な時にはすぐ使える労働軍団を作った[228]。クリューガーは、この措置に、一九三九年十二月二日の命令に署名することによって、法的効力を与えた。それによると、あらゆるユダヤ人評議会は、強制労働部隊を組織する権限を持つことになった[229]。ワルシャワの労働軍団の一日あたりの平均的な人数は、八〇〇〇から九〇〇〇人であった[230]。冬のあいだ、この労働軍団は、あらゆる実際的な目的のために働き、町の除雪や街路の清掃を行った[231]。

　ドイツ人はこのシステムを歓迎したように見える。こうして、労働力を必要とする事務所はみな、自分の希望をユダヤ人評議会に直接知らせるか、あるいは、警察や管轄の郡管区長やその地の市管区長を通じて、間接的に知らせた。ユダヤ人評議会の役員の机の上に掲げてある図には、しり上がりに上昇する直線が描かれていて、強制労働部隊の利用の増加を示している[232]。ドイツ人の証人の報告によれば、「今日、総督府では、ユダヤ人部隊が、鍬《くわ》を肩に担いで、ドイツ人の先導なしに田園を行進しているのを見ることができる。隊の先頭にも同じく、ユダヤ人が行進している[233]」。フランク総督は、まるで自分がユダヤ人を改善したかのように恩きせがましい口調で、ユダヤ人の勤勉さをほめたたえた。「彼らは、すばらしくよく働く。仕事に殺到しさえする。また、『城』〔総督府庁〕で働くことが許されると、ほうびをもらったように感じる。ここには典型的な東方ユダヤ人はいない。ここのユダヤ人は働いている[234]」。

　しかし、二、三の問題が未解決のままであった。いくつかの機関はこの新しいシステムを無視し、路上でユダヤ人を捕まえ続けた[235]。ガリツィアのラッシュ知事は、ユダヤ人が重要な企業に雇用されていてもおかまいなしに引ったてられ、身分証明書を取り上げられ、路上の仕事という不適切な仕事につかされていると、苦情を述べた[236]。一九三九年に、総督府の上級親衛隊・警察長官のクリューガーは、総督府のすべてのユダヤ人を、その職業、年齢、性別、その他のデータをつけて登録する総目録の作成を提案していた[237]。この計画の背後には、強制労働システム全体を引き受けたいというクリューガーの希望が潜んでいた。しかし、フランクは、親衛隊・警察に何の特別な権限も認めなかった[238]。クリューガーはすでにこの件に関与していたので、フランクは、労働力調達の件では、市管区長と郡管区長が、保安警察・保安部と「密接な接触を保って」行動することだけには合意した[239]。一九四〇年末頃、総督府の労働局は、総目録を作成し始めた[240]。しかし、この作業は理論的な意味しか持たなかった。

　ユダヤ人労働部隊は、廉価な労働力源であった。ドイツ人雇主からの支払いは、仮にあったとしても、不規則であった。クラカウでは、市の行政がユダヤ人評議会に、労働に対する少額の支払いをしたし[241]、ワルシャワでは一九四一年春に、主なドイツ人雇主であるドイツ軍騎兵大尉シューが（彼は屑収集にユダヤ人を使っていた）、自分は「奴隷」を望んでいるのではないと言い、結局、労働者一人当たり一日二ズウォティの金額をチェルニアコフに支払った[242]。したがって、労働部隊に給料を支払う主たる責任は、ユダヤ人評議会が担うことになった。評議会は、一般的な方法である付加税と労働登録料を課すことによって、さらに、労働免除料の制度を作り出すことによって、この問題の解決を試みた。労働免除料制度というのは、労働登録可能だが、自分の自由を金であがないたい男たちから金を徴収するもので、ワルシャワの場合、「社会的に活動している」者や困難な状況の場合の割引を含めても、一カ月六〇から一〇〇ズウォティにのぼった。[243]

一九四〇年夏に、総督府の労働局長のフラウエンドルファーは、ユダヤ人労働者には、平均的ポーランド人の賃金の八〇パーセントを支払うように指令した。彼が議長となって開いた、総督府の代表者と地区の労働部局の役人の会議で、この政策はユダヤ人の報酬があまりに多いと批判された。フラウエンドルファーはこの政策を擁護して、ユダヤ人の労働力を保持するのが必要不可欠だと根拠づけた。[244] しかし、彼の方針は現場レベルでも反対にあった。ルブリンのプワヴィ地区では、国防軍がユダヤ人をポーランド人に代えたし、[245]チェンストホヴァでは、市管区長が、なぜユダヤ人評議会あるいは「ユダヤ人総体」が、強制労働者に支払う資金をもはや持っていないというのか、理解できないと断言した。彼の意見によれば、チェンストホヴァではこうではない、したがって、この指令は場所によって削除できると思われ、自分はそのように行動する、というものだった。[246]

ユダヤ人がソスノヴィエツ、ベンジン、ドンブロヴァの町に集められていたオーバーシュレジエンでは、行政長官のシュメルトが、非ドイツ人労働者に関する大管区全権という権限で、一万人のユダヤ人部隊を工場に送り込んだ。そこでは、ユダヤ人労働者は、非ユダヤ人の従業員と分けられ、幾分賃金のよいユダヤ人職長の監督のもとで、通常賃金の七〇パーセントで働いた。シュメルトがここの工場のシステムを、訪問に来たスロヴァキア代表団に説明した。もし、ユダヤ人職長が指定された生産ノルマを満たさなければ、彼自身労働部隊の一員となって働かなくてはならなくなる、だから、ユダヤ人職長はユダヤ人労働者を「残酷な手段」[247]で労働にかりたてている、とシュメルトは説明した。

ユダヤ人労働部隊は、労働配置の最初の形態である。この形態は、一日ごとの緊急の仕事や、若干の建設作業にのみ適していた。時がたつにつれ、労働部隊から、新たでより恒久的な強制労働のタイプが生じてきた。それは労働収容所である。[248]

労働収容所は、ユダヤ人を巨大な事業へ大規模に雇用する目的で設立された。大規模事業のための最初の提案は、特徴的なことだが、親衛隊全国指導者・ドイツ警察長官ハインリヒ・ヒムラーから出てきた。一九四〇年二月に、ヒムラーは、陸軍総司令官フォン・ブラウヒッチュに、赤軍と直面して、東部で新たに作られた戦線に沿って、塹壕を掘るよう提案した。この建設のために、ヒムラーはすべてのポーランド・ユダヤ人を使うことを夢みていた。[249]

その後の計画のあいだに、ヒムラーの塹壕計画は、少し縮小された。塹壕は、赤軍の侵攻を持ちこたえられる川のない、ブク川とサン川のあいだの地区に限定された。この計画は、当初予想していたような何百万人ものユダヤ人労働力を必要とはせず、たった数千人で足りた。労働収容所は、ベウジェッツとプラゾフおよび二、三の他の地域に建てられた。一九四〇年十月までには、事業は終わろうとしていた[250]。

しかし、ヒムラーの塹壕計画は、ほんの手始めだった。ルブリン地区の行政は、大きな河川整備と運河建設の事業に着手し、そのために四五の収容所に分けられた一万人のユダヤ人を使用した（事業の総監督は建築官のハラーであった[251]）。ワルシャワ地区でも、同様の耕地整理の計画が一九四一年にスタートした。約二万五〇〇〇人のユダヤ人がこの事業に必要とされた[252]。一九四一年半ばまでに、オーバーシュレジエン全権のシュメルトは、五〇〇〇人のユダヤ人をグリウィツェ＝オポレ自動車道路に沿って、日給五〇ペニヒで重労働につかせた[253]。結果、労働収容所がオーバーシュレジエンに点在することになった。シュレジエン最大の収容所は、三〇〇〇人のユダヤ人を収容するマルクシュテットの収容所だった[254]。ヴァルテガウでもユダヤ人の「外部投入」の大計画が存在し、一九四〇年にパビアニツェとレーヴェンシュタットに収容所が建てられた[255]。

最初は、収容所の住人は、戸外の仕事のみに使われた。たとえば、戦車よけの塹壕掘りとか、運河建設や河川整備、道路や鉄道の建設などである。のちになって、工業の企業がいくつかの収容所に入ってきて、収容所が工業施設の近くに作られた。こうして、収容所での労働が恒常的な制度へと変化し、工事計画に依存するものではなくなった。ユダヤ人労働力を工業に使うことがユダヤ人の移送にどのような結果をもたらしたかは、次の章で論議する。

労働部隊の場合と同じように、ユダヤ人の収容労働者は、ユダヤ人評議会が人員を集めた[256]。また、労働部隊と同じく、収容所のグループには、ユダヤ人の「監督」と「グループ・リーダー」がついていた。さらに、強制収容者の残してきた家族の記録を保管することによって、収容者の適切な行動が保証された。この人質政策に呼応して、ウーチのドイツ行政府は、「外部雇用」は第一に一家の長に当てることを決定した[257]。結果として、収容所やユダヤ人の労働部隊を監視するために、大量の警察力を派遣する必要はなくなった。親衛隊・警察の職員の数は足りなかったが、民族ドイツ人の補助警官[258]や、監視・警備会社の社員[259]、突撃隊員、兵士、トット機関（建築に関する国家機関）の職員[260]、ポーランド人の職長[261]によって補充された。

労働収容所の費用は非常に安くあがった。収容所の衛生設備は、「当然、かなり原始的」であった[262]。満員の宿舎の硬い床の上で寝なければならず、衣服は支給されなかった。食物は、ある収容所では最も近くのユダヤ人評議会が、他の収容所では地区の行政が支給したが、労働者の粗末な食事の主な内容は、パン、水っぽいスープ、じゃがいも、マーガリン、肉の残りかすしかなかった[263]。明け方から夕暮れまで、週に七日働かされ、ユダヤ人は破滅の瀬戸際まで追いやられた。ある生存者の報告で

は、四〇〇から五〇〇人しかいない小さな収容所でさえ、毎日およそ一二人の死者がでたという。(264)

収容所の財政面はそれほど複雑ではない。ドイツの役所は、どんな賃金も払う必要はなかったので、公的な事業主は、ユダヤ人労働者を自由に際限なく搾取した。民間企業は、ユダヤ人労働を使う「資格」がなかった。総督府では、民間企業は、一九四二年以前には、収容所に入り込んでいない。編入地域では大管区ごとに一名の労働管理官が、ドイツ人労働者の一般的賃金よりもかなり低い割合で賃金を払うように、企業に指令した。しかし、この削減された賃金でさえ、完全にユダヤ人収容者に払われたとは言えなかった。大量の金が、ドイツ帝国の地方支所に、収容所の「維持」費用としてプールされていた。通例、地方長官兼州長官が、この処理のなかで利益を得ていた。(265)

収容者の労働は非常に安くあがるので、官僚は、計画が終わったときにユダヤ人労働者をゲットーに戻すことを、時として怠った。多くのユダヤ人収容労働者は、二度と町に帰ることはなかった。ユダヤ人労働者がある収容所で必要なくなったときは、他の収容所に移されるだけだった。ルブリンの地方職員の報告を見ると、ユダヤ人収容者の労働に対する官僚の態度が明らかになる。一九四〇年十月に、ベウジェッツの労働収容所が解体された。何千というユダヤ人が他の場所に送られた。ある列車が九二〇人のユダヤ人を乗せて、フルビエショフの町に向けて出発したが、このことを報告した職員は、見張りが、親衛隊員か民族ドイツ人の補助的な自衛団かさえ知らなかった。列車がフルビエショフについたとき、五〇〇人のユダヤ人しか乗っていなかった。残りの四〇〇人は行方不明であった。「これほど多くの人数をうまく射殺することは無理なので、ひょっとしたら、行方不明のユダヤ人たちは、一定の金を支払って解放されたのではないかという疑念を耳にした」と職員は報告している。九〇〇人のユダヤ人を運ぶ第二の列車は、ラドムにそっくりそのまま到着したことを、職員は続けて報告している。第二の列車のユダヤ人は、ルブリンの住人であった。彼らを送り返すことは、とても難しいだろうと、彼は述べている。(266)

ポーランドにおける労働搾取の体制は、三つの要素から成り立っていた。（1）強制労働部隊。これは、間に合わせの考案物にすぎないが、費用が安いので、存続した。（2）労働収容所。これは、労働部隊の副産物であるが、すぐに重要性において労働部隊を凌駕した。（3）ゲットーの労働システム。

本来、ゲットー労働の活用には、二種類があった。ゲットー独自の職場のシステムと、民間企業による雇用である。ゲットー独自の職場は、ゲットーでの雇用の一般的な形式であるが、実際には、ドイツ側監督機関の厳しい監視の下で、ユダヤ人評議会が経営した。ウーチにあった最大のゲットー企業は、ラーデガストに専用の鉄道駅があり、そこから、毎日七〇～九〇両の貨車が荷物を積んで出て行った。(267) そこでは、四人なみの食事と「考えられうる限り簡素な生活形態」と引き換えに、「あらゆる種類の安価な製造品」を手に入れることができた。この基礎の上に、当地のゲットーはゲットー維持費をまかない、一九

四一年末までに、ウーチ市に「侮りがたい額の利益」をもたらしていた。(268)

ゲットーの労働力を活用したいと願う民間企業も、生産コストの大幅な削減を期待することができた。ワルシャワの外貨取引所長のビショフが、月例報告の中で書いているように、実際、賃金は「わずかな重要性」しか持たなかった。(269) しかし、ドイツの企業はゲットーに殺到しなかった。ワルシャワ・ゲットーの工業化の歩みは遅く、ゼロから始まって、一九四二年の春と夏に加速したに過ぎない。ゲットーでの製造を増やそうという試みは、繰り返し現われる多様な問題によって妨げられた。その問題の中には、停電とか、ゲットー境界線の変更による移転、ワルシャワの軍需司令官による徴発などがあった。労働者の飢餓状態は挙げなかったが、それは、ビショフが、(軍需工場と重要な輸出企業の場合) 工場に追加配給の割当をすることによって緩和しようとしたからである。(270) ビショフは貪欲に、ヴァルター・テベンスや、シュルツ社、ヴァルデマル・シュミット、アストラ製作所といった、ドイツ人や民族ドイツ人の企業を募ったが、これがうまくいきそうもないと悟ると、ユダヤ人の資本家精神さえ鼓舞した。ユダヤ人の税の違反は許されたし、(271) 投資のための資金は、封鎖された口座から解除された。(272) その結果、ユダヤ人の会社の生産量の方が、最終的には、ドイツ人の会社の生産高よりもずっと多くなった。(273) しかし、ユダヤ人企業は、ポーランド人の会社と闇取引したので、ビショフは非常に立腹した。彼は、こういった取引の誘因を取り除くために、理性的な――つまりもっと高い――価格を認めるように価格統制局に働きかけた。(274) その問題をじっくり考えたあとで、ワルシャワの価格監督官マイゼン博士は、提案された契約価格は、本当に「支持できない」ものであるから、取り消すべきである、とマイゼンは報告している。「ユダヤ人地区の将来起こりうる解体の時まで、その地区をもっとも円滑にそして財政的にもっとも負担をかけずに保持していくこと」に、ドイツの役所が関心を持っていることを認識はしていたが、マイゼンは、価格構造をきちんと保つことの政治的重要性に配慮しなくてはならなかったのである。(275) ビショフは闇取引を抑えなかったので、ウーチのゲットー管理局が行ったように、[ワルシャワ] ゲットーの生産力をドイツ人の利益の極大化に利用できなかった。しかし、ウーチのドイツ人官僚が行ったと同じく、ビショフはいつもゲットーに十分な食料と燃料を送ることをさぼって、コストを抑えることができた。この役人の行動が引き起こす食料不足に苦しむユダヤ人住民にとって、闇取引はほとんど救いにならなかった。密輸物資の売人が博愛主義者であることは、めったになかったからである。

ワルシャワ・ゲットーの半ば統制された経済は固定したものになっていた。ドイツの政策決定者たちの方針を変えるようなことは何もなされなかった。経済本部のエンマーリヒ博士は、一九四一年十月十五日に、もしユダヤ人ゲットーの住民の「生存能力」を維持したいのならば、補助が不可欠だと断言した。しかし、彼ははっきりとこう言った、自分は、ゲットーそのものに反対しているのではない、ゲットーは、一時的な強制収容所なのだ、と。[276]ワルシャワ地区のフンメル副知事が、一九四二年六月十八日に記録しているところによると、ゲットーは補助を「必要としない」ほど、「活発になって」いる。ゲットーからの輸出は、公式・非公式の双方とも、「よかれあしかれ」ゲットー収容者の生計をまかなっている、と。[277]

ゲットーにおける合法・非合法取引の混合体を目にすれば、ゲットーの経済活動の包括的基準はたった一つしかない。それは、就業者の数である。ビショフがワルシャワに来たときに、彼は、アウアースヴァルトがフィッシャー知事に対して、一七〇〇人のユダヤ人しか「公的事業」に従事してはならないと言っているのを聞いた。[278]一九四一年九月には、三万四〇〇〇人足らずしか、経済活動をしていなかった（そのうちの九〇〇〇人は、ユダヤ人共同体やその付属組織の職員だった）。[279]しかし、一九四二年七月十一日までに、労働力は九万五〇〇〇人に上り、[280]就業率は五〇パーセントに近づいた。たしかに、この数字は、総督府の経済官僚の想定した理論的生存レベルを表わしていたが、まさにゲットー住民の移送が始まった月に、この数字が達成されたのであった。

ゲットー独自の職場への労働動員は、ワルシャワの個人企業に動員されるよりも、厳しかった。たとえばウーチでは、「ユダヤ人の長老」ルムコフスキに、無償労働のために全ユダヤ人を集める権限が与えられていた。[281]一九四二年半ばまでに、ウーチ・ゲットーのユダヤ人は、交代制で働いていた。もはや息子は父に会えず、夫は妻に会えなくなっていた。[282]オッペルンでは、全ユダヤ住民が労働グループに分けられて、特定の一角に住居を割り当てられるほど、統制が行き届いていた。大工はある地区に、洋服屋は別の地区にという具合である。[283]

独自の職場のあるゲットーが、住民に厳格な生活様式を強いた一方で、民間企業のあるゲットーは、犠牲者を経済的弱肉強食の世界へと投げ込んだ。たとえば、ワルシャワ・ゲットーには、官僚や商人、投資家などからなる上流階級の人びとがいた。この特権階級は目につくほど大きかった。彼らはナイトクラブに通い、豪華なレストランで食事し、人力車に乗っていた。[284]ドイツ人はこの設備を写真に撮り、ゲットーは裕福であるという噂を広めた。[285]しかし、ワルシャワ・ゲットーは少しも裕福ではなかった。このゲットーを訪れたドイツ人の新聞記者は、その状況を書いている。

このユダヤ人ゲットーに事務所のある組織――とくに大量の警察組織――はすべて、ここが繁栄している印象を与える。職のある人は食事ができる。商売ができる人はかなりよくやっていける。しかし、このプロセスに入れない人には、なにもなされないのだ。[286]

二つのゲットー・システムとも、生産物の種類に差はなかった。秘密を保つべきものの製造は許可されず、[287]労働集約的な事業が優遇された。したがって、典型的なゲットー製品は、以下のようなものである。制服、弾薬箱、皮や藁や木の靴、金属製品や金属加工、ブラシ、箒、籠、マットレス、容器、玩具、古い家具や古着の修繕。[288] これらの製品を買う主な客は、軍、親衛隊・警察（とくに幕僚本部と、親衛隊・警察を補助する民族ドイツ人事業所、総督府の民族ドイツ人建設会社のような労働サービス組織、そして多くの民間会社であった。しかし徐々に、国防軍が、ゲットー生産物の最も重要な購入先として浮上し、他のライバルを凌駕した。こうして、ゲットーは戦争経済の重要な一部分となった。そのため、移送の時にかなりの困難を引き起こすことになった。ドイツ人はユダヤ人労働力による成果に依存するようになっていたからである。フランク総督自身も、ワルシャワ・ゲットー開設を命令した直後の一九四〇年九月十二日に、この依存状態を認め、秘密の会議の席上で、自分の演説に対して次のようなコメントをつけ加えている。

> ちなみに、総督府のユダヤ人は、必ずしも堕落した人間とのみ言うことはできず、ポーランドの生活の全体構造のなかで熟練労働として必要な部分である。……われわれは、ユダヤ人の代わりになるように、ポーランド人に行動力や能力を教えることはできない。したがって、このユダヤ人熟練労働者を働かせ続けざるをえないのだ。[289]

たしかに、ユダヤ人には勤勉に働く強力な動機があった。自分たちが不可欠である点に、彼らの生き延びるチャンスがあったからである。

食料統制

原注31-

ゲットーの住民が生き延びられるかどうかは、まず第一に食料と燃料の供給いかんにかかっていた。食料供給の抑制と中止によって、ドイツ人はゲットーを死の罠へと変えることができた。そしてまさにそうしたのである。

ゲットーができると、ユダヤ人はもはや食料品を自由市場で買うことができなくなった。闇市での面倒な売買や密輸、ゲットーでの食物栽培――すべて大した量ではなかった――を除けば、唯一の食料供給はユダヤ人評議会が購入したものだった。食料は、工業製品が出ていく所と同じ所に入ってきた。つまり「荷物の積み替え所」であるが、それは、両替所やゲットー管理局、つまり町の行政部が設置したものである。したがって、ドイツ人にはどのくらいの量の食料がゲットーに入ったか、非常にはっきりとわかっていた。そして、食料配分は週や月ごとにまとめて行われるので、量を――机上の計算でかなりの程度――削減しようとする誘惑には、逆らいがたかった。ポーランドにおけるドイツの食料政策は非常に単純であった。略奪できる限りのものをドイツに送ることであった。ポーランド人は生かしておかれた。自動的に最低ランクに置かれたユダヤ人は生と死のあいだをさまよっていた。

一九四〇年十月二十五日ウーチで、行政長官代理のモーザー

表6-14　ウーチ・ゲットーの食料供給状態（1941年）

（単位：t）

品　物	1月30日～2月26日	2月27日～3月26日	3月27日～4月30日	5月1日～28日	5月29日～6月29日	6月30日～8月3日	8月4日～31日
パン	892	142					
小麦粉	838	1,736	2,438	1,202	1,312	1,560	1,210
肉	98	126	76	82	104	84	36
脂	38	49	55	85	70	71	65
牛乳（ℓ）	72,850	69,338	142,947	118,563	187,772	230,856	181,760
チーズ					1		
卵（個数）					192,520	190,828	14,000
魚					15		
じゃがいも	794	1,596	3,657	916	1,067	346	1,576
野菜	700	2,772	3,532	2,324	672	679	3,507
塩	90	169	132	55	105	198	97
砂糖	48	48	48	48	211	256	229
代用コーヒー	15	35	61	56	19	7	12
シロップ	76	36	37	36	35	43	36
ジャム					1	1	1
その他の食品	160	171	149	132	186	148	98
飼料	1	8	34	10	21	13	17
干し草	3	3			3	5	18
わら	3	19	9	15	35	36	11
木炭	175	28	17	25	10	49	42
石炭	2,826	2,395	997	622	723	871	634

［出典］ Oberbürgermeister Ventzki of Lodz, enclosing report with statistics, to Regierungspräsident Uebelhoer, September 24, 1941, Himmler Files, Folder 94.

博士を議長として、多くの地方官吏が集まり、ゲットーへの食料供給の問題を話し合った。モーザーは、こう指摘した。ゲットー、「つまり、ユダヤ人社会」は、非常に望ましくない制度であるが、必要悪である。ユダヤ人のたいていの者は、ドイツ人の犠牲の上に、役立たずの人生を送っているが、彼らに食料を与えなくてはならぬ。この関係で、彼らが食料経済の枠組みの中の正常な消費者とみなせないことは、コメントの余地もない。モーザーは続けて言った。食料の量は、ゲットー管理局が食料問題の専門家に相談した上で、決定しなくてはならない。食料の質に関しては、「望むらくは最も劣悪な品が」正常な取引ルートからはずされて、ゲットーに引き渡されるべきである。食料生産者が要求する価格は、非常に厳密に統制されなくてはならぬ。というのは、価格水準は、「多かれ少なかれ疑わしい品」の質と調和していなくてはならないからである。[290]

統計を見ると、モーザーの政策は、食料割当に関してウーチ・ゲットーを刑務所と見なしていたことがわかる。引き渡し量は刑務所の食事レベルであった。実際、一九四一年に、食料供給は刑務所のレベルより「下回った」。[291] 表6-14は、七カ月間の供給量である。

統計というのは心理的に誤解を招きやすい。正確に理解するためには、それぞれの数字を約一五万人によって分割しなくてはならない。こうすると、個人の一カ月当たりの割当が出る。たとえば、九八トンの肉は、一人当たり七〇〇グラム弱より少なくなり、一九万二五二〇個の卵は、一人当たり一個弱、七九三トンのじゃがいもは一人当たり五キロ半になった。一カ月分の食料がそれほど多いとはいえない。さらに、統計は食物の質を語っていない。統計では、ドイツ人がゲットーに、湿った、腐った、凍ったじゃがいもや、いわゆるB級、C級の「疑わしい」品物を運んだことがわからない。

総督府でも、ユダヤ人への食料供給は、いやいやながら行われた。ワルシャワ・ゲットーの設立直後の短い期間に、食料供給はまったく中断した。そして在庫が非常に少なくなったので、フランクは、食料事情を緩和する手段としてゲットーの解体を真剣に考えたほどだった。[292] 一九四一年五月に、国防軍はゲットーの状況を「破局的」と記している。ユダヤ人は、道路で衰弱死している。彼らの唯一の配給品は、週あたり七〇〇グラム弱のパンである。ユダヤ人評議会が数百万ズウォティを前払いして買ったじゃがいもは配送されて来なかった。疫病が蔓延し、死亡率がここ二カ月で三倍になった、と報告は述べている。[293] フィッシャーは、公的配送量が不十分だと思い、同月ビショフに対して、このような状況では、密輸の「黙認」が必要である、と述べた。[294] しかし、数週間後、チェルニアコフがビショフに対して、ユダヤ人評議会の資金を（ポーランド人の）自由市場でじゃがいもやその他の品物を買うために使う許可を求めてきたとき、ビショフは躊躇して、前任者であるパルフィンガーに意見を求めたが、返ってきた助言は、そのようなことを許可すれば、「権威が失墜」してしまうというものだった。[295] 結局十月に、フィッシャーは、ゲットーの飢餓を心配して、割当を増加するよう要請した。食料農業局長のナウマンは、この要求を却下した。彼は、一万トンの追加の小麦をワルシャワ・ゲットーに運ぶことも、肉の配給を増加することもできなかった。しかし、彼は、若干量の卵や砂糖、脂、ジャムを送ることはできるかも知れないと考えた。それに対して、フランクは、ユダヤ人には、どんな増加も認められないと意見を述べた。そのようなことは、彼にはまったく考えられないことだったのである。[296]

ユダヤ住民にとってもっと悪いことは、食料統制システムが一つでなく、「二つ」だったことである。第一のものは、外部の統制で、ドイツ人の手によって行われ、ゲットー住民の手に入る食料の総量を決定した。第二のシステムは、ゲットーの内部でユダヤ人評議会によって制度化された。この内部の統制は、ゲットーに入ってきた食料をどのくらい個々のユダヤ人に分配するかを決定した。ごく最初から、内部統制は、ある人を犠牲にしてある人の幸福を推進するというものであった。食料供給の制限が強化されると、不平等な分配は不運な犠牲者を生み出すことになった。どこでも不平等が主流であった。

ウーチ・ゲットーのように厳格に仕分けられた全体主義的な経済の中でさえ、えこひいき、盗み、賄賂が吹き荒れた。もともとウーチ・ゲットーには、各党派の経営するスープ配給所があった。社会主義者のためのブント配給所と、シオニストのためのシオニスト配給所などである。この望ましくない状況は、スープ配給所の「社会化」によって解決された。しかし、配給所で働く人は自分がたらふく食べただけでなく、儲けるために食料を盗みもしたのである。

スープ配給所の他に、ゲットーには「協同組合」形式の食料店もあった。これらの「協同組合」では、各食品の一部は定価で売られたが、残りは闇で売られた。このような状況では、金持ちだけが食べることができた。「協同組合」も、結局、社会化された。しかし、最後に、食品を商う人間は良い生活水準を享受することができた。最後に、ウーチ・ゲットーは、ゲットーには内部に組み込まれた「合法的」横領があった。追加配給（いわゆる「余分のカード」）を、重労働をする者や、医師、薬剤師、教師に分配した。しかし、とびぬけて多量の追加配給は、役員とその家族に渡った。何よりもさきに、週ごとの追加配給が店屋の窓に掲示されたが、飢えている人びとは、何が自分たちから取り上げられているのかを見るばかりだった。[297]

一九四二年初頭、ウーチのゲシュタポは、ゲットー管理局長ビーボウに手紙を送り、ゲットーがあまりに多くの食料を受け取っており、このような配当は正当化できないと伝えた。ビーボウは腹を立てて書いた返書の中で、ゲットーの疫病のことや、ドイツ軍の戦争物資を生産している労働者が衰弱している点を指摘し、最後に、このような「時間を無駄にする」手紙はやめてほしいとゲシュタポに要請した。[298]一九四三年四月十九日、ビーボウはヴェンツキ市長に手紙を書いて、ゲットーへのこのような食料供給では、もはや生産を継続できる保証にはならないと言った。何カ月ものあいだ、ユダヤ人はバターもマーガリンも牛乳も受け取っていない。スープ配給所には、B級、C級の野菜が数滴の油を入れた水で調理されており、それには脂肪もじゃがいもも加えられていない。食料費総計は、いまや一人一日あたり三〇ペニヒ（一二セント）に低下した。いままで、どんなユダヤ人労働収容所もどんな刑務所も、こんなに乏しい量でやれたためしはなかった。[299]

一九四四年初頭になると、ウーチ・ゲットーの受け取る量は、さらに少なくなった。不定期にしか品物は届かなかった。小麦粉や若干の食用油、マーガリン、塩、にんじん、かぶ、「野菜サラダ」と一緒に、若干の靴クリームや代用コーヒーが手に入ることもあったが、じゃがいもは手に入らなかった。ユダヤ人評議会の年代史家は、一九四四年一月十二日に、強い口調でこう書いている、「ゲットーは飢えている」。続く二週間のあいだに、状況はさらに悪くなった。野菜サラダは配送されず、評議会の台所のガスは止まった。外出禁止は晩から日中に変えられ、人びとは就業後の夜に買物をせざるをえなくなった。[300]

ワルシャワ・ゲットーの「自由」経済の中では、食べる食料の量は、出せる金の量に依っていた。チェルニアコフは、一九四一年十二月に、ゲットーには資本を持った一万人、自活できる二五万人、衣食に事欠く一五万人の住民がいると、見積もった。[301]「資本家」だけが闇市価格で密輸された食品の食事をたえず食べて身を保つことができた。以下の数字は、一九四一年六月時点での一ポンド（約五〇〇グラム）当たりの価格である。[302]

じゃがいも	三ズウォティ
ライ麦パン	八ズウォティ
馬肉	九ズウォティ
ひき割り麦	一一ズウォティ
とうもろこしパン	一三ズウォティ
豆	一四ズウォティ
砂糖	一六ズウォティ
ラード	三五ズウォティ

仕事を持っていたり、多少の蓄えのある人は、パンや砂糖、典型的なゲットーの野菜（じゃがいも、にんじん、かぶ）の配給品を買うことができた。一九四二年初めに、パンの基本的割当量は、一人一カ月で約二キロだった。軍需企業や重要輸出企業の従業員、ならびにユダヤ人評議会職員やほかの「有用な仕事についている」人は、総計三万一〇〇〇人だったが、彼らにはパンの配給量は二倍だったし、治安の仕事についている二〇〇〇人には、配給量は五倍だった。[303] 配給品と（それより高価な）闇物資で生きている、まあまあの暮らしの家族の、一九四一年末頃の一カ月の家計簿は以下のとおりである。[304]

実質収入（単位：ズウォティ）		実質支出（単位：ズウォティ）	
父親の給料	二三五	家賃	七〇
息子の給料	一二〇	パン	三二八
公的援助	—	じゃがいも	一一五
副収入	八〇	脂肪	五六

計	四三五

配給料	八〇
各種料金	一一
電気代・蠟燭代	二八
燃料費	六五
医薬品	四五
石鹸	九
その他	三
計	八一〇

この家族はこの月、必要家具のうち最後まで残っていた洋服ダンスを、四〇〇ズウォティで売ることによって収支の均衡をとった。

最も貧しい一五万人は、パン税を支払うことが免除されていたが[305]、わずかな配給料を調達することがなかなかできなかった。貧民や難民、貧しい子どもたちのためには、スープ配給所があり、そこでは一九四二年一月に一日当たり七〇〇〇〇食弱の昼食を提供していた[306]。

ワルシャワ・ゲットーの食料ピラミッドは、現実に、衰弱と死に見舞われやすい順に並んだ住民の列であった。アウアースヴァルトでさえ、公式報告で、配給が「大幅に不足」しており、密輸された食料が手に入るのは、資産のあるユダヤ人だけである、と述べて、この不平等の意味あいを理解していた[307]。この状況は、一九四一年末にユダヤ人ゲットーの医師が行った食料消費の研究で確認された。当時、ユダヤ人評議会の職員は、平均一日一六六五カロリー、手工業者は一四〇七カロリー、商人は一二二五カロリー、「一般住民」は一一二五カロリーを摂取していた[308]。乞食や難民は、ひょっとすると、六〇〇―八〇〇カロリーのゲットーのスープで数カ月生存することができたかもしれない[309]。一九四一年五月八日、チェルニアコフが書いたのは、「子供たちが飢死している」という言葉だった[310]。

ゲットーにおける病気と死　原注32-

ゲットーへのユダヤ人の収容は、完全な略奪行為だった。衰弱したゲットーのユダヤ人は、大した資本や貴重品を持っていなければ、どうしようもなかった。ドイツの役所は、取り上げることのできるものはすべて——毛皮や敷布、楽器など——没収し続け、ドイツ人の富を増すべく新しい価値の創造をしてくれる、ユダヤ人労働力の構築を奨励した。それでも、ゲットー・システムを維持し、ゲットーの労働者を生かしておくためだけにでも、ドイツ人は援助をしなくてはならなかった。基本的にドイツ人は、食料・石炭・石鹸の配給を、親切な行為だと考えており、このような物資供給によって、ドイツ人がユダヤ人社会を喜んで略奪しているのではなく、ユダヤ人の福祉に心ならずも貢献しているのだというイメージをかきたてるのに十分だと考えていた。ドイツ人は、この貢献度を生存最低線よりも明らかに下のレベルに下げることを躊躇しなかったし、その決定をするときには、結果を問わなかった。だからすぐに影響がはっきりと現われた。

病気は、ユダヤ人社会の収縮の表われの一つであった。一九四一年十月十八日に、ラドム地区の保健課長ヴァイゼンエッガー博士は、発疹チフスは実際上ユダヤ人だけに限定されている、と記している。その理由は、不十分な石炭と石鹼、シラミの繁殖を引き起こす部屋の中の人口密度の高さ、そして病気への抵抗力を全般的に低下させる食料不足である、と彼は記した。[311] ヴァルテガウでは、一九四一年夏の疫病が大規模だったので、市長と州議会議員は、ゲットーを解体し、一〇万人のゲットー住民を過密なウーチ・ゲットーに移すよう騒ぎ立てた。ウーチ・ゲットー管理局長ビーボウは、この案に激しく反対し、そのように大量の人間を自分のゲットーに「軽率に」移送させれば、破滅的なことになるだろう、と言った。[312] 一九四一年七月二十四日に行政長官ユーベルヘーアは、小さいヴァルテガウ・ゲットーからウーチへ病気のユダヤ人を移すことを禁じた。[313] 一九四一年八月十六日に、ユーベルヘーアは、疫病に襲われたヴァルテガウ・ゲットーに対して、思い切った措置を命令した。病気の犠牲者は完全に隔離し、すべての家屋から人を出して、そこに病気のユダヤ人を入れる、というのである。[314]

ワルシャワ・ゲットーの状況も悪化した。ワルシャワでの疫病は、シナゴーグと、何千ものホームレスを宿泊させている公共の建物から始まった。[315] 一九四一年から四二年にかけての冬に、下水管が凍結した。トイレが使えなくなり、人間の排泄物がゴミとともに路上に投げ捨てられた。[316] チフスとたたかうために、ワルシャワのユダヤ人評議会は、消毒部隊を組織し、人びとに「噴霧消毒」を受けさせ、検疫所を設け、重症の場合は病院に入れ、最後の手段として家を封鎖して病人も元気な者も家に閉じ込めた。[317] たった一つの治療法である血清は、ほとんど入手不可能であった。この薬は、たった一本で数千ズウォティもした。[318] チフスはゲットーの病気の中でとくに多かったが、唯一の病気ではなかった。ウーチ・ゲットーの年代史家は一九四四年初めに、こう書いている。病気は絶えることがない。夏には腸チフス、秋には結核、冬にはインフルエンザ。自分の「表面的な統計」によると、ゲットー住民の四割が病気である、と。[319]

ゲットーの次の上昇線は、死亡率曲線だった。ゲットーでの飢餓が猛威をふるうにつれ、原始的な生存競争が始まった。一九四二年三月二十一日に、ワルシャワ地区の宣伝局は、簡潔にこう述べた。

ゲットーの死亡者数はいまだに、一カ月あたり五〇〇〇人前後の状況である。二、三日前、飢餓による人肉食が初めて記録された。あるユダヤ人の家庭で、男と彼の三人の子どもが、数日のあいだに死亡した。最後に死んだ一二歳の子どもの肉を一片、母親が食べた。もっとも、これでも助からず、その母親も二日後に死亡した。[320]

ゲットーのユダヤ人は最後の力を振り絞って生きるためにた

たかった。人びとは、職場で、路上で倒れていった。飢えた乞食は、買物客の手から食べ物をかすめ取った(321)。しかし、持続的な栄養不良のために、ゲットー住民の多くは、もはやパンを正常に消化できなくなっていた。心臓、腎臓、肝臓、脾臓は縮小し、体重は低下し、肌はひからびていった。あるゲットーの医師はこう書いている。「積極的で活発で精力的な人びとが、無気力で眠ってばかりいる存在に変化し、いつもベッドの中にいて、食事やトイレのために起き上がることもはやできなくなった。生から死への移行は、生理学的老化から死への移行のように、緩慢で段階的なものである。そこには、何も激烈なことはなく、呼吸困難も苦痛もなく、呼吸や循環にはっきりとした変化もない。いろいろな生命機能が同時に低下してゆくのだ。脈拍と呼吸が遅くなり、患者の意識を保つのが次第に困難になり、結局死にいたるのである。人びとは、ベッドや路上で眠り込み、朝になると死んでいる。彼らは、身体を動かしていると き、たとえば、食べ物を探したり、一片のパンを手にとったときに、死ぬのである(322)」。確かに、死体が歩道の上に横たわり新聞紙をかぶせられて、墓場の荷車が来るまでそのままになっている光景は、ゲットーではありふれたものだった(323)。知事のフィッシャーは、チェルニアコフに、死体が悪い印象を与えている、と言っている(324)。

ポーランドのユダヤ人社会は瀕死の状態にあった。戦前の最後の年である一九三八年には、ウーチの平均月間死亡率は、〇・〇九パーセントだった。四一年に月間死亡率は〇・六三パーセントに跳ね上がり、四二年の最初の六カ月間で、一・四九パーセントにものぼった(325)。同じパターンが、一年に凝縮して、ワルシャワ・ゲットーにも見てとれる。そこでは、月間死亡率が、一九四一年前半に〇・六三パーセント、後半に一・四七パーセントとなった(326)。高レベルに達する点で、この両都市は似ていた。もっとも、ウーチは隔絶した閉鎖ゲットーで、独自の通貨を持っており、闇市は基本的に内部の物々交換から成り立っていたが、ワルシャワは相当規模の密輸が行われていて、それがドイツ人から「黙認」されていた(327)。両都市の出生率は極端に低い。ウーチでは出生一人につき死亡二〇人であり(328)、ワルシャワでは一九四二年初頭に、その率は一対四五であった(329)。この数字が意味することは明らかである。一カ月一パーセントの純損失を続ける人口は、たった二四年間で、当初の人口の五パーセント以下に縮小するのである。

絶対数を見ると、長く続いたウーチ・ゲットーは、二〇万人の累積人口（新たに到着した者や生まれた者を含む）を持ち、四万五〇〇〇人以上が死んだ(330)。ワルシャワ・ゲットーは、一九四〇年末から四二年九月の大量移送の終わりまでの期間に、約四七万人の住民がおり、八万三〇〇〇人が死んだ(331)。この二つのゲットーはポーランド・ユダヤ人のほぼ四分の一を収容した。そして、ウーチやワルシャワのゲットーよりも消耗率の低いところは存在したが、どんな町でもゲットー化の政策決定者にとってのは、時間の問題であった(332)。しかし、ドイツの政策決定者にとっては、このテンポでも不十分だった。ナチスは二、三十年待つことはできなかったし、「ユダヤ人問題を解決する」という課題を将来の世代に「託す」ことができなかった。彼らがこの問題を「解決」しなければならなかったのである。あれやこれやの方法で、まさにここで、この時に。

訳注

177 ラビ　ユダヤ人の宗教指導者・教師にたいする敬称。タルムード歴代のラビによる口伝的解答を中心に収録したものである。

186 帝国ドイツ人（Reichsdeutsche）　ドイツ帝国領内に住むドイツ国籍を持つドイツ人。第二次大戦が始まると、帝国ドイツ人の概念は、オーストリア併合前の旧帝国領内にいるドイツ人に限定された。これに対抗する概念は「民族ドイツ人」や「在外ドイツ人」（外国で暮らすドイツ国籍を持つ者）である。

186 民族ドイツ人（Volksdeutsche）　ナチスの用語で、ドイツ帝国領土外に住み、外国籍を持つドイツ民族に属する者。この中には、中世以来の東欧へのドイツ人移住者の子孫から、ヴェルサイユ条約による国境変更によって強制的に外国籍を持つにいたったドイツ人まで、さまざまな人たちがいた。

第7章

移動殺戮作戦

ドイツの官僚が、ユダヤ人の定義・ユダヤ人財産の収用・ゲットーへの強制収容という措置を終えると、ある境界線に達した。この線を越えると、ナチ支配下のヨーロッパにおけるユダヤ人の存在は終わるということを意味した。ドイツ側の書簡の中では、この境界線を越えることは「ユダヤ人問題の最終解決」と言われていた。「最終」という言葉には、二つの意味内容が潜んでいた。狭い意味では、絶滅過程の目的が今や明確にされたということを意味した。強制収容段階が不特定の目標への移行であったとすれば、新しい「解決」はすべての不確定性を取り払い、あらゆる問いに答えるものであった。目標が最終決定された。それは死ということだった。しかし、「最終決定」という言葉は、もっと深く重大な意味を持っていた。ヒムラーの言葉を借りれば、ユダヤ人問題の解決の必要がけっして再び起こらないようにしなければならなかった。ユダヤ人の定義・財産収用・強制収容は未完成でありえるが、殺害は取り返しがつかない。これ以後、絶滅過程に歴史的究極性という性格が与えられた。

抹殺段階は二つの大きな作戦行動から成り立っている。第一の行動は、一九四一年六月二十二日、ソ連への侵攻とともに始まった。親衛隊・警察の小部隊がユダヤ人住民をその場で殺すように、ソ連領に派遣された。この移動殺戮が始まるとほどなく、第二の行動が制度化され、中欧・西欧・南東欧のユダヤ人住民が毒ガス設備のある収容所に送られた。要は、占領下ソ連では、殺害者が犠牲者のところに出向いていったが、この地域以外では、犠牲者が殺害者のところに運ばれていったのである。二つの行動は、時期という点だけでなく複雑性においても、一つの進化を示している。ソ連から奪い取った地域では、移動殺戮部隊は、最大限の自由を与えられて、ドイツ軍が侵攻した最も遠くの地点まで足を伸ばすことができた。対照的に、移送は、多大の強制と必要条件を伴って処理されるべき、ある巨大な装置の作業だった。こういう努力は、これから述べるように、ヨーロッパ規模の最終解決を実行するのに必要であると考えられていた。

1　準備

　ソ連への侵攻とそれに伴って行われた移動殺戮は、歴史に断絶線を記した。これは通常の戦争目的をもった通常の戦争ではなかった。戦闘計画は、ドイツ軍がソ連国境を越える一一カ月も前の一九四〇年七月二十二日に、陸軍総司令部で議論されていた[1]。ソ連政府に危険を察知されるどんな最後通牒も出してはならなかった。戦争を終結させるどんな講和条約にも直面してはならなかった。戦闘目標も戦闘手段も、制限されてはならなかった。かつてない規模で陸軍兵力が集められ、まもなく「総力戦」と呼ばれるようになる戦いに従事した。

　侵攻する軍集団には、小規模で自動車を備えた親衛隊・警察の殺戮部隊が随伴していた。この部隊は、戦術上は野戦指揮官に服属していたが、ふだんは彼らの特別任務に関して自由に行動できた。移動殺戮部隊は、前線で、特別な協定の下、ドイツ軍と特異な協力関係を保って行動していた。何がこの協力関係を機能させたかを理解するためには、二つの関与組織、つまり、ドイツ国防軍と、親衛隊・警察の国家保安本部をもっと詳しく見なくてはならない。

　国防軍は、絶滅機構の中の独立した四つのヒエラルヒーの一つである。党や行政機関、産業界と違って、国防軍は絶滅過程の準備段階では、主要な役割を演じなかった。しかし、容赦な

原注34–

い事態の展開のなかで、ドイツ社会のどの部分も絶滅の作業の中に引き込まれていった。一九三三年においてさえ、国防軍は「ユダヤ人」の定義に関心を持っていたことを思い出してよかろう。その後には、国防軍は、戦争物資を生産するユダヤ人企業の収用で、影響を受けた。ポーランドでは、将軍たちは辛うじて強制収容過程と関わらずにすんだ。しかし、今や、移動殺戮行動の開始とともに、武装兵力は、自分が突然ホロコーストの中心にいることに気づいた。

　国防軍の関与は、最高司令部のトップ・レベルで始まり、そこから前線に広がった。軍機構の基本構造は、表7－1に示した。国防軍の最高司令官は、三軍の総司令官の上に立った。しかし、国防軍最高司令部から、陸軍総司令部・海軍総司令部・空軍総司令部に流れる、対応した命令のルートはなかった。国防軍最高司令部も他の三軍の総司令部も本質的にスタッフの組織であり、そのそれぞれが自分の管轄領域で計画をたてる機能を果たしていた。このため、移動殺戮部隊が侵攻する軍集団への統合は、国防軍最高司令部と陸軍総司令部との広範囲にわたる交渉ののちにようやく達成されたのである。

　陸軍の地域的組織は表7－2に示されている。この表は、三タイプの地域の司令部を区別している。つまり、帝国、占領地域、新たに侵攻した地域の三つである。大ざっぱに言えば、文民にたいする軍の権威は、帝国からの距離が増大するほど高まった。ドイツ本国では、この権威は事実上存在しなかったが、新たに侵攻した地域では、ほとんど絶対的であった。したがっ

表7-1　国防軍の絶滅機構

国防軍最高司令官
ヒトラー
——国防軍最高司令部長官　カイテル
- 国防軍指導幕僚部　ヨードル
  - 国土防衛部　ヴァーリモント
  - 宣伝部　フォン・ヴェーデル
  - 報道部　フェルギーベル
- 外国・諜報局　カナーリス（幕僚長　オースター）
  - 外国課　ビュルクナー
  - 防諜第一課　ピーケンブロック（ハンゼン）
  - 防諜第二課　ラホウゼン（フォン・フライターク＝ローリングホーフェン）
  - 防諜第三課　ベンティヴェーニ
  - 秘密野戦警察　クリヒバウム
- 経済・軍需局　トーマス
- 国防軍総務局　ライネッケ
  - 捕虜課　ブライアー（フォン・グレーヴェニッツ）
- 国防軍衛生局　ハントローザー
- 国防軍法務局　レーマン

陸軍総司令官
フォン・ブラウヒッチュ
（ヒトラー）
——陸軍総司令部
- 陸軍参謀総長　ハルダー
  （ツァイツラー，グーデリアン）
  - 主計総監　ヴァーグナー
  - 輸送局　ゲルケ
  - 特務大将　E. ミュラー
- 陸軍人事局　シュムント
- 陸軍軍需・補充局長
  フロム（ヒムラー）
- 陸軍総務局　オルブリヒト
- 陸軍兵器局　E. レープ
- 管理局　オスターカンプ

海軍総司令官
レーダー
（デーニッツ）
——海軍総司令部
- 海戦指導部長官
  シュニーヴィント
  （フリッケ）

空軍総司令官
ゲーリング
——空軍総司令部
- 空軍参謀総長
  イェショネク
  （コルテン）
- 幕僚長
  ミルヒ

[注]

表7-1は以下の宣誓供述書にもとづいている．Affidabit by von Brauchitsch, November 7, 1945, PS-3703. Affidavit by Warlinmont, October 12, 1946, NOKW-121. Affidavit by Warlimont, October 31, 1946, NOKW-168. Affidavit by Jodl, September 26, 1946, NOKW-65, Affidavit by Bürkner, January 22, 1946, Office of U. S. Chief of Counsel for Prosecution of Axis Criminality, *Nazi Conspiracy and Aggression* (Washington, D. C., 1946-48), VIII, 647-53. Affidavit Keitel, June 15, 1945, Keitel-25. Affidavit by Wilhelm Krichbaum, June 7, 1948, NOKW-3460.

外国・諜報局は，1944年に廃止された．この局の二つの残存物，つまりビュルクナーを長とする外国課と，ジュスキント＝シュヴェンディを長とする前線啓蒙・部隊防諜課は，ヨードル下の国防軍指導幕僚部の下に入った．Affidavit by Warlimont, October 12, 1946, NOKW-121. 経済・軍需局は，ベッカー下の国防軍経済幕僚部に道を譲った．Affidavit by Keitel, March 29, 1946, Keitel-11.

主計総監の局はいくつかの課に分かれていた．その中の軍政課は，陸軍参謀総長の管轄外に置かれていた．Affidavit by Keitel, June 15, 1945, Keitel-25.

（軍集団以下の）部隊のレベルでは，幕僚部は以下のように組織されていた：

部隊の幕僚長

Ⅰa	作戦指導	Ⅲ	法務
Ⅰb	補給（Ⅰbという呼び方は，軍集団と師団で用いられた．補給将校は軍レベルでは上級補給局長，軍団レベルでは補給局長と呼ばれた．参照，Army Manual 90：*Supply of the Field Army*, 1938, NOKW-2708）	Ⅳa	財務
		Ⅳb	衛生
		Ⅳc	獣医
		Ⅳd	従軍聖職者
Ⅰc	諜報	Ⅳ Wi	経済
Ⅰd	教育	Ⅴ	自動車輸送
Ⅱa	人事（将校）	Ⅵ	教化
Ⅱb	人事（兵士）	Ⅶ	軍政

第一局の将校のみが，「参謀」将校であった．

表7-2　陸軍の地域的組織

	帝国および編入地域	占領地域			新たに侵攻した地域		
					軍集団後方地域	軍後方地域	軍団地域
地域司令部の種類	軍管区司令官	国防軍司令官	上級司令官	軍司令官 特定地域司令官 特定地域のドイツ人大将	軍集団後方地域司令官	軍後方地域司令官	軍団司令官
上部機関	陸軍上級司令官・補充部隊司令官（フロム）	国防軍最高司令部長官（カイテル）	陸軍総司令官（ブラウヒッチュ，後にヒトラー）	陸軍総司令官 または 地域上級司令官 または 軍集団司令官	軍集団司令官	軍司令官	軍司令官

［注］　軍管区司令官は，ローマ数字で表わされた軍管区の司令官である．（占領地域の）国防軍司令官，上級司令官，軍司令官は，特定地域（たとえば，ウクライナ，南東部，総督府）の司令官である．時には，地域の司令部と部隊の司令部が，同一人物に統合されていることがあった（たとえば南東部上級司令官兼軍集団Eの司令官のように）．

て、前線地域では、軍集団後方地域から最前線にいたるまで、作戦地帯と考えられていた。そこでは、軍部以外の一般行政は、国防軍との特別な協定の下でのみ、行動できたのである。ロシア戦線の間、前線地域に行くことを許された唯一の非軍機関が国家保安本部だった。これは、近代史上初めて大量殺戮行動を行った機関だった。国家保安本部とはどのような組織だろうか。

国家保安本部とは、ラインハルト・ハイドリヒの創り出したものである。一九三八年の個別行動と、ドイツやポーランドにおける強制収容の過程で、ハイドリヒが重要な人物であったことを見てきた。しかし、ハイドリヒのこの組織は、一九四一年までは絶滅機構の中でぬきんでた位置を占めていたわけではない。この一九四一年は、絶滅過程全体の展開の中で決定的な年であった。というのは、この時期にラインハルト・ハイドリヒが、移動殺戮行動や殺戮センターへのユダヤ人移送のための組織的基盤を築いたからである。

このハイドリヒの組織は、人事構成においてドイツの行政全体の特徴を反映していた。つまり、国家保安本部とその地方機関は、党員と文官の組織だった。この二つの要素（党員と文官）の融合度は実に完璧であり、ここのほぼ全員を前線に送り出して、最も徹底したナチスの計画を官僚的入念さとプロイセン的規律で実行することができた。国家保安本部における人的融合は、数年間をかけてできあがったが、ハイドリヒが一つ一つ接合してこの組織を創りあげていったのである。

その形成過程はナチ体制の当初、ヒムラーと彼の忠実な部下であるハイドリヒが、プロイセン内務省を襲い、新たに組織された秘密国家警察つまりゲシュタポを引き受けたときに始まる。ゲーリングはそのとき内務大臣であり、ダリューゲが警察長官だった。(2)

プロイセン内務省
（後に帝国内務省）

大臣　ゲーリング　（後任　フリック）
｜
次官　グラウアート
｜
警察長官　ダリューゲ
｜
ゲシュタポ長官　（就任順）ディールス、ヒンクラー、ディールス、ヒムラー（代理　ハイドリヒ）

続いて、ハイドリヒはヒムラーの代理として、ベルリン警察長官の事務所の特別な課を引き受けた。それは、州刑事警察局、つまり刑事警察である。(3) ゲシュタポと刑事警察は、その母体の組織から切り放され、国家保安本部の中に合体した。(4) ハイドリヒはこの機関のあらゆる主要な地位についていた。

保安警察長官　　ハイドリヒ
行政部と法務部　　ベスト博士
ゲシュタポ　　ハイドリヒ
刑事警察　　ハイドリヒ

国家機関としての保安警察の創設と並行して、党の情報システム、いわゆる保安部が形成された。ハイドリヒは、今や二つの主要な職を持っていた。つまり、国家機関である保安警察本部、そして党組織である保安本部である。一九三九年九月二十七日に、ヒムラーはこの二つの本部を一つの国家保安本部に融合させる命令を出した(5)（表7－3参照）。

国家保安本部の組織は、表7－4に省略された形で書いてある。その表を見ると、国家保安本部がその構造の中に、自己の組織の歴史を表していることが観察できよう。保安警察は第四局（ゲシュタポ）と第五局（刑事警察）を含み、保安部は、第三局（国内情報）と第六局（国外情報）で機能していた。(6) ハイドリヒ自身は、保安警察・保安部長官という肩書だった。

国家保安本部は、三種類の組織を含む巨大な地域ネットワークを持っていた。第一種はドイツ帝国と帝国編入地域に、第二種は占領地域に、第三種は現在侵攻中の国々にあった。このネットワークは、表7－5に示してある。それでわかることは、

表７－３　国家保安本部の形成

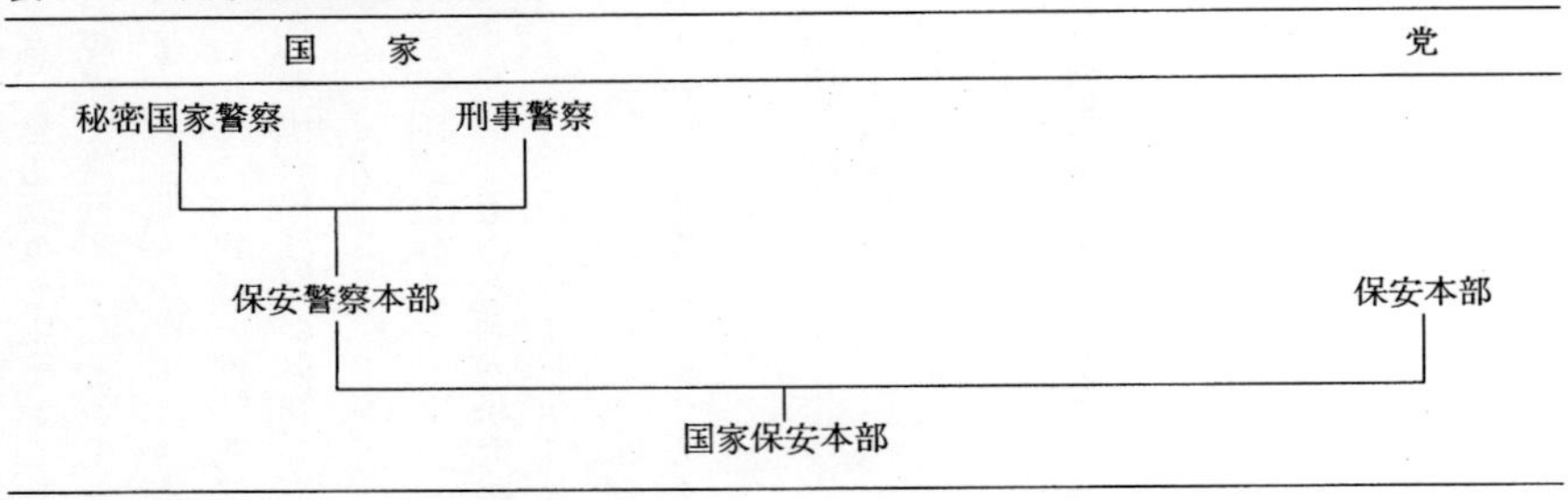

帝国の外では、保安警察と保安部は、地方レベル（あるいは部隊レベル）まで、完全に中央集権化されていた点である。しかし、ここでは、新たに侵攻した地域で働いた機構に注目してみよう。この機構は、いわゆる行動部隊である。行動部隊は、最初の移動殺戮部隊であった。[7]

　行動部隊を派遣する背景には、ソ連奇襲作戦の「バルバロッサ作戦」の存在があった。この任務について文章で記されたものは、一九四一年三月三日の国防軍最高司令部の国防軍指導幕僚部の日誌にあるが、当時すでに、侵攻計画はかなり進んでいた。日誌に記されている事柄は、部隊司令官に対する指令草案であるが、この案は、ヴァーリモントの部局（国防軍指導幕僚部の国土防衛部）によって準備され、国防軍指導幕僚部の長官ヨードルからヒトラーに、承諾を求めて提出されていた。この戦争日誌には、ヒトラーのコメントをのせたヨードルの覚書がついている。その中には、来るべき戦争が二つの世界観の対決であると定義した哲学的論点とか、「ユダヤ人ボリシェヴィキのインテリ」は「除去」されなければならないとのヒトラーの断言のような特殊な発言が含まれていた。ヒトラーは、この任務はたいへん難しいので、軍に任せておくことはできない、と言った。戦争日誌はさらに、この草案をヒトラーの「方針」に沿って修正するようにと、ヨードルがヴァーリモントへ指示したことを、記している。ヨードルによれば、親衛隊全国指導者と詰めなければならない問題は、親衛隊・警察組織を軍の作戦地域に導入する点であった。このような行動は、ボリシェヴィキの首領や政治委員を遅滞なく「無害」にするために必要なことだと、ヨードルは感じていた。結局、ヴァーリモントに、草案修正に関して陸軍総司令部と接触する許可が下り、一九四一年三月十三日までにカイテルに新しい草案を提出して署名を求めるよう、指令が下った。[8]

　その指定日に、カイテルは修正された指令に署名した。決定的な条項は、総統は親衛隊全国指導者に、軍の作戦地域で特別な任務を実行するよう命令したということを、部隊の指揮官に知らせている箇所である。この任務は二つの敵対する政治システムのあいだの最終闘争の産物であり、この任務の枠内で親衛隊全国指導者は、自己の責任において独立して行動することになる。軍の作戦が親衛隊・警察の任務遂行によってじゃまされないことを、親衛隊全国指導者は保証する。詳しいことは、陸軍総司令部と親衛隊全国指導者のあいだで直接に協議される。作戦行動が始まれば、ソ連国境では、総統の指令に従って親衛隊全国指導者により派遣される警察組織を例外として、軍以外の交通が封鎖される。この組織の宿泊場所と補給は、陸軍総司令部主計総監ヴァーグナーが取り仕切る。以上のようなことが書かれていた[9]。

陸軍総司令部長官ハルダーは、早くも三月五日に、ヒムラーの「特別任務」のことを聞いていたので、八日後に国防軍最高司令部の指令が発せられたときに、「討議　ヴァーグナー＝ハイドリッヒ。警察の問題、国境の税関」という秘密めいたメモをしている[10]。

ヒトラー＝ヨードル＝ヴァーリモント＝ハルダー＝ヴァーグナー＝ハイドリヒという、長い鎖状の伝達ルートは、確かに唯一のルートではなかった。もっと短くて直接的なルートは、ヒトラーからヒムラーへ、ヒムラーからハイドリヒへのルートだった。しかし、三月最初の二週間に、このルートを通った指示や「方針」の記録はない。

軍の書簡のやりとりは続いた。その中には、ヴァーグナー＝ハイドリヒ間の交渉から成立した協定の草案があった。一九四一年三月二十六日付の国防軍と国家保安本部のあいだの合意は、行動部隊が占領下ソ連で作戦行動できる条件の輪郭を記した。草案での決定的な文章は、「特殊部隊はその任務の枠内で、自己の責任において、民間人に対して執行措置をとる権限がある」と規定していた。両組織は、この移動部隊が軍集団後方地域と軍後方地域を移動できる点も、合意した。行動部隊は、行政的には軍の指揮下に入るが、この部隊に対する職務上の統制力を国家保安本部が保持することになったことが、これで明らかになった。軍は、この移動部隊の移動をコントロールすることとされた。軍は、行動部隊に、宿舎、ガソリン、食料配給、そして必要な限り無線通信を供給しなくてはならなかった。他方、この殺戮部隊は「専門的命令」を保安警察と保安部の長官ハイドリヒから受け取ることになっていた。図示するとこうなる。

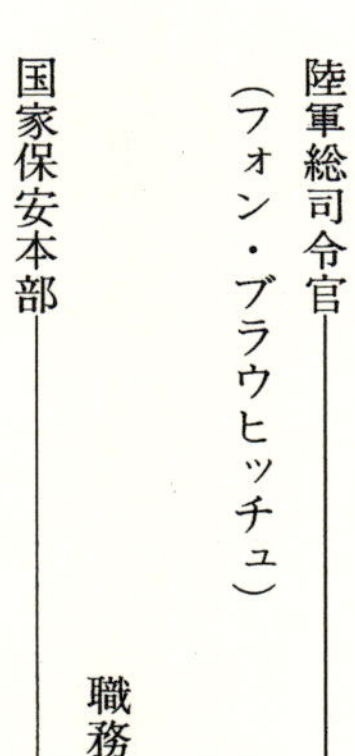

行動部隊と軍の秘密野戦警察との関係は、管轄範囲の厳格な分割の上に成り立っていた。部隊の安全に影響を及ぼすことはどんなことでも、もっぱら秘密野戦警察が取り扱うことになった。しかし、二つの組織は、迅速な情報交換を行って協力しな

表７－４　国家保安本部の組織

1941年		1943年	
保安警察・保安部長官	SS大将　ハイドリヒ		SS大将　カルテンブルンナー博士
		副官団	SS少佐　プレッツ博士
Ⅰ　人事	SS大佐　シュトレッケンバッハ	Ⅰ　人事・組織	SS少将　シュルツ
Ⅱ　組織・法務	SS大佐　ネックマン博士	Ⅱ　行政・財務	SS大佐　プリーツェル
ⅡA　組織・法務	SS少佐　上級参事官　ビルフィンガー博士		
ⅡA1　組織	SS大尉　参事官補　シュヴェーダー博士		
ⅡA2　立法	SS少佐　参事官　ナイファイント博士		
ⅡA3　司法	SS少佐　参事官　ズーア		
ⅡA4　国土防衛	SS少佐　参事官　レンケン		
ⅡA5　押収等	SS少佐　参事官　リヒター		
ⅡB　旅券	課長　クラウゼ	ⅣF	課長　クラウゼ
ⅡCa　保安警察会計	SS大佐　課長　ジーゲルト博士		
ⅡCb　保安部会計	SS中佐　ブラッケ	ⅡA　財務	SS中佐　上級参事官　クレクロフ
ⅡD　技術部	SS中佐　ラウフ	ⅡC	SS中佐　上級参事官　ハフケ
Ⅲ　保安部―国内	SS大佐　オーレンドルフ		
ⅢA　法秩序	SS中佐　ゲンゲンバッハ博士	代理	SS中佐　上級参事官　ナイファイント
ⅢB　民族性	SS大佐　エーリヒ博士		
ⅢC　文化	SS中佐　シュペングラー博士		
ⅢD　経済	SS中佐　ザイベルト		
Ⅳ　ゲシュタポ	SS中将　ミュラー		
国境警備長官代理	SS大佐　クリヒバウム		SS中佐　上級参事官　フッペンコーテン
ⅣA　敵	SS中佐　上級参事官　パンツィンガー		
ⅣA1　共産主義	SS少佐　刑事長　フォークト		SS少佐　刑事長　リンドウ
ⅣA2　サボタージュ	SS大尉　刑事委員　コプコフ		
ⅣA3　自由主義等	SS少佐　刑事長　リッツェンベルク		
ⅣA4　暗殺	SS少佐　刑事長　シュルツ		

ⅣB	宗派	SS少佐　ハルトゥル	代理		SS少佐　ロート
ⅣB1	カトリック	SS少佐　参事官　ロート			
ⅣB2	プロテスタント	SS少佐　参事官　ロート			SS少佐　参事官　ハーネンブルッフ
ⅣB3	フリーメーソン	空席			SS中佐　ヴァンデスレーベン
ⅣB4	疎開・ユダヤ人	SS中佐　アイヒマン			
ⅣC	カード業務	SS中佐　上級参事官　ラング博士	代理		SS中佐　上級参事官　刑事官　ベルンドルフ博士
ⅣD	占領地域	SS中佐　ヴァインマン博士			SS大佐　行政長官　ラング博士
ⅣE	防諜	SS少佐　参事官　シェレンベルク			SS中佐　上級参事官　フッペンコーテン
ⅣE1	国家反逆	SS大尉　刑事官　リンドウ			SS少佐　上級参事官　レンケン
Ⅴ	刑事警察	SS少将　ネーベ			
ⅤA	政策	SS大佐　上級参事官　刑事官　ヴェルナー			
ⅤB	出動	参事官　刑事官　ガルツォフ			SS少佐　上級参事官　刑事官　ロッペス
ⅤC	鑑識	上級参事官　刑事官　ベルガー			参事官　刑事官　シュルツェ
ⅤD	犯罪研究所	SS少佐　上級参事官　刑事官　ヘース			
Ⅵ	保安部―国外	SS少将　ヨースト			SS准将　上級参事官　シェレンベルク
ⅥA	総務	SS中佐　フィルベルト			SS少佐　参事官　ヘルベルト・ミュラー
ⅥB	ドイツ・イタリア勢力圏	空席			SS中佐　シュタイムレ
ⅥC	ロシア・日本勢力圏	空席			SS中佐　上級参事官　グラーフ博士
ⅥD	西部	空席			SS少佐　参事官　レフゲン博士
ⅥE	調査	SS少佐　クノッヘン博士			SS少佐　参事官　ハンマー博士
ⅥF	技術部	SS中佐　ラウフ			SS少佐　ドルナー
			ⅣWi	経済	SS大尉　クラレルト博士
			ⅣS	特殊事柄	SS少佐　スコルツェニー
Ⅶ	世界観	SS大佐　ジックス博士			SS中佐　ディッテル博士
ⅦB	評価	空席	代理		SS少佐　エーラース
ⅦB1	ユダヤ人	空席			SS大尉　バレンジーフェン

［注］ Organization chart of the RSHA dating from 1941, L-185. Organization chart of the RSHA, October 1, 1943, L-219. 終戦前にパンツィンガー（Ⅳ-A）は刑事警察を引き継いだ. Organization chart of the Reich government in 1945, certified by Frick, PS-2905.

表7-5　国家保安本部の地域機構

ドイツ帝国			占領地域	新たな侵攻地域（移動部隊）
保安警察・保安部監査官（IdS）			保安警察・保安部司令官（BdS）	行動部隊
ゲシュタポ司令事務所（大都市）	刑事警察司令事務所（大都市）	保安部司令分署（大都市）	保安警察・保安部指揮官（KdS）	出動部隊
ゲシュタポ事務所（小都市）	刑事警察事務所（小都市）	保安部分署（小都市）		
ゲシュタポ出張所	刑事警察出張所	保安部出張所	保安警察・保安部出張所	特殊部隊

［注］1945年10月28日のヘットルとオーレンドルフの宣誓供述書（PS-2364）より作成.

くてはならないとされた。行動部隊は秘密野戦警察に、秘密野戦警察に関わるすべてのことを報告し、逆に、秘密野戦警察は行動部隊に、行動部隊の任務領域に属する情報すべてを伝えるのである[11]。

陸軍と国家保安本部のあいだの最終的な交渉は、一九四一年五月に行われた。まず最初に交渉したのは、陸軍主計総監ヴァーグナーと、ゲシュタポ長官ミュラーであった。二人は最終的合意に達することができなかった。したがって、ヴァーグナーの要請に応じて、ミュラーは、部下である参事官シェレンベルクSS少佐に交代した。当時第四局E部の長であったシェレンベルクは、議事録作成の経験を買われて選ばれたのだが、最終的な条件を作成した。それは、初期の草案から、一つの重要な点で異なっていただけであった。つまり、行動部隊は、単に軍集団の後方地域と軍の後方地域だけでなく、前線に近い軍団地域でも行動を許されることとなった。この譲歩は、行動部隊にとって非常に重大な意味を持っていた。というのは、ユダヤ人を迅速に捕まえることができるからであった。ユダヤ人には、どんな警告も、逃げるチャンスも与えられてはならなかった。協定の最終的文面には、五月末に、国家保安本部側からハイドリヒが、陸軍総司令部側からヴァーグナーが署名した[12]。ここに、協力関係が打ち立てられた。

国家保安本部に関して、次のステップは、行動部隊を編成することである。移動部隊は、手元においておくのではない。新しい侵攻ごとに新たに編成するのであった。したがって、本局と地方局の保安警察・保安部の隊員に対して、プレッチュにある保安警察訓練センターに行き、そこからデューベンの集合地点に行くように、と命令が下された。[13]

それぞれが大隊の規模を持つ行動部隊が全部で四つ編成された。行動部隊の作戦行動上の単位は、中隊規模の出動部隊と特殊部隊であった。行動部隊もその各部隊も、保安部やゲシュタポや刑事警察の各任務領域に対応する部局のスタッフを持っていた。[14] 将校の数は、同規模の軍の戦闘部隊よりもずっと多く、階級も高かった。表7-6は、行動部隊と各部隊の司令官の将校のリストである。

この男たちは誰だろうか。どこから来たのだろうか。初期の行動部隊の司令官のうちの二人は、直接に国家保安本部から来ていた。刑事警察長官ネーベと、保安部・国内情報長官のオットー・オーレンドルフである。オーレンドルフが任命されたということは、殺害者の態度に大きな光を当てるだけでなく、広い意味で絶滅過程全体に大きな光を当てるものである。

一九四一年に、オーレンドルフは三四歳の青年であった。ライプツィヒ、ゲッティンゲン、パヴィアの三つの大学で学び、法学博士の学位を持っていた。そして、キールの世界経済・海洋輸送研究所の調査局長にまで出世した。一九三八年までに彼は、ドイツの商業の組織である全国商業グループの事務局長にもなっていた。オーレンドルフは、一九二五年に入党し、二六年に親衛隊に入隊し、三六年に保安部に入った。彼は、党の活動や保安部・国内情報長官という地位でさえ、自分の経歴では二次的なものとみなしていた。実際に、彼が国家保安本部でフルタイムで活動したのはたった四年間（一九三九―四三年）にすぎなかった。[15] 一九四三年に、経済省の局長兼次官代理になったからである。

さて、ハイドリヒは、部分的な忠誠心しか捧げない部下を好まない人間だった。オーレンドルフは独立心が強すぎた。ハイドリヒは、名誉職的に働くスタッフを望まなかった。ロシアで行われる「執行措置」は、完璧で専心的な注意を必要とする種類の活動だった。こうして、インテリのオットー・オーレンドルフが行動部隊Dの指揮につくことになったのである。[16]

似たような話は、エルンスト・ビーバーシュタインの場合であろう。彼は、一九四二年夏の異動で、行動部隊Cの第六出動部隊の長を引き継いだ。ビーバーシュタインは、一八九九年生まれの、少し年長の男だった。第一次世界大戦には一兵卒であったが、除隊後、神学を修め、一九二四年にプロテスタントの牧師になった。一九三三年には、監督教区長に出世した。一一年間の牧師生活のあとで、彼は教会省に入った。そして、一九四〇年に国家保安本部に配置転換になった。この人事異動は、さほど異常なものともいえなかった。というのは、教会省は国家機関であったし、その上ビーバーシュタインは一九二六年に入党し、三六年に親衛隊に入隊していたからである。

しかし、ビーバーシュタインは、教会人であった。彼は、国家保安本部の事務所を案内されたとき、新しい環境について不安を口にした。そこですぐ、ハイドリヒは彼を、オッペルンの

表7－6　行動部隊と各作戦部隊の将校

行動部隊A	シュターレッカー（ヨースト）
第1a特殊部隊	ザントベルガー
第1b特殊部隊	エーアリンガー（シュトラウフ）
第2出動部隊	R.バッツ（シュトラウフ，ランゲ）
第3出動部隊	イェーガー
行動部隊B	ネーベ（ナウマン）
第7a特殊部隊	ブルーメ（シュタイムレ，ラップ）
第7b特殊部隊	ラウシュ（オット，ラーベ）
第7c特殊部隊	ボック
第8出動部隊	ブラートフィッシュ（リヒター，イッセルホルスト，シントヘルム）
第9出動部隊	フィルバート（シェーファー，ヴィーベンス）
モスクワ前衛部隊	ジックス（クリンゲルヘーファー）
行動部隊C	ラッシュ（トーマス）
第4a出動部隊	ブローベル（ヴァインマン，シュタイムレ，シュミット）
第4b出動部隊	ヘルマン（フェントラー，F.ブラウネ，ヘンシュ）
第5出動部隊	シュルツ（マイアー）
第6出動部隊	クレーガー（モール，ビーバーシュタイン）
行動部隊D	オーレンドルフ（ビーアカンプ）
第10a出動部隊	ゼーツェン（クリストマン）
第10b出動部隊	ペルステラー
第11a出動部隊	ツァップ
第11b出動部隊	B.ミュラー（W.ブラウネ，P.シュルツ）
第12出動部隊	ノスケ（課長E.ミュラー）

［注］行動部隊（A～D）の隊長は，SS少将またはSS中将の階級を持っていた．つまり彼らは将官であった．各作戦部隊の隊長は，SS少佐，SS中佐，SS大佐であった．

［出典］RSHA Ⅳ-A-1, Operational Report USSRNo, 129, November 4, 1941, NO-3159. Affidavit by Eugen Steimle, December 14, 1945, NO-3842. Affidavit by Adolf Ott, April 29, 1947, NO-2992. Affidavit by Erwin Schulz, May 26, 1947, NO-3473. Affidavit by Karl Hennicke (SD-Inland Officer, Einsatzgruppe C), September 4, 1947, NO-4999. Affidavit by Heinz-Hermann Schubert (adjutant to Ohlendorf), December 7, 1945, NO-511. Krausnick and Wilhelm, *Die Truppe des Weltanschauungskrieges,* pp. 644-646.

ゲシュタポ地方事務所に送った。その地位で、ビーバーシュタインは、もう絶滅過程に引き込まれることになった。というのは、彼は、ユダヤ人をオッペルンの町から東部の殺戮センターに移送することに関与しなくてはならなかったからである。一九四二年、ハイドリヒが暗殺され、ビーバーシュタインはもはや、国家保安本部長官との個人的関係によって保護を受けることもなくなり、殺戮を指揮すべく、突然、前線に配置されたのである。[17]

オーレンドルフやビーバーシュタインと同様に、行動部隊の将校の大多数は、専門職の人間である。彼らのファイルを見ると、医師（ヴァインマン）[18]や、プロのオペラ歌手（クリンゲルヘーファー）[19]、多くの法律家[20]がいることがわかる。これらの男たちは、どのような意味においても、無頼漢、チンピラ、通常の犯罪者、性犯罪者ではない。たいていはインテリである。大多数は三〇代で、明らかにある程度の権力・名声・成功を願っていた。しかし、彼らが作戦部隊へ就任することを望んでいたという証拠はまったくない。わかることはただ、彼らが自分の新しい任務に、自分の持てるあらゆる技術と経験を提供したということである。つまり、彼らは有能な殺人者になった。

行動部隊の総数は約三〇〇〇人であった。全員が保安警察・保安部から来たわけではない。実際、人員のほとんどは、他から借りてきた人たちだった。保安警察からそれほど大量の人間を前線に送り込めないので、治安警察の一大隊がベルリンから派遣された。[21] 加えて、行動部隊は、武装親衛隊の隊員も受け入れた。[22] 最後に、リトアニア人、エストニア人、ラトヴィア人、ウクライナ人の部隊を、前線で補助警察として加え、兵力を強化した。このようにしてできた部隊の人員構成を、行動部隊Aの例で見てみよう。[23]

武装親衛隊	三四〇人
オートバイ走者	一七二人
行政府	一八人
保安部	三五人
刑事警察	四一人
国家警察	八九人
補助警察	八七人
治安警察	一三三人
女性従業員	一三人
通訳	五一人
テレタイプ通信士	三人
無線通信士	八人
計	九九〇人

ちなみに、行動部隊Aは、最大の部隊であった。[24]

行動部隊の隊員が集められている一方で、早くも六月にベルリンの国防軍最高司令部の建物の中で、本会議が開かれた。カナーリス、ヴァーグナー、ハイドリヒ、シェレンベルク、第一局C課（諜報）の将校の多くが、それに出席した。この会議は、行動部隊と国防軍が緊密に協力して活動するために、計画を立てる最後の機会であった。[25]

こういった細かい調整にもかかわらず、任務そのものはよく練られていなかった。指示は口頭で行われ、話すほうは何が行われるのかを、まだはっきりと描くことができなかった。行動部隊でそれを聞くほうは、漠然とした印象を得ただけに終わった。彼らには、簡潔な具体的行動命令が与えられなかった。

にもかかわらず、いくつかの激烈な考えが、準備過程のさまざまな段階で表明された。行動部隊の四人の司令官は、ヒムラーから個人的に命令を与えられた。戦後証言をしたこの四人のうちオーレンドルフだけが、自分たちの仕事の重要な部分は、「ユダヤ人（男・女・子供を問わない）と共産主義幹部の除去」であると知らされたと言っている。[26] 第三出動部隊のSS大佐イェーガーは、ベルリンで行われた約五〇人の親衛隊指導者の会合を記憶しているが、そこでハイドリヒは、ロシアと戦争する場合、東部のユダヤ人は射殺されるだろうと断言していた。ゲシュタポの一人が「ユダヤ人を撃たなくてはならないのですか」と尋ねると、ハイドリヒは「もちろんだ」と答えた。[27] プレッチュの訓練センターで国家保安本部の人事部長シュトレッケンバッハが、行動部隊の隊員に向かってもっと一般的な言葉で話をした。彼は隊員たちに、行く場所を教え、「その地で容赦なく任務を遂行しなくてはならない」と告げた。[28]

軍事行動が開始されてまもなく、特別命令が書面と口頭で発せられた。この命令を重ね合わせて考えても、前もって考えられた計画が見てとれない。それは、絶えず効果を拡大し、進化する政策を示しているのである。「すべてのユダヤ人」という言葉は、一九四一年六月二十八日に、国家保安本部の草稿の中に初めて現われた。この規定は、ソ連の戦争捕虜の射殺に限定されていた。[29] 新たに侵攻した地域で働くよう任命された四人の上級親衛隊・警察長官にあてて、七月二日に速達で送ったハイドリヒの手紙は、彼が述べたとされる行動部隊への指示の要点を繰り返していた。この要約の中に、「党や国家に役職を持つユダヤ人」という見出しのついた一行とともに、「処刑」というレッテルのついた節があった。[30] 七月十一日に、中部警察連隊司令官は配下の大隊に、逮捕している一七歳から四五歳のすべてのユダヤ人男性を「略奪者」として即時に射殺せよ、という中部上級親衛隊・警察長官からの命令を伝えた。[31] 三週間後、ヒムラーは機動親衛隊二大隊に、「ユダヤ人は残らず」射殺すべしとの「明らかな命令」を、ユダヤ人の女性は沼に追い込むべしという追加説明とともに、送った。[32]

今までのところ、これらの文書のどれ一つとして、家族全員射殺とは言っていない。「ユダヤ人」という単純な言葉は、まだ主として、青年か中年のユダヤ人男性を意味していた。たしかなことは、残されたユダヤ人はそんなに長く生きることを許されなくなったということだ。第五出動部隊司令官のエルヴィン・シュルツが戦後述べたところによると、一九四一年八月に、行動部隊Cのラッシュ博士は、ヒムラーから南部上級親衛隊・警察長官イェッケルンに与えた命令を回すために、各部隊の長をジトミルに集合させた。それによると、「ユダヤ人は残らず」射殺すべし、彼らの労働を必要とすることは禁じる、「場合によっては」ユダヤ人の女性や子供も同様にせよ、将来の復讐者を出さないために、とあった。(33)この時点で、作戦行動は、一つの報告が伝えているように、あらゆる年齢の男女のユダヤ人を含むものに拡大した。(34)最初はユダヤ人男性のいなくなった、次に若いユダヤ人女性のいなくなった町が少なからず残された。(35)西部ウクライナからの軍政官の報告によると、数カ所で、孤児となったユダヤ人児童と幼児の世話が一時的困難を引き起こしたが、保安警察がこの間に状況を改善した。(36)このようにして、作戦行動の対象は結晶化していった。

2　第一波

原注36

六月の初めに、四つの行動部隊がデューベンに集まった。ハイドリヒとシュトレッケンバッハが演説したのち、移動殺戮部隊は、持ち場に移った。行動部隊Aは北部軍集団に向けられ、行動部隊Bは中部軍集団に、行動部隊Cは南部軍集団に向けられた。当初、行動部隊BはCで、CはBであった。部隊が戦場に移動したあとで、目的地が変更されたが、出動部隊の番号は当初のままであった。そこで、第七a部隊から第九部隊は、第四a部隊から第六部隊の北側で行動した。行動部隊Dは第一一軍（最南部で行動する独立した軍）に随伴した。ドイツ軍がソ連の前哨地点を撃破すると、行動部隊が続き、彼らの任務を果たすのであった。

行動部隊がソ連国境を越えたとき、五〇〇万人のユダヤ人がソ連領域に住んでいた。ソ連のユダヤ人の大多数は、ソ連の西部地域に集中していた。四〇〇万人が、のちにドイツ軍が席巻する地域に住んでいた。

緩衝地帯(1)	
バルト諸国地域	二六万人
ポーランド領域	一三五万人
ブコヴィナおよびベッサラビア	三〇万人

計	一九一万人
旧来の領土[2]	
ウクライナ（一九三九年以前の領域）	一五三万三〇〇〇人
ベラルーシ（一九三九年以前の領域）	三七万五〇〇〇人
ロシア共和国	
クリミア	五万人
その他のドイツ占領地	二〇万人
計	約二一六万人

ドイツ軍の侵攻を受けた地域に住んでいたユダヤ人のうち約一五〇万人は、ドイツ軍が来る前に逃げた。

ユダヤ人が住んでいた地域が、ドイツ軍の侵攻地に集中していただけではない。彼らはその地域のなかの都市に集中していた。戦前のソ連領で、ユダヤ人の都市化の比率は八七パーセントであった[3]。緩衝地帯では、九〇パーセント以上にものぼった[4]。次に挙げる分類は（モスクワとレニングラードを別として）、ドイツ人が通過した場所だけである[5]。一般に、数字は（パーセントはそうでないにしても）、一九三九年までに増加していた。

都市（国勢調査の年）	ユダヤ人人口（総人口中の％）
オデッサ（一九二六年）	一五万三二〇〇人（三六・四％）
キエフ（一九二六年）	一四万〇二〇〇人（二七・三％）
モスクワ（一九二六年）	一三万一二〇〇人　（六・五％）
リヴォフ（一九三一年）	九万九六〇〇人（三一・九％）
レニングラード（一九二六年）	八万四四〇〇人　（五・三％）
ドニエプロペトロフスク（一九二六年）	八万三九〇〇人（三六・〇％）
ハリコフ（一九二六年）	八万一一〇〇人（一九・四％）
キシニョフ（一九二五年）	八万人　（六〇・二％）
ヴィリニュス（一九三一年）	五万五〇〇〇人（二八・二％）
ミンスク（一九二六年）	五万三七〇〇人（四〇・八％）
チェルノフツィ（一九一九年）	四万三七〇〇人（四七・七％）
リガ（一九三〇年）	四万三五〇〇人　（八・九％）
ロストフ（一九二六年）	四万人　（一三・二％）
ビアウィストク（一九三一年）	三万九二〇〇人（四三・〇％）
ゴメリ（一九二六年）	三万七七〇〇人（四三・六％）
ヴィテプスク（一九二六年）	三万七一〇〇人（三七・六％）
キーロヴォグラード（一九二〇年）	三万一八〇〇人（四一・二％）
ニコラエフ（一九二三年）	三万一〇〇〇人（二八・五％）
クレメンチュク（一九二三年）	二万九四〇〇人（五三・五％）
ジトミル（一九二三年）	二万八八〇〇人（四二・二％）
ベルジーチェフ（一九二三年）	二万八四〇〇人（六五・一％）
ヘルソン（一九二〇年）	二万七六〇〇人（三七・〇％）
カウナス（一九三四年）	二万七二〇〇人（二六・一％）
ウマニ（一九二〇年）	二万五三〇〇人（五七・二％）
スタニスラフ（一九三一年）	二万四八〇〇人（五一・〇％）

ロヴノ(一九三一年)	二万二七〇〇人(五六・〇%)
ポルタヴァ(一九二〇年)	二万一八〇〇人(二八・四%)
ボブルイスク(一九二三年)	二万一六〇〇人(三九・七%)
ブレスト＝リトフスク(一九三一年)	二万一四〇〇人(四四・二%)
グロドノ(一九三一年)	二万一二〇〇人(四三・〇%)
ピンスク(一九三一年)	二万〇三〇〇人(六三・六%)
ヴィンニツァ(一九二三年)	二万〇二〇〇人(三九・二%)
ティギナ(一九一〇年)	二万人　(三四・六%)
ルツク(一九三一年)	一万七四〇〇人(四八・九%)
プシェミシル(一九三一年)	一万七三〇〇人(三四・〇%)

戦略

原注36-

戦闘開始の数週間に、行動部隊はできるだけ速く前線の近くに移動した。行動部隊Aの諸部隊は軍の最前衛の部隊とともに、カウナス、リエパヤ、エルガヴァ、リガ、タルトゥ、タリンの町と、レニングラード郊外地区に入った。[6] 行動部隊Cの第七b特殊部隊は(当時まだBという標識であったが)、戦闘が、要塞の孤立した地下壕で続いている時に、ブレスト＝リトフスクにいた。[7] 行動部隊Cの三台の車は、ジトミルの町に入る最初の戦車隊についていった。[8] 同じ行動部隊Cの第四a出動部隊は、キエフが陥落した九月十九日当日に町に入った。[9] 行動部隊Dは、ホティンの町に、まだロシア人がその町を防衛しているさなかに入った。[10]

このような前線での活動には難点もあった。時として行動部隊は、激しい戦闘のまっただなかに置かれることになった。第一二出動部隊は、オデッサの東の海岸線沿いにユダヤ人の大量射殺を行っていたが、二五〇〇人のソ連の上陸部隊に奇襲を受け、やっとのことでその銃火から逃れた。[11] また、軍司令官が、移動部隊の存在を利用して、パルチザンや狙撃兵が出没する地域を粛清するよう移動部隊に命令することもあった。[12] しかし、軍が戦況上の理由で殺戮行動の中止を命令することは、めったになかった。[13] 全体として、行動部隊の行動が制限されるのは、彼らがカバーしなくてはならない地域に対して行動部隊の規模が小さいという場合のみであった。

行動部隊は、密集部隊という形では行動「しなかった」。出動部隊や特殊部隊は、一般的に、行動部隊の参謀から離れ、独立して行動した。しばしば、これらの隊はさらに分化して、前進軍と歩調を合わせる前衛部隊や、主要路から離れた地域に侵入する分隊を形成した。

作戦の究極の目標が明確にされる以前は、行動部隊はユダヤ人社会を丸ごと絶滅することはなかった。ソ連が一九三九、四〇年に支配していた緩衝地帯では、作戦が行われる箇所はまばらで、大量のユダヤ人が残っていた。しかし、まもなくもっと大規模に殺戮が行われるようになった。

北部では、行動部隊Aがバルト海地域に侵攻し、レニングラード攻略に備えてそこに留まった。ドイツ軍がレニングラード市の前で初めて侵攻のテンポを落し、立ち止まったときに、行動部隊は、バルト海からベラルーシの西部に延びている、ユダヤ人が密集して住んでいる占領地域に注意を向けた。第二出動部隊は、ラトヴィアの海岸地域（リエパヤとリガ）や中心地域（イェルガヴァ）、シャウリャイ周辺のリトアニア地域で、主な作戦行動を始めた。(14) リトアニアの第三出動部隊の総括報告は、反復的動きをする全行程を箇条書きにしていた。行動部隊は、ラトヴィアのドゥヴィンスク［ダウガフピルス、独名デューナブルク］の突出部やベラルーシのミンスクにまで及ぶリトアニアの大部分で行動した。一九四一年十二月一日付の報告には、一一二件の射殺の記述がある。いくつかの記述は、数カ所の近隣村落について、あるいは、その後数日間のことに言及している。地名数は七一に及び、このうち一四カ所は、行動部隊が二回以上襲ったところであった。バプタイ、ケダイニャイ、ヨナヴァ、ロキシュキスの町は二回襲撃を受けた。ヴァンジオガラ、ウテナ、アリュトゥス、ドゥヴィンスクは少なくとも三回、ラシェイニャイ、ウクメルゲは四回、マリアンポレは五回、パネヴェジュスは六回、コヴノ［カウナス］は一三回、ヴィリニュスは一五回、襲撃を受けた。これらの町が襲撃を受ける間隔は、数時間から四二日へとさまざまで、平均的休止期間は一週間だった。主な虐殺のいくつかは、三、四、ないし五回目の襲撃の時に起こった。(15)

行動部隊Bは、ベラルーシの西部を通過するとき、ユダヤ人人口の中心地帯に穴をあけたが、ユダヤ人たちには本質的に手をつけないでいた。秋にもっと東方で、ボブルイスク、ヴィテプスク、ゴメリを含む一連のユダヤ人社会を一掃した。(16) ロシア内部ではユダヤ人は数が少なく、拡散していた。行動部隊の報告によると、スモレンスクからモスクワまでの途上、ソ連がユダヤ人住民全員をすでに疎開させていた町がたくさんあった。(17)

行動部隊Cは、ポーランド南部から出発してガリツィアを横断した。ウクライナ中心部についたころ、九月十二日に、どの前線でも、ユダヤ人のあいだに、ドイツ人から自分たちがどのような運命を与えられるのかという噂が流布しているように見える、との報告がなされた。実際、この部隊が遭遇したユダヤ人社会は、七〇から九〇パーセント、あるところは一〇〇パーセント人数が減っていた。(18) 同様の報告は、秋に増加した。ドニエプロペトロフスクは戦前、ユダヤ人人口が約一〇万人あった。そのうち三万人は残っていると考えられていたが、(19) この推定は高すぎたことが判明した。チェルニゴフは、戦前ユダヤ人が一万人いたが、第四a出動部隊は、たった三〇九人しか発見できなかった。(20) このような減少にもかかわらず、行動部隊は犠牲者の主な集中地区を襲撃することができた。この最初の一例は、九月十九日午前四時にジトミルのゲットーを第四a出動部隊が襲い、(21) 共同体を完全に消滅させ、三一四五人を殺害した事件であった。この部隊は、キエフに侵攻し、その地で九月二十九、三十日に三万三七七一人のユダヤ人を殺害した。(22) 部隊がハリコフに到着すると、数人のユダヤ人が人質として殺された。十二月六日、ハリコフの残存人口の登録により、一万〇二七一人のユダヤ人の存在が明らかになった。彼らは、数日後に検挙され、トラクター工場に運ばれ、そこから小グループごとに連れ去られて射殺された[23]。

南部では、行動部隊Dがルーマニア軍の攻撃を待ち、その後、ベッサラビアを越え、ニコラエフとヘルソンに落ち着いた。そこで、九月の中旬に各都市で約五〇〇〇人のユダヤ人を殺害して、「ユダヤ人問題を解決」した[24]。メリトポリは本来一万一〇〇〇人のユダヤ人人口が二〇〇〇人に減っていたが、その地につくと、行動部隊Dは残留ユダヤ人を射殺した[25]。戦前には約一万八〇〇〇人のユダヤ人住民のいたモリウポリでは、八〇〇〇人を捕らえて殺害した[26]。行動部隊は南に転進してドイツ軍に従ってクリミア半島に侵攻し、シンフェロポリの町を含む半島の大部分を占領した。シンフェロポリは戦前のユダヤ人人口は、二万人であり、そのうち一万一〇〇〇人が残っていたが、彼らは行動部隊によって射殺された[27]。

行動部隊は時折、殺害した人数の累計を報告した。行動部隊Aは一九四一年十月で、総計一二万五〇〇〇人の射殺を伝えた[28]。行動部隊Bは一九四一年十一月十四日に、不完全ではあるが四万五〇〇〇人の総計を記している[29]。行動部隊Cのなかでは、一九四一年十一月三十日の第四a出動部隊の数字は、五万九〇〇〇人、十二月七日の第五出動部隊の数字は、三万六〇〇〇人であった[30]。一九四一年十二月十二日に行動部隊Dは五万五〇〇〇人の殺害を報告した[31]。

移動殺戮部隊の第二波が起こった。それは、行動部隊のあと、すぐに登場した。彼らはさまざまな作戦部隊の下で行動し、行動部隊が急いだため迂回したさまざまな町を襲った。

東プロイセンのティルジットからその地区のゲシュタポは、ある作戦部隊をリトアニアに送ってきた。これらのゲシュタポ隊員は、メーメル川の対岸で数千人のユダヤ人を射殺した[32]。クラカウでは、総督府の保安警察・保安部司令官のシェーンガルトSS准将が、三つの小作戦部隊を組織した。七月中旬にこの作戦部隊はポーランド東部に移動し、リヴォフ、ブレスト＝リトフスク、ビアウィストクとそれぞれに司令部をおいて、数万人のユダヤ人を殺害した[33]。

追加勢力は、上級親衛隊・警察長官によって投入された。ヒムラーは地域の将校を設置し、以下のような親衛隊・警察部隊を彼らの戦術指揮下に置いた[34]。

一、ロシア北部上級親衛隊・警察長官　プリュッツマンSS大将　（十一月より後任　イェッケルン）
指揮下に入るのは北部警察連隊と親衛隊第二歩兵旅団
旅団は前線の戦闘に使われた。

二、ロシア中部上級親衛隊・警察長官　バッハ＝ツェレフスキSS大将
指揮下に入るのは、
中部警察連隊　モントゥア中佐
親衛隊騎兵旅団（一九四一年八月二日設置）　フェーゲラインSS大佐

親衛隊第一騎兵連隊　フェーゲライン　（後任　ロンバルド）
機動大隊　ロンバルドＳＳ少佐
親衛隊第二騎兵連隊　ヒーアテスＳＳ大佐
機動大隊　マーギルＳＳ少佐
三、ロシア南部上級親衛隊・警察長官　イェッケルン（十一月から後任　プリュッツマン）
指揮下に入るのは、
南部警察連隊　フランツ大佐
追加の警察大隊
親衛隊第一歩兵旅団（自動車部隊）　ヘルマンＳＳ少将
親衛隊第八歩兵連隊と第十歩兵連隊からなる。

南部と中部では、上級親衛隊・警察長官配下にある部隊が、主要なユダヤ人射殺に関与した。

中部警察連隊が支援した作戦行動で、ミンスクでは二三三七八人、[35]モギリョフで三七二六人[36]のユダヤ人の命が犠牲になった。親衛隊騎兵旅団は、プリピャチ湿地帯に移動した。ヒムラーがこの旅団の二個の機動大隊に、ユダヤ人男性を射殺し、ユダヤ人女性を沼に追いこむように命令したとき、第一連隊の大隊の司令官ロンバードは、まだ自分の領域で多くのユダヤ人に出会っていなかった。彼は自分の部隊に、ヒムラーの命令を「叱責」とみなすべきではないと説明したが、同時に、偵察隊のリーダーたちに、「生き残るユダヤ人男性がいないように、町に残留の家族がいないよう」目を開けていろと要請した。[37]一〇日後、彼は、赤軍兵士と「活動家」に加えて、六五〇四人のユダヤ人を射殺したと報告できたのである。[38]彼の同僚である第二連隊のマギルは、沼は溺死させるには浅すぎたが、六五二六人の「略奪者たち」を射殺したと報告した。[39]この旅団が任務を終えたとき、総計は、「略奪者」一万四一七八人、パルチザン一〇〇一人、ソ連人捕虜六九九人であった。[40]

南部では、最初の主要な射殺が行われたのは、親衛隊第一歩兵旅団が第六軍司令官のライヒェナウ元帥に力を貸した七月末である。ライヒェナウが旅団に、赤軍第一二四師団の残党とパルチザンおよび「背後のボルシェヴィキ体制の支持者」を撃破せよと命令したのち、この旅団は赤軍兵士七三人、共産党員一六五人、ユダヤ人一六五八人を殺害した。[41]数週間後、この旅団は、スタラ・コンスタンティノフで「国防軍に対するユダヤ人の非協力的な態度の報復措置として」[42]三〇〇人のユダヤ人男性と一三九人のユダヤ人女性を射殺した。次に、イェッケルンは、ハンガリーによって追放されたユダヤ人が集中しているカメネツ＝ポドリスキーに転進した。この行動で、彼の配下の警察大隊の一つが地域を封鎖し、彼の参謀中隊が射殺を行った。死者の数は二万三六〇〇を数えた。[43]続くベルジーチェフでの行動で、参謀中隊は一三〇三人のユダヤ人を殺したが、この中には一二歳以上の八七五人のユダヤ人女性も含まれていた。[44]治安警察の二個の分遣隊は、キエフの虐殺で第四ａ出動部隊に助力した。[45]ドニエプロペトロフスクでは、イェッケルンの使った一個の部隊が、約一万五〇〇〇人のユダヤ人を虐殺したが、この地区の軍司令部の報告によると、この行動を事前に知らされていなかったのは、非常に残念である、そのために、市内にゲットーを作る準備や、市行政のためにユダヤ人からの「寄付」を取り立てる（すでに発布された）規制が無になった、と書かれていた。(46)イェッケルンの警察大隊は、夏のもっと小規模な行動で五〇〇〇人以上のユダヤ人を射殺した。そして親衛隊第一旅団は、さらに一万人のユダヤ人を、八月初めから、十月後半にこの旅団がロシア中部上級親衛隊・警察長官の下に移転するまでに、さらに一万人のユダヤ人を射殺した。(47)

イェッケルン自身は、リガのロシア北部上級親衛隊・警察長官プリュッツマンと十一月初めに場所を交代した。出発前に、かれはまだロヴノでウクライナ・ユダヤ人の大殺害を計画する時間があった。この行動は、十一月六―七日に治安警察の手によって行われたが、(48)この射殺に第五出動部隊の分遣隊が、「重要な役割」を担った。

イェッケルンは、リガに到着したのち、第一波の最後の大規模行動を実行した。十一月二十九日から十二月一日、そして十二月八日から九日に、総計二万七八〇〇人のリガ・ユダヤ人が射殺された。(49)その後、地面が固くなって北から南まで墓穴掘りが難しくなり、大規模な作戦行動は中止された。(50)

行動部隊やティルジットのゲシュタポ、総督府の保安警察・保安部司令官が派遣した出動部隊、親衛隊・警察長官が指揮する編隊によって、移動殺戮作戦の最初の六カ月のあいだに、五〇万人の人間が射殺された。これらの部隊の七月と十一月の位置は、地図7－1、2に示した。(51)

移動殺戮部隊との協力

原注39-

第一波のとき、動きの良さこそ、移動殺戮部隊にとって重要な問題だった。しかし、いったん殺戮部隊が目標地点に到着すると、大量の問題を処理しなくてはならなかった。その時から、作戦が成功するかどうかは、軍当局の態度や、土地の住民の態度、および犠牲者自身の態度にかかっていた。

国防軍が行動部隊に協力する程度は、陸軍総司令部と国家保安本部の協定で保証された最低限の支援機能をはるかに超えていた。この協力は、保安警察が殺戮計画において、不承不承の黙認程度しか期待していなかったので、一層顕著であった。一九四一年七月六日、（行動部隊Cの）第四b出動部隊は、テルノポリから「国防軍は、喜ばしいことに、ユダヤ人に敵対するというよい態度」をとっていることを、報告した。(52)九月八日に行動部隊Dは、軍当局との関係は「素晴らしい」と報告している。(53)行動部隊Aの司令官（SS少将シュターレッカー博士）は、北部軍集団とともにした経験はとてもよく、ヘプナー上級大将の指揮下の第四機甲軍との関係は「非常に密接で、熱烈な関係と言ってもよい」と報告した。(54)

以上のような証言がなされたわけは、国防軍がわざわざ、ユダヤ人を行動部隊に引き渡し、ユダヤ人に対する行動を要求し、

地図7－1　1941年7月の移動殺戮部隊の位置

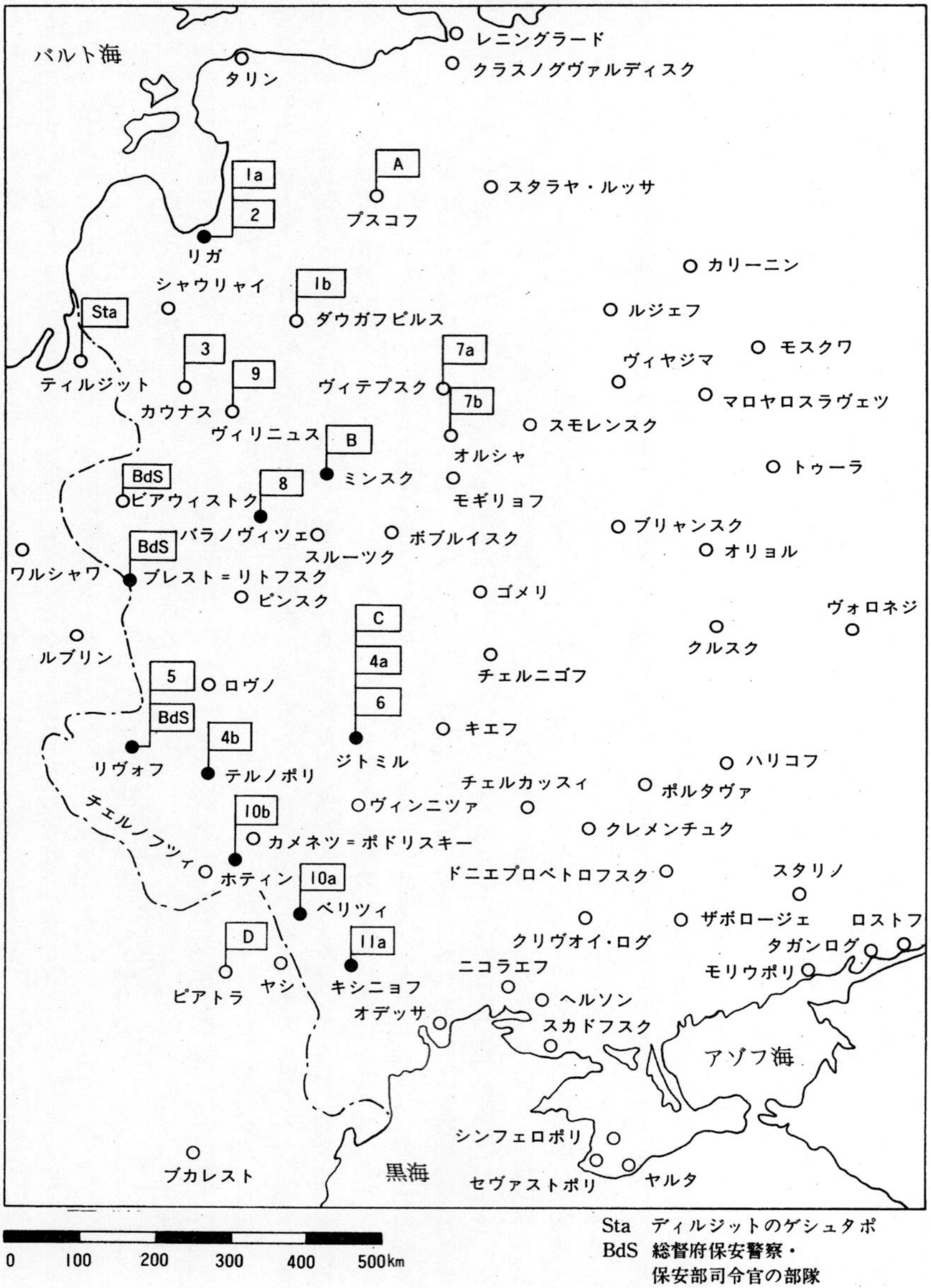

Sta　ティルジットのゲシュタポ
BdS　総督府保安警察・
　　保安部司令官の部隊
—・—　6月22日のスタート・ライン

地図7－2　1941年11月の移動殺戮部隊の位置

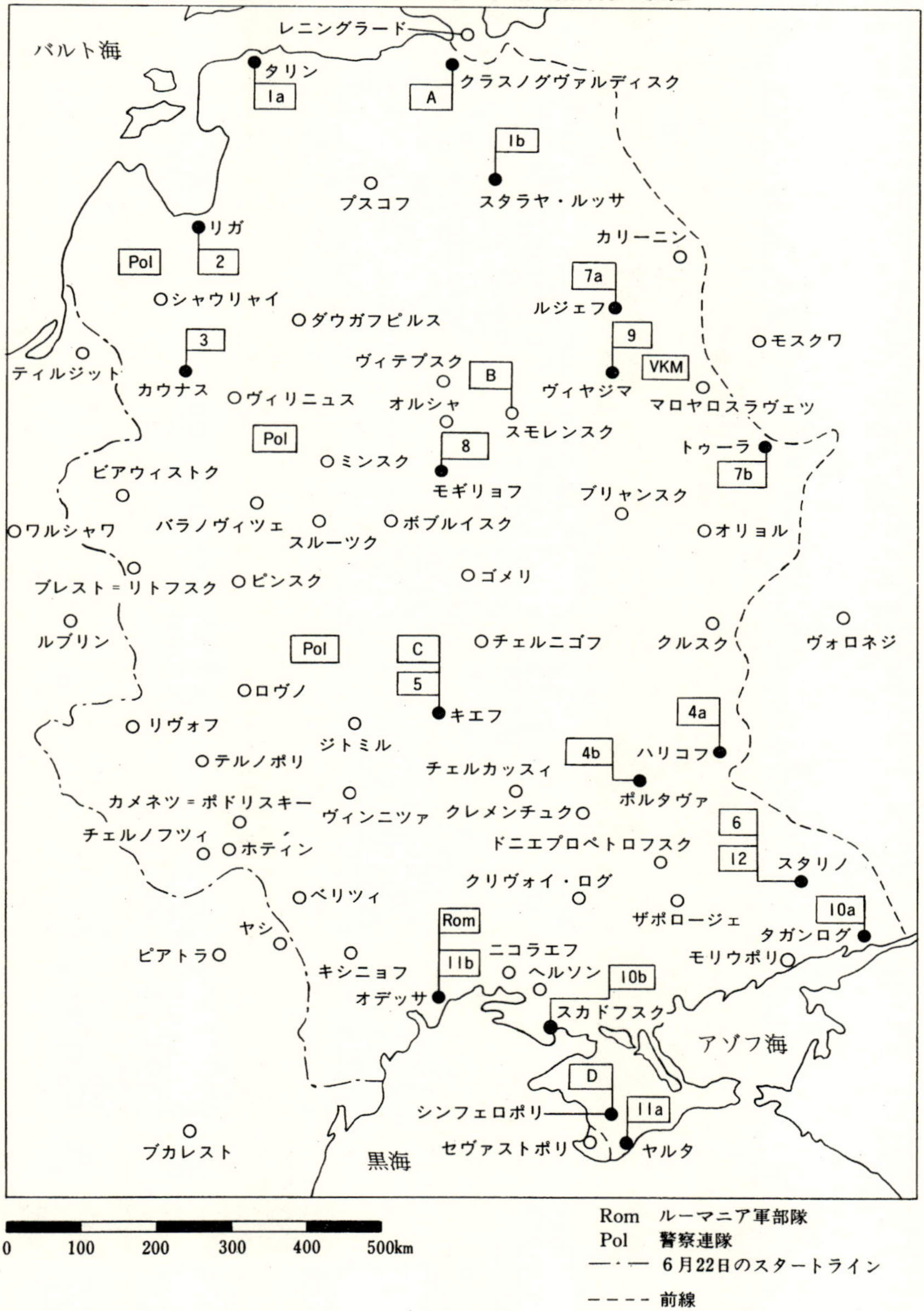

殺戮行動に参加し、占領軍への攻撃に対する「報復」としてユダヤ人の人質を射殺したからである。ユダヤ人住民は、ドイツ軍の背後でパルチザン戦を唆し、鼓舞し、けしかける頑強なボリシェビキのグループであるということを口実にして、ドイツの将軍たちは協力姿勢をとることを正当化した。[55]だから国防軍は、パルチザンの源と推定した人びと――つまりユダヤ人――を襲うことによって、パルチザンの脅威から身を守らなくてはならないとされたのである。[56]

国防軍の「安全保障」政策がもたらした最初の帰結は、射殺するためにユダヤ人を行動部隊に引き渡す行動であった。ミンスクでは、軍の司令官は、その都市のほぼすべての男性を入れる収容所を設立した。秘密野戦警察の部隊と行動部隊Bの隊員は、一緒になってそこの収容者を「選別」した。何千という「ユダヤ人や犯罪者、［共産党］幹部、アジア人」が、この検挙で捕らえられた。[57]ジトミルでは、ラインハルト大将が、その町の「探索選別」行動で、行動部隊Cを援助した。[58]町の外では、数個の軍の部隊が、道路上を逃げ惑ったり森に隠れているユダヤ人を捕らえ、行動部隊に引き渡した。[59]

ユダヤ人はパルチザン戦争の扇動者であるという理論の第二の結果は、ユダヤ人に対して軍自らが始めた行動であった。クレメンチュクでは、高圧送電線で三回サボタージュ事件があったので、第七軍はこの町のユダヤ人を一掃すべく、第四b出動部隊の出動を要請した。[60]他の町では、軍の司令官はサボタージュ事件を待つまでもなく「予防措置」として反ユダヤ行動を要請した。たとえば、コディマでは、イディッシュ語がわかると主張する文盲のウクライナ人女性が第三〇軍団付きの秘密野戦警察第六四七隊のクレーマー隊長のもとに連れて来られた。彼女は、町にいるドイツ軍を攻撃するというユダヤ人の陰謀を立ち聞きしたと言った。同日の午後、オルシャンカにいた第一〇a出動部隊は、コディマへ分隊を派遣するように要請された。[61]この分隊は秘密野戦警察の支援を受けて、殺害を実行した。クリミアのアルミャンスクでは、その地方の軍司令官が上司に以下のような簡単な報告を送っている。

パルチザンの策謀から身を守り、この地の部隊の安全を保障するために、一四人の当地のユダヤ人男女を無害なものにする措置が、絶対的に必要になった。一九四一年十一月二十六日に実行。[62]

「ユダヤ・ボリシェヴィキ」の陰謀というドイツ人の理論の第三の結果は、占領地区におけるユダヤ人の人質や容疑者を捕らえる政策である。第一七軍の命令は、サボタージュ行動やドイツ人への襲撃が、ウクライナ人のものと確かめられないときはいつでも、ユダヤ人と共産主義者（とくにユダヤ人コムソモールの隊員）を報復として射殺するようにというものであった。[63]南部軍集団後方地域の司令官は、同様の命令を以下のような文面で説明している。

われわれは公正であるという印象を与えなくてはならない。サボタージュ行動の犯人が見つからないときには、ウクライナ人のせいとしてはならない。そのような場合、報復はユダヤ人とロシア人に対してのみ行われなくてはならない。[64]

第三五〇歩兵連隊の司令官は、第二二一保安師団への報告に以下のような言葉を使っている。

「ユダヤ人問題」は、もっと徹底的に解決しなければならない。私は、「田舎」に住むユダヤ人を全員捕まえて、集中・労働収容所へ入れることを提案する。疑わしき輩は除去しなくてはならない。[65]

おそらく最も興味深い命令は、ハリコフの第六軍作戦指導部上級補給局長から出たものであろう。これは、ユダヤ人と他の人質を、大きな建物に連れて行けという命令であった。これらの建物のいくつかには、地雷がしかけられている疑いがあった。だから犯人と思われている人物がそういった建物に連れて行かれれば、地雷の位置がすぐに軍の技師に報告されるだろうと、軍は期待したのである。[66]少なくともある部隊は、軍服を着ていようと私服を着ていようと「ぶらついている」ところを捕まえた赤軍兵士、およびユダヤ人、政治委員、武器を携帯している者、パルチザン活動の疑いのある者すべて、その場で射殺すべしと命じるほど、ユダヤ人に対する疑いを持っていた。[67]

ベラルーシでは、第七〇七歩兵師団司令官フォン・ベヒトルスハイム少将が事柄を自ら処理した。たった二個連隊からなるこの師団は、バラノヴィツェからミンスクまで広がっていった。旧ソ連領内で彼は、一九四一年十月から十一月初めまでのあいだ、リトアニア警察中隊で増員した第一一予備警察大隊を、スモレヴィチ、ルデンスク、スミロヴィチ、クリニキ、コイダノフ、スルーツク、クレツクの町のユダヤ人を射殺するために使った。[68]旧ポーランド領では、彼の配下の第七二七連隊が射殺を実行した。[69]このベラルーシでの作戦行動の総計は、一万九〇〇〇人の「パルチザンと犯罪者、つまり主としてユダヤ人」であった。[70]

今まであげた例のどれでも、パルチザン活動の撲滅ということで、国防軍の行動がはっきりと、あるいは暗黙のうちに正当化された。しかし、興味深いことだが、作戦行動が開始されると、厄介ばらい以外のはっきりした理由なしに、国防軍が自分の方から移動殺戮部隊の援助に向かうという例がでてきた。このように、大量殺害に直面して無感覚になってゆく様子が、以下の二つの話に現われている。

クリミア半島のジャンコイでは、市長が誰にも通知することなく、ユダヤ人の強制収容所を建てた。しばらくして、飢餓がその収容所を襲い、疫病が流行しそうになった。当地の軍司令官は、行動部隊Dに、ユダヤ人を殺害するように要請した。保安警察はこの要請を人員不足の理由で却下した。押し問答が少しあったのち軍は、行動部隊が殺害を実行できるように、その地区を封鎖するために、軍の野戦憲兵隊を派遣することに合意した。[71]

クリミアの首都シンフェロポリでは、第一一軍が、クリスマス前に射殺が終了することを希望する決定を下した。その決定にしたがって、ユダヤ人のいない町で軍がクリスマスを祝えるように、行動部隊Ｄは、軍の人員と軍のトラックやガソリンを補給してもらって射殺をその期限までに完了した。[72]

絶滅過程へ参加することを最初しぶっていた将軍たちは、辛抱しきれずに、行動部隊の殺戮行動を事実上働きかけるにいたるまで、態度を変化させた。またたく間に、ドイツ軍は、ロシアのユダヤ人が殺されるのを見ることになった。行動部隊の司令官が驚き、喜んだことは何の不思議もない。

移動殺戮部隊のほとんどはドイツ軍の占領地域で行動していたが、行動部隊ＣとＤは、ハンガリー軍とルーマニア軍の統制下にある領域でも動き回っていた。この領域の保安警察は奇妙な状況に直面した。というのは、国家保安本部は、同盟国の司令部と何の協定も結んでいなかったからである。ドイツ政府は同盟国に、親衛隊全国指導者の特別任務を知らせることさえしていなかった。そのため、ヒムラーの部下は、外国軍の統制下にある地域に侵攻したとき、新しい経験をしたのである。

ハンガリー軍との関係に言及したものはほとんどない。あったとしても、それはいつでもハンガリー人が協力的な態度ではなかったことを示している。たとえばジトミルでは、ハンガリー軍は、土地の警察がユダヤ人に対して行っている行動を中止させた。[73] また、もっと南部では、行動部隊Ｄの八月末の報告によると、ホティンからヤンポリにかけてのドニエストル河畔地域で、ハンガリー軍が占領している小地域を「除き」、「ユダヤ人を一掃した」とある。[74] 一方、ルーマニア軍の態度はまったく違っていた。進軍するルーマニア軍はユダヤ人街を襲い、ユダヤ人を殺害した。彼らの行動は、十分に計画された、あるいは十分根拠づけられた殺戮行動というよりも、むしろ蛮行の形をとっていた。ルーマニア軍の残虐行為を見たドイツ人は、その光景に少し当惑し、時として、この同盟軍の隊列に規律を持ち込もうとした。

七月はじめに、行動部隊Ｄの第一〇ａ特殊部隊が、ベリツィの町に入った。この部隊は、ルーマニア軍の占領下の町のユダヤ人街に偵察隊を送った。ゼーツェンＳＳ中佐の報告には、「昨晩、偵察隊は、年齢の異なったユダヤ人男女が一五人、ルーマニア人兵士によって射殺されているのを発見した。何人かはまだ息があったが、偵察隊は情けをかけて、とどめをさした」とある。[75] 七月十日の晩に同じ町で別の事件が起こった。ルーマニア軍当局は、ルーマニア兵士への攻撃の報復行動として射殺するために、四〇〇人のユダヤ人を、年齢性別かまわずに駆り立てて集めた。この地域の第一七〇ドイツ師団司令官は、この光景に驚き、射殺はユダヤ人男性一五人に制限するように要請した。[76] 七月二十九日までに届いたベリツィからの別の報告では、ルーマニア人がユダヤ人の大量射殺を行っていることが示されている。「ベリツィと周辺地域のルーマニア警察は、ユダヤ人住民に対して過酷な措置をとっている。射殺数は正確にはわからない」。第一〇a部隊は、町のユダヤ人社会の指導者を射殺することで介入した。(77)

チェルノフツィでも、出動部隊はルーマニア人と悶着を起こした。この町でルーマニア人は、「北ブコヴィナ地域のウクライナ人問題を一挙に解決するために」ウクライナ人の知識人を射殺して回っていた。保安警察はこの犠牲者の中に、多くのウクライナ民族主義者がいることを発見したが、彼らはドイツ人の潜在的な協力者とされていたのである。そのため、第一〇b出動部隊は、介入する二重の理由ができた。部隊は、親ドイツ的な民族主義者（OUN*メンバー）を、共産主義者やユダヤ人と交換して、釈放するように要請した。(78)合意が成立し、二週間後に、行動部隊Dとルーマニア警察が合同で、何千人ものユダヤ人を射殺した。(79)

ベリツィとチェルノフツィの出来事は、秋に起こった流血の惨事に比べれば、規模の小さいものであった。ソ連で最大のユダヤ人人口を持つ町オデッサは、長い包囲戦の後、一九四一年十月十六日に第四ルーマニア軍によって陥落した。(80)占領の最初の数日間、毎晩火事が起こったが、ドイツ人観察者の目からみれば、ルーマニア人は、ユダヤ人「分子」に対して「比較的忠誠」を保ち、「特別な行き過ぎ」はなかった。しかし、十月二十二日、パルチザンがエンゲル通りのルーマニア司令部を爆破して、第一〇師団司令官グロゴヤヌ大将と彼の参謀全員が死亡した。身元確認された死者は四六人で、うち二一人は将校であり、ドイツ人が何人か含まれていた。他の者は、瓦礫に埋もれたと思われた。(81)その晩、第一三師団司令官代理トレスティオレアヌ大将は、ユダヤ人と共産主義者を公開で吊す措置をとっていると報告した。(82)その晩ずっと、オデッサは数多くの絞首刑と射殺の舞台となった。(83)この殺害が終わるか終わらないうちに、十月二十三日、ルーマニア地方警察が大規模な検挙を始めた。当時オデッサにいた、ルーマニア情報機関に派遣されたドイツ防諜部連絡将校によると、約一万九〇〇〇人のユダヤ人が、その朝、港湾地区の木の塀で囲まれた広場で射殺された。死体はガソリンをかけて焼かれた。(84)同日昼十二時半に、ルーマニアの独裁者イオン・アントネスク元帥は指令を発して、爆破で殺された（ルーマニア人であれドイツ人であれ）将校一人につき、二〇〇人の共産主義者を処刑し、下士官一人につき一〇〇人の共産主義者を処刑せよと命令した。オデッサの共産主義者全員と、ユダヤ人家庭から一人ずつを、人質にとれとのことであった。(85)オデッサの刑務所は急に膨れ上がった。十月二十四日に、大勢のユダヤ人が町の約一五キロ西にあるダルニク集団農場に連れて行かれ、戦車よけの塹壕で射殺された。三キロの帯状になって四、五十人ずつ行われたこの射殺は、行動の任務を与えられたルーマニアの将校には遅々としすぎていた。そこで、残ったユダヤ人は四つのかなり大きな倉庫に詰め込まれ、壁の穴から打ち込まれる弾丸を浴びた。つぎつぎに倉庫で射撃が行われた。戦後裁判で提示されたルーマニアの起訴状には、ダルニクの死者は推定二万五〇〇〇人から三万人だと書かれている。

オデッサにいた諜報将校は、電話盗聴部のルーマニア人長官から「四万人のオデッサ・ユダヤ人がダルニクに運ばれた」と聞いた。[86] 十月虐殺にオデッサで生き残ったユダヤ人は、数万人であった。[87] 彼らは、続く数カ月の第二波で一掃されることになる。

移動殺戮作戦は、このように、親衛隊、警察、ドイツ軍ならびにルーマニア軍の部隊の作戦となっていた。しかし、多くの点で、民間住民の態度にも依っていた。つまり、スラヴ人は自分たちのただ中に住む人びとの突然の絶滅に、どのように反応するだろうか、ユダヤ人を隠すだろうか、それともドイツ占領機関に引き渡すのだろうか、殺戮者に銃口を向けるだろうか、それとも殺戮を手助けするだろうか——これらは、行動部隊の司令官や隊員にとって非常に重要な問題であった。

実際には、殺戮行動中の住民の態度は、受動的と特徴づけることができた。この受動性は矛盾する感情と、抵抗する自制力の産物である。スラヴ人は、ユダヤ人の隣人をとくに好きではなかったし、ユダヤ人の緊急時に、彼らをぜひとも助けなくてはならない衝動もおそらく感じなかった。そのような傾向がある限り、彼らはドイツ人からの報復を恐れる気持ちで行動を抑制した。しかし、同時にスラヴ人住民は、「最終解決」が展開されている恐るべき光景を見て、遠くでぎょっとして立ちすくんでいたのである。全体として、このようなひどい残虐行為に協力したいという強い欲求はなかった。そして、数百キロ東方でドイツ人と戦っているソ連政府が、再び盛り返してくるかも知れないという事実が、ひょっとしたら対独協力者になったかもしれない多くの人間の行動を、明らかに強く抑制していた。こういった心理状況の究極的な結果が、中立へ逃避することだった。住民は絶滅過程でどちらの側にもつこうとしなかった。わずかの人がドイツ人側についたとしても、ユダヤ人側についた人はそれより少なかった。

行動部隊の全報告の中で、占領地における親ユダヤ的行動の指標となるものは、たった一つしかない。第四b特殊部隊の報告には、クレメンチュクの市長セニツァ・ヴェルショフスキーを、「ユダヤ人を保護しようとした」かどで射殺したことが書かれている。[88] この事件は、この種の唯一の例であった。反対の力はあまりに大きかった。ユダヤ人を助けようとするものは皆孤立しており、ドイツの行動部隊から死刑宣告される可能性に、家族と自らの身をさらしたのである。目覚めた良心を持った人間に、行動を鼓舞するようなものは何一つ存在しなかった。リトアニアではブリズギス主教が、聖職者がユダヤ人をどんな形でも助けることを禁止することによって、全住民に範を示した。[89]

全占領地区で、ユダヤ人は助けを求めてキリスト教住民のところに向かったが、無駄だった。行動部隊Cは、家から逃げ出していたユダヤ人の多くが、田舎から戻っていることを報告している。「住民は、ユダヤ人に住まいも食物も与えない。彼らは、ほら穴に住むか、古い小屋にすし詰めになっている」。[90]

時として、ユダヤ人を助けないことが、住民の良心に重荷となったようである。北部領域のレニングラード南部で、行動部隊Aは、その土地の住民が自分たちの非活動性を正当化するために行った巧妙な試みを報告している。次のような小話がその地域で流布していた。ドイツ人がソヴィエトの捕虜に、多数のユダヤ人同胞の捕虜を生き埋めにせよと要求した。ロシア人は拒否した。ドイツ人は続いてユダヤ人にロシア人を埋めろと言った。ユダヤ人はすぐにシャベルをとった、という小話である。[91]

ユダヤ人への援助を拒否する程度は、ドイツ人を助けるのに気がすすまない程度よりも、ほんの少しばかり根強いにすぎなかった。すでに七月十九日に、ベラルーシの行動部隊Bは、住民は殺戮行動に対して著しく「無感動」であり、共産党の幹部とユダヤ人のインテリを捕らえるのに協力するよう要請すべきであると、記録している。[92]ウクライナからは、行動部隊Cの第六出動部隊が、次のように報告した。

住民を説得して反ユダヤ行動をとらせるのに成功したところは、ほとんどどこにもない。これは、赤軍が戻ってくるかもしれないという、多くの人の持つ恐れによって、説明できるかもしれない。この不安は繰り返しわれわれが指摘してきた。年配者は、すでに一九一八年に、ドイツ人が突然撤退したことを経験している、と述べた。こういった恐怖症に対処するために、そしてウクライナ人の目から見れば、政治的権力の担い手にユダヤ人がいるという神話を壊すために、第六出動部隊は、何度か、ユダヤ人を処刑の前に町中行進させた。また、ウクライナ義勇軍の兵にユダヤ人の射殺を見せるように気を配った。[93]

公衆の面前でのユダヤ人の「価値低下」は、期待された結果をもたらさなかった。数週間後、行動部隊Cは再び、住民が隠れたユダヤ人の動きを知らせないことで不平を言った。ウクライナ人は受動的で、「ボリシェヴィキのテロ」に麻痺していた。この地域の民族ドイツ人のみが、行動部隊のために熱心に働いていた。[94]

中立性というのは、ゼロの量みたいなもので、不平等な戦いでは強者に有利に働く。ユダヤ人は、ドイツ人が必要とする以上に、土地の住民の援助を必要としていた。しかし、行動部隊は、住民の全般的中立性を利用しただけではなく、――少なくとも土地の市民のある部分から――二つの重要な形で、殺戮行動への協力を手にいれた。それは、ポグロムと、ユダヤ人を捕らえたり射殺するときの補助警察の援助である。

ポグロムとは何であろうか。それは、地域住民の、ユダヤ人に対する暴力の一時的な爆発である。行動部隊は、なぜ占領地でポグロムを起こそうとしたのであろうか。殺戮部隊が反ユダヤ主義の爆発をたきつけたのは、一部は組織上の、一部は心理上の理由からであった。組織上の理由は、きわめて単純である。ポグロムでユダヤ人が殺されれば、行動部隊の負担が減るからであった。行動部隊の表現を使えば、ポグロムのおかげで、「粛清という目的」にぐっと近づけるからである。[95]心理上の理由はもっと興味深い。行動部隊は住民に、殺戮行動の責任を――大きく――負わせたのである。「解放された住民が、敵のボリシェヴィキやユダヤ人に対して、自発的にドイツ側からの指令なしに、最も過酷な手段にさえ訴えたという疑いもない事実を作り上げることが、将来の目的にとって、少なからず重要である」と、SS少将のシュターレッカー博士は書いている。[96]簡単に言えば、ポグロムは、告発者と対決するための防衛兵器、つまり土地の住民に対してもちいることができる恐喝の道具であった。

ついでに言うと、行動部隊と国防軍の利害は、ポグロムに関しては対立していた。ドイツ本国における文官と同様に、軍政当局者は、どんな種類であれ無統制の暴力を恐れていた。ある後衛の保安師団は、反ユダヤ措置のための長い指令を出していたが、その中には以下のようなはっきりと言葉に表わされた条項が含まれていた、「ユダヤ人に対する私刑や他の暴力措置は、何としても防がなくてはならない。国防軍は、（ソヴィエトという）一つのテロが、別のテロによって除去されることを容赦しない」。[97]したがって、ポグロムの大多数は、まだしっかりと軍政下に入っていない地域で起こった。

行動部隊は、バルト諸国、とくにリトアニアで、「自然発生的なポグロム」に成功した。この国の雰囲気は、第二五一歩兵師団の諜報将校による初期の報告から見て取れる。彼はサキアイ地域のリトアニア住民から、「ユダヤ人全員」が共産党員であると聞いたし、「リトアニアの医師の知識層」の中で、ユダヤ人全員がソヴィエトによって武装したと聞いた。[98]しかし、そこでも、シュターレッカーの言葉を借りれば、「驚いたことに、ユダヤ人に対する大々的なポグロムを始めさせるのは、最初簡単ではなかった」。[99]リトアニアのポグロムは、首都のカウナスの暴力的状況から起こったものである。戦争が勃発するとすぐに、反共産主義闘争グループが、ソヴィエト後衛軍に対して、行動を起こした。前進していた第一b出動部隊（行動部隊A）の分遣隊がカウナスに入ったときに、リトアニアのパルチザンは、退却する赤軍兵士と撃ち合いをしていた。新たに到着した保安警察は、リトアニアの反乱団の指導者クリマイティス（ドイツ人はクリマティスと間違って綴った）と会い、武力をユダヤ人の方に向けるように説得した。数日間の激しいポグロムが終わってみると、クリマイティスは五〇〇〇人を殺していた。三八〇〇人はカウナスでの、一二〇〇人は他の町での死者だった。[100]行動部隊Aはさらに北に移動して、ラトヴィアのリガでポグロムを組織した。二つのポグロム部隊をつくり、町に放ったのである。四〇〇人のユダヤ人が殺された。[101]カウナスとリガの両方の町で、行動部隊は写真を撮り、「のちのために」土地の人間によるユダヤ人の取り扱いの厳しさの証拠として「自浄行動」という映画をつくった。[102]反共産主義パルチザンの解散とともに、北部のポグロムは終わった。バルト諸国では、それ以外にポグロムは起こらなかった。[103]

北部でのシュターレッカーの行動部隊に加えて、南部では行動部隊Cがポグロムに多少成功を収めた。南部のポグロム地域は、ほぼガリツィアに限定されていた。この土地は、以前、ポーランドの領土であって、ウクライナ人の比率が高かった。ガリツィアの首都リヴォフは、土地の住民による大量逮捕の舞台であった。ソヴィエトによるウクライナ人インテリが狩り立てられ、保安警察に引き渡された。一〇〇〇人のユダヤ人の「報復」として、一〇〇〇人のユダヤ人が狩り立てられ、保安警察に引き渡された[104]。一九四一年七月五日、テルノポリで約七〇人のユダヤ人が狩り集められたが、それは手足を切断されたドイツ人の死体三体が土地の刑務所内で見つかったからであった。このユダヤ人たちは、ダイナマイトで処分された。さらに二〇人のユダヤ人が、ウクライナ人とドイツ人の部隊によって殺害された[105]。

クレメネツでは、一〇〇〜一五〇人のウクライナ人がソ連軍によって殺されていた。皮膚のない死体がいくつか掘り出されたときに、これは沸騰した湯で一杯になった釜にウクライナ人が投げ込まれたのだという噂が流れた。ウクライナ人住民は一三〇人のユダヤ人を捕まえ、棍棒で叩き殺して、この仕返しをした[106]。ガリツィアのポグロムはサンボル[107]とチョルトコフ[108]まで広がったが、ウクライナ人の暴力は全体として、予想されたほどには至らなかった。テルノポリとチョルトコフだけが、主な成功例とされたにすぎない[109]。

ベラルーシでは、行動部隊Bの報告によると、住民は自分の町のユダヤ人に対して行動を起こすことができなかっただけである。憎悪と怒りの感情は存在したが、はっきりした反ユダヤ主義は存在しないと、行動部隊は言っている[110]。

ポグロムに関して、以下の三点が指摘できよう。第一に、行動部隊の影響のない、真に自然発生的なポグロムは、起こらなかった。すべての暴力行為は行動部隊によって組織されたか、あるいは鼓舞されたものである。第二に、あらゆるポグロムは、殺戮部隊の到着後短時間のうちに実行された。そのポグロムは永続的なものでもなかったし、事態が収まってから新たなものが始まることもなかった。第三に、報告されたポグロムの大多数は、緩衝地域で起こったが、この地域は、明らかに、ユダヤ人に対する潜在的敵意が最も大きい地域であり、また、ソ連軍が戻ってくるという脅威が最もたやすく打ち消される地域であった。というのは、そこで共産主義政府が権力を握っていたのは、二年にも満たない期間だったからである。

もっとずっと重要で長続きした地域協力の形は、補助警察の創設によって始まった。バルト諸国とウクライナ地域で、この補助部隊は最初から重要な役割を演じた。

リトアニアで、武装した補助部隊の二つの供給源は、撤退する赤軍に対する反乱に立ち上がったパルチザンと、崩壊した赤軍の第二九国防ライフル軍団であった。後者はリトアニアの軍団で、脱走と反乱の結果、侵食されていたのである[111]。最初、供給源の二大中心地も存在した。カウナスとヴィリニュスである。

カウナス地区では、その地のパルチザン部隊が、六月二十八日にドイツ軍政府によって武装を解かれ、解散した。そして代わりに、もっと規律の厳しい、国民労働防衛大隊の形をとった編成がとられることになった[112]。七月一日までに、第一出動部隊はすでにこの人員を使っていた。そして第一出動部隊と、カウナスにおける後継者である第三出動部隊は、新編成の数個大隊に発展した補助警察を、ユダヤ人の強制収容・警護・射殺の時に頼りにした。(113) 続くカウナスでの行動は、第三出動部隊隊長イェーガーSS大佐が言っているように「パレード射撃のようであった」。(114) イェーガーはカウナスの郊外での行動のために出動部隊の小分遣隊を組織した。その部隊は、地区のリトアニア人の助力を得て、「ユダヤ人のいない」場所にするために数地区を掃討した。その時までに、リトアニア警察も、ドイツ人監督のいないところで、いくつかの射殺にかかわった。(115)

ヴィリニュスでは、国防軍団からのリトアニア人脱走兵三六〇〇人がすでにドイツ軍側につくよう集まっていたが、第九出動部隊は、リトアニア人一五〇人に、ユダヤ人社会の「解体」に参加するよう命じた。毎日、彼らは約五〇〇人を捕まえて集めた。そして捕まえられた人びとは「同日中に特別処置を受けた」のである。(116) 一九四一年九月半ばまでに、第三出動部隊の分遣隊は、ラシェイニャイ、ロキシュキス、ペルサイ、プリエナイの地区を一掃し、地域のリトアニア人の助力を得て、この地区を「ユダヤ人のいない」ところにした。(117) リトアニア人の援助を受けた作戦行動は、その日までに出動部隊の殺害の半数以上に上った。

ラトヴィアでも同じように、第一b出動部隊と第二出動部隊が補助部隊を使った。(118) リトアニア人と同じく、ラトヴィア人は有能な助っ人だった。問題が起こったのは一回だけだった。ラトヴィア人の部隊が、カルサヴァで死んだユダヤ人の持ち物を着服しているときに、ドイツ軍に捕まったのである。問題のラトヴィア人補助部隊は、解散させられた。(119) バルト諸国最北のエストニアでは、国防軍がその土地の自衛団をつくっていたが、これは、ソ連軍撤退後に残っていたわずかのユダヤ人を射殺するという汚い仕事すべてを行うために、行動部隊Aの第一a特殊部隊に引き渡された。(120)

行動部隊Aに使われたバルト諸国の自衛団に加えて、ウクライナ人の民兵が、行動部隊CとDの地域で行動していた。ウクライナ人の補助部隊は、一九四一年八月に登場し、(121) 行動部隊Cは、「パルチザンの厄介事」と戦うという自分たちの本来の仕事に集中できないでいたので、このウクラナイナ人部隊を使わざるをえなかった。地域のウクライナ人民兵のネットワークは、地区の行政によって給与を受けたが、時々は押収したユダヤ人の金も入っていた。(122) ウクライナ人は原則的に汚い仕事に使われた。たとえば、第四a出動部隊は成人を射殺するだけなのに、ウクライナ人の補助部隊には子どもの射殺まで命じたのである。(123) 南部で親衛隊は、かなりの数の民族ドイツ人の住民から、数千人の自警団を組織した。(124) 彼らが、射殺に熱心な志願兵であることを、行動部隊Dは発見した。これに関して、第六出動部隊の以前の隊長ビーバーシュタインは、戦後以下のように述べている。「私たちは、この人たちの血に飢えた行動に、本当にぎょっとした」。(125)

行動部隊は国防軍の援助から利益を得たし、地方の援助で使えるものを利用した。しかし、軍の協力と地域の民間住民の態度よりも重要なのは、ユダヤ人が自分たちの絶滅に果たした役割である。というのは、結局のところ、行動部隊の隊員数は数千人だが、ユダヤ人の数は数百万人だったからである。

ユダヤ人がドイツ人との戦いの準備をしていなかったことを考えるときに、なぜ彼らは生き延びるために逃げなかったのか、疑問に思うのは当然である。疎開していったユダヤ人は多かったし、自分の力で逃げていったユダヤ人も多かったことを、私たちは繰り返し指摘してきた。しかし、この事実は、これに劣らず重要なもう一つの現象を覆い隠しはしない。つまり、たいていのユダヤ人は逃げずに留まったという現象である。このような決心を促したものは何であろうか。すでにドイツ軍の侵攻の射程距離に入っている町や村に、犠牲者を引き留めておいたものは何であろうか。人は、災難が襲うとはっきり自覚してせきたてられるのでなければ、自分から家を離れて不確かな避難所へとは旅立たないものである。ユダヤ人社会の中では、その自覚が心理的障害によって鈍らされ、妨げられていた。

状況把握の第一の障害は、悪しきことはロシアから来て、良きことはドイツから来るという一般に流布した信念であった。ユダヤ人は歴史的に、ロシアを去ってドイツに向かうという方向性をもっていた。ロシアではなくドイツが、ユダヤ人の伝統的な避難所であった。とりわけこの信念のために、一九三九年十月と十一月のあいだに、何千人ものユダヤ人がロシア占領下のポーランドからドイツ占領下のポーランドに移っていった。この人の流れ[126]は、ドイツ人が占領地の境界を封鎖するまで止まらなかった。同じように、一年後ソ連が、新たに獲得したポーランド領域で大量移送を行ったときに、陸軍総司令部の随行部と国防軍最高司令部の外国・防諜局は、この地域で不安が広まっているとの報告を受けた。「ポーランド人やユダヤ人でさえ、ドイツ軍の到着を待っている」と報告は言っていた[127]。一九四一年の夏、ドイツ軍がとうとうやってきたときに、とりわけ年とったユダヤ人は、第一次世界大戦でドイツ軍が半ば解放軍としてやってきたことを思い出していた。彼らは、ドイツ人が今度は迫害者かつ殺害者としてやってくるのだということは予想していなかったのである。

次の書面は、一九四一年晩夏に、ウクライナのカメンカという小さな町のユダヤ人代表が、この地を訪れていたドイツ人高官のフリードリヒ・テオドール・ツー・ザイン・ウント・ヴィトゲンシュタイン侯爵に渡したものである。

私たち、殿下の御先祖の領地カメンカの町の古くからの定住者は、ユダヤ人住民として、殿下の御到着を心より歓迎いたします。殿下の御先祖の御威光の下に、私たちの先祖および私たちユダヤ人は、非常に幸福に暮らしてきました。殿下の御長命と御好運をお祈りいたします。ユダヤ人住民が殿下のお家に対してつねに抱いてきた親愛の情を殿下が考慮してくださり、将来においても、ユダヤ人住民が殿下の領地で、殿下の保護の下に、平和で静かに暮らしていけますことを、私たちは希望いたしております[128]。

侯爵はこれに感動しなかった。彼は、このように挨拶したユダヤ人はカメンカで「大きな害悪」だと言った。彼は、ユダヤ人問題の（最終的あるいは中間的）解決をユダヤ人に対して、行使する権限はなかったものの、町長に、ユダヤ人に星の標識をつけさせ、報酬なしで重労働につけるよう指示した。[129]

ユダヤ人の警戒心を鈍らせた別の要因は、占領地の境界線の向こうで起こっている出来事を、ソ連の新聞やラジオがはっきりと報道しなかったことである。ロシアのユダヤ人は、ナチ支配下のヨーロッパでユダヤ人を襲った運命を知らなかった。ソ連の情報メディアは、ドイツ懐柔策に沿って、ナチスの行っている絶滅措置について沈黙を守っていた。[130]この沈黙の帰結は破滅的であった。ドイツの諜報将校は一九四一年七月十二日にベラルーシから以下のように報告した。

ユダヤ人が、ユダヤ人に対するわれわれの態度について、何も知らされていないことは、驚くほどである。ユダヤ人がドイツでいかに扱われたか、また遠く離れていないワルシャワでどうだったかを、彼らは知らない。そうでなければ、われわれがドイツでユダヤ人と他の市民を区別しているかどうかという質問は、余分なものであったろう。ユダヤ人は、ドイツの統治下でロシア人と対等の権利を持つだろうとは考えていないものの、自分たちの仕事に熱心に向かっていれば、ドイツ人は自分たちを平穏のうちにおいておくだろうと信じている。[131]

したがって、ユダヤ人の多くが留まったのは、単に逃げるのが物理的にむずかしいという理由だけではなく、——たぶんこちらの方が第一の理由であろうが——町に留まることの危険性を認識できなかったからであることがわかる。もちろんそれは、逃げ「なかった」ユダヤ人がまさに逃げたユダヤ人よりも、迫りくる災難に気づかず、それに対処する能力が劣っていたということを意味する。ドイツ人に捕まったユダヤ人は、ユダヤ人の中で弱い人たち、つまり老人、女性、子どもであった。彼らは、決定的な瞬間に、ロシア人の警告を聞かず、ドイツ人が保証したことに耳を傾けた人たちだった。簡単に言えば、留まったユダヤ人は、身体的にも心理的にも麻痺していたのである。

すぐに移動殺戮部隊は、ユダヤ人の弱点を把握した。最も難しい課題の一つである犠牲者の逮捕に、簡単な解決法を発見した。行動部隊は数カ所で、将来の犠牲者を選別する際に、国防軍の支援を得たし、行動部隊の司令官は、ユダヤ人の住居と隠れ家を発見するのに、可能な限り地域住民に頼ったことを、私たちは確認した。しかし今や行動部隊は、最も効果的な援助者を発見した。それはユダヤ人自身であった。大量のユダヤ人を狩り集めるのに、殺害者は簡単な計略を使って犠牲者をだますだけでよかったのである。

計略を使った最初の実験は、ユダヤ人インテリの捜索がわずかな成果しかあげなかったヴィンニツァで行われた。第四b出動部隊の司令官が「町で最も著名なラビ」を呼んで、二四時間以内に教養のあるユダヤ人を「登録の仕事」のために招集するように命じた。この結果がまだ行動部隊の満足のいくものではなかったため、司令官は、もっとユダヤ人を連れて来るようにと命令し、集めたグループを町に帰した。彼はこれをもう一度繰り返して、射殺するに十分な数のユダヤ人を集めた[132]。キエフでは第四a出動部隊はずっと単純な手段を使った。町の掲示板を使って「移住」という理由でユダヤ人を集めたのである[133]。登録とか移住という話のヴァリエーションは、占領地域全般に繰り返し用いられた[134]。

こういった心理的罠が効果的だったのは、町中にいるユダヤ人を捕らえるときだけではなかった。行動部隊は、災難が襲うと予期して町を逃げ出した多くのユダヤ人を引き戻すことに、実際に成功した。道路や村、野原に逃げたユダヤ人は、そこで生き延びるのが非常に困難であった。というのは、ドイツ軍は、はぐれたユダヤ人を捕まえていたし、住民はユダヤ人に避難所を与えることを拒否したからである。このことはすでに見てきた。行動部隊は、最も単純な計略を制度化することによって、この状況を利用した。つまり、何もしなかったのである。保安警察が活動しなかったので、脱出を促していた噂話は一掃された。ほんのわずかのあいだに、ユダヤ人は町のなかに群がって来た。彼らは網に引っかかり、殺されたのであった[135]。

原注44-

殺戮作戦とその影響

第一波のとき、移動殺戮部隊は、一カ月に約一〇万人の犠牲者を報告した。ここまでの記述で、移動する作戦行動のあいだにこれほど多くの人間を捕まえることが、いかにして可能だったのかを、私たちは理解した。単純な戦略が、国防軍の多大の支援と、その土地の対独協力、そしてユダヤ人のだまされやすさと結びついて、ドイツ占領下のソ連の都市を、一連の自然の罠に変えてしまったのである。さてここで、ユダヤ人が捕まえられてから何が起こったのかを調べなくてはならない。というのは、犠牲者を捕まえることで、行動部隊の組織上の問題がまったく解決されたわけではなく、他方、心理的な問題はそのときから始まったからである。

行動部隊は毎日の行動の中で、準備・戦略・保持・報告に忙しかった。彼らは、自分たちの行動を計画し、射殺の場を選択し、武器を磨き、犠牲者を一人一人、男か女か子どもか、ユダヤ人か共産主義者かジプシーかと分けて数えた[136]。大量殺戮や抹殺に選ばれたユダヤ人社会の大きさによって、殺戮部隊の人員は、四人から出動部隊全員までと幅があり、治安警察または軍の部隊の補足も受けた（上級親衛隊・警察長官は、作戦行動に対してもっと大規模な編成を設定することができた）。ほとんどすべての主要な行動において、犠牲者の数は捕獲者の数を上回り、一〇対一、二〇対一、あるいは、五〇対一にさえいたった。しかし、ユダヤ人はこの数の上での優勢を利用することができなかった。殺害者は武装しており、何をするのかをわきまえていて、迅速に行動した。犠牲者の方は、武器を持たず、当惑していて命令に従った。

　ドイツ人は、殺戮行動が規格統一されていたので、迅速に能率的に行動することができた。あらゆる町で同じ段取りが行われ、変更点はほんのちょっとしたものに過ぎなかった。射殺する場所は、普通、町の外で、墓穴のところだった。戦車よけの塹壕や弾孔も墓穴になったし、特別に掘ったものも墓穴になった。[137]ユダヤ人は、男を先頭にした一群となって、集合地点からこの穴のところまで連れていかれた。[138]殺害場所では、部外者をすべて締め出したと想定されるが、それがいつも可能だったとは限らない。そのため、あとで述べるように、多くの厄介事が起こったのである。殺される前に、犠牲者は貴重品を殺戮部隊の指導者に手渡した。冬には、外套を脱いだ。暖かい天候のときには、すべての上着を、場合によっては下着も脱がなくてはならなかった。[139]

　そのあとの様子には、多少のヴァリエーションがある。犠牲者を溝の前に並べて、携帯用軽機関銃や他の小火器を使って、首筋の後ろを撃った出動部隊もある。致命的な傷を負ったユダヤ人は、墓穴へと倒れ込んだ。[140]この方法を好まない司令官もいた。というのは、このやり方はロシアの内務人民委員部*を想起させるからであった。第四a出動部隊の司令官ブローベルは、「首筋の後ろを撃つ専門家」を使うのは個人的に避けたと述べている。[141]オーレンドルフも、「個人的な責任」を回避したかったので、この方法を拒否した。[142]ブローベル（第四a出動部隊）、オーレンドルフ（行動部隊D）、ヘンシュ（第四b出動部隊）は、かなりの距離からの集中砲火の方法を使ったことが知られている。[143]また、能率と非人格性を結び付けた別のやり方もあった。これは「缶詰イワシ方式」[144]と呼ばれる次のようなやり方である。最初の一群が穴の底に寝かせられ、上から十字砲火を浴びて殺される。次の一群は死体の上に、死人の足の側に頭を置くように寝かせられる。これが五、六層重なると、穴は塞がれた。[145]ロヴノではユダヤ人は溝で携帯用軽機関銃で射殺されたあと、縁が爆破されて死体は土の塊で覆われた。その穴から、犬が死体を引きずり出した。[146]

　ユダヤ人が抵抗せずに射殺されるままになっていたことは、重要である。行動部隊のあらゆる報告の中で、「事件」が起こったと言っているものはほとんどない。[147]殺戮部隊は、射殺の時に一人の隊員も失わなかった。行動部隊の死傷兵はすべて、反パルチザン戦や、前線での小ぜりあい、あるいは病気や事故によるものだった。行動部隊Cはこう報告している。

> 　奇妙な点は、罪人が射殺されるときの静けさである。ユダヤ人であろうとなかろうと変わりない。死に対する恐怖は、二〇年間にわたるソヴィエトの支配で培われた、一種の無感覚によって、鈍ったように思える。[148]

このコメントは一九四一年九月になされた。後年、非ユダヤ人の「罪人」は、こんなにたやすく射殺されるままにはならなかった。しかし、ユダヤ人は、最初の殺戮の波が襲ったあとで、自分たちの運命に関する知識が増したにもかかわらず、麻痺したままであった。

ユダヤ人はスムーズに殺されていったが、行動部隊の司令官は、住民や軍そして行動部隊の隊員に及ぼしうる影響を心配した。影響とは、行動終了ののちに起こったり、継続する問題である。池に小石を投げ込んだときのように、出来事の場から遠く広くに波紋が伝わっていった。

射殺のショックを最小限にするために、行動部隊の司令官や彼の代理および副官は、殺害場所をよく訪れた。オーレンドルフは、射殺は軍事的な性格のものであって、「こういった状況下では人道的なものである」ということを確信するために、射殺場所を視察したという。[149]オーレンドルフの副官シューベルトは、視察の理由をもっと慎重に語っている。彼は、クリミアの首都シンフェロポリでの殺戮行動を監督した。彼は、非ユダヤ人住民に害が及ばないように、犠牲者をトラックに積み込むのを見張った。さらに、見張りがユダヤ人をぶつことのないように目を凝らした。殺害場所に無許可の乗り物が入り込むことを心配して、部外者はすべて回り道するように命令した。ユダヤ人の貴重品を集めているときには、治安警察と武装親衛隊が一つたりとも着服しないように気をつけた。最後に、「他の殺害方法では、死刑執行部隊に心の負担があまりに大きいので」、犠牲者は人道的に射殺されているのだと自分に言い聞かせた。[150]当時の軍曹は、視察のもう一つの――それも重要な――理由を語っている。オーレンドルフが第一〇特殊部隊の殺戮場所に到着したとき、隊の司令官ペルステラーに、埋葬の仕方が悪いと文句をつけた。オーレンドルフは、犠牲者をもっときちんと葬るように命令したというのである。[151]

行動部隊の司令官は十分用心したが、影響が現われてくるのは避けられなかった。住民は最初、心配せずにのんきそうに見えた。司令官たちは、住民が射殺を「理解」し、「肯定的に」判断していると報告した。[152]フミオルニクという町では、住民が、ユダヤ人から「救済」[153]されたことの感謝のために、教会に行ったとの報告がなされた。しかし、住民がまったく安心していて、ユダヤ人の除去に感謝さえしているという牧歌的な像は、まもなく消えていった。

一九四二年二月にハイドリヒは軍政地域の防衛委員に、射殺は今では住民がほとんど気づかないようなやり方で実行されている、と報告した。住民も、また残っているユダヤ人さえも、犠牲者はただ移住しただけだとの印象をもつようにすることができたというのである。[154]すでに保安警察は、殺害を隠す方が賢明だと思っていた。というのは、ドイツの支配の過酷さが増すにつれ怒りを覚え、自分たちの安全と身の保証をすでに不安に思っている住民を、もはや信頼できないからであった。

ベラルーシのボリソフで、ロシア語のわかる一ドイツ人は、町でユダヤ人の大量射殺が行われる前に、多数の土地の住民に話した。ロシア人の家主は彼に「ユダヤ人は滅亡させよう。彼らは私たちに多くの害をもたらしたのだから」と語った。しかし、翌朝このドイツ人は、次のような意見を聞いた、「こんなことを誰が命令したんだ。六五〇〇人のユダヤ人を一度に殺すなんてどうしてできたんだろうか。今はユダヤ人の番だが、いつおれたちの番になるのだろうか。かわいそうに、ユダヤ人が一体何をしたっていうんだ。彼らは働いただけじゃないか。本当の罪人は、きっと手つかずのままだ[155]」。翌年ずっと、ボリソフで夢判断や予告や予言に満ちた神秘主義の波が襲ったことを、ドイツ人は観察した。「ユダヤ人は、聖書に予言されていると おり、自分たちの罪のために殺された。聖書を読むと、どんな運命がわれわれを待ち受けているかを発見することもできる」と人びとは言いあったのである[156]。

以下の報告は、クリミアに駐屯していた軍の将校から、ベルリンの国防軍最高司令部経済・軍需局に送られたものである。

現在の不穏な状況では、ほとんどがパルチザンとスパイによって始められた最もナンセンスな噂話さえ、喜んで聞く耳が存在する。数日前に、ドイツ人は五〇歳以上の男女全員を片づけようとしている、という噂が広まった。（シンフェロポリの）地区司令部と他のドイツの役所は、この話が本当かどうかという質問に忙殺された。ユダヤ人住民全体の「移住」と、約六〇〇人の患者のいた精神病院の解体を永久に隠しておくことはできないのだから、この噂が住民のあいだで信じられたのである[157]。

絶滅過程を見た土地の非ユダヤ人は、徐々に、ドイツ人の言う人種階梯の真の性格を理解していった。一番下の段にはすでに火がつけられた。そして下から二番目の段に、自分たちが座っていたのである。

殺戮作戦は、住民のあいだだけでなく国防軍の中にも影響を及ぼした。その一つは、国防軍の兵士のあいだに批判の底流ができたことである。ラトヴィア補助部隊が、一九四一年八月一日の朝に、レゼクネという小さい町の共産主義者とユダヤ人二〇〇人を射殺したとき、この「措置」は、第二八一保安師団の部隊のあいだに怒りを引き起こした。八月五日の朝、さらに二〇〇人のユダヤ人が射殺されたとき、師団の司令官バイヤー中将は、ラトヴィア人は独立して行動しているのかと問い合わせた。射殺は保安警察から命令されたことだと知ったあとで、彼は自分の参謀将校を招集し、この事実を伝え、兵士は全員この事柄について批判や見解を差し控えるよう厳重に警告した[158]。

もっと南部では、ライヒェナウ元帥が一九四一年十月十日に部隊に命令を発して、ユダヤ・ボリシェビキ体制のドイツ文化に対するあらゆる危険性を引合いに出し、これは通常の戦いではないと説明した。「したがって、兵士は、ユダヤ人の劣等人間性に対する、過酷ではあるが正当な対抗措置の必要性を、完全に理解しなければならない」。この措置は、戦う部隊の背後の反乱をくじくという追加の目的も持っている、というのは、暴動はつねにユダヤ人によって扇動されることが、繰り返し明らかになっているからだ、とライヒェナウは指摘した。[159] ヒトラーはこの命令を読んで、「素晴らしい」と評価した。[160] 南部軍集団の司令官フォン・ルントシュテット元帥は、第一一軍と第一七軍および第一機甲軍に、この命令の写しを送り、内容を広めるようにした。[161] 第一一軍の司令官フォン・マンシュタインは、この命令に手を加えて、ユダヤ人は前線の赤軍と後方の敵との連絡員であることを説明した。[162]

まもなく、殺戮に対する「理解」不足よりも深刻な第二の問題を、部隊の司令官が発見して、仰天した。それは、射殺が部隊のあいだでセンセーションとなったことである。このような出来事の目撃者となって何年もたったあとで、元兵士はこう言っている、「私たちはそこに行くことを禁じられていましたが、魔法のようにひき寄せられたのです」。[163] 彼らは観察し、写真を撮り、手紙に書き、話題にした。このニュースは、急速に占領地区に広がり、次第にスピードを増してドイツにも伝わった。

国防軍にとって、これは厄介なことだった。キエフでは、町を「ボリシェヴィキが破壊したこと」を見るべく招待された外国人ジャーナリストの一行が、中部軍集団における民政代表者であるコッホ長官を取り囲み、射殺のことを質問した。コッホがすべてを否定したとき、ジャーナリストは、自分たちはいずれにせよこの件に関してはかなり正確な情報を持っていると言った。[164] ドイツ軍に随行しているスイス軍衛生使節団のメンバーは、同様の情報を得ていた。スイス人将校の一人ルドルフ・ブーハー博士は、自分の経験を上司に報告しただけではなく、自分の見聞きしたことを、スイスの軍関係者や専門家に講演した。[165]

国防軍はさまざまな対抗手段をとろうとした。最初は、数人の将校が、誰もが見ることのできるところで射殺を行っている として行動部隊を非難した。その抗議の一つが、カッセルの第九軍管区司令官代理シュニーヴィントが補充部隊長官のフロム上級大将に送った書簡である。この抗議の中で、軍管区将校は、ロシアにおける「大量処刑」についての噂を扱っている。シュニーヴィントは、部下であるレースラー少佐が以下のような目撃者としての報告をするまで、このような噂は誇張し過ぎたものだと思っていた。

レースラーは、ジトミルの第五二八歩兵連隊を指揮していた。ある日、自分の司令部に座って仕事をしていたら、突然、ライフル銃の一斉射撃の音がして、続いてピストルの音がした。彼は二人の将校を伴って、何が起こったのかを調べようとした。この三人だけではなかった。四方八方から兵士や民間人が鉄道の土手の方に走って行った。レースラーも土手を登った。彼がそこで見たものは「心の準備をせずに近づいた者は、動揺して吐き気を催すほど、残酷で卑劣なものであった」。

彼は、片側に土の山がある溝の上方に立っていた。溝の壁には血が飛び散っていた。警官が血塗れになった制服を来て回りに立っていた（彼らのなかには、水着だけしか着ていない者もいた）。民間人が妻子を連れて見物していた。レースラーは近づいて穴の中を覗いた。死体の中には、白いあごひげをはやして、手に杖を持った老人がいた。その老人はまだ息をしていたので、レースラーは一人の警官に近寄って、この老人を「最終的に殺す」ように頼んだ。警官は助言を必要としないかのように不機嫌な様子で、答えた、「こいつにはもう七回も……撃ち込みました、自分でくたばるでしょう」。レースラーは結論の中で、自分は人生の中で不快なものを数多く見てきたが、まるで野外劇場のような、公衆の面前での大量殺害は、それを凌ぐものだ、これはドイツの風習や教育などに反している、と言った。[166] レースラーは自分の報告の中では、一度もユダヤ人のことを口にしなかった。

戦場からの苦情にも事欠かなかった。ゲニッケの地区大隊司令官の（スケッチ画を添えた）抗議文によると、殺戮行動が市の境界近くで行われ、部隊も民間人も不本意ながら射殺の目撃者になり、死刑宣告された者の「哀願の声」も聞こえた、とある。担当の親衛隊将校は、返答の中で、自分はこの仕事をたった三人の部下を連れただけで行ったこと、最も近い家でさえ射殺現場から四〇〇～七〇〇メートル離れていたことを指摘し、国防軍の兵士がこの作戦行動を見ると言い張ったために、自分は彼らを追い払えなかったのだと主張した。[167]

一九四二年五月にもなると、南部軍集団後方地域の軍政部将校たちは会議に集まり、殺戮部隊に「十分同意してもらい」、以下のように説得することを決議した。射殺を、できる限り日中ではなく夜間に実施してほしいというのである。もちろんこの「処刑」が住民を「驚愕させる」ために必要な時は例外であるが。[168]

しかしながら、射殺の場所や時間を規制しようとたびたび試みても、「自ら望んだ」目撃者はさておき、殺害場所を「不本意な」目撃者から完全に隠すことはできないと、国防軍はまもなく気づいた。この娯楽（とそこから出る噂話）を断つ別の唯一の方法は、兵士のあいだに教育キャンペーンを行うことであった。そこで国防軍も、この方法を試みた。

戦争の最初の数週間に、第一一軍の兵士は、ベリツィでルーマニア人が射殺を行うのを見た。[169] 殺戮者がルーマニア人であるので、第一一軍の参謀長ヴェーラーは率直な言葉使いをした。出来事をはっきりと言わず、彼はこう書いている。

> ある特殊な場合を考慮して、以下のことが明らかに指摘されなくてはならない。
>
> 人命についての東ヨーロッパ的観念のために、ドイツ兵は（たとえば大量処刑とか、民間人やユダヤ人などの殺害といった）出来事の証人になるかもしれない。この出来事は、今のところ防ぐことができないが、ドイツ人の名誉の感覚に最も深いところで逆らうものである。
>
> 正常な人間ならば、当然、このような吐き気を催す行き過ぎ行為を、写真にとったり、故郷への手紙で報告することはできない。こういった出来事の写真や報告を広めることは、軍隊の礼儀と規律を破壊するものと見なされ、厳しく処分されるであろう。こういった行き過ぎ行為に関する写真やネガ

や報告はすべて集め、所有者の名前をリストにして、諜報局防諜部に届けなければならない。

　このような出来事を好奇心をもって眺めることは、ドイツ兵の威厳にかかわることである。[170]

センセーショナリズムと噂の流布が、軍の唯一の心配事なのではなかった。移動殺戮部隊の行動は、もっと広い影響を及ぼし、意味あいが厄介な、別の問題も引き起こした。命令や指令「なしで」、国防軍の兵員によってユダヤ人が殺されるということが起こったのである。ときどき、兵士は殺戮部隊を援助し、犠牲者の射殺に加わった。時には、国防軍の部隊がポグロムに参加し、ドイツ軍のメンバーが自ら殺戮行動を起こすこともあった。国防軍が移動殺戮部隊を大いに援助したことは、すでに指摘しておいた。では、なぜ軍指導部はこのような個別行動を心配したのであろうか。

　国防軍の懸念には、管理上のいくつかの理由がある。地位の問題に関して言えば、兵隊が警察の仕事をするという考えは、そんなに魅力的でなかった。ポグロムは軍政担当者にとって悪夢であったし、路上や占領した町での無統制の殺害は、過失や事故の可能性からだけでも、危険であった。しかし、以上の考慮に加えて、絶滅過程の心理全体に根づいている全般的な拒否感があった。ユダヤ人を殺害することは歴史的必要性があるとみなされた。兵士は、このことを「理解」しなくてはならなかった。もし何らかの理由で、兵士が親衛隊・警察の仕事を手伝うことを命じられたら、その命令に従うことが期待された。しかし、もし兵隊が自発的に、好んで、つまり指令なしで、単に「殺したい」から、ユダヤ人を殺すならば、彼は異常な行為を犯したことになる。この行為は、ひょっとしたら、（ルーマニア人のような）「東ヨーロッパ人」にはふさわしいかもしれないが、ドイツ軍の規律や威厳にとっては危険なことであった。ここに、自分を「克服して」殺害した者と、わざと虐殺を行った者とのあいだの、決定的な違いがあった。前者は、良き兵士で真のナチスとみなされ、後者は、自制心のない人間で、故郷に帰還したのちに社会の危険人物となるだろうと考えられていた。この哲学は「行き過ぎ行為」の問題を扱おうとするすべての命令に反映していた。

　一九四一年八月二日、（第一一軍の）第三〇軍団は、中隊のレベルまで命令を下したが、それは以下のようなものだった。

ユダヤ人と共産主義者に対する行動への兵士の参加

　ドイツ軍の侵攻をどんなことをしても食い止めようとする共産党員とユダヤ人の熱狂的な意志は、どんな状況の下でも撃ち破られなくてはならない。したがって、軍後方地域の安全のために徹底的な措置をとる必要がある。これは特殊部隊の任務である。しかし、不幸なことに、軍の兵員がそのような行動に参加してきた。したがって、私は将来のために以下のように命令する。

特別に命令を受けた兵士だけが、このような行動に参加することが許される。さらに、この部隊のいかなる者も観客として参加することを禁じる。軍の兵員としてこのような作戦行動に選抜された者は将校から命令を受けなくてはならない。将校は、軍の部隊がいかなる不快な行き過ぎ行為も起こさないよう、気をつけなければならない。(171)

南部軍集団後方地域の司令官の命令は以下のことを指摘した。

軍の兵員による民間人に対する法律違反の数が増加している。……また、最近、兵士や将校さえもが、独自にユダヤ人殺害を行っていたり、このような射殺に参加するという事態が起こっている。(172)

「執行措置」は親衛隊・警察の独占的な管轄領域であることを説明したあと、この命令はこう続いている。

軍自体は、敵対的行為を行った——あるいは行ったと疑われる——地域住民のみを現場で処分するのであり、それも将校の命令にもとづいてのみ行われる。さらに、集団的措置は、少なくとも大隊司令官の認可を受けたときのみ行われる。この問題に関してどのような疑問も生じない。ユダヤ人を含む地域住民を、個々の兵士が無認可のまま射殺することや、親衛隊・警察の執行措置に参加することは、すべて不服従であり、したがって懲戒処分で罰せられるか、——もし必要ならば——軍法会議にかけられる。

そして、以下は中部軍集団後方地域にいる第三三九師団の諜報将校によって書かれた指針である。(173)

軍がユダヤ人やジプシーを射殺できるのは、彼らが、パルチザンやその協力者だと確定した時のみである。他の場合はすべて、親衛隊保安部・保安警察に引き渡すこと。部隊と親衛隊保安部の行動部隊との距離が大きすぎるときには、最も近い捕虜収容所ないし地区司令部や野戦司令部への引渡しでよい。そこが、親衛隊保安部への配送を行う。女性の射殺は、パルチザンやその協力者と確定しない限り、軍隊の任務ではない。

明らかに、殺戮行動は地域住民や国防軍に深刻な影響を与えた。殺戮行動は住民のあいだに、陰に潜んだ根深い不安を引き起こした。そして国防軍には、不快になるほど多くの兵士が観客や殺害者として死を喜んでいる事実を、明るみに出した。

主要な心理的問題に直面した第三のグループは、移動殺戮部隊の隊員自身である。行動部隊や出動部隊の指導者は官僚であって、デスク・ワークに馴染んだ人である。東部では、彼らの仕事は、作戦行動を監督し、報告することであった。これは単なるデスク・ワークではない。すでに述べたとおり、「視察」とは、行動部隊の指導者とその参謀が殺害場所に行くことであった。行動部隊Cでは「全員が」射殺を見なくてはならなかった。参謀の一人であるカール・ハイニッケは、このことに関して他の選択はできなかったことを伝えている。

私自身は処刑に目撃者としてのみ参加した。自分が卑怯者とされることのないようにである。……（行動部隊の司令官）ラッシュ博士は、作戦部隊のすべての将校と下士官は、処刑に参加しなければならないという原則を主張した。処刑から逃げていることは不可能だった。責任をとるべく呼び出されないためである。(174)

行動部隊の将校は、自己を「克服」しなくてはならなかった。彼らは、この仕事に完全に関わっていた。報告者としてではなく参加者として。将来告発人になりうる人物としてではなく、この仕事をした人びとの運命を分かち持たなくてはならない人物として。ある日射殺を観察するよう命令された将校の一人は、その次の晩、非常に恐ろしい夢にうなされた。(175) 中部ロシアの上級親衛隊・警察長官、フォン・デム・バッハ＝ツェレフスキSS大将でさえ、重度の胃腸障害で病院に運ばれた。外科手術のあと回復が遅かったので、ヒムラーは、親衛隊の最高の医師であるグラーヴィッツを、自分のお気に入りのこの将軍のもとに派遣した。グラーヴィッツの報告では、フォン・デム・バッハは、とくに、彼が東方で自ら指揮したユダヤ人射殺や他のつらい経験に関連した観念に苦しんでいるということだった。(176)

移動殺戮部隊の指導者たちは、殺戮行動の心理的影響に体系的に対処しようとした。射殺を指令しているあいだでさえ、彼らは自分たちの活動を抑圧したり正当化し始めていた。抑圧のメカニズムは、個々の殺害行動の報告に対する言葉の選び方において、非常に特徴的である。報告者は「殺す」とか「殺害する」という直接的な表現を使うのを避けようとした。司令官は代わりに、殺害を正当化するか、不明瞭にすることのできる言葉を使った。以下はその代表的なものである。

死刑にする
処刑する
選び捨てる
解体する、清算する
解体数
ユダヤ人団体の解体
処分する
行動
特別行動
特別処置
特別に処置する
特別処置を講じる
粛清
一掃行動
排除

移住
執行活動
執行措置
相応に処置する
特別措置に委ねる
保安警察的措置
保安警察的に対処する
ユダヤ人問題の解決
（ある地区から）ユダヤ人の一掃
ユダヤ人をなくす

殺戮行動は警察活動の枠内の通常の官僚的手続きにすぎないという考えを伝えるよう考えられた用語法の他に、――心理的矛盾ではなく、論理的矛盾であるが――行動部隊の司令官は、殺害に対してさまざまな正当化を行った。この合理化の重要性は、行動部隊がハイドリヒに何の理由も挙げる必要がなかったことを考えれば、すぐに明らかになる。彼らが理由を挙げなくてはならなかったのは、自分自身に対してなのである。一般的に言って、報告の中には、殺戮に対して一つの全般的正当化がある。それは、ユダヤ人の危険性というものである。このフィクションは、さまざまな変化形で、繰り返し使われた。

総督府の保安警察・保安部司令官の作戦部隊の報告によると、ピンスクで、土地の民兵の一員にユダヤ人が発砲し、別の民兵が一人死体で発見されたので、この部隊はこの町で四五〇〇人のユダヤ人を殺害した。[177]ベリツィでは、ユダヤ人は、ドイツの部隊を「攻撃」した罪があるということで、殺された。[178]スタラ・コンスタンティノフでは、ユダヤ人が国防軍に「非協力的」態度を示したので、第一親衛隊旅団が四三九人のユダヤ人を射殺した。[179]モギリョフでは、ユダヤ人が自分たちの「移住」をサボタージュしようとしたことで非難された。[180]ノヴォ・ウクラインカでは、ユダヤ人の侵入があった。[181]キエフでは、ユダヤ人が大火事を起こした疑いをかけられた。[182]ミンスクでは、約二五〇〇人のユダヤ人が、「噂」を広めたかどで射殺された。[183]行動部隊Ａの地域では、ユダヤ人の行う宣伝が作戦行動を正当化した。報告によると、「このユダヤ人の宣伝活動はとくにリトアニアで激しかったので、この地域で、第三出動部隊によって清算された人数は七万五〇〇〇人にのぼった」。[184]次の理由は、アナニエフの殺戮行動に対して言われたものである、「ドイツ軍が撤退するとすぐに、アナニエフのユダヤ人は民族ドイツ人の住民に対して流血騒ぎを起こしたので、保安警察は検挙を行い、一九四一年八月二十八日に約三〇〇人のユダヤ人男女を射殺した」。[185]あるケースでは、行動部隊Ｂは、噂を広めることや、宣伝、威嚇の代わりに、「敵対的精神」という、漠然としているがすべてを含みうる非難の言葉を使った。[186]少なくともある行動部隊は、ユダヤ人の抵抗活動をまったく挙げずに、ユダヤ人の危険性の理論に訴えた。行動部隊Ｄは、クリミアの全ユダヤ人を殺害したあとで、最終報告書の中に、戦前に半島でユダヤ人が及ぼした浸透的影響力についての学究的文章を同封しただ

けであった。(187)

罪の押し付けの極端な例は、ドニエストル川とブーク川のあいだにあるモストヴォイェ地域での射殺に関する匿名の目撃者報告に見られる。親衛隊の部隊がある村に到着し、そこのユダヤ人住民を全員逮捕した。ユダヤ人は溝に沿って並ばされ、服を脱ぐように命令された。親衛隊の指導者は、それから犠牲者の面前で、ユダヤ人がこの戦争を始めたのだから、ここに集まった者はこのことを命で支払わなければならないと宣言した。この演説に続いて、大人は射殺され、子供は銃床で撲殺された。ガソリンが死体の上に注がれ、火がつけられた。まだ息をしている子供は炎の中に投げ入れられた。(188)

このような危険なユダヤ人の態度や活動という非難は、ときには、ユダヤ人は病気を運ぶ危険因子だという指摘によって補完された。ネヴェリとヤノヴィッチにおけるユダヤ人地区は、疫病が蔓延しているので、解体が決定された。(189)ヴィテプスクでは「疫病が起こる危険性がきわめて高い」ということだけで十分であった。(190)ラドミスルでの射殺には、次のような説明がなされた。周辺地域からたくさんのユダヤ人がこの町に群がってきた。そのため、ユダヤ人のアパートは過密状態になった。平均して、一部屋に一五人住んでいたのである。衛生状態は耐えがたいものになった。ユダヤ人の成人や子供に食料を供給することは「実行不可能」になった。結果として、疫病の危険性がたえず増大していった。この状態に終止符を打つために、第四a特殊部隊は最終的に一七〇〇人のユダヤ人を射殺した。(191)

心理的正当化が殺戮行動の不可欠の部分であったことは、強調されるべきである。もし予定した活動が正当化されえなかったなら、それは行われなかった。もちろん、反ユダヤ措置に対して、理由が尽きることがなかったのは、言うまでもない。しかし、一度だけ、精神病患者の殺害の件で、理由が尽きたことがある。行動部隊Aは、リトアニアと北ロシアで七四八人の精神病患者を、これらの「狂人」には番人も看護婦も食料もないからといって、殺害した。彼らは、保安上「危険」であった。しかし、兵舎のために必要だから他の施設も「一掃」してくれるよう、国防軍が要請したとき、行動部隊は突然拒絶した。そのような行動は保安警察の利害に関係ない、したがって軍自身がその汚い仕事を行うように、と言ったのである。(192)

移動殺戮部隊のリーダーと同様、隊員も配属されて業務執行が義務づけられた。たしかに、隊員は全員、イデオロギー的訓練を受けていたが、ユダヤ人の射殺を自ら望んで申し出る者はいなかった。彼らの大多数が殺戮部隊に配属されたのは、単に前線で役に立たない者だったからである。(193)彼らは壮年で、一〇代の若者ではなかった。家族を支える責任のある者が多かった。無責任な青年ではなかった。

第三二二警察大隊がウィーンを離れた時に、楽隊が「ムス・イー・デン」を演奏し、残された者の中には涙を流すものもいた。戦場でこの大隊は、一九四一年七月に中部警察連隊司令官モントゥアがユダヤ人男性を射殺するよう命令を発したときに、この連隊の一部になった。その時にモントゥアは配下の大隊・

中隊司令官に、射殺する者の心理的慰撫のための指令を付け加えた。その中には、日中の出来事を仲間同士で話せるような、ストレス解消の静かな夕べの規定も含まれていた。ヒムラーは明らかにこのグループ療法のアイデアが気に入り、自分の指令の中で強調した。ヒムラーが言うには、隊員の個人的な世話をするのは、隊長や司令官の聖なる義務である。行動のあとの夕べは、可能なときにはいつでも、最良に居心地のよいドイツ的流儀で、アルコールはないが食べ物と音楽に満ちたものにならなくてはならない。隊員は、次の任務を完全に遂行するのに間にあうように、厳しい義務から解放されなければならない。このようにヒムラーは言った。その年、第三二二大隊の第三中隊は、ユダヤ人の男性・女性・子供の射殺に大きく関与した。しかし、この中隊の戦争日誌の記録者は、注意深く、一九四二年一月一日に、いかに隊員が人間性を保ったかを記している。隊員は、東部戦線でクリスマスの聖夜に一家の長が亡くなった、最も子だくさんの最も貧乏な家族のために、一〇一八ライヒスマルク五〇ペニヒを集めて、ゲッベルス宛に送ったのである。[194]

初期には、一般的に女性と子供は目標ではなかったものの、部隊の中で最初いくらか緊張が走った。こうして、ティルジットのゲシュタポの長官で法律家のハンス・ヨアヒム・ベーメが、作戦行動を法的処置に分類しようと努力したにもかかわらず、ティルジットのゲシュタポ部隊に、興奮と良心の呵責の混ざりあった雰囲気が出現した。メーメルの国境都市クレイペダの都市警察の分隊が一九四一年六月二十三日に、作戦部隊に任じられたとき、すぐに処刑の実地訓練が行われた。リトアニアで、民間人が前進するドイツ人部隊に発砲したという話が広まったが、隊員の一人は、ユダヤ人の射殺が行われるのだと言った。別の一人が、「おまえ、気が狂ってるんじゃないか」と言った。翌日、新たに獲得したガルスデンで、誰が犠牲者なのかが明らかになった。都市警察はユダヤ人男性に弾丸を浴びせて墓穴に押し込んだ。分隊長は、ユダヤ人に宣告した、「お前たちは国防軍に対する犯罪により、総統の命令によって射殺される」。それから剣を抜き、隊員に「用意、狙え、撃て」と命じた。鉄兜をかぶった隊員が二人ずつ、ユダヤ人一人を狙った。このときの犠牲者の中には、一九三九年三月にメーメルがリトアニアからドイツ人の手に奪われた時に、メーメルから逃げた逃亡者が含まれていたので、ユダヤ人の中には、自分の故郷の警察予備兵の何人かを知っている者がいた。あるユダヤ人の製造業者は「グスタフ、うまく撃ってくれ」と叫んだ。弾丸で傷ついたある若いユダヤ人は、「もう一発」と要求した。射殺のあとで、集団の写真が撮られ、酒が渡された。それにもかかわらず、翌朝、気分は暗かった。議論が起こり批判が口に上った。一人の隊員が行動を正当化しようとした、「畜生。子どもたちの暮し向きがよくなるように、一世代はこういうことを我慢しなくちゃならないんだ」。[195]

時がたつにつれ、射殺部隊の隊員は適応していった。彼らは、射撃の特別な命令がなくても機械的に行動し、毎日毎日を過ごした。しかし、時として参ってしまい、[196] いくつかの部隊ではアルコールの飲用がお決まりになった。[197] 同時に、教化が続けられ、司令官はときどき主要な作戦行動の前に演説をした。[198]

一度、一九四一年八月半ばに、ヒムラーは自らミンスクを訪れたことがある。彼は、行動部隊Bの司令官ネーベに、一〇〇人の人間の一団を射殺するよう要請した。このような「一掃」が現実にどんなものかを見てみたいからであった。ネーベは行動した。犠牲者は二人を除けばすべて男であった。ヒムラーは一団のなかに、青い目と金髪の二〇歳くらいの青年を見つけた。発砲する直前に、ヒムラーは、この死を運命づけられた男に近づき、質問をした。

「おまえはユダヤ人か」

「はい」

「おまえの親は二人ともユダヤ人か」

「はい」

「ユダヤ人でない先祖はいないのか」

「いません」

「それでは、私はおまえを助けられない」

射撃が始まると、ヒムラーは次第に落ち着きがなくなっていった。一斉射撃のたびごとに、彼は地面を見た。二人の女が死にきれないでいると、ヒムラーは巡査部長に、彼女たちを苦しめるなとわめいた。

射殺が終わると、ヒムラーともう一人見ていた同僚が話をした。もう一人の目撃者とはフォン・デム・バッハ＝ツェレフスキSS大将で、のちに病院に運ばれたあの人物である。フォン・デム・バッハはヒムラーに向かって言った。

「全国指導者殿、たった一〇〇人ですよ」

「どういう意味だ」

「部隊の隊員の目をご覧なさい。どんなに彼らが動揺していることか。この隊員たちは一生だめになってしまったんですよ。どんな部下を、私たちはここで訓練しているんでしょう。神経症か野蛮人かのどちらかですよ！」

ヒムラーは目に見えて動揺し、そこに集まっている者全員に話をした。彼は以下のように言った。行動部隊は、不愉快極まる任務を遂行するために召集された。もしドイツ人が喜んでそんなことをしているとするなら、私には気に入らない。しかし、諸君の良心はまったく害されていない。というのは、諸君はあらゆる命令を無条件に実行すべき兵士であるからだ。自分だけが神とヒトラーの前で、起こっていることすべてに対して責任をとる。諸君は、私がこの流血の任務を憎んでいること、そして私が魂の底まで揺り動かされていることに、はっきりと気がついただろう。しかし私も、自分の任務を行うことによって、最高の命令に従っており、この作戦行動の必要性を深く理解して行動しているのだ。

ヒムラーは隊員に続けて言った。自然を見よ。人間の世界ばかりでなく、動物や植物の世界にも、いたるところに闘争がある。疲れて戦えないものは、没落しなくてはならぬ。最も原始的な人間でさえ、「馬は良いが南京虫は悪い」とか「小麦は良いがアザミは悪い」と言う。人間は、自分に役に立つものは良いが、害になるものは悪いと規定する。南京虫と鼠も、生きる目的を持っていないのであろうか。持っている。しかし、だからといって、人間が害虫から身を守ることが許されないということではない。

この演説ののち、ヒムラー、ネーベ、バッハ＝ツェレフスキ、そしてヒムラーの幕僚長ヴォルフは、精神病院を視察した。ヒムラーはネーベに、できる限り早くこの人びとの苦しみを終えさせるようにと命令した。同時に、ヒムラーはネーベに、射殺よりももっと人道的方法を「心の中でじっくり考える」ように依頼した。ネーベは、精神病患者にダイナマイトを使う許可を求めた。バッハ＝ツェレフスキとヴォルフは、この病人たちはギニアの豚ではないのだと抗議した。しかし、ヒムラーはこれを試してみるよう決定した。ずっとあとになってネーベがバッハ＝ツェレフスキに打ち明けたところによると、患者に試みられたダイナマイトは、ひどい結果をもたらしたとのことである。[199]

ヒムラーの要望に最終的に答えたのは、ガス・トラックであった。この車両は、すでに一九四〇年に、東プロイセンとポメルンの精神病患者をソルダウにある旧ポーランド回廊に位置する収容所で、毒ガスで殺害するために使われていた。[200] 一九四〇年のモデルは、国家保安本部技術部のラウフSS中佐のもとで作られたもので、瓶に詰めた一酸化炭素を装備していた。車輪のついたガス室は、「皇帝コーヒー」という標識でカモフラージュされていた。しかし、一酸化炭素の瓶は、占領下ソ連で使うには、値段が高すぎ、取り扱いが厄介であった。したがって、次の段階は、排気ガスの一酸化炭素を車内に導入することのできる車両の製造であった。この目的のためにはトラックの車体と車台を別々に調達しなければならなかった。国家保安本部技術部は車体のすべてを、このような製品の製造を専門としていたベルリン＝ノイケルンのガウプシャト車両会社から手に入れた。車台の調達はもっと困難だったが、最終的に数個の型が購入された。必要な取り付け作業は、技術部自身が行い、テストは国家保安本部の犯罪技術研究所によってSS少佐で上級参事官のヘース博士のもとで行われた。こういった努力の結果、排気ガス・トラックのシリーズが二つ出現した。最初のシリーズは、三〇人から五〇人を収容することができる、比較的小型の二トン半と三トンのトラックで、ダイヤモンド社とオペル＝ブリッツ社によって作られた。二番目のシリーズは立ってぎっしりと詰め込めば六〇人から七〇人までも乗せられる、五トンのザウラー・トラック多数からなっていた。[201]

一九四一年モデルの発展段階中に、ヘース博士の犯罪技術研究所は、生物学と化学が専門の科学者、SS中尉ヴィートマン博士を雇った。この若いSS中尉をヘースは庇護したが、ヴィートマンは以前ミンスクで精神病患者を爆破した人物だった。彼は、このガス・トラックは精神異常者を殺害するためだけに用いられると思っていた。これが東部で転用されることを知ると、彼はヘースに、この装置を正常な人に使うことはできない、と苦情を言った。ヘースは彼に向かって親密な口調でこう言った。「でも、君、わかるだろう。どっちみちもう行われているんだ。抜けたいのかね[202]」。ヴィートマンは職に留まり、ＳＳ大尉に昇進した[203]。

国家保安本部の発明は、ポーランドとセルビアにおける人目につかない殺戮作戦に役立った。一九四一年十二月に始まり、二、三台のガス・トラックが各行動部隊に送られた[204]。運転手はベルリンから車ごと派遣された。目的地で、トラックは隔離された場所に駐車し、犠牲者を待った。ユダヤ人は脱衣姿または下着姿で、しばしば男女一緒のまま、トラックの中に押し込まれた。後ろのドアが閉められ、動かぬ車両の中にガスが注入され始める。ユダヤ人は暗い車内に立って排気ガスを呼吸するにつれ、ブリキを張った壁をドンドンと叩き始める。数分後に、彼らは窒息し、心臓の鼓動が速くなり、目まいと吐き気に襲われ、ついに脳が麻痺したのである。それからトラックは死体を乗せて溝のところまで走った[205]。

条件が良ければ、ガス・トラックは一日に四、五回出動したが[206]、技術的・心理的な障害はなくならなかった。雨が降ると故障する車両もあり、繰り返し使っているうちに、きちんと密閉することができなくなった。荷を降ろす作戦部隊の隊員は頭痛に苦しんだ。運転手がアクセルを強く踏みすぎると、トラックから降ろした死体は、ゆがんだ顔をして排泄物にまみれていた[207]。

明らかに、アルコールも演説もガス・トラックも、犯行を行う者の心理的負担を取り除くことはできなかった。しかし、作戦行動全体は頓挫しなかった。逆に、行動部隊の隊員には、任務が追加された。そのうちの一つはドイツ軍の収容所にいる捕虜の殺害であった。

訳注

235 **ＯＵＮ**（Organizatsija Ukrainskikh Nationalistiv）　ウクライナ・ナショナリストの組織。ウクライナ独立をめざし一九二九年に設立された（前身組織は一九二〇年に成立）。イデオロギー上、政治上、ナチスに近く、ドイツがポーランドとソ連に侵攻し占領した際、多大な協力をした。

244 **内務人民委員部**（ＮＫＶＤ）　一九三四年に、国家政治保安部（ＧＰＵ）が改組吸収されてできたソ連の内務組織。スターリンの大粛清の強力な担い手となった。その政治警察の部分は、一九四三年に国家保安人民委員部（ＮＫＧＢ）、一九四六年に国家保安省（ＭＧＢ）、一九五四年に国家保安委員会（ＫＧＢ）と改組され、内務人民委員部自体は、一九四六年に内務省（ＭＶＤ）となった。

3　捕虜の殺害

原注47-

戦争中に、五七〇万人以上のソ連兵がドイツ軍に投降し、この投降兵の四〇パーセント以上が捕囚のうちに亡くなった。約三三五万人が一九四一年末までに捕虜となり、風雨にさらされたり飢餓のためにその冬亡くなった者は、膨大な数にのぼった。(1)この全体像のなかで、ソ連人捕虜の一定部分を殺害するために、比較的、小規模だが注目に値する企てが追求された。一九四一年七月十六日、東部での戦闘が開始されて四週間もたたないうちに、ハイドリヒは国防軍総務局の長官ライネッケ大将と協定を結んだ。この協定の文面が規定していることは、国防軍は、ボリシェヴィズムを伝えるソ連人の捕虜から、「解放される」べきだというものであった。(2)この計画の主な責任者は、表7－7に示した。(3)

国家保安本部と国防軍は、状況は「特別措置」を必要としており、その措置は官僚的コントロールなく実施されるべきであるという点で合意した。翌日、ハイドリヒは彼の機構の地方機関に、すべての「職業革命家」、赤軍政治将校、「熱狂的」共産主義者、「全ユダヤ人」の選別の準備をするよう待機命令を出した。(4)ソ連人の捕虜はすでに、中継収容所を経て、総督府と帝国へ殺到していたので、ハイドリヒは新占領地やポーランドやドイツに選別部隊を作らなくてはならなかった。作戦行動の計画は、表7－8に示すように、三部構成による行動を要求していた。仕事のほとんどは、行動部隊によってなされることになっていた。というのは、国内のゲシュタポはすでに人員不足になっていたからだ。(5)

協定や選別部隊の編成以前に、ビアウィストクの捕虜収容の警備をする治安警察中隊は、ユダヤ人が他の捕虜からすでに分離されているのに気づいた。そこで、七月十日から十四日のあいだに、「脱走を試みた」七一人とロシア人二人を射殺した。この行動に、ピストル四四発、カービン銃一七発、携帯用軽機関銃一七六発が費やされたのである。(6)

協定に従って、軍の部隊はユダヤ人の捕虜を体系的に識別し、搾取し始めた。(7)第二軍は、ユダヤ人捕虜と「アジア人」は、中継収容所に移送される前に、軍集団後方地域で労働につかせるよう、命令した。(8)キエフの第二九軍団（第六軍）は、この地区の中継収容所のユダヤ人を、危険な地雷除去の作業につかせるように、命令した。(9)ホロルの第一六〇中継収容所では、ユダヤ人捕虜に星の標識をつけた。ホロルの収容所には便所がなかったので、星の標識をつけた捕虜は、汚物を手で拾い桶に入れなくてはならなかった。(10)第二〇軍管区では、基幹収容所の短気な司令官が、共産主義者とユダヤ人の捕虜をすぐに殺害するよう、部下に命令した。こうして三〇〇人が射殺された。(11)

選別部隊は、難なく捕虜収容所に入った。というのは、収容所の司令官は、前もって上官から知らされていたからである。(12)この知らせを見ると、文書の中で言葉が選ばれて使われている

表7－7　捕虜殺害の中央行政の責任者

	国家保安本部	国防軍　直接関与	国防軍　利害関係
	ハイドリヒSS大将	ライネッケ大将	カナーリス海軍大将 （代理　ラホウゼン少将）
Ⅳ	ミュラーSS中将	捕虜収容所長官 ブライアー大佐 （後任　フォン・グレーヴェニッツ少将）	
Ⅳ-A	パンツィンガーSS准将		
Ⅳ-A-1	フォークトSS少佐 （後任リンドウSS少佐）		
Ⅳ-A-1-c	ケーニヒスハウスSS大尉		

表7－8　捕虜殺害の地方組織

選別部隊	親衛隊連絡員	収容所
行動部隊		軍の捕虜集結所と新占領地の中継収容所
クラカウ保安警察・保安部司令官	ラシュヴィッツ刑事委員 （後任　リスカSS中佐） 総督府収容所長のヘルゴット中将に随行	総督府の収容所
ドイツ帝国のゲシュタポ事務所	シッファー刑事官 （後任　ヴァルター刑事委員） 東プロイセンの捕虜収容所長のフォン・ヒンデンブルク中将に随行	ドイツ帝国の基幹収容所

点が指摘できる。こう書いてあるのだ。「捕虜を調べるときに、保安部は、相応する分子を選び出すために参加することが許される」[13]。

この部隊は比較的小さく、将校一人と、四～六人の隊員からなっていた[14]。したがって、親衛隊員は、軍の準備作業や、中継収容所や基幹収容所の諜報将校の協力や、自分たちの「才覚」に依存しなくてはならなかった[15]。

全体的に見て、軍は協力的であった。たとえば、ボリスポリの司令官は、自分の収容所に選別部隊を送るために第四ａ特殊部隊を招いた。二つの別々の行動で、この部隊は一一〇九人のユダヤ人捕虜を射殺した。犠牲者の中には、収容所の医師によって引き渡された七八人の負傷者もいた[16]。他の報告も同様の事実を伝える。行動部隊Ａの八月二十八日の報告は、二度にわたって捕虜を選別したが、その結果は「満足いくものだ」という内容であった[17]。第一一軍の捕虜集結所から、毎月きちんとユダヤ人の兵隊が引き渡された[18]。月例の捕虜報告書には、以下のようなことが書いてある。

死亡、射殺　一一一六人
保安部に引き渡し　一一一人

ある行動部隊は、少々困難に直面した。行動部隊Ｃの報告によると、ヴィンニツァでは収容所の司令官が、三六二人のユダヤ人捕虜を引き渡したかどで、司令官代理を軍法会議にかけたとある。このとき、行動部隊は中継収容所に近寄れなかった。しかし、この問題は命令が遅れたせいとされ、行動部隊Ｃは第六軍の司令官フォン・ライヒェナウ元帥を、保安警察へ完全に協力してくれたと、誉めたたえた[19]。

選別部隊は国防軍に対してほとんど不満がなかったが、軍の全員が選別行動に関して、とくにそのやり方に関して、幸せな気分になれなかった。一九四一年夏、捕虜の殺害が始まってすぐに、ヘルマン・ライネッケ将軍の司令会する、高官たちの会議が開かれた[20]。国家保安本部の代表は、ゲシュタポ長官ミュラーであった。さらに、ライネッケの部下である、捕虜収容所長官ブライアー大佐が出席した。ほかの関係機関、カナーリス海軍大将の代理は、ラホウゼン大佐であった。カナーリス自身は参加しなかった。というのは、彼は国家保安本部の代表者に対して、あまりに否定的な態度を示したくなかったからである。

ライネッケは討論を始めるにあたり、次のような趣旨の意見を述べた。ソ連との戦いは、国家対国家、軍隊対軍隊という単なる戦争ではなく、ナチズムとボリシェヴィズムという二つのイデオロギーの闘争である。ボリシェヴィズムは、ナチズムと「死」闘するので、ソ連の捕虜は、西欧敵国の捕虜と同じ待遇を期待することはできない。すでに申し渡された命令の厳しさは、ボリシェヴィキの劣等人間性に対する当然の防衛措置である。それは、ボリシェヴィキの思想――そしてボリシェヴィキの抵抗の意志も――を伝える者は絶滅されねばならぬ、という意味である。

次に、ラホウゼン大佐が話し始めた。彼は、処刑が部隊の目の前で実行されているので、ドイツ軍の士気がそがれていると抗議した。また、第二に、捕虜からスパイを補充することが次第に困難になったと指摘した。第三に、赤軍に対するどのような降伏勧告も、今のところ成功しそうもないので、ドイツ人の流血はさらに増加するであろう、と述べた。

ゲシュタポ長官ミュラーは、ゲシュタポ擁護に立ち上がった。続く「激しい議論」の中で、ラホウゼンはさらに、保安警察と保安部が行っている「特別措置」が、「非常に特異で恣意的観点」からなされていることを指摘した。たとえば、学生だけに行動の対象を限定している部隊もあれば、人種的考慮しか行わない行動部隊もあった。ある選別行動の結果、おそらくクリミアのタタール人であろう数千人のイスラム教徒が、彼らはユダヤ人であるとの想定で「特別処置へと委ねられた」というのである。ミュラーは過失を認めたが、この作戦行動は、「世界観的原則」にしたがって継続されるべきだと主張した。ライネッケはもう一度、過酷さが必要である点などを指摘して討論を締めくくった。

ラホウゼンはこの会議で捕虜を助けようと思うようになったと、のちに語っている。しかし、彼の動機はどうであれ、彼が出した論点は、作戦行動の能率を挙げる効果しかもたらさなかった。こうして、一九四一年九月十二日ハイドリヒは、選別部隊はもう少し注意深くするようにとの指令を送った。その指令にはこうあった。技師は必ずボリシェヴィキだとは限らない。イスラム教徒をユダヤ人と混同してはならない。ウクライナ人、ベラルーシ人、アゼルバイジャン人、アルメニア人、グルジア人、北コーカサス人は、狂信的ボリシェヴィキである場合のみ、「指令にしたがった処置を行う」こと。とくに、射殺は収容所のまん中で行ってはならない。「言うまでもなく、処刑は公開であってはならない。見物は原則として許されない」[21]。

討論や指令の結果、選別部隊は、かなりの技術改善を行ったようである。私たちが知る限りでは、彼らはもはやイスラム教徒を大量に射殺しなかった。帝国内では、射殺の場所は捕虜収容所から強制収容所へと移され、そこでも射殺は完全な隔絶状態で行われた[22]。つまり、この問題について国防軍と国家保安本部とのあいだにもはや論争はなくなった。このことは見解の相違がすべてなくなったことを意味しない。実際、新たな論争が起こることになった。今度は、観点がほとんど逆転した形で。

一九四一年十一月に、国家保安本部のフォークトSS少佐はミュンヘンのゲシュタポ事務所に手紙を送り、国防軍が、第七軍管区のソ連人捕虜の「皮相的」調査に苦情を言ってきたことを知らせた。たとえば、ある選別行動のあいだ、四八〇〇人のうちからたった三八〇人しか選別されなかったというのだ[23]。

ミュンヘンのゲシュタポは次のように返答した。第一に、三〇八八人から四一〇人の選別が行われた。その四一〇人の内訳は、次のとおりである。

共産党役員　三人
ユダヤ人　二五人
知識人　六九人
狂信的共産主義者　一四六人
扇動者、政治宣伝員、泥棒　八五人
難民　三五人
治癒不可能な病人　四七人

選別は平均一三パーセントを示した。ニュルンベルクとレーゲンスブルクのゲシュタポ事務所では、一五パーセントと一七パーセントであった。しかし、これらの事務所は、収容所の規律にほんの少し違反したかどで収容所の将校から引き渡されたロシア人を多く受け入れていたのである。ミュンヘンのゲシュタポ事務所は国家保安本部の命令に従っただけである。もし数字がまだ低すぎるとしたら、軍が悪いのだった。というのは、諜報将校は、ユダヤ人を通訳や情報提供者として使うことを好んだからである。[24]

軍のメンタリティーが変化したもう一つの例は、もっと印象的である。一九四二年中に、捕虜収容所長官ブライアー大佐の後任であるフォン・グレーベニッツ少将を議長とした一連の会議が行われた。国家保安本部の代表は、パンツィンガーSS准将（第四局A課）またはリンドウSS少佐とケーニヒスハウスSS大尉であった。この会議の席上、グレーヴェニッツと多くの国防軍将校（この中には医師も含む）は、リンドウとケーニヒスハウスに、たとえば結核や梅毒のような「治癒不可能な」病気にかかっているソ連軍捕虜をすべて引き受けて、いつものように強制収容所で殺すように要求した。ゲシュタポ側の代表者は、腹を立てて拒絶し、「国家警察は、国防軍の刑吏ではない」と指摘した。[25]

占領下のロシア、ポーランド、ドイツ本国、アルザス＝ロレーヌ、ノルウェーにおいても、ソ連軍捕虜が送られたところはどこでも、ハイドリヒの選別部隊が仕事にかかった。[26] 作戦行動一年後の一九四二年七月に、ミュラーは選別部隊をドイツ帝国から引き上げ、今後は東部での選別に限定するよう命令できると考えた。「もちろん」、ドイツ帝国内で追加的捜索の要請が国防軍からあれば、直ちに行動を起こすこととされた。[27]

一九四一年十二月二十一日、ベルリンでミュラーは、ライネッケ大将と複数の省の代表者に、数字を示した。彼の報告によると、二万二〇〇〇人のソ連軍捕虜（ユダヤ人と非ユダヤ人）が、今までのところ選別され、ほぼ一万六〇〇〇人が殺害された。[28] これよりあとの数字は入手できず、ユダヤ人犠牲者の総数もわからない。

4　中間段階

原注48-

第一波のとき行動部隊は一〇〇〇キロを走破した。殺戮部隊は細分化して占領地域全域をカバーした。そして、五、六人の小分隊が、捕虜収容所を選別していった。彼らは膨大な規模の執行任務に取り組み、成功したが、その仕事はけっして完了することはなかった。作戦行動の地域にいた四〇〇万人のユダヤ人のうち、約一五〇万人が逃亡した。五〇万人は殺害されたが、少なくとも二〇〇万人はまだ生きていた。行動部隊にとって、網の目から落ちたユダヤ人の存在は、たいへんな負担であった。

行動部隊Cが、ドニエプル川に近づいたとき、殺戮行動の噂は、ユダヤ人の大量逃亡を引き起こした。実際には、この噂が移動殺戮行動の基本戦略を挫折させる警告になったのだが、行動部隊の報告には、こう書いてある、「ここにこそ、保安警察の仕事の間接的成功があると言えるかもしれない。というのは、何十万人のユダヤ人がドイツ側の経費をかけずに移動した事実が――報告によると、たいていウラル山脈を越えていったとある――、『ヨーロッパにおける』ユダヤ人問題の解決の点で注目すべき貢献を示すからだ(1)」。ユダヤ人の大量移動は、移動殺戮部隊の負担を軽減した。そして、行動部隊はこの展開を歓迎した。

行動部隊司令官は全員――ひょっとすると、無慈悲なシュターレッカー博士は例外かもしれないが――ユダヤ人を一回の掃討で殺害することはできないと認識していた。ある報告は、逃亡した先から町へ戻ってきたユダヤ人逃亡者について、絶望的なニュアンスさえ漂わせている。この報告を書いた行動部隊Cは、キエフでのおびき出し作戦で「並外れて巧妙に組織した」点を誇った部隊である。行動部隊Cの報告には、「七万五〇〇〇人のユダヤ人が今までのところ、このやり方で一掃されたが、このような戦術ではユダヤ人問題の最終解決は不可能だということは、今日すでに明らかである」とあった。行動部隊が、町を去ったあとに再び戻ってみると、殺された人数よりももっと多くのユダヤ人がそこにいた(2)。任務の果てしなさに衝撃を受けたこの行動部隊は、一九四一年九月十七日に、ユダヤ人の殺害はウクライナ地方の主要問題を解決することにはならないと示唆するにいたった。この一節はナチスの文書のなかではユニークなものである。

> ユダヤ人を一〇〇パーセント排除できたとしても、政治的な危険の温床を除去することはできない。
>
> ボリシェヴィキの仕事は、ユダヤ人、ロシア人、グルジア人、アルメニア人、ポーランド人、ラトヴィア人、ウクライナ人によってなされ、ボリシェヴィキの組織は、けっしてユダヤ人住民と同一ではない。このような状況下で、共産主義機構を破壊するという主要任務を、比較的簡単なユダヤ人の除去と置き換えてしまうならば、政治的安全を確保するとい

う目標を達成することはできない。（中略）

西部・中部ウクライナでは、都市労働者、不熟練機械工、商人のほとんどすべてがユダヤ人である。もしユダヤ人の労働の潜在力を完全に否定するならば、ウクライナの工業を再建することはできず、都市行政の中核を強化することもできない。

可能性はひとつしかない。総督府で長いあいだドイツの行政が認識しなかった方法、つまり、ユダヤ人を完全に労働に投入することによって、ユダヤ人問題を最終的に解決することである。

このことは、ユダヤ人を徐々に清算してゆく結果になるだろう。それは、この国の経済的可能性に呼応した変化となるであろう。(3)

ナチスがユダヤ人と共産主義をこんなにはっきり区別したことは、それほど多くなかった。しかし、殺戮行動の需要と、占領地域での巨大な共産党機構が支障なく働きつづけているという認識とが対になって、最も教化されたナチ分子の目をも開き、理性も拡大したのである。

第一波では不十分だったので、絶滅過程の最初の三つの処置——定義、収用、強制収容——が、官僚主義的に徹底的に実行される中間段階が必要になった。しかし、通常の物事の進行に変化が起こった。というのは、殺戮の嵐の中で、官僚は最初にゲットー化を考え、そのあとでようやく経済的措置や定義を考えたからである。

最初の強制収容は、移動殺戮部隊自身によって実行された。このゲットー化は殺戮行動の副産物であった。つまり、秘密警察は特定のユダヤ人社会の抹殺を延期せざるをえなかったが、その理由は、その社会が大きすぎて一度の掃討では除去できないか、または（行動部隊Cの状況説明によると）「著しい熟練労働者不足のため、緊急な修繕の仕事などに必要なユダヤ人労働者を当面生かしておくことが不可避」(4)だからであった。そこで、行動部隊や上級親衛隊・警察長官たち、クラカウの保安警察・保安部司令官の部隊は、短期間のうちにユダヤ人に標識を付け、ユダヤ人評議会を招集した。(5)それに補足して、ときどき登録が行われたが、この仕事は新たに組織されたユダヤ人評議会が行った。(6)行動部隊は登録リストを使って、労働者のグループを国防軍やトット機関の使用に供した。(7)大都市のほとんどすべてと中小都市の多くで、移動殺戮部隊は、ユダヤ人住民を閉鎖された地区に押し込んだ。このようにして、ポーランド・タイプのゲットーが、ソ連のドイツ占領地区に現われることになった。

最初のゲットーの一つは、リトアニアの首都カウナスで作られた。その地のユダヤ人社会の最大限の協力を得るために、行動部隊によってユダヤ人名士の会議が招集され、そこで多分シュターレッカー自身の口から、この町のユダヤ人住民全員は、二つの川にはさまれた、水道本管と下水溝のない木造建物の建っている比較的小さい地区であるヴィリアンポリ街区に移動し

表7-9　占領下ソ連における国防軍の地域組織

指揮権	国防軍最高司令部長官	軍集団司令官	——軍司令官	——軍団司令官
地域司令官	国防軍司令官（オストラントとウクライナ）	軍集団後方地域司令官（北部, 中部, 南部）	——軍後方地域司令官	
下位の地域組織	（民政下にある確保された地域：軍政の機能はなし）	保安師団（1軍集団につき2-3）		
		野外司令部	野外司令部	
		地区司令部	地区司令部	

なくてはならないと伝えられた。ユダヤ人側が親衛隊に、そのことは断念してほしいと懇願しようとすると、ゲットーの設置こそ新たなポグロムを防止する唯一の方法だと言われた[8]。

一九四一年七月、八月に占領地区の一部が民政に引き継がれたとき、移動殺戮部隊はすでにゲットー化をほとんど完了していた。行動部隊Aは、管轄権の移転の時点で、ヴィリニュスを除く全ユダヤ人社会をゲットーに組み込んでいた点を誇った[9]。しかしながら、ユダヤ人の強制収容は、占領地区の全般的な行政機能を行使する軍政部や民政部の仕事だった。中間段階と、それに続く第二波のときに何が起こったかを理解するためには、この行政機関の概略を見る必要があろう。

新しい占領地は、いつも軍政下に置かれた。確保された地区は、司令官（すなわち国防軍司令官、軍司令官、ないし特定の区域の司令官）の下に置かれた。旅行者が前線に移動しようとすると、軍集団後方地域、軍後方地域、軍団地域を通ることになった。ロシアの占領地域では、国防軍の組織は大規模なものであった（表7-9と地図7-3を参照）。

この地図では、「軍政地域」は、三種類の軍集団地域（軍集団後方地区、軍後方地区、軍団地区を含む）を示している。確保された地域は二人の国防軍司令官の下にあり、おおよそ「オストラント」と「ウクライナ」と記されている地域にあたった。この両地域は植民地であり、ベルリンにいる東部占領地域大臣アルフレート・ローゼンベルクに服属した。この二つの植民地での行政長官は、帝国弁務官と呼ばれ、本部は東部のリガとロヴノに置かれた。帝国弁務官の治める領域は帝国弁務官領と呼ばれた（つまり、オストラント帝国弁務官領とウクライナ帝国弁務官領である）。帝国弁務官領は、複数の総弁務官領に分かれ、それはまた複数の地区弁務官領に分かれていた。総弁務官領の長は総弁務官、地区弁務官領の長は地区弁務官であった[10]。つぎのリストは、東部占領地域省の最も重要な組織と、二つの帝国弁務官領および総弁務官領の組織を抄録したものである。

東部占領地域省（ベルリン）[11]
　大臣　アルフレート・ローゼンベルク博士
　次官　大管区指導者アルフレート・マイヤー
　　政治局長　局長ゲオルク・ライブブラント博士
　　　政治局長代理　総領事ブロイティガム博士
　　　　ユダヤ人問題担当官　裁判所判事ヴェッツェル博士

オストラント帝国弁務官領[12]
帝国弁務官　大管区指導者ヒンリヒ・ローゼ
　政治局長　参事官トランペダッハ博士
エストニア総弁務官　SA大将リッツマン
ラトヴィア総弁務官　市長兼参事官ドレクスラー博士
リトアニア総弁務官　局長フォン・レンテルン博士
ベラルーシ総弁務官　大管区指導者ヴィルヘルム・クーベ（後任はSS中将フォン・ゴットベルク）

ウクライナ帝国弁務官領[13]
帝国弁務官　大管区指導者エーリッヒ・コッホ
　政治局長　行政長官ダルゲル
ヴォリューニア＝ポドリア総弁務官　SA大将シェーネ
ジトミル総弁務官　行政長官クレム
ニコラエフ総弁務官　オッパーマン（ナチ党自動車部隊大将）
キエフ総弁務官　大管区局長マグニア（ドイツ労働戦線役員）
ドニエプロペトロフスク総弁務官　ゼルツナー（ドイツ労働戦線）
クリミア＝タウリア総弁務官　大管区指導者フラウエンフェルト

このリストをざっとみると、ローゼンベルクの組織の高官はほとんど党の人間であることがわかる[14]。全体としての機構は、むしろ小さいといってよかろう。たとえば、ウクライナでは、帝国弁務官コッホの協力者スタッフは、最高八〇〇人にのぼったが、一九四二年に二五二人に削減された[15]。同時に、総弁務官のスタッフは約一〇〇人である一方、地区弁務官の下につく官僚は五、六人しかいなかった[16]。言葉を換えれば、占領地域は、一握りの党人によって支配されていた。そのため、それほど能率のあがる統治ではないが、それだけにますます無慈悲な統治になった。

ソ連占領地域の行政機構の説明を終える前に、二つの帝国弁

地図7－3　占領下ソ連の行政区分

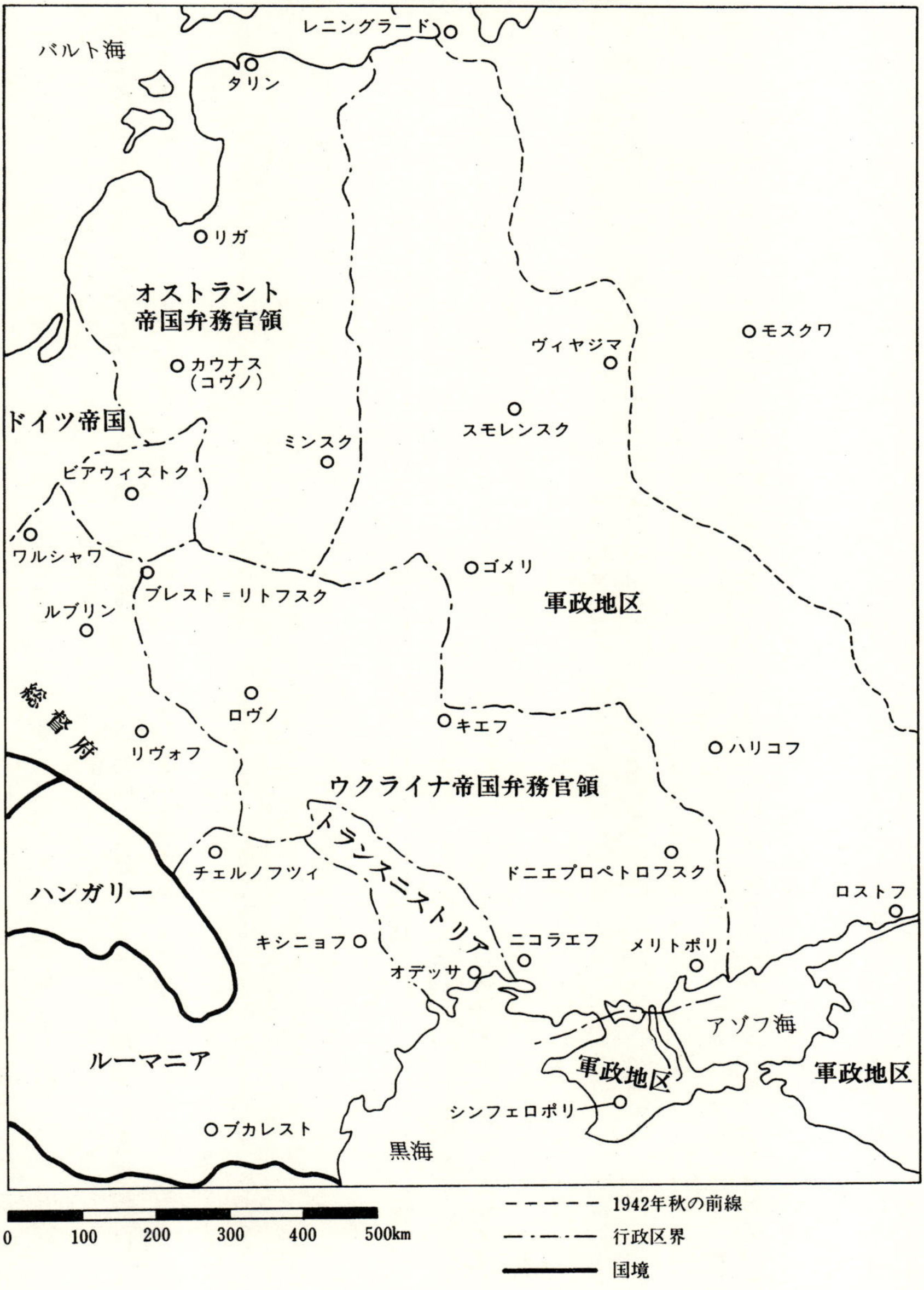
レニングラード
バルト海
タリン
リガ
オストラント
帝国弁務官領
モスクワ
ヴィヤジマ
カウナス
（コヴノ）
スモレンスク
ドイツ帝国
ミンスク
ビアウィストク
ワルシャワ
ゴメリ
ブレスト＝リトフスク
軍政地区
ルブリン
総督府
ロヴノ
キエフ
リヴォフ
ハリコフ
ウクライナ帝国弁務官領
トランスニストリア
チェルノフツィ
ドニエプロペトロフスク
ハンガリー
ロストフ
キシニョフ
ニコラエフ
メリトポリ
オデッサ
アゾフ海
ルーマニア
軍政地区
軍政地区
シンフェロポリ
ブカレスト
黒海
0
100
200
300
400
500km
1942年秋の前線
行政区界
国境

務官領の西につながる地域について一言必要であろう。そこには三つの地域があった。ビアウィストク地域とガリツィア、そしてルーマニアの占領地域である。ビアウィストク地域は、事実上、帝国編入領となった。ここは、ウクライナ帝国弁務官である大管区指導者コッホの統治下に置かれたが、それは、コッホの帝国弁務官としての権限にもとづいてではなく、隣州の東プロイセンの大管区指導者ならびに州長官としての彼の役職の追加としてであった。(17) 東南ポーランドのガリツィアは、総督府の第五番目の地域になった。(18) 北ブコヴィナとベッサラビアは、ルーマニアに復帰したが、ドニエストル川とブーク川のあいだの地域はルーマニアの新しい領土「トランスニストリア」になった。(19)

第二波を見越して、軍政・民政双方の最初の仕事は、ゲットーの設置であった。ゲットーは、その本質において、犠牲者の分散を防ぎ、射殺のための捕獲を容易にするためのものだった。オストラント帝国弁務官のローゼは、ゲットーの目的を、重々しいがはっきりした言葉で説明した。彼の基本的なゲットー化命令は、こう述べている。

これらの暫定的な指令は、ユダヤ人問題の最終解決の意味でのさらに進んだ措置が不可能な地域で、また不可能なあいだ、総弁務官や地区弁務官が最低限の措置を保証するためのものにすぎない。(20)

こうして、一年半前に総督府で設置されたゲットーと異なり、ここのゲットーは中途変更自由なものでも、意味が二様にとれるものでもなかった。結末は最初から視野に入っていた。

一九四一年夏から、軍は山のような指令を出して、(腕章あるいは胸と背中につけるゼッケンの形の) 標識や、登録、ユダヤ人評議会、ゲットー、ゲットー警察を準備した。(21) 興味深いことだが、国防軍はゲットーの設立を非常に緊急な任務だと必ずしも思っていなかった。ゲットーは、純粋に軍事的な事柄に優先するものではなかった。(22)

一九四二年までに、軍の規制は標準化され規範化された。中部軍集団の上級補給局長によって出された命令は、ユダヤ人問題に関して数ページを占め、以下のようなことすべてを含んでいた。ユダヤ人とは、ユダヤ教のメンバーであるか、ユダヤ人の祖父母三人を持つ者である。非ユダヤ人との混合婚は禁止する。地区住民の登録で、一九四一年六月二十二日以後に加わったユダヤ人は、Jのマークで記される。一六歳以上のユダヤ人の身分証明書には、Jのマークがつけられる。一〇歳以上のユダヤ人は、一〇センチの黄色のゼッケンをつける。ユダヤ人の方でゼッケンと腕章を準備する。ユダヤ人による挨拶は禁止する。ユダヤ人評議会を設置する。ユダヤ人が違反をした場合、野戦司令部と地区司令部が、死刑も含む厳罰を処すが、これは有罪の本人だけでなく評議会メンバーに対しても執行される。ユダヤ人は、戦前に住居があった市や町に居住すること。自由な移動は禁止する。ゲットーないしユダヤ人街区が設置され、そこからユダヤ人は出てはいけない。ゴムないし木の警棒の武器を持ったユダヤ人の治安隊を、各ゲットーごとに創設する。市長村は、ユダヤ人の財産を引き継ぎ、信託管理する。ユダヤ人は、ドイツの役所のはっきりとした同意がなければ、非ユダヤ人と商売してはならない。一五歳から六〇歳までのユダヤ人男性と、一六歳から五〇歳までのユダヤ人女性には、強制労働の制度がある。地区の市長とユダヤ人評議会は、この強制労働の人員補充に責任を持つが、ユダヤ人労働は、非ユダヤ人の労働力が調達不可能な時にのみ、活用される。不熟練労働者の賃金レートの八〇パーセントを越える賃金は支払われず、食費は賃金から差し引かれる。ソ連兵の死体と動物の死骸はすぐに埋葬しなくてはならず、この目的のために地区司令部はユダヤ人を使うことができる。ジプシーについては、少なくとも二年間定住せずに放浪している者は、保安警察に引き渡され、彼らの馬や馬車は軍が引き取る。[23]

民政部は、もっとゲットー化に専念していた。帝国弁務官ローゼやとくに彼の部下の「暫定的な指令」のほうが、軍の命令よりも少し詳しかった。たとえば、リトアニア総弁務官フォン・レンテルンの指令の中には、通常の指示に加えて、以下のような事項があった。電話機と電話線はすべてゲットーから切除すること。ゲットーを発信地・受信地とする郵便業務はすべて停止すること。通路の上にゲットーの橋があるときには、人びとが飛び降りることがないように有刺鉄線を巡らすこと。フォン・レンテルンは将来を見越して、ユダヤ人が燃料確保のために扉や窓枠、廊下、家を壊すのを禁じる命令を出した。[24]ラトヴィア総弁務官の指令草案では、一部屋あたりユダヤ人四人という居住率を想定していて、特にゲットー内での喫煙を禁じていた。[25]

民政部の指令は軍の指令よりも詳しかったが、告示とか布告の形では公示されなかった。秘密を保つために、ローゼは部下に、「ユダヤ人評議会に口頭で指示せよ」と命令した。[26]

弁務官たちがユダヤ人をしっかり掌握しないうちに、彼らの仕事を複雑にすることが起こった。九月半ばに東部占領地域省は、ソ連が四〇万人のヴォルガ・ドイツ人をシベリアに追放しているという情報を入手した。この民族ドイツ人のあいだで多くの命が失われることが予想された。ローゼンベルクは、報復として、中央ヨーロッパのユダヤ人を「自分の」新しい領地に追放すべきだとの考えを抱いた。彼は、この衝動的な考えにヒトラーの承認を得るために、総領事ブロイティガムを代理にした。ブロイティガムは、地位がそれほど高くなかったので簡単に高官に近づくことができず、いくつかの接触をしなくてはならなかった。国防軍最高司令部の国防軍指導参謀、フォン・ティッペルスキルヒとヴァーリモントは、国防軍が興味を抱くとは思わなかった。ブロイティガムを追い払いたいヨードルは、外務省に行って聞けと言い、この計画は輸送が困難だからなかなかうまくいかないだろうと言った。ヒトラーの副官シュムントは、総統はこの提案を考慮に入れるだろうと考えた。しかし、翌日、カイテルはブロイティガムに、ヒトラーはまず外務省から話を聞きたいと思っている、と伝えた。リッベントロプの助手の一人であるフォン・リンテレンはブロイティガムに、外務大臣はまだ何も言っていないが、ヒトラーに個人的に話すだろう、と言った。[27]

一九四一年十月十一日、ラトヴィア総弁務官ドレクスラー博士は、リガの私邸にいたときに、行動部隊Aの隊長、ＳＳ少将シュターレッカー博士の訪問を受けた。シュターレッカーは驚いているドレクスラーに、総統の「意志」にもとづいて帝国と保護領のユダヤ人のための「大きな強制収容所」をリガ周辺に作るという計画を知らせた。ドレクスラーが必要な資材調達に協力できるだろうか、という話であった。[28]

ドレクスラーは今や、行政長官のユーベルヘーアのような立場にたった。ユーベルヘーアは、ウーチのゲットーをめぐって、強大な権力を持つヒムラーに対抗していたからである。ドレクスラーは、ユーベルヘーアのように、帝国と保護領から東部の何らかの形の絶滅過程へと送られてきた何万人ものユダヤ人の引き受け手となることになった。一九四一年の秋の数カ月は、移送はすでに実行されているが、殺戮センターはまだできていないという移行期であった。東への移送がすでに走りだしているときに、適切な場所を求めてオストラント中が捜し回られた。実際、一九四一年十月二十一日、行動部隊のランゲＳＳ少佐はドレクスラー博士に電話して、彼の部隊は、リガから約二二キロ離れたところに帝国のユダヤ人のための収容所を作ることを計画していると伝えた。[29]

十月二十四日までに、帝国弁務官ローゼが舞台に引き出された。ドレクスラーとローゼはランゲに、行動部隊がドレクスラーに接触したのは、この事柄を「議論」するためではなく「通知」するためであったことを、非難した。ランゲは、上層部の命令が絡んでいる点や、最初の移送は十一月十日に行われる点を繰り返した。ローゼは、この問題全体を十月二十五日にベルリンで議論するつもりだと答えた。[30]

一九四一年十一月八日までに、ランゲはローゼに手紙を送り、五万人のユダヤ人が移動していると報告した。二万五〇〇〇人がリガに向かい、二万五〇〇〇人がミンスクに向かう予定であった。収容所が一つ、リガ周辺のサラスピルスに建設されているところであった。[31] 帝国弁務官ローゼはベルリンにいたので、彼の政治担当官であるトランペダッハ参事官は首都ベルリンに、移送を中止するよう緊急の要請をした。[32] 東部占領地域省の政治局長ライブブラント博士は、何も心配する必要はない、なぜならユダヤ人はどっちにしろ「もっと東方に」送られる（つまり、殺される）ことになるのだからと返答した。[33]

このような緊張した議論がなされているときに、三万人以上のユダヤ人がまだリガで生きていた。この町のユダヤ人社会は、東ヨーロッパで最も裕福なものの一つであり、ドイツによる占領初期に殺戮の波を浴びたが、その後は手つかずになっていた。ドイツ軍は、ユダヤ人労働者を搾取したり、ユダヤ人所有の家具を徴発するのに忙しかった。総弁務官の労働担当官であるドル上級国防行政参事官は、ユダヤ人労働力の供給の統制権を手に入れようとし、総弁務官の財務担当官の参事官ノイエンドルフ博士は、押収する目的で登録されたすべてのユダヤ人財産の査定を地区弁務官の事務所に代行させていた[34]。ドルはゲットーを望んでいた。多少の準備を経て、ゲットーは作られた[35]。そして、労働動員と財産目録作成の真っ最中に、上級親衛隊・警察長官イェッケルンが自分の部隊を召集し、警告なしに襲い、リガのユダヤ人の残存者のほとんどを殺害した[36]。いまやドイツから輸送されるユダヤ人のために、ゲットーそのものの中にスペースが作られていた[37]。

二、三日のうちに二重のゲットーがゲットーの塀のなかに作られた。二、三千人のラトビア・ユダヤ人が死に、ドイツ・ユダヤ人の大部分が入ってきた。新しい到着者は、住まいが荒れ果て、血痕のついた家具もあることに気がついた[38]。その冬、人の住まなくなった建物は焼かれ[39]、水道は凍り[40]、伝染病が荒れ狂った[41]。それから数カ月、数年のあいだに、ドイツ・ユダヤ人は労働収容所やゲットーで人数を減らし、ほんの一握りの人しか生き残らなかった。

その間に、他の輸送隊がカウナスとミンスクに到着した。ドイツ帝国と保護領からの五〇〇〇人のユダヤ人は、十一月二十五日と二十九日に、第三出動部隊の有能な隊員によって射殺された[42]。ミンスクの方が殺害人数が多かったので、報告も長くなった。オストラント国防軍司令官は、純粋に軍事的理由から、ユダヤ人の到着に抗議した。彼の指摘によれば、ドイツ系ユダヤ人は知性の点で、ベラルーシ系ユダヤ人よりはるかに優れている。したがって、この地域の「和平」が危険にさらされる可能性がある。さらに、中部軍集団は、ユダヤ人のために列車を無駄に使わないよう要求した。あらゆる鉄道施設は、軍需物資の供給のために必要だから、というのである[43]。

オストラント国防軍司令官の抗議に続いて、一九四一年十二月十六日に、ベラルーシ総弁務官である大管区指導者クーベから手紙が来た。その手紙は、この行政官による一連の手紙や抗議の始まりであり、ナチスの思想基盤を揺るがしうるものであった。この手紙はローゼ個人に宛てられていた（「親愛なるヒンリヒへ」で手紙は始まっている）[44]。

クーベは、約六、七千人のユダヤ人がミンスクに到着したが、そこにはその他に、自分の知らない一万七〇〇〇から一万八〇〇〇人のユダヤ人が残っていたことを指摘する。到着者の中には、（第一等、第二等の）鉄十字勲章をもらった第一次世界大戦の参戦者や、傷痍軍人、二分の一アーリア人、また四分の三アーリア人さえいる。クーベはゲットーを訪れ、ユダヤ人の新しい到着者は、ロシア系ユダヤ人よりずっと清潔であり、彼らの中には、ロシア系ユダヤ人の約五倍の生産をあげることのできる熟練労働者がたくさんいることを確信した。この到着者は、二、三週間のうちに凍死するか、餓死するであろう。この地域の二二の疫病から彼らを守る血清はない、と彼は続けた。

軍と警察の「いくつかの組織は」このユダヤ人の個人的所有物に目をつけていたが、クーベ自身はこれらのユダヤ人の取り扱いに関する命令を出す意志はなかった。親衛隊保安部は、すでに――断りなしに――四〇〇個のマットレスを取り上げていた。クーベは続けて言った、「私はたしかに厳格であり、ユダヤ人問題を解決する覚悟ができているが、われわれの文化圏から来た人は、この土地の動物化した（ユダヤ人の）一群とは、明らかに異なっている。ここの住民にも嫌われているリトアニア人やラトヴィア人に、虐殺を委ねるべきであろうか。私ならそんなことはできない。お願いだから、わが帝国とわが党の名誉を考えて、人道的な形で必要なことを指示できる明白な指令を出してほしい」。

一九四二年一月五日に、ミンスクの都市弁務官（地区弁務官と同ランクで都市を管轄する）である大管区局長ヤネッケは、クーベとローゼの頭越しに、直接ローゼンベルク個人に手紙を送った。ヤネッケは、ちょうど親衛隊・警察から、さらに五万人のユダヤ人が帝国から送られてくるとの情報を受けたところだった。彼は厳しい口調でこう指摘した。ミンスクは瓦礫の山であり、そこにまだ一〇万人住んでいる。そのうえ、一万五〇〇〇から一万八〇〇〇人のロシア系ユダヤ人と七〇〇〇人のドイツ帝国のユダヤ人が加わる。さらにもっとユダヤ人が到着したら、破局になるだろう、と。(45)

東部占領地域省のユダヤ人問題担当官である裁判所判事のヴェッツェルは、帝国弁務官ローゼに宛てて、この手紙の返事を書いた。文面によると、元来は、二万五〇〇〇人のユダヤ人をミンスクに送るつもりであった。輸送が難しいため、この計画は実行できなかった。ヤネッケに対しては、都市弁務官は今後公式の伝達経路を重視するように指示してほしいと、ヴェッツェルは書いた。(46)

論争はこれで終わったが、クーベはやりこめた。クーベはローゼへの手紙の中で、もしヤネツケが公式の伝達経路を使ったとしたなら、彼は合法的というだけではなく、義務に忠実に行動したことになったろう、と言った。(47)

移動殺戮部隊は、第二波を容易にするためにユダヤ人を集中させることにしか興味がなかったが、軍政部と民政部はこの間、この状況を利用しつくそうと決心した。こうして、労働力の活用と財産の押収という経済的措置が、中間段階の重要な様相となった。経済的搾取は軍隊や東部占領地域省だけの専権任務ではなかった。したがって、他の二、三の組織について簡単に触れてみよう。経済監査部と軍需監査部である。

軍政地域における全般的経済統制は、ゲーリングの手に握られていた。帝国元帥ゲーリングは、この任務を実行するために、東部経済指導幕僚部という政策参謀を作り、自らこの組織の長になった。彼の代理は、次官のケルナー（四カ年計画庁のスタッフ）であった。他のメンバーには、（同じく四カ年計画庁の）次官のバッケとノイマンがおり、また国防軍最高司令部経済軍需局の長官トーマス大将もいた。(48) 現場では、東部経済指導幕僚部の政策は、東部経済幕僚部（長はシューベルト中将）によって実行された。(49) 東部経済幕僚部の地方機構は、三つの経済監査部（各軍集団につき一組織）からなっていた。この各監査部はそれぞれ、地域別に経済司令部に分かれていた。

表7-10　東部における経済の管轄

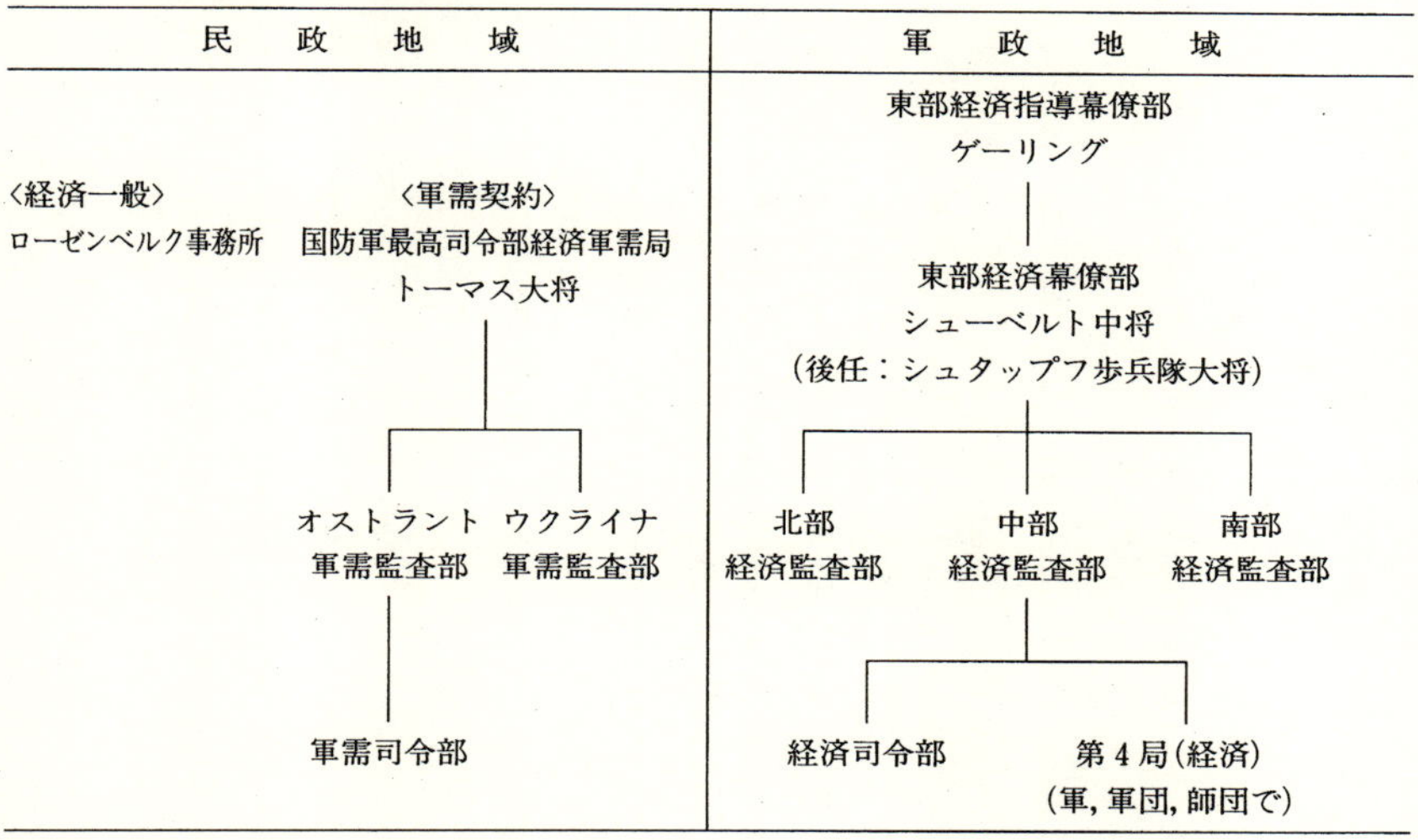

元来の意図は、ゲーリングが全占領地（軍政地域と、民政地域の帝国弁務官領の双方）において経済の完全な統制力を掌握することにあった[50]。しかし、それは、新しく任命された大臣、ローゼンベルクの感受性を傷つけた。したがって、経済監査部は軍政地域に限定され、ローゼンベルクの組織には帝国弁務官領における全般的な経済事項（金融、労働、農業）を規制するフリーハンドが与えられた。しかし、他の地域支配者全員と同じく、ローゼンベルクは自分の管轄する地域で結ばれる軍需契約に対して、統制力を持っていなかった。ドイツ陸・海・空軍の契約による軍需品生産を継続的に監督するのは、国防軍最高司令部経済軍需局トーマス大将の下にある軍需監査部であった[51]。表7-10は東部における基本的な経済的管轄をまとめたものである。これを見れば、民政地域の軍需監査部は軍需契約から生じる強制労働問題にのみ関与していたのに、なぜ、軍政地域の経済監査部がユダヤ人に対する「すべて」の経済措置を取り扱ったのかが、明らかになる[52]。

ユダヤ人に対する経済的措置は、飢餓化、強制労働、財産の押収からなっていた。ドイツの官僚に関する限り、難易度が「最も低い」措置は飢餓食であった。

軍政地域では東部経済幕僚部が、ユダヤ人に「言うに値する仕事をしていない」人への配給分の半分を与えるようにと命令した。つまり、ユダヤ人は肉を与えられず、一週あたり最大限九〇〇グラムのパンと、一キロ強のじゃがいも、四〇グラム強の脂肪しか受け取れなかったということである[53]。実際には、この割当さえ必ずしも達成されたわけではない。東部経済幕僚部のナーゲル少将が南部経済監査部を訪れたときに知ったことは、ドイツ軍のために働いているロシア人は、一日につき本人と両親と家族のために、一人当たり三〇〇グラムのパンを受け取っており、この割当は増加したり変化したりするが、ユダヤ人は、「まったく何も」受け取らない、ということであった。(54) ローゼの「暫定的指令」が規定したことは、ユダヤ人は他の住民には不要なもののみを受け取るのであって、けっして乏しい栄養を補うものは受け取れないということであった。(55) ローゼの指令の発布から六カ月後、ベラルーシ総弁務官の農業事務所は、バラノヴィツェの総弁務官の農業事務所に送った手紙で、ブレスト＝スルーツク間とスロニム＝バラノヴィツェ＝スルーツク＝ミンスク間の自動車道路に沿って、東進する部隊の営舎を建設するために軍に雇われているユダヤ人が、仕事中に倒れていることを伝えている。そしてユダヤ人労働者が民間人の一日当たりの配給分、つまり二五〇グラムのパンと五〇〇グラムのじゃがいも、さらにスープを受け取ることを勧めている。(56)

ユダヤ人労働の活用は、最初、経済政策者の主要な考えではなかった。トーマス大将と、ゲーリングの四カ年計画庁の次官ケルナーは、ユダヤ人労働部隊の設立を議論した。(57) 東部経済幕僚部は、工業部門全体にユダヤ人を使うことを希望した。こうして、七月十六日、東部経済幕僚部のシューベルト中将が、電報の形式で以下のことを報告してきた。

ユダヤ人問題に関してドロホビチの経験は重要。その地の石油精製業では最初の週だけ指導的ユダヤ人を雇ったのみ。今日では一人のユダヤ人も使わずに操業。(58)

このような説明は七月以降にはなかった。プシェミシル南部では、第四局経済部の将校が一九四一年の夏のあいだに軍需産業を組織する上での問題を以下のように報告してきた。

ほとんど解決不可能な問題は、熟達した経営者を見つけ出すことである。以前の所有者はほとんどすべてユダヤ人であった。あらゆる企業はソヴィエト国家に委譲されていた。ボリシェヴィキの政治委員は消え去った。ウクライナの委員会の推薦で任命されたウクライナの信託管理官たちは、無能で、信頼のおけない、まったく受動的な人物であることが判明した。一握りのポーランド人のみが役に立つ。本当の専門家と本当のリーダーはユダヤ人であり、たいてい、以前の所有者か技師である。彼らはつねに、ウクライナのでくのぼうの隣で、言葉や専門の上での通訳をしている。彼らは最善を尽くし、最大限のものを引き出す。そういう彼らは今までのところ、ほとんど報酬なしである。もっとも、彼らが不可欠要員になりたいという望みを持っていることはもちろんであるが。「管財人」として申し出ている帝国ドイツ人や民族ドイツ人の協力は、受けるべきではない。というのは、彼らは例外なく、利己的な目的のみを追求する相場師か冒険投機家であることがわかったからだ。彼らはすでに総督府で多くの企業を手に入れたのに、もっと多くの獲物にしか興味がないのだ。[59]

この文面を読むと、重要な組織化の時期にユダヤ人はすでに不可欠になっていたという結論を下さざるをえない。

ユダヤ人の技術と頭脳に頼っているという事実は、もちろんすぐに、「最終解決」への潜在的障害として認識された。一九四一年八月十四日、ゲーリングは個人的に、「ユダヤ人はもはやドイツ人が支配している地域では仕事を捜す必要がない」と発言した。ユダヤ人の労働力が必要な場所には、ユダヤ人の労働部隊が編成されることになる。彼らは「移住していく機会」がなかったのだから、刑務所に「似た」収容所に監禁され、そこで労働部隊に組織されることになった。占領の初期の例外的ケースを除いて、これ以外の雇用形態は許されなかった。[60]

この指令の実行は厄介なことがわかった。熟練機械工を重労働をする者として雇うのは簡単だが、不熟練の労働者を職業訓練を受けた手工業者の代わりに据えることは難しかった。試みはたしかになされた。一九四一年十一月に、中部経済監査部はユダヤ人の熟練労働者に、彼らの仕事道具を引き渡して労働部隊のリストに登録するよう命令するまでにいたった。[61] 北部のラトヴィアでは、総弁務官府の営林局が暖房用の木材を集めるために「大量の」ユダヤ人を使った。[62] 南部の軍政地域では、市行政当局が瓦礫の除去と再建作業のためにユダヤ人の労働部隊を使った。[63] しかし結局、代用のきかないユダヤ人の熟練労働力がいたるところで必要だと感じられるようになった。

軍は、修理工場でユダヤ人労働者を必要とし、事務所ではユダヤ人事務員を必要とした。[64] 「信託」下におかれている軍需企業は、ユダヤ人労働力に依存し続けた。[65] ヴォリューニア＝ポドリア総弁務官領のヴォリューニア地区の軍需企業では、一九四一―四二年を通じて、労働力の九〇パーセントがユダヤ人であった。[66] 同じ地区で「多くの場合、教育を受けたユダヤ人が工場の本当の経営者であった」。[67] ゲットー自体が工場や行政事務で大量の労働力を使用していた。[68]

リガ地域には、ドイツ・ユダヤ人が「ごく一時的に宿泊」しており、移送されて来た者の中には、「身体障害者や戦争廃疾者や七〇歳以上の者」が多かったが、[69] それでもやはりユダヤ人労働者に対する需要は幅広く存在した。ある時、地区弁務官の職員は、兵隊が一〇〇〇人以上のユダヤ人を大声で要求して、規制を無視した労働力を手に入れた、と苦情を言った。[70] 一九四三年まで生き残っていた数千のドイツおよびラトヴィアのユダヤ人労働者は、親衛隊や陸軍、海軍、空軍、鉄道、企業といった多くの雇主の間で分配された。[71] 医学実験所は、シラミに与える血を日に二回採血するため、三人の特別に選別したユダヤ人を必要とした。[72]

労働条件と賃金については、それほど述べる必要はないであろう。毎晩リガのゲットーに帰ってきた労働部隊は、ゴムの棍棒と拳を食らった。[73] ドイツ帝国のユダヤ人のためのサラスピルス収容所では、九〇〇人の男が一つの大きな墓穴に葬られた。

これは労働力の約六〇パーセントが死亡したということである。[74]賃金に関しては、ローゼの指令は、生存のための金だけを支払うことと規定した。ベラルーシではスラヴ住民の賃金階梯表は、一時間あたり〇・五ルーブル（児童用）から二・五ルーブル（職長用）までであった。ユダヤ人の賃金階梯表は、〇・四〇から〇・八〇ルーブルであった。[75]しかし、この賃金格差は私企業の利益を意図したものではなく、この金は弁務官府に支払われた。[76]第二波のとき、とくに民政部には、ユダヤ人労働の供給を保持する財政的な理由もあったのである。

ユダヤ人に対する第三の経済的措置は、財産の押収である。ドイツ帝国や保護領のユダヤ人と違い、またポーランドのユダヤ人とさえ違って、ソ連のユダヤ人はドイツ人工業家や銀行家や経済専門家に、大きな「物件」は何も提供しなかった。ソ連では、比較的大きい企業や、大きいマンション、ないし主要な企業を所有している私人はいなかった。こういったものは国家所有だった。ソヴィエト・ユダヤ人から取り上げられる唯一の捕獲品は、住宅、小家屋、家具、家庭用品、少額貨幣、個人の宝石、大量の古着であった。略奪品は乏しいにもかかわらず、ユダヤ人の所有物の管轄をめぐる論争が起こった。このような論争は、一部は、移行期における混乱状態の不可避の結果であった。また一部は、続く争いの前奏曲であった。というのは、ユダヤ人の財産を所有する者はユダヤ人をも所有するということがしっかり暗示されていたからである。ユダヤ人の「財産」の「請求者」の長いリストができた。[77]

ユダヤ人の財産の最初の収集者には、例外なく殺戮部隊が入っていた。[78]普通、移動殺戮部隊は、［ユダヤ人の］家具と衣服を、気前よく土地の住民、とくにその地の民族ドイツ人に引き渡した。[79]

二番目の請求者は、まさに事実上、民間人であった。彼らは、住人のいなくなったユダヤ人の住居に手を出して、しばしばその住居を占有したからである。[80]十一月三十日のリガの虐殺ののち、数千の荷物の入ったスーツケースが見張りのないまま残された。そしてそれらは集められ、積み重ねられた。こじ開けられ中身を抜き取られたスーツケースがたくさん見つかった。[81]

その他の請求者は、事務所や事務所の家具、その他のさまざまなものを必要とした軍や弁務官府の官吏であった。リガでは以下のところからそのような要求が出た。まず、その地域のドイツ帝国鉄道。[82]また、企業の現地支社、たとえばダイムラー＝ベンツのトラック修理工場のようなもので、この会社は、従業員はハーグ陸戦規定第一三条における「軍随行者」であると断言して、ゲットー財産を受け取る資格があると主張した。[83]そして、個人である。個人のなかには、ユダヤ人輸送に関与したラトヴィア人警官[84]や、自分の一〇歳の才能ある娘のためにピアノをほしがった公式通訳[85]や、公用のためにユダヤ人墓地からみかげ石や大理石を取ってきたいと思う彫刻家[86]も含まれていた。前線では、もちろん略奪が禁止されていたが、部隊は物資を「徴発」していた。[87]残ったものは、軍政地域では経済監査部によって、帝国弁務官領では財務局によって、体系的な押収にさらされた。したがって、ユダヤ人財産の処理は、ユダヤ人労働の徴用と同じく、早いもの順に手渡された。この方式の変更はめったになかった。

軍政地域では、東部経済幕僚部が、陸軍総司令部の支援を得て、行動部隊や軍の部隊による略奪を止めようとした(88)。これは難儀な仕事であって(89)、略奪品はそれに見合わなかった。中部経済監査部は、ユダヤ人の衣服と下着はドイツ人の基準によると「ぼろ」としてのみ分類されうる、と報告していた(90)。一九四二年七月四日、経済監査部は、中部軍集団の全地域で二〇四万六八六〇ルーブル（二〇万四六八六ライヒスマルク、つまり約八万ドル）にのぼる財産を収集したことを報告した。この財産の一部は、この地域の困窮しているロシア人共同体の便宜をはかって「放棄」された(91)。モギリョフでは、野戦司令部の軍政課がユダヤ人押収財産の売上高の一部を、当地の市行政に譲渡した。市長が予算をこの資金で釣り合わせたいと思ったとき、ドイツの監督官はしぶしぶながら同意したが、一般的に言って一時的収入を経常支出に使うことは悪い考えだとの警告を忘れなかった(92)。

押収問題に関する民政部のアプローチの仕方は、オストラントでは厳格で、ウクライナではかなりいい加減であった。オストラントの帝国弁務官ローゼは、移動殺戮部隊による押収を断固やめさせようとし、ゲットーのユダヤ人からあらゆる非「生活必需品」を収集し、ユダヤ人財産を民間人の所有にするよう要求した。自分の排他的な請求権を確立するために、ローゼは秘密指令と公的布告の中で、帝国弁務官である自分には、ユダヤ人財産の件に関して独占的な権限があることを宣言した(93)。しかし、宣言と行動は別のものであった。

一九四一年九月八日、リトアニアのシャウリャイの地区弁務官ゲヴェッケは、ユダヤ人財産を体系的に回収できないとローゼに訴えた。シュタージュス・ゼヌリスという長官が、その日ゲヴェッケの事務所に現われ、第三出動部隊のイェーガーSS大佐の名前で、この地の市長・町長はユダヤ人が所有していた金銀をすべて差し出すよう要求したというのである(94)。一九四一年九月二十四日、カウナスの総弁務官府の文書メモは、親衛隊がリトアニアの銀行から、三七六万九一八〇ルーブルのユダヤ人の預金と貴重品を取り上げた事実を記録している(95)。一九四一年九月二十五日、ローゼは上級親衛隊・警察長官であるプリュッツマン個人に手紙を送り、押収は帝国弁務官の専権事項であることを指摘した。「私はユダヤ人財産のいかなる横取りも許さず、貴下の警察官による独断専行を中止させるべくあらゆる必要な手段をとることを期待します(96)」。しかし、彼ができたことはほとんどなかった。一九四一年十一月十五日に、ローゼンベルクとヒムラーは四時間にわたって議論した。その話題の中には、ヒムラーの言葉を借りれば、「親衛隊・警察の必要品の徴発に関する」「帝国弁務官ローゼの細かさ」や「総弁務官クーベの馬鹿げた苦情」があった(97)。

親衛隊とローゼ行政府のあいだの内紛は、数カ月続いた(98)。結局一九四二年十月十三日に、オストラントの保安警察のユダヤ人担当官、SS中尉の参事官ヤーグシュは、財産処理の権限を民政部に譲ったが、総統布告（この本文は決して帝国弁務官に伝えられていなかった）にもとづいて、親衛隊に「あらゆる」ユダヤ人に関する事柄の法律の起草権があると主張した。(99)

ローゼ自身の組織の中でさえ数々の紛争が起こった。最初に、ローゼは押収権を彼の部下の総弁務官の手に置き、即座にすべての現金、銀行通帳、約束手形、貴重品を集めるように指示した。(100) 一九四一年十二月、ユダヤ人の有形財産は、帝国弁務官の第三局（信託業務担当、局長はケスター博士）に集中した。この移転と並行して、リガではケスター個人によって地域の役人の職が取り上げられた。(101) その間ずっと、ラトヴィアの総弁務官府の財務担当官ノイエンドルフ博士は、つい最近殺害されたユダヤ人が払うはずになっていた税金の徴収問題と取り組んでいた。彼は、税金の直接徴収は「すでに知られている理由から不可能である」との結論を出したが、ユダヤ人財産の売却手続きから何割かは、納税義務の履行に割り当ててもよかろうと考えた。(102) 一九四二年七月までに、ユダヤ人の個人の動産に対する管轄は、帝国弁務官の信託業務の（第三）局から第二局に移った。(103) 第二局は、局長ヴィアロンのもとで、考えられるあらゆる要求を処理できるよう、辛抱強く指令に次ぐ指令を出した。(104)

今や、唯一残った問題は、住民の所有になっている略奪品の奪回であった。これは、ヒムラーから品物を取り上げるよりずっと簡単というわけにはいかなかった。一九四一年十月十三日ローゼによって出された布告は、単に、その時点でユダヤ人の財産を持っている者は誰でも、それを「管理」し続けるようにと規定していた。例外的な取り扱いにのみ、帝国弁務官の許可が必要とされた。(105) 一年後、ローゼは財産の登録を命令した。(106) この登録命令の結果、実際上の困難が生じた。一九四二年十一月十六日、リガで発行されているドイツ語新聞に、「登録が一つ多すぎる方が良い」というタイトルの記事が現われた。上品な言葉で書かれたこの記事は、多くのユダヤ人の所有物が、「当時」多くの機関の手によって受領書なしに分配されたが、他方、この所有物をさまざまな所に届け出た人も多かったと指摘した。今や全員が自分の持ち物を登録するように要請された。すでに登録をしてしまっていてもである。(107)

ウクライナでローゼの立場にあたる帝国弁務官コッホは、ユダヤ人所有物の収集について、ずっと野心が少なかった。一九四二年九月七日、コッホは、ユダヤ人の放棄したすべての財産を獲得すべしという、東部占領地域省で準備された指令を受け取った。この任務のために、旧ウクライナ人将校と役人を使うようにということであった。ウクライナ人は空の住居にあるユダヤ人の家具を差し押え、住民がユダヤ人に借りている借金を集め、ユダヤ人の銀行勘定を収集し、ユダヤ人の借金を弁済することとされた。数カ月後コッホは、この布告の実施は「政治的および組織的に不可能である」と返答した。彼は、すでにユダヤ人の貴重品、「とくに金《きん》」を押収していた。残ったユダヤ人の財産は、第一に家具であったが、そのうちの一部は自分の事務所で使っており、残りは、すでに焼却していた。コッホはこう書いた、「今リストを作ったり、部分的にはもう存在しない銀行勘定を収集したり、ユダヤ人の借金を弁済することは、私の考えでは、私の行政への過大要求であって、戦時には正当化されえないものである。さらに、この目的のために旧ウクライナ人将校を使うという提案は、政治的に危険だと私は思う」[108]。

ユダヤ人財産を事実上の所有者から奪回する作業は、このようにしてほとんど進展しなかった。ローゼはこれは最も難しい行政上の仕事だと悟った。コッホはやってみようとさえしなかった[109]。したがって、これで「押収」は終わった。

中間段階の時に、絶滅過程で欠けていた措置が一つ一つ導入された。親衛隊・警察にとって、強制収容こそ、残ったユダヤ人の排除に道を開くゆえに、最も重要であった。行政にとっては、経済的搾取が第一の関心事であった。とくに労働配置に関して、親衛隊・警察は最初のうち経済的活動を容認したが、第二波のときには激しく反対した。第三の措置である定義は、ヒムラーが原則的に反対した。ヒムラーにはそれが誰かの役に立つとは思えなかったからである。

移動殺戮部隊は、定義に関与しなかった。行動部隊にとって、犠牲者の中に二分の一ユダヤ人あるいは四分の一ユダヤ人がいても、ほとんど違いがなかったのである。残りの二分の一あるいは四分の三はドイツ人でないのだから、「ユダヤ人」と自分が思う者、あるいはユダヤ人として告発された者はすべて、ユダヤ人として殺された。

しかし、宗教上はユダヤ人だが、分離した共同体を作り、チュルク系言語を*しゃべる二つの小さな集団は、簡単に分類できなかった。その一つはカライ派という分派で、一二〇〇年間、タルムードやラビ中心の伝統の外側でユダヤ教を実践していた。数百人、数千人の集団が、リトアニアのヴィリニュス、ガリツィアのハリシュ、クリミアに住んでいた。ユダヤ人から全く分離していると主張して、カライ派は、ツァーリ時代に反ユダヤ措置から除外されたことを引き合いに出した。ドイツ人は同じように彼らを除外した[110]。第二のグループはクリムチャクとして知られ、クリミアで数千人の共同体を古くからつくっていた。ラビ中心のユダヤ教の系譜に連なるが、彼らのルーツは非常に複雑で、過去の現地の隣接民族との混合婚と、おそらく中世の中央アジアでのユダヤ教改宗者（ハザル人）の子孫の一部と推定される。にもかかわらず、彼らが「登録」の要請に応じなかったとき、「人種的にまごうかたなきユダヤ人である」との決定が下された[111]。彼らは、死亡者統計ではユダヤ人と別にリスト・アップされたのに、捕まえられ殺されたのであった[112]。

移動殺戮部隊は、民族グループを幅広く分類することにのみ関心があったのに比べ、占領地域の軍政部や民政部は、ニュルンベルク法による定義（祖父母三人がユダヤ人であること、あるいは祖父母二人がユダヤ人である上にユダヤ教を守っているないしユダヤ人と婚姻していること）を、標識化やゲットー化などの措置に導入した[113]。こうした定義は、部数が限定された秘密指令の中にしか見受けられないので、親衛隊・警察から何の抗議も引き起こさなかった。

しかし、一九四二年初頭に東部占領地域省は、東部地域にとってニュルンベルク法の規定よりも適切な（すなわちより厳しい）定義を出すことを決定した。この目的で、一九四二年一月二十九日に開かれた会議は、議長がブロイティガム総領事（政治局長代理）で、参加者は長いリストに及ぶものだった。その中には、裁判所判事のヴェッツェルとヴァイトナウアー、参事官のリンデマンとベーリンガー（以上は東部占領地域省）、内務省のユダヤ人問題専門家でありニュルンベルク規定の草案の起草者であるレーゼナー参事官、党官房のライシャウアー上級参事官、SS少佐のナイファイントとズーア（両人とも国家保安本部将校）、外務省ドイツ局のミュラー公使館書記官、カナーリス機関（国外諜報部）代表のフライ海軍少佐、法務省の代表プファイフレがいた。

レーゼナー参事官は自分の作った規定がドイツの支配下にあるすべての地域で適用されることを望んで、ひとり反対したが、会議参加者は幅広く解釈する定義を決定した。ユダヤ教徒であったり、ユダヤ教に属す両親を持った人はすべて、ユダヤ人とみなされることになった。ユダヤ教所属の決定には、ほんのわずかの徴候で十分となった。父か母がユダヤ人であったと宣言すればまったく十分であるとされた。疑わしい場合は、当該の総弁務官から「専門家」による人種と遺伝の検査が命令されることとなった。(114)

ヒムラーはこの定義の作成のことを聞くと、親衛隊本部の長、ベルガーSS大将に次のような手紙を書いた。

私は、「ユダヤ人」概念についてどんな命令も出さないように、緊急に要請する。こういった馬鹿げた定義は、自縄自縛になるだけである。東部占領地域から、ユダヤ人が一掃される。この非常に難しい命令の遂行は、総統から私に委ねられた。何人も、けっして私をこの責任から解除することはできない。したがって、私はあらゆる介入を禁止する。(115)

今や誰もヒムラーに干渉することはできなかった。というのは、第二波が始まり、その結果、東部占領地域のゲットーが破壊されたからである。

訳注

279 チュルク系言語　アルタイ語属の一つで、トルコ語、アゼルバイジャン語、ウズベク語、キルギス語などを含む。

5 第二波

原注56-

第一波は一九四一年末ごろ終わった。その波の広がりは、一九四二年の春と夏に、新たに占領したクリミアとコーカサス地域に限定されていた。一方、第二波は一九四一年秋にバルト海地方で始まり、翌年、他の占領地域に広がった。したがって、第一波が南部でまだ進行中に、第二波はすでに北部で始まっていた。要の地点、中部では転換点は一九四一年十二月ごろであった。

第二波で使われた機構は、第一波のときのものより大規模で精巧であった。ヒムラーの武装隊に、残ったソ連・ユダヤ人を絶滅すべく、移動あるいは常駐の作戦行動の軍人が加わった。

続く作戦行動で、行動部隊が果たす役割は、以前より小さくなった。行動部隊は組織上、上級親衛隊・警察長官の下に位置していた。(1) 北部では、行動部隊Aの隊長（シュターレッカー、ヨースト、アハマー＝ピフラーダー、パンツィンガー、フックスが就任）がオストラント保安警察・保安部司令官になり、南部では、行動部隊Cの隊長（ラッシュ、トーマス、ベーメ）がウクライナ保安警察・保安部司令官になった。彼らの権限は帝国弁務官領と東部隣接軍政地域に及んだ。(2) このような永続的特性があるにもかかわらず、保安警察は占領下ソ連では増大しなかった。

一方、治安警察は大幅に拡大した。警察連隊の数は、戦闘開始時の三個から、一九四二年末の九個に増加した。この九個連隊のうち五個は前線にいたが、残りの四個連隊は追加の六個大隊とともに、後方の上級親衛隊・警察長官の指揮下に入った。(3) 警察連隊に対する常駐の対応物は、個別業務部にあった。それは、都市における都市警察と、農村地域での地方警察である。一九四二年末に、個別業務部には一万四九五三の隊員がいて、うち五八六〇人は都市警察に、九〇九三人は地方警察にいた。(4)

ほぼ最初から、治安警察はその土地の人員で増大した。一九四一年七月二十五日にヒムラーは、行動部隊はその分遣隊に現地の協力者を付け加えていることを指摘して、主にバルト諸国・ベラルーシ・ウクライナ民族の武装隊を急いでつくることを命令した。(5) 続く数カ月のあいだに治安警察は、部隊と地区の形をとった、土地の人間からなる警備隊を設立した。(6) 一九四二年後半までには、この警備隊はかなり大きな比率を持つようになっていた。一九四一年七月一日時点で、七八個の警備隊大隊が三万三二七〇人の隊員を擁しており、その年末には、四万七九七四人に達した。(7) ドイツ人大隊一に対して、警備隊は少なくとも五であった。さらに、この部隊は広範に使われた。リトアニアやラトヴィアなどの隊だとわかっていても、いくつかの部隊は、出身基地から遠く離れた所に駐留した。(8) 警備隊の移動しない部分は、もっと大きかった。それは、三つの要素からなっていた。個別業務部と、消防隊と、労働部隊や捕虜の警護をする補助警備隊である。土地の個別業務部は、第二波の時にかな

表7-11　第二波の時の個別業務部の規模

	オストラント*1	ウクライナ*2	
	都市警察と地方警察	都市警察	地方警察
ドイツ人隊員	4,428	3,849	5,614
現地人隊員	31,804	14,163	54,794

［注］　*1　1942年10月1日時点のもの．
　　　　*2　帝国弁務官領，東部に隣接する軍政地域，クリミアを含む．1942年11月25日時点のもの．
［出典］　Tessin, *Zur Geschichte der Ordnungspolizei*, pt. II, pp. 54, 64-65.

り大きい役割を果たした。これは、オストラントとウクライナ地域の小さな町村で、ドイツの地方警察を、数の上で一〇対一の割合で圧倒した(表7－11参照)。

親衛隊・警察を助けていたのは、軍隊の後方参謀部のネットワークであり、そこの専門家は、田舎を歩き回って、隠れているパルチザンとユダヤ人についての情報を収集していた。彼らは、諜報局防諜部、野戦憲兵隊、秘密野戦警察(防諜機関)、そしていわゆるパルチザン掃討兵であった。軍の情報機構は、戦場での情報交換のためにハイドリヒとカナーリスとのあいだで結ばれた協定によって、形式上、殺戮機構の中に組み入れられていた。この協定はとくに、「執行措置をもたらしうる情報や報告は、ただちに保安警察・保安部の管轄の事務所に伝えること」を規定していた。[9]

軍政地域では、軍の現地人からなる常駐警察は、とくに隠れているユダヤ人を逮捕するうえで、別の援護勢力であった。この隊員は、軍の監督下にある現地人からなる土地の市長と地方の長官のもとで仕事をした。中部軍集団地域では、常駐警察は治安隊と呼ばれ、他の軍政地域では補助警察と呼ばれた。南部では、補助警察は上級親衛隊・警察長官によって、必要に応じて警備隊に吸収された。[10]

帝国弁務官領の森林地帯では、四カ年計画庁の営林局長アルパースは、林業と軍事の両方の訓練を受けた役人と監視員のネットワークを維持した。この勢力を増大した部隊が、[11]森林警備部隊であり、この部隊も土地の補助隊を持っていた。

第二波のとき、移動殺戮作戦は、いわゆる対パルチザン戦闘団によっても実行された。この編隊を使うことは、一九四二年夏に出された、対パルチザン戦の集中化を目的とするヒトラーの命令から発していた。[12]この命令によると、「民政地域」における対パルチザン作戦は、ヒムラーによって組織されることになっていた。軍政地域では、同じ任務を陸軍参謀総長が行うことになった。ヒムラーは彼の全権として、上級親衛隊・警察長官バッハ＝ツェレフスキを任命し、彼に「対パルチザン戦闘団司令官」の肩書を与えた。[13]民政地域における対パルチザン戦闘団司令官の権限で、バッハ＝ツェレフスキは、特別な作戦行動に必要なあいだ、軍の人員(保安師団、現地の対独協力者の部隊など)や、親衛隊の部隊、警察連隊、行動部隊を召集することができた。これらの部隊は、その任務の継続期間は、「対パルチザン戦闘団」になった。[14]この装置が興味深いのは、対パルチザン活動という口実のもとに、森林や沼地で何千というユダヤ人を殺した点である。

オストラントの東部軍政地域は、第二波は比較的短かった。行動部隊Bは、モギリョフ＝スモレンスク＝ブリャンスク地方で冬を過ごした。ソ連軍の反攻を受けて、前衛の作戦部隊は後退した。そしてこの後退路で、行動部隊は中部軍集団後方地域で残存するユダヤ人を体系的に殺害した。[15] 単独あるいは小グループで逃げている孤立したユダヤ人は、秘密野戦警察やエストニア警察大隊その他の部隊によって追跡された。[16] 都市に隠れているユダヤ人はロシア人治安隊によって捕まえられた。[17]

ウクライナ帝国弁務官領の東部軍政地区では、行動部隊CとDがもっと激しい行動をした。一九四二年三月に、ゴルロフカ、マケエフカ、アルチョモフスク、スターリノ［ドニエツク］といったいくつかの大都市から「ユダヤ人がなくされた」。[18] プリルキには一〇〇〇人のユダヤ人がいた。彼らの食料状態は「厄介」で、ユダヤ人地区の衛生状態が「非常に悪かった」ので、第一九七野戦司令部はその地の「ユダヤ人問題」の「早急な解決」を要求した。そのため、春にユダヤ人は保安警察によって「取り扱われた」。[19] この地域のさまざまな場所で、逃亡しているユダヤ人を軍が追跡した。[20] 補助警察もまた、書類なしで生き延びようとしているユダヤ人を捕まえた。[21]

クリミアの行動部隊Dは一九四二年二月十八日に、ほとんど一万人のユダヤ人がシンフェロポリで殺されていたが、これはここでもともと登録された人数よりも三〇〇人多かった、と報告した。[22] この発見は、クリミア全土での体系的な掃討行動の合図であった。[23] 掃討戦は、地域の民兵や、スパイ網、途絶えることのない住民からの密告の助けを借りて実行された。[24] 国防軍はこの掃討戦にあらゆる援助を与えた。一九四一年十二月十五日、第一一軍の対パルチザン専門家のシュテファヌス少佐は、諜報局防諜部と秘密野戦警察に、[25] 逃亡したユダヤ人を行動部隊に引き渡すようにと命令した。[26] 春までにクリミアでは、ソ連支配地にいる二つのグループ以外には、ユダヤ人がいなくなった。その彼らも、七月に行動部隊Dによって捕まえられた。[27]

軍政地域の西の地域では、状況はいくぶん異なっていた。一九四一年の冬が近づく頃、ルーマニアの支配するトランスニストリアと、オストラントおよびウクライナ帝国弁務官領で、まだ大勢のユダヤ人が生きていた。さらに、ユダヤ人は、この地域の動員できる労働力供給源の重要な要素を形成していた。したがって、第二波の西側部分は、いつも迅速というわけにはいかなかったし、特定の場合には、摩擦を引き起こし経費がかさんだ。

迅速な殺戮が行われたのは、トランスニストリアである。ドニエストル川とブーク川のあいだのこの地域でとられた緊急措置は、アレクシアヌ知事が一九四一年十一月十一日に出した布告で、ユダヤ人は地方警察総監が定めた場所に住むことを要求していた。[28] その後まもなく、ユダヤ人が大量に、ベレゾフカとゴルタの地区に移動した。

この二地区の他には、トランスニストリアの最大のユダヤ人共同体はオデッサにあった。オデッサのユダヤ人は十月の虐殺を生き延び、いまやアントネスク元帥は、この仕事はきりがないと思い始めていた。十二月十六日に、彼はこのように尋ねている。[29]

われわれは、ベルリンの決定を待っているのだろうか。われわれに関係する決定を待っているのだろうか。彼らを安全な場所に入れることを待つのだろうか。ユダヤ人を地下墓地や、黒海に入れてしまえ。私は何も知りたくない。一〇〇人や一〇〇〇人死のうが、全員死ぬことになろうが、構わない。

一九四二年一月十二日から二月二十三日のあいだに、二万人近くのユダヤ人が、ベレゾフカに運ばれた。オデッサの北東約一〇〇キロの地点にあるこの町の駅は、ウクライナ人と民族ドイツ人の定住地区の真ん中に位置した。そこに列車で運ばれたユダヤ人は、この地域に常駐する民族ドイツ人自衛団によって、田園を行進させられ射殺された。[30]ベレゾフカの死亡者数は、もっと小さい町村から来た犠牲者によって膨れ上がった。累計数は、五月にドイツ外務省職員によって示されている。約二万八〇〇〇人のユダヤ人がトランスニストリアのドイツ人村に連れてこられた、と彼は書いている。「そのあいだに彼らは全滅した」。[31]

この作戦行動は整然としたものではなかったので、一九四二年二月に、軍の黒海司令部医務長官リンシェ博士は、トランスニストリアの国防軍の経済将校に、ベレゾフカ「など」に通じる路上にあるユダヤ人の死体を取り除く手助けを要請した。死体を湖に投げ入れた軍団もあったため、博士は春に疫病が起こるのではないかと恐れたのである。[32]

ゴルタ県では、殺害はルーマニア人自身によって行われた。県知事モデスト・イソペスク中佐の支配するこの地域は、ブーク川の上流に位置していた。その中に、ボグダノフカ、アクメヘトカ、ドゥマノフカの三つの集合地がつくられた。半分壊れた家屋や馬小屋、豚小屋からなるこの大急ぎでつくられた強制収容所は、七万人のユダヤ人を収容していたが、彼らの大半は町や小村の出身者で、オデッサ出身のものも少しいた。病気、とくにチフスが猛威をふるい、食料は乏しかった。

この中で最も大きく、最も死亡率の高かったボグダノフカでは、十二月二十一日に殺戮が始まった。まず最初に、四、五千人の病人や病弱なユダヤ人をいくつかの馬小屋に入れ、その小屋を藁で覆い、ガソリンをかけ、火をつけたのである。馬小屋が燃えているあいだ、約四万三〇〇〇人のユダヤ人が三、四百人のグループごとに森を行進させられ、氷のように冷たい天候の中で全裸にされて、絶壁の縁にひざまずかされ、射殺された。この行動は、十二月三十日まで続き、クリスマスの時だけ中断した。[33]一九四二年二月と三月に、約一万八〇〇〇人のユダヤ人がドゥマノフカで殺された。イソペスクが犠牲者を拷問したり写真撮影して楽しんだアクメヘトカでは、四〇〇〇人が殺害された。[34]

ルーマニア支配地域でユダヤ人の死亡者数が高かったにもかかわらず、全面的抹殺に関するルーマニアの政策はなかった。一九四一年のルーマニアによる直接殺戮は、一九四二年には形を変え、射殺のためにユダヤ人をドイツ側に渡すようになり、それから次第にゲットーに押し込むという静的方法に変わった。他方、帝国弁務官領では、全ユダヤ人の消滅が、少なくとも最終的には、最高目標のままであった。オストラントは、占領下ソ連の他のどの地域よりも頻繁に長期にわたって、その目標が口に出され、繰り返された地域だった。

オストラントの紛争は、秩序と必要な労働者を確保したいと思う民政部メンバーと、最終解決の追求に忠実な親衛隊・警察のあいだで起こった。一九四一年九月十一日に、北リトアニアにあるシャウリャイの地区弁務官が帝国弁務官ローゼに、のちに大きな問題の兆候だと判明する、小さな出来事について手紙を書いた。シャウリャイでは、第二出動部隊隊長があるSS軍曹の下に、小さな残留部隊を残していた。ある日、第三出動部隊隊長のイェーガーSS大佐は、ハーマンSS中尉（ハーマンはイェーガーが組織した機動部隊の司令官である）をシャウリャイに派遣した。ハーマンはこのSS軍曹を訪ねて、「非常に傲慢な口調で」、シャウリャイのユダヤ人の状況はまるで豚小屋のようであり、町からユダヤ人はすべて「一掃」されなくてはならない、と断言した。ハーマンはそれから地区弁務官のところに行き、「前ほど傲慢な口調ではなく」、なぜ自分がここに来たのかを繰り返した。地区弁務官が、ユダヤ人は熟練工として必要なのだと説明すると、ハーマンはぶっきらぼうに、そんなことは自分に何の関係もなく、自分は経済にまったく関心がないと言いきった。[35]

一九四一年十月三十日、ベラルーシのスルーツク地区弁務官カールは、総弁務官クーベに、以下のような報告をした。第一一予備警察大隊が、ユダヤ人社会を一掃するために、突然町にやってきた。カールは警察大隊の司令官に、ユダヤ人は熟練工または専門家として働いており、ベラルーシ人の機械工は「存在しないも同然」であることを指摘して、行動の延期を懇願した。熟練技術者は行動の対象外にされなくてはならないことは当然であった。警察大隊の司令官はカールに反論せず、二人の会談は完全に理解しあって終わった。しかしその後、警察大隊はユダヤ人地区を包囲し、全員を引きずり出した。その地区にいたベラルーシ人は、必死で逃げ出そうとした。工場と仕事場は機能を停止した。地区弁務官カールは、現場に急行したが、その情景にショックを受けた。「反ユダヤ行動という問題ではなかった。むしろ、革命のようだった」。銃声がいたるところで聞こえ、リトアニア警察は、ユダヤ人をライフルの台尻やゴムの警棒で殴っていた。店の商品が引きずり出され、弾薬を運ぶために軍が挑発した農民の荷車が、馬がつながれたままで道路に置きざりにされていた。町の外で、大量射殺が大急ぎで実行されていた。負傷しても死ななかったユダヤ人は、この墓場から自力で抜け出した。警察大隊が出て行ったとき、地区弁務官カールには一握りのユダヤ人労働者が残された。どの職場にも生存者は少しいたが、血塗れで打ち傷のある顔をしていたり、妻子をなくしていた。[36]

クーベはこの報告を受け取って、激怒した。彼はこの報告をローゼに送り、その中にローゼンベルク大臣用にコピーも一部添えた。クーベは自分の意見も添えていたが、そこで、自力で墓穴から抜け出せなかった重傷の人間を埋葬することは、この上なく嫌な仕事なので、ゲーリングやヒトラーに報告すべきである、と指摘した。[37]

一九四一年十月に、帝国弁務官は、ラトヴィアのリエパヤでユダヤ人の射殺を禁止した。国家保安本部が東部占領地域省に苦情を申し立てると、同省の政治局長ライプブラント博士は報告を要求した。[38] これへの返答の中で、（オストラントの政治局）参事官のトランペダッハは、リエパヤにおける「ユダヤ人の粗暴な処刑」は、その実施方法がひどいので禁止されたと説明した。トランペダッハはそれから、ライプブラント博士の手紙は、経済に考慮せず、東部で全ユダヤ人を殺害するための指令として、理解するべきかどうかと尋ねた。[39] 東部占領地域省の回答は、経済的問題は、ユダヤ人問題の解決においては考慮されるべきでないというものであった。それ以上の論争は、地域のレベルで解決するものとされた。[40] この宣言はユダヤ人労働力の保持をめぐる綱引きを終わらせた。弁務官側は、敗北し諦めなくてはならなかった。

ラトヴィアでは、ともかく断片的ゲットーだけが残った。リガに一つ、ダウガフピルスに一つ、リエパヤに一つあった。リトアニアでは総計約四万人のユダヤ人が、シャウリャイ、カウナス、ヴィリニュス、そしてヴィリニュス・ゲットーの周辺のいくつかの小規模なゲットーにいた。リトアニア地域で、イェーガーSS大佐が、一九四一年十二月一日の報告の中で状況を以下のように描写している、「私は、ユダヤ人とユダヤ人家族の仕事を終わりにしたいが、民政部と軍が、私にたたかいを宣言し、これらのユダヤ人とユダヤ人家族は射殺してはならない、との禁止令を発した」。[41] ベラルーシ帝国弁務官領では、一九四二年一月の推定数は、一二万八〇〇〇人であった。[42] この地域のユダヤ人は、ミンスクからバラノヴィッツェまでの多くのゲットーに収容されていた。

民政部はこの時期を、次の波への準備に利用した。弁務官たちは、代替不可能なユダヤ人労働者のリストを用意し、非ユダヤ人青年の職業訓練を促進するように命令した。[43] 六月には、参事官トランペダッハはクーベに手紙を送り、保安警察・保安部の司令官（ヨースト）の考えでは、ユダヤ人熟練労働者の経済的価値が大きいといっても、パルチザン活動をユダヤ人が支援する危険性が継続してもかまわないほど大きくはないとのことであるが、どう思うかと尋ねた。[44] クーベはその意見に賛成した。それと同時にクーベは、部下の地区弁務官に、親衛隊・警察と協力して、ユダヤ人労働者の不可欠要員を見直し、「もっとも厳格な基準」では経済に「絶対的に」必要とは言いきれない熟練労働者を削除するよう指図した。[45]

官僚機構は、殺戮者の熱病のような活動のせいで、奇妙な変貌をとげた。以前には労働力の抹殺や親衛隊・警察のやり方に抗議していた地区弁務官たちは、今度はヒムラーの部下に加わり、場合によっては、自分たちの地区から「ユダヤ人をなくす」点で優ったのであった。バラノヴィツェの地区弁務官ヴェルナーは親衛隊・地区指導者アイプナーに、彼の地区の田舎からユダヤ人を一掃するよう命令した[46]。一九四二年十一月までにオストラントの帝国弁務官は、民政部職員が「いかなる種類の処刑」にも参加することを禁止せざるをえなくなった[47]。ローゼの命令は少し遅すぎた。町から町へと次々に、ユダヤ人社会は、殺戮の熱狂の中で消滅していった。

オストラントの残存ユダヤ人は一〇万人未満になった。彼らは、森のユダヤ人と、ゲットーのユダヤ人（収容所内のユダヤ人も含む）の二つのグループであった。森や沼地にいるユダヤ人は、コントロールできなくなっているので、特別な問題であった。彼らは逃亡して、いまや潜伏しているのであった。したがって、彼らはその実数（数千人）が示すよりも重要性が大きかった。大体において、森のユダヤ人の生存者は三つのタイプに区別できる。第一は隠れている個々のユダヤ人[48]、第二はソヴィエト・パルチザンのユダヤ人[49]、第三にユダヤ人部隊に集まったユダヤ人である[50]。まだ支配下にあるユダヤ人はオストラントのゲットーにいたが、以下のとおりである[51]。

ラトヴィア	四〇〇〇人
リトアニア	三万四〇〇〇人
ベラルーシ	三万人
計	六万八〇〇〇人

これらのゲットーは、抵抗運動の中心地にもなったので、問題になった。

森のユダヤ人は、大規模な対パルチザン作戦の目標であった。一つ一つのパルチザン狩り行動が特定地域を掃討した。どんなゲットーからの逃亡者も、一人あるいはパルチザン部隊の中で見つけられると、掃討された。「マラリア作戦」という原型的な作戦が、八、九月にイェッケルンの指揮で行われたが、三八九人の「盗賊」［＝パルチザン］が戦闘中に殺され、一二七四人が容疑をかけられて射殺され、八三五〇人のユダヤ人が原則にしたがって掃射された[52]。

バッハ＝ツェレフスキ指揮下の対パルチザン戦闘団に続いて、フォン・ゴットベルクSS少将指揮下の対パルチザン戦闘団が、ベラルーシでの行動に投入された。一九四二年十一月二十六日にフォン・ゴットベルクは、「家や壕で焼け死んだ盗賊やユダヤ人などを勘定に入れないで」、一八二六人のユダヤ人の死者を報告した。これは「ニュルンベルク作戦」であった[53]。十二月二十一日に、フォン・ゴットベルクは、「ハンブルク作戦」で二九五八人のユダヤ人の死者が出たことを報告し[54]、一九四三年三月八日には、「二月作戦」で三三〇〇人のユダヤ人の死者が出たことを報告した[55]。したがって、全般的に見て、数千人のユダヤ人は、赤軍が到着するまで、森の中で生き延びることができたが、森のユダヤ人に対して向けられたこの種の作戦は、非常に成功したといってもよいであろう。

対パルチザン作戦とともに、残っているオストラント・ゲットーの破壊の段階が始まった。一九四二年十月二十三日に東部占領地域省の政治局長ライブブラント博士は、次のような手紙を総弁務官クーベに送った。

私は、ベラルーシ地域のユダヤ人の状況について、とくにユダヤ人が、通訳や機械工などの形で、ドイツ人の事務所にまだどのくらい雇われているのかについて、報告を要望する。ユダヤ人問題の最終解決をできるだけ早く実施したいので、迅速な返答を要望する。(56)

クーベはかなり遅れて、保安警察の協力のもとに、「ユダヤ人をさらに押さえつける可能性」を、絶えず吟味しつつ実行に移している、と返答した。(57)しかし、一九四三年四月になってもフォン・ゴットベルクは不満を表明し、ユダヤ人はいまだに重要な地位に雇用されており、ミンスクの中心的な事務所に職をもっており、宮廷ユダヤ人の思考さえまだ生きている、と言った。(58)クーベが言ったように、オストラントのゲットーとそこに残ったユダヤ人熟練労働力の削減は、ゆっくりとした骨の折れるプロセスであった。その間に二つの抵抗の核ができあがってきた。一つはゲットーの中に、もう一つは総弁務官クーベ自身の中に。

ゲットーの中で抵抗運動を組織しようとするユダヤ人の試みは、たいてい失敗した。リガでは、ゲットーから逃亡する武装したユダヤ人は、(59)路上で阻止され、ユダヤ人警察の隊員が報復として射殺された。一九四三年十月に、ユダヤ人警察が火器を使い始めた。しかし、逃亡者は発砲前に捕まった。(60)

一九四四年にカウナス・ゲットーで、約一四〇人の隊員を持つユダヤ人警察が、レジスタンス運動を保護し、援助した。彼らは、三月二十七日に逮捕され、射殺された。(61)四月十九日に、リトアニアの保安警察・保安部指揮官のSS准将フックス博士が以下のような報告をした。親衛隊が、ゲットーの中に二五個の地下壕を発見した。なかには巧妙にカモフラージュされているものもあった。ユダヤ人は武器と弾薬も持っていた。それからフックスは脱走の試みを詳しく描写している。一二人のユダヤ人と一人のリトアニア人共産主義者が、ルドニキ森林地帯にいる共産主義パルチザンに加わるために、リトアニア人警備員から軽トラックを入手していた。一人の情報提供者がこの計画を親衛隊に密告し、トラックはゲットーの外で止められた。ユダヤ人は、二丁の自動式拳銃と二丁の連発ピストルを発砲し、親衛隊員一人を殺した。小ぜりあいが終わる頃、ユダヤ人のうち二人と、このリトアニア人共産主義者が逃亡し、残りの者は死ぬか怪我をするか捕まるかした。(62)

たいていのユダヤ人住民が一九四一年に射殺されたヴィリニュスのゲットーでは、パルチザン連合が一九四二年一月につくられた。その指導部は、共産主義者と、民族主義的なシオニスト革命家と、ハショメル・ハツァイルとハノアル・ハジオニというシオニスト運動のメンバーから成っていた。この異例な政治的融合体の指揮は、共産主義者のイツハク・ヴィーテンベルクに委ねられた。

ヴィリニュスのユダヤ人パルチザンが自らに課した使命は、ゲットーが全面解体に直面したときに、公然と戦闘をすることであった。対決を待つあいだに、彼らは幻想を抱きがちなゲットー住民に対処しなくてはならなかったし、ユダヤ人と共産主義者のあいだの優先権という内部矛盾を解決しなくてはならなかった。

パルチザン連合のジレンマが表面化したのは、森にいる非ユダヤ人共産主義者がゲットーからの人員補強を要請した時と、ユダヤ人パルチザンの何人かが自ら出て行きたいと思った時であった。このような旅立ちは、ユダヤ人の公的なゲットーの長であるヤーコプ・ゲンスの反対を受けた。最大限の労働力を保持してゲットーを救うというゲンスの政策には、重労働のできない弱い被扶養者を守るために、強い若者の存在が必要だったからである。ゲンスはレジスタンスのことを知っていたが、それを容認していたのは、最後の手段としてのみ、そして彼の戦略と抵触しない限りにおいてのみであった。

一九四三年七月にドイツ人は、ヴィリニュスのリトアニア人とポーランド人の共産主義指導者を捕まえ、ヴィーテンベルクが共産主義者だということを知った。ドイツの警察は、大量報復の脅しをかけてヴィーテンベルクの引き渡しを要求した。ヴィーテンベルクがゲットーの建物に隠れているときに、ゲンスは集まっているパルチザンに対して石で武装した彼の部下を派遣した。攻撃は退けられたが、議論は終わらなかった。ヴィーテンベルクは配下のパルチザンがこの時この場で戦うことを望んだが、彼らは、ゲットー蜂起の時が来たとも、ドイツ人に彼らの組織が知られているとも思わなかった。こうして、彼らはヴィーテンベルクを言い負かした。ヴィーテンベルクはゲットーから出て行き、死んだ。いくつかの報告によると、ゲンスは彼に青酸カリの錠剤を与えたという。他の話では、彼の死体は翌日手足を切断された姿で発見されたそうだ。

一九四三年の八、九月までに、ヴィリニュスのゲットーは解体した。住民の大多数は、エストニアとラトヴィアに送られ、そこで衰弱死や射殺にさらされた。それを生き延びた者は、シュトゥットホフ強制収容所に送られた。他の数千人はソビブル絶滅収容所に輸送され、それ以外のものは検挙され射殺された。労働場所の移動という形をとったこの移送の時、パルチザン連合は、戦闘に対してユダヤ人社会の支援が得られないことを知った。彼らは森を目指し、小さなグループになってゲットーを去った。待ち伏せの餌食になったり、グループを再編成したり、持ちこたえたりした。ゲンス自身はドイツ人に会議だと言って呼び出された。彼の墓穴がすでに掘られていた。彼の死によって、ゲットーは最後には、指導者不在となった。[63] 戦後この話をふりかえって生存者の一人はこう言った、「二万人のユダヤ人の身代わりに、ヴィーテンベルクに犠牲になれと強要した本部の決定は間違っていたことを、いま告白しなくてはならない。……私たちは人びとを動員して戦うべきだったのだ」[64]。

総弁務官のクーベが、掃討の波の頂点が過ぎたあとで行った抵抗は、ナチ体制の歴史のなかで最も奇妙な話の一つである。親衛隊・警察に対する彼の戦いはユニークだった。クーベは「古参」党員で、一度粛清されていた（昔、大管区指導者であった）。自分の手紙の中で述べているように、彼はたしかに「非情な」男であり「ユダヤ人問題の解決を援助する」覚悟があったが[65]、彼の無慈悲さには限度があった。

一九四三年、クーベは、ベラルーシの保安警察・保安部指揮官であるシュトラウフSS中佐と激しい論争をした。七月二十日、シュトラウフはクーベが雇っていた七〇人のユダヤ人を逮捕し、殺害した。クーベはすぐにシュトラウフを呼び、意地が悪いと責めた。もし、自分の事務所のユダヤ人が殺され、国防軍のために働いているユダヤ人は手つかずならば、これは個人的な侮辱である、とクーベは言った。シュトラウフはかなり当惑して、「ドイツ人がわずかなユダヤ人のために、どうして喧嘩できるのか、自分は理解できない」と答えた。この会話について彼が書いた報告はこうである。

私は自分の任務を果たしただけなのに、私の部下も私も、野蛮で嗜虐的だと非難されるという事実に、私は何度も直面した。熟練した医師が、特別措置に決定されたユダヤ人の歯から金の詰め物を取り除いた事実でさえ、話題となった。クーベは、私たちの処置の方法が、ドイツ人にふさわしくなく、カントとゲーテの国ドイツに値しないと断言した。私たちのせいで、全世界でドイツの名声は地に堕ちる、と彼は言い、私の部下は処刑しているときに自分の性的欲求を満足させているのだ、と言った。私はこの発言に激しく抗議し、私たちは、この汚い仕事をしなければならなかっただけでなく、さらに泥を浴びせかけられるのは、遺憾なことである、と強調した[66]。

五日後、シュトラウフはバッハ＝ツェレフスキSS大将に手紙を送り、クーベの解任を勧めた。シュトラウフはいろいろな出来事を並べ立てて、クーベが長いあいだユダヤ人、とくに帝国ユダヤ人をひいきにしていることを指摘した。ロシア系ユダヤ人に関しては、彼らはたいてい「パルチザンの支援者」なので、クーベは自分の良心を宥めることができたが、ドイツ人とドイツ系ユダヤ人の区別はできなかった。クーベは、ユダヤ人には芸術があると主張した。彼は、自分はオッフェンバックとメンデルスゾーンが好きだと言っていた。シュトラウフが否定すると、クーベは、若いナチ党員はこういうことを何も知らないと言った。クーベは繰り返し自分の感情をあからさまに表わした。彼はユダヤ人を射殺した警官を「豚野郎」と呼んだ。かつて、あるユダヤ人が、総弁務官の高価な車を助け出すために燃えている車庫に飛び込んでくれたときには、クーベはそのユダヤ人と握手して直接感謝した。ミンスクのユダヤ人評議会に、

「移住」のため五〇〇〇人準備するよう命令が下されたとき、クーベは実際には警告を伝えていた。彼はまた、射殺された一五人のユダヤ人男女が、血塗れのままミンスクの通りを引きずられていったことに、激しく抗議した。このようにして、クーベは親衛隊にサディズムのレッテルを貼ろうとしたのである。(67)

クーベを解任すべしというシュトラウフ（形式上は、総弁務官の部下）による勧めは実行されなかったが、ローゼンベルクはクーベに「真剣な警告」をするために、ミンスクに次官のマイヤーを派遣した。(68) 一九四三年九月二十四日、ドイツの新聞は、クーベが「モスクワのボリシェヴィキの手先によって」殺害されたことを報道した(69)（実際には、家事使用人の女性によって殺害されたのである）。ヒムラーは、クーベの死をドイツにとって「祝福」だと考えた。ヒムラーに言わせれば、この総弁務官はどちらにしろ強制収容所行きに値した。というのは、彼のユダヤ人政策は「国家反逆罪に近かった」からである。(70)

クーベが亡くなる数カ月前、ヒムラーは全ゲットー・システムを解体することを決心していた。ゲットーは強制収容所に変わることになった。(71) 彼にこの決定を促した部分的な要因は、ユダヤ人は信頼される職に雇われていて、カルテンブルンナーの言葉によれば、帝国ドイツ人とユダヤ人女性とのあいだの個人的関係が、「世界観的、人種政策的理由から最も厳しく遵守されなければならない境界線を越えている」という報告であった。(72) 東部占領地域省はヒムラーの決定を黙認した。(73)

強制収容所行政への変更は、ラトヴィアでは支障なく実行された。(74) リトアニアでは、親衛隊・警察への権限委譲は、大規模な殺戮行動を伴った。カウナスでは数千人のユダヤ人が射殺され、残った者は一〇の労働収容所に配置された。ヴィリニュスのゲットーでは親衛隊・警察は「ある問題」（ユダヤ人の抵抗）にぶつかった結果、ゲットーをその二万人の住民とともに「完全に」一掃した。(75) ベラルーシではリダとミンスクの二カ所にユダヤ人の集住地区があった。ミンスクのユダヤ人はポーランドに移すよう命令が出た。(76) このようにして、一九四三年末までに、オストラントのユダヤ人は数万人に減少し、彼らの将来は移動か死であった。彼らは今や強制収容所に住み、完全に親衛隊・警察の管轄下にあった。しかし、彼らはまだ論争の対象であった。

一九四四年五月十日にもなって、東部占領地域省のアルヴェルデン局長は、親衛隊経済管理本部のポールSS大将に手紙を送り、その中で、ユダヤ人問題が親衛隊の独占的な管轄であることを、ローゼンベルクの東部省は認める、と書いていた。また、収容所の管理と収容所における労働行政は、親衛隊の手にとどまることも認めた。しかし、帝国弁務官の財務局に賃金差益が支払われ続けるべきだと「主張」した。ローゼンベルクの省はこの未納金を「諦め」はしないだろう、と書いていた。(77)

この手紙のわずか数カ月後に、バルト地方の収容所が解体された。一九四四年八月から四五年一月までに、数千人のユダヤ人がドイツ帝国の強制収容所に移送された。バルト地方の収容所にいた何千もの人間は、赤軍の到着直前に、そこで射殺された。[78]

ウクライナ帝国弁務官領では、第二波はもっと大規模で急速であった。主要都市に住むユダヤ人はもはやあまり多くはなかった。キエフに潜んでいるのは数えるほどであったし、[79]ドニエトロペトロフスクに登録されているユダヤ人は七〇二人だけだった。[80]しかし、帝国弁務官領の西部、とくにヴォリューニア＝ポドリアには、ほぼ四〇万人のユダヤ人がゲットーや労働収容所に集中していた。ここの生産活動は原始的だが必要であり、軍需監査官ヴィルク少将は、この労働力が失われることを恐れていた。

一九四一年十二月二日、ヴィルクは上級戦時行政委員ゼラフィム教授という専門家の報告を、国防軍最高司令部経済軍需局の長官トーマスに送った。軍需監査官（ヴィルク）は、この報告は個人的で非公式のものであることをわざわざ断った。そして、受け取った官庁が、トーマス大将の明白な許可なく、この手紙を配布しないように要請した。[81]

ゼラフィムは以下のように報告していた。「ウクライナで適用されたユダヤ人問題の解決方法」は、明らかにイデオロギー上の理論にもとづくもので、経済的な考慮にもとづくものではない。今までのところ、一五万人から二〇万人のユダヤ人が、帝国弁務官領で「処刑」された。この行動がもたらした一つの結果は、かなりの数の「無駄飯食い」が除去された点である。明らかに、死んだ者は「われわれを憎んでいる」敵対的な分子でもあった。他方、ユダヤ人は、最初から「不安にかられ」「協力的」であった。彼らは、ドイツ人行政官の不興をかうかもしれないことをすべて避けようとした。彼らは、サボタージュに関してはけっして重要な役割を果たさず、軍にとって何の危険にもならなかった。彼らは恐怖に駆られてではあるが、満足できる量の品物を生産した。

さらに、ユダヤ人殺害は孤立した現象と見ることはできない。町の住民と農業労働者はすでに飢えている。ゼラフィムは次のように結論づけた。「ウクライナでは、結局ウクライナ人だけが経済的価値を生産することができるという点が認識されなくてはならない。もし、われわれがユダヤ人を射殺し、捕虜を死なせ、都市住民のかなりの部分を餓死させ、翌年に農民の一部をも飢餓で失うとするならば、この地で一体全体、誰が経済的価値を生産するのか、という問いは答えられないままになってしまうであろう」。

七カ月以上のあいだ、親衛隊は静かだった。ユダヤ人は希望と自信までも抱くようになった。カメネツ＝ポドリスキー地域では、一人のユダヤ人労働者がドイツ人の地方警察巡査部長に近づき、「あなたたちは私たちを殺しはしないでしょう。私たちは専門技術者ですから」と言った。[82]しかし、一九四二年八月に大量の射殺が始まった。

この危機に軍需監査部は、ユダヤ人労働力を温存するよう、帝国弁務官と彼の代理の行政長官ダルゲルに接触した。しかし、民政部は介入したがらないことがわかった。軍機関を通して要求した軍需監査部が受け取った答は、軍が出している現在の生産命令が果たされるまでは、労働者の処刑執行を猶予すると、ヒムラー自身が認めたというものであった。[83] しかし、その約束は守られなかった。

西ウクライナの工場にいた何万人というユダヤ人労働者は、「撤退」させられた。ゲットーは次々に一掃されていった。ある報告では、熟練労働者であろうと、誰一人助からないだろうという見解を、軍需関係の役人が述べていた。この「大行動」の性格は、特別扱いを認めなかった。たとえばヤーノフでは、ゲットー全体に住民ごと火がかけられた。[84] 一九四二年十月二十七日、ヒムラー自ら、ピンスクにあるウクライナの最後の主要ゲットーの破壊を命令した。[85]

西ウクライナでは、かつて荷車や石鹸、ろうそく、材木、皮製品、ロープをドイツ軍のために生産していたいろいろな工場が、操業停止した。代わりになるものはもうなかった。ルツクの軍需部隊からの報告は、損害を概観した。「ドゥブナの皮革工場は閉鎖された。……コヴェリでは荷車をつくる工場はすべて麻痺してしまった。……コブリンの工場では、アーリア人の金属労働者は一人しかいない。……ブレスト＝リトフスクでは、ユダヤ人の工場は依然として空である」。[86] ウクライナのユダヤ人は抹殺されたのである。[87]

一九四三年六月にウクライナを旅したジャーナリストは、たった四人しかユダヤ人を見なかったと報告した。彼がインタビューした帝国弁務官府の高官は、ホロコーストをこう要約した。「ユダヤ人は、害虫のように根絶された」。[88]

一九四二年の殺害方法は、一九四一年の方法と異なっていた。前年には、ユダヤ人は不意を襲われたが、今では危険が存在することを知っていた。したがって、ドイツ人はもはやだます策を使えなかった。第二波のゲットー一掃作戦は、慎重な準備と、使える全武装勢力の動員が必要であった。ピンスクのユダヤ人を包囲・捕獲・射殺するために、治安警察の数個大隊が召集された。[89] スルーツクの残存ゲットーの一掃は、シュトラウフSS中佐によって、事細かに計画がたてられたが、これは一九四一年の混乱に満ちた行動とははっきりした対照をなしていた。シュトラウフは、数十人の親衛隊将校と隊員、治安警察、保安警察に属するラトヴィア人部隊を召集した。親衛隊の人員はピット1、ピット2と指定された。[90]

作戦行動の最初の措置は、墓穴を掘ることであった。この仕事は、通常、ユダヤ人労働部隊が行わなければならなかった。[91]「行動」の前日は、重苦しい空気がユダヤ人街を覆っていた。ときどきユダヤ人の代表がドイツ人の実業家に近寄って、なんとか取りなしてくれと頼んだ。[92] 命を助かりたいユダヤ人の少女は、警官に体を捧げた。女性たちはたいてい、夜のあいだは利用され、朝になると殺された。[93]

実際の作戦行動は、警察の非常線によってゲットーを包囲することから始まった。[94] たいていいつも、行動は夜明けに始まったが、夜に行われることもあった。そのときゲットーはサーチライトで照らされ、周囲の集落も炎で照らされた。[95] 警察の小分隊や弁務官府の職員、鉄道職員が、かなてこ・ライフル銃・手榴弾・斧・つるはしで武装して、ユダヤ人街にやってきた。[96]

ユダヤ人の大多数は、直接集合地点に出てきた。しかし、家に留まり、ドアに錠をかけて、祈り、互いに慰めあっている者も多かった。ユダヤ人はしばしば地下室に隠れたり、床下に潜んだ。[97] 襲撃班は「ドアを開けろ、ドアを開けろ」と叫びながら、通りを進んだ。[98] 家の中に押し入ると、ドイツ人は地下室に手榴弾を投げ込み、「とくにサディストの連中」は、曳光弾を犠牲者に発射した。スロニムでの行動では、多くの家に火がつけられ、ゲットー全体が炎に包まれた。地下室や地下で生き延びていたユダヤ人の幾人かは、窒息死するか倒れた建物の下敷になった。それから、ガソリンの缶を持った別の襲撃班がやってきて、死傷者を通りで焼いた。[99]

その間、自分から家を出たユダヤ人は集合地点で待っていた。監督しやすいように、彼らはときどき地面にしゃがまなければならなかった。[100] 彼らはグループに分かれて、墓穴になる溝のところまでトラックで運ばれ、そこでライフルやむちで威嚇されて、トラックから降ろされた。服を脱がされ、検査を受けた。それから、溝の前で撃たれるか、「缶詰イワシ」の方法で溝の中に横たわった状態で撃たれた。子供と幼児は、泣き声を消すために、ふつう最初に撃たれた。[101]

射撃の方法は、殺害者がどのくらいしらふであるかに、大いに依存していた。彼らの大部分は、四六時中酔っており、「理想主義者」のみがアルコール飲用を避けていた。ユダヤ人は抵抗も抗議もせずに従った。「驚いたことには、ユダヤ人は、自分たちを元気づけ、処刑の仕事を容易にするために、互いに慰め合うことしかせずに墓穴に入って行った」とドイツ人の目撃者は言っている。[102] 溝の前で射殺される場合、犠牲者はときどき恐怖で体が凍りついた。彼らの目の前に、撃たれたユダヤ人が動きもせずに倒れていた。いくつかの体はぴくぴくしており、首筋から血が流れ出ていた。墓穴の縁から後ずさりすると撃たれ、他のユダヤ人の手で穴の中に引き入れられた。

射殺現場にも「性悪なサディスト」がいた。この行動に以前参加した者によると、あるサディストは妊婦の腹にゲンコツを食らわせて、生きたまま穴に放り込んだ。[103] 殺害者が酔っぱらっているために、被害者の多くは一晩中、息をして血を流したままで、放置されていた。スロニムでの作戦行動のあいだ、ユダヤ人の何人かは、裸で血塗れのまま、バラノヴィツェまで足をひきずりながら歩いて行った。住民のあいだにパニックが起こりそうになると、こうしたユダヤ人を狩りたて殺すために、地元の補助部隊が派遣された。[104]

スロニムの地区弁務官エレンは、ゲットー一掃行動があると、たいていその後で会議を開いた。会議は祝いの機会であり、手柄をたてた弁務官府の職員が表彰された。エレンは、仲間の中でたぶん最も野心的であったので、「血塗れの地区弁務官」という称号をもらった。[105]

第二波の終わりごろになると、親衛隊・警察はしだいに深刻さを増す問題に直面した。親衛隊（および民政部）は終了しつつあるこの大規模な作戦行動の秘密が守られているかどうかを心配した。ドイツ兵のあいだでは写真撮影の禁止は完全に守られていたが、ハンガリーやスロヴァキアの将校は、「処刑」の写真をたくさん撮っていた。この写真がアメリカの手に渡ったことが予想された。これは非常に「困る」ことであったが[106]、どうしようもなかった。赤軍が西方に反攻してくるにつれて、発見されることへの恐怖はさらに大きくなった。占領地域は、大量の死体を埋めた墓穴に満ちていた。そこでヒムラーは何の痕跡も残さないことを決めた。

一九四二年六月に、ヒムラーは第四a特殊部隊の隊長、パウル・ブローベルSS大佐に[107]「東部における行動部隊の処刑の痕跡を消せ」と命令した。ブローベルはコード番号一〇〇五という特別作戦部隊を作った。この作戦部隊は墓穴を掘り返して遺体を焼くという任務を負った。ブローベルは占領地域中を移動して、大量埋葬の墓穴を捜し出し、保安警察職員と協議した。一度、彼は国家保安本部からの客人（ハルトゥル）を、観光客を史跡に案内するかのように、ブローベルの部下が三万四〇〇〇人のユダヤ人を殺害したキエフ周辺の大量処刑の墓穴に案内した[108]。

しかし、最初からこの仕事は困難に直面した。ウクライナの保安警察・保安部司令官トーマスは、この全計画に無関心であった。ガソリンは不足していた。特別作戦部隊の隊員は、墓穴の中に貴重品を見つけ、貴重品は提出するという規則を無視した（彼らのなかには、のちにウィーンで国家財産横領の罪で法廷にかけられた者もいる）。ロシア人が占領地域を席巻したときには、ブローベルは任務のごく一部しか達成していなかった[109]。

このようにして親衛隊・警察が残したものは、多くの大量埋葬の墓穴と、ごくわずかのユダヤ人の生存者であった[110]。移動殺戮作戦によって殺された総数は、左記のとおりである。

「オストラントと北部・中部軍集団後方地域」

行動部隊Aの報告（一九四一―四二年の冬）にあるユダヤ人の殺害数

エストニア	二〇〇〇人
ラトヴィア	七万人
リトアニア	一三万六四二一人
ベラルーシ	四万一〇〇〇人

行動部隊Bが一九四二年十二月十五日に報告した、各部隊が射殺した総数[111]

第七a部隊	六七八八人
第七b部隊	三八一六人
第七c部隊	四六六〇人
第八部隊	七万四七四〇人
第九部隊	四万一三四〇人
スモレンスク部隊	二九五四人
計	一三万四二九八人

「ウクライナ、ビアウィストク、南部軍集団後方地域、第一一軍後方地域」

行動部隊Cは、二つの部隊（第四a部隊と第五部隊）が一九四一年十二月初めまでに九万五〇〇〇人を殺害したと報告した。行動部隊Dは一九四二年四月八日に、総計九万一六七八人の死者を報告した。ヒムラーはヒトラーに一九四二年十二月二十日、ウクライナ、南ロシア、ビアウィストクで以下の数のユダヤ人が射殺されたと報告した。

一九四二年八月	三万一二四六人
九月	一六万五二八二人
十月	九万五七三五人
十一月	七万〇九四八人
計	三六万三二一一人

以上の部分的な数字は、総計で九〇万人以上にのぼるが、それでも移動殺戮作戦におけるユダヤ人犠牲者総数の約三分の二にしかならない。残りの者は、行動部隊や上級親衛隊・警察長官、対パルチザン戦闘団、ドイツ軍の追加の射殺によって、またオデッサ＝ダルニクとゴルタ収容所集合体におけるルーマニア軍の作戦の結果として、そして物資欠乏の結果ゲットーや収容所や森や野原で死んだのである。

第8章

移送

ロシアにおける移動殺戮作戦は、枢軸国に占領された残りのヨーロッパにおけるもっと大規模な絶滅行動の序曲であった。「最終解決」は、ドイツが支配する全地域で始まろうとしていた。

原注63–

ユダヤ人を殺すという秘そかな考えの起源は、ずっと昔にさかのぼる。マルティン・ルターの反ユダヤ的な長い演説の中に、殺害の暗示がある。ルターはユダヤ人を旧約聖書の中のかたくななエジプトの王にたとえた。「モーゼは王を、疫病によっても、奇跡によっても、脅迫によっても、祈りによっても、改善することはできなかった。モーゼは王を海に溺れさせるほかなかった」[1]とルターは言った。一九世紀には、もっと明確で決定的な形で、アールヴァルト議員が国会で行った発言の中に、絶滅という考えが現われた。ユダヤ人はサグ団と同じく、「根絶」しなくてはならない犯罪集団である、とアールヴァルトは言った。[2]最後に、一九三九年にアドルフ・ヒトラーが前任者たちよりもずっと明白な言葉で、全面的抹殺という脅迫の言葉を発した。以下は、彼が一九三九年一月に行った演説である。

おそらくわれわれドイツ人にとってだけでなく記念すべき日になるこの日に、言いたいことがもう一つある。人生で私はしばしば予言を行ったが、たいてい笑われた。闘争期にまずユダヤ人が笑った私の予言は、いつの日か私が国家および全国民の指導権を握り、とりわけユダヤ人問題も解決するだろうということだった。ドイツ・ユダヤ人の高笑いは、この間に喉元で消されてきたと、私は信じている。今日私は再び予言をしたいと思う。もし万一、ヨーロッパ内外の国際的な金融資本のユダヤ人が、もう一度諸国民を新たな世界大戦に投げ込んだならば、それは、地球のボリシェヴィキ化とユダヤ人の勝利をもたらすのではなく、ヨーロッパにおけるユダヤ人種の絶滅という結果をもたらすことになるだろう。[3]

このようなヒトラーの発言は、過去のドイツの著述家や演説家の行った提案や暗示よりも、ずっと重要である。まず第一に、「抹殺」という考えが、今やはっきりとした展望、つまり新たな世界戦争の文脈の中で浮かび上がってきた。今までのところ、このイメージは計画にはなっていなかったが、発言の中に切迫した意味内容が存在した。第二に、ヒトラーは単なる宣伝家ではなく、国家元首であった。彼は言葉や文章だけでなく、行政機構も掌握していた。話す力だけでなく行動する力も持っていた。第三に、ヒトラーは、自分の脅しを実行に移すのに恐ろしいほどの衝動力――脅迫観念といってもよいであろう――を持っていた。彼は「予言した」。言葉を使って彼は行動に関与したのである。

わずか七カ月のうちに戦争が始まった。戦争は、ドイツの手に落ちたユダヤ人社会に対して苛酷な行動が行われる物理的・

心理的条件を設定した。しかし、反ユダヤ的体制が強化されているこの時でさえ、ヨーロッパのユダヤ人人口を大量移住によって減らすために、けた外れの異例な努力が注がれた。最大のユダヤ人追放計画であるマダガスカル計画は、殺戮段階の開始のちょうど一年前に考えられていた。移住政策が文字どおり尽きてなくなってしまうまでは、ユダヤ人は殺害されなかった。

この移住計画をもっと詳しく検討してみよう。特徴的なことであるが、最初の強制移住計画は、ドイツがオーストリアを併合したのちの一九三八年に練り上げられた。ヒトラーが政権についたとき［一九三三年］、ドイツには約五二万人のユダヤ人がいたことを思い出してほしい。五年後、移住者数と死亡率の上昇のために、このユダヤ人人口は三五万人に減少した。しかし、ドイツがオーストリアを併合した一九三八年三月には、一九万人のユダヤ人がつけ加わり、全体で約五四万人——つまり最初のユダヤ人人口よりも二万五〇〇〇人多い——になった。[4] これは明らかに進歩ではなかった。何らかの特別な措置をとる必要があった。

こうして、一九三八年末ごろまで、シャハトやヴォールタートや数多くの役人が、ユダヤ人が移住する方法や手段を簡単にすべく、西側の民主主義国家と協議した。一九三八年十月に外務省はユダヤ人人口の統計をみて、ドイツの管轄下にある全ユダヤ人の約一〇パーセントは、ポーランド国籍であることを知った。しかし、ポーランド政府は、自国のユダヤ人を取り戻したがらなかった。十月六日にポーランド政府は、外国にいるポーランドのパスポート保持者は、十月二十九日以降、このパスポートに検査官のスタンプが押してなければ、ポーランドへの入国を拒否するという命令を出した。

ドイツ外務省は即座に反応した。[5] 十月末までに数千人のポーランド系ユダヤ人が、ポーランドの国境の町ズボンシン［ベンチェン］に、封印列車に乗せられて到着した。ポーランド人は行く手を封鎖した。列車は、ドイツとポーランドの非常線のあいだの「無人地帯」に留まった。まもなくドイツ人は、たいへんな誤算をしていたことに気がついた。反対側から、ドイツ国籍のユダヤ人を満載したポーランドの列車がドイツの国境に向かってきたのである。

十月二十九日に、外務省政治局長ヴェルマンは、国境の状況は「維持できない」という見解を示した覚書を書いた。外務省は報復措置を計算していなかった。「これからどうなるのだろうか」とヴェルマンは問い、保安警察の長官ベストは、ポーランド系ユダヤ人を強制収容所に入れることを提案した。ヴェルマンは、この解決方法は危険すぎると考えた。結局、この問題は妥協によって解決された。ポーランドは約七〇〇〇人を受け入れ、それ以外の数千人はズボンシンに留まった。ドイツはドイツ国籍のある者の一部を引き取り、移動してきた残りの者には一時帰郷を許した。[6] 問題を解決するための討論のあいだに、外務次官ヴァイツゼッカーはポーランド大使リプスキを説得して、ドイツ帝国の中にいる四、五万人のポーランド系ユダヤ人を帰還させせようとした。リプスキは、この数字は誇張されていると主張し、ヴァイツゼッカーがポーランドに「膨大な犠牲」を要求していると言った。[7]

ポーランドがポーランド国籍のユダヤ人を受け入れることを拒否した一方で、西側諸国のいくつかは、ドイツ国籍のユダヤ人の一部を自由に受け入れた。しかし西側でも、金のないあわれなユダヤ人の受け入れは、非常に厄介な任務だと思われていた。一九三八年十二月にリッベントロプは、伝統的な亡命者受け入れ国であるフランスの外務大臣と、ユダヤ人の移住についての討議した。以下は、フランス外相ジョルジュ・ボネとの会談について、リッベントロプが記録したものである。

一、ユダヤ人問題。私が、この問題については公式に議論することはできない、とボネ氏に言うと、彼は、フランスではユダヤ人問題の解決に対して非常に大きな関心が寄せられていることをとにかく伝えたい、と言った。フランスではどの点に関心があるのか、という私の質問に対して、ボネ氏の発言は、第一に、フランス人はこれ以上ドイツからのユダヤ人を受け入れたくない、ドイツがユダヤ人をフランスに来させないでおく何らかの措置をとれないだろうか、第二に、フランスは一万人のユダヤ人をどこか他の所へ出航させなくてはならない、というものだった。フランス人は実際に、目的地としてマダガスカルを考えていた。

私はボネ氏に、私たちは皆、ユダヤ人の除去を望んでいるけれども、どの国も彼らを受け入れたがらないところに難しさがある、と答えた。[8]

ポーランド大使リプスキとフランス外相ボネの態度を知って、ヒトラーは次のようなコメントを一九三九年一月の演説で述べた。「苦しんでいるかわいそうなユダヤ人に対して、民主主義世界はすべて同情の涙を流すけれども、彼らを助ける義務があるにもかかわらず、心を閉ざしている。こんなことが今日見られるなど、恥ずかしいことである」。[9] この発言は、自分を棚にあげた非難ではない。連合国列強を、受動的だが喜んで行動する共犯者として絶滅過程に引きずり込む試みであった。ずっとあとになって、殺戮過程がすでに進行し、その規模がイギリスやアメリカに知られるようになったとき、ゲッベルスが西側諸国の抗議に関連して、こう述べたことは重要である。「しかし、根底において私は、イギリス人もアメリカ人も、われわれがユダヤのくずを片づけたことを喜んでいる、と信じている」。[10]

この主張を補強するかのように、ドイツの行政は一九三九年に移住政策を徹底的に推進した。しかし今度は、努力が最初、国内に向けられた。多くの邪魔が入ったために移住のプロセスは支障をきたした。将来移住する者はすべて、健康状態、素行の良さ、財産、納税状態、移住の機会などを証明する一〇種類以上の書類を入手する必要がある。すぐに過剰な業務を負った役所が負担に耐えかね、「停滞」が始まった。この鬱血状態はまずウィーンで発生した。状況を改善するために、帝国弁務官（「オーストリアの帝国との再統一」の任にあたった役人）ビュルケルが一九三八年八月二十六日に、「ユダヤ人移住中央本部」を設立した。何かを証明しなくてはならない役所はみな、ウィーンのロートシルト邸に居をかまえたこの中央本部に代表を送った。こうしてユダヤ人は、ベルトコンベア方式で処理されるようになった。[11]

ビュルケルの解決方法は、すぐに帝国の他のところでも行われるようになった。一九三九年一月二十四日に、ゲーリングは「ユダヤ人移住全国センター」の開設を命令した。[12] 全国センターの長官はラインハルト・ハイドリヒ以外になかった。実際の行政を取り仕切る責任者は、SS大佐で上級参事官のミュラーであったが、かれはのちにゲシュタポ長官になった人物である。[13] 全国センターの他のメンバーは、局長のヴォールタート(四カ年計画庁)や、内務省・大蔵省・外務省の代表者であった。[14]

戦争が勃発したあともなお、移住が政策だった。実際に、ポーランドとフランスに勝利して現われた最初の反応は、この両国に、以前は締め出しを食わされたユダヤ人の一部を送り込むことによって、両国のユダヤ人移住に対する態度を罰するというものであった。一九三九年末と四〇年初めに六〇〇〇人のユダヤ人が、ウィーン、プラハ、モラフスカ・オストラヴァ、シュテッティンから、総督府に送られた。[15] 一九四〇年十月に西部ドイツの二人の大管区指導者、ヴァーグナーとビュルケルは、ゲシュタポの協力を確保して、六五〇〇人のユダヤ人をフランスの非占領地域に移送した。[16] しかし、一九四〇年の、最も野心的な計画は、マダガスカル計画であった。

一九四〇年まで、移住計画は数千人ないし——シャハトの計画のように——一五万人のユダヤ人の国外定住化に限定されていた。マダガスカル計画は、数百万人のユダヤ人を取り扱うことを想定していた。この計画の発案者は、帝国と保護領およびポーランドの全占領地域からユダヤ人住民を一掃したいと考えた。この考えは、外務省のドイツ局第三課によって、練り上げられた。(実際、ドイツ局は大々的にユダヤ人問題に取り組むべき部局であった。)この計画は仲のよい近接官庁である国家保安本部に伝えられた。ハイドリヒはこの考えに熱中した。[17]ハイドリヒが熱中した理由は、この計画を見ればすぐにわかる。簡単に言えば、アフリカのマダガスカル島は講和条約によってフランスからドイツに割譲されるはずであった。ドイツ海軍がこの島に基地を持ち、残りの部分はハインリヒ・ヒムラー直属の警察長官の管轄下に入ることになっていた。この警察長官の管轄地域がユダヤ人居留地となることになった。ユダヤ人の国外移住の資金は、ユダヤ人がドイツに残した財産から賄われることになった。

ドイツ局は以下のように説明した。この計画は、パレスチナにユダヤ人地区を作るよりもずっと優先されるべきものである。第一に、パレスチナはキリスト教徒とイスラム教徒の世界である。第二に、もしユダヤ人がマダガスカルに留まるならば、彼らはアメリカにいる「人種的な同胞[ユダヤ人]」の良き行いを確保するために、人質として利用できる、と。[18] ハイドリヒはそのような議論を必要としなかった。彼にとっては、その島全体が親衛隊・警察によって統治されるだけで十分であった。しかし、マダガスカル計画は具体化しなかった。この計画はフランスとの講和条約の結論次第であり、その条約はイギリスとの戦争状態が終わるかどうかにかかっていた。イギリスとの戦争が終わらないので、講和条約は存在せず、講和状約がないので、マダガスカル計画も実施されなかった。

マダガスカル計画は、移住によって「ユダヤ人問題を解決する」最後の大きな試みであった。保安警察や外務省や総督府の役所から、この計画に数多くの希望と期待がかけられていた。実現の可能性が薄まった時でさえ、もう一度この計画は、一九四一年二月初めに、ヒトラーの本営で、話題にのぼった。その時に、党の労働戦線指導者ライが、ユダヤ人問題のことを持ち出したのである。ヒトラーは詳しい返答の中で、戦争がユダヤ人問題の解決を加速するであろうが、いろいろな困難も付け加わっていると指摘した。彼が言うには、最初はせいぜいドイツのユダヤ人に対処することしかできなかったが、今では枢軸国の勢力範囲全体でユダヤ人の影響を除去することを目標としなくてはならない。ポーランドやスロヴァキアのようないくつかの国では、自分の管轄下にある組織だけで行動できる。しかし、フランスでは休戦が障害になっていて、この地でこそこの問題がとくに重要である。この二、三百万人のユダヤ人をどこに連れていけばよいかわかれば、「そんなにたくさんのユダヤ人でなければ」どんなによいことか。自分は、マダガスカル計画についてフランスと話し合ってみよう。以上のように、ヒトラーは語った。ボルマンが、この戦争の最中にどうしたらユダヤ人をそこに運べるのかと尋ねると、ヒトラーは、その点は考えなければならないと言った。自分は喜んで、この目的のためにドイツの全艦隊を使いたいが、乗組員を敵の潜水艦の魚雷にさらしたくはない。だから、今は多くのことを違ったふうに、つまり友好的な方法でなく、考えている、とヒトラーは語った。[19]

ヒトラーが考えているあいだに、絶滅機構の中に不安が浸透した。ゲットー化が過渡期の措置だと考えられていた総督府では、貧乏な人びとでいっぱいになった見苦しいユダヤ人街のため、その地区のドイツの役所の忍耐力は限界に達した。彼らの苛立ちと欲求不満は、一九四〇年晩夏以降の月例報告に現われている。ルブリン地区では、管区長のクラスニスタフが、行政的職務にうんざりして、ポーランド化した名前を持つユダヤ人はドイツ語式に綴るべきであると主張し、マダガスカルではマダガスカル風の名前をもてるのだからと付け加えた。[20] 同じ頃、クラカウ地区にあるヤスウォの管区長は、クラカウの街から追放されたユダヤ人が自分の管区に「侵入」していると述べ、ドイツ人がユダヤ人を「将来完全に疎開させる」決意があるのかどうか、ポーランド住民は疑わしく思っていると報告した。[21] 数カ月後、ラドム地区のイェンジェユフの郡管区長は、悪質のインフレに手を焼き、物価上昇に対処する最も重要な手段は、「ユダヤ人問題の早急な解決である」と言った。[22] こういった気分をフランク総督は明らかに共有していた。一九四一年三月二十五日、彼は自分のごく側近に、ヒトラーが自分に「総督府の業績を認めて、総督府をユダヤ人のいない最初の地域にする」と約束してくれたことを打ち明けた。[23]

隣のヴァルテラントでは、ユダヤ人を除去すべしとの末端の声がもっと大きかった。ロルフ＝ハインツ・ヘップナーSS少佐は、一九四一年七月十六日にアイヒマンに手紙を送り、以下のように書いた。グライザー地方長官の事務所でのさまざまな議論の中で、一部は空想的に聞こえるが「自分の考えでは完全に実行できる」解決策が提案された。洋服屋や靴製造所などを備えた、三〇万人収容できる収容所をつくるべきである。このような収容所のほうが、ゲットーよりも警備が簡単である。しかし、これは完全な解答にはならないであろう。「今年の冬はユダヤ人全員にもう食料がいきわたらない危険性がある。労働につけないユダヤ人を何か即効的な手段で始末するのが、最も人道的な解決なのではないかと真剣に考えるべきである。ともかく、この方が彼らを餓死させるよりも気分がよい」。[24]ヘップナーの手紙によると、地方長官はこの提案について決心しかねていた。しかし、この年末にヴァルテラントのユダヤ人は、クルムホフ［ヘウムノ］の絶滅収容所で殺され始めていた。

ドイツ帝国内では、省庁の官僚が反ユダヤ政策を布告や命令によって固めつつあった。一九四一年春に、ドイツ帝国のユダヤ人はすべて、無国籍者あるいは「保護民」であると宣言する、複雑な法的措置についての審議が行われた。内務省は、少なくとも国外から、まだ帝国国民だと思われている人びとに対して、残酷な行動がとられるという「ぶざまな」事態が起こらないように、そのような措置を希望した。この件は法的に複雑なために、問題をヒトラーに委ねようと決まった。[25]

一九四一年六月七日、内閣官房長官ラマースは、同一内容の手紙を内務省と法務省に送り、その中で、ヒトラーがこの措置を不必要と考えていることを伝えた。それから彼は、党組織で自分の地位に匹敵する人物、ボルマンに、第三の手紙を送った。その手紙の中で、ラマースは同じ内容を、秘密の説明を添えて繰り返した。「総統は、内務大臣の提案した措置に同意しませんでしたが、それは第一に、総統が、戦後にはいずれにしろドイツにユダヤ人は一人もいなくなるであろう、したがって、実行しがたく、スタッフを拘束し、原則的に解決をもたらさない命令を出すことは不必要だ、という考えだからです」。[26]

一九四一年晩春になっても、フランスにあるドイツ官庁に、移住しようとするユダヤ人の申請書がまだ寄せられていた。一九四一年五月二十日に、国家保安本部のゲシュタポ官吏ヴァルター・シェレンベルクが、フランスに駐留する軍司令官に、その地からのユダヤ人の移住は阻止すると伝えた。というのは、輸送の手段が限られており、「ユダヤ人問題の最終解決」が今や近づいているから、というのであった。[27]

まだなお最終解決の形態を決めなければならなかった。一九四一年七月二十二日、ヒトラーはクロアチアのクヴァテルニク元帥に、ユダヤ人の運命は、マダガスカルであれシベリアであれ、自分にとってはどうでもよいことだと語った。[28]

ハイドリヒは次の一歩を踏み出した。彼はユダヤ人問題専門の部下アドルフ・アイヒマンに、ヨーロッパ規模でユダヤ人政策を行う権限が、自分に与えられるような草案を作るよう、指令した。慎重に吟味された官僚的な文言のたった三つの文章からなる草案が、ゲーリングに「あとは署名すればよいだけ」の形で提出された(29)。一九四一年七月三十一日にゲーリングが署名したこの文章は、こうである。

さきに一九三九年一月二十四日の指令で貴官に、移住と疎開という形で、時局に即したもっとも有利なユダヤ人問題の解決を図る任務を委ねたが、これに追加して、私はここに、ヨーロッパのドイツ勢力圏におけるユダヤ人問題の全体的解決のため、必要なあらゆる組織的・実際的・物質的準備を行うことを、貴官に委任する。

他の行政機関の権限に触れる場合は、これらと協議しなくてはならない。

さらに貴官に対して、ユダヤ人問題の望ましい最終解決を実行するための組織的・実際的・物質的措置に関する全体的計画を、早急に私のところに送るように要請する(30)。

この手紙を受け取って、ハイドリヒは絶滅過程の手綱を握った。まもなく、彼は自分の全権を行使するようになった。

何年間も、行政機構は主導権を発揮し、一歩ずつ略奪に関与していった。この展開の中で、方向性が定められ、パターンが確立していった。一九四一年半ばまでに、境界線が引かれた。この線の向こう側には、過去の限界に煩わされない前代未聞の行動があった。参加者はしだいに、今から起こるであろうことの本質を理解し始めていた。この結晶化の中心となったのは、アドルフ・ヒトラー自身であり、世界に対する彼の位置であり、もっと特定して言えば、内輪の仲間に語った彼の希望や期待であった。すでにフランクは、総督府に関してヒトラーが自分に約束したことを引用していた。ラマースはドイツ帝国に対するヒトラーの意図を口にし、ヒムラーは侵攻中のソ連領域での行動舞台の作戦行動を正当化するために、ヒトラーの権威を持ち出した。夏の終わりのある日、アイヒマンはハイドリヒの事務所に呼ばれた。そこで国家保安本部長官ハイドリヒはアイヒマンに言った、「私は、いまちょうど、親衛隊全国指導者［ヒムラー］のところから戻ってきたところだ。総統は、ユダヤ人の肉体的抹殺をまさに命令された」。アイヒマンはこの言葉の意味をすぐに理解できなかったし、ハイドリヒでさえこのような「結果」を予想していなかったと思った。アイヒマンがそれからすぐにミュラーに報告した時、このゲシュタポ長官［ミュラー］が黙ってうなずくのを見て、アイヒマンはミュラーがこのことをすでに了解していたのを知った。ミュラーは机から離れないのに、いつも事柄がわかっている、とアイヒマンは感じていた(31)。

いまや移送が近づきつつあった。一九四一年九月十八日、ヒムラーはグライザーに手紙を書き、帝国と保護領からユダヤ人を一掃したいというヒトラーの意志を伝え、約六万人の移送者の中継地としてウーチを提案した。[32] 九月二十三日、ハイドリヒはゲッベルスに、軍事的状況が許せばすぐに、北極にいたるバルト海沿岸に共産主義者が建てた収容所にユダヤ人を輸送する、と言った。[33] 十月初めにヒムラーはヒトラーに対して、ユダヤ人をリガ、タリン、ミンスクに「保管」しておくように提案した。[34] 十月十日、国家保安本部内での最終解決に関する会議で、ハイドリヒは、五万人のユダヤ人をリガとミンスクに移送し、その他のユダヤ人は占領下ソ連の軍政地域で行動部隊BとCが共産主義者用に準備した収容所に移送できるだろうと発言した。[35] この会議からほどなく、新たな決定が下された。十月二十三、二十四日、総統本部をスロヴァキアのトップレベルの代表団が訪れたとき、ヒムラーはスロヴァキア首相ともう一人の高官に、ヒトラーはヨーロッパ・ユダヤ人の段階的集中化のためにポーランド地域を選定した、と打ち明けた。[36]

ハイドリヒは、どんな計画を実行するのにも中心となる位置にいた。しかし、障害も巨大であった。帝国のユダヤ人をすべて移送しようと思えば、その前に、混合婚のユダヤ人や軍需産業で働いているユダヤ人、外国籍のユダヤ人といった厄介な問題に対処しなくてはならなかった。占領地域や枢軸衛星国で活動し始めることさえできなかった。彼は、ユダヤ人問題に管轄が及ぶ他のあらゆる機関に、自分とともに行動してくれるよう要請しなければならないことを了解していた。一九四一年十一月二十九日に、数多くの次官と親衛隊本部の部局長たちに、「最終解決」に関する会議への招待状を送った。招待状の中でハイドリヒはこう書いていた。

この問題にみとめられる特別な重要性に鑑み、そして最終解決に関連した残余の任務に関わる全官庁の統一的見解を作り上げるために、私は、この問題を会議で討議することを提案します。とくに、一九四一年十月十五日以来、帝国領土およびボヘミア・モラヴィア保護領から、ユダヤ人が継続的に東部へ輸送されているのですから。[37]

ハイドリヒの招待状がどのように受け取られたかは、非常に興味深い。ハイドリヒは「最終解決」という言葉を語ったにすぎず、それを定義しなかったし、殺害という言葉も書かなかった。「最終解決」の意味は想像にまかされた。この手紙の受け取り手は、ユダヤ人が移送されることになっているのを知っていたが、移送された者に何が起こるのかは聞いていなかった。それは自分で予想しなければならなかった。このような状況なので、会議は多大な関心を呼び起こした。

総督府では、「最終解決」についての会議開催の知らせは、時の話題ではないにしても、時の思想であった。フランクはじれったく思い、次官のビューラーをベルリンに派遣して、ハイドリヒの腹を探ろうとした。ビューラーは国家保安本部長官［ハイドリヒ］と個人的に面談して、知るべきことをすべて了解した。[38] 内閣官房も、緊張に満ちた期待の場となった。ラマースは――彼は首都で最も情報を握っている官僚の一人であったが――ハイドリヒの手紙を受け取る前に、もし国家保安本部から「会議の招待状が発送された」ならば、内閣官房職員の一人は「情報収集係」として出席すべしという命令を出していた。[39]外務省ドイツ局は会議の知らせを、熱狂的な賛意をもって受け取った。この部局の担当者はすぐに、「計画されているヨーロッパにおけるユダヤ人問題の最終解決に関する外務省の要望と意見」という表題の覚書を書いた。この覚書には、どの国を最初に「ユダヤ人のいない」[40]ようにするかという、一種の移送の優先順位が書かれていた。

会議はもともと一九四一年十二月九日に予定されていたが、直前になって延期され、結局一九四二年一月二十日正午の「昼食に引き続き」実施された。[41]会場は大ヴァンゼー湖畔五〇―五八番地にある国家保安本部の事務所であった。出席者は以下のとおりである。[42]

ハイドリヒ　SS大将　議長（国家保安本部）
マイヤー博士　大管区指導者（東部占領地域省）
ライプブラント博士　局長（東部占領地域省）
シュトゥッカート　次官（内務省）
ノイマン　次官（四カ年計画庁）
フライスラー博士　次官（法務省）
ビューラー博士　次官（総督府）
ルター博士　次官補（外務省）
クロプファー　SS准将（党官房）
クリツィンガー　局長（内閣官房）
ホーフマン　SS大将（人種・植民本部）
ミュラー　SS中将（国家保安本部第四局）
アイヒマン　SS中佐（国家保安本部第四局B―四課）
シェーンガルト　SS准将（総督府の保安警察・保安部司令官）
ランゲ博士　SS少佐（ラトヴィアの保安警察・保安部指揮官―オストラントの保安警察・保安司令官の代理として）

ハイドリヒは会議の冒頭に、自分はヨーロッパにおける「ユダヤ人問題の最終解決」の全権であり、自分の役所は、地理上の境界線に関係なく、「最終解決」の中心的指令の責任を持っている、と述べた。それから彼は、移住政策を振り返って、国外に移住したユダヤ人の数を挙げた。続けていわく、総統は、国外移住に代わって、一歩進んだ「解決策」として、ユダヤ人を東方へと移動させることを「許可」した。それから、この国家保安本部長官は、移動させるべきユダヤ人共同体を書いたリストを示した（このリストの中にはイギリスのユダヤ人さえ含まれていた）。

ハイドリヒは次に、移動させられたユダヤ人に何が起こることになるかを説明した。彼らは大きな労働部隊に組織される。労働するうちに、大多数の者は間違いなく「自然的減少によって、いなくなってゆく」。この「自然淘汰」を生き延びた「残存者」は、ユダヤ人の中の頑強な核なので、「相応に取り扱わなくてはならない」。というのは、歴史を見ればわかるとおり、こういったユダヤ人こそ、ユダヤ的生活を再建することのできる危険なユダヤ人であるからだ。ハイドリヒは「相応に取り扱う」という言葉を説明しなかったが、行動部隊の報告の言葉使いから、それが殺害を意味したのを、私たちは知っている。

ハイドリヒは言葉を続けた。「最終解決」の具体的な実施は、西から東へと行う。住宅不足と「社会政策的な」理由からだけでも、帝国と保護領からの移送をまず最初に行わなくてはならない。次に彼は、個々のユダヤ人グループを差をつけて取り扱う件に触れた。老人のユダヤ人は、保護領のテレージエンシュタットの「老人ゲットー」に送られることになる。第一次大戦時にドイツ側にたって殊勲をあげたユダヤ人も、テレージエンシュタットに送られる。こうすれば、個々人のための介入が自動的に排除される、とハイドリヒは言葉を締めくくった。

次に、外務省を代表して次官補ルターが発言した。「この問題の徹底的な処置は」、若干の国、すなわちデンマークとノルウェーで、少々困難な問題を引き起こすと考えられる。したがって、この地域からの移動は延期したほうがよいだろう。一方、バルカンと西ヨーロッパでは何の問題も起こらないだろう。以上のようなことをルターは述べた。

ルターの発言に続いて、会議は、ユダヤ人混血児および混合婚のユダヤ人の扱いについて、立ち入った議論に入った。この問題はドイツのユダヤ人にのみ関わりがあるが、次官たちはこの問題の討論に会議の時間の半分を費やした。

最後に、次官のビューラーが、「最終解決」が総督府でただちに組織されるよう要請した。彼は、ポーランドでは輸送問題は大したことではなく、わずかのユダヤ人しか働いておらず、大多数の者は労働不能である、と説明した。

会議の最後ごろ、配膳係がブランデーをついでいるあいだに、参加者たちはすっかりリラックスして、「さまざまな種類の解決策」を話し合った。こういった意見の中で、次官のマイヤーとビューラーは、東部占領地域と総督府においてすぐに何らかの準備措置を開始するように要請した。

会議が終わったあとで、会議の記録が三〇部、各省庁と親衛隊主要部局に回された。(43)「最終解決」のニュースは、しだいに役所の職員たちに漏れていった。その知識は、一度に全部の職員に行き渡ったわけではない。ある人がどのくらい知っているかは、その人が絶滅作戦にどのくらい近いかということと、絶滅過程の本質をその人がどのくらい洞察できるかに依っていた。しかし、その理解が記録に残されることはめったになかった。官僚は、移送の問題を取り扱わなくてはならないときには、ユダヤ人の「移住」という言葉を使い続けた。公式の書簡では、ユダヤ人はまだ「移動」していた。彼らは、「疎開し」、「移住した」。また「国外移住し」、「いなくなった」。こういった言葉は、純真さの産物ではない。それは心理的抑圧の便利な手段だった。

最上層部では、事態を知っているという重荷が、書かれた言葉に現われている。ヒトラーや、ゲーリング、ヒムラー、ゲッベルスは絶滅過程の全体像を把握していた。彼らは、ロシアでの移動殺戮作戦の詳細を知っており、残りのヨーロッパの移送計画を理解していた。彼らにとっては、他の言葉でごまかすのは難しかった。ゲッベルスは、ルブリンの親衛隊・警察長官グロボツニクが殺戮センターを建設していることを聞き知ったとき、日記にこう書いた、「ユダヤ人の多くは生き残らないであろう。……野蛮な審判がユダヤ人に下されつつある。……総統が、新たな世界戦争を起こした彼らに与えた予言が、最も残酷な方法で、現実になり始めている(44)」。

ゲーリングは、燃えた橋や、「逃げ場のない」地点のことを語った(45)。ヒムラーもゲッベルスもこう考えた。「最終解決」は延期されてはならない、なぜなら世界史上、アドルフ・ヒトラーは一人しか現われず、戦争がドイツの指導部に、「この問題を解決する」唯一の機会を与えたからである。のちの世代は、ユダヤ人を片づける力も機会もないであろう、と(46)。

ヒトラー自身もいま一度、ドイツ国民と世界に向かって語った。一九四二年九月三十日に、彼はこう語った。

一九三九年九月一日、国会で、私は二つのことを話した。一つは、戦争を余儀なくされた今日、どんな武器も、また時の経過も、われわれをうち負かすことはない、ということだった。もう一つは、もし万一ユダヤ人が、ヨーロッパのアーリア人を処刑するために、もう一度世界戦争を企てているのならば、処刑されるのはアーリア人ではなく、ユダヤ人であろう、ということだった。……

かつて、ドイツのユダヤ人は私の予言を笑った。彼らがまだ笑っているのか、それとも笑う意志をすべてなくしたのか、私は知らない。しかし今、私は、ユダヤ人はどこでも笑いをやめるだろう、という発言を繰り返すことしかできない。そして、この予言でも、私は正しいであろう(47)。

1　移送の中心的機関

原注66-

ヒトラーの予言の実行は行政的に巨大な企てであった。まず、犠牲者を定義し、彼らの財産を押収し、彼らの行動を制限するという準備過程が、移送の行われる全地域で必要だった。ある地域でこの措置が終わるまでは、その地域は「準備完了」とは言えなかった。隔離されたユダヤ人共同体でさえも、無数の社会的・経済的関係によって近隣と結びついていた。ユダヤ人が経済において「必要不可欠」であればあるほど、非ユダヤ人との法的または家族的つながりは強かった。第一次大戦中の手柄によって得た勲章が多ければ多いほど、彼を回りの世界から引き離すことは難しかった。ドイツとポーランドの国境の外側では、複雑な要素が倍加した。ドイツが全権を行使できない所では、目的達成のために外国の機構を使わなくてはならず、作戦の影響する範囲や結果についての外国の見解と対決しなくてはならなかった。そうやってはじめて、輸送を始めることができた。最後に、ユダヤ人の出発そのものが、新たな課題を生み出した。生産の損失を埋め合わせなければならず、ユダヤ人の借金は清算されなくてはならず、さらに、移送されたユダヤ人の運命がもはや隠しとおせなくなったのちには、非ユダヤ人住民の心理的反応を鎮め、取り除かなくてはならなかった。

「最終解決」を実行する機関は、ドイツ系機関と非ドイツ系機関、軍機関と民間機関、中央機関と地方機関、というように多様な機関からなっていた。移送過程を実行するうえで中心的だったのは、二つの機関であった。一つは、国家保安本部第四局B―四課であり、比較的小さい機関である。もう一つは運輸省であり、最も大きい組織の一つであった。第四局B―四課はアドルフ・アイヒマンを長とし、ポーランド以外の全移送地域を管轄範囲とした（ポーランドでは、親衛隊・警察組織が、ゲットーの解体を取り扱っていた）。運輸省は、外郭組織や関連組織とともに、枢軸国下のヨーロッパ全域における鉄道の責任を負っていた。

アイヒマンの組織は小さなものであるが、多くの決定を行った。帝国と保護領内では、アイヒマンの管轄は、ユダヤ人の捕捉と輸送にまで拡大した。この目的のために、彼はその地のゲシュタポとユダヤ人移住中央本部を利用した。西欧からバルカン半島までの衛星国と占領地域では、彼は、ドイツ大使館または上級親衛隊・警察長官のところにユダヤ人問題担当官を派遣して、現地で移送計画を練るようにさせた。そこでは彼の支配力は帝国におけるほど強くはなかったが、このような外国ではアイヒマンの機関は、移送におけるユダヤ人の追放の局面すべて（反ユダヤ人立法の開始、犠牲者となるユダヤ人のさまざまな定義や分類、輸送の時期と実施など）に関与した。

国家保安本部のピラミッド組織の中で、アイヒマンの機関は、その下部組織を含めると次のような位置にある。[1]

国家保安本部　ハイドリヒSS大将（カルテンブルンナー）
　第四局（ゲシュタポ）　ミュラーSS中将
　　第四局B部（宗派）　ハルトゥルSS少佐（後任空席）
　　　第四局B―四課（ユダヤ人）　アイヒマンSS中佐
　　　　第四局B―四課a係（疎開）　ギュンターSS少佐
　　　　　総務　ヴェーン
　　　　　輸送　ノヴァク（代理ハルトマン、後任マルティン）
　　　　　特殊　メース（クリシャク）
　　　　第四局B―四課b係（法務）　ズーアSS少佐（後任フンシェ）
　　　　　代理　フンシェ
　　　　　財務・財産　グートヴァッサー
　　　　　外国　ボスハマー

ゲシュタポ長官のミュラーSS中将とアイヒマンのあいだには、直通電話が引かれていた。アイヒマンが戦後回想したところによると、ミュラーは「スフィンクス」「なぞの人物」であった[2]。犯罪学を修めたミュラーは、官僚的に行動し、あらゆることを書面に書き留め、数多くの部下と頻繁に会議を行った。自分に決定権を留保しておくことも行った。アイヒマンが移送の準備を行う一方で、ミュラーだけが「赤鉛筆を取って……一番上に〈ユダヤ人五〇〇〇人〉と書く」ことができた[3]。しかしながら、階級や地位が異なっているにもかかわらず、この二人の関係は明らかに密接であった。毎木曜日の夜、ミュラーは部下の担当官の幾人かを自分の住まいに招き、コニャックを注ぎながら、仕事の話をし、客の個人的な事柄にも触れた。チェスも行い、ミュラーはよくアイヒマンの相手をし、いつもミュラーが勝った。

アイヒマンは保安部とウィーンのユダヤ人移住中央本部を経て第四局にやってきた人物である。一九四一年に彼は三五歳であった[4]。エルサレムにおける戦後のアイヒマン裁判では、彼は酒のみで、ときどきユダヤ人のことを口汚くののしるが、ラビに金を払ってヘブライ語の勉強をするような人物であることが示された[5]。部下とは、友好的な関係を保っていた。部下とチェスを楽しみ、第四局B―四課のメンバーで音楽演奏も行った。アイヒマンの楽器は第二バイオリンであった[6]。

第四局B―四課a係では、禁欲的なギュンターSS少佐と彼の助手のノヴァークSS大尉が、最も重要な輸送の問題を扱っていた。移送の列車を手配したのは彼らである。輸送の確保は、出発地点と到着場所を指定するギュンターの手腕にかかっていた。出発がユダヤ人の追放過程における頂点にあたるとすれば、目的地は第一に行政的な準備の事柄であった。にもかかわらず、特定の列車から客をおろすためのゲットーや収容所の選定は、政策的考慮を伴うものであっただろうし、とくに最初は、そのような質問がヒムラー自身に向けられたかもしれない。「最終解決」が進行するようになると、路線の決定は、次第に後方補給的性格を持つようになり、個々の収容所への距離とその収容所の収容人数で事が決まるようになった[7]。いったん、出発地点と目的地の書いてある時刻表を運輸省から手に入れると、第四局B―四課a係はその情報を、ユダヤ人犠牲者を捕まえるために適当な警察署に知らせ、ユダヤ人を受け入れるために予定されている収容所に知らせることができた。移送される人数は、それからギュンターの机の後ろに据え付けられた図に書き込まれた。

輸送はドイツ帝国鉄道が実施した[8]。犠牲者を出したこの巨大な運輸組織は、一九四二年にほぼ五〇万人の公務員と九〇万人の労働者を雇用しており[9]、第三帝国で最大の組織の一つであった。帝国鉄道は運輸省の一部であったが、運輸省は道路や運河も扱っていて、老人のドルプミュラーが一九三七年から終戦まで組織の頂点に立っていた。帝国鉄道を担当する次官は、当初クラインマンであったが、のちに一九四二年五月二十三日から、ナチズムを確信している三七歳の有能なテクノクラートであるガンツェンミュラーに代わった[10]。帝国鉄道は、他の機関から孤立した閉鎖的な構造をもっており、外見上は「非政治的」であった。それはちょうど、保安警察がナチズムの明らかな権化であるのと同様であった。しかし、物資の移動のためにシュペーアの軍需省が頼りにするのも、部隊の輸送のために国防軍が頼りにするのも、ユダヤ人の移送のために国家保安本部が頼りにするのも、鉄道であった。これらすべての行動で、帝国鉄道は必要不可欠なものであった。

帝国鉄道の中心機構は、いくつかの部局に分かれていた。交通局は優先順位と料金を設定し、運行局は列車の編成と時間割を担当し、グループL（国防）は、部隊や弾薬を運ぶ列車の派遣の仕事で、陸軍総司令部の輸送局（ゲルケ大将）と一緒に行動していた[11]。

帝国鉄道　ガンツェンミュラー
　E―一局　交通と料金　トライベ　（一九四二年からシェルプ）
　（第一五課～第一七課　旅客輸送）
　第一七課　国際旅客輸送　ラウ
　E―二局　運行　ライプブラント（一九四二年からディリ）
　第二一課　旅客列車　シュネル
　　第二一課一係　特別列車　シュタンゲ
　L局（国防軍）　エーベリング

地方組織から見ると鉄道は、三地方の経営本部、その下の地域を管轄する複数の鉄道管理部、そして多数の地元の鉄道駅から成り立っていた。三つの経営本部のうち、東部経営本部が支配的力を持っていた[12]。ここから交通の流れが東部戦線や絶滅収容所に向けられた。

東部経営本部（ベルリン）　エルンスト・エムリヒ
　第一局　運行　エッガート（後任マンゴルト）
　　L課　ベーベンロート

P課（旅客列車時刻表）　フレーリヒ
PW課（旅客車両）　ヤコービ
第二局　輸送　ジーモン（後任ハルトマン）
第三局　車両本部（貨物車両）　シュルツ
西部経営本部（エッセン）　ザルター
南部経営本部（ミュンヘン）　ヴィルヘルム・エムリヒ

各鉄道管理部は運行局と車両事務所を持っていた。各運行局の中には、旅客列車を扱う「第三三課」があった。

ユダヤ人は貨車で運ばれたが、帝国鉄道の財務担当官によって、旅客として記帳された。原則的には、どんな旅行者グループも料金を払って乗車した。三等の基本料金は、一運行キロメートルにつき四ペニヒであった。一〇歳未満の児童は半額料金、四歳未満の幼児は無料であった。[13] 団体料金（三等料金の半額）は、四〇〇人以上を運べば利用できた。[14] ユダヤ人の死の列車の場合、請求書の宛先は、輸送を申請する機関であった。[15] 移送される者には片道料金、その機関は国家保安本部であった。[16] 監視員には往復料金が払われた。車両の予約は、ときどき公的旅行社の中欧旅行社によって行われ、[17] 支払いが遅れることもままあった。

移送される人は旅行者であるという原則は、この作戦でも適用された。つまり、死の輸送隊の編成と時刻表作りには、貨車の専門家よりも旅客担当官があたったのである。帝国からの移送の場合、事務手続きの流れは以下のようであった。まず国家保安本隊第四局B—四課a係（ノヴァーク）から運輸省の第二一課と第二二課一係へ、そして東部経営本部のP課とPW課（ライン河畔のデュッセルドルフ市からの輸送ならば、西部経営本部によっても手続きが行われた）を通じて、ルートに沿ったあらゆる鉄道管理部の第三三課へと、事務手続きが行われた。

旅客輸送という概念は、帝国外でも使われた。しかし、支払いは外貨で行われ、車両の予約はもっと複雑になりがちであった。列車を実際に派遣するのは、巨大な鉄道組織であった。この中には、帝国鉄道の管理下にある鉄道や、衛星国の独立した鉄道や、軍政地域（表8―1）での軍の輸送局長（ゲルケ）の監督下にある鉄道網が含まれていた。ポーランドやフランスのようにドイツの鉄道局が設立された所では、その組織構造は、ユダヤ人用の列車の時刻表作りの第三三課にいたるまで、ドイツ帝国のモデルに沿ったものとなった。旧来の権限の維持と、通常業務として事柄を決定してゆく傾向は、抱き合わせになっていた。こうして、輸送計画の日常的処理の中で、ユダヤ人の移送は、動く在庫品を利用者の使用に供し、あいている線路を割り振るという通常の手続きの中に組み込まれていった。

帝国領域（オーストリア、旧ポーランドの帝国編入地域、ビアウィストクを含むが、保護領と総督府を含まない）には、およそ八五万台の貨車があり、そのうち約一三万台が毎日運搬に使われていた。[18] 車両保有総数の約六〇パーセントは特定使用のもの（石炭と鉱石のための無蓋車）で、[19] 残りの大半は軍用か食料輸送用であった。[20] 戦争の必要性から、貨車の割当てすべてが

表 8－1　帝国外における鉄道組織

帝国鉄道管理下
総督府
東部鉄道管理本部：クラカウ
ドイツの管理機構．帝国運輸省の下に所属．
占領下ソ連
東部輸送管理本部：ワルシャワ
ドイツの管理機構．帝国運輸省の下に所属（最初は，東部経営局として，国防軍輸送局長官の下に所属）
フランス
輸送管理本部：パリ
フランスの鉄道の上のドイツの監督機関（最初は，国防軍輸送局長官下の国防軍輸送管理部に所属）
ベルギー
輸送管理本部：ブリュッセル
ベルギーの鉄道の上のドイツの監督機関（最初は，国防軍輸送局長官下の国防軍輸送管理部に所属）
オランダ
オランダ担当帝国鉄道全権：ユトレヒト
デンマーク
デンマーク担当帝国鉄道全権：オーフス
「独立した」鉄道
保護領
帝国鉄道全権：プラハ
保護領長官の運輸局と協力し，残部チェコ運輸省内で（仲介と指令を行う）
スロヴァキア
帝国鉄道全権：ブラチスラヴァ
スロヴァキア運輸省内で（仲介と指令を行う）
枢軸衛星国：ハンガリー，ルーマニア，ブルガリア
帝国鉄道総代理部（仲介用）：各首都
国防軍輸送局長官の監督下
ノルウェー
ノルウェー鉄道担当輸送司令官
クロアチア，セルビア，ギリシャ
南東部国防軍輸送管理部：ベオグラード
各国の鉄道の上にあるドイツの管理機構
イタリア
国防軍輸送管理部：ヴェローナ
1943年のイタリアの崩壊後，イタリアの鉄道を管理するために設置

［注］ 基礎資料としたのは，Kreidler, *Eisenbahnen*, pp. 324-325. 以下も参照，Werner Haustein, "Das Werden der Großdeutschen Reichsbahn im Rahmen des Großdeutschen Reiches," *Die Reichsbahn*, 1942, pp. 76-78, 114-125.

重要となり、ある点では積荷の方はなおざりにされた。この問題は、帝国鉄道網の外でも、枢軸国支配下のヨーロッパ全土に存在した。たとえば、総督府ではゲットーから絶滅収容所までの距離は比較的短かったが、東部鉄道が要求を処理できる能力は、本国の帝国鉄道の能力よりも低かったし、移送予定者数は、東部鉄道の交通量との割合で見ると、帝国よりもずっと多かった。実際、あらゆる利用可能な機関車や車両が、軍や産業界の要求によって先取りされるとか、民間輸送全体が、数週間も鉄道線路が満杯なために、制限されたりカットされたりする事態が生じていた[21]。このような緊急事態の時には、ユダヤ人をできるだけ早い時点で乗車させるために、特別の努力が必要となった。たしかに、ある場合には不可能なことが行われ、ユダヤ人の移動を速くするために、「軍用列車」としてユダヤ人の輸送列車が差し向けられた[22]。

一般的に、決定事項はアイヒマンの事務所にあるノヴァークSS大尉の執務室から発せられた。ノヴァークは要求事項を、第二一課（シュネル）と第二一課一係（シュタンゲ）に伝えた。第二一課一係の長シュタンゲは、六〇歳ぐらいの男で、運輸省におけるユダヤ人問題担当の実際上の主任であった。彼は促進役かつ監視役の役割を果たした。執務室に閉じ込もり、怒りっぽい気質から、よく電話に向かって大声で話していた。単なる係長であるが、彼はこの地位を二〇年以上保持しており、仕事上の郵便物にも直接彼の名が書かれていた[23]。ノヴァーク＝シュタンゲのコンビによって、たとえば、衛星国と帝国鉄道とのあいだとか、帝国鉄道の中の二、三の管理部のあいだとか、地域の管轄が交錯するヨーロッパ全域の輸送が決定されていった。総督府内では、この地区に常駐している保安警察官吏が東部鉄道と直接に交渉することができた[24]。

運輸省内で準備が終わると、E―二局から当該の経営本部に、次の行動をとるよう指令が送られた。車両割当ての責任を担う東部経営本部は、どんな場合も関わりあっていた。ユダヤ人の輸送は「特別列車」と銘打たれた。いつも時刻表に従って運行する通常の旅客列車と異なり、特別列車は特別の命令を必要とした。特別列車には単純な記号が付いていた。Ｄａというのは、ポーランド以外の土地から来ているユダヤ人移送列車の記号であり、ＰｋｒないしＰｊは総督府で集められたユダヤ人用の特別列車の記号であった。東部経営本部には、ユダヤ人や強制労働者ならびに児童などを取り扱う「特別列車グループ」があった。このグループの二人の指導的人物は、車両割当てを担当する帝国鉄道主任監督のフェーンリヒ（ＰＷ課でヤコービの下にいた）と、時刻表を担当する帝国鉄道主任監督のブルーノ・クレムであった。特別列車グループは、Ｄａ輸送を含む二五列車ないし五〇列車のことを議論するために、定期的にフランクフルト・アム・マインやバンベルク、ベルリンで会合した。その後、東部経営本部のＰＷ課（ヤコービ）が、各輸送の出発日と到着日ならびに空車の回送あるいは派遣を決定した周遊計画表を発行した[25]。車両は可能な限り、出発地点を管轄する鉄道管理部が自己の在庫の中から調達したが[26]、差し迫った場合には、東部経営本部が、各鉄道管理部のあいだで保有車両を移動させることができた[27]。

鉄道管理部や鉄道管理本部などのレベルでの次の措置は、列車の運行計画と集結である。各鉄道管理部は、基本的な運行計画、いわゆる「予約運行計画」に従って列車を動かしていた。この予約運行計画は二つの部分から成り立っており、一つは時刻が確定している通常の旅客列車用の「通常運行計画」で、もう一つは、必要なときにだけ派遣される列車用の「注文運行計画」であった。後者は、貨車と不定期の旅客列車すべて[28]（ここにはユダヤ人の特別列車も含まれた）から成り立っていた。隣接しあう鉄道管理部の注文運行計画をまとめた「直通運行計画」を使って、支障のない運行が確保された[29]。ユダヤ人を運ぶ特別列車は、注文運行計画に載せられたが、あらゆる時間の隙間が使われている場合には、第三三課は空いた線路を使い列車のあいだをぬって輸送する「特別運行計画」を作成することもできた[30]。アイヒマンが指摘したように、時刻表作成は「それ自体、科学」であった[31]。個々の計画の決定は、最終的に、出発と通過の正確な時刻だけでなく、機関車と車両を提供する駅も特定した「運行計画命令」にまとめられた[32]。戦時のため、運行計画命令はしばしば変更された。支障と渋滞を処理するために、電話と電報が必要だった。結局、ユダヤ人は死へと運ばれてゆき、車両は周遊して戻って行った。任務が達成されつつあった。

2　帝国と保護領

移送は、ドイツ帝国から始まった。ドイツに下された決定は、占領地域のモデルとなり、衛星国の先例となった。ドイツにおけるユダヤ人に対する措置は、他のどこよりもずっと長い時間をかけて実行されたし、ドイツの絶滅機構は、ヨーロッパのどの地域よりも大規模で砥ぎすまされていた。他方、帝国と保護領には特別の問題があり、ドイツのユダヤ人を追放するには、特別な考慮が必要となった。

追放過程

原注67-

ユダヤ人をドイツ帝国から占領下のフランスやポーランドという隣接地域に移動させた初期の行動には、性急さが見て取れる。ベルリン、ウィーン、ハンブルク、ミュンヘンから、できるだけ早く残留ユダヤ人を、少なくとも彼らの大部分をとり除こうとしたからであった。しかしまもなく、ハイドリヒの国家保安本部は、さまざまな機関の管轄を侵害することになった。数多くの移送予定者が、異論の多いカテゴリーに属していたので、彼らを移送リストに含むと、悶着や弊害をひきおこすことになったからである。このような人びとの中には、混血児、混合婚のユダヤ人、有名人、老人、退役軍人、外国籍のユダヤ人、軍需産業のユダヤ人が含まれていた。もう一つのカテゴリーは、監督権の問題を投げかけ、特別の調整を必要とした。つまり、精神病院、強制収容所、刑務所のユダヤ人の問題である。簡単に言えば、国家保安本部は、帝国と保護領のユダヤ人を移送する前に、多くの機関とトップレベルの交渉をしなくてはならなかった。

　交渉を短くするために、ハイドリヒは一九四二年一月二十日に開かれた「最終解決」の会議に、あらゆる関係官庁を招いた。彼は問題をすべて一度に処理したいと希望したが、それは不可能だった。会議では、議論の余地のあるカテゴリーのうちたった一つの問題を取り上げただけであった。それは、帝国と保護領にいる、一二万五〇〇〇人の混血児と、二万八〇〇〇人の混合婚のユダヤ人のことであった。[1]

第一の特殊問題——「混血児」と混合婚のユダヤ人　原注68-

混血児はドイツ官僚にとって絶えず問題児であった。シュトゥッカート次官とレーゼナー参事官の独自の発明品である混血児は、ユダヤ教に属さずユダヤ人と結婚していない二分の一ユダヤ人（いわゆる第一級混血児）すべてと、四分の一ユダヤ人（第二級混血児）すべてを含んでいた。混血児は、黒でも白でもなく、ユダヤ人でもドイツ人でもなかった。

　混血児に対する差別は比較的軽度であった。彼らは非アーリア人として、原則にしたがって公務員になることが禁止され、「それに準じて」法律の職につくことも禁止された。編集者になることもできず、帝国文化院から排除された。世襲農場法の下で、混血児は農場を相続することができなかった。彼らは党や親衛隊、突撃隊、ヒトラーユーゲント幹部、あらゆる他の党機構に加入することができなかった。軍隊の中では、彼らは下士官や将校に昇進できなかった。第一級混血児は、ドイツ人の子どもの保護者になれなかった（あるいは、この件に関しては、第二級混血児の保護者にもなれなかった）。税の優遇措置は、混血児の両親には拡大されなかった。

　しかし、他の事柄では、混血児はドイツ人のように扱われた。彼らは、星印をつける必要はなかったし、職業活動を制限されず、ナチ国民福祉団やドイツ労働戦線のような非政治的な党組織に加入することさえ許された。[2]さらに、「解放」手続きによって、多くの混血児は公務員に留まることや将校になることができた。

　一九三九年、旧帝国領土・オーストリア・ズデーテン地域には、第一級混血児が六万四〇〇〇人、第二級混血児が四万三〇〇〇人いた。[3]公務員は第二級混血児がドイツ人共同体に完全に吸収されるように努力した。第二級混血児とドイツ人の結婚は特別な許可を必要としなかった。ユダヤ人との結婚は厳しく禁止された。他方、第一級混血児はいろいろな問題を提起した。そして一九四一年末ごろには、党の中ではこの混血児をユダヤ人と同一視し始めていた。「最終解決」は目前に迫っていた。混血児問題が「解決」されなければ、実際にはどんな解決策も「最終的」ではありえなかった。

一九四一年十月十三日に、内閣官房長官ラマースと、党の人種政策局長グロースが、混血児について会談したが、これは、移送段階の時期にこの件で行われた最初の主な会談であった。ラマースは、混血児が将来誕生しないように、第一級混血児の全員を断種する案を支持するとはっきり述べた。(4) さらに、第二級混血児同士の結婚を防止するため、厳しいコントロールを行うべきだと、ラマースは提案した。(5) 彼の議論は、第二級混血児はドイツ人とのみ結婚が許されるべきだ、ユダヤ的性格はメンデルの法則によって完全に消えてしまうだろうから、というものであった。グロースは、この提案を考え、対案を出した。なぜ反対のことをしないのか、ドイツ人住民の中にユダヤの特徴を拡散させる代わりに、第二級混血児を他の第二級混血児とのみ結婚させることを、なぜ許可しないのか。こういう結婚からは、ときどきユダヤ的性格が集積した人間が出るだろう。こういう人間は、「何らかの処刑形態に任せることができるではないか」と彼は言った。(6)

この「科学的」議論の意味内容が今や前面に出てきた。混血児問題は終わりのない事柄だった。党は、混血児を「最終解決」に任せたいと思った。官僚は混血児を殺したいとは思わなかったが、省庁の代表者には、混血児が途絶えるような妥協的措置を提案する用意があった。(7)

一月二十日の会議で、混血児問題が再び取り上げられた。「混合婚と混血児問題の解決」という議題で、会議は、次のような提案を検討した。

まず、第一級混血児はユダヤ人と同等視される。その例外は、以下のとおりである。

一、第一級混血児で、ドイツ人と結婚し、第二級混血児と分類される子供を持つ者。

二、第一級混血児で、ドイツ人に対する功績から、解放措置を許された者。しかし、解放措置は、混血児自身の功績のためであって、混血児の親や配偶者の功績のために認められたのではないという点を明確にするために、すべて見直さなければならない。

第二級混血児は、ドイツ人として扱われるが、第二級混血児で「ドイツ人と結婚していない者」は、以下の場合ユダヤ人として扱われる。

一、第二級混血児が「雑種婚」、すなわち混血児同士の結婚の子孫である場合。(8) または、

二、第二級混血児が「外見からしてすでにわかるような人種的に不利な発現形態を示している」場合。または、

三、第二級混血児がユダヤ人のように「行動し」「感じている」、と警察や政治局の否定的な報告から認められる場合。

この新しい分類の持つ思い切った意味内容を目のあたりにして、会議の参加者たちは、移送の候補者である混血児が、もし断種処置を受けるならば、帝国に留まる機会が与えられるべき

であるという可能性を検討した。人種・植民本部の長官、ホーフマンSS中将は、断種を大規模に行う準備をするように提案した。「というのは、混血児は、疎開か断種かの選択を迫られたら、断種の方を選ぶだろうから」というのであった。

それから、内務省次官のシュトゥッカートが発言し、提案された「解決案」は行政上あまりにも複雑すぎる、と言った。彼は、混血児問題全体にとってもっとずっと簡単な解決案を提起した。それは、「生物学的事実」を考慮したもので、強制断種であった。(9)

ここでこの問題の焦点が絞られたが、解決にはほど遠かった。一九四二年三月六日、混血児と混合婚の問題を論議する目的で、「最終解決」についての二回目の会議が招集された。今度の議長はアイヒマンであった。それに応じて、参加者は前より低いランクの人たちであった。したがって、政策決定をするのは簡単ではなかった。東部占領地域省の代表は、ユダヤ人問題の専門家、裁判所判事ヴェッツェル博士であり、内務省は参事官フエルトシャー博士を派遣した。四カ年計画庁は裁判所判事リーゲナーと弁護士のペーグラーを送った。法務省の代表は、上級地方裁判所判事マースフェラーで、総督府の代表はカマール博士、外務省の代表は、マダガスカル計画の発案者、公使館参事官ラーデマッハーであった。党官房は、上級参事官のライシャウアーとアンカーが代表し、内閣官房は、上級参事官ボーライ、親衛隊の人種・植民本部はSS大尉のプロイシュとSS中尉のグローマン博士が代表した。

前回の「最終解決」問題には出席しなかったもう一つの機関が、この会議に代表を送った。それは宣伝省である。ゲッベルスは、一月二十日の会議の議事録を受け取っており、すぐにこの会議で挙げられた「数多くの非常に微妙な問題」に興味をかき立てられた。(10)「微妙」な事柄には、宣伝省が当然管轄権を持っていた。したがって、宣伝省から二人の専門家、上級参事官のカールステンセンとシュミート＝ブルクが、この第二回会議に派遣された。

出席者は、すぐにシュトゥッカートによる強制断種の提案を論議した。だれもが、「生物学的解決」であれば、混血児全員の断種が必要となることに同意した。しかし、どうしたらそのような措置が命令できるだろうか。公表するわけにはいかない。一人が、特定の役所に「混血児の生活条件の規制」を委任することを提案した。この提案は拒否された。それから、別の一人が、七万人の第一級混血児の断種は、入院七〇万日に匹敵する医療を伴うことを指摘した。さらに、断種ののちも、混血児は混血児であり、混血児に対する行政上の制限はなに一つ解除されない、ということが指摘された。スポーツにおける混血児、経済における混血児、各種組織の会員としての混血児、国防軍の中の混血児、弁護士としての混血児、保護者としての混血児、等々の問題は存在し続けるのである。

したがって、もし万一、総統が政治的理由で混血児の断種を命じたとしても、彼らはドイツ人民族共同体からなんらかの方法で排除されなくてはならない、という点で意見が一致した。

シュトゥッカート次官が混血児の国外への移送に反対したので、混血児を国境近くのなんらかのゲットーに集める必要があるかもしれなかった。党官房の代表者は、一月二十日の会議で提案された基準にしたがって混血児を選別するのが、最も簡単であり、この「第三の人種」の消滅が確保される「唯一」の解決策であるという見解を繰り返した。選別ののちにドイツ帝国に残る少数の混血児は、いつでも断種することができるし、その断種ののちには、彼らはあらゆる制限を解除され、平和に人生をおくることができる、というのである。

この「解決方法」は出席者の共感を呼んだので、この案を決定してもらうべく上層部に提出することが決定された。しかし、この案ではシュトゥッカート次官を侮辱する結果となるので、会議参加者は強制断種の提案も提出することを決定した。[11] 要するに、問題は解決に近づいたわけではなかった。この件は、会議で十分に検討される代わりに、書簡のやり取りの中でずっととりあげられることになった。一九四二年三月十六日に、シュトゥッカート次官は、ハイドリヒやホーフマンや他の次官たちに、長い手紙を書いた。シュトゥッカートは手紙の冒頭で、この問題を考える際に「ドイツ民族の利害こそが、適用される唯一の基準でなくてはならない」ことは強調する必要もないであろうと述べた。

シュトゥッカートは、それから、混血児の移送は、奇妙なことに簡単な解決策だと思われているが、これにはドイツ民族の利害とまるで調和しない致命的な欠点がある、と指摘し、以下のように話を進めた。まず第一に、部分的ユダヤ人の選別はすでになされていることを、思いだしてほしい。ニュルンベルク法の定義で、宗教や結婚によってユダヤ主義に傾倒している二分の一ユダヤ人は、すでにユダヤ人の方に入れられている。その他の二分の一ユダヤ人、つまり第一級混血児は事実上ドイツ民族共同体に統合されている。彼らは労働し、戦っている。彼らのうちの多くは、総統によって「解放」措置を受け、ドイツ人の地位を与えられている。さらに、ニュルンベルク法の規定ではユダヤ人と分類される者で、第一級混血児の地位まで引き上げられている人も多い。もし、こういった人びとが今、一般的規定によってユダヤ人と分類しなおされるならば、総統決定の権威と矛盾する。しかし、「解放」措置を受けたユダヤ人に触れないということが可能ならば、真の第一級混血児、つまり最初から比較的有利な地位を得ていた二分の一ユダヤ人を移送することは、ナンセンスで非論理的である。

次に、シュトゥッカートは、どの混血児にもドイツ人の親戚がたくさんいることを指摘した。したがって、銃後における心理的、政治的影響は、計り知れないものがある。これらすべての反対が無視されたとしても、決定的な論拠がある、と彼は続けた。「二分の一ユダヤ人を移送することは、彼らの血の半分を占めるドイツの血の放棄を意味する」と彼は言った。これらすべてのことを考慮すると、二分の一ユダヤ人を、ドイツ帝国で自然のプロセスの中で死に絶えさせる方が好ましい。こうすると、三、四十年待たなければならないが、この「後退」を受け入れる覚悟は自分にはある、とシュトゥッカートは書いた。断種に代わる方法は、「膨大な量の免除申請書や……多大な輸送上の困難や……二分の一ユダヤ人を仕事から引き離すという厄介等々を引き起こすことになる」。[12]

シュトゥッカートの手紙に続いてすぐ、法務大臣代理のシュレーゲルベルガー次官が、自ら手紙を書いた。彼は、第二級混血児は、例外も制限もなく、ドイツ人と同等扱いされるべきだと提案した。第一級混血児については彼は断種を支持したが、すでに年をとり子供のできない混血児は断種する必要がない、と指摘し、彼らを移送する必要もない、そういった処置が、なにかの役に立つわけでもないから、と述べた。さらに次のように述べた。ドイツ人と結婚して、第二級混血児と分類される子供のいる第一級混血児も、そのままにしておくべきである。四分の三ドイツ人である子孫は、ドイツ民族共同体の対等なメンバーとして受け入れられるべきなのだから――「そして、もしユダヤ人問題の解決が本当に最終的であることが意味されているならば、これを目標とすべきである」――、彼らに、自分の親の一人が「民族共同体の保護のための措置」にさらされるということを知らせて、苦しめることはできない。彼はそう述べた。[13]

シュレーゲルベルガーの手紙は、現状維持を暗示する最初の手紙だった。党と省庁の事務所に次々に論拠が積み重ねられていくにつれて、しだいに移送も断種も不可能になっていった。実際、この件は一九四二年九月までそのままにしておかれた。

そのとき、国家保安本部が第一級混血児の移送を準備しているという噂が、内務省で広まり始めたのである。

このとき、レーゼナー参事官は、自分の規定した混血児を救うために手紙を書いた。書いているとき、彼はほとんど絶望していた。レーゼナーは、二七の反ユダヤ的法令を起草した（あるいは起草に協力した）人物である。[14]そのなかで、ユダヤ人を定義した法令ほど、彼が誇りに思っている法令は、おそらくなかったであろう。定義に関する東部占領地域省の実りのなかった会議で、彼は「統一性を保つために」、東部でニュルンベルク法の原則を採用することを迫ったが、無駄であった。[15]今や、ドイツ帝国と保護領の混血児全員に、移送の危険が迫っていた。

レーゼナーは、一九四二年九月十日ごろに手紙を書いてヒムラーに送り、シュトゥッカートが列挙したすべての論拠を繰返した。彼は、ヒトラーが三四〇人のユダヤ人に第一級混血児の地位を認めたことや、多くの混血児がすでにドイツ人になっていること、さらに二六〇人の者がドイツ人の地位を約束されていることを指摘した。レーゼナーは、断種は戦争中には実施不可能だと認めた。結局のところ、「過去二〇〇年間に犯した過失や罪を、一日で修正することはできない」。しかし戦後になれば断種は簡単に実施できる、とレーゼナーはヒムラーを慰めた。この前の国勢調査による七万二〇〇〇人の混血児は、法的にいうとユダヤ人になる二分の一ユダヤ人も含んでいるので、第一級混血児の本当の数は、六万四〇〇〇人だけである。また、数多くの本当の混血児は、すでに子どもを産める年齢を過ぎているので、断種の数は三万九〇〇〇を超えることはない。第一級混血児は忠誠心のある人びとであり、彼らはともかく厳しく制限を受けているのだと、レーゼナーは再び強調した。彼は手紙の最後に、このことについてはすべて、ヒトラーの決定を仰がなくてはならないと主張した。(16)

一九四二年十月二十七日、「最終解決」の第三回会議が招集された。今回の参加者は以下のとおりである。

アイヒマン　SS中佐　議長（国家保安本部第四局B―四課）
ギュンター　SS少佐（国家保安本部第四局B―四課）
フンシェ　参事官（国家保安本部第四局B―四課）
ビルフィンガー博士　SS中佐　上級参事官（国家保安本部第二局A部）
ナイファイント　SS少佐　参事官（国家保安本部第二局A―二課）
ゲンゲンバッハ博士　SS少佐（国家保安本部第三局A部）
ヴェッツェル博士　裁判所判事（東部占領地域省）
フェルトシャー博士　参事官（内務省）
リーゲナー　裁判所判事（四カ年計画庁）
マースフェラー　上級地方裁判所判事（法務省）
ヴァイラウフ　地方上級行政官（総督府）
クリンゲンフス博士　公使館参事官（外務省）
カープ　局長（党官房）
ラウディース　参事官（党官房）
ボーライ博士　上級参事官（内閣官房）
プロイシュ　SS大尉（人種・植民本部）
ハルダース　SS中尉（人種・植民本部）
シュミート＝ブルク　上級参事官（宣伝省）
レンジュナー　領域主任（人種政策局）
シュティーア博士　SS中佐（参謀本部）

会議の初めに、「断種の分野で得られた新しい知識により」、生殖可能な第一級混血児は戦争中に断種できるということが、出席者に説明された。出席者は、断種計画を「これ以上騒ぐことなく」実行することに同意した。断種は厳密に自由意志にもとづくもの、つまり、「帝国の領域に留まることが寛容に許可されるように」、当該の人物からなされる行為とされた。断種した混血児は人生を平穏に全うすることができ、実際に混血児に対して行われているわずかな制限を受けるだけとされた。第二級混血児は、例外なくドイツ人として扱われるが、彼らも混血児の制限を受け続けることとされた。(17)

振子はいまや反対側に振れた。しかし、断種の分野での「新しい知識」という報告は、完全な偽りであった。断種の実験は親衛隊・警察の責任のもとに、アウシュヴィッツの殺戮センターでユダヤ人に対して行われていて、実験者はときどき、大規模な断種の技術がほとんど「完成」しているという趣旨の報告を送っていた。実際には、医師たちはけっして成功していなかった。彼らが失敗したので、議論や論争にもかかわらず、混血児は結局移送もされず、断種もされなかった。[18]

たしかに、混血児に対する制限は少し強化された。たとえば、一九四二年の秋に教育省は、混血児の入学許可についての精巧な規則を出した。[19] 一九四四年九月になお、ヒトラーは、官吏として働く第一級混血児には、もはや職務にもとづいたメダルや賞状を授与しないと決定した。[20] さらに、もし何か不適切なことを行ったり言った場合、混血児はまったく弱い立場であるために苦しんだ。第一級混血児は、異常に熱心な党の事務所が、自分のことを「完全ユダヤ人のように」振舞っていると報告しないように、注意しなくてはならなかった。このような非難をされれば命の保障がなかった。[21] 最後に、一九四四年から四五年の冬には、第一級混血児は強制労働を課された。[22]

混血児論争は、「最終解決」を本当に最終的なものにすると いう官僚機構の非常な熱意を、はっきりと示している。混血児が支障になることはそれほどなかったのに、彼らが存在するという事実そのものが、目障りなのだった。混血児は任務未完了の生きた証であった。というのは、彼らは「ユダヤの血」とドイツ民族共同体の中のユダヤ的性格の担い手であったからだ。このういう形のドイツ民族への浸透は、ドイツの官僚が処理できない問題だった。そこで混血児は生き延びたのである。

混血児問題と密接に関連して、混合婚のユダヤ人の問題があった。このユダヤ人の運命は、第一級混血児の運命と結びつけられた。というのは、混合婚のユダヤ人のほとんどは、この種の混血児の親だったからである。強制収容過程のとき、ゲーリングが、以下のような混合婚のユダヤ人には特権がある、と規定した指令を出したことを、思い出してほしい。

一、ドイツ人の妻を持つユダヤ人の夫で、この夫婦が第一級混血児と分類される一人以上の子どもを持つ場合

二、ドイツ人の夫を持つユダヤ人の妻で、子どもが第一級混血児と分類される場合か、または夫婦のあいだに子どもがいない場合

しかしながら、一九四一年九月一日の星の標識命令の中でも、特権のある混合婚の概念は拡大されて、第二級混血児と結婚したユダヤ人も含んだ。さらに、離婚や死亡によって、婚姻が終了したユダヤ人にも、彼らが混血児の親であれば、特権が拡大された。そして、この特権は、混血のひとり子が戦闘で亡くなった場合でも認められた。[23] 移送の時には、特権的地位を享受したのは、以下のような人であった。

一、婚姻が継続しているかどうかに関わりなく、また混血の一人息子が戦闘で亡くなった場合でも、混血の子どものユダヤ人の親

二、混合婚をしている、子どものいないユダヤ人の妻で、婚姻の継続期間中

特権のない人は、以下のとおりである。

一、二分の一ユダヤ人の子どもがユダヤ人と分類されているユダヤ人の親

二、混合婚をしている、子どものいないユダヤ人の夫（彼の混血のひとり子が戦闘で亡くなっている場合を除いて）

統計的にはこのような全体像になる。(24)

混合婚総数　（一九四二年十二月三十一日）

旧ドイツ帝国	一万六七六〇
オーストリア	四八〇三
保護領	六二一一
計	二万七七七四

混合婚総数　（一九四三年四月一日、旧ドイツ帝国領のみ）

特権のあるもの	一万二一一七
特権のないもの	四五五一
計	一万六六六八

簡単にいうと、混合婚のユダヤ人を、反ユダヤ措置の適用からしだいに免除する傾向があったということである。ハイドリヒはこの傾向に逆らおうとしたが、トップレベルの決定がないので事態を進展させることができなかった。(25)

一九四二年一月二十日の会議のときは、誰もが「最終解決」の精神にとらわれていた。出席者は、問題を十分に考えずに、混合婚のユダヤ人はすべて移送すると決定した。結局のところ、ユダヤ人は混血児ではないし、一月二十日時点では、混血児自身の運命が疑わしいものだった。しかし、官僚は、急ぎながらも、混合婚と関連する問題点に漠然と気づいていた。会議の参加者は、特権のある者とない者の地位を区別せずに、それぞれ個別的に、ユダヤ人配偶者を「疎開」させるべきか、それとも――「そのような措置」がドイツ人の親戚に与えるかもしれない影響を考えて――ユダヤ人配偶者をテレージエンシュタットの「老人ゲットー」に「移転」させるべきか、決定しなければならないという点で意見が一致した。しかし、会議の終わる前に、シュトゥッカート次官は興味深い質問をした。彼は、混合婚をしているユダヤ人を移送する前に、事実上、「この婚姻は解消されている」と規定する法律の必要性を指摘した。(26)

ここで、新しい論争の種が蒔かれた。今度は、議論の分割線は党と省庁とのあいだにあるのではなく、両方を横断していた。シュトゥッカートの提案は、当然、親衛隊・警察の利害に関わっていた。もし移送によってユダヤ人の配偶者と別居させられた何千人ものドイツ人が、ユダヤ人配偶者の財産を受け継ぐつもりで（あるいは新たに結婚するつもりで）、ユダヤ人配偶者の死亡証明の申請書を手にして裁判所に殺到したら、何が起こるかは、大した想像力がなくてもわかることであった。このような手続きは、明らかに厄介なものであった。移送の「前」に

離婚が制度化されなければ、このような紛糾は防止できない。ドイツ人がテレージエンシュタットに移送されただけでも、ユダヤ人配偶者との（おそらく終生にわたる）物理的別離は、法的な問題を引き起こすと予想された。したがって、強制的な離婚手続きの必要性があった。にもかかわらず、シュトゥッカートの提案は反対を受けた。

反対の戦線を形成したのは、法務省と宣伝省という奇妙な同盟者であった。考えられている離婚手続きが、裁判所を無視しているので、司法は傷ついた。宣伝の専門家は、自動的な離婚方法に「繊細さ」が欠けていることを嘆いた。一九四二年三月六日に「最終解決」の二回目の会議が招集されたとき、宣伝省の代表者たちは、シュトゥッカートの方法に反対の立場を表明した。彼らはまず、ヴァチカンが介入してくる可能性を指摘した。カトリック教会は離婚を認めず、ましてや法律による離婚は認めなかった。次に彼らは、提案された措置は個別のケースの多面性を考慮していないと説明した。最後に、最も単純な離婚手続きでさえドイツ人の配偶者はなんとか法廷に持ち込もうとするので、法廷を巻き込むことになる、と彼らは言った。

会議の出席者は妥協案を決定した。ドイツ人の配偶者は自分で離婚の申請をすることを許され、裁判所はこの申請を自動的に承認するということで意見が一致した（通常の離婚要件は、配偶者の不当な行為あるいは三年の別居であった）。しかし、出席者には、このような離婚手続きの簡素化では十分でないことがわかっていた。どのくらいのドイツ人がこれを利用するだろうか。通常のときには、離婚は離婚であった。しかしこの場合には、離婚は死列判決であった。専門家たちはこのことをはっきりと言わずに、もしドイツ人配偶者が一定の時間内にこの機会を利用しなければ、検事に離婚の申請書を提出するよう指示することを決定した。裁判所はこのような場合すべてに、離婚の裁定を下すというのである。法廷は自由裁量を持たないこととされた。

法務省にとってこれは苦い薬であったが、出席者はこれで終わりにしようとはしなかった。混血児の運命がまだ疑わしいので、自動的離婚手続きの中に、（わずかの例外はあるが）第一級混血児とドイツ人とのあいだの混合婚を含むことを決定した。このような結婚は何千と存在し、現存の規定では「混合」でさえなかった。司法への侮辱にさらに付け加えて、出席者は、このような場合すべてにおいて、保安警察・保安部長官が、ある夫婦の片方がユダヤ人か第一級混血児であると決定したら、この決定は法廷で拘束力がある、と決定した。(27)

法務省次官シュレーゲルベルガーは、この決定を知らされるとすぐに、急いでラマースに手紙を送った。「私のスタッフの報告によると、大部分の点で絶対不可能だと考えざるをえない決定が、なされつつあるように見えます」と彼は書いた。(28) 一九四二年四月八日、シュレーゲルベルガーは詳細な反対意見を表明した。彼が自分の管轄への攻撃をくじくために、どこまでがんばる覚悟があったかが見てとれるので、興味深い。彼は、ドイツ人配偶者から要求されない限り、離婚は認められないと主張した。検事による自動的な離婚手続きで、ユダヤ人とドイツ人の夫婦間の感情的つながりが切り離されることはないとの理由から、彼はそれを拒否した。警察的見地をまったく無視すれば、強制離婚はどのみち余分なものである、「というのは、夫婦はどちらにせよユダヤ人配偶者の移送によって、分けられるからである」と彼は主張した。最後に、テレージエンシュタットに移される予定のユダヤ人を、そこでドイツ人配偶者と一緒にするのはどうか、と彼は提案した。(29)

シュレーゲルベルガーは強制離婚を認めるよりも、ユダヤ人の夫をもつドイツ人妻をテレージエンシュタットの老人ゲットーに送る方に賛成したが、彼が強く反対したにもかかわらず、一九四二年十月二十七日に開かれた「最終解決」の第三回会議は、第二回会議の決定を再び承認した。(30)

法律が出るのを見越して、国家保安本部は混合婚のユダヤ人を移送する準備を始めた。一九四三年三月に、ゲシュタポは、待ちきれずに、特権的地位を与えられていた一握りのユダヤ人を選んで、移送した。この移送は、ゲッベルス自身の大管区であるベルリンで行われたが、宣伝大臣の彼は、この事態に対して「感傷的」になることを拒否した。(31)強制離婚の問題は、ヒトラーのもとに提出されたが、(32)一九四三年十月の時点でも、彼はこの提案に反応しなかった。次のステップをヒムラーは一九四三年十二月十八日にとった。このときに、ヒムラーは、息子が戦闘で死亡したユダヤ人と、子どもがいる（主として国内に未成年の子がいることを意味した）ために、追放すれば「ある不穏」が引き起こされるであろうユダヤ人という、二つのグループを除外したうえで、混合婚のユダヤ人をテレージエンシュタットに移送することを命令した。検挙は一九四四年一月五日から十日に行われることになっていた。(33)

混血児と、混合婚のユダヤ人は、移送される候補者のうちで、ハイドリヒが考えた運命を逃れることのできた唯一のグループだった。混血児は、ユダヤ人であるよりもむしろドイツ人であるということで、救われた。混合婚のユダヤ人は、結局、彼らの移送は絶滅過程全体を危険にさらすかもしれないと感じられたので、最終的に免除された。二万八〇〇〇人のユダヤ人を移送するために、作戦全体の秘密性を犠牲にすることは割に合わなかった。まして彼らの一部は老齢であり、たぶん作戦が終わる前に、自然に死んでいくであろうから。

第二の特殊問題——テレージエンシュタットのユダヤ人　原注70-

一九四二年一月二十日の「最終解決」の第一回会議で、ハイドリヒは、六五歳以上のドイツ帝国のユダヤ人は、老人ゲットーで自然死が全うできるようにそこに送る、と宣言した。老人のユダヤ人に付け加えて、ハイドリヒは、第二のカテゴリーとして、ユダヤ人退役軍人で、重傷を負った者か、あるいは第一等鉄十字章以上の勲章を得ている者を挙げた。(34)のちになって、テレージエンシュタットに向かう少数者の第三のカテゴリーが選ばれたが、それは殺戮センターでいなくなったとしたら、外国から問い合わせが来るに違いない、有名なユダヤ人であった。

ハイドリヒはなぜ、老人と傷痍軍人や戦功のある退役軍人のために、特別にゲットーを作ったのか。老人はそんなに長生きしないという考えが彼の心に浮かんだことは、言わずもがなであるが、これは本質において決定的な点ではなかった。結局、彼はこういったユダヤ人を収容する特別なゲットーを作らなくてはならなかったのだが、この種のユダヤ人の数は、ドイツ帝国にいるユダヤ人人口の、多くて三〇パーセント、つまり二八万人中の八万五〇〇〇人だろうと、彼は見積もっていた。さらに、余命の考慮は、退役軍人には適用されなかった。彼らの大部分は、四〇代の終わりか、五〇代初めだったからだ。この謎への答は、ハイドリヒ自身に出してもらおう。彼は「干渉」を避けたかったのである。ここから、興味深い疑問が生じる。彼はなぜ、老人と退役軍人には「干渉」が起こり、女性と子どもには「干渉」が起こらないと予想したのだろうか。この質問に対する答は、官僚が自分の良心に対処する手段として作り上げた、合理化と正当化の全体構造の中にある。

移送に対する標準的な説明は、ユダヤ人は帝国の中の危険要因であるから、東部に「疎開」させなくてはならず、そこで道路建設のような重労働を行うというものであった。老人はこの説明に適合しなかった。彼らは危険要因ではなく、道路建設もできなかった。実際に彼らの多くは老人ホームで暮らしていたのである。そこで、ハイドリヒは「移住の負担に耐えられない老人や病気のユダヤ人」の「居留地」として、テレージエンシュタットの「老人ゲットー」を作ったのである。[35] この方法で、ハイドリヒは、「移住」伝説を永久化しただけでなく、実際に強化した。そうではあっても、この種の移送の婉曲的表現である「テレージエンシュタットへの住所の移転」[36] は、すべての問題を取り除いたわけではない。たとえば、八七歳のユダヤ人は移送しなくてはならないのかとか、八〇代の老人は留まってはいけないのかとか、繰り返し誰かが尋ねてくることになるだろう。[37] ベルリンから老人が移送されたときに、ゲッベルスはこのように日記に書いた、「不幸なことに、ユダヤ人の老人ホームで数多くの嘆かわしい光景が見られた。そこに、多くの人びとが集まって、ユダヤ人の肩をもちさえしたのである」。[38]

老人と同様に、ユダヤ人の退役軍人は、心理的問題を提起した。彼らは、ドイツのために戦ったという、この上なく強力な論拠を持っていた。どんなドイツ人もこの論拠を理解した。誰も、最もナチ化している親衛隊員でさえ、傷痍軍人や、多くの勲章をつけた退役軍人のユダヤ人と直面することを望まなかった。シュトラウフSS中佐がクーベ総弁務官に投げつけた非難の一つは、ミンスクでの一つのエピソードから生じたものであるが、それはこういう話であった。当地でクーベは、一人のユダヤ人を殴っている警官を阻止し、そのドイツ人に向かって、おまえは自分が殴っているユダヤ人のように鉄十字章を持っているのか、と叫んだ。シュトラウフは、この事件を報告しながら、ほっとしたようにこう書いている、「好運なことに、その警官は『はい、持っています』と答えることができた」。

さらに、ユダヤ人の退役軍人は、論拠だけではなく、国防軍という後盾を持っていた。国防軍が実際にユダヤ人を守ったというわけではないが、軍は旧軍人の運命に関心を持っていた。国防軍は、ロシアでは行動部隊とあれほど「親密に」協力していたのに、なぜ国内では違う政策をとったのか、疑問に思うかもしれない。答は簡単である。ドイツ人は制服を軽視できないからである。軍服を着た人は、しかもとくに勲章をつけている場合には、敬意を払われたのである。それがユダヤ人であっても、少なくとも少しは敬意を払われた。したがって、すでに見たように、一九三三年にユダヤ人の官吏が解雇された最初の措置のなかに、すでに退役軍人の免除規定が含まれていた。一九四一年初頭にウィーンからポーランドに移送された者の中に、数人の退役軍人が含まれていたとき、国防軍は、「勲功のある将校」と五〇パーセント以上の障害を持った退役軍人を、作戦行動の対象から免除し、彼らにドイツの地で生涯を終えさせるよう要求した。彼らを移送することはドイツ軍に対する尊敬と矛盾する、と国防軍は論じた。

自分たちの論拠や国防軍の同情的な関心に依拠して、オーストリアとドイツのユダヤ人退役軍人は、二つの異なった圧力団体を組織した。ウィーンでは、ユダヤ人戦争犠牲者団体がジークフリート・コリッシュの下に作られた。これはユダヤ教徒団体の枠外に留まった数少ない組織の一つである。ベルリンでは、以前のユダヤ人前線兵士全国同盟が、ドイツ・ユダヤ人全国連合の福祉部門の戦争犠牲者課として維持されていた。つまり、それは、レオ・ベック博士の中央機構の一部になったが、その特殊な利害は失っていなかった。戦争犠牲者課はエルンスト・ローゼンタール博士の管理下にあった。

「星」の標識の命令が一九四一年九月に出されたとき、参戦退役軍人たちは、自分たちがこの厄介な身分証明を身につける義務から免除される規則を求めたが、無駄だった。ウィーンのユダヤ人戦争犠牲者団体は、ベルリンの戦争犠牲者課に問い合わせの手紙を出したが、否定の返事を受け取った。[39] しかし、星の標識の命令が発布されてちょうど四週間後の九月末に、戦争犠牲者団体の役員の会議で、委員長コリッシュは、ウィーンのユダヤ人問題担当のゲシュタポ隊員、ブルンナーSS中尉が、オーストリアにおけるユダヤ人の退役軍人の現在数の調査を命令した、と知らせた。同じ命令がすでにプラハとベルリンでも出されていた。戦争犠牲者団体役員の一人、フュルトは希望に燃えて、二〇七一人がすでに登録されていると伝えた。そのうえフュルトは、とくに戦功のあった軍人の未亡人とこの団体を脱退した退役軍人を登録に追加できるだろう、と提案した。[40]

二週間後、ウィーンのユダヤ教徒団体の「移住」部門の指導者でラビのベンヤミン・ムルメルシュタインはコリッシュに、「移住作戦の免除リスト」に関して、自分はナチスのユダヤ人移住中央本部と「合意」にいたったと話した。このリストには以下のような移送「されない」者の六つのカテゴリーが含まれていた。

一、ユダヤ人行政機構の職員とその両親・兄弟姉妹

二、南アメリカへの移住をすでに準備している者
三、老人ホームの住人
四、盲人、重度廃疾者、重病人
五、強制労働者
六、傷痍軍人、勲章を授与された参戦退役軍人

ムルメルシュタインはコリッシュに、以上の基準を心に留めて戦争犠牲者のリストを提出するよう要請した[41]。

この「合意された」規定は重要であったが、その重要性をユダヤ人の指導部は十分には理解していなかったという点は、銘記しておくべきである。老人と退役軍人は、テレージエンシュタットのゲットーがまだできていないので、当分のあいだ移動を免除された。そして退役軍人が、一方の傷痍軍人と勲章を授与された軍人、もう一方の通常の旧軍人へと分割されたのは、軍を満足させるために国家保安本部が行ったことであった。もっとも、このリストは協定ではなく、むしろ、東部への第一回目の輸送を組織するうえで、ユダヤ人共同体機構の協力を確保するために、ゲシュタポの中で執筆された一枚の書類に他ならなかった。

にもかかわらず、コリッシュはムルメルシュタインに対して、「これほど影響力のある合意」が、戦争犠牲者団体への事前の相談なしに結ばれたことに、失望の意を表明した。コリッシュは、第一項と第六項それ自体は「有利」だと思ったが、「合意」はまさに一九四一年十月十五日に出発することになっている第一回目の輸送隊を含んでいなかった。この理由からだけでも、コリッシュはSS中尉に彼自身のリストを提出する権利を留保する必要があった。ムルメルシュタインは、そのような手続きは不可能だと反撃した。コリッシュは興奮して、「それは、私に傷痍軍人を犠牲にせよということだ」と答えた。それに対してムルメルシュタインはコリッシュに、「慈悲をもとめる形」で数人の個人のために嘆願するのはどうかと提案した。二人は立腹したまま別れた[42]。

一九四一年十月十五日に、ムルメルシュタインは戦争犠牲者団体に電話して、移送すると報告された退役軍人が、最後の瞬間に免除されたことを知らせた[43]。しかし、まさにその翌日に、ドイツ軍大尉リヒト博士は、コリッシュに電話をかけてきて、三人のユダヤ人退役軍人――グロースマン大佐、ヴォリッシュ騎兵隊大尉、アイスラー騎兵隊大尉――が「移住のための輸送隊」に含まれているかどうかを聞いた。コリッシュの答は次のようなものであった。「私は、上部機関（ゲシュタポ）の許可がなければ、どんな情報も与えられません。同時に、戦争犠牲者団体は、会員がどんなアーリア人の事務所にも要求をしないように命令を下していることを、お知らせします」。コリッシュはそれから自分の覚書に、アイスラーのみが自分の組織の会員であることを記した。彼のメモの最後の文章にはこう書いてある、「私はこの電話のことを、（ゲシュタポの）ユダヤ人移住中央本部に報告しよう[44]」。

一九四二年春にテレージエンシュタットのゲットーができて

からは、退役軍人の移送が、本格的に開始された。しかし、退役軍人のすべてがテレージエンシュタットに行ったわけではない。特権を与えられた人だけが、老人ゲットーへの輸送に選ばれた。残りは収容所に移送され、殺された。春の移送が始まったとき、ウィーンのユダヤ人戦争犠牲者団体の委員長コリッシュは不在であった。副委員長フュルトのもとに、ある日ウィーンのユダヤ教徒団体の議長ヨーゼフ・レーヴェンヘルツ博士がやってきて、フュルトに四つのリストを求めた。それは、廃疾度五〇パーセント以上の退役軍人、高位の勲章を授与された将校、高い勲章を授与された下士官、それ以外の戦争犠牲者団体の全会員のリストである。フュルトが、なぜこのリストがほしいのかと尋ねると、レーヴェンヘルツは「捉えどころのない答をした」。そして、フュルトはレーヴェンヘルツにリストを与えるという悲惨な間違いを犯したのである。

一九四二年六月九日、戦争犠牲者団体の役員は会議に集まったが、会議は陰鬱であった。会員二五〇〇人のうち、一一〇〇人が「疎開」させられたと、フュルトが報告した。二カ月以内にこの団体はもはや存在しなくなるであろうと彼は言葉を結んだ。会議参加者の一人、シャピーラが数字を挙げて、まだウィーンにいる会員のうち、二〇〇人は重度廃疾者であり、もう二〇〇人は高位の勲章を授与された者であることを示した。出席者はそれから「救助」計画を検討した。一人は、ウィーンの市内か近郊に退役軍人が収容されることを請願するか、あるいは「有利な」行き先にまとまって輸送されることを請願したいといった。別の一人は、最善の方法は、「高位の将校」に関してゲシュタポと「合意」することだろうと考えた。致命的にもレーヴェンヘルツにリストを渡したフュルトは、「ここで星をつけている人は誰でもここから去らなくてはならないであろう」という意見を述べた。

それから、コリユッシュが話し始めた。ここで議論された提案はすべて、まったく「気狂い沙汰」だ。君たちは「すべてを壊そう」としている。君たちがそれを望むのなら、私は反対しないが、強調しておきたいことがある。それは退役軍人に認められる免除はすべて、（ゲシュタポの）ユダヤ人移住中央本部の「お情け」だということだ。ユダヤ教徒団体は、この中央本部の命令実行のための制度以外のなにものでもない。「傷痍軍人と勲章を授与された前線兵士のリストが要求されたとき、たしかにある理由があったのだ」。

このときまでにその理由がわかりすぎるぐらいにわかっていたフュルトは、退役軍人をすべて一団として輸送してもらうようにゲシュタポに請願しようと提案した。彼はこう言った、「私の予想は悲観的なものだ。私の感覚と経験から言えるのは、もし一カ月後に私たちが今日のようにまだここにいたら、実に嬉しいということだけだ」。この時点でコリッシュは、フュルトがレーヴェンヘルツに渡したリストのことをはっきりと話した。フュルトが、実際にレーヴェンヘルツがだましたのだと言って自己弁護すると、出席者の一人ハルパーンは、「ユダヤ教徒団体は、ゲシュタポの使いでしかない」とフュルトの肩を持ち、レーヴェンヘルツは罰せられるべきだと言った(45)。

フュルトの悲観的な予想は正しかったが、終局は一カ月以内には来なかった。一九四二年八月四日に、ユダヤ人戦争犠牲者団体の幹部は再び集まる機会があった。議題の一つは、「ユダヤ教徒団体の職員の削減」であった。ユダヤ教徒団体は、移送のために自分たちの職員の何人かをゲシュタポに引き渡さなくてはならなかった。多くのユダヤ人がすでに移送されて、もはや大きなユダヤ人組織の必要がなくなったからである。解雇の危険にさらされているユダヤ教徒団体の職員の中には、退役軍人組織の会員がたくさん含まれていた。ユダヤ人戦争犠牲者団体の幹部は、会員を守る方法を見つけるために、今回集まったのであった。コリッシュは、ユダヤ教徒団体は「もちろん」、人員整理のリストを自分に見せないだろうと指摘した。そこで、戦争犠牲者団体がユダヤ人移住中央本部に「価値の高い」退役軍人のリストを渡したらどうかと、彼は提案した。この提案を議論するうちに、幹部の何人かが、ユダヤ教徒団体に訴えたほうがよいかもしれないと提案した。戦争犠牲者団体はユダヤ教徒団体に、「価値」の程度が異なる三つのグループに分けた退役軍人のリストを渡すべきだ、とフュルトは考えた。ハルパーンは、「二人の職員が同じ資格の場合、傷痍軍人の方が優先権を持つ」ことをユダヤ教徒団体に要請する方がよいと言った。そのとき、コリッシュはこう言った、「私はユダヤ教徒団体と戦争をしたくない(46)」。

一九四二年八月七日に、この会議参加者は、議論を再開するために集まった。シャッツベルガーは、差をつけていない簡単なリストをユダヤ教徒団体に渡すことを提案した。フュルトは「賛成した」が、「軍隊での資格」が注記されるべきだと思う、と言った。そうすれば、ユダヤ教徒団体は「資格の低い」会員を解雇するだろう。もしユダヤ教徒団体が同意しなければ、同じリストをゲシュタポのブルンナーSS大尉に渡すこともできるというのである。シャピーラが割って入り、言った。

私は、基本的に、私たちはユダヤ教徒団体と戦争をすることはできない、という考えだ。このウィーンのユダヤ人の終幕のときに、紛争を起こすのは意味がない。人員削減は、私たちが好むと好まざるとにかかわらず、実施されるだろう。ユダヤ人移住中央本部は、決まった数の人員整理を命令した。そしてユダヤ教徒団体は今月の十五日に解雇を告知するのだ。

出席者は、ユダヤ教徒団体と交渉することを決定した。

一つだけ疑問が残った。もしユダヤ教徒団体が敵対者であったら、どうすればよいか。そのときは、ユダヤ人移住中央本部に要請するべきだろうか。「SS大尉は『こいつらもユダヤ人だし、あいつらもユダヤ人だ。互いに戦わせよう。私はいっこうに構わない』と考えるだろう。結局、この件で彼は私たちを倒すのだ」と、シャッツベルガーは意見を述べた。コリッシュは「その場合には、この団体を解散する潮時だ」と答えた(49)。

このユダヤ教徒団体との「争い」のあとすぐに、退役軍人たちは解散したようである。戦争犠牲者団体の資料の最後の項目は、日付の入っていない命令である。それは部分的にこう読める、「一九四二年八月十四日の金曜日から始まって毎日、土曜も日曜も、何百もの人びとが召集されることになった。捕捉を実行することになっているのは、ディアマント、ショルンシュタイン、ザックス、ノイマンである[48]」。

このようにして、退役軍人の移送は進行した。五〇パーセント「以内」の廃疾度であるか、第一等鉄十字章ないしオーストリアでそれに相当する勲章を「持っていない」、「価値」または「資格」の低い退役軍人は、他のあらゆるユダヤ人と同じように、殺戮センターに送られた。「価値」と「資格」の高い退役軍人は、国防軍およびドイツ人の持つ漠然とした名誉心に譲歩して、テレージエンシュタットに送られた。

テレージエンシュタットの建設は、二つの考慮から出たものだった。一つは、保護領のユダヤ人の集住センターという考えであり[49]、もう一つは有名なユダヤ人や他の特別なカテゴリーのユダヤ人のために使用するという考えだった。このゲットーは、ラインハルト・ハイドリヒの主な反ユダヤ措置の最後のものであった（彼はこの後すぐに暗殺された）。彼は、保護領長官――保護領でドイツ帝国を代表する長官である――としての自分の地位を利用して、テレージエンシュタットという小さい町を完全に解体し、そこのチェコ人を疎開させ、そこに、ドイツ帝国では老人ゲットーとして知られていた「ユダヤ人居住地」を作るよう命令した[50]。

テレージエンシュタットは、独自の親衛隊司令部を持っていて、その長官は（年代順に）、SS大尉ジークフリート・ザイドル博士、アントン・ブルガーSS大尉、カール・ラームSS大尉であったが、彼らは全員アイヒマンの部下であり、皆オーストリア人であった[51]。親衛隊の指揮の下に、ユダヤ人の長老がいた。それは順にいうと、ヤークプ・エーデルシュタイン（元来はプラハのユダヤ人共同体の長）、パウル・エプシュタイン博士（ベルリンのドイツ・ユダヤ人全国連合）、ラビのムルメルシュタイン博士（ウィーン）であった[52]。エーデルシュタインは、一九四三年一月二十七日のザイドルとメースSS大尉（国家保安本部第四局B―四課で著名ユダヤ人を担当）との会談中に降格された。メースは最初に、エーデルシュタインの活動をアイヒマンが「認めている」ことを伝え、続いて、三頭政治を始めることを知らせた。エーデルシュタインはそのメンバーに留まり、この三頭政治のトップはベルリンのパウル・エプシュタイン博士になるだろう、と言った。エーデルシュタインは「一四カ月の創設業務のあとでは、この決定に満足することはできません」と答えた。ザイドルはエーデルシュタインに、自分の感謝の気持ちは「単なる口先だけのもの」ではないと言った[53]。エプシュタインが責任者になっただけではなく、三頭政治の三人目としてムルメルシュタインが任命された[54]。

設立の時からテレージエンシュタットは、帝国から来た特権的なユダヤ人のためのゲットーであっただけではなく、保護領から移送されるユダヤ人をとどめておく囲いであった。どちらのグループもさらに移送され、まずオストラントの射殺の穴に、それから総督府とアウシュヴィッツのガス室に送られた。年代史家Ｈ・Ｇ・アードラーが計算した、[55] 到着数と減少数の統計が、以下のような全体像を示している。

一九四五年四月二十日までのテレージエンシュタットへの到着者数	一四万〇九三七人
保護領	七万三六〇三人
旧ドイツ帝国	四万二八二一人
オーストリア	一万五二六六人
オランダ	四八九四人
スロヴァキア	一四四七人
ビアウィストク（児童）	一二六〇人
ハンガリー	一一五〇人
デンマーク	四七六人
その他	二〇人
出生数と確認できない追加	二四七人
計	一四万一一八四人
減少数	
移送	八万八二〇二人
死亡	三万三四五六人
一九四五年に解放	一六五四人
逃亡	七六四人
ゲシュタポに逮捕されておそらく殺害	二七六人
一四万一一八四人のうち一九四五年五月九日の残存者	一万六八三二人

これが、「優遇された輸送」の意味であった。たしかに、テレージエンシュタットをドイツ人は、保護領のユダヤ人の避難所とは考えていなかった。しかし、帝国やオーストリアからの「特権的な」ユダヤ人にとってさえ、このゲットーで生き延びるチャンスは乏しかったのである。

実際に、ハイドリヒの後継者、カルテンブルンナーＳＳ中将は、心理的な事柄への理解力がほとんどなかった。彼にとっては、テレージエンシュタットは厄介なものであった。一九四三年一月に、彼は（ヒトラーの許可を得て）、六〇歳未満のユダヤ人五〇〇〇人をテレージエンシュタットからアウシュヴィッツに送った。このユダヤ人の移送ののち、一九四三年二月に、このゲットーには四万六七三五人のユダヤ人がいた。数字を詳しくみて、彼は、テレージエンシュタットのユダヤ人の二万五三七五人は働くことができないと判断した。また、二万一〇〇五人は六〇歳を超えていることにも気がついた。この二つの数には明らかな相関性がある。そこで、カルテンブルンナーはヒムラーに、六〇歳以上のグループの者を「ばらばらにする」ようにせっついた。彼の説明によると、これらのユダヤ人は疫病の保菌者である。そのうえ、彼らは、「もっと有用な労働」につけられそうな、年下の数多くのユダヤ人を拘束している。したがって、「さしあたって」六〇歳以上の五〇〇〇人のユダヤ人の移動を認めて欲しい、とカルテンブルンナーはヒムラーに要請した。以前の輸送の場合のように、「誰とも特別の関係やつながりのない、どんな種類の高位の勲章ももっていない」ユダヤ人のみを捕捉するよう注意する、と彼はヒムラーに請け合った。(56)

ヒムラーは、以上の論拠にもかかわらず、自分の個人秘書のルドルフ・ブラントSS中佐を通じて次のような返答をよこした。「親衛隊全国指導者は、テレージエンシュタットからのユダヤ人の輸送を望まない。なぜなら、そのような輸送はテレージエンシュタットの老人ゲットーのユダヤ人に、その地で平穏に生き、死ぬことを許した趣旨に反するからである」(57)。

この傾向は「移住」伝説の保持に決定的に重要であった。そしてその点からだけでも、テレージエンシュタットのユダヤ人老人に対するヒムラーの配慮が説明できる。意味深長なことだが、移送が終わりそうになったころ、ヒムラーはテレージエンシュタットの住人の大多数を移動させることを決心した。一九四四年九月から十月まで、一万八四〇〇人のユダヤ人を乗せた、連続した輸送隊がアウシュヴィッツの殺戮センターに向かった。実際、テレージエンシュタットのユダヤ人評議会全体も犠牲者のなかに含まれていた。この移送の前日（一九四四年九月二十七日）、最後のユダヤ人長老でラビのムルメルシュタインは執務していた。彼は、解放まで一人で仕事を続けた。彼と、ほんの数千の特権的なユダヤ人だけが、最後になおも特権を与えられたのである。(58)

第三の特殊問題——移送を延期されたユダヤ人　原注71-

特権的な地位の順番では、混血児および混合婚のユダヤ人が最高位を占めた。彼らは移送の候補者であったに過ぎず、故郷に留まった。次に来るのは、テレージエンシュタットに移送された者、つまり、老人、五〇パーセントの廃疾度または高位の勲章を授与された退役軍人、そして一握りの「著名な」ユダヤ人であった。第三に、殺戮センターへの移送がたんに延期されているにすぎない三つのグループの人びとがいた。それは、必要不可欠な労働についているユダヤ人、外国籍のユダヤ人、ユダヤ人行政機構の職員である。

一九四一年までに、数万人のユダヤ人が、軍需産業に組み入れられていた。移送の開始とともに、ユダヤ人を使っているすべての企業の能率が、突然、危機に陥った。工場経営者は、雇っているユダヤ人が移送されたら必然的に起こる混乱を、十分に知っていた。一九四一年十月十四日に、これらの会社の一つから国防軍に送られた至急電報を挙げてみよう。

> 一般に知られていることですが、現在、ユダヤ人の新たな移送が進行中で、この事実が、勤勉に訓練を受けて専門家になった、わが工場のユダヤ人労働者に悪影響を与えています。彼らは電気溶接工と亜鉛メッキ工として訓練されてきましたが、彼らを奪われたら、生産はおそらく三分の一ほど減少す

るでしょう。ですから、私たちはこの件で電報しました。

当地の軍需司令部の見解によると、手続き上、陸軍総司令部が、親衛隊全国指導部を通じて、ユダヤ人移住中央本部（ウィーン第四区、プリンツ・オイゲン通り二二番地）に、私たちの工場の労働者のための命令を出さなくてはならないのだそうです。多くの忠告以外に、私たちの工場の生産能力を維持するために、陸軍総司令部を通じて適切な指令が出るよう働きかけるという積極的貢献をしていただけるなら、非常に感謝いたします。

ちょっと説明しますと、これらのユダヤ人労働者は、全員の中で最も有能で勤勉です。というのは、結局、彼らはもし生産高が満足いくものでなかったら、危険が身に及ぶ唯一の者だからです。そして、彼らは実際に、記録的な業績を挙げています。一人のユダヤ人労働者の生産性は、二人のアーリア人専門家の生産性にほぼ匹敵するくらいです。

ちなみに、繰り返しますが、私たちは自分たちのために鉄の樽が必要なのではなくて、国防軍が鉄の樽を必要としているのです。ですから、このような、私たちの考えではあまり意味のない法令を抑制するのは、軍機関の仕事です。

できるだけ早く、首尾の如何をお知らせください。事態は緊急であり、ユダヤ人の動揺は、当然ながらかなり大きいからです。というのは、生存の手段を持たずにポーランドへ移送されることは、どちらにしろ、早く確実に破滅するということを意味しているからです。そしてこんなときには、労働能率は当然はっきりと落ちるはずです。(59)

国防軍は、ベルリンからも労働世界でのさし迫った支障に言及した手紙を受け取った。首都では、金属工業のみで一万〇四七四人のユダヤ人が雇われていた。ベルリンの工業全体で、総数一万八七〇〇人のユダヤ人労働者が組み入れられていた。(60)

一九四一年十月二十三日、国防軍最高司令部経済・軍需局の代表者が、ユダヤ人労働力を救うために、レーゼナーとアイヒマンに会った。レーゼナーとアイヒマンは、やってきた将校たちに、グループになって労働配置についているユダヤ人は、管轄の軍需監査部と労働局の許可なく移送されることはない、と請け合った。(61)一九四二年一月二十日の会議のとき、四カ年計画庁の代表でヘルマン・ゲーリングの個人的代弁者として参加したノイマン次官は、戦争経済に枢要な仕事をしているユダヤ人を移送しないことを、確約の形で示すようハイドリヒに要求した。(62)ハイドリヒは同意した。状況は統制されているように見えた。軍需工場で働いているユダヤ人は、その家族とともに救われた。(63)

今や、労働しているユダヤ人をゲシュタポに捕まえられないように守る仕事が、地方労働局と地方経済局に委任された。(64)地方経済局の大多数は、自分たちの権限を商工会議所に移した。(65)地方機構が、ユダヤ人労働者の移送に、完全な拒否権を持つことになった。こうして、たとえばコブレンツ地区の商工会議所は、自分たちの決定は「警察に対して拘束力がある」と特別に言われていた。[66] しかし地方事務所は、グループになって労働配置についているユダヤ人に関してのみ拒否権が与えられた。一九四一年十月三十一日の労働令[67]は、ユダヤ人はこの方法によってのみ雇用されることを規定していたので、すべてのユダヤ人がこれに当てはまると信じられたが、これは間違いであった。一九四一年十月三十一日の命令は、完全に実行されたわけではないので、ゲシュタポは、グループになってでなく個々に労働配置についたユダヤ人を全員捕まえるために、あちこちに赴いた。ゲーリングは再び介入して、軍需産業にいる「すべての」ユダヤ人の移送を免除すると命令しなくてはならなかった。[68]

労働についているユダヤ人の移送の延期は、それほど長くは続かなかった。結局、「ユダヤ人問題の最終解決」の中で、経済的考慮は重要ではなかったのである。一九四二年秋に、ヒトラー自身が、ユダヤ人を軍需産業から取り除くよう命令した。[69] しかし、企業にいるユダヤ人を「交代させる」問題は、国家保安本部がある考えを思いつくまで、解決されなかった。

総督府のルブリン地区は、かつてユダヤ人居留地になるはずのところであったが、今や民族ドイツ人の定住入植地に定められていた。この地区のすべてのポーランド人を排除しなくてはならなかった。「犯罪的で反社会的な」ポーランド人「分子」が、強制収容所に送りこまれることになる一方で、残ったポーランド人は、彼らが労働に適している限りで、ユダヤ人労働者の代替要員としてドイツ帝国に送られることになった。国家保安本部は、この計画を、労働力確保と労働配置に全責任を負っている人物、つまり四カ年計画庁労働配置総監であり大管区指導者のザウケルに提出した。ザウケルは、納得のゆくものに思えた国家保安本部の提案に力を得て、ユダヤ人を出してポーランド人を入れる、移送の往復体系を準備するように地方労働局に命令した。下働きのユダヤ人は、代わりのポーランド人が到着したら、すぐに移送できるだろうし、ユダヤ人の熟練労働者も、ポーランド人労働者が仕事に慣れたら、すぐに移送することができるだろう。[70]

この命令の結果、数万人のユダヤ人が一九四三年に殺戮センターに移送された。[71] しかしながら、ポーランド人が到着して仕事に「慣れた」ときになって、ベルリンの大管区指導者ゲッベルスは、「セム人［ユダヤ人］のインテリ」が外国人労働者と結びついて反乱をおこすのではないかと心配した。彼は、ベルリンのユダヤ人と投入された労働者のあいだの「内縁関係」を阻止しようと決心した。移送の終了まで待てなかったのである。「ベルリンをユダヤ人のいない町にすれば、私は、最大の政治的業績の一つを達成することになる」とゲッベルスは書いた。[72]

国家保安本部によって主張された労働力交換の理論は、一つ基本的な欠点を持っていた。ドイツ帝国が「絶対的」な労働力不足に見舞われていたという点である。調達可能な外国人労働者や捕虜、強制収容所の収容者が、ユダヤ人労働力に追加されても、労働力不足は、まだ補塡されなかった。西部・東部をドイツが征服したことで、労働力供給は増加したことは事実であるが、一九四〇年代の工業の大膨張により、労働力需要は労働力供給よりも急速に増加したのである。もし一つの企業でユダヤ人が「取り替えられた」としても、生産拡大のために労働者を必要とする別の企業は何も得られないという結果をもたらすだけだった。

したがって、工業の企業が、熟練労働者と重労働を行う労働者の割当を増大するように声高に要求したのは、驚くべきことではない。この強い要求は一九四〇年に始まり、四一年、四二年にますます増加した。工業家と建築会社の経営者は、自分たちに割り当てられた労働者の国籍やタイプを気にしなかった。「自発的」な外国人労働者であれ、捕虜であれ、強制収容所の収容者であれ、熟練労働か重労働を、食にもこと欠く低賃金で行う者なら、誰でも歓迎であった。しかし、ユダヤ人労働者を移送することがいかにぜいたくなことであるかを、他の何よりもはっきりと示す、一つの現象があった。労働力不足が増大すると、工業家は代替労働力を要求しただけでなく、とくにユダヤ人が代替労働力になることを要求した。このような要求の数は非常に多かった。

一九四〇年十一月、陸軍総司令部は労働省に、一八〇〇人のユダヤ人を、オッペルン、ブレスラウ、ルブリンの鉄道管区での鉄道敷設作業のために外から入れるよう要請した。(73) 一九四一年三月十四日に、労働省は地方労働局に回状を送り、その中で、帝国での労働のために七万三一二三人のヴァルテガウのユダヤ人、つまり各地方事務所あたり三五〇〇人のユダヤ人を調達できるということを知らせた。労働省は、労働力需要がすでに緊急のものであることを強調した。たとえば、ジーメンス＝シュトゥッカート会社は、ブランデンブルクと中部ドイツの工場のために、一二〇〇人の労働者を要求していた。(74) 一九四一年四月七日、この回状は取り消された。ヒトラーが、ポーランド系ユダヤ人をドイツ帝国へ入れることに反対したからである。(75)

一九四一年三月に、ゲーリングの支配下にある採鉱製鉄工業所は、他の労働者と並んで二〇〇〇人のユダヤ人収容所の収容者の活用を要求する生産計画を立てた。(76) 何もなされなかった。しかしこの企業は忘れなかった。一九四二年九月二十九日、このゲーリングの企業はシュペーアの省［軍需省］（フォン・ニコライ中佐宛）に手紙を送り、ゲーリング企業の総支配人プライガーがヒムラーと合意した内容にしたがって、収容所の労働力の配置を要求した。この手紙のコピーは、強制収容所を管理している親衛隊経済管理本部D局に送られた。(77) 一九四二年十月二日に、この強制収容所の管理機関は、ヒムラーは収容所の収容者の活用には同意したが、「ユダヤ人は雇用されてはならない」と返答した。(78)

一九四二年九月に、シュペーアの機構が行動を始めた。軍需を任されたシュペーアの省は、いわゆる工業リングと中央委員会を通じて機能を発揮した［表3－3参照］。リングも委員会も、工業エンジニアによって占められた。リングは、多くのさまざまな企業で使われる中間生産品（たとえばボール・ベアリング）に関したものであり、委員会は最終製品（たとえば砲弾）に関した組織であった[79]。一九四二年九月半ばに、つまりちょうどドイツ帝国のユダヤ人を強制労働のために移送する準備が行われる前に、弾薬中央委員会（委員長はアルベルト・ヴォルフ教授）は、あらゆる主要弾薬企業にアンケートを送って、どの企業が「ユダヤ人を受け入れ」られるか、そしてどの企業がユダヤ人労働者のために強制収容所を建てられるかを知ろうとした[80]。この弾薬中央委員会の調査に、まもなく兵器中央委員会も加わった[81]。しかし、この計画は失敗を運命づけられていた。ゲシュタポは、外国のユダヤ人を西部から入れるためだけに、ドイツ系ユダヤ人を東部に追い出すのは、絶対に認められない、と抗議したのである[82]。

猶予されたもう一つのグループは外国籍のユダヤ人である。一九三九年五月に、帝国領土内にいる非ドイツ国籍ユダヤ人は三万九四六六人を数えた。ちょっと見ると、ユダヤ人総人口のほぼ一二パーセントを占めるこの数字は、むしろ多い。しかし、このユダヤ人のうちの一万六〇二四人は、無国籍である。したがって、外国籍のユダヤ人の実際の数は、二万三四四二人にすぎない。しかし、外国籍のユダヤ人の全員が、移送目的にとって外国人とみなされていたわけではない。外国のユダヤ人は、外国の力によって守られている場合のみ、外国の市民と見なされた。したがって、占領下にある国の国籍を持っているユダヤ人はすべて、ドイツ人の目から見れば、無国籍者であった。占領下の国は、何人をも守ることができなかったからである。

チェコスロヴァキアのボヘミア＝モラヴィア地方から移住してきたユダヤ人が、最初に襲われた。彼らは一七三二人であった。次は、ポーランドとダンツィヒのユダヤ人の大きな一団であったが、その数は一万五二四九人であった。ノルウェー、フランス、ベルギー、ルクセンブルク、オランダを含む西部の占領下の国からのユダヤ人は、総計二八〇人、ソ連、エストニア、ラトヴィア、リトアニア、ギリシャのユダヤ人の数は、五一五人であった。加えて、一〇〇人のユーゴスラヴィアのユダヤ人（新しいクロアチア国の市民は含まない）も無国籍とみなされた。

つまり、二万三四四二人の外国籍ユダヤ人の数は、詳しく見ると、約五六〇〇人の敵国・中立国・同盟国の国籍を持つユダヤ人の数に縮少する。外務省は、一握りのイギリス、アメリカ国籍のユダヤ人（イギリス統治地域および南米国籍のユダヤ人も含めて、たった三八六人であった）を、移送しようとはしなかった。というのは、外務省はこのユダヤ人を、ドイツ人と交換する要員として考えていたからである[83]。したがって「問題」は、五二〇〇人の中立国・同盟国のユダヤ人、あるいは国籍の疑わしいユダヤ人であった[84]。

ハンガリー	一七四六人
ルーマニア	一一〇〇人
国籍の疑わしい者	九八八人
スロヴァキア	六五五九人
トルコ	二五三人

イタリア	一一八人
クロアチア	約一〇〇人
スイス	九七人
ブルガリア	三〇人
スウェーデン	一七人
スペイン	一七人
ポルトガル	六人
フィンランド	二人

外務省は、移送が始まるずっと前に、外務省の同意なくして、外国籍のユダヤ人に対する措置をとるべきではないという見解を発表した。(85) これは明らかな予防策であった。というのは、外務省は、差別的な行動に対して外国政府に回答しなくてはならない機関だったからである。一九四二年一月二十日の会議で、ルターは、外務省の許可がなければ外国籍のユダヤ人を移送しないよう主張した。(86) 彼の要求は、ドイツ帝国内の外国籍ユダヤ人と、外国にいるユダヤ人を含んでいた。

もちろん、後者のグループの方が、前者のグループよりもずっと重要であった。帝国とドイツ占領地域には、外国から保護されたユダヤ人はわずか数千人しかいなかったが、ドイツの同盟国が支配する地域には、数百万人のユダヤ人がいたのである。しかし、この二つのグループのあいだには、重要な行政上のつながりがあった。たとえば、スロヴァキアは、帝国とドイツ占領地域にいる自国国籍のユダヤ人の移送に同意すれば、すぐに自国内に住む数万人のユダヤ人の移送にも同意するということに、外務省はまもなく気づいた。このようにして、ドイツ帝国にいる外国籍のユダヤ人は、くさびとして使われた。政府がいったん外国にいる自国籍のユダヤ人を見捨てたならば、自国に住むユダヤ人を放棄するようになるのは、もっと簡単だったのである。

外務省がドイツの枢軸同盟国と行った交渉の詳しい話は、この章のあとの箇所で見ることにしよう。というのは、この交渉では、ドイツ帝国内の外国籍のユダヤ人に関係したことは周辺的にしか出てこず、第一に外国にいるユダヤ人が問題とされたからである。ここでは、外務省の行動の概略を示すだけでいいだろう。

ドイツが最初に接近した国は、スロヴァキア、クロアチア、ルーマニアである。この三つの国の政府は、大騒ぎすることなく、ドイツの要求に服した（ルーマニアはのちに、自国籍のユダヤ人の数人を保護することを決めた）。(87) つぎは、ブルガリアとイタリアであった。ブルガリア政府は何の反対もしなかったが、イタリア政府は一九四三年九月のイタリア降伏まで持ちこたえた。(88) ハンガリー政府は幾度もドイツからアプローチされたが、イタリアと同じく、自国のユダヤ人の放棄を拒否した。したがって、イタリア政府とハンガリー政府は、中立国のように扱う必要があった。

もちろん、外務省は中立国に住むユダヤ人の移送に固執「しなかった」。だから、ドイツにいる中立国の国籍を持つ一握りのユダヤ人の移送を主張するいわれはほとんどなかった。しかしながら、ドイツはユダヤ人のいない国にならなくてはならなかった。したがって、中立国政府およびイタリアとハンガリーには、もし決められた期限までに自国のユダヤ人を引き上げなかったら、このユダヤ人に一般的な反ユダヤ的措置をなす、という最後通牒が突きつけられた。しかし、この期限は目的を達成せずに過ぎてしまったので、国家保安本部の移送の専門家アイヒマンは非常に苛立った。

一九四三年七月五日、アイヒマンは、外務省の相棒のフォン・タッデンに、本国送還の期限はすでに過ぎたことを思い起こさせた。アイヒマンはこう書いた、「これ以上待ったり、これらの政府と妥協するのは、意味がない。最終解決の現在の状況によると、現在ドイツ帝国領土には、ドイツ人と混合婚をしているユダヤ人と、外国籍を持つ少数のユダヤ人がいるだけである」。この件でも「最終解決」にいたるように、アイヒマンはフォン・タッデンに、期限を一九四三年八月三日へともう一度設定することを主張し、続いて、相手国のリストを挙げた。イタリア、スイス、スペイン、ポルトガル、デンマーク、スウェーデン、フィンランド、ハンガリー、ルーマニア、そしてトルコである。「最後に、ユダヤ人問題を最終的に解決するために、どんなためらいも持たないように要請する。というのは、この件では、ドイツ帝国は外国政府と、最も寛大な方法で妥協してきたからだ」[89]。

フォン・タッデンは、アイヒマンに同意したが、期限を一九四三年十月までに延期した。イタリア政府はその間に連合国に降伏したので、イタリア国籍のユダヤ人だけがただちに移送措置に服することになった[90]。トルコは、さらに延期を求めたので、外務省は腹を立て、繰り返し「異常に妥協」していることを指摘した。結局、外務省は、最終期限を一九四三年十二月三十一日にすることに同意した。その一方で、待ちきれないアイヒマンは、外国籍のユダヤ人全員の「一般的取り扱い」を要求していた[91]。

外国籍のユダヤ人が自国の政府の保護を期待できるとするならば、「著名な」ユダヤ人やユダヤ人行政機構のメンバーは、完全に、ドイツの「監督官庁」の情けに頼っていた。一九四二年五月に起こった二つの事件が、ユダヤ人にとっての結末を目立つくらいはっきりと示すことになった。一つは、ユダヤ人の若者（その大半は共産主義者）の小さなレジスタンス・グループが「ソヴィエト天国」と題したナチスの展覧会へ放火した事件であり、もう一つは、プラハでのハイドリヒの暗殺であった。ベルリン大管区指導者ゲッベルスの命令で、五〇〇人の「指導的なユダヤ人」がすぐに捕らえられ、ベルリンにいる数千人のユダヤ人労働者が「きちんとした行動」をとるための人質として使われた[92]。数日後、ユダヤ人共同体の指導者たちは、二五〇人が射殺されたが、そのうち一五四人はこの人質の中からで、九六人はすでにザクセンハウゼン強制収容所に収容されていたユダヤ人であった[93]。

一九四一年に、ドイツ・ユダヤ人全国連合と、帝国と保護領全域でのユダヤ教徒団体は、ほぼ一万人の職員（見習い中のものと名誉職のもの若干を含む）を雇用していた。彼らは家族とともに、自分たちの特殊な地位の承認を期待していた。(94) 実際に、ユダヤ人役員は、ウィーンでのブルンナーSS中尉とムルメルシュタイン師との合意にもとづいて、免除リストの上位に挙げられていた。しかし、この延期期間は、もはや必要でない人間に対しては短くなった。一九四二年三月に移送が進行していたとき、アイヒマンの課のグートヴァッサーSS大尉は、ユダヤ人人口の減少に比例したユダヤ人機関の職員の削減を規定した。(95) そして、その年の六月までに、ベルリンのユダヤ教徒団体は、一九四一年三月時の職員数の半数以下に減少し、この団体が奉仕する共同体よりも急速に、やせ細っていった。(96) 一九四三年初めには、ユダヤ人の指導者でさえ移送されていくようになった。アイヒマンの部下が、ベルリンのユダヤ人「総統」と呼んだ、レオ・ベック師は、一九四三年一月二十七日午前五時四十五分に、自宅で捕まった。ベックは早起きなので、すでに起きていたが、身辺の整理をするために一時間の猶予を願った。その時間で、彼はロンドンにいる娘に（リスボン経由で）手紙を書き、ガス代と電気代の支払いの小切手を書いた。彼は、列車の客室に一人で乗ってテレージエンシュタットまで行った。(97)

ウィーンでは、ユダヤ人移送の責任者ムルメルシュタインがテレージエンシュタットに移送され、そこでゲットー最後の「ユダヤ人長老」として生き残った。ウィーンのユダヤ教徒団体の長レーヴェンヘルツは、アイヒマンに言わせると「いい奴」だったそうだが、混合婚のわずか数千人のユダヤ人の世話をする、骸骨のようにやせ細ったユダヤ教徒団体の長として最後までウィーンに留まった。(98)

第四の特殊問題――監禁されているユダヤ人　原注73-

いままで、三つの大きな移送グループを見てきた。本当に免除された唯一のグループを形成したのは、混血児と、混合婚のユダヤ人であった。テレージエンシュタット・ユダヤ人のグループは、老人と、廃疾度の高い傷痍軍人か高位の勲章を授与された退役軍人、そして著名人を含んでいた。移送を延期されたグループは、適当に延期されたのち殺戮センターで最期を遂げるユダヤ人だったが、軍需産業で働くユダヤ人や、外国籍のユダヤ人、そしてユダヤ人役員からなっていた。四番目のグループは、監禁されているユダヤ人である。このカテゴリーに属するのは、特別な施設にいるユダヤ人であって、具体的には、精神病のユダヤ人、刑務所にいるユダヤ人、強制収容所のユダヤ人であった。これらのユダヤ人を移送するために、国家保安本部は、彼らを管轄する機関と、特別の調整をしなくてはならなかった。

精神病の施設は、内務省保健局の統制下にあった。強制収容過程のときに、内務省次官コンティ博士は、精神病の施設に、ユダヤ人収容患者の数をすべて報告するように命令した。(99) いわゆる安楽死計画が始まったとき、施設にいるドイツ人の患者は、表面的に、不治のものとしてふるい分けられ、この目的のために帝国内に設立されたいくつかのセンターで、ガスを使って殺された。ユダヤ人もこの犠牲者の中に入っていた。一九四〇年八月三十日、内務省はユダヤ人の収容患者をドイツ人収容患者と分離するように命令した。ユダヤ人は二、三の指定された精神病院に入れられ、そこからガス殺をするための選別が続けられた。[100] 一九四〇年末に、残っているすべてのユダヤ人患者は、ベンドルフ＝ザインにある、ドイツ・ユダヤ人全国連合の経営する唯一の施設に集められることになった。[101] この時から、ユダヤ人の精神病患者は、全員ユダヤ人として殺される可能性が出てきた。一九四二年四月に「痴愚」のユダヤ人の最初の輸送隊が、ルブリン地区に到着したが、それは彼らがこの地域の絶滅収容所の一つで、ガスで殺されるためであった。[102] ベンドルフ＝ザインの収容患者を乗せた別の輸送隊は、次の六月に、ルブリン地区に向けてコブレンツを出発する予定になっていた。[103] 一九四二年十一月までに、ベンドルフ＝ザインは閉鎖された。[104] ユダヤ人の精神病患者の問題は解決した。

刑務所にいるユダヤ人は法務省の保護下にあったが、彼らの輸送はもっと難しかった。刑務所のユダヤ人は比較的少数であったが、彼らを引き渡すことについて司法の抵抗は大きかった。この理由は、正義感とか同情よりもむしろ行政上の考慮であった。ユダヤ人の引き渡しは、他の収容者の引き渡しにつながり、ユダヤ人に対する司法権力の放棄は、全体としての司法権力の減少につながるからであった。親衛隊・警察は、司法を弱体化して究極的に飲み込むために、ユダヤ人をくさびとして使ったのである。完全に全体主義的な国家では、警察組織のみが、法を執行するのである。

司法はこの展開を予見して、それを出し抜こうとした。特徴的なことに、法務省の出し抜き策は、司法もまたユダヤ人の絶滅に貢献できるという考えにもとづいていた。法務省の考える貢献の概念とは、反ユダヤ的な差別措置の強化だけではなかった。言うまでもないことだが、ドイツの法廷は、措置の合憲性を調べず、どんな命令であれ官憲の署名のある法律なら実施した。司法は、それ以上のことを望んだ。司法は、独自の反ユダヤ的な差別の追加を考えたのである。司法は、いろいろな方法を使って、法廷でのユダヤ人の人生を悲惨なものにしようとした。たとえば、法律の中に、元来含まれていない反ユダヤ的な内容を読み込んだり、法律の文言からは正当化できないのに法律の解釈を厳しくしたり、ユダヤ人が勝訴しにくくなるように訴訟手続きを変えたり、刑罰を重くしてユダヤ人が高い罰金や長い懲役あるいは死刑さえ受けるようにしたのである。

たいていの司法上の差別が、中央から操作されたものではないことは、銘記しておくべきである。全体として、それぞれの判事が、自分が真のナチスであることを示そうとする熱心さによって、「貢献」したのである。たとえば、カッツェンベルガー「人種冒瀆」事件におけるロートアウク判事のように、「ユダヤ人に対してなんとしても死刑を判決する」ことを決心している判事もいた。[105] ロートアウクが戦後説明したように、「私たちの判決の多くはナチ的であった」[106] のである。

一九四二年の旧ドイツ帝国領における犯罪統計をみると、有罪のドイツ人と無罪のドイツ人の割合が、一四対一（四一万七〇〇一対二万九三〇五）であるのに、有罪のユダヤ人と無罪のユダヤ人の割合は、二〇対一（一五〇八対七四）である。有罪になったユダヤ人一五〇八人のうち、二〇八人は死刑を宣告されている。殺人で有罪判決を受けたユダヤ人は一人もいないので、この死刑判決は大いに疑ってみなくてはならない。(107) さらに、民事訴訟でもユダヤ人が差別されたことは、非常に明白である。統計はないが、この本の中ですでに論じた少数の事例に、民事訴訟におけるユダヤ人の決定的な不利が示されている。

一方、法律を「人為的な解釈」に服させることを承諾しない判事もいた。第五章で、コーヒー配給券の事例はすでに記しておいた。また、ルフトガス事件もあった。一九四一年十月にカトヴィッツ（オーバーシュレジエン地方、ドイツ帝国に編入された旧ポーランド領）の特別法廷は、七四歳のユダヤ人マルクス・ルフトガスに、六万五〇〇〇個の卵を買いだめしたかどで、二年半の禁固刑を宣告した。ヒトラーはこの判決を聞き、国務大臣マイスナーを通じて法相代行シュレーゲルベルガーに、自分はルフトガスが殺されることを望んでいると伝えた。シュレーゲルベルガーはすぐに、ルフトガスを処刑するため親衛隊に引き渡した。(108) 官僚にとって、コーヒー配給券事件やルフトガス事件のような法廷の決定は、中央の指示の必要性を示すものであったが、法務省の第一の傾向は、ユダヤ人の原告の取り扱いを厳しくするように、判事に指示しないまでも鼓舞するものであった。

一九四一年五月、シュレーゲルベルガー次官は、ユダヤ人に対して宣告された刑を遅滞なく執行するためにユダヤ人から控訴権を奪うという省庁間にまたがる命令を提案した。特徴的なことだが、シュレーゲルベルガーは、ユダヤ人がドイツ人判事が不公平であると訴えるのを禁止することも提案した。第三に、彼は、「たとえば堕胎をしたユダヤ人女性の事例」のように自民族に対して罪を犯したユダヤ人に対する「寛大」な対応を提案した。(109) 言うまでもないが、この最後の提案は、ユダヤ人に対する愛顧を意味したのではなく、たんにユダヤ人は自由に自分を傷つけられるということを意味したものである。

同じタイプの「寛大さ」は、のちに、健康保護の問題でユダヤ人に拡大された。というのは、このとき内務省は、党官房と合意して、ユダヤ人およびユダヤ人との結婚を望んでいる第一級混血児は、もはや結婚前に慣例になっている健康証明書を示す必要がないということを決定したのである。(110) どちらにせよ、シュレーゲルベルガーの提案は一九四一年には実施されなかった（シュレーゲルベルガーはある法律に、この提案を付け加えるつもりだったのであるが、その法律は発布されなかった。その法律とは、ユダヤ人からドイツ国籍を奪う法律である）。しかし、その提案はまったく忘れられたわけではなかった。

一九四一年秋に、「最終解決」の措置がドイツで始まったときに、法務省は多少混乱した。司法はバスに乗り遅れないようにした。どのようにしてであろうか。一九四一年十一月二十一日、法務省の専門家の一人ルッターロー部長が、シュレーゲルベルガー次官に全体的なジレンマについて以下のように書いた。「ユダヤ人の現状を見ると、ユダヤ人から訴訟の権利を剥奪するべきかどうか、そして法廷におけるユダヤ人の代理に関して特別な規制を行うべきかどうか、以上のことを決定するために、ここで議論する必要があります」。ルッターローが言うには、決定的な問題は、ユダヤ人がすぐに追放されることになるのかどうかという点であった。今までのところ、七万七〇〇〇人のベルリンのユダヤ人のうち、たった七〇〇〇人しか「追放」されていない、と彼は指摘した。軍需産業のユダヤ人と混合婚をしているユダヤ人は移送を「延期されて」いた。他方で、ベルリンのユダヤ人弁護士、いわゆる「法律顧問」は、出国命令を受け取っていた。要するに何かがなされるべきだ、と彼は結論づけた。[111]

しかし、この不安定な時期には何も起こらなかった。おそらく、シュレーゲルベルガーは、混合婚のユダヤ人のことで忙しすぎたのであろう。事態がいくらか静まったとき、民族裁判所所長フライスラー博士が、法務省による法案を回覧に回した。その案は、ユダヤ人が刑事訴訟で控訴することを禁じる、以前のシュレーゲルベルガーの提案を復活させたものであった。その法案はまた、ユダヤ人から、警察の執行措置に対して法廷に訴える権利を剥奪するという、まったく不必要な規定も含んでいた。[112]内務省の提案は、行政上の事件での控訴も廃止されるべきだという点と、この法律の効力は、保護領と東部編入地域（旧ポーランド領の一部）まで拡大されるべきだという点であった。[113]

シュレーゲルベルガーは、この変更には何の反対もないと答え、ユダヤ人はその証言に対して責任を持つ点は変わらないが、ユダヤ人から宣誓を行う権利を剥奪すべきだと付け加えた。[114]党官房からの要求は、ユダヤ人が民事訴訟を起こす権利を失うことと、不公平であるとの理由で判事を忌避する権利をユダヤ人は持たないということであった[115]（党からの提案はどちらもオリジナルなものではなかった）。一九四二年九月二十五日に、すべての提案を新しい法案にするために、省庁間の会議が開かれた。新しい法案には、ユダヤ人の死亡に際して、その財産は国家に没収されるという規定も含まれていた。[116]しかし、その時までに法案は反故同然になっていた。

一九四二年八月末に、法相代行シュレーゲルベルガーは老齢のために引退し、ティーラックが新しい法務大臣になった。ティーラックは、親衛隊・警察に異常な譲歩をすることから、自分の体制をつくり始めた。一九四二年九月十八日、ティーラックと新しい次官ローテンベルガーは、協定を結ぶために、ヒムラーとシュトレッケンバッハSS中将（国家保安本部の人事局長）、ベンダーSS中佐（親衛隊の法律専門家）と会った。双方とも、三年以上の刑を受けたユダヤ人はすべて親衛隊・警察に引き渡されることと、将来には、ユダヤ人が刑を受けるすべての犯罪の審理は、ハインリヒ・ヒムラーによってなされることに合意した。[117]

寛大にも、法務省は続いて自分の方から、六カ月以上の懲役刑を受けたユダヤ人全員を引き渡すことを決定した。[118] ヒムラーとティーラックの協定の第二の部分は、ユダヤ人に対する刑事裁判権を裁判所から剝奪するものであったが、これは、ユダヤ人の刑事犯罪は、警察によって「罰せられる」ことになることを規定した（一九四三年七月一日の）法律が発布されるまで、実施することはできなかった。[119] こうしているあいだに法務省は、新たに有罪判決を受けたユダヤ人をすべて、ベルトコンベア方式でゲシュタポに引き渡したのである。[120]

ヒムラーとティーラックの協定は、ユダヤ人だけを扱ったものではなくて、ジプシーやポーランド人、ロシア人、ウクライナ人、チェコ人、そして「反社会的な」ドイツ人さえをも対象にしていた。それは、現行の刑法システムの大々的な破棄であった。ティーラックは、ボルマンへの手紙で、自分の行動を説明している。

　ドイツ人の中からポーランド人、ロシア人、ユダヤ人、ジプシーを排除するため、そしてドイツ帝国に編入された東部地域をドイツ人が定住できるものにするために、私は、ポーランド人、ロシア人、ユダヤ人、ジプシーに対する刑事裁判権を、親衛隊全国指導者に渡すつもりです。司法行政はこれらの民族の抹殺に、ほんのわずかの貢献しかすることができない、という原則に立って、こうするのです。[121]

監督者が変化した、ユダヤ人の第三のグループは、強制収容所の収容者であった。一九三〇年代には、何万人ものユダヤ人が個別行動で逮捕され、期限が確定しないまま、ヒムラー管轄下の収容所の一つに投げ込まれた。彼らの大部分は、釈放されて国外に移住したが、戦争が始まってかなりたっても、約二千人の者はまだ収容所の中に衰弱したまま留まっていた。[122] 一九四二年秋に、ヒムラーはドイツの強制収容所をユダヤ人のいない状態にしようと決心した。該当のユダヤ人は、アウシュヴィッツとルブリンの殺戮センターに送られることになった。[123] 移転しても管轄の変更はなかった。というのは、帝国内の強制収容所とポーランドの殺戮センターは、同じ管理の下にあったからである。しかしながら、犠牲者がすぐに気づいたように、殺戮センターは、通常の強制収容所とは性格が非常に異なっていた。[124]

捕捉と輸送

原注74-

さまざまな厄介なカテゴリーのユダヤ人を移送するための交渉が終わると、重大問題の一つは解決した。残るは、移送すべきユダヤ人を実際に捕まえて輸送することと、彼らが残した所持品の押収という面倒な仕事であった。

定義と延期に関連する問題とは違って、ユダヤ人を捕まえることは、困難な点が少なく、摩擦がほとんどなかった。検挙はゲシュタポの管轄であった。この仕事を単独で実行できないときは、町の刑事警察や治安警察、親衛隊、突撃隊に、援助を要請することができた。もっと一般的には、ユダヤ人共同体の組織――ドイツ・ユダヤ人全国連合とユダヤ教徒団体――を利用して、リストの作成をはじめ、犠牲者への通知、地図、必要物資、事務員、補助係とか、整理係、召集係、集合係などいろいろな呼び方があり、ときには警察について、輸送に選別された人の住居まで赴いたり、集められた人びとを集合地点――たいていは老人ホームか他の施設が転用されたもので、集合所とか一時収容所、出国者収容所と言われた――で、列車に乗せるのに十分な人が集まるまで、監視した。

検挙手続きの進展に関しては、二つの時期が見て取れる。最初は、長いリストをユダヤ人団体が提出し、その中からゲシュタポが選別をした。この時期には、使える輸送便や目的地の準備状況よりも、犠牲者の方が多かった。だから、ユダヤ人団体の事務所は、名前の挙がった個々人の延期や免除を要請し、しばしばこの要求は認められた。さらに、初期のころは犠牲者は自分たちがどこに行くのかを聞かされていた。たとえば、一九四一年十一月十三日、ケルンのユダヤ人団体は、管轄のユダヤ人全員に手紙を送り、「一〇〇〇人の集団がさらにもう一隊、ミンスクに向けて」十二月八日に出ることを知らせていた。この連絡の中には、出発する人にユダヤ人団体の方から次の連絡が行くまで、どのように準備をすればよいかが書かれていた。(125)

絶滅収容所の稼動とともに始まった第二段階は、多様な親リスト――警察管区や市町村の納税記録から抜き出し、住民登録課にある住民票で補足したもの――を利用して、実施された。幾多の都市で、その後、警察が連絡なしにユダヤ人住民に対する措置を行った。警察は住居の戸口に早朝または深夜に現われたのである。作戦行動の規模は、ユダヤ人団体の指導部に隠されてはいなかった。一九四二年五月三十日、アイヒマンはレーヴェンヘルツに、帝国、オーストリア、保護領からユダヤ人を「完全に疎開」させ、老人はテレージエンシュタットに、その他の者は「東部」に送る予定だということまでも伝えていた。(126)収容所の名前だけが伝えられなかった。そして、住民票の中で、移送されたユダヤ人住民は「移住した」と記入された。(127)このユダヤ人の現住所の欄には、「行き先不明」または

輸送の大多数がテレージエンシュタット行きである保護領の場合、手続きはユダヤ人住民全員の登録から始まった。プラハとブルノの場合、一九四一年九月に、他の都市の場合、その後の数カ月に登録が行われた。ユダヤ人団体の役員は、登録のために個人データを調べた。そして、ユダヤ人移住中央本部が送ってきた移送のリストから、ユダヤ人団体は、病人、死亡者、必要不可欠なユダヤ人等々をチェックした。移送される者は出発前に、住居の鍵と未使用の配給カードをユダヤ人組織に手渡した。(128)

帝国とオーストリアの中では、それぞれの町がそれぞれの移送の歴史を持っていた。そのどの歴史からも、その地域の移送機構について何らかの事柄と、移送が行われた特定の心理的環境が見て取れる。ゲシュタポはますます横柄な態度をとるよう

になり、念入りな理由や説明なしに命令を下し、回避しても無駄であり回避すればもっときびしい措置になる、と強調するだけであった。ユダヤ人はあらゆる指令を几帳面に実行したので、ほとんど一人も残らなかった。この過程の本質は、フランクフルト、ウィーン、ベルリンという三都市での展開から、見て取ることができる。

フランクフルトでは、一九四一年十月はじめには約一万五〇〇人のユダヤ人が住んでいたが、一年後に残っていたのは一〇〇〇人未満だった。[129] フランクフルトのゲシュタポは最初の輸送を行う数カ月前から、ユダヤ人共同体組織をがっちりと押さえていた。当時ユダヤ人組織の統計課で働いていた生存者の回想によると、毎日ユダヤ教徒団体の代表者は、ゲシュタポに出かけて、「ユダヤ人ジグムント・イスラエル・ロートシルトであります」と大声で自分の名前を言わなくてはならなかった。一九四一年春に、この統計課は、ユダヤ人共同体全員の名簿を三部作成するよう、命令を受けた。秋のある日、ロートシルトがゲシュタポから一二〇〇人のリストを持って帰った。それに追加情報を付記しなくてはならなかった。このリストは移送の目的に使われるのだという噂を、ゲシュタポは否定した。二日後の一九四一年十月十九日、検挙が始まった。[130] 午前五時三十分、突撃隊の二個旗団が集結し、ユダヤ人財産を登録してある印刷書類が渡された。午前七時にユダヤ人の住居に踏み込むことになっていた。突撃隊員はさまざまな経歴の持ち主だったのでこのような「司法手続き」の訓練を受けていなかった。そして、明らかに人手不足であったゲシュタポは、あちこちで現場に到着するのが遅れた。[131] こうして、さまざまな遅れが重なった結果、ユダヤ人の行列が日中の町中を引き立てられ、群衆が道の両側から沈黙したままじっと見ているという情景が出現した。[132]

その後のフランクフルトからの輸送は、もっと専門家の手によって実行された。ユダヤ人共同体の組織自体が、ゲシュタポによって特定されたカテゴリーに従ってリストを作り、それから、選別された人に手紙を送って、手紙の受取人は特定の日の特定の時間に自分の住居にいるようにと伝えた。[133] ゲシュタポは、フランクフルト近郊のユダヤ人を捕まえるために、郊外地域に常駐している治安警察の助けが必要なときは、犬・猫・鳥の扱い方まで含む、あらゆる場面を想定した詳しい指令を準備した。参加する人員は、「必要な厳格さ、正確さ、慎重さ」を持って任務を実行するよう、期待された。疎開が「理由で」ユダヤ人が自殺をした場合には、書類の書き方は「意味を含んだ」ものにしなくてはならなかった。つまり、まるで輸送されたように記すが、死亡を注記するなどの方法をとるのである。[134]

ウィーンには、その地からの大量移送の始まった一九四一年十月には、約五万一〇〇〇人のユダヤ人がいた。[135] しかし、ウィーンのユダヤ人にとっては、この輸送は「疎開」経験の最初ではなかった。「最終解決」の開始以前に、六〇〇〇人以上のユダヤ人がウィーンから総督府へ送られていた。一九三九年秋に約一五〇〇人、一九四一年二─三月に五〇〇〇人である。[136] 十月の移送より前の数カ月間に、町の中でのユダヤ人の強制収容が強化され、九〇パーセントが、ユダヤ人居住区と指定された三つの地区（第二区、第九区、第二〇区）に住むにいたった。[137] ユダヤ人は、星の印をつけることが強制されたのち、ますます目立ち、攻撃されやすくなった。象徴的な話は、一つ星をつけた、ユダヤ人団体の福祉職員で、第一次世界大戦で負傷して義足をつけた人物の経験である。彼は凍った歩道で転び、三時間も通行人に助けを求めた。通行人が無視したので、彼はとうとうやっとのことで自分で身を起こしたものの、手首を骨折したのである。[138] ユダヤ教徒団体は誰にも援助を乞わなかった。逆に、ゲシュタポとともに働き、ムルメルシュタイン師は勤勉に職務をこなした。[139]

ウィーンのゲシュタポの主な人物は以下のとおりである。

ゲシュタポ司令事務所長　フランツ・ヨーゼフ・フーバー上級参事官・刑事官
第四局B部　カール・エーブナー博士
ユダヤ人移住中央本部長　アロイス・ブルンナーSS大尉
代理　アントン・ブルンナー
強制収容および捕捉　エルンスト・ギルツィクSS少尉

集合地点へユダヤ人を集めることは、ウィーンでは「検分」と呼ばれた。ウィーンのユダヤ人のカード・ファイルは、ユダヤ教徒団体が保管しており、移送のリストは、ゲシュタポが作成した。ユダヤ教徒団体は、特定の理由で特定の個人を「取り返す」ことができたが、要求人数の一〇〇〇人が出発できるように、その穴埋めをしなければならなかった。ギルツィクの記憶によると、「原則的にユダヤ人は家族単位で出発した」[140]。ユダヤ人指導部にとって最も深刻な問題は、検挙のときにゲシュタポを補佐する治安隊（召集係、つまりユダヤ人警察）を出せという要求であった。ユダヤ人共同体は、今や、ユダヤ人がユダヤ人を捕まえるという、究極的なことをするように期待されていた。そして彼らは、こうすれば「より人道的な扱い」が保障されるからという理由で、これを実行した。ムルメルシュタインの召集係は、ユダヤ人の住居に突進した。そして、親衛隊員とユダヤ人部隊の長が机に向かって座り、家族のことを尋ね、財産申告の確認をするあいだ、召集係は戸口に立っていた。それから、親衛隊員はユダヤ人召集係と犠牲者を残して、引き上げることもあった。その際、ユダヤ人に荷造りの手伝いを許可したが、逃亡を阻止するよう戒めた。[141] 集合場所では、収容者が逃亡できないように、ユダヤ人の警備員が注意しなくてはならなかった。敷地から一人いなくなると、ユダヤ人警備員が二人代わりに移送されることになる、とレーヴェンヘルツは聞かされた。[142] 集合センターに転用された建物は比較的小さかったので、空間を最大限に利用するために、机も椅子もベッドもなかった。このような建物の中での待機が、ときには数週間続いたあとで、移送者は幌なしのトラックに立たされ、町中であざけりの言葉を浴びながら、昼日中に駅まで連行された[143]。

一九四二年十月半ばに、ウィーンからの移送は実質上終わった[144]。そして、年末のレーヴェンヘルツの報告によると、八〇〇〇人足らずのユダヤ人が残った[145]。一九四三年一月、ユダヤ人団体の職員数は減少し、役員の数人（ムルメルシュタインも含む）は、テレージエンシュタットに送られた。このころ、レーヴェンヘルツはエーブナーの事務所に現われ、一つの質問をした。以下に挙げるのは、この会合についてのエーブナーの話である。

ユダヤ教徒団体の長で、のちのユダヤ人長老評議会の長は、ヨーゼフ・レーヴェンヘルツ博士だった。私は彼と数回会い、安心して率直に話すことができた。彼こそ、強制収容所のユダヤ人がガスで抹殺されているという噂を、私に伝えた最初の人物である。一九四二年以降、たしか一九四三年のある日、彼が私のところに、ひどく狼狽した様子でやってきて、フーバーとの面会を頼み込んだ。何を望んでいるのかと私が尋ねると、彼は答えて、ユダヤ人が殺されているとの噂があり、これが本当か確かめたいのだと言った。私は、彼はボスと関係が悪くなり、敵のラジオ放送を広めたかどで告発されるかもしれない、と思った。レーヴェンヘルツは、それはどうでもよい、と言い、それから私たちはフーバーのところに行った。フーバーにこのことを伝えると、フーバーは国家保安本部第四局長（ミュラー）に直通電話をかけた。その間私たちは外で待っていた。私たちが再び入室すると、フーバーは私たちに、ミュラーはこの話を悪質なデマだと否定した、と言った。レーヴェンヘルツは見るからにほっとした様子だった[146]。

一九四一年十月はじめ、ほぼ七万三〇〇〇人のユダヤ人がベルリンに住んでいた[147]。この数は、旧帝国領の全ユダヤ人の四〇パーセント以上であった。必然的に、首都に住んでいるという事実が、ベルリンのゲシュタポ司令事務所と同様、国家保安本部にとっても重要性を持つことになり、ベルリンのユダヤ人社会の運命は、ドイツ・ユダヤ人全国連合およびベルリンのユダヤ教徒連合を独占することになった。次にあげるものは、ベルリンのゲシュタポの鍵となる人物である。

ゲシュタポ司令事務所長　オットー・ボーヴェンジーペンSS中佐・上級参事官（一九四二年十一月から、ヴィルヘルム・ボックSS少佐・参事官）

ユダヤ人担当　ゲルハルト・シュテュップス刑事委員（一九四二年十一月から、ヴァルター・シュトック刑事委員）

代理　フランツ・プリューファー上級警部（一九四二年十一月まで）

ドイツ・ユダヤ人全国連合の中心的人物は、幹部会議長のレオ・ベックと日常業務での代理であるパウル・エプシュタインであった。ベルリンのユダヤ教徒団体では、議長はモーリッツ・ヘンシェルが務め、移住課長はフィリップ・コツォヴァーで、彼は住宅課長のマルタ・モッセ博士の補佐を受けていた。ベックとヘンシェル、エプシュタインとコツォヴァーは、両組織の対応する職務についていた。この四人全員が、発足当時からドイツ・ユダヤ人全国連合の幹部会のメンバーであった。[148]

ベルリンのユダヤ人は、ウィーンのユダヤ人と同様、移送以前に増大する強制収容の圧力にさらされていた。ベルリンでは、このために、ユダヤ人全員がユダヤ人所有の建物に引っ越すことになった。[149] ゲシュタポは、さまざまな資料ファイルを通じて、ユダヤ人住民に手を伸ばすことができた。たとえば、警察に登録された住所、市の納税記録、絶えず修正の手が入れられているモッセのカード・ファイルである。[150] 一九四一年十月の初め、プリューファーは、ユダヤ教徒団体幹部の二人（うち一人はヘンシェル）とモッセを呼び出し、今から自分が言うことを誰にも話してはならないと警告し、こう言った。ベルリン・ユダヤ人の「移住」が始まるが、この行動が突撃隊や親衛隊によって実施されることのないように、ユダヤ教徒団体が行動に参加しなくてはならない。「これがどのように実施されるのか、誰にもわからない」。ユダヤ教徒団体は、数千人の名前を提出し、そのリストに載っている全員にアンケート用紙を送ること。そのあとで、ゲシュタポがウーチに移送するための一〇〇〇人を選別する。ユダヤ教徒団体は、移送者が旅の準備を整えているか、確かめること。行動の全体は、ユダヤ人住民には、「住宅明け渡し行動」と説明することになる。ここでヘンシェルが、ドイツ・ユダヤ人全国連合には知らされるのか、と聞き、プリューファーは、そうだ、と答えた。モッセの供述によると、この晩、ドイツ・ユダヤ人全国連合とベルリン・ユダヤ教徒団体の幹部会メンバーは、「該当者のために最善のことができるように」ゲシュタポの希望に従うことを決定した。[151]

秘密厳守は、ベルリンのゲシュタポにとって次第に重要になったが、やがてやってくる輸送の日取りは、つねにユダヤ人役員に知らされていた。一九四二年七月二十九日、シュテュップスとプリューファーはコツォヴァーに、八月十七日、九月十四日、十月五日に予定されているテレージエンシュタットへの三回の輸送と、八月十五日と三十一日予定の二回の「東部」行き輸送のことを知らせた。[152] コツォヴァーは、この会話に関する覚書の中で、自分は同僚の数人にこの内容を知らせた、と指摘している。彼はまた、全国連合の幹部会で輸送のことを口にし、出席者全員が「この情報に関して守秘義務がある」と付け加えた。[153] ゲシュタポがユダヤ人リーダーたちを信頼した理由は、移送準備で彼らの助力に頼ったからである。

助力の一部は事務的なものであった。ベルリン・ユダヤ教徒連合は、タイピスト、事務員、荷物運び、看護婦、輸送補助係つまり「特殊任務のための治安隊」を提供した。[154] シュテュップスとプリューファーは、ユダヤ人の家での検挙にはゲシュタポ隊員と治安警察、刑事警察のみを使ったが、[155] 集合場所で移送の瞬間まで犠牲者の世話と準備をするために、ユダヤ人の補助部隊を必要とした。ユダヤ教徒連合は一度、午前五時きっかりにアンハルター駅に向けて出発する市電に乗せるため、夜明け前に老人ユダヤ人の移送者を市電のところまで連れて行くことまで要求された[156]。その他の任務は、ベルリン出身の者もベルリンを通過する者も含む移送者に、食料を提供することだった[157]。ユダヤ教徒連合の役員は、規定の供給を確保できるよう、とくに配給の終わりごろ、選別された犠牲者がもはや割当てを受け取ることができなくなったときに、食糧局と交渉した[158]。しかし、ベルリンの食糧局長モラフスキが、アーリア人の子どもも特別割当てをもらってないのだと説明したとき、幼児に食料を確保しようとする試みはついえた。

ユダヤ人の指導部は、人員・空間・必要物資の提供で貢献しただけでなく、計画された移送割当てを満たすという微妙な任務にまで関与した。当初ベルリン・ユダヤ教徒連合は、各移送の前に、三、四千人の名前を書いた長いリストを準備し、移送がまもなく中止することを希望しつつ、選別された者のうちの数人のために、口を差しはさんだ。ベルリンの町にまだ十分なユダヤ人がいる限りにおいて、ゲシュタポはこの要求を簡単に受け入れた[159]。しかし、一九四二年初夏までに状況は変化した[160]。六月末には五万四〇〇〇人しかベルリンに残っておらず、移送延期や移送免除と分類された者が、全体の中でぐっと高い割合になったのである。一九四二年七月二十九日にプリューファーがヘンシェルに、各人に関する詳しい情報を添えた「ベルリン・ユダヤ人全員の名簿」を準備せよと要求した[161]。同じ日、プリューファーの助手、ヴァルター・ドッバーケ刑事部長がコッォヴァーに、八月十五日と三十一日予定の東部への輸送のために集められるユダヤ人の数は、現在の基準によれば三〇〇人に満たないが、それぞれ一〇〇〇人必要である、と注意を促した。人数が不足するので、労働者や混合婚の者に手をのばす必要があるのではないかと、ドッバーケは考えた。すると、コッォヴァーは、もし強制収容所の収容者とその家族を含むならば、目標は達せられるのではないか、と提案した。シュテュップスは、この考えはドイツ側の会議に提出できるぐらい十分な利点があると考えた[162]。しかし九月初めに、プリューファーとドッバーケは、再びコッォヴァーとモッセに基本問題を持ち出し、「老人の移送者にも東部への移送者にも、物資が非常に乏しくなっている」ことを指摘した[163]。

一九四二年十月末に、シュテュップス＝プリューファー体制は、突然の終末を迎えた。二人とも職務のかたわら私腹を肥やしたとの嫌疑を受けたのである。シュテュップスは逮捕される前に自殺し、プリューファーは勾留中に爆破によって死亡した[164]。この時点で、アロイス・ブルンナーがウィーンから数人のユダヤ人警察を連れて到着した。ブルンナーは雰囲気をがらりと変え、新しいやり方を導入した。これよりのちは、ユダヤ人団体の建物にいるあらゆるユダヤ人は、「ドイツの血統」の人間が入ってきたら起立し、ドイツ人から少なくとも二歩の距離を保っていなくてはならなくなった。集合場所の容積は、家具を全部取り除くことによって拡大された。大ハンブルク通りのセンターからは、台所さえも取り除かれた。ユダヤ人団体の職員は日夜勤務をしなくてはならなかった。街区ごとのユダヤ人の人口密度が記されているものを含んだ、ベルリンの地図がいろいろと用意された。最後に、これからの行動でゲシュタポを補佐するため、ユダヤ人治安隊が創設された。[165]この指令に従って、エプシュタイン博士はユダヤ人団体の職員にこう言った。ユダヤ人治安隊は、ゲシュタポの検挙に随行してユダヤ人の家まで行き、犠牲者が荷造りをするのを手伝わなくてはならない。この任務を拒否したり、ユダヤ人に警告したり、逃亡を援助する者は誰でも、射殺され、その家族は東部に送られる。治安隊は、赤い腕章をつけ、ゲシュタポと並んで町を歩き、家から家へと移動する、と。[166]

ブルンナーの臨時体制はとても短かったが、痕跡を残した。一九四二年十一月末に引き継いだシュトックSS少佐は、検挙のために九〇人からなる正規の召集隊を組織するよう、ヘンシェルに命令した。[167]しかし、次の主要な行動はユダヤ人の工場労働者を狙ったもので、もっと人数が必要だった。この行動の中で、親衛隊のアドルフ・ヒトラー親衛旗団のトラックが工場施設の中に入り込み、ユダヤ人を作業着のまま捕まえた。他のトラックはユダヤ人の住居の前で止まり、家で発見した誰もかも連れ去った。モッセの供述によると、ゲシュタポとユダヤ人組織の職員は、協力して、「ばらばらになった家族を一緒にする」ために、逮捕した人の親戚を捜した。一杯になった集合場所から、夜になると幌付きトラックや家具運搬車が、犠牲者を乗せて駅まで走り、そこからアウシュヴィッツへの輸送が行われた。[168]

工場での行動は、かなりの問題を起こした。ゲッベルスが日記でこぼしているところによると、「近視眼的な」数人の工業家が「ユダヤ人に事前に警告」しており、「そのため、われわれは約四〇〇〇人を取り逃がした。彼らは、いまベルリンを家もなくさまよっている。警察に登録されず、当然、公共危険物である。私は、警察・国防軍、党に対して、できるだけ早くこれらのユダヤ人を検挙するために、できる限りのことをするよう命令した」。[169]

リスト作りと選別は、帝国と保護領地域の全都市からの移送を、総合的な意味で特徴づけるものであったが、テレージエンシュタット・ゲットーで実行されたことでもあった。もちろん、テレージエンシュタットでは、犠牲者はこの手続きを経験するのは二回目であった。一九四二年から四四年半ばまで、親衛隊は移送者の人数とカテゴリーを決定したが、ユダヤ人のゲットー行政組織そのものが、外国行きの輸送の犠牲者の名前を挙げなくてはならなかった。この選別の過程で、ある人たち――出身地の共同体に対する過去の貢献によって価値ある人物とみなされた人や、テレージエンシュタットの経営上必要不可欠とみなされた人――は選別を免れ、他のものが犠牲になった。当時のユダヤ人役員の発言によると、この選別の責任は、一〇〇人以上で共有した。ユダヤ人機構は、最終的なリストの完全性を守り、いかなる取り替えにも先んじるために、ゲットー内に隠れている人物を捜索することさえ行った。[170]

解放の時まで実際に隠れていることに成功した、帝国全土におけるユダヤ人の数は、二〇〇〇人を大きく超えるものではないだろう。このうち約半数は、宗教上はキリスト教徒であり、部分的には非ユダヤの家系の者であり、ドイツ人配偶者のパートナーまたは寡夫・寡婦であった(171)。ユダヤ人の言葉では、彼らは「Uボート」（潜水艦）として知られていた。このUボートのある人たちは、資金、強靭な神経、特別な沈着冷静さ、並外れた社交能力をもっていたので生き残った(172)。こういう資質をもっている人間は多くはない。隠れているユダヤ人は、少数のドイツ人から若干の援助を受けた。ウィーンのユダヤ人は、ブダペストのユダヤ人救済委員会から援助を受けた(173)。しかし、たいてい、「潜伏した」ユダヤ人は自己を頼みとしなければならなかった。「Uボート」たちは、ゲシュタポやゲシュタポに雇われたプロのユダヤ人情報屋に追いかけられ、党組織やナチの自警団のネットワークから身をかわしながら、廃墟に住み、焼け出された人間になりすまし、あちこち走り回って、解放の時を待っていた。彼らの成功するチャンスはわずかであったかもしれないが、殺戮センターに移送された者よりも、状況は有利だった。

もっと人数が少なかったのは、どんな形であれ抵抗を考えた人たちである。一九四二年の犯罪統計から、「国家権力への抵抗」のために有罪宣告を受けたユダヤ人はたった一人であることがわかる(174)。ベルリンでユダヤ人を捕まえていた警官は、ユダヤ人は「すっかり覚悟している印象」を与え、「例外なく、抗議の声も挙げずに自分に付いてきた」と回想している(175)。しかし、一握り以上の人間が自殺のことを考えた。こうして、ベルリンのユダヤ人のあいだで「永遠の問い」となったのは、「あなたは命を断つか、それとも疎開させられるがままになるか」というものだった(176)。

犠牲者を捕まえることは、全体の中で重要な一歩であったが、移送の行政官にとっては、まだたくさんの任務が残されていた。輸送手段を確保し、目的地まで列車に同行する警官を確保し、運賃の資金を確保しなくてはならなかった。

特定の輸送便の派遣は、移送の数週間前に行われる、国家保安本部と帝国鉄道との交渉の議題であった。さらに、車両と積荷について地域での手配が行われた。こうして、「Da五一二号、ニュルンベルク＝テレージエンシュタット間、一九四二年九月十日出発」が、一九四二年八月八日にフランクフルトでの東部経営本部の会議で、移住者・収穫作業補助者・ユダヤ人のための特別列車のリストに、登場してくることになる(177)。Da五一二号の構成と出発に関する詳細は、鉄道管理部・ニュルンベルク・第三三係（上級鉄道官吏シュレンク）の命令によって決められた。車両は、Lp一五一一の標識が付けられた空の列車から調達された。Lp一五一一の車両数両は、バンベルクとヴュルツブルクに急送され、そこから四〇〇人のユダヤ人がニュルンベルクの操車場まで運ばれることになった。Lp一五一一の残りの車両は、ニュルンベルクの移送者と彼らの荷物を積み込むべく、ニュルンベルクの家畜駅・肥料積載場に九月九日、午後五時までに準備されることとされた。翌日の午後三時、満載の車両が操車場に移動し、バンベルクとヴュルツブルクのユダヤ人を乗せてそこで待っている車両と連結する。こうして完全編成となったDa五一二号は、午前六時十四分に出発する、という手はずであった[178]。このように綿密に準備がなされたので、いったん運輸省が特別列車を認めたならば、ゲシュタポはそれに手足を縛られ、出発予定時刻がデッドラインとなった。国家保安本部のガイドラインが繰り返し明らかにしているように、使える列車は一〇〇パーセント活用されなくてはならず、時刻表は変更できず拘束力を持ったのである[179]。

国家保安本部には列車を護衛する人員がいなかった。治安警察から助けがやってきた。治安警察は、輸送ごとに一人の上級警察官と一二人の警官を付けた[180]。この取り決めは帝国と保護領に限定されていたが、国家保安本部は最終的に、他の地域の移送でも治安警察に頼った。実際に、治安警察は特別列車の警備を、通常の職務の一つとして考えるようになった[181]。ウィーンの警察長官のファイルにある命令書や報告書から、警備の構成の指定（テレージエンシュタットには上級警察官一人と六人の警官、東部には上級警察官一人と一五人の警官を配置し、このすべてを警察管区の通常人員から調達する）や、列車ごとの武器（各三〇〇発の弾薬を備えた短機関銃二丁と、各人あて六〇発を備えたカービン銃一丁と五〇発を備えたピストル一丁）の何がしかが見て取れる[182]。

列車はゆっくりと移動した。Da三八号で一〇〇〇人のユダヤ人（男・女・子ども）をウィーンからソビブルの絶滅収容所に連行した、都市警察警部補ヨーゼフ・フィッシュマンの報告によると、行程はブルノ、ナイセ［ニサ］、オッペルン、チェンストホヴァ、キエルツェ、ラドム、ルブリンのルートをとり、次のようなダイヤであった。

一九四二年七月十四日　正午　ウィーンで荷を積む
　　　　　　　　　　　午後七時〇八分　出発
　　　　　七月十七日　午前八時十五分　ソビブルに到着
　　　　　　　　　　　午前九時十五分　荷を下ろす

フィッシュマンは、旅程中なんの事件も起こらなかったと報告している。ルブリンで五一人のユダヤ人が下車し、ソビブルでは九四九人が、収容所司令官のシュタングル都市警察警部に引き渡された。しかし、警備はまったく快適なものではなかった。二等の客車に座るのではなく、三等で旅しなければならなかったし、夏に適した食料の代わりに、腐りかかっているソーセージをあてがわれたのである[183]。

一九四二年五月にウィーンからミンスクに向かった列車は、もっと長かった。最初は旅客車両だった輸送は、一〇〇〇人のユダヤ人の男・女・子どもを運び、オルミュッツ、ナイセ、ワルシャワ、シエドルツェ、ヴォルコヴィスクを通過した[184]。

一九四二年五月六日　正午から午後四時まで　荷を積む

五月八日　午後七時　出発
　　　　　午後十一時　ヴォルコヴィスク到着。
　　　　　　続いて移送者は貨車に乗り換える
五月九日　午前二時四十五分　コイダノフに到着。
　　　　　午後二時三十分　ミンスクの保安警察の命令により、
　　　　　　列車は当地に停車。死亡したユダヤ人八人が下ろされ、駅に埋葬される。
五月十一日　午前九時　旅の継続
　　　　　午前十時三十分　ミンスクに到着

　列車がコイダノフで四二時間停車した理由は、明らかに、射撃手を週末に仕事から解放したいという保安警察の希望であった。一九四二年五月九日は金曜日であった。[185]

　ユダヤ人を捕まえたり警備するとき、明らかに助力を必要とするということに加えて、ゲシュタポには微妙な財政上の問題があった。輸送の手配をするゲシュタポは、料金を払わねばならなかったが、ゲシュタポの通常の予算では、このような巨大な支出を賄うことができなかった。この解決は、ユダヤ人共同体機構の資金を活用することだった。国家保安本部は、ドイツ・ユダヤ人全国連合と、ウィーンとプラハのユダヤ人共同体の財政をコントロールしていた。ユダヤ人の組織は、税金やさまざまな受領金（たとえば、一九三八年十一月までシナゴーグが建っていた土地の売却金）を、銀行のいろいろな口座に預けていた。一九四一年十一月二十一日の最初の輸送のあとで、ドイツ・ユダヤ人全国連合のパウル・エプシュタインは、移送者への装備の費用が上昇していることを心配して、国家保安本部のグートヴァッサーＳＳ大尉に、移送者に特別口座Ｗに払いこむ特別徴収金を課すことを、許可してほしいと言った。グートヴァッサーはこの提案を悪くないと思ったので、提案を書面にすることを求め、特別口座Ｗは鉄道輸送代にも使用されうると追加した。[186] 一九四一年十二月三日、エプシュタインとリリエンタールは「われわれの監督官庁の指令」を引合いに出して、傘下のユダヤ人共同体や支部に指令を出し、疎開で輸送される全員が、自分の流動資産（証券は除外する）の二五パーセントほどを寄付として払うべく説得せよ、この措置の必要性は「しかるべき方法で」明らかにする、と伝えた。移送者には、彼らの寄付は自分自身の必要品のために使われ、余分はすべてドイツ・ユダヤ人全国連合によって福祉の目的で使われる、と伝えられた。[187] 十二月三日までに、二万四六二八ライヒスマルク四〇ペニヒと三万三一五八ライヒスマルクが、特別口座Ｗの資金からケルンの鉄道管理部に、十月の輸送代金として支払われた。[188]

　このからくりを発見した大蔵省のメーデル課長は、一九四二年十二月十四日カレンバッハ部長にそのことを、長い覚書の中に書いて報告した。一九四一年十二月三日のドイツ・ユダヤ人全国連合の指令をとくに取り上げず、メーデルは以下のように書いた。ゲシュタポはユダヤ人の資金を自由に使える力を持っていないにもかかわらず、ゲシュタポの広範囲な影響力のせいで、この金が「輸送代金など」に活用されていることが、保安警察の代表者と繰り返し話をしてわかった。さらに、同じような手続きがウィーンでなされており、そこではゲシュタポの中央事務所が「特別全権」を持っているし、プラハでは、ユダヤ人の財産を処分する権限のあるものが、ゲシュタポにその権利を委ねて「財産の担い手」にしている。こういった措置は、計画の資金を予算の外から調達するものである。ヒムラーは、「ユダヤ人問題の最終解決」のために使われたユダヤ人財産は、つまるところ第三帝国の目的にすでに関与した資産である、と主張しているが、これは疑問である。このような自己資金を黙認すべきであろうか。以上のようにメーデルは書いていた。[189] 結局、(まったくの沈黙ではなかったが) 黙認されたのである。[190]

少なくとも二五万人のユダヤ人が帝国と保護領から移送された。その半数は旧帝国領から、五万人はオーストリアから、残りは保護領から移送された。一九四二年十二月三十一日時点(ベルリンでの最後の大規模な検挙の前)での移送統計は、親衛隊の数字の専門家リヒャルト・コルヘアによってまとめられ、それは表8－2のとおりである。

オストラントに移送されたユダヤ人は、カウナス、リガ、ミンスクで射殺された。占領下のポーランド行きのルートをとった者は、ポーランドのクルムホフ［ヘウムノ］、アウシュヴィッツ、ベウジェッツ、ソビブル、トレブリンカ、ルブリン（マイダネク）の絶滅収容所で死んだ。テレージエンシュタットのユダヤ人で、そこで死ななかった者の大多数は、最終的にアウシュヴィッツにおいてガスで殺された。殺戮作戦は秘密厳守だったにもかかわらず、このとてつもない犯罪の兆候や気配が、帝国全土に浸透してきた。犠牲者の検挙がしばしば町中で見られた。捕まる姿が見られなくても、住居が奇妙にもからっぽになって残された。借家人がいなくなったことに気づかなくても、あらゆる町や社会層に秘密めいた「東部」の話や報告が染み込んできて、ゲシュタポの回りにはひそひそ話の輪ができるまでに至った。

ひそひそ話の中から、一人の男が勇気をもって抗議の声を挙げた。移送の前日に、六六歳のカトリック司祭でベルリンの聖ヘートヴィヒ大聖堂の司教座教会参事会主席、ベルナルト・リヒテンベルクが、あえて公の席で、洗礼を受けた者も受けていない者も含めてユダヤ人のために祈った。彼は密告されて、逮捕された。警察は、彼の住まいを捜索したときに、話されなかった説教のメモを発見したが、その説教で彼は会衆に、ユダヤ人はドイツ人をすべて殺したいと思っているという当局の主張を信じるな、と訴えようとしていた。彼は、勾留されると、東部のユダヤ人のところに行って、そこで彼らのために祈りたいと主張した。彼は特別法廷で裁判にかけられ、二年の刑を受けた。一九四三年十月二十三日に釈放されると、彼はすぐにゲシュタポに捕まえられ、ダッハウへと送られた。彼は病気が重くて旅ができず、途中のホーフにある病院で亡くなった。[194] このようにして、たった一人の人物がユニークな態度を示した。噂好

表8-2　帝国と保護領地域からの移送人数

	「疎開」(＝移送)させられた者	1943年1月1日現在残っている者	移送適格者	混合婚の者
旧帝国	100,516	51,327	34,567	16,760
オーストリア	47,555	8,102	3,299	4,803
保護領	69,677	15,550	9,339	6,211
計	217,748	74,979	47,205	27,774

［注］出典は，Report by Korherr, April 19, 1943, NO-5193. 旧帝国の統計の中には，ズデーテンも含まれている．コルヘアの報告によると，51,327人いた旧帝国領のユダヤ人の数は，1943年の最初の3カ月の間に，31,910人に減少した．1944年6月19日，プラハのユダヤ人長老評議会の報告では，69,809人のユダヤ人がテレージエンシュタットに移送され，7,000人が「疎開」した，つまり合計ほぼ77,000人が連行された．Aeltestenrat to Zentralrat für die Regelung der Judenfrage in Böhmen und Mähren, June 19, 1944, Israel Police 1192. 1944年11月1日までに，旧帝国領内のユダヤ人登録人数は，12,930人に減少した．特権のある混合婚の者8,312人，特権のない混合婚の者2,838人，混血児と分類されない2分の1ユダヤ人（ユダヤ人妥当者）1,499人．残りは，ドイツ系「完全ユダヤ人」209人と，外国籍のユダヤ人72人である（191）．オーストリアにおける1944年12月31日のユダヤ人人口は，5,799人で，そのうち3,388人は特権のある混合婚の者で，1,358人は特権のない混合婚の者であった(192)．保護領における1944年末の総計は，ほぼ6,500人であった（193）．

きやセンセーション屋のひそひそ話の中で、ベルナルト・リヒテンベルクは、ほとんど一人でたたかった。

たしかに、リヒテンベルクは逮捕された唯一の人物ではなかった。繰り返し、不注意な人間が、不注意な意見を、話してはいけない人物に話した。ヴィースバーデンのペンキ屋、ルイ・ビルクは仕事をするとき必ず、仕事をする家の主婦とたくさんおしゃべりをした。訴状によると、「彼は、いかがわしい情報源から、戦局の不利な展開についての噂を漁り」、それを客に広めたとある。ユダヤ人問題について、彼は、ドイツに残っているユダヤ人は全員、まもなくガスで殺されるだろうと意見を述べた。さらに、彼は主婦たちに、党の指導者はすべてブラック・リストに載せられ、いつの日かユダヤ教のシナゴーグを再建させられるようになるだろう、と請け合った。ルイ・ビルクは処刑された[195]。

全体で見ると、ほんの一握りの噂好きしか捕まえられなかった。そこで党官房は、噂の波とたたかうために、移送について公式の説明を出した。党はこう言った。ユダヤ人が「東部に」送られているのは、そこの労働収容所で雇用されるためである。ユダヤ人の中には、「もっと東に」送られている者もいる。老人や勲章を受けたユダヤ人は、テレージエンシュタットに移住している、と。党の回状の末尾にはこう書かれていた、「事柄の性質上しかたないことだが、これらの、部分的な非常に難しい問題は、ドイツ民族の永続的な安全のために、情け容赦ない厳しさをもって初めて解決される[196]」。噂は続き、下火になることはなかった。

押収

原注79-

官僚は、ユダヤ人が帰ってこないのを当然だと思っていた。その想定の上で、移送者が残していった遺産を処理する手続きをした。その遺産とは、個人的な所持品、住宅、ユダヤ人共同体の財産、封鎖された口座、税関にある品物、押収された証券、信託管理下にある会社と不動産、債権と債務、年金、保険、相続問題である。これらすべての残り物と、清算されていない押収物、終了していない商取引が、今や大蔵省の専門家の手に任された[197]。

手続きを適正に進めるためには、法律が必要だった。つまり、移送されたユダヤ人によって残された財産はすべて帝国のものになる、という法制化された原則である。一九四一年末までに、ユダヤ人財産の押収の原則的弁解は、「ユダヤ人は国家の敵である」という申し立てであった。他の言葉を使えば、官僚が利用したのは、共産主義者や同様の国家の敵が持っていた財産を押収する時の法律であった。実際に、ユダヤ人が、自分は共産主義者である、したがって自分の財産は押収されるという書面に署名を強制される例があった。

多くの理由で、この手続きはそれほど満足の行くものではなかった。その最も重要な理由は、ユダヤ人一人一人が「国家の敵」であることを宣言しなくてはならず、各ユダヤ人の財産を、個別の命令によって押収しなくてはならない点であった。大蔵省は、包括的規制を望んだ。つまりこういった財産をすべて自動的に国家に「没収」したかった[198]。またそれに劣らず重要なのは、ドイツ人の債権者と債務者の権利を規制する必要があったことである。どの程度までドイツ人の債権者は、押収された財産から支払いを受けるべきか。どのくらいがドイツ人の相続人に与えられるべきか。国はどのくらいドイツ人債務者から徴収するべきか。

このような問題はすべて、一九四一年十一月二十五日に出された帝国公民法第一一命令の中で扱われていた[199]。この中で示された原則は、「住所を外国に持つ」ユダヤ人は、ドイツ帝国の国籍を持つことができず、そのようなユダヤ人の財産は帝国のものとなる、ということであった。ドイツ人債権者に関する規定は、押収財産の市場価値の程度までのみ、そしてこのような支払いが国民感情に反しない場合のみ、帝国がユダヤ人の債務を引き受ける、というものであった。移送されたユダヤ人によって扶養されていた非ユダヤ人は、多少の補償を受ける権利が与えられたが、これも押収財産の市場価値を越えない範囲であった。補償の形式は、一回の現金による支払いか、押収された物の返却かであった。

疑う余地もなく、この規定は、移送されたユダヤ人の周囲にいるドイツ人の親戚に金を払う目的のために立案されたものである。実際に、それは、ドイツ人相続人に配慮した規定であった。もちろん、「相続人」という言葉は使われてはいなかったが。混合婚のユダヤ人がのちに免除されることを見越して、扶養家族条項は、どんな場合にも限定されて適用された。ユダヤ人の財産に対するドイツ人の個人的な請求権が、法律の中で考慮されているならば、ドイツ人の債務者に対するユダヤ人の請求権も、考慮しないわけにはいかなかった。官僚は、後者の請求権を犠牲にすることを望まなかった。というのは、そのような処置をすれば、支払いを怠ったドイツ人債務者が得するだけであるし、絶滅過程の基本原則は、帝国のみがユダヤ人の絶滅によって利益を得るべきであるというものであったからだ。したがって、この法律は、移送されたユダヤ人の財産に対する債務者と、ユダヤ人の財産を所有している者に、そのような債務を六カ月以内に申告することを規定していた。この規定のあとに、入念な苛酷条項が続いていた。請求権の全問題に対する中心的な機関は、ベルリン＝ブランデンブルクの税務署長であった。保護領で同じ機能を果たすものは、保護領長官の管財局であった。[200]

それから、この第一一命令は、初めて、ユダヤ人財産の無制限な押収の原則を確立した。つまり、ユダヤ人は、もはや何も必要としないので、所有しているものすべてを、何の代償も与えられずに取り上げられる、ということである。この原則に例外が二つだけ存在した。第一に、移送される者は、若干の個人的持ち物と金を携帯することが許された。この措置は、「移住」伝説に実体を与えるために必要であった（ついでに言うと、個人的な所持品は、殺戮センターにおいてヘアピン一つにいたるまで回収された）。もう一つの例外は、混合婚のユダヤ人の財産である。この財産には手出しができず、官僚は最後の瞬間までこの状況に腹を立てていた。

無制限に押収するという原則を補足するものは、いつものように、ドイツ帝国だけが反ユダヤ的措置から利益を得るというルールであった。一九三〇年代の収用の歴史から、このルールが確立するのにどんなに時間がかかったかがわかる。しかし、一九四一年においてさえ、このルールは官僚の行動にまだしっかりと根づいていなかった。このルールは、正しく解釈され、厳格に実施されるならば、押収された財産が、税金と同じように、国の利益になるように管理されるのであって、国の機関の利益になるようには、ましてやそこの職員の利益になるようにはならないことを保障するものであった。しかし、あとで見るように、またすでにユダヤ人共同体の資金の例で見たように、この側面はあまり守られなかった。

最も面倒の少なかったのは、年金と保険の支払いの中止であった。すでに一九三九年に郵政大臣が、ユダヤ人は保護検束や保安拘禁、「あるいはそれに類した形」でとにかく収容されることになるという理由で、ユダヤ人の年金の取り消しを要求した。[201] しかし、実際には、少なくとも一〇年間公務についた官吏や、第一次世界大戦の時に前線兵士であった者には、年金請求権が残された。今や年金は事実上、余分なものになった。[202] 年金は、ユダヤ人の年金生活者が出発すると、すぐに停止された。同様に、国から出ている保険の支払いも停止された。[203]

私的年金の問題はいくぶん複雑だった。この年金は「押収」の対象になった。というのは、「年金請求権を国が廃棄することは、公共の福祉のためになるのではなく、私企業のためになるからである」。しかし、私企業は一括清算を行うことが許された。[204] かといって、どの企業も妥協案に満足しているわけではなかった。ドイツ銀行は、ユダヤ人年金生活者が移送されるやいなや、問題の支払いが任意のものであれ、年金基金を通じた協定にしたがったものであれ、おかまいなしに、あらゆる支払いを中止した。後者の場合、ドイツ銀行の法律課が、もし年金生活者が犯罪により有罪判決を受けた場合、あるいは留置権が年金に設定されている場合、あるいは年金が担保に入れられたり第三者に移転されている場合、支払いをストップすることを認める規定を発見したのである。ドイツ銀行は以上の規定から、基金の規約上、支払いは被傭者自身を益するものでなくてはならない、と結論づけた。[205] 同じ論理で、ベルリン商事会社は、「ユダヤ人旧従業員が移住したり追放された場合」、自社の年金はすべて取り消すことができ、支払いは停止される、と指摘した。ベルリン＝ブランデンブルクの税務署長が、それにもかかわらず、この会社の年金生活者の一人に対する支払いを要求したとき、「この人物がまだ生きているという徴候がここにはないのだから」、この停止措置は制度的に明記されている、という返答を得た。[206]

個人の生命保険の場合、大蔵省は、移送者の死亡に際して支払われる金の受取人としてうまく立ち回ることはできなかった。しかし、保険証書の所持者が特定の額を現金化する権利を持っている限りにおいて、大蔵省はその額を要求しようとした。[207]

官僚はやすやすと、国外移住するユダヤ人の品物を税関で押収したり、[208] 預けてある証券や、[209] 一九三八年十二月三日の命令によって封鎖された証券を押収した。移住したユダヤ人の銀行口座は、為替法によって封鎖口座になった。[210] そして、移送されるユダヤ人も「国外移住」するのであるから、彼らの口座もこの法にしたがって封鎖された。今や封鎖された口座が「すべて」押収された。[211]

移送が始まったとき、若干のユダヤ人企業とかなりのユダヤ人の不動産が、まだ信託管理されていた。この財産は自動的に押収された。[212] 今や国のものになった大量の不動産物件を目にして、ドレスデン銀行のアーリア化の専門家、ラッシェ博士は、自分の銀行が、この財産の処分に関して、大蔵省の手助けをすると申し出た（ラッシェがかつて、大蔵省のために税金を徴収することを提案したことを思い出して欲しい。したがって、「押収されたユダヤ人不動産の動産化」という彼の計画は驚くには当たらない）。彼は、この不動産は一〇億ライヒスマルクの価値があると見積もり、手数料の形でドレスデン銀行に入ってくる巨大な利益を期待していた。[213]

一九四二年三月十二日に、押収されたユダヤ人財産の担当である大蔵省のメーデル課長は、ドレスデン銀行、ドイツ銀行、コメルツ銀行の三人の代表者と会った。この会合で、銀行の熱狂は弱まったにちがいない。メーデルはこう説明した。第一命令にもとづいて、帝国は、財産の市場価値の限度まで、ユダヤ人の債務に対して責任がある。そして、ユダヤ人の不動産は、「屋根のアンテナ」まで抵当に入れられている。さらに、もし銀行が財産の現金化に関与したら、移住したユダヤ人が中立国にある銀行の支店に対して訴訟を起こす危険性がある、と。[214]

続く数カ月のあいだに、大蔵省は、自力でことを進めた。一九四三年五月、大蔵省次官がこれ以上の取引をやめるよう命令を下すまで、売却が進められた。[215]残った不動産は、参戦兵士のために取っておかれることになった。

とくに問題になったのが、ユダヤ人共同体の財産である。大蔵省はこの財産に手を出せなかった。というのは、共同体の組織は（これは法人であった）移住していないからである。言うまでもないが、ドイツ・ユダヤ人全国連合と、他のユダヤ教徒団体の組織は、ゲシュタポの完全な統制下にあった。親衛隊・警察にとって、この関係は、いつでも介入できることを意味した。親衛隊の「生命の泉」*は、若い母親と「良い血」の子どもの世話をする任務を負うものであり、絶えず建物、とくに病院・サナトリウム・福祉施設やその他の「物件」を捜していた。それはまさに、全国連合と他のユダヤ教徒団体の持っているタイプの不動産であった。全国連合は「保安警察の施設」なので、「生命の泉」はそれほど問い合わせをする必要はなかった。「生命の泉」の役員の一人が、アイヒマンSS中佐に手紙を書いて、「ドイツ・ユダヤ人全国連合に、そのサナトリウム（あるいは他のどんなものであれ）を、生命の泉（ミュンヘン市第二区、ヘルツォーク・マックス通り三―七番地）に譲り渡すことを指図する」ように頼めばよかったのである。[216]

押収措置の最大の部分は、移送した人が残した住宅および家具の入手と処分であった。とくに住宅は注目の的であった。ハンブルクが一九四一年九月に空襲を受けたとき、大管区指導者カール・カウフマンは、焼け出された人たちに宿を与えるために、町からユダヤ人を移送するよう、ヒトラーに要求した。[217]大管区指導者バルドゥール・フォン・シーラッハが、ウィーンに新しい住宅建設を考えていたとき、ボルマンは一九四一年十一月二日、彼に手紙を書き、新しい住宅建設の代わりに、ウィーンから最初はユダヤ人を、次にチェコ人を追放するよう、ヒムラーと協力するよう、ヒトラーはフォン・シーラッハに希望している、と伝えた。[218]最終的に、ハイドリヒが一九四二年一月二十日の会議で発言したとき、帝国と保護領からの移送を最優先にする主な理由として、住宅難を挙げた。そのような差し迫った必要性から、住宅の割当ては複雑なものとなり、長引いた。

最初の住宅規制は、帝国首都ベルリンと「運動」の首都ミュンヘンに限られた。この両都市が選ばれたのは偶然ではない。空になったユダヤ人の住宅を家主が公の許可なく賃貸するのを禁じることによって、この問題の担当者は、ベルリンに住む省庁の官吏と、たいていミュンヘンにある党事務所で働く官吏に、居住スペースを確保したのである。[219]ついでながら、この命令は一九四二年六月に初めて出された。したがって、もし家主がユダヤ人の住宅を許可なくすでに貸してしまっている場合には、ユダヤ人の住居であろうと非ユダヤ人の住居であろうと、次に空いた住宅は、役所の統制下に置く、と家主は命令された[220]。

この命令が公布される日に、帝国行政全権（フリックが長で、シュトゥッカートが動かしている調整機関）が、空襲で焼け出された子だくさんの家族が住居割当で優先権を持つという規定を加えることによって、住宅規制を帝国全土に拡大することを要求した[221]。大蔵大臣フォン・クロージクは、賛成しなかった。彼は、公務員の世話をするつもりだったのだ。さらに、フォン・クロージクは巨大な郵便・鉄道・軍隊すら、優先リストに入れなくてよいと考えていた。というのは、彼の考えでは、これらの組織はすでに必要を満たしていたからである[222]。帝国行政全権からもう一度手紙が来たあとで、蔵相は妥協案に同意した[223]が、それは、国が押収した建物の中の住居に限定したものであった。そのような建物の中のユダヤ人の住居がまだ公務員用に予定されていない場合、家主はつぎの借家人の名前を、当該の市長か郡長に提出しなければならない。一〇日以内に他の借家人が指名されなければ、賃貸契約は結ばれることになった[224]。

プラハでは、ユダヤ人移住中央本部が、空き家となったユダヤ人の住居を求める市内のドイツ人の申請を処理した。住宅仲介業のように扱われていることにうんざりして、保安警察・保安部司令官の事務所は、プラハにあるドイツの諸機関に、「いったいいつ、要求の多い皆様方は反ユダヤ主義者になられたのでしょうか」と手紙を書いた[225]。

空き家になった住居をすぐにドイツ人に貸すことができない時も、問題が生じた。デュッセルドルフ＝シュトックムで、ユダヤ人が集中して住んでいた建物の所有者は、自分の借家人の数人が最近移送されたため、賃貸収入の欠損が生じている、なぜならアーリア人が、非アーリア人が住んでいる隣の部屋を借りてくれるとは期待できないからだ、とゲシュタポに苦情を言った[226]。

住宅の割当は遅々としていたが、住宅の中にある個人所有物の分配は、すぐに処理する必要があった。第一の措置は、ドイツ・ユダヤ人全国連合とユダヤ教徒団体を通じて、その「監督官庁」（これはユダヤ人官僚がゲシュタポにつけた名前である）から下された命令であった。この命令はユダヤ人に、自分の個人的な所有物をどのような方法でも売却したり処分したりすることを禁じていた。これは、特権的な混合婚の者を除いて、全員に影響を及ぼし、最初の輸送隊が出発したすぐあとで出されていた。全国連合は次のようなわざと誤解を生むような前書きを付けた。「最近、かなりの数のユダヤ人財産の取引が、十分な理由もなく行われているという事実に直面して、監督官庁は、帝国市民法第一命令第五条の意味でのドイツ国籍を持つユダヤ人と無国籍のユダヤ人」に自己の財産の処分を禁じることによって、「市場秩序の混乱を避けることを決めた[227]」。

つぎに、ゲシュタポ司令事務所とゲシュタポ事務所は、ユダヤ人に自分の所有する品物のリストを書き込ませるように印刷されたアンケート用紙を配布した。このチェックリストは回収され、税務署に渡された[228]。ユダヤ人一人一人が、「東部」に

「移住」するために持って行くことを許された、一〇〇ライヒスマルクの現金と約五〇キロの荷物以外、あらゆる財産が押収されることになった。(229) もちろん、意図されていたことは、残したものであれ携帯したものであれ、結局すべてのものが国庫に入るということであった。

住居から人が出て行くと、すぐにゲシュタポ隊員は鍵を守衛に渡し、それを税務署員が受け継いだ。住宅の中身の処分についての大蔵省の指令は、たいへん興味深い。それにはこう書いてあった。物品が処分される前に、大蔵行政に役に立つ物——とくに机、本箱、絨毯、肘かけ椅子、絵画、タイプライター、また楽器、良質のシーツにいたるまで——を内部の使用のためにとっておくこと。価値の低い物は、ナチ国民福祉団か屑屋に売却する。もし、貴金属・宝石や切手のコレクションが見つかったら、ベルリン市営の質屋に送る。証券は国庫に引き渡す。疑念のある場合は、大蔵省のユダヤ人問題担当の課長メーデル博士に報告すること、と。(230)

この指令では予想していなかった物品がほかにいくつかあったようである。数カ月後に、ユダヤ人の住宅で発見されるさまざまな品物に注意するように、追加の指令が税務署長に送られた。こうして、「ユダヤ人の著作と、そのほかのユダヤ的源泉の文化・芸術作品」は、学術研究のために、ローゼンベルク特捜隊に渡され、蓄音機とレコードは宣伝省官房局（シュタイガー行政監督官）に渡されることになった。ミシンは、制服の生産にミシンが必要なウーチ・ゲットー管理局に売却し、印刷機は帝国新聞会議所の総裁に送られることになった。(231)

大蔵省のみがユダヤ人の家具の分配の任務を負う——そして、ついでに、自分のために戦利品を取っておく——ことができるという牧歌的なシナリオは、それほど長くは続かなかった。大蔵省の独占を破った最初の機関は、ゲシュタポだった。国家保安本部は、大蔵省がゲシュタポ事務所にわずかな品を分け与えるまで待たなかった。ゲシュタポは、ユダヤ人が移送される「前」に財産を「確保」できた。こうして確保された品物には、大蔵省の手が届かなかった。それは、ドイツ・ユダヤ人全国連合とユダヤ教徒団体を通じて押収されたからである。最初のうちは、ゲシュタポは、タイプライター、計算機、自転車、カメラ、映写機、双眼鏡に限っていた。ゲシュタポは、これらは、帝国編入地域や占領地域での新しい事務所の設備のために必要であると申し立てた。(232)

ゲシュタポの押収の規模が拡大するにつれて、その影響は、姉妹機関であるドイツ民族性強化帝国委員幕僚本部でも感じられるようになった。この幕僚本部は、民族ドイツ人のために、あらゆる種類の役に立つ日用品や衣類を購入することに従事していた。品物は、もちろん、ユダヤ人の財産であった。幕僚本部は、品物を小売商・経済グループの中古品販売・目的共同体から手に入れていたが、後者は大蔵省から入手していた。

ある日、幕僚本部は、品物の流れが少なくなっていることに気づいた。「最近の『疎開』から生じるはずの下着の供給が、質・量ともに乏しくなっている」と、幕僚本部が訴えると、小売商・経済グループは、その減少の理由を、「ある意味で」品物は売却される前にすでに「かすめ取られている」という事実で説明した。この「不可解な」状況を「解明する」ために、幕僚本部の代表者は、直接ベルリンのゲシュタポ司令事務所に出かけ、そこで移送を扱っているプリューファーと話をした。このゲシュタポ官吏は、実際に物資を利用したこと、テレージエンシュタットで必要だから、ベルギーとフランス製のアルミの深ナベも取ったことを説明した。ユダヤ人が食べるのに深ナベが必要だったからだ。幕僚本部の代表者は、この件をすぐに、ベルリンの上級親衛隊・警察長官に訴えた。[233]

ゲシュタポが、大蔵省が戦利品を押収するチャンスを手に入れる前に物資を「かすめ取って」いたあいだに、大蔵省の次第に少なくなっている家具のストックに対して正面攻撃が行われた。攻撃してきたのは、東部占領地域省と、党の大管区当局である。東部占領地域省は、ロシアの占領地域での新しい事務所のために良い家具をほしがっていたし、大管区当局は、焼け出された人びとや功績のあった人びとのために、ほとんど何でも利用できたのである。この二つの要求の結果、新しい合意ができた。この合意によって、東部占領地域省は、家具の処分のとき、大蔵省と一緒に行動できるようになった。この協力の目的は、ローゼンベルクの東部での事務所に家具を取り揃えることであった。東部占領地域省が必要としなかったものは何でも、さまざまな大管区指導者に売却された。この新しい仕事を処理するために、大管区指導者は、「ユダヤ人の家具を処分する全権」を任命した。

しかし、ローゼンベルクとフォン・クロージクの協力関係は長続きしなかった。一九四三年三月に、東部占領地域省の職員が税務署長を「不器用」だと訴え、今後は東部占領地域省の職員が単独で家具の処分を行うと宣言した。また東部占領地域省の官吏は、家具の処分による売り上げを自分の予算にすることを要求した。少しあっけにとられて、大蔵省は説明を求めた。[234]この喧嘩の結果はわからない。ともかく、無定形ですべてを包括する受益者である帝国には、そんなにたくさんのものは残されなかった。

解決すべき問題が一つ残されていた。混合婚のユダヤ人の財産である。混合婚のユダヤ人が、生き延びることだけではなくて、個人所有物を保ち続けることも許されたのは、ともかく官僚のしゃくにさわった。しかし、夫婦ともに生きているあいだは、何であれ押収することは困難だった。というのは、夫婦というものは、個人所有物を、たいてい共有しているからである。唯一可能な措置は、帝国内で死んだユダヤ人の財産を考慮に入れた規則を公布することであった。その規則は、一九四三年七月一日付の帝国公民法第一三命令であった。これは、ユダヤ人の財産は、死後に押収されると規定したものである。この命令はまた、遺産相続人が財産品目の全額を認められるか、その一部しか認められないかは、国の裁量にまかされると規定していた。[235]

第一三命令には、不備な点が二つあった。第一に、この命令は混合婚のユダヤ人全員を警戒させた。彼らが自分のこの世での所有物を、生きているうちにドイツ人配偶者に譲渡するのを、阻むことはできなかった。この場合、国はしてやられたのである。第二に、この命令は、ドイツ人配偶者の方が先に死んで財産がすべてユダヤ人の配偶者側に残される、という可能性を考慮していなかった。親衛隊・警察にとって、これは耐えがたい状況であった。したがって、一九四四年初めに、内務省（この時ヒムラーが長であった）は、法務省に新しい規則を公布するように要請した。その規則は、第一に、所有者が死ねば押収の対象になるユダヤ人財産を、その所有者の生存中に売却したり取得したりすることを禁じ、第二に、ユダヤ人が非ユダヤ人の親戚の財産を相続することを禁じるものであった。[236]

相続の問題は、以前にも取り組まれた。一九三八年の相続法[237]の第四八条第二項にもとづいて、法廷は、「健全な民族感情」に反するどんな遺言も無効とする権限を持っていた。一九四一年九月に法務省は、この規定の権威ある解釈を出した。その解釈に従えば、ユダヤ人が有利になるようなドイツ人の遺言は、すべて無効とされた。[238] しかし、法の一般原則の下で、遺産相続をする方法は「二つ」あった。遺言がある場合には遺産受取人として、遺言がない場合には法定相続人としてである。つまり、遺言がない場合には、「法定相続人」となる生存する親戚を、法律が規定していた。ユダヤ人が有利になる遺言はすでに無効となっていたが、法律は変化していないので、ユダヤ人はまだ法定相続人になることができた。そこで、ユダヤ人は、ある最低限の保護を受けることになった。これが、「相続の欠陥」だったのである。

法務省の相続問題担当の部長ヘッセ博士は、この問題を吟味して、内務省の提案した第一三命令の修正案を取り下げるよう、内務省を説得しようとした（これが一九四四年のことであったことは、銘記しておこう）。しかし、内務省は心の平静を保っていなくてはならなかった。したがって、一九四四年九月一日に、法務省の参加なしで、内務省は相続問題を一挙に解決する命令を公布した。

訳注

360 生命の泉（Lebensborn）一九三五年に親衛隊によって創設された、ドイツ人の血統を増やす目的の団体。既婚未婚に関わらず親衛隊員は少なくとも四人の子どもをつくらなくてはならない、という規定に従って、親衛隊員を父親とする子どもを産むことができ、養父母の斡旋も行う施設をつくった。そこで約一万一〇〇〇人の子どもが生まれた。対ソ戦が始まると、ゲルマン系の外見をもつ現地の子どもを、ドイツの夫婦やここの施設に送って「ドイツ化」したというが、その数は不明である。

3　ポーランド

ヒトラーは、一九四一年三月に、総督府をユダヤ人のいない最初の地域にすると、フランク総督に請け合っていたが、その後、フランクは、自分でも同じことを約束したいと考えた。四一年七月二十一日、ドイツ軍のソ連への急速な侵攻のころ、ワルシャワ・ゲットー内の病気や死亡率は急激に上昇していて、フランクは、保健局長のヴァルバウム博士に、ワルシャワ・ゲットーを総督府のなかでまっさきに片づけると言った。[1]

一九四一年十月十三日、フランクは東部占領地域相ローゼンベルクと話をし、総督府のユダヤ人をローゼンベルクの新たな管轄地域に移すという問題を切り出してみた。ローゼンベルクは、今のところそんな可能性はないと答えた。[2]

フランクは一時、途方にくれたが、ベルリンで開かれる「最終解決」のための第一回会議への出席を求める招待状を受け取って、新たな機会を見つけた。彼は即座に、もっと詳しい情報をつかむために、副官ビューラーをハイドリヒのもとへ派遣した。ビューラーは内部情報を手に入れて戻ってきた。一九四一年十二月十六日に、クラカウで会議が開かれた。集まったのは、総督フランク、保健局長ヴァルバウム、労働局長フラウエンドルファー博士、保安警察・保安部司令官シェーンガルト、ラドムの知事クント、ワルシャワ地区の副知事フンメル博士である。

原注81-

フランクは、気になっている問題を最初は持ち出さず、それほど重要ではない話題から会議を始めた。ゲットーから逃げ出すユダヤ人に対する措置の問題である。死をもって罰するという点では意見の一致をみた。そのようなユダヤ人は、ポーランド人に黄熱病を伝染させるので衛生上危険だというのである。フンメルはこう言った。ワルシャワ当局は、治安警察司令官が、国内で出くわしたユダヤ人をすべて即座に射殺するべしとの命令を出したことに感謝している。しかし、特別法廷の仕事は遅すぎる。これまでのところ、四五人のユダヤ人しか死刑判決を受けておらず、八つの判決しか執行されていない。手続きを簡素化するために何とかしなければならない、と。このような調子で討議がしばらく続いたあと、フランクは突然、話題を変えた。

「率直に言いたい」と彼は切り出した。「われわれは、何とかしてユダヤ人を片づけねばならない。総統はかつてこう言われた。『連合したユダヤ人がもう一度世界戦争を引き起こすことに成功すれば、この戦争に引き込まれた諸国民だけが血を流すということにはならない。なぜなら、ヨーロッパのユダヤ人もまた、その時には終わりを迎えるからだ』と。現在ドイツで行われている多くの措置が批判されているのはわかっている。残酷だとか野蛮だとかといった批判が、意識的に繰り返されている。民情報告を見れば明らかだ。そこで、話を続けるまえに、次の原則について同意してほしい。つまり、われわれが情けをかけるのは、ただドイツ人のみに対してであって、それ以外の誰でもないということだ。ほかの奴らはわれわれに情けをかけてはいない」。

それからフランクは、ユダヤ人が戦争を生き延びれば、勝利は無駄になると指摘した。彼は、ただ一つの観点、つまりユダヤ人は消え去らねばならないという観点からこの問題にアプローチしていたのである。彼らは消えねばならないのだ。このために、ユダヤ人を東方に追いやるよう、彼はベルリンで交渉を始めていた。一月には、大規模な会議が国家保安本部で開かれるはずで、次官のビューラーが総督府を代表して出席することになっていた。フランクは言った。「たしかに、大規模な移住が始まろうとしている。しかし、ユダヤ人はどうなるのだろうか。彼らが実際、オストラントの村に定住すると思うか。われわれはベルリンでこう言われた。どうしてこんなに面倒なんだ。オストラントでも彼らは役に立たない。自分で彼らを片づけろ、と。諸君、私は、あらゆる同情心と闘うよう、諸君にお願いしなければならない。われわれは、ユダヤ人を見つけしだい、できるところではどこででも彼らを絶滅させねばならないのだ」。

フランクは言った。この仕事は、フンメルがたった今挙げたものとはまったく異なる方法で遂行しなければならない。裁判官や法廷にはこのような企ての責任を負わすことはできないし、なみの考えではこのように膨大で異常な出来事には対応できない、と。「いずれにせよ、われわれは、目標に到達する道を見つけねばならない。私にはそれについて考えがある」。フランクは、まるで弁解するかのように続けた。「ユダヤ人はわれわれにとって寄食者でもある。総督府にはおよそ二五〇万人（ひどい誇張）、混血児などを加えれば三五〇万人いるかもしれない。われわれは、これら三五〇万のユダヤ人を射殺できないし、毒殺もできない。しかし、絶滅を成功させる何らかの行動をとることはできる。私は、ドイツで議論されている方法を問い合わせているところだ。総督府でも、ドイツと同じようにユダヤ人を一掃しなければならない。どこで、どのようにしてこれを行うかは、われわれがこれからこの地に設置する執行機関の仕事だ。時がきたら、これらの機関がどのような働きをするかを知らせる」[3]。

会議が終わったとき、参加者たちは、絶滅過程の新たな段階がポーランドで始まったことに気づいていた。ユダヤ人は殺されるのだということが、今や彼らにははっきりしたのである。それでもまだ、会議室の雰囲気はぼんやりとして非現実的なものであった。「オストラントでも彼らは役に立たない」、「自分で彼らを片づけろ」、「われわれは、これら三五〇万のユダヤ人を射殺できない」、「彼らを毒殺できない」、「われわれがこれからこの地に設置する執行機関の仕事」といった言葉は、正確にはどんな意味だったのだろうか。明らかに、これらの言葉は暗示にすぎなかった。まさにこの時、国家保安本部、総統官房、強制収容所監査部の専門家たちがポーランドの地図をじっとにらみながら、絶滅施設の適当な設置場所を検討していることは、誰も知らなかった。ポーランドは、絶滅収容所の中心地になることになった。ポーランドは「東方」だったのである。

準備

原注81-

ポーランドの行政官たちには、こういった情報は徐々にしか入ってこなかった。しかしその間、官僚たちは寸暇を惜しんで準備に励んでいた。すべての官庁は待機しており、全員が急いでいた。上から下まで、全員がゲットーを片づけようと懸命だった。ベルリンでは、ビューラー次官が、一九四二年一月二十日の「最終解決」のための会議で、総督府での移送をできるだけ早く始めるようにと声を大にして要求した。[4] 総督府の西隣のヴァルテラントでは、地方長官グライザーが、この大管区にいる一〇万のユダヤ人の「特別措置」を含むすみやかな行動に対してハイドリヒの同意を取りつけた。[5] この目的のために、グライザーと大管区の親衛隊・警察は、ヴァルテラントのまん中にあるクルムホフ「ヘウムノ」に絶滅収容所を設立した。クルムホフはグライザーの要求に大いに役立った（ちなみに、この収容所は動き始めた最初の絶滅収容所だった）。

地方レベルでは、民政当局、警察、鉄道が共同で詳細な移送計画を立てていた。計画者たちの最大の問題は、この計画の途方もない巨大さだった。ゲットーで少なくとも五〇万人が死んだと考えても、移送地域のユダヤ人の数は、総督府一六〇万、帝国編入地域四〇万、ビアウィストク地区の西側部分二〇万まで含めて、依然として約二二〇万であった。民政当局にとって、この数字は、都市人口の構造全体が変化することを意味した。ゲットーが消滅すれば、住居、食料供給、生産能力に重大な変化が起こることが予想された。総督府では、これらの問題に一番直接的な関心を抱いていたのは、内務局住民福祉課だった。そのため、一九四一年十二月十六日付のビューラー次官の指令は、五〇〇人以上の「移住」の認可や拒否の権限をこの課に与えた。[6]

移送される人びとは、大部分、絶滅収容所に送られた。編入地域と総督府からの移送の目的地は、以下に示すとおりである。

帝国編入地域	絶滅収容所
ヴァルテラント	
一九四一―四二年	クルムホフ
一九四四年	クルムホフ、アウシュヴィッツ
オーバーシュレジエン	アウシュヴィッツ
東プロイセン	アウシュヴィッツ
ビアウィストク地区	アウシュヴィッツ、トレブリンカ
総督府	
ワルシャワ地区	トレブリンカ
ラドム地区	トレブリンカ
ルブリン地区	ソビブル、ベウジェッツ、ルブリン
クラカウ地区	ベウジェッツ
ガリツィア	ベウジェッツ

一九四二年以降は、残りのゲットーや労働収容所のユダヤ人も

アウシュヴィッツに送られた。一方、ガリツィアでは、多くのユダヤ人がその場で射殺された。

ポーランド占領地域での検挙に使える警察の人員は、かなり手薄だった。すなわち、数千人の保安警察と保安部の人員、[7] それより少し多い治安警察（編入地域の個別部隊と総督府の大隊、ビアウィストク地区の両者）である。[8] 総督府では、治安警察は三つの部隊を追加して増強された。地方のポーランド警察、ガリツィアやルブリン地区の一部におけるウクライナ人警察、そして主に小都市に配属された民族ドイツ人の特殊部隊である。[9] 他のところと同様にポーランドでも、治安警察の人数は相当なものであったが、一九四二年までは、治安警察の人員は、ユダヤ人の移送ばかりか、他の二つの重要な任務にも従事していた。つまり、ドイツ人の需要を満たすためにポーランドでの収穫物を押収することとドイツで働かせるためにポーランド人労働者を徴募することである。

警察力の増強が必要で、実際にも行われた。一九四二年七月、ラトヴィアの第二二大隊と第二七二大隊が、ワルシャワ・ゲットーでの大規模な検挙のために、リガから連れてこられ、[10] 四三年には、ウクライナの訓練大隊が、ワルシャワ・ゲットー蜂起に投入された。[11] 武装親衛隊の部隊が任務につくよう強制されることもあった。たとえば、オーバーシュレジエンのソスノヴィエツ地域である。[12] ここでは、親衛隊騎兵学校の職員が検挙に使われた。ウーチのゲットー管理局は、ヴァルテガウ中の捕捉行動のために約六〇名の職員を提供したし、[13] 軍は、総督府の森や野原で徒党を組んでいる逃亡ユダヤ人狩りのために、定期的に部隊を派遣した。[14] ユダヤ人警察自身も、これらの行動を補佐するために頻繁に利用された。ワルシャワのユダヤ人治安隊は、四二年夏の移送で人目を引いたが、[15] 一回の検挙が、ドイツ人一人、ウクライナ人一人、ユダヤ人一人のチームで行われたラヴァ・ルスカ（ガリツィア）のように小さなゲットーにさえ、治安隊が投入された。[16]

総督府では、捕捉行動を中心となって組織したのは、親衛隊・警察司令官であった。彼らのなかで、ルブリンのグロボツニクは、ヘーフレSS少佐を指揮官に「強制移住部隊」を設け、これが、[17] ルブリン地区だけではなく、四二年夏にはワルシャワでも、翌年の夏にはビアウィストク・ゲットーでも、ユダヤ人の検挙を担当した。[18] これら二つの都市では、こうした専門化と、そしておそらくもっと重要な点であろうが、検挙の担当者が担当地域と関係のなかったことが効果的だった。

絶滅収容所への輸送は、ほとんどいつも鉄道によって行われた。村のユダヤ人は、鉄道の通っている比較的大きな町まで歩いていかねばならなかったのである。[19] 帝国編入地域のユダヤ人共同体の移送は、次の鉄道管理部が担当した。

オッペルン鉄道管理部（オーバーシュレジエン担当）
ポーゼン鉄道管理部（ヴァルテラント担当）
ケーニヒスベルク鉄道管理部（ビアウィストク地区と東プロイセンへの編入地域を担当）

ミンスク輸送管理部（ウクライナ帝国弁務官領のオランシーツェ駅を担当。ここで、ビアウィストク地区の多くのユダヤ人が、アウシュヴィッツに向けて積み込まれた[20]）

総督府のユダヤ人は、東部鉄道の管理本部が用意した列車で移送された。東部鉄道は、ユダヤ人の絶滅において中心的な役割を果たした重要な鉄道システムである。この組織の簡略化した表を次に挙げるが、とくに運行局に注意する必要がある。

総裁　アドルフ・ゲルタイス
副総裁　ルドルフ・ファトゲン
第二局　運賃　ジリヒ
　九課　乗客運賃　パイヒャー（コッホ、フェアベック）
第三局　機関車　シャーラー
第四局（のちに第五局）運行　ケーレ（マスーテ、ゲックス）
　第三一課　運行　ツァーン
　第三三課　旅客列車　ビンガー（ツァーベル、オイゲン・マイヤー）
　　特別列車　シュティアー
　第三四課　貨物列車　マスーテ（ツァーベル、ツァーン）
　第三三課と第三四課の補佐官　エーリヒ・リヒター（テオドール・シュミト）

東部鉄道管理本部あるいはドイツ帝国鉄道管理部の権限は、列車の手配に限られず、出発と到着をも含んでいたことを指摘しておかねばならない（すなわち、東部鉄道管理本部は、テレージエンシュタット―総督府―ミンスク、オッペルン鉄道管理部は、アウシュヴィッツ行きのすべての列車、ケーニヒスベルク鉄道管理部は、ウィーン―ビアウィストク地区―ミンスク）。そのうえ、これらの管理部は、その領域内を運行する列車のために、計画的な運行ばかりか、車両の調達も手配しなければならなかった。とくに東部鉄道管理本部は、すべての車両や機関車が戦争のために必要だったにもかかわらず、また、ポーランド人の職員に大きく依存していたにもかかわらず、確実に移送に貢献できたのである。管理本部運行課の補佐官エーリヒ・リヒターの記憶によれば、オイゲン・マイヤー（第三三課）は、運輸省の指令にしたがって、ユダヤ人の「移住列車」は、親衛隊の「通告」があり次第すぐに用意するよう、彼に言ったという[21]。

東部鉄道管理本部は、通常、列車一本に数千人を積み込ませ[22]て、絶滅収容所に送った[23]。正確な運賃を計算するために、犠牲者の数を数えるよう（時には到着時に）命令された[24]。最終的には、空になった列車は、収容所で汚物を清掃するか[25]、消毒するために回送するかの配慮がなされた[26]。

作戦全体が、急速に日常業務となった。軍の部隊や補給品を運ぶ列車と混じり合って、死の列車は、それほど秘密にもされず、当然のこととして運行されていた[27]。せいぜい、時刻表に「公務専用」と書かれているだけで、管理本部第三三課（特別列車）課長シュティーアの語るところによれば、彼のオフィスには、さまざまな書類が「まったく隠し立てすることなく」、そのあたりに散らばっていたという。[28]

移送の経過

原注83-

帝国と保護領では、特権ユダヤ人や半特権ユダヤ人グループの存在のためにかなりの困難が生じていた。だが、このような厄介事がポーランドでの移送を妨げることはなかった。混血児問題も混合婚の問題もなかったし、老人ユダヤ人や退役軍人の問題もなかった。ポーランドには外国籍ユダヤ人が少数いるだけだった。まさに最後の瞬間にゲットーから引きずり出された者や、間違って絶滅収容所に輸送されてきた者などである。唯一の主要な困難は、ユダヤ人の特殊なグループに関して生じたが、この問題は、一九四二年末までは切迫したものとはならなかった。それは労働力不足の問題である。わずかな熟練労働者をほんの少し生きながらえさせるために、調整を行う必要があった。この調整は、移送の最初というよりもむしろ終わりになって行われたが、これについてはあとで論じる。

ゲットー一掃作戦が始まったとき、検挙の知らせが一〜二日前に郵便でポーランド人住民に通知されることもあった。その通知によってポーランド人は、彼らが持っているゲットーの通行証を無効にすると言われ、疎開が進行中には、通りをうろついたり、窓を開けたりしないよう警告された。またそこには、作戦の邪魔をしたり、ユダヤ人に避難所を提供したりする者は死刑となり、ユダヤ人のアパートに無許可でいれば、略奪と解釈される、と書かれていた。[29]

ゲットー内部では、警察官と助手たちは、別の問題に対処しなければならなかった。汚物、下水、害虫の問題である。ゲットー管理局の言葉によれば、仕事は「極度に吐き気を催させるもの」であった。[30] ガリツィア・ゲットーでは、警察はものすごい伝染病に見舞われた。ラヴァ・ルスカのゲットーでは、ユダヤ人住民は、移送を免れるために病人を穴の中に隠していた。ラヴァ・ルスカの行動が終わる前に、親衛隊・警察は病気や瀕死のユダヤ人三〇〇〇人を隠れていた場所から引きずり出した。[31] 伝染病によるドイツ側の損失の全体的な数字はわからないが、親衛隊・警察司令官カッツマンの報告によれば、ガリツィアだけで彼の部下の一人が黄熱病で死に、一二〇人がこの病気にかかったという。[32]

ゲットーからユダヤ人が一掃されたあと、警官や市の職員がユダヤ人居住区に再び入り、清掃を行った。最も汚い仕事には、ポーランド人やユダヤ人が使われたが、それでも仕事は快適とはほど遠いものだった。大きなゲットーの一掃は二、三日でできたが、清掃作業には数週間、あるいは数カ月かかることもあった。ルブリン・ゲットーは一九四二年四月十七日から二十日にかけて解体され、住民が移送されたが、[33] 清掃作業は二カ月たってもまだ終わっていなかった。

清掃作業は順を追って遂行された。まず、破壊隊がゲットーに入り、居住不可能な建物をすべて爆破した。次に回収隊がやってきて、移送者たちが残したあらゆるがらくたを集めた。この隊に続いたのは、最もきつい仕事の便所掃除を行う便所清掃隊である。排泄物が一メートルの高さにまで積み上げられている便所もあり、便所清掃隊は、汚物の掃除にホースを使わねばならなかった。四番目の部隊は、大工とガラス工から成り、ガス隊がアパートの害虫を殺せるよう、すべてのドアや窓の目張りをした。最後に、清掃隊が現われて、死んだ鼠や蠅、南京虫を取り除いてきれいにした。(34)

清掃した区域でさえ、人間が住むには不向きであることを、フランクはヒトラーへの手紙のなかではっきりと指摘している。総督は、彼のライバルである親衛隊全国指導者が、民族ドイツ人をルブリン地区に連れてきたことに不満を訴えた。フランクによれば、民族ドイツ人用に場所をあけるために、ポーランド人労働者はドイツに追いやられ、その家族は「空になったユダヤ人ゲットー」に送り込まれた。ポーランド人たちは、新しい住居で、かつてユダヤ人を苦しめたのと同じ多くの不自由に苦しみ、そのために死んでいった。(35)

ラドムでは、膨張するドイツ企業に雇用された多数のポーランド人労働者用の部屋を探さなければならなかった。一九四三年八月、地方軍司令官は、地方の住宅供給専門家、およびシュタイア・ダイムラー・プッフ株式会社の代表と一緒に、空になったゲットーの状態を調査した。三人は一致してこう結論づけた。ゲットー区域は略奪されて荒廃し、修復不可能なほどに損なわれている、と。(36)

四万人のユダヤ人が住んでいたビアウィストク・ゲットーのアパートは、一時期、パルチザンに脅かされた地域からベラルーシ人の農民を四万人連れてきて住まわせることが考えられたが、それには不適当だったので、二万人の農民用に新たな住宅建設が計画された。この建設は、一九四三年二月一日付のヒムラー宛の手紙でシュペーアが拒否し、ヒムラーは、二月九日の返信で、既存の住宅で何とかすると答えた。(37)

七カ月後、ビアウィストク地区の文民当局は、ビアウィストク・ゲットーにあった住宅を、軍の部隊、帝国ドイツ人、外国人労働者用に修理しようとしたが、この仕事のための人員を手に入れられなかった。この地区の別の場所から労働力を獲得しようとしたとき、グロドノの市当局は、グロドノの状態はビアウィストクと同じであると返答した。(38)

しかし、荒廃と破壊は、ゲットーが維持されていたやり方とここが空にされた性急さの直接的な結果であった。ドイツの上層部において第一に考慮されたのは、スピードだった。実際に重要なのは、移送の進行とユダヤ人が消えていく速度であった。お偉方たちは、スピードにしか関心がなかった。はやくも一九四二年六月十八日に、ビューラー次官は上級親衛隊・警察長官クリューガーに、いつ終了するのかと尋ねている。クリューガーは、八月には状況を「見通す」ことができるだろうと答えた。(39)

クリューガーはやや慎重だった。ちょうどそのころ、移送列車の完全な運行停止を初めて経験していたからである。もっとも、運行停止は二週間しか続かず、クリューガーは、この期間中でさえ、東部鉄道総裁ゲルタイスから何とかして二、三の列車をせしめることができた。そのうえ、クリューガーは、制限が解除されたあと、努力を倍加して移送を遂行できると考えた。(40)ところが七月には、また別の故障が起こった。ブーク河畔のソビブル絶滅収容所に向かう鉄道線が故障し、修理する必要が生じたのである。親衛隊・警察は数十万のユダヤ人をソビブルに移送するつもりだった。

一九四二年七月十六日、ヒムラーの幕僚長ヴォルフSS大将は、運輸省次官ガンツェンミュラー博士に電話をして助けを求めた。ガンツェンミュラーは、事情を調査し、問題がすでに地方レベルで解決されていることを突き止めた。ワルシャワ・ゲットーのユダヤ人三〇万が、目的地をソビブルからトレブリンカに変えられたのである。四二年七月二十二日以降、ユダヤ人を五〇〇〇人も詰め込んだ列車が毎日ワルシャワからトレブリンカに向けて出発していた。他方、週に二度、五〇〇〇人のユダヤ人を乗せた別の列車がプシェミシルからベウジェッツに向けて走っていた。(41)ヴォルフはこの知らせを受け取ると、次のような感謝の手紙を書いている。

親愛なるガンツェンミュラー党員

一九四二年七月二十八日付のお手紙に、――親衛隊全国指導者の名においても――心からお礼申し上げます。この二週間、列車が毎日五〇〇〇人をトレブリンカに運んでいると請け合ってくださって、たいへん喜んでいます。今やわれわれは、この住民移動をすみやかに遂行できるわけです。私としましても、この措置を摩擦なく遂行できるよう、関係諸機関と連絡をとりました。この問題における貴殿の御努力にもう一度お礼を申し上げるとともに、この問題にこれからも個人的に注意を払っていただけますようお願い申し上げます。

敬具

ハイル・ヒトラー！

W・(42)

一九四二年末、移送がすでに三分の二終わったとき、親衛隊・警察当局はまた別の障害に遭遇した。慌てて、クリューガーはヒムラーに手紙を書いた。

親衛隊・警察司令官たちの一致した報告によりますと、一九四二年十二月十五日から四三年一月十五日まで、列車の運行停止のためにユダヤ人の輸送がすべて中断されます。この措置のために、われわれのユダヤ人移住計画は深刻な危険にさらされます。

この緊急任務のために少なくとも三本の列車を割り当てるよう、国防軍最高司令部および運輸省の中央本部と交渉していただけるよう、心からお願い申し上げます。(43)

この交渉はそれほどうまくいかなかったようである。というのは、ヒムラーは一九四三年一月二十日に、手紙でガンツェンミュラーにさらに列車を要求しているからである。親衛隊全国指導者は、鉄道網がどんなに骨を折って動かされているかはわかっているが、列車の割当ては結局のところ、ガンツェンミュラー自身のためにもなるのだ、と指摘した。ヒムラーはこう書いている。ユダヤ人は、総督府、ビアウィストク地区、東部占領地域におけるすべての鉄道破壊行為に責任がある。したがって、ユダヤ人ができるだけはやく「一掃」されれば、それだけ鉄道にとっても事態は好転するのだ、と。ヒムラーは、東部のユダヤ人について書きながら、機会を捉えて、西部占領地域のユダヤ人のために列車が手に入らなければ、破壊行為はそこでも起こるだろう、とガンツェンミュラーに指摘した(44)。

輸送列車の不足は作戦計画全体におけるとくに緊急の問題だったが、組織上の問題が片づいたあとに、多数の厄介が生じることになった。これらの厄介事は、衝撃波のようにたった一つの出来事から広がっていった。局外者が「移住」の本当の意味に気づいたのである。

ドイツ・チェコ地域でも隠蔽は困難だったが、ポーランドではそれは二重に困難だった。帝国・保護領には絶滅収容所がなく、ほとんどの輸送は東部に向けて行われていた。それに対してポーランドは、六つの絶滅収容所すべての本拠地であり、輸送は、どの方向に向けても三〇〇キロメートルにも満たない短い距離しか動かなかった。多くの目がこれらの輸送に向けられ、その目的地まで追っていた。ポーランド国内軍（ロンドンから指揮された地下活動の軍隊）副司令官、タデウシュ・ボルコモロフスキ大将は、一九四二年春にはヴァルテガウのクルムホフ（ヘウムノ）絶滅収容所についての完璧な情報を手に入れていたと報告している。ドイツ人がルブリン・ゲットーを片づけたとき、ポーランドの地下勢力はベウジェッツへの輸送を追跡した。地下司令部は、ベウジェッツ内部で何が行われているのかを知ることはできなかったが、一三万のユダヤ人がこの収容所に押し込まれたことを考えて、ここが「こんなにも多数の人間を収容できるほど大きくない」という結論を下した。四二年七月、ポーランド国内軍は、数十万のユダヤ人がトレブリンカで跡形もなく消えてしまったという報告を鉄道労働者から得ていた(45)。

収容所から漏れてきた情報がまったく正確なこともあった。ルブリン地区では、ザモシチ・ゲットーの評議会議長、ミエシスワフ・ガルフィンキェルがそうした情報を受け取った。一九四二年の早春に、彼は、ルブリンのユダヤ人が満員の列車でベウジェッツに輸送され、そのたびに空の列車がさらに犠牲者を運ぶために戻ってくる、と聞いた。彼は、もっと詳細な情報を手に入れるよう求められ、タモスツォウとベウジェッツの近隣のユダヤ人共同体とコンタクトをとって、次のことを知らされた。つまり、毎日一万から一万二〇〇〇のユダヤ人が、特別な鉄道の支線上にあり、有刺鉄線で囲まれ、厳重な警戒を施された敷地に到着しており、ユダヤ人たちはそこで「奇妙な方法で」殺されている、というのである。弁護士であったガルフィンキェルは、これらの報告を信じなかった。数日後、二、三人の見知らぬユダヤ人がベウジェッツから逃亡してきて、収容所内でのガス殺について彼に語った。それでも彼は、聞いたことを信じなかった。しかし、四二年四月十一日、まさにザモシチで検挙が行われた。ガルフィンキェルは、ゲットーの残った住民を数えて、三一五〇人連れていかれたことを確認した。翌日、評議会役員（ヴォルステイン）の一三歳の息子が収容所から帰ってきた。この少年は裸にされた人びとを見ており、親衛隊員が彼らに話すのを聞いていた。ヴォルステインの息子は、まだ服を着たまま、どぶに隠れて、ベウジェッツの秘密を手にして、有刺鉄線の下をはい出たのである。[46]

　国内軍が入念な調査によって発見したこと、そしてガルフィンキェルがほとんど知らず知らずのうちに発見したことを、一般の人びとはたいした証拠もなくうすうす感づいていた。住民は素早く結論を下し、ポーランド占領地域中に噂としてばらまいた。一九四二年晩夏までに、ポーランド住民はほぼ全員、ゲットーの外に住んでいるか中に住んでいるかを問わず、何が行われているのかに気づいていた。ついには、子どもたちですら、移送の目的を知るようになっていたのである。四四年夏にウーチ・ゲットーで、孤児院の子どもたちがトラックに積み上げられたとき、彼らが叫んだのは「死にたくない！」という言葉だった。[47]

　確実な死に直面したユダヤ人の全体的な反応はどうだったのだろうか。彼らは、武装した抵抗の準備をしたのだろうか。総督府の地区宣伝局は、ユダヤ人住民の反応を詳しく観察していた。ここに、ルブリン宣伝局の三つの報告がある。一九四二年四月十八日、ルブリン宣伝局は、フルビエシュフ地域のユダヤ人が洗礼を求めてカトリック教会と交渉していると報告している。[48]四二年九月二十六日の報告である。

> 　ホルムのユダヤ人のあいだでは、今後、ユダヤ人の根絶は断種によって行われるという噂が流れている。この方法は現行のものよりは人道的であるが、それにもかかわらずユダヤ人の最終的な絶滅をもたらすだろう、というのである。ユダヤ人はこの事実を受け入れざるをえないと考えている。[49]

四二年十一月二十八日には、次のような事件が報告されている。

> 　一七歳のユダヤ人女性が、ザモシチ地域の収穫部隊指揮官マイダン＝ソポツキのところにやってきて、両親がすでに射殺されたので、私も射殺してほしいと要求した。彼女は、すべてのユダヤ人を年末までに片づけなければならない、という総統命令なるものに言及した。このユダヤ人女性は逃亡者だったので、適切な処置をとるために管轄当局に引き渡された。[50]

　ルブリン宣伝局は、やや力をこめた筆致で、ユダヤ人の反応の傾向を図式化している。つまり、四月にはかすかな改宗の試み、九月には断種の噂、そして十一月には、一七歳の少女による自分の命を投げ出すという申し出である。疑いもなく、ユダヤ人は武力による抵抗の準備をしていなかった。彼らが準備していたのは、ドイツ人の命令への自動的な服従であった。

ポーランド・ゲットーのユダヤ人指導部が、この服従行動の先頭に立っていた。ゲットーの指導者たちが降伏の執行者だったのである。彼らはいつも、残りのユダヤ人を救うために、何人かのユダヤ人を引き渡した。ゲットー指導部は、状況を「安定」させるために、残りの共同体を二分しようとした。このような収縮過程を統轄していたのは、東オーバーシュレジエン中央長老評議会議長モシェ・メリンである。最初の移送の前夜、メリンはその最初の決定を下した。「残りの五万人を救うために、われわれの共同体の五万人を犠牲にすることを、私は恐れない」と彼は言った。一九四二年夏のあいだに、この残りの五万人は大量の列に分けて並ばされ、そのうち半数がアウシュヴィッツに送られた。その移送のあと、メリンはこう論評した。「私は、自分の船が沈もうとしているときに、貴重な船荷の大半を海に投げ捨てて、無事に船を帰港させるのに成功した船長のような気持ちだ」。四三年までに、生き残った者はほんのわずかになっていた。メリンは、これらの人びとに向けてこう言っている。「私は、檻の中で飢えて凶暴になった虎の前に立っている。私は、その口に肉を、私の同胞たちの肉を詰め込んでいる。虎が束縛を脱して、われわれすべてを粉々に引き裂いてしまわぬよう檻に閉じ込めておくために……」。(51)

ポーランド中で、ほとんどのユダヤ人は集合地点に自発的に出頭して、絶滅収容所に向かう列車に乗り込んだ。開いた傷口から血が噴き出るように、ゲットーからの脱出は、ポーランドのユダヤ人社会の何世紀にも及ぶ生活をあっという間に終わらせてしまったのである。

しかし、このような規模の行動では、必ずしも全員をこれほどスムーズに移送できたわけではない。ユダヤ人の生き残りの集団が小さくなるにつれて、死の自覚が強まり、ドイツ側の「疎開」命令に従うことの精神的負担はどんどん重苦しいものになっていった。そのために、行動の終わり頃になって、ユダヤ人たちは引っ越すのをためらうようになった。ゲットーから逃亡したり、森のなかに避難しようと列車から飛び降りたりする人びともいたし、ワルシャワ・ゲットーでは、ドイツ人に対する土壇場の抵抗に生き残ったわずかなユダヤ人が結集したのである。

ドイツ人は、ユダヤ人の反抗にはきわめて残忍に対応した。荒れ狂う捕獲部隊が手斧と銃剣を手にゲットーを急襲した。ヴァルテガウでは、警官たちは半ば酔っぱらった状態でこのような行動に派遣された。ゲットー一掃の任務に割り当てられたゲシュタポのメンバーは、毎日二五〇ミリリットルのブランデーの特別配給を受けていた。(52) ウーチのゲットー管理局は、その職員にもブランデーの配給を要求した。仕事は、ブランデーがなければ「おぼつかない」という理由からである。(53) ガリツィアのユダヤ人は、すでに一九四一年の移動殺戮行動を目撃していたために、自分たちの運命にはっきりと気づいていた。親衛隊・警察の報告によれば、彼らは「疎開を免れるためにありとあらゆる方法を試みた」。彼らは、「考えられるかぎり人目につかないところ、大樽や煙突の中、下水管の中にさえも」身を隠した。彼らは、「地下墓地の通路、防空壕へと拡げられた地下室、地下の穴、屋根裏や物置小屋や家具の中に巧みに工夫された隠れ場所等々といったところにバリケードを築いた」[54]。

ガリツィアの行動では、とくに一九四二年初夏と、四二年十二月から四三年一月までの輸送停止期間中は、大虐殺が移送にとって代わった。多くの場合、老人と病人のユダヤ人はまったく輸送されず、検挙のなかで射殺された[55]。非常に多くのピストルの弾が使われたので、治安警察司令官は、できるだけカービン銃やライフル銃を使用するよう警察に注意した[56]。ガリツィアでの行動様式を三つの町の出来事を通して描きだしてみよう。

スタニスワウォフでは、一九四一年十月十二日に、ほぼ一万人のユダヤ人が墓地に集められ、射殺された。四二年三月にも射殺が行われ、このあとゲットーの火事が三週間も続いた。四月には、ベウジェッツへの輸送が行われ、さらに射殺行動が夏に始まり、このなかで、ユダヤ人評議会のメンバーと治安隊の隊員が、街頭の柱に吊るされた。九月と十月には、ベウジェッツに向けて大規模な輸送が行われた。このときには、病院が流血のなかで一掃され、(ドイツ人の農業関係の役人が聞いた報告によれば)ユダヤ人たちはひざまずいたまま駅まで行進させられたという[57]。

ベウジェッツからほぼ三〇キロメートルしか離れていないガリツィアの町ラヴァ・ルスカは、移送列車が頻繁に通過する鉄道の接続駅であった。生存者のヴォルフ・サムボルは、この町での射殺の光景を思い出して、酔っぱらった地方警察官が犠牲者たちに向かって叫んだ言葉を引用している。「お前たちはもうユダヤ人ではない。選ばれた者である。私はお前たちのモーゼで、紅海を通ってお前たちを連れていくのだ」。この男は、こう言って、犠牲者たちに自動機関銃を発砲した。サムボルは、小さな少女が死体の下から血まみれになって這いずり出てきて、注意深く左右を見回し、走って逃げたことも覚えている。一九四二年七月に輸送停止が解除されるや、ラヴァ・ルスカからの輸送が始まった。この夏にはベウジェッツがどういうところか、もはや秘密ではなかったが、ラヴァ・ルスカのユダヤ人評議会は協力する方針をとっており、多数のユダヤ人が輸送のための集合地点に集まった。「彼らの望みは、三〇分でも長く生き延びることだった」とサムボルは言う[58]。しかし、数千の人びとは隠れようとし、列車から飛び降りた者も多かった。

一九四二年九月十日、ガリツィア南部の町コウォミヤから、輸送列車が出発した。五〇の車両に、八二〇五人の移送者が乗っていた。この地域の村々から徒歩で列車まで駆り立てられてきた者もいれば、町で待っていた者もいた。どのグループも、出発前何日もほとんど食べていなかった。定期的に停止しなければならない低馬力の機関車に牽引されて、列車はゆっくりとしか進まなかったので、中のユダヤ人たちの苦痛はいっそう激しかった。彼らは暑さのなかで衣服を脱ぎ、天井近くの開口部の有刺鉄線をひきちぎり、そこからはい出て飛び降りようとした。将校一人と一五人のメンバーからなる治安警察部隊は、弾薬すべてを使い果たし、道中、軍の兵士から弾を手に入れたが、それでも最後には、逃亡者に石を投げつけた。この列車がベウジェッツに着いたとき、乗っていた者のうち二〇〇人が死んでいた。[59]

こうした光景は、地域全体で人びとの怒りを引き起こした。一度、ポーランド人警官が民族ドイツ人の女性に自分の経験を率直に語ったことがあった。この女性は匿名でベルリンに手紙を書き、それはドイツの内閣官房に届けられた。彼女はこう書いている。私は、民族ドイツ人であることが恥しくはないのか、とポーランド人警官に尋ねられた。彼は要するにドイツ文化を知っていたのだ。ゲットー解体のあいだ、子どもたちが床のうえに放り投げられ、ブーツで頭を踏みつけられた。ライフル銃の台じりで骨を折られた多くのユダヤ人が、墓の中に投げ込まれ、石灰の粉で覆われた。石灰が血の海の中で泡立ち始めたときにもまだ、負傷者の叫び声が聞こえた、と。[60]

一九四二年の後半には、「疎開」中に森に逃げ込むユダヤ人についての報告も現われた。最大の行動はガリツィアで行われたようだ。四二年十月のリヴォフ宣伝局の報告である。

ユダヤ人の移住は、もはや文化民族に値しないような形態をとっているが、これは実際、ゲシュタポとソ連秘密警察とを比較したい気にさせる。輸送列車は、ユダヤ人の脱走を妨げるのが不可能な悪条件下にあると言われている。その結果、乱暴な発砲や、乗り換え駅での定期的な人間狩りが行われている。さらに、報告によれば、射殺されたユダヤ人の死体が何日も道路に放ったままにされている。ドイツ人も非ドイツ人も、ユダヤ人を一掃する必要性については確信しているが、騒動や不快感を引き起こさないようなやり方で、この一掃を遂行するのが望ましい。[61]

ゲットーからの逃亡や輸送中の逃亡は、他の地区でも起こった。一九四二年十二月七日、ルブリン地区の知事ツェルナーは、総督府の会議で、過去数週間、「反ユダヤ人作戦」がいくぶん混乱しており、そのため多数のユダヤ人がゲットーから逃亡し、ポーランド人の「ならず者」の仲間に加わっている、と苦情を述べている。[62] 四二年九月二十一日、ラドムの親衛隊・警察司令官ベトヒャーSS大佐は、この地区の平地にある小さなゲットーから逃げたユダヤ人がポーランド人によって匿われている、と不平を訴えている。[63] ユダヤ人への援助は、ガリツィアでもポーランド人やウクライナ人によって与えられていた。[64] 数千のユダヤ人が森に隠れ、パルチザンに加わり――ときには自ら徒党を組んで――ドイツ地方警察部隊と撃ち合った。総督府の五つの地区すべてで、こうした衝突の報告が見られる。[65] ガリツィア地区では、逃亡ユダヤ人は、ロシアで戦い今や帰国の途についているイタリア軍から、ライフルやピストルを買ったり手に入れたりすることができた。その結果、ガリツィアの親衛隊・警察は、隠れ家や森の中のユダヤ人を捕らえようとして、八人の死者と一二人の負傷者を出した。ガリツィアのユダヤ人は、原始的な生物兵器で反撃しようとしたようだ。警察が、発疹チフスを伝染させるシラミが一杯詰まったガラス瓶を数個見つけたのである。[66]

ユダヤ人とドイツ人の唯一最大の衝突は、ワルシャワ・ゲットーで起こった。とはいえ、この武力衝突は、絶滅過程のその後の進展にとっては取るに足らぬものであったと言っておこう。しかし、ユダヤ人の歴史においては、この戦闘は文字どおりの革命であった。二〇〇〇年に及ぶ服従政策のあとに、車輪が突然向きを変え、もう一度ユダヤ人が武力に訴えたからである。

予想がつくように、ユダヤ人の抵抗運動は、ユダヤ人評議会から出て来たものではなかった。というのは、この組織は、ドイツ政府との完全な協力という方針にすべてを賭けていたからである。ゲットーのユダヤ人をドイツ人に対する抵抗へと動員するには、ユダヤ人共同体に対する統制力を手にして、評議会に挑戦できるほどの強力な新しいヒエラルヒーの創出を必要とした。こうした非合法組織の核は、戦前のユダヤ人共同体機構に代表されていた諸政党によって形成された。これらの政党は、自己の党員の面倒をみることによってなんとか生き延びていた――それぞれの政党は、できるだけ自己の党員を保護し、援助していた――が、今や抵抗ブロックへと団結したのである。

必ずしもすべての政党が、同じ速度で抵抗政策へと方針を転換したわけではなかった。動きは、互いに接触のなかった二つの過激陣営から始まった。モスクワに指導された共産主義者（ポーランド労働者党）と独立独行のナショナリスト（修正主義党）である。そこから、抵抗への動きは、シオニストの青年グループ（ヘハルツ）、社会主義的労働組合（ブント）、そして労働者のシオニスト（ポアレ・シオン左派）へと広がっていった。最終的に、この運動は、正統党（アグダー）を除いて、すべての主だった政党を包含するにいたった。しかし、この時までに、ゲットーのユダヤ人の八五パーセントがすでに死んでいたのである。[67]

一九四二年四月、ゲットーの共同体にまだ手がつけられていないときには、反対派の活動は言葉の上だけに限られていた。内密の書類が手渡され、これを知ったゲシュタポは五一人を射殺した。ユダヤ人評議会の幹部数人は、この事態に対して、地下活動の書類はユダヤ人住民に言うに言えない害をもたらす、というチェルニアコフ議長の見解を発表した。[68] このとき、物理的抵抗という考えは会話の話題になるだけであった。こうしたやり取りのひとつは、エマヌエル・リンゲルブルム（ゲットーの非公式の歴史家）とユダヤ人福祉関係役人のあいだで、六月半ばに行われた。リンゲルブルムは、この会話の内容をメモに記している。

私は、先日、ビアワ＝ポドラスカからやってきた、社会救済組織の長である友人と話をした。彼は、ユダヤ人住民をへウム近郊のソビブルに「移動させる」（「あの世への移動」と言う方がもっと正確であろう）手助けをしている。このソビブルで、ユダヤ人はガスで窒息死させられているのだ。いつまで……、あとどのくらい、われわれは「羊のようにおとなしく殺害されに」行くのだ、と友人は怒って尋ねた。なぜ、われわれは黙っているのだ。なぜ、森に逃げるようにと叫ばないのだ。なぜ、抵抗を呼びかけないのだ。こうした疑問は、われわれ全員を苦しめているが、答がない。抵抗が起これば、とくにドイツ人がたった一人でも殺されれば、その結果は、共同体全体の、あるいは多数の共同体の大虐殺にすらなるということを、みんな知っているからである。(69)

リンゲルブルムは、他の多くの人と同様、ヨーロッパのユダヤ人全員がドイツ人の攻撃の標的であるという結論にはまだ達していなかった。そして、この点での確信がない限り、抵抗は、ドイツ人への挑戦だと、自分の身を守れないほどの老人や若者や病人を危険にさらすことだと考えられたのである。

アダム・チェルニアコフ自身は、まったくの最初から予感をもっていた。彼は、耳にした情報を、時がたつにつれてますます多く、日記に書き込むようになった。すでに一九四一年十月二十七日に、彼は「来年の春にワルシャワのユダヤ人を襲う運命についての警告的な噂」に言及した。四二年一月十九日、彼は、アウアースヴァルトがベルリンに召喚されたことを耳にした。「ワルシャワのユダヤ人が大量移住に脅かされるかもしれないという恐ろしい疑念を振り払うことができない」と彼は書いている。これは、総督府のビューラー次官も出席した、ベルリンでの「最終解決」会議の前日のことであった。二月十六日に、チェルニアコフは、追放や移住についての不穏な噂が住民のあいだで増えていることを記している。三月、数都市で大量移送が始まったとき、チェルニアコフはそれを記した。三月十八日、リヴォフ、ミェーレツ、ルブリンでの移送について言及し、四月一日には、ルブリン・ゲットーのユダヤ人の九〇パーセントが数日以内に移動させられるという知らせと、ベッカー議長を含むルブリン評議会のメンバーが逮捕されたという情報を記録した。

その月末、四月二十九日に、ワルシャワ・ゲットーの委員アウアースヴァルトは、通りや建物ごとの住民の統計を提出するよう、チェルニアコフに求め、アウアースヴァルトの助手の一人は、ゲットーの地図を一〇部ほしいと付け加えた。チェルニアコフは、日記のなかで、「決定が迫っているのか」と自問している。移送センターが働いている者全員のリストを要求した五月三日、チェルニアコフは、非生産的な人びとの移送が計画中なのかと考えている。七月には、噂は数字になってきた。一日には、七万人が移送されるという噂、一六日には、一二万人だという噂、十八日には、翌週の月曜日には移送が始まり、それには全員が含まれるという噂である。チェルニアコフは、コンサートや子ども祭の後援も含めて、日記をつけ続けた。彼は、七月八日には、沈みゆく船の船長のイメージを喚起して、乗客の気持ちを引き立てるような音楽を演奏するようジャズ・バンドに命じたと記している。

ゲットー内がパニック状態になった七月二十日に、チェルニアコフは、噂には真実が含まれているのかどうかを親衛隊の下士官に尋ねた。この親衛隊員は何も聞いていなかった。そこで、議長はゲシュタポのSS少尉（第四局B部のブラント）に接近して、同じ質問をした。そのような計画については何も知らない、とブラントは言った。さらにチェルニアコフは、ベームSS中尉（第四局A部）に問い合わせた。ベームは、この問題は彼の課の管轄ではないが、ヘーマンSS大尉（第四局A部の長）なら情報を持っているかもしれないと答えた。ヘーマンは、何かが起こるのなら自分が知っているはずだが、別のゲシュタポの将校が、すべてたわごとだと言ったとチェルニアコフに請け合った。まさにこの翌日、評議会のメンバーが逮捕され、二十二日の午前十時、グロボツニクの強制移住部隊のヘーフレSS少佐が評議会の事務所にやって来たのである。電話線は切られており、数人の評議会職員とともにその場に居合わせたチェルニアコフは、特定のグループを除いて、性別や年齢に関係なくユダヤ人全員を「東部」に移送する、と伝えられた(70)。

ヘーフレは、治安隊員一〇〇〇人が検挙を助けること、その日の午後四時までに、そしてそれ以降も毎日六〇〇〇人が集まることを命じた。ユダヤ人の最初の割当て数は、住民全体から選ばれ、その後、通りやブロックごとに把捉の命令が出されることになっていた。免除されるのは、ドイツ人企業や会社に雇われている者、労働可能なユダヤ人、評議会の職員、治安隊の隊員、ユダヤ人病院や衛生関係の職員、これらの人びとの妻子全員、そして旅行できない入院中のユダヤ人だけであった(71)。

七月二十三日、チェルニアコフは、孤児院の子どもたちのことを気にかけ、免除のグループに加えてくれるよう、ヘーフレの副官であるヴォルトホフSS中尉に提案した。彼は、職業学校の学生や勤労女性の夫は留まることができるが、孤児がどうなるかは、ヘーフレ自身が決定することになる、と知らされた。さらに、一週間に何日行動が行われるのかを尋ねて、一週間に七日だと言われた。チェルニアコフは、新しい職場の開業ラッシュを目のあたりにして、「ミシンが命を救うことができる」と記している。それは午後のことで、彼は午後四時ごろだと思っていた(72)。その日の夜、チェルニアコフは、事務室に一人残ってコップ一杯の水を求め、引出しに入れておいた青酸化合物の錠剤を飲んだ(73)。

評議会は即座に、チェルニアコフの代理、マレク・リヒテンバウムを後継者に選んだ(74)。「当局」は、八月分と九月分の通常の配給と、さらに移住者のために一八万キログラムのパンと三万六〇〇〇キログラムのジャムを与えることを評議会に約束したと、リヒテンバウムは最初の月間報告で言っている。ユダヤ人警察（汚職の嫌疑をかけられてまだ逮捕中のユゼフ・シェリンスキが不在で、彼の副官ヤークブ・ライキンが率いていた）は、三度——最後は八月一日——、集合場所に自発的に出頭する者全員にパン三キロとジャム一キロを与えると約束する通知を出していた。[75]

ユダヤ人評議会の無気力な組織がドイツの命令に機械的に反応していたのに対して、ユダヤ人政党組織では大わらわの活動が始まった。委員会が設置され、集会が開かれ、調整組織が設立された。チェルニアコフが自殺したちょうどその日、七月二十三日の午後、修正主義者（招待されなかった）を除く主要な政党すべての代表約一六人が集まって、即座に抵抗を行うかどうかという重大な問題について討議した。この会議に関する戦後の断片的な記述からは、会議がこの問題についてどのように分裂したのかは、それほどはっきりしない。しかし、すべての記述は、抵抗の擁護者たちが投票で負けたという点では一致している。会議で一致をみたのは、ドイツ人はおそらく六万人は移送するだろうが、ゲットーの三八万のユダヤ人すべてではないだろう、という点だった。抵抗すればゲットーの滅亡が速められる、少数者の行為のために多数が罰せられると考えられたのである。[76]

抵抗に反対した人びとの仮定は間違いであったことが、七月末には判明した。すでにこの時点で、約六万人が移動させられた。[77] 検挙は同じテンポで続いていた。まもなく、チェルニアコフが最後に嘆願していた孤児たちの番がやってきた。ゲットー内の孤児院を担当していたヤヌシュ・コルチャクは、逃亡の機会を与えられた。七月二十七日に、コルチャクは日記にこう記している。「選択。出ていくか、ここの現場で働くか。留まれば、移住者のために必要なことは何でもしなければならない。秋は近い。衣類や靴下、下着や道具が必要だろう」。八月一日には、こんな記述がある。「カジノ、モナコ。賞金——お前の首に」。八月四日、彼は、孤児院全体を危険にさらさないために、「知能の発達が遅れ、しつけの悪い」一人の少年を引き渡すことを決心した。これが、コルチャクの最後の記入であった。[78]

検挙を指揮すべくとらわれの身から釈放されたユゼフ・シェリンスキは、再びユダヤ人警察の支配権を握った。当時の記録者によれば、八月中頃、「抵抗の計画」を持っていたユダヤ人の赤帽や荷車の運搬人のグループが彼に接近した。シェリンスキは、トレブリンカへの移送者が、全員無事だと書かれた葉書を見たと、彼らに伝えた。赤帽たちは、「肉体労働者の子どもじみた素朴さで」彼の言うことを信じた。[79]

人びとを奮起させたいと考えた、シオニスト青年運動のリーダー数人は、集会を呼びかけるのさえ困難であることを知った。招かれた者たちは、個人的な心配で頭が一杯か、途中で捕まることを恐れていた。これらの行動を唱導する者たちが、「ユダヤ人よ、行くな。トレブリンカは死である」と呼びかけた宣言を出したとき、ユダヤ人たちは、プラカードを「力ずくで、なぐりながら」壁から引き剝がした。[80]

八月九日に始まって、通りは系統的に一掃されていき、十八日までには、移送者とされた者たちの大部分が消えてしまっていた。[81] 都市行政に携わるドイツ人役人たちは、今や未払いの電気代やガス代を心配し、[82] ゲットー内のドイツ人軍需企業の所有者は、軍関係の役人や移送センターの代表たちと一緒になって、ユダヤ人労働者を救うためにすばやく動いた。工業家たちには一刻の猶予もなかった。[83] 侵入者がワルシャワ地区の小さなゲットーを空にしていた一〇日ほどののち、移送が再開された。ユダヤ人警官はそれぞれ、移送のために毎日七人を連れてくるようにと、さもないと自分が「移住」に直面することになると言われた。今やすべての警官が、捕まえられる者は誰でも連れてきた。友人や親戚や、家族さえも。九月五日までに残ったユダヤ人は、ほぼ一二万から一三万だった。この日、ユダヤ人全員が、大規模な選抜を行うために集合地点に呼び出された。[84]

移送が行われているあいだ、労働者たちは、飢えのために機械の前で倒れる寸前で、一方、雇用されていない家族は地下室に押し込められていた。ユダヤ人警官には賄賂が差し出された。本物や偽造の証明書が、逮捕を避けようとする死に物狂いの状態のなかで、振り回された。中年の女性が街灯の柱にしがみつき、列をなしたユダヤ人が、屋根の上の狭いところを滑り落ちないように腹ばいになって進んでいた。家具や瀬戸物や、捕まった人の靴が通りに散らかっていた。[85] ユダヤ人評議会は、八月の報告のなかで、銃創による死者の数を二三〇五人と記しており、九月の数字は三一五八であった。[86]

作戦が終了したとき、三〇万人が移送されていた。ゲットーにまだ残っていたのは、せいぜい七万人で、半数は登録されており、あとの半数は隠れていた。[87] ゲットーの規模も小さくなり、今や主な居住地区は北東部の隅に限られていた。しかし、工場はまだ、レシュノ、カルメリッカ、トヴァルダ、プロスタ、それに若干の外側の通りに存在していた（地図8－1を参照）。ゲットーの他の部分は空だった。[88]

この作戦の結果については、十月半ばに記録された歴史家エマヌエル・リンゲルブルムの自問が示しているように、ゲットー内ではいろいろな疑問が出された。

彼らが三〇万のユダヤ人をワルシャワから移住させ始めたとき、なぜわれわれは抵抗しなかったのか。なぜ、われわれは殺戮者に羊のようにおとなしく連れていかれたのか。敵にとっては、なぜすべてがかくも簡単だったのか。死刑執行人はなぜ、一人の死傷者も出さなかったのか。なぜ、五〇人の親衛隊員（もっと少なかったという説さえある）が、ほぼ二〇〇人のウクライナ人部隊と同数のラトヴィア人部隊の助けで、この作戦をこれほどスムーズに遂行できたのか。

そしてまた、こうも書かれている。

移住はけっして許されるべきではなかった。われわれは、通りに走り出し、手あたりしだいに火を放ち、壁をぶち壊し、反対側に逃れるべきだったのだ。ドイツ人は報復を行っただろう。しかし、その犠牲は数万の命であって、三〇万ではなかっただろう。[89]

ヘハルツの指導者ツキェルマン（ツッカーマン）は、この出

地図8－1　ワルシャワ・ゲットーの隘路

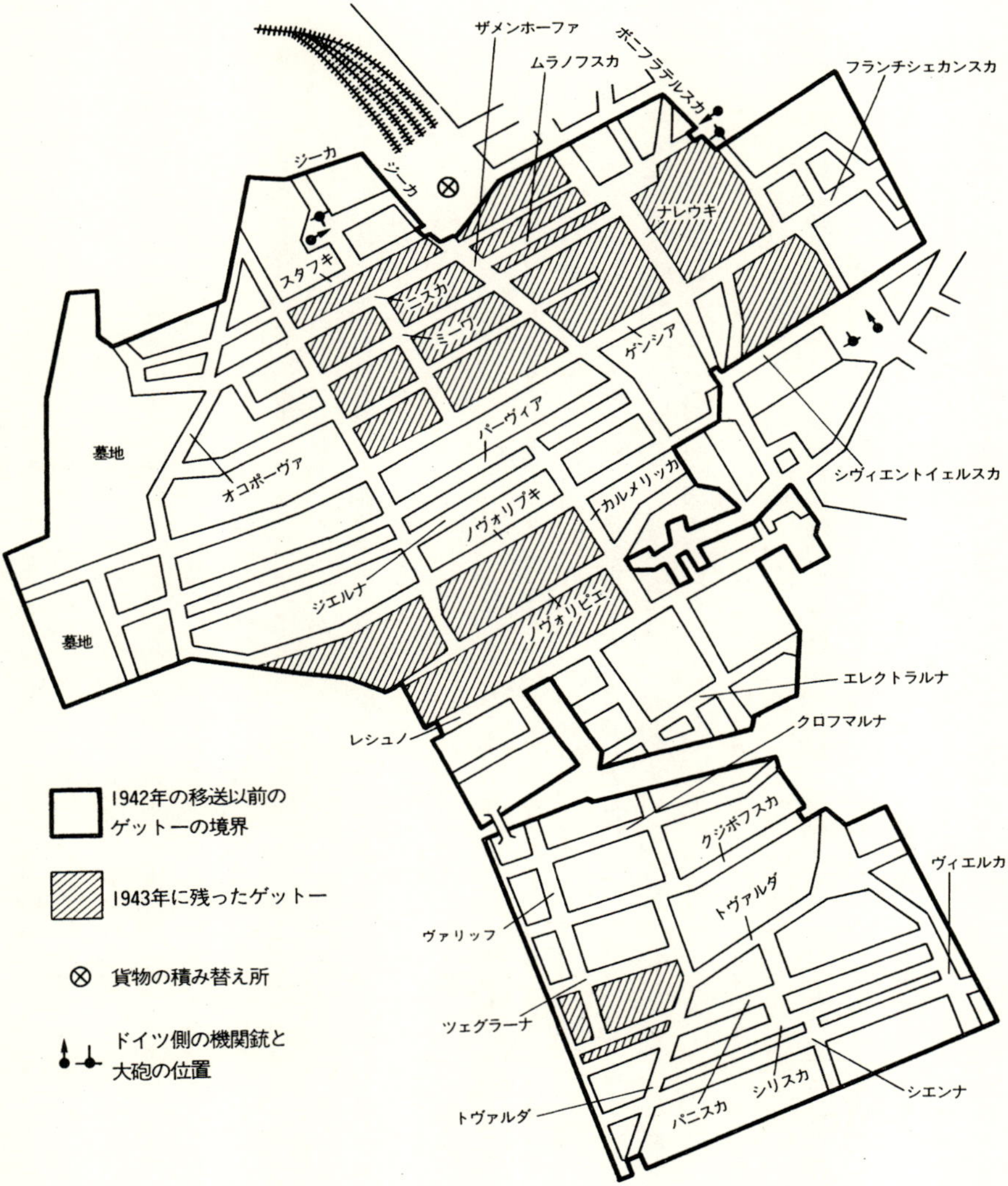

来事の三〇年後に回想して、移送の開始前に何かが起こるべきだったと言っている。(90)

……ユダヤ人警察はゴムの棍棒とナイフで武装していた。つまり、銃は持っていなかったのである。われわれが行うべきだったのは、彼らを殺すことだった。もし数人が殺されていれば、他の者たちは警察に入るのを恐れたであろう。彼らを脅すために、夜に街灯の柱に吊るすべきだったのだ。しかし、われわれはそうしなかった。われわれは、配下の者を送って待ち伏せさせ、彼らを怯えさせることもできたであろう。しかし、それもしなかったのだ。

ドイツ人は、このように考えられるかなり多数の人びとを残していた。残ったゲットーには、子どもも年配の者もほとんどいなかった。弱者、病人、寄るべない人びとは、大部分消え去っていた。登録された残りの住民は、大多数が二〇歳から三九歳のあいだであった。(91) 登録されていない者たちのデータはないが、もっと若かったかもしれない。

抵抗に向けて真剣な準備が始まったのは、この時、一九四二年の秋だった。こうした動きの一つは、政党の青年運動から生じた。すでに危機の前から、若者たちは、年配の者とは分離しており、独自の集団を形成し、連帯の絆を鍛え上げ、独特なスタイルや演説方法で行動していた。移送の波がゲットーを襲ったとき、これらの集団のいくつかが合同し、家族から離れて隠れ家に集まった。彼らは、この時、潜在的には凝集力のある勢力に見えたかもしれないが、彼らはまだ自分たちのことを闘争者と考えたり、個々の集団を軍の小隊とみなしたりはしなかった。そのような役割は、彼らがイデオロギー論争を放棄し、次に何をなすべきかという緊急の問題に注目するようになったあとで、夏の出来事に対する反応として初めて現われたのである。(92)

この若者たちの闘争組織は段階を追って構築された。諸集団を連結するものを作る必要があり、ゲットー住民と外のポーランド人地下組織に対して全体として彼らを代表する組織を設立しなければならなかった。この過程で、シオニスト・グループがユダヤ国民委員会の下にある共産党と合同した。(93) ついで、合同したシオニストと共産党員は、表8-3が示すように、調整委員会の傘下に社会主義者のブントと一緒になった。この政治的合併は、一九四二年十月二十日に行われた(94)が、委員会は数回会合しただけであった。シオニストの指導者たちが、内部の議論が長引いて、抵抗についての疑念や躊躇が生じるのを恐れたからである。

小さな集団は、今や「戦闘集団」へと作り替えられた。つまり、ハショメル・ハツァイル戦闘集団、共産党戦闘集団、ブント戦闘集団などである。十月二十日現在で、これらの部隊は全部で二二あり、調整委員会の軍事組織であるユダヤ戦闘組織の指揮下に置かれた。この組織の司令官は、ハショメル・ハツァイルの指導者モルデハイ・アニェレヴィッチであった。彼は貧しい家の出身で、ポーランド的環境のなかで育ち、野心的だっ

表8-3　ワルシャワ・ゲットーにおけるユダヤ人の抵抗組織

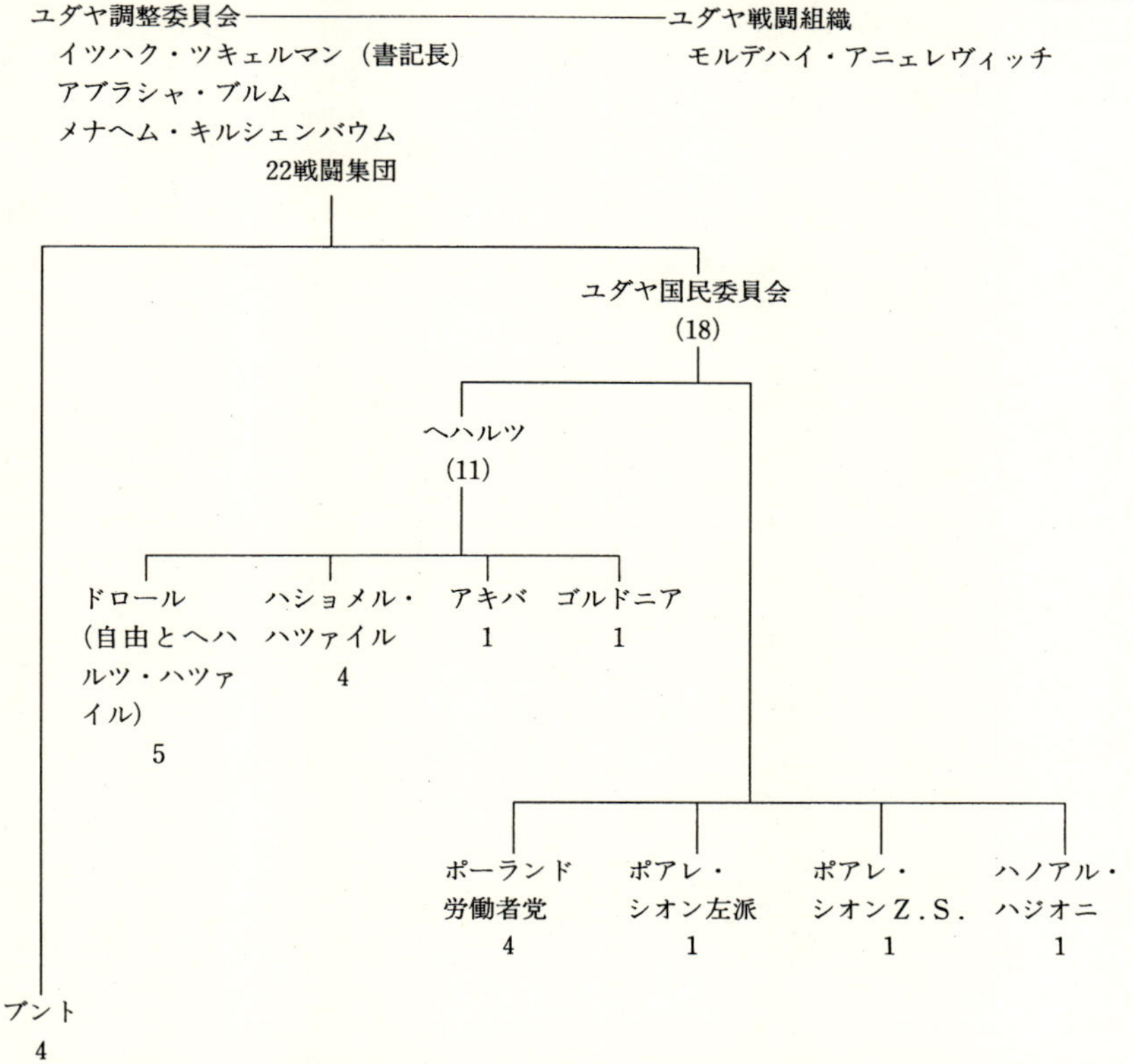

［注］　この表はすべて，1944年3月にユダヤ戦闘組織の生存者がワルシャワからロンドンに送った報告に依拠している．この報告の抜粋は以下に掲載されている．Friedman, *Martyrs and Fighters*, pp. 201-203.

たとか、聡明、実際的、恐れ知らず、決断力があったなどとい[95]ろいろと言われている。彼は二四歳だった。

しかし、二つの主要な政党は、この新しい抵抗組織の枠外に留まった。戦闘者のいなかったアグダーの正統派ユダヤ人と、パヴェル・フランキェルの指揮下に三つの戦闘集団からなる国民軍事連合をもつ修正主義政党のナショナリストたちである。[96]ユダヤ戦闘組織の代表と修正主義者は、合同を考えようと会合したが、いずれの側も相容れない要求をもっていた。左派がナショナリストの哲学を拒否していたユダヤ戦闘組織は、国民軍事連合がその部隊を解体して、個別にユダヤ戦闘組織の戦闘集団に参加すべきだと主張した。修正主義者は、ユダヤ戦闘組織の軍事的経験のない指導部とは対照的に、国民軍事連合にはポーランド軍の元将校や下士官がいることを指摘した。[97]そのため、国民軍事連合が作戦全体の指揮を要求したのである。

ユダヤ戦闘組織と修正主義者双方にとって、緊急に必要なのは、闇市で食料や武器を購入する資金であった。無料でパンを提供したパン屋もあったし、経済力のある数人のユダヤ人は、共感から抵抗資金を提供した。しかし、財源は「収用」システムで、裕福なユダヤ人とユダヤ人評議会自身に向けられた。[98]

抵抗運動はまた、ドイツ人と協力しているユダヤ人の力を削ごうとした。移送が頂点に達した一九四二年八月二十一日、ユダヤ戦闘組織のイズラエル・カナウが、ユダヤ人警察長官ユゼフ・シェリンスキに発砲し、顔面を傷つけた。[99]その後継者ヤークブ・ライキンも射殺された。さらに、銃弾は、ユダヤ人評議会経済局長のイズラエル・フィルストを含めて、警官、密告者、協力者を倒していった。「一般に、われわれの死刑判決はすべて正当であった」と、イツハク・ツキェルマンは戦後に語っている。[100]地下勢力の打ち続く発砲のもとで、技師のマレク・リヒテンバウムを新しい議長とするユダヤ人評議会は、徐々に衰退していき、ついにはその力を失ってしまった。[101]

急いで防衛準備が行われた。ユダヤ人たちは、防空壕を作るふりをしながら、一部は下水道に通じる数百の待避壕を築いた。一般に、裕福なユダヤ人は貧しい人びとよりもよい場所をとった。ポスター、ビラ、口頭によるプロパガンダ活動が始まり、あきらめて「羊のようにおとなしく殺戮」されないように呼びかけ、あきらめた人びとを待っているのは、「トレブリンカの窒息機械のなかでの恐ろしい死」のほかには何もないことを想起させた。列車には行かず、何が起ころうと、待避壕に留まるようにというのである。[102]

ドイツ人は予想よりも早くやって来た。一月にヒムラーがワルシャワにやって来て、約四万のユダヤ人がまだゲットーに残っていることを知った（実際にはほぼ七万だった）。彼は、多すぎると考え、八〇〇〇人をただちに移送するよう命じた。残りのうち、およそ一万六〇〇〇人を強制労働収容所のためにとっておきたいと彼は考えていた。[103]ヒムラーは、ワルシャワ軍司令部のフレーター大佐に、カイテルがこの計画に同意していると告げた。[104]

ドイツ人が一月十八日にヒムラーの命令に従って攻撃したと

き、ゲットーは完全に不意をつかれた。[105] 六五〇〇人のユダヤ人が移送され、一一七一人が銃創のために死んだ。ドイツ側には数人の死傷者が出た。[106]

ヒムラーは、この武力衝突に刺激されてゲットーの完全な解体を命じた。空になったユダヤ人居住区は完全に取り壊されることになった。ポーランド人がそこに住むのは許されなかった。ヒムラーは、ワルシャワが元通りの大きさになるのを望まなかったからである。[107]

企業のテベンス社とシュルツ社は、時をおかずに、工場をルブリンに移す協定をグロボツニクSS中将と結んだ。テベンス社とシュルツ社は工場の設備を移動させ、ユダヤ人を輸送し始めた。グロボツニクは、ヴァルター・テベンスを、ゲットー内の一六のドイツ人企業の移転のための全権に任命した。ユダヤ戦闘組織が壁に通知を張り出し、ドイツ側の保証に疑いを投げかけたとき、テベンスは、長い詳細な告知で対抗した。彼はまた、企業のユダヤ人職工長を招集して、ユダヤ人労働者とその家族は彼についていくことによってしか戦争を生き延びることができないと、ぶっきらぼうに告げた。しかし、今やユダヤ人は、もはやどんなドイツ人にも信頼を置かなくなっていた。[108]

ドイツ人実業家が事業を救おうと措置を講じているあいだですら、ユダヤ人の抵抗者たちは武器をもっと増やそうとしていた。供給してくれる可能性があるのは、孤立した個人、闇市場の販売人、ポーランドの地下勢力であった。個人と販売人は高い値段を要求した。地下組織は、ロンドン志向の国内軍と共産主義者の人民軍であった。

国内軍にとって、ユダヤ人への援助は初めから疑わしい企てであった。国内軍の指導者たちは、夏の移送のあいだに、ユダヤ人は闘おうとしないと確信するようになっていた。移送のあとですら、国内軍は、ユダヤ戦闘組織に武器を手渡すことを躊躇していた。これを、訓練を受けていない若者の運動と考えたからである。ユダヤ戦闘組織がドイツ人侵入者と闘った一月闘争は、ポーランド人の目に映ったこれらのユダヤ人青年のイメージを変えたが、同時に、この闘争は、国内軍にとってもっと根底的な問題を引き起こした。つまり、ゲットーでの対決は、ユダヤ人の闘争でなければならず、ポーランド人の決起のときが来る前に、災害がアーリア地区に拡がるのを避ける必要があったのである。国内軍は、一月闘争前にユダヤ戦闘組織にピストル一〇丁を渡していたが、手榴弾や火薬と一緒にあと五〇丁送ることに限った。国内軍は、国民軍事連合に対しては、もう少し多く渡したが、二つのユダヤ人部隊への援助を合わせても、かろうじて最低限度に達したにすぎなかった。

貧弱な武器しかもたない共産主義者は、ソ連を助けるために、ドイツ人占領者に対する闘争を支援していたが、一九四三年四月十九日に、ユダヤ戦闘組織に二八丁のライフル銃を与えると約束した。しかし、これはゲットーには届かなかった。ユダヤ戦闘組織は、逃走用の地下道を故意に作らず、アーリア側での戦闘組織の交渉者ツキェルマンは、下水道を通る道を知らなかったからである。

その結果、ユダヤ戦闘組織、国民軍事連合、そして若干の山師たちには、腰につける武器、火炎瓶、手榴弾、少数の各種ライフル銃、それに若干の機関銃と軽機関銃しかなかった。ユダヤ戦闘組織は、武器の不足のために志願兵の受け入れを停止せざるをえなかった。国民軍事連合は少しうまくいき、新参者によって兵力を増強できた。しかし、勢力を合わせても一〇〇〇人に満たなかった。ユダヤ戦闘組織におよそ五〇〇人、国民軍事連合に約二五〇人、そして個人的に武器を手に入れた独立した闘争者数名である。このような状態で、ユダヤ人たちは最後の攻撃を待ち受けたのである。(109)

ワルシャワの親衛隊・警察司令官フォン・ザメルン＝フランケンエッグSS准将は、特別な困難が生じるとは思わなかった。彼は、手に入る大隊を集め、ゲットーの回りに非常線を張った。防衛者に対して配置された勢力は、表8－4に示すとおりである。

一九四三年四月十九日の朝三時、ゲットーは包囲され、三時間後、武装親衛隊がザメンホーファ通り（地図8－1）に入った。今度は、ドイツ人が驚く番だった。侵入者は集中砲火を浴び、ユダヤ戦闘組織の火炎瓶が戦車の動きを止めた。親衛隊員は死傷者を出して退却し、午前八時に、シュトロープSS少将がザメルン＝フランケンエッグと交替した。(110) 急襲部隊は再びゲットーに侵入し、今度は家から家へと組織的に進んでいった。午後遅くになって、彼らは、修正主義者たちが守っていたムラノフスキ地域で機関銃の射撃を受けた。ゲットーは一撃では一掃できないことがはっきりしたので、ドイツ人はもう一度退却し、朝になって行動を再開した。

四月二十日、上級野戦司令官が提供した国防軍の派遣部隊が、火炎放射機と爆薬をもって、ゲットー北部で行動を開始した。さらに南の労働者地区では、投降するようにとのドイツ人経営者の呼びかけに応じたのは少数のユダヤ人だけであったが、軍の曲射砲と二センチ砲が建物への爆撃を始めた。翌日、シュトロープは五二〇〇人の労働者を捕らえることができた。

四月二十二日には、ゲットーのいくつかの地区が炎上した。ユダヤ人たちは、マットレスや弾力性のあるものを通りに投げ下ろしたあと、燃えさかるビルの階上から飛び降りた。侵入者は、下水道の中で動きまわるユダヤ人を溺れさせようとしたが、ユダヤ人は、水浸しになった通路をなんとかふさぐことができた。下水道と待避壕がひとつずつ爆破されていった。捕らえられたユダヤ人の報告によれば、防空壕にいた人びとは「熱と煙と爆発のために気がふれてしまった」。数人のユダヤ人四人は、隠れ場所と抵抗本部を白状させられた。ユダヤ人司令官モルデハイ・アニェレヴィッチは、アーリア側の副官に手紙を書いて、ピストルは役に立たず、手榴弾、機関銃、爆薬が必要である、と指摘した。(111)

今やユダヤ人は、下水道を通ってゲットーからこっそりと脱出しようとしていた。軍の技師は、マンホールを爆破することでこの動きに反撃した。煙を出す蠟燭が地下の通路に下ろされ、この煙を毒ガスだと勘違いしたユダヤ人たちは、空気を求めて

表8-4　ワルシャワ・ゲットーにおいて対峙する勢力の戦力比較

ユダヤ人[*1]

ユダヤ戦闘組織
司令官　モルデハイ・アニェレヴィッチ
戦力　22「戦闘集団」(小隊規模). 18～25歳の男女. 配置と指揮官は以下の通り. 中央地区(イズラエル・カナウ), 9「戦闘集団」. テベンス-シュルツ地域(エリエゼル・ゲレル), 8「戦闘集団」. ブラシ製造地域(マレク・エーデルマン), 5「戦闘集団」.
ユダヤ戦闘組織の指揮下で闘わないもの
イルグーン・ツヴァイ・レウミ(パウル・フレンケル指揮下, 3「戦闘集団」).
ゲットー内のポーランド人数人とゲットー外で牽制攻撃を行うポーランド人パルチザン(共産主義者とナショナリスト).
武装兵力総数　750人
武器　軽機関銃2～3. ライフル銃とカービン銃約100(数十の増減). あらゆる種類のリヴォルヴァーとピストル数百(ドイツ製とポーランド製を含む). 手榴弾(ポーランド製と手製). 手製の火炎瓶(モルトフ・カクテル). 地雷と「時限爆弾」2～3. ガス・マスク. ドイツ製鉄かぶとと制服.

ドイツ人[*2]

司令官　フォン・ザメルン＝フランケンエッグSS准将. (1943年4月19日午前8時にシュトロープSS少将と交替)
戦力
武装親衛隊(幹部, 3～4週間の基礎訓練を受けただけの者, 負傷から回復した退役者を含む)
親衛隊機甲部隊／第3訓練・補充大隊(ワルシャワ)(ベルヴィットSS中佐)
親衛隊騎兵隊／訓練・補充大隊(プレンクSS少佐)
治安警察(東部戦線の退役軍人を含む)
第22警察連隊第1大隊(シュテルナーゲル少佐)
第22警察連隊第3大隊(シェッペ少佐)
技術警察
ポーランド警察
ポーランド消防隊
保安警察(小分遣隊)
ワルシャワ上級野戦司令部(ロッスム少将)
軽高射砲中隊1
曲射砲隊1[*3]
工兵小隊2
医療班1
協力者(ウクライナ人), トラフニキ収容所からの大隊1
ゲットーとその周辺に展開された1日の平均兵力　2,090人
装備　捕獲したフランス製戦車1(大砲なし). 重装甲車2. 中規模曲射砲(10cm)1. 軽高射銃(2cm)3. 火炎放射器, 重機関銃と軽機関銃, 軽便機関銃, ライフル銃, ピストル. 手榴弾, 発煙ろうそく, 大量の弾薬.

[注]　*1　Friedman, *Martyrs*, pp. 201-203. におけるユダヤ戦闘組織の報告. *The Answer*, June, 1946, pp. 18-19, 24. におけるヴドヴィンスキ. Tenenbaum, *Underground*, p. 96. Stroop to Kruger, May 16, 1943, PS-1061.

*2　Stroop to Krüger, May 16, 1943, PS-1061.

*3　曲射砲は, 短距離用の大砲である. 普通, 一機甲大隊の装備は, 37ミリ対戦車砲9, 75ミリ対戦車砲3, 75ミリ曲射砲4であった. シュトロープ報告は, これらの武器については触れていない. 同じように臼砲についての言及もない. 以下におけるドイツ人退役軍人の供述も参照. Wolfgang Scheffler and Helge Grabitz, eds., *Der Ghetto—Aufstand Warschau* 1943 (Munich, 1993). いくつかの根拠から, 戦術上の指揮はシュテルナーゲル少佐に任されていたようである.

地上に出てきた。ゲットーは火の海だった。濃い煙が建物のうえに立ちこめ、壁の外では、ポーランド人が学童たちとこれを眺めていた。[112]数グループのユダヤ人だけがまだ燃えさかるビルの中で生きながらえていた。待避壕にいたユダヤ人は、瓦礫の中に生き埋めにされ、窒息死させられた。死体が下水道に浮かんでいた。ユダヤ人たちは急速に減少していった。

ムラノフスキ広場で、国民軍事連合の地方司令官ダヴィド・アプフェルバウムが負傷した。四月二十七日、国内軍のヘンリク・イヴァンスキ少佐率いるポーランドの救援隊が、国民軍事連合の地下道を通って、彼を他の負傷者とともに運び出した。この行動で、イヴァンスキは息子を失った。アプフェルバウムは離れることを拒否し、翌日に死亡した。[113]五月一日、シュトロープは夜間パトロール隊を送り出し始めた。五月八日、ミラ通り一八にあるユダヤ戦闘組織の本部地下壕が攻撃を受けた。この戦闘で、アニェレヴィッチが死亡した。二日後、残りの部隊が真っ昼間に下水道から出てきて、ポーランド共産主義者が彼らをトラックで連れ去った。五月十五日までには、銃撃も散発的になった。ユダヤ人は圧倒されたのである。五月十六日の午後八時十五分、シュトロープは、都市のアーリア地区にある大きなトウォマッキ・シナゴーグを、戦闘が終了した印として爆破した。第二三警察連隊第三大隊が、隠れているユダヤ人を捜索するためにゲットーに配置された。

数千のユダヤ人が瓦礫の下に埋まっており、五万六〇六五人が降伏した。捕虜となったユダヤ人のうち七〇〇〇人が射殺され、七〇〇〇人がトレブリンカ絶滅収容所に送られ、残りは労働収容所に送られた。一万五〇〇〇人がルブリン強制収容所に送られた。ライフル銃九丁、ピストル五九丁、手榴弾数百、さらに爆薬や地雷が押収された。ユダヤ人のその他の装備は破壊されていた。ドイツ人とその協力者の損失は死者一六人、負傷者八五人だった。

シュトロープの報告は極秘であった。彼はその叙述の最初に、まるで損害を強調するかのように、死傷者全員の名前を挙げている。間違って死傷者リストに名前が入れられたり、抜け落ちたこともありうるが、概してシュトロープの報告が、その統計も含めて正確であることに疑いはない。[114]

ユダヤ人の武装抵抗が打破されたのち、二つの仕事を行う必要があった。ヒムラーの希望にそって、ゲットー全体を完全に破壊し、防空壕、地下室、下水管すべてを埋めてしまうことになった。この仕事の完了後、地域全体が土で覆われ、ゲットーの跡地に大きな公園を作る予定だった。[115]そこで、一九四三年夏、親衛隊経済管理本部長官オスヴァルト・ポールは、廃墟に強制収容所を作り、[116]経済管理本部土木建築局長カムラーSS少将に破壊作業を任せた。三つの建設会社と契約が結ばれた。東部鉄道は、瓦礫を運び出すために、二〇キロメートルの狭軌の鉄道路線を敷設した。二五〇〇人の強制収容所収容者と一〇〇〇人のポーランド人労働者が一年以上働いて、二平方キロメートルの敷地から、破壊されたビルを除去し、二六〇万立方メートルの壁を取り壊した。この作業は、公園が作られる前、一九四四年七月に中断された。この不完全な仕事に対して、ヒムラーはフォン・クロージク蔵相に一億五〇〇〇万マルクの請求書を提出した。[117]

瓦礫の撤去作業ほど費用はかからなかったが、もっと困難だったのは、闘争終結前にゲットーから逃げ出し、いろいろな場所に隠れている五、六千人のユダヤ人の検挙だった。[118]ポーランド人は、この検挙で「わずかな場合」しかドイツ人を助けなかったようだ。[119]しかし、ポーランド人ギャングが町中を走り回り、ユダヤ人が隠れている場所を見つけ出して、密告されたくなければ多額の金を払え、と脅した。一九四五年一月に赤軍が到着したとき、どれほどのユダヤ人が残っていたのかについての正確な統計はない。この都市だけでは、生き残ったのはわずか二〇〇人だったようである。[120]

ワルシャワ・ゲットー闘争の終結後、まだ存在していたのは、数箇所の主要なゲットーだけだった。とくにガリツィア地区のリヴォフ、ビアウィストク・ゲットー、ウーチのヴァルテガウ・ゲットーである。ガリツィアの上級親衛隊・警察長官カッツマンSS少将は、一九四三年六月に、リヴォフのゲットーに残っている者に対して処置を講じようとして、二万人のユダヤ人がワルシャワにならって防空壕や隠れ家を作り始めているのを発見した。「われわれの側の損害を避けるために、初めから残忍に行動せねばならなかった」と、カッツマンは報告している。彼は住居を爆破し、焼き払い、隠れ場所から三〇〇〇の死体を引きずり出した。[121]

ビアウィストク地区は、東プロイセンに属する疑似編入地域であった。その行政機構は以下のとおりである。

東プロイセン行政長官　エーリヒ・コッホ
　文民行政の長、ビアウィストク地区　コッホ
　　コッホが不在の場合、ウクライナではヴァルデマル・マグニアが代理を務める。マグニアが不在の場合、キエフ総弁務官領ではフリッツ・ブリックスが代理を務める
東プロイセン上級親衛隊・警察長官　プリュッツマン
　彼が不在の場合、東部占領地域ではエープレヒトSS中将が代理を務める
保安警察・保安部監査官　コンスタンティン・カナリス
親衛隊・警察司令官、ビアウィストク地区　フロムSS少将
　（ヘルヴィヒSS少将が引き継ぐ）
保安警察・保安部指揮官　アルテンロー（後任ツィマーマン）
治安警察指揮官　ヒルシュフェルト（後任フォン・ブレドウ）

一九四三年の二つの出来事の際に、この地方の親衛隊は外からの援軍によって増強された。ビアウィストク・ゲットーで「戦闘的反ファシズム・ブロック」が形成されたとき、アイヒマンの副官ギュンターが、サボタージュ・グループを狩り出す手助けとなりそうだった。[122]ワルシャワの場合と同じように、ユ

ダヤ人たちは何の準備もなしに襲われた。一九四三年二月、襲撃は一〇〇〇人の死者とドイツ人の負傷者一人を街頭に残した。[123] 一九四三年八月、ミヒャルゼンSS大尉率いる、グロボツニクの強制移住部隊の派遣隊が舞台に登場した。ミヒャルゼンは、ビアウィストク・ゲットーの最終的な掃討についてツィマーマンと協議し、八月十日に始めることにした。その日、グロボツニク自身が作戦を視察するためにこの町にやって来た。ドイツ人は正面からゲットーに入り、ユダヤ人はピストル、手榴弾、二つの自動銃で応戦した。保安警察・保安部指揮官事務所の第四局B課の専門家フリーデルの言葉では、「双方から撃ち合い、双方に死者と負傷者がでた」。ドイツ人は戦車を持ち込んで、この日のうちに抵抗を打ち破った。[124]

　ウーチ・ゲットーは、ワルシャワやリヴォフと同じサイクルを辿った。人口の部分的な減少、労働可能な者たちの軍需工場での雇用、それに続く全面的解体である。一九四二年の最初の五カ月の移送の結果、ゲットー人口の約三分の一にあたる五万五〇〇〇人のユダヤ人がいなくなった。[125] 四月十二日、ゲットーのユダヤ人記録官のメモによれば、親衛隊の将校がやって来て、こう通知した。移送者は、以前はドイツ人移住者用に使用されていた、ヴァルトブリュッケン近郊の設備の行き届いた収容所に住むことになり、道路を建設したり、土地を耕したりするのだ、と。しかし、五月二十五日までに毛布やシーツに包まれた大量の衣類がゲットーの四つの倉庫に届きはじめた。これらの包みには、祈禱用のショール、カーテン、スカート、ズボン、下着、上着、ほころびたコートが入っていた。仕分けのときに、衣類から手紙や身分証明書が落ちてきた。記録官には、この品物が所有者によって詰められたのではないことは明らかだった。[126]

　一九四二年九月、ウーチ・ゲットーは、さらに二度の行動によって、人口を減らされた。今回は、ゲットーのコストをもっと減らすことが目的だった。九月一－二日に、病院の患者が送り出され、保健課は解体寸前となり、その職員は日雇い労働者となった。九月五日から十二日の一週間、全面的な外出禁止令が出され、ユダヤ人治安隊全員が、家にいる病人や老人、多数の子どもを引きずり出すために活動した。ほぼ一万六〇〇〇人の犠牲者を出した九月の削減に続いて、大工仕事や金属工場を近代化するために、大きな機械がゲットーに引き渡された。毛皮や他の衣類に対する主要な注文は軍によって出された。[127] ゲットー管理局長ビーボウは、次のようなポスターで労働への進軍ラッパを吹き鳴らした。

> 一九四二年九月十四日月曜日から、すべての工場と職場の再開
>
> 移住は昨日終了したので、一九四二年九月十四日月曜日にすべての工場は、完全操業を再開する。
>
> 職長、労働者、職員全員は、考えうる最大の不快から身を守りたいと思うなら、普段どおり働きにいくのがよい。認可され（登録され）た労働者は全員、今や大いに勤勉に仕事に励み、休業期間に失われた生産を埋め合わせるべく全力を尽

くすこと。

私は、この命令の実行のために最も厳しい統制を行う。

ゲットー管理局
ビーボウ(128)

九月十七日、ゲットーの記録官は、個人的な日記に次のように書いている。(129)

六人のゲシュタポが移住のあいだに一〇万人を押さえ込んでいた。移住者はリッツマンシュタット（ウーチのアーリア部分）に連れていかれたという噂。そこから、ここにぼろのような衣類。「不適当な」者全員がガスで殺されたようだ、などなど。つまり、もはや生きてはいない、と。もちろん、明確な事実は手に入らない。

ユダヤ人は、ワルシャワでの夏の大量移送について不安なニュースが十月に届いたあとでさえ、働き続けた。(130)実際、ウーチは、移送の遅れによって最大のゲットーになっていた。八万の住民は、さらに二年間、四人食や一日一二時間労働と格闘した。そして、四四年八月、「ゲットーの移動」という見出しのついた告示が張り出された。ユダヤ人たちは、死刑の罰則を科されて移動のために出頭するよう命じられたのである。(131)

今度は、ユダヤ人も、ビーボウが彼らをどこに送ろうとしているのかを知っており、その結果、座り込みストのようなものが第一作業場と第二作業場で起こった。これらのユダヤ人は長いあいだ持ちこたえ、戦争の終結が間近にせまった今、自発的に死に赴くつもりはないことを示したのである。ドイツ人は、プロパガンダ闘争の開始を決定した。一九四四年八月七日午後四時四十五分、ユダヤ人労働者たちは集会に呼び出された。最長老評議会議長ハイム・ルムコフスキの短い挨拶のあと、ゲットー管理局長ビーボウが話し始めた。ビーボウはそれほど能弁ではなかったが、彼の言葉は期待どおりの影響を及ぼした。

「ゲットーの労働者の皆さん」と彼は始めた。「私はすでに、いろいろな機会に皆さん方に話しかけてきました。私がこれまでにお話ししたことを、つねに心に留めていただけるよう望んでいます。リッツマンシュタット（ウーチ）の状況は再び変わりました。今日の午後から、という意味です。ドイツ人の側では女性と子どもの全面的な疎開が行われます。つまり、すべての民族ドイツ人はこの町を離れねばならないということです。ゲットーが完全に破壊されることはないだろうと考える人は、じつにひどい思い違いをしています。最後の人間にいたるまで全員が、ここから出なければなりませんし、また出ることになるでしょう。最後に出るほうがよいと考える人もいるでしょう。しかし、リッツマンシュタットの近くでは、すでに空爆が行われています。もしゲットーが爆撃されれば、一つの石も残りません」。

ビーボウは続けた。第一作業場と第二作業場が一緒に行くことを拒絶するなら、それは狂気の沙汰だ。四年半にわたって、われわれ――ゲットー管理局とユダヤ人――はともに働いてきた。私は、つねに最善を尽くしてきたし、今もなお最善を尽くしたいと考えている。すなわち、「このゲットーから移ることで君たちの命を救うために」。ちょうど今、ドイツは最後の力を出して戦っている。何千というドイツ人労働者が前線に行っている。これらの労働者と交替しなければならないのだ。ジーメンス・シュッケルト社は労働者を必要としている。ユニオンも、チェンストホヴァの軍需工場も労働者を必要としている。チェンストホヴァでは、みんな「ユダヤ人にたいへん満足しており、ゲシュタポはユダヤ人の生産性に大いに満足している。要するに、君たちは生きたいのだし、食べたいのだ。そして、そうできる。結局、私はここで馬鹿な子どものように立って、演説をするつもりはない。……君たちがあくまで武力に固執するなら、よかろう、死者や負傷者がでるだけだ」。ビーボウは言った。旅は一〇時間から一六時間かかる。すでに食料は列車に積み込まれている。全員、二〇キログラムの荷物をもって行ける。ポットやフライパン、日用品ももって行った方がいいだろう。ドイツでは、そのような品物は空襲で焼け出された人にしか与えられないからだ。常識だ。以上のようにできなければ、武力が行使され、私はもう助けることはできない、と。[132]

第一作業場と第二作業場のユダヤ人労働者は、その決意を変えた。投降したのである。八月末には、ゲットーは小さな清掃隊を除いて空になった。[133] 犠牲者たちが送られたのは、ドイツの工場ではなく、アウシュヴィッツ絶滅収容所であり、そこで毒ガスで殺されたのである。[134]

ストライキをしていたウーチのユダヤ人労働者は、なぜビーボウのアピールに従ったのだろうか。ポーランドのユダヤ人にとって、抵抗はたんに要塞を築いたり、武器を手に入れたりする問題ではなかった。抵抗はまず第一に、共同体の制度的構造全体の刷新、古くからの思考方法の逆転を必要としたのである。ウーチのゲットー居住者は、歴史的な行動様式を脱することができなかった。彼らはそのもとで、二〇〇〇年間も破壊を生き延びてきたのである。このような理由から、幻想への逃避、誤った希望、ビーボウの発言の方が、暴力的で絶望的な自衛への新しい未経験の道よりも説得的だった。ワルシャワ・ゲットーだけが、服従から抵抗への完全な転換を成し遂げたが、この転換は、三〇万以上のユダヤ人が移送されたのち、二四歳の司令官の指揮下で行われた。それは、ユダヤ人の基本的な反応パターンを変えるにはあまりにも遅すぎ、ドイツ人の計画を妨げるにはあまりにも弱すぎたのである。

ドイツ人は、ユダヤ人の抵抗にそれほど損害を被らなかった。しかし、秘密厳守が破られたことは、ユダヤ人社会においてばかりか、地方住民のあいだでも、最後にはドイツ人自身のあいだでも騒動を引き起こした。これらの影響は、いくつかの点では、ユダヤ人の反応よりも深刻だった。地方住民といえば、基本的に二つの住民がいたことを想起してほしい。ガリツィアのウクライナ人とポーランド人である。この二つの集団の反応は同じものではなかった。

ウクライナ人は、加害者としてポーランド・ユダヤ人の運命に巻き込まれた。親衛隊・警察は、ゲットー一掃行動にウクライナ人部隊を使用した。ガリツィア地区ばかりでなく、ワルシャワ・ゲットー[135]やルブリン・ゲットー[136]でも。ウクライナ人は、けっしてユダヤ人に友好的とはみなされていなかった（ウクライナでは、三〇〇年間にわたってポグロムと抑圧が断続的に行われていた）。しかし他方で、彼らは、長期的、体系的なドイツ流の絶滅方法には気乗りがしなかった。短期間の暴力に続く告解と赦免は、組織的な殺害とはまったく別のものだったのである。

一九四三年九月、フレデリック博士の名で通っていた、あるフランス人協力者が、リヴォフのギリシャ正教会のシェプティツキ大主教と議論した。大主教は、ユダヤ人に対するドイツ人の非人道的な行為を告発した。彼らは、リヴォフだけで一〇万人、ウクライナでは何百万人も殺した。私は、リヴォフで一晩に一人で七五人を殺した若者の告解を聞いた、と。フレデリック博士はこう答えた。私の情報によれば、ウクライナ人がこれらの殺戮に参加したのは確かであるが、ソ連によるリヴォフやその近郊での一万八〇〇〇人の処刑のことを考えれば、このような参加はまったく当然だ。さらに、ソ連の内務人民委員部のメンバーはほぼ全員ユダヤ人だったので、住民の憎しみも説明できる。そのうえ、ユダヤ人は、キリスト教会にとって死の危険ではなかったか、ユダヤ人はキリスト教の絶滅を公言してはいなかったか、と。大主教はこれに同意したが、ユダヤ人の絶滅は許されない行為であると繰り返した。[137]リヴォフのギリシャ正教会大主教は、ドイツ人が絶滅過程にウクライナ人を共犯者として引き込んでいるという事実に心を痛めていたが、ポーランド人は、自分たちがそのうち犠牲者としてユダヤ人に続くのではないかと恐れ始めていた。この考えは、迫害されたユダヤ人への援助をポーランド人に訴えた、一九四二年八月にワルシャワで配布されたパンフレットで表明されていた。このパンフレットのテーマは、口をつぐんでいる者や馬鹿者だけが、ユダヤ人のあとはポーランド人が同じ扱いを受けることを理解できず、ユダヤ人の運命を喜んでいられるのだ、というものだった。[138]

ポーランド人指導部は（ポーランドの住民は言うまでもなく）、実際にドイツ人が、ポーランド人を片づけるという考えを弄んでいることを知らなかった。たとえば、一九四二年五月一日に大管区指導者グライザーが、帝国編入地域の民族ドイツ人保護のための衛生処置として、彼の大管区で結核にかかっているポーランド人約三万五〇〇〇人の「特別措置」をヒムラーに提案していたことを誰も知らなかった。[139]このような知識はなくても、不安は実際に存在した。情報を得ている地下の抵抗組織だけではなく、ポーランドの都市すべての全労働者地区においても。この恐れは、一九四二年十月にルブリン地区で奇妙な誤解の結果、表面化した。

親衛隊・警察（すなわちヒムラー）は、ルブリンをドイツ人都市に、ルブリン地区をドイツ人地区にしようと決意していた。[140]

一九四二年十月一日、警察はルブリン市の北部地区で手入れを行った。この地区の住民全員が召集され、一箇所に集められた。労働証明書がすべてチェックされ、雇用されていることを証明できないポーランド人は全員、男も女も、収容所に入れられ、一五歳以下の子どもは孤児院に送られた。

ただちに、噂が燎原の火のように町中に広がった。多くのポーランド人は街角に立ち止まって言った。「ブーク川を越える移住が行われるはずだと言っていたわれわれは間違っていたか。それは行われたじゃないか、思っていたよりも早く。一九四二年十月一日の朝きっかりに行われたんだ！」。ポーランド人は、この行動はユダヤ人の「移住」と同じものだと確信していた。ルブリンでは、ユダヤ人「移住者」は殺され、死体の脂肪は工場で石鹸を作るのに使われているのだと、強く信じられていた。ルブリンの歩行者たちは今や、ユダヤ人とまったく同じように、石鹸生産のために使われるのは、今度はポーランド人の番だと言っていた。[141]

最初のポーランド人移送者が、ルブリンからルバルトフ労働収容所に到着したとき、噂はさらに広がっていた。総督府のポーランド人は全員、ブーク川を越えて移送されるという確信が生まれていた。噂が噂をよび、ルブリンのポーランド住民はまた、数人の特権ポーランド人には「移住」の代わりにドイツの市民権が与えられるという噂を口にしていた。多数のルブリン住民はすでに、死を免れるためにそのような市民権を受け入れるかどうかを論じていた。[142]

ポーランド人の恐れは、かならずしも杞憂とはいえなかった。ワルシャワ市当局では、ヴィルヘルム・ハーゲン博士——一九四一年にワルシャワ・ゲットーの規模縮小を計画したグループに反対した人物——自身、ポーランド人に対する行動がもくろまれていると確信していた。一九四二年十二月七日、彼は、ヒトラーへの手紙にこう書いている。

結核会議で、住民福祉課の課長ヴァイラウフ上級行政官は、私にそっとこう伝えました。ドイツ人の防衛農民に場所を空けるために、総督府東部に移住させられることになる二〇万のポーランド人のうち、三分の一——老人と一〇歳以下の子ども七万人——は、ユダヤ人と同じように扱われることになるかもしれない、つまり、殺害が企てられるか、考慮される、と。[143]

ヴァイラウフは怒って、この告発を「たわごと」だとし、住民福祉課の政策に違反して、ポーランド人に包括的な結核治療を施したいという願望をハーゲンが抱いていると言った。[144] ヒムラーは、ハーゲンは戦争の残りの期間を強制収容所で過ごすべきだと考えたが、コンティが彼を説得して、この決定を止めさせた。[145] 殺害は起こらなかったが、ポーランド人は、安全を完全に確信しているわけではなかった。[146]

重要な点を一点述べていなかったが、秘密厳守が破られたことはドイツ人自身にも影響を及ぼした。とくにポーランドでは、ドイツ人は神経過敏になり、不安を抱いていた。彼らは報復を恐れていたのである。一九四二年十月三日、ラドムの宣伝局は、一枚の葉書の配達から生じた騒動を報告している。ポーランドでは、地方のドイツ人住民に向けてクラカウ新聞が発行されていた。この新聞のラドム支局長は、リヴォフから一枚の葉書を受け取った。この葉書は、ドイツ語でこう始まっていた。「私はドイツ語ができない。すべてポーランド語からドイツ語に翻訳してくれ」。あとはポーランド語で続けられた。

くそったれのリヒャルトさんよ。お前たちに子どもがひとり生まれた。その子が生涯苦しまんことを。われわれユダヤ人がお前たちのために苦しんでいるように。心の底からそう願う。

この匿名の葉書は実際、受け取り人を不安にし、プロパガンダの専門家を心配させた。宣伝局は、これが多数の葉書の洪水の前触れであることを恐れ、この葉書は、犯人を突き止めるために保安警察に送られた。[147]

一九四二年九月、ルブリンのあるドイツ軍将校がドイツ人判事にこう語った。アメリカでは、総督府におけるユダヤ人の取り扱いへの反発から、ドイツ人に対する報復が始まっている、と。この将校によれば、多数のドイツ人がすでにアメリカで撃たれていた。[148]

神経過敏の状態は、ポーランドにおけるドイツの行政機構のまさにトップにまで達していた。一九四二年八月二十四日、総督府の四八人の役人が会議を開いて、反ユダヤ人措置、反ポーランド人措置に関する問題を討議した。[149] フランク総督は、とくにあけすけに、ユダヤ人一二〇万人に対する「餓死という処刑」に言及した。会議の最後に、次官のベプレ博士は、出席者リストをもっているので、もし何らかの噂が民衆に広がれば、その出所を突き止めることができると指摘した。また、四三年一月二十五日の会議中に、反ユダヤ人措置についていろいろ話し合われたあと、フランクはこう述べた。

ここに集まっているわれわれ全員が、ルーズヴェルト氏の戦争犯罪人リストに載っていることを思い起こしてほしい。私は光栄にもそのリストの第一番目だ。われわれは、いわば世界史的意味での共犯者なのだ。[150]

次の話は、ルブリン地区の保安警察・保安部指揮官ヨハネス・ヘルマン・ミュラーが語ったものである。彼は、かつてルブリンの親衛隊・警察司令官オディロ・グロボツニクを議長とする会議に出席したことがあった。この親衛隊・警察司令官はそのときちょうど、ルブリンからワルシャワへのポーランド人の子どもの輸送について、さらにこれらの子どもの多くの凍死について考えていた。グロボツニクは、ヘーフレSS少佐（彼が信頼する助手の一人）に向かってこう言った。自分には三歳になる姪がいるが、他の子どもたちのことを考えないでは、もはやこの子を見ることができない、と。ヘーフレは何と答えてよいかわからず、「阿呆のようにグロボツニクを見ていた」。一九四三年春、ヘーフレの二人の子ども、生後数カ月にしかならない双子がジフテリアで死んだ。墓地で、ヘーフレは突然気も狂わんばかりになり、「これは私のすべての悪行への神の裁きだ！」と叫んだという。[151] ユダヤ人の子どもの取り扱いにおいてとくに残忍だったドイツ人が、今や自分の子どものことを一番心配していたというのは、おそらく偶然ではないだろう。

経済的結果

原注92-

移送がいかに冷酷なやり方で行われたかは、その経済的結果に明確に表われている。経済的結果は、損失と利益に分けることができる。損失は、主にユダヤ人労働力を犠牲にしたことにあり、利益は、食料の節約と個人的な所有物（たいていは衣類）の収集から生じた。差引勘定では、ポーランド・ユダヤ人の移送が非常に高くついたことに疑いの余地はない。

一九四二年にゲットーの解体が始まったとき、生産の維持に非常に熱心だった、ポーランドにおける軍の代表たちは苦境に立たされた。労働配置総監である大管区指導者ザウケルは、東方労働者募集キャンペーンを始めたところだった。つまり、彼は、ポーランドとウクライナの労働者をドイツに運んでいたのである。軍部は、ポーランド人に代えて、ユダヤ人の雇用の増加を当てにしていた。四二年までは、ユダヤ人は建設プロジェクトとゲットーの作業場でしか使用されていなかったが、航空機工場、弾薬工場、鉄鋼業などを含む軍需産業でも彼らを雇用することが必要になった。[152] この交替計画が進行し始めたのは、親衛隊・警察がゲットーに入り込み、何十万というユダヤ人を移送したときであった。今や軍部は、立ち去りつつあるポーランド人を消え去りつつあるユダヤ人に取って代えるという、あるいは手に入らないポーランド人で死んだユダヤ人の埋め合わせをするという信じ難い状況に追い込まれたのである（ちなみに、若干のポーランド人は、ドイツで移送されたユダヤ人に取って代わっていた）。

三つの軍需監査部が、ユダヤ人労働力の供給を保持しようとしていた。ヴァルテガウの第二一軍需監査部、オーバーシュレジエンの第一三b軍需監査部、総督府の軍需監査部である。

ヴァルテラントでは、軍需関係役人はウーチ・ゲットーの保持に努めていた。この努力は一進一退を繰り返したが、ゲットーは一九四四年八月まで解体されなかったので、総じて期待以上の成功だった。[153]

オーバーシュレジエンでは、シュレジエン地域における労働徴発の担当機関、シュメルト機関によって、何万ものユダヤ人がゲットーから収容所に送り込まれた。[154] 一九四二年までに、何千ものユダヤ人が軍需工場の建設に雇用されていた。彼らは、不可欠の存在だったので、オーバーシュレジエンの上級親衛隊・警察長官シュマウザーSS大将は、一九四二年四月にヒムラーへの手紙で、大規模な建設プロジェクトに雇用されている六五〇〇人のユダヤ人の交替要員を得ることは難しい、と訴えた。[155] 数カ月後、クルップがブレスラウ近郊のマルクシュテットに海軍の大砲生産工場建設を計画していたとき、この企業は、近くの建設プロジェクトでトット機関（シュペーアの建設機関）が多数のユダヤ人を雇用しているのに気づいた。クルップは、ファンガー海軍中将の「全面的な同意」を得て、これらのユダヤ人を海軍の工場を建設するために移送しないことを提案した。[156] 一九四四年、シュレジエンのクルップ工場は、まだこれらのユダヤ人数千人を雇用していた。[157]

しかし、一九四三年八月にオーバーシュレジエンで大量移送が始まると、多くのユダヤ人労働者は仕事から引き離された。カトヴィッツのドイツ民族性強化帝国委員の代表（ヒムラーの部下）は、ドイツ人移住者のための住居を建設していたユダヤ人建設部隊五〇〇人が、全員連行されたと報告している。[158] カトヴィッツの第一三b軍需監査部は、同時に、トゥシニエツ鉄工場とフェルム株式会社ラウラ製錬所のアドルフ・ヒトラー戦車（製造）計画に雇用されていたユダヤ人七〇〇人を突然失ったと報告している。さらに、ヴァルテガウのエルンスト・エルベ会社の収容所にいたユダヤ人一三〇人が、一九四三年八月二十四日から二十五日にかけての夜に、予告なしに連れ去られていた。[159]

総督府の労働力状態が一番深刻で、ここでは、残った数万人のユダヤ人熟練労働者を求めて最大の努力が払われた。多くの利害が、この努力にからんでいた。一九四二年には、民政当局、東部鉄道、軍司令部や軍需監査部と契約している民間企業、そして親衛隊自身も、種々の事業でユダヤ人労働力を使用していた。リヴォフのドイツ劇場の建設用地といったいくつかのプロジェクトは、電撃的勝利の初期のヴィジョンの残り物であった。[160] 東部鉄道はまた別の問題だった。一九四二年九月、ゲルタイスは、彼の鉄道網の能力を高めるためにはユダヤ人労働者の使用が必要であると繰り返し指摘した。総計八五六八人のユダヤ人が、機関車のような車両補修のために東部鉄道に雇われており、さらに一万五三八三人が、建設計画で東部鉄道と契約している企業によって雇用されていた。つまり、合わせて二万三九五一人にもなり、このような人数の引き上げはまったく「不可能」だというのである。[161] 軍司令官ギーナント大将と軍需監査官シンドラー中将の問題も、同様に深刻であった。代替不可能なユダヤ人労働者を失うまいとする彼らの試みは、時期を遅らせることしかできなかった。

労働力を保持しようとする軍の最初の行動は、一九四二年七月に行われた。シンドラー中将が、軍需企業のユダヤ人労働者を生産のために工場のバラックと親衛隊労働収容所に留めおくという取り決めを、上級親衛隊・警察長官クリューガーと急いで結んだのである。[162] 四二年七月十九日、ヒムラーはこの協定を受け入れたが、これ以上の譲歩は行わないと言明した。「私は、総督府におけるユダヤ人全員の移住を、一九四二年十二月三十一日までに遂行し、完了することを命じる。この日以降、ユダヤ系の人間は誰も、ワルシャワ、クラカウ、チェンストホヴァ、

表8-5　総督府における労働力（1942年9月）

	労働者総数	ユダヤ人のみ	ユダヤ人熟練工のみ
全企業	1,000,000	300,000	100,000
国防軍制服，軍靴などの製造業	22,700	22,000	16,500

ラドム、ルブリンの収容所にいるのでなければ、総督府に残っていてはならない。ユダヤ人労働力を雇用しようとする他の企てはすべて、この時までに終わること。もし、完了が不可能であれば、収容所のひとつに移すこと」。ヒムラーは続けた。これらの措置は、ヨーロッパにおける新秩序のために必要であり、ドイツ帝国とその領土の「安全と清潔」にとって重要である。この規則の違反はすべて、平和と秩序を危険に陥れるものであり、ヨーロッパに「抵抗運動の病原菌と悪疫の道徳的、物理的中心」を生み出すものである、と(163)。

　軍当局にはまもなく、ヒムラーの譲歩が、考えられていたよりもはるかに限定的なものであることが判明した。軍部は自らの施設を守ることができなかった。前線用の畜牛や小麦を保管していたある補給倉庫は、待避線で空の貨物列車が待っているのに、一夜にして半数のユダヤ人労働力を失った(164)。まもなく、もっと深刻な手抜かりが感じられるようになった。将軍たちには、クリューガーとの取り決めが、軍需産業の一部しか、つまり軍需監査部と契約した軍需工場しか含まないことがわかった。明らかに、この協定は、ドイツの諸官庁から直接出された注文に応じている軍需企業や、軍司令官と契約している無数の小さな修理工場や仕上げ工場を含まなかったのである。

　一九四二年九月十八日、軍管区司令官フォン・ギーナントは、国防軍最高司令部指導幕僚部に、優先指定「冬」の緊急の注文が警察の「移住作戦」のために脇に追いやられていると報告した。フォン・ギーナントは、この時点での総督府の労働力状況を、**表8-5**で示したように見積もっていた。二〇万のユダヤ人不熟練労働者の交替は、労働配置総監が、ポーランド人労働者一四万を緊急に要求しなければ、可能であったかもしれない。こうした事情のもとで、フォン・ギーナントは、ユダヤ人労働者の削減をもっとゆるやかにさせる交渉をしようと、国防軍最高司令部に援助を求めた。彼はこう書いている。「基準は、軍需生産を危険に陥れない範囲で、できるだけ速くユダヤ人を締め出すことであるべきだ」と(165)。

　ヒムラーは、この手紙のコピーを受け取って、次のように返事した。主に仕立屋、大工、靴屋からなる「いわゆる軍需企業」と、武器工場のような「本物の」軍需企業は違う、と。「いわゆる」軍需企業に関しては、ヒムラーは没収を準備していた。「国防軍はわれわれに注文を出せばよい。われわれは、必要な制服の引き渡しの継続を保証する。しかし、実際にはユダヤ人とその仕事を保護したいだけであるのに、軍事的利益を申し立てて、この分野でわれわれと対決できると考える者がいれば、情け容赦なく扱うつもりだ」。ヒムラーは続けた。「本物の」軍需企業では、ユダヤ人を大きな仕事場に隔離しなければならない。選別過程で、これらの大きな仕事場は工場収容所に整理統合され、その後は、できれば総督府東部にある二、三の巨大なユダヤ人強制収容所に道を譲ることになる。「しかしそこでも、ユダヤ人は、総統の希望にそって、いつかは消え去るべきである」[166]。

ヒムラーは実際、親衛隊自身が実業界に進出し、「いわゆる」軍需生産、主に制服製造を一手に扱うことを提案していた。重工業、つまり「本物の」軍需企業においては、親衛隊が労働力供給を担当することを提案した。言うまでもなく、賃金はすべて、労働者にではなく親衛隊に支払われることになっていた。ヒムラーの提案では、明らかに利益をあげることが目的だった。

軍部はヒムラーの条件をそのまま受け入れた[167]。一九四二年十月十四日と十五日、総督府の軍司令部上級補給部長フォルスター大佐が上級親衛隊・警察長官クリューガーと会って、二、三の点を調整した。このとき、軍部は親衛隊が生産問題にはるかに理解があることを知った。新しい協定は、軍部（すなわち軍需監査部あるいは軍管区司令官）との契約で仕事をしているすべての会社を含んでいた。協定の要旨は、ユダヤ人労働力の組織的な削減は、相互の協議のあとでしか行われない、というものだった。取り決めの要点は、「生産を妨害しないこと」だった。親衛隊は収容所労働に対して、一日に男性一人五ズウォティ、女性一人四ズウォティを受け取ることになり、このなかから、会社は食費のために最大限一・六〇ズウォティを差し引くことになっていた[168]（五ズウォティは一ドルに相当）。

十月協定は、軍事的必要のためにユダヤ人労働力を救おうとする最後の取り決めだった。民政上の需要を満たしている会社、東部鉄道や民政当局のためには、何の対策もとられなかった。上述した規定の範囲外にあるプロジェクトや工場からは、ユダヤ人が何十万と連れ去られた。したがって、弱まることのない移送の影響は、狭い意味での軍需産業以外ではいたるところで感じられ、軍需産業においてさえ、ユダヤ人は結局は消え去ることになっていた[169]。一九四二年十二月九日、総督のフランクは会議でこう言った。

　われわれは、信頼できるユダヤ人を失って、貴重な労働力を取り上げられた。戦争努力のただ中で、ユダヤ人全員に絶滅の覚悟をさせるという命令が出されれば、労働事情がさらに困難になることは明らかである。この命令の責任は、総督府当局にはない。ユダヤ人絶滅の指令は上から来るのである。われわれは、この状況の結果に甘んじ、ユダヤ人の排除は労働の分野において恐るべき困難をもたらしたと、ドイツの諸官庁に言うことができるだけである。私は先日、総督府の大規模建設プロジョクトがストップしてしまったと不平を言っていたガンツェンミュラー次官に、そこで働いている何千ものユダヤ人が連れ去られなければ、そんなことは起こらなかったと納得させることができた。今や、命令は、軍需工場で雇われているユダヤ人をも排除すると規定している。私は、この命令が、まだ取り消されていなければ、これを廃止してほしいと思う。そうでなければ事態はもっと悪くなるからである。[170]

ユダヤ人の方では、新しい協定によって彼らに何がふりかかろうとしているのかを感づいていた。働けない者には希望はなかった。最良で最強の労働者、クリューガー言うところの「マカベア派」[171]*だけに、生きるチャンスがあった。他の全員は死なねばならなかった。親衛隊と軍の協定では、扶養されている者は考慮されていなかった。生き残りは労働と同義語になっていたのである。ユダヤ人たちは、溺れる者が藁をもつかむように、労働証明書を手に入れようとした。労働による生き残り心理がいかに深く共同体に浸透していたかは、一人のポーランド人が観察した小さな出来事が示している。一九四三年、ある親衛隊将校（ライネッケSS少佐）が絶滅収容所への輸送に向けてユダヤ人の三歳の女の子を捕まえた。この子は、手を見せて働けると説明して命乞いをしたが、無駄だったのである。[172]

労働のために選抜されたユダヤ人たちは、不安と悪い予感で一杯だった。ガリツィアで彼らを身近に観察したある国防軍将校は、こう述べている。

労働者をその家族から引き離すというこの措置は、当該労働者の心理状態に、そしてそれと関連して肉体の状態にも破滅的な影響を及ぼした。彼らは、自分たちは今一時的に保護を得ているが、家族はおそらくきたるべき行動の犠牲になるだろうと、正しく見通している。ユダヤ人のこうした推測がいかに正しいかは、ここ数日のうちにリヴォフで行われるはずの比較的大規模な移住行動の際に、明らかになるだろう。このような状態ではユダヤ人の労働生産性が大きく減退すること、肉体的、精神的な崩壊が進み、自殺も起きることは、当然である。[173]

ヒムラーの計画では、一九四二年末までに総督府の非生産的なユダヤ人全員が移送されるはずであった。組織上の困難のために予定より遅れていたが、それでも、四二年十二月三十一日にポーランドの移送地域でまだ生きているユダヤ人は、約五〇万人だけであった（オーバーシュレジエン、ヴァルテラント、ビアウィストク地区でほぼ二五万人、総督府自身では三〇万人以下）。[174] ガリツィア地区では、残っているユダヤ人は射殺されており、[175] ワルシャワ・ゲットーでは、さらなる検挙が計画されていた。一方、ウーチ、ビアウィストク、クラカウ、ラドム、それにまだ存在している他のゲットーでは、生き残った者たちは、情け容赦なく減らされていった。総督府の残りのゲットー、とくにワルシャワ、リヴォフ、ラドム、クラカウからは、親衛隊・警察が、最強で最良の熟練労働者を、ほぼ二年間続くことになる強制労働予備軍を作り上げるために引き抜いていた。

表8－6　ゲットー労働者の配置

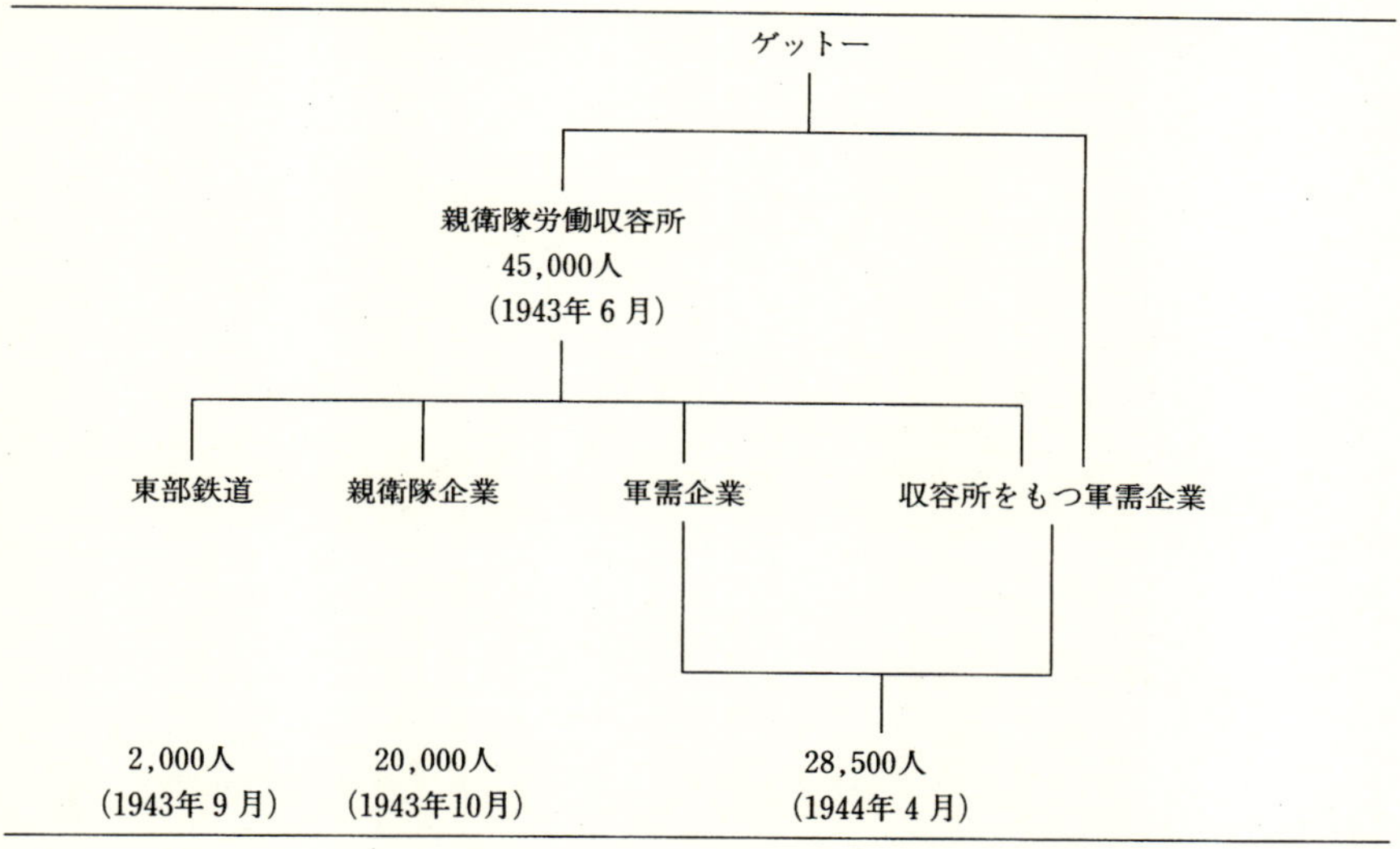

ユダヤ人労働者は、ゲットーから親衛隊労働収容所や工場収容所に送られた。親衛隊収容所には、親衛隊所有企業が二つ、東部鉄道のガリツィア・プロジェクト、軍需会社がいくつかあった。そのうえ、親衛隊はゲットーと親衛隊収容所から、他の会社に労働者を供給していた（表8－6参照）。ゲットーを離れたすべてのユダヤ人は、親衛隊の囚人だった。これらのユダヤ人が親衛隊自身に雇用されていない場合は、雇用者は、合意された相場にしたがって、男性五ズウォティ、女性四ズウォティから食費分一・六〇ズウォティを差し引いたものを、親衛隊・警察に払わねばならなかった。親衛隊はこうして総督府のユダヤ人労働者全員をしっかりと掌握していたが、親衛隊自身の収容所のユダヤ人に対する掌握の仕方と、工場収容所におけるいく分遠くからの統制のあいだには大きな相違があった。すなわち、親衛隊労働収容所は、恒常的な整理統合と除去の過程に服していたが、工場収容所はこの過程をかなり免れていたのである。

親衛隊収容所は、本来、親衛隊・警察司令官の管轄下にあったが、一九四三年十月に始まり、四四年にも続く一連の移動が起こり、この過程で、収容所は親衛隊経済管理本部、すなわち強制収容所を統轄する機関に引き継がれた。親衛隊・警察司令官は、これまで収容所の領域上、職掌上の管理権をもっていたが、今や純粋な領域上の（規律上の）管理権に制限された。新しい主人は経済管理本部であった。次に挙げるのは、新しい職掌上の管理を示した主要な労働収容所のリストである。[176]

経済管理本部ルブリン収容所の衛星収容所
　トラフニキ
　ポニャトーヴァ
　ルブリン旧空港
　ルブリン、親衛隊企業ドイツ軍装工場
　ブリジン
　ラドム
　ブジン
独立経済管理本部収容所
　クラカウ＝プワシュフ
　リヴォフ（ヤーヌフ通り）

整理統合に向けてのこれらの措置にもかかわらず、一九四三年十一月三日には、ルブリン収容所で大量射殺が行われた。この決定を促したのは、収容所のユダヤ人の騒動についての報告と十月十四日のソビブル絶滅収容所からの脱走だった。十月十九日の朝、フランクの司会のもと、警察の司令官や軍の将軍たちが出席して、保安会議が開かれた。このとき、治安警察司令官グリュンヴァルト大将が、ユダヤ人労働収容所からの「大きな危険」を話題にし、ソビブルの事件を挙げないで、ある収容所における反乱に言及した。フランクはただちに、軍需監査官シンドラー、保安警察・保安部司令官ビーアカンプ、そしてグリュンヴァルトに、収容者のリストを調べ、労働者しか残っていないことを確認するよう指令した。他の全員は「総督府から」移住させるというのである。他の話題について話し合ったのち、フランクは、ユダヤ人収容所はドイツ人にとって「緊急の危険」に転換したと言って、会議の結果を総括した。[177]

この討議の結果は重大だった。十月末頃に、ルブリン収容所で墓を掘る作業が始まったのである。この作業は昼夜を問わず、夜にはランプの下で進められた。地方の宣伝局から借りてきた拡声器付きのトラックが、射殺の音を音楽でかき消すためにルブリン収容所に持ち込まれた。「収穫祭」と称された行動の前夜、親衛隊・警察司令官シュポレンベルクは、ルブリンの保安警察・保安部指揮官の部下、武装親衛隊の自動車隊、第二二と第二五警察連隊を動員し、部署につけた。殺害の日、ユダヤ人労働者の巨大な集団が、旧空港とドイツ軍装工場のルブリン工場からルブリン中央収容所の構内に行進させられた。トラフニキではほぼ一万、ポニャトーヴァでは約一万五〇〇〇、ルブリン中央収容所では一万七〇〇〇から八〇〇〇のユダヤ人が射殺された。[178] 飛行機工場だけが射殺を免れた。親衛隊労働収容所に依存していた他の企業は、「足元から基盤を掘り崩された」。[179]

親衛隊労働収容所では、どのような種類の事業が行われていたのだろうか。とくに、親衛隊企業とはどんなものだったのだろうか。総督府の親衛隊企業は、典型的なやり方で組織されており、その短い生涯は、ナチ支配下のポーランド・ユダヤ人の歴史にとって皮肉な補足となっている。これらの企業では、ヒムラー自身が、最後の瞬間に、移送をスローダウンし——工場を保持し――、利益をあげようとしたからである。

もともと、親衛隊企業は、強制収容所で、収容者の安価な労働力を徹底的に利用しようという観点から作られたものである。ポーランドの移送が最後の段階に達した今、親衛隊企業の一つ、ドイツ軍装工場は強制収容所から出て、生き残ったユダヤ人労働力の分け前を求めてその腕を伸ばした。しかし、親衛隊企業は一つの重要な困難に直面した。資本がなかったのである。ドイツ軍装工場は、親衛隊に典型的なやり方でこの問題を解決した。ガリツィア地区の「いわゆる」軍需会社の一つ、シュヴァルツ社は、もっぱら制服製造に従事し、二〇〇〇人のユダヤ人の収容労働者を雇用していたが、この会社がドイツ軍装工場の要求にぴったりだった。親衛隊はすばやく行動した。一九四三年七月、この会社の経営陣は「重大な規則違反のために」逮捕され、会社全体が、労働者と機械もひっくるめてドイツ軍装工場に飲み込まれた(180)。

シュヴァルツ社の場合よりももっと意欲的だったのは、ゲットーにある機械すべてを接収しようとする親衛隊の計画であった。一九四二年十二月一日、ヒムラーは、経済管理本部長官ポールに、ワルシャワ・ゲットーの機械と装備をたった今見てきたところだと書いた。ヒムラーによれば、これらの機械には、「何億という」価値があり、このように高価なものは、「ドイツから失ってはならな」かった(181)。ポールは、すみやかに機械を運び出すよう指令を受けた。経済管理本部長官はただちに三人の専門家をワルシャワに派遣して、ゲットーにある機械と原料の目録を作らせた(182)。それから彼は、移動の準備が整ったとヒムラーに報告した。翌日、ヒムラーは、この手配に「全面的に」同意すると書いた。「ただ、機械をわれわれの企業に移動することへの、文書での許可を経済省から得ておく必要があると思う」と彼は言っている(183)。問題の機械は、大部分個人の所有物だった。

一九四三年一月、ヒムラーはまたワルシャワにやって来た。彼は、ワルシャワの軍需司令官フレーター大佐を呼び出し、こんなにも多くのユダヤ人がまだワルシャワにいることに驚いていると言った。ヒムラーの意見では、ゲットーに企業を所有しているドイツ人実業家たち、なかでも最大の事業家ヴァルター・C・テベンスをできるだけ早く徴兵し、前線に送るべきだった。彼は、国家保安本部にテベンスの帳簿を「顕微鏡で」調査するよう命じた。「私に間違いがなければ、三年前には何の財産もなかった男が、ここでは、百万長者とは言えなくても、金持ちになっている。その理由はただ一つ、われわれ、つまり国家が安価なユダヤ人労働力を彼に与えてきたためだ」と彼は言った(184)。

要するに、これが、必要な機械と労働力を手にいれるヒムラーのやり方だった。実際には、彼は失敗した。テベンスのせいではなく、ユダヤ人の抵抗とその結果生じた財産の破壊のためであった。ルブリンの親衛隊・警察司令官グロボツニクSS中将が、ナチスには珍しい控え目な言葉でこう言っている。「重要な損害は、ワルシャワだけで生じた。ここでは、事態の誤解のために、仕上げが間違って行われたのである」[185]。

　それにもかかわらず、親衛隊は突き進み、一九四三年三月十二日には、経済管理本部の管轄下に新しい会社、東部工業有限会社を設立した。これは一風変わった会社だった。それは、創業資本金わずか一〇万ライヒスマルクで設立された。取締役は経済管理本部長官ポール、経済管理本部B局局長レルナーSS中将からなり、監査役会には、次のメンバーがいた。ポール、クリューガー、レルナー、ワルシャワの親衛隊・警察司令官フォン・ザメルン＝フランケンエッグである。その後、クリューガーとフォン・ザメルンは退陣し、総督府における経済管理本部の代表、親衛隊経済専門家シェリンがその代わりに選出された。会社の経営者は、ルブリンの親衛隊・警察司令官オディロ・グロボツニクと経済管理本部の計理士マックス・ホルン博士であった[186]。

　ワルシャワ・ゲットーの機械類はほとんど破壊されたが、この会社は、一九四三年夏、ワルシャワとビアウィストクのゲットーで発見されたがらくた類を集めて、また非常に原始的な道具を用いて操業を開始した。たとえば、ブラシ工場では、一、二ダースのハンマーしかないのに、六〇〇人のユダヤ人労働者が、鉄や石の破片を加工していた。それでも、一九四三年五月から十月までに、三九万六〇〇〇のブラシが製造された[187]。東部工業有限会社は、そのピーク時には、次の数の労働者を雇うまでに成長していた[188]。

ドロフチャの泥炭工場	一〇〇〇人
ルブリンのブラシ工場	一八〇〇人
ラドムの装備工場（繊維）	四〇〇〇人
ルブリンの鉄工場	一五〇〇人
トラフニキの毛皮製造工場	六〇〇〇人
計	一万四三〇〇人

一九四三年秋に東部工業は破産した。破産の原因はあたりまえのことだった。利益が上がらなかったのである。しかし、四三年十一月三日、東部工業は労働者がいないことに突然気づき、東部工業へのとどめの一撃が、親衛隊自身によって加えられた[189]。東部工業の数千人のユダヤ人が、ルブリン絶滅収容所で射殺されたのである[190]。こうして、この会社は、その足元から基盤を掘り崩された[191]。

　親衛隊によるこの投機的事業の突然の終結も、驚くべきことではない。その経営者の一人ホルン博士の言葉では、東部工業の経済的任務は親衛隊においてさえ、「反対」や「理解の欠如」に出会ったからである。たとえば、東部工業の代表の一人がワルシャワの親衛隊・警察司令官（フォン・ザメルン＝フランケンエッグかシュトロープかは不明）に報告したとき、この司令官は、「東部工業だと！『工業』と聞いただけで気分が悪くなる！」と言ったという[192]。

　東部工業の人びとはそれでも諦めなかった。一九四四年一月、ホルンはウーチに行って、そこのゲットー管理局の計上した利

表8－7　軍需工業における労働力　（単位：人）

	ユダヤ人のみ	従業員総数
1943年1月	15,091	105,632
43年4月	15,538	112,499
43年7月	21,643	123,588
43年10月	22,444	130,808
44年1月	26,296	140,057
44年4月	28,537	179,244
44年5月	27,439	172,781

［注］ Draft report by Army District Command Generalgouvernement/Armament Economy officer to OKW/Field Economy Office, July 7, 1944, Wi/ID 1.246. 軍管区司令部（Army District Command）は，軍司令部の新たな呼称であった．国防経済将校（Armament Economy officer）は，軍需監査官にとって代わった．国防軍最高司令部の野戦経済局（Field Economy Office）は，経済・軍需局の後継組織であった．ユダヤ人は1942年4月以降，軍需工業で雇用されていた．

益が、実際は「偽装された損失」であることを知った。彼には、この問題の解決策があった。ウーチのユダヤ人を東部工業に移送するのである。[193] しかし、もう一度親衛隊は失敗した（グライザーは、彼のゲットー企業に一八〇〇万から二〇〇〇万ライヒスマルクを支払うよう要求した）。[194] こうして、東部工業の破産は進展していった。その資産は、もっと耐久力のある親衛隊企業の一つ、経済管理本部W局四課が経営していた、すでに指摘したドイツ軍装工場に引き継がれた。[195]

親衛隊企業の東部工業とドイツ軍装工場は、けっして二万人以上のユダヤ人労働者を雇用することはなかった。したがって、全体的に見れば、親衛隊企業はそれほど成功しなかった。しかし、ヒムラーには別の利潤源があった。軍との協定のもとで、総督府のユダヤ人全員は、日当いくらで売りに出される親衛隊の囚人であった。ここでも、ヒムラーの期待は完全には満たされなかった。

表8－7は、一九四三年一月から四四年五月までに総督府の軍需産業で雇用されていたユダヤ人労働者の統計を示している。親衛隊労働収容所や工場収容所にいるユダヤ人を軍需産業で利用していたことを示しているこの被雇用者数は、ヒムラーとグロボツニクが実現しようと期待していたものよりは、いくぶん少なくなっている。[196] 親衛隊労働収容所では、数千ものユダヤ人は仕事がなかった。一九四三年六月、グロボツニクはヒムラーにぼやいている。巨大なトラフニキ収容所では、親衛隊企業と民間会社が手にはいる労働力の九〇パーセントを雇用している

が、ポニャトーヴァ収容所では、雇用は六〇パーセントにすぎない、と。グロボツニクは、ただ「移住」を妨げるためだけにウーチのゲットーを注文「ぜめにしている」と、国防軍を非難し、また「利益」を理由に彼の労働者を利用していないと企業団体を非難した。(197)

たしかに、ユダヤ人労働者の雇用には利点があった。労働力不足が危機的な状態のときに、ユダヤ人熟練労働者は、非常に安い賃金で手に入ったのである。しかし他方で、親衛隊によって何の予告もなく連行される可能性のある労働者に依存することは危険だった。したがって、おそらく労働力全体におけるユダヤ人の割合を限度内に抑えようとする試みが行われたのだろう。(198)

ユダヤ人労働力の主要な受益者は、重工業に従事する大会社であった。次にリスト・アップしたのは、ユダヤ人労働力を使用した比較的重要な企業である。(199)

ブラウンシュヴァイク製鋼所／スタヴォーワ＝ヴォーラ工場
製鋼所、スタラホヴィーツェ
オストロヴィエツ高炉
ルートヴィヒ製鉄所
ケーブル製作所、クラカウ
ヴァルテ工場
航空兵器合同東部製作所有限会社、ミェーレツ
ハインケル航空機製作所、ブジン（建設中）
ライヒスホーフ航空発動機製作所（ジェシュフ）
シュタイア・ダイムラー・プッフ株式会社、ラドム
ハザグ社、カミェンナ
火薬製作所、ピオンキ（キェルツェとチェンストホヴァの工場も含む）
デルタ格納庫・倉庫建造有限会社、ムシーナとザコパネ
カルパテン石油、ドロホビッチ
ヴァルター・C・テベンス社、ポニャトーヴァ
シュルツ社、トラフニキ

このリストのうち、三つを除くすべての会社が、自己の工場収容所をもっていた。親衛隊収容所にある三つの企業は、ハインケル、テベンス社、シュルツ社であった。テベンス社とシュルツ社は不安定な立場にあった。ヒムラーが嫌っていたのである。二つの会社は、ワルシャワ・ゲットー闘争後、労働力供給を維持するために、親衛隊労働収容所に移ることを余儀なくされていたが、(200)新しい取り決めは長くは続かなかった。一九四三年十一月五日、軍需監査部はその日誌に、この二つの会社は、そのユダヤ人労働者の「予期せぬ、完全な引き上げ」を被ったと記している。(201)グロボツニクの後継者、ルブリン地区の親衛隊・警察司令官シュポレンベルクが、東部工業とドイツ軍装工場の労働者と一緒に、テベンス社とシュルツ社の労働者全員の大量虐殺を行ったのである。(202)

ユダヤ人労働者のための自前の施設をもっていた企業は、概

して、もう少し安定していた。それらは、ユダヤ人労働者の「突然の引き上げ」をそれほど被らなかった。そのままにしておかれたのである。しかし、例外が一つあった。ガリツィアである。ガリツィアでは、親衛隊・警察が「過剰な熱意」を示し、他方、軍司令部の介入は非常に慎重であった。[203] 一九四三年八月までに、ガリツィアの二つの軍需企業――親衛隊企業のドイツ軍装工場とカルパテン石油――を除くすべてが、ユダヤ人労働者を失った。[204] もう一つの会社、メトラヴァット株式会社は、絶対に代替不可能な一二人の時計工を残すことを許可された。この一二人はリヴォフの親衛隊労働収容所に輸送され、そこで、ポーランド・ユダヤ人の冷酷無惨な運命が彼らを襲う一九四三年十一月十九日まで、メトラヴァットのために働き続けた。[205]

　軍需産業のユダヤ人たちは、持ちこたえようとした。彼らは家族を失っており、餓死しそうだった。毎晩、次の朝はどうなるのかわからなかった。それでも彼らは、効率的で信頼できる労働者だった。「力が弱まりつつある」者たちは「移住」させられ、「取って代わ」られた。[206] 残った人びとは働き続けた。フランクの元副官で帝国大臣のザイス＝インクヴァルトにとって、この従順さは驚きの種であり続けた。彼はこう言っている。「労働能力のあるユダヤ人は、身内の者が殺されているあいだも働いている。こんなことは、私には考えられない。こんな場合、ユダヤ人全員がドイツ人に襲いかかり、彼らを締め殺すという事態以外には予想できない」と。[207] しかし、ユダヤ人は、こんな災厄にも敵に襲いかかるような反応は見せなかった。武装した抵抗はなかったし、サボタージュもほとんどなかった。[208] 逃亡者の数だけが問題だった。工場は、軍需監査部と親衛隊が工場保護隊へと組織したガリツィアのウクライナ人によって、そしてソ連の占領地域から軍に徴集された協力者――いわゆる東方部隊――によってかろうじて守られていた。少なくとも数百人のユダヤ人が、この警備の欠陥を利用して収容所の最終的な解体の前に逃走した。[209]

　軍需工場で働く数千人のユダヤ人にとって、最期は一九四四年夏にやって来た。この年の七月、赤軍が電撃攻勢に出て、ガリツィア地区とルブリン地区を巻き込み、クラカウ地区のプシェミシル地域を占領し、ヴィスワ川を越えてラドム地区にいたる二〇キロメートルを撃破した。この進軍に直面して、リヴォフとルブリンのドイツ軍装工場は急いで疎開させられた。[210] 一九四四年七月二十日、保安警察・保安部司令官のビーアカンプSS准将は、刑務所の囚人と軍需工場のユダヤ人を、赤軍の到着前に疎開させるよう命じる回状を出した。万一、輸送を不可能にする事態が突然生じた場合には、犠牲者はその場で殺され、死体は「焼却、ビルの爆破など」によって処分することになっていた。[211]

　ラドム地区では、親衛隊・警察司令官（ベトヒャー）が、ユダヤ人全員の輸送が可能になるや即座に、ピオンキ＝ラドム＝キェルツェを結ぶ線の東側に移すよう命じた。[212] ロシア人の最前線はこの線の数キロメートル東で停止していたが、疎開熱ははるか後背地にまで達した。たとえば、シュタイア・ダイムラ

表8-8　「総督府」からドイツ帝国への食料供給　(単位：t)

	1940/41年	1941/42年	1942/43年
小麦	0	53,000	630,000
じゃがいも	121,000	134,000	520,000
砂糖	4,500	4,465	28,666
畜牛	7,510	21,498	55,000
油脂	800	900	7,500

[注]　Report by Staatssekretär Bühler, October 26, 1943, Frank diary, PS-2233.

ー・プッフ、「ハザグ」社、ピオンキから数千人のユダヤ人が追い去られた。(213) クラカウ地区では、神経過敏になった親衛隊・警察司令官が、親衛隊経済顧問(経済管理本部の代表)および軍司令部と一緒になって、軍需工場のユダヤ人労働力の七〇パーセント削減を決定した。(214) ロシア人の攻勢は一九四五年一月十二日まで行われなかったので、この動きも時期尚早であった。しかし、その間、何千というユダヤ人がアウシュヴィッツ絶滅収容所へと輸送されており、他方、軍部は逃亡したユダヤ人を追い詰め、親衛隊に引き渡すか、即座に射殺した。(215)

こうして、ヒトラーの願望は満たされた。親衛隊企業や、弾薬を製造する軍需工場においてさえ、ユダヤ人は「消え」ねばならなかったのである。実際、生きて日の目を見たユダヤ人はほとんどいなかった。(216)

これが、ポーランドにおける「最終解決」のために支払われた代価であった。利益はどうだったのだろうか。収支決算表の収益の側に書き入れることができるものは、それほど多くはない。主要な収益は、食料の節約と移送されたユダヤ人の個人財産の没収から得られた。

早くも一九四二年八月、総督府の食糧・農業局長ナウマンは、ユダヤ人への食料割当の削減を計画した。ポーランド人にも影響を及ぼすことになる彼の食料削減計画は、ドイツへの食料供給の増加を目的としていた。ナウマンは、総督府の会議において自分の考えの概略を述べ、自分はただ、移送される一二〇万のユダヤ人の食料配給をすべてカットし、ドイツの経済界で雇用される三〇万のユダヤ人のためにだけ食料を取っておくのだと指摘した。フランクは、ナウマンに完全に同意して、ドイツ人が負けるより、ポーランド人が弱る方がましであると述べ、働かないユダヤ人に「餓死」を宣告するという決定の結果、彼らに対する措置が加速されるべきである、と指摘した。(217)

移送の結果、あるいはそれを見越して、ドイツ人がどれだけの食料を節約できたのかを知ることは不可能である。表8-8は、総督府からドイツへの食料供給を示しており、食料の節約を明らかにしている。もちろん、これら全体数の一部は、ポーランド人への配給の削減にもよっていることを想起してほしい。

ゲットーのユダヤ人が残した衣類や家具、その他のものはあまり利用できなかった。グロドノでは、壊れた家は風雨にさらされ、人びとが出入りするのにまかされた。あるドイツ人管理人が、守衛付きのビルに家具を運び込んだが、読み書きのできないその土地の助手しかいなかったので、在庫品の目録作りは不可能だった。(218)リヴォフの空になったゲットーでは、略奪者が(219)オーブン、ドア、窓、管、針金、階段を引き剥がした。ヴァルテラントのゲットーでは、移送に雇われた警官たちが、中身を自分たちのものにしてしまった。(220)ユダヤ人のアパートには、ドイツ人の居住に適したものは、わずかしかなかった。しかし、このわずかのアパートには多くの需要があった。オーバーシュレジエンの都市ベンジンの役人は、こう言っている。アパートは、仕事が多すぎる職員にとって、ストレスの多い一日のあとの唯一の愉しみだった、と。(221)

残った財産は、単独で没収命令を出したヒムラーと、(222)この命令を認めない総督フランクのあいだの重要な争点であった。(223)一度はフランクが点を稼いだように思われる。彼は、捨てられたユダヤ人の財産を保存する倉庫を引き継いだからである。しかし、この勝利は、ヒムラーが機械類を取り去り、(224)選り抜きの不動産を没収し、(225)ポーランド人がユダヤ人に負っていた一一〇〇万ズウォティにものぼる負債を取り立てたあとになってようやく、達成されたものであった。ちなみに、この金額は、東部工業の破産のときにその帳簿の貸借を清算するのに役立った。(226)

ポーランド・ユダヤ人は、経済的要因がまったく二義的なものになっていく過程で絶滅された。ナチスの東部専門家、ペーター＝ハインツ・ゼラフィムは、東方ユダヤ人をこう描き出している。それは、「ユダヤ人の最大の集中地、正統派ユダヤ人の精神的中心、そしてなによりも、ユダヤ人移民が送り出され、繰り返し、他の諸国に吸い込まれていく大小のユダヤ人集団を放出してきた無尽蔵の貯水池」である、と。(227)この巨大な集中地、精神的中心、そしてユダヤ人の無尽蔵の貯水池が今や破壊され、労働収容所や絶滅収容所でまばらに生き延びているわずかな人びとに減少してしまったのである。

訳注

402 マカベア派（the Maccabees）　前一六八年にセレウコス王朝支配下のユダヤ人が起こした反乱の指導者たち——マッタティアスと五人の息子たち——は、「マカベア派」と呼ばれた。彼らは、セレウコス軍と「槌打つ」ごとく激しく戦ったために、ヘブライ語の「槌」を表わす語から派生した「マカベア」という言葉が使われるようになったと言われている。ユダヤ人は、二五年におよぶ戦いに勝利を収めて独立を勝ち取り、マカベア朝（＝ハスモン朝）が成立した。

4　半円形地域

原注97-

絶滅過程は、機能的に一歩一歩進展していくことによって、また領域的に一国一国と拡大していくことによって、全面的に展開されることになった。これまで、「最終解決」がドイツ自身においてどのように遂行されたのか、それから、これがヨーロッパ・ユダヤ人社会の引力の中心、ポーランドに対してどのように適用されたのかを見てきた。だが、ユダヤ人の絶滅は、ドイツとポーランドに限られなかった。それは、ドイツの支配下にある全ヨーロッパ地域で実行されることになった。ハイドリヒは、「ヨーロッパにおけるドイツの勢力範囲」[1]全体において移送を組織する権限を与えられていた。そして、これこそまさに、彼が行ったことだったのである。

まもなく、ドイツの絶滅機構は左回りにノルウェーからルーマニアに広がる巨大な半円形を覆うことになった（地図8－2参照）。われわれの目的のために、この半円形を三つの地域に分けてみよう。まず北部（デンマークとノルウェー）である。ここには、一万人足らずのユダヤ人がいた。次に西部（オランダ、フランス、イタリアを含む）では、ユダヤ人人口は六〇万であった。そして、一六〇万人のユダヤ人共同体のあるバルカン地域である。この巨大な半円形の中心では、アウシュヴィッツ絶滅収容所が、北部、西部、南部から犠牲者を集める特別列車を受け入れていた。[2]

「最終解決」の地理的な拡大は、絶滅過程で最も複雑な組織過程だった。ドイツ人が事情に精通していた帝国・保護領とは違って、また、ドイツ人の植民や定住に適した、一種の私有地とみなされたポーランドやロシアと違って、この半円形地域は、ドイツの「支配力が及ぶ範囲」だった。占領された東部では、[3]非ドイツ的な性格の中心的権威は存在を許されなかった。巨大な半円形地域では、ドイツ人は傀儡当局に命令を出し、衛星政府に要求を突きつけた。ポーランド人とロシア人は、国家として存在する権利をもたなかった。彼らは、おそらくいつかは消え去る定めの、人間以下の存在、労働奴隷とみなされたのである。他方、ヨーロッパ北部、西部、南部は、同盟国、あるいは少なくとも潜在的な同盟国であった。ポーランド人とロシア人は、何についても相談に与らなかったが、巨大な半円形の中の傀儡当局、衛星当局は、少なくとも意見は聞かれたし、時にはその感情も考慮された。要するに、われわれがここで扱おうとしているのは、ドイツ人が主人ではあるが、絶対的ではない地域、支配力はあるが全能ではない地域なのである。

半円形地域におけるドイツの権威は、しっかりと支配された領域では民政によって、他の占領地域では軍司令官によって、統制のもっとゆるやかな衛星地域では外務省によって行使された。それぞれ順を追って考察しよう。

民政は、帝国編入地域（地図上の黒い部分）とオランダ、ノルウェー（横線部分）において行われた。編入地域はそれぞれ、

地図8－2　1942年半ばの枢軸ヨーロッパ

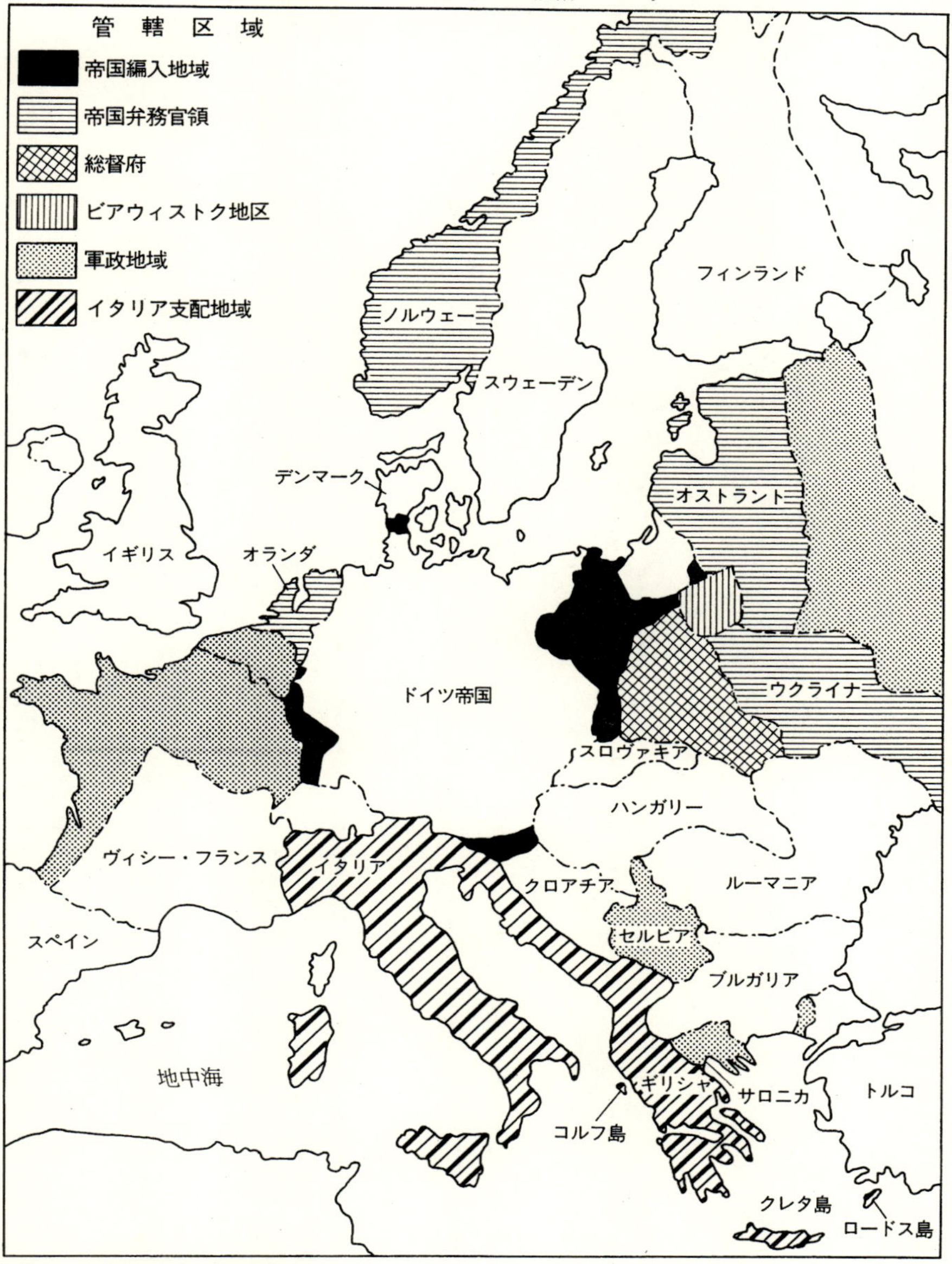

以下のように近くの大管区指導者によって治められた。(4)

フランス：アルザス バーデン大管区指導者ロベルト・ヴァーグナー
ロレーヌ ザールプファルツ大管区指導者ビュルケル
ルクセンブルク：
コブレンツ゠トリアー大管区指導者ジーモン
ユーゴスラヴィア北部：
上クライン ケルンテン大管区指導者ライナー博士
下シュタイアーマルク シュタイアーマルク大管区指導者ユーバーライター博士

民政下にある非編入地域ノルウェーとオランダは、それぞれヒトラーに直接責任を負う帝国弁務官のもとに置かれた。オスロのテルボーフェンとハーグのザイス゠インクヴァルトである。ノルウェーには、ヴィドクン・クヴィスリング率いる完全な傀儡政府があったのに対して、オランダは、文民高級官僚（事務総長）に率いられたオランダ行政網だけを保持していた。(5) 占領下のノルウェーもオランダも、他の諸国と外交関係を結ぶことは禁じられた。(6) 両国は遮断され、帝国弁務官のもとで孤立していたのである。

ドイツ国防軍は、西部とバルカンの重要地域（地図上の点の部分）を支配した。これらの地域における支配は、たんに占領軍の存在を意味しただけではなく、「領土上の権限と執行権の行使」をも意味した。(7)

ヨーロッパ西部では、国防軍は、執行権を行使する二つの地域司令部をもっていた。「ベルギー・北部フランス」と「フランス」である。(8) ベルギーには、ちょうどオランダと同じように、ベルギーの文民高級官僚に率いられた中央政府があった。フランスの占領地域では、ヴィシー政府が、ヴィシーに責任を負う完全な官僚機構を保持していたが、これは命令や指令、要求をドイツの軍政に拒絶されがちであった。一九四二年には、フランスの非占領地域が占領された。しかし、イタリアの真西にあるこの地域は、イタリア軍に保持されており、フランス全土がドイツの支配下に最終的に統合されるのは、四三年九月のイタリアの崩壊時であった。

バルカン半島では、もともと三つの地域が軍の支配下にあった。セルビア、「サロニカ゠エーゲ」、ギリシャ南部（アテネ゠ピレウス地域の二、三の飛び地とエウボエア島の一部）である。ドイツの同盟国イタリアが弱体化していったとき、南東部司令部が「クレタ要塞」を引き継ぎ、一九四三年九月のイタリアの崩壊時には、追加的な膨張が生じた。「サロニカ゠エーゲ」とギリシャ南部が、「ギリシャ」と呼ばれる単一の地域へと合併されたのである。ここは、ギリシャ本土における以前のイタリア地域をすべて含んでいた。北部では、南東部司令部が、モンテネグロとアルバニアを獲得した。ギリシャ本土の西部では、ドイツ軍の支配はコルフ島にまで拡大した。東エーゲ海では、ドデカネーゼ諸島（一九一二年以降イタリア領土、今や東エーゲと改名された）がこの軍組織の一部になった。ドイツ南東部司令部の枠内には、三つの傀儡政府があった。ベオグラードのセルビア政府とティラナのアルバニア政府、そしてアテネのギリシャ政府である。

半円形地域における最も重要な官庁は、ドイツ外務省であった。地図上の白い部分の地域すべてが、外務省の管轄下にあった。外務省の勢力は、とくに衛星国のスロヴァキアとクロアチアで強かった。両国は、ドイツの創造物、要するに外務省の創造物だった。外務省の掌中にあるその他の諸国は、ヴィシー・フランスとデンマークだった。これらの国が服従した理由は、ドイツの圧倒的な軍事力にあった。三つの国が、領土の拡大を目的にドイツと運命をともにしたために、衛星国の地位にされた。ブルガリア、ルーマニア、ハンガリーである（地図を一見しただけで、ナチ体制下でこれらの国が享受した国境が独特なものであることがわかる）。最後に、ほぼ四年間に一人前のパートナーから二流の衛星国に転落したもう一つの国があった。イタリアである。ドイツ・イタリア関係の初期には、外務省はイタリアに対して慎重であったが、最後には、独裁者になった。ちなみに、イタリアは、その権力の絶頂期には、地中海地域の相当な領域を保持していたことを記しておくべきだろう。それは、ドデカネーゼ諸島、アルバニア（一九三九年獲得）、「新アルバニア」、モンテネグロ、ダルマチア海岸の一部、スロヴェニア西部（一九四一年）、ギリシャ本土の大部分とその島嶼部の一部、それに六、七十キロメートルにわたってイタリアに隣接するフランス領土（一九四二年占領）であった。

外務省の勢力は衛星地域に限られなかった。リッベントロプの省は、軍政地域でも発言権をもっていた。一般的に言って、外務省は、領土を支配しようとする軍部の努力を見下していた。外交官というのはつねに、軍の支配地域で助言や忠告によって喜んで手を貸し、軍政府の運営に抜け目のなさと技量を与えることに熱心である。この関心すべての目的は、ほとんどの場合、万が一の権限の委譲である。ドイツ外務省は軍部から領域をもぎ取らなかったが、それにもかかわらず、その傾向は認められた。リッベントロプの部下たちは南東部では、助言を与えたり、決定に関与したりするのに忙しかったが、他方、西部では、ドイツ・フランス関係の針路は、少なからぬ部分、パリのドイツ大使館によって指令された。民政地域——もちろん、ここでは外務省の公然たる競合は黙認されなかった——ですら、外務省の代表たちは、彼らの目の前で起こった出来事すべてについて詳細に報告していた。外務省の役人のなかに、半円形地域全体を一種の外務省の領域とみなす者がいても不思議ではなかったのである。ユダヤ人問題においては、それはほぼ事実だった。

衛星地域における「最終解決」の遂行を担当していたのは、外務省の役人の誰だったのであろうか。表8-9は、一九四〇年と四三年の外務省の機構を簡略化した図である。この図からわかるように、ユダヤ人問題に最も深く関わっていた部局は、

1940年8月	1943年9月
II（イギリス，フランス，ベルギー，オランダ，スイス） シュリッテ博士	I（イギリス）　ヴェーバー博士
	II（フランス，ベルギー，オランダ，スイス） フォン・バルゲン
III（スペイン，ポルトガル，ヴァチカン） ハイドゥレン博士	III（スペイン，ポルトガル） ヘーバーライン博士
	XV（ヴァチカン）　ホフマン博士
IV（イタリア，ブルガリア，ギリシャ，ユーゴスラヴィア，アルバニア，ルーマニア，スロヴァキア，ハンガリー） ハインブルク博士	IV（イタリア）　マイ博士
	IV b（ブルガリア，ギリシャ，クロアチア，セルビア，モンテネグロ，アルバニア，ルーマニア，スロヴァキア，ハンガリー，保護領） ファイネ
V（ポーランド，ロシア） シュリープ博士	フォン・ティッペルスキルヒ
VI（スカンディナヴィア） フォン・グルントヘル	フォン・グルントヘル
VII（近東）　メルヒャース博士	メルヒャース
VIII（極東）　クロル博士	ブラウン博士
IX（合衆国，ラテン・アメリカ） フライターク	ライネベック
通商局　ヴィール	
代理　クロディウス	
法務局　ガウス博士	アルブレヒト
代理　アルブレヒト博士	ゼーテ博士
I（国際法）　コンラート・レディガー博士	コンラート・レディガー
II（パスポート） グスタフ・レディガー	（パスポート関係は，国家保安本部に移行）
文化局　フォン・トゥヴァルドフスキ博士	ジックス博士
広報局　パウル・シュミット博士	パウル・シュミット

［注］　Organization charts of the Foreign Office, dated August 1940 and September 1943, NG-35.

表8-9　外務省の機構（1940年と1943年）

1940年8月	1943年9月
外相　［フォン・ノイラート］	
リッベントロップ	リッベントロップ
外務省本局	
パウル・オットー・シュミット博士	シュミット
エーリヒ・コルト博士	フォン・ゾンライトナー
フォン・ゾンライトナー博士	ブルンス
ブルンス博士	ヨハン・ゲオルク・ローマン博士
	ベルクマン
	ヒルガー
次官	
首席　［フォン・ビュロー，フォン・マッケンゼン］	シュテーングラハト・ファン・モイラント
フォン・ヴァイツゼッカー	
特任　ケプラー	ケプラー
党の在外組織　ボーレ	ボーレ
特任公使　リッター博士	特任大使　リッター博士
	フォン・リンテレン
	ガウス
	ヘーヴェル
人事局　クリーベル	シュレーダー
儀典局　フォン・デルンベルク	フォン・デルンベルク
特別任務　ヴァーグナー	
	国内I（党）　フレンツェル
ドイツ局　ルター ──	（→ 国内I・国内II）
党　ルター	国内II（親衛隊・警察）　ヴァーグナー
代理　クラマルツ	
II（親衛隊・警察）　リクス	IIA（ユダヤ人）　フォン・タッデン
代理　ピコト	
III（ユダヤ人）　［シュムブルク博士］	IIB（国家保安本部，治安警察，警察担当官）
ラーデマッハー	ガイガー
政治局　ヴェルマン	ヘンケ
代理　リッター	フォン・エルトマンスドルフ
副代理　フォン・リンテレン	特任大使　プリューファー博士
	特任公使　フォン・ヘンティヒ博士

ドイツ局とその後継局、国内第二局であった。(9)ドイツという奇妙な名称は、この局が国会との連絡機関であったワイマル共和国時代に由来する。(10)三三年以降、国会はもはや機能していなかったが、行政機関はしぶとく生き残った。この部局はまだドイツ課という名で、三六年には儀典局長の下にある一つの課として存在していた。そこでは、地図、建物、測量などといった重要性をもたない雑多な問題が扱われていた。

一九三八年、ドイツ課は、マルティン・ルター博士なる人物に引き継がれた。ルターは、その前任者や同僚たちと違って、新しい文民官僚ではなく、党人だった。もっと正確に言えば、ドイツ課外相リッベントロプの子分だった。ルターのもとで、ドイツ課は局に昇格した。この局は、党の問題に関わり始め、四〇年には、ユダヤ人問題における権限も獲得した。

ルターの局は、外務省の本庁舎があるヴィルヘルム通りではなく、数ブロック離れたラウフ通りにあった。行政官なら誰でも知っているように、物理的な距離は独立の助けとなるのであり、ルターがこの離れた住所を利用した証拠もある。(11)しかし、彼はつねに、重要なものだけではなく、すべての指令に連署するよう、政治局に求めた。(12)こうして、外国の外務省在外公館に移送指令が送られる前に、この書類は政治局（第四課）のデスクに送られ、そこからこの局の局長代理や局長に送られた。(13)ルターは、彼が下した恐ろしい決定の責任を同僚にも担わせようと考えたのである。

一九四三年、ルターは壮大な妄想にとらわれた。彼の古くからの上司リッベントロプに取って代わりたいと考えたのである。ヒムラーへの手紙のなかで、ルターは、リッベントロプが正気ではないとこっそり打ち明けた。ヒムラーはリッベントロプの側についた。ルターは彼の経歴の残りを強制収容所で過ごすことになり、彼の局は潰された。(14)ユダヤ人問題におけるルターの後継者ホルスト・ヴァーグナーは、冷酷無比に職務を果たした。

ルターが党人であり、移送における推進力だったとすれば、彼の部下のほとんども党人だった。それでは、これは、衛星地域における「最終解決」は党の問題だったことを意味するのだろうか。必ずしもそうではない。外務省は党のクラブではなかった。政治局長エルンスト・ヴェルマン博士は古くからの文民官僚だったし、(15)彼の副官オットー・フォン・エルトマンスドルフも文民官僚だった。(16)また、政治局第四課（バルカン担当）の課長は、ユダヤ人問題専門家の一人とヴェルマンに評されていたが、形式的な党員ですらなかった。(17)ドイツ局自体においては、ユダヤ人課の課長ラーデマッハーは文民官僚だった。(18)ルターの後継者、国内第二局長は、儀典局でキャリアを開始したようである。(19)ユダヤ人問題の担当官、フォン・タッデンは「職務に通じている外務省出の人物だった」。(20)すべての局に責任を負う、勢力あるフォン・ヴァイツゼッカー次官は海軍から外務省にやって来ており、海軍では、大使館付き武官として勤務していた。(21)ルター外務省においても、国家保安本部においても、熱狂的な党員と官僚的で効率的な専門家が手を結んでいたのである。「最終解決」は外務省をハイドリヒの機構と緊密に提携させた。

表 8-10　外務省管轄地域における代表

	外務省代表	アイヒマンの代表
公使，デンマーク	[フォン・レンテ=フィンク] ベスト*	
外務省代表，オランダ	[キューン] ベネ	 ツェプフ
外務省代表，ベルギー	フォン・バルゲン	アッシェ（エルトマン）
大使，パリ	アベツ	ダネッカー （レトケ，ブルンナー）
総領事，モナコ	ヘレンタール	
代表，チュニジア	ラーン	
大使，イタリア	（フォン・マッケンゼン） ラーン*	ダネッカー （ボスハマー）
大使，ヴァチカン（1943-45年）	フォン・ヴァイツゼッカー	
公使，セルビア	ベンツラー*	
領事，サロニカ	シェーンベルク	{ヴィスリツェニー ブルンナー
特別全権，南東部（アテネ，1944年）	ノイバッハー	ブルガー
公使，クロアチア	カッシェ	アブロマイト
公使，スロヴァキア	（フォン・キリンガー） ルーディン	{ヴィスリツェニー ブルンナー
公使，ブルガリア	ベッケルレ	ダネッカー
公使，ルーマニア	（ファブリツィウス） フォン・キリンガー	リヒター
公使，ハンガリー	（フォン・エルトマンスドルフ，フォン・ヤゴウ） フェーゼンマイヤー*	{アイヒマン クルマイ フンシェ ヴィスリツェニー ダネッカー アブロマイト ノヴァク ザイドル

[注]　外務省官僚の名前は，いくつかの資料と新聞からとった．国家保安本部員の大半は以下に挙げられている．Affidavit by Wisliceny of Nobember 29, 1945, *Conspiracy and Aggression,* VIII, 606-621.

*ベスト，ラーン，ベンツラー，フェーゼンマイヤーは同時に「総全権」の肩書ももっていた．このリストには，出張使節は含まれていない．

一九四一年十月三十日、国家保安本部は、行動部隊の最初の五カ月の活動報告を外務省に送った。外務省では、まず大使館参事官ヒルガーがこれを読み、適当に整理してリッベントロプに提出する前に、この報告は、数局の専門家に読ませるよう配付された[22]。ヨーロッパ規模の移送の開始とともに、外交官とハイドリヒの部下たちの接触は、とくに戦場ではさらに緊密になった。表8-10は外務省の在外公館と領事館を示したものであるが、アイヒマン課（国家保安本部第四局B－四課）の代表たちが、外務省の大使館や公使館に所属しているか（パリ、クロアチア、スロヴァキア、ブルガリア、ルーマニアのように）、外務省の代表たちと緊密に協力して働いているか（サロニカなどのように）のいずれかだったことを明らかにしている[23]。

バルカンにおける外務省の代表たち（カッシェ、ルーディン、ベッケルレ、フォン・キリンガー）は元突撃隊員だった[24]。突撃隊は、かつて、その組織内に親衛隊を含んでいたが、一九三四年、ヒムラーはこれを離脱し、多くの突撃隊指導者を殺害したり、逮捕して、自分の親組織をほぼ無力な存在にしていた。言うまでもなく、三四年以降、突撃隊と親衛隊のあいだには親愛感情はそれほどなかったが、この遺恨が四つのバルカン諸国での両者の協力関係を妨げることはなかった。おそらく、ルーマニアは例外である。ここでは、公使のフォン・キリンガーとアイヒマンの代理人リヒターSS大尉のあいだの軋轢が公然たる反目にまで発展していた。

衛星諸国における外務省の実質的な仕事は、なによりもまず、予備的段階（定義、収用、強制収容）の導入であり、これがなければ、大規模な移送を成功の見通しをもって開始することはできなかったであろう。衛星地域での予備的措置は、できる限りドイツでの原型を手本とすることになっていた。これは、とくに定義に当てはまった。というのは、外務省は、ニュルンベルク原則からの逸脱をすべて、数千のユダヤ人を救おうとする試みと解釈したからである。

最後に、ユダヤ人共同体が移送への「準備を整えた」とき、外務省の外交官はギアーをセカンドに替えた。くさびを打ち込むように、外国政府は、ドイツにおけるユダヤ人市民の保護を差し控えるよう求められた。この「無害な」妥協の達成で、重大な瞬間がやって来た。衛星国は今や、その国のユダヤ人の「東部」への「移住」を要求されたのである。反対や抵抗の可能性を少なくするために、外務省は移送者の財産への請求権を主張しなかった（しかし、ユダヤ人に個人的な所持品をもたせて「移住させる」という取り決めがなされ、この荷物はのちに、絶滅収容所でドイツによって集められた）。そのうえ、外務省は、衛星政府から、移送費用をドイツに対して弁済するように要求することもあった。この要求の背後には、ユダヤ人の除去はドイツによって同盟国に与えられた好意であるという論法があった。これらの国は、永久にユダヤ人を一掃できることから、永続的な利益を引き出せるというわけである。

かつて、外務省の法律専門家たちは、衛星諸国に住んでいるドイツからのユダヤ人難民の財産を没収する可能性を考慮したこともあった。しかし、この考えは、一九四二年七月三十日に開かれた会議で放棄された。「領域原則」を強調することが決定された。つまり、外国のユダヤ人の財産はその国のものであり、ドイツのユダヤ人の財産はドイツのものだというわけである。[25]

今やヨーロッパ中で、専門家の大群が、大陸のユダヤ人のあらゆる痕跡を根絶しようとしていた。たしかに、ドイツの絶滅機構は、これらの地域では、ドイツ自身や東部領域におけるほど成功しなかった。しかし、半円形地域で克服しなければならない途方もない困難は、この巨大な作戦の原動力であるハインリヒ・ヒムラーにとってはほとんど問題ではなかった。彼は、（一九四三年四月九日に）保安警察長官にこう書き送っている。

私にとって最も重大なことは、以前も今も、ユダヤ人を、人間の力で可能な限り、東部に輸送することである。保安警察の短い月間報告で私が知りたいのは、その月にどれだけ輸送されたのか、月末にまだどれだけ残っているのかということだけである。[26]

北部

ポーランドで起こった出来事と比べて、ヨーロッパ北部の絶滅過程は小規模だった。ドイツの勢力範囲にある三つの北方諸国、ノルウェー、デンマーク、フィンランドには、ほぼ一万のユダヤ人しかいなかった。この数字は偶然ではなかった。何世紀にもわたって、ルター派であったスカンディナヴィア諸国は、ユダヤ人を好まず、非常にわずかしか定住を許さなかった。しかし、来ることを許可されたわずかな人たちは、ほぼ一八七〇年までに完全に平等な待遇を与えられていた。[27] 以来、ユダヤ人はたんに解放を経験しただけではなかった。彼らはスカンディナヴィアの生活様式にとけ込んでいた。北部はナチスの圧力を受けても、こういう歩みから後退することをしぶったのである。

ドイツ人には、この地域での問題が、つまりわずかな成果を達成するために、大いに骨を折らねばならないことがわかっていた。したがって、ルター次官補が一九四二年一月二十日の会議で、北部地域での行動の延期を提案したというのも理解できる。[28] それでも、延期は延期にすぎない。ドイツの官僚には、手の届く範囲でユダヤ人が平和に暮らしているのを、永久に傍観することはできなかった。費用がどんなに高くつこうと、成果がどんなに少なかろうと、ドイツ人には攻撃することが重要だった。彼らはまず、占領下のノルウェーに襲いかかり、次にデンマークの占領諸州を巻き込んだ。しかし、絶滅過程は、遠く離れた独立のフィンランドにまで達することはついになかった。[29]

ノルウェー

原注98-

ノルウェーでは、一九三九年に、およそ二〇〇〇人のユダヤ人が、大半はオスロとトロンヘイムで穏やかに暮らしていた。

二分の一ユダヤ人ハンブロは、保守党の指導者の地位へ、そして国際連盟の首席ノルウェー代表のポストにのぼりつめていた。ハンブロの地位とこの国のすべてのユダヤ人の地位を憤っていたのは、たいして力のない小さな政治集団、民族主義的、親ナチ的、反ユダヤ主義的な「国民連合」党だけだった。この党は、一万五〇〇〇人の党員を擁し、以前の参謀将校で国防相であったヴィドクン・クヴィスリングに率いられていた。[30]

一九四〇年春、ノルウェーが電撃的な侵攻で占領されたとき、クヴィスリングは新しいノルウェー政府の首班になった。もちろん、彼は絶対的な支配者ではなかった。彼の上には、ドイツ人の主人がいた。この国にあるすべてのドイツの官庁に責任を負う帝国弁務官のテルボーフェンと、この地域のドイツ軍司令官フォン・ファルケンホルスト上級大将、そして親衛隊・警察のレディースSS大将である。またクヴィスリングは、その下には、手なずけ難いノルウェー国民をかかえており、反抗的な人びとは、彼の党の中でさえ苦情を言っていた。

ノルウェーで何が起こったのかを理解するには、ちょっと地図を見て、一五〇〇キロメートルにもわたってスカンディナヴィア半島で国境を接している中立国スウェーデンの位置を観察する必要がある。スウェーデン人は、ノルウェーにおけるユダヤ人の運命に無関心でいられなかった。ノルウェーのユダヤ人はつまるところ、スカンディナヴィア人だったのである。ノルウェーでユダヤ人の検挙が始まったとき、スウェーデンは犠牲者に国境を開き、避難所を提供した。

予備的な措置はゆっくりと始まった。イニシアティブをとったのは、親衛隊・警察の事務所、とくに保安警察であった。親衛隊・警察のスタッフは以下のとおりである。

上級親衛隊・警察長官　レディースSS大将
｜
保安警察・保安部司令官　フェーリスSS准将
｜
第四局　ラインハルトSS少佐
｜
第四局B部　ヴァーグナーSS大尉

レディースの要求にしたがって、ノルウェーの警察大臣リーは、一九四二年一月十日、ユダヤ人の身分証明書にJのスタンプを押すことを命じた。この措置は「ユダヤ人」という語の定義を必要とし、それは、ユダヤ教徒団体のメンバー全員をユダヤ人とみなすという追加条項を加えて、ニュルンベルク原則に従った。その後まもなくして、ユダヤ人たちは、地方の警察署でアンケートに記入するよう指令された。「ユダヤ人問題」への関心につき動かされて、クヴィスリングの党の統計局の方でも、ノルウェーのユダヤ人全員の記録を集めた。[31]

次の数カ月のあいだは、ノルウェーにおけるユダヤ人難民二〇〇人の財産を押収し、――大蔵省の承認をえて――事務所の収入にしようという帝国弁務官テルボーフェンの計画以外には動きはなかった[32]。秋になって初めて、最終解決がノルウェーを襲ったのである。

トロンデラグ州（トロンヘイム市が含まれる）におけるサボタージュ行為に刺激されて、保安警察・保安部指揮官フレッシュは、一九四二年十月七日に、彼の管轄区域における一四歳以上のユダヤ人男性全員を逮捕せよとの命令を出した[33]。この逮捕はユダヤ人のあいだに大きな動揺を引き起こし、スウェーデンへの逃亡の試みが始まった。十月二十四日の日曜日、ヴァーグナーSS大尉は、ユダヤ人男性の逮捕を国中に拡大せよとの指令をもって、ノルウェー国家警察長官マルティンセンの家に行った[34]。国家警察は、四一年夏に作られ、信頼できる国民連合党員ばかりの小さな組織だった[35]。週末いっぱい働いて、国家警察は、統計局の助けを借りてリストを作成し、十月二十六日、マルティンセンは、自分の部下と、さらに刑事警察、農村地域や警察管区の常備警察、ゲルマンSS・ノルゲ師団の助けを借りて、検挙を開始した。襲撃者たちは、オスロ、リレハンメル、その他の町で、名前と住所を謄写版刷りにした紙と、ユダヤ人が記入したアンケート用紙をもって、二人一組となってユダヤ人アパートのドアをノックしに出かけた。逮捕されたユダヤ人数百人は、ベルクの仮設収容所に収容された[36]。

十月二十六日にはまた、クヴィスリング政府は急いでユダヤ人の財産を押収する法律を出した。銀行口座は封鎖され、動産は公開のオークションにかけられることになった。事務所の家具は政府の諸機関に分配され、不動産は政府の管理下におかれ、金、銀、宝石は戦争努力への分担金としてドイツ人に渡されることになった[37]。

十一月十七日に、クヴィスリング政府は、少なくとも祖父母に一人でもユダヤ人のいる者全員に、地方の警察署に登録するよう指令した[38]。この時には、噂のネットワークがすでに十分に拡がっていた[39]。多くのユダヤ人が隠れ、一九四二年十一月十五日と二十二日の日曜日には、スウェーデンのルター派教会で、逮捕されたユダヤ人のための特別礼拝が行われた[40]。

一九四二年十一月二十五日、国家保安本部のギュンターは、オスロの保安警察・保安部司令官（フェーリス）に「突然おとずれたチャンス」について手紙を書いた。ドイツ海軍が輸送船を提供したのである。その船ドナウ号はすでに港に停泊していた[41]。もう一度、ノルウェーの秘密警察は、オスロ警察、ゲルマンSS・ノルゲ、ヒルド（クヴィスリングの党の軍事組織）のメンバーの支援を得て、検挙に出ていき、今回は、女性と子どもを捕らえた[42]。十一月二十六日、ドナウ号は、男性とその家族を含む五三二人を乗せて、シュテッティンに向けて出港した。輸送将校グロスマンSS少尉は、急いでいて、ゲシュタポのタイプライターをオスロに残すのを忘れており、上司のラインハルトSS少佐がそれを返してくれと要求した[43]。ユダヤ人たちはアウシュヴィッツに行き、そこで十二月一日に、彼らの受け取りが書かれた[44]。トロンヘイムのユダヤ人を乗せる時間はなかった[45]。彼らは、船が出港した数時間後にオスロに着いたが、彼らもまた助からなかった。

最初の犠牲者が船に積み込まれたとき、ノルウェー半島中に興奮が広まった。住民の怒りは対独協力者のグループにまで達し、彼らは事態を「理解できない」[46]と考え、クヴィスリングの運動から脱退するとの噂もあった。一九四二年十二月十七日、ベルリン駐在スウェーデン公使リヘルトは、スウェーデン政府には、残っているノルウェー・ユダヤ人を受け入れる用意があると表明した。ヴァイツゼッカー次官は、この問題についてはは話し合うことすらしないと答えた。[47]オスロでは、スウェーデン総領事館が、以前にスウェーデン市民だったユダヤ人に再び市民権を与えようと骨を折った。ドイツ人が大いに困惑したことに、この努力は、スウェーデンとほとんど関係がない、逮捕されたユダヤ人のなかにも、スウェーデン国籍を申し込む者が出るほどまで進んでいた。ドイツ人がこの介入に抗議したとき、あるスウェーデン領事館員は、「つまるところは人間にすぎない哀れなユダヤ人」に、援助を拡大するようにとの正式の命令を所持していると認めたのである。[48]

こうしたあらゆる抗議に直面しても、ドイツ人は進み続けた。一九四三年二月には、トロンヘイムと他の北部地域からのユダヤ人一五八人がゴーテンラント号に積み込まれた。[49]一九四四年までに、移送者の総計は七七〇人になった。[50]それにもかかわらず、ドイツ人の行動はそれほど成功しなかった。犠牲者に見込まれた者の多くが、小さな集団をなして長い国境を越え、友好的なスウェーデンへ入っていったのである。戦争終結までに九三〇人のユダヤ人がスウェーデンで保護されたし、[51]また隠れて生き延びた人もわずかながらいた。

オスロ地域では、混合婚のユダヤ人六四人が、収容所に「宿泊」させられた。一九四四年秋、オスロのスウェーデン領事館が、これらのユダヤ人をスウェーデンに送ることの許可を求めて、保安警察・保安部司令官に接近した。この問題は国家保安本部におけるアイヒマンの副官ギュンターSS大佐に問い合わせられ、ギュンターはスウェーデンの提案を拒絶するよう忠告した。[52]外務省国内第二局のフォン・タッデンも同意した。[53]リッベントロプも、六四人のユダヤ人をノルウェーに留めておくよう望んだ。[54]しかし、四五年三月、彼らはスウェーデンに向けての出発を許された。[55]

要するに、行動の規模が小さいからといって、加害者による注目を免れることはなかったのである。数百人のユダヤ人がアウシュヴィッツに送られ、ガスで殺された。この少数の殺害は、どのようにして正当化できたのか。そのためには、この国におけるユダヤ人の「影響力」をある程度探求することが必要である。一九四三年、教育省のフーンホイザー課長は、親衛隊組織「先祖の遺産」から二〇〇〇ライヒスマルクの奨学金を得て、ノルウェーに行き、この国のユダヤ人移民や混合婚を研究した。図書館、文書館、教会文書館での彼の研究は、人種・植民本部における親衛隊の同僚たちの怒りを呼び起こした。彼らは、ユダヤ人系譜学の画一的に計画された研究が、このような特別プロジェクトによって妨げられることに抗議したのである。[56]

デンマーク

ドイツ軍がノルウェーに侵攻した日、デンマーク王国も抵抗なく占領された。抵抗の欠如とその「人種的な」質のために、デンマーク人は、ドイツの占領地域には見られない一定の自治を許された。彼らは、議会、外務省、軍隊を備え、スタウニング（続いてブール、スカヴェニウス）を首相とするデンマーク政府を認められた。デンマークにおけるドイツの機関の権限は、かなり限られたものであった。デンマークのドイツ軍司令官——最初はカウピシュ、ついでリュトケ、最後はフォン・ハンネケン歩兵隊大将——は軍の指揮官であって、軍政長官ではなかった。コペンハーゲン駐在ドイツ全権公使フォン・レンテ＝フィンクは外交官であって、帝国弁務官ではなかった。デンマークの国内問題、とくにユダヤ人問題への介入はまったく不可能であった。

それにもかかわらず、ドイツの官僚は、六五〇〇人のユダヤ人がドイツ軍に支配された国で自由に暮らしているのを座視することはできなかった。そこで、ときおり、デンマーク人問題とユダヤ人問題に最も関心をもつ二人の外務省官僚、政治局スカンディナヴィア課課長フォン・グルントヘルと、ドイツ局の同僚でユダヤ人担当者ラーデマッハーが、コペンハーゲン駐在公使フォン・レンテ＝フィンクをつついて、デンマーク政府にユダヤ人問題を思い出させた。[57] しかし、フォン・レンテ＝フィンクにはほとんどなにもできなかった。彼の唯一の提案は、デンマークにあるユダヤ人の会社に、もはやドイツからの石炭と燃料の配給を与えないというものだけだった。[58]

原注100-

一九四二年十一月、フォン・レンテ＝フィンクは、もっと激しい性格の人物と交替した。保安警察本部行政局の元局長で、今はデンマークの全権公使となったヴェルナー・ベスト博士である。しかし、ベストでさえ、わずかな提案をしただけであった。彼は、スカヴェニウス首相が、もしドイツが反ユダヤ的措置の導入を要求すれば、内閣総辞職をすると脅したと報告している。このような事情のもとで、ベストは次のことを提案できただけであった。（1）ユダヤ人が公職についていては、これ以上の協力に支障になるとデンマーク政府に個別的に言いつけることによって、彼らを公職から組織的に追放すること。（2）ユダヤ人が所有する、あるいは部分的に所有するデンマークの会社とはいかなる取引も行わないというドイツの会社による規定を通して、ユダヤ人を実業界から組織的に追放すること。（3）政治的あるいは犯罪的行為のかどで個々のユダヤ人を逮捕すること。[59] リッベントロップは、この提案が気に入り、それに「了解」となぐり書きした。[60] しかし、ベスト自身は、自分の提案にそれほど満足してはいなかった。彼は、さらに行動の可能性を探るために事情を調査し、デンマーク・ユダヤ人が、この国ではほとんど影響力をもたないことを知った。議会にはユダヤ人はいなかった。公職についているユダヤ人は三一人だけで、そのほとんどは重要な地位にはいなかった。ユダヤ人弁護士が三五人、芸術家が二一人、編集者が一四人、しかし、誰も編集長ではなかった。全体で三四五人のユダヤ人が実業界にいたが、ここでも重要な役割を果たしてはいなかった。デンマークにいる軍の役人は、軍の発注を受けている七〇〇の会社のうち六つだけが、ユダヤ人企業についてのドイツの定義によればユダヤ系と見なされると判断した。これらの会社のうちの二つがすでにその命令を実行しており、一つは取締役会のユダヤ人メンバーの辞職によって「アーリア化」されていた。

以上が、デンマークにおけるユダヤ人の影響力のすべてであった。これらのユダヤ人に対して措置をとるようデンマーク政府に圧力をかけることに、どんな価値があったのか。ベストは、少なくともこの国のユダヤ人難民に対して何らかの措置をとる可能性があると考えた。その数は、男性八四五人、女性四五八人、子ども四八人、つまり全部で一三五一人だった。しかし、これらのユダヤ人は、帝国市民法第一一命令によってドイツ国籍を奪われており、したがって、無国籍でデンマークの保護下にあった。もしこの命令が撤回されさえすれば、ドイツはデンマークの主権を踏みつけることなく、これらのユダヤ人を捕らえることができる、とベストは考えた。[61] しかし、この提案は、ベルリンではあまりにも複雑すぎると見られていた。[62] そのため、デンマークのユダヤ人は、一九四三年八月に事態が急変したときにはまだ平静であった。

一九四三年晩夏と初秋にデンマークで起こったことは、非常に興味深い。行動の物理的広がりのためではなく——それは小さなものであった——ドイツの絶滅機構の行く手に立ちはだかった異常な障害のためである。つまり、非協力的なデンマーク行政と地方の住民が、ユダヤ人を救うという決定において完全に一致したのである。

一九四三年、デンマークの事態は折にふれ悪化していた。不穏な状態が広がり、戦争努力を妨げるサボタージュが増加していた。四三年夏、ベストは総統大本営に呼び出され、そこでヒトラー自身から、どうなっているのか知りたいと言われた。ヒトラーは、デンマークで戒厳令を布告するようベストに命じた。これは、ベストが一時的に支配権を軍司令官に引き渡すことを意味する決定だった。一九四三年八月二十七日、ベストが挫折に「青ざめ、狼狽して」コペンハーゲンに戻ったとき、フォン・ハンネケン歩兵隊大将と公使館スタッフはすでに戒厳令の布告とデンマーク軍の抑留について討議していた。[63] 二日後、デンマーク軍の解体とともに、スカヴェニウス政府は辞職し、諸省の監督を終身官僚の手に委ねた。戒厳状態が始まったのである。

八月三十一日、今やデンマーク行政の首席代表となったデンマーク外務省局長ニルス・スヴェニングセンが役所にいると、ユダヤ人共同体組織の代表が電話をしてきて、ユダヤ人全員の名前と住所を掲載した共同体の記録をドイツ人に押収されたと告げた。スヴェニングセンはただちにベストに会いに行ったが、このドイツ全権は、押収についてはまったく何も知らないと答えた。[64] 九月十七日、ドイツ公使館は書類の押収を確認した。しかし、この押収は、「非常に些細な行動」であり、反ドイツ行動の証拠を捜す慣例の調査であると言われた。「ユダヤ人問題」

とは何の関係もないというのである。[65]

それでも、ユダヤ人は心配していた。九月二十五日、ユダヤ人共同体組織の議長C・B・ヘンリクスが、副議長ラハマンと一緒に、スヴェニングセンを事務所に訪ね、ドイツ人がユダヤ人問題を持ち出すかもしれないという恐れを表明した。スヴェニングセンは、ドイツ人に言われたことを繰り返した。ユダヤ人たちは、ドイツ人が何らかの方法で行動を開始した場合、デンマーク諸省の局長たちがどのような態度をとるのかを知りたがった。スヴェニングセンは、デンマークの官僚はけっしてドイツ政府に協力しないし、ドイツ側の一方的な動きに対してはできるだけ強く抗議すると答えた。次にラハマンは、ユダヤ人が「国外に追放」されることはないのかと尋ねた。スヴェニングセンは、スウェーデンへの逃亡を試みれば、ドイツ人を行動へと挑発することになると答えた。彼は、そのような動きに反対するよう忠告した。[66] この説明はユダヤ人指導者たちを落ち着かせたようであったが、その間、ドイツ人は行動を計画していたのである。

九月八日、ベストはベルリンに電報を打ち、ユダヤ人を移送させるのに、目下の戒厳状態を利用すべきだと提案した。そのためには、警察、兵士、船が必要だった。[67] これこそ、ベルリンが聞きたがっていた提案だった。その翌日、ベストは全権としての完全な権力を再び与えられた。[68] 彼は今やデンマークの独裁者であった。九月十八日に、ヒトラーは、デンマーク・ユダヤ人の移送を決定した。[69] 同時に、リッベントロプは、ベストに彼の計画と行動に必要なものについての資料を提出するよう要求した。[70]

コペンハーゲンでは、ベストは助言者、とくにパウル・カンシュタイおよびゲオルク・ドゥックヴィッツと計画について討議した。二人ともベスト自身と同様、党歴をもっていた。ドゥックヴィッツはローゼンベルクの事務所で勤務していた。彼はまた、海運業に関係しており、戦争が始まるよりもかなり前からデンマークにいた。反ユダヤ人措置に対する彼の反応は否定的で、ハンネケン大将にこの作戦への参加をやめるよう助言したと言われている。[71]

この企ての担当者は、新たに就任した保安警察・保安部司令官のミルトゥナーSS大佐であった。彼は、保安警察のメンバー一八五人を与えられた。[72] さらに、治安警察の三つの大隊が手に入った。そのうえ、軍司令官の秘密野戦警察と野戦憲兵隊にも援軍を求めたが、フォン・ハンネケン大将は彼の部下をミルトゥナーに譲ることを拒否した。[73] そこで、ベスト全権が、「労働」のために国防軍の事務所に出頭するようユダヤ人に命令を出してほしいと軍司令官に要請した。またもやフォン・ハンネケンは拒絶した。この拒絶によって、ユダヤ人に集合場所に出頭するよう命じて彼らを捕らえる代わりに、警察が一軒一軒捜索しなければならなくなったのである。[74]

九月二十三日に、フォン・ハンネケンは、ベルリンに手紙を書いて、戒厳状態の終結後の時点まで移送を延期するよう要求した。彼は、戒厳状態が反ユダヤ人行動の口実にされることを望まなかったのである。「戒厳状態のあいだにユダヤ人の移送を遂行することは、外国におけるドイツ国防軍の威信を損なうものだ」と彼は書いている。[75] ヨードル上級大将は、この提案に難色を示した。報告によれば、ヨードルは、これについて次のように書いたという。[76]「ナンセンスだ。これは国家の必要性の問題なのだ」。フォン・ハンネケンは狼狽して、最小限の協力に同意した。彼は、ユダヤ人を船に乗せるあいだの騒動に対する予防措置として、港一帯に非常線を張るために五〇人の分遣隊を派遣すると約束した。この措置は、軍を「逮捕」にではなく、ただ法と秩序の維持に関わらせるだけだと彼は論じている。[77]

この頃、ベスト自身が疑念を抱くようになっていた。彼は、反撃の可能性を指摘して、政治状況が悪化する恐れ、騒動やゼネストが起こり、国王が退位するかもしれないという恐れを表明した。リッベントロプはそこでもう一度ヒトラーにこの問題を問い合わせた。ヒトラーは、そんなことにはならないと考えた。行動は、命令通り遂行されることになった。[78]

一九四三年九月二十八日、ベストは、十月一日から二日にかけての一晩で作戦を遂行すると報告した。[79] 奥地にいるユダヤ人二〇〇〇人が鉄道で輸送され、コペンハーゲンの四〇〇〇人が船で輸送されることになった。[80] 運輸省の鉄道運行局（E―二局）では、第二一課（旅客列車）のシュネル課長を、国家保安本部のギュンターとクリシャクが訪れた。シュネルは遅滞なく行動して、二一課二係のカール・ハインに、デンマークにおける鉄道全権とハンブルクとシュテッティンの鉄道管理部に、それぞれ貨物列車三〇両と六〇両を用意するよう電報を打つことを命じた。[81]

ドゥックヴィッツは、決定が固まったことに促されて、九月二十八日に、ドイツの計画を著名なデンマーク人の知人ハンス・ヘドフト（のちのデンマーク首相）に打ち明けた。[82] ヘドフトはただちに、友人たちにこの知らせを通報し、自らもユダヤ人共同体議長ヘンリクスに警告しようとした。議長に内々で話したいと要求したあと、ヘドフトは、ヘンリクスに差し迫った移送について詳細な情報を伝えた。ヘドフトが話し終えたとき、ユダヤ人指導者はこう言っただけだった。「嘘でしょう」。ヘドフトは、ヘンリクスに本当だと納得させるのに時間がかかった。議長は、本当だなんてどうしても信じられないと絶望的に繰り返した。彼は、何も起こらないと請け合ったスヴェニングセンのところから帰ってきたばかりだったのである。しかし、ついに、ヘンリクスは納得した。翌朝、九月二十九日はユダヤ人の新年で、ユダヤ人全体がシナゴーグに集まり、このニュースは共同体全体に伝えられた。[83]

ユダヤ人指導者たちは、ユダヤ人に散り散りになるよう警告してすぐに、スヴェニングセンにも、移送の到来を絶対に確信していると伝えた。スヴェニングセンは、トップの官僚たちを呼び集め、諸省の局長会議を開いたあと、ドイツ全権ヴェルナー・ベストを訪ねた。スヴェニングセンは、普通なら噂は無視するのがいいのだがと指摘して、ベストとの会話を始めた。彼はこう言った。移送が差し迫っているという噂は非常にしつこく、詳細なので、もはや無視することはできない。移送の結果は予測できないことを理解しなければならない。国中に興奮が高まっている。この問題は、住民全体や官僚にとって、とくにデンマーク行政の指導者たちにとって、途方もなく重要だからである、と。ベストは、まず慎重に二、三の質問をした。正確には何が言われているのか。その噂は何にもとづいているのか。どこから出ているのか。スヴェニングセンは、噂の内容をベストに伝えた。ポーランドへの移送、完全ユダヤ人のみ、港に停泊中の船。

それから、スヴェニングセンは、ほぼ一カ月前に、ドイツ人がニブロガーデとニ・コンゲンスガーデのユダヤ教徒団体本部を襲って、住所録を押収したことをベストに思い出させた。つまり、すべてが移送の遂行を指し示しているというのである。ベストは、何の計画もないと繰り返した。船については何も知らない、と。そこでスヴェニングセンは、噂が本当であることを否定する用意があるかどうかを全権に尋ねた。ベストは答えた。そうですね、何かが起こらないということを説明するのは難しいが、スヴェニングセンが固執するのであれば、否定できるかどうかをベルリンに聞いてみよう、と。(84)

その間（十月一日）、ベルリンでは、スウェーデン公使リヘルトが、スウェーデン政府を代表して、移送されようとしているデンマーク・ユダヤ人の受け入れを提案していた。シュテーングラハト次官は、反ユダヤ人行動の意図については何も知らないと答えた。(85)その夜に、検挙が始まったのである。

スヴェニングセンは、国王の手紙とデンマーク最高裁の決議を携えて、もう一度ベストに会おうとした。しかし、ドイツ全権は会おうとせず、スヴェニングセンは、ベストの副官バランドン公使に書類を手渡した。そのすぐあと、デンマーク首席検察官ホフは、検挙が始まっているとの情報を公使館から得た。ホフは、「警察と、逮捕に関与しているドイツの機関とのあいだでの衝突を回避するために」、デンマーク警察にこの行動について知らせるよう要求された。

スヴェニングセンは、今度は電話でベストをつかまえようとしたが、電話線は切られていた。真夜中になってやっと、彼は全権に会うことに成功した。ベストはすべてを認めたが、労働能力のあるユダヤ人は雇用され、雇用できない年寄りのユダヤ人はボヘミアのテレージエンシュタットに送られ、「そこで自治を享受し、寛大な条件のもとで暮らすのだ」と説明した。それから、ベストは、このデンマークの官僚に朗報を伝えた。将校は拘留され続けるが、拘禁されているデンマーク兵は釈放される、と。翌朝、公使館のカンシュタイン館長はスヴェニングセンに電話をかけ、逮捕を止めると約束した。同時に、彼は、デンマーク当局に、空になったユダヤ人住居に対する信託管理職を設けるよう要求した。(86)

その夜中、住所録をもったドイツの警察が、一軒一軒ユダヤ人を逮捕して回っていた。警官たちは、デンマーク警察部隊との衝突を避けるために慎重に行動しなければならなかったので、ベルやノックに答えて自発的にドアを開けたユダヤ人だけを捕まえるよう命令されていた[87]。午前中には、デンマーク・ユダヤ人の一〇パーセント以下しか逮捕されなかったことが判明した。四七七人だけがテレージエンシュタットに輸送された[88]。行動は失敗だったのである[89]。

検挙を予期して、少数のユダヤ人がその直前にデンマークから逃げた。最初の難民の一人は、二分の一ユダヤ人の物理学者ニルス・ボーアであった。ボーアは、スウェーデンに到着すると、スウェーデンのギュンター外相や国王と会い、デンマークのユダヤ人に避難所を与えるという公式の声明を出してくれるよう頼んだ[90]。スウェーデン政府は、十月二日の午後、デンマークのユダヤ人全員をスウェーデンに受け入れることをドイツに申し出るコミュニケを発表した[91]。しかし、ユダヤ人はまだ危険を免れたわけではなかった。

ユダヤ人共同体のほぼ全体が、デンマーク人のもとに隠れた。十月三日の日曜日、デンマークの全主教を代表してH・フルサング・ダムゴールが署名した教書が、ほとんどの教会の説教壇で読み上げられた。この教書は、迫害はキリストの教えと相容れないと述べ、こう続けた。「われわれは、命そのものよりも自由を重んじており、ユダヤ人の兄弟姉妹がわれわれと同じ自由を保持できるよう闘うつもりである」[92]。この闘いはもう始まっていた。ユダヤ人たちは永久に隠れ続けることはできなかったからである。十月四日、ベルリン駐在スウェーデン公使が、自分の国の世論を強調して、ユダヤ人の子どもの出国許可を与えるよう、ドイツ外務省に要求した。シュテーングラハト次官はこの要求を払いのけ、その日に書かれたメモのなかで、この行動についてこんなにも広めたスウェーデンの新聞の「ボリシェヴィキ的」態度を批判した[93]。しかし、スウェーデン人は、その方針を続けようと決意していた。コペンハーゲンでは、スウェーデン公使グスタフ・フォン・ダルデルがデンマークの役人に、船でスウェーデンに渡ってくるユダヤ人全員に保護を与えると約束した[94]。これに続いて起こったのは、歴史における最も注目すべき救援活動の一つであった。

この活動の組織者たちは、自発的に役立とうとした一般市民だった。医師、学校教師、学生、ビジネスマン、タクシー運転手、主婦たちである。誰もこのような仕事のプロではなかった。彼らは、かなり厄介な問題に直面した。スウェーデンに到達するためには、幅一〇～二〇キロメートルの広さのズンド海峡を渡らねばならなかった。救援者たちは、ユダヤ人を対岸に送るために、デンマークの漁船を動員し、漁師に報酬を支払わねばならなかった。また、ユダヤ人が見つからずに浜辺に移動し、無事に船に乗り込むような手段を講じる必要があった。

コペンハーゲン港のドイツ人司令官は、友人のドゥックヴィツの忠告にしたがって、高速モーターボートを解体修理に出し使用できないと報告した[95]。沿岸警備は今や、デンマーク沿岸警察の手にあり、彼らは介入するつもりはなかった[96]。何百回とスウェーデンに行っていた小船の操縦者たちは、それでも安全を確信できなかった[97]。

運賃の額はいろいろで、財政上の問題は独特なやり方で解決された。平均して、片道一人当たり五〇〇クローネ（一〇〇ドル）かかった。原則的には、ユダヤ人が自分の費用を払うことになっていた。しかし、デンマーク・ユダヤ人はそれほど裕福ではなく、必要な現金をもっていない者も多かった。この赤字をなんとかして埋め合わせねばならなかった。デンマーク国家の資金やユダヤ人共同体の蓄えは、ドイツによる監視のために使うことができなかった。そこで、デンマーク人による寄付が大いにあてにされた。

救援者の一人、アーゲ・ベルテルセンの言葉によれば、「ユダヤ人への援助の財政面全体は、ほかならぬ個人的な信頼関係にもとづくことができた。金の支払いは、領収書もなしで行われた。帳簿をつけることはまったくなかった」[98]。ベルテルセンはクローン牧師を、木材商人ヨハネス・フォッグのところに資金を借りに行かせた。商人は、「ベルテルセン氏だって？　何者だね、そいつは？」と尋ねながら、あとで一万増やすという約束で二〇〇〇クローネを手渡した。クローン牧師が戻ろうとしたとき、フォッグはその後ろから叫んだ。「二万にすると、そいつに言いな」。一〇日以内に、この商人はほぼ一五万クローネをこの企てに貸してくれていた[99]。

解決しなければならないのは、財政上の問題だけではなかった。救援者たちは、多くの追加的な援助を必要とし、そして、それは四方八方からやってきた。デンマーク警察は危険を警告することによって、行動者たちを保護した。個々人は、ユダヤ人の所有物の売却を助けた。タクシーの運転手はユダヤ人を港まで運んだ。家屋やアパートの所有者は、犠牲者に避難所を提供した。クローン牧師は、無記名の洗礼証明書を渡し、薬剤師は、人びとを眠らせないように興奮剤を無料で提供した[100]。

ユダヤ人たちは首都の北と南の漁港に移動していた。ゼーランド島の最北地点、ギレレイェ町は、一九四〇年時点の人口は一六八二人だったが、ほぼその住民と同じ数のユダヤ人を匿った。近くのエルシノーレからのゲシュタポの急襲の結果、ギレレイェ教会の屋根裏に隠れていたユダヤ人数十人が逮捕された[101]。他にも不幸な出来事があった。救援者が何人か逮捕され、二、三人がライフル銃の一斉射撃にさらされたのである。その一人、二〇歳の工学部学生クラウス・ハイレセンは、船に乗り込む一行が発見されたとき、ドイツ人の銃弾で殺された[102]。それにもかかわらず、輸送船は、十月一杯ほぼ毎日出港していった。救援行動が終わったとき、五九一九人の完全ユダヤ人、一三〇一人の部分ユダヤ人、そしてユダヤ人と結婚していた六八六人の非ユダヤ人がスウェーデンに上陸していた[103]。

デンマーク人の行動の皮肉の一つは、一九四三年十月二日にベストが行ったちょっとしたプロパガンダの声明であった。この声明のなかで、彼は、ユダヤ人はデンマーク人のサボタージュ運動を「道徳的、物質的に扇動している」と指摘することで、移送の必要性を強調した。このプロパガンダに欺かれたのは、この声明が向けられたデンマーク住民ではなく、ドイツ外務省であった。外務省の官僚が、ユダヤ人によるスパイとサボタージュの追加的な事実を求めて電報を打ってきた。十月十八日、ベストは、次のような報告を行わざるをえなかった。実際にはユダヤ人のサボタージュはない、ユダヤ人は占領が始まったあとでさえ、「大いに自己抑制している」、あの声明はただ、移送を正当化するためだけになされたものであり、具体的な証拠にもとづくものではない、と。(104)

西部

ドイツの支配は、一九四〇年五月と六月の電撃戦の結果、西と南へ、オランダからイタリアへと拡大した。この戦役の過程で、低地諸国とフランスの大部分が占領地域としてドイツの支配領域に組み込まれ、イタリアは同盟国として、ドイツの柵の中に抱え込まれた。最終的には、フランス全土が飲み込まれ、イタリアもほとんど占領地域とかわらない状態になった。

西部地域を左回りに進むにつれて、この統合の進展を観察することができる。初めから、ドイツの支配はオランダで最も強く、その中央政府は大臣を欠いており、帝国弁務官の命令に完全に従属していた。ベルギーには、オランダのように、ドイツの軍司令官によって与えられる指令のほかには、まったく政治的指導権をもたない中央政府があった。フランスでは、休戦条約が、衛星政府の設立に影響を与えており、この政府は外の世界との外交関係を享受し、本土の非占領地域や海外領土では軍事力を保持していた。しかし、フランスの支配権は、占領地域におけるドイツ軍政府の上位の命令や、非占領地域におけるドイツの外交的、軍事的圧力に服していた。一九四二年末、自由な地域も占領された。今や、イタリアだけが政治と行動における完全な独立を保っていたが、四三年のイタリア陥落後は、そこでもドイツが主権を有するようになった。

一般に、西部地域におけるユダヤ人の受難の程度は、そこで行使されたドイツの支配力に応じて異なっていた。したがって、オランダのユダヤ人が最大の危険の中で暮らしており、他方、イタリアのユダヤ人が一番長く、最も安全な立場にいた。受難におけるこれらの地理的相違は、生き残った人びとの割合に見て取ることができる。最小は明らかにオランダで、最大は、十中八、九、イタリアだった。受難のパターンは、オランダからベルギーへ、ベルギーとルクセンブルクからフランス北部へ、フランスの北部から南部へ、そしてフランス南部の中では、ドイツの支配地域からイタリアの支配地域へ、といったユダヤ人の南方への逃亡にも、ある程度反映されていた。

西部地域のそれぞれの国においては、古くからのユダヤ人住民と最近住みついたユダヤ人の受難にも相違があった。西部地域には、古くから定住し、すっかり同化し、完全に統合されているユダヤ人住民がおり、彼らは何世紀もその国に住んでいた。しかし、西部諸国は、新しくやってきて、同化しておらず、無国籍のことも多い、相当数のユダヤ人移民の受け入れ国でもあった。これらのユダヤ人は、大戦間期にポーランドとドイツから入ってきていた。この移民（その数は、ユダヤ人人口全体のざっと四〇パーセントに近かった）は、定着した部分よりも反ユダヤ人行動を受けやすかった。新しいユダヤ人たちは、最初の輸送のときに連れ去られる傾向があったのである。

多くの要因がこうした状況をもたらした。難民たちは貧しく、孤立しており、人目についた。なによりも、保護もほとんどなかった。西部諸国の当局は、すっかり定着し、完全に同化した古くからのユダヤ人社会の保護には熱心だったが、最近入ってきたユダヤ人を保護しようとはしなかった。事実、とっくに同化したユダヤ人を救うために、ユダヤ人移民が犠牲にされたこともあった。

したがって、西部での行動は、絶滅の効果における相違を特徴としていることがわかる。ドイツ人が最大限の損害を与えることができたのは、支配権力をすべて自分たちのものにしているところだけであった。その国の当局からの援助が必要なところでは、その地のユダヤ人は絶滅を免れた。行動全体においては、これらの相違の存続が、完全な成功とはいえない状態を招いた。それにもかかわらず、ドイツ人は、行動の過程で、規模においても深さにおいても恐ろしい傷を西部のユダヤ人社会に与えることができたのである。

オランダ

原注102-

オランダでは、ユダヤ人は、ドイツ国内でユダヤ人を襲った残忍な根絶過程に匹敵するほど徹底的に滅ぼされた。オランダの絶滅過程は、二つの確かな基盤にもとづいていた。一つは、オランダにおけるユダヤ人の風変わりな地理的位置である。オランダは、東部はドイツと、南部は占領されたベルギーと、そして西部と北部は開かれた海と接していた。オランダ自体は平地の国であり、海岸地域の湿地帯を除けば、森もなく、他の隠れ場所もなかった。ほぼ一四万人のユダヤ人は、オランダ北部と南部の海岸地帯に定住しており、この定住パターンは圧倒的に都市的であった。アムステルダムだけで八万人が住んでいたのである。オランダ・ユダヤ人は、すでに罠の中で暮らしているようなものであった。

ユダヤ人の破局の第二の要因は、オランダにおけるドイツの行政の効率性であった。帝国弁務官の役所は、たんに絶対的権力を与えられているばかりか、徹底的に冷酷に効率よくその権力を行使しうる機関だった。数人のオーストリア人がこの絶滅機構の先頭に立っていた。帝国弁務官のザイス＝インクヴァルト、行政担当総弁務官ヴィマー、経済問題担当総弁務官フィシュベック、上級親衛隊・警察長官ラウターSS少将（のちにSS大将）である。宣伝相ゲッベルスは、オーストリア人を賛美してこう言っていた。ハプスブルク時代の訓練が、従属民族の取り扱いにおける特殊な能力を彼らに授けた、と。[105]

ノルウェーとはちがって、オランダには傀儡政府はなかったが、オランダ政府は諸省に事務総長を残しており、彼らはオランダの官僚制を支配し続け、一九四〇年から四二年十月のあいだ、頻繁に協議した。彼らは、ドイツの目的に順応しないで、安定を維持しようとしたが、この困難な役割において、反抗的というよりはむしろ従順であった。

帝国弁務官はすぐさま、オランダでの絶滅過程を開始した。ザイス＝インクヴァルトは、彼の供述によれば、ベルリンからの指令にもとづいてではなく、彼自身のイニシアティブで行動した。[106] 法律家として、彼はおそらく、国際法の公然たる違反に向かうことにまったく躊躇がないわけではなかっただろうが、オランダと結ばれた休戦条約は、ドイツの永遠の敵ユダヤ人には適用されないとの判断を下した。「われわれにとってのユダヤ人は、オランダ人ではない。彼らは、われわれが休戦条約を結ぶことも、和解することもできない敵である」と彼は言っている。[107]

一九四〇年八月末頃、総弁務官ヴィマーは、「ユダヤ人の血」をもつ人物の公職への任命や昇進が行われないよう「配慮する」ことをオランダの事務総長たちに指令した。少し議論したあと、事務総長の議長A・M・スノウク・フルフロンニェと内務省の事務総長K・J・フレデリクスは、「しばらくのあいだ」昇進を差し控えるとヴィマーに答えた。フレデリクスはそれから、ユダヤ人の血をどのように定義するのかと尋ねて、ユダヤ人の祖父母を一人でももつ者には規定が適用されると言われた。十月一日、フレデリクスは、そのような人物の採用をやめるよう、州当局に指令した。公職についている者の誰がユダヤ人あるいは部分ユダヤ人であるかをみつけるために、オランダ内務省は、ユダヤ人の家系についての情報を含む書式に記入するよう公務員全員に要求する回状を州や地方の機関に出した。この調査が命じられるや、十月五日にスノウク・フルフロンニェは同僚たちにユダヤ人全員を公職から解任せよとのドイツ人の命令を伝えた。オランダの事務総長たちは、十一月二十五日に、この措置は気に入らないが、秩序と安全を維持するためにとられた暫定的な行動だと思うので、それに忠実に従うとザイス＝インクヴァルトに答えた。アンケートでユダヤ人もしくは部分ユダヤ人と認定された総計二〇九二人が解任された。反撃はなかった。[108]

ドイツの場合とおなじように、オランダの公職における非アーリア人に対する行動に続いて、もっと幅広い目的をもって「ユダヤ人」という言葉の定義が行われた。一九四〇年十月二十二日に出された正式の定義は、あらゆる点でニュルンベルク原則に従っていた。[109] 唯一の変更は、二分の一ユダヤ人が犠牲者の列から除外されるために、ユダヤ教への所属やユダヤ人相手との結婚が許されなくなる期日であった。ドイツでは、この日付は、一九三五年九月十六日（すなわち、ニュルンベルク法発布の前日）であったが、オランダでは、四〇年五月九日（西部戦役開始の前日）であった。要するに、定義規定は、承認された処置だったのである。

また、オランダにおける経済的絶滅過程も、会社や仕事からの追放に始まって専門職におけるユダヤ人の活動の制限に進むというドイツのパターンをほぼ完全に踏襲していた。ただアーリア化の分野だけが、ドイツのパターンとは異なっていた。だが、この分野ですら、オランダでのアーリア化は、保護領のものと似ていた。オランダも保護領も、ドイツの企業が、自分自身のためだけではなく、その国の工業の集中に対抗する梃子として用いるためにも、ユダヤ人の財産に関心を抱いていた地域であった。さらに、オランダもボヘミア＝モラヴィアも、ドイツの企業が、銀行を先頭にして、国家の指導や官僚の介入を比較的免れて、利得獲得に没頭できた地域であった。最後に、オランダとチェコでの取引はいずれも――少なくともいくつかの主要なケースでは――同じ新しい清算方法、すなわち出国許可の授与を特徴としていた。オランダにおけるアーリア化について少し詳しく見てみよう。

　オランダにおけるユダヤ人の資本投資は、すなわち家庭用品や衣類を除くユダヤ人の総資産はわずかなものではなかった。オランダのほぼ二万一〇〇〇の企業がユダヤ系と分類された。(110) 別の言い方をすれば、ユダヤ人口の約半分が投資や経営活動から収入を得ていたのである。しかし、オランダの主要な工業コンツェルンに所有権をもっていたのは、ユダヤ人の資本投資のわずかな部分だけであった。ユダヤ人がユニレーヴァー、シェル、フィリップスのような巨大コンツェルンに何らかの影響力をもっていたという証拠はない。(111) 金融機関も大部分、非ユダヤ系であった。オランダにおける二五の主要銀行のうち、三つだけがユダヤ人の手にあったようである。(112) ユダヤ人の投資の約四〇パーセントが、不動産に集中しており、残りの大部分は、卸しと小売り双方の無数の流通コンツェルンに広がっていた。そのトップには、四つの大百貨店があった。(113) それでもドイツ人は、ユダヤ人の会社や株、選択売買権や請求権など、すべてに関心をもっていた。というのは、ある企業、あるいはある市場におけるユダヤ人の少数の所有権が、いつドイツ人の少数の株と一緒になって支配力を生み出すことになるか、誰にもわからなかったからである。(114)

　オランダは、取り締りの甘い市場で、数カ月以内に、資本浸透の機会を求めるドイツ人実業家の密集軍に侵略された。オランダに在外代表を派遣している企業のなかには、ジーメンス、ブラウン・ボヴェリ・アンド・ツィー、シェリング株式会社、ラインメタル・ボルジヒ株式会社、合同製紙工場（ニュルンベルク）、ライヴィンケル合資会社（ベルリン）があり、他にも多数の企業があった。(115) 売り手と買い手を引き合わせるために、ドイツの銀行はオランダに支店を開いた。オランダのアーリア化事業における最も重要な金融機関は、ドレスデン銀行であり、オランダにおけるその子会社は、ハンデルストラスト西部であった。(116)

　数カ月で支障なく「自発的アーリア化」を行ったのち、アーリア化過程に対する官僚的規制の基礎をつくるために、帝国弁務官が介入した。彼の仕事は、じつに難しかった。広い意味で、彼は、ユダヤ人やオランダ人に対するドイツ人の利益を守らねばならなかった。したがって、企業の決定と登録は、ユダヤ人によるカモフラージュを妨げるのに役立った。取引に対して公的な許可を求める規定は、利害関係をもつオランダのコンツェルンを排除するための工夫であった。（必要なところではどこでも）国家に責任を負う管財人の任命は、清算過程を速めることができた。そして、ユダヤ人の有価証券の強制的な保管は、ドイツ人投資家に、さまざまなオランダ企業に浸透する機会を保証したのである。

　しかし、同時に、帝国弁務官は、もっと狭い利益をも守らねばならなかった。ドイツの民間経済の権利に対して、国家の権利を保護する必要があったのである。要するに、ユダヤ人の売り手は、国家の代弁者として活動していたことになる。というのは、彼らがその財産のために受け取るものが少ないほど、最終的に彼らから押収できるものが少なくなったからである。こうして、帝国弁務官は、ドイツ企業を助けるためばかりでなく、その活動を監視するためにも調整機構を利用しようとしたが、それは不可能ともいえる仕事であった。ドイツの企業家は、国家の援助を受け入れる用意はあったが、国家の統制に従うのは嫌ったからである。

　一九四〇年十月二十二日、最初の法令が出された[117]。それは、企業の登録と取引の認可義務を規定していた。この措置を施行するために、帝国弁務官は、新たな機関、経済監査所を設立した。外務省官僚キューン領事を所長とするこの機関[118]は、まもなく困難に陥った。経済監査所が、申し込まれた取引で価格と買い手を決定する際、銀行によってなされた「予備的な仕事」を考慮に入れる必要があったことは言うまでもない。しかし、それだけではなかった。類似の機能をもつ第二の機関が作られたのである。それは、金融・経済問題総委員会であり、モイェルト博士（ドイツ銀行）、アンスマン博士（ドレスデン銀行）、ホルツ博士（帝国クレジット会社）の三人組によって率いられていた[119]。総委員会の仕事は、価格にして一〇万ギルダーを超える取引すべての許可およびユダヤ人の有価証券すべての処分であった[120]。あるドイツ人の観察者が記しているように、二つの機関は、一定の「重複する仕事」に従事していた[121]。もう少し簡潔に言えば、企業家たちは、実際、帝国弁務官の役所の真只中に彼ら自身の機関を作ることによって、経済監査所の権力を骨抜きにすることに成功したのである。

　オランダのユダヤ人企業は、ドイツの場合とまったく同じように、三つの運命のうちの一つにさらされていた。すなわち、破産か、「自発的なアーリア化」か、信託管理によるアーリア化である。一般的に小企業[122]は、商品供給の妨害によって「搾り取られる」ことになった。この出血の結果は、企業の死、すなわち破産につながりえた。破産は、オランダの約一万のユダヤ人企業の運命であった[123]。取締役会や経営陣に少数のユダヤ人がいるという理由だけでユダヤ系と分類された会社は、「自己アーリア化」によって「ユダヤ人の影響力」を除去するよう求められた。この「自己アーリア化」は、八〇〇〇の会社で行われた[124]。残りの会社——ドイツの関係者が獲得するのに適した生産能力のある約三〇〇〇のユダヤ人企業の堅い核——は、管財人の任命が可能かどうかを精密に吟味する対象となった。

　もちろん管財人は、所有者から完全に独立して行動する権限を与えられた。彼は、企業を売り手に売却することができた。その際、彼はただ、取引を許可する権限をもった競合する二つの機関、つまり経済監査所と総委員会の許可だけに従属した。それでは、誰が管財人をコントロールしたのであろうか。その手がかりは、ハンデルストラスト西部が親会社のドレスデン銀行に宛てた報告に見られる。この報告によれば、ハンデルストラスト西部は、ユダヤ人企業に関心を抱いた顧客に、党と所管の商業会議所の推薦状を揃えて、予定された管財人の名前をキューン領事の経済監査所に提出するよう忠告した。(125) 要するに、管財人の最初の選択権は、資産を売却することになる相手の手にあったのである。ここで再び、ドイツと保護領で展開された方法が思い出される。(126)

アーリア化過程の最後の段階である有価証券の保管は、一九四一年八月に命じられた。保管所は、清算されて帝国弁務官に引き継がれたユダヤ人の銀行、リップマン＝ローゼンタールであった。しかし、有価証券の処分を管理する機関は、上述した銀行寄りの総委員会であった。顧客のために株券セットを獲得しようと私利に動かされた銀行は、ただ総委員会の職員に要求して、有価証券を売りに出すようリップマン＝ローゼンタールに命じてもらうだけでよかった。(127)

ドイツ人投資家は、売却価格と実際の価格のあいだの格差から、どれくらいの利益をあげたのであろうか。これを正確に確定するための統計はない。(128) その額は何億ギルダーにもなるだろうと推測できるだけである。

しかし同時に、オランダのユダヤ人は、絶滅機構が彼らに迫る前に、その資産を使う機会がほとんどなかったことをつけ加えておこう。一九四一年八月、銀行預金、現金、請求権、有価証券、そして貴重品を含むユダヤ人所有者の全資産は、最終的な押収を目的として封鎖された。ユダヤ人所有者が個人的な使用のために利用できるのは、最大限で月に二五〇ギルダーだけであった。(129) そして、窮乏を避けるための十分な補償を受け取るよう配慮したほんの少数のユダヤ人所有者を除いて、所有者たちは、売却価格に物質的に影響を受けることはなかった。というのは、その額は、基本的に、ユダヤ人の略奪品を総委員会と購買者がどのように分配するかの指標でしかなかったからである。

とはいえ、オランダにおける絶滅過程が、金持ちと貧乏人のあいだのあらゆる相違を消し去ったと結論づけてはならない。裕福な人びとが、少なくとも自分たち自身と――ある場合には――その富の一部を救うチャンスを手にしたことがあったからである。たとえば、まさに占領が始まったとき、つまり、ドイツがまだ西欧諸国との講和条約の締結を期待していたとき、移住は、外国為替の一定の割当をもってすら、まったく不可能というわけではなかった。(130) アーリア化のこの初期段階には、大百貨店レヴェイロンの所有者は、一定の外国為替をもって移住したいという要求を寛大に考慮してもらうことができたし、(131) このケースが唯一のものというわけではなかった。

ドイツからの避難民であり、アムステルダムで鉱石と鉱物を扱う商事会社、北ヨーロッパ鉱石株式会社の所有者であるリップマン・ブロッホ博士、アルベルト・ブロッホ博士、カール・ギンスベルクの三人は、企業の所有権を譲渡することなく、一九四〇年に首尾よくオランダを離れることができた。二人のブロッホは、スイスとオーストリアのあいだという地理的な好位置にあるリヒテンシュタイン公国の国民であったために、この離れ技をやってのけることができたのである。占領期間中を通して、この企業は、オランダ人の取締役と二人の支配人——このうち一人はスイスの領事——によって経営された（スイスはリヒテンシュタインの外交問題を扱っている）。そのうえ、この会社は、隠れているユダヤ人従業員たちに給料を支払うこともできた。占領期間中に所有者が被った唯一の損害は、ハンデルストラスト西部の圧力を受けて、ギリシャの採鉱施設の株を譲渡したことであった。この株は、名ばかりの支払い額でクルップに売却された。[132]

また、オランダ最大の百貨店の一つ、ゲルゾン兄弟服飾店株式会社（アムステルダム）を所有していたゲルゾン一家は、ヘルムート・ホルテン百貨店（デュースブルク）の所有者であるヘルムート・ホルテンと、一〇万ドルの外国為替および国外移住許可と引き換えにその企業を売却する契約を結んだ（一〇万ドルは、実際の価値のほぼ一〇パーセントに相当した）。国外移住許可は、完全には与えられなかったようである。というのは、少なくとも重役の一人は、占領期間の残りを強制収容所で過ごしたからである。[133]

一九四一年、講和締結の見込みが色あせ始めたとき、移住は困難になった。ユダヤ人は今や、資金をまったくもたないで逃亡することができれば幸運だった。[134] 四一年夏、ドレスデン銀行のある職員が「スイス・フランでの身代金支払いを条件にしたオランダ・ユダヤ人の解放」と呼んだプロジェクトについて、討議が行われた。[135] 要するに、将来の移住者は、外国為替でその売却額の一部を受け取る代わりに、中立国に彼らが所有している口座や銀行預金を何でも利用することによって、ドイツの略奪物を増やさねばならなくなったのである。当初、「身代金」の額は、一家族につき二万スイス・フランに決定されたが、[136] のちには、五万スイス・フランに引き上げられ、移送の開始とともに、一〇万スイス・フランになった。[137] 四二年十月二十八日、ハンデルストラスト西部は、ある顧客に、「貴殿が指摘された一〇万スイス・フランという額は、家族全員の出国には十分ではない」と伝えている。[138] オランダにおける生き残りは、高くつくものになっていた。ホロコーストが近づくにつれて、少数のユダヤ人しか自分の命を買うことはできなくなったのである。

アーリア化過程は、ユダヤ人社会全体に影響を及ぼしていた。金持ちは貧乏にされ、小売業者は生存ぎりぎりのレベルに落とされ、仕事を失った何千というユダヤ人労働者は、オランダ福祉省の一機関である雇用拡大局に引き受けられ、工場や戸外の工事で——隔離されて——仕事を与えられた。[139]

オランダにおけるドイツの経済機構が、徐々にユダヤ人を貧乏にしていくあいだに、親衛隊・警察の機構は、東部の絶滅収容所にユダヤ人を完全に移すための準備を行っていた。行動のこの段階で主に責任を負っていた役人は、表８−11に挙げられている。このメンバーのうちの二人には、以前にすでにお目に

表 8-11　オランダにおける親衛隊・警察の移送機構

ハーグ	アムステルダム
帝国弁務官 ザイス＝インクヴァルト	都市弁務官 ベームカー（シュレーダー）
上級親衛隊・警察長官 ラウター	
保安警察・保安部司令官 ハルスター （ナウマン，シェーンガルト）	保安警察・保安部指揮官 ラーゲス
国家保安本部第IV局B－4課 ツェプフ	ユダヤ人移住中央本部 アウス・デア・フュンテン

かかっている。一九四三年九月にオランダにおける保安警察・親衛隊保安部の指揮を引き受けたエーリヒ・ナウマンSS少将は、以前は、ロシアにおける行動部隊Bの指揮官として、何万というユダヤ人を殺害していた。彼の後継者シェーンガルトは、保安警察・保安部司令官として総督府で豊富な経験を積んだあと、四四年九月にオランダにやって来た[140]。一九四三年春現在、オランダにおける保安警察の総人員は四八七人であった[141]。治安警察長官ダリューゲは、オランダに三〇七九人の部下がいると報告している。オランダ警察は総計一万二八八六人であった[142]。

身元確認と移住統制の緊密な網の目にユダヤ人を組み入れる最初の措置は、ザイス＝インクヴァルトが署名した一九四一年一月十日付の法令であり、これは、犠牲者の登録を規定していた[143]。この法令は、決定的な重要性はもたなかったが、興味深い特徴を含んでいた。すなわち、登録を強制されたのはユダヤ人だけではなく、一人でもユダヤ人の祖父母がいる者全員だったのである。登録総数から、一四万のユダヤ人と二万の混血児がいたことがわかる[144]。

ハーグの警察長官のオフィスでは、家系課が、登録された混血児全員のピンクのカード・ファイルを保持していた[145]。このファイルを管理していた、オランダ人のテン・カーテSS少尉は、二万の登録者は、オランダで外国の、あるいは混血の「血」をもつ人びと全員の一部にすぎないと確信していた。彼は、そのような人びと三〇万の記録のカード索引を作りたいと考えており、ユダヤ系の名前のオランダ親衛隊員が二人、すでに行動のなかで殺されて、彼らの名前が公的な儀式でアーリア人の英雄の名前と一緒に読み上げられることに不平を漏らしていた。[146] テン・カーテSS少尉は、オランダにおける「混血児すべて」を「把握する」仕事に着手し、彼が突然、親衛隊とカードを見捨てる一九四四年九月まで仕事を続けた。[147]

ドイツの行政による第二の措置は、登録命令に踵を接して行われた。ユダヤ人評議会が設立されたのである。オランダのユダヤ人は、一九四〇年末に、停職処分になったばかりのオランダ最高裁判所長官ローデヴェイク・エルンスト・フィッサーを責任者とする調整委員会が創立されるまで、包括的な中央組織をもっていなかった。この委員会は、わずか数カ月しか存続しなかった。アムステルダムの都市弁務官ベームカーが二人のラビとダイヤモンド商人アブラハム・アッシャー（当時東欧ユダヤ人の代表を務めていた）を招いて、この都市のユダヤ人評議会を設立するよう命じたのである。アッシャーは、古典文献学の教授ダヴィド・コーエンに接近し、二人がこの新しい団体の共同議長となったが、コーエンが日常問題の処理における事実上の長であった。[148] アムステルダムのユダヤ人評議会は、ラビ、法律家、共同体内で著名な人びとを含む二〇人のメンバーで発足した。シオニストは数人で、コーエン自身もそうであった。[149]

まもなく評議会は権力を求めて、調整委員会と衝突するようになり、その結果、フィッサーとコーエンのあいだで緊張した手紙のやり取りが行われた。ある時、コーエンはこう書いた。いつの時代にも、未来のために道を切り開く二種類の人びとがいた、強い意志をもった革命家と置かれた状況の中で最善のことをなす人びとである。現実主義者の後者は前者を称賛するかもしれないが、この称賛はけっして報われなかった、と。今度はフィッサーが二、三カ月後に手紙を書いて、代価があまりにも大きすぎるのではないかと問うた。何であろうと代価を支払わねばならないのか、と。[150] その時までに、称賛されないコーエンが手綱を握っているのはすでに明らかだった。彼の政策は、ユダヤ人共同体をドイツの要求すべてを満たす方向へと導くものだった。ドイツの側では、一九四一年秋に、評議会の権限をオランダのユダヤ人全員をカバーする方向に拡大した。この権限拡大は、評議会のもともとの設立と同様、指令によってではなく認可によって行われた。ラーゲスがコーエンに指摘したように、評議会はただドイツの命令の伝達機関にすぎなかった。ドイツ人の目には余分なものと映った調整委員会は解体された。[151]

ユダヤ人評議会は、領域の広さだけではなく、多種多様な仕事も与えられた。ドイツの指令を掲載する『ユダヤ週報』という新聞を発行し、四日以内の旅行許可証を出した。一九四二年の夏に、評議会は、使者や伝令を派遣して、ドイツにおける「労働奉仕」に申し込むよう、そのための荷造りを手伝うよう人びとに求めた。[152] 四三年一月には、個人の預かり金――この中から、それまでは、月に最大限二五〇ギルダーがユダヤ人所有者に支払われていた――が共同口座に移され、そこからの支払いは、評議会だけに行われることになった。この月には、総計六〇万ギルダーが評議会に支払われた。その後は、もっと少額になった。[153] 評議会へのこうした権力集中は、移送中に重要な問題すべてにおいて示されることになった。

評議会が設立されたとき、アムステルダムで生じた一連の出来事によって、ドイツ人は、オランダにおける絶滅過程への反対をすべて圧殺できるかどうか試された。一九四一年二月のある日、オランダ・ナチ党の軍事組織が、「訓練の延長で」町中に群がり、ユダヤ人居住区にも入り込んだ。[154] ザイス＝インクヴァルトの供述によれば、「シナゴーグも焼かれた。功名心にはやる者が、三八年十一月八日を模倣しようとしたらしい」。[155] しかし、オランダのナチ党員は、アムステルダムでは、ドイツの党員が個別行動の際に経験したよりもつらい目にあった。オランダ・ナチ党の侵入者は、オランダ人労働者と「あらゆる種類の武器を備えたユダヤ人の若者の大群」によって攻撃された。オランダ・ナチ党員の商店は破壊され、制服を着たあるオランダ人は、病院に運び込まれたとき身元確認ができないほど、「三〇人のユダヤ人の一団によって文字どおり、踏みつけにされた」。彼は、その傷のために死亡した。

今度はドイツ人が反撃した。六人の抵抗者が殺され、多くの人が負傷した。ユダヤ人居住区には非常線が張られ、この地区のオランダ人住民は退去させられた。[156] アッシャーとコーエン指導下の新しいユダヤ人評議会は、慌てて、武器を引き渡すようユダヤ人全員に訴えた。[157] ゲットーが作られた。

ドイツ人が、今やすべてが統制下にあると考えたとしたら、それは間違いだった。ユダヤ人居住区をパトロールしていたドイツ保安警察の一部隊が、ファン・ヴォン通りのアパートに入り、そこで「秘密の集会」を開いていた一群の人びとの不意を襲った。警官は、弾丸と酸で攻撃された。そこで、上級親衛隊・警察長官ラウターは、この襲撃の報復に、二〇歳から三五歳のユダヤ人四〇〇人をドイツの強制収容所に送ると宣言した。[158] このユダヤ人の移送が、一連の予期せぬ反響を引き起こしたのである。

一九四一年二月二十五日、ストライキの波が、北ホラント州とユトレヒト州の輸送と工業を麻痺させ始めた。アムステルダムでは市電が止まり、公共事業がストップし、造船所からは労働者がいなくなり、フォッカー工場、オランダ電線・ケーブル製作場、ヘンブルクの国営企業は操業を停止した。ドイツ人が人質として一〇人の著名な医者を逮捕していたヒルフェルスムでは、二〇〇〇人の労働者がフィリップス工場でストライキに入った。軍需産業だけで、総計一万八三〇〇人の労働者がストライキに参加した。

ストライキの二日目、オランダ人が街頭でドイツ国防軍に「侮辱の言葉」を浴びせ、ドイツ治安警察が群衆と衝突した。ドイツ人が手に入れたビラを見れば、四〇〇人のユダヤ人の移送に対する住民の怒りと、オランダ人造船労働者が強制労働のためにドイツに輸送されるという恐れとが一緒になっていたことがわかる。

オランダのドイツ軍司令官クリスチャンゼン空軍大将が、この状況に介入した。死刑の罰則による威嚇とともに、戒厳令が北部の二州で出され、空軍大将は、ストライキ労働者に仕事に戻るように命じ、あらゆる催しや集会を禁止した。三日以内にストライキは打ち破られた。オランダ人住民の行為への罰として、三都市に罰金が課された。アムステルダムに一五〇〇万ギルダー、ヒルフェルスムに二五〇万ギルダー、ザーンダムに五〇万ギルダーである。この罰金は、年収一万ギルダー以上の人びとから特別所得税という形で集められた。(159)

その間、アムステルダムとロッテルダムから三八九人のユダヤ人がブーヘンヴァルトに移送され、そこで、一〇分の一以上がその後一、二カ月で死んだ。生き残った者はマウトハウゼン強制収容所に送られた。六月には、さらに二九一人のアムステルダムのユダヤ人が直接この収容所に送られてきた。(160)ユダヤ人たちは採石場に派遣され、重い石を持って長くて急な坂道を登らされた。この「仕事」は犠牲者を出した。ユダヤ人たちは疲労で倒れ始め、しばらくすると、群れをなして坂をすべり落ちていき、採石場は死体で一杯になった。(161)

マウトハウゼン管理局は、強制収容所のそれまでの慣例にしたがって、オランダの遺族に死亡通知を送ったが、これが誤りだった。この通知はユダヤ人評議会によって集められ、スウェーデン政府に送られた。スウェーデン政府は、戦争の慣例にしたがって、ドイツにいるオランダ市民とオランダ植民地にいるドイツ国籍の持ち主の保護を委託されていたのである。ベルリン駐在スウェーデン公使リヘルトは、外務省の法律担当官アルブレヒトに抗議して、死がそれぞれ特定の日に生じており、犠牲者はすべて「かなり若い人びと」であるという事実を指摘した。彼は、代理保護国としてのスウェーデンの役目を遂行するために、収容所を訪問したいと伝えた。(162)

アルブレヒトは、スウェーデンの要求をきっぱりと拒絶することができなかった。問題のユダヤ人は、ドイツの土地にいたオランダ国籍の持ち主だったからである。しかし、彼は、何とかして好ましくない訪問の機先を制した。彼の同僚ルターが、その間に、ゲシュタポ長官ミュラーに、親衛隊がこれからはもう少し慎重に振舞うよう要求する手紙を書いた。(163)このように、長々しい一連の紛糾が、一九四一年二月九日にユダヤ人居住区でちょっと楽しもうと決心した、あのオランダのナチスによって引き起こされたのである。

強制収容過程は今や体系的に進められていた。ラウターの機構は、一九四一年七月にユダヤ人の身分証明書にJを付け加えることで、ネジを締め始めた。九月と十月には旅行制限が課され、諸州から部分的な追放が行われ、さらにアムステルダムで三つのゲットーが完成した。これらのゲットーには、オランダ・ユダヤ人の約半数が収容された。四二年五月以降、ユダヤ人は星の標識をつけねばならなくなった。(164)もう一度、ドイツ人は反抗の徴候に気づいたが、今度の抵抗の性格は変化していた。星印をつけるまで数日間の余裕があったが、ユダヤ人たちは、最初の日に黄色い標識をつけ始めた。オランダ人住民は、コートの衿に黄色い花をつけることによって、犠牲者に対する彼らの同情を率直に示し、ロッテルダムでは、壁に星の標識が貼られ、通りで星印をつけたユダヤ人に出会ったときには、敬意を表することをオランダ人に喚起した。[165]

しかし、住民は動かず、反ユダヤ的な制限が立て続けに出された。午後八時から午前六時まで、ユダヤ人を通りから遠ざける夜間外出禁止が制度化され、買物は午後三時から五時までしか許されなくなり、公共の乗り物には、もはや特別の許可がなければ乗れなくなり、電話をかけることは禁止された。[166] そして、ユダヤ人は、非ユダヤ人の住居への立ち入りを禁止された。ユダヤ人共同体は動かず、どうすることもできずにその運命を待つだけであった。

一九四二年六月二十二日、国家保安本部の移送チーフであるアイヒマンは、外務省のユダヤ人問題担当官ラーデマッハーにこう伝えている。オランダ、ベルギー、フランスの占領地域からアウシュヴィッツに一〇万人のユダヤ人を移送するために、ドイツ帝国鉄道と協定が結ばれた、と。オランダの割当は四万人だった。[167]

アイヒマンの手紙は、多かれ少なかれ日常的な通信であり、外務省に対して、親衛隊の行動に「どうか注目してほしい」と求めている。アイヒマンは、どの方面からも抗議を受けてはいなかった。それで、彼はこうつけ加えている。「外務省の側でも、これらの措置に対する異議はないものと推測いたします」。実際、外務省には、計画された移送に「原則的には」異議はなかった。しかし、ある「心理的な」理由で、外交官たちは、最初の移送が無国籍のユダヤ人を対象にすることを望んだ。ドイツ局は、「オランダだけで、このようなユダヤ人はほぼ二万五〇〇〇人いる」と言っている。[168]

アムステルダムでのストライキとベルリンにおけるスウェーデン公使の介入の反響が、外務省の耳にはまだ鳴り響いていたらしい。しかし、提案された解決策は逃げ道にすぎず、しかも、ユダヤ人を選別して捕らえることは困難だという理由から、ほとんど実際的な方策ではなかった。そこで、一九四二年七月十七日、オランダにおける外務省代表ベネは、将来のスウェーデンの介入を防ぐ手段として、帝国弁務官がユダヤ人全員から国籍を取り上げてはどうかとベルリンに提案した。[169] この提案は法務局、政治局、そしてルターの局で検討されたが、主な難点は、中立国から見れば、帝国弁務官は人びとからオランダ国籍を奪えないという点だった。これができるのは、オランダ政府だけだったのである。

後日、外交官の考えは、外務省の法律担当官アルブレヒトの言葉に要約されるただ一つの考えに変わっていった。すなわち「オランダ・ユダヤ人を外に移すことが不可避であるなら、とくに死亡した場合には、その場所を警察が漏らさないことが得策である」[170] というのである。ドイツ局のラーデマッハーはこれに同意した。彼は、代理保護国にはどのみち東部の領土では権限がないと考えたが、補強のつもりでこうつけ加えた。「原則的に、警察は何らの情報も外部の世界に与えない」、収容所への訪問「等々」はないであろう、と。[171]

ユダヤ人評議会は、六月二十六日金曜日の夕方に、移送が差し迫っているとの情報を得た。コーエン（この時、アッシャーはアムステルダムにはいなかった）がユダヤ人移住中央本部に呼び出されて、アウス・デア・フュンテンおよびその副官カール・ヴェアラインSS大尉と会い、男性、女性、全家族が警察の監視下におかれ、ドイツの労働収容所に送られると言われたのである。評議会は、翌朝、一日にどのくらいのユダヤ人を処理できるかを報告することになった。コーエンは、国際法の問題を持ち出した。この議論はうまくいかず、彼は多数のユダヤ人の除去が評議会の財政基盤にどのような影響を及ぼすのかを尋ねた。多数のユダヤ人はオランダに留まるのだという説明がなされた[172]。

その後数日間、ユダヤ人評議会の議長二人とアウス・デア・フュンテンとのあいだで、人数をめぐって交渉が続いた。ドイツ人は最低ラインに固執した。つまり七月半ばまでに、四〇〇〇人のユダヤ人を移動させるというのである。七月十四日、ドイツ人は、街頭で約七〇〇人のユダヤ人を人質として捕らえ、四〇〇〇人のユダヤ人がドイツでの「労働収容所」への移住を申し出なければ、彼らをマウトハウゼンに移送すると脅した。その翌日、最初の移送者が輸送され、人質（二、三十人を除いて）が釈放された。当時オランダにいた、ユダヤ人の絶滅に関する本を書いた歴史家は、ユダヤ人社会には、希望と気の滅入る狂乱じみた感情があったことを回想している。「イギリス人が中央駅を木っ端みじんに吹き飛ばすという噂があった。彼らはやって来なかった。鉄道労働者のストライキが生じるという噂もあった。それは実現しなかった。侵攻がちょうど間に合って始まるという噂もあった。侵攻は起こらなかった。共産主義者が駅に行く者全員を誘拐するという噂もあった。彼らは現われなかった[173]」。

オランダにおける外務省代表は、最初の二本の列車の出発を満足しながら眺めていた[174]。彼は、「事件」は起こらなかったと報告した。ユダヤ人のあいだでは、移送は本物の「移住」だという伝説が広まっていた。ベネはこう書いている。「彼らのあいだでは、労働奉仕に適したユダヤ人が、東部で彼らに必要な居住地を用意するために移送されているのだ、という見方が広まっている[175]」。二週間後、ベネはこの状況が変化したことを記している。ユダヤ人は、自分たちに対してどんな種類のゲームがなされているのかに気づいた、というのである。出頭するよう命じられた者のほとんどが、もはや自発的には現われず、アパートから姿を消していた[176]。アムステルダムにおける移送のテンポを維持するために、八月末と九月には、オランダ警察が検挙のために動員された[177]。

オランダ人住民は一般に不安を抱いていた。軍需関係の役人が観察したところでは、「自転車の押収、東部の労働キャンプへのユダヤ人の疎開、打ち続く人質の逮捕[178]」によって、重苦しい空気が垂れこめていた。アムステルダムの株式取引所では、落胆した仕切売買人たちが少人数で集まり、保安警察の措置について論じ、ユダヤ人への同情を表わした[179]。教会はドイツの役所に介入し、抵抗組織の「オランダ防衛組織」は書類を偽造し、保管のために有価証券の名義を書き換え、ユダヤ人を匿う手はずを整えた。(180)しかし、オランダ内務省の事務総長は何の抗議も行わず、(181)まもなく一般のオランダ人からの声も聞かれなくなった。第八八軍団のある諜報将校はこう報告している。「反ユダヤ人行動はほぼどこでも反撃なしに続いている。もはや反応はほとんどなくなった。人びとは慣れ、自分たちの問題で精一杯なのである」。(182)

障害を除くために、いくつかの特別なグループに対して、移送の延期が決定された。これらのグループのなかで最大部分を占めるのは、ユダヤ人評議会の職員とその家族、医療関係者、薬剤師、理髪師、パン屋、ユダヤ人社会用の店の所有者たちであった。一九四二年十二月、その数は一万七〇〇〇人であった。(183)第二のグループは混合婚のユダヤ人で、その数は、当初は二万から二万二〇〇〇人と多く見積もられていたが、(184)実際には八、九千人であった。(185)多くの場合キリスト教徒と結婚している改宗者も延期された。彼らは一五〇〇人以上いた。(186)不可欠の軍需工場労働者とその家族は、軍需監査部とユダヤ人移住中央本部との協定の結果、移送を延期された。(187)このグループは数千人で、毛皮、皮革、繊維産業の労働者および化学者、技師などであった。(188)ダイヤモンド研磨工と商人は、四カ年計画庁の役所によって保護された。(189)闇市で売買を行うために四カ年計画庁のフェルチェンス中佐が雇った二、三十人のユダヤ人も、経済的理由のために特権を与えられた。(190)最後に、次のような人びとが免除された。外国籍ユダヤ人、先祖が曖昧な人物、ポルトガルでの経歴が自由への権利を与えていると主張した人びと、過去にとくにドイツのために功績があったユダヤ人、オランダ当局が介入したユダヤ人、オランダのナチ運動――一九四〇年までは純粋なアーリア人だけを受け入れることをしていなかった――の戦前のメンバー数十人である。(191)移送延期のこうしたパターンはほとんど、ドイツ国内で採用された戦略を模倣したものであった。同時に、オランダの親衛隊・警察機構は、特権グループを減少させ、抹消しようとした際には、ベルリンの機構と同様に無情であった。なかでもオランダでは、ただちに移送が開始された。保護されないユダヤ人の一掃が始まったのである。

一九四二年九月十日に、ラウターは、自分の詳細な計画の一部をヒムラーに漏らしている。混合婚、軍需工場労働者、ダイヤモンド研磨工などの分類は、十月十五日までに完了する予定であった。ラウターは、その時までに二つの大きな中継収容所を開設したいと考えていた。一方のアッセン近郊ヴェステルボルクは、もともとユダヤ人難民のためにオランダ当局が建てたものであった。この収容所は、すでにユダヤ人移送者を受け入れていた。第二のフュフト収容所は、スヘルトヘンボスで建設中だった。二つの収容所は、合わせて四万人のユダヤ人の収容能力を擁することになり、突然の急襲で捕らわれた大量のユダヤ人の集合地点として役立つはずであった。「私は、警察や補助警察の役目を果たすものすべてを利用するつもりである。ユダヤ人に属すように見える者は誰でも、どこにいようと、四二年十月十五日以降は合法的、非合法的にこれらの収容所に入れられることになる」と、ラウターは書いている[192]。

一九四二年九月二十四日、ラウターは別の「進行報告」をヒムラーに送った。彼は書いている。「これまで、われわれは──刑事上の理由でマウトハウゼンに送られたユダヤ人と合わせて──二万人のユダヤ人をアウシュヴィッツに移動させた。オランダ全域で、約一二万のユダヤ人が出発の準備をさせられている。もっとも、このなかには混合婚のユダヤ人が含まれており、彼らは結局、しばらくここにとどまることになろう。オランダには、およそ二万のそういったユダヤ人がいる。しかし、私は、帝国弁務官の同意を得て、子どもがいない限り、混合婚のユダヤ人も全員送り出すつもりである。このケースは約六〇〇〇人なので、混合婚のユダヤ人のうち約一万四〇〇〇人が当分ここにとどまることになる」。

ラウターは続ける。「オランダには、いわゆる『雇用拡大』──オランダ福祉省の労働奉仕──があり、これは、ユダヤ人を労働させるべく閉鎖された企業やキャンプに送っている。われわれは、ユダヤ人をそこに避難させるために、これまでこの雇用拡大キャンプには手を触れなかった。ここには、約七〇〇〇人いる。われわれは、十月までにそこのユダヤ人を八〇〇〇人にしようと考えている。これらの八〇〇〇人のユダヤ人には、約二万二〇〇〇人の扶養家族がいる。十月一日に、私は、この雇用拡大キャンプを一度の急襲で占拠し、同じ日に、外にいる家族を逮捕して、アッセン近郊ヴェステルボルクとスヘルトヘンボス近郊フュフトに最近建てられた二つの巨大なユダヤ人収容所に入れるつもりである」。

ラウターは、このように五万五〇〇〇人のユダヤ人の措置を報告したあと、一度の大規模な人間狩りによって、残った犠牲者を根絶するヴィジョンを披瀝した。「オランダのユダヤ人は全員、どこにいても、これらの大収容所に入れられる」というのである。ユダヤ人が国境を越えるのを助けたり、この国で彼らを匿ったりすることを企てたアーリア人は、その資産を奪われ、強制収容所に送られることになる[193]。今や成功を邪魔だてするものは何もない、とラウターは書いた。ヒムラーは満足してこの報告を読み、そこに「大変結構」と書いた。しかし、まだすべての障害が克服されたわけではなかった[194]。移送は一九四二年あるいは四三年になっても完了しなかった。作戦を完了するには二年かかったのである。しかし、それでも、生き残ったユダヤ人はほとんどいなかった。

アムステルダムで捕らわれたユダヤ人の収容場所は、公衆の目には触れない室内をもつ建物だった。つまり、ユダヤ人芸術家がユダヤ人観客相手に上演するオランダの劇場で、一九四一年十月に「ユダヤ劇場」と改名され、一〇〇〇人以上を収容できた[195]。一九四二年七月半ばのある日、一人のゲシュタポ将校が、エメリヒ・カルマン作のオペレッタ第二幕のあいだにやって来て、警官に忍び足で歩くよう合図して、劇場の閉鎖を命じた[196]。これが収容場所となり、ここから、アムステルダムの移送者はオランダの鉄道によってヴェステルボルクに輸送されることになった[197]。

オランダ南部のフュフトと北部のヴェステルボルクの二つの収容所が、移送機構の正規の施設になった。フュフトは帝国弁務官によって建てられていたが、一九四三年一月、親衛隊経済管理本部に引き継がれ、クミェレフスキSS大尉の司令下に置かれた。彼は、以前にグーゼンのマウトハウゼン複合収容所で経験を積んでいた。[198] すでにドイツの侵攻前にオランダ政府が難民収容所として建てていたヴェステルボルクは、上級親衛隊・警察長官ラウターの管轄下に入った。この収容所の司令官は、一九四二年九月まではデップナーSS少佐で、その後、ディシュナーSS中尉によって短期間、管理され、最後は一九四二年末から四四年まで、ゲメッカーSS中尉が引き継いだ。[199] 警官不足のために、収容所の監視を担当したのは、オランダ親衛隊保安大隊北西部――オランダ国内の勤務に同意していた志願者の集団――の人員であった。[200] ちなみに、親衛隊作戦本部長官ユットナーSS中将は、この取り決めをそれほど喜んではいなかった。彼は、こう書いている。「ユダヤ人と犯罪者を守るという、これらの人びとに与えられた仕事を通して、武装親衛隊では、理想主義と無制限の義務遂行への覚悟が促進されることはないだろう」。[201] にもかかわらず、ドイツ人人員の不足のために、オランダ人は彼らの理想主義へのこの負担を負わされ続けたのである。

ヴェステルボルクは、ポーランド占領地域に向けて列車が送りだされる第一の収容所であった。その結果、フュフトの移送者（直接アウシュヴィッツに向かった二度の輸送は除いて）は、ヴェステルボルクを通って東部に向かった。二つの収容所のそれぞれに、ドイツ人は精巧なユダヤ人「収容所指導部」を作り上げた。収容所指導部が一二もの課を通して運営していたヴェステルボルクで、中心的地位を占めた三人はドイツからの難民であった。つまり、部長のクルト・シュレジンガー、「治安隊」と荷物の取扱い（「遊撃隊」）を担当するアルトゥール・ピスク、そして医療課の長のF・シュパニアー博士である。[202] 学校用のバラック小屋、収容所オーケストラ、ドイツ語で行われる寄席もあった。[203] ヴェステルボルクの収容所指導部の職員が毎週、一〇二〇人のリストを作成し、月曜の夜、それぞれの小屋の年長者がその小屋で指定された者たちの名前をアルファベット順に読み上げた。積み込みを監視していたユダヤ人治安隊の見守るなか、列車は毎週火曜の朝の十一時に収容所内の線路を離れた。[204] シュレジンガー、ピスク、シュパニアーの手に権力が集中していることに、自分の運命についての知らせを待っているオランダ・ユダヤ人も気づかずにはいなかった。[205] 難民が、その地の人びとを移送しているように思われたのである。

ラウター機構は、情け容赦なく犠牲者を中継収容所および死へと追いやった。この過程で、免除のカテゴリーは消え去った。まず第一に捕らえられることになった改宗ユダヤ人は、ヴェステルボルクで一つの集団としてまとめられ、そのなかのプロテスタントは、最後に移送される予定だった。[206] 混合婚のユダヤ人は、二つのグループに完全に分けられることになった。保安警察は、混合婚で子どものいない夫婦のユダヤ人配偶者を移送しようした。同時に、ザイス＝インクヴァルトは、混合婚のユダヤ人に対して、不妊を証明できれば、星の標識を処分することも許可されるという程度まで、反ユダヤ人措置を完全に免除することを許可した[207]。しかし、オランダの保安警察・保安部司令官の使者はベルリンにやって来て、アイヒマン課の担当者たちがこういった措置に強く反対していることを知った。フンシェ参事官は、この訪問者に、ドイツ国内でさえ、国家保安本部はなおも強制的な離婚命令が出されるのを待っているのだと指摘した。これまで、混合婚のユダヤ人は、けっして東部で労働させるために移送されてはいないというのである。アイヒマンの副官ギュンターSS少佐は、国家保安本部は、ロンドンからのラジオ放送を通じて初めて強制断種について聞いたと苦情を述べた。ギュンターは、これらの問題ではドイツが「模範である」べきだと主張して、占領地域が先に進んでいることに対して不快の念を隠さなかった。強制断種をしても、けっして免除を与えることはできない、最終的には断種された者も含むユダヤ人全員の移送が目標だからだ、と彼はつけ加えた[208]。こうして、混合婚のユダヤ人の移送は停止された。だが、ザイス＝インクヴァルトが記しているように、「わが保安警察は、二、三百件のそうしたケースの移送を遂行していた[209]」。一九四四年二月には、混合婚のユダヤ人は、全部で八六一〇人がオランダに残っており、そのうち二二五六人は不妊証明書を提出していた[210]。彼らのうちの数百人は、自ら手術を受けていた。手術の志願者の大半は男性であった。「ユダヤ人女性」の場合の外科的手術は明らかに、ずっと難しかったからである[211]。

いたるところで「不可欠の」ユダヤ人が辿っていた道に、軍需工場のユダヤ人が続いた。一九四二年十一月、軍需工業から、数百人の毛皮労働者と繊維労働者がいなくなった[212]。四二年十二月三日には、ヒムラーは、ダイヤモンド研磨工をフュフトに送り、親衛隊の監視下で働かせるように命じた。新しい企業は、経済管理本部W局第一課（採土採石場）の指導下に置かれた。ダイヤモンド労働者は、四四年三月に大量に移送された。四四年三月十八日、アムステルダムのオランダ・ダイヤモンド工場がドイツ人の目の前で閉鎖されたが、経済管理本部では、ベルゲン＝ベルゼンのダイヤモンド工場のために、一五〇〇人から二〇〇〇人のユダヤ人専門労働者を救うことについて協議が行われた[213]。この労働者のなかには、最後まで生き残った者もいる[214]。

ポーランドでは、ユダヤ人労働者は多くの場合、自分自身の移送延期が終わる前に、家族を失っていたことを見てきたが、オランダでも同じことが言える。一九四三年晩春に、ドイツ人は、フュフト収容所から、労働者の子どもと妻からなる二つの移送団を送り出すことを決定した。ユダヤ人収容所指導部が四三年六月五日に出した宣言によれば、一六歳までの子どもはすべて、母親に付き添われて、「特別子ども収容所」に送られることになった[215]。この「特別子ども収容所」とはソビブルのことで、少数の者以外は全員、到着するやガスで殺された純粋な絶滅収容所であった。あるヴェステルボルクの収容者が、移送者たちが途中で降ろされて、また積み込まれるのを見ていた。一七五〇人を乗せた最初の列車は、六月七日月曜日の午前四時半に入ってきた。親のいない子どもも多く、子どもたちのあいだでは、肺炎、猩紅熱、腸の病気が流行していた。フュフトからの第二の列車はその翌日の真夜中にヴェステルボルクに入った。疲れて、汚れきった人びとが、一三〇〇人乗せられており、彼らは、「どなられたり、叫んだり、殴られたりしながら」、乗ってきた汚い貨物列車から、彼らを連れ去ることになる汚い貨物列車へと移された。このヴェステルボルクの収容者はこう記している。「割当て数は完全を要求された。人びとは呪いの言葉をはくか、泣きじゃくるか、感情の激変を感じないでは、列車のどれ一つも見ることはできない。列車はスケジュールどおりに動いていく。拷問のような責苦である。列車はけっして遅れず、けっして爆弾に吹き飛ばされない[216]」。

一九四二年末には、オランダ警察がユダヤ人検挙のための行動を強制され[217]、四三年の春と夏には、最後の大規模な検挙が開始された。「あれこれと考えるタイプの」ツェプフSS少佐が、保安警察・保安部司令官の事務所にある彼の本部で、種々の困難を比較考量していた。五月の割当数八〇〇〇に対して、彼は五七八〇人を捕らえていた。二二二〇人足りなかった。彼は考えた。すでにフュフトにいるユダヤ人を移送することは、「技術的には」たやすいが、「心理的には」難しい。一方、アムステルダムでもっと多くのユダヤ人を捕らえることは、政治的には望ましいが、治安警察官の不足のために組織的には不可能である、と[218]。

どのような障害があろうとも、中止は許されない。新たな犠牲者の逮捕の波は、まずは小都市や農村に進んでいった。外務省代表ベネは、この行動の進行を観察して、一三二〇人のユダヤ人が自発的にフュフトに出頭したと記している。彼は、「ユダヤ人評議会の助けで、地方からの移送は滞りなく進行した」と書いている[219]。五月二十六日に、この行動はアムステルダムのユダヤ人居住区に拡がった。この行動で、ドイツ人は、犠牲者となるはずの人びとに集まるようにという呼びかけに頼っていた。呼びかけが出されて三〇分もすると、荷物を詰めた鞄をもって集合地点に現われる者もいた。以前は特権を与えられていたユダヤ人労働者や混合婚のユダヤ人配偶者も数千人移送された。その他の人びとは釈放された[220]。六月二十日、ヴェステルボルクのユダヤ人収容所警察が、アムステルダムでさらにユダヤ人五五〇〇人を検挙するため、保安警察・治安警察部隊の支援に派遣された[221]。

ユダヤ人評議会にとって、ユダヤ人社会の残った部分へのこの侵入は、ますます深刻なジレンマを引き起こした。約八五〇〇人のユダヤ人が、共同体のために働いており、その多くは、ユダヤ人評議会自身の有給無給の職員であった。一九四三年五月、保安警察は、七〇〇〇人の職員を輸送のために選ぶように評議会に要求した。これは、共同体の指導者たちのあいだで最後の議論を引き起こした要求だった[222]。最終的に数千人の職員が移送された。ベネは、この移送を見て、多くのユダヤ人が、とくにドイツからの難民が「心からの喜びを隠さなかった」と報告している。[223] アッシャーとコーエンは、この反応に気づかずに、ヴェステルボルクの群衆のあいだを「大立者のように」進んだ。[224]

移送機構が動き続けている一方で、ユダヤ人たちは隠れた。地下に潜る決心が、しっかりとした情報にもとづいていることはまれであった。時には、不安を引き起こす噂があった。たとえば、特別列車のユダヤ人は旅の途中で「冷酷にもガス殺」されるという、一九四三年一月の地下新聞『デ・オランニェクラント』の報告がある。[225] ポーランドにおける出来事の記事もあったが、具体的実証の欠如のために、ヴェステルボルク・ユダヤ人収容所の長老シュレジンガーは、アウシュヴィッツでのガス殺の話をおとぎ話と片づけた。[226] 暗示があるにせよ、ないにせよ、将来の移送者たちは知っていた。出ていった輸送列車のことを二度と耳にすることはなかったのである。[227] この沈黙に直面して、大多数のユダヤ人は、最後までドイツの文化にわずかな信頼を寄せて死へと赴いた。少数の、しかしわずかとは言えない人びとが潜伏という不確実な道を選んだ。彼らには、障害が待ち構えていることは、始めから明らかであった。家族一緒に避難所を探すのは子どもを隠すよりも難しく、小さな町よりもアムステルダムの方が困難で、見知らぬ人に接近すれば古くからの友人よりも問題が多く、金のない者は金持ちよりも援助を求めにくかった。[228] 場所と食料を提供したオランダ人にも、同様に問題はふりかかった。彼らはつねに危険にさらされていたのである。彼らは長期間になるとは、ほとんど予想していなかった。しかし、数週間は数カ月になり、数カ月は数年になった。彼らにこうした重荷を背負わせたものは、何だったのだろうか。動機はしばしば倫理的義務感だった。ユダヤ人に嫌悪を抱いていたかもしれない人びとにとってさえそうであった。そしてまた多くの場合、金《かね》だった。解放後にも支払われていた場合もある。オランダの上層中産階級については、こう言われた。「貧しい者は、あなたたちに避難所を提供し、金持ちは誰か他の人の住所を提供する」と。[229]

結局、隠れていたユダヤ人の多数が捕らえられた。これは、以下に挙げる占領期間中の特定の時期に潜伏していると報告されたユダヤ人の統計から推論できる。[230]

一九四二年九月十一日	二万五〇〇〇人
一九四三年三月二十日	一万～一万五〇〇〇人
一九四三年六月二十五日	二万人
一九四四年二月十一日	一万一〇〇〇人

それにもかかわらず、潜伏は生き残るチャンスを増加させた。特権的な取り扱いを要求できなかった人びとすべてにとって、一層そうであった。

オランダからユダヤ人がいなくなる直前、二、三千人残っていた犠牲者が、特別の目的地に移送された。すでに一九四二年秋に、ツェプフは、特権ユダヤ人の輸送は「適当なときに」、「プロパガンダ収容所」のテレージエンシュタットに向かうことになるとアイヒマンに言われていた。[231] 一九四三年八月十九日、ハルスターは、ユダヤ人の三つのグループをテレージエンシュタットに「移住させる」許可を、ザイス＝インクヴァルトに要求した。第一次世界大戦で勲章を得た者、平時にドイツのために大いに貢献した者、そして保護領のゲットーに親戚がいる者である。[232] リストが作られ、ヴェステルボルクで再検査されたとき、収容所は「テレージエンシュタット、テレージエンシュタット、テレージエンシュタット、アウシュヴィッツ、アウシュヴィッツ」という声で満たされた。[233] ドイツの寛大さの受益者がもっと増えることになった。一九四四年一月にテレージエンシュタットに向かった輸送列車は、ハルスターのカテゴリーに入る三四四人に加えて、オランダでの「非ユダヤ化」とヴェステルボルクの運営に称賛に値する貢献をしたとアイヒマンの承認を得た人びとおよびその扶養家族五二六人を運んだ。[234] 最終的に、オランダからテレージエンシュタットに移送されたユダヤ人の数は、四八九四人であったが、[235] 少なくともこのうちの半数は、一九四四年九月から十月に、アウシュヴィッツに引っ張っていかれた。一九四四年の最初の二、三カ月のあいだに、また別の三七五〇人が、イギリス占領地域にいるドイツ人と交換する可能性を見越して、ベルゲン＝ベルゼンに輸送された。[236] これらの人びとのほぼ半数も生き残らなかった。

最終的な計算では、一〇万五〇〇〇人のユダヤ人が、オランダから次の到着地点に移送された。

マウトハウゼン（一九四一年と四二年）	一七五〇人
種々の強制収容所	三五〇人
アウシュヴィッツ複合収容所	六万人
ソビブル	三万四三〇〇人
テレージエンシュタット	四九〇〇人
ベルゲン＝ベルゼン	三七五〇人

帰還者はマウトハウゼンから一人、ソビブルから一九人、アウシュヴィッツからは一〇〇〇人以上、そしてテレージエンシュタットとベルゲン＝ベルゼンから四〇〇〇人以上であった。[237] 一〇万人の死んだ移送者には、さらに、殺された者、自殺した者、あるいは国内で、とくにフュフトとヴェステルボルクの中継収容所で窮乏のために死んだ者約二〇〇〇人を加えなければならない。[238]

輸送が終わっても、絶滅過程は終わらなかった。犠牲者が消えるとすぐに、経済機構が彼らの財産の押収に取りかかった。放棄されたユダヤ人の所有物は、主として、銀行にある手形と有価証券、住居にある家具であった。これらの資産を没収するために、オランダでは二つの機関が用いられた。リップマン＝ローゼンタールとローゼンベルク特捜隊である。

清算されたユダヤ人の銀行リップマン＝ローゼンタールが、ユダヤ人の手形や貴重品の公式の保管所として選定されていたことはすでに述べた。リップマン＝ローゼンタール機構は今や、略奪品を整理するために動員されていた。ユダヤ人の投資は、現金に換えられた。つまり、有価証券は売られ、請求権は回収され、保険証券はすばやく買い戻された。貴重品の処分には特別規定が適用された。宝石の場合、最も貴重なものはゲーリングに（フェルチェンス中佐に託して）送られた。その他の貴重な宝石は、ドイツで最高の入札者に与えられた。安価な宝石は、ゲーリングのクリスマス行動のためにハイネマン上級参事官に手渡された。貴金属類は鋳つぶされた。

美術品に関しても、似たような指令が出された。最も貴重なものは、次官のミュールマンとポッセに提供された。第二の優先権は、親衛隊全国指導者ヒムラーに与えられた。並みの美術品はドイツ人美術商に売られた。安ものの絵画は、クリスマス行動に利用された。そして、「退廃美術」は、経済省の同意を得てスイスで売られた。ユダヤ人を描いた絵画やユダヤ人が描いた絵は特別な問題となり、その解決は先送りにされたようである。

切手の収集はドイツ帝国郵便に引き渡され、コインはドイツ帝国銀行に送られることになっていた。[239] ユダヤ人の現金の預金とすべての売却からの収益は、帝国弁務官の特別機関である資産・収益機関に譲渡された。[240] 戦後のザイス＝インクヴァルトの証言によれば、この機関に集められた額は最終的に四億ギルダーに達したという。[241]

押収行動の第二の部分――空になった住居の家具の押収――は、東部占領地域相であり党のイデオロギー指導者であるアルフレート・ローゼンベルクによって遂行された。ローゼンベルクが、かつてドイツで似たような役割を果たしていたことを思い出してほしい。ドイツでは、彼は、ロシアにある自分の事務所の設備のために、ユダヤ人の家具への権利を主張し、余りものを、国内の空襲で焼け出された人びとのためにとして種々の大管区指導部に売却した。西部では、ローゼンベルクは、イデオロギーの全国指導者としてのその地位に頼り、「所有者のない」ユダヤ人の文化財すべてに手をつけた。この権限は、まもなくオランダを越えて、フランス、ベルギーの家具を含むまでに拡大された。

占領地域での押収は、特別機関であるローゼンベルク特捜隊に委託された。この機関のオランダでの行動に関する統計はない。[242] わかっているのは、大量の家具が、空襲で焼け出されたドイツ人によって「永久貸付け」の形で利用されたということである。[243] ちなみに、空になったユダヤ人の住居の多くは、一九四四年から四五年の冬のあいだに、飢えたオランダ人住民によって取り壊され、少しずつ持ち去られた。[244]

ローゼンベルク特捜隊は、ユダヤ人の家具を運び去っているあいだにも、その本来の「文化的」使命、なかでも党の世界観学校のために個人の蔵書を収集する仕事を怠ってはいなかった。特捜隊は、ラビの神学校から蔵書を押収し、またスピノザ協会の蔵書――「スピノザ問題探求のためにきわめて重要な、非常に貴重な作品」を含んでいた――やローゼンタール文庫のような精選されたものも押収した。後者は、アムステルダム市に寄贈されていたもので、ユダヤ人に対するクロムウェルの態度や「もしかしたら諜報局の発展に及ぼしたユダヤ人の影響すら」

明らかにできるかもしれない可能性があったので、慎重に調査された。(245)

オランダにおけるユダヤ人資産の押収は、その所有者の殺害と同じく徹底していた。ノルウェーからルーマニアにいたる巨大な半円形の占領地域のなかで、ドイツ人がさまざまな形で、これほどの富を収集できた地域はほかにはなかった。この現象は、つぎの事実によって説明できる。つまり、枢軸陣営の支配下にあるほとんどの地域では、ドイツ人は、移送における協力を得るために、その国の当局に所有権を譲渡しなければならなかったのである。オランダでは、そのような譲歩の必要はなかった。占領当初オランダに住んでいたユダヤ人四人のうちの三人が、最後には死んでいた。

オランダの地理的な状況とそこで行われたドイツの支配の性質が、絶滅活動を有利にする条件であったことは、すでに初めに見ておいた。この条件を変化させるためには、ユダヤ人とオランダ人の側の尋常ではない努力が必要だったであろう。だが、周知のように、ユダヤ人は一致して反撃できなかったのである。

オランダにおけるユダヤ人の生き残ろうとする努力は、基本的に、個人的利益のための個人的イニシアティブの産物であった。そのパターンは、占領当初に裕福なユダヤ人が、亡命のために個人的な取引を行ったことによって整えられた。この方法は、不可欠性から不妊におよぶ理由にもとづいた免除や延期への訴えによって続行された。絶望したユダヤ人家族は、最後の手段として、ただ隠れることに救済の望みを託した。手段を断たれた人びとは、ラウターの警察に捕らえられるか、ユダヤ人評議会によってドイツ人に引き渡された。これが、大多数の運命だったのである。

オランダ人はどうだったのであろうか。オランダ住民は、絶滅の舞台でどのような働きをしたのであろうか。一九四〇年五月、ドイツがオランダを攻撃したとき、オランダ人の反応は、数日間、公然と戦うことだったが、その後の五年間は、官僚による協力と地下のサボタージュの混在を特徴とする態度に身を落ち着けた。ユダヤ人に関しては、いくぶん小規模に同じことが起こった。一度、一九四一年二月のマウトハウゼンへの輸送の際、オランダ人がユダヤ人への同情を明白なゼネ・ストで示したことはあった。しかし、ストライキが打ち破られたあと、それ以上の示威行動はなかった。実際、オランダの銀行による有価証券の処分への参加から、オランダの役人による登録作業やオランダ警察の行動にいたる、多数の官僚的協力があった。だが、この協力がかなりのものであったとしても、それは、少なくとも部分的には、修道院や孤児院、住居に数千のユダヤ人をかくまうことによる絶滅過程のサボタージュの動きによって埋め合わされた。オランダで生き残ったユダヤ人はわずかであったが、それらのユダヤ人が救われたのは、まさに不屈の努力の結果であった。というのは、オランダは、西部占領地域のなかで、ユダヤ人が生き残るチャンスすらない地域だったからである。

ルクセンブルク　原注110-

ドイツ、ベルギー、フランスのあいだに押し込まれて、一九四〇年の電撃戦で即座に侵略された小さな国がある。ルクセンブルクである。この大公国は、隣のコブレンツ＝トリアー大管区の大管区指導者グスタフ・ジーモンの管轄下、疑似編入領土になった。[246] ジーモンは、この新たな領土で「民政長官」の称号を得た。したがってルクセンブルクでは、ドイツの法律が自動的に適用されたのではなく、ジーモンがほとんど時をおかずに、母国に追いついたのである。

一九三五年十二月三十一日時点の大公国におけるユダヤ人人口は三一四四人であった。[247] これらの住民の相当部分が、侵攻と占領の初期に逃げていた。ジーモンによる大量追放の脅しに続いて、八月には再び脱出が始まり、これは四一年初めまで続き、約一四〇〇人のユダヤ人が逃げた。四一年春に残っていたのは一〇〇〇人以下であった。大管区指導者は、まだ彼の手の届くところにいるこれらのユダヤ人全員に対して、迅速に行動した。

一九四〇年九月五日、ジーモンは、職務について一カ月も経たないうちに、ユダヤ人資産収用のための法令を出した。この法令の実施は、大管区監査官アッカーマンに委された。「彼は、以前に、モーゼルラント（コブレンツ＝トリアー）大管区でアーリア化を大成功のうちに遂行しており、彼の新しい仕事に多くの経験を持ち込んだ」。ユダヤ人住民が数え上げられ、その資産目録が作られた。

没収者たちは、ルクセンブルクには三三五のユダヤ人企業があることを調べた。そのうち七五だけが、アーリア化の価値があると判断された。これらの企業の経営のために任命された管財人は、もっぱら「ドイツ系ルクセンブルク人」から選ばれた。清算された企業は、「超過密の」部門に属しており、そのため、その地域の商工会議所会頭の承認を得て、リストから削除された。

ルクセンブルクのユダヤ人はまた、三八〇の農場を所有していた。これらの地所は、ただちに新しい経営者に賃貸された。未耕作のユダヤ人所有地一六〇ヘクタールは、近隣の「ドイツ系ルクセンブルク人」の農民に売りに出されることになった。

逃亡したユダヤ人が残した家具は文民政府、ドイツ帝国鉄道、ドイツ帝国郵便、ヒトラー・ユーゲント、その他の機関を含む当局によって処分された。家具の一部は、「定住ドイツ人」に売却された。[248]

すでに一年で（一九四一年夏には）、大管区指導者ジーモンは、その反ユダヤ人措置の遂行についてはドイツに先んじていた。彼は、移動の自由を制限する多数の禁止令を出し、ユダヤ人たちは、左腕に黄色の腕章をつけることを強制された。[249] 数百人のユダヤ人は、ルクセンブルク国内とその近くでの強制労働事業に動員された。特別中継収容所である親衛隊特別収容所ヒンツェルトが、[250] 犠牲者のために用意されたが、それはもはや必要ではなかった。[251] 一九四一年夏、北部のウルフリンゲンの修道院で強制収容が始まった。

一九四一年秋、ジーモンは、最初の東部への輸送に五一二人のユダヤ人を割り当てた。彼らは、ウーチのゲットーに行き、そこからクルムホフの絶滅収容所に送られた[252]。ジーモンの掌中にはまだ、数百人の老人と病身のユダヤ人がいた。一九四二年から四四年のあいだに、三一〇人がテレージエンシュタットに到着した[253]。生き残ったのは数人であった。

ベルギー

原注110–

民政のオランダとルクセンブルクから、ベルギーとフランスの軍政地域に目を転じれば、違った種類のドイツの支配に出会うことになる。軍政府は、目的と性格の双方において、隣の文民政府とは異なっていた。オランダとルクセンブルクは「ゲルマン」地域であり、それゆえ、それぞれ「保護国」と疑似編入領土にされたのである[254]。この地位は、最終的なものであった。それに対して、ベルギーとフランスは「ロマンス」地域であった。編入された地方（ベルギーのマルメディ＝オイペン、フランスのアルザス＝ロレーヌ）は別にして、これらの国は、大ドイツ帝国の行政単位になることを定められてはいなかった。そこは、戦争が終わったあかつきには、勝利したドイツによって、従属してはいるが分離した地位に置かれることになっていた。それゆえ、ベルギーとフランスの占領は一時的なものと考えられた。これらの国におけるドイツの全支配機構は、その目的において暫定的なものであり、その機構に携わる将校たちは、戦時という非常時の支配者だったのである。

占領の全体的な目的に照らして、ベルギーとフランスにおけるドイツの将軍たちは、自らの使命を、主に軍事上の安全の確保と経済的な搾取からなるものとみなす傾向があった。これらの将軍には、ユダヤ人の絶滅は、副次的な仕事に見えざるをえなかった。西部戦役の開始に先立つ計画段階のあいだに、軍が、そもそもユダヤ人問題に巻き込まれるのを避けたいと考えていたという証拠すらある。たとえば、第六軍上級補給部長による一九四〇年二月二十二日付の指令では、こう言われている。

人種問題の展開は、そこから併合の意図が推論されうるので、避けねばならない。ユダヤ人に対する特別措置は、住民がユダヤ人であるという状況だけに依拠するものであってはならない[255]。

西部の将軍たちは、すでに軍政府の「通常の」仕事で手いっぱいだったので、ユダヤ人少数派に対する行動には熱心ではなかった。しかし、彼らの動機は、べつに人道主義的な考慮ではなかったようだ。占領の基本的な仕事を妨げる特別な任務を、彼らがしぶしぶ受け入れたことは、ユダヤ人社会を完全な絶滅から保護したいという願望と混同されてはならない。ドイツ軍はユダヤ人の保護者ではなかったし、圧力のもとでは、副次的な問題の解決もできたのである。

ベルギーでは、ドイツの侵入前夜のユダヤ人人口は、ざっと九万人であった。この人口の侵入前の分布は、ほとんどすべてのユダヤ人が、ベルギーの四つの主要都市に住んでいる（アントワープに約五万人、ブリュッセルに三万人、リエージュとシャルルロアにそれぞれに数千人）という状態だった。[256] ベルギー・ユダヤ人の大多数は、ベルギー国籍をもたない移住者や新参者であった。約三万がドイツからの難民だった。[257]

ドイツ軍が国境を越えたとき、フランスへの大量脱出のために、戦前の数字はほんのわずかに減ってしまった。三人に一人のユダヤ人が、南部に避難場所を求めた。新たに創られたドイツ軍政府は、その重荷をもっと軽くする方法を捜し、さらに八〇〇〇人のユダヤ人（主としてドイツからの難民）を隣のフランスに追いやった。[258] 一九四〇年末にまだこの国にいたユダヤ人は、約五万二〇〇〇人にすぎず、ベルギー国籍をもつ者は、その一〇パーセント以下であった。[259] ブリュッセルにいるドイツの官僚は、今や行動を開始することができたのである。

ベルギーという舞台における主な登場人物は、軍、親衛隊、外務省、および民間企業の代表たちであった。公的部門を簡略に示してみよう。[260]

軍司令官　フォン・ファルケンハウゼン
　行政幕僚　レーダー
代理　クラウスハール
親衛隊・警察　ユングクラウス
保安警察・保安部全権　エーラース（コンスタンティン・カナーリス）
第IV部　シュトラウプ
　ユダヤ人課（歴代）アッシェ、エルトマン、ヴァイトマン
外務省代表　フォン・バルゲン

占領の開始から数カ月以内に、これらの人びとは、ベルギーにおける最初の反ユダヤ的措置に取りかかった。一九四〇年十月、軍司令官は、絶滅過程の予備段階の範囲全体を包括する二つの法令を出した。「ユダヤ人」という概念が定義され、ユダヤ人の弁護士と官吏はその地位から放逐され、ユダヤ人の企業と株式は登録され、あらゆる取引は公的な認可を受けねばならなくなった。最後に、ユダヤ人住民も、将来の監視のために登録を命じられた。

オランダのユダヤ人とは違って、ベルギーのユダヤ人はそれほど裕福ではなかった。一九四〇年十月の軍司令官の報告は、次のように述べている。「ベルギーの経済活動に対するユダヤ人の影響力はわずかである。アントワープ地域のダイアモンド産業は別にして、ベルギー経済へのユダヤ人の関与は、ほとんど言及するに値しない」。[261] 予期された略奪品がわずかな量であったにもかかわらず、ドイツの実業界は、ベルギーのアーリア化市場にかなりの関心を示した。軍司令官の命令にしたがって、ベルギーに三つの銀行が創られた。[262] コンチネンタル銀行、ハンザ銀行、西部銀行である。これらが設立されるや、多数の顧客が「有用な助言」に関心を抱く当事者として、リストに掲載された。シュルタイス醸造、クルップ、ジーメンス、一般電機会

社（AEG）、ブラウン・ボヴェリ、ドイツ・アスベスト・セメント株式会社である。[263]

オランダとベルギーにおける資本浸透の動きはすべて、基本的な政策の問題において、経済省外国貿易局の承認を受けねばならなかった。[264]ベルギーでアーリア化が開始されてほぼ一年後の一九四一年九月、軍は、ユダヤ人事業の一部を、兵士のために手にいれようとして失敗した。資本浸透に関する経済省の会議の際に、ベルギー軍司令官の代理ピヒアー戦時行政委員が、彼の管轄下にあるアーリア化されていない三〇〇の卸しと小売り企業――一年の売上高約一万ライヒスマルク――を、ドイツの復員軍人のために確保するという提案を行った。この提案はきっぱりと拒否された。戦争はまだ継続中であること、復員軍人が帰国するまで信託管理を行わねばならないが、そのような事業――そこでは、所有者と顧客のあいだの個人的な接触が非常に重要である――は、信託管理には向かないことが指摘された。したがって、これらの企業のアーリア化は、資本を十分に備え、ベルギー人によるボイコットに抵抗できるドイツ人企業家たちによって行われるのが賢明であると、会議の出席者たちは結論づけた。[265]戦時行政委員ピヒアーが、アーリア化のなかで兵士に利益を与えようとする試みをほかに行ったかどうかはわからない。

一九四二年末までに、ベルギーにおけるアーリア化はほぼ完了した。軍司令官の役所で用意された表8－12は、四二年十二月三十一日の時点で、それぞれの業種でどれだけの企業が「非ユダヤ化」（すなわち譲渡）されたのか、清算されたのか、あるいは「処分待ち」だったのかを示している。没収されたユダヤ人資産額は、表8－13にライヒスマルクで示されている。ただ、銀行がユダヤ人の口座の公表に手間取っていたことをつけ加えねばならない。それゆえ、銀行にある現金の額――ほぼ六〇〇の企業の売却からの収益によって膨らんでいた――は、軍司令官の報告に示された約六〇〇万ライヒスマルクよりもはるかに多かったのである。それにもかかわらず、ベルギーで最終的に集められた預金総額は、オランダでは超えていた五億ライヒスマルクよりもはるかに少なかったにちがいない。まず第一に、ベルギーのユダヤ人は、比較的わずかな現金しかもっていなかった。また、六〇〇やそこらのアーリア化が、巨大な金額をもたらすことはなかったであろう。そして、有価証券と不動産の売却はとくに厄介で、ドイツ軍政府を困惑させたのである。

一九四二年十二月に大蔵省で開かれた会議で、戦時行政委員ピヒアーは、不動産、ダイヤモンド、その他の品を売却しようとする行政側の努力を明らかにした。彼はこう言った。ベルギー国民は、ユダヤ人の不動産を軍司令官から手に入れることに「嫌悪」を示している。そのために、多くの不動産区画が収用を免れている。売却は、ユダヤ人所有者の信任者である国立ブリュッセル信託会社によって行われ、そこから、収益が押収される。しかし、これまでのところ、軍司令官は、不動産を処分する際の別の障害をまだ解決していない。すなわち、価格が凍

表8-12　ベルギーにおけるアーリア化と清算

	総数	%	譲渡	清算	処分待ち
繊維商	1,220	15.8	22	1,161	37
被服工業	965	12.5	50	876	39
取り次ぎ店	685	8.9	23	599	63
ダイヤモンド工業	675	8.7	13	647	15
皮革工業	520	6.7	8	494	18
ダイヤモンド商	500	6.5	14	469	17
皮革商	453	5.9	20	399	34
食料商	383	4.9	12	361	10
金属工業	163	2.1	56	87	20
金属製品商	156	2.0	26	111	19
化学製品	142	1.8	65	39	38
植木	137	1.8	5	124	8
不動産	122	1.6	9	0	113
その他	1,608	20.8	265	1,021	322
総計	7,729	100.0	588	6,388	753

［注］ Report by Militärbefehlshaber on economic exploitation, Apirl 1, 1943, Wi/IA 4.60. フランス北部の2県における652のユダヤ人企業の状態は以下のとおりである．譲渡33，清算207，処分待ち412．Ibid.

表8-13　差し押さえられたユダヤ人資産の価値

	1941年末	1942年末
銀行の現金	なし	6,150,000
有価証券と手形	80,000,000	70,650,000
地所（2814区画）	36,000,000	50,000,000
総計	116,000,000	126,800,000

［注］ Economic report by Militärbefehlshaber, April 1, 1943, Wi/IA 4.60.

結されており、公的な最高限度価格は、実勢価格の四〇％にすぎない。この障害を緩和するために、信託会社は、ユダヤ人の住居に最大限可能なまでに抵当を増加させることを期待している。債権者はたくさんおり、借りられた金をただちに押収することができる。ピヒアーは以上のように報告した。

処分に慎重を要するまた別の品は、アントワープ地域の清算された商店にあるダイヤモンドの在庫品だった。ピヒアーの報告によれば、少量が南フランスで外国通貨で売られていた。家具の処分については、まだそれほどの進展は見られなかった。信託会社は、ユダヤ人のアパートが空になるやそこに入っていった。にもかかわらず、家賃を返済するために売却しなければならない家具もあったし、国防軍の財務将校が軍用にと要求した家具もあった。貴重な家具はドイツで売却されることになった。美術品は、パリのローゼンベルク特捜隊の指導者で赤十字社のフォン・ベアー上級曹長に引き渡された。金と宝石は鋳つぶされた。

金庫を開けた際、軍政府はまた、かなりの量の有価証券を見つけた。ピヒアーの報告によれば、「すでにドイツの今後の影響力」を確実にするために、大量の株券が集められていた。[266] しかし、ベルギー市場での不必要な有価証券の処分は、すぐさま重大な障害にぶつかった。ブリュッセル株式取引所会長ファン・デッセルは、ユダヤ人所有者の不在中に手形を引き受けるのを拒否した。株式はその後、ベルギー、フランス、オランダにおける有価証券や他の手形を管理する機関、外国為替保護司令部・西部の指令で「ドイツ帝国の財産」とされ、取引所で売却されるか、この国にある三つのドイツの銀行によって最高入札者に競り落とされることになった。[267] こうして、ドイツ人はベルギーで手に入れられるものを略奪しようとしたのである。

一九四〇年十月、軍司令官は、経済的な絶滅過程の基礎を置くと同時に、最初の強制収容措置を開始した。ユダヤ人の登録である。翌年には、ユダヤ人評議会を設立しようとしたが、ユダヤ人指導者は、侵入の開始のときに、二人の著名なラビを除いて全員この国を離れていたようである。このラビの一人（ベルギー軍のユダヤ教従軍聖職者の長ザロモン・ウルマン博士）は、ベルギーの事務総長たちやファン・ローエイ枢機卿との協議のあと、ユダヤ人によって選ばれて、「ベルギー・大ラビ」となった。彼が委員会を率いることになり、この委員会は、四一年十一月二十五日に「ベルギー・ユダヤ人協会」（ベルギーのユダヤ人評議会）へと改組された。ユダヤ人は全員、この組織の指令に服さねばならず、ブリュッセル、アントワープ、リエージュ、シャルルロアに地方支部が設立された。[268]

一九四一年十月、軍司令官は夜間外出禁止令を出し、すべてのユダヤ人の居住地を例の四つの都市に限ると命じた。いつものように、これらの措置の理由として挙げられたのは、ユダヤ人は「まだ生意気にも闇取引に従事している」という申し立てであった。[269] 一九四二年六月、ユダヤ人は星の標識をつけさせられ、[270] 一六歳から六〇歳までの男性と一六歳から四〇歳の女性が何千人も、トット機関の強制労働プロジェクトのためにかり集められた。[271] 翌月、ベルギーは最初の移送の割当てを指示された。人数はあまり多くなく一万人であった。[272] そこで保安警察は、将来の移送者のために中継収容所をマリネスに建てた。[273]

一九四二年七月九日に、外務省代表フォン・バルゲンは、軍の行政幕僚長レーダーが移送計画についてヒムラーと協議したと報告した。フォン・バルゲンはこう述べている。ドイツ当局の行く手には多数の困難がある。ベルギー人はユダヤ人問題を「理解」していない。そしてドイツ人は警察部隊の不足に悩んでいる。ユダヤ人自身は「不穏な状態」を示している。それゆえ、逮捕はまず、ポーランド系、チェコ系、ロシア系や「その他の」ユダヤ人から行われる予定である、と。[274] ユダヤ人パルチザンの集団がドイツ人占領者の問題をさらに複雑にしていた。彼らは、一九四二年七月二十五日にユダヤ人協会の事務所に押し入って、「労働配置」に選ばれたユダヤ人のリストを焼却し、八月二十九日には、協会の労働課の責任者ロベール・オルシンガーを暗殺したのである。[275]

最初の割当数が達成された九月半ばに、フォン・バルゲンは、大規模な脱出に気づいていた。ユダヤ人たちは、ベルギー人の家庭に匿われた。将来の犠牲者の多くがベルギー人の身分証明書をもっており、さらにフランスの占領地域や非占領地域に逃げる者もいた。[276]

この悲観的な報告がベルリンに送られた日に、アッシェSS中尉は、ユダヤ人協会のメンバーを彼の事務所に呼んで、彼らの消極的な抵抗への罰として、ユダヤ人全員をベルギーから移住させると伝えた。ついで、ウルマン師とその同僚四人が、数日間、ブレーンドンクの強制収容所に送られた。多分、彼らの非妥協的な態度がどのような結果を引き起こすのかについて考えさせるために。[277] アッシェはそれから、「従順かつエネルギッシュに」指令を遂行することのできる後継者を指名するよう、協会に命じた。[278]

一九四二年十一月十一日、フォン・バルゲンは、大人の男女と子どもの移送数は今や一万五〇〇〇人に達し、そのなかには、大胆にもユダヤ人の衣服からユダヤの星を取り除いた数人のベルギー人がいると報告している。フォン・バルゲンは続いて、検挙の際に、絶滅機構が直面している困難が増えていると述べた。彼は言う。移送は当初、ユダヤ人協会による「労働配置命令」で行われていた。しかし、しばらくすると、将来の犠牲者たちは、「ユダヤ人の虐殺など」の噂によって、命令に従わなくなった。それゆえ、最後の輸送は、検挙と個別行動に頼らざるをえなかった、と。[279]

この報告がベルリンに届いてしばらくのち、外務省のルター次官補は、ベルギー国籍のユダヤ人も移送するよう軍司令官に頼めと、フォン・バルゲンに要求した。ルターはこう言っている。完全な移送だけが「不穏な状態」を終わらせることができる。いずれにせよ、ユダヤ人はもはや驚くことはない、どのみち「遅かれ早かれ」起こるのだ、と。[280]

軍政府は、最善を尽くしたようだ。一九四三年四月、子どもと老人が捕らえられたとき、ベルギー法務省の事務総長は、軍司令官事務所の上級戦時行政委員テディエックに手紙を二通書いて、子どもたちの多くは親がついておらず、老人には八〇歳以上の者もいてほとんど働かせることができない、と指摘した。(281) それでも移送機構は動きつづけ、ブリュッセルとアントワープのベルギー国籍ユダヤ人の検挙（イルティス計画）を準備していた。「大作戦」は、四二年九月三―四日のたった一晩で外国為替保護司令部の人員の援助を得て行われることになっていた。(282) 綿密な計画にもかかわらず、アントワープでの逮捕は「事故」に見舞われた。集合地点へユダヤ人を運ぶ混み合ったトラックで、犠牲者のうちの九人が窒息死したのである。もう一度、ベルギーの役所は抗議した。(283)

　移送は一九四四年になっても七月三十一日まで続いた。もっとも、検挙はますます困難になり、輸送数は少なくなった。(284) 輸送量の減少は、ベルギーの施設や家庭に何千人もが隠れたためだと考えられる。保安警察・保安部全権は、一九四四年六月の時点でユダヤ人の八〇パーセントが身分証明書を偽造していたと見積もっている。偽装のために、多くの人びとが青色の作業服を着ていた。(285) 外国籍ユダヤ人や混合婚のユダヤ人を含む特権グループもあったが、混合婚のユダヤ人の免疫性は不安定であった。こうしたユダヤ人の一人に、第一次世界大戦で負傷し、第二等鉄十字勲章を受けたドイツからの難民がいた。ある親衛隊の人種専門家は、一九四四年五月二十七日にこの人物について書いている。「自発的な断種を甘受するという考えは、Ｓには嫌なものではない」(286)。

　一九四四年八月になっても、ドイツ人はユダヤ人協会職員、孤児院や福祉センター、病院に残った者たちを検挙しようとした。しかし、もはや時間がなかった。(287) この時までに、ベルギーは、一九四四年九月に連合軍によって征服された。ベルギーにおけるドイツの諸機関は、なんとか約二万五〇〇〇人のユダヤ人をアウシュヴィッツで破滅させたのである。(288)

フランス

原注113-

フランスでは、ユダヤ人絶滅過程は、独仏休戦条約の産物であった。一九四〇年六月にヴィシーで政府の仕事を引き継いだフランス当局にとって、敗北は決定的だった。それは撤回不可能だったのである。四〇年から四四年まで、勝者と被征服者のあいだの不平等な関係は、次々とやってくる容易に反対できないドイツの命令に表われていた。フランスにおけるユダヤ人の絶滅は、そのようなドイツの命令の一つであった。

　ドイツの圧力に対し、ヴィシー政府は反ユダヤ人措置を一定の限度内に抑えようとした。当初は、こうすることで、絶滅の展開を全体として阻めると期待された。フランス当局は、徹底的な行動を避けようとした。フランス人は、歴史において先例のない措置を採用するという考えに怯んだのである。一九四二年にドイツの圧力が強まったとき、ヴィシー政府は防御の第二線に後退した。つまり、外国籍ユダヤ人と亡命者を放棄し、自国のユダヤ人を保護しようとした。ヴィシーの戦略は、かなり成功した。一部を放棄することで、大部分が救われたのである。

ユダヤ人の運命についてドイツ人と交渉するヴィシー政府の能力は、一つの単純な事実にもとづいていた。すなわち、ドイツ人にはフランスの助けが必要だという事実である。これまで見てきた国のなかで、その国の政府へのドイツ側の依存が、フランスほど強いところはなかった。絶滅作業の大部分の遂行がフランス人官僚にかかってきたし、絶滅機構の管理部局にいたフランス人のリストは、非常に長いものである。ヴィシー機構の簡略化した表を挙げておこう。

国家元首　ペタン
副大統領（一九四二年四月まで）　ラヴァル（ダルラン）
首相（四二年四月から）　ラヴァル
ユダヤ人問題委員（四二年六月から）　ダルキエ・ド・ペルポワ
調査・監視局（警察）　ガリアン
占領地域　シュヴェブラン
非占領地域　アンティニャック
臨時行政官監督局（アーリア化）　ファラモン（ブラレイ、ボネ）
占領地域全権委員　ラ・ローランシ（ド・ブリノン）
外務省　ラヴァル（フランダン、ダルラン、ラヴァル）
陸軍省　ダルラン
国防省　アンチジェール（ブリドゥー）
内務省　ペイルートン（ダルラン、ピュシュー、ラヴァル）
ユダヤ人問題委員（四二年六月まで）　ヴァラ
国家警察　ブスケ
反ユダヤ警察　シュヴェブラン（四二年八月に、ユダヤ人問題委員に所属する議査・監視局に編成替え）
占領地域全権　レゲ
パリ県警　ブュシェール
市警察　アンヌカン
外国人・ユダヤ人問題（収容所を含む）　フランソワ
登録　チュラール
法務省　アリベール（バルテルミー）
大蔵省　ブティリエ（カタラ）
工業生産・労働省　ブラン（四一年二月以降、二つの省に分割）
臨時行政官監督局　フルニエ（四二年六月から、ユダヤ人問題委員に所属）
工業生産省（四一年二月以降）　ピュシュー（ルイドゥー、ビシュロンヌ）
労働省（四一年二月以降）　ブラン（ラガルデル、ビシュロンヌ、デア）

リスト上の著名な名前をざっと見ただけでも、ヴィシー政府の基盤は保守主義だったことがわかる。ペタン元帥をはじめとして、政府には多数の軍関係者がおり、全体としてカトリック色が強かった。いくつかの点で、それは、おそらく前世紀の反ドレフュス連合の尾をひいているものであったし、政府が自制心を失って、ドイツ側が強要する以上に強くユダヤ人を攻撃するときもあった[289]。

上記の表をもう少し綿密に点検すれば、行政上の革新も明らかになる。第一は、全権委員という制度である。ヴィシーのそれぞれの省は、パリに特別全権委員を置き、彼らを通して占領地域における地方機関を管理した。たとえば、占領フランスにおけるフランス警察の全権委員はレゲであった。パリにおけるすべての省の全権委員は、総全権に従属した（ラ・ローランシ大将、のちにはド・ブリノン大使）。

ヴィシー政府のもうひとつの特異性は、ドイツにおける捕虜やフランス人労働者といった特別な問題を取り扱う委員を任命したことであった。これらの委員の一人が、ユダヤ人問題を担当した。初代のグザヴィエ・ヴァラは、内務大臣のもとに置かれた。その後継者ダルキエ・ド・ペルポワは、ラヴァル首相に直属した。ちなみに、他の役人が数人、もっぱらユダヤ人に関わっていたことを記しておくべきであろう。たとえば、アーリア化機関（臨時行政官監督局）の長官フルニエ、パリ県警におけるユダヤ人登録長官チュラール、そして反ユダヤ警察長官シュヴェブランである。実際、フランス人は、絶滅の問題において行政の専門化を行うことでは、ドイツ人を凌いでいた。

休戦条約の結果、フランスの大部分はドイツの占領政府によって統治された。それは、次のような管轄地域からなっていた。（1）アルザス＝ロレーヌ州。疑似編入地域として、それぞれ、大管区指導者ロベルト・ヴァーグナーと大管区指導者ビュルケルに支配された。（2）ニーホフ中将指揮下のリール野外司令部。これは、ベルギー軍司令官に従属した。（3）フランスにおける軍司令官が管轄する主要な占領地域。軍司令部の簡略な構成を挙げておこう[290]。

パリの軍政長官　フォン・ボッケルベルク大将（一九四〇年六月―十月）
軍司令官　オットー・フォン・シュテュルプナーゲル大将（一九四〇年十月―四二年二月）、ハインリッヒ・フォン・シュテュルプナーゲル大将（一九四二年二月―四四年七月）
行政幕僚部　シュミット博士（ミヒェル博士）
　行政　ベスト博士（エルマート博士）
　経済　ミヒェル博士
　　総務　ズスドルフ（ツェー＝ヘラクス）
　　アーリア化　ブランケ博士
　財政　フォン・エルツェン博士
パリ軍管区長官　トゥルナー参事官（シャウムブルク中将）
　パリ市弁務官　ラーデマッハー課長

当初は軍の統制下にあった全鉄道輸送は、その後ドイツ帝国鉄道に統合された[291]。

一九四二年六月十五日以前――陸軍総司令部／輸送長官
鉄道運輸部西部　オットー・コール中将
　国防軍輸送管理部ブリュッセル（リールを含む）
　国防軍輸送管理部パリ
　　鉄道局　副局長ハンス・ミュンツァー
一九四二年六月十五日以後――運輸省／ドイツ帝国鉄道
輸送管理本部ブリュッセル　バウアー
輸送管理本部パリ　ミュンツァー
　第三一課、第三四課、第三七課　ネファー
　第三三課　（メール）ヴェックマン

軍司令部は基幹だけの組織で、政策の遂行にはフランス人官吏を利用していた。占領指令を作成する中心は行政幕僚部であった。この部長シュミットは、ヴュルテンベルクの元内務相、経済相であった。彼の下に、ベスト（部長の地位）の存在を記すことができる。彼は、ハイドリヒの戦前の保安本部で管理問題を扱っていたが、のちにはデンマークにおけるドイツ全権になった。彼の同僚ミヒェル（局長の地位）は、フランスにおける経済問題の指導を任され、経済省の出身であった。

地域的には、軍政府は五つの軍管区からなっていた。軍管区A、B、Cとボルドー、パリである。パリの軍管区長官はターナー参事官で、彼の後継者フォン・シャウムブルク中将は、「大パリ司令官」の称号をもっていた。軍管区レベルの下には、地方のネットワークが、野外司令部や地区司令部に広がっていた。前者はフランスの県を管轄し、後者は郡を監視した。大都市には、都市弁務官が任命された。その一人が上のリストで挙げられているパリ市弁務官のラーデマッハー課長である。[292]

フランスの軍司令部が設立されてすぐに、占領地域には、他のドイツの機関が二つ現われた。この機関は、少なからず軍司令官を出し抜き、締め出しをくわせた。

一九四〇年六月、軍の公式の通信にアベッツ公使の名前が現われた。[293] アベッツは、パリで新たに作られたポストに任命された外務省官僚だった。この任命は、カイテルとリッベントロプのあいだの口頭の取り決めにもとづいていた。カイテルの言葉によれば、アベッツは、「軍司令部付き」であった。しかし、カイテルが、おそらくこの取り決めの、こうした解釈になんらかの確認を得ることを期待して、ヴァイツゼッカーにこの表現を用いたとき、外務省次官は沈黙を守ったままであった。ヴァイツゼッカーは、リッベントロプに報告しているように、「この話題に立ち入りたくはなかった」のである。[294]

八月三日、リッベントロプは、新たに大使の地位に昇進していたアベッツが今後フランスで行使する権限の長いリストを、カイテルに送った。その手紙の最後のくだりで、リッベントロプはこう書いている。「アベッツ大使だけがフランスの占領地域、非占領地域におけるすべての政治問題の取り扱いに責任を負っていると、総統ははっきりと言われた。彼の仕事が軍事上の利害に関わる場合のみ、アベッツ大使はフランス軍司令官の同意を得たうえで行動する」。[295] この指令は、アベッツがシュテュルプナーゲル大将の助手であるようには聞こえなかった。むしろ、軍司令官が大使に所属しているように思われた。

しかし、アベツには、非常にわずかのスタッフしかいなかった。その最も重要な構成員は、副官のシュライアー、ユダヤ人問題担当のツァイツェルとアーヘンバッハ、ヴィシーの役所にいるフォン・クルーク、そしてチュニジアのラーンであった。(296) 軍司令官が法令の施行をフランス当局に頼っていたのとまったく同じように、アベツは、政策の遂行の際に軍司令部に頼っていた。この状態は、一致団結した行動を促進するものではなかった。それにもかかわらず、ユダヤ人を短期間に見つけようとするときには、調整が働いたのである。

軍司令官の権限の邪魔をした第二の機関は、もちろん親衛隊・警察であった。ヒムラーの部下たちは、最初はアベツ付きとされたが、最後には、少なくともユダヤ人問題においては、舞台の大部分を支配するようになった。親衛隊員は、ゆっくりとしたペースで順番にフランスにやって来た。まず最初に専門家たち、最後に上級親衛隊・警察長官であった。次の表は、フランスにおける親衛隊組織の非常に簡単なアウトラインである。(297)

上級親衛隊・警察長官　オーベルクSS少将
保安警察・保安部司令官　クノッヘンSS大佐
代理　リシュカSS中佐
第二局　リシュカ
代理　マイヤー＝ファルクSS少佐
第四局　ベーメルブルクSS少佐
ユダヤ人　ダネッカーSS大尉（レトケSS中尉、ブルンナーSS大尉）
第六局　ハーゲンSS少佐
ヴィシーにおけるドイツ警察代表　ガイスラーSS大尉

これらの機構すべての目的は、半円形地域の西部における最大のユダヤ人社会の絶滅であった。一九三九年末、フランスのユダヤ人人口は総計約二七万に達していた。パリだけで二〇万人以上が暮らしていた。しかし、四〇年五月のドイツ軍の侵入開始とともに、多数の変化が生じた。まず第一に、オランダ、ベルギー、ルクセンブルクから四万以上のユダヤ人がフランスに流れ込んだ。つぎに、五万以上のユダヤ人が、もっと安全な場所を南部に求めて、北フランスの諸都市とパリを離れた。第三の激変は、アルザス＝ロレーヌのドイツ人行政官が、ユダヤ人の完全な排除を決定したときに始まった。

ポーランドでの排除を思わせる措置によって、編入諸州のユダヤ人は非占領地域に移された。この動きは、一九四〇年七月十六日、コルマル（アルザス）のユダヤ人が検挙され、国境線を越えて押し出されたときに突然始まった。(298) この後、数カ月は平穏であった。しかし、四〇年十月には、地方政府の圧力が強まり、シュテュルプナーゲル大将は、ドイツ休戦委員会の長として、フランス国防相でフランス休戦委員会の長であるアンチジェール大将に会い、フランス国籍のユダヤ人全員をアルザス

＝ロレーヌからフランスの非占領地域に移送することを決める協定について協議した。[299] アルザスからだけで、二万二〇〇〇人のユダヤ人がこの動きに巻き込まれた。[300] 犠牲者たちはトラックに積み込まれ、国境を越え、夜中にヴィシー・フランスのさびれた田舎道に降ろされた。[301]

ちなみに、アルザス＝ロレーヌの移送には、以前に言及した副産物があった。民政長官であるアルザスのヴァーグナーとロレーヌのビュルケルは、シュテュルプナーゲル＝アンチジェール協定を非常に広く解釈して、占領諸州からフランス・ユダヤ人を移送するだけではなく、自分たちの大管区からドイツ・ユダヤ人も移送することを決定したのである。こうして、バーデンから約六三〇〇人、ザールプファルツから一一五〇人が、フランス非占領地域に送り出された。[302]

以上のような住民移動の結果、重心がかなり南の方に移るという新たな状況が生じた。占領地域には、一六万五〇〇〇人のユダヤ人が残され（パリだけで一四万八〇〇〇）、非占領地域には今や約一四万五〇〇〇、すなわち総計のほぼ半数がいたのである。[303]

パリのアベッツ大使は、この状態に満足していた。彼は、占領地域へのユダヤ人の帰還を禁止することを提案した[304]（アベッツは、フランクのように、マダガスカルのことを考えていた）[305]。しかし、境界線は、双方にとって障壁であることがはっきりした。つまり、それは、最初は帰りたいと考えていたユダヤ人難民にとっての障害であったが、のちには「最終解決」を非占領地域に拡大しようとするドイツ占領当局にとっても障害となったのである。

反ユダヤ人措置遂行の際の地域上の問題だけで、フランスほど複雑な問題が出てきた国はヨーロッパにはなかった。ヴィシー・フランスの法律は、占領地域でも非占領地域でも適用された。[306] 一方、ドイツの行政は占領地域に限られていた。その結果、占領地域のユダヤ人は、フランスとドイツの二重の抑圧に苦しんだのに対して、非占領地域のユダヤ人はただヴィシー政府の規制にさらされているだけであった。一九四二年に境界線が消滅し、フランスとドイツの措置が同じようにフランス全土で施行されるようになった。

一九四〇年に、ヴィシー政府は、絶滅過程の開始を告げる、二、三の反ユダヤ人法令を出した。つまり、ユダヤ人をニュルンベルク原則にしたがって定義し、公職から追放したのである。そして、四〇年十月、バーデンとザールプファルツのユダヤ人が駆逐されたときには、ヴィシー政府は、外国籍ユダヤ人を抑留できる法律を出すことで、新参のユダヤ人を古くからのユダヤ人から分離する政策を実施した。

このヴィシーの突然の動きにうろたえて、ユダヤ人指導者たちは、当惑しているという手紙をペタン元帥に送った。ユダヤ人は、元帥がある種の間違いを犯したように思った。手紙の一つで、大ラビのヴェイユは、フランスの国家元首に、「人類学の研究によって、ユダヤ人種のようなものは存在しないことが疑問の余地なく証明された」と説明した。[307] だとすれば、なぜこれらの法令が出されたのか、というわけである。

シュテュルプナーゲル機構の方は、経済領域における重大な処置でフランスにおける絶滅の枠組みを満たす用意ができていた。一九四〇年九月二十七日、フォン・シュテュルプナーゲル大将は、ユダヤ人の定義と、登録のための準備を含む法令に署名した。四〇年十月十八日、彼は続けて、ユダヤ人企業の定義と登録を定めた。この法令は、業務の取り消しと管財人の任命も規定していた。もちろん、これらの処置の内容は新しいものではなかったが、その遂行方法は新しかった。

ドイツにとって初めて、組織上の事務処理を外国の役所に任せる必要が生じた。フランス人官吏の最初の仕事は、ドイツの法令による登録準備の施行であった。占領地域全体で、県知事と郡長が登録のために動員された。情報がリストと照合され、四部のコピーが用意された。コピーの一部は、ヴィシーの工業生産・労働省次官に提出され、また一部は大蔵省次官に行き、二部は、ドイツ軍司令部に手渡されることになっていた。[308]

一九四〇年十一月一日、軍司令部行政幕僚部の経済担当ミヒェルは、軍政府の地方支部に、占領地域のドイツ政府は、アーリア化の問題に単独で取り組むことができるほど規模が大きくないので、フランス当局を利用していると伝えている。フランスの機構に対する統制を保証するために、知事は、リストのコピー二部をドイツ側に提出するよう命じられていた。一部は当該の軍管区に保管され、もう一部は地方の野外司令部によって保持された。ドイツの司令官たちは、フランス人協力者について現地での検査を行い、リストとは関係なく、ユダヤ人の勢力が優勢な企業や秘密の協定によって影響を受けた企業などの情報を集めることになっていた。

ミヒェルによれば、原則として、フランス人が自分自身の管財人を任命することになっていた。彼はこう説明している。「私は、ユダヤ人の除去によってフランス人にも利益を与えるために、そして、ドイツ人が自分たちのためだけにユダヤ人の地位を奪おうとしている、という印象を避けるために、ユダヤ人をフランス人に代えるよう配慮するつもりである」。しかし、「重要なドイツの利益」がかかっているケースでは、例外は認められる、と。[309]

この指令が出されて数日後、フォン・シュテュルプナーゲルは、軍管区長官たちに、国防軍最高司令官フォン・ブラウヒッチュ元帥が、占領地域におけるすべてのユダヤ人企業を即座にアーリア化するように命じたと伝えた。知事たちは、軍管区長官から任命される管財人を推薦するよう求められた。管財人の任命とその仕事は一定の方針にしたがって行われたが、その第一はスピードであった。

フォン・シュテュルプナーゲルは、少数のユダヤ人しか関与していない企業には、株式を売却したり、中心人物を放逐したりすることで、そのユダヤ的な性格を除去する機会を与えるよう指図した。そのような企業には、信託統治の必要はなかった。

ユダヤ人の影響力が強いために、管財人の下に置かねばならない会社は、三つの方法で処分した。第一の方法は、ユダヤ人所有者による自発的な売却であった。「時間の浪費」を伴わなければ、この方法が好まれた。この場合、管財人はただ、買い手がユダヤ人の影響力を受けていないことだけを保証すればよかった。もちろん、疑わしい契約は、軍司令官が無効にできた。所有者が売却を拒否した場合、管財人は、軍司令官の承認を前もって得たうえで、取引を行うことができた。需要がなくて売却が不可能であれば、管財人は、軍司令官の同意を得て、清算を始められた。ユダヤ人企業の処分を即座に行うために、管財人は、その任命後四週間以内に、売却交渉の進展について報告するよう指令を受けていた[310]。

およそ数カ月で、管財人機構は手ごわい機関へと作り上げられた。しかし、それは、いくぶん非集権的な形になっていた。行政の集権化の長い伝統をもったフランス政府は、この状態を何とかしようとした。そこで、ヴィシー政府は、工業生産・労働省のなかに、フランス銀行の元総裁フルニエを長官とする特別の監督局を設立した。この部局は、集権的に管財人の指名を扱い、管財人に前もって指令を与え、取引の合法性について裁決した。ドイツの行政幕僚部では、ミヒェルは、即座に、この新しい機関がドイツ人から最終的な拒否権を奪うことなく、その負担を軽減するものであると考えた。そこで彼は、地方機関に、この組織を利用するよう指図した。フランス人は、これを、アーリア化過程遂行のために「協力」の精神で作ったというわけである[311]。

たしかに、ドイツ人がフランス人の協力を喜んで利用しようという気持ちには、限界があった。フランス人知事とヴィシーにいるその上司は、ユダヤ人所有の工業系企業の管財人を任命する指名には関わってはならなかった。工場は、軍司令官によって、彼自身のルートを通して扱われることになっていた[312]。もちろん、この重要な留保の目的は、ドイツ財界関係者が、工業分野のユダヤ人企業を獲得する機会を手に入れることであった[313]。

アーリア化計画の遂行中に、二つの重大な障害が生じた。一つは、法律の起草者がフランス・ユダヤ人と外国籍ユダヤ人を区別できないことから起こった。言うまでもなく、この失敗は意図的なものであった。つまり、ドイツ当局は、国際法の基本的なルールによって与えられた保護が、ユダヤ人にも適用されるのを認めることはできなかったのである。しかし、パリの専門家たちは、ユダヤ人商店にユダヤの星をつけろという要求（九月二十七日の法令）から、アメリカ・ユダヤ人を免除するよう現場の役所に秘密の指令を出すことを決定した[314]。

この秘密の例外規定は、それほど有効ではなかったようである。というのは、十二月に、アメリカ合衆国は、アメリカ市民所有の商店に対して加えられた野蛮な行為について、苦情を申し立てたからである[315]。この抗議がリッベントロプの耳に入ったとき、彼は、アメリカ・ユダヤ人を免除するべきではなかったと毒づき、スペインやハンガリーのような友好国の抗議が拒絶された事実を指摘して、合衆国の通牒には返答をしないよう命じた[316]。リッベントロプの強情さは、パリの政治幕僚部長シュミットとベルリンの外務省にいるアメリカ担当官フライタークを

表 8-14　アーリア化の進展（1942年8月まで）

	占領地域	パリ	地方	非占領地域
管財人下	31,699	24,914	6,785	1,500
売却	4,000	3,000	1,000	
清算	2,800	1,700	900	
管財人未決定	2,000			
未決定の状態	600			

［注］ *Deutsche Ukraine Zeitung* (Luck), August 4, 1942, p. 4; August 11, 1942, p. 4. *Donauzeitung* (Belgrade), August 28, 1942, p. 5. 保険会社，公共企業，フランス国家自身がユダヤ人資産をかなり購入したと言われている．まだ管財人下に置かれていない2000の企業は，「取るに足りない」と評されている．1941年7月22日のフランスの法律によって，アーリア化は非占領地域にまで拡大された．

困惑させた。二人ともアメリカでの反ドイツ的な反応を恐れていたのである。[317] しかし、リッベントロプは譲歩を拒絶した。アメリカ・ユダヤ人の免除は取り消された。[318]

外国の反応よりも直接的な影響の点でもっと重大だったのは、フランス人自身の態度であった。一九四一年一月二十八日、軍司令部行政幕僚部の経済担当者ミヒェルは、地方司令部に対して、潜在的な買い手に思いとどまらせ、管財人を傷つけようともくろむキャンペーンが、フランス実業界で開始されていると警告した。彼はこう書いている。「とくに管財人によって締結される契約が、占領の終結後も法的に有効であるかどうかに疑念を生じさせようという動きがみられる」。

ミヒェルは、このプロパガンダには、次のような議論で対抗できると考えた。つまり、(1)軍司令官の立法権は、国際法と休戦条約に由来する。(2)今後の講和条約におけるしかるべき規定が、のちの契約取消を妨げる。(3)契約は、いかなる場合も、のちの取消を困難にするほど法的に入り組んだものである。(4)フランス政府が、アーリア化過程において協力している。それゆえ、売却はいわばフランスの法律にもとづいている。その他については、ミヒェルは、ユダヤ人自身がその会社を売却することが最善であると考えた。そうすれば、「フランス人の購買者を安心させる」というのである。[319]

ミヒェルの議論は、フランス人が、ユダヤ人資産の獲得を嫌がる気持ちを克服するほど強力ではなかった。初期の取引のほとんどは、ただ同然の安価な値段で以前の被傭者に売却されたものだった。[320] 占領地域でアーリア化が開始されて二一カ月（非占領地域では一年）後に、ドイツの新聞は、アーリア化事業の業務状態を明らかにする統計を発表した（表8-14参照）。

要するに、一九四二年八月までに、占領地域で管財人下にあるユダヤ人企業のうち売却か清算によって処分されたものは、二一%しかなかったのである。処分はまだ終わってはいなかったが、進展は遅々としたものであった。四三年十月までに、占領地域では一万一〇〇〇件（全体の約三分の一）が「終了」した。ヴィシー地域では、四〇〇〇件が完了した。慎重なフランス人購買者は、「元ユダヤ人企業の所有者」の協会を作っていた。[321] 明らかに、これらのフランス人はトラブルを心配していた。しかし、ミヒェルは、彼らの不安に悩まされてはいなかった。彼の考えは、ただ売却の統計に向けられていた。連合軍がすでにフランスの地で闘っていた四四年夏に、山師たちが最後の利得を追い求めていたとき、ミヒェルは、「フランス経済の非ユダヤ化」が変更なく進んでいることに、満足の意を表明した。[322] 彼は、全部で四万二七三九の企業（不動産を含む）を管財人下においていた。七五〇〇以上が清算され、同数の企業が二一億フラン（一億ライヒスマルクを少し上回る）で売却された。[323]

解雇とアーリア化の衝撃を受けて、フランスにおけるユダヤ人諸組織のネットワークには、ますます重荷がのしかかっていた。これらの組織のうちで、最も重要なものは、「フランス・イスラエル人中央会議」であった。中央会議は、一九四〇年まで、エドゥアール・ド・ロートシルト男爵によって率いられていた。すでにドレスデン銀行との交渉の際に登場した有力な工業家である。エドゥアール男爵はドイツ軍侵入の際に合衆国に逃げ、彼の地位はジャック・エルブロンネルが引き継いだ。この人物は、四三年十月に逮捕されてレオン・マイスに替わられるまで議長を務めた。[324] エルブロンネルの下で、四〇年から四一年の冬に、ユダヤ人諸組織は、窮乏化したユダヤ人を援助するために、その資産を合併した。この合併の産物が、「ユダヤ人調整委員会」である。この委員会は、まもなく多くのことを行うことになった。

一九四一年五月二十八日、軍司令官は、占領地域に対して、ユダヤ人は、監督局の同意がなければ、その資産の処分（通常の取引高を超える）をもはや行えないとの指令を出した。四一年七月一日、大使館における親衛隊の助言者ダネッカーSS中尉は、アベツ、シュライアー、ツァイツェルの助けをえて、調整委員会を除くいかなるユダヤ人組織とも交渉しないように軍司令官を説得したと報告している。同時に、ユダヤ人全員を扶助活動から排除することが、フランスの福祉組織（国民福祉局）と取り決められた。[325] 四一年七月二十二日、フランスのアーリア化法が制定された。これによって、管財人がユダヤ人企業を処分して得た収益の自動的な封鎖が規定された。封鎖された資金の一部は、行政コストを支払うために保持され、残りは非常に貧しいユダヤ人のために使われることになっていた。

ユダヤ人指導部は、困難な問題に直面した。ユダヤ人の会社を売却して得られ、封鎖された口座を、貧乏で飢えている共同体のために使うべきなのか。中央会議の資本家たちとこの会議に属するラビたちは、そのような利用に反対することを決定した。そんなことをすれば、「ユダヤ人の富の略奪の新たな段階が始まることになる」という理由からである。それゆえ、ユダヤ人指導者たちは、「フランスの大ラビ基金」という名前で、熱心な募金活動を開始した。同時に、彼らは、集められた金額に匹敵する額を援助すると約束したアメリカ・ユダヤ人合同分配委員会の援助を得た。[326]

ユダヤ人指導者たちのジレンマは財政的なものだけではなか

った。彼らがいたのは、ユダヤ人社会に対してますますドイツ人と足並みを揃え、反ユダヤ人的な空気を醸成し、反ユダヤ的政体を作り上げつつあるフランスだった。こうした発展を象徴するのは、ユダヤ人問題のための中央機関の設立であった。アベッツ大使は、一九四一年三月初めにこうした機関の設立を要求した。[327]ダルラン提督は、しぶるペタンを説得してこの処置に同意させる仕事を抱えることになった。ペタンは同意して、[328]四一年三月二十九日に、古くからの反ユダヤ主義者グザヴィエ・ヴァラを委員とするユダヤ人問題委員会がヴィシーに設立された。彼の任務は二重のものであった。つまり、彼は、管財人とユダヤ人諸組織の活動を監督し、そして新しい反ユダヤ人立法を準備することになっていた。第二の任務は、ますます厳格な経済規制をもたらし、それは、七月二十二日のヴィシー政府のアーリア化・資産管理法において頂点に達した。[329]

ユダヤ人指導部にとって、こうした事態の進展は信じられないことで、意味の分からない悪夢であった。一九四一年七月三十一日、ヴェイユ大ラビの代理ジャコブ・カプランは、グザヴィエ・ヴァラに手紙を書き、ヴァラの政策の誤りをきっぱりとフランス人に悟らせようとした。カプランは、異教徒や無神論者が、ユダヤ教を侮辱することは奇妙でも非論理的でもない、と指摘した。「しかし、キリスト教徒の側では、このような態度は教会法上、非論理的でまた恩知らずのことには思われないのか」とカプランは尋ね、ついで、自分自身の質問に答えた。彼は言う。ユダヤ教はキリスト教の母である。十戒は文明化された人類の道徳的、宗教的憲章であり、イエス・キリストとその使徒全員はユダヤ人である、と。そしてカプランは、勝ち誇って結論づけた。ヴァラは、ユダヤ人を攻撃すれば、同時にキリスト教の創始者をも攻撃することになるのを理解しなかったのか、と。また、カプランは、パスカル、ボシュエ、フェヌロン、モンテスキュー、ルソー、シャトーブリアン、ギゾー、ルナン、レオン・ブロア、イグナティウス・デ・ロヨラ、ピウス一一世、ラコルデール、ド・サシから多数の引用を書き入れている。

カプランは、この点について釘をさしたあとで続いて、第一次世界大戦におけるユダヤ人の軍事的貢献を、統計と賛辞を引用しながら論じた。カプランは第二次世界大戦の数字は知らなかったが、「最終的な物語が書かれるときには、ユダヤ人が他のフランス市民全員と同様、その義務を果たしたことが明らかになるだろう」と、ヴァラに請け合った。この圧倒的な証拠のゆえに、理性がもう一度勝利し、反ユダヤ主義が敗北する日が来ることを、ヴァラはきっと悟り、理解するだろうという言葉で、手紙は締めくくられていた。

一九四一年八月五日、ヴァラは、官房長ジャルニューを通して返答をよこした。この手紙には次のように書かれていた。

親愛なるラビ

七月三十一日付の貴方のお手紙、まさに落手いたしました。そのなかで、貴方は、もちろん非常に良く知られているテキストを数多く引用されました。それは、この数年のあいだに、われわれの文明とは何のつながりももたない大量のユダヤ人によるわが領土への侵入がなければ、いかなるフランスの法律においても論駁されなかったでしょう。

ジャルニューは、このような議論を行って、第二の点に入った。

私は、貴方の議論の一部、とくに、軍隊に入り、フランスのために死んだユダヤ人について挙げられた統計を、詳細に論駁するつもりはありません。それは、議論の対象にはなりえない、大いに敬意に値する問題です。

この答の方向に完全には満足しないで、ジャルニューは唐突にこう締めくくった。

ただ、政府の態度の基になっているのは、反ユダヤ主義ではなく、国家理性の適用だけであることを指摘させてください。

最後に、彼は挨拶の言葉をつけ加えた。

心からの敬意をこめて。

ジャルニュー[330]

ジャルニューの手紙は、反ユダヤ主義的迫害が、フランスの官僚機構のなかで、一定の不安や守勢を引き起こしていたことを示している。一九四一年八月、フランス当局は、キリスト教徒として、どの程度までユダヤ人を攻撃することができるのかを自問せざるをえなかった。そして、ヴィシー政府のまさにトップ・レベルが、この疑問と向き合わねばならなかったのである。ジャルニューがカプランに返答を送ったわずか二日後、ペタン元帥自身が、反ユダヤ立法に対するヴァチカンの態度を確かめるために、教皇庁駐在フランス大使レオン・ベラールに問い合わせている。

大使は、聖トマス・アクィナスの著述を詳細に解説して答えた。聖トマス・アクィナスはとっくの昔に、ユダヤ人を政府の活動から締め出し、その職業の行使を制限するよう推奨していたのである。ベラールは言う。特別な服装の規定も、カトリック教会にとっては新しいことではない、と。伝統的な政策に照らして、「ヴァチカンの権威ある人物」が、「ユダヤ人立法について われわれと論争する意図はない」ことを大使に請け合っていた。ヴァチカンは、ただ、（他宗派との）婚姻に関する規定が出されないことと、企業の清算においては、公正と慈善の戒律が尊重されることという願望を表明しただけであった[331]。明らかに、フランス政府は、まだ何の「罪」も犯してはいなかったが、「許された」行動の限界に近づきつつあった。

占領開始とほぼ同時に、ヴィシー政府は、ドイツの圧力が増して、防衛の第二線に移らねばならないことに気づいた。絶滅過程が一定の地点で止められないならば、攻撃の全勢力を、古くからの同化したユダヤ人から、新参の移住者や難民にそらさなければならないというわけである。一九四一年四月六日、新たに任命されたユダヤ人問題委員グザヴィエ・ヴァラは、新聞記者の前で、フランスではユダヤ人問題の「標準的解決」というものはないと宣言した。北アフリカのユダヤ人に関する限り、ユダヤ人問題はまったくない、と。ヴァラは言う。「同化しているように思われるアルザス生まれの古くからのユダヤ人家族も考慮に入れねばならない」。他の特別なグループは、一九一四―一八年と四〇年の前線兵士であった。しかし、「この数年間にフランスに流れ込んできた」東方ユダヤ人は、「十中八、九、再び追い出されるだろう」と、ヴァラは、その言葉の重要性を十分に理解しないで結論づけた。[332]

ユダヤ人前線兵士は、すべてのヨーロッパ枢軸国である程度優遇されていた。しかし、手に入るすべての特権を求めたドイツの復員兵とはちがって、フランス軍のユダヤ人復員兵は、他のユダヤ人との連帯を表明したいと考えていた。一九四一年八月十一日、元砲兵隊幕僚長で中央会議のメンバーであるアンドレ・ボリス大将に率いられた一八人の復員兵士代表は、グザヴィエ・ヴァラに声明を手渡した。その声明は、反ユダヤ人立法は、「われわれが法律的に従うことを強制される点でのみ有効であり、われわれの側での同意を示してはいない」とせつせつと訴えていた。力をこめて、この一般的な態度を表明したあとで、復員兵たちは、次の言葉で抗議を続けた。「ユダヤ人問題委員がこの声明をとんでもないものとみなすにせよ、われわれは、復員軍人としての地位から得られる例外的な利益をすべて放棄することをおごそかに宣言する」。[333]

ユダヤ人復員兵の問題は、フランスだけのことではなかった。ドイツの捕虜となっていた数千人のユダヤ人兵士がまだいたからである。これらの兵士のためにフランスが介入した記録は手に入らない。たしかに、西側の軍隊からのユダヤ人戦争捕虜に対するドイツの規定は、ソ連軍のユダヤ人捕虜に適用された猛烈な措置とはまったく違っていた。射殺された唯一の西側のユダヤ人捕虜はドイツからの亡命者たちで、彼らは、捕虜集結所で身元を確認されるや即座に、すなわち、常設の基幹収容所に輸送される前に射殺された。[334] このようにして捕らえられた元ドイツ・ユダヤ人たちは、助けることができなかったが、ユダヤ人捕虜の大部分は、相対的な不可侵特権を享受していた。基幹収容所の下士官と将校収容所の将校は、他のフランス人捕虜と分離され、ユダヤ人下士官は、特別な作業部隊に割り当てられることになっていた。しかし、ユダヤ人の印づけは行われなかった。[335] 明らかに、ユダヤ人戦争捕虜に対しては、報復への恐れがドイツの将軍たちを抑えていたのである。

ヴァラは、一九四一年四月六日の記者会見の際に、アフリカにはユダヤ人問題はないと言っていた。この声明は、予期したとおりである。ドイツは、アフリカには影響力も関心もほとんどなかった。ドイツ人は、アフリカのユダヤ人を放置していた。

しかし、アフリカのユダヤ人は無事ではなかった。ヴィシーのカトリック的好戦的な政府が、これらのユダヤ人に対して自ら処置を講じたのである。

ヴィシー政府が最初にアフリカでとった措置の一つは、アルジェリアのユダヤ人に一八七〇年以降、フランス市民の地位を与えてきた、いわゆるクレミュ法の廃棄であった。続いて、アルジェリアのユダヤ人は、フランスの法律に盛り込まれた多数の規定によって打撃を与えられた。これらの法律は、母国に対して制定されたものであったが、フランスに「不可欠な」部分だという理由で、アルジェリアにも適用された。これらの規定にもとづいて、公職からの解雇が行われ、専門職の活動は制限を加えられ、事業にはアーリア化が導入された。最後に、アルジェリアおよび隣の「保護領」モロッコとチュニジアでの多数の措置が、四〇年代初期に北アフリカを支配していたフランス軍によって準備された。

アフリカ総督　マクシム・ヴェイガン大将
　モロッコ「保護領」統監　ヌジェ大将（ユダヤ人二〇万）
　アルジェリア総督　アブリアル提督（ユダヤ人一二万）
　チュニジア「保護領」統監　エステヴァ提督（ユダヤ人八万）

ヴェイガン大将の指導下、アルジェリアとモロッコでは、小さなユダヤ人委員会が作られた。アルジェリアで行われた差別のほとんどが、モロッコのスルタンの「法令」を通して実施された。そのうえ、スルタンはユダヤ人が金貸しのような活動を行うのを禁止した。他方、モロッコ統監ヌジェ大将は、連合軍が彼の支配領域に侵入してくるまさにその時まで、強制的なゲットーや強制収容所設立のための計画に忙殺されていた。[336]

解雇とアーリア化のチュニジアへの適用は、イタリア人との衝突を引き起こした。彼らは、その地のイタリア・ユダヤ人五〇〇〇人の保護を主張したのである。一七世紀リヴォルノのイタリア商人を祖先とするこれらのユダヤ人は、イタリアにとって重要だった。チュニジアのフランス人とイタリア人の割合は、一九三〇年代にフランス人の方が多くなっており、イタリアは、イタリア・ユダヤ人の事業がフランス人の手に落ちるのではないかと心配していた。[337]そのため、アベッツ大使は、イタリア休戦委員会のゲリッチ大将からフランスを守るという奇妙な立場に立たされた。アベッツは、フランスがユダヤ人を迫害して、イタリアがこれを保護するのはどのような印象を与えるのかを知りたいと考えた。[338]彼は、チュニジアでは、イタリア・ユダヤ人がほぼすべての商業活動を支配していると主張し、ゲリッチをイタリア・ユダヤ人の資産をイタリア・アーリア人に引き継がせる計画に誘い込もうとした。しかし、適任のイタリア・アーリア人をそんなに短期間に集めることはできず、[339]イタリア政府はそのような妥協には合意しなかった。[340]その後、チュニジアでは、一九四二年十一月にドイツ軍が上陸するまで何もできなかった。

ヴァラが委員に任命されて開いた記者会見で行った最も重要な発言は、大戦間期にフランスに「溢れ」、今や再び「追い出され」ようとしているユダヤ人移住者に関するものだった。ここに、フランスにおける「最終解決」の出発点となる楔が打ち込まれた。ヴァラが就任したときには、外国籍と無国籍のユダヤ人に対する一般的な政策がすでに決定されていた。一九四〇年十月四日の法律によって、これらのユダヤ人を強制された居留地に割り当てる権限や、特別収容所に収容する権限が知事に与えられた。[341] 東欧からの戦後の移住者やナチ・ドイツからの最近の難民を含めて、ユダヤ人全員のほぼ半数がフランス国籍をもっていなかったので、[342] フランス国籍のない者に対するヴィシー政府の政策はますます重要になった。一九四一年と四二年のあいだに、フランス国籍をもたないユダヤ人のグループ分けや下位グループ分けが、一連の法律、命令、回状、告知でますます精巧に行われた。基本的に、ユダヤ人は優遇された者からそうでない者へと、だいたい次のように分類された。[343]

○主にフランス生まれの者あるいは、しばらく前に帰化した者を含む、フランス国籍をもつユダヤ人
○外国によって保護された外国籍のユダヤ人
○一九三六年一月一日以前にフランスに入国した、外国の保護を受けない外国籍や無国籍のユダヤ人
○一九三六年一月一日以後に入国した保護を受けない外国籍や無国籍のユダヤ人で、一九三九年から四〇年にかけてフランス軍や「かつての連合」軍で負傷するか、勲章を受けた退役軍人、あるいは立派な行いの証明書をもらって外国軍から退役した者
○一九三六年一月一日以後に入国したユダヤ人で、優遇された退役軍人の地位をもたない者全員

最後のグループは、経済的基準に応じて、優遇された者からそうでない者まで、さらに次のように分けられた。

○経済界で雇用されて役に立っているユダヤ人は、その職に留まることを許可される。
○そのような職をもたないが、多少の資産をもっているユダヤ人は、強制居留地に割り当てられる。これらのユダヤ人は免除の適格者である。居留地は小さな村に作られ、ユダヤ人は認可なくこの場所を離れることができない。この措置は、原則的に南部地域に適用される。
○生活手段をもたない、一八歳から五五歳までのユダヤ人男性は、外国人労働者団に割り当てられる。これは、ユダヤ人ばかりか、スペインの共和主義者、オランダ、ベルギー、ポーランドからの難民も含む外国人の労働団の組織である。ユダヤ人は結局、「パレスチナ」団に分離された。外国人労働者団の労働キャンプは、主に南部地域にあった。この組織の枠外では、トット機関が占領地域においてアルデンヌからイギリスのチャネル諸島にいたる建設プロジェクトでユダヤ人を使用していた。トット機関の労働者のなかには、怠け者で貧しいユダヤ人を待ち受けるのはさらに悪い

運命であると信じていたユダヤ人調整委員会が募集した者もいた。

○生活手段をもたない他のユダヤ人は、強制居留地か収容所に割りふられた。(344)

バーデンとザールプファルツからフランス非占領地域に送り出されていた七五〇〇人のドイツ・ユダヤ人は、突然、ギュール収容所に抑留された。カプラン師の報告によれば、これらのユダヤ人は、「込み合ったバラックに住み、地面に眠り、害虫に食われ、湿気のある泥深い場所で飢えと寒さに苦しんでいた。一九四〇年から四一年のひと冬で、八〇〇人が死んだ」。(345)四一年までに、ヴィシー政府は、南フランスに収容所網を作り上げた。ギュール、リヴザルト、ノエ、レセベドン、ラ・ヴェルネ、そしてレ・ミルである。(346)これらの収容所には、バーデンとザールプファルツのユダヤ人のほかに、ドイツ、オーストリア、保護領、ポーランド地域から最近到着したユダヤ人、またあらゆる種類の「無国籍」ユダヤ人がいた。収容者の総計は二万であった。(347)

パリでは、ドイツ当局が、こうした進展状況を見て満足していた。彼らは、フランスの措置を、占領地域における類似の行動の基盤と考えた。(348)大使館付きのユダヤ人専門家ダネッカーSS中尉の指揮下で、パリ県警は、ユダヤ人全員を、(1)アルファベット順、(2)住所別、(3)職業別、(4)国籍別に掲載した索引カードを作り上げた。(349)

このリストは、まず、一九四一年五月にポーランド・ユダヤ人を検挙する際に利用され、八月には再び、「共産主義者やド・ゴール派の犯罪と国防軍のメンバーに対する暗殺の試み」に関与したユダヤ人（すなわちインテリ）の逮捕に使われた。(350)これらの急襲の犠牲者は男性だけで、三つの収容所に収容された。かなりあとになってから、逮捕された人数は総計七四四三人で、次のように配置されたことが明らかにされた。(351)

ドランシ	四三三一人
ピティヴィエール	一五六〇人
ボーヌ・ラ・ローランド	一五五二人

国籍別では、次のような分類になる。(352)

ポーランド	三六四九人
フランス	一六〇二人
「移住者」	三六八人
トルコ	二七一人
その他	五六四人
国籍不明	六二四人

外国籍ユダヤ人の逮捕は、パリ駐在の外国領事による抗議を引き起こした。軍司令部と親衛隊は、ユダヤ人の個別的な釈放は「先例」を作り、望ましくないという点で一致していた。ド

イツの官僚は、フランスの法律は、こういった逮捕をすべて正当化しうると考えていた。[353]

しかし、外務次官ヴァイツゼッカーは、アメリカ国籍のユダヤ人を拘留するのは危険であると考えていた。彼は、アメリカでドイツ人に対する報復が始まらないように、これらのユダヤ人の釈放を望んだ。そんなことになれば、「われわれは、ひどい目にあう」というのである。[354]リッベントロプは、報復という考えに敏感になっており、即座に覚書に了解と書き入れた。パリ大使館は、いく分しぶしぶだったとはいえ希望にそった。数カ月後、外務省がノルベルト・ゴルドフルスなる人物の釈放を要求するチリの抗議に直面したとき、パリの大使館のツァイツェルはこう返答した。ゴルドフルスはユダヤ人であり、この地位は、彼が二二年前にウィーンで洗礼を受けたことによっても変わってはいないし、また、彼がフランス市民であり、「チリの上流階級の女性」と結婚していることは問題にならない。それにもかかわらず、また、このような要求が最近頻繁に生じることは、親衛隊に「良い印象」を与えてはいないが、大使館は、この人物を釈放するためにできる限りのことを行うつもりである、と。[355]

抑留キャンプは、フランス人職員によって運営されていたので、管理上、ちょっとした問題が生じた。ルックの『ドイツ・ウクライナ新聞』が、ある日、「楽しい強制収容所」というタイトルの記事を掲載した。この収容所は、ボーヌ・ラ・ローランドであった。収容所の管理は、退役したフランス陸軍大尉の手にあり、彼は、一定額の金の支払いと引き換えに収容者の通行を大目に見ていたようである。そのため、収容者名簿は三八四人も減少していた。フランス人職員の「汚職」はまた、ユダヤ人の親戚や友人が四人に食料をこっそり持ち込めたことにも示されている。『ウクライナ新聞』はこう書いた。たしかに、ユダヤ人には、このような強制収容所に不満を抱く理由がない、と。[356]

逮捕されたユダヤ人が家族の長であることで、また別の問題が起きた。（非占領地域の）ドイツ軍需監査部のフランス人密告者が、妻子と一緒ではなく男性だけを逮捕するのは誤りだという意見を主張したのである。このフランス人密告者によれば、妻たちはパリの街頭をさまよい歩き、「無知のフランス人」の同情をかっているし、パリや地方では偽名を使って消えてしまったユダヤ人もいた。[357]

一九四一年十一月二十九日、ヴィシー政府は、すべてのユダヤ人組織（ユダヤ人中央会議を含む。宗教的団体は除く）を解体し、その資産を新しい委員会、フランス・イスラエル人総同盟に引き渡すようにという法令を出して、ユダヤ人を新たな制限に追いやった。[358]総同盟はフランスのユダヤ人評議会であり、ここで働くよう要求された伝統的なユダヤ人指導者たちにとって、ヴィシーからの召喚は厄介な問題で、意見の衝突を引き起こした。任命を見込まれた者たちは十二月にこの問題について議論し、条件付きでの受入れに賛成する者もいれば、説明をして拒絶しようと申し出る者もいた。直接ドイツの支配下に入る危険のために、あるグループはフランスによる管理の方がましだと考えたが、解放後一〇〇年以上になるフランス・ユダヤ人の特殊な地位を考慮して、新しい組織への参加を拒否する人びとも多かった。会議の参加者たちが、レネ・マイヤーとダヴィッド・オルマー教授に鼓舞されて、共同で辞表を出すことを考えたときもあった。協力に傾いた人びとの中心人物は、両大戦の退役軍人で、難民救援委員会の役員である四七歳のレイモン＝ラウル・ランベールであった。ランベールが内部での議論を名づけたように「ユダヤ人外交の一週間」後の十二月三十日、フランス・イスラエル人総同盟の創立が確実となった。敗者のレネ・マイヤーは参加しなかった。彼は、戦後フランス首相になることになる。勝者のランベールは、今やフランス・ユダヤ人の指導者になった。彼は、戦争終結前に、アウシュヴィッツでガスで殺された。

総同盟はユダヤ人福祉組織とその職員を吸収したが、最初から弱体組織であった。難民救援委員会の会長アルベール・レヴィが総同盟の議長に指名されたが、彼は、ランベールの掌中のロボットと呼ばれた。さらに、総同盟は占領地域と非占領地域に応じて、北部と南部に分割された。指導者は次の人びとである。[359]

議長（歴代）

アルベール・レヴィ（マルセイユ、辞職）

レイモン＝ラウル・ランベール（マルセイユ、一九四三年三月から代理、一九四三年八月に逮捕され、十二月に移送される）

ジョルジュ・エディンジェ（パリ）

副議長　アンドレ・バウル（パリ、一九四三年七月に逮捕され、十二月にアウシュヴィッツに移送される）

北部

執行委員　マルセル・ストーラ（一九四三年に移送され、アルベール・ヴァイルに交替）

南部

マルセイユでの執行委員（その後、総理事）　ランベール（レイモン・ガイスマン代理に交替）

総同盟は、設立された最初の日から問題を抱えていた。一九四一年十二月十四日、軍司令官は、ドイツ人将校への暗殺未遂を口実にして、一〇億フランの「罰金」をユダヤ人に課し、十二月十七日には罰金徴収の仕事を総同盟に委ねたのである。[360]ドイツの指令を履行する総同盟の決定はすべて、フランスの税法の施行規定にしたがって、フランス当局によって支持されることになった。監督権はミヒェルの手に、とくに彼の第四部門（財政）の手にあった。ミヒェルは、ユダヤ人もフランス当局もそのような税の徴収を手早く片づけることには関心がないだろうと確信して、必要なときに介入できる専門家一〇人をドイツの大蔵省から借りたいと考えた。[361]フランスの大蔵省は、実際、非協力的であったが、ドイツの報復を恐れる総同盟は、ユダヤ人資産のアーリア化から生じた全収益を担保として抵当に入れて資金を借りた。[362] 結局、総同盟は、罰金を支払うために、八億九五〇〇万フラン――アーリア化で得られた額の四〇パーセントを多少上回る――を利用した。[363]

一九四二年十一月、ドイツはフランス南部を占領し、フランス・ユダヤ人は外からの援助の主要な源、とりわけ合衆国から切り離され、第二の財政上の紛糾の種が総同盟に生じた。[364] 明らかに、困窮したユダヤ人を援助するために、封鎖された口座の蓄えに手をつける時がやって来ていた。しかし、共同体の指導者たちは、引出しを最小限に限ることに決めた。一九四三年、ユダヤ人が初めて強制労働へと動員されたとき、ユダヤ人指導者たちは、フランス当局から、ユダヤ人成人全員に毎月人頭税を課す権限を総同盟に与える法令を獲得した。税金は、占領地域で一二〇フラン、ヴィシー地域で三二〇フランであった。この額は、封鎖された基金からの八〇〇〇万フランの引出しによって補われた。[365] 一九四三年末には、封鎖された口座の金額は四億八五〇〇万フランであった。[366]

総同盟が金銭問題と格闘しているちょうどその時、もっと凶悪なドイツの計画が迫っていた。すでに一九四一年十月、フランスの軍司令部は、ユダヤ人を東部に移住させる可能性について、東部占領地域相ローゼンベルクと交渉を始めていた。[367] この時には何も行われなかったが、シュテュルプナーゲルは、四一年十二月五日に補給部長に手紙を書いて「罰金」のことを提案し、さらに二つの点をつけ加えた。つまり、ユダヤ人、共産主義者、アナーキスト一〇〇人の射殺を望み、またユダヤ人一〇〇〇人と共産主義者五〇〇人の東部への移送を提案したのである。[368] ヒトラーは、シュテュルプナーゲルによるこれら三つの要求すべてを承認した。[369]

十二月十二日、約七五〇人のユダヤ人がパリで逮捕され、ドランシ抑留キャンプの三〇〇人とともに、コンピエーヌに連れていかれた。[370] 二日後、フォン・シュテュルプナーゲルは命令を公表した。占領地域におけるフランス全権委員ド・ブリノン大使はただちに、一〇〇人の「ユダヤ人、共産主義者、アナーキスト」を人質として射殺することに抗議した。彼の通達は、一〇億フランの「罰金」のことを持ち出してはおらず、[371] ユダヤ人一〇〇〇人の輸送計画には言及すらしていなかった。しかし、輸送のタイミングが悪かった。陸軍総司令部は、軍司令官に、十二月と一月は、軍事上の輸送指令のために込み合う時期なので、ユダヤ人は、二月か三月まで待たせなければならないと伝えた。[372] リシュカSS少佐にとって、この遅滞は好ましからぬ知らせであった。ユダヤ人の移送を遂行しないでいて、フランス当局が「ドイツの弱点」とみなすと困るので、「緊急に必要である」と、彼は国家保安本部第四局B—四課に書き送っている。[373]

フランスの「社会革命」運動の指導者ユージン・デロンクルは、待っているあいだにパリのシナゴーグをいくつか爆破しようと決めた。この行動で、多数の国防軍兵士が負傷し、軍司令官は怒って、新たに任命された保安警察・保安部司令官クノッヘンの退陣を要求した。大使館は、この「政治的に経験豊かな」人物を保護するために介入しなければならなかった。彼は、来るべき行動においてどうしても必要だというわけである。フォン・シュテュルプナーゲルは、この弁護を受け入れた(374)。軍司令官は宥められて、数日後、ユダヤ人に夜間外出禁止令を出した。

一九四二年三月九日には輸送問題が解決し、アイヒマンは、外務省で彼と同等の地位にあるラーデマッハー公使館参事官に、外交官のなかに移送に対する何らかの反対があるかどうかを問い合わせる手紙を書いた(375)。ベルリンのルターにも、パリのシュライアーにも異存はなかった(376)。

その間、アイヒマンのパリの代理人は、事態の進展がゆっくりすぎると考えていた。三月四日にアイヒマンの事務所で開かれた会議で、ダネッカーSS大尉は、フランス政府に、「数千人のユダヤ人の輸送のような実際に積極的なこと」を提案する必要があると示唆した。アイヒマンは、ハイドリヒの同意が得られれば、ユダヤ人五〇〇〇人の東部への輸送を求めて、フランス人と予備交渉を始めることができると考えた。

アイヒマンは、五五歳までの労働能力のあるユダヤ人男性（要するに、抑留キャンプにいる逮捕されたユダヤ人）のことを想定していた。彼はこう言った。フランス人との交渉は、ドイツ人がユダヤ人を除去するために徴収する「必要経費」の問題をも含む必要があるが、経費の額を決定するには、まず、この国のユダヤ人の富の総計を知る必要がある。詳細は、この二、三カ月で決定されねばならない(377)、と。

三月十一日、アイヒマンは、ユダヤ人五〇〇〇人を、すでに移送が予定されている一〇〇〇人と一緒に、アウシュヴィッツに送ることについて外務省の許可を得ることにした(378)。この要求は、外務省の中で次つぎと回され、ラーデマッハー、ルター、シュライアー、ヴァイツゼッカー、ヴェルマンの承認を得た(379)。

パリにいるドイツ人官僚のあいだでは、移送熱が高まった。一九四二年三月十八日、ある大使館職員は、フランス担当の上級親衛隊・警察長官（オーベルク）の任命は、この国の「最終解決にとくに好ましい効果」を及ぼすだろうと述べている(380)。そして二十七日に、最初の列車がアウシュヴィッツに向けてコンピエーヌを出発した(381)。四二年五月五日、ハイドリヒ自身がパリにやって来た。彼は、司令部役人の小さなサークルで、四二年一月二十日の最終解決会議の内容について少し話し、続いて、ガス・トラック作戦は貧弱な成果しか挙げていないが、もっと見込みのある効率的な解決方法を考案中であることを漏らした(382)。彼は、フランス警察長官ブスケとの会談で、占領地域のドランシに抑留されている無国籍ユダヤ人を移動させるのに十分な輸送能力があると告げた。フランス警察長官は無頓着に、非占領地域ですでに一年半も抑留されている無国籍ユダヤ人も移送できないかどうかを、ハイドリヒに尋ねた。ハイドリヒは、すべて輸送能力の問題であると答えた(383)。

このような状況のなかで、鉄道運輸部西部のコール中将には、援助以上のことをやる気のあることがわかった。この将官はダネッカーに個人的に会い、一時間以上におよぶ会話のなかで、自分がユダヤ人の絶対的な反対者であること、完全な絶滅を目的とする「ユダヤ人問題の最終解決」の心からの支持者であることを伝えた。そしてコールは「文字どおり」こう宣言した。「君に会えてよかった。私の部下の適当な責任者と今後の輸送のことを相談してくれたまえ。もし君が『一万か二万のユダヤ人をフランスから東部に運びたい』と私に言えば、私はいつでも必要な車両と機関車を配置しよう。当てにしてくれて大丈夫だ」。さらにコールは、ユダヤ人問題において、たとえ一部の人びとが私のことを「ひどい」と考えたとしても、急進的な解決策を採用するつもりだ、と続けた[384]。

六月三日、国防軍輸送管理部パリは第二の輸送列車、DA三〇一を送った。これは、六月五日にコンピエーヌからメッツ――ここでフランスの車両をドイツの車両に取り替える――経由でアウシュヴィッツに向かうことになった。この命令への重要な追加メモには、移送費用は軍司令官が担うと書かれている[385]。

こうした展開に鼓舞されて、官僚たちは、大規模な強制収容と移送の準備を開始した。五月半ばまで、軍司令部は、六歳以上のユダヤ人全員に「ユダヤ人」と書かれたユダヤの星の着用を強制する法令の準備に必死だった[386]。この法令は、フランス・ユダヤ人と外国ユダヤ人両方に適用されることになっていたが、いくつかの外国籍の取り扱いは、慎重に行う必要があった。外務省との協議の結果、この処置の確実なターゲットとして次の国籍が決定された。すなわちドイツ帝国、ポーランド、オランダ、ベルギー、フランス、クロアチア、スロヴァキア、ルーマニアである[387]。

法令は五月二十九日に出され、六月七日に発効した。実施の際の困難がすぐに生じた。星印をつけないと決意するユダヤ人もいれば、間違ったつけ方をするユダヤ人もいたし、一つではなく数個の星印をつける者もいた。星印に書き加えるユダヤ人もいた。最後に、多数の非ユダヤ人が、星印やこれに似たものをつけ始めた。ドイツ人は怒って、ユダヤ人の反則者とフランス人支援者を何人か逮捕し、収容所に抑留した[388]。

ベルリンでは、機械が動き始めた。六月十一日、アイヒマンは、さらなる処置について協議するために、ハーグ、ブリュッセル、パリから専門家を呼び集めた。この協議では、鉄道運輸部西部との交渉に持ち込む数字について論じられた。それは当初一〇万に決定された。移送者は、一六歳から四〇歳の男女からなるものとされ、一人当たり七〇〇ライヒスマルクが、フランス国家に請求される輸送費とされた。最初の列車は七月十三日に出ることになった[389]。

およそ数日で、重大な障害が地平線上に現われた。鉄道運輸部西部は、輸送用列車を用意できなかったのである。春季攻勢の増強の結果、占領地域からドイツへ、三万七〇〇〇の貨車、八〇〇の客車、一〇〇〇の機関車を突然動かす必要が生じた。この装備は緊急に必要だったので、列車は空のまま運ばねばならなかった。残った車両は、ザウケル大管区指導者が要求したフランス人労働者三五万人をドイツに運ぶのにも足りなかった。さらに、輸送に関する権限が鉄道運輸部西部からドイツ帝国鉄道に突然移ったことが、問題を紛糾させた。この交替の遂行（この過程で、軍の国防軍輸送管理部パリは民政の輸送管理本部に転換された）は、一九四二年六月十六日にはまだ進行中で、ダネッカーSS大尉にとって、今後のユダヤ人輸送の見込みは不確実なものになっていた。[390]

しかし、勢いは中断されなかった。一九四二年六月十七日、ダネッカーは、あらゆる困難をのりこえて、三本の特別列車が「出発用意のできていた」三〇〇〇人のユダヤ人を乗せ、ドランシ、ピティヴィエール、ボーヌ・ラ・ローランドを離れた、と記している。[391] まさにその翌日、パリの「国防軍輸送管理部」六月の二十二日、二十五日、二十八日であった。ノヴァク（国家保安本部第四局B―四課の輸送担当者）から、彼は、運輸省が「かなりの規模で」フランスからユダヤ人の輸送を行うことを準備していると聞いた。[392] その日のうちに続報が入った。全部で三六本の列車が今や計画されているというのである。[393] アウシュヴィッツに向かう輸送列車三本が、運輸省によって用意された、技術的な詳細については、輸送管理本部パリ（ニクラス氏）と相談してほしいと、アイヒマンはクノッヘンに伝えた。[394] 六月十九日、三本の列車に関する詳細な命令が輸送管理本部パリによって出された。[395]

一九四二年六月二十三日のドイツ帝国鉄道の輸送担当官ライプブラントが署名した指令には、重要な輸送計画が盛り込まれていた。この命令によって、フランス、ベルギー、オランダから九万人のユダヤ人を移送することが可能になった。フランスの割当は四万人で、パリ三万五〇〇〇、ルーアン一〇〇〇、ナンシー一〇〇〇、ディジョン一〇〇〇、ボルドー二〇〇〇であった。ベルギーからは一万人、オランダからは四万人が予定されていた。西部経営本部が、現存の時刻表をできるだけ利用して、東部経営本部と協力して輸送を遂行する責任を負った。七月十三日から始め、毎週六、七両の列車で一〇〇〇人を運ぶことが望ましい、とライプブラントは言っている。車両は、東部経営本部旅客列車課の指示にしたがって、できる限り西部経営本部が用意することになっていた。[396] 定評のある鉄道専門家のライプブラントが、ユダヤ人の無慈悲な敵対者コールに劣らず、西部からの移送をなし遂げる手段を見つけていたのである。

こうして親衛隊は、先に進むことができた。一九四二年六月二十六日、ダネッカーは、フランス・ユダヤ人の移送に関する一組の規則を作成した。彼は、年齢制限を一六歳から四五歳に決め、移送は、外国勢力によって効果的に保護されない「無国籍の」ユダヤ人と同様、フランス国籍のユダヤ人も含むことを決定した。ついで、彼は、犠牲者が持って行ってもよい物のリストを準備した。ソックス二足、シャツ二枚、ズボン下二枚、タオル、カップ、スプーンなどである。輸送の指揮の手引きとして、彼は、それぞれの列車の糧食車にストックされるべき食料の品質も詳細に記した。列車は貨車からなっているので、それぞれの列車にはバケツを備えることを指令した。最後に、彼は、監視の問題を扱っている。監視員は、軍の野戦憲兵隊から提供されることになっており、ドイツ国境までは、一列車につ

き将校一人と四〇人の人員からなる予定であった。(397)

鉄道の確保はまた、親衛隊がフランスに関して壮大な戦略を立てるのを可能にした。六月末には、すぐに五万人のユダヤ人を占領地域から輸送できると考えられた。この計画の遂行には何の障害もないものと期待された。行動は、地方の都市で始まることになり、最初の輸送は、一九四二年七月十三日にボルドーを出発した。次の輸送は、二日の間隔をおいて、もう一度ボルドー、アンジェ、ルーアン、シャロン・シュル・マルヌ、ナンシー、そしてオルレアンを出発した。それから、移送機構はパリを急襲した。(398)パリの割当は二万二〇〇〇人のユダヤ人で、この都市におけるユダヤ人の割合に応じてそれぞれの区で捕えられることになっていた。(399)

輸送の困難が部分的に克服された今となって、パリの親衛隊員たちは、また別の問題に直面した。警官不足である。占領フランス全域で、ドイツ治安警察には、総計三〇〇〇人の三つの大隊しかなかった（この勢力がその仕事に比していかに弱体であったかは、小さなオランダに、五〇〇〇人以上の警官がいたという事実を見ればわかる）。(400)治安警察が、援助のための徴募を行えないことは明らかだった。列車の監視という比較的単純な行動のために、国家保安本部は野戦憲兵隊の援助を確保していたが、逮捕の遂行という主要な企てのためには、親衛隊はフランス警察に頼らざるをえなかった。(401)占領地域では、フランス警察の勢力は四万七〇〇〇であった。フランス人の援助は、とりわけ、三〇〇万近くの人口と一四万以上のユダヤ人を擁するパリで必要とされていた。

フランス警察の完全な支援を確保するために、保安警察・保安部司令官クノッヘンSS大佐は、フランス首相ピエール・ラヴァルの役所に行って、ドイツ政府は、フランスに住むユダヤ人の男女と子ども全員の移送を決定したと彼に伝えた。フランス国籍のユダヤ人とその他のユダヤ人を区別するつもりはない、パリの警察長官にはすでに、ドイツ当局がこの決定について伝えているというのである。そこでラヴァルは、救えるものを救うために、上級親衛隊・警察長官オーベルクに取りなしを頼んだ。

オーベルクは妥協的な提案を行った。フランス警察が協力するならば、逮捕は、さしあたり無国籍ユダヤ人に限ろうというのである。オーベルクはこう説明した。「列車は用意してある。それを、なんとしても一杯にする必要がある。われわれにとって、ユダヤ人問題に国境はない。警察はわれわれを援助すること。そうでなければ、フランス・ユダヤ人とその他のユダヤ人を区別しないで逮捕することになる」。オーベルクは、ユダヤ人はポーランドに送られ、そこで彼らのために「ユダヤ人国家」が設立されるのだと請け合った。

今やラヴァルは、「迅速な決定」を迫られていた。彼は、フランス国籍のユダヤ人を救うこと、検挙に警察を関与させることを決心した。ラヴァルは、解放後に死の床で回想録を書いているとき、この決意を次のように弁解した。

私は、自分の第一の義務はユダヤ系同国人に向けられていること、彼らの利益を犠牲にはできないことを考えて、できる限りのことをやった。この場合、庇護の権利は考慮されなかった。ドイツ軍に占領された国で、ほかにどのような方法があったというのか。ゲシュタポが猛威をふるっている国で、どうすればユダヤ人を十分に保護できたというのか。[402]

フランス国籍のユダヤ人全員を一時的に猶予したこの妥協は、ドイツの移送戦略を狂わせることになった。たとえば、七月十五日にボルドーを出発する予定だった輸送は、町に無国籍ユダヤ人がわずか一五〇人しかいなかったために、取り消された。この取り消しは、とくにアイヒマンSS中佐を苛立たせた。彼は、ベルリンから部下のレトケに電話をかけて、この散々の失敗の説明を求めた。国家保安本部は、列車を手に入れるためにドイツの運輸相と長々しい交渉を行っていた。それなのにパリは、列車をキャンセルしたのである。こんなことは、これまで彼は経験していなかった。彼は、非難が自分にふり掛からないよう、このことをゲシュタポ長官ミュラーに報告できなかった。アイヒマンは、気分を害して、フランスを疎開地として見捨ててやるという脅しすら口にした。[403]ラヴァルがフランス・ユダヤ人を救うことで、ドイツの計画に影響を与えたとすれば、彼は、無国籍ユダヤ人の子どもたちをおまけとして添えることで、失点を一部埋め合わせた。占領地域に残されたユダヤ人の子どもの問題は、彼の「関心を引か」なかったのである。[404]こうして、ドイツ人とフランス警察の協力者たちは、男も女も子どもも同じように逮捕できた。

パリでの検挙の前夜、「作業委員会」が、作戦の「技術的な」詳細を協議するために初めて会合をもった。この委員会にはダルネッカーと次のフランス人が加わった。ユダヤ人問題委員ダルキエ・ド・ペルポワ、占領地域のフランス警察長官代理レゲ、中継収容所長フランソワ、パリ市警察の長アンヌカン、パリ県警ユダヤ人登録課長チュラール、セーヌ県知事代表ガリエ、反ユダヤ警察長官シュヴェブラン、ユダヤ人問題委員の官房長ガリュ、そしてパリ市警察の参謀将校ギドーであった。[405]

急襲によって、フランス警察は、首都の無国籍のユダヤ人「など」一万二八八四人を逮捕した。男性三〇三一人、女性五八〇二人、子ども（二～一五歳）四〇五一人の多くは「最下層」の者たちだろう、とレトケSS中尉は考えた。証拠はないが、裕福なユダヤ人はフランス警察によって警告を受けていただろう、と彼は推測した。六〇〇〇人（独身の男女と子どものいない夫婦）は直接ドランシに送られた。子どものいる家族は、冬季競輪場を経由して、ピティヴィエールとボーヌ・ラ・ローランドに送られた。パリの保安警察は、子どもを移送する認可をまだ得ておらず、この中断のあいだ、フランス警察の代表は、子どもを大人と一緒に輸送するよう、繰り返し頼んだ（七月二十日にアイヒマンから正式許可が出た）。[406]冬季競輪場では、混雑、食料のない人びと、身元が確認できない幼児（多数は下痢状態であった）、スタジアムの隅で死んでいる五〇人のユダヤ人といった混乱状態が広がっていた[407]。総同盟（被抑留者の医療責任を負っており、列車のためのバケツ八〇〇個の手配を含む別の仕事に忙殺されていた）は、少なくとも検挙の一日前にそのことを知っていたようである[408]。総同盟の北部地域の長アンドレ・バウルが十六日の午後にスタジアムに現われたとき、彼を非難する声が起こった[409]。

逮捕後、パリの国防軍プロパガンダ担当者は、住民の一部はまだこの処置について「理解しておらず」、フランスの役所や警察の態度をみれば、「これらの措置の必要性を認識していないこと」がわかる、と報告している[410]。まもなく、保険と年金の支払いを担当する公的機関が、移送された犠牲者の住所の証明を求めて、パリ県警に問い合わせた[411]。アイヒマンは、疎開や移送についてはけっして言及してはならないと申し送った。財産処理の場合のように、情報がどうしても必要なら、「ユダヤ人は行ってしまい、その現在地は不明である」という通知に限るとされた[412]。

フランスから出ていく列車が増え、レゲは、出発の準備のできた移送者の種々のグループを決めることにした。八月十九日、二十一日、二十四日は、子どもの番だった[413]。ヴィシーでは、アメリカの代理大使タックが、子どもを親から離すことに抗議した。ラヴァルは、証拠を要求して、ユダヤ人はフランスには多すぎるのだと言った[414]。

熱狂的な活動のこの時期を通じて、ドイツ人は非占領地域のことを忘れなかった。早くも六月二十七日に、ダネッカーSS大尉は、ツァイツェル公使館参事官との会話の中で、「できるだけはやく」ヴィシー地域から五万人のユダヤ人が必要だと言っている。ツァイツェルは、このことをすぐにアベッツ大使とラーン公使館参事官に伝えた[415]。外交官と親衛隊員が、ラヴァルに必要な圧力を及ぼすために力を合わせたのである。

それほどの圧力は必要なかった。ラヴァルは、非占領地域から外国籍ユダヤ人を引き渡す用意があると宣言し、一六歳以下の子どもたちも「一緒に連れて行く」ように提案した[416]。ドイツ人は元気づけられた。だが、彼らは意外でもあった。ある会合のあと、ドイツ側の交渉者、ラーン公使館参事官は、行動全体が少しいやな感じがすると、ラヴァルに言わざるをえなかった。ラヴァルは怒って、ラーンにかみついた。「では、私は何をするべきなのだ。私は、これらの外国ユダヤ人を連合国側に差し出した。しかし、彼らは、ユダヤ人を連れ去らなかったのだ[417]」。

移送が差し迫っているという噂が、総同盟の南部地域執行委員ランベールのもとに届いた。七月二十八日にヴィシーで、ランベールは、国家警察から情報を確認した。一九三六年一月一日以降にフランスに居住するようになった外国籍ユダヤ人一万人が移送されることになっていた。この危機のあいだ、南部地域のユダヤ人指導者たちは何の共同決定も行わなかった。総同盟南部地域の執行委員会はいくつかの都市に分散しており、八月を通じて委員会は一度も開かれなかった。ランベールは七月三十一日に、偶然ラヴァルに会ったが、質問する機会を利用しなかった。彼は、数週間後の日記で、そのような介入は総同盟議長レヴィと中央会議の議長エルブロンネルだけの特権であると主張している。八月二日リヨンで、ランベールは、この立場をエルブロンネルに伝えて、何か手をうつよう求めた。エルブロンネル――弁護士で政治家、二人のロートシルトの従兄弟であり、ランベールより二〇歳年上だった――は、次のような「犯罪的な」ことを言った。「ラヴァルが私に会いたければ、私に電話をかけるだけでよい。だが、八月八日から九月まで私はヴァカンスに出かけており、何があっても帰ってこないと彼に知らせてくれたまえ」[418]。

南部の激変は八月に始まった。タルン＝エ＝ガロンヌの知事はこう述べている。「八月五日以降に、われわれは、大量にやって来てトゥールーズに避難した外国籍ユダヤ人を集めるようにとの指令を受け取った」。「ああ、ドイツ人によって課されたこの措置が大量移送の序曲であることは、あまりにも明白である。政府の指令は、原則的に、きわめて厳格で、限られた数の免除しか許されなかった」[419]。綿密な指令は、一九三六年一月一日以後にフランスに入国し、収容所、外国人労働者団、総同盟の避難所、他の福祉施設にいる、一〇の国籍をもつ外国籍ユダヤ人を網羅していた。一一のグループが除外された。そのなかには、六〇歳以上のグループや輸送不可能な人びとがいたが、親がついていない一八歳以下の子どもや、親と一緒の五歳以下の子どもも含まれていた。この指令は極秘とされ、八月十六日までにリストを用意することとされていた[420]。収容所では、移送に適格とされた犠牲者が他の収容者から引き離され、総同盟の福祉施設の代表者が、リストに載っている人びととの最後の世話をするために敷地に入ることが許された。指令されたカテゴリーについて部分的に知っていた、総同盟のソーシャルワーカーたちは、家族と一緒だから、五歳以上だからという理由で移送を免れない子どもを連れだそうとした。こうして、子どもたちは親から引き離された。最終的に、約一五〇〇人の子どもが南部の収容所から総同盟に引き渡され、ほとんどがその後、多少安全な非ユダヤ系の施設に入れられた[421]。

八月十三日に、レゲは、ダネッカーとの会談で、占領地域からのユダヤ人の最初の輸送は、一九四二年八月十七日に国境を越えるだろうと伝えた。南フランスからの輸送は、ドランシに行くことになっており、そこで、ピティヴィエールとボーヌ・ラ・ローランドからの子どもたちと、子ども三〇〇～五〇〇人につき大人五〇〇～七〇〇人の割合で「混ぜ」られることになっていた。同時に、レゲは、ドイツの割当数を満たすために、非占領地域で新たな検挙が始まっているとドイツ側の代表に請け合った。ドイツの交渉者たちは注意深く耳を傾け、最終的には、フランス国籍のユダヤ人を巻き込まねばならない「永続的な行動」なのだと、ぶっきらぼうにレゲに警告した[422]。

ヴィシー当局にはわかっていた。九月一日までに、彼らは五〇〇〇人のユダヤ人を引き渡し[423]、同時に、別の七一〇〇人が非占領地域で逮捕された。無国籍のユダヤ人たちは、ブスケの部下が「山登り」でくたびれるほど、スペイン、スイス、イタリアの国境に散らばっていた[424]。ペタン＝ラヴァル政府がドイツ側の圧力に抵抗する能力は、どん底に達していた。しかし、対抗圧力がすでに形成されつつあった。

南部の都市トゥールーズで、大司教がその司教区の聖職者たちに、説教壇からユダヤ人の移送に抗議するよう命じた。ラヴァルは、このことを聞いて、教皇大使の代表者ロッコ師を呼び、フランス国内の問題にこの種の介入を許さないというフランス政府の態度を、教皇と教皇庁国務長官マリオーネ枢機卿に伝えるように要求した。それからラヴァルは、聖職者が移送可能なユダヤ人を教会や修道院にかくまおうとすれば、フランス警察を使って躊躇なくユダヤ人を引きずり出すと、ロッコに警告した。最後に、ラヴァルは、教会がこれほど断固とした態度をとることに驚いていると言った。彼は、「黄色い帽子」に言及してこう言った。結局のところ、反ユダヤ人措置は、教会にとってはとくに新しいものではないではないか[425]、と。

ラヴァルは脅しを実行した。リヨン司教区では、多数の司祭が会衆に対して抗議声明を読み上げ、教会の地所にユダヤ人の子どもを匿ったかどで逮捕された[426]。逮捕者のなかには、リヨンの大司教ジェルリエの「右腕」であるイエズス会の長老シャイエがいた。シャイエは、ユダヤ人の子ども八〇人を匿ったかどで逮捕された[427]。

ラヴァルは、教会と闘っているあいだに、別の方面からの対抗圧力にもさらされた。合衆国とスイスである。合衆国とヴィシー・フランスとのあいだの外交関係は、一九四二年の夏を通じて持続していたが、この関係は、四二年八月に、ユダヤ人難民をドイツに戻そうとするヴィシー政府の準備についてアメリカ人が知ったときには、すでに緊張していた。アメリカ友好奉仕委員会の代表が差し迫った移送に抗議したとき、彼はラヴァルにこう言われた。「これらの外国ユダヤ人はフランスの問題で、彼らに対するドイツ人の態度の変化が、彼らを取り除く機会をフランスに与えてくれたことを、フランス政府は喜んでいる」。そして、ラヴァルは、クウェーカー教徒の代表者に、なぜアメリカはこれらのユダヤ人を連れて行かないのかと尋ね、「ユダヤ人問題についてのかなり激しい一般的な議論」で話を結んだ[428]。

圧力は続いた。ドナルド・ローリー（ＹＭＣＡの国際委員会）は、「警察側が完全に秘密を保とうとしたにもかかわらず」、ユダヤ人一万人を非占領地域からポーランドに移送する計画について知った[429]。この情報をもって、アメリカの代理大使はラヴァルに抗議し[430]、一方アメリカでは、国務長官ハルが、ワシントン駐在フランス大使アンリ・エーに、ユダヤ人難民を移送するというヴィシーの決定を、アメリカ政府がどう考えているかを伝えた[431]。

隣国フランスでの展開を注視していたスイス政府は、難民の大量侵入という突然の悪夢に襲われた。南フランスからは怯えたユダヤ人、アルザス＝ロレーヌからは、将来国防軍に召集される見込みのある者が、国境を越えて押し寄せ始めたとき、スイス連邦当局は、ユダヤ人には「政治的な」庇護を得るための資格がないという理由で、何人かのユダヤ人を送り返した。連邦法務・警察相は、この行動に対するかなりの批判に直面して、こう宣言した。「わが国をヨーロッパのための受け皿にし、たとえば、ユダヤ人難民の八〇～九〇パーセントを受け入れることはできない[432]」。

スイス警察が国境をしっかり閉めようと努力していたとき、国際赤十字社フランス委員会の代表として行動しているヴィシー駐在スイス公使ヴァルター・シュトゥッキが、ペタンの役所に入っていき、机を強くたたいて、フランスの老元帥に抗議した。ペタンは事態を「遺憾に思って」いたが、これは「国内問題」だとつけ加えたと言われている。報告によれば、シュトゥッキは、同意できない、移送措置によって、スイスの慈善団体が世話をしている施設から子どもたちが連れ去られているのだと答えたという[433]。

ドイツ人にとって、移送量の増加は別の問題を引き起こした。これほど多数のユダヤ人の輸送には、多額の費用がかかったのである。ドイツ帝国鉄道の財務局は譲歩した。一九四二年七月十四日の指令によって――オランダ、ベルギー、フランスからのアウシュヴィッツ行きの特別列車の場合には――ドイツ帝国領内では正規の三等料金の半分という団体割引を許可し、公的な旅行社（中央ヨーロッパ旅行社）に支払うようにしたのである[434]。にもかかわらず、費用はまだ相当なものだった。四二年八月十七日、国家保安本部における保安警察の予算担当者ジーゲルト博士は、フランスからアウシュヴィッツまでの列車一八本の費用は、ドイツ国境まで七万六〇〇〇ライヒスマルクで、国境からアウシュヴィッツまでは四三万九〇〇〇ライヒスマルクであったと大蔵省に伝えている。実際、そうした費用を削減するために、ドイツ西部に収容所を作ることが計画されていた。その間、フランスの軍司令官が、国境までの輸送費用を出す気があると宣言しており、保安警察自身は、「疎開」を中断させないようにドイツ帝国領内での輸送の続行のための資金を融通していた。ジーゲルトは、費用のうちのどのくらいを軍司令官が出してくれるのかを知りたがった[435]。少なくとも、答の一部は明白だった。「ユダヤ人の除去」は占領費だった[436]。大蔵省のリッター部長は、軍司令官が全額支払うべきだと考えていたが、同僚の大多数は、そうは考えなかった[437]。結局、大蔵省は、軍司令官がその支配領域に対しては占領費としてフランス・フランで負担し、残りの費用は保安警察が支払うことを決定した[438]。

費用の問題にかかわりなく、ドイツ人は、フランスにおける移送のペースに完全には満足していなかった。一九四二年八月二十八日にベルリンで開かれた、ユダヤ人担当者の国家保安本部会議で、他の国が最終解決の問題でフランスに先んじており、フランスは追いつくように、という意見が出された[439]。数日後、アーネルトSS少尉は、オーベルクに明細を送った。それによれば、九月二日までで、移送人数は占領地域から一万八〇〇〇、非占領地域から九〇〇〇、要するに総計二万七〇〇〇になった。行動は、九月にはスピードを増すはずであるが、フランスが、フランス・ユダヤ人と外国ユダヤ人の区別に固執するので、ドイツ人は明白な困難に直面している、とアーネルトは書いている。それゆえ、少なくとも、一九三三年以降にユダヤ人に与えられたフランス国籍の剥奪が必要であろうというのである[440]。

その後数週間に、保安警察・保安部司令官クノッヘンは、フランス警察長官ブスケおよびラヴァル首相と、フランス国籍のユダヤ人を強制収容する可能性について話し合ったが、この話し合いは成功しなかった。ペタンがフランス・ユダヤ人の移送に反対し、ヴィシーの官僚はペタンの希望に反して行動するのをしぶったからである。そこで上級親衛隊・警察長官オーベルクは、ヒムラーに状況を報告した。ヒムラーは前言を翻して、当分、フランス国籍のユダヤ人を移送しないことに同意した。今や、すべての努力がもうひとつの戦線に集中することになった。枢軸諸国によってのみ保護されている、あの外国籍ユダヤ人の移送、つまりフランスにいるイタリア・ユダヤ人五〇〇〇人、ハンガリー・ユダヤ人二〇〇〇人、そして三〇〇〇人のルーマニア・ユダヤ人の移送である[441]。

またもやドイツ人は妨害にあった。ルーマニアやハンガリーとの交渉は、当てにならないことがはっきりした。ルーマニア人は、ユダヤ人の放棄に同意したかと思えば、態度を変えて、同意を引っ込めた。ルーマニアの交渉相手は、圧力をかければ、ハンガリー人による協力が先であることを条件にして同意したが、ハンガリー人は、ルーマニアが先に動くことに固執した。彼らが同意を渋っているのは、動くことをまったく拒絶しているイタリア人のせいでもあった。ドイツ外務省は、イタリア人を協力へと説き伏せるために、あらゆる手を打った。ルター次官補は繰り返し手紙を書いて、イタリア人に対して何らかの手段をとる必要があると訴えた[442]。しかし、ドイツ第一の枢軸パートナーは、絶対にぐらつかなかった。

パリでは、イタリア総領事グスタヴォ・オルランディーニが、レトケSS中尉に、ドイツ人は、前もってイタリアの同意を得ることなしに、フランスにいるイタリア国民には手を出さないという取り決めを強要した。このような同意を与えるかどうかについて、イタリアの領事たちは、イタリアの「人種法」とローマからの指令に左右されるというのである[443]。しかし、ローマでは、最高幹部たちですら、ユダヤ人の殺害に共感していなかった。

フランス国籍や枢軸諸国の国籍をもつユダヤ人の移送の試みは、しだいに困難に直面するようになり、東部に向けてフランスを出発する列車の数は減少していった。フランスは、ヨーロッパの残りの部分に追いつくかわりに、ますます遅れていくようだった。十一月初頭のある日、北アフリカでの出来事が均衡を破った。連合軍がモロッコとアルジェに上陸を開始したのである。ドイツ人は、急襲による反撃で、ヴィシー・フランスとチュニジア保護領を占領した。境界線が消え去った。

今や、大きな領域がドイツの支配下に入ったが、新たに獲得された機会は、多数の新たな障害によって相殺された。その第一は、地理的な要因だった。親衛隊・警察は、これまでの占領地域でも手薄な状態であったが、今や何万平方キロメートルもの追加された領地をカバーしなければならなくなった。第二の障害は、イタリアの反対という形で現われた。イタリアの影響はパリでも感じられたが、ローヌ川の東側やチュニジアにおいては、はるかに強かった。第三の困難は、おそらく最も重要なものだった。すなわち、ドイツが戦争に負けるというヴィシーの認識である。

　チュニジアでは、ドイツの活動範囲は一番制限されていた。一つには、この地域の地理的な位置が厳しいものだったことである。連合軍が突破作戦を実行した場合、ドイツ人はそこから軍隊を撤退させることができないことを、彼らは知っていた。それでは、チュニジアのユダヤ人八万人をどのようにして運び出せるのか。そのうえ、チュニジアはアフリカにあり、定義どおりの「最終解決」はヨーロッパ大陸にしか適用できなかった。しかし、このように考えたからといって、ドイツ人官僚は、チュニジアのユダヤ人に一定量の苦しみを負わせるのを思いとどまりはしなかった。官僚たちは、できるだけすばやく行動を開始することを決意しており、可能な限り実行したのである。

　チュニジアは軍事地域であり、この地のドイツ軍は、南部最高司令官でローマにいるケッセルリング元帥の指揮下にあった。チュニジアの司令官はネーリング大将であった。最初の一カ月間は（一九四二年十二月九日まで）、編成は簡単なものだった。十二月十日までに、チュニジアのドイツ軍は、フォン・アルニム指揮下の第五機甲軍の設立が可能になるほど膨れ上がっていた。この軍には、リビアからチュニジアに退却していた別の軍、つまりロンメル指揮下のアフリカ機甲軍が加わった。一九四三年二月二十三日までに、これら二つの軍は一つの軍集団の下に置かれ、この組織が最後まで保持された。

南部最高司令官ケッセルリング
アフリカ機甲軍集団　ロンメル
（三月八日、その副官フォン・アルニムによって引き継がれる）
第五機甲軍　フォン・フェールスト
アフリカ機甲軍　メッセ（イタリア人）

　将軍たちが事態を統制していたが、彼らだけが支配者なのではなかった。外務省は、その調停者の一人ラーン公使によって代表されていたし、親衛隊・警察はラウフSS中佐指揮下の出動部隊を派遣していた。フランスはなおもチュニジア統監エステヴァ提督をおいており、チュニジア人には彼らの長官がいた。

　ドイツ軍がチュニジアで確立されるとすぐに、出動部隊は、ユダヤ人共同体の指導者を逮捕した。この逮捕が行われるや、ユダヤ人を要塞工事のために動員せよ、という命令が南部最高司令官ケッセルリング元帥から届いた。チュニジア司令官のネーリング機甲軍大将は、この命令を遂行する方法を見つけるために、ラーン公使、フランスのエステヴァ統監、そして親衛隊員と協議した。労働奉仕隊を組織させるために、ユダヤ人共同体指導者を釈放することが決定された。一石二鳥をねらって、釈放の条件としてユダヤ人共同体から二〇〇〇万フランの「罰金」を徴集することも決定された[444]。公式の報告によれば、「国際的ユダヤ人」には北アフリカに対する英米の攻撃に責任があるので、この罰金は、焼け出された住民への当面の援助のために、アラブ人、フランス人、イタリア人混成の委員会に引き渡されたという[445]。釈放されたユダヤ人指導者は、死刑の罰則を課して、労働奉仕隊の創設に責任を負わされた。

一九四二年十二月六日のネーリングによる命令は、ユダヤ人指導者が人員を選別すること、ユダヤ人共同体が労働者のための装備と食料を供給することを指示していた。労働部隊は、主要防衛線を築くために、ビゼルト、北チュニス、南チュニスのドイツ人司令官のもとに派遣された[446]。イタリア・ユダヤ人は、イタリア総領事の抗議のために除外された[447]。労働部隊の人数は当初三〇〇〇人、一月には約四五〇〇人、三月半ばには二五〇〇人であった[448]。さらに、イタリア人が約一〇〇〇人を雇用していたが、イタリア政府はもっと好意的だったようである[449]。

チュニジアのドイツ人は、強制労働システム以上のことを実行できなかった。国防軍最高司令部宣伝部は、チュニジアの宣伝隊が、ポグロムやユダヤ人商店の略奪を煽動することを望んだが、ラーン公使はこれらの指令を悲観的に見ていた。彼は、ドイツ軍が「少なくとも」アルジェリアの国境に達するまでは、実行不可能だと考えたのである[450]。

チュニジアの東岸沖にあるジェルバ島で、ドイツ人はユダヤ人に打撃を与えることに成功した。そこの古くからの二つのゲットーには、約四五〇〇人のユダヤ人が住んでいた。この島の司令部を任されていた陸軍少佐は、第一ゲットー、ハラ・ケビラの第一ラビに接近し、ドイツの飛行機二機による爆撃で脅して、二時間以内に五〇キログラムの金を引き渡すよう要求したと言われている。その陸軍少佐は、共同体を貧窮化させて四七キログラムの金をもって出発した[451]。

チュニジア遠征は終わった。八万のユダヤ人が、彼らを襲ったドイツの大暴風によって麻痺させられて、そこに残された。

ドイツ人は、アフリカでは略奪と労働力の搾取に限らざるをえなかったが、フランス本国の新たに占領された地域では、もっと多くのことができると期待していた。上級親衛隊・警察長官オーベルクSS少将は、出動部隊を南部に派遣したが、ローヌ川で障害に出会った。この川の東部の巨大な地域が、イタリア軍によって占領されていたのである。オーベルクは、イタリア軍がドイツの指揮下にあるものと仮定して行動し、西部最高司令官フォン・ルントシュテット元帥に、出動部隊のために「道を開ける」ようイタリア人と交渉することを求めた。しかし、ルントシュテットには、そのような権限はなかった。イタリアの師団は、トリノに駐屯しているイタリア第四軍の指揮下にあった[452]。イタリアの新たな占領地域では、ユダヤ人は完全な避難所を与えられており、ドイツ軍がピレネー山脈に向かったときには、スペインもユダヤ人の避難所となった[453]。

ドイツ人は、すぐにかき集められるだけの警察力を集めようとした。ベルギー国境から地中海にまで分散されていた治安警察の三〇〇〇人の人員は、グリーゼ大佐指揮下の警察連隊によって補強され、一九四三年一月には、さらに重装備の二〇〇〇人がやって来た。(454)

ついで、フランス警察長官ブスケに、全面的な協力を求めて圧力がかけられた。ブスケは同意したようである。「フランス警察は、それぞれの県でユダヤ人を集める準備をしている。われわれは、そこからユダヤ人を東部に輸送できる」と、ヒムラーは報告している。(455) この問題について誠意を示すかのように、ヴィシー政府は、「自発的に」、新たな占領地域におけるユダヤ人の旅行を禁止し、身分証明書と食料配給カードに、Jとスタンプを押すことを命じた。しかし、ドイツ大使館は、ローヌ川東部でのイタリアの協力がなければ、ユダヤ人は簡単にドイツの占領地域からイタリアの占領地域に逃げ出してしまうと考えた。(456) そこで、一九四二年末から四三年夏まで、ドイツ人は、彼らの枢軸パートナーの協力を確保しようと骨折ったが、うまくいかなかった。

一九四二年十二月四日に、ローマのイタリア軍最高司令官は、新たにイタリアに占領された地域のユダヤ人を全員抑留すると、ドイツ大使館付き陸軍武官に請け合っていた。(457) ユダヤ人を検挙するようにと命じられているフランスの県知事たちは、ことを進めようとした。しかし、数週間で、ヴィシー当局は、イタリア第四軍、イタリア休戦委員会、さらにイタリア外務省自身の反対という強固な壁にぶつかった。フランス警察長官ブスケは向きをかえ、四二年十二月二十日付のイタリア政府の通牒をドイツ人に手渡した。そこには、フランスの沿海アルプス県知事（マルセル・リビエール）がこの県のユダヤ人難民を収容しようとしたところイタリア人が抗議を表明した、と記されていた。(458) マントン、ニース、カンヌといった沿岸都市を含むこの県には、全部で約二万二〇〇〇人のユダヤ人がいた。このイタリアの介入に引き続いて、議論は、イタリア外相チアーノ伯の意見を求めて、ローマのドイツ大使館に移された。

一九四三年一月十六日、マッケンゼン大使は、占領された西部におけるユダヤ人の取り扱いという問題について、ドイツ側の「観点」をチアーノに説明した。チアーノは注意深く耳を傾け、彼個人としては、ドイツ側の観点を理解できるし、基本的には同じ考えだと述べた。しかし、この措置の遂行は、多くの他の機関に関わり、さまざまな問題を引き起こしそうだとも言った。チアーノは、複雑な事情を考えて、この問題は、また別のときに、もっと下のレベルで論じようと提案した。(459) 問題は、たしかに再び取り上げられることになったが、それは最高首脳レベルにおいてであった。

ドイツが新たな行動に出たきっかけは、リヨンのフランス人警察署長による一九四三年二月二十日付の報告であった。この報告は、リヨン県で二、三百人のユダヤ人を逮捕せよというヴィシーの命令を実行しようとしたことに関するものであるが、それによれば、ユダヤ人は抑留キャンプに入れられ、そこから「労働のために」アウシュヴィッツに送られるはずであった。ところが、グルノーブルに駐屯するイタリア人将軍がこの命令に抗議して、ユダヤ人の釈放を要求した。警察長官は従わざるをえなかったというのである。クノッヘンSS大佐がこの報告を見て、ゲシュタポ長官ミュラーにこう書いた。「私は、ユダヤ人問題の解決にしぶしぶ取りかかっていたフランス政府が実際、イタリア当局の措置によって、このような態度を強められたという点をもう一度指摘したいと思います」。イタリア地域はすでにユダヤ人で「溢れて」おり、イタリアがスイスへの非合法の出発ばかりか、イタリア自身への亡命も許可するつもりであるという噂が信じられている、と。(460)

一九四三年二月二十五日には、リッベントロプ自身が、ムッソリーニとの会談で警察署長の報告を持ち出した。イタリアの指導者は、ユダヤ人問題における「急進的な」ドイツの立場は承知している、と述べた。リッベントロプは、ユダヤ人は移住させねばならないと答え、こう言った。「軍部においては」――ドイツでもイタリアでも――ユダヤ人問題が十分に評価されていないことがはっきりわかった。このように考えるしか、イタリア地域におけるフランスの命令をイタリア軍最高司令官が取り消したことを説明できない、と。この時点で、ムッソリーニが口をはさみ、その報告の信憑性を疑問視した。彼は、それを、「ドイツとイタリアのあいだに不和を引き起こそうとするフランス側の戦術」のせいにしようとした。ムッソリーニはこう言った。イタリア地域のユダヤ人は収容されたと思うが、軍人たちがこれらの事態を理解していないと外相が言われるのは正しい。軍部は特別な教育を受け、独自のメンタリティをもっている、と。そこで、リッベントロプは、「ユダヤ人の危険性」に話を戻し、ある地域に一〇万人のユダヤ人をかかえ込むことは、そこに一〇万人の諜報部員を引き入れるに等しいのだと断言した。(461)

この会談の一週間後、また別の出来事が生じた。パリでドイツ人将校二人が襲撃され、フランス警察は、東部への「罪滅ぼし」の輸送のために二〇〇〇人のユダヤ人を検挙するよう要求された。フランス地方警察は、そのユダヤ人を、イタリア地域のグルノーブルやアネシーをも含むさまざまな町で逮捕した。グルノーブル地域では、逮捕されたユダヤ人一〇〇人の移送を妨げるために、イタリア軍がただちに彼らを「閉じ込め」た。アネシーでは、イタリア軍はフランス地方警察の兵舎を取り囲み、そこに捕らわれているユダヤ人の釈放を強要した。(462)

一九四三年三月十八日、フォン・マッケンゼン大使は、イタリアが介入した新たな証拠をもってムッソリーニと交渉した。ムッソリーニは、その資料のことで彼に礼を言い、自国の将軍たちが面倒を起こしているとすれば、彼らの「思考様式」がこうした行動の影響範囲を理解するのを妨げているためだと指摘した。これを、悪意の表現ととるのではなく、たんに「彼らの思考様式の論理的帰結」と考えてほしいというのである。これ以上の面倒が起こるのを避けるために、最高司令部長官アンブロシオ上級大将に命じてフランス警察への口出しをさせないようにすると、ムッソリーニは言った。(463)

その後二四時間以内に、ムッソリーニは、一目でイタリア占領地域における重要な変化と思える措置を講じた。ユダヤ人問題の管轄を、イタリア軍からローマの内務省に移したのである。内務省は、ニースにユダヤ人問題委員会を設立し、将官クラスの警部を委員に任命した。彼の指揮下に配属されたイタリア地方警察は、人種警察となった。ロ・スピノーソである。ロ・スピノーソは、戦前に一二年間ニースのイタリア領事館に勤務していた老練な警察官であった。[464] 彼は、任務をどう遂行すればよいのかわかっていた。

一九四三年三月十九日にムッソリーニがロ・スピノーソに与えた仕事は、一カ月以内にすべてのユダヤ人を海岸地域から内陸部へ移すことであった。この指令を受け取った翌日、ロ・スピノーソと参謀幕僚のクレメーセ大佐は、イタリア地域の第四軍作戦将校トゥラブッチ大将と会った。このとき、クレメーセは、この行動の目的はユダヤ人を救うことであると言った。[465]

公式には、ユダヤ人は、防衛が容易な町の強制居住区に割りふられた。ユダヤ人のなかの「危険」分子は、ソスペロの強制収容所に監禁された。しかし、フォン・マッケンゼン大使が、これらのユダヤ人は収容されたあとどうなるのかを、つまり「彼らを送り出す意図があるのかどうか」をイタリア外務省に問い合わせたとき、イタリア人官吏バスティアニーニは、「目下、それは考えていない」と答えたのである。[466]

バスティアニーニの言葉は、イタリア人がこの問題でとるつもりだった方針を示している。四月初め、ロ・スピノーソは、保安警察・保安部司令官クノッヘンと問題を協議するために、パリのイタリア大使館のマルファッティ中尉を派遣した。クノッヘンSS大佐は、マルファッティとの交渉を拒否した。彼は、憤慨して、ゲシュタポ長官ミュラーにこう書いている。「何といってもまことに重要なこの問題について、中尉ごときと議論するのを」断った、[467] と。

五月になって、ドイツ人は、ロ・スピノーソの第一助手が二分の一ユダヤ人であるという報告に面くらった。この助手ドナーティは、第一次大戦中、フランス軍とイタリア軍の連絡将校として働き、のちにパリのフランス・イタリア銀行の支配人になった男であった。レトケSS中尉は、「ドナーティは、完全なユダヤ人の可能性さえある」が、「イタリア軍将校たちと良好な関係を維持している」と報告している。[468]

その後の展開は、ドイツ人をますます不安にさせた。とらえどころのないロ・スピノーソは、ドイツ人と協議するのを望まなかった。七月に起こったある出来事について、マルセイユの出動部隊隊長ミューラーSS大佐は、人種警察の副検察官トマソ・ルチェリとの協議で我慢せざるをえなかった。この人物は、すぐさま、ユダヤ人問題において決定を下す権限は自分にはないと宣言し、こう言った。人種警察は、イタリア地域の海岸地帯で二万二〇〇〇人のユダヤ人を登録した。これらのユダヤ人は、今や、ムジェーヴ、サン・ジェルヴァン、カステランヌやその他の地域の強制居住区に向かっている、と。ミューラーには、これらの町が、「有名なリゾート地」のように聞こえた。彼はこう結論づけた。イタリア人は真剣ではない。彼らは、ユダヤ人に好意的な態度を「まったく率直に」示している。だから、フランス警察は、逮捕されたユダヤ人の釈放を繰り返し強制されたのだ、[469]と。

パリの保安警察には、この状況における第一の悪役はドナーティだと思われた。そこで、ドナーティをニースからマルセイユへ誘拐する計画が練られたが、この陰謀は成功しなかった。というのは、「できる限り慎重」にことを進めるよう指令を受けていたドイツのスパイたちは、その犠牲者が商用でローマに逃げてしまう前に、捕まえることができなかったからである。[470]

ドイツ人は、イタリア占領地域ではまったく困った立場に追い込まれており、何千ものユダヤ人が、イタリア崩壊の日までそこに安全に避難していた。フランスの残りの部分では、ドイツがフランス警察に引き続き依存していたために、フランス・ユダヤ人は、フランス生まれも帰化した者も、多少の免除を保証されていた。無国籍や外国籍ユダヤ人のあいだですら、特権的なグループがあった。

ドイツ人は、これらの保護されたグループを切り崩すために、できることは何でもやった。たとえば、三月十九日、保安警察・保安部司令官の第四局B課は、パリ警察長官に、七二〇人のユダヤ人毛皮労働者のリストから、国籍上逮捕に適した者を移送するようにとの要求を伝えた。同じ通信のなかで、保安警察は、フランス・イスラエル人総同盟に雇用された外国籍ユダヤ人の逮捕を要求した。[471] イラン国籍のユダヤ人の中には、自分たちはユダヤ教に属しているだけであって、ユダヤ人種には属していないと主張して、移送を免れようとする者もいた。二枚半の手紙の中で、アイヒマンは、イランのユダヤ人問題は「エステル事件*」に始まること、一七世紀にはイランのユダヤ人は赤い印をつけられて隔離されたこと、そして一九四二年三月二十四日の軍司令官の命令では、これら全員をユダヤ人共同体に属すユダヤ人とみなすべきだということを、外務省に説明した。[472]

樽の底をこするようなこの時期に、パリとヴィシーの外務省官僚は、躊躇なく、七五歳のユダヤ人エドワード・レイバ——オランダ領キュラーソ島の生まれで、今はパラグアイの代理大使であった——を移送しようとした。ドイツ外務省が結局、外交官の不可侵規定を犯してこの男を「追い出す」、あるいは「無害にする」という行動を抑えたのは、ただ「パラグアイ在住ゲルマン人」の安全に対する恐れからであった。[473]

ヴィシー・フランスの占領は、圧力をかける機会は増加したが新たな障害によって相殺されたので、真の突破とはならなかった。フランスが他国に「追いつく」ことはなかった。むしろ、パリのドイツ保安警察はますます遅れることになった。移送の統計は、北部のはるかに小さなオランダでの事態と比べて、フランスの限界を示している。一九四二年十二月三十一日までに、四万一九一一人のユダヤ人がフランスから移送された。オランダからは三万八五一一人だった。三カ月後、これらの数字はそれぞれ、四万九九〇六と、五万二三四三になった。[474]

ドイツ側による移送の進行がゆっくりとしたものであったことは、総同盟の議長代理ランベールに希望を与えた。一九四三年四月、彼は、マルセイユのユダヤ人に四方に逃げるよう警告するべきだという同僚の提案を拒絶した。[475]フランスの法と名誉に頼って、ランベールは、彼自身が逮捕されるまで、個々のユダヤ人を抑留から解放することに専念した。彼はドランシから助手に手紙を書き、アウシュヴィッツにそれとなく言及して、総同盟の避難所にいるユダヤ人の子どもたちを逃がすようせき立てている。[476]

ドイツ人から見れば、主要な障害物は、ヴィシー当局が、フランス国籍ユダヤ人の移送への協力を躊躇していることであった。二〇〇〇人のユダヤ人——これらのうち一五〇〇人はフランス人（「犯罪」を犯していた者だったが）——を二回で輸送する計画が立てられたとき、レゲは、上司ブスケの命令にもとづいて、「この場合」、フランス警察は行動への参加免除を要求すると宣言した。ハーゲンSS少佐は、何といってもユダヤ人が関係しているのだから、このような態度は「奇妙」であると考えた。[477]

一九四三年六月十八日、クノッヘンSS大佐は、ペタン元帥の侍医で腹心のメネトレル博士を訪ねて、フランス政府が移住の遂行を妨げていると不平をもらした。元帥はユダヤ人問題の解決に「同意していない」という印象を受けると、クノッヘンは言った。メネトレルはこう答えた。元帥が望んでいるのは、若いユダヤ人が、フランスで重要なポストにつく機会をすべて奪われるような形での解決である。元帥は、彼の年齢では当然、「急進的」解決より「人道的」解決を好んでいることを理解してほしい。彼は、だから、ユダヤ人を飢え死にさせるために、彼ら全員を仕事から放り出すことは好まないのだ、と。メネトレルは、自分としては、「ユダヤ人の最終的な絶滅」を遂行するドイツ人の決意に「感嘆」している、と「そっと」つけ加えた。[478]

六月末までに、ラヴァルと法相ガボルデは、一九二七年八月十日以後にユダヤ人に与えられた国籍を取り消す命令の草案に署名した。クノッヘンは、保安警察部隊が二〇〇〇人しかいなかったので、[479]命令が宣告された日に「突然」逮捕を行うために、「多少フランス語ができる」人員二五〇人の追加を、ただちに要求した。[480]彼はすばやく要求を出しすぎた。フランス人が、新たに適格となるユダヤ人を即座に逮捕するというドイツの計画について聞いたとき、ラヴァルは、ハーゲンSS少佐に、ユダヤ人をドイツ人の手に追いやる命令を出したという責めを負うことはできない、と宣告した。[481]

八月十四日、ガイスラーSS大尉とレトケSS中尉がヴィシーでラヴァルに会い、この問題を協議した。このときになってフランス首相はこう主張した。自分は何に署名したのかを知らなかった。ドイツ人に、国籍を奪われたユダヤ人を大量に逮捕する計画があるとは夢にも思わなかった。このような重要な法律には、閣僚会議の同意を得る必要がある。ペタン元帥もそれを承認するだろう。つまるところ、イタリア人が反対していても、限り何も行うことはできない。イタリア人の問題がなくても、法律は発布のあと、個々のユダヤ人に上訴するチャンスを与えるために、三カ月は未決にしておかねばならない、と。

ドイツ側の交渉者は、この主張を聞いて、フランス政府はユダヤ人問題において、自分たちに「もはや従いたくはないのだ」と結論づけた。誤解の余地なく明白に、ラヴァルは、自分は「反ユダヤ人」でもないし、「親ユダヤ人」でもないと彼らに言っていた。ドイツ人たちには、この言葉を十分に理解する洞察力があった。彼らはこう結論づけた。「ユダヤ人逮捕のために、フランス警察の大規模な援助を当てにすることはもはや不可能である。今から数日後か数週間後に、ドイツにおける軍事情勢がわれわれに有利な方向に根底から変化しない限りは」。(482)


しかし、軍事情勢は、ドイツ側に有利な方向にはまったく変化しなかった。九月初め、イタリアが連合国軍に降伏し、ドイツ人は、荷が重すぎるが、フランス全域の争う余地のない支配者として残された。およそ数日間で、保安警察は、イタリア人が立ち退いた地域を襲った。何千ものユダヤ人がニースで捕えられた。モナコに逃げていた数百の家族は、ドイツの侵入を恐れて、その避難所をあとにした。犠牲者の多くは、スイスかスペインの国境に到達しようとして、破滅に向かって歩み出したのである。(483)アルプスを越えてイタリアに避難していた数百人のユダヤ人は、ボルゴ＝サン＝ダルマッツォで検挙され、ニースに、そしてここからドランシに輸送された。彼らは、他の犠牲者と一緒にされて、アウシュヴィッツに送られた。(484)


旧イタリア地域において活動が一時的に激化したにもかかわらず、フランスにおけるドイツの絶滅機構は、手ごわい障害の出現によって減速を余儀なくされた。逮捕の際の協力をフランスがますますいやがるようになったために、ドイツ警察は、徐々に自らの力に頼らざるをえなくなった。犠牲者の性質をあまり顧慮せずに、気まぐれに急襲が行われた。この急襲の一つが、リヨンの保安警察・保安部指揮官によって詳しく描かれている。一九四四年四月六日の朝早く、リヨンの保安警察はイジュー＝アンの児童施設に押し入り、五人の女性と三歳から一三歳までの子ども四一人を含む五一人を追い出した。報告によれば、現金や他の貴重品を手に入れることはできなかったという。(485)

こうしてドイツ人がおおっぴらに行動したのに対して、ユダヤ人は、フランスの諸組織の助けを得て地下に潜り始めた。(486)唯々諾々とは死に向かわないという傾向がユダヤ人のあいだで強まったことは、アウシュヴィッツへの輸送を監視していた治安警察の巡査部長が報告したある出来事によって示されている。警官の報告によれば、レロヴィルで、一九人のユダヤ人が夜間に列車から飛び降りた。警官は、自己弁護のために、これらのユダヤ人は、以前、ドランシ中継収容所から抜け出すトンネルを掘ろうとしたのと同じ人びとであったと指摘した。彼らには衣服を着せないで列車に乗せればよかった、と報告は続けている。この報告の日付は一九四三年十二月三日であった。(487)

フランス当局の反抗の増加と大量のユダヤ人の地下への潜伏は、最終的に、保安警察の手にはいる限りの勢力を、残ったユダヤ人への徹底的な行動のために使おうというドイツ側の決定につながった。フランスにおける移送のこの最終段階は、ドイツがフランスを失う四カ月ちょっと前の一九四四年四月十四日に、保安警察・保安部司令官クノッヘンSS大佐と彼の助手ブルンナーSS大尉が署名した命令によって始まった。これは、混合婚のユダヤ人だけを除いて、フランス国籍のユダヤ人全員の逮捕を命じていた。急襲の標的は、児童施設、刑務所、労働収容所、居住地域では、市街区、村全域であった。命令は、意味ありげに、フランスの管轄下にある刑務所や労働収容所には前もって到着を通知しないよう、警察の急襲者に警告している。ドイツ人がそこに着く前に、フランス人が収容者を釈放したり、移したりしないためである。

混合婚のユダヤ人は、トット機関のキャンプにいる移送可能なユダヤ人に取って代わることになっていた。隠れているユダヤ人を見つけるために、隠れ家を摘発したり、犠牲者を連れてきたフランス人には、報酬が支払われることになった。報酬の額は、田舎よりも都市の方が高く、支払いは、逮捕後、逮捕されたユダヤ人の動産から行われることになっていた。検挙された人びとの監視と、ドランシへの輸送は、とくに慎重に行う必要があった。というのは、過去に、中継収容所に到着する輸送のほとんどで、途中、一人二人のユダヤ人が逃げていたからである。逃亡を防ぐために、クノッヘンとブルンナーは、ユダヤ人どうしを長い綱でくくりつけておくよう勧めていた。[488]

ドイツの最後の攻勢が始まったとき、何万というユダヤ人がパリに隠れて、地下鉄の駅や、橋の下、屋根の上、廃屋で寝ていた。[489] しかし、その他の三万人はまだ公然とこの町に暮らしていた。その多くは、総同盟の福祉に頼っている人びとであった。[490] 約一五〇〇人の子どももまだ総同盟によって世話を受けており、七月二十一日、ブルンナーはそのうち三〇〇人を捕らえた。[491]

最後の段階で、六〇〇〇人以上が移送された。三本の輸送列車は、連合軍がフランスへの侵攻を開始した六月六日から、パリが連合軍の手におちた八月末までの時期に出発した。ドイツ人は、できることをやっていたのである。

二つの地域とベルギー占領地域に編入された諸県を合わせて、移送者の総数は七万五〇〇〇以上、つまり一九四〇年夏にフランスにいたユダヤ人住民と難民の四分の一近くになった。移送された者の三分の二は北部地域で逮捕された。犠牲者全員の半数がパリで検挙された。移送が始まったときのユダヤ人住民の分布を考慮に入れれば、この最終結果は、ユダヤ人の被害は南部よりも北部の方が少し多かったことを示している。

少なくとも、移送者の三分の二は、フランス国籍をもたない外国生まれの人びとであった。その国籍は、ポーランド、ドイツ、ロシア、ルーマニア、ギリシャ、トルコ、ハンガリーなどである。残りの三分の一は、外国籍や無国籍ユダヤ人のフランス生まれの子どもたち、帰化したフランス人、そして古くから定住しているフランス国民であった。

全体に、男性が女性を四対三の割合で上回っている。一三歳以下の子どもはやっと一三パーセント、一三歳から一八歳までの青少年は、移送者の六パーセント足らずであった。移送された子どもの三分の二は、一九四二年に輸送された。これとは対照的に、五九歳以上の老齢者のほとんどは、四三年と四四年に移送された。子どもは始めから、ドイツとフランスの追跡者の特別の標的であったが、彼らはまた、最後にはフランス人とユダヤ人の保護者の密かな努力による受益者でもあった。移送者のなかの子どもの割合が隣のベルギーよりもフランスのほうが低いということは注目に値する。

　収入や資産に応じて分類することは困難であるが、どんな尺度を用いようと、貧しい人や貧困に陥った人が、犠牲者のあいだでは明らかに圧倒的多数を占めていた。一九四二年七月のパリにおける検挙の性質、強制居住区や労働団、収容所からの移送、総同盟の避難所や、人びとが福祉の援助金を求めてやって来る総同盟の事務所の構内での逮捕——あらゆるところで、選別過程はつねに共同体のもっとも寄るべない人びとの逮捕で始まり、しばしばそれで終わった。外国籍や無国籍のユダヤ人は、いずれにせよ、一般に貧しかった。フランスに最後にやって来た人びとが、多くの場合、真先に出ていったのである。

　移送者の中心的な目的地はアウシュヴィッツであり、ここには六万九〇〇〇人が到着した。ルブリン（マイダネク）には二〇〇〇人、ソビブルには二〇〇〇人、カウナスには一〇〇〇人近く、ブーヘンヴァルトとベルゲン＝ベルゼンにはそれぞれ数百であった。生き残ったのは三〇〇〇人以下であった。

　忘れてはならないのは、フランス国内で死んだ三〇〇〇人以上のユダヤ人のことである。約二五〇〇人は収容所で、とりわけ死者数が一〇〇〇人を超えたギュールで死亡した。その他の一〇〇〇人は射殺された。人質として射殺された者もいた。そのうえ、フランスの収容所網以外や、北アフリカで、窮乏のために死亡した者も自殺した者もいた。

　こうした死者の数も、ザクセンの地方長官ムッチュマンにはまったく感銘を与えなかった。彼は、七月二十五日に、ヒムラーに手紙を書いて、英米軍に占拠されたノルマンディーの一部にユダヤ人が姿を現わしたという趣旨の新聞記事に言及した。ムッチュマンは、ドイツが何年間も占領していたフランスに、まだユダヤ人がいたことへの「驚き」を伝えた。地方長官は続けてこう書いている。これらのユダヤ人はとっくの昔に除去されるべきだった。ヨーロッパにたった一人でもユダヤ人が生きている限り、パルチザンや犯罪者やサボタージュを行う者たちは、つねにドイツの前線の背後において指導者に事欠かないのだ[492]、と。当惑したヒムラーは、フランスからのユダヤ人の全面的な除去は、その地の国防軍司令官との「非常に緊張した関係」のために、「きわめて困難」だったとしか答えられなかった。ヒムラーは、同じ文のなかでこう続けた。しかし、親衛隊はハンガリーでははるかに大きな成功を収め、まだ行動を続けている[493]、と。

　オランダでは、ドイツ人は全ユダヤ人の四分の三以上を移送した。それに対して、フランスでは割合はまったく逆になる。フランス・ユダヤ人を全面的に移送しようとする努力に失敗して、ドイツ人は、共同体の財産に襲いかかった。この領域では、ドイツ当局はやや成功した。多くのユダヤ人は身を隠すことはできたが、その資産を隠すことはできなかった。押収行動は、三つの部分に分けられる。それは、美術品狩りで始まり、家具の押収に拡大し、動産の没収で終わった。

美術品の収集は、早くも一九四〇年六月にヒトラーによって出された命令に遡ることができる。[494] 実際、美術品収集は、アベッツ大使の本来の仕事の一つであった。[495] 大使館スタッフは、外国為替保護司令部およびローゼンベルク特捜隊と協力して、この国から逃げた富裕なユダヤ人が残した美術品の捜索を行っていた。[496] この行動のなかで、選り抜きの美術品が何点か、ヴァイツゼッカー次官が当惑したことに、パリのドイツ大使館のオフィスの装飾品として偶然見つかった。[497] ドイツに送られた貴重品のなかで、最も素晴らしいものは、ゲーリングとヒトラーによって彼らの個人コレクションに加えられた。[498] 天秤のもう一方の端では、不要な品が、そういう問題に「経験」のある大蔵省によって処分された。[499] 大量の略奪品は倉庫に保管され、ローゼンベルクの専門家たちの手で登録され、リスト・アップされることになっていた。[500]

オランダにおける資産の押収に関連してすでに見たように、ローゼンベルク特捜隊は、美術品の収集から家具ビジネスに移っていった。逃亡したり、移送されたユダヤ人のアパートはすべて、「できるだけ目立たないように」ローゼンベルク特捜隊によって片づけられた。[501] 特捜隊西部事務所の最終報告は、七万一六一九件のユダヤ人アパートが押収されたことを明らかにしている。そのうちの三万八〇〇〇はパリにあった。ドイツへの輸送に向けてこれらの家具すべてを木枠につめるために、事務所は、パリの船積み人に頼った。彼らは、毎日一五〇台のトラックと一二〇〇人から一五〇〇人のフランス人労働者を動員できた。しかし、フランス人の「サボタージュ」は非常にひどかったので、特捜隊は分類、荷造り、積み込み作業のために七〇〇人のユダヤ人を使うという考えを思いついた。フランス、ベルギー、オランダの鉄道労働者のサボタージュを防ぐために、特捜隊はドイツ帝国鉄道を説得して、ドイツ人職員を提供させた。総計二万九四三六の貨車分が七三五本の列車で運び出され、次の受取人に配分された。[502]

諸都市と大管区	一万八六六五人
収　容　所	八一九一人
ドイツ帝国鉄道	一五七六人
親衛隊各部局	五七七人
警　　　察	二三一人
ドイツ帝国郵便	一九六人
総　　　計	二万九四三六人

家具の多くは、もちろん、満足のいくものではなかった。フランクフルト・アン・デア・オーデルでは、最初の輸送品は良かったが、家具は裕福な家庭から取り上げられたもので、小さなアパートには合わなかった。その後の積み荷は、古い物ばかりだった。輸送中にひどく揺られたオーブンやレンジは壊れて

いた[503]。家具が空襲で焼け出された人びとにせりにかけられたハンブルクでも、同様の苦情があった。使用に耐えない壊れた品物もあったし、しらみが一杯のマットレスもあった[504]。商人でさえ、そのような品物は買おうとしなかった。

一九四二年末、軍司令官は押収の最終段階を開始した。彼はすでに一〇億フランの罰金を手にしていたが、無国籍ユダヤ人で最後の国籍がドイツであった者全員の資産をドイツが押収するとの法令を出した[505]。四三年九月十五日、彼はこの法令を、「旧」ポーランドと保護領のユダヤ人資産に拡大した。これらの資産の管理には、特別委員フェルディナント・ニーダーマイヤーが任命された。一九四五年二月二十八日にドイツ国内で行われた彼の最終報告は、宝石、銀、硬貨、切手を含む、彼が扱った品物すべてをリスト・アップしている[506]。

イタリア

原注125-

フランスからイタリアに移って、われわれは初めて、ドイツの同盟国における絶滅過程の展開を観察することができる。イタリア王国の反ユダヤ主義体制はドイツの関与なしに設立され、イタリアにおけるユダヤ人の地位は、枢軸国の同盟関係が続いているあいだは、ドイツ・イタリア間交渉において容易に触れることができない問題であった。

イタリアの最初の措置は、外見上は、ドイツ人が起草したものと同じくらいに徹底していた。しかし、イタリア政府は、その法令を徹底できず、実施すらできないことも多かった。ある基本的な点で、反ユダヤ的迫害へのイタリアのアプローチは、戦争に対するイタリアの態度に似ていた。つまり、イタリア人は、その強力な同盟者であるドイツ人に負けないでついていきたいと思ったのである。とりわけ、彼らは、ドイツ人のように、真面目に扱ってもらうよう努力した。外相チアーノがかつて言ったように、「ドイツ人はわれわれを好きだが、尊敬していな」かったのである[507]。しかし、結局のところ、イタリア人は、残忍性の徹底や血を流すことでは、ドイツ人には匹敵しなかった。ドイツのナチスとはまったく違って、イタリアのファシストは、有言不実行であった。というのは、イタリア人は、心のなかでは、ドイツ人やドイツの生活様式をひどく嫌っていたからである。「われわれは彼らを尊敬はしているが、好きではない」とチアーノは言った[508]。

もっと狭い意味で、イタリア人の反ユダヤ人行動が完全には展開されなかった別の理由がある。すなわち、ファシスト政府が理想的な迫害者ではなかっただけでなく、イタリア・ユダヤ人も理想的な犠牲者ではなかったのである。イタリア人が従属民族を完全には迫害できないというわけではない。ユーゴスラヴィアやギリシャ、アフリカの住民に対する、見逃しえないほど深刻な暴力行為もあった。また、イタリア・ユダヤ人がほかの国のユダヤ人よりも、自分たちの身を守れたと結論づけてもならない。イタリア・ユダヤ人は、枢軸ヨーロッパの他の国のユダヤ人と同じように、「ドイツ」の攻撃に傷つきやすかった。しかし、ユダヤ人とイタリア人の関係が、イタリアにおけるユダヤ人の迫害を心理的にも、行政的にも困難にするところまで進んでいたのである。ユダヤ人は、急速かつ徹底的にイタリアの生活に統合されていた。

イタリアのユダヤ人社会は、二〇〇〇年の歴史をもっていた。ユダヤ人は、スペインに支配されたサルデーニャとシチリアから一五世紀末に追放され、その後やはりスペインの支配下に入ったナポリ王国からは一五四一年に追放された。その後四〇〇年のあいだ、これらの南部地域に定住したユダヤ人はほんの少数であった。しかし、中部と北部では、まず法令化され、ついで狭められたり、拡大されたり、廃棄されたり、再導入されたりした反ユダヤ人措置にもかかわらず、ユダヤ人は住みつづけた。ユダヤ人用に用意された都市区域が強制居住区となり、ヴェネチアでは、鋳物工場のあるあたりのユダヤ人区域は、一五一六年以降、夜には監視下に置かれた。この種の制度にその永続的な名前を与えた、最初の「ゲットー」である。[509]

しかし、イタリア・ユダヤ人は、イタリア人の隣人とは疎遠にならなかった。彼らはイタリアの言語や文化を吸収し、一八七〇年に統一イタリアによってローマ教皇のゲットーが解体されたときには、新参者ではなかった。一九世紀のイタリアほど、ユダヤ人が日常生活の織り目のなかに急速に吸収されたところはなかったし、こんなに小さなユダヤ人共同体が、芸術、科学、商業、政治の分野でこれほど多くの地位の高い個人や目立った人びとを生み出したところもなかった。この解放は、遅滞なく、障害もなく完成された。最終的に、イタリアには、難民も含めて五万人のユダヤ人しかいなかった。彼らの中には、イタリア役人の「柔軟性」を頼りにして必要な書類をもたずにドイツから国境を越えてきた人びともいた。[510]

イタリア・ユダヤ人の状態は、ある程度、統計にも反映されている。一九三八年時点で、混合婚の数はほぼ七五〇〇で、この結婚の子孫は、二〇〇〇人のユダヤ人と七〇〇〇人のカトリック教徒からなっていた。[511] トリエステのような都市では、結婚したユダヤ人の約五〇パーセントの配偶者がキリスト教徒であった。[512] 職業分布も重要であった。それは、一九一〇年にすでに次のようになっている。[513]

商工業	四一・五％
専門職、公務員、軍人	二三・〇％
農業	八・一％

ユダヤ人の非常に多くが、軍の将校であるばかりか、政府の最高レベルで公僕として活動していた。ユダヤ人問題研究所は、近代イタリアの短い歴史のなかで、首相、外相、国防相、蔵相、労働相、法相、教育相の職についていたユダヤ人の目録を提供してくれている。[514] そして、これが、一九三八年に突然生じた敵意の爆発の犠牲となった人びとであった。それは、どのようにして起こったのか。

チアーノのいわゆる『秘密の日記』（一九三七―三八年）から、イタリアの反ユダヤ主義立法形成の内部事情を知ることができる。イタリア人が北からの強力な風を感じ始めていた一九三七年十二月三日、チアーノは日記に次のように記入している。

　ユダヤ人が侮辱的な匿名の手紙を多数、私に寄こし、ヒトラーにユダヤ人の迫害を約束したかどで私を告発している。これは事実ではない。ドイツ人は、この問題についてわれわれには何も言わなかった。また、私は、イタリアで反ユダヤ主義運動を解き放つべきであるとも思わない。問題はイタリアには存在しない。ユダヤ人は多くないし、例外はあるが、彼らは害にはならない。[515]

　数週間後、チアーノは、ジョヴァンニ・プレツィオーシ――背教の聖職者で反ユダヤ主義の雑誌『イタリアの活力』の編集者――の反ユダヤ主義運動への支援要請を拒絶した。[516]一九三八年二月六日、チアーノは、彼の岳父ベニート・ムッソリーニとの会話のなかで、「幸運にもここには存在しない問題を引き起こさないような解決」に賛成だと述べた。ムッソリーニは同意した。「彼は、事態を完全に鎮めるには十分ではないが、激情には水をさすつもりだ」とチアーノは書いている。[517]数日後、ドゥーチェは、『外交通信』第一四三号誌上で、ユダヤ人国家に賛成しているとの意思表示をして、すでに多くの水を注いでいた。チアーノは、これは行き過ぎだと考えた。[518]

　一九三八年六月三日、ムッソリーニは今度は、ファシスト大評議会のメンバーでイタリアの反ユダヤ主義運動の指導者であるロベルト・ファリナッチと、彼が自らユダヤ人秘書ジョール・フォアを雇っていることで口論となった。これは、「外国人が、多くのイタリア人に真面目さが欠けている証拠とみなす種類のことがら」だと、チアーノは書いている。[519]

　七月になって、教皇ピウス一一世が、人種主義について「激しく批判的な」演説を行った。ファシスト指導部は、教皇の言葉を機嫌よくは受け入れられなかった。指導部にとっては、人種主義は、ユダヤ人に対する権力の主張を意味するだけではなく、もっと重要なことに、最近征服されたアフリカ住民に対する優越感をも意味するものであった。教皇の批判を聞いて、外相チアーノはローマ教皇大使ボルゴンニーニ＝ドゥカを呼んで、不快感を表明した。チアーノはこう言った。ドゥーチェは、人種問題を基本的な問題だと考えている。エチオピアにおけるアムハラの反乱を引き起こしたのは、人種政策的な備えの欠如であった、と。チアーノの日記は続く。「私は、われわれの人種政策の前提と目的を説明して、ボルゴンニーニにきっぱりと言った。彼はほぼ納得したようだった。私は、彼が個人的には非常に反ユダヤ主義的であるとつけ加えることができる。彼は明日、教皇と協議する予定である」。[520]ムッソリーニ自身は、カトリック側の攻勢に激昂し、興奮状態で、義理の息子のチアーノに、イタリアにおける最初の反ユダヤ的措置を命じた。ユダヤ人全員を外交官リストから消し去るよう命令したのである。[521]

　一九三八年九月には、内務省は、ドゥーチェの指示で、反ユダヤ人憲章を作成していた。九月から十一月のあいだに、ファシスト大評議会は、この法律について協議するために数回会合を開いた。[522] 十月六日の評議会会議で、イタロ・バルボ元帥とエミーリオ・デ・ボーノ元帥、また上院議長フェデルゾーニがユダヤ人のために発言した。しかし、教育相のジュゼッペ・ボッタイは、反ユダヤ人措置の緩和に反対した。彼は言った。「われわれが彼らを追い出したという理由で、彼らはわれわれを憎むだろう。しかし、再び彼らを入れてやれば、彼らはわれわれを軽蔑するだろう」。この発言のあいだに、ドゥーチェは義理の息子の方を向き、今のところは和解的な態度を示そうとしているが、のちには厳しくなるつもりだと述べた。[523] 十一月十日の閣議で、ファシスト党の事務局長アキッレ・スタラーチェ陸軍中将が、ユダヤ人全員の党からの無条件の排除を提案したとき、まだ厳格になる用意のできていなかったムッソリーニは、この提案をあっさりと拒絶した。[524]

十一月半ばまでに、反ユダヤ人規定は出来上がった。それは、イタリアに存在していたあらゆる勢力の奇妙な混合物であった。つまり、「人種主義」、反外国主義、教権主義、官僚的な家父長主義である。「ユダヤ人」という語の定義は、次のような場合の全員を含んでいた。(a)両親のいずれもがユダヤ教に所属している場合、(b)両親の一方がユダヤ教に所属し、他方が外国人の場合、(c)母親が宗教上ユダヤ人で、父親が不明の場合、(d)両親の一方がユダヤ人で、他方がイタリア人の場合、である。ただし、(d)の場合には、子どもが、一九三八年十月一日時点でユダヤ教に所属しているか、ユダヤ教徒団体のメンバーか、あるいは「他の何らかの方法でユダヤ的な事業に関与している」という条件がついていた。

反ユダヤ法令は、ついで軍隊、公職、党から、また軍需企業および少なくとも一〇〇人のイタリア人を雇用しているその他の種類の企業の所有者あるいは経営陣からユダヤ人を排除した。さらに、ユダヤ人は二万リラを越える不動産や五〇〇〇リラ以上の価値がある農業用地の所有を禁じられた。しかし、復員兵士、古くからのファシスト党員などや、彼らの子ども、孫、両親、祖父母は、企業や不動産所有の制限を被らなかった。

一九三九年六月二十九日付のあとの法令で、専門職（医師、弁護士、作家、技師、建築家などを含む）は、「必要性と緊急性を証明された場合を除き」、ユダヤ人のために働くことに限られた。しかし、またもや、復員兵士や古くからのファシストなどは例外とされた。

社会的なゲットー化の分野では、イタリアの立法は非常に詳細であった。ユダヤ人とイタリア人の結婚は、死に瀕している場合や子どもの認知のために行われる場合を除き、禁止された。[525] ユダヤ人が非ユダヤ人の家事使用人をおくことは禁じられた。非ユダヤ人の子どものユダヤ人による養子縁組や世話は禁止され、キリスト教徒の子どもが、キリスト教の原理や国家の目的に一致した教育を受けていないという証拠があれば、ユダヤ人の方の親からその子どもを奪うという規定も盛り込まれた。基本法とその後の法令は、学校からの排除、氏名変更の取り消し、届け出リストへの登録を規定していた。登録の要求は、一九三

表8-15　イタリアからのユダヤ人の移住

	1941年10月15日までに移住	1941年末のユダヤ人人口
イタリア国籍	5,966人	39,444人
外国籍	1,338人	3,674人
総計	7,304人	43,118人

［注］　*Die Judenfrage*, March 15, 1942, p. 56.

八年の構想を超える潜在的な意味をもっていた。それは、検挙のための潜在的な武器だったのである。内務省の人口調査局（人口統計・人種総局と改称された）の集権的な監督の下、この措置の結果、主要な都市で住所や国籍、年齢、職業、そして免除の適格性について の情報を含むファイルの作成が行われた。

最後に、十一月十七日の法律は、一九一九年一月一日以降にユダヤ人が獲得した国籍をすべて剥奪することを命じ、外国籍ユダヤ人も国籍を奪われたユダヤ人も——六五歳以上の者と混合婚の者は除いて——、三九年三月十二日までにイタリアを離れ、その財産を放棄するよう規定していた。[526]

最初の二つの法案が出来上がったとき、ベニート・ムッソリーニは、反ユダヤ主義立法すべてに署名しなければならないヴィクトール・エマニュエル国王と議論をした。対話中に三度も、国王は「ユダヤ人に限りない同情」を感じていると述べた。国王は迫害のさまざまなケースをあげたが、そのなかには、「勲章や傷に覆われた八〇歳の老人で、女中頭を奪われた」パグリーゼ将軍の例があった。ドゥーチェは苛立って、イタリアには、ユダヤ人の運命に動揺している「二万人もの意気地のない人間」がいると指摘した。国王は、自分もその一人だと答えた。[527]

イタリアの反ユダヤ主義法典が、必ずしも穏やかなものではなかったことを強調する必要はないであろう。犠牲者たちは、まさに彼らが過去には、その国に完全に受け入れられていたがゆえに、その法典を厳しいと感じたにちがいない。たとえば、公職や農場所有を禁止する規定は、他の国の似たような規定よりも深刻な意味をもっていた。イタリアでは、比較的多数のユダヤ人が官吏や農民として生計を立てていたからである。とはいえ、イタリアの法律は多くの例外を許しており、全般的な法律の施行はゆっくりとしていて熱意もなかった。

おそらく、**表8-15**で示されたユダヤ人移住者の数ほど、イタリアの法律の全体的な効果を良く描き出しているものはないであろう。ほとんどが移住を余儀なくされた外国籍ユダヤ人のうち、約二七パーセントしか一九四一年までに移っていない。しかし、その必要のなかったイタリア生まれのユダヤ人のうち、一三パーセントが去って行った。それほど明確ではないが、イタリア・ユダヤ人社会の衰退と不安定の兆候も見られた。死亡数が一年に数百も出生数を超えていることや数千にもおよぶカ

トリックへの改宗である。(528)

その後の戦時期に、ユダヤ人難民、イタリア国籍をもつユダヤ人、リビアのユダヤ人住民に対する措置がとられた。一九四二年五月までに、ほぼ一〇〇〇人の外国籍ユダヤ人がサレルノとコゼンツァの収容所や、キエティの女子収容所に抑留された。(529)四二年晩夏に、イタリア国籍のユダヤ人は、ローマ、ボローニャ、ミラノ、アフリカのトリポリ植民地で労働に動員された。(530)ローマのユダヤ人はティベル川の擁壁を洗う仕事を強制された。ミラノのユダヤ人向けには、市内に労働収容所が建てられた。トリポリの町ギアドの近郊では、二、三千人のユダヤ人が荒れはてた収容所に監禁され、四三年初めにイギリス人がギアドに到着したとき、そこではチフスが猛威をふるっていた。(531)ユダヤ人側の資料によれば、ギアドのユダヤ人の三一八人が死亡したという。(532)

しかし、ドイツから見れば、これらすべての処置はきわめて不十分だった。イタリア・ユダヤ人の大部分は、まったくと言っていいほど反ユダヤ人行動の影響を受けなかった。最初の法律が一九三八年と三九年に出されてからの絶滅過程のテンポは、あまりにもゆっくりとしていて、イタリア人が、独力で、移送計画が実行可能になる臨界点に到達できるとは考えられなかった。イタリアでは、ユダヤ人資産の完全な略奪も、ユダヤ人の住居や移動の確実な規制もまだ行われていなかった。それでも、ドイツ人は介入するのを躊躇した。イタリアは、まだドイツの第一の同盟国であり、ドイツ人はそれを忘れてはいなかったのである。

一九四二年九月二十四日、リッベントロプはルターに電話をかけ、ヨーロッパ諸国における移送戦略に関する指令を出した。しかし、イタリアに関しては、ルターは何も行わないことになっていた。この問題は、総統とドゥーチェとの、あるいは外相とチアーノ伯との個人的な協議にとっておかれたのである。(533)

次の重要な話し合いは、ハインリヒ・ヒムラーがローマを訪問したときに行われた。一九四二年十月十一日、彼はほぼ二時間ドゥーチェと会談し、きたる冬のイタリア人住民の運命を心配して、食料問題について話し、それでもヒムラーはユダヤ人問題を持ち出した。ヒムラーは言った。ユダヤ人はいたるところでスパイ活動やサボタージュを行っているので、ドイツから、総督府から、そして全占領国から排除されている。ロシアでは、少なからぬ人数の男女が、パルチザンに情報を運んでいたので射殺された、と。ドゥーチェは自分から、それが唯一可能な解決法だと言った。ヒムラーは説明を続けた。政治に関与しているユダヤ人は強制収容所に送られ、他の者は道路建設に従事している。もっともユダヤ人これまで働いたことがないので、死亡率は高い。テレージエンシュタットに送られた老人のユダヤ人は、好きなように暮らすことができる、と。ドゥーチェは愛想よく、ローマはどうかとヒムラーに尋ね、ヒトラーによろしくと伝えた。(534)

一九四三年一月には、親衛隊は苛立っていた。ユダヤ人はヨーロッパ中で移送されていたが、ドイツの支配領域にいるイタリア・ユダヤ人には、手を出せないままであった。その免疫性のために、彼らはますます目立つようになっていた。そこで、四三年一月十三日に、リッベントロプは、チアーノ外相にこう伝えるよう、マッケンゼン大使に指令した。ドイツ人から見ればイタリア国籍のユダヤ人もユダヤ人である。ドイツ人は、少なくともドイツの支配領域では、四三年三月三十一日以降、完全に自由に行動したい[535]、と。

二月になって、リッベントロプは、ローマ訪問の準備中に、ユダヤ人問題に関する親衛隊の希望を尋ねた。ヒムラーは即座にこう答えた。イタリア人は、ドイツ占領下の地域で、国家保安本部の処置を故意に妨害するのをやめてほしい、イタリア国内に対しては、ドイツで実施されているのと同じ処置をとるように望んでいる[536]、と。親衛隊の希望はすぐには実現しなかった。絶滅の問題でイタリア人と交渉するのは難しかったからである。

一九四三年五月、パリの大使館のツァイツェルは、フランスにおける保安警察・保安部司令官で友人のクノッヘンに手紙を書き、そこに、ローマ訪問中の印象を書き留めた。彼はこう書いている。ローマのドイツ大使館は、イタリアとドイツの友好関係を曇らせるようなことをけっしてしないようにというベルリンからの指令を、何年にもわたって受けてきた。それゆえ、ローマのドイツ大使館が、イタリアにおけるユダヤ人問題のように厄介な問題を扱うという望みは、まったくなさそうだ。イタリア政府の側は、ユダヤ人問題に「関心をもっていない」。ローマの国家保安本部代表ドルマンSS中佐が私に語ったところでは、イタリア軍はまだ「完全ユダヤ人や無数の二分の一ユダヤ人で占められている」。ファシスト党自身は、ドゥーチェじきじきの指令によってしか行動しそうもない[537]、と。

一九四三年七月二十五日にドゥーチェが倒され、三日後にはファシスト党が解体された。だが、バドリオ元帥の新しい政府は、他の手段を講じなかった。戦争は続いており、反ユダヤ主義立法は効力をもったままだった[538]。それから突然、バドリオ政府は連合軍に降伏した。ドイツ人は電撃的スピードで反応し、イタリア軍は武装解除され、イタリアは被占領国となった。

ドイツ軍（主に親衛隊の部隊）が北部のノヴァーラ地方を通過したとき、いくつかの場所でユダヤ人を殺害し、銀行預金を含めてその資産を持ち去った。マッジョーレ湖では、脚に石のおもりをつけられたユダヤ人の死体が波に洗われていた[539]。これは、小さな始まりだった。

一九四三年九月以降に、一群のドイツ人官僚が、仕事を遂行するためにイタリアにやって来た。イタリア半島に存在した多数のドイツの諸機関のうち、イタリア・ユダヤ人の絶滅計画に決定的な役割を果たした三つのものを挙げておこう。

●ドイツ総全権兼大使　ラーン
　大使館付き武官（国家保安本部）　カプラーSS中佐
●ドイツ総全権兼上級親衛隊・警察長官　ヴォルフSS大将
　軍政長官　ヴェヒターSS中将
保安警察・保安部司令官　ハルスターSS少将

第四局　クラーネビターSS少佐
第四局B―四課（出動部隊）　ダネッカー、ボスハマーが継承。一九四三年、ダネッカーの下で出動部隊はローマ、フィレンツェ、ミラノなど多数の都市を通過

地方
上イタリア西部集団　ラウフSS大佐、ジェノヴァ、ミラノ、トリノに野外部隊
保安警察・保安部司令官の直接指揮下にある、ローマ、フィレンツェ、ヴェネチア、その他の都市の野外部隊。ローマの野外部隊の長は、カプラー大使館付き武官

●南部最高司令官兼軍集団C司令官　ケッセルリング元帥
第一四軍司令官　フォン・マッケンゼン大将
ローマの司令官　シュターエル大将（メルツァー）

こうして、イタリアには、ドイツ人の文民支配者で外務省の辣腕家ラーン公使（のちに大使）が君臨することになった。われわれは、この人物には以前にチュニジアで出会っている。それから、上級親衛隊・警察長官の機能をも果たす軍司令官がいた。ヒムラーの幕僚長ヴォルフである。ちなみに、軍政長官ヴェヒターがポーランドからやって来ており、彼はそこでガリツィアの知事として働いていた。最後に、軍の司令官ケッセルリング元帥がいた。

もちろん、これがすべてではなかった。第一次大戦終結前にはオーストリア・ハンガリー帝国に属していた地域では、「最高弁務官」という肩書をもつ二人の特別な支配者が任命された。その一人は、チロルの大管区指導者ホーファーであり、南チロルが彼の支配領域につけ加えられた。もう一人は、ケルンテンの大管区指導者ライナーであった。この人物は、トリエステという重要な都市を含むアドリア沿海地方を獲得した。ライナーの下に、ヒムラーは、特別上級親衛隊・警察長官を任命したが、これは、以前ルブリンにいて、今や故郷の町に帰ってきたオディロ・グロボツニクその人だった。

新しい機構はただちに動き始めた。特徴的なことに、ドイツ人はベニート・ムッソリーニ下の影の政府の再建を待たなかった。以前、イタリア人が強力すぎて近づけなかったのとまったく同じように、今度は、彼らは弱体すぎて、協議する必要がなかったのである。一九四三年九月二十五日、国家保安本部は、国内外の支部すべてに回状を送った。そこには、「外務省と合意して」、リストに挙げられた国籍のユダヤ人全員が今や移送処置に含まれると記されていた。イタリアがリストのトップに挙げられていた。「必要な措置は、（a）イタリア国籍のユダヤ人に関しては、ただちに遂行される。……」というのである。[540]

再生されたムッソリーニ政府は、信頼できるファシストからなっていた。内務省は、グイード・ブッファリーニの掌中にあり、彼は内務省の元次官として、反ユダヤ的活動のベテランであった。もっとも、免除を与える政策にも専念していたが。新しい警察長官はトゥッリオ・タンブリーニであった。内務省の

人口統計・人種総局は再編成され、そのユダヤ人記録は、「監視と管理」のために保持されて、逮捕と移送の格好の道具となった。[541]

イタリアのユダヤ人にはユダヤ教徒団体連合――一九三〇年の法律で設立され、ユダヤ教徒は全員加入しなければならず、徴税権をもっていた組織――があった。[542] 一九四三年、連合の会長はダンテ・アルマンシであった。この男は、一九三八年以前の警察高官としての信用を職務に持ち込んだ。ローマの委員会ジュンタは元治安判事のウーゴ・フォアの手にあった。連合は、イタリアのユダヤ人難民を援助する機関、つまりローマとジェノヴァに事務所を置くユダヤ人難民救援委員会を運営していた。この組織の長はレンツォ・レーヴィで、書記はセッティミオ・ソラーニであった。最後に、ユダヤ人たちにはラビもいた。そのなかで、ローマの第一ラビはイスラエル（のちに改名してエウジェニオ）・ツォッリであった。[543]

約一万人のユダヤ教徒団体（一九三一年の国勢調査では一万一二八〇人）のあるローマが第一の主要な標的であった。首都のユダヤ人の多く、とくに旧ゲットー区域とティベル川を越えた隣の区域の貧しい地域の人びとは、攻撃を受けやすかった。危険だという意識はまったくないわけではなかった。レーヴィとソラーニは、救援組織での地位のために、よそで何が起こっているのかに気づいており、外国生まれの第一ラビ、ツォッリは非常に恐れていたので、即座に潜伏した。彼は、連合の会長アルマンシとローマ委員会委員長フォアに、シナゴーグを閉鎖し、会員リストを破棄し、修道院や女子修道院にユダヤ人住民を分散させるためにできるだけのことをするよう促したが、無駄であったと述べている。フォアは、ツォッリが話を持ちかけたことを否認し、アルマンシの息子は、ラビがイニシアティブをとったことを示す記録は何もないと言っている。[544] 確かなのは、ユダヤ人指導部が、ドイツ人を挑発したり、ユダヤ人に警告を発したりすることを何もしないと決心して、現状維持にしがみついていたという事実だけである。シナゴーグは、九月中ずっと開けられたままであったし、ユダヤ人の新年の礼拝は他のラビによって行われた。[545] ツォッリは、解放されたローマで一九四四年の大祭のあいだに、祭式施行の任務に戻ったとき、キリストの幻影を見て、その後まもなくして、キリスト教の洗礼を受けた。[546] この間の一年に、ローマのユダヤ人の多数が殺されていたのである。

最初の攻撃は、一九四三年九月二十六日に、カプラーが五〇キログラムの金を要求し、引き渡さなければ罰として二〇〇人の人質をとると脅したときに始まった。共同体の裕福なユダヤ人の多くはすでに隠れていたので、この量を完全に集めるのは無理だった。救援組織のレンツォ・レーヴィが、金一五キログラムの借款を求めてヴァチカンと交渉するために派遣され、教皇は同意した。最終的には、ヴァチカンの援助は必要ではなかった。普通のイタリア人の男女がやって来て、寄付を行ったのである。全部で八〇キログラムが集められた。要求された量がドイツ側に引き渡されたとき、ドイツ人は正確な計量を主張し、ユダヤ人は正式の領収証を要求した。[547]

カプラーが金を獲得するや、第二の攻撃が始まった。治安警察を伴った保安警察部隊が、九月二十九日に委員会の本部を急襲して、税を支払っている教徒団体メンバーのファイルを押収したのである。今やドイツ人は、ニュルンベルク原則の観点からすれば不完全であるが、この時点では最新のこの宗教リストを、基準を満たしてはいるものの新しくはないイタリアの人種登録簿と対照することができた。[548] 状況はますます切迫したものとなっており、ユダヤ人指導者たちは、絶望感を募らせながら、古くからの生き残り戦略と向かい合っていた。ローマのユダヤ人は無傷ではすまないだろうが、今や差し迫っている動きは、ヨーロッパの他の地域での同様の移送よりも世論にはるかに大きな衝撃を与えることになるだろう、というわけである。

ローマはカトリック教会の都市であり、そこで生じたことは何でも、かならず教皇自身に関わる問題となった。ローマのドイツ人はこの事情に気づいており、教会との深刻な衝突の予想は、彼らにとってあまり都合のよいことではなかった。十月六日、メルハウゼン領事は、リッベントロプ個人宛てに手紙を書き、カプラーSS中佐が、ローマの八〇〇〇人のユダヤ人を逮捕し、イタリア北部――「彼らはここで片づけられることになっていた」――に輸送するようにとの命令をベルリンから受け取ったことを伝えた。シュターエル大将は、ドイツ外相の同意があるときしか、この行動の実施を許さないという意向を表明していた。メルハウゼンはこう結論づけた。「私は、個人的には、チュニスの場合とまったく同じように、ユダヤ人を防御施設の建設に動員する方が良いという意見で、このことをカプラーと一緒にケッセルリング元帥に提案するつもりです。指令をお願いします」。[549] ベルリンからの返答は、ヒトラーの命令にもとづいて、ローマのユダヤ人は、人質としてオーストリアのマウトハウゼン強制収容所に輸送する、というものだった。ラーンとメルハウゼンは、けっしてこの問題に介入してはならないとされた。[550]

一九四三年十月十六日、ローマにあるドイツの教会の教区聖職者フダル司教は、土壇場の訴えをシュターエル大将に送った。[551]

私は、イタリア国籍のユダヤ人の逮捕が今朝始まったという情報を、たった今ヴァチカンの高官から得ました。ヴァチカンとドイツ軍司令部とのあいだにこれまで存在していた良好な関係――これは、まず第一に、貴方の政治的洞察力と心の広さによるもので、将来ローマの歴史に残ることでしょう――のために、ローマとその近郊での逮捕をただちに取りやめるよう命じていただければ、これほど嬉しいことはありません。そうでなければ、教皇が公的に反対の態度表明を行わねばならなくなり、それがわれわれに対する武器として、反ドイツ宣伝に役立つことを私は恐れています。

しかし、行動はもはやとめることはできなかった。それは、十月十五日から十六日の夜に始まり、二四時間もしないで終わった。行動遂行のために、シュターエル大将は、カプラーSS中佐に、第一五警察連隊第五中隊、第二〇警察連隊第三中隊、第一二警察連隊第一一中隊を使わせた。第一五警察連隊第五中隊は、シュターエル大将の護衛任務についていたので、彼は、警官をその正規の仕事から解放するために、第二パラシュート連隊の一部隊を派遣した。行動のあいだに、「偶発的な出来事」はなかった。この検挙では、全部で一二五九人が捕らえられた。二分の一ユダヤ人と混合婚のユダヤ人が釈放されたあと、一九四三年十月十八日に、総計一〇〇七人がアウシュヴィッツ絶滅収容所に向けて輸送された。(552)

ローマのユダヤ人住民の大多数は、行動のあいだに隠れることができた。ヴァチカン自身もユダヤ人をかくまった。こうして、一九四四年二月三日から四日にかけての夜に聖パオロ教会の教会堂にある、治外法権の学寮をローマ検察官警察が急襲した結果、脱走兵、徴兵忌避者、職務忌避の憲兵およびユダヤ人が逮捕された。(553)しかし、ドイツ人は、彼らの最大の恐れが現実にならなかったのでほっとしていた。教皇が、哀願にもかかわらず、沈黙を守っていたのである。

検挙の完遂後のある日、ヴァチカンのドイツ大使で元外務省次官ヴァイツゼッカーは、事件がいわば教皇のおひざもとで起こったために、枢機卿会議はとくにショックを受けているとベルリンに報告した。ヴァイツゼッカーはこう書いている。ユダヤ人が強制労働のためにイタリアにとどめておかれたならば、反応はもっと鈍くなったかもしれない。今や、ローマの反ドイツ陣営は、教皇に、沈黙から抜け出るよう圧力をかけている。「同じようなことが起こったフランス諸都市の司教たちは明確な立場を主張していた」と、また教皇は、教会の首長、ローマの司教として、彼らに遅れるわけにはいかない、と言われている。すでに、現在の教皇と「はるかに怒りっぽいピウス一一世」の比較が行われている、(554)と。

しかし、圧力は成功しなかった。ヴァイツゼッカーは十月二十八日にこう書いている。「教皇は、伝えられるところによれば、種々の方面から懇願されていたが、ローマのユダヤ人の移送に反対する示威的な発言をさせられることはなかった。こうした態度のために、われわれの敵が彼に恨みを抱き、アングロ・サクソン諸国のプロテスタント陣営がカトリシズムに反対するプロパガンダ目的にこの態度を利用することを、彼は覚悟しなければならないとしても、この扱いにくい問題に関して、ドイツ政府やローマにおけるドイツ諸機関との関係を悪化させないよう彼は全力を尽くしたのである」。『オッセルヴァトーレ・ロマーノ』(ローマのヴァチカン寄りの新聞)は、「教皇の情け深い活動」について公報を出したが、この声明は、「大いに潤色を施され、不明確」なので、ユダヤ人問題との特別な関連を読み取ることができる人はほとんどいないだろう、それゆえ、問題全体は「片づいた」と見なすことができる、(555)と。

十一月までに、イタリアの占領地域全域で多数のユダヤ人がすでに隠れていた。フィレンツェでは、著名なアメリカ人美術批評家バーナード・ベレンソンは、新たに任命されたファシストの知事が、ユダヤ人たちに家を離れ、隠れるように警告したという話を聞いた。ベレンソンは、シエナ近くのたった一つの山荘に、一〇人か一二人のユダヤ人が隠れていたと述べている。まもなく彼はまた、ガス殺についても聞いた[556]。

しかし、逃亡がすべてそんなに簡単だったわけではない。山荘や田舎のペンション、小さな町のアパート、親切な異教徒の隣人に借りた部屋への脱出は、主にお金があってイタリア語を話せるユダヤ人にとっての選択肢だった。これら中産階級の逃亡者は、偽造の身分証明書を手に入れることもあったし、戦争地域からの難民のふりをすることもできた。資産がそれほどなくチャンスの少ない数千人のユダヤ人は、司祭、修道士、修道女からの援助を受けた。極貧の者や病人、年配の者、外国籍のユダヤ人にとっては、見通しはもっと厳しかった[557]。これらの人びとは、ダネッカーの移動出動部隊とイタリア人協力者の、最も攻撃を受けやすい標的となった。イタリア人協力者には、新たに形成された自律したファシストの軍団[558]――内務省の支援を受けているものもあった――やファシストの古顔レナート・リッチ指揮下の、ファシスト党の国民防衛義勇軍が新たに募集した人員も含まれていた。

一九四三年十一月三十日、イタリア内務省は、地方長官に、ユダヤ人全員を強制収容所に収容し、彼らの資産を、空襲で焼け出されたイタリア人のために押収するよう指令を出した[559]。この時から、イタリア警察の全機構が検挙に利用できるようになった。軍団、リッチ指揮下で国民共和主義防衛隊へと併合された在郷軍とイタリア憲兵、四四年夏にファシスト党の幹部アレッサンドロ・パヴォリーニ指揮下で黒色旅団へと組織されたファシスト党員、そして私服・制服の正規の警察官である[560]。しかしまた、十一月三十日の命令はラジオで放送されたので、脅しと同時に警告にもなった[561]。いたるところでイタリア人はショックを受け、ユダヤ人はパニックに襲われた。ベレンソンは隠れ家からこう書いている。フィレンツェでは、「ユダヤ系のドミニコ会士ですら、逮捕を恐れて修道院を逃げ出し、ここにやって来た」。彼はまた、教区の司祭がユダヤ人を匿ったかどで逮捕された別の事件も報告している。フィレンツェのエリア・ダラ・コスタ枢機卿がこの問題に介入し、自ら罪人であると宣言して、その聖職者に代わって投獄されることを要求した[562]、と。ヴェネチアでは、老人ホームの住人を含む一五〇人のユダヤ人の検挙が、十二月四日から五日にかけての夜にイタリア警察によって行われたが、総大司教のアデアート・ピアッツァ枢機卿はまた別の反応を示した。彼は、イタリア当局による逮捕に、老人や病人は逮捕されたのに、金持ちは自由を許されているから、不当だとして反対した。彼にとって、この問題の解決は、ただドイツの役所だけによる反ユダヤ人措置の実行であった。ゲットーを作ることが最も適当だろう、と彼は言っている[563]。

十一月と十二月初め、全部で一〇〇〇人のユダヤ人を乗せた最初の輸送列車が、北イタリアからアウシュヴィッツに向けて出発した[564]。ベルリンでは、外務省国内第二局局長ヴァーグナーが、期待と不安を抱きながらこうした事態を見守っていた。国家保安本部は、イタリアでの遅れのために大多数のユダヤ人が小さな村で隠れ場所を見つけることができたので、イタリアにおけるユダヤ人の逮捕は、あまり成功とは言えない、と彼に通報したところだった。親衛隊・警察の利用できる部隊は、イタリアの市町村を徹底的に捜索するには不足だった。しかし、ファシスト政府が、ユダヤ人全員を強制収容所に収容する法律を出したので、国内第二局は、国家保安本部と合意して、イタリアの新しい法令への「ドイツ政府の喜び（草案ではこれに線を引いて消し、満足という語に換えている）」をファシスト政府に伝えるよう、ラーン大使に指令することを提案した。また、イタリア北部に強制収容所をすみやかに建設する必要と、ドイツがこのために「経験ある助言者」をイタリアに与える用意があることを、イタリア政府に知らせるのが賢明だとヴァーグナーは考えた。彼は、こうすれば、イタリアにいる出動部隊がイタリア政府に「組み込まれ」、反ユダヤ人処置の遂行に向けてファシストの全機構を動員できると考えたのである。

ヴァーグナーによれば、国家保安本部は、東部への移送のために、ユダヤ人を引き続きドイツの機関に引き渡すよう、イタリア政府に要求することも提案していた。しかし、国内第二局は、このような要求は遅らせる方が良いという意見だった。国内第二局の専門家たちは、収容所への収容が、「東部地域への移住の準備措置」というよりもむしろ、「最終解決」であるように見えるならば、そのほうが強制収容が摩擦なく進むと考えたのである。国家保安本部は、この戦術的手続きに反対しないだろうとヴァーグナーはつけ加えている。[565]

ヒルガー大使館参事官は、外相に代わって、リッベントロップはこれらの提案に同意していると返答した。「彼の同意は、提案の第二節で論じられたラーン大使への指令の内容に対しても、東部地域にユダヤ人を移送する要求を当分遅らせるという、最終節における国内第二局の提案に対しても与えられる」とヒルガーは書いている。[566]

外務省での慎重な評価は、イタリアでの進展にもとづいていた。十二月十日、イタリア警察長官タンブリーニは、ドイツ人の目には、検挙の範囲を狭めようとしているものと映った条例を出した。彼は、混合婚のユダヤ人の検挙を延期し、重病か七〇歳以上ならばイタリア国籍をもつユダヤ人を免除したのである。[567]ドイツの保安警察の代表はただちに対抗措置をとった。イタリアの警察官との議論や彼らへの指令で、保安警察は、完全ユダヤ人の家族全員を、健康状態や年齢にかかわりなく逮捕することに固執した。[568]イタリア内務省がその主張を再確認したとき、ドイツ人も自分の見解を繰り返した。イタリアの役人がそれに加えて、「ユダヤ人」という語のイタリアでの定義に言及したとき、保安警察はドイツの定義をはっきりと説明し、こうしたユダヤ人全員を、たとえカトリック教徒であろうとも、逮捕することを要求した。もちろん、イタリアの法律でのみユダヤ人とみなされる混血児が抑留されても、反対はなかった。イタリア人は、[569]毎週金曜日に逮捕者数を保安警察に報告するよう命じられた。

多くの場合、保安警察はイタリアの捜査網に頼らず、自分たちの人員でことを進めた。ローマでは、十月の輸送に続いて、また八〇〇人が捕らえられた。[570] いくつかの都市では、混合婚のユダヤ人が抑留された。保安警察は、このような人びとを自由にしておくことに同意していたにもかかわらず。[571]

抑留は一般に一時の方便で、逃亡もあった。フィレンツェでは、一二歳の少年が五・五メートルの高さの壁をよじ登り、飛び下りた。彼は、怪我をして、たまたま自転車で通り合わせたイタリア人に抱き起こされた。[572] しかし、独房つきの堅固な刑務所も利用された。ミラノのサン・ヴィットーレ[573]とローマのレジーナ・コエリ[574]である。

ローマのレジーナ・コエリに収容された少数のユダヤ人は、異様な行動の犠牲者となった。一九四三年三月二十三日、ロゼッラ通りを行進していたドイツ警察中隊の真っ只中で爆弾が爆発し、三三人が死亡した。その日の夜、「ドイツ人の死亡者一人につきイタリア人一〇人を殺せ」という命令が、ヒトラーからケッセルリングに伝えられた。その夜のうちに届いた第二の命令は、ケッセルリングが射殺を親衛隊保安部に任せるようにと指示していた。二つの命令は、第一四軍司令官フォン・マッケンゼン大将とローマの軍司令官メルツァー大将に渡された。この指令の最終的な受取人は、カプラーであった。総統の命令には、「即座」の執行とあったので、カプラーは二四時間以内にこの仕事を遂行しなければならなかった。軍部はできるだけ、死刑判決を受けている者だけを犠牲者にすることを望んだが、死刑囚の人数は不足していた。そこでカプラーは、さまざまな理由で「死刑に値する」と考えられる人物のリストを作成した。射殺は、三月二十四日、アルデアティネの洞穴で遂行された。終了後、軍の技師が洞穴の入口を爆破した。カプラーは、計算を間違えて、三三五人（命令された人数より五人多い）を射殺した。犠牲者のなかには、七〇人以上のユダヤ人がいた。その一人はキリスト教への改宗者アルド・フィンツィで、彼は、ファシスト政府初期の内務省高官であった。[575]

その間、移送は休みなく進められていた。一九四四年一月三十日、一本の列車がミラノとヴェローナを出発した。[576] 輸送するユダヤ人を収容するために、四三年十二月にイタリア当局によってフォッソーリ・ディ・カルピ（ドイツ占領地域の中心、モデナ近郊）に中継収容所がつくられた。この収容所は、一九四四年早春にドイツの管理下に置かれた。[577] フォッソーリ・ディ・カルピからは、さらに多くの輸送列車がアウシュヴィッツに向けて出発した。[578] 四四年二月末には、まだイタリアで暮らしていたユダヤ人は、移送された者たちは死んだと推測しはじめていた。[579] 実際、ドイツ人は、行き先をほとんど隠そうとしなかった。一度、アウシュヴィッツという語が車両にチョークで書かれていたことがあった。[580] 五月、保安警察は、ユダヤ人を探して病院、避難所、女子修道院を徹底的に捜索した。[581] 七月までに、中立国の国籍をもつユダヤ人が捕らえられ、[582] 一方、イタリアの官僚は残された資産の押収に忙殺されていた。[583] 連合軍の夏季攻勢のなかで前線がフィレンツェに近づいたとき、カルピは引き上げられた。四四年八月一—二日に、最後の輸送列車が、二つのグループに分けてこの収容所を離れた。完全ユダヤ人（混合婚の者を含む）の車両はアウシュヴィッツに向かい、混血児はベルゲン＝ベルゼンに向かった[584]。しかし、また別の収容所がアルプスのボルザーノに建てられ、秋のあいだにあと二度、少数の輸送を行うため人びとがそこに集められた。それらの一方をアウシュヴィッツに送る時間はまだあったのである[585]。

　アウシュヴィッツの絶滅収容所は、上級親衛隊・警察長官グロボツニクが管轄するトリエステとその周辺のユダヤ人の行き先でもあった。この地域では、ユダヤ人と非ユダヤ人はサン・サッバの中継収容所に集められ、一団となって移動させられた。グロボツニクの管轄地域のユダヤ人犠牲者の数は、数百であった。彼がポーランドで慣れていた何十万ではなかったが、それでもトリエステにとっては相当な数であった[586]。

　最終的に、七五〇〇人以上のユダヤ人がイタリアから移送された[587]。アウシュヴィッツで死亡した者のなかには、松葉づえをついた七〇歳の退役したアウグスト・カポン提督[588]——一九四三年にローマから移送された——とアルマンド・バッチ中将[589]——三八年に強制されて辞職するまで自動車軍団の司令官で、四三年にミラノから移送された——がいた。移送者のうちほぼ八〇〇人が生き残った[590]。

訳注

495 エステル（Esther）　旧約聖書エステル記に登場するアハシュエロス王の王妃。王の重臣がユダヤ人を滅ぼすように命じたが、王妃エステルは王に訴えて、この命令を取り消させた。さらに、王妃の訴えによって、ユダヤ人は自分たちに危害を加えようとする者を殺すことを許された。

著者略歴

ラウル・ヒルバーグ（Raul Hilberg）

1926年ウィーン生まれ。1939年ナチの迫害を逃れてアメリカ合衆国に渡る。1944年帰化するとともにヨーロッパ戦線に加わる。終戦直後枢軸国軍人の尋問担当将校に任命され、1946年除隊。1951～1952年ワシントンの戦時文書研究計画の一員となる。1955年コロンビア大学で政治学博士号を取得。翌年ヴァーモント大学准教授、1967年より正教授となり、1991年に退職。2007年逝去。
主な著書に『アウシュヴィッツ行きの特別列車』『加害者・犠牲者・傍観者』（いずれも未訳）、『記憶――ホロコーストの真実を求めて』（柏書房）、主な編書に『アダム・チェルニアコフのワルシャワ日記』（未訳）などがある。

訳者略歴

望田幸男（もちだ・ゆきお）

1931年甲府市生まれ。京都大学大学院博士課程修了、文学博士。同志社大学名誉教授。専攻はドイツ近現代史。主な著書に『近代ドイツの政治構造――プロイセン憲法紛争史研究』（ミネルヴァ書房）、『ナチスの国の過去と現在――ドイツの鏡に映る日本』（新日本出版社）などがある。

原田一美（はらだ・かずみ）

1951年西宮市生まれ。大阪大学大学院文学研究科博士課程満期退学、文化史学博士。大阪産業大学人間環境学部教授。専攻はドイツ現代史。主な著書に『近代を生きる女たち――19世紀ドイツ社会史を読む』（共編著、未來社）、『ナチ独裁下の子どもたち――ヒトラー・ユーゲント体制』（講談社選書メチエ）などがある。

井上茂子（いのうえ・しげこ）

1954年山口市生まれ。東京大学大学院社会学研究科博士課程満期退学、国際学修士。上智大学文学部教授。専攻はドイツ現代史。主な著書に『1939――ドイツ第三帝国と第二次世界大戦』（共著、同文舘出版）、『ドイツ文化史入門――16世紀から現代まで』（共編著、昭和堂）などがある。

KASHIWA CLASSICS

ヨーロッパ・ユダヤ人《じん》の絶滅《ぜつめつ》　上巻《じょうかん》

1997年11月30日　第1刷発行
2012年　3月15日　新装版第1刷発行

著者　ラウル・ヒルバーグ
訳者　望田幸男・原田一美・井上茂子
翻訳協力　志水真裕美・服部 伸・片山良巳

発行者　富澤凡子
発行所　柏書房株式会社
東京都文京区本駒込1-13-14（〒113-0021）
電話（03）3947-8251［営業］
（03）3947-8254［編集］

カバー・デザイン　秋山　伸
印刷・製本　株式会社デジタルパブリッシングサービス

ISBN978-4-7601-4097-8

本書は、一九九七年に小社より刊行された書籍を、

「KASHIWA CLASSICS」シリーズの一冊として新装復刊したものである。

原　　注

第1章　予備的考察

(1)　前キリスト教時代のローマは反ユダヤ人政策をもたなかった．ローマはユダヤ国家の独立を粉砕したが，ローマのユダヤ人は法の前の平等を享受していた．彼らは遺言を遂行し，ローマ人との法的に有効な結婚をし，官職を占めた．O. Stobbe, *Die Juden in Deutschland Während des Mittelalters* (Leipzig, 1902), S. 2.

(2)　こうした禁止はひとつの弱点をもっていた．強制的であっても，ひとたび改宗すれば，ユダヤ人はもとの宗教に戻ることは禁じられた．G. Kisch, *The Jews in Medieval Germany* (Chicago, 1949), pp. 201-2.

(3)　実際，ユダヤ教徒になろうとした非ユダヤ人はおそろしい障害に直面した．L. Finkelstein, "The Jewish Religion : Its Beliefs and Practices", in ; Finkelstein (ed.), *The Jews : Their History, Culture, and Religion,* (New York, 1949), II, p. 1376.

(4)　Kisch, *Jews,* p. 315.

(5)　*Ibid.*

(6)　C. Roth, "Marranos and Racial Anti-Semitism—A Study in Parallels," *Jewish Social Studies,* II (1940), 239-48. 新キリスト教徒の医者は患者を殺していると非難された．トレド裁判所は1449年，新キリスト教徒は公職の資格なしと判決を下した．1604年には新キリスト教徒はコインブラ大学から締め出された (ibid). ユダヤ人あるいはムーア人の血を引くものはだれであれ，「キリスト教国における兵役」＝トルケマーダ［スペイン宗務裁判所長，15世紀末ユダヤ人を迫害］の軍隊には服務資格がなかった．なぜならその軍隊は異端者たちを迫害し火刑に処したからである．F. Helbing, *Die Tortur—Geschichte der Folter im Kriminalverfahren aller Völker und Zeiten* (Berlin, 1902), S. 118.

(7)　M. Luther, *Von den Jueden und Jren Luegen* (Wittenberg, 1543), S. Aiii 2.

(8)　Luther, *Von den Jueden,* S. diii.

(9)　規則的な傾向は途絶えていない（たとえば人口増加）．循環的傾向は若干のくり返し発生する現象のなかに見出しうる．たとえばますます破壊的になる一連の戦争や，厳しさをます不況などについて語りえよう．

(10)　Stobbe, *Die Juden,* S. 2.

(11)　J. E. Scherer, *Die Rechtsverhältnisse der Juden in den deutsch-österreichischen Ländern* (Leipzig, 1901), S. 39-49.

(12)　*Neue Freie Presse* (1970・5・17).

(13)　O. Stowasser, "Zur Geschichte der Wiener Geserah", *Vierteljahrschrift für Sozial- und Wirtschaftsgeschichte,* XVI (1922), 117.

(14)　Luther, *Von den Jueden,* S. diii.

(15)　*Ibid.*

(16)　*Ibid.*, S. diii, e.

(17)　*Ibid.*, S. e.

(18)　*Ibid.*, S. eii.

(19)　神聖ローマ皇帝フリートリヒ二世はユダヤ人を公職から閉め出したが，1237年に次のようにいった．「カトリック君主の義務に忠実に，ユダヤ人を公職から閉め出した．これでユダヤ人

がキリスト教徒を圧迫するために公権力を悪用しないであろう」. Kisch, *Jews,* p. 149.

(20)　以下は15世紀ドイツ法書ザルツヴェーデル都市法83条２項からの抜粋である.「ユダヤ人がキリスト教徒を襲い，あるいは殺害するようなことがあったとしたら，そのユダヤ人はなんらの反抗もせず，法が定めるところをじっと耐えるべきである．なぜなら彼はキリスト教徒になんの請求権ももたず，神を迫害する者であり，キリスト教世界を謀殺せんとする者であるからである」. Kisch, *Jews*, p. 268.

ユダヤ人が井戸に毒をいれたという伝説（14世紀）や彼らの殺人の儀式という伝説（13世紀）はいずれも教皇たちによって非難されていた（Scherer, *Die Rechtsverhältnisse,* S. 36-38). 他方，13世紀カスティリアの法典「エル・センテナリオ」(Partita VII, T. 24）は，キリスト教徒の子どもを虐待するという大罪について論及している．Scherer, *Die Rechtsverhältnisse,* S. 50-51.

(21)　第４回ラテラノ公会議（1215年）は，すべての異端者たちを皆殺しすることを世俗権力にはっきりと呼びかけた．Kisch, *Jews*, p. 203. この決定は異端審問時代における火刑の波の出発点となった.

(22)　*Reichstag Stenographische Berichte*, 53. Sitzung（1896・3・6）, S. 129ff.

(23)　ヒトラーの演説（*Völkischer Beobachter*, 1940・11・10）.

(24)　シュトライヒャーの演説（1935・6・22, M-I）.

(25)　ヒムラーの演説（1943・10・4, PS-1919).

(26)　総督府への保険報告（1943・7・9)，フランクの日記 PS-2233.

(27)　ヒトラー宛ティーラックの書簡（1943年４月，NG-1656).

(28)　Luther, *Von den Jueden*, S. Aiii.

(29)　E. Fuchs, *Die Juden in der Karikatur* (München, 1921), S. 160-61.

(30)　*Die Neue Propylän-Weltgeschichte*（Berlin, 1940）, S. 89-118.

(31)　Shimon Applebaum, *Jews and Greeks in Ancient Cyrene*（Leiden, 1979）, pp. 201-337.

(32)　David Segal, Observations on Three War Poems of Shumuel Ha-Nagid, in ; *AJSreview* 4（1979）.

(33)　Mainz Anonymous Hebrew Chronicle, in ; Shlomo Eidelberg, ed. and trans., *The Jews and the Crusaders*（Madison, Wis. 1977）pp. 99-100.

(34)　Louis de Jong, The Netherlands and Auschwitz, in ; *Yad Vashem Studies* 7（1968）.

(35)　1789年からユダヤ人はヨーロッパ大陸の諸軍隊において軍事経験を積んだ．1794年と1831年に彼らはワルシャワでポーランド側にたって彼ら自身の独自軍をもって戦った．1903-4年，ユダヤ人自衛隊はこん棒で武装して，ロシアの数都市のユダヤ人居住区に侵入してきた泥酔した群衆と対決した．だが，こうした経験は，しばしば文献上では引き合いに出されたが，限られた先例であった．ドイツやオーストリアのユダヤ人兵士は，ユダヤ人風の服装をしていなかったし，ワルシャワのユダヤ人部隊はポーランド在留者としてポーランドのために戦い，ロシアの自衛隊はロシア国家に刃向かうことはなかった．そうではあっても注目すべきは，トレブリンカやソビブルにおける絶滅収容所の反乱は，将校であったユダヤ人被収容者によって計画されたものであり，大ゲットー蜂起はワルシャワでおこり，ユダヤ人パルチザンの活動はソ連被占領地域に集中していたことである.

(36)　Cecil Roth, *The History of the Jews of Italy*（Philadelphia, 1946）, pp. 300-1.

(37)　*Kölnische Volkszeitung*, RC-49.

(38)　Heinrich Graetz, *Volkstümliche Geschichite der Juden*（Berlin u. Vienna, 1923）, III S. 600-69. Victor Tcherikover, *Hellenistic Civilization and the Jews*（JPS and Hebrew University, 1959）, pp. 313-16.

(39)　Frederick Chary, *The Bulgarian Jews and the Final Solution, 1940-44* (Pittsburgh, 1972) pp. 73-74, 92-96, 144-52.
(40)　Stobbe, *Die Juden in Deutschland*, S. 57-58.
(41)　Klaus Herrmann, *Das Dritte Reich und deutsch-judischen Organizationen*, 1933-1934 (Köln, 1969) S. 66-67, 94-95.
(42)　Esra Bennathan, Die demographische und wirtschaftliche Strukutur der Juden, in ; Werner Mosse,ed., *Entscheidungsjahr 1932* (Tübingen, 1966) S. 88-131. 110, 114.
(43)　Raul Hilberg, et. al. ed., *The Warsaw Diary of Adam Czernialkow* (New York, 1979) p. 99.
(44)　Cf. *ibid*., pp. 81-110, 386-87.
(45)　*Allgemeine Zeitung des Judenthums* (1869・11・2).
(46)　T 501, roll 214 (1941・12・18).
(47)　Graetz, *Volkstümliche Geschichte*, III, 388-89. 暴徒はユダヤ人たちが逃亡するのを妨げた．彼らは2カ月後に帰宅した．フェトミルヒは当局の命令で（皇帝はユダヤ人暴行を好まなかった），4匹の馬によってずたずたにひき裂かれた．エアフルトでは14世紀に，暴徒は市参事会によって100人のユダヤ人を殺害することを許された．群衆が居残っていた3000人のユダヤ人を脅かし始めたとき，犠牲者たちは彼らの住居に逃れ，入口を閉ざし，それから彼ら自身の住居に火を放ち，大惨事のなかで焼死した．L. Count Ütterogt, *Gunther Graf von Schwarzenburg—Erwähter Deutscher König* (Leipzig, 1862), S. 33.
(48)　Stwasser, "Zur Geschichte der Wiener Geserah", S, 106.
(49)　Hugo Bettauer, *Die Stadt ohne Juden—Ein Roman von übermorgen* (Wien, 1922).

第2章　前史

(1)　L. Münz, *Führer durch die Behörden und Organisationen* (Berlin, 1939), S. 3.
(2)　*Ibid*., S. 4.
(3)　Göring, *Trial of the Major War Criminals*, IX, 273.
(4)　参事官ニコライは政治活動の故に罷免された．Uwe Adam, *Judenpolitik im Dritten Reich* (Düsseldorf, 1972), S. 28. 参事官ハイデブランドは激しいトラブルをおこし，早くに引退している．Eike von Repkow (Robert M. W. Kempner), *Justiz-Dammerung* (Berlin, 1932), S. 111.
(5)　Kempner, *Justiz-Dammerung*, S. 110.
(6)　ラマースはバングの示唆を，33年3月9日，自分の考え（外国籍の東方ユダヤ人の追放）を付して，内相フリックに送付した．フリックは15日に返書し，提案は内務省の下僚に回送したと書いた．NG-902.
(7)　Adam, *Judenpolitik*, S. 33-38.
(8)　*Ibid*, S. 43.
(9)　Zentralarchiv Potsdam, 15. 01 RMdI 27403.
(10)　中産階級出身の若きハインリヒ・ヒムラーが最初に反ユダヤ主義的文献に出合ったとき，彼の反応は大へん控え目であった．Bradley Smith, *Heinrich Himmler—A Nazi in the Making* (Stanford, 1971), pp. 74, 92.
(11)　Leonidas E. Hill, ed., *Die Weizsacker Papiere 1933-1945* (Vienna und Frankfurt a. M., 1974), S. 31.
(12)　Arnold Paucker, Der judische Abwehrkampf, in ; Werner Mosse, ed., *Entscheidungsjahr* (Tübingen, 1966), S. 478-79. Kempner, *Justiz-Dammerung*, S. 32-33, 54-57.

(13)　ドイツ・アメリカ貿易委員会宛のパーペンの書簡(1933・3・27), D-635. *New York Times* (1933・3・29). アメリカ側の妨害についてはcf. Report by U. S. Council General Messersmith to the Secretary of State (1933・3・14), L-198.
(14)　ヒンデンブルク宛のノイラートの書簡 (1933・6・19), Neurath-11.
(15)　バイエルン内相アドルフ・ヴァーグナー宛のフランクの書簡 (1933・9・6), D-923. 当時親衛隊は突撃隊に含まれていた.
(16)　フランク宛のヴァーグナーの書簡 (1933・11・19), D-926.
(17)　1935年8月20日に行われたユダヤ人問題に関するシャハト委員会の要約 (NG-4067).
(18)　この公示板はシュトライヒャーによって，中傷するために用いられたもの.
(19)　1945年10月17日のシャハト尋問書 (PS-3729). このときの証言のなかでシャハトは反ユダヤ人立法がヒトラーと「あえて断絶するほどの重要性をもっていなかった」と指摘した.
(20)　シャハトは1935年10月30日付のフリック宛書簡のなかで，明確な反ユダヤ人規制の発令の遅れにたいして抗議した. NG-4067.
(21)　1935年10月4日のドイツ労働戦線大衆集会におけるシュトライヒャーの演説 (M-35).
(22)　D. Frankfurter, "I Kill a Nazi Gauleiter", *Commentary*, February, 1950, pp. 133-41. 殺害されたナチ党員ヴィルヘルム・グストロフは実際は大管区指導者ではなく，州集団指導者であった. 前者は帝国内の地方党指導者であり，後者は外国におけるドイツ人組織の党指導者であった.
(23)　ゲーリングへの党裁判所長ヴァルター・ブーフの報告 (1939・2・13), PS-3063.
(24)　1938年11月10/11日付のユダヤ教教会破壊に関する突撃隊旅団による6つの報告 (PS-1721) を参照.
(25)　1938年11月11日付のゲーリング宛の国家保安本部長官ハイドリヒの報告のなかにある (PS-3058).
(26)　1946年7月5日付のシャラーマイアーによる供述書. SS (A)-5.
(27)　1945年11月5日付のL. フンクによる供述書. Funk-3. 経済相の妻アッフィアントは会話を盗聴したと主張している. 前宣伝省次官フンクが彼のかつての上司にたいしてこのような激しい感情を表明したかどうかは，疑問なしとしないが，しかしフンク夫人は唯一の生ける証言者である.
(28)　ゲーリングによる供述書 (Trial of the Major War Criminals, IX, 276-78). 公的交換率では10億ライヒスマルクは4億ドル.
(29)　1938年11月14日付の外務省宛のディークホフの報告 (*Akten zur Deutschen Auswärtigen Politik, 1918-1945*, Ser. D, IV, Nr. 501).
(30)　たとえば1938年11月11日付のウルグアイ駐在ドイツ公使の報告 (NG-3235).
(31)　1938年12月21日付の戦時経済幕僚局／II bによる報告 (Wi/1.149a). この戦時経済幕僚局は戦時経済軍備局 (Wi Rü) の前身である.
(32)　不完全な報告だが，その損害は：商店破壊815，焼失家屋171，焼失ユダヤ教教会191，および共同墓地チャペル14や地区集会所などの破壊. 逮捕されたユダヤ人2万人，殺害された者36人，重傷者36人 (1938年11月11日付ゲーリング宛のハイドリヒの書簡，PS-3058).
(33)　この会議の議事録はPS-1816.
(34)　1938年12月7日のダルムシュタット・ゲシュタポによる指令 (D-183).
(35)　1938年11月12日のゲーリング署名の命令 (RGBI I, 1581).
(36)　1938年11月21日のクロージク署名の命令 (RGBI I, 1638).
(37)　1938年3月の教会相による回状 (NG-26またはNG-2088, NG-2089, NG-2090).
(38)　1939年3月18日のシュトゥッカート，ヘス，シュレーゲルベルガー署名の命令 (RGBI I, 614).
(39)　1938年11月12日のゲーリング委員会の議事録 (PS-1816).

(40)　1939年1月23−26日の裁判官会議の要約（NG-1566）．または cf. NG-629.
(41)　1939年2月13日付ゲーリング宛のブーフの書簡（PS-3063）．
(42)　1946年2月27日のS. ウィベルライター博士（シュタイアーマルクの大管区指導者）の供述書（Göring-38）．
(43)　1941年9月20日付ナチ党外国組織部長ルーベルクによる命令（NG-1672，ボルマンの命令も同封された）．
(44)　皮肉なことにエモーショナルな反ユダヤ主義と理性の反ユダヤ主義とを区別したのはヒトラー自身であった（彼の最初の反ユダヤ主義的小論文で）．Ernst Deuerlein, ed., *Der Aufstieg der NSDAP in Augenzeugenberichten*（München, 1974）, S. 89-95.
(45)　彼らは主に芸術や科学のなかでの業績に力を入れた．Arnold Paucker, Abwehrkampf, *ibid*., S. 405-499.
(46)　共産主義者については Hans-Helmuth Knutter, Die Linksparteien, in ; *Entscheidungsjahr*, S. 323-45，とくに S. 335-36. 社会民主党員については Werner Mosse, Der Niedergang der Republik, *ibid*., S. 36-37. 両者については Paucker, Abwehrkampf, *ibid*., S. 459.
(47)　ユダヤ人在郷軍人全国同盟による新聞声明（アメリカ大使館宛電報を含む）*Kölnische Volkszeitung*（1933・3・27）, RG-49.
(48)　*Central-Verein Zeitung*（1933・3・23）, *Jüdische Rundschau*（1933・3・17）.
(49)　Lamm, "Deutsches Judentum" S. 144, 176.
(50)　Ibid., S. 147-48.
(51)　Ibid., S. 152-177.
(52)　Ibid., S. 157, 177.
(53)　*Jüdische Nachrichtenblatt*（Berlin, 1939・9・5）.

第3章　絶滅の構造

(1)　このパターンを最初に示唆したのは Rudolf Kastner の供述（1945・9・13）, PS-2605.
(2)　Uwe Adam, *Judenpolitik im Dritten Reich*（Düsseldorf, 1972）.

第4章　ユダヤ人の定義

(1)　Hellmut von Gerlach, *Von Rechts nach Links*（Zürich, 1937）, S. 111-13. 著者は反セム主義の国会議員であったが，嫌悪をおぼえつつもこのファクション［ファクトとフィクションからなる混成語で史実や現実の事件を虚構として描く手法］を引用している．
(2)　RGB1 I, 175.
(3)　RGB1 I, 195.
(4)　たとえば，ヴィルヘルム・シュトゥッカートとロルフ・シーダマイアーによる注解書，*Rassen-und Erbpflege in der Gezetzgebung des Reichs*（5th ed.; Leipzig, 1944）.
(5)　あるユダヤ人の歴史家は，新キリスト教徒を元ユダヤ人とするその中世風の慣習を「人種的」と呼びさえした．Cecil Roth, "Marranos and Racial Antisemitism—A Study in Parallels," *Jewish Social Studies*, 1940, pp. 239-48参照.
(6)　実際には，「アーリア人」という用語は，「セム語族」と同様に，人種を指し示す名称ですらない．それはせいぜい言語＝民族上の集団のための用語でしかない．
(7)　NG-2292, 3942（1935・2・9，4・18）.
(8)　NO-1710（1946・1・17）.
(9)　ドイツ人の血と名誉の保護のための法律（1935年9月15日，RGB1 I, 1146）
(10)　NG-1944-A（1948・2・24）; RGB1 I, 1146にある1935年9月15日付の帝国公民権法の最

終版.

(11)　NG-2586-I（1942・3・16）.

(12)　NG-1944-A（1948・2・28）.

(13)　NG-3941（1935・11・1）.

(14)　こうした主張は反ユダヤ的なあらゆる方策にたいして反論を唱えるのにもよく用いられたので，その本質はなかなか興味深い.

(15)　RGB1 I, 1333.

(16)　2分の1ユダヤ人をユダヤ人と定義するこうした分類における章句は，「ユダヤ人は……ともみなされるので」（つまりユダヤ人は……とも考えられるので）をもって始まっている．この言葉は2分の1ユダヤ人をユダヤ人として妥当するとみなすこととなる．ユダヤ人とみなされた者やその縁者は，しばしばユダヤ人と「考えられる」ということはユダヤ人「である」こととは同一ではない，という意味論的な議論をしたが，うまくはいかなかった．にもかかわらず非ユダヤ人の両親とともに生活しているユダヤ人（とみなされている者）は追放から保護された．この問題については cf. H. G. Adler, *Der verwaltete Mensch*（Tübingen, 1974）, S. 187, 199, 223, 280, 294, 339, 699.

(17)　Stuckart/Schiedermair, *Rassen-und Erbpflege*, S. 17.

(18)　詳細については cf. Merkblatt für den Abstammungsnachweis（Reichsfilmkammer, Okt. 1936, G-55）.

(19)　Ibid. 教会も改宗者の洗礼について記録していた．cf. G. Aly/K. H. Roth, *Die restlose Erfassung*（Berlin, 1984）, S. 70-71.

(20)　U. Adam, *Judenpolitik*, S. 147；Hans Mommsen, *Beamtentum im Dritten Reich*（Stüttgart, 1966）, S. 52-53.

(21)　Adam, *Judenpolitik*, S. 147.

(22)　Albrecht Götz von Olenhusen, Die nichtarischen Studenten in den deutschen Hochschulen *(Vierteljahrshefte für Zeitgeschichtte* 14, 1966）.

(23)　大管区指導者ボーレによる命令（1940年5月31日，NG-1672）.

(24)　Stuckart, *Rassenpflege*, S. 16.

(25)　Amtsgerichtsrat Klemm, "Spricht eine Vermutung für die Deutschblütigkeit des nicht feststellbaren Erzeugers eines von einer Jüdin ausserehelich geborenen Kindes?" *Deutsches Recht*, 1942, S. 850；および *Die Judenfrage (Vertrauliche Beilage)*, S. 50-51.

(26)　法務大臣による指令（1941年5月24日）*Deutsche Justiz*, 1941, S. 629.

(27)　帝国行政裁判所の判決（1941年6月5日）*Deutsches Recht*, S. 2413；また *Die Judenfrage (Vertrauliche Beilage)*, 1. Febr. 1942, S. 11-12にもある.

(28)　ユダヤ人の慣習では，母親の宗教が2分の1ユダヤ人の子の宗教の決め手となる.

(29)　帝国最高裁判所第三刑事部の判決，1942年8月13日（*Deutsches Recht*, 1943, S. 80）；および *Die Judenfrage (Vertrauliche Beilage)*, 1. Febr. 1943, S. 11-12.

(30)　*Deutsches Recht*, 1941, S. 1552-53で報告された，上訴を棄却して原判決を追認した区裁判所の判決．*Die Judenfrage (Vertauliche Beilage)*, 1. Sept. 1941, S. 61-63にあるシュミット＝クレヴェノフによる注釈付きの訴訟事実の概要.

(31)　*Die Judenfrage (Vertrauliche Beilage)*, 1. Nov. 1942, S. 82-83にあるケーニヒスベルク上級地方裁判所第四民事部による判決（1942年6月26日）.

(32)　帝国財政裁判所による判決（1943年2月11日），*Reichssteuerblatt*, 1943, S. 251；および *Die Judenfrage (Vertrauliche Beilage)*, 15. Apr. 1943, S. 30-31．この判例は，前述の判例と同様に，ユダヤ人女性と結婚してユダヤ教を受け入れた人びとを扱っていた.

(33)　Stuckart, *Rassenpflege*, S. 18-19.

(34)　NO-1719（1946・1・17）.

(35)　キリーの体験に関しては，Fall Nr. 11, transcript S. 23, 235-23, 267にある彼の宣誓証言参照.

(36)　Sächsisches Ministerium für Volksbildung 1281/199, 200 in Sächsisches Hauptarchiv. ヘルムート・シュミット（元西独首相）はユダヤ人の祖父ルートヴィヒ・グンペルをもっていた．しかし彼の父はグンペルの私生児で，ある夫婦の養子になり，シュミットはグンペルの経済的援助を受け，シュミット名で洗礼を受けた．養子のことはナチ時代にドイツ官憲にはもれなかった．cf. Gerrit Aust / Irmgart Stein, *Gumpel, Wenzel, Schmidt*（Hamburg, 1994）.

(37)　NG-4819（1942・7・20）.そのラマースの書簡は，食卓でヒトラーが述べた所見にもとづいて書かれていた．Henry Picker（Hrsg.）, *Hitler's Tischgespräche im Führerhauptquartier 1940-1942*（Berlin, 1951）の1942年5月10日と1942年7月1日の記載事項，S. 303, 313参照.

第5章　収用

1　免職

(1)　ヒトラーによる演説（*Völkischer Beobachter*, 1940・11・10).

(2)　詳細な統計資料に関しては，Statistisches Reichsamt, *Statistik des Deutshcen Reichs,* CDLI, Teil 5, "Die Glaubensjuden im Deutschen Reich," S. 29, 61, 66参照．また Erich Rosenthal, "Trends of the Jewish Population in Germany, 1910-1939, "*Jewish Social Studies,* 1944, pp. 255-57および Institute of Jewish Affairs, *Hitler's Ten-Year War on the Jews*（New York, 1943）, p. 7も参照.

ユダヤ教徒である政府職員の数はおよそ4,000名であった．公教育（3つの教育段階のすべて）には1,832名，司法機関には286名，鉄道および郵便行政には282名，軍隊を含めて，その他すべての政府機関には1,545名がいた.

(3)　RGB1 I, 175.

(4)　こうした行為はプロイセン・バイエルン・バーデン・ヘッセン・ヴュルテンベルク・ザクセンで行われた．cf. Adam, *Judenpolitik,* S. 46-51．また詳細な報告として cf. F. T. Birchall, German Business Protests Boycott,（*The New York Times,* 1933・3・31）pp. 1, 8.

(5)　「簡素化」については1932年春のプフントナーによる提案を参照（H. Mommsen, *Beamtentum,* S. 127-35）．プフントナーは後年の帝国内務省次官.

(6)　アダムは，ヒトラーは3月31日もしくは4月1日に行動したと述べている.cf.　Adam, *Judenpolitik,* S. 58-61.

(7)　Walter Hubatsch, *Hindenburg und der Staat*（Göttingen, 1966）, S. 375-78.

(8)　NG-3567（1947・11・21）.

(9)　Mommsen, *Beamtentum,* S. 159-63.

(10)　NG-3567（1947・11・21）.

(11)　RGB1 I. 1333. 混血児は1935年11月14日の法令に影響を受けなかった．したがって，混血児は1933年4月7日の法律の例外条項のもとで生存していたかぎりでは，在職し続けることができた.

(12)　NG-358（1939・11・17）.

(13)　NG-358（1939・11・30）.

(14)　1933年4月22日の帝国労働省令（RGB1 I, 222）.

(15)　1933年6月2日の法令（RGB1 I, 350）. cf. Florian Tennstedt, Sozialpolitik und Berufsverbote im Jahre 1933（*Zeitschrift für Sozialreform* 25, 1979）S. 129-53, 211-38.

(16)　*Deutsche Ärzteblatt,* August 19, 1933, Bd 63, S. 217-18, in Zentralarchiv. Potsdam 15. 101 RMdI 26401.
(17)　RGB1 I, 188. cf. Adam, *Judenpolitik,* S. 65-66. RGB1 I, 217, 257.
(18)　"Die Juden im deutschen Heere," *Allgemeine Zeitung des Judentums*（1910・11・25）, S. 556-59.
(19)　RGB1 I, 609.
(20)　H. G. Adler, *Der verwaltete Mensch*（Tübingen, 1974）, S. 294-95.
(21)　キリスト教への改宗者の見積数は30万人で，部分的ユダヤ人のそれは75万人であった．R 43 II/595.
(22)　RGB1 I, 661, 483, 797.
(23)　NI-7957（1947・7）.
(24)　NI-9784（1933・7・17）.
(25)　Kommission zur Erforschung der Geschichte der Frankfurter Juden, *Dokumente zur Geschichte der Frankfurter Juden 1933-1945*（Frankfurt a. M., 1963）, S. 171, 173, 174, 552. Adler, *Der verwaltete Mensch,* S. 337-39.
(26)　NI-7957（1947・7・17）.
(27)　Ernst Fraenkel, *The Dual State*（New York, 1941）, pp. 92, 95参照．契約の解消の論拠に関しては，pp. 90, 91参照．
(28)　1936年6月17日の帝国最高裁判所による判決は，Fraenkel, *The Dual State,* pp. 95-96から引用されている．
(29)　シャハト会議の概要，NG-4067（1935・8・22）参照．
(30)　1937年10月17日のI・G・ファルベン商業委員会（フォン・シュニッツラーが議長を務めた）会合の概要は NI-4862参照．
(31)　NI-11864（1945・11・17）.
(32)　RGB1 I, 627.
(33)　RGB1 I, 1580.

2　アーリア化

(1)　Cf. Esra Bennathan, Die demographische und wirtschaftliche Struktur der Juden, in ; Werner Mosse, ed., *Entscheidungsjahr 1932*（Tübingen, 1966）, S. 87-131, とくに106-108, 115, 119.
(2)　Wolfgang Höfler, *Untersuchungen über die Machtstellung der Juden in der Weltwirtschaft,* I, *England und das vornationalsozialistische Deutschland*（Vienna, 1944）, S. 216-17, 235-37.
(3)　Gunther Plum, Wirtschaft und Erwerbsleben, in ; Wolfgang Benz, ed., *Die Juden in Deutschland 1933-1945*（München, 1988）, S. 268-313．さらに2つのデパートがドイツの手中に落ちた．すなわちレオンハルト・ティーツ AG（ケルン）とルドルフ・カールシュタット AG（ベルリン）である．Johannes Ludwig, *Boycott Enteignung Mord*（Hamburg, 1989）, S. 104-27．レオンハルト・ティーツを引き継いだのは商業銀行，ドレスデン銀行，ドイツ銀行であり，アーリア化された名称は西ドイツ・カウフホフであった．
(4)　NI-10997（1947・9・13）.
(5)　NI-10998（1947・9・13）. 宣誓供述者は信用銀行のもう一人の取締役であった．
(6)　NI-4024（1938・4・9）.
(7)　Ibid.
(8)　NI-10997（1947・9・13）.
(9)　Idib.

(10)　NI-5194（1947・３・10）．フォン・シュニッツラーはＩ・Ｇの取締役で，Ｉ・Ｇ商業委員会の委員長であった．火薬工場の完全な支配権を得るために，Ｉ・Ｇはドイツ銀行の持株を買い上げなければならなかった．

(11)　NI-11870（1946・11・22）．

(12)　ユダヤ人デマゴギー防御のための中央委員会による発表（1933年３月29日，PS-2156）．

(13)　PS-2154（1933・３・31）．

(14)　オーストリアが占領されると，ウィーンにあるドイツ人の商店はその建物に「アーリア人の店」という印を付ける必要があると時折感じた．PS-3577．

(15)　G-61（1938・３・26）．

(16)　NG-2612（1936・９・９）．

(17)　NG-901（1939・６・３）．

(18)　Kommission zur Erforschung der Geschichte der Frankfurter Juden, *Dokumente zur Geschichte der Frankfurter Juden 1933-1945*（Frankfurt a. M., 1963）, S. 178-85.

(19)　NI-1880．ユダヤ人の製鋼会社ラヴァック・グリュンフェルトはもはや鉱石を購入することを許可されておらず，「それは間違いなく［ラヴァック・グリュンフェルト］株の市場価格に影響を及ぼすであろう」とロードは報告した．

また経済集団製鉄工業による部門集団および加盟会社宛の回状（1938年１月13日，NI-8058）も参照．同様に，経済集団大手輸出入貿易／部門集団製鉄製鋼貿易業による加盟会社と経済集団製鉄工業宛の回状（1938年３月28日，NI-8059）参照．ドイツは鉄鉱石の輸入国であった．

(20)　NI-13463（1941・８・６）．「主要な銀行業の得意先」の条項に関しては，NI-12319（1940・10・５）参照．

(21)　NI-6906（1938・５・７）．

(22)　*Der Volkswirt*, XII（1938・９・９）, S. 2409.

(23)　NI-1944（1937・11・30）．

(24)　Dietrich Eichholtz u. Wolfgang Schumann, ed., *Anatomie des Krieges*（East Berlin, 1969）, S. 197-98.

(25)　チェコスロバキアの商業省の建物で1939年３月21日に開かれた会議の概要（キーゼヴェターの署名がある），NI-13394．参加者の名簿は次のとおりであった．

ドイツ経済省ケスター博士，ズデーテン地方の帝国弁務官シッケタンツ博士，ドレスデン銀行のラッシェ博士およびフォン・リューディングハウゼン男爵，ドイツ銀行のレースラー博士，ポール，およびオスターヴィント，ベルリン合同金融在外支社ヴェルナー博士，ドイツ信用銀行のキーゼヴェター，バウマン博士，およびプルツ．その会議はドイツ軍がプラハに進攻してからたった１週間後に同市で開かれた．ドレスデン銀行はすでにそのごちそうを平らげていた．

(26)　1938年４月26日の法令（RGB1 I, 415）．

(27)　NI-6906（1938・５・23）．

(28)　NI-3338（1939・12・５）．

(29)　PS-1816（1938・11・12）．

(30)　NI-15625（1948・３・19）．

(31)　Ibid.

(32)　NI-5697（1938・12・29）．

(33)　NI-15625（1948・３・19）．

(34)　Ibid.

(35)　NI-13407（1939・３・23）．

(36)　会合の出席名簿および会計報告は，ヴォルツトのラッシェに宛てた書簡（1939年４月１日，NI-14473）に同封されたドイツ側の会議概要から引用されている．

(37)　NG-2887. 260万スウェーデン＝クローナは1939年３月に，電信為替レートで628,000ドルあるいは113,000ポンドに相当した.

(38)　ドイツ人は帝国外国為替法のもとで外国人とみなされるこれらの所有者たちに外貨を提供した. 1938年12月12日の外為法（RGBl I, 1734）は，外国人を非定住外国人ないしは帝国内に資産をもつ移民と定義した.

(39)　この通貨を手に入れられたのは，ヴィトコヴィッツが英国海軍に事実上すべての生産物――鋼板金――を売却していたことに起因していた. NI-9043.

(40)　NI-15550（1939・４・28）.

(41)　NI-13792, 13790（1939・４・14），

(42)　NI-9043（1939・６・15）.

(43)　Ibid（1939・６・22）.

(44)　NI-1395, 15368（1939・６・29，７・７）.

(45)　Eichholtz u. Schumann, *Anatomie des Krieges*, S. 219-20.

(46)　NI-14474（1939・６・23）.

(47)　NI-15551.

(48)　NI-15368（1939・７・７）.

(49)　NI-14473（1939・４・１）.

(50)　NI-15547（1939・７・13）.

(51)　NI-13669（1939・８・２）.

(52)　NI-15625（1948・３・19）.

(53)　NI-15678（1948・10・15）.

(54)　NI-15347（1940・１・15）.

(55)　NI-13654（1940・３・11）.

(56)　NI-13637（1940・４・６）.

(57)　NI-1853（1940・６・24）.

(58)　NI-1832（1940・７・２）.

(59)　NI-13292（1940・12・21）.

(60)　Ibid（1940・12・28）.

(61)　NI-1557（1941・６・21）.

(62)　NI-2643（1932・２・３）.

(63)　NI-15552, 15537（1948・３・19，1941・１・11）.

(64)　NI-2647（1941・11・６）.

(65)　NI-2643（1943・２・３）.

(66)　NG-2887（1944・３・31）.

(67)　NI-15575（1941・12・５）.

(68)　NI-12512（1939・４・13）.

(69)　第１回監査役会議の議事録（1939年６月10日，NI-13910）. プライガー総支配人が議長に選ばれた. その他のメンバーは次官補フォン・ハンネケン（経済省），技師ヴォルフガング・リヒター，ケルル（経済省産業課），ガーベル（経済省鉱山課），参事官ムント，ラッシェ博士，デリウス（ゲーリング工業所），それに技師ナートフであった. 1939年６月12日付の合併の記事に関しては，NI-13641参照.

(70)　アンスマン（ドイツ銀行のアーリア化の専門家）による覚書（1939年４月18日，NI-15607）.

(71)　NI-13399（1938・７・28）.

(72)　NI-15679（1948・10・15）.

(73)　NI-15607（1939・４・18）.

(74)　NI-15629（1939・5・26）.
(75)　NI-15623（1939・9・21）.
(76)　NI-15624（1939・10・16）.
(77)　NI-15638（1941・3）.
(78)　Robert H. Fetridge, "Along the Highways and Byways of Finance," *New York Times*, January 4, 1953, p. F3.
(79)　NI-899（1938・2・1）, NI-13719（1939・2・10）, NI-10086（1939・2・10）.
(80)　NG-4034（1938・9・26）.
(81)　NI-3254（1938・1・10）.
(82)　Ibid.
(83)　NI-784（1938・1・19）.
(84)　NG-4034, 4033（1938・9・26, 10・26）.
(85)　NI-15635（1939・2・17）.
(86)　NI-15637（1939・3・13）.
(87)　NI-14756（1940・3・30）.
(88)　NI-3252（1938・1・5）.
(89)　フリックによる供述（Fall Nr. 5, tr. S. 3238）.
(90)　NI-3254（1938・1・10）.
(91)　Ibid.
(92)　Ibid.
(93)　NI-3249（1938・1・19）.
(94)　NI-898（1938・1・20）.
(95)　NG-2398（1938・8・2）. ベルリンの上級税務庁は大蔵省の地方官庁であった．石炭担当の帝国委員は四か年計画庁の下位におかれた．
(96)　NI-10086（1939・2・10）. 同会合でドレスデン銀行のラッシェは税金の請求についてペチェック家と協議しようと申し出ることで大蔵省の職務を引き継ぐ試みを行った．ゲープハルトはそのような取り決めが他の大銀行を「激怒」させるという理由で拒否した．
(97)　Ibid.
(98)　NI-3364（1939・6・12）.
(99)　NI-10139（1939・6・26）.
(100)　NI-3338. このフリックとゲーリングの関係に関する率直な報告はフリックの子会社ハーペンの役員たちに読んで聞かされた．
(101)　NI-13944, 6462.
(102)　RGB1 I, 414.
(103)　RGB1 I, 415.
(104)　NI-6906（1938・5・23）.
(105)　RGB1 I, 627. その法令の草稿は，省庁間の会議の後，公表する前に，ゲーリング，労働，経済，大蔵，法務，外務の各省，首相官房，そして副総統（ヘス）へと回覧された．NG-3938参照．その法令はフリック（内務），ヘス，フンク（経済），ギュルトナー（法務）らが署名した．
(106)　NG-3937（1938・6・14）.
(107)　NG-3937,4031. 経済省の姿勢に関しては，NI-6906参照．同様に，ビンダーのゲッツに宛てた書簡（1938年5月30日，NI-6906）．ゲッツはドレスデン銀行の取締役会の会長であり，監査役会の会長でもあった．
(108)　PS-1816（1938・11・12）.
(109)　数字はオーストリアにだけ通用する．併合前，同国には25,898社のユダヤ人企業（医師や弁護士の事務所を含まない）があった．1939年の末までに21,143社が解散させられた．個々の

分野の解散の割合は次のとおりであった.

手工業経営	87%	銀行	81%
商業経営	83%	工業関係	26%
運輸業	82%	農業関係	2%

Krakauer Zeitung, 2. Dez. 1939, *Wirtschafts-Kurier-Seite*.

(110)　RGB1 I, 823.

(111)　RGB1 I, 969. ユダヤ人診療に制限されたユダヤ人医師は彼らの業務のみならず，彼らの肩書きも奪われた．それゆえに彼らは病人治療士（Krankenbehändler）といわれた．法令史については cf. ラマースの1937・8・19付書簡，プフントナーの1937・12.18付および1938・6・11付書簡（R 43 II/733)．1933年の旧帝国内におけるユダヤ人医師は5,557人，医師総数は51,007人であった．Institute of Jewish Affairs, *Hitler's Ten-Year War on the Jews* (New York, 1943), p. 7. 37年12月18日付プフントナー書簡によれば，旧帝国における歯科医16,217人のうち，ユダヤ人はわずかに606人であったが，39年1月17日の法令によって彼らの免許が奪われた（RGB1 I, 47)．33年に，歯科医総数12,120人のうちユダヤ人は1,041人であった．Institute of Jewish Affairs, *Hitler's Ten-Year War*, p. 7.

(112)　RGB1 I, 1404. 業務制限を受けた弁護士は法律相談師（Konsulenten）といわれた．こうした方策の歴史についてはクリツィンガーの38年4月12日付覚書，ラマースの38年4月23日付書簡，ギュルトナーの38年8月27日付および同年9月16日付書簡参照（R 43 II/593).

(113)　*Trial of the Major War Criminals*, IX, 278.

(114)　RGB1 I, 1580. 卸売店は強制的なアーリア化の過程から除外されたままであった.

(115)　RGB1 I, 1642.

(116)　RGB1 I, 1709.

(117)　その平均的な抵当は75パーセントであった．*Deutsche Volkswirt*（1938・7・29)，S. 2142-43 参照.

(118)　1939年6月21日の保護領法令（保護領長官フォン・ノイラートの署名がある）によって，ユダヤ人企業の譲渡は特別認可書をもつ場合だけ許されると規定された．さらに，保護領長官は「自分にふさわしいと思われる場合に」受託者を任命する権限を自らに与えた．*Verordnungsblatt des Reichsprotektors in Böhmen und Mähren*, 1939, S. 45.

(119)　NG-3802（1938・6）.

(120)　NG-1526（1938・7・21）.

(121)　PS-1816（1938・11・12）.

(122)　フランケン大管区におけるアーリア化についての陳述は地方裁判所検事長ヨエルによる覚書（1939年2月15日，NG-616）から引用されている．ゲーリングはこの執行を調査するよう特別委員会を任命した．その報告に関しては，PS-1757 参照．ゲーリングの署名がある1939年12月10日付の未公表指令は，1938年11月1日以降に完結したすべての非合法のアーリア化を法的に無効なものとした（NG-1520).

(123)　PS-1816（1938・11・12）. cf. Staatsarchiv Leipzig, file Devisenstelle Leipzig 826.

(124)　RGB1 I, 1709.

(125)　*Der Deutsche Volkswirt*（1941・2・28), XV, 820-21. 詳細な説明に関しては，*Dienstnachrichten des Reichsbauernführer*, 1941, S. 418, NG-1678 参照.

(126)　NG-4904. 1942会計年度以前の受領書はまったく表示されていない．H. Safrian/H. Witek, ed., *Und keiner was dabei*（Vienna, 1988), S. 143-57.

(127)　PS-1816（1938・11・12）.

(128)　RGB1 I, 177.

(129)　*Allgermeine Verfügung des Reichsjustizministers*, 27. März 1941, *Deutsche Justiz*, Heft 15/16, S. 459.

(130)　G-64.
(131)　Ibid.
(132)　Ibid.
(133)　Ibid. 1938年６月14日の法令によれば，1938年に株券の４分の１がユダヤ人の手にあるか，もしくは1938年１月１日時点でユダヤ人が１人でも取締役会か監査役会の一員であれば，ユダヤ人企業とみなされた.
(134)　G-59（1941・５・29）.
(135)　Ibid（1941・７・11）.
(136)　Ibid（1941・７・16）.
(137)　Ibid（1941・９・22）; Ministerialblatt des Reichswirtschaftsministeriums, 14. Jan. 1942, S. 15.

3　財産税

（１）　RGB1 I, 699, pp. 731-33.
（２）　33年７月26日のラインハルトの訓令（Zentralarchiv Potsdam, 21.01 RFM B 10136).
（３）　RGB1 I, 392.
（４）　この法律の執行の細目に関しては，Heinz Cohn, *Auswanderungsvorschriften für* Juden in Deutschland（Berlin, 1938)，S. 61-68 参照.
（５）　*Deutsche Bank*, 30. Mai 1939, S. 144-45. ドイツの慣習では，1938会計年度（すなわち1938-39年）は1938年４月１日に始まる年度を意味する.
（６）　Hans Lamm, "Über die Innere und Äussere Entwicklung des Deutschen Judentums im Dritten Reich"（Erlangen, 1951）, S. 223 にある旧帝国（1937年の国境線）についての移住統計資料. オーストリアについての移住統計はウィーン大管区の統計局による報告書（1939年12月15日，PS-1949）から算出することができる.
（７）　RGB1 I, 414.
（８）　NG-1793（1939・１・25）.
（９）　RGB1 I, 1579.
(10)　RGB1 I, 1638.
(11)　PS-3545（1938・11・15）.
(12)　39年２月７日付ヘディングによる訓令（Zentralarchiv Potsdam, 20.01 RFM B 10136).
(13)　NG-4902（1938・12・10）.
(14)　大蔵大臣シュヴェリン・フォン・クロージクによる宣誓証言（Fall Nr. 11, S. 23066). シャハトは戦後に最初の割賦金の約３分の１を「現物で」受け取ったはずであると指摘した（PS-3724).
(15)　RGB1 I, 2059.
(16)　NG-4904（1946・11・14）.
(17)　1938年会計年度総収入（*Deutsche Bank*, 30. Mai 1939, S. 144-45).
(18)　PS-3575, 3724（1938・11・19, 1945・７・11）.
(19)　ヴァルター・ドーナント課長による宣誓供述書（1948年５月20日，Krosigk-24). ドーナントは大蔵大臣フォン・クロージクの私設顧問であった.

4　凍結通貨

（１）　NG-3702（1938・７・８）.
（２）　アメリカ合衆国，カナダ，グアテマラ，エルサルヴァドル，ブラジル，エクアドル，ボリヴィア，南アフリカ連邦，パレスチナにいるユダヤ人に影響を及ぼす移住制限に関するアルブレヒト（外務省法務局）によるヒムラーに向けた報告書（1937年11月10日，NG-3236).

(3)　外国為替管理法（1938年12月22日，RGB1 I, 1851）．10マルクの限度額は相次ぐ削減の結果として生じた．それは1934年から発効した．
(4)　Cohn, *Auswanderungsvorschriften*, S. 35.
(5)　外国為替管理法（1938年12月12日，RGB1 I, 1734, Artikel 57）．
(6)　RGB1 I, 279.
(7)　*New York Times*, July 6. 1939, p. 14.
(8)　Cohn, *Auswanderungsvorschriften*, S. 37-39.
(9)　NG-1889. cf. Yehuda Bauer, *Jews for Sale?*（New Haven, Conn., 1994), pp. 5-29.
(10)　NG-4075（1937・9・22）.
(11)　NG-1889, 4075, 3580.
(12)　T 83, Roll 57.
(13)　German Federal Archives, R 7/4464.
(14)　外国為替管理法（1938年12月12日，RGB1 I, 1734）．経済省による実施令，（1938年12月22日，RGB1 I, 1851）．これらは当初の諸規則の法典化である．1939年までの通貨規則の完全な編集――専門的な注釈付き――に関しては，Regierungsrat Hans Gurski and Regierungsrat Friedrich Schulz（Hrsg.）, *Devisengesetz*（Berlin, 1941）参照．
(15)　Edward J. Condlon, "Shoppers for Foreign Exchange Benefit As Stocks Here Increase," *New York Times*, March 19. 1939, pp. 1, 5.
(16)　*Ibid*.
(17)　*Ibid*.
(18)　ゲーリング会議の議事録（1938年11月12日，PS-1816），および1939年2月11日に開かれた，ユダヤ人移住帝国本部の委員会の会合におけるハイドリヒの言及の概要（*Akten zur Deutschen Auswärtigen Politik 1918-1945*, Ser. D, Bd. V, Dok. 665）も参照．
(19)　Staatsarchiv Leipzig, file Devisenstelle Leipzig 926.
(20)　NG-1522．大使ディルクゼン（ロンドン）の外務省に宛てた1938年12月16日付の書簡（*Akten zur Deutschen Auswärtigen Politik 1933-1945*, Ser. D, Bd. V, Dok. 661）．シャハト案はハーヴァラ協定流に「資本家たち」を援助する意図をもっていなかった．その意図するところは貧しいユダヤ人の移住にたいして裕福な者の資金を，両者を追い払う過程において融通することであった．
(21)　NG-3443. フォン・フライターク＝ローリングホーフェンはチェコ人についての記事を書いたが，ドイツにたいする反撃に憤慨していた．彼は外務省に説明を求めた．アルブレヒトは1938年8月9日に次のように答えた（NG-3443）.「現実の実態の描写は，以下のことを容認することを含んでいなければならない．すなわちドイツの外国為替の情勢は，移住するユダヤ人が本国の財産を外国で相応の査定額で譲渡することは許さないということを」
(22)　NG-3702.
(23)　NG-1521, NG-1518. 数日後，リッベントロプは外務省が関与できるという条件でこの「目立たない」移住組織に合意した．NG-1532. だが，そこからはなにも起こらなかった．
(24)　帝国・保護領にいた80万人のユダヤ人の約半数が移住した（NO-5194）．

5　強制労働と賃金規制

(1)　Cf. S. Adler-Rudel, *Jüdische Sebsthilfe unter Naziregime 1933-1939*（Tübingen, 1974）S. 121-49.
(2)　たとえば，ファルケナウにあるI・ペチェック鉱業にたいするI・G・フォルベンの管財人（ケルシュテンとプレンツェルの署名がある）が209名の従業員の解雇に帰着する掃討作戦について経済省の参事官ホフマン博士に宛てた書簡（1939年1月18日，NI-11264）参照．cf. T83, roll 97.

（3） *Jüdisches Nachrichtenblatt*, Berlin, 10. Nov. 1939.
（4） "Die Juden und jüdischen Mischlinge im Dritten Reich," *Wirtschaft und Statistik*, XX, 84.
（5） RGBl I, 360.
（6） RGBl I, 1694. cf. Adler-Rudel, *Jüdische Selbsthilfe*, S. 158-82.
（7） Dieter Maier, *Arbeitseinsatz und Deportation*（Berlin, 1994）, S. 30-31.
（8） NG-1143（1941・1・9）.
（9） 夫は4カ月，妻は3カ月を言い渡された．妻のほうは42年6月6日，ラーヴェンスブリュックの女性収容所で死亡した．Staatsarchiv Leipzig, file Landgericht Leipzig（Staatsanwaltschaft） 5627.
(10) NG-1143（1940・4・30）.
(11) Dietrich Wilde, "Der Jude als Arbeitnehmer," *Die Judenfrage*, 15. Juli 1940, S. 95. 内務次官シュトゥッカートもラマースにたいする提案（1940年4月30日，NG-1143）のなかでまったく同じ結論に達していた．
(12) NG-1143（1940・4・16）.
(13) Ibid（1940・4・30）.
(14) Ibid. 詳細な地方の裁定に関しては，Oberregierungsrat Hans Küppers, "Die vorläufige arbeitsrechtliche Behandlung der Juden," *Reichsarbeitsblatt*, Teil V, S. 106-10 参照．
(15) Ibid（1941・1・3）.
(16) Ibid（1941・1・9）.
(17) RGBl I, 675.
(18) RGBl I, 681.

6　特別所得税

（1） NG-3939.
（2） NG-4030.
（3） NG-3939.
（4） NG-4030.
（5） NG-3939. 1938年の税法（RGBl I, 129）.
（6） 1939年2月17日の法令（RGBl I, 284）.
（7） 1938年に，大蔵省の官僚たちは税控除を廃止する案に没頭していた．とりわけ戦争のために盲目になった人たちが一般に享受していた盲導犬税の控除を，盲目のユダヤ人退役軍人から取り上げるべきだと提言された（NG-4030）.
（8） NG-3939.
（9） RGBl I, 1077.
(10) RGBl I, 1666. 実施の詳細に関しては，Ministerialrat Josef Oermann, *Die Sozialausgleichsabgabe*（2. Ausg. Berlin, 1944）参照．

7　配給対策

（1） NI-13359（1939・12・1）.
（2） NG-1651（1940・1・3）.
（3） NI-14581（1940・3・11）.
（4） Boris Shub（Institute of Jewish Affairs）, *Starvation over Europe*（New York, 1943）, p. 61.
（5） Richterbrief Nr. 1（ティーラックの署名がある，1942年10月1日，NG-295）.

(6)　Lamm, *Über die Entwicklung des deutschen Judentums*, S. 312 にあるフーゴー・ノトマン博士（ユダヤ人生存者）.
(7)　NG-1292（1941・4・20）.
(8)　NG-1890（1942・6・26）.
(9)　Ibid（1942・7・1）.
(10)　NG-452（1942・9・18）.
(11)　ボヘミアとモラヴィアの保護領では，「自治権のある」チェコスロヴァキア政府の農林省がすぐに先例にならった．2つの相次ぐ命令でユダヤ人は，食肉，卵，白パン，牛乳（6歳以下の児童のための4分の1リットルを除いて），果物と野菜（なま物であれ，乾物であれ，缶詰であれ），木の実，ワイン，フルーツジュース，シロップ，マーマレード，ハム，チーズ，キャンディー，魚，鶏肉の購入を禁じられた．保護領の農林省（オーバーエムプトの署名がある）による1942年12月1日付の回状，*Die Judenfrage (Vertrauliche Beilage)*, 15. Febr. 1943, S. 14-15. 保護領の農林省（ルービーの署名がある）による発表，*Die Judenfrage (Vertrauliche Beilage)*, 1. Febr. 1943, S. 10.
(12)　*Jüdisches Nachrichtenblatt*（Vienna）, 17. Mai 1943.

第6章　強制収容

1　帝国・保護領

(1)　Georg Flatow, "Zur Lage der Juden in den Kleinstädten," *Jüdische Wohlfahrtspflege und Sozialpolitik*, 1934, S. 237-45.
(2)　"Die Juden und jüdischen Mischlinge," *Wirtschaft und Statistik*, XX, 86.
(3)　*Ibid*.
(4)　G-113（1936・6・8）.
(5)　ヒトラー，フリック，ギュルトナー，ヘスが署名し，1935年9月15日の日付がある．RGB1 I, 1146.
(6)　1936年にはベルリンだけで3,861人のユダヤ人女性がユダヤ人ホームに行かされた．cf. Adler-Rudel, *Judische Selbsthilfe,* S. 131. この労働の多くはパートタイムであった．
(7)　プフントナー書簡（T 175, roll 409 ; NG-347），ヘーリング書簡（NG-347）.
(8)　NG-629（1939・2・1）.
(9)　NG-326（1937・6・12）.
(10)　Wilhelm Stuckart und Rolf Schiedmair, *Rassen-und Erbpflege in der Gesetzgebung des Reiches*（5. Ausg. Leipzig 1944）, S. 46-48. *Die Judenfrage*（*Vertrauliche Beilage*）, S. 22-24.
(11)　*Die Judenfrage*（*Vertrauliche Beilage*）, 25. Apr. 1941, S. 22-24.
(12)　NG-1066（1941・5・7）.
(13)　Ibid（1941・9・25）.
(14)　グラウ署名の法務省文書（NG-787）.
(15)　NG-787（1944・4・4）.
(16)　帝国最高裁判所による1940年12月5日付の判決（*Deutsche Justiz,* 1941, S. 225）．同様に，*Die Judenfrage (Vertrauliche Beilage)*, 10. März 1941, S. 15-16.
(17)　帝国最高裁判所による1942年11月26日付の判決（*Deutsches Recht,* 1943, S. 404）．また *Die Judenfrage (Vertrauliche Beilage)*, 15. Apr. 1943, S. 31 においても論じられた．
(18)　NG-649（1947・1・18）.
(19)　NG-649, 681, 1012, 520, 154（1947・1・18, 23, 3・14, 1946・11・23, 1942・3・

13).
(20) NG-5170 (1942・3・28).
(21) NG-520 (1946・11・23).
(22) L-152 (1941・11・3).
(23) 中世のある時期に，情交をもった異人種同士の男女は売春以上の罪を犯していると判決を下されて，生きたまま火あぶり（あるいは生き埋め）の刑に処せられた．当時，罪を犯したキリスト教徒は自らの信仰を否定したものと，言いかえれば，異端の罪を犯したものとみなされた．Guido Kisch, *The Jews in Medieval Germany* (Chicago, 1949), pp. 205-7, 465-68.
(24) 1933年4月25日の命令（ヒトラーとフリックの署名がある，RGB1 I, 255)．その法律によって少なくとも1人のドイツ人の祖父母をもつか，あるいは父親が第一次世界大戦でドイツのために前線で戦った非アーリア人はすべて割当人数から除外された．
(25) Adler-Rudel, *Jüdische Selbsthilfe,* S. 19-33.
(26) A. Götz von Olenhusen, die 'nichtarischen' Studenten an den deutschen Hochschulen, (*Vierteljahrshefte für Zeitgeschichte* 14, 1966) S. 175-206. cf. M. Steinberg, *Sabres and Brown Shirts* (Chicago, 1977), p. 28, 187n. 48.
(27) Deutsche Presse (1938年11月16日)．第1級の混血児は1942年に入学を拒否され，第2級の混血児は出席することで詰め込みすぎの一因とならなければ，学校教育を続けることが許された．*Die Judenfrage (Vertrauliche Beilage)*, 1. März, 1943, S. 17-19.
(28) PS-1816 (1938・11・12).
(29) NG-3995 (1939・12・30).
(30) *Die Judenfrage (Vertrauliche Beilage)*, 1. März 1943, S. 17-19.
(31) PS-1816 (1938・11・12).
(32) *Die Judenfrage (Vertrauliche Beilage)*, 1. März 1943, S. 17-19.
(33) PS-1816 (1938・11・12).
(34) Ibid.
(35) PS-69 (1939・1・17).
(36) "Auflösung von Mischehen nach Par. 55 EheG.," *Die Judenfrage (Vertrauliche Beilage)*, 15. Mai 1943, S. 33-36 にあるディートリヒ・ヴィルデとクレカウ博士による注釈参照．
(37) 1938年末の正確な数字は入手できないが，1942年12月31日時点で，異人種間の婚姻を結んだユダヤ人は，まだ27,744人いた．NO-5193.
(38) Zentralarchiv Potsdam, collection Reichsvereinigung, 75c, Re 1, Laufende Nr. 17.
(39) NO-5193 (1943・4・19).
(40) RGB1 I, 1146.
(41) *Juristische Wochenschrift,* 1938, S. 3405. Ernst Fraenkel, *The Dual State* (New York, 1941), p. 93の報告．
(42) RGB1 I, 864.
(43) Occ E 6a-15, Reichsbaurat Walter Uttermöhle in *Die Judenfrage (Vertrauliche Beilage)*, 1. Sept. 1941, S. 63-64.
(44) K. Kwiet, Nach dem Pogrom, in W. Benz, *Die Juden in Deutschland 1933-45* (München, 1933), S. 545-659.
(45) *Völkischer Beobachten* (1938・12・5), PS-2682.
(46) U. Adam, *Judenpolitik* S. 213, 244.
(47) NG-4697 (1939・9・15).
(48) RGB1 I, 1676.
(49) 1938年12月3日の法令，Institute of Jewish Affairs, *Hitler's Ten-Year War,* pp. 22-

23の原文.

(50)　*Jüdisches Nachrichtenblatt* (Prag), 8. Nov. 1940.

(51)　*Ibid,* 25. Juli 1941.

(52)　RGB1 I, 547.

(53)　*Jüdisches Nachrichtenblatt* (Prag), 12. Dez. 1941.

(54)　"Benutzung der Verkehrsmittel durch Juden, "*Die Judenfrage (Vertrauliche Beilage)*, 10. Dez. 1941, S. 78-79.

(55)　L-167. Jüdisches Nachrichtenblatt (Berlin), 17. Apr. 1942.

(56)　G-44, 229. *Jüdisches Nachrichtenblatt* (Prag), 13. Febr. 1942. *Die Judenfrage (Vertrauliche Beilage)*, 1. März 1943, S. 17-19.

(57)　Oltenhusen, Die 'nichtarischen' Studenten, *Vierteljahrshefte* 14 : 185.

(58)　RGB1 I, 922.

(59)　*Akten zur Deutschen Auswärtigen Politik 1918-1945*, Ser. D, Bd. V, Dok. 642 (Anmerkung).

(60)　*Akten,* Ser. D, Bd. V, Dok. 642.

(61)　*Akten,* Ser. D, Bd. V, Dok. 643 (Anmerkung).

(62)　*Ibid*. その協定にはドイツ側はベスト博士，クラウゼ，クレーニング，レーディガーが署名し，スイス側はロートムントとカペラーが署名した．スイス連邦評議会は1938年10月4日にその協定を承認した．続いて11月11日に批准書が取り交わされた．その協定にもとづいて，ドイツ政府はスイス系ユダヤ人に査証資格を課す権利を留保した．この規定が実施されたのかどうかはわからない．

(63)　旅券，警察指揮権，登記，身元確認に関して規制を行う法的権限は，ヒトラー，フリック，次官フォン・マッケンゼン（外務省），次官ラインハルト（大蔵省），次官シュレーゲルベルガー（法務省）が署名した1937年5月11日の法令によって内務省に与えられていた．RGB1 I, 589.

(64)　RGB1 I, 1342.

(65)　NG-3366 (1938・10・5).

(66)　Ibid (1938・10・11).

(67)　NI-14581 (1940・3・11).

(68)　NG-1292 (1942・9・18).

(69)　NG-902 (1933・3・6).

(70)　Zentralarchiv Potsdam, 15. 01 RMdI 27401.

(71)　RGB1 I, 9.

(72)　RGB1 I, 1044. その法令の作成者については，レーゼナーが1948年2月24日の宣誓供述書（NG-1944-A）のなかで触れている．

(73)　NG-1944-A. その完全はリストは1938年8月18日の法令のなかにある．*Ministerial-Blatt des Reichs-und Preussischen Ministeriums des Innern,* 1938, S. 1346.

(74)　Zentralarchiv Potsdam, 15.ol RMdI 27409.

(75)　Ibid.

(76)　1935年9月15日，RGB1 I, 1146.

(77)　RGB1 I, 1341.

(78)　*Deutsche Justiz,* 1937, S. 1760.

(79)　PS-1816 (1938・11・12).

(80)　NG-1111 (1941・8・14). ヒトラーの反対理由はいくぶん謎に満ちている．おそらくヒトラーは審美的な見地から刻印に反対したのだろう．

(81)　Staatsarchiv Leipzig, pp-v 64 Heil-und Pflegeanstlt Dosen. cf. D. Eichholz u. W. Schumann, ed., *Anatomie des Krieges* (East Berlin, 1969), S. 344.

(82)　NG-111（1941・8・10）.
(83)　Ibid.
(84)　Ibid（1941・8・14）.
(85)　Dok. Weizsäcker-488.
(86)　Ibid.
(87)　Fall Nr. 11, tr. S. 7636-38.
(88)　NG-1944-A（1948・2・24）.
(89)　RGB1 I, 547.
(90)　P. Eppstein の1941年9月17日および20日の覚書（microfilm roll 66, in Deutsches Zentralarchiv, Potsdam）.
(91)　Ibid.
(92)　Ibid.
(93)　NG-1672にある前述のボルマンの指令書参照.
(94)　Hans Lamm, "Über die Entwicklung des deutschen Judentums", 1951, S. 313にあるフーゴー・ノトマン博士（ユダヤ人生存者）による談話.
(95)　*Mitteilungen zur Weltanschaulichen Lage*, 15. Apr. 1942, S. 13-17, EAP 250-c-10/5.
(96)　Helmut Eschwege, *Kennzeichen J*（Berlin, 1966）S. 161-62.
(97)　*Judischen Nachrichtenblatt*, 17. Apr. 1942.
(98)　N. Stein, Oberrat der Israeliten Badens, 1922-1933, in; *Leo Baeck Institute Year Book* 1（1956）, 177-90. 財政については cf. Adler-Rudel, *Jüdische Selbsthilfe,* S. 161, 178.
(99)　Leo Baeck, In Memory of Two of our Dead, in : *Leo Baeck Year Book* 1（1956）, 51-56, 52-53.
(100)　Kreutzberger collection, AR 7183, Box 18, folder 3.
(101)　Hans-Erich Fabian, Zur Entstehung der 'Reichsvereinigung der juden in Deutschland', in ; Herbert A. Strauss u. Kurt R. Grossman, ed., *Gegenwart im Ruckblick*（Heidelberg, 1970）, S. 165-79.
(102)　Adler-Rudel, *Jüdische Selbsthilfe,* S. 9-18 ; K. Y. Ball-Kaduri, The National Representation of Jews in Germany,（*Yad Vashem Studies* 2, 1958）159-78 ; *Leo Baeck Institute Year Book* 1（1956）57-67 ; Gegenwart im Ruckblick, S. 165-79 ; Hans Tramer, ed., *In Zwei Welten*（Tel Aviv, 1962）, S. 97-105 ; *Yad Vashem Studies* 10（1974）129-48.
(103)　Lamm, *Über die Entwicklung des deutschen Judentum,* S. 98-99.
(104)　Adler-Rudel, *Jüdische Selbsthilfe,* S. 183-84.
(105)　Baker, *Days of Sorrow*, pp. 153-54.
(106)　Baeck, In Memory（*Leo Baeck Institute Year Book* 1, 1956）54.
(107)　Hahn, Reichsvertretung（In Zwei Welten）S. 101.
(108)　会合の要約は cf. Leo Baeck Institute, Reichsvertretung collection, AR 221.
(109)　Ibid.; Adler-Rudel, *Jüdische Selbsthilfe*, S. 185-86.
(110)　AR 221（1937・6・3）.
(111)　*Yad Vashem Studies* 10（1974）133-36.
(112)　AR 221 ; Hahn, *In Zwei Welten,* S. 103.
(113)　*Leo Baeck Year Book* 1（1956）61, 67.
(114)　AR 221.
(115)　*Yad Vashem Studies* 2（1958）177.
(116)　*Gegenwart im Ruckblick,* S. 169-70 ; AR 221.
(117)　RGB1 I, 1097.

(118)　NG-1944-A（1948・2・24）.

2　ポーランド

(1)　Correspondence in German Archives, R 43 I/2193. 詳細な議論については cf. Reiner Pommerin, Die Ausweisung von Ostjuden aus Bayern 1923, in : *Vierteljahrshefte für Zeitgeschichte* 34（1986）, 311-40. 追放問題はザクセンでも議論になった. cf. Sächsisches Landeshauptarchiv Dresden, File Wirtschaftsministerium 1544.

(2)　Trude Maurer, Medizinalpolizei und Antisemitismus, in : *Jahrbücher für Geschichte Osteuropas* 33（1985）, 205-230. その背景については Egmont Zechlin, *die Deutsche Politik und die Juden im Ersten Weltkrieg*（Göttingen, 1969）, S. 260-77 ; Sächsisches Landeshauptarchiv Dresden, File Wirtschaftsministerium 1546.

(3)　NOKW-3140（1939・9・10）; D-421（1939・9・13, 14）.

(4)　NOKW-1621（1938・9・18）.

(5)　NOKW-3140（1939・10・10）.

(6)　D-419（1939・11・23）.

(7)　NO-3011（1940・2・6）.

(8)　NOKW-3140（1939・9・10）.

(9)　Ibid（1939・9・20）.

(10)　Staatsanwaltschaft beim Landgericht Berlin, 3 P（K）Js 198/61, Schluss in der Strafsache gegen Beutel u. a. wegen Morde（1971・1・29）, S. 17-19. Zentrale Stelle der Landesjustizverwaltungen, Ludwigsburg.

(11)　PS-3363（1939・9・21）.

(12)　NOKW-3140（1939・9・19）.

(13)　Isaiah Trunk, *Judenrat*（New York, 1972）, pp. 21-26.

(14)　Apolinary Hartglas, How did Czerniakow Become Head of the Warsaw Judenrat?, in ; *Yad Vashem Bulletin* 15（1964）, 4-7.

(15)　Raul Hilberg, Stanislaw Staron, and Josef Kermisz, ed., *The Warsaw Dairy of Adam Czerniakow*（New York, 1979）, p. 78.

(16)　Hilberg, Staron, and Kermisz, pp. 78-83.

(17)　3 P（K）Js 198/16.

(18)　F. Redlin, Danzig löst die Judenfrage, in ; *Die Judenfrage*（1939・1・26）, S. 5 ; NG-5334. cf. Herbert S. Levine, *Hitler's Free City*（Chicago, 1973）; Erwin Lichtenstein *Die Juden der Freie Stadt Danzig*（Tübingn, 1973）; Kondad Ciechanowski, Das Schicksal der Zigeuner und Juden in den Jahren des zweiten Weltkrieges in Pommerellen, in ; paper for Main Commission for Investigation of Nazi Crimes/International Scientific Session on Nazi Genocido, Warsaw（1983・4・14-17）. 39年8月31日に残っていた約1,500人のユダヤ人のうち，少なくとも560人がまだ移住することができた. 移送はワルシャワ・ゲットー，テレージエンシュタットおよび直接に収容所に向けて行われた.

(19)　*Krakauer Zeitung*（1941・1・28）, S. 1.

(20)　Dr. Max Freiherr du Prel（Hrsg.）, *Das Generalgouvernement*（Würzburg, 1942）, S. 375-80. 同様に *Krakauer Zeitung*（随所に）および Frank diary（PS-2233）.

(21)　フランクヴェヒターとの議論の要約は，Frank diary（39年11月10日）参照（PS-2233）.

(22)　人的構成については cf. Dieter Pohl, Von der '*Judenpolitik' zum Judenmord—Der Distrikt Lublin des Generalgouvernement* 1939-1944（Frankfurt/M, 1933）, S. 37-38.

(23)　NO-29（1941・7・2）. その総督管区はときおり（冗談で）フランク王国と呼ばれた.

(24)　PS-2233（1942・3・18）.

(25)　Reichsbahnrat Dr. Peicher, "Die Ostbahn," in du Prel, *Das Generalgouvernement*, S. 80-86.

(26)　*Ibid*.

(27)　Oberlandgerichtsrat Dr. Weh, "Das Recht des Generalgouvernements," *Deutsches Recht*, 1940, S. 1393-1400. 1940年4月に，ドイツ人の鉄道職員は総督管区で9,298人，編入地域で47,272人を数えたのにたいし，一方，ポーランド人の職員は総督管区で36,640人，編入地域で33,967人を数えた．H 12/101. 2, S. 219（1940・4・11）．東部鉄道は総督管区に限定され，編入地域内の鉄道を管理運営することはなかった．

(28)　空軍将校の前でのフランクによる演説（1943年12月14日，Frank diary，PS-2233）．

(29)　Bradley F. Smith, *Heinrich Himmler: A Nazi in the Making 1900-1926*（Stanford, 1971）.

(30)　親衛隊政治については cf. Heinz Höhne, *The Order of the Death's Head*（New York, 1970）.

(31)　当初，親衛隊は党の編成隊である突撃隊の一部をなしていた（SA-13, 1933・11・6）．警察は，1936年にヒムラーのもとに配置された地方分散型の機関であった．ヒムラーはそれ以後，親衛隊全国指導者兼ドイツ警察長官であった（1936年6月17日の法令，RGB1 I, 487）．親衛隊（党行動部門）は1943年12月31日に70万人で構成されていた．1944年6月30日には80万人近くに達した．この人員の大半は実戦部隊に組織された（NO-4812）．運営組織，すなわち本部とその地方組織には39,415名の親衛隊隊員しかいなかった（D-878）．

警察は保安警察と治安警察に分かれていた．前者（ゲシュタポと刑事警察から構成されていた）には65,000人しかいなかった（PS-3033）．後者は総勢数十万人であった．空襲警備員，消防団，外国人補助警察官が加われば，治安警察の総勢は1942年末に280万人であった（NO-2861）．

戦闘部隊として戦っていた武装親衛隊および警察は帝国から給与を支払われていた．武装親衛隊単独の請求額は1943会計年度に6億5700万ライヒスマルクであった（NG-5516）．しかし，ヒムラーは自身のいくつかの「特別」計画の財源を確保するために党（党財政部長シュヴァルツ）からも資金を引き出した（NO-29）．さらに，彼は産業界から献金を受け取った（EC-453）．親衛隊の諸事業，ユダヤ人の財産を略奪するための特別協定，ユダヤ人の奴隷的労働力としての雇用といった，その他の収入源は後ほど言及されよう．

(32)　シェレンベルク供述書（11月21日，PS-3033）．ハイドリヒについては cf. Günther Deschner, *Reinhard Heydrich*（New York, 1981）.

(33)　NO-2861（1943・2・28）.

(34)　フランクの日記（PS-2861）, NO-2861（1943・2・28）.

(35)　Ibid.

(36)　帝国外の地域における文民数は，43年春には総督府における保安警察3,042人とリストされていた（Zentralarchiv Potsdam, file 07. 01 Reichskanzlei 3511）. 1940年ガリシアが加わる以前には，それはわずかに2,000人であった．40年4月22日の総督府会議については Frank diary を参照（Werner Präg u. Wolfgang Jacobmeyer, ed., *Das Diensttagebuch des deutschen Generalgouvernaeurs in Polen 1939-1945*（Stüttgart, 1975）, S. 182.

(37)　PS-2233（1942・4・21）.

追放

(38)　親衛隊が請け合ったにもかかわらず，9月に多少の移動が行われた（NOKW-129）．

(39)　PS-2233（1939・10・31）.

(40)　Ibid（1939・11・8）.

(41)　Götz Aly, "*Endlösung*"（Frankfurt/M, 1995）, S. 59-103; Susanne Heim u. Götz

Aly, *Bevölkerungsstruktur und Massenmord* (Berlin, 1991), S. 28.
(42) PS-2233.
(43) ドイツ法学学士院の国籍法委員会への付託事項のための資料（無署名）(1940年1月，PS-661)．フランクはその学士院の院長であった.
(44) PS-2233 (1940・3・4).
(45) NO-5150.
(46) NG-2490, 4698.
(47) EC-305 (1940・2・12).
(48) Ibid.
(49) PS-2233 (1940・3・4).
(50) *Dokumenty i Materialy,* III, 197-68.
(51) *Ibid*.
(52) NO-2206 (1940・3・11).
(53) PS-2233 (1940・4・12). クラカウのユダヤ人の人口は実際には1939年9月以来8万人まで増大した. Dr. Dietrich Redecker, "Deutsche Ordnung kehrt im Ghetto ein, "*Krakauer Zeitung*, 13. März 1940.
(54) *Krakauer Zeitung,* 6. Aug. 1940. Generalgouvernement Seite.
(55) *Krakauer Zeitung,* 31. Dez. 1940 / 1. Jan. 1941, GG Seite.
(56) *Krakauer Zeitung,* 17. Aui. 1940.
(57) *Krakauer Zeitung,* 31, Dez. 1940 / 1. Jan. 1941, GG Seite.
(58) *Ibid.*
(59) Apenszlak (ed.), *The Black Book of Polish Jewry* (New York, 1943), pp. 80-81.
(60) *Krakauer Zeitung,* 23. März. 1941, S. 18にあるクラカウの市長（シュミット）による発表.
(61) Yad Vashem microfilm JM 814 (1940・8・29, 12・31, 12・7).
(62) Ibid.
(63) Ibid (1941・1・11).
(64) Ibid (1941・2・28, 1941・3・6, 1941・2・27).
(65) フランクの日記，US National Archives Recod Group 238, T 992, Roll 5. cf. Pohl, *Judenpolitik,* S. 86-87.
(66) NG-1627 (1940・6・25).
(67) PS-2233 (1940・7・12).
(68) Ibid (1940・7・25).
(69) USSR-172. また PS-1950も参照.
(70) PS-2233 (1941・3・25).
(71) ヒムラー・ファイル，Ordner Nr. 94.
(72) Ibid. 親衛隊名誉隊員は制服を身につけたが，親衛隊での職務をもたなかった.
(73) Ibid.
(74) Ibid.
(75) Ibid.
(76) Ibid.
(77) ヒムラーのユーベルヘーアに宛てた1941年10月9日付の書簡（ヒムラー・フィアル，Ordner Nr. 94)．この書簡は実際にはヒムラーからの最初の返書の前に発表された.
(78) ヒムラー・ファイル，Ordner Nr. 94.
(79) *Dokumenty i Materialy,* III, 203-6.
(80) Wi / ID 1. 14.

(81)　ヒムラー・ファイル，Ordner Nr. 94.
(82)　Ibid.
(83)　Ibid.

ゲットーの設立

(84)　Order by Drechsel（1939・12・1）, in : Jüdisches Historisches Institut Warschau, *Faschismus-Getto-Massenmord*（Berlin, 1961）, S. 74-75.
(85)　*Ibid.,* S. 55-56.
(86)　*Verordnungsblatt des Generalgouverneurs* I, 1940, S. 231.
(87)　PS-2233（1939・11・10）.
(88)　*Verordnungsblatt des Generalgouverneurs,* 1939, S. 61.
(89)　*Dokumenty i Materialy,* III, 23.
(90)　"Warschaus Juden ganz unter sich," *Krakauer Zeitung,* 4. Dez. 1940, Generalgouvernement Seite.
(91)　*Verordnungsblatt des Generalgouverneurs,* 1939, S. 231.
(92)　*Verordnungsblatt des Generalgouverneurs* I, 1940, S. 45.
(93)　*Verordnungsblatt des Generalgouverneurs,* 1939, S. 72.
(94)　Trunk, *Judenrat,* S. 29-35.
(95)　*Ibid.,* S. 8-10, 28.
(96)　*Ibid.,* S. 32-33.
(97)　Hartglas, Czerniakow, in : *Yad Vashem Bulletin* 15（1964）.
(98)　Dr. Dietrich Redecker, "Deutsche Ordnung kehrt im Ghetto ein," *Krakauer Zeitung,* 13. März 1940.
(99)　Emanuel Ringelblum, *Notitsn fun Varshever Ghetto*（Warsaw, 1952）, p. 291, フリードマンが英訳で引用したものとして，*Martyrs and Fighters,* pp. 81-82. リンゲルブルムは歴史家であり，ドイツ人に殺された．彼の手記は戦後発見された．
(100)　Solomon Bloom, "Dictator of the Lodz Ghetto, "*Commentary,* February, 1949, pp. 113, 115.
(101)　PS-2233（1940・2・6）.
(102)　Ibid（1940・5・30）.
(103)　OFK 393（1941・11・8）, Polen 75022/17.
(104)　Philip Friedman, "The Jewish Ghettos in the Nazi Era, "*Jewish Social Studies,* 1954, p. 80. *Dokumenty i Materialy,* III, 35-49.
(105)　*Krakauer Zeitung,* 16. Okt. 1940, Generalgouvernement Seite.
(106)　PS-2233（1941・1・15）.
(107)　*Krakauer Zeitung,* 23. März 1941, S. 18.
(108)　*Krakauer Zeitung,* 30. März 1941, S. 8 にあるルブリン総督ツェルナーによる宣言書．
(109)　*Krakauer Zeitung,* 6. Apr. 1941, S. 5.
(110)　Yad Vashem microfilm JM 1489.
(111)　*Krakauer Zeitung,* 8. Apr. 1941, S. 6.
(112)　*Krakauer Zeitung,* 15. Nov. 1941, S. 5.
(113)　Wi/ID 1. 2（1942・5・7）.
(114)　Friedman, "Jewish Ghettos," *Jewish Social Studies,* 1954, p. 83.
(115)　Aly, *"Endlösung"* S. 80.
(116)　*Dokumenty i Materialy,* III, 26-31.
(117)　ドイツ人の統治のためにユダヤ人評議会が用意したらしい（1940年5月1日から1942年6

月30日までの）ウーチのゲットーに関する統計報告書（Lodz Ghetto Collection Nr. 58).

(118) *Dokumenty i Materialy,* III, 35-37.

(119) 1940年2月8日付の警察命令（*Dokumenty i Materialy,* III, 38-49).

(120) *Dokumenty i Materialy,* III, 83-84.

(121) ゲットーを警備する部隊は保護警察に所属した．保護警察派遣隊にたいする「見かけたら直ちに射殺せよ」という指示に関しては，ウーチ保護警察署長コイック大佐による命令書（1941年4月11日，*Dokumenty i Materialy,* III, 86-87）参照．

(122) *Dokumenty i Materialy,* III, 92-94, 100-101.

(123) Cf. Präg u. Jacobmeyer, ed., *Diensttagebuch,* S. 167.

(124) *Ibid.,* S. 142.

(125) Cf. Yad Vashem microfilm JM 814.

(126) Cf. Hilberg, Staron, and Kermisz, eds., *Warsaw Diary,* p. 87.

(127) Frank diary（1939・11・7）, PS-2233.

(128) *Faschismus-Getto-Massenmord,* S. 108-13.

(129) Hilberg, Staron, and Kermisz, ed., *Warsaw Diary,* p. 130.

(130) *Ibid.,* p. 134.

(131) *Faschismus-Getto-Massenmord,* S. 108-13.

(132) Hilberg, Staron, and Kermisz, ed., *Warsaw Diary,* p. 174.

(133) Frank dairy（1940・9・6）, PS-2233.

(134) Ibid.（1940・9・12）, PS-2233.

(135) Hilberg, Staron, and Kermisz, ed., *Warsaw Diary,* p. 201.

(136) *Ibid.,* pp. x-xi.

(137) *Faschismus-Getto-Massenmord,* S. 108-13.

(138) Zentrale Stelle der Landesjustizverwaltungen, Ludwigsburg, Polen 365c, S. 58.

(139) Yad Vashem microfilm JM 1113（1940・12・2）.

(140) Ibid.（1941・11・8）.

(141) そのようなゲットー＝タウンの記述に関しては，Gustav Andraschko, “Das fiel uns auf in Szydlowiec......!” *Krakauer Zeitung,* 21. Juni 1941, S. 6-7参照．

(142) ワルシャワの統計資料はイザヤ・トゥルンクによってワルシャワのユダヤ史研究所の公文書から引用され，「ワルシャワのゲットーの疫病」と題された論文で彼が発表した（*YIVO Annual of Jewish Social Science,* VIII, p. 87)．ワルシャワのゲットーにおける共同住宅の密集状態に関する数字は，シュトロープ（ワルシャワの親衛隊・警察指導者）によるクリューガーに宛てた1943年5月16日付の報告書（PS-1061）のなかで裏づけられた．シュトロープは27,000戸の共同住宅にはそれぞれ平均2.5部屋あると述べている．ヒムラーファイル，Ordner Nr. 94.

(143) *Krakauer Zeitung,* 27. Nov. 1941, Generalgouvernement Seite.

(144) *Dokumenty i Materialy,* III, 177-79.

(145) PS-2233（1941・10・17）.

(146) US Holocaust Research Institute Archives RG 53. 004（State Archives of Grodno Oblast）, Roll 6, Fond 12, Opis 1, Folder 5.

(147) クラコフの壁の写真を見よ（*Krakauer Zeitung,* 18. März 1941, S. 5).

(148) Stadthauptman of Lvov/Construction Office/Streets（signed Honeck）to Governor/Forest Division, August 24, 1941, Lvov Oblast Archives, Fond 37, Opis 4, Folder 62.

(149) Yad Vashem JM 1489（1941・12・11).

(150) *Dokumenty i Materialy,* III, 172.

(151) NG-1514, 1528（1941・2・24，2・7）.

(152) Trunk, *Judenrat*, S. 270-71.

(153) 商学士ハンス・ビーボフのゲットー管理責任者への任命やその他の人事問題に関しては，ビーボウのドイツ労働戦線地方支部リックマースに宛てた1940年4月30日付の書簡，およびビーボウの市長マーダー博士に宛てた1940年11月12日付の書簡（*Dokumenty i Materialy,* III, 253, 256-57）参照．商学士は商科大学の学士号であった．

(154) *Krakauer Zeitung,* 1. Mai 1941, S. 6 ; 18. Mai 1941, S. 6 ; 21. Mai 1941, S. 5. *Der jüdische Wohnbezirk*（「ユダヤ人居住区」）はワルシャワ在住のドイツ人が「ゲットー」にたいして用いた婉曲語法であった．

(155) Hilberg, Staron, and Kermisz, ed., *Warsaw Diary,* pp. 115, 131, 143.

(156) Yad Bashem microfilm JM 1112（1941・3・15）.

(157) Trunk, *Judenrat,* S. 354, 360-64.

(158) *Ibid.,* S. 55-60.

(159) ウーチのゲットーのユダヤ人評議会の組織図（1940年8月20日，Wi/ID 1. 40）にもとづいた．ウーチのユダヤ人評議会とその管轄区の記録文書（イディッシュ語の）はニューヨーク市YIVO研究所にあるウーチのゲットーコレクションに保管されている．ウーチのゲットー事務局の記述に関しては，Bendet Hershkovitch, "The Ghetto in Litzmannstadt（Lodz）," in the *YIVO Annual of Jewish Social Science,* 1950, V, 85-122も参照．

(160) 以下の委員会は1940年12月末に存在した．病院，保健，労働，社会福祉，人事，会計検査，金融，経済，苦情処理．加えて貿易や工業に関する重要な委員会はゲットーにおける原料の割当や食料の分配に関する方策を執行した．Yad Vashem microfilm JM 1113（1940・12・13-19, 20-26）.

(161) Hilberg, Staron, and Kermisz, ed., *Warsaw Diary,* pp. 262-63.

(162) *Ibid.,* pp. 264-67.

ゲットーの維持

(163) Präg u. Jacobmeyer, *Diensttagebuch,* S. 346.

(164) *Ibid.,* S. 261.

(165) Zentralarchiv Potsdam, 21. 01 RFM B 6159（1941・6・10）．この書簡のなかでヴィンクラー（東部管財本部）も，彼が1941年4月1日にした約束はもはや効力をもたないと述べている．

(166) ヘディング覚書（1940・8・29, Zentralarchiv Potsdam, 21. 01 RFM B 3060）.

(167) Präg u. Jacobmeyer, *Diensttagebuch,* S. 360.

(168) *Ibid.,* S. 343, 360.

(169) *Ibid.,* S. 360-61.

(170) *Ibid.,* S. 361.

(171) *Ibid.,* S. 343-45. cf. Hilberg, Staron, and Kermisz, ed., *Warsaw Diary,* pp. 229-30.

(172) Yad Vashem microfilm JM 1112（1941・4・30）.

(173) Trunk, *Judenrat*, S. 236-58, 282-83.

(174) Hilberg, Staron, and Kermisz, ed., *Warsaw Diary,* pp. 320-21. cf. Aleksander Ivanka *Wspomnienia skarbowca 1927-1945*（Warsaw, 1964）, p. 536. イヴァンカはポーランドの市行政機関の会計係で，しばしばチェルニアコフと話をしていた．

(175) Yad Vashem microfilm JM 1112（1942・3・4）.

(176) Biuletyn Zydowskiego Institutu Historycznego No. 74（April-June, 1970）: 103-5.

(177) Hilberg, Staron, and Kermisz, ed., *Warsaw Diary,* p. 291.

(178) Cf. *Ibid.,* pp. 117, 119-20.

(179) *Ibid.,* p. 231 ; Yad Vashem microfilm JM 814（1941・3・7）.

(180)　Ibid., 1113 (1941・1・11).
(181)　Ibid., 1112 (1941・11・24).
(182)　Ibid.

押収

(183)　Announcement (signed Göring), November 1, 1939, *Deutscher Reichsanzeiger und Preussischer Staatsanzeiger,* No. 260.
(184)　*Ibid.* ヴィンクラーは以前，帝国信託長官であった．Affidavit by Winkler, September 9, 1947, NI-10727.
(185)　この事務所は，東部中央信託局が創立された2週間後の11月15日に設立された．以下参照，Plodeck, "Die Treuhandverwaltung im Generalgouvernement," in du Prel, ed., *Das Generalgouvernement* (Würzburg, 1942), pp. 110-14.
(186)　Testimony by Bühler (Staatssekretär, Generalgouvernement), in *Trial of the Major War Criminals,* XII, 67.
(187)　RGBl I, 1270, この命令は少し遅かった.
(188)　*Krakauer Zeitung,* Nobember 26-27, 1939, *Wirtschafts-Kurier* page. 以下も参照，Draft directive by OKH/GenQu/Z(W), mid-September, 1939, Wi/I. 121.
(189)　*Verordnungsblatt des Generalgouverneurs* I, 1940, p. 23.
(190)　*Ibid.,* p. 31.
(191)　非公認の争いについて，以下参照，Letter by Brigadeführer Schäfer to Lodz press, January 17, 1940, *Dokumenty i materialy,* vol. 3, pp. 63-64. シェーファーはユダヤ人に，接収官に正式の押収命令書を提示させ，もし必要ならば警察を呼ぶ権限も与えた.
(192)　Unsigned memorandum dated June 16, 1940, *ibid.,* 52-54.
(193)　参照，Order by Gouverneur Zörner for establishment of the Lublin ghetto, March 24, 1941, *Krakauer Zeitung,* March 30, 1941, p. 8. ツェルナーは，ユダヤ人に，彼らの余分な財産を，信託局のルブリン支部に提出するよう指令した.
(194)　ポーランド人の財産も押収されたことは，指摘しておかなければならない．帝国編入地域で，ドイツ人はポーランド人が土地，不動産，企業，そしてとりわけ総督府へと追い出されていったポーランド人の「放棄した」財産を押収した．参照，Decree of September 17, 1940, RGBl I, 1270. 総督府では，ポーランド人の財産は，「政治的または経済的必要性」がある場合のみ，押収の対象になった．参照，Dr. Helmut Seifert (Trusteeship Division, Generalgouvernement) in *Krakauer Zeitung,* October 11, 1942, p. 11.
(195)　"Die Haupttreuhandstelle Ost," *Frankfurter Zeitung,* February 22, 1941, NI-3742.
(196)　"Textilzentrum Litzmannstadt," *Donauzeitung* (Belgrade), January 14, 1942, p. 6; および *Frankfurter Zeitung,* February, 22, 1941, N742.
(197)　Office of the Regierungspräsident in Kalisz (signed Weihe) to Oberbürgermeister in Lodz, Polizeipräsident in Lodz, Oberbürgermeister in Kalisz, Landräte, and Regierungspräsident Außenstelle in Lodz (Moser), March 4, 1940, *Dokumenty i Materialy,* vol. 3, pp. 67-68.
(198)　Polizeipräsident Schäfer (Lodz) to newspapers in Lodz, January 17, 1940, *ibid.,* 63-64.
(199)　Affidavit by Winkler, August 15, 1947, NO-5261.
(200)　Himmler-Winkler agreement, February 20, 1940, NG-2042.
(201)　Agreement between Greifelt and Winker, 1940, NO-5149. (ポーランド人とユダヤ人の) 農業関係の財産の管理は，すべて幕僚本部に移された．Greifelt-Winkler agreement, NO-5149. Affidabit by Greifelt, July 1, 1947, NO-4715. 以前の「自由都市」ダンツィヒにお

けるポーランド人とユダヤ人の不動産は，町のために，市長リプケによって押収された．この処置は，「自由都市」が1939年9月4日（ドイツによる占領の4日後）に急いで通した「命令」にもとづいたものであった．参照，Memorandum by Maass (Finance Ministry), August 14, 1941, on Danzig conference of May 27, 1941, NG-1669.

(202) オーバーシュレジエンでは，カトヴィッツ行政地区の参戦者企業の受け皿会社が，当初総額500万ライヒスマルクを受け取った．*Krakauer Zeitung,* March 23, 1941, p. 14.

(203) Affidavit by Standartenführer Herbert Hübner (Stabshauptamt representative in the Warthegau), May 29, 1947, NO-5049.

(204) Ostbank report of 1941 for the stockholders, NI-6881.

(205) Staatssekretär Stuckart to Regierungspräsidenten in the incorporated territories, June 12, 1940, NG-2047.

(206) Document NO-5149.

(207) Informationsdienst der Gruppe Handel in der Hauptgruppe Gewerbliche Wirtschaft und Verkehr in der Zentralkammer für die Gesamtwirtschaft im GG. April 7, 1944, Polen 75027/4. このフォールダーの戦後の所在地は，Federal Records Center, Alexandria, Virginia.

(208) I. G. Farben report, July 28, 1939, NI-9155. このような会社のうちでたった1社，シュピルフォーゲル博士の会社だけが，ユダヤ人所有の会社だった．この会社をI・G・ファルベンが迅速に獲得したことについて，参照，Documents NI-8457, NI-2749, NI-1093, NI-8380, NI-1149, NI-8373, NI-8397, NI-8378, NI-707, NI-8388, NI-7371, NI-6738, and NI-7367.

(209) The Gouverneur of the districht of Warsaw (Fischer) to the Staatssekretär, Generalgouvernement, report for June and July, 1942, dated August 15, 1942, on pp. 12-13, Occ. E 2-3.

(210) ワルシャワにおける初期の解体について，参照，Statistical Bulletin No. 1 of the Jewish Council, May 3, 1940, in Datner, "Dzialalnosc", *Biuletyn* 73 (January-March, 1970): 107. ゲットー設置に起因する閉鎖について，参照， Announcement by Stadthauptmann Dr. Wendler of Czestochowa, undated, Yad Vashem microfilm JM 1489.

(211) *Die Judenfrage,* March 10, 1941, p. 35.

(212) Report by Trusteeship office (*Abteilung Treuhand-Aussenstelle*), Warsaw districht, for October 1940, November 8, 1940, Yad Vashem microfilm JM 814.

(213) Summary of remarks by Ministerialdirigent Dr. Emmerich in Generalgouvernement economic conference under chairmanship of Frank, October 31, 1940, Frank diary, PS-2233. 次も参照，Report by Warsaw Trusteeship Office of Nobember 8, 1940, Yad Vashem microfilm JM 84. 在庫売却による収入は，事務所に融資をしている銀行の3つの口座に入れられ，ユダヤ人の繊維・皮革・毛皮などの処分による金の領収と記された．

(214) ヴィンクラーによれば，東部中央信託局は，15億ライヒスマルク集めた．しかし，この数字は，ユダヤ人財産と同様にポーランド人財産の価値も含んでいるし，総督府における押収額を解く鍵にはならない．Affidavit by Winkler, September 9, 1947, NI-10727.

(215) Trunk, *Judenrat*, pp. 282-83.

(216) *Ibid.*, p. 245. シュミット＝ミュスターマン会社への累積債務は，1941年から1942年7月7日までに130万ライヒスマルク以上に増大した．これの詳細は，同社の1942年7月8日年の計算書を参照，Zentral Stelle Ludwigsburg (Akten Auerswald), Polen 365d, p. 303; Entries by Czerniakow for December 2, 1941, and January 13, 1942, in Hilberg, Staron, and Kermisz, eds., *Warsaw Diary,* pp. 304, 314-15.

(217) 参照，Delivery certificate No. 200 from Izrael First (Economic Division) to Kommissar, June 20, 1942, Yad Vashem microfilm JM 1112.

(218)　Auerswald to SS and Police Leader in Warsaw, December 27, 1941, in Zentrale Stelle Ludwigsburg, Polen 365d, pp. 288-89. アウアースヴァルトの報告によると，チェルニアコフは免除をしつこく迫りながら，アウアースヴァルトに，ラドムでは評議会メンバーや医者やユダヤ人治安隊員は，自分の毛皮を差し出さなくてもよいとか，ウーチでは食料配給の形の補償が約束されたとか，話した．他方，チェルニアコフは，(アウアースヴァルトの話によると) 協力の姿勢を見せながら，ユダヤ人はポーランド人と一緒に毛皮を保管するだろうと指摘し，アウアースヴァルトに，ポーランド人も自分たちの毛皮をあきらめなくてはならなくなる，との噂を流すように助言した．

(219)　参照，Czerniakow's entries for December 25, 1941, to January 5, 1942, in Hilberg, Staron, and Kermisz, eds., *Warsaw Diary*, pp. 309-12, and subsequent entries, *passim*. ユダヤ人警察の長シェリンスキーは，ポーランド人警官に保管してもらうために毛皮を秘匿した疑いで逮捕された．参照，Czerniakow's entry for May 2, 1942, *ibid.*, p. 349.

(220)　参照，Correspondence in Akten Auerswald, Zentrale Stelle Ludwigsburg, Polen 365d, pp. 286-97.

(221)　Memorandum by Kriminal Oberassistent Richter, undated (probably fall of 1940), *Dokumenty i Materialy*, vol. 3, pp. 96-98.

(222)　Memorandum by Kriminaldirektor Zirpins (chief of Criminal Police in Lodz) on his discussion with Biebow, October 23, 1940, *ibid.*, pp. 100-101.

(223)　Memorandum by Himmler, March 5, 1942, NG-3333.

労働の搾取

(224)　Report by Armament Economy Inspectorate Ober-Ost (comprising all of occupied Poland), October 28, 1939, Wi/ID 1.49.

(225)　*Krakauer Zeitung*, February 4-5, 1940, GG page; May 19-20, 1940, GG page.

(226)　*Verordnungsblatt des Generalgouverneurs*, 1939, p. 6.

(227)　それ以外のことはそのとき実行できなかった．参照，Report by Krüger in GG conference of December 8, 1939, Frank diary, PS-2233.

(228)　Entries by Czerniakow for October 19-20 and November 2, 1939, in Hilberg, Staron, and Kermisz, eds., *Warsaw Diary*, pp. 84, 86-87.

(229)　*Verordnunbsblatt des Generalgouverneurs*, 1939, pp. 246-48.

(230)　Czerniakow to Plenipotentiary of the District Chief for the City of Warsaw (Leist), May 21, 1940, Yad Vashem microfilm JM 1113.

(231)　Entry by Czerniakow for March 3, 1940, in Hilberg, Staron, and Kermisz, eds., *Warsaw Diary*, p. 123.

(232)　参照，Report by Dr. Dietrich Redecker about the Krakow *Judenrat* in *Kraukauer Zeitung*, March 13, 1940.

(233)　"Die Juden im Generalgouvernement," *Die Judenfrage*, August 1, 1940, pp. 107-08.

(234)　以下の内容である，Interview of Frank by correspondent Kleiss of the *Völkischer Beobachter*, February 6, 1940, Frank diary, PS-2233.

(235)　参照，Letter of Stadthauptmann Schmid of Krakow to the Krakow Judenrat, May 8, 1940, in *Gazeta Zydowska* (Krakow), July 23, 1940. シュミットは，ユダヤ人評議会に，乱暴な労働徴発の事例をすべて報告するよう，要請した．

(236)　Lasch to Labor offices in the district, November 28, 1941, Lvov Oblast Archives, Fond 35, Opis 12, Folder 76.

(237)　Krüger in summary of conference of December 8, 1939, Frank diary, PS-2233.

(238)　この要求は，保安警察司令官シュトレッケンバッハがユダヤ人評議会への統制権を要請し

た会議の席上で，再び提出された．Summary of conference of May 30, 1940, Frank diary, PS-2233.

(239) *Ibid.*

(240) Reichshauptamtsleiter Dr. Frauendorfer, "Aufgaben und Organisation der Abteilung Arbeit im Generalgouvernement," *Reichsarbeitsblatt,* 1941, pt. 5, pp. 67-71.

(241) Trunk, *Judenrat,* p. 256.

(242) 参照，Czerniakow's entries for November 13, 1939, and May 10 and 24, 1940, in Hilberg, Staron and Kermisz, eds., *Warsaw Diary,* pp. 89, 148, 153.

(243) Czerniakow to Leist, May 21, 1940, Yad Vashem microfilm JM 1113. クラカウ，ウーチ，ルブリンにおける労働免除金に関して，参照，Trunk, *Judenrat,* pp. 250, 252, 253.

(244) Summary, dated August 9, 1940, of Generalgouvernement conference on Jewish labor held on August 6, Yad Vashem document 06/11.

(245) Report by Kreishauptmann Brandt for August, 1940, September 10, 1940, Yad Vashem microfilm JM 814.

(246) Report for August 1940 by Stadthauptmann of Czestochowa (Wendler), September 14, 1940, JM 814.

(247) Report by Hauptsturmführer Wisliceny, July 12, 1941, T 175, Roll 584. 1942年1月までにシュメルトは，ユダヤ人女性を労働に徴用した．参照，Schmelt to Merin (President of Sosnowiec Jewish Council), January 15, 1942, *Faschismus-Ghetto-Massenord,* p. 232.

(248) 労働部隊は，ゲットーが閉鎖された後でさえ，存在し続けた．いくつかのゲットーでは，労働部隊が毎日往復できるように通過証が発行されていた．参照，Article in *Krakauer Zeitung* entitled "Jüdisches Wohnviertel auch in Kielce," April 8, 1941, p. 6. 労働部隊の他にも，少数の個人が，ゲットー外の軍の設備に雇われた．これは，小規模労働活用と呼ばれた．参照，Memorandum by Militärbefehlshaber im Generalgouvernement/Chef des Generalstabes, October 15, 1942, NOKW-132.

(249) Halder diary, February 5, 1940, and February 24, 1940, NOKW-3140.

(250) Gouverneur Lublin/Interior Division/Population and Welfare to Generalgouvernement Main Division Interior/Population and Welfare (attention Dr. Föhl), October 21, 1940, *Dokumenty i Materialy,* vol. 1, pp. 220-21.

(251) *Krakauer Zeitung,* December 17, 1940, Generalgouvernement page. これらのユダヤ人は，長靴もはかずに膝まで水につかり，ヒルにすいつかれながら1日に8～10時間働いた。Report by Warsaw Judenrat/Referat Arbeitslager, end of 1940, in Jüdisches Historisches Institut, *Faschismus-Ghetto-Massenmord,* pp. 218-20. ワルシャワのユダヤ人はルブリンに送られた．

(252) *Krakauer Zeitung,* April 18, 1941, p. 5

(253) Report by Wisliceny, July 12, 1941, T 175, Roll 584.

(254) Affidavit by Rudolf Schönberg (Jewish survivor), July 21, 1946, PS-4071.

(255) Office of the *Regierungspräsident* in Lodz (signed Regierungsrat von Herder) to Ghettoverwaltung in Lodz, October 28, 1940, enclosing summary of conference held unter chairmanship of Moser on October 18, 1940, *Dokumenty i materialy,* vol. 3. pp. 102-04.

(256) Entries by Czerniakow, September 6 and 28, 1940, in Hilberg, Staron, and Kermisz, eds., *Warsaw Diary,* pp. 194, 202

(257) Von Herder to Ghettoverwaltung, October 28, 1940, enclosing conference summary of October 18, 1940, *Dokumenty i materialy,* vol. 3, pp. 102-04. この会議の出席者は，行政副長官モーザー博士，バウアー参事官，警察長官アルベルト，副市長マルダー博士，モルデ

ンホーヴァー博士，ゲットー管理局長ビーボウ，フォン・ヘルダー参事官であった．

(258) *Krakauer Zeitung,* December 17, 1940, Generalgouvernement page. 総督府における民族ドイツ人の補助隊は，自警団の中や，特別任務隊の中に組織された．前者は，治安警察司令官の下に置かれ，後者は，元来は郡管区長の統制下にあったが，後に治安警察司令官の統制下に移った．*Ibid.,* May 21, 1940; August 16, 1940; April 9, 1941, Generalgouvernement page; Frank diary, PS-2233. ヒムラーの戦車よけの塹壕プロジェクトは，一部，ディルレヴァンガー特殊部隊（信頼をおけない人物からなる特別な親衛隊の部隊）によって護衛を受けた．Globocnik to Berger, August 5, 1941, NO-2921.

(259) Labor Ministry memorandum, May 9, 1941, NG-1368.

(260) Affividat by Schönberg (survivor), July 21, 1946, PS-4071.

(261) *Krakauer Zeitung,* December 17, 1940, Generalgouvernement page.

(262) Report for August 1940 by Kreishauptmann Weihenmaier of Zamosc (Lublin district), September 10, 1940, Yad Vashem microfilm JM 814.

(263) Report of inspection trip to Belzec by Major Braune-Krikau (Oberfeldkommandantur 379), September 23, 1940, T 501, roll 213. この収容所へ食料を提供したのは，ルブリンのユダヤ人評議会であった．

(264) Affividat by Schönberg, July 21, 1946, PS-4071.

(265) 労働管理官の指令の詳細については，参照，Labour Ministry memorandum of May 9, 1941, NG-1368.

(266) Gouverneur Lublin/Interior Division/Population and Welfare to Generalgouvernement Main Division Interior /Population and Welfare, attention Dr. Föhl, October 21, 1940, *Dokumenty i materialy,* vol. 1, pp. 220-21.

(267) Memorandum by Technischer Kriegsverwaltungsintendant Merkel on conversation with Biebow, March 18, 1941, Wi/ID 1.40.

(268) Report by Rüstungsinspektion XXI, covering October 1, 1940, to December 31, 1941, pt. 2, pp. 33-34 Wi/ID 1.20. ウーチからの最初の移送は，1942年1月に始まったが，ゲットーは1944年の夏まで存続した．

(269) Report by Bischof to Auerswald for April 1942, dated May 5, 1942, Yad Vashem microfilm JM 1112.

(270) 参照，Bischof's monthly reports in JM 1112.

(271) 参照，Bischof's report for November 1949, JM 1112.

(272) Proclamation by the Kommissar für den jüdischen Wohnbezirk (signed Auerswald), August 1, 1941, *Amtlicher Anzeiger für das Generalgouvernement,* 1941, p. 1329. ユダヤ人個人企業は，ワルシャワのゲットーの中だけで稼動していたわけではない．参照，Letter by Jewish Kultusgemeinde/Office of the President in Sosnowice, Upper Silesia, to David Passermann Füllfeder-Reparaturwerkstatt Sosnowitz, March 21, 1941, in Natan Eliasz Szternfinkel (ed.), *Zaglada Zydow Sosnowca* (Katowice, 1946), pp. 63-64.

(273) 参照，Bischof's Monthly reports for July and August 1942, Yad Vashem microfilm JM 1112.

(274) 参照，Bischof's report for December 1941 and January 7, 1942, JM 1112.

(275) Meisen (Warsaw district *Amt für Preisverwaltung*) to Oberregierungsrat Dr. Schulte-Wissermann (*Amt für Preisbildung*) in Staatssekretariat, Generalgouvernement, April 4, 1942, enclosing report for March, JM 1112.

(276) Summary of Generalgouvernement conference of October 15, 1941, Frank diary, National Archives Record Group 238, T 992 Roll 5.

(277) Summary of Generalgouvernement police conference of June 18, 1942, Frank

diary, National Archives Record Group 238, T 992, Roll 7.

(278) Memorandum by Bischof on meeting with Fischer, May 8, 1941, JM 1112.

(279) Table in Emanuel Ringenblum, *Polish-Jewish Relations During the Second World War,* ed. Josef Kermisz and Shmuel Krakowski (New York, 1976), footnote on pp. 71-72.

(280) Czerniakow's entry for that date, in Hilberg, Staron, and Kermisz, eds, *Warsaw Diary,* p. 378.

(281) Office of the Oberbürgermeister (signed Schiffer) to Rumkowski, April 30, 1940, *Dokumenty i materialy,* vol. 3, pp. 74-75.

(282) Diary of Oskar Rosenfeld (undated entry in a mid-1942 notebook), *Wozu noch Welt,* ed. Hanno Loewy (Frankfurt/M, 1994), p. 115.

(283) *Krakauer Zeitung,* August 26, 1942, p. 5.

(284) Bernard Goldstein, *The Stars Bear Witness* (New York, 1949), p. 91. May Berg, *Warsaw Ghetto* (New York, 1945), pp. 55, 65, 87, 111.

(285) Photographs of rikshas in *Krakauer Zeitung,* May 18, 1941, p.5, and in *Donauzeitung* (Belgrade), November 22, 1941, p. 8.

(286) Carl W. Gilfert, "Ghetto Juden und Ungeziefer gehören zusammen" *Donauzeitung* (Belgrade), November 22, 1941, p. 8.

(287) *Rüstungsinspektion* GG to OKW/Wi Rü/Rü IIIA, covering July 1, 1940 to December 31, 1941, May 7, 1942, p. 153, Wi/ID 1.2.

(288) *Krakauer Zeitung,* January 23, 1942, p. 5 ; April 10, 1942, p. 4 ; April 24, 1942, p. 5; June 10, 1942, p. 5 ; July 24, 1942, p. 5. ビーボウが「ヨーロッパ最大の洋服屋」とか「ドイツ最大の仕事場」と呼んだウーチ・ゲットーについて，参照，Memorandum by Merkel, March 18, 1941, Wi/ID 1.40; and pt. 2 of report by Rüstungsinspektion XXI, covering October 1, 1940 to December 31, 1941, pp. 33-34, and Anlage 6, Wi/ID 1.20. ウーチ・ゲットー工場とその製品のカラー写真は，参照，Hanno Loewy and Gerhard Shoenberner, eds., *"Unser einziger Weg ist Arbeit" —Das Ghetto in Lodz* (Frankfurt/M and Vienna, 1990) pp. 112-33.

(289) Verbatim remarks by Frank in conference of main division chiefs, September 12, 1942, Frank diary, PS-2233.

食料統制

(290) Summary of Lodz ghetto conference (signed by Palfinger of the *Ernährungs- und Wirtschaftsstelle Ghetto*), October 25, 1940, *Dokumenty i materialy,* vol. 3,pp. 241-42. このゲットー食料・経済事務所は，のちにゲットー管理局に形を変えた.

(291) Biebow to Gestapo Lodz (attention Kommissar Fuchs), March 4, 1942, *ibid*., vol. 3, pp. 232-35.

(292) Summary of Generalgouvernement conference, January 15, 1941, Frank diary, PS-2233.

(293) Kommandantur Warschau (signed von Unruh) to Militärbefehlshaber, Generalgouvernement, May 20, 1941, Polen 75022/5. このフォールダーの戦後の所在地は，Federal Records Center, Alexandria, Va.

(294) Memorandum by Bischof, May 8, 1941, Yad Vashem microfilm JM 1112.「黙認されている密輸」に関する軍の報告は，Kommandantur Warschau (signed von Unruh) to Militärbefehlshaber in Generalgouvernement, August 21, 1941, Polen 75022/6, T 501, roll 217.

(295) Czerniakow's entry of June 3, 1941, in Hilberg, Staron, and Kermisz, eds., *Warsaw Diary,* pp. 245-46. パルフィンガーはワルシャワに移る前にウーチで働いた．ワルシャワでは外国為替事務所でシェーンのもとにいた．

(296) Summary of Generalgouvernement conference, October 14 to 16, 1941, Frank diary, National Archives Record Group 238, T 992, Roll 5. この会議の抜粋（フィッシャーの提案は含まれていない）は，PS-2233. ゲットーのユダヤ人は，食物の密輸という闇行為をしたり，空いた土地を野菜畑に変えたりして，食料供給を増加させようとした．Berg, *Warsaw Ghetto,* pp. 59-62, 112, 116, 130, 134; Goldstein, *The Stars Bear Witness,* pp. 75-78.

(297) このウーチの食料コントロールの描写の出典は，Article by Bendet Hershkovitch, "The Ghetto in Litzmannstadt (Lodz)," *YIVO Annual of Jewish Social Science,* 5 (1950), 86-87, 104-05. 入ってきた食料品の小包は，ゲットー警察によって押収された．食料品の密輸と郵送小包は，許されなかった．ユダヤ人の長老ルムコフスキが，ユダヤ人が自分の配給分に完全に依存することを望んだからである．*Ibid.,* p. 96.

(298) Biebow to Gestapo Office Lodz (att. Kommissar Fuch), March 4, 1942, *Dokumenty i materialy,* vol. 3, 243-45.

(299) Biebow to Ventzki, April 19, 1943, *ibid.,* pp. 245-48. 1942年末に1000個の卵が配布されたとき，ユダヤ人評議会の無名の年代史家はこれを，「知られなかった」食料として言及した．Danuta Dabrowska and Lucjan Dobroszycki, eds., *Kronika Getta Lodzkiego* (Lodz, 1966), vol. 2, pp. 588-89.

(300) Entries for January 12, 14, 15, and 16, and February 26, 1944. タイプ書きの原稿をドブロシツキ博士の好意によって閲覧した．

(301) Czerniakow's entry of December 6, 1941, in Hilberg, Staron, and Kermisz, eds., *Warsaw Diary,* p. 305.

(302) Isaiah Trunk, "Epidemics in the Warsaw Ghetto," *YIVO Annual of Jewish Social Science,* 8 (1953): 94. トルンクが数字を取った出典は，Ringelblum Archives No. 1193; 他の闇市場価格は，Berg, *Warsaw Ghetto,* pp. 59-60, 86, 116, 130-31.

(303) Report by Czerniakow for March 1942, Zentrale Stelle Ludwigsburg, Akten Auerswald, Polen 365e, pp. 588-603.

(304) Diary of Stanislaw Rozycki, in *Faschismus-Ghetto-Massenmord,* pp. 152-56.

(305) Entry by Czerniakow, January 6, 1942, in Hilberg, Staron, and Kermisz, eds., *Warsaw Diary,* p. 312.

(306) Report by Czerniakow for January 1942, Polen 365e pp. 546-59.

(307) Auerswald's report of September 26, 1941, Yad Vashem microfilm JM 1112.

(308) Trunk, *Judenrat,* pp. 356, 382; Ysrael Gutman, *The Jews of Warsaw* (Bloomington, Ind., 1982), p. 436.

(309) Leonard Tushnet, *The Uses of Adversity* (New York, 1966), p. 62ff. 著者はアメリカの医師で，彼の本は，ワルシャワ・ゲットーの医学的局面の研究である．

(310) Hilberg, Staron, and Kermisz, eds., *Warsaw Diary,* p. 232.

ゲットーにおける病気と死

(311) 1941年10月18日の総督府の会議でのヴァイゼンエッガーのコメント，Präg and Jacobmeyer, eds., *Diensttagebuch,* pp. 432-34.

(312) Memorandum by Biebow, June 3, 1941, *Dokumenty i materialy,* vol. 3. p. 184.

(313) Dr. Marder (Office of the Oberbürgermeister) to Ghettoverwaltung, July 26, 1941, *ibid*., p. 186.

(314) Uebelhoer to Landräte, Oberbürgermeister in Kalisz, and Polizeipräsident in

Lodz, August 16, 1941, *ibid*., p. 187.

(315) Goldstein, *The Stars Bear Witness,* p. 73.

(316) Berg, *Warsaw Ghetto,* p. 117.

(317) Trunk "Epidemics in the Warsaw Ghetto," pp. 107-12. 1941年6月に，ゲットーの中で封鎖された家の数は，179軒であった．Trunk, citing Ringelblum Archives No. 223, p. 107.

(318) Berg, *Warsaw Ghetto,* p. 85.

(319) Entry of January 13, 1944. ドブロシツキ博士が収集している草稿.

(320) Generalgouvernement/Main Division Propaganda, consolidated weekly reports by the district propaganda divisions for March, 1942 (marked "Top Secret—to be destryed immediately"), report by the Warsaw Division, March 21, 1942, Occ E 2-2. また，参照，Reports by a survivor and the Polish underground in Friedman, *Martyrs and Fighters,* pp. 59, 62-63.

(321) Friedman, *Martyrs and Fighters,* pp. 56-57.

(322) 引用は，Julian Fliederbaum, "Clinical Aspects of Hunger Disease in Adults," in Myron Winick, ed., *Hunger Disease* (New York, 1979), pp. 11-36, at p. 24. 1942年ワルシャワ・ゲットーの他の医師による描写も同じ巻にある.

(323) Goldstein, *The Stars Bear Witness,* p. 74.

(324) Czerniakow's entry of May 21, 1941, in Hilberg, Staron, and Kermisz, eds., *Warsaw Diary,* p. 239

(325) Statstics from Lodz Ghetto Collection, No. 58, p. 23.

(326) Monthly statistics for 1941 in report by Czerniakow to Auerswald, February 12, 1942, in Zenrale Stelle Ludwigsburg, kten Auerswald, Polen 365e, pp. 560-71, at p. 563. 年間死亡率は10.44パーセントであった．移送の始まる前の1942年1月から6月の間，月間平均は，1.2パーセントであった．その期間の月間絶対数のデータは，*Faschismus-Ghetto-Massenmord,* p. 138.

(327) 1941年と1942年前半におけるウーチ・ゲットーの男女の死亡率は，3対2だった．ワルシャワ・ゲットーの1941年の比率は17対12，1942年前半は17対13だった．1941年と1942年前半におけるウーチの男性の死亡率は女性のそれのほぼ2倍だった．Lodz Ghetto collection, No. 58, p. 21, Czerniakow to Auerswald, February 12, 1942, Polen 365e, p. 563, and monthly reports by Czerniakow in Polen 363e, pp. 546-59, 573-641.

(328) Lods Ghetto collection, No. 58, pp. 23, 26.

(329) Report by Warsaw Propaganda Division, March 21, 1942, Occ E 2-2.

(330) ウーチ行政のファイルからのタイプ書きの人口データのコピーは，Yad Vashem, folder 06/79.

(331) ユダヤ人評議会がまとめた1939年9月から1942年11月の月間統計は，Fliederbaum, "Clinical Aspects," in Winick, ed., *Hunger Disease*, p. 35 にある．1941年の同じ月間総計と，別の区分の衰弱死に関して，Czerniakow's report of February 12, 1942. 評議会による1942年の月間報告は，他の詳細なデータをのせた総数も載せている.

(332) 親衛隊の統計官コルヘアは，移送のためといえないユダヤ人人口の欠損を，ドイツ支配下に入った時から1942年12月31日までの期間，帝国編入領（ビアウィストクを含む）で334,673人，総督府（ガリツィアを含む）で427,920人と計算している．Korherr to Himmler, April 19, 1943, NO-5193. 実際，この数は約75万人の犠牲者と解釈されうるが，このうち，約50万人はゲットー化の以前および最中に死亡し，残りの大多数は，とくにビアウィストクとガリツィアでは，ゲットー解体作戦で殺害された.

第7章　移動殺戮作戦

1　準備

(1)　Franz Halder, *Kriegstagebuch,* ed. Hans Adolf Jacobsen, 3 vols. (Stuttgart, 1962-64), vol. 2, pp. 32-33.

(2)　Testimony by Gisevius, *Trial of the Major War Criminals,* XII, 168-73, 181. ギゼヴィウスは1933年にゲシュタポにいた.

(3)　Heydrich, "Aufgaben und Aufbau der Sicherheitspolizei im Dritten Reich," in Hans Pfundtner (ed.), *Dr. Wilhelm Frick und sein Ministerium* (Munich, 1937), p. 152.

(4)　Dr. Ludwich Münz, *Führer durch die Behörden und Organisationen* (Berlin, 1939), p. 95. 予算の都合から，この新しい本部は内務省の下に置かれた.

(5)　Order by Himmler, September 27, 1939, L-361.

(6)　第4局は,「敵の探索と撲滅」, 第5局は「犯罪撲滅」の部局であった. 国内情報（第3局）は「ドイツ生活領域」と名づけられていた.

(7)　行動部隊の全史は，参照，Helmut Krausnick and Hans Heinrich Wilhelm, *Die Truppe des Weltanschauungskrieges* (Stuttgart, 1981). この本の第1巻（pp. 12-279）はクラウスニックの執筆で，行動部隊全体の発展と作戦行動を扱い，第2巻（pp. 279-643）はヴィルヘルムの執筆で，行動部隊Aの研究である.

(8)　*Kriegstagebuch des Oberkommandos der Wehrmacht* (*Wehrmachtführungsstab*) *1940-1945,* ed. Percy Schramm and Hans-Adolf Jacobsen (Frankfurt am Main, 1965), vol. 1, pp. 340-42.

(9)　Directive by OKW/L (signed Keitel), March 13, 1941, NOKW-2302. 以下も参照, Account by Walter Warlimont, *Im Hauptquartier der deutschen Wehrmacht 1939-1945* (Frankfurt am Main, 1962), pp. 166-87; Warlimont's Interrogation of October 25, 1962, by prosecution of Landgericht Munich II, Case Wolff, 10a Js 39/60, Z-Prot II/vol. 3, pp. 842-47, Zentrale Stelle der Landesjustizverwaltungen, Ludwigsburg. 移動部隊そのものの使用は先例のないものではない. 参照, HStuf. Schellenberg to Obf. Jost, September 13, 1938, USSR-509, on committing two Einsatzstäbe to Czechoslovakia. 行動部隊は，1939年にポーランドに現われ，小さい保安警察分隊は，1940年に西に急いで派遣された. シュトレッケンバッハによると，行動部隊はイギリスに向けて計画され，2個部隊はバルカンでの戦闘で使われた. Interrogation of Bruno Streckenbach, November 13, 1962, Case Wolff, Z-Prot. II/vol. 3, pp. 977-87.

(10)　Halder, *Kriegstagebuch,* ed. Jacobsen, vol. 2, pp. 303, 311.

(11)　Text of draft, dated March 26, 1941, enclosed in letter by Wagner to Heydrich, April 4, 1941; copies to OKW/Abwehr (Canaris) and OKW/L (Warlimont), NOKW-256.

(12)　Affidabit by Schellenberg, November 26, 1945, PS-3710. Statement by Ohlendorf, April 24, 1947, NO-2890. 最終協定の文面は見つかっていない.

(13)　主として，人員は人力が最も簡単に節約できる役所から取られた. Interrogation of Streckenbach, Case Wolff, Z-Prot II/vol. 3, pp. 977-87. 仕事の指定の手続きの詳細は，参照，Krausnick, *Die Truppe des Weltanschauungskrieges,* pp. 141-50. アイヒマンは，映画館での大きな会合に出席し，そこで出動部隊の長の名前が呼び出されたことを思い出した. 参照, Eichmann's testimoy at his trial, session 102, July 19, 1961, pp. H1, I1.

(14)　行動部隊Aの本部と第2出動部隊のスタッフの分類について，参照，Wilhelm, *Die*

Truppe des Weltanschauungskrieges, pp. 290-93.

(15)　Affidavit by Otto Ohlendorf, March 4, 1947, NO-2409.

(16)　Affidavit by Ohlendorf, July 14, 1946, SD(A)-44.

(17)　Interrogation of Ernst Biberstein, June 29, 1947, NO-4997.

(18)　Affidavit by Eugen Steimle, December 14, 1945, NO-3842.

(19)　Affidavit by Waldemar Klingelhöfer, September 17, 1947, NO-5050.

(20)　行動部隊Aについて，参照，Wilhelm, *Die Truppe des Weltanschauungskrieges*, pp. 281-85.

(21)　Affidavit by Adolf von Bomhard (*Kommandoamt,* Order Police), July 13, 1946, SS (A)-82. 1941年には，それは第９大隊で，1942年には，第３大隊だった．Hans-Joachim Neufeldt, Jürgen Huck, and Georg Tessin, *Zur Geschichte der Ordnungspolizei 1936-1945* (Koblenz, 1957), pt. II, p. 97 ; Krausnick, *Die Truppe des Weltanschauungskrieges,* pp. 146-47. 治安警察中隊は，作戦行動の開始後に到着した．行動部隊C（当時はBという名だった）に関して，参照，RSHA IV-A-1, Operational Report USSR No. 8 (25 copies), June 30, 1941, NO-4543. 中隊は，出動部隊に分かれて入ったので，各部隊が受け取ったのは，せいぜい分隊であった．

(22)　解体した親衛隊第14歩兵連隊の第１大隊から．Krausnick, *ibid.*

(23)　Report by *Einsatzgruppe A,* October 15, 1941, L-180.

(24)　行動部隊Cについて，参照，Tabulation of the forces under Higher SS and Police South as of August 19, 1941, T 501, Roll 5. オーレンドルフは行動部隊Dの人数を400人から800人と言っている．Affidavits by Ohlendorf, November 5, 1945, PS-2620, and August 27, 1947, NO-2890.

(25)　Affidavit by Schellenberg, November 20, 1945, PS-3710.

(26)　Affidavit by Ohlendorf, November 5, 1945, PS-2620. オーレンドルフの信憑性と，ユダヤ人殺害を出発前に命令されたと証言する他の人の信憑性が疑問に付されているのは，Alfred Streim, *Die Behandlung sowjetischer Kriegsgefangener im "Fall Barbarossa"* (Heidelberg, 1981), pp. 74-93.

(27)　Summary of interrogation of Karl Jäger, June 15, 1959, in Landeskriminalamt Baden-Württenberg, Sonderkommission/Zentrale Stelle, 1/3-2/59. イェーガーは1959年に自殺した．

(28)　Affidavit by Wilhelm Förster (driver, Einsatzgruppe D), October 23, 1947, NO-5520. 指令が明白かどうかは，演説を聞く側の階級に関連したようだ．参照，Affidavit by Walter Blume, June 29, 1947, NO-4145（ここには，ユダヤ人の絶滅のことをハイドリヒとシュトレッケンバッハが作戦部隊の司令官に言及したことが示されている）; Affidavit by Robert Barth, September 12, 1947, NO-4992（ここでは，集まった隊員にハイドリヒが行ったもっと一般的な演説が思い出されている）; Krausnick, *Die Truppe des Weltanschauungskrieges,* pp. 150-72.

(29)　Draft of June 28, 1941, PS-78.

(30)　Heydrich to Jeckeln von dem Bach, Prützmann, and Korsemann, July 2, 1941, German Federal Archives R 70/SU 32.

(31)　Order by Lt. Col. Mas Montua, passing on the order of Higher SS and Police Leader von dem Bach, July 11, 1941, Military historical Institute, Prague, Collection Polizei Regiment Mitte A-3-2-7/1, Karton 1. しかし，さまざまな場所で出動部隊は，自分たちにユダヤ人男性全員を射殺する権限があると感じていた．こうして，ダウガフピルスでは第１b出動部隊は，ラトヴィア人の対独協力者が身元確認をしたユダヤ人男性の全員を射殺した．RSHA IV-A-1, Operational Report USSR No. 24 (33 copies), July 16, 1941, NO-2938.

(32)　Notation in the file of the Mounted Battalion of the 1st SS Cavalry Regiment, August 1, 1941, German Federal Archives, RS 38/36, and notaion in the file of the Mounted Battalion of the 2d SS Cavalry Regiment, August 1, 1941, T 354, Roll 168.

(33)　Affidavit by Erwin Schulz, May 26, 1947, NO-3644. 2年以上あとの1943年10月6日，ヒムラーは党高官を相手の演説の中でこう言った.「われわれに疑問が生じた. それは女や子どもをどうするかである. ここでも私は明確な解答を見つけることに決心した. 男を根絶する（つまり他の言葉で言えば，男を殺すとか殺させる）権利を持っているとか，子どもの中に人格化された復讐者を，われわれの子や孫のために大人にすることは考えなかった.」T 175, Roll 85.

(34)　RSHA IV-A-1, Operational Report USSR No. 133 (60 copies), November 14, 1941, NO-2885. 発言はモギリョフに関してである.

(35)　参照, Reports of Feldkommandantur 528(V) to Sicherungsdivision (Security Division) 221, September 1 and 13, 1941, about the town of Rogachev, T 315, Roll 1672; Military correspondence about Belaya Tserkov in Helmut Krausnick and Harold Deutsch, eds., *Helmut Groscurth: Tagebuch eines Abwehroffiziers* (Stuttgart, 1970), pp. 88-91, 534-42.

(36)　Report by Oberkriegsverwaltungsrat von Winterfeld of the 454th Security Division/VII for August 16 to September 15, 1941, dated September 28, 1941, German Federal Archives R 94/26.

2　第一波

(1)　この概数の出典は，American Joint Distribution Committee, *Report* for 1939, pp. 31-38, and *Report* for 1940, pp. 19, 27.

(2)　Solomon M. Schwarz, *The Jews in the Soviet Union* (Syracuse, 1951), p. 15 は，ウクライナとベラルーシの1939年の国勢調査を引用している. ロシア共和国の概数は，1926年の国勢調査にもとづいたものであるが，これを引用しているのは，Peter-Heinz Seraphim, *Das Judentum im osteuropäischen Raum* (Essen, 1939), pp. 716-18.

(3)　Schwarz, *The Jews in the Soviet Union*, p. 16.

(4)　Arthur Ruppin, *Soziologie der Juden* (Berlin, 1930), vol. 1, pp. 348, 391, 398, 401.

(5)　Seraphim, *Das Judentum im osteuropäischen Raum*, pp. 716-18.

戦略

(6)　Summary report by Einsatzgruppe A to October 15, 1941, L-180. この報告はさまざまなデータを含んでゆうに100ページを超えている. 40部準備されたが，これは明らかに国家保安本部のために書かれたものである. 一般に，最初のシュターレッカーの報告として言及されており，続く総括と異なっている.

(7)　RSHA IV-A-1, Operational Report USSR No. 8 June 30, 1941, NO-4543.

(8)　RSHA IV-A-1, Operational Report USSR No. 128, November 3, 1941, NO-3157.

(9)　RSHA IV-A-1, Operational Report USSR No. 97, September 28, 1941, NO-3145.

(10)　RSHA IV-A-1, Operational Report USSR No. 19, July 11, 1941, NO-2934.

(11)　11th Army AO to 11th Army Ic, September 22, 1941, NOKW-1525.

(12)　11th Army Ic/AO (Abwehr III), signed by Chief of Staff Wöhler, to Einsatzgruppe D, August 8, 1941, NOKW-3453. 反パルチザン戦は，「保安警察の仕事である」. Bgf. Stahlecker (Einsatzgruppe A) to Himmler, October 15, 1941, L-180.

(13)　War Diary, 17th Army/Operations, December 14, 1941, NOKW-3350. 命令はこう言っている.「参謀長の命令により，アルテモフスクにおける対ユダヤ人作戦は，前線状況がはっきりするまで，延期される.」第17軍の司令官は，ヘルマン・ホート中将であった. 行動部隊C

はこの地域で行動していた.

(14)　Stahlecker report to October 15, 1941, L-180.

(15)　Report by Staf. Jäger, December 1, 1941, Zentrale Stelle der Landesjustizverwaltungen, Ludwigsburg, UdSSR 108, film 3, pp. 27-38. このような方法でリトアニアを制圧するために，イェーガーは，SS中尉ハーマンを長とした8から10人の襲撃部隊を組織していた. この襲撃部隊は，毎日カウナスから遠隔地に派遣され，その地で検挙や射殺をする時に，土地のリトアニア人の支援を受けた. また，隣のラトヴィアでは，第2出動部隊が前線の背後に置かれていた. 1941年10月までに，主要な射殺が起こったのは海岸地域（リエパヤとリガ）や，中央部（イェルガヴァ），シャウリャイ（シャヴリ，シャウレン）周辺のリトアニア地域である. Stahlecker Report to October 15, 1941, L-180. 第2出動部隊は，ラトヴィア人の特殊部隊によって増員されたが，このラトヴィア人部隊は，法的な訓練と警察の経験を持ったラトヴィア人，ヴィクトル・アライスを長として，(結局，各3分隊からなる中隊2個）の100人以上からなっていた. Indictment of Arajs by prosecutor with Landgericht Hamburg, 141 Js 534/60, May 10, 1976, pp. 55-66, and judgment of Hamburg court in Arajs case, (37) 5/76, December 21, 1979.

(16)　RSHA IV-A-1, Operational Report USSR No. 148, December 19, 1941, NO-2824.

(17)　RSHA IV-A-1, Operational Report USSR No. 123, October 24, 1941, NO-2832.

(18)　RSHA IV-A-1, Operational Report USSR No. 81, September 12, 1941, NO-3154.

(19)　RSHA IV-A-1, Operational Report USSR No. 135, November 19, 1941, NO-2832.

(20)　*Ibid.* たいていのユダヤ人は，クレメンチュクとポタヴァからも逃げだしていたと報告された. RSHA IV-A-1, Operational Report USSR No. 111, October 12, 1941, NO-3155.

(21)　RSHA IV-A-1, Operational Report USSR No. 106, October 7, 1941, NO-3140.

(22)　RSHA IV-A-1, Operational Report USSR No. 101, October 2, 1941, NO-3137.

(23)　Kharkov Oblast Archives, placards collection and Fond 2982, Opis 1, Folder 232, and Opis 3, Folder 16. 以下も参照，Report ot the military Stadtkommandantur of Kharkov, August 20, 1942, T 501, Roll 34（この報告は町の中に1人のユダヤ人もいないと訴えている）.

(24)　RSHA IV-A-1, Operational Report USSR No. 95, September 26, 1941, NO-3147. RSHA IV-A-1, Operational Report USSR No. 101, October 2, 1941, NO-3137.

(25)　Report by Ortskommandantur I/853 in Melitopol, October 13, 1941, T 501, Roll 56.

(26)　Ortskommandantur I/853 in Mariupol to Commander, Army Rear Area (Korück) 533, October 29, 1941, T 501, Roll 56.

(27)　Ortskommandantur I/853 in Simferopol to Korück 533, December 14, 1941, T 501, Roll 56.

(28)　Stahlecker report to October 15, 1941, L-180. さらに，5,000人の非ユダヤ人が殺された.

(29)　RSHA IV-A-1, Operational Report USSR No. 133, November 14, 1941, NO-2825.

(30)　RSHA IV-A-1, Operational Report USSR No. 156, January 16, 1942, NO-3405. 総数の中には非ユダヤ人が何人か含まれている.

(31)　RSHA IV-A-1, Operational Report USSR No. 145, December 12, 1941, NO-2828.

(32)　RSHA IV-A-1, Operational Report USSR No. 19, July 11, 1941, NO-2934. RSHA IV-A-1, Operational Report USSR No. 26, July 18, 1941, NO-2941. シュターレッカーの報告では，ティルジット部隊は5,500人を殺したと言っている. Stahlecker to Himmer, October 15, 1941, L-180.

(33)　Order by Commander, Rear Army Group Area South, Ic (signed von Roques), July 14, 1941, NOKW-2597. RSHA IV-A-1, Operational Report USSR No. 43, August 5,

1941, NO-2949. RSHA IV-A-1, Operational Report USSR No. 56, August 18, 1941, NO-2848. RSHA IV-A-1, Operational Report USSR No. 58, August 29, 1941, NO-2846, RSHA IV-A-1, Operational Report USSR No. 66, August 28, 1941, NO-2839. RSHA IV-A-1, Operational Report USSR No. 67, August 29, 1941, NO-2837. RSHA IV-A-1, Operational Report USSR No. 78, September 9, 1941, NO-2851.上に挙げた報告は，3つの出動部隊の作戦行動をすべてカバーしているわけではないが，17,887人の犠牲者を挙げている．

(34)　この3個の警察連隊は，侵攻前に，ロシア北部，中部，南部の上級親衛隊・警察長官の使用のためにつくられた．参照，Report by major Schmidt von Altenstadt, May 19, 1941, NOKW-486. 1941年の占領下ソ連では連隊の大きさの警察部隊は他になかった．この3個の親衛隊旅団とそれより小さい部隊は，当初，親衛隊作戦部隊幕僚部の勢力であり，1941年6月半ばにつくられた．1941年6月28日時点で，幕僚部はヒムラー個人に服属した．参照，Facsimile of the War Diary of the Kommandostab for 1941 in Fritz Baade et al., eds. *Unsere Ehre heißt Treue* (Vienna, 1965), pp. 1-91, or in the U. S. Holocaust Research Institute Archives, Record Group 48.004 (Military Historical Institute, Prague), Roll 1. このロールとロール2にも，旅団の報告と，中部警察連隊の第322大隊の資料とが収められている．旅団の任務と動きについては，作戦部隊幕僚部の戦陣日記を見よ．以下も参照，Assignment of the SS Cavalry Brigade to von dem Bach as of July 28, 1941, in German Federal Archives, NS 19/3489.

(35)　RSHA IV-A-1, Operational Report USSR No. 92, September 23, 1941, NO-3143. 軍の野戦憲兵隊もこの行動に参加した．

(36)　RSHA IV-A-1, Operational Report USSR No. 133, November 14, 1941, NO-3137.

(37)　Order by Lombard, August 1, 1941, German Federal Archives in Freiburg, RS 4/441.

(38)　Lombard to 1st Cavalry Regiment, August 11, 1941. この資料は，*Unsere Ehre heißt Treue*　の編者によって発見されず，アメリカのホロコースト調査研究所文書館の記録(Record Group 48.004)を写真にとったユダヤ人チームも発見しなかった．これは，オーストリア特別調査隊によってプラハに収められた．ファイルの番号は，SIU 3995, SIU 3576 である．

(39)　Report by Magill for July 27- August 11, 1941, dated August 12, 1941, facsimile in *Unsere Ehre heißt Treue,* pp. 217-20.

(40)　Final report of the Cavalry Brigade on actions in the Pripet Marshes (signed Fegelein), September 18, 1941, US Holocaust Research Institute Archives RS 48.004 (Military Historical Institute, Prague), Roll 1.

(41)　OGruf. Jeckeln to 6th Army, copies to Himmler, Army Group Rear Area South (General von Roques), Commander of 6th Army Rear Area (Generalleutnant von Puttkammer), and Chief of the Order Police Daluege, August 11, 1941, NOKW-1165.

(42)　RSHA IV-A-1, Operational Report USSR No. 59, August 21, 1941, NO-2847.

(43)　RSHA IV-A-1, Operational Report USSR No. 80, September 11, 1941, NO-3154. 以下も参照，Radio messages from Fegelein to the Kommandostab, August 27-29, 1941, in US Holocaust Research Institute Archives RG 48.004 (Military Historical Institute, Prague), Roll 1.

(44)　RSHA IV-A-1, Operational Report USSR No. 88, September 19, 1941, NO-3148, and report by Jeckeln, September 1, 1941, US Holocaust Research Institute Archives RG 48.004 (Military Historical Institute, Prague), Roll 1.

(45)　RSHA IV-A-1, Operational Report USSR No. 101, October 3, 1941, NO-3137, and report by Jeckeln, September 28 and 30, and October 1, 1941, US Holocaust Research

Institute Archives RG 48.004 (Military Historical Institute, Prague), Roll 1. キエフにおける治安警察の役割がとても顕著だったので，第4a出動部隊は，キエフの行動以外では14,000人のユダヤ人を「外部の援助なく始末した」と報告しなくてはならないと感じるほどだった. RSHA IV-A-1, Operational Report USSR No. 111, October 12, 1941, NO-3155.

(46)　Report by Feldkommandantur 240/VII for the period September 15–October 15, 1941, Yad Vashem document 0-53/6. 第4a特殊部隊の報告では，1941年10月13日，イェッケルンによってこの町で1万人が殺害された. 参照，RSHA IV-A-1, Operational Report USSR No. 135, November 19, 1941, NO-2832.

(47)　Reports in US Holocaust Research Institute Archives RG 48. 004 (Military Historical Institute, Prague), Roll 1. この旅団について，参照，*Unsere Ehre heißt Treue,* pp. 93-206. イェッケルンの行った殺害の8月の総数は，44,125人で，「ほとんどユダヤ人」だと報告された. RSHA IV-A-1, Operational Report USSR No. 94, September 25, 1941, NO-3146.

(48)　RSHA IV-A-1, Operational Report USSR No. 143, December 8, 1941, NO-2827.

(49)　Draft report (winter 1941-42) Einsatzgruppe A, PS-2273.

(50)　大管区指導者クーベが議長となったミンスクの会議で，ホフマンSS少佐が中止の理由として凍結した地面のことを挙げている. US Holocaust Research Institute Archives RG 22. 03 (Belarus Central State Archives), Roll 11, Fond 370, Opis 1, Folder 53.

(51)　場所は，国家保安本部第四局A－1課の作戦行動報告のほとんどすべてに書いてある.

移動殺戮部隊との協力

(52)　RSHA IV-A-1, Operational Report USSR No. 14, July 6, 1941, NO-2940.

(53)　Ohlendorf via Stubaf. Gmeiner to 11th Army Ic/AO (received and initialed by Chief of Statt Wöhler), September 8, 1941, NOKW-3234.

(54)　Stahlecker Report to Himmler, October 15, 1941, L-180

(55)　これと軌を一にする考え方は，参照，Letter by Gen. Eugen Müller (OKH morale Chief) to commanders of Army Group Rear Areas, North, Center, and South, July 25, 1941, NOKW-182. ミュラーはこの手紙の中で，「ユダヤ・ボリシェビキ体制の担い手」は，いまドイツ軍の後方で全面的なパルチザン戦を始めていると警告していた.

(56)　国防軍が，いかに信じやすかったかの例として，何の証拠もないのに，キエフでの大火事を起こしたのはユダヤ人だ，と簡単に説き伏せられた話が挙げられる. RSHA IV-A-1, Operational Report USSR No. 97, September 28, 1941, NO-3145. 続く行動部隊の報告では，この火事は，いわゆる破壊大部隊——戦争初期にサボタージュ活動でロシア人が使った一種のパルチザン——によって起こされたことが明らかになっている. RSHA IV-A-1, Operational Report USSR No. 127, October 31, 1941, NO-4136.

(57)　RSHA IV-A-1, Operational Report USSR No. 21, July 13, 1941, NO-2937. RSHA IV-A-1, Operational Report USSR No. 73, September 4, 1941, NO-2844.

(58)　RSHA IV-A-1, Operational Report USSR No. 38, July 30, 1941, NO-2951.

(59)　たとえば，第6軍の第99歩兵師団に関して，参照，Reports by 99th Division Ic, September 27 and 29, 1941, NOKW-1294. また，参照，3rd Company of 683rd motorized Feldgendarmerie Battalion to Feldkommandantur 810, November 2, 1941, NOKW-1630. 野戦憲兵隊(Feldgendarmerie)とは，秘密野戦警察(Geheime Feldpozei)と混同してもらっては困るが，軍の警察であって，その多くの人員は，治安警察から引っ張ってきたものであった.

(60)　War diary, 17th Army Ic/AO, September 22, 1941, NOKW-2272. 第17軍の司令官は，ハインリヒ・フォン・シュテュルプナーゲル歩兵隊大将であった.

(61)　XXX Corps Ic to 11th Army Ic, August 2, 1941, NOKW-650. Sonderkommando 10a (OStubaf. Seetzen) to Einsatzgruppe D, August 3, 1941, NOKW-586.

(62)　Ortskommandantur Armyansk to Korück 553/Qu in Simferopol, November 30, 1941, NOKW-1532.

(63)　17th Army Ic/AO (signed by Stülpnagel) to corps commandes, with copy to Commander of Southern Army Group Rear Area, July 30, 1941, NOKW-1693. コムソモールというのは，共産党の青年組織である．

(64)　Order by Southern Army Group Rear Area/Section VII (signed by Gen. von Rouques), August 16, 1941, NOKW-1691. ユダヤ人の「報復」射殺の報告については，参照，Proclamation by town commander of Kherson, August 28, 1941, NOKW-3436. Commander, Southern Army Group Rear Area Ic to Army Group South Ia/Ib, November 13, 1941, NOKW-1611. 202nd Replacement Brigade Ia to Commander, Southern Army Group Rear Area, November 13, 1941, NOKW-1611. 他にもこのような報告はたくさんある．

(65)　350th Infantry Regiment/Ia (signed by regimental commander) 221st Security Division, August 19, 1941, T 315, Roll 1672. 強調は本文にある．この連隊は，中部軍集団後方地域で行動していた．

(66)　Order by 6th Army Ia/OQu, October 17, 1941, NOKW-184. ハリコフの技師の長は，ヘルベルト・ゼレ大佐であり，彼は，第667工兵連隊の司令官であった．

(67)　Order by 52nd Infantry Division Ic, September 11, 1941, NOKW-1858.

(68)　参照，Reports by Bechtolsheim October 2 to November 24, 1941, in US Holocaust Research Institute Archives RG 22.03 (Belarus Central State Archives), Roll 2, Fond 378, Opis 2, Folder 698. この報告によると，約2,000人の共産主義者がミンスクで殺され，約4,000人のユダヤ人と共産主義者がスモレヴィチからコイダノフまでの５つの町で射殺された．5,900人のユダヤ人が射殺されたスルーツク＝クレツク行動に関しては，参照，Monthly report of Bechtolsheim's Operations Officer (von der Osten), Appendix 4, November 11, 1941, German Federal Archives RH 26-707/2.

(69)　Hannes Heer, "Killing Fields," in *Mittelweg 36,* June-July 1994, pp. 7-31, particularly pp. 12-15. 第727連隊の３個大隊は，イヴァセヴィツェ，バラノヴィツェ，リダ地区に駐屯していた．Army Group Rear Area Center, Chief of Staff Lt. Col. Rübesamen to 221st Security Division, October 24, 1941, enclosing daily report of 707th Division of October 10, 1941, T 315, Roll 1668. 第727連隊の司令官はフォン・リリエンタール大佐であった．

(70)　Draft report by Einsatzgruppe A (January-February 1942), PS-2273.

(71)　Report by Major Teichmann (Korück 553/Ic), January 1, 1942, NOKW-1866.

(72)　Affidavit by Werner Braune (Commander, Sonderkommando 11b), July 8, 1947, NO-4234. 軍の協力についての他の例はジトミルである．参照，RSHA IV-A-1, Operational Report USSR No. 106, October 7, 1941, NO-3140.

(73)　RSHA IV-A-1, Operational Report USSR No. 23, July 15, 1941, NO-4526. この町の支配権は，この後ドイツ側に移った．

(74)　RSHA IV-A-1, Operational Report USSR No. 67, August 29, 1941, NO-2837.

(75)　Sonderkommando 10a (signed Seetzen) to Einsatzgruppe D, July 10, 1941, NO-2073.

(76)　RSHA IV-A-1, Operational Report USSR No.25, July 17, 1941, NO-2939.

(77)　RSHA IV-A-1, Operational Report USSR No. 37, July 29, 1941, NO-2952.

(78)　RSHA IV-A-1, Operational Report USSR No. 22, July 14, 1941, NO-4135. OUN と

いうのは，親ドイツ的なウクライナ人の組織である．

(79)　RSHA IV-A-1, Operational Report USSR No. 40, August 1,1941, NO-2950. RSHA IV-A-1, Operational Report USSR No. 67, August 29, 1941, NO-2827.

(80)　OKW communiques, October 16 and 17, published in the press. 海路によるソヴィエトの疎開の後で，約30万人の住民が残っていたことが報告された. Institute of Jewish Affairs, *Hitler's Ten-Year War on the Jews* (New York, 1943), p. 185, citing *Novoye Slovo* (Berlin), July 22, 1942. 総人口中のユダヤ人の推定は，「概数」で10万人であった. Report by Overkriegsverwaltungsrat Dr. Ihnen (German legation in Bucharest), December 15, 1941. ルーマニア・シリーズの中の最後の番号なしのフォールダーのかつての所蔵先は，Federal Records Center, Alexandria, Va.

(81)　Director (Leiter) of Abwehrstelle Rumänien (signed Rodler) to 11th Army/Ic, German Army mission Ic, German Air Force Mission Ic, and German naval Mission Ic, November 4, 1941, T 501, roll 278.

(82)　Telegram from Trestioreanu to 4th Army, October 22, 1941, 8 :40 P.M., in Matatias Carp, ed., *Cartea Neagra* (Bucharest, 1947), vol. 3, p. 208.

(83)　Rodler report, T. 501, roll 278. ルーマニアの独裁者イオン・アントネスクの戦犯裁判での起訴状によると，5,000人が射殺された. Extract from indictment in Carp, *Cartea Neagra,* p. 208. 犠牲者の過半数はユダヤ人だった. Comment by Carp, *ibid.,* p. 199.

(84)　Rodler report, T 501, roll 278.

(85)　Text of order in Carp, *Cartea Neagra,* pp. 208-09.

(86)　参照, Extract from Romanian indictment in Carp, *ibid.,* pp. 309-10; extract from the deposition of Romanian Sublieutenant Alexe Neacsu, 23rd Regiment, *ibid.,* pp. 210-11; German figure in Roler report T 501, roll 278. 以下も参照, Dora Litani, "The Destruction of the Jews of Odessa," *Yad Vashem Studies* 6 (1967) : 135-54, and Julius Fischer, *Transnistria* (New York, 1969), pp. 120-21.

(87)　カープの推定では，3万人が残った. Carp, *Cartea Neagra,* p. 201. 射殺の後で不安に陥り，ルーマニア人の「助力」なしに中央刑務所に殺到したユダヤ人について，参照, Report by confidential agent, code no. USSR 96, recorded in Bucharest, beginning of November 1941, Wi/IC 4.2-a.

(88)　RSHA IV-A-1, Operational Report USSR No. 156, January 16, 1942, NO-3405.

(89)　RSHA IV-A-1, Operational Report USSR No. 54, August 16, 1941, NO-2849.

(90)　RSHA IV-A-1, Operational Report USSR No. 94, September 25, 1941, NO-3146.

(91)　RSHA IV-A-1, Operational Report USSR No. 123, October 24, 1941, NO-3239.

(92)　RSHA IV-A-1, Operational Report USSR No. 27, July 19, 1941, NO-2942.

(93)　RSHA IV-A-1, Operational Report USSR No. 81, September 12, 1941, NO-3154.

(94)　RSHA IV-A-1, Operational Report USSR No. 127, October 31, 1941, NO-4136. ビアウィストク地域のポーランド人は，「自発的な密告」にいそしんでいたという報告もある. RSHA IV-A-1, Operational Report USSR No. 21, July 13, 1941, NO-2937.

クリミアから行動部隊Dが以下のように報告した.「クリミアの住民は反ユダヤ的で，ときには粛清せよと，自発的にユダヤ人を行動部隊へ連れてきた. スタロスト（村の長老）たちは，ユダヤ人を自分たちで粛清する許可を求めた.」 RSHA IV-A-1, Operational Report USSR No. 145, December 12, 1941, NO-2828. クリミアについては，以下も参照, Report by OStbaf. Seifert (Einsatzgruppe D) to 11th Army Ic, April 16, 1942, NOKW-628. 1941-42年の冬にクリミアの都市フェオドシアをソ連が再占領したときに，対独協力者は，「なぜおまえは，ドイツ人がユダヤ人すべてを射殺することを容認したのか」と尋ねられ，つるはしで殺されたと言われている. AOK 11/IV Wi to WiStOst/Fü, February 1, 1942, Wi/ID 2.512.

(95)　Stahlecker Report, October 15, 1941, L-180.

(96)　*Ibid.*

(97)　Directive by 454th Security Division/Ia to Ortskommandanturen in its area, September 8, 1941, NOKW-2628.

(98)　Report by 251st Infantry Division/Ic, signed by Captain Kaiser, June 26, 1941, T 315, Roll 1730.

(99)　Stahlecker Report, October 15, 1941, L-180.

(100)　*Ibid.* RSHA IV-A-1, Operational Report USSR No. 8, June 30, 1941, NO-4543.

(101)　RSHA IV-A-1, Operational Report USSR No. 15, July 7, 1941, NO-2935. Stahlecker, October 15, 1941, L-180.

(102)　Stahlecker Report, October 15, 1941, L-180.

(103)　*Ibid.*

(104)　RSHA IV-A-1, Operational Report USSR No. 11, July 3, 1941, NO-4537. RSHA IV-A-1, Operational Report USSR No. 14, July 6, 1941, NO-2940.

(105)　RSHA IV-A-1, Operational Report USSR No. 14, July 6, 1941, NO-2940.

(106)　RSHA IV-A-1, Operational Report USSR No. 28, July 20, 1941, NO-2943.

(107)　RSHA IV-A-1, Operational Report USSR No. 24, July 16, 1941, NO-2938.

(108)　RSHA IV-A-1, Operational Report USSR No. 47, August 9, 1941, NO-2947.

(109)　*Ibid.*

(110)　RSHA IV-A-1, Operational Report USSR No. 43, August 5, 1941, NO-2949.

(111)　Algirdas Martin Budreckis, *The Lithuanian National Revolt* (South Boston, 1968) pp. 79-82. 12,000人にのぼる勢力を持つこの軍団は，２個の骸骨の師団，つまりヴァレナの第184師団と，スヴェンシオニスの第179師団から成っていた．非ユダヤ人のリトアニア人のうち，この師団が行動を起こす前の1943年［?］１月１日に新たに組織された赤軍リトアニア師団で働いたものは，わずか3,717人しかいなかった．参照，Dov Levin, *Fighting Back* (New York, 1985), pp. 27, 48.

(112)　参照，Order No. 9 by the Lithuanian Commander of the City of Kaunas, Colonel Bobelis, June 28, 1941, Lithuanian State Archives, Fond 1444, Opis 2, Folder 2, and the proclamation by Bobelis of the same date, *ibid.* この大隊の最初の司令官は，ブトクナス大佐であった．隊員の源泉は，最初，軍事的経験のあるパルチザンと，将校によってヴァレナからカウナスまで行軍させられた第184師団の兵士であった．ヴァレナの条件については，参照，Correpondence in Lithuanian State Archives, Fond 1444, Opis 1, Folder 4.

(113)　The Commander of Einsatzkommando 1b, Ehrlinger, to RSHA, July 1, 1941, German Federal Archives, R 79/SU 15. RSHA IV-A-1, Operational Report USSR No. 14, July 6, 1941, NO-2940. RSHA IV-A-1, Operational Report USSR No. 19, July 11, 1941, NO-2034.

(114)　Report by Jäger, December 1, 1941, Zentrale Stelle Ludwigsburg, UdSSR 108, film 3, pp. 27-38. カウナスの主な虐殺は，1941年10月19日に起こり，9,200人のユダヤ人が射殺された．*Ibid.* スヴィルパ大尉の指揮する第３リトアニア大隊がこの行動に参加した．参照，Correspondence in Lithuanian State Archives, Fond 1444, Opis 1, Folder 5.

(115)　ドイツ人が参加しないリトアニア人の行った射殺については参照，Lithuanian Department of Internal Affairs/Chief of Sakiai District (Karalius) to Director of Lithuanian Police (Reivytis) in Baranauskas and Ruksenas, *Documents Accuse,* p. 223. この文献には，９月13日と16日にこの地区で，1,541人射殺されたことが書いてある．

(116)　RSHA IV-A-1, Operational Report USSR No. 21, July 13, 1941, NO-2937. リトアニア人は，第179師団の構成要素だった．

(117) RSHA IV-A-1, Operational Report USSR No. 88, September 19, 1941, NO-3149. 以下も参照，Director of Lithuanian Police Reivytis (Kaunas) to OStuf. Hamann (commander of detachment), August 23, 1941 in Baranauskas and K. Ruksenas, comps., *Documents Accuse* (Vilinius, 1970), p. 216. この文献には，プリエナイでの継続的な捕捉の中で，強制収容されたユダヤ人の数が493人にのぼったことや，疫病が起こったこと，できるだけ早く彼らを収集地点から連れ出すことがハーマンには不可避であったことが指摘されている．イェーガーの報告では計1,078人が8月27日に当地で射殺されたとある．

(118) RSHA IV-A-1, Operational Report USSR No. 24, July 16, 1941, NO-2938.

(119) War diary, 281st Security Division, August 1, 1941, NOKW-2150.

(120) RSHA IV-A-1, Operational Report USSR No. 111, October 12, 1941, NO-3155.

(121) RSHA IV-A-1, Operational Report USSR No. 60, August 22, 1941, NO-2842. Report by Sonderkommando 11a (Einsatzgruppe D), covering August 22-September 10, 1941, NOKW-636.

(122) RSHA IV-A-1, Operational Report USSR No. 80, September 11, 1941, NO-3154.

(123) この行動は，ラドミスルで行われた．RSHA IV-A-1, Operational Report USSR No. 88, September 19, 1941, NO-3149. ウクライナ人民兵の行動についての他の報告は以下参照，RSHA IV-A-1, Operational Report USSR No. 106, October 7, 1941, NO-3140; Ortskommandantur Snigerevka to Korück 553 in Kherson, October 5, 1941, NOKW-1855; Ortskommandantur Kachovka to Korück 553, copy to Feldkommandantur 810, October 20, 1941, NOKW-1598.

(124) 1943年7月時点で，人数は7,000人だった．Prützmann (Higher SS and Police leader South) to Himmler, July 28, 1943, T 175, roll 19. ドイツ人の居住地は主としてドニエストル川とブク川の間の地域であり，そこはルーマニアの管理下にあった．しかし，ドイツ人村落の自警団は親衛隊の管轄下にあった．参照，Martin Broszat, "Das Dritte Reich und die rumänische Judenpolitik" *Gutachten des Instituts für Zeitgeschichte,* March, 1958, pp. 160-61.

(125) Interrogation of Biberstein, June 29, 1947, NO-4997.

(126) Office of the Chief of District (Gouverneur), Krakow (signed by Capt. Jordan) to Minister (Gesandter) von Wühlisch, November 15, 1939, Wi/ID 1.210, Anlage 8.

(127) OKW/Ausland-Abwehr to VAA (Pr) and Wehrmachtpropaganda IV, October 18, 1940, enclosing report by agent "U 419," OKW-687.

(128) Report by Georg Reichart, General Referent of Geschäftsgruppe Ernährung in the Office of the Four-Year Plan, Novemver 15, 1941, enclosing travel report of Prince zu Sayn und Wittgenstein, August 28-September 1, 1941, Wi/ID .58.

(129) Wittgenstein report, August 28-September 1, 1941, Wi/ID .58.

(130) Schwarz, *The Jews in the Soviet Union,* p. 310.

(131) Reichskommissar Ostland to Generalkommissar White Russia, August 4, 1941, enclosing report by Sonderführer Schröter , Occ E 3a-2.

(132) RSHA IV-A-1, Operational Report USSR No. 47, August 9, 1941, NO-2947.

(133) RSHA IV-A-1, Operational Report USSR No. 128, November 3, 1941, NO-3157. この作戦で死ななかった約300人の精神病施設のユダヤ人は，その後，第5出動部隊によって殺害された．RSHA IV-A-1, Operational Report USSR No. 132, November 12, 1941, NO-2830.

(134) たとえば，Ortskommandantur I/287 in Feodosiya to Korück 553, November 16, 1941, NOKW-1631. Report by Oberst Erwin Stolze, deputy to Generalmajor Lahousen (OKW/Abwehr II), October 23, 1941, NOKW-3147. シュトルツェの報告は，以下でも実証

される. Affidavit by Lahousen, March 17, 1948, NOKW-3230.

(135)　RSHA IV-A-1, Operational Report USSR No. 127, October 31, 1941, NO-4136. RSHA IV-A-1, Operational Report USSR No. 128, November 3, 1941, NO-3157. Statement by Higher SS and Police Leader Center von dem Bach, in *Aufbau* (New York), September 6, 1946, p. 40.

殺戮作戦とその影響

(136)　この分類について，参照，Statistics of the Jäger report, December 1, 1941, Zentrale Stelle Ludwigsburg, UdSSR 108, film 3, pp. 27-38.

(137)　Affidabit by Ohlendorf, November 5, 1945, PO-2620. Report by Hauptfeldwebel Sönnecken (received by Generalmajor Lahousen), October 24, 1941, PS-3047.

(138)　Affidavit by Wilhelm Förster (driver, Einsatzgruppe B), October 23, 1947, NO-5520.

(139)　Affidavit by Ohlendorf, November 5, 1945, PS-2620.

(140)　Interrogation of Ernst Biberstein (Commander, Einsatzkommando 6), June 29, 1947, NO-4997. Affidavit by Albert Hartl, October 9, 1947, NO-5384. ハルトル（国家保安本部第4局B部）は，視察の旅のときに射殺を見た.

(141)　Affidavit by Paul Blobel, June 6, 1947, NO-3824.

(142)　Affidavit by Ohlendorf, November 5, 1945, PS-2620.

(143)　Affidabit by Blobel, June 6, 1947, NO-3824. Affidavit by Ohlendorf, Novemver 5, 1945, PS-2620. Statement by Walter Haensch, July 21, 1947, NO-4567.

(144)　この言葉は，ラホウゼン少将（国防軍最高司令部防諜部第2課長）が中部軍集団地域の視察旅行をした後に使用した. Report by Generalmajor Lahousen, November 1, 1941, NOKW-3146.

(145)　Affidavit by Alfred Metzner, September 18, 1947, NO-5558. メツナーは射殺を志願した文民職員である.

(146)　Sonderführer (in officers rank) E Kumming to OKH/Fremde Heere Ost/IIc, December 9, 1942, T 1021, Roll 18.

(147)　行動部隊Aの報告では，ザゴレの射殺現場に行く途中で，ユダヤ人が警備兵を攻撃した. しかし，ユダヤ人はすぐに統制下におかれた. RSHA IV-A-1, Operational Report USSR No. 155, January 14, 1942, NO-3279.

(148)　RSHA IV-A-1, Operational Report USSR No. 81, September 12 1941, NO-3154.

(149)　Affidavit by Ohlendorf, April 2, 1947, NO-2856.

(150)　Affidavit by Heinz Hermann Schubert, February 24, 1947, NO-3055.

(151)　Affidavit by Josef Guggenberger (Hauptscharführer, Sonderkommando 10b), September 9, 1947, NO-4959.

(152)　RSHA IV-A-1, Operational Report USSR No. 81, September 12, 1941, NO-3154.

(153)　RSHA IV-A-1, Operational Report USSR No. 86, September 17, 1941, NO-3151.

(154)　RSHA IV-A-1(signed Heydrich) to Einsatzgruppen, Higher SS and Police Leaders, and defense commissars in Army Districts II, VIII, XVII, XX, XXI, February 27, 1942, enclosing Activity Report No. 9 of the Einsatzgruppen, covering January 1942, PO-3876.

(155)　Report by Hauptfeldwebel Sönnecken, received by Generalmajor Lahousen, October 24, 1941, PS-3047.

(156)　Propaganda Abteilung W to OKW/WPr Ie, August 4, 1942, OKW-733.

(157)　11th Army/IV Wi (Oberstleutnant Oswald) via Wirtschaftsstab Ost to OKW/Wi

Rü, March 31, 1942, Wi/ID 2.512.

(158) Reports of August 1 and 5 in the War Diary of the 281st Security Division/Ia, T 315, Roll 1869.

(159) Order by Feldmarschall Reichenau, October 10, 1941, D-411.

(160) Order by Generalquariermeister Wagner, October 28, 1941, D-411.

(161) Rundstedt to 11th Army, 17th Army, and 1st Panzer Army, and to Commander of Rear Army Group South, October 17, 1941, NOKW-309.

(162) Order by von Manstein, November 20, 1941, PS-4064.

(163) Tape-recorded statement by a businessman, in Walter Kempowski, *Haben Sie davon gewußt?* (Hamburg, 1979), pp. 72-73, 当時，証言者は19歳だった.

(164) Report by Oberst Erwin Stolze (Deputy to Lahousen), October 23, 1941, NOKW-3147. この報告の著者は，ラホウゼンの宣誓供述書によって確認できる. Affidavit by Lahousen, March 17, 1948, NOKW-3230. コッホの立場については，参照，Report by Koch, October 5, 1941, PS-53.

(165) Alfred Häsler, *The Lifeboat Is Full* (New York, 1969), pp. 76-80.

(166) Deputy Commander of Wehrkreis IX (signed Schniewindt) to Chief of Replacement Army (Fromm), January 17, 1942, enclosing Rösler report, dated January 3, 1942, USSR-293(1).

(167) NOKW-3453 にある以下の書簡を参照，11th Army Ic/AO (Abwehr II) to Einsatzgruppe D, copy to 22nd Infantry Division Ic, October 6, 1941; Sonderkommando 10a/Teilkommando (signed UStuf. Spiekermann) to Sonderkommando 10a, October 8, 1941; Sonderkommando 10a to Einsatzgruppe D, copy to Stubaf. Gmeiner (liaison officer of the Einsatzgruppe with the army), October 8, 1941; 3rd Battalion of 65th Regiment Ic (in 22nd Division) to regiment, October 12, 1941.

(168) Summary of military government conference in Kremenchug (Oberkriegsverwaltungsrat Freiherr von Wrangel presiding), May 8, 1942, NOKW-3097.

(169) Testimony by General Wöhler, Case No. 12, tr. pp. 5790, 5811-12, 5838-39.

(170) Order by Wöhler, July 22, 1941, NOKW-2523. 第6軍の補給局長の命令は，写真の押収を指令し，付け加えて，傍観者を締め出す点で殺戮部隊に完全に協力せよととくに命じた. Order by 6th Army Quartiermeister, August 10, 1941, NOKW-1654 . 少し後で，1941年11月12日，ハイドリヒは部下に，写真を撮ることを禁じた.「公的」な写真は，秘密の国家的事項として国家保安本部第4局A-1課に現像をしないままで送ることとした. ハイドリヒはまた，治安警察司令部に，所轄の地域で出回っているかもしれない写真を捜索するように要請した. Heydrich to Befehlshaber and Kommandeure der ORPO, April 16, 1942, USSR-297(1).

(171) Order by XXX Corps/Ic, August 2, 1941, NOKW-2964. 上級大将フォン・ザルムートは第30軍団に命令した. フォン・ショーベルト上級大将は，第11軍に命令した. 同様の指令に関しては，以下も参照，Order by 6th Army/Qu, August 10, 1941, NOKW-1654; Army Group South Ic/AO (signed by von Rundstedt) to armies belonging to the army group, and to Army Group Rear Area Command, September 24, 1941, NOKW-541.

(172) Order by commander of Army Group Rear Area South (signed Major Geissler), September 1, 1941, NOKW-2594. 以下も参照，Order signed by the Commander of Rear Area of Army Group Center (signed General der Infanterie von Schenkendorff), October 28, 1941, T 315, Roll 1668.

(173) Guidelines by the 339th Division/Ic, November 2, 1941, German Federal Archives at Freiburg, RH 26-339/5.

(174)　Affidavit by Karl Hennicke (SD-III Officer in the staff of the Einsatzgruppe), September 4, 1947, NO-4999.

(175)　Report by Oberst Erwin Stolze, October 23, 1941, NOKW-3147.

(176)　Grawitz to Himmler, March 4, 1942, NO-600. バッハ＝ツェレフスキの生涯については，参照，Wladislaw Bartoszewsk, *Erich von dem Bach* (Warsaw, 1961).

(177)　RSHA IV-A-1, Operational Report USSR No. 58, August 20, 1941, NO-2846.

(178)　RSHA IV-A-1, Operational Report USSR No. 37, July 29, 1941, NO-2952.

(179)　RSHA IV-A-1, Operational Report USSR No. 59, August 21, 1941, NO-2847.

(180)　RSHA IV-A-1, Operational Report USSR No. 124, October 25, 1941, NO-3160.

(181)　RSHA IV-A-1, Operational Report USSR No. 60, August 22, 1941, NO-2842.

(182)　RSHA IV-A-1, Operational Report USSR No. 97, September 28, 1941, NO-3145.

(183)　RSHA IV-A-1, Operational Report USSR No. 92, September 23, 1941, NO-3143.

(184)　RSHA IV-A-1, Operational Report USSR No. 94, September 25, 1941, NO-3146.

(185)　Ortskommandantur Ananiev/Staff of 836th Landesschützen Battalion to Korück 553 in Beresovka, September 3, 1941, NOKW-1702.

(186)　RSHA IV-A-1, Operational Report USSR No. 124, October 25, 1941, NO-3160.

(187)　OStubaf. Seibert (Einsatzgruppe D) to 11th Army Ic, April 16, 1942, NOKW-628.

(188)　Undated and unsigned report from the files of a Jewish rescue organization in Geneva, Yad Vashem document M-20. この行動は，1941年の秋に行われたように書いてある．文脈から言って，部隊が行動部隊Dのものか，それとも新たに組織された民族ドイツ人作戦部隊なのか，はっきりしない．ドイツ警察によるモストヴォイェの射殺については，参照，Report by Inspector of Romanian Gendarmerie in Transnistria (Colonel Brosteanu), March 24, 1942, in Carp, *Cartea Neagra,* vol. 3, p. 226, and Litani, "Odessa," *Yad Vashem Studies* 6 (1967) : 146-47.

(189)　RSHA IV-A-1, Operational Report USSR No. 92, September 23, 1941, NO-3143.

(190)　RSHA IV-A-1, Operational Report USSR No. 124, October 25, 1941, NO-3160.

(191)　RSHA IV-A-1, Operational Report USSR No. 88, September 19, 1941, NO-3149. 子どもがウクライナ人民兵によって射殺されたのは，この行動である．

(192)　Stahlecker, October 15, 1941, L-180.

(193)　Affidavit by Ohlendorf, April 24, 1947, NO-2890.

(194)　War Diary of 3d Company of the 322d Battalion, June 10, 1941ff., US Holocaust Research Institute Archives RG 48.004 (Military Historical Institute, Prague), Roll 2, Collection Polizei Regiment Mitte. Montua's order of July 11, 1941, Military Historical Institute Pol. Regt. Mitte A-3-2-7/1. Himmler's directive similar to Montua's, December 12, 1942, State History Archive of the Republic of Latvia, Fond 83, Opis 1, Folder 83. この大隊について，以下も参照，Konrad Kwiet, "Auftakt zum Holocaust," in Wolfgang Benz, Hans Buchheim, and Hans Mommsen, eds., *Der Nationalsozialismus* (Frankfurt/M, 1994), pp. 191-208, 263-65.

(195)　Judgment of an Ulm court against Bernhard Fischer-Schweder, August 29, 1958, Ks 2/57.

(196)　Affidavit by Hauptscharführer Robert Barth (Einsatzgruppe D), September 12, 1947, NO-4992.

(197)　Report by Generalmajor Lahousen, November 1, 1941, NOKW-3146.

(198)　Affidavit by Barth, September 12, 1947, NO-4992.

(199)　バッハ＝ツェレフスキが語った，ヒムラーの訪問の話が載っているのは，*Aufbau* (New York), August 23, 1946, pp. 1-2. ウルフ裁判での他の供述も参照，Case Wolff, 10a Js 39/60,

particularly Z-Prot II/vol. 2. 大体の日付は，バッハ＝ツェレフスキの日記の第1巻にある．von dem Bach's Diary, Zentrale Stelle der Landesjustizverwaltungen, Ludwigsburg. 原典の修正版である第1巻は，1953年に，バッハ＝ツェレフスキからドイツ連邦文書官に寄贈された．Archive (signed Kinder) to Zentrale Stelle, enclosing the copy, November 18, 1966.

(200)　Wilhelm, *Die Truppe des Weltanschauungskrieges,* pp. 543-51. Indictment of Wilhelm Koppe by prosecutor in Bonn, 8 Js 52/60 (1964), pp. 174-89. 以下も参照，Adalbert Rückert, *NS-Vernichtungslager* (Munich,1977), pp. 258-59.

(201)　ガス・トラックの開発については，参照，Christopher Browning, *Fateful Months* (New York, 1985), pp. 58-62; Eugen Kogon, Hermann Langbein, Adalbert Rückert et al, eds., *Nationalsozialistische Massentötungen durch Giftgas* (Frankfurt, 1986), pp. 81-86; and Mathias Beer, "Die Entwicklung der Gaswagen beim Mord an den Juden," *Vierteljahrshefte für Zeitgeschichte* 34 (1987): 403-12.

(202)　Wilhelm, *Die Truppe des Weltanschauungskrieges,* pp. 549-52（アルベルト・ヴィルトマン博士に対する判決より引用）.

(203)　Organizationchart of the RSHA, October 1, 1943, L-219.

(204)　参照，USutf. Dr. Becker (in Kief) to OStubaf. Rauff (II-D), May 16, 1942, and subsequent correspondence in document PS-501.

(205)　Kogon et al., *Nationalsozialistische Massentötungen,* pp. 87-107.

(206)　Interrogation of Criminal Police Obrsekretär Josef Ruis by Soviet authorities, in Institut für Zeitgeschichte, Munich, Fb 82/2.

(207)　Becker to Rauff, May 16, 1942, PS-501. Testimony by Ohlendorf, in *Trial of the Major War Criminals,* IV, 322-23, 332-34. ナウマン（行動部隊B）は，自分はガス・トラックを使わなかったと断言している．参照，Naumann's Affidavit, June 24, 1947, NO-4150. 他方，行動部隊Aは，もう1台要求している．HStuf. Trühe (BdS Ostland/I-T) to Pradel (RSHA II-D-3-a), June 15, 1942, PS-501.

3　捕虜の殺害

(1)　参照，OKW report covering June 22, 1941, to May 1, 1944, NOKW-2125 ; Christian Streit, *Keine Kameraden* (Stuttgart, 1978), pp. 244-49（本書は主要作である）.

(2)　Operational Order No. 8 (signed Heydrich), July 17, 1941, NO-3414.

(3)　Affidavit by Kurt Lindow (RSHA IV-A-1), September 30, 1945, PS-2545. Affidavit by Lindow, July 29, 1947, NO-5481. Affidabit by Lahousen, April 17, 1947, NO-2894.

(4)　Operational Order No. 8, July 17, 1941, NO-3414.「全ユダヤ人」と言っている早期の草稿も参照，RSHA IV-A-1, June 28, 1941, PS-78.

(5)　Operational Order No. 8, July 17, 1941, NO-3414.

(6)　Report of 3rd Company, 322rd Police Battalion, July 20, 1941, US Holocaust Research Institute Achives RG 48.004 (Military Historical Institute, Prague), Roll 2, Collection Polizei Regiment Mitte.

(7)　参照，Report by the 295th Infantry Division/Ic (Lt. Col. Groscurth) to XXXXIX Corps, July 30, 1941, T 315, Roll 1951（捕虜の数の民族別分類がある）.

(8)　Second Army OQu/Qu 2 to Commander of Rear Army Area, Corps Commands, Army Ic, Army IVa, and Army IVb, August 5, 1941, NOKW-2145.

(9)　XXIX Corps Ia/Ic to Divisions in Corps, September 22, 1941, NOKW-1323. この軍団の司令官は，オープストフェルダー歩兵隊大将であった．

(10)　Affidavit by Henrik Schaechter, October 21, 1947, NO-5510. シェヒターは，ハリコフで捕まえられたユダヤ人の赤軍兵士であるが，この選別の時に前に踏み出さなかった．

(11)　Affidavit by Generalleutnant von Österreich, December 28, 1945, USSR-151. この射殺は，彼の部下の１人ドゥルニヒ中佐（第10C基幹収容所長）によって命令された．ある親衛隊の部隊は，自分たちのユダヤ人の捕虜を後衛に送る手間さえかけなかった．ユダヤ人はその場で殺された．OStubaf. Zschoppe, Deputy Commander of 8th SS Infantry Reg. (mot.), to XVII Corps, August 20, 1941, NOKW-1350.

(12)　Affidavit by Oberst Hadrian Ried (PW Commander, Brest-Litovsk), October 22, 1947, NO-5523.

(13)　Order by General von Roques (Commander, Southern Army Group Rear Area), August 24, 1941, NOKW-2595.

(14)　Operational Order No. 8, July 17, 1941, NO-3414.

(15)　Preliminary Order by RSHA IV, June 28, 1941, PS-69.

(16)　RSHA IV-A-1, Operational Report USSR No. 132, November 12, 1941, NO-2830.

(17)　RSHA IV-A-1, Operational Report USSR No. 71, September 2, 1941, NO-2843.

(18)　11th Army OQu/Qu 2 to Army Group South Ib, reports for January-September, 1942, NOKW-1284, NOKW-1286.

(19)　RSHA IV-A-1, Operational Report USSR No. 128, November 3, 1941, NO-3157.

(20)　Affidavit by Erwin Lahousen, April 17, 1947, NO-2894.

(21)　Heydrich to Einsatzgruppen, Higher SS and Police Leaders, Inspekteure der SP und des SD, BdS in Krakow, BdS in Metz, BdS in Oslo, KdS in Krakow, KdS in Radom, KdS in Warsaw, KdS in Lublin, and State Police offices *(Staatspolizeileitstellen)*, September 12, 1941, NO-3416.

(22)　参照，Death lists of the Mauthausen concentration camp, May 10, 1942, PS-495.

(23)　RSHA IV-A-1 (signed Stubaf. Vogt) to Stapoleitstelle Munich, attention Stubaf. Oberregierungsrat Dr. Isselhorst, November 11, 1941, R-178.

(24)　Report by Stapoleitstelle Munich (signed Scherner), November 15, 1941, R-178.

(25)　Affidavit by Kurt Lindow, July 29, 1947, NO-5481.

(26)　地域的広がりは，以下のハイドリヒの命令の配布リストからわかる．Order by Heydrich, September 12, 1941, NO-3416.

(27)　Müller to Stapoleitstellen, Higher SS and Police Leaders in Reich, BdS in Krakow, Liaison Officer Kriminalkommissar Walter in Königsberg, and Liaison Officer Stubaf. Liska in Lublin, July 31, 1942, NO-3422.

(28)　Ministerialrat Dr. Letsch (Labor Ministry) to Ministerialdirektor Dr. Mansfeld, Ministerialdirektor Dr. Beisiegel, Ministerialrat Dr. Timm, Oberregierungsrat Dr. Hoelk, ORR Meinicke, and Regierungsrat Dr. Fischer, December 22, 1941, NOKW-147.

4　中間段階

(1)　RSHA IV-A-1, Operational Report USSR No. 81, September 12, 1941, NO-3154. 強調は著者のものである．

(2)　RSHA IV-A-1, Operational Report USSR No. 128, November 3, 1941, NO-3157.

(3)　RSHA IV-A-1, Operational Report USSR No. 86, September 17, 1941, NO-3151.

(4)　RSHA IV-A-1, Operational Report USSR No. 135, November 19, 1941, NO-2832. 労働への配慮が行動部隊Bの領域でも支配的であった．RSHA IV-A-1, Operational Report USSR No. 94, September 25, 1941, NO-3146.　ウクライナで行動部隊Cはユダヤ人の集団農場（コルホーズ）を発見した．行動部隊は，ユダヤ人のコロホーズ労働者は知性が低いと考え，ユダヤ人の農場経営者の射殺で満足した（農場経営者は，ウクライナ人に代えられた）．農場に残ったユダヤ人農業労働者は，収穫に携わることを許された．RSHA IV-A-1, Operational

Report USSR No. 81, September 12, 1941, NO-3154.

(5) RSHA Summary Report No. 11, covering June 22-July 31, 1941, NO-2651. RSHA Summary Report No. 3, covering August 15-31, 1941, NO-2653. RSHA IV-A-1, Operational Report USSR No. 91, September 22, 1941, NO-3142, and other operational reports. 規模と構成において，ここの評議会は1939年にポーランド領につくられた評議会に似ている．第 8 出動部隊ベーム特務部隊によって1941年 7 月18日に任命されたグロドノの評議会は，平均年齢52歳の24人の男性からなっていた．4 人の教師，3 人の法律家，3 人の商人，3 人の医師を含んでいた．Dr. Dawid Brawer (Chairman of the Council) to Gebietskommissar in Grodno, October 7, 1941, US Holocaust Research Institute Archives RG 53.004 (Belarus Archives of Grodno Oblast), Roll 4, Fond 1, Opis1, Folder 346. 10月初めにオストラントの一部であったグロドノは，後に，ビアウィストク地区に移管された．

(6) Report by Sonderkommando 11a (signed Stubaf. Zapp), covering August 18-31, 1941, NO-2066. Ohlendorf via Gmeiner to 11th Army Ic/AO, September 8, 1941, NOKW-3234.

(7) RSHA IV-A-1, Operational Report USSR No. 43, August 5, 1941, NO-2949. RSHA Summary Report No. 3, covering August 15-31, 1941, NO-2653. Report by Sonderkommando 11a for August 18-31, 1941, NO-2066. Report by Sonderkommando 11a for August 22-September 10, 1941, NOKW-636. RSHA IV-A-1, Operational Report USSR No. 63, August 25, 1941, NO-4538. Ohlendorf via Gmeiner to 11th Army Ic/AO, September 8, 1941, NOKW-3234. RSHA IV-A-1, Operational Report USSR No. 107, October 8, 1941, NO-3139. トット機関とは，最初フリッツ・トットが，続いてアルベルト・シュペーアが長となった機関で，建設プロジェクトを業務としていた．

(8) RSHA IV-A-1, Operational Report USSR No. 19, July 11, 1941, NO-2934. Stahlecker to Himmler, October 15, 1941, L-180. ゲットー時代にユダヤ人評議会秘書だったある生存者は会議の日を1941年 7 月 7 日と確認した．Statement by Avraham Tory (formerly Golub), July 6-8, 1982, in warrant by Amtsgericht Frankfurt am Main for the arrest of Helmut Rauca, July 16, 1982, 50/4 Js 284/71 (カナダ法務省を通じて閲覧．トーリーの日記とメモも見よ); Draft of ordinance by Lithuanian commandant of Kaunas (as of the end of June, Colonel Bobelis) and Lithuanian mayor of the city (Palciauskas), July 10, 1941, for the establishment of the Kaunas ghetto by August 15, 1941 (標識，移動制限，ユダヤ人不動産の清算の規定などを含んでいる．アメリカ法務省を通じてソ連の文書館から閲覧); Jewish committee to German Security Police, July 10, 1941, Yad Vashem document 0-48/12-4 (ユダヤ人が改善を求めてリトアニアの役所と交渉するためにゲットー化命令を延期する嘆願); proclamation of ghetto, July 31, 1941, by Gebietskommissar -kauen-Stadt (Cramer), affirming Lithuanian mayor's decree of July 10, 1941, *Amtsblatt des Generalkommissars in Kauen,* November 1, 1941, p. 2. ゲットー化におけるカウナスのリトアニア行政府の重要な役割について，参照，documents in Yad Vashem file 0-48/12-4 and in Soviet archives.

(9) RSHA IV-A-1, Operational Report USSR No. 94, September 25, 1941, NO-3146.

(10) ベラルーシでは，総弁務官領と地区弁務官領の間に 1 つレベルがあった．それは主弁務官領であって主弁務官が統治した．主な都市は都市弁務官が統治していた．都市弁務官は，地区弁務官の下に位置するのではなく，ランクの上では同等であった．

(11) Memorandum by Rosenberg, April 29, 1941, PS-1024.

(12) Lammers to Rosenberg, July 18, 1941, NG-1325. *Deutsche Zeitung im Ostland* (passim). 1942年 2 月 1 日時点のオストラントの地区弁務官のリストは，T 459, roll 24.

(13) *Deutsche Ukraine Zeitung* (passim). 総弁務官領のドニエプロペトロフスクとクリミ

ア＝タウリア（両地域ともドニエプル川の東）は，1942年８月に追加された．クリミア総弁務官領（行政府所在地メリトポリ）は，一度もクリミア半島を含まなかった．クリミア半島は軍政下に留まった．1942年３月13日時点の地区弁務官のリストは，ORPO compilation (signed by Winkelmann) of that date, NO-2546.

(14)　元来は，東部占領地域の指導部——東部指導者団と呼ばれた——は，以下のような構成をもつべきだとされていた．党の人間：35パーセント，親衛隊・突撃隊・その他の党組織：20パーセント，農業や工業の専門家やその他：45パーセント．参照，Report by Dr. Hans-Joachim Kausch (journalist) June 26, 1943, Occ E 4-11.

(15)　Koch to Rosenberg, March 16, 1943, PS-192.

(16)　Report by Kausch, June 26, 1943, Occ E 4-11.

(17)　Decree (signed by Hitler, Keitel, and Lammers), July 17, 1941, NG-1280.

(18)　Dr. Max Feiherr von du Prel, *Das Generalgouvernement* (Würzburg, 1942), p. 363.

(19)　Agreement of Tighina, signed by Generals Hauffe and Tataranu August 30, 1941, PS-3319. ルーマニアの知事はゲオルゲ・アレクシアヌだった．ルーマニアの通貨は，この地域に導入されなかった．そして，協定の条件によって，鉄道システムはドイツの管理下に入った．

(20)　Wetzel to Foreign Office, May 16, 1942, enclosing Lohse directive to Generalkommissare of August 19, 1941, NG-4815.

(21)　Order by Commander of Army Group Rear Area South (von Roques), July 21, 1941, NOKW-1601. Order by von Roques, August 28, 1941, NOKW-1586. Order by Commander of Army Group Rear Area North/VII (signed by Oberstleutnant Müller-Teusler), September 3, 1941, NOKW-2204. Order by 454th Security Division/Ia, September 8, 1941, NOKW-2628. Ortskommandantur in Dzhankoy (signed Hauptmann Weigand) to Commander of Area 553 (11th Army), November 10, 1941, NOKW-1582. 299th Inf. Division/Ic to XXIX Corps/Ic, November 29, 1941, NOKW-1517. Draft of Proclamation of XLII Corps/Ia, December 11, 1941, NOKW-1682. Order by 101st Light Inf. Division/Ic, May 24, 1942, NOKW-2699. Draft directive by 299th Division Ia/Ic, October 1, 1942, NOKW-3371.

(22)　Order by von Roques, August 28, 1941, NOKW-1586. Order by Rear Army Group Area North, September 3, 1941, NOKW-2204.

(23)　Military gouvernment ordinances *(Militärverwaltungsanordnungen)* by Army Group Center, OQu VII, document Heeresgruppe Mitte 75858（戦後のこの資料の所在地は，Federal Records Center, Alexandria, Va）.

(24)　Order by von Renteln, August 26, 1941, Occ E 3-19. ヴィリニュスのゲットー化に関して，参照，B. Baranauskas and K. Ruksenas, Documents Accuse (Vilinius, 1970) pp. 217-18, 166-67.

(25)　Draft directive signed by Bönner, undated, Occ E 3-20.

(26)　Lohse directive, August 18, 1941, NG-1815.

(27)　Diary of Otto Bräutigam September 14 and 15, 1941, in Götz Aly et al., eds., *Biedermann und Schreibtischtäter* (Berlin, 1987), pp. 144-45.

(28)　Drechsler to Lohse, October 20, 1941, Occ E 3-29.

(29)　Unsigned notation, October 21, 1941, Occ E 3-29.

(30)　Memorandum, office of the Reichskommissar, October 27, 1941, Occ E 3-30.

(31)　Stubaf. Lange to Reichskommissar Ostland, November 8, 1941, Occ E 3-31.

(32)　Trampedach to ministry, copy for Lohse at Hotel Adlon in Berlin, November 9, 1941, Occ E 3-32.

(33)　Leibbrandt to Reichskommissar Ostland, November 13, 1941, Occ E 3-32.

(34)　参照，correspondence in T 459, rolls 21 and 23.

(35)　Dorr to Feldkommandantur and other offices, September 15, 1941, T 459, roll 23. 野戦司令官は，バンベルク少将だった．Orders of the Gebietskommissar establishing a ghetto as of October 25, in his letter to the Generalkommissar, October 30, 1941, T 459, rolls 21 and 23. リガ市の地区弁務官は，ヴィットロック市長だった．

(36)　ユダヤ人歴史家シモン・ドゥブノフは殺害された人の中にいた．ドイツ民政部にとってのこの「転機」について，参照，correspondence in T 459, roll 21.

(37)　リガ地域に向かった最初のベルリンからの輸送隊は，11月27日に出発した．3日後，犠牲者はルムブラの森で降ろされ射殺された．Schneider, *Jouney,* pp. 14-15, 155.（ヒトラーの本営）ヴォルフスシャンツェでハインリヒ・ヒムラーが手書きした電話メモには，11月30日午後1時半にハイドリヒと行った会話について，秘密めいたメモが書いてある．書かれている言葉は「ベルリンからユダヤ人輸送．一掃せず」だった．Facsimile in David Irving, *Hitler's War* (New York 1977), p. 505. リガのことは言及していない．しかし，11月27日から30日の間にベルリンを出発した輸送隊は他になく，12月1日には，「リガでの処刑」についての別のヒムラー＝ハイドリヒ間の話合いがあった．参照，Martin Broszat, "Hitler und die Genesis der Endlösung," *Vierteljahrshefte für Zeitgeschichte* 25 (1977): 760-61. おそらく帝国弁務官の異論によって促された拒否権は，明らかに効果がなかった．しかし．後続の輸送隊は，即座に殺害されなかった．

(38)　Affidavit by Alfred Winter, October 15, 1947, NO-5448. ヴィンターは移送されたユダヤ人の生存者である．

(39)　Gebietskommissar, city of Riga, via Generalkommissar to Reichskommissar, December 30, 1941, enclosing report of fire chief Schleicher of the same date, T 459, roll 3.

(40)　Gebietskommissar via Generalkommissar to Reichskommissar, January 27, 1942, T 459, roll 3.

(41)　Reichskommissar's Office/Health to Ministerialdirigent Fründt on the premises, February 7, 1942, enclosing report of Medizinalrat Dr. Ferdinand, February 3, 1942, T 459, roll 3.

(42)　Report by Staf. Jäger, December 1, 1941, Zentrale Stelle Ludwigsburg, UdSSR 108, film 3, pp. 27-38.

(43)　Wehrmachtbefehlshaber Ostland/Ic to Reichskommissar Ostland, November 20, 1941, Occ E 3-34. 国防軍司令官は，ブレーマー中将だった．

(44)　Kube to Lohse, December 16, 1941, Occ E 3-36.

(45)　Stadtkommissar Janetzke to Minister for Eastern Occupied Territories (Rosenberg), January 5, 1942, Occ E 3-37.

(46)　Wetzel to Reichskommissar, January 16, 1942, Occ E 3-37.

(47)　Kube to Lohse, February 6, 1942, Occ E 3-37.

(48)　Von Lüdinghausen (Dresdner Bank) to Dr. Rasche (Dresdner Bank), July 20, 1941, NI-14475. Decree by Göring, July 30, 1941, Wi/ID .240.

(49)　Decree by Göring, July 30, 1941, Wi/ID .240.

(50)　Directive by OKH/GenQu (signed Wagner), May 16, 1941, NOKW-3335. Von Lüdinghausen to Dr. Rasche, July 20, 1941, NI-14475.

(51)　ローゼンベルクの領域における軍需監査部の正確な機能については，参照，Decree by Thomas, July 25, 1941, Wi/ID .240; Decree by Göring, August 25, 1942, Wi/ID 2.205.

(52)　内部の組織では，経済監査部と軍需監査部はかなり異なっていた．経済監査部と経済司令部は，経済・労働・農業・財務などの課に分かれていた．軍需監査部と軍需司令部は，本部と

「陸軍」「海軍」「空軍」用の３課に分かれていた.

(53)　Instructions by Wirtschaftsstab Ost/Führung Ia, November 4, 1941, PS-1189. ユダヤ人の食事は，子どもへの配給量と同じであった.

(54)　Report by Nagel, December 13, 1941, T 77, Roll 1070.

(55)　Lohse to Generalkommissare in Ostland, August 8, 1941, NG-4815.

(56)　Generalkommissar White Russia/Agriculture to Gebietskommissar/Agriculture in Baranowicze, February 9, 1942, US Holocaust Research Institute Archives RG 22.03 (Belarus Central State Archives), Roll 4, Fond 393, Opis 3, Folder 16. 自動車道路は第七および第八街道だった.

(57)　Notation of Thomas-Körner discussion, July 31, 1941, in Götz Aly, "*Endlösing*" (Frankfurt/M, 1995), p. 294.

(58)　Chief of Wirtschaftsstab Ost (signed Schubert) to OKW/Wi Rü and other offices (90 copies), July 16, 1941, Wi/ID 0.10. ドロホビチ地域（ガリツィア）は，当時，軍の統制下に置かれていた.

(59)　Report by Feldkommandantur Przemysl Süd/Gruppe IV Wi (signed Hauptmann Dr. Bode), August 29, 1941, Wi/ID 1.113.

(60)　Report by Nagel (OKW/Wi Rü liaison officer with the Reichsmarschall), August 14, 1941, Wi/ID 2.319.

(61)　Economy Inspectorate Center (signed Kapitän zur See Kotthaus), to Wirtschaftsstab Ost, Economy Inspectorates North and Center, Armament Inspectorate Ukraine, Army Group B, 2nd, 4th, and 9th Armies, Armament Command Minsk, and economy commands of the Economy Inspectorate Center, Nobember 16, 1941, Wi/ID 2.124.

(62)　Generalkommissar Latvia/Division IIa to Reichskommissar Ostland/IIa, October 20, 1941, Occ E 3-27.

(63)　Order by Army Group Rear Area South (signed von Roques), July 21, 1941, NOKW-1601.

(64)　1941年９月12日に，カイテルはユダヤ人を「優遇的な」仕事に使うことを禁じた. Army Group Rear Area North/Ic to Army Group Rear Area North/VII, September 24, 1941, NOKW-1686.

(65)　初期の補充に関して，参照，Report by Economy Command Riga to Economy Inspectorate North, July 21, 1941, PS-579. リガは当時まだ軍の統制下にあった.

(66)　Armament Command Luck to Armament Inspectorate Ukraine, report for October 1 to December 31, 1942, January 21, 1943, Wi/ID 1.101.

(67)　*Ibid.*

(68)　参照，Chart of Statistical Office of the Vilna ghetto, June 1942, Vilna Ghetto Collection, No. 286. この表によると，ヴィリニュスには雇用されているユダヤ人が7,446人いた. そのうち1,401人がゲットーのために働いていた.

(69)　Report by a labor official in Riga, February 16, 1942, T 549, roll 23. これは，マイヴァルト SS 中尉とクラウゼ SS 中尉（それぞれ行動部隊Aの参謀と，第２出動部隊の参謀）との議論に続いて書かれた報告書で，署名はおそらく戦時行政書記シュタントケである. 親衛隊は，サラスピルスとユングフェルンホフに収容所を建設中であった.

(70)　Report by Generalkommissar/IIIe (Labor), signed Lippmann, June 6, 1942, T 459, roll 19.

(71)　参照，detailed breakdown by labor administration of Gebietskommissar, August 18, 1943, T 459, roll 23. 当時の雇用されているユダヤ人の数は，約11,000人だった.

(72)　Dr. Abshagen (Institute für medizinische Zoologie) to Generalkommissar, Octo-

ber 24, 1942, T 459, roll 19. 実験にはチフスもあった.

(73) Report by Soviet Extraordinary State Commission (signed by Burdentko, Nikolai, Trainin, and Lysenko), undated, USSR-41.

(74) Affidavit by Alfred Winter (survivor), October 15, 1947, NO-5448.

(75) Decree (signed Kube) of June 1, 1942, *Amtsblatt des Generalkommissars für Weißruthenien,* 1942, p. 105. 当時の公式レートで, 1ルーブルが0.10ライヒスマルクである.

(76) Decree (signed Kube) of August 18, 1942, *Amtsblatt des Generalkommissars in Minsk,* 1942, p. 166.

(77) 「遺産」という言葉が, 書簡の中でに自由に使われた. たとえば, 参照, Generalkommissar in White Russia to Reichskommissar/Trusteeship (Special Representative for Seizure of Jewish Property in the Ostland) Bruns, March 4, 1942, T 459, roll 3. オストラントではユダヤ人の金銀を取り扱う記録の秘密はまったく守られなかった. Notation by Kunska (Generalkommissar in Latvia/Trusteeship), June 27, 1942, on copy of directive from Reichskommissar's Trusteeship Office, April 30, 1942, T 459, roll 21.

(78) RSHA IV-A-1, Operational Report USSR No. 21, July 13, 1941, NO-2937. RSHA IV-A-1, Operational Report USSR No. 125, October 26,1941, NO-3403. RSHA IV-A-1, Operational Report USSR No. 156, January 16, 1942, NO-3405.

(79) RSHA IV-A-1, Operational Report USSR No. 103, October 4, 1941, NO-4489. ジトミルでは行動部隊Cが2万強〜3万弱キロの衣類と家庭用品を, ナチ国民福祉団の代表者に渡した. RSHA IV-A-1, Operational Report USSR No. 106, October 7, 1941, NO-3140. 行動部隊Dは戦利品を帝国の税務署に引き渡して, 第11軍を悔しがらせた. というのは, 第11軍は自己のために物資を欲しいと思っていたからである. Ohlendorf to 11th Army, February 12, 1942, NOKW-631. 1942年10月に, 上級親衛隊・警察長官, フォン・デム・バッハSS大将は, 親衛隊の家族に配ってもらおうと1万足の子ども用靴下と2万個の子ども用手袋を, ヒムラー幕僚部に送った. Meine (Personal Staff) to Gruf. Hofmann (Chief, RuSHA), October 28, 1942, NO-2558. 北部上級親衛隊・警察長官, イェッケルンは, リガの大きな百貨店を統括していた. 彼は自分の机の上で装飾品を選ぶのに数時間かけた. Affidavit by Richard Dannler (SS mailman), September 19, 1947, NO-5124.

(80) Report by 454th Security Division Ic, December 4, 1941,NOKW-2926. ハリコフの略奪については以下も参照, RSHA IV-A-1, Operational Report USSR No. 164, February 4, 1942, NO-3399.

(81) Neuendorff to Reichskommissar/II-h (Finance), December 4, 1941, T 459, roll 21.

(82) Haupteisenbahndirektion Nord to Reichskommissar, April 26, 1942, T 459, roll 3.

(83) Daimler-Benz Corporation (Mercedes) to Reichskommissar/Trusteeship (Dr. Köster), January 7, 1942, T 459, roll 2.

(84) Nikolai Radzinsch (Radzins) to Reichskommissar, January 26, 1942, T 459, roll 2.

(85) Wilhelm Strauss to Generalkommissar/Finance, October 9, 1942, T 439, roll 2.

(86) Rudolf Feldberg, Riga, to Security Police in Riga (passed on to Trusteeship Office, attention Bruns), July 16, 1942, T 459, roll 2. イェルガヴァ (ラトヴィア) とタリン (エストニア) の墓地は, すでに更地にされていると, 彼は説明している. 彼は, ユダヤ人の墓石を不当に安い価格で売却していることを批判的に見ていた. Alletag to Generalkommissare in Riga, Kaunas, Tallinn, and Minsk, October 2, 1942, T 459, roll 3. アレタークは税務署で, ユダヤ人財産を扱っていた. 署長はヴィアロンであった.

(87) Order by Commander, Rear Army Group Area South (signed von Roques), September 1, 1941, NOKW-2594. Ortskommandantur Nikolaev to Commander, Rear Army Area 553 (11th Army), September 25, 1941, NOKW-1729.

(88) Order by Wirtschaftsstab Ost/Führung Ia, October 22, 1941, Wi/ID 0.82. 軍政地域における押収を指揮する権限を，東部経済幕僚部に独占的に与えた陸軍総司令部の命令は，1941年10月2日の日付である。

(89) Economy Inspectorate Center (signed Kapitän zur See Kotthaus), to Wirtschaftsstab Ost, November 6, 1941, Wi/ID 2.124. Report by Economy Inspectorate Center (signed Generalleutnant Weigand), November 22, 1941, Wi/ID 2.124. Report by Economy Inspectorate Center (signed Generalleutnant Weigand), December 22, 1941, Wi/ID 2.124. Report by Economy Inspectorate Center (signed Generalleutnant Weigand), April 4, 1942, Wi/ID 2. 33. War diary, Economy Command in Klimovichi (signed Hauptmann Weckwerth) to Economy Inspectorate Center, December 31, 1941, Wi/ID 2.90. Mayor Adam J. Stankevich of Bobruisk to Ortskommandantur, December 6, 1941, US Holocaust Research Institute Archives RG 53.006 (Belarus State Archives of Mogilev Oblast), Roll 4, Fond 858, Opis 1, Folder 18.

(90) Economy Inspectorate Center/Main Group Economy to Wirtschaftsstab Ost, July 1, 1942, Wi/ID 2.347.

(91) Economy Inspectorate Center (signed Generalleutnant Weigand) to Wirtschaftsstab Ost, July 4, 1942, Wi/ID 2.70.

(92) Feldkommandantur Mogilev/VII-Administration (signed Oberkriegsverwaltungsrat Grünkorn) to Mayor Felicin, July 24, 1942, US Hocaust Research Institute Archives RG 53.006 (Belarus State Archives of Mogilev Oblast), Roll 2, Fond 259, Opis 1, Folder 22. 以下も参照，Reports of the city, April-July 1942, and draft reports for August-December, 1942, in Roll 2, Fond 260, Opis 1, Folder 45. このユダヤ人財産は住宅であった。

(93) Temporary directive (signed Lohse), August 18, 1941, NG-4815. Decree (signed Lohse), October 13, 1941, *Verkündungsblatt des Reichskommissars für das Ostland,* 1941, p. 27.

(94) Gewecke to Lohse, September 8, 1941, PS-3661.

(95) Memorandum by Generalkommissar in Kaunas/Main Division II F, September 24, 1941, Occ E 3-24.

(96) Lohse to Higher SS and Police Leader Ostland personally, September 25, 1941, Occ E 3-25.

(97) Memorandum by Himmler, November 15, 1941, NO-5329.

(98) Reichskommissar Ostland/II-c to Reichskommissar/Trusteeship Office on quarrel in Vilna, early February 1942, T 459, roll 3. Memorandum in Reichskommissar's Trusteeship Office (signature illegible), March 19, 1942, T 459, roll② (これは，リガの親衛隊によって配達された，金に見える物件が本物ではなかったことに苦情を言っている).

(99) Summary of conference, prepared on October 15, 1942, by Ministerialrat Burmeister of Reichskommissar's office, T 459, roll 3.

(100) Lohse directive, August 18, 1941, NG-4815. 総弁務官は，ユダヤ人の所有物の獲得を地区弁務官に委任した．参照，Registration of property order by Gebietskommissar of city of Vilna (Hingst), September 1, 1941, T 459, roll 3.

(101) Report by Friedrich Brasch to Wittrock, December 18, 1941, and Wittrock via Generalkommissar to Reichskommissar, December 19, 1941, T 459, roll 21. ブラッシュはリガ・ゲットーを管理するために地区弁務官ヴィットロックに委任された人物である。

(102) Neuendorff to Generalkommissar/Trusteeship (Kunska), June 4, 1942, T 459, roll 21.

(103) Vialon to Main Division II/Health, May 15, 1943, T 459, roll 24.

(104) Vialon directive of August 27, 1942, Institut für Zeitgeschichte, Munich, Fb 85/2, and his subsequent directives in T 459, roll 3.

(105) Decree by Reichskommissar Ostland, October 13, 1941, *Verkündungsblatt des Reichskommissars für das Ostland,* 1941, p. 27.

(106) Implementation decree (signed Lohse), October 14, 1942, in *Amtsblatt des Generalkommissars in Minsk,* 1942, pp. 246-48.

(107) *Deutsche Zeitung im Ostland* (Riga), November 16, 1942, p. 5.

(108) Koch to Rosenberg personally, March 16, 1943, PS-192.

(109) 興味深いことに，トランスニストリアのルーマニア占領地域では，ドイツ人が事実上請求者であり，ルーマニア当局が埋め合わせをしなければならなかった．オデッサの町では，民族ドイツ人がユダヤ人の住宅に引っ越し，そこの家具を取り上げていた．民族ドイツ人のための親衛隊の福祉組織である民族ドイツ人事業所（VOMI）は，このドイツ人を保護することを決めた．1942年8月に結ばれた協定は以下の内容を規定していた．ソ連体制の時代に，多くの民族ドイツ人が，自分の住宅を放棄してユダヤ人に渡さなくてはならなかった「事実」を考慮して，現在のドイツ人占拠者は，所有を継続すべきである．家具に関しては，彼らはルーマニア官憲に「ささやか」な支払いをしなくてはならない，と．Agreement signed by Governor Alexianu of Transnistria and Oberführer Host Hoffmeyer of the VOMI, August 30, 1942, NO-5561.

(110) Dr. Steiniger, "Die Karaimen," *Deutsche Zeitung im Ostland* (Riga), November 15, 1942, p. 1, correspondence in document Occ E 3bα-100, and Philip Friedman, "The Karaites under Nazi Rule," in Max Beloff, ed., *On the Track of Tyranny* (London, 1960), pp. 97-123.

(111) *Ortskommandantur* Feodosia to Rear Army Area 553 (11th Army), November 16, 1941, NOKW-1631. クリムチャクがハザル人の子孫であることについて，参照，Abraham Poliak, *Encyclopedia Judaica* (1971-72) 3: 1103-106. しかし，以下も参照，Itzhak Ben-Zvi, *The Exiled and the Redeemed* (Philadelphia, 1957) pp. 83-92.

(112) RSHA IV-A-1, Operational Report USSR No. 150, January 2, 1942, NO-2834（12月15日時点で2,504人のクリムチャクが射殺されたことを記している）．以下も参照，RSHA IV-A-1, Operational Report USSR No. 190, April 8, 1942, NO-3359. Ortskommandantur Kerch to Army Rear Area 553 (11th Army), July 15, 1942, NOKW-1709. Ortskommandantur Bachtshissaray to Army Rear Area 553 (11th Army), July 16, 1942, NOKW-1698. 行動部隊Dは，いわゆるタティ（コーカサス出身の山地ユダヤ人で，アメリカ合同分配委員会によってクリミアに移住させられた人たち）も殺した．Feldkommandantur Eupatoria to Army Rear Area 553 (11th Army), March 16, 1942, NOKW-1851. 他の犠牲者のグループはジプシーであった．彼らは，ユダヤ人と考えられたからではなく，犯罪分子だと考えられたからであった．RSHA IV-A-1, Operational Report USSR No. 150, January 2, 1942, NO-2834. RSHA IV-A-1, Operational Report USSR No. 178, March 9, 1942, NO-3241. RSHA IV-A-1, Operational Report USSR No. 184, March 23, 1942, NO-3235. RSHA IV-A-1, Operational Report USSR No. 195, April 24, 1942, NO-3277. ジプシーの体系的殺害が始まった後に，彼らが発見された場所で2年間の居住が証明される「非放浪」型のジプシーを免除する命令が出された．281st Security Division to Oberfeldkommandantur 822, March 24, 1943, NOKW-2022. その他の書簡は，参照，document Occ E 3-61.

(113) 454th Security Division Ia to Ortskommandanturen in its area, September 8, 1941, NOKW-2628. Lohse directive, August 18, 1941, NG-4815. このローゼの指令は，1941年6月20日「以前」にユダヤ人配偶者と結婚しており，同日に「もはや」その配偶者と暮らして

「いない」2分の1ユダヤ人を免除した．軍の定義は，結婚の終結の日付を含んでおらず，またユダヤ教脱退の日付も含んでいなかった．

(114) Summary of interministerial conference (held on January 29, 1942), dated January 30, 1942, NG-5035.

(115) Himmler to Berger, July 28, 1942, NO-626.

5 第二波

(1) RSHA Summary Report No. 6, June 5, 1942, NO-5187. 4番目の上級親衛隊・警察長官，コルゼマン SS少将が，コーカサス地方に赴任した．この地域は行動部隊Dが作戦行動をしていた．

(2) 保安警察・保安部司令官（BdS）のレベル以下では，この機構は，保安警察・保安部指揮官（KdS）の事務所に分かれていた．オストランドでは，出動部隊の隊長が保安警察・保安部指揮官になった．しかし，こういった融合は，ウクライナでは起こらなかった．RSHA Summary Report No. 6, June 5, 1942, NO-5187.

(3) Oberst-Gruppenführer Daluege (Chief of the Order Police) to OGruf. Wolff (Chief of Himmler's Personal Staff), February 28, 1943. NO-2861. 警察連隊は約1,700人，大隊は500人の人数だった．

(4) *Ibid.* この統計は，ガリツィアとビアウィストク地区を含んでいない．ガリツィアは1個連隊を手に入れ，ビアウィストクは1個大隊と個別業務部の1,900人を手に入れた．

(5) Himmler to Prützmann, Jeckeln, von dem Bach, and Globocnik, July 25, 1941, T 454, roll 100.

(6) Order by Daluege, November 6, 1941, T 454, roll 100. 彼らの中には，占領の初期に出現した民兵から警備隊に取られた者もおり，住民の中から新たに採用された者もおり，（主にウクライナ人であるが）捕虜収容所から引っ張られた者もいた．

(7) Order Police strength (Stärkenachweisung) for July 1, 1942, German Federal Archives R 19/266. 年末のデータは，Daluege to Wolff, February 28, 1943, NO-2861. 完全な概観は，Hans-Joachim Neufeldt, Jürgen Huck, and Georg Tessin, *Zur Geschichte der Ordnungspolizei 1936-1945* (Koblenz, 1957), part II (by Tessin), pp. 51-68, 101-09.

(8) たとえば，第4，第7，第8リトアニア大隊と，第17，第23，第27，第28ラトヴィア大隊は，ウクライナの第4街道を警護した．Neufelt, Huch, and Tessin, *Zur Geschichte der Ordnungspollizei,* pt. II, pp. 101-02. この道路建設計画に使われたユダヤ人労働者はたくさんいた．

(9) Agreement between Wehrmacht and RSHA (signed by Canris and Heydrich), March 1, 1942, in file note of Commander of Rear Army Group Area South Ic/AO, October 1, 1942, NOKW-3228.

(10) この補助部隊は発展の過程で，自警団（主として北部）とか，民兵（ウクライナ地方）とか，いろいろな名前を持った．軍は，1941年に勝利を予期していたので，この補助部隊を親衛隊・警察に転換することを思案していた．基本的な軍の命令については，参照，Orders of Rear Area Army Group South, July 22, 1941, German Federal Archives in Freiburg, RH 22/5; Rear Area Army Group Center, July 24, 1941, *ibid.,* RH 26-102/12, and October 30, 1941, *ibid.,* RH 22/225; and in the south the order of Sicherungsdivision 213, April 9, 1942, *ibid.,* RH 26-213/9, and Feldkommandantur 679, August 5, 1942, T 501, Roll 33. 民兵という言葉は1942年に禁止された．参照，Order of Sicherungsdivision 213, April 9, 1942. 中部軍集団後方地域の治安隊は，1942年2月14日に11,535人を数えた．Rear Area Army Group Center/VII to OKH/GenQu/Administration, February 14, 1942, T 501,

Roll 6. 南部軍集団は，1942年4月1日に20,129人の常駐の補助警察を持った．参照，Summary, by locality, of Rear Area Army Group South, April 1, 1942, T 501, Roll 18.

(11) 参照，Agreement between Alfred Meyer for the East Ministry, signed June 5, 1942, and Ministerialdirektor Mahler for the Reichsforstmeister (Alpers), signed June 23, 1942, on the operation of the Forstschutzkommandos, German Federal Archives R 91 Mitau/16.

(12) Order by Hitler, September 6, 1942, NO-1666.

(13) フォン・デム・バッハは，その仕事に最も経験のある上級親衛隊・警察長官として，自分を推薦した．Von dem Bach to Himmer, September 5, 1942, NO-1661. この手紙は，フォン・デム・バッハが神経障害を患ったわずか数カ月後に書かれた．Grawitz to Himmler, March 4, 1942, NO-600. 彼は「対パルチザン戦闘団」の肩書を得るのに，1943年まで待たなければならなかった．Order by Himmler, June 21, 1943, NO-1621.

(14) Affidavit by von dem Bach, January 21, 1947, NO-1906.

(15) 1942年3月6日～30日の期間に，行動部隊は，3,358人のユダヤ人と375人の他の人びと(78人のジプシーを含む）を殺害した．RSHA IV-A-1, Operational Report USSR No. 194, April 21, 1942, NO-3276.

(16) Operational Report by Secret Field Police Group 703 (signed Feldpolizeikommissar Gasch), June 24, 1942, NOKW-95. この部隊は，ヴィヤジマ地区で行動した．39th Estonian Police Battalion via 281st Security Division Ia to Higher SS and Police Leader North, August 28, 1942, NOKW-2513. Secret Field Police Group 722 to 207th Security Division Ic, etc., March 25, 1943, NOKW-2158. しかし，1943年7月になっても，トット機関は中部軍集団地域で，1,615人のユダヤ人を雇っていた．Wi In Mitte to WoStOst, August 5, 1943, Wi/ID 2.59.

(17) 参照，Note of an SS guard at the Security Police prison in Mogilev, March 19, 1942, US Holocaust Research Institute Archives RG 56.006 (Belarus State Archives of Mogilev Oblast), Roll 1, Fond 255, Opis 1, Folder 776 (これは，治安隊がその日2人のユダヤ人の子どもを連れてきたことを述べている．以下も参照，*ibid.*, Roll 2, Fond 259, Opis 1, Folder 45.

(18) RSHA IV-A-1, Operational Report USSR No. 177, March 6, 1942, NO-3240. RSHA IV-A-1, Operational Report USSR No. 187, March 30, 1942, NO-3237. RSHA Summary Report No. 11 for March, 1942, PS-3876.

(19) Situation Reports of Feldkommandantur 197 (signed Kriegsverwaltungsrat Heine), April 20 and June 19, 1942, T 501, Roll 34.

(20) 25人の男性からなるユダヤ人パルチザンのグループがノヴォモスコフスク＝パヴログラード地区で見つかった．Report by 444th Security Division Ia, January 22, 1942, NOKW-2868. ユダヤ人パルチザンは，ドニエプロペトロフスク・ユダヤ人グループとして言及されている．国防軍による捕捉のその他の報告は，参照，Generalmajor Mierzinsky of Feldkommandantur 245/Ia to XLIV Corps/Qu, March 31, 1942, and other reports by same Feldkommandantur, in NOKW-767. 捕捉はスラヴィヤンスク＝クラマトルスカヤ地区で行われた．同じく，Feldkommandantur 194 in Snovsk (signed Oberst Ritter von Würfel) to commander of Army Group Rear Area South/Ia, April 7, 1942, NOKW-2803.

(21) Feldkommandantur (V) 198 to Sixth Army/VII, February 2, 1942, T 501, Roll 33. これは2人のユダヤ人がある村に「こもっている」のが発見されたことを言っている．この野戦司令部はハリコフの西の地域を担当していた．

(22) RSHA IV-A-1, Operational Report USSR No. 170, February 18, 1942, NO-3339.

(23) RSHA IV-A-1, Operational Report USSR No. 178, March 9, 1942, NO-3241.

RSHA IV-A-1, Operational Report USSR No. 184, March 23, 1942, NO-3235.

(24) RSHA IV-A-1, Operational Report USSR No. 190, April 8, 1942, NO-3359.

(25) 11th Army Ic/Ia (signed Major Stephanus) to Einsatzgruppe D, Secret Field Police, and Abwehr, December 15, 1941, NOKW-502. Secret Field Plice Group 647 to 11th Army Ic/AO, July 26, 1942, NOKW-848. Affidavit by Heinz Hermann Schubert, December 7, 1945, NO-4816.

(26) Major Erxleben (Feldgendarmerie) to 11 th Army OQu, February 2, 1942, NOKW-1283. Ortskommandantur Karasubar to Army Rear Area, February 14, 1942, NOKW-1688. Operational report by Feldkommandantur 810/Feldgendarmerie (signed Lt. Pallmann), March 3, 1942, NOKW-1689. Feldkommandantur 810 in Eupatoria to Rear Army Area, March 16, 1942, NOKW-1851. Report by Sonderkommando, 10b, March 27, 1942, NOKW-635. Feldgendarmerie Battalion 683 to 11th Army OQu, April 2, 1942, NOKW-1285. Feldkommandantur 608 to Rear Army Area, April 28, 1942, NOKW-1870.

(27) Ortskommandantur Kerch to Army Rear Area/OQu, July 15, 1942, NOKW-1709. ケルチは半島の東端に位置する．Ortskommandantur Bakhchissaray to Army Rear Area/Qu, July 16, 1942, NOKW-1698. バフチサライは，セヴァストポリに向かう途上にある．セヴァストポリにおける行動についての史料は手に入らない．多分，ドイツ人が到着したときには，ユダヤ人はここに残っていなかったのだろう．

(28) Matatias Carp, ed., *Cartea Neagra* (Bucharest, 1947), vol. 3, p. 200. 統監はC・トベスク大将だった．

(29) Radu Ioanid, "When Mass Murderers Becom Good Men," *Journal of Holocaust Education,* 4 (1995) : 92-104, on p. 101. 彼は，以下の資料を引用している．US Historical Institute Archives Record Group 25.001 (Serviciul Roman de Informatii), Roll 31, Fond 40010, vol. 1.

(30) Carp, *Cartea Neagra,* vol. 3, pp. 202-05, および以下の機関の報告文，Commander, Gendarmerie in the Berezovka districht (Major Popescu), Inspector of Gendarmerie in Transnistria (Colonels Brosteanu and Iliescu), Military Command in Odessa/Pretor (Lt. Col. Niculescu), Third Army/Pretor (Col. Barozi and Lt. Col. Poitevin), January-June 1942, *ibid,* pp. 211-12, 215, 217, 226-27. ユダヤ人は，オデッサからと同様に，町の近くのスロボトカの「臨時」ゲットーからも連れて行かれた．ドイツの列車が使われたことについて，Report by Brosteanu, January 17, 1942, *ibid.* pp. 221-22. 以下も参照，Dora Litani, "The Destruction of the Jews of Odessa," *Yad Vashem Studies* 6 (1967): 135-54, at p. 144. 民族ドイツ人部隊は，この地区で民族ドイツ人事業所によって形成されていた．参照，Valdis O. Lumans, *Himmler's Auxiliaries* (Chapel Hill, North Carolina, 1993), pp. 244-47, and statement by an ethnic German in Sven Steenberg ed., *Die Rußlanddeutschen* (Munich, 1989) pp. 106-108.

(31) Note, probably vy Triska, May 16, 1942, NG-4817. ベレゾフカの射殺は，5月以後続いた．Iliesch report, June 16, 1942, in Carp, *Cartea Neagra,* vol. 3, p. 227. Statement by Dr. Arthur Kessler, August 1959, Yad Vashem Oral History 957/78. ケスラーは生存者である．

(32) War diary of Wehrwirtschaftsoffizier in Transnistria (Kriegsverwaltungsrat Dettmer), February 17, 1942, T 77, Roll 1093. ティリグル川はベレゾフカ地区を通ってティリグル湖（リマン）に流れている．この日記には，「リマン」としか書かれていない．

(33) Extract from indictment before Bucharest People's Court, in Carp, *Cartea Neagra,* vol 3, pp. 215-16. 以下も参照，Eugene Levai, *Black Book on the Martyrdom of Hungar-*

ian Jewry (Zurich and Vienne, 1948), pp. 72-73.

(34) Extract from indictment, in Carp, *Cartea Neagra,* vol 3, pp. 225-26.

(35) Gewecke to Lohse, September 11, 1941, Occ E 3-22.

(36) Carl to Kube, October 30, 1941, PS-1104. レヒトハーラー少佐の下の大隊の隊員は，ほとんどベラルーシに送られ，第707師団に使われた．インプレヴィッィウス少佐の下の第2（後に番号が変わって第12）警備隊大隊は，レヒトハーラーの大隊に割り当てられた．Order by Impulevicius, Lithuanian State Archivies, Fond 1444, Opis 1, Folder 5. スルーツクの現場にいた隊員の多くは，リトアニア人だった．

(37) Kube to Lohse, November 1, 1941, PS-1104.

(38) Leibbrandt to Reichskommissar Ostland, October 31, 1941, PS-3663.

(39) Reichskommissariat Ostland to East Ministry, November 15, 1941, PS-3663.

(40) Dr. Bräutigam (deputy of Leibbrandt) to Reichskommissar Ostland, December 18, 1941, PS-3663. 地域レベルでの妥協の試みについては，参照，Reichskommissar Ostland IIa to Higher SS and Police Leader North, December, 1941, Occ E 3-33.

(41) Jäger report, December 1, 1941, Center for the Preservation of Historical Documentary Collections, Moscow (formerly Moscow Special Archives), Fond 500, Opis 1, Folder 25.

(42) Draft report by an Obersturmführer (signature illegible) of Einsatzgruppe A, Latvian State Archives, Roll 1026, Opis 1, Folder 3.

(43) Office of the Hauptkommissar of Baranowicze (signed ORR. Gentz) to Lohse, February 10, 1942, Occ E 3-38. 主弁務官は，フェンツであった．

(44) Trampedach to Kube, June 15, 1942, Occ E 3-40.

(45) Kube to Reichskommissar Ostland, July 10, 1942, enclosing directive of the same date, Occ E 3-40. 第二波でのベラルーシ・ユダヤ人の絶滅について，以下も参照，Jürgen Matthäus, "'Reibungslos und planmässig'—Die zweite Welle der Judenvernichtung im Generalkommissariat Weißruthenien (1942-1944)" in *Jahrbuch für Antisemitismusforschung* 4 (1995): 254-74.

(46) Eibner via Gendarmerie-Hauptmannschaft in Baranowicze to Kommandeur der Gendarmerie in Minsk, August 26, 1942, Belarus Archives of Brest Oblast, Fond 995, Opis 1, Folder 7.

(47) Order by Reichskommissar Ostland, November 11, 1942, NO-5437.

(48) こういったユダヤ人は不安定な生活を送った．参照，M. Cherszstein, *Geopfertes Volk: Der Untergang des polnischen Judentums* (Stuttgart, 1946), pp. 26-40. ヘルシュスタインは森に隠れた生存者である．

(49) ユダヤ人がパルチザンに向かう動きについての最初の報告は，1941-42年の冬に受け取られている．Wehrmachtbefehlshaber Ostland/Propaganda Detachment (signed Oberleutnant Knoth) to commander of Army Group Rear Area North, undated report received February 8, 1942, NOKW-2155. 1942年6月までに，いくつかのパルチザン部隊は，「審問と公開射殺によって，不人気なユダヤ人と反社会的分子」を除去していた．Propaganda Abteilung Ostland to Wehrmachtpropaganda, June 4, 1942, OKW-745, 同様に参照，Propaganda Abteilung W to OKW/WPre Ie, August 4, 1942, OKW-733. 以下も参照，Schwarz, *The Jews in the Soviet Union,* pp. 321-30.

(50) OKH/Chief of Secret Field Police to army groups and armies in the East, July 31, 1942, NOKW-2535. Kreisverwaltung Koslovchisna to Gebietskommissar in Slonim, November 3, 1942, EAP 98/88. RR. Dr. Ludwig Ehrensleiter (deputizing for Gebietskommissar Erren of Slonim) to Kube, March 21, 1943, Occ E 3a-16. Reports by 69th

Jäger Division (in Lithuania) to 3rd Panzer Army, August 30-31, 1944, NOKW-2322. ユダヤ人の部隊とソ連の部隊との関係は，参照，Tobias Bielski, "Brigade in Action," in Leo W. Schwarz (ed.), *The Root and the Bough* (New York, 1949), pp. 112-14.

(51)　RSHA Summary Report No. 7, June 12, 1942, NO-5158. RSHA Summary Report No. 8, June 19, 1942, NO-5157. Generalkommissar White Russia to East Ministry, November 23, 1942, Occ E 3-45. エストニアは「ユダヤ人なし」となった. RSHA IV-A-1, Operational Report USSR No. 155, January 14, 1942, NO-3279. ゲットーの人数には，収容所にいる数千人のユダヤ人の数が含まれていない. 収容所のユダヤ人が1943年にゲットーに移転させられたとき，ラトヴィアのゲットー人口は，ほぼ5,000人に増加した. KdS Latvia (Obf. Pifrader) to Lohse, August 1, 1943, Occ E 3bα-29. リトアニアのゲットー人口は，4万人以上に増加した. Report by KdS Lithuania for April, 1943, Occ E 3bα-95; Report by Generalkommissar Lithuania for April and May, 1943, Occ E 3bα-7. 1943年になると，数千人のユダヤ人が，たいていヴィリニュス・ゲットーから，建築プロジェクトと泥板岩石油の製造のために，エストニアに連行された. 参照，War diary of Mineralölkommando Estland/Gruppe Arbeit, November 1943 to January 1944, Wi/ID 4. 38, and reports and correspondence of Kontinental Öl A. G. in Wi/ID. 32.

(52)　Report by Higher SS and Police Leader North, November 6, 1942, PS-1113.

(53)　Brif. Gottberg to Gruf. Herff, November 26, 1942, NO-1732.

(54)　Gottberg to Herff, December 21, 1942, NO-1732. RSHA Summary Report No. 38, January 22, 1943, NO-5156.

(55)　Gottberg to Herff, March 8, 1943, NO-1732. RSHA Summary Report No. 46, March 19, 1943, NO-5164. Report by Kube on "Operation Kottbus," June 1, 1943, R-135. この報告はユダヤ人の死者のことを詳しく述べたものではない. しかし，ローゼはこの件に関してローゼンベルクに報告する際に，以下のように，死んだ9,500人の「泥棒」と「容疑者」について意見を述べている.「ユダヤ人が特別の扱いを受けるという事実は，もう議論の必要がありません. しかし，このことが，総弁務官の報告で述べられているような方法でなされているということは，ほとんど信じがたいくらいに思えます. ……これに対してカチンの森事件はどれほどのものと言えるでしょうか. Lohse to Rosenberg, June 18 1943, P-135. カチンの森で，ドイツは，ソ連がポーランド人将校を虐殺したと主張していた.

(56)　Leibbrandt via Lohse to Kube, October 23, 1942, Occ E 3-45.

(57)　Generalkommissar White Russia to East Ministry, November 23, 1942, Occ E 3-45.

(58)　Speech by von Gottberg before SS and Police officials, April 10, 1943, Fb 85/1. この演説の中で彼は，1943年３月中に11,000人のユダヤ人を殺害したと報告した. ローゼンベルク大臣が議長となって開かれた1943年７月13日の会議で，クーベは，ベラルーシの16,000人のユダヤ人が軍のために，荷車を作っていると注意した. 彼は，これらのユダヤ人の撤退を唱えていたが，彼らが非ユダヤ人の労働者によって代替される条件ならばのことであった. Summary of the conference prepared by ORR Herrmann, August 20, 1943, NO-1831.

(59)　Judgment of a Hamburg court against Karl Tollkühn, May 9, 1983, (89) 1/83 Ks, pp. 26-36, 66-85.

(60)　Jeanette Wolff in Eric H. Boem ed., *We Survived* (New Haven, 1949), pp. 262-63. ヴォルフはリガで生き延びた.

(61)　Samuel Gringauz, "The Ghetto as an Experiment in Jewish Social Organization," *Jewish Social Studies* 11(1949): 14. グリンガウツはゲットーの生存者である.

(62)　KdS/IV-B (signed by Fuchs personally), to RSHA/IV-B, copy to BdS Ostland, April 19, 1944, Central State Archives of the October Revolution in Vilinius(Vilna), Fond 1399, List 1, Folder 102.

(63)　出来事の完全な話は，参照，Yitzhak Arad, *Ghetto in Flames* (Jerusalem, 1980), pp. 221-70, 373-470. 他の記述は，Leonard Tushnet, *The Pavement to Hell* (New York 1972), pp. 141-99, and Josepf Tenenbaum, *Underground* (New York, 1952), pp. 349-50, 352-54. 以上の本の資料は，このゲットーで生き延びたユダヤ人の当時の日記と戦後の証言である．

(64)　Abraham Sutzkever, "Never Say This Is the Last Road," in Schwarz, *The Root and the Bough,* pp. 66-92; quotation from p. 90.

(65)　Kube to Lohse, December 16, 1941, Occ E 3-36.

(66)　File Memorandum by Strauch, July 20, 1943, NO-4317. 歯から詰物を取る件に関しては参照，Report by prison warden Günther to Kube, May 31, 1943, R-135.

(67)　Strauch to von dem Bach, July 25, 1943, NO-2262. 戦後，フォン・デム・バッハはシュトラウフのことを「私が生涯で出会った中で，最も吐き気を催させる人間であった」と呼んだ．Von dem Bach in *Aufbau* (New York), September 6, 1946.

(68)　Berger (chief of SS-Main Office) to Brandt (Himmler's Personal Staff), August 18, 1943, NO-4315.

(69)　"Gauleiter Kube Ermordet," *Deutsche Ukraine-Zeitung,* September 24, 1943, p. 1.

(70)　Von dem Bach in *Aufbau* (New York), September 6, 1946, p. 40.

(71)　Himmler to Higher SS and Police Leader North and Chief of WVHA (Pohl), June 21, 1943, NO-2403.

(72)　Kaltenbrunner (Heydrich's successor as chief of RSHA) to SS main offices, August 13, 1943, NO-1247.

(73)　Memorandum by ORR. Hermann, August 20, 1943, on interministerial conference of July 13, 1943, NO-1831.

(74)　KdS Latvia (Obf. Pifrader) to Lohse, August 1, 1943, Occ E 3bβ-29.

(75)　Report by Generalkommissar Lithuania (von Renteln) for August-September, 1943, November 16, 1943, Occ E 3α-14.

(76)　Rudolf Brandt (Himmler's Personal Staff) to Berger, July 1943, NO-3304. 以下も参照，Summary of East Ministry conference, July 14, 1943, Wi/ID 2.705. Summary of WiStOst conference, September 13/14, 1943, Wi/ID .43.

(77)　von Allwörden to Pohl, May 10, 1944, NO-2074. Dr. Lange (East Ministry) to Finance Minister von Krosigk, July 24, 1944, NO-2075.

(78) Tenenbaum, *Underground,* pp. 362-63.

(79)　1941年９月の虐殺に続く１年半の間に捕えられた人のリストを保管しておく責任を引き受けていた，保安警察のある隊員は，約6,000人の記入があったことを思い出している．その中でユダヤ人の名前は少数派であった．Interrogation of Eduard Karl Boll, July 2, 1959, in a proceeding against Erich Ehrlinger before a Karlsruhe court, Js 2158/58, vol. 4, pp. 2337 ff.

(80)　"Das Schicksal von Dnjepropetrovsk," *Krakauer Zeitung,* February 10, 1942, p. 4.

(81)　Armament Inspector Ukraine to General Thomas, enclosing Seraphim report, December 2, 1941, PS-3257.

(82)　Gendarmeriemeister Fritz Jacob to Obergruppenfürrer Rudolf Querner (personal letter) June 21, 1942, NO-5655.

(83)　Report by the Armament Inspectorate for September 1-15, 1942, T 77, Roll 1093.

(84)　Armament Command Luck to Armament Inspectorate Ukraine, report for October 1-10, 1942, Wi/ID 1. 97.

(85)　Himmler to OGruf. Prützmann, October 27, 1942, NO-2027.

(86) Armament Command Luck to Armament Inspectorate Ukraine, report for October 1 to December 31, 1942, dated January 21, 1943, Wi/ID 1.101.

(87) 1942年の８月から11月にかけて，ビアウィストク，コーカサス，ウクライナで殺されたユダヤ人の数は，363,211人であった．Himmler to Hitler, December 29, 1942, NO-1128.

(88) Report by Dr. Hans-Joachim Kausch, June 26, 1943, Occ E 14-11.

(89) 第15警察連隊の第306，第310大隊と，独立の警察機動第２大隊だった．前者の連隊司令官はエーミール・クルスク大佐で，後者の大隊司令官は，ヴィルヘルム・ホーフマン少佐だった．Indictment of Johann Kuhr and others before a Frankfurt court, March 28, 1968, 4 Js 901/62, pp. 83-90.

(90) Order by Strauch, February 3, 1943, Center for Historical Collections, Moscow, Fond 500, Opis 1, Folder 764.

(91) Affidavit by Alfred Metzner, October 15, 1947, NO-5530. メツナーはスロニム（ベラルーシ）総弁務官領の職員であったが，個人的に何百人ものユダヤ人を殺した．

(92) Affidavit by Hermann Friedrich Graebe, November 10, 1945, PS-2992. グレーベは，ウクライナのズドルブノフにあるドイツの会社に関係していた．

(93) Affidavit by Alfred Metzner, September 18, 1947, NO-5558.

(94) Report by Hauptmann der Schutzpolizei Saur on operation in Pinsk, undated, probably November 1942, USSR-119a. ザウアーは第15警察連隊の第310警察大隊の第２中隊を率いていた．

(95) Affidavit by Graebe, November 10, 1945, PS-2992.

(96) Report by Saur, USSR-119a; and affidavits cited above.

(97) Affidavit by Metzner, September 18, 1947, NO-5558.

(98) Affidavit by Graebe, November 10, 1945, PS-2992.

(99) Affidavit by Metzner, September 18, 1947, NO-5558. 以下も参照，Zentral-Handelsgesellschaft Ost für Landwirtschaftlichen Absatz mbH., Nebenstelle Slutsk to Hauptkommissar Paulsen in Minsk, August 4, 1942, US Holocaust Reseaarch Institute Archives RG 23.03 (Belarus Central State Archives) Roll 11, Fond 379, Opis 1, Folder 485（スルーツク北西のコピルのゲットーの警察による放火についての資料）．ミンスク主弁務官領のグレボキエ地区では，1942年５月末から６月初めの間に，地方警察で補強された保安警察によって９つの小さなゲットーが一掃された．１つのゲットーでは大規模な脱出の試みがあり，３つのゲットーではより多くの試みがあった．煙で脱出を容易にするために，ユダヤ人自身が火をつけた．Gebietskommissar Petersen of Glebokie to Hauptkommissar Paulsen of Minsk, July 1, 1942, Central State Archives of Belarus, Fond 370, Opis 1, Folder 483.

(100) Affidavit by Graebe, November 10, 1945, PS-2992.

(101) 子どもについては，参照，Adolf Petsch, in indictment of Kuhr, March 28, 1968, 4 Js 901/62, pp. 64-65. ペッチはヤーノフの行動に参加した．

(102) Affidavit by Metzner, September 18, 1947, NO-5558.

(103) *Ibid.*

(104) *Ibid.* 同様の出来事が，スルーツク，テレスポリ，ピンスクで起こった．Gebietskommissar Carl to Kube, October 30, 1941, PS-1104; Affidavit by Franz Reichrath, October 14, 1947, NO-5439 ; testimony by Rivka Yossalevska, Eichmann trial transcript, May 8, 1961 sess. 30, pp. L2, M1, M2, N1. ライヒラートはテレスポリでのドイツ人の目撃者である．ヨサレフスカ夫人は，ピンスクの墓穴から自分で這い出した．瀕死の人々は，彼女にかみつき，彼女を引き戻そうとした．

(105) Affidavit by Metzner, September 18, 1947, NO-5558.

(106) Report by Dr. Hans-Joachim Kausch, June 26, 1943, Occ E 4-11.

(107) Affidavit by Blobel, June 18, 1947, NO-3947.
(108) Affidavit by Albert Hartl, October 9, 1947, NO-5384.
(109) Affidavit by Blobel, June 18, 1947, NO-3947. ウィーンでの裁判に関しては，以下の史料から取った．Affidavit by a former defendant, Wilhelm Gustav Tempel, February 18, 1947, NO-5123. 作戦部隊の仕事の詳細については以下参照，Affidavit by Szloma Gol (Jewish survivor), August 9, 1946, D-964; Affidavit by Adolf Ruebe (former Kriminalsekretär with KdS White Russia), October 23, 1947, NO-5498.
(110) Ostland, and Army Group Rear Areas North and Center; Einsatzgruppe A draft report (undated), PS-2273. Report by Einsatzgruppe B, September 1, 1942, EAP VIII 173-g-12-10/1.

Ukraine, Bialystok, Army Group Rear Area South, and Rear Area 11th Army: RSHA IV-A-1, Operational Report USSR No. 156, January 16, 1942, NO-3405. RSHA IV-A-1, Operational Report USSR No. 190, April 8, 1942, NO-3359. Himmler to Hitler, December 29, 1942, NO-1128.
(111) Einsatzgruppe B to Army Group Center/Ic, December 29, 1942, Central State Archives of the Russian Federation (formerly Central Archives of the October Revolution, Moscow) October Revolution, Moscow, Fond 655, Opis 1, Folder 3.

第8章　移送

(1) Martin Luther, *Von den Juden und Ihren Lügen* (Wittenberg, 1543), p. Aiii.
(2) Reichstag, *Stenographische Berichte*, March 6, 1895, p. 1297.
(3) Hitler speech, January 30, 1939, German press.
(4) Emigration statistics in Hans Lamm, "Entwicklung des Deutschen Judentums" (1951; mimeographed), p. 223.
(5) Gaus (Foreign Office Legal Division) to German mission in Poland, October 26, 1938, NG-2014.
(6) Memorandum by Wörmann, October 29, 1938, NG-2012. Klemt (Foreign Political Office of the party) to Staatssekretär Weizsäcker of the Foreign Office, January 24, 1939, NG-2589. 以下も参照，Sybil Milton, "The Expulsion of Polish jews from Germany—October 1938 to July 1939," *Leo Baeck Institute Year Book* 29 (1984), pp. 169-99.
(7) Weizsäcker to Ribbentrop, Legal Division, Political Division, Minister Aschmann, Section Germany, November 8, 1938, NG-2010.
(8) Ribbentrop to Hitler, December 9, 1938, *Documents on German Foreign Policy 1918-1945*, Series D. Vol. IV, (Washington, 1951), pp. 481-82.
(9) Hitler speech, January 30, 1939, German press.
(10) Louis P. Lochner (ed.), *The Goebbels Diaries* (Garden City, N. Y., 1948), entry for December 13, 1942, p. 241.
(11) ウィーンの中央本部の歴史に関して，参照，*Krakauer Zeitung*, December 15, 1939.
(12) Göring to Interior Ministry, January 24, 1939, NG-5764.
(13) Heydrich to Ribbentrop, January 30, 1939, NG-5764.
(14) Göring to Interior Ministry, January 24, 1939, NG-5764. Heydrich to Ribbentrop, January 30, 1939, NG-5764. Foreign Office to Heydrich, February 10. 1939, NG-5764.
(15) 参照，Undated Heydrich memorandum, NO-5150 ; Correspondence of October 1939 in Zentrale Stelle der Landesjustizverwaltungen, Ludwigsburg, CSSR, Red No.

148. 1939年10月のウィーンとモラフスカ・オストラヴァからの輸送隊は，サン川沿いのニスコという小さな町に向かった．ニスコを大きなユダヤ人居留地にしようという構想は，明らかに失敗した実験であった．H. G. Adler, *Der verwaltete Mensch* (Tübingen, 1974), pp. 126-40. John Moser, "Nisko: The First Experiment in Deportation," *Simon Wiesenthal Center Annual* 2 (1985), pp. 1-30.

(16)　Unidentified report, Abteilung Deutschland of the Foreign Office, October 30, 1940, NG-4933. Rademacher to Luther, October 31, 1940, Rademacher to Luther, November 21, 1940, NG-4934. Sonnleithner to Weizsäcker, November 22, 1940, NG-4934.

(17)　Memorandum by Luther (chief, Abteilung Deutschland), August 21, 1942, NG-2586-J.

(18)　Memorandum signed by Rademacher of Abteilung Deutschland, July 3, 1940, NG-2586-B. Rademacher to Dannecker (Security Police), August 5, 1940, NG-5764. Memorandum by Rademacher, August 12, 1940, NG-2586-B. ラーデマッハーは，マダガスカル計画の主たる立案者であった．

(19)　Diary of Gerhard Engel (army adjutant in Hitler's headquarters), entry of February 2, 1941, in Hildegard von Kotze, ed., *Heeresadjutant bei Hitler* (Stuttgart, 1974), pp. 94-95. この日記は一連の覚書の形をとっており，日付はだいたいのものである．ゲッベルスは1941年3月18日付の自分の日記に，なおも「後で」ヨーロッパから移住させるということを暗示している．Fred Taylor, ed., *The Goebbels Diaries* 1939-1941 (New York, 1983), p. 272.

(20)　Monthly report by Kreishauptmann of Krasnystaw (von Winterfeld?), September 10, 1940, Yad Vashem microfilm JM 814.

(21)　Monthly report by Kreishauptmann of Jaslo (Dr. Ludwig Losacker), August 29, 1940, JM 814.

(22)　Monthly report by Kreishauptmann of Jedrzejow, January 3, 1941, JM 814.

(23)　Summary of Generalgouvernement conference, March 25, 1941, Frank diary, PS-2233.

(24)　Höppner to Eichmann, July 16, 1941, 本文は，*Biuletyn*, Glowney Komisji Badania Zbrodni Hitlerowskich w Polsce (Warsaw, 1960) vol. 12, pp. 27F-29F.

(25)　Staatssekretär Pfundner (Interior Ministry) to Reichskabinettsrat Ficker (Reich Chancellery), April 8, 1941, NG-299. 以前の書簡も参照，Circular letter by Stuckart, December 18, 1940, NG-2610; summary of interministerial conference, January 15, 1941, NG-306.

(26)　Lammers to Bormann, June 7, 1941, NG-1123.

(27)　Schellenberg to Gen. Otto von Stülpnagel, BdS France, and Foreign Office Abteilung Deutschland/III, May 20, 1941, NG-3104.

(28)　Summary of Hitler-Kvaternik discussion, July 22, 1941, *Akten zur Deutschen Auswärtigen Politik*, Series D, vol. 13, appendix II, p. 833, 引用は，Götz Aly, "*Endlösung*," (Frankfurt/M, 1995), pp. 273-74.

(29)　Adolf Eichmann, *Ich, Adolf Eichmann* (Leoni am Starnberger See, 1980), p. 479.

(30)　Göring to Heydrich, July 31, 1941, PS-710.

(31)　Eichmann, *Ich*, pp. 178-179, 229-30. 回想録の中で，アイヒマンはこの会議の日付を「1941年から42年に代わる頃」としている．エルサレムでのイスラエル警察の尋問の時には，ヒトラーの命令は，6月22日のドイツ軍のソ連攻撃から2，3カ月後に出ていた，とより信憑性の高い推測をしている．Jochen von Lang, ed., *Eichmann Interrogated* (New York, 1983),

pp. 74-75. アウシュヴィッツの司令官ヘスは，ユダヤ人殺害の件で夏にヒムラーに呼び出されたことを思い出している．ヘスはまた，アイヒマンがそのすぐ後でアウシュヴィッツを訪れたことを述べている．Rudolf Höß, *Kommandant in Auschwitz* (Munich, 1963), pp. 138, 157-60. 年代や周囲の状況からして，夏が終わる前にヒトラーの決定があったと推測される．

(32) Himmler to Greiser, September 18, 1941, Himmler Files, Folder 94.

(33) Unpublished entry in the Goebbels diary, September 24, 1941, German Federal Archives, NL 118/91, 引用は，Philippe Burrin, *Hitler und die Juden* (Frankfurt/M, 1993), pp. 151, 199.

(34) Diary of Engel, October 2, 1941, ed. by Kotze, *Heeresadjutant bei Hitler*, p. 112.

(35) Summary of Final Solution Conference, October 10, 1941, Israel Police 1193.

(36) Ivan Kamenec, "The Deportation of Jewish Citizens from Slovakia in 1942," in Dezider Toth, compiler, *The Tragedy of Slovak Jews* (Banka Bystrica, 1992), pp. 81-105, on p. 85.

(37) Heydrich to Generalgouverneur Frank, Staatssekretäre Meier, Stuckart, Schlegelberger, Gutterer, and Neumann, SS-OGruf. Krüger, SS-Gruf. Hofmann (Race and Resettlement Office), SS-Gruf. Greifelt, SS-Obf. Klopfer (Party Chancellery), and Ministerialdirektor Kritzinger (Reich Chancellery), November 21, 1941, PS-709. 外務省は個別の招待状を受け取った．参照，Memorandum by Abteilung Deutschland, December 8, 1941, NG-2586-F.

(38) Testimony by Bühler, *Trial of the Major War Criminals*, XII, pp. 68-69. ビューラーの証言は，どのくらい話をきいたかという非常に重要な事柄に関して，不完全で誤解を招くものである．ビューラーが，ユダヤ人が「粛清される」ということを絶対に知らされていることは，1941年12月16日に，フランクが総督府の会議で部局長に行った演説からわかる．Frank diary, PS-2233. フランクの演説は逐語的に記録された．

(39) Testimony by Lammers, *Trial of the Major War Criminals*, XI, pp. 50-53. 国務大臣としてラマースは，次官や局長の会議には出ることはできなかった．それは議事録のことである．ラマースの証言は，ビューラーの証言と同じく，警戒して読まなければならない．ラマースは，知らなかったとか忘れたというふりをしている．実際には，彼は優れた情報源を持っており，鋭い分析能力を持っていた．告発側の尋問に関して，参照，Testimony by Lammers, pp. 112-16.

(40) Memorandum by Abteilung Deutschland submitted to Unterstaatssekretär Marin Luther (chief of the division), December 8, 1941, NG-2586-F.

(41) Heydrich to Hofmann, January 8, 1942, PS-709.

(42) Summary of the "final solution" conference (30 copies), of January 20, 1942, NG-2586-E.

(43) ハイドリヒのコメントと会議の要約は，アイヒマンが準備した．要約は，数回の草案を経て，ハイドリヒによって修正された．「解決策」というテーマで，会議出席者は射殺やガス・トラックのことを議論したが，ガス室のことは議論しなかった．この詳細と会議の全般的な雰囲気について，参照，Testimony by Eichmann, Eichmann trial transcript, June 23, 1961, sess. 78, pp. Z1, Aa1, Bb1: June 26, 1961, sess. 79, pp. A1, B1, C1; July 21, 1961, sess. 106, p. I1; July 24, 1961, sess. 107, pp. E1, F1.

(44) Lochner, *The Goebbels Diaries*, entry for March 27, 1942, pp. 147-48.

(45) *Ibid*., entry for March 2, 1943, p. 266.

(46) Himmler speech, June 21, 1944, NG-4977. Lochner, ed., *The Goebbels Diaries*, entries for March 27, 1942, and March 20, 1943, pp. 147-48, 314.

(47) Hitler speech, September 30, 1942, German press. 1939年9月1日という指摘は，ヒト

ラーの誤りである．というのは，彼がこの発言をすでにその年の１月30日にしているからだ．

１　移送の中心的機関

（１）戦後に作られた詳細な組織図から，Landesgeriect für Strafsachen, Vienna, *Strafsache gegen Franz Novak*, 1416/61, vol. 17, pp. 57-61.

（２）ミュラーの性格については，Adolf Eichman, *Ich, Adolf Eichmann* (Leoni am Starnberger See, 1980), pp. 450-54.

（３）Testimony by Eichmann, Eichmann trial transcript, July 21, 1961, sess. 106, p. G1.

（４）Eichmann's personal record, NO-2259.

（５）アイヒマンの自己評価と彼の職務上の活動については，参照，Testimony by Eichmann in the Eichmann trial transcript, June 21, 1961, sess. 76, pp. A1, F1; June 27, 1961, sess. 80, p. S1; July 12, 1961, sess. 94, pp. Dd1, Ee1, Jj1 ; July 17, 1961, sess. 99, p. Mm1 ; July 20, 1961, sess. 105, p. Ff1 ; July 21, 1961, sess. 106, pp. B1, C1, D1, G1.

（６）Eichmann, *Ich*, p. 461.

（７）*Ibid*., pp. 152-53.

（８）帝国鉄道が絶滅過程に関与していたことについて，資料も載っている以下の文献参照，Raul Hilberg, *Sonderzüge nach Auschwitz* (Mainz, 1981).

（９）Dokumentaionsdienst der DB, *Dokumentarische Enzyklopäie V—Eisenbahnen und Eisenbahner zwischen* 1941 *und* 1945 (Frankfurt am Main, 1973), p. 110.

(10) ガンツェンミュラーの任命と経歴について，参照，Albert Speer, *Inside the Third Reich* (New York, 1970), pp. 222-25; Eugen Kreidler, *Die Eisenbahnen im Machtbereich der Achsenmächte während des Zweiten Weltkrieges* (Göttingen, 1975), pp. 205-06; prosecution at Düsseldorf to Landgericht Düsseldorf, March 16, 1970, transmitting indictment of Ganzenmüller, File No. 8 Js 430/67, in Zentrale Stelle der Landesjustizverwaltungen in Ludwigsburg and in Landgericht Düsseldorf; Statement and answers to questions by Dr. Albert Ganzenmüller, October 7, 1964, Case Ganzenmüller, vol. 5, pp. 216-27.

(11) 各年発行の以下参照，*Verzeichnis der oberen Reichsbahnbeamten*, particularly for 1941 and 1943.

(12) *Ibid*. 東部経営本部だけが車両本部をもっており，これは帝国全土を管轄していた．

(13) Deutsches Kursbuch, *Jahresfahrplan*, 1942/43, effective May 4, 1942.

(14) Treibe to Reichsbahndirektionen, copies to Generaldirektion der Ostbahn (Gedob), Protektorat railways, and Mitteleuropäisches Reisebüro, July 26, 1941, Case Ganzenmüller, special vol. 4, pp. 47-55.

(15) Eichmann to Reichsbahn, February 20, 1941, Case Ganzenmüller, special vol. 4, pt. 4, p. 105.

(16) Deutsche Reichsbahn/Verkehrsamt, Lodz, to Gestapo in city, May 19, 1942, enclosing bill for twelve trains. Facsimile in Jüdisches Institut Warschau, *Faschismus-Ghetto-Massenmord* (Berlin, 1960), pp. 280-81.

(17) E I/16 to Reichsbahndirektionen Karlsruhe, Cologne, Münster, Saarbrücken, copies to Hauptverkehrsdirektionen Brussels and Paris, Plenipotentiary in Utrecht, and Amtsrat Stange, July 14, 1942, Case Ganzenmüller, special vol. 4, pt. 3, p. 56.

(18) Kreidler, *Eisenbahnen*, pp. 278-79, 338.

(19) *Ibid*., p. 338.

(20) 軍用の鉄道車両は，毎朝，別にされた．そしてときどき，工業用の積荷に優先権を持たせようとした．Statement by Dr. Fritz Schelp in letter to prosecutor Dr. Uchman, July

14, 1967, Case Ganzenmüller, vol. 6, pp. 139-42.

(21) 例として，参照，Frank diary, June 18, 1942, PS-2233 ; Reichsbahndirektion Vienna/33 H (signed Eigl) to Section 18, May 5, 1941, and March 12, 1942, Zentrale Stelle Ludwigsburg, folder Verschiedenes 301, AAe 112, at pp. 232 and 249.

(22) Plenipotentiary of German Transport Ministry with Slovak Transport Ministry to Slovak Ministry, March 1, 1945, facsimile in Livia Rotkirchen, *The Destruction of Slovak Jewry* (Jerusalem, 1961), facing p. 224.

(23) シュタンゲについては以下参照，Statement by Dr. Gustav Dilli, August 15, 1967, Case Ganzenmüller, vol. 18, p. 31, insert (Hülle) pp. 18-27. Statement by Novak, Case Novak, vol. 8, p. 71. Statement by Gerda Boyce, April 2, 1969, Case Ganzemüller, vol. 18, pp. 86-92. Statement by Karl Hein, April 18, 1969, Case Ganzenmüller, vol. 18, pp. 98-103.

(24) Statement by Erich Richter, June 11, 1969, Case Ganzenmüller, vol. 19, pp. 5-12, and statements by Alfons Glas, October 21, 1960, Case Ganzenmüller, vol. 4, pp. 284-88, and August 26, 1961, Case Ganzenmüller, vol. 5, pp. 148-53.

(25) Jacobi to Reichsbahndirektionen, Generaldirektion der Ostbahn, Haupteisenbahndirektion Mitte in Minsk, Haupteisenbahndirektion Nord in Riga, copies to GBL West and GBL Süd, August 8, 1942, Institut für Zeitgeschichte, Fb 85/2, pp. 217-30. Jacobi to Reichsbahndirektionen Berlin, Breslau, Dresden, Erfurt, Hall (S), Karlsruhe, Königsberg, Linz, Mainz, Oppeln, Frankfurt (O), Posen, and Vienna, and to the Ostbahn, Reichsprotektor/Eisenbahnen, Generalverkehrsdirektion Warsaw (covering USSR), and Reichsverkehrsdirektion Minsk, copies to GBL West and GBL Süd, January 16, 1943, Fb 85/2, pp. 203-208. 配置リストに書かれた帝国鉄道管理部は，列車が横断する領域を管轄する鉄道管理部だった．リガとミンスクは，計画された輸送の到着地点であり，オッペルン［オポレ］鉄道管理部は，アウシュヴィッツ駅に対する管轄権を持っていた．

(26) Leibbrand to GBL West, GBL Ost/L and PW, Hauptverkehrsdirektion Paris, Hauptverkehrsdirektion Brussels, Plenipotentiary *(Bahnvevollmächtigter)* Utrecht, and Reichsbahndirektion Oppeln, June 23, 1942, Case Ganzenmüller, special vol. 4, pt. 3, p. 57.

(27) Kreidler, *Eisenbahnen*, p. 247.

(28) Statement by Robert Bringmann (timetable specialist in Generaldirektion der Ostbahn), June 29, 1967, Case Ganzenmüller, vol. 16, p. 161, insert at 11-14.

(29) 参照，Explanation by Mangold, undated, in Verkehrsarchiv Nuremberg, Collection Sarter, folder aa.

(30) たとえば，Generaldirektion der Ostbahn 30 H, Fahrplananordnung of March 26, 1942 (signed Schmid), Zentrale Stelle Ludwigsburg, folder Polen 162, film 6, pp. 192-93. Hは補助者（Hilfsarbeiter）の意味で，在職者の任務を補助する専門家である．

(31) Eichmann, *Ich*, p. 152.

(32) たとえば，Reichsbahndirektion Königsberg/33, Fahrplannordnung of July 13, 1942, Institut für Zeitgeschichte, Fb 85/2, p. 260.

2 帝国と保護領

追放過程

(1) 「ユダヤ人」という言葉の定義は，法令によってオーストリアと保護領に拡大された．Decree of May 20, 1938, RGBl I, 594, and Protektorat decree of June 21, 1939, *Verordnungsblatt des Reichsprotektors*, 1939, p. 45.

■第一の特殊問題

（2）　混血児に対する制限は以下に列挙されている．Wilhelm Stuckart, *Rassenpflege*, 5th ed. (Leipzig, 1944) pp. 21, 26, 34, 40, 41; and *Die Judenfrage (Vertrauliche Beilage)*, April 25 1941, pp. 22-24.

（3）　"Die Juden und jüdischen Mischlinge," *Wirtschaft und Statistik*, vol. 20, p. 84; Affidavit by Lösener, October 17, 1947, NG-2982. 国勢調査による第１級混血児の数は，72,738人である．しかし，この数は「すべての」２分の１ユダヤ人を含んでいる．というのは，操作上の理由で，質問を簡略にしなければならなかったからである．混血児の本当の数は，レーゼナーの宣誓供述書によって与えられている．以下に挙げる詳細な統計も参照，Jeremy Noakes, "The Development of Nazi Policy towards German-Jewish 'Mischlinge' 1933-45," in Leo Baeck Institute, *Year Book*, vol. 34 (1989), pp. 291-354.

保護領における混血児の数は統計がない．混合婚の統計から判断して，その数は，1939年に３万人ぐらいにのぼっていただろう．ベルリンの官僚たちは，チェコ人とユダヤ人の混血児の問題について，一度も話し合わなかったが，彼らの運命は，帝国における混血児の取り扱い方にかかっていた．

（4）　第１級混血児から生まれた子は，祖父母次第で，完全ユダヤ人から完全ドイツ人までの間のどの位置も取ることができた．もちろん，たいていの場合，第１級混血児の子は第２級混血児であった．

（5）　このような結婚はすでに禁止されていた．

（6）　Amtsgerichtsrat Dr. Wetzel (East ministry and Race-Political Office) to Amtsgerichtsrat Dr. Weitnauer and Oberregierungsrat Dr. Labs, January 5, 1942, enclosing summary of Lammers-Groß discussion, NG-978.

（7）　ヒトラー自身は，混血児が吸収されうるとは考えなかった．経験が示すように，４，５，６世代に渡って拡散したあとでも「完全ユダヤ人が，結局メンデルの法則通りに出て来る」と彼は言った．ヒトラーは，この現象の例をいくつか（たとえば，ルーズヴェルト大統領）挙げた．その説明は，ユダヤ民族はともかくしぶといからというものであった．Henry Picker, *Hitler's Tischgespräche im Führerhauptquartier* 1941-1942 (Bonn, 1951), entries for May 10, 1942, and July 1, 1942, pp. 303, 313. この本は，食事の時にヒトラーが言った意見をピッカーが要約したものである．あらゆる徴候から考えて，ヒトラーは，あれかこれかの行動を命令するほど自分の意見を通さ「なかった」ようだ．彼は決定を求められなかったというのが，一番考えられることである．

（8）　第１級混血児と第２級混血児の間の結婚は，たいていの場合，４分の１ユダヤ人（第２級混血児）と分類されるユダヤ人を生み出した．このように分類する根拠は，このような子はユダヤ人の祖父母を１人しか持たないからであった．第２級混血児同士が結婚した場合，彼らの間の子は，もしユダヤ人の祖父母を１人持っていれば，つまり２分の１ユダヤ人でユダヤ教に属する祖父母を１人持っている場合には，第２級混血児であった．

（9）　Summary of "Final Solution" conference of January 20, 1942, NG-2586-G; Report by Rademacher, July 11, 1942, NG-2586-I. ラーデマッハーはこの会議に参加しなかったが，上に挙げた会議の要約以外の情報源から，会議の内容についての情報を受け取ったようである．レーゼナーによると，断種案は最初に，1935年に帝国医師指導者のヴァーグナーによって提案された．そして，シュトゥッカートは，同僚の次官コンティ博士から，この措置は実行不可能だと聞いていたのに，「最終解決」の会議の席上で断種案を提案した．Tesimony by Lösener, Case No. 11, tr. p. 7653.

(10)　Lochner, *Goebbels Diaries*, entry for March 7, 1942, p. 116.

(11)　Summary of "Final Solution" conference of March 6, 1942 (20 copies), NG-2586-H. Rademacher via Unterstaatssekretäre Luther, Gaus, and Wörmann to Staats-

sekretär Weizsäcker, July 11, 1942, NG-2586-I.

(12) Stuckart to Klopfer, Freisler, Heydrich, Neumann, Luther, Meyer, and Hofmann, March 16, 1942, NG-2586-I. 興味深いことだが，ヒトラーは第1級混血児を積極的な軍役から外すことを望んでいた．彼らが後に，「総統と帝国のために血と命を捧げた」と主張する立場に立たないようにするためである．NSDAP/Party Chancellery to Reich Minister for Eastern Occupied Territories, March 2, 1942, Wi/ID .358.

(13) Schellenberger to Klopfer, Stuckart, Heydrich, Neumann, Luther, Meyer, and Hofmann, April 8, 1942, NG-2586-I.

(14) Affidavit by Lösener, February 24 1948, NG-1944-A.

(15) Summary of East Ministry conference of January 29, 1942, NG-5035.

(16) Affidabit by Lösener, October 17, 1947, with enclosure containing his letter to Himmler, written in September, 1942, NG-2982.

(17) Summary of conference of October 27, 1942, NG-2586-M.

(18) 一つの例外は，強制収容所にいる第1級混血児であった．ヒムラーはこの混血児を殺戮センターに送った．

(19) 第1級混血児は，もはや中等および高等教育を受けることが許されなかった．彼らは，教育の基本的な部分を済ませた場合か，あるいは商業または専門職の職業教育を受けている場合のみ，学業を続けることが許された．第2級混血児は勉学を続けることができたが，中等および高等教育機関に入学が許されるのは，そこが「過密」でない限りにおいてであった．Regulations by Education Ministry, August 20, 1942, and October 12, 1942, in *Die Judenfrage (Vertrauliche Beilage)* , March in, 1943, pp. 17-19.

(20) Staatsminister Dr. Meissner to Higher Reich Authorities, September 4, 1944, NG-1754.

(21) 第1級混血児，オスカー・ベックは，ラジオ修理店を所有しており，ときどきラジオを家に持って帰った．そのために，外国の放送を聞き，「完全ユダヤ人」のように振る舞っているとの嫌疑を受けた．Party/Gau Vienna/ Kreis II/Ortsgruppe Rembrandtstraße 2 − Ortsgruppenleiter to State Police, Vienna, April 5, 1943. NG-381. この報告が出されてまもなく，ベックは，労働奉仕に志願したドイツ人の女性に，それが戦争を長引かせると意見を言ったかどで，死刑を宣告された．彼は，「防衛力を破壊」したために有罪となった．Judgment byVolksgerichtshof/4th Senate (signed by Volksgerichtsrat Müller and Landgerichtsdirektor Mittendorf), September 21, 1943, NG-381.

(22) H. G. Adler, *Der verwaltete Mensch* (Tübingen, 1974), pp. 318-22. 同様に，混合婚をしている（ドイツ人ならびにユダヤ人）の男性も徴用された．ユダヤ人の徴用については，参照，Form letter signed by Vertrauensmann of the Reichsvereinigung, Karl Oppenheimer, February 8, 1945, in Kommission zur Erforschung der Geschichte der Frankfurter Juden, *Dokumente zur Geschichte der Frankfurter Juden* (Frankfurt am main, 1963), p. 531.

(23) Decree of September 1, 1941, RGBl I, 547. 以下も参照，Food instructions by Staatssekretär Riecke, September 18, 1942, NG-452.

(24) Report by SS-Statistician Korherr, April 19, 1943, NO-5193.

(25) 1941年秋に，デュッセルドルフの熱心なゲシュタポ隊員であるピュッツ刑事部長は，例外を望まず，特権のある混合婚をしていたユダヤ人の寡婦を11月のミンスクへの輸送に割り当てた．混血児である息子が母親の弁護をすると，ピュッツは，26歳の男はもはや母親を必要としない，と答えた．息子が，軍機関を通じてアイヒマンに哀願した後で，彼女は移送されたが，ミンスクに向けてではなかった．彼女は結局8つの強制収容所を経験し，生き残った．Judgment of a Düsseldorf court against Georg Pütz, May 27, 1949, 8 Ks 21/49.

(26) Summary of conference of January 20, 1942, NG-2586-G.

(27) Summary of conference of March 6, 1942, NG-2586-H.

(28) Schlegelberger to Lammers, March 12, 1942, PS-4055.

(29) Schlegelberger to Klopfer, Stuckart, Heydrich, Neumann, Luther, Meyer, and Hofmann, April 8, 1942, NG-2586-I.

(30) Summary of conference of October 27, 1942, NG-2586-M.

(31) Lochner, *Goebbels Diaries*, entry for March 11, 1943, p. 294.

(32) Summary of conversation between Lammers and Bormann, October 6, 1943, NG-1068.

(33) Himmler order, December 18, 1943, PS-3366. アードラーは，1944年5月14日，1,954人の混合婚のユダヤ人と38人の被扶養者が，テレージエンシュタットのゲットーにいたと書いている．H. G. Adler, *Theresienstadt 1941-1945* (Tübingen, 2nd ed., 1960), p. 699. この数字にはおそらく数百人のオランダ・ユダヤ人が含まれているだろう．彼の記しているところによると，混合婚のユダヤ人は，続くアウシュヴィッツへの移送では保護されなかった．*Ibid.*, pp. 190, 193.

■第二の特殊問題

(34) Summary of conference of January 20, 1942, NG-2586-G.

(35) Testimony by Staatssekretär Bühler of the Generalgouvernement, *Trial of the Major War Criminals*, XII, 69. ビューラー自身，このおとぎ話を信じていなかった．

(36) Polizeipräsident of Frankfurt to Oberbürgermeister Krebs, October 9, 1942, G-113.

(37) Staatssekretär Weizsäcker to Vortragender Legationsrat Wagner, April 10, 1943, NG-3525. Wagner to Weizsäcker, April 15, 1943, NG-3525.

(38) Lochner, *Goebbels Diaries*, entry for March 6, 1943, p. 276.

(39) Reichsvereinigung der Juden in Deutschland/Abteilung Fürsorge—Kriegsopfer (signed Dr. Ernst Israel Rosenthal) to Verband Jüdischer Kriegsopfer Wien, October 13, 1941, Occ E 6a-10. ヒトラー自身は，「こいつら豚野郎」は勲章を「盗んだ」という理由で，免除することを拒否したと言われている．Ulrich von Hassel, *Vom Andern Deutschland* (Zurich, 1946), entry for November 1, 1941, p. 236.

(40) Minutes of Kriegsopfer conference, under chairmanship of Kolisch, with Diamant, Fürst, Kris, Hnilitschek, Sachs, Schatzberger, Weihs, Schornstein, Schapira, and Miss Schapira participating, September 30, 1941, Occ E 6a-18.

(41) Memorandum by Kolisch, October 13-14, 1941, Occ E 6a-10.

(42) Memorandum by Kolisch, October 16, 1941, Occ E 6a-10.

(43) Memorandum by Fürth, October 15, 1941, Occ E 6a-10.

(44) Memorandum by Kolisch, October 16, 1941, Occ E 6a-16.

(45) Minutes of Kriegsopfer conference, under chairmanship of Kolisch, and with participation of Fürth, Halpern, Hnilitschek, Kris, Sachs, Schapira, Schatzberger, and Schornstein, June 9, 1942, Occ E 6a-18.

(46) Minutes of Kriegsopfer conference held on August 4, 1942, under chairmanship of Kolisch, with Diamant, Fürth, Halpern, Hnilitschek, Sachs, Dr. Schapira, Schatzberger, and Schornstein participating, August 5, 1942, Occ E 6a-10.

(47) Minutes of Kriegsopfer conference held on August 7, 1942, dated August 8, 1942, Occ E 6a-10.

(48) File memorandum of Verband, undated, Occ E 6a-18.

(49) Summary of "Final Solution" conference under Heydrich's chairmanship, October 10, 1941, Israel Police 1193.

(50)　Decree (signed Heydrich), February 16, 1942, *Verordnungsblatt des Reichsprotektors in Böhmen und Mähren*, 1942, p. 38.

(51)　Zdenek Lederer, *Ghetto Theresienstadt* (London, 1953), pp. 74-75, 90. 以下も参照, Interrogation of Dr. Siegfried Seidl in Vienna, June 4, 1946, Israel Police 109.

(52)　Lederer, *Ghetto Theresienstadt*, pp. 41-43, 149-50, 166-67.

(53)　Memorandum by Edelstein and Zucker, January 27, 1943, Israel police document 1239. 資料にはメース(Mös)は，Möhs と綴られている.

(54)　メースの伝言によると，レーヴェンヘルツが来るはずだった.

(55)　H. G. Adler, *Theresienstadt 1941-1945*, 2nd ed. (Tübingen, 1960), pp. 37-60, 725.

(56)　Kaltenbrunner to Himmler, February, 1943, Himmler Files, Folder 126.　1月—2月の統計はこの手紙にある.

(57)　Brandt to Kaltenbrunner, February 16, 1943, Himmler Files, Folder No. 126.

(58)　Lederer, *Ghetto Theresienstadt*, pp. 43, 149-50, 166-67, 248. テレージエンシュタットでの生活について，余すところのない記述は，H. G. Adler, *Theresienstadt*, ならびに同一著者の *Die verheimlichte Wahrheit* (Tübingen, 1958). 後者はドキュメント集である.

■第三の特殊問題

(59)　OKH/Chef HRüst. u. BdE (Replacement Army)/Wa Amt (Weapons Office) to KOW/Wi Rü - Rü V, October 22, 1941, enclosing letter by Brunner Verzinkerei/Brüder Boblick (Vienna) to Dr. G. von Hirschfeld (Berlin W62), October 14, 1941, Wi/ID .415.

(60)　Rü In III/Z to OKW/Wi Rü, October 14, 1941, Wi/ID .415.

(61)　Memorandum by OKW/Wi Rü IVc, October 23, 1941, Wi/ID .415. OKW/Wi Rü IVc (signed Fikentscher-Emden) to armament inspectorates and commands in Reich, Prague, and GG, October 25, 1941, Wi/ID .415.

(62)　Rademacher via Luther, Gaus, and Wörmann to Weizsäcker, July 11, 1942, NG-2586-I.

(63)　OKW/Wi Rü IVc to armament inspectorates, October 25, 1941, Wi/ID. 415. Lochner, *Goebbels Diaries*, entry for May 11, 1942, p. 211.

(64)　Labor Ministry (signed Dr. Beisiegel) to presidents of regional labor offices, December 19, 1941, L-61. Labor Ministry (signed Dr. Timm) to presidents of regional labor offices, March 27, 1942, L-61. Regional Economy Office in Koblenz (signed Gmeinder) to Chambers of Commerce in district, March 4, 1942, L-61.

(65)　Instructions by Gmeinder, March 4, 1942, L-61.

(66)　*Ibid*.

(67)　RGBl I, 681.

(68)　Labor Ministry (signed Dr. Timm) to presidents of regional labor offices, March 27, 1942, L-61. Economy office in Wiesbaden (signed Dr. Schneider) to Chambers of Commerce in districht, copies to regional economy offices in Koblenz and Saarbrücken, April 11, 1942, L-61.

(69)　Testimony by Speer, *Trial of the Major War Criminals*, XVI, 519. シュペーアによれば，当時多くのユダヤ人が電気工業（AEGやジーメンス）に雇用されていた. シュペーアと労働配置総監ザウケルは，ヒトラーが命令を出した会議に出席した.

(70)　Sauckel to regional labor offices, November 26, 1942, L-61. 国家保安本部の計画はザウケルの指令の中に要約されている.

(71)　参照，Letter by Sauckel to the regional labor office, March 26, 1943, L-156. この手紙は地方の労働局がどのようにユダヤ人なしですませているかを質問している.

(72)　Lochner, *Goebbels Diaries*, entries for March 9, 1943, and April 19, 1943, pp. 288, 290, 335.

(73)　OKH to Letsch (Labor Ministry), November 26, 1940, NG-1589.

(74)　Dr. Letsch to regional labor offices, March 14, 1941, NG-363.

(75)　Staatssekretär Syrup to regional labor offices, April 7, 1941, NG-363.

(76)　Summary of meeting in Reichswerke A. G. (signed Rheinländer), March 13, 1941, NI-4285.

(77)　Reichswerke to von Nikolai, copy to WVHA-D, September 29, 1942, NI-14435.

(78)　Chief of WVHA-D II (Maurer) to Reichswerke A. G. für Erzbergbau und Eisenhütten, October 2, 1942, NI-14435.

(79)　シュペーアの省の機構については，参照，Franz L. Neumann, *Behemoth* (2nd ed.; New York, 1944), pp. 590-94.

(80)　Special Committee Munitions V *(Sonderausschuß M V)*, signed Scheuer, to Direktor Dr. Erich Müller, artillery construction, Krupp, September 23, 1942, NI-5856. クルップの組織図については参照，Affidavit by Erich Müller, February 5, 1947, NI-5917.

(81)　Main Committee Weapons to Krupp, September 29, 1942, NI-5856. クルップはユダヤ人労働力を欲しがった．Krupp to Special Committee Munitions V, September 18, 1942, NI-5859. Krupp (signed by personnel chief Ihn) to Plenipotentiary for Labor (attention Landrat Beck), September 18, 1942, NI-5860. Krupp to Special Committee Munitions V, September 22, 1942, NI-5857. Krupp to Main Committee Weapons (attention Direktor Notz), October 5, 1942, NI-5855.

(82)　Memorandum by Kahlert, Chief Main Division Special Questions and Labor Allocation in Reich Association Iron *(Hauptabteilungsleiter Spezialwesen und Arbeitseinsatz, Reichsvereinigung Eisen)*, September 23, 1942, NI-1626.

(83)　Memorandum by Albrecht (Foreign Office Legal Division), February 4, 1943, NG-2586-N.

(84)　統計の出典は，"Die Juden und jüdischen Mischlinge im Deutschen Reich," *Wirtschaft und Statistik*, 1940, pp. 84-87. この数字は，1939年5月17日の国勢調査によっている．疑う余地もなく，1942年には，数は減っている．しかし，保護領にいる外国籍のユダヤ人も加算しなければならないだろう．

(85)　Wörmann to Dieckhoff, Luther, Albrecht, Wiehl, Freytag, Heinburg, and von Grundherr, March 1, 1941, NG-1515.

(86)　Memorandum by Luther, August 21, 1942, NG-2586-J.

(87)　*Ibid*.

(88)　Luther via Wiehl to Wörmann, Weizsäcker, and Ribbentrop, September 19, 1942, NG-5123.

(89)　Eichmann to von Thadden, July 5, 1943, NG-2652-E. デンマークは占領下にあったが，1943年秋までは中立国として配慮された．枢軸国の一つであるフィンランドは，自国のユダヤ人を移送するよう圧力をかけられなかった，ヨーロッパで唯一の同盟国であった．フィンランドは民主的政体を持っていて，わずか2,000人しかユダヤ人がいなかった．

(90)　Von Thadden to German missions abroad, September 23, 1943, NG-2652-M.

(91)　Memorandum by Legationsrat Wagner, October 29, 1943, NG-2652-K. Eichmann to von Thadden, November 15, 1943, NG-2652-L.

(92)　Office of Gesandter Krümmer (Foreign Office) to Weizsäcker and Luther, May 27, 1942, NG-4816. 以下も参照，Helmut Eschwege, "Resistance of German Jews against the Nazi Regime," *Leo Baeck Institute Year Book* 13 (1970): 143-80; H. G. Adler,

Der verwaltete Mensch, pp. 172–82. 抵抗グループのリーダーはヘルベルト・バウムであった.

(93)　Memorandum by Philipp Kozower (Berlin Community), May 31, 1942, Leo Baeck Institute, microfilm roll 66. Memorandum by Löwenherz, June 1, 1942, Israel Police 1156.

(94)　ドイツ・ユダヤ人全国連合によってアイヒマンのために1941年11月14日に準備された統計では, 10月31日の段階で, 旧帝国領に約6,000人, オーストリアに1,400人以上, 保護領に2,500人以上の職員がいた. Leo Baeck Institute, microfilm roll 66.

(95)　Memorandum by Eppstein (Reichsvereinigung) on meeting of March 21, 1942, with Gutwasser, signed March 23, 1942. Leo Baeck Institute, microfilm roll 66.

(96)　Moritz Hensch (Berlin Community) to Staatspolizeileitstelle IV-D-1, June 15, 1942, Leo Baeck Institute, microfilm roll 66. この資料は, 2,900人から1,400人以下への減少を記している. さらに減少したことについても同じマイクロフィルムを見よ. ウィーンに関して参照, Memorandum by Löwenherz, July 24, 1942, Israel Police 1158.

(97)　ベックによる話は, Eric H. Boehm (ed.), *We Survived* (New Haven, 1949), p. 290. ベックをユダヤ人の「総統」だと呼んだアイヒマンの部下は, ヴィスリツェニー SS大尉だった. Levai, *Black Book on the Martyrdom of Hungarian Jewry*, (Zurich and Vienna, 1948), p. 123.

(98)　Report by Löwenherz, dated January 22, 1945, for 1944, Yad Vashem O 30/5. Dr. Rezsö Kasztner (Rudolf Kastner), "Der Bericht des jüdischen Rettungskomitees aus Budapest 1942–1945," pp. 154–55, 178 (これは戦後謄写版印刷され, 国会図書館にある).

■第四の特殊問題

(99)　Dr. Leonard Conti to *Heil- und Pflegeanstalten* (insane asylums), October 24, 1939, N0-825.

(100)　Adler, *Der verwaltete Mensch*, pp. 240–45. Ernst Klee, "*Euthansie*" *im SS-Staat* (Frankfurt, 1983), pp. 258–61. Henry Friedlander, "Jüdische Anstaltspatienten im NS-Deutschland," in Götz Aly, ed., *Aktion T-4* (Berlin, 1987), pp. 33–44. Hermann Pfannmüller (Director of Bavarian Asylum at Eglfing-Haar) to Bavarian Ministry of Interior/Health Division, September 20, 1940, NO-1310. Pfannmüller to Gemeinnützige Kranken-Transport-GmbH., May 2, 1941, NO-1140. エーグルフィング＝ハールは8月30日の命令で, バイエルンのユダヤ人精神病患者のために指定された精神病院である. 公益患者輸送会社(Gemeinnützige Kranken-Transport-GmbH)は精神病患者をガスで殺害すべく安楽死施設に送る組織であった. 以下も参照, Frieda Kahn to Eglfing-Haar March 2, 1941, NO-3354 (この手紙には, 施設に入れられた彼女の姉妹の死について書いてある).

(101)　Klee, "*Euthanasie*," p. 261.

(102)　Generalgouvernement Main Division Propaganda, consolidated weekly reports from the district propaganda divisions, report by Lublin division, April 18, 1942, Occ E 2-2.

(103)　Klee, "*Euthanasie*," pp. 261–62. 保護領で施設に収容されたユダヤ人の患者は, テレージエンシュタットに送られた. Adler, *Der verwaltete Mensch*, p. 244.

(104)　Circular decree of Interior Ministry, November 10, 1942, *Ministerialblatt*, 1942, p. 2150.

(105)　Affidavit by Dr. Georg Engert (prosecutor in Katzenberger case), January 18, 1947, NG-649.

(106)　Affidavit by Oswald Rothaug, January 2, 1947, NG-533.

(107)　Data from Justice Ministry (signed Grau) to Präsident Reichsgericht, Präsident Volksgerichtshof, Oberlandesgerichtspräsidenten, Oberreichsanwälte beim Reichs-

gericht und Volksgerichtshof, and Generalstaatsanwälte, April 4, 1944, NG-787.
(108) Correspencence in document NG-287.
(109) Schlegelberger to Interior Ministry, May 9, 1941, NG-1123.
(110) Circular decree by Interior Ministry, March 25, 1942, *Ministerialblatt*, 1942, p. 605, reprinted in *Die Judenfrage (Vertrauliche Beilage)*, April 15, 1942, p. 29.
(111) Ministerialdirigent Lutterloh to Oberregierungsrat Dr. Gramm with request to inform the Staatssekretär, November 21, 1941, NG-839.
(112) Freisler to Interior and Propaganda Ministries, Foreign Office, Party Chancellery, Reichsführer-SS, and Reichsprotektor in Prague, August 3, 1942, NG-151.
(113) Interior Ministry to Justice Ministery, August 13, 1942, NG-151.
(114) Schlegelberger to Propaganda Ministry, August 13, 1942, NG-151.
(115) Bormann to Justice Ministry, September 9, 1942, NG-151.
(116) Frick to Party Chancellery, Ministries of Justice, Propaganda, and Finance, and Foreign Office, September 29, 1942, NG-151.
(117) Memorandum by Thierack, September 18, 1942, PS-654. この協定は拡大された帝国領域をカバーした.
(118) Directive by Dr. Eichler (Office of the Justice Minister), April 1, 1943, PS-701.
(119) RGBl I, 372. Order by Himmler, July 3, 1943, *Ministerialblatt*, p. 1085.
(120) Affidavit by Senatspräsident Robert Hecker, March 17, 1947, NG-1008. ヘッカーはユダヤ人を警察に引き渡す任務を請け負っていた. 彼は, 法務省の第5局に働いていた.
(121) Thierack to Bormann, October 13, 1942, NG-558. 半年の間, 法務省は強制収容所長ポールに, さまざまな国籍の12,658人の囚人を引き渡した. この囚人を親衛隊の強制労働に使うことが考えられていた. しかし, 彼らはバタバタと死んでいった. 1943年4月1日までに, 5,935人が死んでいた. Draft letter by Pohl to Thierack, April, 1943, NO-1285.
(122) Statistics in Korherr report, March 27, 1943, NO-5194.
(123) Müller (Chief, RSHA IV) to all Staatspolizeileitstellen, BdS and KdS offices, and Beauftragte des Chefs der Sicherheitspolizei, November 5, 1942, NO-2522. 特徴的なことだが, この命令は, この移転に第1級混血児も含まれることを規定していた. これは, 絶滅過程で殺害された唯一の混血児であった. ユダヤ人女性の囚人の移転は, すでに9月に命令されていた. OStubaf. Dr. Berndorff (RSHA IV-C-2) to Stapoleitstellen, etc., October 2, 1942, NO-2524.
(124) 帝国の収容所は, アウシュヴィッツから1,600人のポーランド人とウクライナ人の労働力補充を要求していた. しかし, 補充されなかった. WVHA D-II (concentration camp labor allocation) to commander of Auschwitz, October 5, 1942, *Dokumenty i materialy*, vol. 1, pp. 73-74 ; Auschwitz Command/III A to WVHA D-II, October 10, 1942, *Ibid*.

捕捉と輸送

(125) 手紙の本文は, Adler, *Der verwaltete Mensch*, pp. 398-99. 初めの頃の輸送隊はウーチに行った.
(126) Memorandum by Löwenherz, June 1, 1942, Israel Police 1156.
(127) "Guidelines for evacuations to Generalgouvernement, Trawniki, near Lublin," March 22, 1942, prepared by Günther (RSHA IV-B-4-a), Israel Police 1277.
(128) この手続きが描かれているのは, Report of the Elder of the Council of Jews in Prague to the Central Office for the Regulation of the Jewish Question in Bohemia and Moravia, June 19, 1944, Israel Police 1237.
(129) 詳細な統計は, *Dokumente zur Geschichte der Frankfurter Juden*, pp. 460, 465-69,

474, 476-77, 482-83, 487-90, 500-503, 532-33.

(130)　Statement by Lina Katz, *ibid*., pp. 507-08.

(131)　Report by SA Sturmbann III/63 to SA Standarte 63, October 21, 1941, *ibid*, pp. 509-11. 他の部隊の書いた同様の報告も参照，*ibid*., pp. 511-14. 最初の輸送の目的地はウーチだった.

(132)　Statement by Katz, *ibid*., pp. 507-08.

(133)　リストつくりや形式的な手紙については，Katz, *ibid*.; Form Letter by Jüdische Gemeinde in Frankfurt (signed Alfred Weil and Arthur Kauffmann), June 7, 1942, *ibid*., pp. 518-20. 議長のヴァイルは1942年８月18日に，法律顧問のカウフマンは1942年９月15日に，ともにテレージエンシュタットに移送された. *Ibid*., pp. 545, 552.

(134)　Gestapo in Frankfurt to Landräte in the area, Gauleiter in Frankfurt, with copies to Police Presidents in Frankfurt and Wiesbaden and to Regierungspräsident in Wiesbaden and with appendixes, August 21, 1942, *ibid*., pp. 520-28.

(135)　レーヴェンヘルツは10月末のユダヤ人人口を，47,578人と計算している. Löwenherz memorandum of November 14, 1941, Leo Baeck Institute microfilm 66. ４つの輸送隊が10月にウーチに出発した. Lodz Ghetto Collection, YIVO Institute, p. 11.

(136)　Herbert Rosenkranz, *Verfolgung und Selbstbehaupgung—Die Juden in Österreich 1938-1945* (Vienna, 1978), pp. 217, 261.

(137)　*Ibid*., p. 230.

(138)　メナシェ・マウトナーが1956年にウィーンを回想したものが，以下のファイルに入っている. Yad Vashem, *Ibid*., pp. 281, 301.

(139)　ムルメルシュタインの性格をレーヴェンヘルツが描写したものは，Löwenherz to Zentrale Stelle für jüdische Auswanderung (Vienna), October 11, 1939, German Federal Archives R70/9; Rosenkranz, *Verfolgung*, p. 285.

(140)　Statement by Ernst Girzick, September 14, 1961, Strafsache gegen Novak, Landesgericht für Strafsachen, Vienna, 1416/61, vol. 6, pp. 85-94.

(141)　Rosenkranz, *Verfolgung*, pp. 285, 299.

(142)　Memorandum by Löwenherz, December 21, 1941, Israel Police 1152.

(143)　Rosenkranz, *Verfolgung*, pp. 298, 300.

(144)　*Ibid*., p. 293.

(145)　Report by Löwenherz for 1942, Yad Vashem O 30/3.

(146)　Statement by Karl Ebner, September 20, 1961, Case Novak, vol. 6, pp. 111-16.

(147)　Gestapo report in Frankfut, October 22, 1942, *Dokumente der Frankfurter Juden*, pp. 468-76, at pp. 474-75.

(148)　参照，Protocols of Vorstand meetings in Leo Baeck Institute microfilm 66. オットー・ヒルシュ博士は，1941年２月初めに捕まえられ，舞台から去った. 後に，強制収容所で死亡した.

(149)　Statement by Dr. Martha Mosse, July 23-24, 1958, Leo Baeck Institute Kreutzberger Collection, AR 7183, Box 7, Folder 6.

(150)　Memoranda by Bruno Mannheim (card file administration of Berlin Community), August 23, 1942, and September 1, 1942, Leo Baeck Institute microfilm 66. Statement by Mosse, July 23-24, 1958, Leo Baeck Institute AR 7183. Generalstaatsnwalt bei dem Kammergericht to Landgericht Berlin, enclosing indictment of Otto Bovensiepen, February 22, 1969, 1 Js 9/65, Leo Baeck Institute microfilm 239, pp. 155-57, 196.

(151)　Statement by Mosse, July 23-24, 1958, Leo Baeck Institute, AR 7183.

(152)　Memorandum by Kozower, (early) August, 1942, Leo Baeck Institute microfilm

66.

(153)　Protocol No. 8 of Vorstand meeting, signed Eppstein, Leo Baeck Institute microfilm 66（日付はマイクロフィルムで判読困難だが，おそらく1942年7月末である）．会議の主催者レオ・ベックは欠席しており，コツォヴァーの覚書に書いてある，直接話を聞いたという人の中に入っていなかった．モッセは幹部会メンバーではなかったが，知らせを受けた人物としてリストに名が載っている．

(154)　参照，Memoranda by Kozower, May 31, 1942, and by Henschel, July 21 and September 4, 1942, Leo Baeck Institute microfilm 66.

(155)　Testimony by Franz Zilian, cited in indictment of Bovensiepen, Leo Baeck Institute microfilm 239, pp. 186-88.

(156)　Memorandum by Kozower, May 31, 1942, Leo Baeck Institute microfilm 66.

(157)　たとえば参照，Memorandum by Henschel on Frankfurt transport, September 12, 1942, Leo Baeck Institute microfilm 66.

(158)　Memorandum by Kozower, August 25, 1942, Leo Baeck Institute microfilm 66.

(159)　Statement by Mosse, July 23-24, 1958, Leo Baeck Institute, AR 7183.

(160)　Memorandum by Mannheim, July 3, 1942, Leo Baeck Institute microfilm 66.

(161)　Memorandum by Henschel, July 29, 1942, with copy to Eppstein, Leo Baeck Institute microfilm 66. カードに関する報告は，Memorandum by Mannheim, September 1, 1942, Leo Baeck Institute microfilm 66.

(162)　Memorandum by Kozower, early August 1942, Leo Baeck Institute microfilm 66.

(163)　Memorandum by Kozower, September 9, 1942, Leo Baeck Institute microfilm 66.

(164)　Indictment of Bovensiepen, Leo Baeck Institute microfilm 239, pp. 204-06.

(165)　Memoranda by Kozower, one on November 13(?) and two of them on November 17, 1942, and memorandum by Henschel, November 14, 1942, Leo Baeck Institute microfilm 66. エプシュタインは11月14日の会議に出席し，他の会議の覚書のコピーを入手した．

(166)　Statement by Mosse, July 23-24, 1958, Leo Baeck Institute, AR 7183.

(167)　Memorandum by Henschel, February 15, 1943, Leo Baeck Institute microfilm 66（ここには，提案された90人の名前が載っている）．マイクロフィルムに納められている種々の覚書からすると，1942年11月30日からヘンシェルとコツォヴァーが，ゲシュタポの新しい長官シュトックと交渉している．ベックとエプシュタインを含むドイツ・ユダヤ人全国連合のメンバーは，1月に移送された．テレージエンシュタットで，ベックは生き延び，エプシュタインは殺された．ベルリンのユダヤ教徒組織はしばらく存続した．ヘンシェルとモッセは，テレージエンシュタットで生き延びた．コツォヴァーは，テレージエンシュタットに滞在した後，アウシュヴィッツに移送され，殺された．エプシュタインとコツォヴァーの運命に関しては，参照，Adler, *Theresienstadt*, pp. 191, 253.

(168)　Statement by Mosse, July 23-25, 1958, Leo Baeck Institute, AR 7183, Indictment of Bovensiepen, Leo Baeck Institute microfilm 239, pp. 198, 201.

(169)　Lochner, *Goebbels Diaries*, entry for March 11, 1943, p. 294.

(170)　Statement by Robert Prochnik in Paris, June 24, 1954, transmitted by his attorney to the Landesgericht für Strafsachen in Vienna and filed under Vg. 8 NO. 41/54. Copy in the Dokumentationsarchiv des österreichischen Widerstandes, Vienna, E 21701. プロホニクはウィーンのユダヤ教徒団体とテレージエンシュタットで，ムルメルシュタインの下について働いた．1945年6月12日，レオ・ベックとあと2人のテレージエンシュタットで生き延びたリーダーの署名入りの証明書を受け取った．それには，「責任感が強く，徹底的で，信頼できる役員」であったことに対して感謝の言葉があった．Dokumentationsarchiv, *ibid*. 1944年

9月時点で，誰が残れるかを決定したのは親衛隊だけであった.

(171) 戦後のオーストリアでの登録を調査すると，(ニュルンベルク法の規定による) 567人のユダヤ人と，53人の第1級混血児が，この地で潜伏していた. C. Gwyn Moser, "Jewish *U-Boote* in Austria, 1938-1945," *Simon Wiesenthal Center Annual* 2 (1985): 53-61. モーザーはいくつかの内訳を出して，このユダヤ人の大多数が，キリスト教に改宗していたり，混血児だったり，混合婚のユダヤ人であったことを示唆している.

(172) 参照，Accout by Werner Hellmann in Lamm, "Entwicklung des deutschen Judentums," pp. 324-29. ヘルマンは，自分自身だけでなく，恋人も助けた. これはおそらく他にない業績である.

(173) Kasztner, *Bericht des jüdischen Rettungskomitees*, pp. 7-8.

(174) Circular by Justice Ministry, April 4, 1944, NG-787. バウム・グループは1943年に審理された.

(175) Statement by Zilian, in indictment of Bovensiepen, Leo Baeck Institute microfilm 239, p. 187.

(176) Adler, *Theresienstadt*, p. 61.

(177) Generalbetriebsleitung Ost/PW (signed Jacobi) to Reichsbahndirektionen, Generalirektion der Ostbahn in Krakow, HBD Mitte in Minsk, and HBD Nord in Riga, with copies to GBL West in Essen and GBL Süd in Munich, August 8, 1942, Institute für Zeitgeschichte, Fb 85/2, pp. 217-22, at p. 220.

(178) Text of order, signed Schrenk, August 26, 1962, in Adler, *Der verwaltete Mensch*, p. 448.

(179) 参照，Guidelines of March 22, 1942, in Israel Police document 1277.

(180) Inspekteur der Ordnungspolizei in Vienna to Polizeipräsident in Vienna/Kommando der Schutzpolizei (Protective Police), October 1941, enclosing order by Chief of Order Police (Daluege) to Inspekteure and Befehlshaber (IdO and BdO) in Berlin, Hamburg, Hannover, Münster, Kassel, Nuremberg, Stuttgart, Munich, Vienna, Breslau, Prague, and Riga, with copies to Higher SS and Police Leaders in Berlin, Hamburg, Braunschweig, Düsseldorf, Kassel, Munich, Stuttgart, Vienna, Breslau, Prague, and Riga, and to Polizeipräsident in Berlin and Chief of Security Police (Heydrich), October 24, 1941, PS-3921 and Yad Vashem document DN/27-3.

(181) Reichsführer-SS (by Daluege), *Vorschrift für die Führung und Verwendung der Polizeitruppe* (Lübeck, 1943), p. 4.

(182) Orders by Salat, May 4 and July 9 and 25, Yad Vashem document DN/27-3.

(183) Report by Fischmann, June 20, 1942, Yad Vashem document DN/27-3.

(184) Report by Lt. of Schupo Johann Peter, May 16, 1942, Yad Vashem document DN/27-3. 列車はDa 201号だった. この時刻表は，ヴォルコヴィスク到着を午後7時5分だと計画しており，電報でヴォルコヴィスクと東部の駅に伝えられ，ヴォウコヴィスクの列車編成に責任を持っているケーニヒスベルクの鉄道管理部にも1942年5月7日に写しが送られた. Schedule of HBD Mitte/33, Institut für Zeitgeschichte, Fb 85/2. 以下も参照，Report of order police Captain Salitter on train from Düsseldorf to Riga/Shiratova (morning of December 11, 1941, to morning of Decemver 14). この列車はリガに止まり，暖房なしでゲシュタポ到着を何時間も待っていた. 抜粋されたテキストは，Adler, *Der verwaltete Mensch*, pp. 461-65.

(185) 参照，Letter of the KdS in White Russia/IIB (signed Heuser) to Reichsbahnoberrat Reichardt of the Reichsbahndirektion Mitte, May 23, 1942, US Holocaust Historical Institute Archives, Record Group 22.03 (Belarus Central State Archives), Roll 2,

Fond 378, Opis 1, Folder 784. この手紙は，5月22日にリュトケンフスSS中尉とローゲマンとカイザーという2人の帝国鉄道官吏の間で行われた会議について書かれており，金曜・土曜・日曜に到着した列車が，今後は，月曜まで停車していてよいということを，帝国鉄道が多大の柔軟性をもって了承してくれたことに感謝の言葉を述べている．ある列車は，聖霊降臨後の月曜日を過ぎて火曜日まで停車した．

(186) Memorandum by Eppstein (F 28) of November 21, 1941, Leo Baeck Institute microfilm 66.

(187) Instructions signed by Paul Eppstein and Arthur Lilienthal, December 3, 1941, Israel Police 738. 以下も参照，Instructions sent by Sturmbann führer Suhr (RSHA IV-B-4-a) to "offices concerned with evacuations," December 3, in *Archives of the Holocaust* (New York, 1933), vol. 22 (documents of the Zentrale Stelle der Landesjustizverwaltungen, Ludwigsburg), ed. by Henry Friedlander and Sybil Milton, pp. 15-16. この指令の中には，ゲシュタポ事務所が，金の徴収に間に合うように，輸送する者のリストをユダヤ人組織に手渡すよう，要請している箇所がある．

(188) Memoranda by Eppstein (F 32 and F 34) of December 9 and 13, 1941, Leo Baeck Institute microfilm 66.

(189) Maedel to Kallenbach, December 14, 1942, German Federal Archive, R 2/12222 and NG-4583. 特別口座Wについての率直な発言は，1942年3月5日，デュッセルドルフで行われた国家保安本部第4局B-4課の会議におけるアイヒマンのコメントを参照，Case Novak, vol. 17, pp. 202-7.

(190) その後の書簡のやりとりは参照，Schlüter (Finance Ministry) to Himmler, March 17, 1943, NG-4583.

(191) Statistic transmitted by the remnant Reichsvereinigung to Reichssippenamt/III Katasterverwaltung, Zentralarchiv Potsdam, file Reichsvereinigung 75c Re 1 Laufende Nummer 32.

(192) Annual report of Löwenherz, January 22, 1945, Yad Vashem O 30/5.

(193) 1945年1月31日，3,669人の混合婚のユダヤ人がテレージエンシュタットに送られ，1945年5月5日，2,803人のユダヤ人がまだ故郷にいた．参照，Adler, *Theresienstadt*, pp. 40, 59, 700.

(194) Legationsrat Dr. Haidlen (Foreign Office/Political Division—Section III—Vatican) via Ministerialdirigent Erdmannsdorff and Unterstaatssekretär Wörmann to Weizsäcker, November 11, 1941, NG-4447. Günter Weisenborn, *Der lautlose Aufstand* (Hamburg, 1953), pp. 52-55. 興味深いことだが，警察は，ほぼ2カ月後にようやくリヒテンベルクを逮捕した．リヒテンベルクは改宗ユダヤ人の世話を担当していたので，ゲシュタポは彼に少しばかりの官僚的礼儀を示したかったのだと考えることができる．しかし，この猶予も，2人の女子学生が彼のことを密告したときに終わった．法廷は，リヒテンベルクが公共の平安を乱したと判断した．1942年5月22日の判決文は，Bernd Schimmler, *Recht ohne Gerechtigkeit* (Berlin, 1984), pp. 32-39.

教皇は，ベルリン司教プライジングに悔やみの言葉を送り，リヒテンベルクをほめたたえた．教皇としての中立性を保って，教皇は同じパッセージの中で，連合軍の空襲で亡くなったプライジングの秘書司祭の死に思いをはせている旨を述べている．Secrētairie d'Etat de Sa Saintetē, *Actes et Documents du Saint Siēge relatifs ā la seconde guerre mondiale* vol. II (Vatican, 1967), pp. 376-81, at pp. 379-80.

(195) Indictment of Louis Birk, signed by *Oberreichsanwalt beim Volksgerichtshof* (prosecutor at people's court), Lantz, April 29, 1943, NG-926. Judgment of People's Court/6th Senate, signed by Presiding Judge Hartmann, July 13, 1943, NG-926.

Prosecutor to Justice Ministry, September 14, 1943, NG-926.

(196) Party Chancellery, *Vertrauliche Informationen* (for *Gau* and *Kreis* offices only), October 9, 1942, PL-49.

押収

(197) 1941年11月14日にドイツ・ユダヤ人全国連合によってアイヒマンのために準備された報告では，1941年10月21日現在の旧帝国・オーストリア・保護領におけるユダヤ人財産の価値は，6億6500万ライヒスマルクと推定されている．Leo Baeck Institute microfilm 66.

(198) Summary of interministerial conference, under chairmanship of Ministerialdirigent Hering of the Interior Ministry and with representatives from the Foreign Office, Justice Ministry, Finance Ministry, East Ministry, Reichskommissar for the Strengthening of Germandom, RSHA, Deputy of the Führer, and Foreign Organisation of the party participating, January 15, 1941, NG-300.

(199) RGBl I, 722.

(200) Decree on loss of Protektorat nationality, November 2, 1942, RGBl I, 637.

(201) Ohnesorge to Frick, November 30, 1939, NG-358.

(202) Schlüter (Finance Ministry) to Oberfinanzpräsidenten, April 29, 1942, NG-5313.

(203) Labor Ministry (signed Dr. Zschimmer) to Reich Insurance Office, December 20, 1941, *Reichsarbeitsblatt*, Pt. II, p. 15.

(204) Shlüter to Oberfinanzpräsidenten, April 29, 1942, NG-5313. もし年金の請求がユダヤ人経営者を雇用したことから生じているならば，一括清算の額は原則的に，帝国行政裁判所の調停人によって確定した．*Ibid.* 年金の規制については以下も参照，Decree of the Labor Ministry, January 24, 1942, *Reichsarbeitsblatt*, 1942, Pt. II, p. 90.

(205) Deutsche Bank/Rechts-Abteilung to Wirtschaftsgruppe privates Bankgewerbe—Centralverband des Deutschen Bank- und Bankiergewerbes, June 29, 1942, T 83, roll 97.

(206) Berliner Handels-Gesellschaft/Rechts-Abteilung to Wirtschaftsgruppe Privates Bankgewerbe—Centralverband, July 20, 1942, T 83, roll 97.

(207) Heinz Keil, ed., "Dokumentation über die Verfolgung der jüdischen Bürger von Ulm/Donau," City of Ulm, mimeographed, 1961, p. 240.

(208) Notation by Ministerialdirektor Wucher (Finance Ministry/Customs Division), July 8, 1941, NG-4906.

(209) Affidavit by Amtsrat Parpatt, January 23, 1948, NG-4625.

(210) Law of December 12, 1938, RGBl I, 1734.

(211) Circular decree by Economy Ministry, July 10, 1943, in *Reichswirtschaftministerium's, Devisengesetz, Durchführungsverordnungen und Richtlinien für die Devisenbewirtschaftung*, 1944.

(212) Circular decree by Economy Ministry, December 15, 1941, in *Ministerialblatt des Reichswirtschaftsministers*, December 24, 1941; also in *Die Judenfrage (Vertrauliche Beilage)*, January 20, 1942, p. 6.

(213) Busch to Dr. Leese (Dresdner Bank internal correspondence), March 16, 1942, NI-15651.

(214) Dr. Leese to Direktor Andre (Dresdner Bank correspondence), March17, 1942, NI-6774.

(215) Dr. R. Wölfel (Secretariat of Dr. Rasche) to Dr. Erich Rajakowitsch (Gestapo legal expert), May 22, 1943, NI-4252.

(216) HStuf. Dr. Tesch (Lebensborn) via SS-Oberabschnitt Süd to Eichmann, Septem-

ber 30, 1942, NG-3199. Gruf. Kaul to Obf. Dr. Ebner, October 2, 1942, NG-3201. 「生命の泉」が獲得した財産のリストに関して，参照，Affidavit by Max Sollmann (Lebensborn Vorstand), June 27, 1947, NO-4269.

(217) Kaufmann to Göring, September 4, 1942, T 84, roll 2.

(218) Bormann to von Schirach, November 2, 1941, German Federal Archives, R 43 II/1361a.

(219) 1941年3月20日にすでに，「首都建築総監督」シュペーアの代理は，空襲で焼け出されるかもしれないベルリン市民用の予備として，市内のユダヤ人が住んでいる約2万戸の住宅に関心があることを表明していた．Adler, *Der verwaltete Mensch*, pp. 152-53. 約9,000戸の空き家になったユダヤ人の住居（うち2,600戸は新たに改装された）は，その後，クラーエス副総裁を長とするシュペーアの住宅斡旋局が指定した受取人に，割り当てられた．Mathias Schmidt, *Albert Speer-Das Ende eines Mythos* (Bern and Munich, 1982), pp. 215-24. シュペーアは彼の特権を大事に守り，ユダヤ人の住居が事務所に転用されることを，「目的から離れている」と抗議した．Speer to Lammers, August 30, 1941, R 43 II/1171a. 後に，軍需生産大臣となるとシュペーアは，住宅斡旋業務を，自分の主たる任務に不釣合な重荷として考えるようになった．そして，この業務は，大管区指導者が出したガイドラインに従って，市長の職務に移管された．Speer to Lammers, November 14, 1942, and subsequent correspondence, R 43 II/1190. 以下も参照，Bormann to Oberbürgermeister Fiehler of Munich, April 1, 1942, facsimile in *Fun lectn Churbn* (Munich), August 1946. この手紙には，党員の住居の必要性と，バイエルン国立歌劇場の新団員のために指揮者のクレメンス・クラウスから住宅の要求が出ていることが書かれている．ボルマンは，ヒトラーの希望は，クラウスがユダヤ人の住居をいくつか入手できるよう手助けすることだ，と書いている．

(220) Decree of June 12, 1942, RGBl I, 392. 外務省における住居の奪い合いに関して，参照，Rademacher to Foreign Office Personnel Division, August 1, 1940, NG-2879; von Erdmannsdorff to Personnel Division, March 21, 1942, NG-2895.

(221) Finance Ministry memorandum, January 16, 1943, NG-5784.

(222) Von Krosigk to Stuckart, September 23, 1942, NG-5337.

(223) Finance Ministry memorandum, January 16, 1943, NG-5784.

(224) Instructions by Finance Ministry to Oberfinanzpräsidenten (except Prague), undated, NG-5784. 保護領における住宅の割当は，治安警察の統制下にあった．そのため，焼け出されたドイツ人が住宅を占有しやすくなった．Report by Order Police Einsatzstab II (signed Major Jurk), September 3, 1943, NO-2043.

(225) BdS Prag (signed Böhme) to German offices in Prague, May 20, 1942, Israel Police 889. プラハ地区で，約45,000人のユダヤ人を収容していた計9,288戸の住居が空になった．Testimony by Ernst Recht (Jewish Council, Prague), Eichmann trial transcript, May 18, 1961, sess. 44, p. XI.

(226) August Stiewe to Gestapoleitstelle II-B-4 in Düsseldorf, August 25, 1942, facsimile in *Archives of the Holocaust*, vol. 22, p. 32.

(227) Announcement by the Reichsvereinigung, *Die Judengrage (Vertrauliche Beilage)*, December 24, 1941, p. 85.

(228) RSHA (signed Bilfinger) to Staatspolizeileitstellen and Staatspolizeistellen, December 9, 1941, NG-5325. Finance Ministry (signed Schlüter) to Oberfinanzpräsidenten, November 4, 1941, NG-5784.

(229) Schlüter directive, November 4, 1941, NG-5784.

(230) Schlüter to Oberfinanzpräsidenten, November 4, 1941, NG-4905.

(231) Schlüter to Oberfinanzpräsidenten (except Prague), March 31, 1942, NG-5340.

(232) Finance Ministry (signed Groth) to Oberfinanzpräsidenten (except Prague), August 31, 1942, NG-5312. 以下も参照, Questionnaire issued by Israelitische Kultusgemeinde in Vienna, December, 1941, Occ E 6a-10; Confiscatory orders pertaining to clothes and electrical instruments in *Jüdisches Nachrichtenblatt* (Berlin), June 9, 1942, and June 19, 1942.

(233) Labes (Stabshauptamt) to Regierungsrat Dr. Reichert (Stabshauptamt), August 31, 1942, NO-2700.

(234) Finance Ministry memorandum, March 26, 1943, NG-5542.「ユダヤ人の家具を処分する大管区全権」については参照, Gau Cologne-Aachen/Plenipotentiary Kreisleiter Eichler to Oberfinanzpräsident Dr. Kühne in Cologne, January 8, 1943, NG-5543.

(235) RGBl I, 372.

(236) Affidavit by Ministerialdirektor Altstötter, chief of Justice Ministry's Division VI, December 12, 1947, NG-4015.

(237) RGBl I, 973.

(238) General instructions by Justice Ministry, September 24, 1941, *Deutsche Justiz*, 1941, p. 958.

3 ポーランド

(1) Summary of discussion between Frank and Walbaum held on July 21, 1941, Frank diary, National Archives Record Group 238, T 992, Roll 4.

(2) Summary of discussion between Frank and Rosenberg held on October 13, 1941 and prepared on October 14, 1941, T 992, Roll 4.

(3) Summary of conference of December 16, 1941. フランクの発言の引用を含む. Frank diary, PS-2233.

準備

(4) Summary of conference of January 20, 1942, NG-2586-G.

(5) この取り決めは以下で言及されている. Greiser's letter to Himmler, May 1, 1942, NO-246.

(6) Generalgouvernement/Main Division Interior/Division of Population and Welfare to Lublin District/Interior Division/Subdivision Population and Welfare, February 10, 1942, in Centralna Zydowska Komisja Historyczna w Polsce, *Dokumenty i materialy do dziejow okupacji niemeckiej w Polsce,* 3 vols. (Warsaw, Lodz, and Krakow, 1946), vol. 2, p. 4. 拒否された記録はない.

(7) 1940年4月22日時点で総督府には, 2,000人以下しかいなかった. 以下を参照. Generalgouvernement conference of that date in Werner Präg and Wolfgang Jacobmeyer, eds., *Das Diensttagebuch des deutschen Generalgouverneurs in Polen 1939-1945* (Stuttgart, 1975), p. 182.

(8) 1940年4月には, 総督府に13の警察大隊があった. *Ibid.* 1942年末, これは増強されていなかった (総計10,190人の12の大隊と小部隊). Police conference of January 25, 1943, *ibid.*, p. 605. ダリューゲは, 1943年2月18日の「ヴォルフちゃん」(ヴォルフ SS大将, ヒムラーの幕僚長) への報告で, 15,186という数字を挙げている. NO-2861. 彼の数字が, 特殊部隊における民族ドイツ人3,000人の補助兵力を含んでいるのかどうかはわからない. 彼らは, もともと個別的に都市部隊長や地区部隊長の下に置かれていたが, 1942年10月, 治安警察に配属された. 特殊部隊の人員のほぼ4分の1だけがドイツ語を話した. ポーランド化した民族ドイツ人も若干のウクライナ人もこの部隊に入ることを許可されたからである. ビアウィストク地区に関

しては，ダリューゲは個別部隊の1,900人と警察大隊の500人を挙げている.

(9)　1943年1月25日の会議で挙げられた非ドイツ人の警察官の数は16,337人であった. ダリューゲは，14,297人のポーランド人を挙げている.

(10)　G. Tessin, *Zur Geschichte der Ordnungspolizei* (Koblenz, 1957), part II, pp. 102, 107. 10月の検挙の後，大隊は再び他に移された.

(11)　Stroop to Krüger, May 16, 1943, PS-1061.

(12)　Polizeipräsident in Sosnowiec to Regierungspräsident in Katowice, August 1, 1943, *Dokumenty i materialy,* vol. 2, p. 60. Polizeipräsident in Sosnowiec via IdO in Breslau to Himmler, August 14, 1943, *ibid.,* p. 71. IdO in Breslau to Polizeipräsident in Sosnowiec, August 25, 1943, *ibid.,* p. 70.

(13)　Ghettoverwaltung (signed Ribbe) to municipal health office in Lodz, September 21, 1942, *ibid*., p. 70.

(14)　以下を参照. Facsimiles of reports by Wehrkreisbefehlshaber Generalgouvernement/Ia, October 17, 1942 (42人のユダヤ人が殺された) and December 25, 1943 (17人のユダヤ人が殺され，兵士も1人殺された), in Stanislaw Wronski and Maria Zwolakowa, eds., *Polacy Zydzi 1939-1945* (Warsaw, 1971), pp. 143, 216.

(15)　Bernard Goldstein, *The Stars Bear Witness* (New York, 1949), pp. 124-45; Mary Berg, *Warsaw Diary* (New York, 1945), p. 187.

(16)　Statement by Wolf Sambol, May 4, 1945, Yad Vashem Oral History O 16/584.

(17)　Entry by Adam Czerniakow, July 22, 1942, in Raul Hilberg, Stanslaw Staron, and Josef Kermisz, eds., *The Warsaw Diary of Adam Czerniakow* (New York, 1979) p. 384.

(18)　Interrogation of Fritz Friedel (Bialystok KdS/IV-B), June 12, 1949, Israel Police 1505.

(19)　たとえば，以下を参照. Report by Order Police Lt. Wessermann (?) to KdO in Galicia, September 14, 1942, Zentrale Stelle Ludwigsburg, UdSSR, vol. 410, pp. 508-10.

(20)　ミンスク運輸管理局では，オランシーツェからブレスト＝リトフスクまでの駅で，アウシュヴィッツに向かう4台の列車のことが言及されている. Copies to the Generaldirektion der Ostbahn (Gedob) and KdS Bialystok, January 27, 1943, Institut für Zeitgeschichte, Fb 85/2.

(21)　Statement by Richter, June 11, 1969. Case Ganzenmüller, vol. 19, pp. 5-12. 総督府を出発する列車の要求は，上級親衛隊・警察長官によってなされた. Statement by Alfons Glas (33/Special Trains, under Stier), Case Ganzenmüller, vol. 5, pp. 148-53. 以下も参照. Statement by Friedrich vom Baur (Ostbahnbezirksdirektion Radom, including Lublin), May 11, 1962, Case Ganzenmüller, vol. 5, red number 36. ビアウィストクでは，列車は保安警察・保安部指揮官（当時，上級参事官でSS少佐のツィマーマン博士）によって要求された. Fahrplananordnung 290 of RBD Königsberg/33 (signed Hering), August 17, 1943, Zentrale Stelle Ludwigsburg, Polen 162, Film 6, p. 194.

(22)　Ganzenmüller to Wolff, July 28, 1942, NO-2207.

(23)　ポーランド人が死の列車を運転していた. Statement by Polish personnel in Belzec case, I Js 278/60, vol. 6, pp. 1181-84. ポーランド人機関手一般の雇用に関するドイツの政策については，以下を参照. Transport Ministry to Chief of Transport in OKH, January 5, 1940, H 12/101.2, and internal correspondence, Office of Chief of Transport in OKH, December 4, 1940, H 12/102. Document files once in Federal Records Center, Alexandria, Va.

(24)　たとえば，Gedob/33 H Fahrplananordnung 587, September 15, 1942 (signed Richter), Zentrale Stelle Ludwigsburg, Polen 162, Film 6, pp. 184-86. 以下も参照. Reichs-

bahn (Lodz station Verkehrsamt) to Gestapo in March and May, enclosing charges for transports to Kulmhof, including round-trip fare for guards, payable at the Lodz station ticket counter, and advances and reimbursements for transport costs in Sonderkonto of Ghettoverwaltung as of March 31, 1942. Zentrale Stelle Ludwigsburg, Polen 315, pp. 75-76, 387-90, 442-47. 総督府を出発した死の輸送に対して，押収されたユダヤ人資産からほぼ500万ライヒスマルクが支払われた．Report by Stubaf. Wippern, December 15, 1943, NO-57. さらに，1942年度の東部鉄道の財政報告における特別列車への一般的な言及にも注目せよ．German Federal Archives, R 5/877.

(25) Gedob/33 Fahrplananordnung 562 (signed Richter), August 22, 1942, and Gedob/33 Fahrplananordnung 566 (signed Zahn), August 26, 1942, Zentrale Stelle Ludwigsburg, Polen 162, Film 6, pp. 179-80, 182-83. 目的地はトレブリンカであった．

(26) Gedob/33 Fahrplananordnung 567 of March 26, 1943 (signed Schmid), Zentrale Stelle Ludwigsburg, Polen 162, Film 6, pp. 192-93. ここで挙げられた列車は，それぞれドイツからトレブリンカまで2,000人の移送者を運び，ワルシャワで消毒された．

(27) Statement by Richter, June 11, 1969, Case Ganzenmüller, vol. 19, pp. 5-12.

(28) Statement by Walter Stier, March 16, 1963, Case Novak, vol. 16, p. 355ff. シュティーアの助手の１人，スタニスワフ・フェイクスはポーランド人だった．

移送の経過

(29) Facsimile of announcement by Kreishauptmann of Sanok (signed Dr. Class), September 4, 1942, on action planned for September 6, and facsimile of similar announcement by Kreishauptmann of Tarnow (signed by deputy Dr. Pernutz), September 15, 1942, on deportation to take place on the following day, in Wronski and Zwolakowa, eds., *Polacy Zydzi,* pp. 412, 416.

(30) Ribbe (Ghettoverwaltung) to Reichsstatthalter, in Warthegau/Landesnährungsamt /Division A in Poznan, July 15, 1942, *Dokumenty i materialy,* vol. 3, pp. 230-231.

(31) Gruf. Katzmann (SS and Police Leader in Galicia) to OGruf. Krüger, June 30, 1943, L-18.

(32) Ibid.

(33) *Krakauer Zeitung,* June 24, 1942, p. 5.

(34) *Krakauer Zeitung,* June 24, 1942, p. 5.

(35) Frank to Hitler, June 19, 1943, PS-437.

(36) War diary, Armament Command Radom, August 24, 1943, Wi/ID 1.37.

(37) T 175, roll 19.

(38) Chef der Zivilverwaltung, Bialystok District (signed Glootz) to Kreiskommissare of the district, September 30, 1943, and City of Grodno (signed Pleske) to Kreiskommissar Grodno, October 11, 1943, in US Holocaust Research Institute Archives RG 53.004 (Belarus State Archives of Grodno Oblast), Roll 6, Fond 2, Opis 1, Folder 95.

(39) Summary of police conference, June 18, 1942, Frank diary, PS-2233.

(40) Ibid.

(41) Dr. Ing. Ganzenmüller to OGruf. Wolff, July 28, 1942, NO-2207.

(42) Wolff to Ganzenmüller, August 13, 1942, NO-2207

(43) Krüger to Himmler, December 5, 1942, Himmler Files, Folder 94.

(44) Himmler to Ganzenmüller, January 20, 1943, NO-2405.

(45) Tadeusz Bor-Komorowski, *The Secret Army* (London, 1950), pp. 97-99.

(46) Statement by Mieczyslaw Garfinkiel, October 5, 1945, Belzec case, 1 Js 237/60. ガ

ルフィンキェルによれば，ザモシチでは，1942年5月，8月，11月にさらに検挙が行われた．彼は，1942年10月にワルシャワに逃げた．彼のゲットーでは，他の人びとはそれほど多く逃げようとはしなかったようである．

(47) Solomon F. Bloom, "Dictator of the Lodz Ghetto", *Commentary,* 1949, p. 120.

(48) Generalgouvernement/Main Division Propaganda, consolidated weekly reports from district propaganda divisions for April, 1942, reported by Lublin division, April 18, 1942, Occ E 2-2.

(49) Consolidated reports for September, 1942, reported by Lublin division, September 26, 1942, Occ E 2-2.

(50) Consolidated reports, report by Lublin division, November 28, 1942, Occ E 2-2. 総統命令と「申し立てられた」ものについては，以下を参照．Letter from Himmler to Krüger of July 19, 1942.「私は，総督府におけるユダヤ人全員の移住を，1942年12月31日までに遂行し，完了することを命じる」．NO-5574.

(51) Philip Friedman, "Two 'Saviors' who Failed—Moses Merin of Sosnowiec and Jacob Gens of Vilna", *Commentary,* December, 1958, pp. 481-83.

(52) Biebow (Ghettoverwaltung) to Reichsnährstand/Reichsbeauftragter für das Trinkbrandweingewerbe, June 25, 1942, *Dokumenty i materialy,* vol. 3, p. 228.

(53) *Ibid.*

(54) Katzmann to Krüger, June 30, 1943, L-18.

(55) Leutnant der Sch. d. Res. (Wessermann ?) to KdO in Galicia, September 14, 1942, Zentrale Stelle Ludwigsburg, UdSSR, vol. 410, pp. 508-10.

(56) KdO/Ia of Galicia to 2nd Battalion of the 24th Police Regiment and other units and offices, September 4, 1942, Center for Preservation of Historical Documentary Collections, Moscow, Fond 1323, Opis 2, Folder 292.

(57) 以下を参照．Statement by Alois Mund (Viennese agricultural specialist stationed in Stanislawow), December 5, 1947, and the statement by survivors and Order Police personnel of Stanislawow, 1947 and 1948, in the collection of T. Friedmann on Stanislawow, Haifa, October 1957, p. 90

(58) Statement by Wolf Sambol, May 4, 1954, Yad Vashem, 0 16/584.

(59) Lt. Wessermann to KdO in Galicia, Septemer 14, 1942, Zentrale Stelle Ludwigsburg, UdSSR, vol. 410, pp. 508-10.

(60) Anonymous letter via Frank to Hitler, received and stamped by the Reich Chancellery on March 25, 1943, NG-1903.

(61) Generalgouvernement/Main Division Propaganda, consolidated weekly reports from district propaganda divisions for October, 1942, report by Galician division, October 26, 1942, Occ E 2-2.

(62) Summary of Gouvernement conference, December 7, 1942. フランク，ビューラー，ベプレ，ジーベルト，フィッシャー，ヴェヒター，ツェルナー，クント，上級地方裁判所事務官ヴェー博士が参加した．Frank diary PS-2233.

(63) Böttcher to Gouverneur of Radom, September 21, 1942. Facsimile in Wronski and Zwolakowa, eds., *Polacy Zydzi,* p. 418. 以下も参照．Facsimile of announcement by Stadtkommissar Motschall of Ostrowiec (Radom district), September 28, 1942, *Ibid.,* p. 422. これは，ユダヤ人が何度も食料や避難所を与えられたことを記し，そのような救援行為を行うポーランド人を死刑にすると脅している．

(64) Facsimile of announcement by SS and Police Leader of Galicia, December 14, 1943, *ibid.,* p. 438. これは，ユダヤ人を助けて死刑判決を受けた人の名前を挙げている．同上書では，

同様な告知が掲載されている.

(65) Wehrkreisbefehlshaber GG. to OKH/Chef HRüst. u. BdE/Stab, October 24, 1942, Polen 75022/10. Document once located in the Federal Records Center at Alexandria, Virginia. Generalgouvernement/Main Division Propaganda, consolidated weekly reports from district propaganda divisions for November, 1942, report by Lublin division, November 7, 1942, and report by Radom division, November 14, 1942, Occ E 2-2. Oberfeldkommandantur 372 (Lublin) to Wehrkreisbfh. GG, December 21, 1942, Polen 75026/12. OGruf. Krüger to Gruf. Knoblauch, chief of personnel and training in SS-Führungshauptamt, January 8, 1943, NO-2044. Generalgouvernement/Main Division Propaganda, consolidated weekly reports from district propaganda divisions for January, 1943, report by Warsaw division, January 9, 1943, Occ E 2-2. Summary of remarks Gouverneur Zörner in Generalgouvernement conference, January 25, 1943, Frank diary, PS-2233. OFK 372 (Lublin) to Wehkreiskdo. GG, March 26, 1943, Polen 75022/12. Wehrkreiskdo. GG. to OKH/Chef HRüst. u. BdE/Stab, May 4, 1943, Polen 75022/12. OFK 372 (Lublin), signed Beuttel, to Wehrkreiskdo. GG, June 17, 1943, Polen 75022/12. Wehrkreiskdo. GG. to OKH/Chef HRüst. u. BdE/Stab (on action by "Eingreifgruppe" 154th Reserve Division, Galicia), December 25, 1943, Polen 75022/14 (Alexandria. Va.). ユダヤ人にはほとんど武器がなかったので，ドイツ側の死傷者はきわめて少なかった.

(66) Katzmann (SS and Police Leader , Galicia) to Krüger, June 30, 1943, L-18. 事故と黄熱病による死傷者で，カッツマンの損失の総計は，死者11人，負傷者と病人117人であった.

(67) 抵抗運動の増大については，一般に，以下を参照. Philip Friedman, ed., *Martyrs and Fighters* (New York, 1954), pp. 193-218, and Joseph Tenenbaum, *Underground* (New York, 1952), p. 82ff. ユダヤ人共産主義者は，自分たちの党をもたなかった. 彼らは，ポーランド労働者（共産主義者）党（PPR）に所属していた. ユダヤ人のナショナリストは，シオニスト組織から脱退し，修正主義党を結成した（後にイスラエルでは，ヘルト）. 修正主義者の軍事組織は，イルグーン・ツヴァイ・レウミ（国民軍組織）と呼ばれた. ヘハルツは，種々のシオニスト政党の青少年組織からなっていた. ブントは，ユダヤ人労働組合員の政党で，社会主義に傾き，反共産主義であると同時に反シオニズムであった. これは，ポーランド社会党（PPS――ポーランド労働者党 PPR と混同してはならない）と連絡を保っていた.

(68) Hilberg, Staron, and Kermisz, eds., *Diary of Adam Czerniakow,* entries of April 17-22, 1942, pp. 324-46.

(69) Ringelblum's entry for June 17, 1942, *Yad Vashem Studies* 7 (1968):178. ユゼフ・ケルミシュが紹介したこの記述や他のいくつかのものは，以前には公表されていなかった. また，クルムホフとベウジェッツの絶滅収容所に触れた，リンゲルブルムのワルシャワの友人の日記も参照. Josef Kermisz, "Diary Entries of Hersh Wasser", *Yad Vashem Studies* 15 (1983): 201-82, with Wasser's entries for May 26 and 30, 1942, on pp. 277, 282.

(70) Czerniakow's entries for these dates in Hilberg, Staron, and Kermisz, eds., *Diary of Adam Czerniakow,* pp. 293, 317, 326, 335, 339, 348, 349, 373, 376-77, 381-385.

(71) Text of Höfle's directive in report by Lichtenbaum to Ghetto Kommissar Auerswald for July 1942, dated August 5, 1942, Zentrale Stelle Ludwigsburg, Polen 365 e, pp. 650-53.

(72) Hilberg, Staron, and Kermisz, eds., *Diary of Adam Czerniakow,* p. 385.

(73) チェルニアコフの自殺の説明については，以下を参照. Friedman, *Martyrs and Fighters,* pp. 148-52. 以下も参照. Leonard Tushnet, *The Pavement of Hell* (New York, 1972), pp. 127-28.

(74)　Lichtenbaum's report for July in Zentrale Stelle Ludwigsburg, Polen 365 e, p. 643.
(75)　Ibid., p. 653. Text of August 1, 1942, poster in Jüdisches Historisches Institut Warschau, *Faschismus — Ghetto — Massenmord* (Berlin, 1961), p. 309.
(76)　会議の出席者リストは，1944年3月に，残ったユダヤ人地下勢力の報告のなかでロンドンに送られた．英語に翻訳された報告からの抜粋は，以下に掲載されている．

Friedman, *Martyrs,* p. 199. 修正主義者の欠席は，この会議についての共産主義者の見解から説明できるかもしれない．それによれば，共産主義者の指導者ユゼフ・レヴァルトフスキ＝フィンケルシュテインが，活動家全員（ユダヤ人評議会のメンバーや正統派ラビすらを含む）を招待して会議を開いたが，修正主義者——共産主義者は，彼らをブルジョワ的＝民族主義的なユダヤ人ファシストとみなしていた——は，招待しなかったのである．以下を参照．M. Edin, "The 'PPR' and Ghetto Resistance", *Jewish Life,* April, 1951, pp. 12-15（*Jewish Life* は，アメリカで発行されている共産主義者の月刊誌である）．

会議中の意見の不一致について確実にわかっているのは，共産主義者とヘハルツが即座の抵抗を主張したのに対して，ユダヤ人評議会メンバーのI・シペルとラビのジシェー・フリードマンがそれに反対したことだけである．歴史家のシペルは，ユダヤ人が闘うことよりも闘わないことによって，より多くの物を獲得してきたというユダヤ人の歴史のなかから，いろいろな例を引用したようである．ラビのフリードマンは，何十万というユダヤ人に不幸が訪れることを恐れて，ドイツ人に対して「手を挙げ」ないようにと，ユダヤ人に警告した．Y・ツキェルマン（ヘハルツの指導者）については，以下を参照．Friedman, *Martyrs,* pp. 193-95.

この会議での社会主義者（ブント）の立場については，よくわからない．ブントの著名な2人の指導者が戦後に行った説明によれば，ブントは，代表のマウリーツィ・オジェフを通して，参加者に抵抗を勧めたという．Goldstein, *The Stars Bear Witness,* pp. 108-12; Marek Edelman, *The Ghetto Fights* (New York, 1946), p. 18. しかし，ヘハルツの指導者ツキェルマンと *Jewish Life* の共産主義者たちは，オジェフが勧めた抵抗は，ポーランド人も闘うという条件付きであったと報告している．

この時点で，ポーランド最大の地下勢力である，ロンドンから指導された国内軍が挙げるに足るほどの援助を申し出たかどうかについては，疑問がある．ボル＝コモロフスキによる主張とイズラエル・グートマンによる反論を参照．Bor-Komorowski, *The Secret Army,* pp. 99-100. Ysrael Gutman, "The Attitude of the Poles to the Mass Deportations of Jews from Warsaw Ghetto in the Summer of 1942", in Ysrael Gutman and Efraim Zuroff, eds., *Rescue Attempts during the Holocaust* (Jersalem, 1977), pp. 399-422, at pp. 414-21.
(77)　Office of the Gouverneur of Warsaw to Staatssekretär of the Generalgouvernement, report for June and July, 1942, dated August 15, 1942, Occ E 2-3.
(78)　Janusz Korczak, *Ghetto Diary* (New York, 1978), pp. 176, 185, 187. その月に日記が手渡されたイゴール・ニューアリによれば，コルチャクと彼の孤児たちは，8月5日に移送された．
(79)　Stefan Ernest, "Trzeci front : O wojnie Wielkich Niemiec z Zydami Warszawy 1939-1943", pp. 143-45. Unpublished manuscript in the private collection of Dr. Lucjan Dobroszycki.
(80)　Yitzhak Zuckermann (Cukierman), *A Surplus of Memory* (Berkeley, California, 1993), pp. 196-97.
(81)　Council report for August, dated September 5, 1942, Zentrale Stelle Ludwigsburg, Polen 365 d, pp. 654-62.
(82)　Dürrfeld (Dezernat 3) to SS and Police Leader von Sammern-Frankenegg, August 10, 1942, and memorandum by Kunze (Dezernat 4/II), August 13, 1942, Zentrale Stelle Ludwigsburg, Polen 365 d, pp. 275-77. 市営の電力会社には，ゲットーに47,000人の顧

客がおり，ガス会社には約22,600人いた．市の役人は，ユダヤ人資産からの予備基金の設立とその請求権に対する債権者の間での優先権を主張した．

(83)　主なゲットー企業は，テベンス，シュルツ，ヴィルヘルム・デーリング，トランスアヴィアであった．1942年8月26日に親衛隊・警察と結ばれた取り決めは，ゲットー企業の労働者21,000人の保持を規定していた．この措置で，テベンス社とシュルツ社はそれぞれ8,000人を獲得した．War diary Armament Command Warsaw, reports for July, August, and September 1942 (signed Oberst Freter), Wi/ID 1.91. シュルツ社における労働者数の変動については，以下を参照．Helge Grabitz and Wolfgang Scheffler, *Letzte Spuren* (Berlin, 1988), pp. 151-52, 162-71, 183, 207.

(84)　Goldstein, *The Stars Bear Witness,* pp. 124-45. ユダヤ人警官自身は最後の行動で捕らわれた．犠牲者のなかには，約2,000人の警官がいた．Berg, *Warsaw Ghetto,* p. 187. 工場の「人員整理」は，9月2日と9月6～7日に行われた．この選別の目的は，労働者の数を，取り決められた21,000人に減らすことだった．War diary Armament Command Warsaw, report for September 1942, Wi/ID 1.19. 工場のユダヤ人警官は，9月11日に「人員整理」を被った．ibid.

(85)　次の記述を参照．Vladka Meed, *On Both Sides of the Wall* (Kibbutz Lahomei Haghettaot, Israel, 1977), pp. 15-105.

(86)　Monthly reports by Lichtenbaum, September 5 and October 5, 1942, Zentrale Stelle Ludwigsburg, Polen 365 d, pp. 654-72.

(87)　Brif. Stroop to Krüger, May 16, 1942, PS-1061. シュトロープは移送者数を310,322人とし，残った者は7万と見積もっている．以下も参照．Gouverneur of Warsaw district to Staatssekretär, Generalgouvernement, report for October and November 1942, dated December 10, 1942, Occ E 2-3.

(88)　Berg, *Warsaw Ghetto,* p. 188.

(89)　Emmanuel Ringelblum, *Notes from the Warsaw Ghetto* (New York, 1958), entry for October 15, 1942, and subsequent entry in the fall, pp. 310, 326.

(90)　Zuckerman, *A Suplus of Memory,* p. 192.

(91)　Ysrael Gutman, *The Jews of Warsaw 1939-1945* (Bloomington, Indiana, 1982), pp. 270-71.

(92)　Interview of Ysrael Gutman, "Youth and Resistance Movements in Historical Perspective", *Yad Vashem Studies,* 23 (1993) : 1-71.

(93)　シオニスト・グループは以下の通りである．ドロール，ハショメル・ハツァイル，アキバ，ゴルドニア，ポアレ・シオン左派，ポアレ・シオン Z. S., ハノアル・ハジオニ．

(94)　詳細な歴史は以下を参照．Gutman, *The Jews of Warsaw,* pp. 283-306.

(95)　ユダヤ戦闘組織の設立については，Zuckerman, *A Suplus of Memory,* pp. 202, 219 and 221. アニェレヴィッチについては，以下を参照．*Ibid*., pp. 256-59 and 343, and an interview of Marek Edelman by Hanna Kral, "Es ging darum, wie man stirbt", in *Die Zeit,* April 23, 1976, pp. 9-10.

(96)　Underground Report A of the Bund, recieved in New York on June 22, 1943, in Edelman, *The Ghetto Fights,* p. 46. David Wdowinski, "The History of the Revolt", *The Answer* (Revisionist Publication in the U. S.), June 1946, pp. 18, 24, and his book *And We Are Not Saved* (New York, 1943), particularly pp. 77-82. ヴドヴィンスキは，修正主義者の政治委員会の議長をしていた．

(97)　Zuckerman, *A Suplus of Memory,* pp. 225-27. Gutman, *The Jews of Warsaw,* pp. 293-97. ユダヤ戦闘組織の地域指導者の1人，エリエゼル・ゲレルも24歳だったが，1939年に兵士として戦っていた．

(98)　Zuckerman, *A Suplus of Memory,* pp. 304-305, 310-11, 317-19, 331, 333-35.

(99)　ZOB report in Friedman, *Martyrs and Fighters,* pp. 196-97. この報告によれば，２つの銃弾は，警察長官に致命傷を与えたという．実際には，彼は後に職務に復帰し，1943年１月24日に自殺した．Stanislaw Adler, *In the Warsaw Ghetto* (Jerusalem, 1982), p. 323.

(100)　Zuckerman, *A Suplus of Memory,* p. 319. 以下も参照．pp. 320-22, 325.

(101)　蜂起の間に，リヒテンバウムと彼の助手たちは，「乱闘の後」，親衛隊員によって撃たれた．Bulletin no. 7 of the KK, April 29, 1943, in Friedman, *Martyrs and Fighters,* pp. 242-43.

(102)　Text of ZOB appeal, probably composed in the first half of January, and text of a Revisionist appeal issued at the same time, in Yitzhak Arad, Ysrael Gutman, and Abraham Margaliot, eds., *Documents on the Holocaust* (Jerusalem, 1981), pp. 301-304.

(103)　Himmler to Krüger, copies to RSHA, Pohl, and Wolff, January, 1943, NO-1882.

(104)　Freter to Rüstungsinspekteur Schindler, January 12, 1943, Wi/ID 1.46

(105)　Gutman, *The Jews of Warsaw,* pp. 312-16.

(106)　Goldstein, *The Stars Bear Witness,* pp. 176-77. Stroop to Krüger, May 16, 1943, PS-1061. Generalgouvernement/Main Division Propaganda, consolidated weekly reports from district propaganda divisions, report by Warsaw Division, January 18, 1943, Occ E 2-2. 銃創によるユダヤ人死者の数は，以下に挙げられている．Lichtenbaum's report for January, dated February 1, 1943, Yad Vashem O 6/21. シュトロープの報告によれば，ドイツ人の警察隊長が腹部に重傷を負った．個人的に日記をつけていたドイツ人警官は，２人の死者と負傷者２人を挙げている．Citation from the diary in Wolfgang Scheffler and Helge Grabitz, eds., *Der Ghetto-Aufstand Warschau 1943* (Munich, 1993), p. 140.

(107)　Himmler to Krüger, February 1, 1943, NO-2514. Himmler to Krüger, February 13, 1943, NO-2494.

(108)　Grabitz and Scheffler, *Letzte Spuren,* pp. 184-210. Zuckerman, *A Suplus of Memory,* pp. 314-15.

(109)　武器を獲得しようとするユダヤ人の試みについては，以下を参照．Gutman, *The Jews of Warsaw,* pp. 355-61. Zuckerman, *A Suplus of Memory,* pp. 201-202, 252-53, 265, 292-97, 312-13, 329, 344, 353, 356-57, 375, and his testimony, Eichmann trial transcript, May 3, 1961, sess. 25, p. W1. Polish report of unidentified authorship on contact with ZZB, October 18, 1942, in Ber Mark, ed., *Uprising in the Warsaw Ghetto* (New York, 1975), p. 108. 国民軍事連合への武器の引渡しについてのポーランド人による２つの回想は，以下に見られる．Wladislaw Bartoszewski and Zofia Lewin, eds., *Righteous among Nations* (London, 1969), pp. 548-55 and note on pp. 573-74. そのひとつ，ヴィースワフ・ビェリンスキの回想には，３丁のベルクマン式軽機関銃が言及されている．このタイプの軽機関銃（機械ピストルとも呼ばれた）は，ドイツ軍とソ連軍で広く使われており，９ミリの自動装塡の弾で撃つことができた．ドイツ人兵士は自分の武器は手離さないだろうが，略奪品は売っただろう．ポーランド人による２つの回想のなかで言及されている２度の引渡しは，それぞれ，門を通ってトラックで（賄賂で），そして下水道を通って行われた．以下では，受け取り手がユダヤ戦闘組織か国民軍事連合かを区別しないで，国内軍の助力が記されている．Bor-Komorowski, *The Secret Army,* pp. 104-105. ツキェルマンは断固として，ユダヤ戦闘組織には機関銃はなく，自動ライフルしかなかったと主張している．Cukierman, *A Suplus of Memory,* p. 356. グートマンは，自動ライフルを軽機関銃としている．Gutman, *The Jews of Warsaw,* p. 375.

(110)　交替の政策については，シュトロープが，1949年から50年までワルシャワの刑務所で部屋が同じだったポーランド人ジャーナリストに述べている．彼は，フォン・ザメルンが意気地なしで，女と酒が好きなチロル出身のオーストリアのインテリだと言っている．Kazimierz Moczarski, *Gespräche mit dem Henker* (Düsseldorf, 1978), pp. 187-96.

(111)　Anielewicz to Cukierman, April 23, 1943, Jüdisches Historisches Institut Warschau, *Faschismu—Ghetto—Massenmord,* pp. 518-19.

(112)　Photos in Meed, *On Both Sides of the Wall.*

(113)　以下における説明を参照. Bartoszewski and Lewin, *Righteous among Nations,* pp. 148-52, 551-74. イヴァンスキとアプフェルバウムは，1939年のワルシャワの戦闘のとき，同じ中隊にいた.

(114)　Stroop to Krüger, May 16, 1943, PS-1061. シュトロープは彼の報告に，「ワルシャワ・ゲットーはもう存在しない」という表題をつけた. これには，日々の戦闘報告や概要，写真が含まれている. ドイツ側で死亡した2人は，共に武装親衛隊員で，5月13日のソ連軍の空襲で死んだ. ヨードル上級大将は，戦後にこの報告を見せられたとき，こう叫んだ.「卑劣で傲慢な親衛隊の豚め！ 装備の行き届いた敵との重要な戦闘については，わずか数ページしか書いていないというのに，些細な殺害遠征に75ページもの報告を書きおって！」. G. M. Gilbert, *Nuremberg Diary* (New York, 1947), p. 69.

第23警察連隊第3大隊については，以下を参照.　Postwar statement by Major Otto Bundke, in Scheffler and Grabitz, *Der Ghetto-Aufstand,* pp. 362-66, and recommendations for decorations for Bundke and some of his men, in the Archives of the Main Commission for the Investigation of Nazi Crimes in Poland, File SS-und Polizeiführer Warschau, 1940-1944, IV/1, K. 19-39.

ユダヤ人側の説明は，主にツキェルマンとエーデルマンのもので，種々のユダヤ人部隊やその運命についての詳細がわかる. 戦闘を生き延びたユダヤ人司令官はこの2人だけであった.

国内軍と共産主義者の攻撃を含む，壁の外からのポーランド人の侵入については，以下に述べられている. Bartoszewski and Lewin, *Righteous among Nations,* pp. 555-78. ポーランド人は突破できず，シュトロープはその損失のどれをもポーランドの部隊と闘ったせいにはしていない.

ルブリン収容所に移送されたユダヤ人15,000人という数字は以下からとっている. Affidavit of OStuf. Friedrich Ruppert (Chief, Technical Division, Lublin camp Administration), August 6, 1945, NO-1903. トラフニキの会社シュルツに6,113人のユダヤ人が到着したことを示して，事態をややこしくしているものもある. Facsimile from the files of the firm, in Grabitz and Scheffler, *Letzte Spuren,* pp. 208-209.

(115)　Himmler to Pohl and Kaltenbrunner, June 11, 1943, NO-2496.

(116)　Pohl to Himmler, July 23, 1943, NO-2516.

(117)　Pohl to Himmler, October 29, 1943, NO-2503. Pohl to Himmler, February 13, 1944, NO-2517. Pohl to Himmler, April 20, 1944, NO-2505. Pohl to Himmler, June 10, 1944, NO-2504. Kammler to Staf. Rudolf Brandt (Himmler's personal secretary), July 29, 1944, NO-2515. Von Krosigk to Economic-Administrative Main Office, June 15, 1944, NG-5561. Memorandum by Grossel (Finance Ministry), July, 1944, NG-5561. Lörner (Economic-Administrative Main Office) to Finace Ministry, August 25, 1944, NG-5561. ソ連軍がワルシャワのヴィスワ川東岸に接近したときに，この計画は中断された.

(118)　Report by Armament Command Warsaw for October 1 to December 31, 1943, Wi/ID 1.43.

(119)　Report by Armament Command Warsaw for January 1 to March 31, 1944, Wi/ID 1.74.

(120)　Goldstein, *The Stars Bear Witness,* pp. 207-95. ゴールドステインはワルシャワで隠れていた.

(121)　Katzmann to Krüger, June 30, 1943, L-18.

(122)　Interrogation of Fritz Friedel, June 12, 1949, Israel Police document 1505.

(123)　Testimony by Abraham Karasick (survivor), Eichmann trial transcript, May 4, 1961, sess. 28, pp. Bbl, Ccl, Ddl.

(124)　Friedel, in Israel Police document 1505. Statement by Georg Michalsen, February 23, 1961, in Serge Klarsfeld, ed., *Documents Concerning the Destruction of the Jews of Grodno 1941-1944,* 5 vol. (Paris and New York : Beate Klarsfeld Foundation, 1987), vol. 2, pp. 180-87. Statement by Lothar Heimbach (KdS-IV), June 30, 1941, *ibid.,* vol. 2, pp. 142-49. ユダヤ人の装備については，以下に叙述されている．Karasick, Eichmann trial transcript, May 4, 1961, sess. 28, p. Eel. Proclamation by anti-Fascist bloc, February 9, 1943 ("Evacuation means death!"), and its proclamation of August 16, 1943, citing three million dead in Kulmhof, Auschwitz, Treblinka, and Sobibor, Jüdisches Historisches Institut Waschau, *Faschismus—Ghetto—Massenmord,* pp. 498, 558. Account by survivor Liza Czapnik of preparation and fighting, ibid., pp. 500-502, 562-63. 生存者のチャプニクによれば，この地域の反ナチス・ドイツの市民と兵士数人（そのうち2，3人は共産主義者）がゲットーの防衛者に武器を与えて援助したという．この蜂起については，以下を参照．Tenenbaum, *Underground,* pp. 231-46.

(125)　Lodz Ghetto Collection No. 58, pp. 14, 18-19.

(126)　Entries for April 10-14 and May 30-31, 1942, in Danuta Dabrowska and Lucjan Dobroszycki, eds., *Kronika getta Lodzkiego* (Lodz, 1965), vol. 1, pp. 457-58, 619-20.

(127)　*Ibid*., vol. 2, September and October 1942 entries, pp. 456-78, particularly pp. 457, 459-60, 467, 473, 477-78. 1942年9月以前，10歳までのゲットーの子どもの数は，およそ1万4,000であった．Lodz Ghetto Collection No. 58, p. 22. 10歳以上の者たちはすでに工場で働いており，ゲットー管理局の職員（警察や消防隊を含む）の小さな子どもは移送を免除された．ルムコフスキは，ゲットーを全体として救うために，働いているユダヤ人がその小さな子どもを引き渡すことを望み，行動の前夜，犠牲を正当化しようとして演説を行った．Tushnet, *The Pavement of Hell,* pp. 50-54. 参照．ゲットー内での死者が増えたので，1944年1月11日には，残った住民8万122人は，労働者6万200人，管理局の職員1万3,943人，病院の患者614人，10歳以下の子ども5,365人であった．Report by Dr. Horn (SS-Economic-Administrative Main Office), January 22-24, 1944, T 580, Roll 316. ホルンはユダヤ人の生産性を「破局的に低い」と考えた．

(128)　Order by Biebow, September 12, 1942, *Dokumenty i materialy,* vol. 3, p. 236.

(129)　Diary of Oskar Rosenfeld, *Wozu noch Welt,* ed. Hanno Loewy (Frankfurt/M, 1994), p. 156.

(130)　Entry of October 8, 1942, in Dabrowska and Dobroszycki, eds., *Kronika,* vol. 2, p. 486.

(131)　Announcement No. 418, signed Oberbürgermeister of Lodz, August 4, 1944, *Dokumenty i materialy,* vol. 3, p. 269. Announcement No. 422, signed Biebow and Rumkowski, August 7, 1944, *ibid.,* p. 270.

(132)　Speech by Amtsleiter Biebow, August 7, 1944, *ibid.,* pp. 267-68.

(133)　Proclamation No. 428 by Gestapo, August 22, 1944, *ibid.,* p. 271-72. Proclamation No. 429 by Gestapo, August 23, 1944, *ibid*., pp. 273-74. Ghettoverwaltung to Oberbürgermeister of Lodz/Treasury, October 17, 1944, *ibid.,* p. 274.

(134)　Economic-Administrative Main Office (WVHA) D-IV (signed Stubaf. Burger) to WVHA-B (Gruf. Lörner), August 15, 1944, NO-399.

(135)　以下に挙げられたトラフニキ収容所の軍事訓練者の名前を参照．Stroop report, May 16, 1943, PS-1061.

(136)　Generalgouvernement/Main Division Propaganda, consolidated weekly reports

from district propaganda divisions for March, 1942, report by Lublin division, March 21, 1942, Occ E 2-2.

(137) Memorandum by Dr. Frederic, September 19, 1943, Document CXLVa 60, Centre de Documentation Juive Contemporaine, Paris ; courtesy of Dr. John Armstrong. 大主教を苦しめたのと類似した考えを，クラカウの第一大主教サピエーハもフランクへの手紙の中で表明した．「ユダヤ人絶滅のために労働奉仕の酔った若者を利用するという恐ろしい事実について，私は詳しくは述べない」. Sapieha to Frank, November 8, 1942. 以下より引用．L. Poliakov, "The Vatican and the 'Jewish Question'", *Commentary,* November, 1950, p. 442.

(138) Generalgouvernement/Main Division Propaganda, consolidated weekly reports from district propaganda divisions for August, 1942, report by Warsaw division, August 8, 1942, Occ E 2-2. パンフレットの著者はわからない．

(139) Greiser to Himmler, May 1, 1942, NO-246. この提案は拒否された．以下を参照．Greiser to Himmler, November 21, 1942, NO-249.

(140) この政策が総督府に与えた影響については，以下を参照．Frank to Hitler, May 23, 1943, NO-2202 ; Frank to Hitler, June 19, 1943, PS-437.

(141) Generalgouvernement/Main Division Propaganda, consolidated weekly reports from district propaganda divisions for October, 1942, report by Lublin division, October 3, 1942, Occ E 2-2.

(142) Generalgouvernement/Main Division Propaganda, consolidated weekly reports from district propaganda divisions, report by Lublin division, October 24, 1942, Occ E 2-2. OFK 372 (signed Moser) to Wehrkreiskdo. GG, January 20, 1943, Polen 75026/12. Folder once located at Alexandria, Va.

(143) Hagen to Hitler, December 7, 1942, T 175, roll 38.

(144) Weirauch to Krüger, February 4, 1943, T 175, roll 38.

(145) Brandt to Conti, March 29, 1943, Conti to Brandt, March 31, 1943, and Brandt to Conti, April 14, 1943, T 175, roll 38. 以下も参照．Wilhelm Hagen, "Krieg, Hunger und Pestilenz in Warschau 1939-1943", *Gesundheitswesen und Desinfektion* 65 (1973) : 115-43.

(146) 以下におけるクリューガーの発言を参照．Generalgouvernement police conference of January 25, 1943, Frank diary, PS-2233. ルブリン事件のずっと後，1944年4月に，大主教サピエーハは，ポーランド人をユダヤ人「よりひどく」は扱わないことを，新聞で彼らに納得させるようフランク総督に忠告した．Summary of conference between Frank, Staatssekretär Dr. Boepple, Pras. Dr. von Craushaar, Archbishop Sapieha, and Prelate Domasik, April 5, 1944, Frank diary, PS-2233.

(147) Generalgouvernement/Main Division Propaganda, consolidated weekly reports from district propaganda divisions for October, 1942, report by Radom division, October 3, 1942, Occ E 2-2.

(148) Generalgouvernement/Main Division Propaganda, consolidated weekly reports from district propaganda divisions for September, 1942, report by Lublin division, September 5, 1942, Occ E 2-2.

(149) Generalgouvernement conference of August 24, 1942, Frank diary, PS-2233.

(150) Generalgouvernement police conference of January 25, 1943, Frank diary, PS-2233.

(151) Interrogation of Müller, November 5, 1947, Occ E 2-134.

経済的結果

(152)　1941年11月22日になって，総督府の軍需監査部は，防衛のために，秘密の軍需工場ではゲットー労働者は雇用しないよう指令していた．Report by inspectorate to OKW/Wi Rü/Rü III-A, covering July 1, 1940 to December 31, 1941, dated May 7, 1942, p. 153, Wi/ID 1.2. しかし，1942年4月には，最初のユダヤ人が軍需工場，ミェーレツ（クラカウ地区）の航空兵器製作所に送られた．War diary, Armament Command Krakow, containing report for October-December 31, 1942, Wi/ID 1.148. その後すぐ，スタヴォーワ＝ヴォーラ製鋼所と「ライヒスホーフ」（ジェシュフ）の航空発動機製作所を含む，この地域の他の工場にも，ユダヤ人が派遣された．War diary, Armament Command Krakow, August 3-9, 1942, August 17-23, 1942, and September 7-13, 1942, Wi/ID 1.145.

(153)　以下を参照．Conference summary of Armament Commission XXI, November 30, Wi/ID 1.26. Defense Economy Officer of Army District XXI to OKW/Defense Economy Staff, March 6, 1944, Wi/ID 1.13.

(154)　Korherr report, April 19, 1943, NO-5193.

(155)　OGruf. und General der Polizei Schmauser via chief of the Order Police (attention Hauptmann der Schutzpolizei Goebel) to Himmler, April 20, 1942, NO-1386.

(156)　Memorandum by Dr. Erich Müller (chief of artillery construction, Krupp) on discussion with Admiral Schmundt, Vizeadmiral Fanger, and Konteradmiral Rhein, September 9, 1942, NI-15505.

(157)　Krupp directorate to Reich Association Iron/Construction Division (Reichsvereinigung Eisen/Abteilung Neubauten), February 2, 1944, NI-12342. Krupp/Technical Bureau (signed Rosenbaum) to Krupp Armament and Machine Sales (Eberhardt), March 14, 1944, NI-8989. Krupp Berthawerk A. G. /Markstädt plant to chief of Krupp steel plants, Prof. Dr. Houdremont, April 13, 1944, NI-12338.

(158)　Stabshauptamt/Stabsführer in Katowice (signed OStubaf. Brehm) to Schmauser, August 21, 1943, NO-3083.

(159)　War diary, Armament Inspectorate VIIIb in Katowice, August 27, 1943, Wi/ID 1.224.

(160)　以下を参照．Bill presented by the Oberschlesische Bauunternehmung—Dipl. Ing. Wolfgang Dronke to Stadthauptmann/City Construction Directorate Lwow, for the use of Jewish limestone carriers, September 29, 1942, Lwow Oblast Archives, Fond 37, Opis 4, Folder 148.

(161)　Gerteis to Higher SS and Police Leader, September 16, 1942, and his letter to the Transport Ministry of the same date, Zentralarchiv Potsdam, collection 43.01 Reichsverkehrsministerium, Laufende Nummer Neu 3128. Summary of discussion between Gerteis and Frank, Frank diary, T 992, roll 7.

(162)　以下を参照．Krüger to Himmler (copy to SS and Police Leader of Krakow, Obf. Scherner), July 7, 1942, Himmler Files, Folder No. 94.

(163)　Himmler to Krüger, July 19, 1942, NO-5574.

(164)　Militärbefehlshaber im GG/OQu via OFK Krakau to VO/MiG, August 5, 1942, Polen 75022/9a. 軍の兵士が，ユダヤ人労働者を移動させている警官に実際に発砲した，1942年7月26日のプシェミシルでの事件も参照．Report by KdS Krakow/Grenzpolizeikommissariat Przemysl (signed Benthin), July 27, 1942, Israel Police 1113 ; Grenzpolizeikommissariat to OKW Kommission, August 23, 1942, Israel Police 1114 ; Himmler to Bormann, October 3, 1942, Israel Police 1115. この事件はヒムラーを激怒させた．

(165) Wehrkreisbefehlshaber im Generalgouvernement (signed von Gienanth) to OKW/WFSt (Jodl), September 18, 1942, Himmler Files, Folder No. 126. 当時，軍の直接の必要に応じて雇用されているユダヤ人の数は，ほぼ5万であった．Report by Armament Inspectorate Generalgouvernement for July-September, 1942, Wi/ID 1.131.

(166) Himmler to Pohl, Krüger, the RSHA, Wolff, copies to Generalquartiermeister Wagner and Oberleutnant Tippelskirch, October 9, 1942, NO-1611.

(167) OKW/WFSt/Qu II to Wehrkreisbefehlshaber im GG/OQu (Forster), October 10, 1942. これは，翌日にフォルスターから，リヴォフ，キェルツェ，ルブリン，クラカウ，ワルシャワの野外司令部と，第2・第3航空管区司令部，軍需監査部，軍管区司令部に回された．NOKW-134.

(168) Forster to IVa, IVb, 02, and liaison officer of military commander to Generalgouverneur, October 14, 1942, NOKW-134. Wehrkreisbefehlshaber/Chef Generalstab to Oberfeldkommandanturen and offices of Wehrkreisbefehlshaber, copies to liaison officer to armament inspectorate, October 15, 1942, NOKW-134. 問題となる企業を挙げた詳細な協定は，ガリツィア軍司令部と親衛隊・警察の地方指導者によって結ばれた．Bgf. Katzmann to Armament Command in Lwow, October 23, 1942, in report by Katzmann to Krüger, June 30, 1943, L-18. この協定で保護されなかったガリツィアの企業は，「相当厳しく」労働者を奪われた．Armament Command Lwow (signed Sternagel) to OKW/Rü Ic, July 8, 1943, Wi/ID 1.73. 118.

(169) これは，軍役人たちの理解であった．以下を参照．Report by Armament Inspectorate Generalgouvernement for July—September, 1942, Wi/ID 1.131. 1942年10月には，協定は43年初頭までしか続かないだろうと考えられていた．以下を参照．Summary of first conference of the Generalgouvernement Armament Commission, October 24, 1942, Wi/ID 1.155.（軍需委員会は，軍需監査部と文民政府のトップ官僚からなっていた．）協定は，実際には44年まで続くことになった．

(170) 以下におけるフランクの発言．Generalgouvernement conference of December 9, 1942, Frank diary, PS-2233.

(171) 以下におけるクリューガーの発言を参照．Conference of May 31, 1943, Frank diary, PS-2233.

(172) Affidavit by Jerzy Skotnicki, August 26, 1947, NO-5257. この出来事は，ラドム地区のサンドミエシュか，その近郊で起こった．

(173) OFK 365 (signed Beuttel) to MG GG. November 17, 1942, Polen 75016/12. Folder once at Alexandria, Va.

(174) 以下を参照．Korherr report, April 19, 1943, NO-5193. 1942年12月31日時点でコルヘアが挙げている移送者の数は，総督府127万4,166人，帝国編入地域22万2,177人であった．彼はワルシャワ地区に残ったユダヤ人の数を少なく見積もり（ワルシャワ・ゲットーにおける未登録のユダヤ人の数の多さのために），残ったガリツィア・ユダヤ人の数を多く見積もっている（明らかに，年末の射殺についての不完全な情報のために）．

(175) 1942年11月10日までに移送されたユダヤ人は，25万4,989人で，1943年6月27日までには，総計43万4,329人になった．Katzmann to Krüger, June 30, 1943, L-18.

(176) Memorandum by Obergruppenführer Pohl (Chief of WVHA), September 7, 1943, NO-599. Globocnik to Himmler, January 18, 1944, NO-57. Memorandum by HStuf. Opperbeck (WVHA W-IV), January 13, 1944, NO-1036. Obf. Baier (WVHA-W) to Opperbeck (WVHA W-IV), January 19, 1944, NO-1036.

(177) Summary of Security Conference of October 19, 1943, Frank diary, National Archives Record Group 238, T 992, Roll 9. 午後になってすぐ，フランクはビーアカンプおよ

びグリュンヴァルトだけと話したが，話の内容は日記には要約されていない.

(178)　Jozef Marszalek, *Maydanek* (Hamburg, 1982), pp. 138-41. Affidavit by Friedrich Wilhelm Ruppert (Lublin camp administration), August 6, 1945, NO-1903. Statement by Johann Offermann (Sporrenberg's staff), no date, Jüdisches Historisches Institut *Warschau, Faschismus—Ghetto—Massenmord,* pp. 366-67n. ルブリン中央収容所における射殺は，デュッセルドルフ裁判所でのヘルマン・ハックマンの裁判で取り上げられている. Düsseldorf court, XVII 1/75S: judgement, vol. II, pp. 456-502 ; statement by SS-guards Johann Ludwig, November 6, 1964, vol. XIV, pp. 2326-29, Georg Hörauf, October 30, 1964, vol. XV, pp. 2483-93, Gotthard Tschöltsch, July 28, 1965, vol. XVIII, pp. 2994-98, and Andreas Lahner, October 2,1968, vol. XXVII, pp. 4763-68 ; statement by a former German political prisoner and Kapo, Erich Hornung, September 12, 1972, vol. XLIII, pp. 8320-30; and statement by a Jewish survivor, Felix Niedzielak, November 6, 1972, vol. XLIII, pp. 8560-67. 射殺は十分に人目についたので，ポーランドの地下新聞 *Biuletyn Informacyjny* においても報告された. 以下を参照. Shmuel Krakowski, "Holocaust in the Polish Underground Press", *Yad Vashem Studies* 16 (1984): 241-70, on p. 253.

(179)　Report by Dr. Horn (WVHA official, SS company Osti), March 13, 1944, NO-2187.

(180)　Armament Command Lwow (signed Sternagel) to Armament Inspectorate/Ic, July 8, 1943, Wi/ID 1.73.

(181)　Himmler to Pohl, December 1, 1942, Himmler Files, Folder No. 188.

(182)　Pohl to Himmler, December 4, 1942, Himmler Files, Folder No. 188.

(183)　Himmler to Pohl, December 5, 1942, Himmler Files, Folder No. 188.

(184)　Himmler to Krüger, copies to RSHA, Pohl, and Wolff, January, 1943, NO-1882.

(185)　Globocnik to Himmler, January 18, 1944, NO-57.

(186)　Report by UStuf. Fischer, March 1944, NO-1271.

(187)　Report by Dr. Horn, March 13, 1944, NO-2187.

(188)　Report by UStuf. Fischer, March 1944, NO-1271.

(189)　Globocnik to Himmler, January 18, 1944, NO-57.

(190)　Affidavit by Friedrich Wilhelm Ruppert (chief, technical division, Lublin camp administration), August 6, 1945, NO-1903.

(191)　リヴォフのドイツ軍装工場は，同時に労働者全員を失った. War diary, Armament Inspectorate Generalgouvernement/Administrative Division, November 19-26, 1943, Wi/ID 1.93. しかし，この工場は，経済管理本部があてがった新たな労働者を使って復興した. Memorandum by WVHA W-IV, January 13, 1944, NO-1036; WVHA-W (Obf. Baier) to WVHA W-IV, January 19, 1944, NO-1036.

(192)　Report by Horn, March 13, 1944, NO-2187.

(193)　Dr. Horn to Pohl, copies to Obf. Baier and HStuf. Dr. Volk, January 24, 1944, NO-519.

(194)　Memorandum by Volk, February 9, 1944, NO-519.

(195)　WVHA W to W-IV, January 19, 1944, NO-1036. ドイツ軍装工場は，ラドムとブジンにある東部工業の工場を引き継いだ. 1944年7月には，そこで8,000人の労働者が雇用されていた. Memorandum by HStuf. Sommer (deputy chief, WVHA D-II), July 31, 1944, NO-4181. ドイツ軍装工場は，ルブリンの小工場やリヴォフの元シュヴァルツ工場も運営していた(計3,000人の労働者). これら2つの工場は，1944年7月に清算された. WVHA W-IV/Krakow office (signed Oberscharführer Dorndorf) to WVHA W-IV, October 25, 1944, NO-3765.

(196)　ドイツ軍装工場のいくつかの工場が軍需工場に分類されたと考えれば，成功はさらに小さ

いものであった．

(197)　Globocnik to OStubaf. Brandt (Himmler's secretary), June 21, 1943, NO-485.

(198)　表8－6と表8－7を参照．1943年11月2日，シンドラーとクリューガーは，1万人のユダヤ人労働者を親衛隊労働収容所から軍需企業に移すことで合意した．Globocnik to Himmler, January 18, 1944, NO-57; War diary, Armament Inspectorate GG/Central Division, November 4, 1943, Wi/ID 1.93. ちょうど翌日，ルブリン収容所で大量の射殺が始まった．引き渡すことができたのは，クラカウ＝プワシュフ収容所（ルブリン複合体の一部ではない）からのユダヤ人4,000人だけであった．War diary, Armament Inspectorate Generalgouvernement/Central Division, November 18, 1943,Wi/ID 1.93; War diary, Armament Command Radom/Central Group, November 18, 1943, Wi/ID 1.30.

(199)　以下の資料に含まれる，軍需監査部および軍司令部の1942年から44年までのWar diaryから．Wi/ID 1.15, Wi/ID 1.17, Wi/ID 1.21, Wi/ ID 1.30, Wi/ID 1.46, Wi/ID 1.93, Wi/ID 1.121, Wi/ID, 1.145, Wi/ID 1.148, Wi/ID 1.152.

(200)　Report by Armament Command Warsaw for January–March, Wi/ID 1.46.

(201)　War diary, Armament Inspectorate Generalgouvernement/Central Division, November 5, 1943, Wi/ID 1.93. Report by Armament Command Warsaw for October 1–December 31, 1943, Wi/ID 1.43.

(202)　ブジンの親衛隊収容所にあるハインケル工場は，1944年3月に，翌月の末までに労働者を引き上げるという通知を受け取った．War diary, Armament Command Krakow, March 20-26, 1944, Wi/ID 1.21.

(203)　Armament Command in Lwow via inspectorate in Krakow to OKW/Wi Rü, January 5, 1943, Wi/ID 1.75.

(204)　Armament Command in Lwow to OKW/Wi Rü/Ic, October 7, 1943, Wi/ID 1.60. ガリツィアの企業の完全なリストについては，以下を参照．Katzmann to Krüger, June 30, 1943, L-18.

(205)　Armament Command Lwow to Wi Rü/Ic, October 7, 1943, Wi/ID 1.60. Armament Command Lwow to Wi Rü/Ic, January 7, 1944, Wi/ID 1.62. 総督府保安警察の司令官ビーアカンプが，「移住」について協議しようと軍需監査部に接近した1944年3月に，ドロホビッチ石油には，まだ2,000人のユダヤ人労働者がいた．War diary, Armament Inspectorate Generalgouvernement/ Central Division, March 24, 1944, Wi/ID 1.92. クラカウの企業からのユダヤ人労働者の引き上げについては，以下を参照．War diary, Armament Command Krakow/Central Group, August 3–September 5, 1943, Wi/ID 1.121, and war diary, Armament Command Krakow/Group Army, August 3–September 5, 1943, Wi/ID 1.121.

(206)　Report by Armament Command Krakow on conditions at Heinkel construction in Budzyn, April 12, 1943, Wi/ID 1.17. Stawola Wola Works/Counterintelligence Plenipotentiary Schulte-Mimberg to Industry Plenipotentiary Major Schmolz, February 25, 1943, NG-5694.

(207)　Testimony by Seyss-Inquart, *Trial of the Major War Criminals,* XVI, 3.

(208)　スタラホヴィーツェでは，東部鉄道貨物列車のサボタージュが行われた．War diary, Armament Command Radom/Central Group, October 15, 1943, Wi/ID 1.30. スタヴォーワ＝ヴォーラでは，ユダヤ人2人が，「反抗」のために射殺された．Schulte-Mimberg to Major Schmolz, December 28, 1942, NG-5692. しかし，ピオンキ火薬製作所のユダヤ人は，信頼できるとしてとくに引き合いに出されている．Report by Propaganda Division Radom, February 13, 1943, Occ E 2-2.

(209)　スタヴォーワ＝ヴォーラでの逃亡に関しては，以下を参照．Monthly reports from Schulte-Mimberg to Major Schmolz, July 1942–March 1943, NG-5687 through NG-

5695. Report by Armament Inspectorate Generalgouvernement for Apri—June, 1943, July 24, 1943, Wi/ID 1.45. 収容所の1つ，「ハザグ」社（カミェンナ）のユダヤ人収容所Cから，21人の手に負えない看守が脱走した．War diary, Armament Command Radom/Central Group, April 15,1944, and May 5, 1944, Wi/ID 1.4.

(210) WVHA W-IV (Krakow office) to Chief of WVHA W-IV in Berlin, October 25, 1944, NO-3765.

(211) KdS Radom district to SP and SD commander in Tomaszow (HStuf. Thiel), July 21, 1944, enclosing order by BdS, dated July 20, 1944, L-53. ビーアカンプは，総督府に任命される前は，ロシアで行動部隊Dを率いていた．

(212) War diary, Armament Command Radom/Central Group (signed Major Oherr), July 24, 1944, Wi/ID 1.64.

(213) Armament Inspectorate Generalgouvernement to Armament Command Radom, July 23, 1944, Wi/ID 1.146. War diary, Armament Command Radom/Central Group (signed Major Oherr), July 23-24, 1944, Wi/ID 1.64. War diary, Armament Command Radom, July 2-August 22, 1944, Wi/ID 1.64. Generalleutnant Schindler (Armament inspectorate) to Army Group Center/chief of staff (Krebs), August 21, 1944, NOKW-2846. 「ハザグ」社（カミェンナ）は，工場経営者が「全面的責任」を負って，1,000人のユダヤ人労働者を保持した．War diary, Armament Command Radom, July 29, 1944, Wi/ID 1.64.

(214) War diary, Armament Command Krakow, August 7-13, 1944, Wi/ID 1.141.

(215) シュタイア・ダイムラー・プッフから引き上げられたユダヤ人1,800人の目的地として，とくにアウシュヴィッツが挙げられている．War diary, Armament Command Radom/Central Group (signed Major Oherr), July 23, 1944, Wi/ID 1.64. 軍の行動については，以下を参照．War diary, 9th Army/Ia, October 28 and October 31, 1944, NOKW-2636. この軍の司令官はフライヘル・フォン・リュトヴィッツ機甲隊大将であった．

(216) クラカウ近郊のプワシュフでは，ドイツ東方労働研究所が化学，物理学，数学，細菌学のユダヤ人専門家のチームを雇用していた．これらのユダヤ人は，上級親衛隊・警察長官コッペがフロッセンビュルクへの彼らの移動を提案した1944年9月になっても，まだ生きていた．Koppe to Himmler, September 8, 1944, and Himmler's approval, in Brandt to Koppe, September 9, 1944, T 175, roll 60.

(217) 以下におけるナウマンとフランクの発言．Generalgouvernement conference of August 24, 1942, Frank diary, PS-2233.

(218) Office of the Mayor (signed Boikat) to Kreiskommissar of Grodno, September 14, 1943, US Holocaust Historical Institute Archives, RG 53.004 (Belarus State Archives of Grodno Oblast), Roll 6, Fond 2, Opis 1, Folder 95.

(219) Stadthauptmann in Lvov/Economy to Governor of Galicia/Chef des Amtes, February 4, 1943, State Archives of Lvov Oblast, Fond 37, Opis 4, Folder 77.

(220) Biebow to Gauleitung Wartheland/Kreisleitung Welungen, October 5, 1942, *Dokumenty i materialy,* vol. 2, pp. 147-48. Proclamation by Major A. Wasilewski of Biala Podlaska (Lublin district), threatening death penalty for looting of the ghetto, September 28, 1942, *ibid.,* p. 57.

(221) Stadtamt memorandum, Bendsburg, June 23, 1943, Yad Vashem microfilm JM 2702. 「いく分ましなアパート」200戸は，この町でユダヤ人が春に移送されたのち，ドイツ人の借り手に割り当てられた．

(222) 以下におけるフランクの発言．Generalgouvernemet conference of January 26, 1943, Frank diary, PS-2233.

(223)　総督府経済本部の回状で報告された，ビューラー次官と上級親衛隊・警察長官コッペの協定．PS-2819.
(224)　これらの機械は東部工業に移された．Report by Dr. Horn, March 13,1944, NO-2187.
(225)　Obf. von Sammern-Frankenegg to Prof. Teitge (Main Division Health), February, 1943, NO-1412.（ユダヤ人の患者は「もういない」ので，ゾフィオスカのユダヤ人病院を「生命の泉」へ委譲するようせきたてている.）
(226)　Globocnik to Himmler, January 18, 1944, NO-57.
(227)　Peter-Heinz Seraphim, *Das Judentum im osteuropäischen Raum* (Essen, 1938), p. 10.

4　半円形地域

(1)　Göring to Heydrich, July 31, 1941, PS-710.
(2)　ドイツがフランスとイタリアを支配したために，絶滅過程の第一段階の措置は，モロッコ，アルジェリア，チュニジア，リビア，レバノン，シリアに住むほぼ50万のユダヤ人に対しても行われた．
(3)　保護領には，チェック人の中央諸省があった．
(4)　党による管理のために，新たな地域が旧大管区と併合された．アルザスはバーデンと，下シュタイアーマルクはシュタイアーマルクと，上クラインはケルンテンと合併し，ロレーヌとザールプファルツはヴェストマルク大管区になり，ルクセンブルクとコブレンツ・トリアーはモーゼルラント大管区になった．しかし，国家官庁は併合されなかった．新地域では，それぞれの大管区指導者に，「民政長官」という称号が与えられた．Stuckart and Schiedermair, *Neues Staatsrecht* (Leipzig, 1944), II, pp. 82-87. ベルギーのオイペン・マルメディとモレスネトは，プロイセンのライン州アーヘン県に併合された．*ibid*., pp. 77-78.
(5)　大臣たちはロンドンにいた．
(6)　Stuckart and Schiedermair, *Neues Staatsrecht*, II, pp. 123-25, 126-27.
(7)　ノルウェー，デンマーク，オランダのドイツ軍は，たんなる占領軍であった．
(8)　地図は，司令部間の境界を示しているのであって，国境を示しているのではない．
(9)　ドイツ局についての叙述は，別に示す場合のほかは，次の包括的な著作に依拠している．Paul Seabury, *The Wilhelmstrasse: A Study of German Diplomats under the Nazi Regime* (Berkeley, 1954), pp. 71-74, 107-108, 131-33.
(10)　Testimony by Staatssekretär Weizsäcker, Case No. 11, tr. p. 8571.
(11)　ルターは，進行中の問題や彼の行動について，ヴァイツゼッカーに知らせるのを嫌がった．以下を参照．Luther-Weizsäcker correspondence of September, 1941, on Jewish star decree in document Weizsäcker 488. 情報を手放すのを嫌うルターの態度は，リッベントロプにも影響を及ぼした．以下を参照．Luther memorandum of August 21, 1942, NG-2586-J. また，以下の手紙にみられる，単独行動をとらないようにとのリッベントロプからルターへの訓戒も参照．Letter by von Rintelen to Luther, August 25, 1942, NG-2586-K.
(12)　Affidavit by Dr. Karl Klingenfuss, November 7, 1947, NG-3569. クリンゲンフスは，ラーデマッハーの部下であった．
(13)　Affidavit by Dr. Kurt Heinrich Franz Heinburg, September 5, 1947, NG-2570. ハインブルクは，政治局第四課（イタリアとバルカン半島）課長であった．
(14)　ルターの経歴を徹底的に調べたシーバリによれば，ルターは投獄を生き延びたが，戦後しばらくして死んだ．Seabury, *The Wilhelmstrasse*, pp. 131-33.
(15)　Affidavit by Wörmann (1937年入党), May 27, 1947, NG-1639.
(16)　Affidavit by von Erdmannsdorff (1937年入党), November 21, 1947, NG-3650.
(17)　Interrogation of Wörmann by Kempner, June 9, 1947, NG-4158. Affidavit by

Heinburg, September 5, 1947, NG-2570.

(18)　Seabury, *The Wilhelmstrasse,* p. 108. ラーデマッハーと彼の課については，以下を参照. Christopher Browning, *The Final Solution and the German Foreign Office* (New York, 1978), pp. 23-24.

(19)　Organisation chart of the Foreign Office, August 1940, NG-35.

(20)　Testimony by Staatssekretär von Steengracht, *Trial of the Major War Criminals,* X, 133. フォン・タッデンは，戦前，政治局第五課の補佐であった. Organisation chart of the Foreign Office, June 1, 1938, Dept. of State, *Documents on German Foreign Policy 1918-1945,* Ser. D, II, 1031-40.

(21)　Affidavit by Ernst von Weizsäcker, November 21, 1947, NG-3708. ヴァイツゼッカーは首席次官で，特別な仕事を担当する次官のケプラーやボーレとは区別された. ヴァイツゼッカーは，1938年に次官となり，同時に入党して，名誉SS准将となった.

(22)　RSHA to Foreign Office, October 30, 1941, with enclosure of first five reports ; memorandum of Büro RAM, November 12, 1941 ; Picot via Luther to D [Germany] III, Pol. IV, Pol. V, Pol.VI, Culture, and Information, November 15, 1941, enclosing the reports; Picot to Büro of Staatssekretär, January 8, 1942, enclosing digest prepared by Legationssekretär von Hahn (D III) on December 10, 1941 ; all in NO-2650. 以下も参照. Browning, *The Final Solution and German Foreign Office,* pp. 72-76.

(23)　これらの人びとの行動の歴史については，以下を参照. Hans Safrian, *Eichmann-Männer* (Vienna, 1943).

(24)　Seabury, *The Wilhelmstrasse,* p. 127.

(25)　Gesandtschaftsrat Klingenfuss (a Rademacher subordinate in D-III) to Ministerialrat von Normann (Office of the Four-Year Plan), Ministerialrat Lösener (Interior Ministry), Oberregierungsrat Bangert (Justice Ministry), and Oberregierungsrat Dr. von Coelln (Economy Ministry), July 31, 1942, NG-424.

(26)　Himmler to Kaltenbrunner, April 9, 1943, NO-5197.

北部

(27)　Hugo Valentin, "The History of the Jews in Sweden", in Hermann Bary, ed., *European Jewish Yearbook* (Frankfurt and Paris, 1953-54), pp. 290-94.

(28)　Summary of the "final solution" conference fo January 20, 1942, NG-2586-E.

(29)　1942年10月6日，外国籍と無国籍のユダヤ人9人がフィンランド警察によって逮捕され，エストニア経由でアウシュヴィッツに送られた. 1人が生き残った. Samuel Abrahamsen, "The Holocaust in Norway", in Randolph Braham, ed., *Contemporary Views on the Holocaust* (Boston and The Hague, 1983), p. 136. この移送についてのフィンランドでの噂は，親ドイツ的な内相ホレリの立場を弱めるほど激しい反応を引き起こした. Blücher (German Minister in Helsinki) to Foreign Office, January 29, 1943, *Akten zur Deutschen Auswärtigen Politik*, Series E : 1941-1945 (Göttingen, 1969-79), vol. 5 (1978), p. 152. ユダヤ人に対するドイツの政策は，フィンランド国民の感情を傷つけている，とブリュッヒャーは書いている.

■ノルウェー

(30)　Memorandum by Rosenberg on discussion with Quisling in Berlin, December, 1939, C-64. クヴィスリング政府の歴史については，以下を参照. Paul Hayes, *Quisling* (Bloomington, Indiana, 1972) and Oddvar K. Hoidal, *Quisling* (Oslo and Oxford, 1989).

(31)　Samuel Abrahamsen, *Norway's Response to the Holocaust* (New York, 1991), pp. 94-97, 105, 120.

(32)　Finance Ministry memorandum prepared by Dr. Delbrück and initiated by Ministerialräte Kallenbach, Dr. Maedel, and Breyhan, April 2, 1942, NG-4039.

(33)　Abrahamsen, *Norway's Response*, pp. 97-104. Trial of OStubaf. ORR. Gerhard Flesch, UN War Crimes Commission, *Law Reports of Trials of War Criminals*, VI, pp. 112-13.

(34)　Abrahamsen, *Norway's Response*, pp. 104-105.

(35)　Hoidal, *Quisling*, p. 480.

(36)　Abrahamsen, *Norway's Response*, pp. 105-112.

(37)　*Ibid.*, pp. 90-93. この法律の署名者は，クヴィスリング，内相ハーゲリン，法相リースナエス，国民連合を代表するクヴィスリング内閣のメンバー，フーグレザングであった．法律の施行規定は，その後，蔵相プリッツによって署名された．

(38)　Hayes, *Quisling*, p. 288.

(39)　クヴィスリング政府の運輸相イルゲンスは，ノルウェーの地下組織「祖国戦線」にユダヤ人が危険だと警告することによって，逮捕をサボタージュしたと報告されている．Hoidal, *Quisling*, p. 845, n. 13. 内相ハーゲリンの義理の兄弟であるイルゲンスは，以前，ノルウェーの船舶が戦利品としてハンブルクの捕獲物審判所に引き渡されるのを阻止することに成功していた． *Ibid.*, p. 489.

(40)　Hugo Valentin, “Rescue and Relief Activities in Behalf of Jewish Victims of Nazism in Scandinavia”, *YIVO Annual of Jewish Social Sciences* 3(1953) : 232. 以下も参照．Steven Koblik, *The Stones Cry Out* (New York, 1988), pp. 59-61, 103-105. ノルウェー・ユダヤ人についての統計にもとづく詳細な叙述については，以下を参照．Oskar Mendelsohn, “Norwegen”, in Wolfgang Benz, ed., *Dimension des Völkermordes* (Munich, 1991), pp. 197ff.

(41)　RSHA IV-B-4 (signed Günther) to BdS in Oslo, copy to Stapoleitstelle in Stettin, November 25, 1942, Israel Police 1622.

(42)　Abrahamsen, “The Holocaust in Norway”, in Braham, ed., *Contemporary Views*, pp. 128-31.

(43)　BdS Oslo/IV (signed Reinhard) to Stapoleitstelle Stettin, November 26, 1942, Israel Police 1622.

(44)　Transfer protocol, signed by Grossmann and representative of Stapoleitstelle Stettin, November 30, 1942, Israel Police 1622. KL Auschwitz/Kommandantur/II, receipt, December 1, 1942, Israel Police 1622.

(45)　Abrahamsen, “The Holocaust in Norway”, in Braham, ed., *Contemporary Views*, p. 135.

(46)　Wehrmachtbefehlshaber Norwegen/Wehrmachtpropagandagruppe to OKW/Abt. Wehrmachtpropaganda, OKW-637.

(47)　Memorandum by Weizsäcker, December 17, 1942, NG-2461. 当時の，あるいは元スウェーデン国籍の家族5組を救おうとするリヘルトの試みに関する，ヴァイツゼッカーからアルブレヒト（法務局）に宛てた1942年12月17日付の手紙も参照．NG-3516.

(48)　Terboven to Foreign Office, February 18, 1943, NG-5217.

(49)　Correspondence in Israel Police document 1621.

(50)　Valentin, “Rescue and Relief Activities”, *YIVO Annual*, 3 : 232.

(51)　Ibid., p. 234.

(52)　Günther to von Thadden, October 2, 1944, NG-5217.

(53)　Gruppe Inland II via Hencke and Steengracht to Ribbentrop, October 11, 1944, NG-5217.

(54) Brenner (Büro RAM) via Steengracht to Wagner, October 27, 1944, NG-5217.
(55) Valentin, "Rescue and Relief Activities", *YIVO Annual,* 3 : 234.
(56) Stubaf. Osiander to Chief of RuSHA OGruf. Hildebrandt, June 3, 1943, NO-4039.

■デンマーク

(57) Luther to Weizsäcker, January 15, 1942, NG-3931.
(58) Luther to legation in Copenhagen, October, 1942, NG-5121.
(59) Luther to Ribbentrop, January 28, 1943, NG-5121.
(60) Ibid., Sonnleithner via Weizsäcker to Luther, February 1, 1943, NG-5121.
(61) Best to Foreign Office, April 24, 1943, NG-5121.
(62) Memorandum by von Thadden, undated, NG-5121.
(63) Summary of testimony by Präsident Paul Ernst Kanstein (Legation, Copenhagen), April 29, 1947, NG-5208. Summary of testimony by von Hannecken, December 10, 1947, NG-5208.
(64) Memorandum by Svenningsen, August 31, 1943, NG-5208.
(65) Memorandum by Svenningsen on conversation with Director Dr. Stalmann, September 17-18, 1943, NG-5208.
(66) Memorandum by Svenningsen, September 25, 1943, NG-5208.
(67) Best to Foreign Office, September 8, 1943, NG-5121.
(68) Summary of testimony by Kanstein, April 29, 1947, NG-5208.
(69) Sonnleithner via Steengracht to Hencke, September 18, 1943, NG-5121.
(70) Von Grundherr to Best, September 19, 1943, NG-5121. Sonnleithner via Steengracht to Hencke, September 18, 1943, NG-5121.
(71) Gustav Meissner, *Dänemark unterm Hakenkreuz* (Berlin, 1990), pp. 299-301, 338-41. マイスナーは，戦争中コペンハーゲンのドイツ公使館の報道官であった．ドゥックヴィッツは，9月にベルリンに行って，何が起ころうとしているのかを知り，スウェーデン首相パー・アルビン・ハンソンに知らせるためにスウェーデンに行った．*Ibid.,* pp. 338-39. Yahil, *Rescue of Danish Jewry,* pp. 148-51, 173-74. Harold Flender, *Rescue in Denmark* (New York, 1963), pp. 46-50. しかし，ドゥックヴィッツがベストに知らせずに，少なくとも彼の暗黙の承認なしに行動したことはありそうもない．Tatiana Brustein-Berenstein, "The Historiographic Treatment of the Abortive Attempt to Deport the Danish Jews", *Yad Vashem Studies* 17 (1986) : 181-218.
(72) Rasmus Kreth and Michael Mogensen, *Flugten til Sverige* (Copenhagen, 1995), pp. 22-24. Affidavit by Dr. Rudolf Mildner, November 16, 1945, PS-2375. ゲシュタポの長は，カール・ハインツ・ホフマンであった．彼の証言は，国際軍事法廷の以下の資料で見ることができる．*Trial of the Major War Criminals*, vol. XX, p. 156ff. 東部の港町ヘルシンゴアでのゲシュタポの部署は，ハインツ・ユールの下で設立された．Resistance Museum, Copenhagen. 治安警察に関しては，9月以前デンマークには小さな大隊1つがあり，他の2つがそこに派遣された．OKW/WFSt/Qu Z (N), signed by Jodl, to Foreign Office, att. Ambassador Ritter, and General von Hanneken, with copies to Reichsführer-SS/Kommandostab and Chief of the Replacement Army (Fromm), September 22, 1943, UK-56. 大隊の1つ，1943年6月18日に組織された警察保安大隊デンマークは，すでにこの国への派遣が予定されていた．Georg Tessin, *Zur Geschichte der Ordnungspolizei 1946-1945* (Koblenz, 1956), pt. II, p. 82.
(73) Ritter to Best, September 19, 1943, NG-5105. Best to Foreign Office, September 29, 1943, NG-5105. Ribbentrop to Best, September 29, NG-5105.
(74) Best to Foreign Office, October 2, 1943, NG-3921.

(75)　Befehlshaber Dänemark Abt. Ia/Qu to OKW/WFSt (Jodl), September 23, 1943, NOKW-356.
(76)　Remarks initialed by Jodl, on report by von Hannecken, NOKW-356.
(77)　Summary of testimony by von Hannecken, December 10, 1947, NG-5208.
(78)　Ribbentrop memorandum of September 23, 1943, with Hitler's reactions recorded in marginal notation initiated most probably by Horst Wagner of Inland II. Facsimile in Leni Yahil, *The Rescue of Danish Jewry* (Philadelphia, 1969), pp. 162- 63. 以下も参照. Erdmannsdorf to Best, September 28, 1943, NG-5121.
(79)　Best to Foreign Office, September 28, 1943, NG-5121.
(80)　Best to Foreign Office, October 1, 1943, NG-3921.
(81)　Statement by Karl Hein, April 18, 1969, Case Ganzenmüller, 8 Js 430/67, vol. XVIII, pp. 98-103. ハインは，当時入院していた211係のシュタンゲに代わって記入した.
(82)　以下に依拠した説明. Foreword by Hans Hedtoft, in Aage Bertelsen, *October '43* (New York, 1954), pp. 17-19.
(83)　Hedtoft, in Bertelsen, *October '43,* pp. 17-19.
(84)　Memorandum by Svenningsen, September 30, 1943, NG-5208.
(85)　Memorandum by Steengracht, with copies to Hencke and von Grundherr, October 1, 1943, NG-4093.
(86)　Memorandum by Svenningsen, October 2, 1943, NG-5208.
(87)　Best to Foreign Office, October 5, 1943, NG-3920.
(88)　Judgement of Danish court in trial of Best et al., September 20, 1948, NG-5887. テレージエンシュタットの統計は，1943年に456人，44年に11人が到着したことを示している. 52人がそこで死亡した. H. G. Adler, *Theresienstadt* (Tübingen, 1960), pp. 42-43, 47. デンマーク・ユダヤ人は，テレージエンシュタットからアウシュヴィッツに移送されず，デンマーク赤十字社と国際赤十字社の代表が，ゲットーの移送者を訪問することを許可された. Affidavit by Dr. Eberhard von Thadden, June 21, 1946, Ribbentrop 319.
(89)　以下を参照. Hencke to Copenhagen legation, October 4, 1943, NG-3920. Best to Foreign Office, October 5, 1943, NG-3920. 理解できることであるが，ベストはすべての責任を軍に負わせた.
(90)　Yahil, *Rescue of Danish Jewry,* pp. 327-30; Flender, *Rescue in Denmark,* pp. 75-77. ボーアはノーベル賞受賞者であった. 2人の著者は，戦後，彼にインタヴューを行った. 以下も参照. Account by Stefan Rozental, "The Forties and the Fifties", in S. Rozental, ed., *Niels Bohr* (New York, 1967), pp. 149-90. コペンハーゲンのボーアの研究所の科学者であるローゼンタールは，同じ時期にスウェーデンに逃れた.
(91)　George Axelsson, "Sweden Offers Aid to Denmark's Jews", *New York Times,* October 3, 1943, p. 29. ボーアのスウェーデンへの到着が，同じページに記されている. 以下も参照. Report in *The Times* (London), October 4, 1943, p. 3.
(92)　Text in Jorgen H. Barford, *Escape from Nazi Terror* (Copenhagen, 1968), pp. 12-13.
(93)　Steengracht to von Sonnleithner, October 4, 1943, NG-4093.
(94)　Bertelsen, *October '43,* p. 73. 著者はデンマークの教師で，救援組織者の1人であった.
(95)　Meissner, *Dänemark,* p. 341.
(96)　Kreth and Mogensen, *Flugten,* pp. 44-53, 64-85. 10月5日，ベストは，妨害のための船は手に入らない，と外務省に書いた. NG-3920.
(97)　救助者と生存者が語っている警戒措置の詳細については，以下を参照. Leo Goldberger, ed., *The Rescue of Danish Jews* (New York, 1987).

(98)　Bertelsen, *October '43,* p. 60.
(99)　*Ibid.,* pp. 64ff.
(100)　*Ibid.,* pp. 147-48, 64, 138, 84ff., 168.
(101)　Barford, *Escape from Nazi Terror,* pp. 17-20, 23-24.
(102)　*Ibid.,* p. 23; Bertelsen, *October '43,* pp. 168, 172. 以下における逃亡の詳細な叙述も参照. Yahil, *Rescue of Danish Jewry,* and Flender, *Rescue in Denmark.*
(103)　Hugo Valentin, "Rescue and Relief Activities in Behalf of Jewish Victims of Nazism in Scandinavia", in *YIVO Annual of Jewish Social Science* 3(1953) : 239.
(104)　Best to Foreign Office, October 18, 1943, NG-5092.

西部

■オランダ

(105)　Lochner, *Goebbels Diaries,* entry for September 8, 1943, p. 426.
(106)　Testimony by Seyss-Inquart, *Trial of the Major War Criminals,* XV, 666.
(107)　Seyss-Inquart, "Four Years in Holland", 1944, PS-3430.
(108)　Hirschfeld, *Fremdherrschaft,* pp. 90-91 and footnotes on pp. 245-46. Jacob Presser, *The Destruction of the Dutsch Jews* (New York, 1969), pp. 16-33. 経済問題の事務総長ハンス・マックス・ヒルシュフェルトは，保安警察によって２分の１ユダヤ人と確認された. Special report by the BdS for 1942, p. 71, T 175, Roll 670. ルイス・デ・ヨングは，ヒルシュフェルトの父親がユダヤ人で母親がプロテスタントであったと確認している. 以下を参照. Louis De Jong, *Het Koninkrijk der Nederlanden in de tweede wereldoorlog* (s'Gravenhage, 1969-82), vol. 4, Pt 1 (1972), pp. 150-53. G・ヒルシュフェルトは，ユダヤ人の出身を母親のせいにしている. 以下を参照. Hirschfeld, *Fremdherrschaft,* footnotes, 108 and 128 on pp. 259-60 and 261. ハンス・マックス・ヒルシュフェルトは，その職にとどまった.
(109)　*Verordnungsblatt für die besetzten niederländischen Gebiete,* 1940, p. 33.
(110)　Armament Inspectorate Niederlande/Z/WS to OKW/Wi Rü, March 11, 1941, Wi/IA 5.12. *Die Judenfrage,* May 15, 1942, p. 101.
(111)　Von Jagwitz (Economy Ministry) to Ministerialdirektoren Wiehl (Foreign Office), Gramsch (Four-Year Plan), Berger (Finance Ministry), Dr. Merkel (Food and Agricultue Ministry), RR Dr. Diesselberg (Party Chancellery), Reichsbankdirektor Wilhelm (Reichsbank), Amtsleiter Schwarz (AO), MinRat von Boekh (Generalkommissariat Finance and Economy, Holland), Reichsbankdirektor Bühler (Trustee, Nied. Bank), KVC Schlumprecht (MB Belg-NFr), October 7, 1941, enclosing report of interministerial conference of September 23, 1941, on capital penetration in Holland and Belgium, NI-10698.
(112)　Warburg & Co.; Lippmann, Rosenthal & Co.; and Hugo Kaufmanns Bank. Report by Wohlthat (Four-Year Plan), December 9, 1940, EC-465.
(113)　Report by Dutch government, October 16, 1945, PS-1746. *Die Judenfrage,* May 15, 1942, p. 101. ４つの主要な小売企業は，ビエンコルフ，ゲルゾン兄弟，ヒルシュ社，メゾン・ド・ボネテリーであった. Report of interministerial conference, September 23, 1941, NI-10698.
(114)　アーリア化は，オランダにおける資本浸透のほぼ半分の原因となった. Affidavit by Dr. Robert Hobrik (Dresdner Bank capital-interlacing expert), November 12, 1947, NI-13647. さらに，最大の完全な獲得物は，オランダ人のコンツェルンよりは，ユダヤ人コンツェルンの購買であった. Rademacher to Luther, November 22, 1941, NI-8853.
(115)　Rinn (Dresdner Bank director in charge of Securities Division) to Rasche, March

13, 1942, NI-8863. Affidavit by Dr. Robert Hobrik, October 2, 1947, NI-13743.

(116) Rienecker (Handelstrust West) to Dr. Rasche (Dresdner Bank), December 9, 1940, NI-13416. Organization plan of Handelstrust West (signed Stockburger), March 28, 1941, NI-8864. ドレスデン銀行自体も，ユダヤ人有価証券の購買者であった. 以下を参照. Vorstand meeting, June 11, 1942, NI-14841.

(117) *Verordnungsblatt für die besetzten niederländischen Gebiete,* 1940, p. 33.

(118) Memorandum by Dellschow (Handelstrust West), October 23, 1940, NI-13415. Rienecker to Dr. Rasche, Bardroff, Dr. Hobrik, Dellschow, Dr. Entzian (all of Dresdner Bank), March 5, 1941, NI-8866. Note by Dellschow, March 17, 1941, NI-13418.

(119) Rienecker to Rasche and other Dresdner Bank officials, March 5, 1941, NI-8866.

(120) Affidavit by Dr. Robert Hobrik, November 12, 1947, NI-13647. Handelstrust West to Generalkommissariat, attention Dr. Pfeffer, March 16, 1942, NI-8929. 10万ギルダー＝132,000ライヒスマルク＝53,000ドル.

(121) File note, Handelstrust West, April 2, 1941, NI-13398.

(122) Armament Inspectorate Niederlande/Z/WS to OKW/Wi Rü, February 11, 1941, Wi/IA 5.12.

(123) Report by Dutch government, October 16, 1945, PS-1726.

(124) *Die Judenfrage,* May 15, 1942, p. 101.

(125) Handelstrust West to Dresdner Bank/Syndicate division, March 22, 1941, NI-10617.

(126) オランダのドイツ人投資家たちは，オランダ・企業清算株式会社によっても世話を受けた. この会社は，3つの会計会社（ドレスデン銀行の重役たちが所有する信託連盟株式会社を含む）によって設立された. Affidavit by Dr. Hans Pilder (Vorstand, Dresdner Bank), October 2, 1947, NI-13738; Handelstrust West N. V. (signed Knobloch and Dellschow) to Dresdner Bank/Auslandssekretariat S, March 29, 1941, NI-13758.

(127) オランダの銀行もこの事業に参加していたが，ドレスデン銀行の子会社であるハンデルストラスト西部が最大の分け前を獲得した. File note, Handelstrust West, undated, NI-13754; affidavit by Dr. Walter von Karger (German manager of Lippmann-Rosenthal), September 24, 1947, NI-13904. ドレスデン銀行自身，ユダヤ人の有価証券を購買した. Vorstand meeting, Dresdner Bank, August 11, 1941, NI-14798.

(128) 帝国弁務官は，最終的にユダヤ人から4億ギルダーを没収した. Testimony by Seyss-Inquart, *Trial of the Major War Criminals,* XVI, 65-66. 現在手に入るわずかな個別取引の例を見れば，ユダヤ人が，資産をその価値よりも低い価格で売却する契約を行ったばかりか，多くの場合の長期支払いという点が実質的補償をいっそう減少させたこともわかる. たとえば，10万ギルダーの価値がある会社を，10年均等年賦の支払い条件で5万ギルダーで売ったとすれば，最終的には，おそらく1万ギルダー（すなわち価値の10分の1）しか徴集できなかったであろう.

(129) 封鎖を担当する機関は，リップマン＝ローゼンタールであった. Affidavit by Dr. Walter von Karger, September 24, 1947, NI-13904.

(130) Memorandum by Stiller (Dresdner Bank), February 13, 1941, NI-9915. Memorandum by Knobloch (Handelstrust West), May 5, 1941, NI-13771. BdS Niederlande to Generalkommissariat for Finance and Economy, December 14, 1942, NI-13768. Handelstrust West to Kammergerichtsrat Dr. Schröder (Reichskommissar/Enemy Property Division), July 21, 1942, NI-13770.

(131) Dellschow (Handesltrust West) to Dr. Rasche, Dr. Entzian, and Kühnen (all of Dresdner Bank), December 21, 1940, NI-13748. Reiwinkel K. G. —Das Haus für

Geschenke (purchaser) to von Richter (Dresdner Bank), October 9, 1941, NI-3948. レヴェイロン所有者の最終的な運命は示されていない.

(132) Statement by Karl Ernst Panofsky (postwar Generaldirektor of the company), November 6, 1947, NI-12694. Statement by Beelaerts van Blockland (Dutch director during the occupation), November 6, 1947, NI-12694. Handelstrust West N. V. (signed Knobloch and Dellschow) to directorate of the NEEP, October 29, 1941, NI-12695. Affidavit by Blockland, February 9, 1948, NI-14879.

(133) Affidavit by Arthur Marx (member of the Gerzon family), September 24, 1947, NI-13751. Summary of discussion between Marx, Worst, Horten, Dr. Hobrik, and Bardroff, October 10, 1941, NI-13773. Handelstrust West to Dr. Schröder, July 21, 1942, NI-13770.

(134) ロートシルト関係者のL・キーシングは，180カ月（15年）の月賦支払いを要求する売却契約と引き替えに，家族10人のオランダからの出国を確保しようとした. Memorandum by Stiller (Dresdner Bank), February 3, 1941, NI-9915 ; I. Keesing correspondence with Handelstrust West in NI-9916.

(135) Entzian to Stiller, August 8, 1941, NI-9914.

(136) Dresdner Bank to Economy Ministry, attention RR Meck, August 5, 1941, NI-8928. Entzian to Stiller, August 8, 1941, NI-9914.

(137) RSHA to Himmler, November 24, 1942, NO-2408.

(138) Handelstrust West N. V. to D. J. I. van den Oever, October 28, 1942, NI-14818. 1942年11月までに，36人のユダヤ人を含む8件の許可だけが，国家保安本部によって与えられた. これらの認可のための支払いは，総計129万スイス・フランとさらに一定の追加的な譲渡であった. RSHA to Himmler, November 24, 1942, NO-2408. この金は，親衛隊・警察が自分たちのために保持したようである. 計画を拡大しようとする試みが行われた. たとえば，500人のユダヤ人を釈放するために，スイスの銀行が500万フランを立て替え，返済は，亡命中のオランダ政府を保証人とする貸付の形をとるという提案がなされた. イギリスは憤慨して，この提案の受け入れを拒絶した. British Foreign Office/Press Division/Special Service for Political News/PXII, *Bulletin,* November 25, 1942, NG-3379. ハンガリーでの武装親衛隊員募集のために3,000万ハンガリー・ペンゴーを必要としていた，親衛隊本部のベルガー SS中将は，オランダの方法をスロヴァキアに導入したいと考えた. ペンゴーを持っているスロヴァキア・ユダヤ人は，適当な額でその自由を買うことができるというわけである. RSHA to Himmler, November 24, 1942, NO-2408. 身代金をとって釈放するというこの計画は，後にスロヴァキアからハンガリーに拡大した. しかし，イギリスの反対のために，それほどうまくいかなかった.

(139) Report by Dutch government, October 16, 1945, PS-1726. Higher SS and Police Leader Rauter to Himmler, September 24, 1942, in *Nederland in Oorlogstijd,* March, 1949, p. 7.

(140) ベームカーは，アムステルダムだけで仕事をしているわけではなく，オランダ全域の移送を担当するザイス＝インクヴァルトの副官であった. Testimony by Seyss-Inquart, *Trial of the Major War Criminals,* XVI, 3.

(141) Numerical compilation of civil personnel in areas outside the Reich, spring 1943, Zentralarchiv Potsdam, Collection 07. 01, Reichskanzlei, Folder 3511.

(142) Daluege to Wolff, February 28, 1943, NO-2861. オランダ警察については，以下を参照. Hirschfeld, *Fremdherrschaft,* pp. 105-16.

(143) *Verordnungsblatt für die besetzten niederländische Gebiete,* 1941, Part 2, p. 19. この措置の実施は，オランダ内務省事務総長フレデリクスの担当であった. オランダの事務総長たちについては，以下を参照. Testimony by Heinz Max Hirschfeld (Secretary General for

Economy and Agriculture), *Trial of the Major War Criminals,* XVI, 210-11.

(144) Jacob Presser, *The Destruction of the Dutsch Jews,* pp. 33-39. Report by Dutch government, October 16, 1945, PS-1726.

(145) OStubaf. Ispert to Rauter, copies to Stubaf. Aust and Stubaf. Osiander of the RuSHA, February 25, 1944, NO-4038. Report by UStuf. Dr. Grotefend (Dutch SS man in charge of Ahnentafeln), August 23, 1944, NO-3807.

(146) Ten Cate to OStubaf. Osiander (RuSHA), December 25, 1941, NO-3643.

(147) Report by OStuf. Neumann-Reppert, September 20, 1944, NO-4033.

(148) 以下を参照。Joseph Michmann, "The Controversial Stand of the Joodse Raad in the Netherlands", *Yad Vashem Studies* 10(1974) : 9-68.

(149) メンバーと引き継ぎのリストについては，以下を参照。Louis de Jong, *Het Koninkrijk der Nederlanden in de tweede wereldoorlog* ('s Gravenhage, 1969-82), vol. 5 (1974), p. 493n.

(150) Text of letters in Michmann, "The Joodse Raad".

(151) Ibid., pp. 22-29.

(152) Cohen to Visser, November 13, 1941, and Visser to Cohen, December 30, 1941, ibid., pp. 61-63, 65-67. Presser, *The Destruction of the Dutsch Jews,* pp. 45-65, 251-52. Report by Dutch government, October 16, 1945, PS-1726. *Die Judenfrage,* March 10, 1941, p. 43. システムを完全なものにするために，プラハの評議会のヤークブ・エーデルシュタインと同僚1人が，専門の助言者として迎えられた。H. G. Adler, *Theresienstadt* (Tübingen, 1960), pp. 727, 737-38, 836. De Jong, *Het Koninkrijk der Nederlanden,* vol. 5, pp. 962-68.

(153) Affidavit by Dr. Walter von Karger (German manager, Lippmann-Rosenthal), September 24, 1947, NI-13904.

(154) Armament Inspectorate Niederlande/Z/WS to OKW/Wi Rü, March 11, 1941, Wi/IA 5.12.

(155) Testimony by Seyss-Inquart, *Trial of the Major War Criminals,* XV, 667. 侵入者のほとんどは，ドイツの突撃隊に似た組織であるオランダ・ナチ同盟の「防衛組織」に所属していた。

(156) Armament Inspectorate Niederlande/Z/WS to OKW/Wi Rü, March 11, 1941, Wi/IA 5.12.

(157) *Die Judenfrage,* March 10, 1941, p. 43.

(158) Proclamation by Rauter, February 25, 1941, NG-2285.

(159) Armament Inspectorate Niederlande/Z/WS to OKW/Wi Rü, March 11, 1941, Wi/IA 5.12. Memoranda by Unterstaatssekretär Wörmann (Foreign Office Political Division), February 25 and 26, 1941, NG-2805.

(160) Statement by Gustav Herzog, inmate of Buchenwald in charge of the Dutsch block, in Nationale Mahn-und Gedenkstätte Buchenwald, *Konzentrationslager Buchenwald* (Buchenwald, 1990), p. 54. Hans Marsalek, *Die Geschichte des Konzentrationslagers Mauthausen* (Vienna, 1980), p. 282. Eugen Kogon, *Der SS-Staat,* 3rd ed. (Frankfurt, 1949), pp. 209-10. コーゴンはドイツ人ジャーナリストで，ブーヘンヴァルトの囚人であった。

(161) Kogon, *Der SS-Staat,* pp. 209-10.

(162) Memorandum by Dr. Albrecht, October 31, 1941, NG-2710.

(163) Luther to Müller, November 5, 1941, NG-3700. マウトハウゼンのユダヤ人は，全員死んだと言われている。Kogon, *Der SS-Staat,* p. 210.

(164) Report by Dutch government, October 16, 1945, PS-1726.

(165) Armament Inspectorate Niederlande/Z/WS to OKW/Wi Rü, May 13, 1942, Wi/IA 5.20. 以下も参照. BdS "Meldungen aus den Niederlanden" No. 93, May 12, 1942, T 175, Roll 670.

(166) Report by Dutch government, October 16, 1945, PS-1726. 1942年末の保安警察・保安部司令官による一括報告の中で挙げられた，多くの他の制限も参照. T 175, Roll 671.

(167) Eichmann to Rademacher, June 22, 1942, NG-183.

(168) Foreign Office note (initialed by Luther) to RSHA IV-B-4, attention Eichmann (undated, presumably July, 1942), NG-183.「無国籍の」ユダヤ人約1万400人は，主にドイツからの難民であった. Summary report by the BdS for 1942, T 175, Roll 671. オランダには外国籍ユダヤ人はほとんどおらず，最大の集団は，193人のハンガリー人であった. Foreign Office Representative in Holland (Bene) to Foreign Office, July 3, 1942, NG-23.

(169) Bene to Foreign Office, July 17, 1942, NG-2634.

(170) Albrecht to Weizsäcker, July 31, 1942, NG-2633.

(171) Memorandum by Rademacher, August 10, 1942, NG-2632.

(172) De Jong, *Het Koninkrijk der Nederlanden,* vol. 5, pp. 1052-57.

(173) Presser, *The Destruction of the Dutsch Jews,* pp. 135-46. Facsimile of special edition of Joodsche Weekblad with Asscher-Cohen proclamation of July 14, 1942, on p. 145. (4,000人が出頭しなければ，強制収容所に送られると脅された700人に関して) プレッサーの発言は，146ページからの引用である.

(174) Bene to Foreign Office, July 17, 1942, NG-84.

(175) Bene to Foreign Office, July 31, 1942, NG-2631. 1942年8月3日に開かれた，オランダ，ベルギー，フランスにおける親衛隊代表者の会議で，ヴェルナー SS少尉が移送の進展について報告した. ラヤコヴィッチュ SS中尉 (ハーグの保安警察・保安部司令官第4局B－4課) が，42年8月12日に，パリの保安警察・保安部司令官とブリュッセルのドイツ保安警察長官の全権に，この会議について書き送り，フランスとベルギーからのオランダ・ユダヤ人の移住に対しても彼の部署では反対はない，と記している. Israel Police 1243.

(176) Bene to Foreign Office, August 13, 1942, Akten zur Deutschen Auswärtigen Politik, Series E : 1941-1945 (Göttingen, 1969-79), vol. 3 (1974), pp. 315-16. ガスについての噂に関しては，以下を参照. Etty Hillesum, *An Interrupted Life* (New York, 1983), entry for July 11, 1942, p. 147.

(177) Guus Mershoek, "De Amsterdamse hoofcommissaries en de deportatie van den joden", in *Oorlogsdocumentatie '40-45. Deerde jaarboek von het Rijsksinstituut voor Oorlogsdocumentatie,* ed. N. D. Barnouw et al. (Zutphen, The Netherlands, 1992), pp. 9-43, particularly pp. 30-43. アムステルダムのオランダ警察長官はシブレン・トゥルプであった. 彼は1942年10月に突然死亡した.

(178) War diary of the Armament Inspectorate Niederlande, July 31, 1942, Wi/IA 5. 8. 以下も参照. Report for August 1942 by the LXXXVIII Corps/Ic, September 7, 1942, T 175, Roll 1614.

(179) BdS "Meldungen aus den Niederlanden" No. 103, July 21, 1942, T 175, Roll 670.

(180) Cumulative report by BdS to the end of 1942, T 175, Roll 671.

(181) Bene to Foreign Office, July 31, 1942, NG-2631.

(182) Report by LXXXVIII Corps/Ic for October 1942, T 314, Roll 1614.

(183) Fräulein Slottke to Stubaf. Zoepf, December 2, 1942, and notation, probably by Slottke, for Zoepf, May 27, 1943, T 175, Roll 671.

(184) Bene to Foreign Office, August 31, 1942, NG-2631, and Rauter to Himmler,

September 24, 1942, *Nederland en Oorlogstijd,* March, 1949, p. 7. 1941年10月の時点で1万4,895人の2分の1ユダヤ人と5,990人の4分の1ユダヤ人を含む混血児は，触れられないままであった．Report on deferred groups as of March 20, 1943, T 175, Roll 671.

(185) Report on deferred group as of March 20, 1943, in the files of the BdS, T 175, Roll 671. アムステルダムにいた子どものいない混合婚のユダヤ人パートナーは，ヴェステルボルク中継収容所の特別棟に送られることになっていた．Summary conference held on May 18, 1943, at the Zentralstelle, under the chairmanship of Stubaf. Zoepf, T 175, Roll 671.

(186) Cumulative report by BdS to the end of 1942, T 175, Roll 671. しかし，カトリックとプロテスタントを分けるという紛糾の種があった．移送が差し迫っているというニュースに対して，両教会は説教壇で抗議文を読み上げると知らせた．ドイツ側は改宗者を移送すると脅して対抗した．プロテスタントはこれを撤回したが，カトリックはしなかった．カトリックのユダヤ人は，その結果，もはや彼らの宗教によっては保護されなかった．Werner Warmbrunn, *The Dutch under German Occupation 1940-1945* (Stanford University Press, 1963), p. 161. 以下も参照．Security Police data of converts deferred on various dates in 1942 and 1943, T 175, Roll 671. プロテスタントは2，3人移送された．

(187) War diary, Armament Inspectorate Niederlande, June 24, 1942, Wi/IA 5.10. War diary of the inspectorate, April 30, 1942, and July 14, 1942, Wi/IA 5. 8. オランダの軍需監査官は，ライマー海軍中将であった．

(188) Report on deferred groups as of March 20, 1943, T 175, Roll 671.

(189) Ibid.

(190) Ibid.

(191) Ibid.

(192) Rauter to Himmler, September 10, NO-2256.

(193) Rauter to Himmler, September 24, *Nederland in Oolrogstijd,* March 1949, p. 7.

(194) オランダからの移送の総計は，1942年10月31日までで，3万8,571になった．この数字は，43年3月31日には，5万2,403に増えた．Report by Korherr, April 19, 1943, NO-5193.

(195) Presser, *The Destruction of the Dutch Jews,* pp. 163-64.

(196) Eike Geisel, in Eike Geisel and Henryk Broder, eds., *Premiere und Pogrom* (Berlin, 1992), p. 308.

(197) オランダの鉄道による輸送については，以下を参照．De Jong, *Het Koninkrijk der Nederlanden,* vol. 6 (1975), pp. 251-52. Nederlandsche Spoorwegen to BdS/Zentralstelle, May 15 and June 10, 1944, submitting bills for various small transports of Jews from Amsterdam to Assen, and memorandum by Reichsbahn/Bevollmächtigte Dr. Fritzen, August 10, 1944, T 175, roll 485.

(198) Pohl (chief of WVHA) to Himmler, December 17, 1942, T 175, roll 18, and subsequent correspondence in same microfilm roll. クミェレフスキの後継者は，グリューネヴァルト SS少佐とヒュティヒ SS少佐であった．

(199) De Jong, *Het Koninkrijk der Nederlanden,* vol. 8 (1978), pp. 691-94.

(200) Rauter to Himmler, September 10, 1942, NO-2256.

(201) Jüttner to Himmler, May 27, 1943, NO-8024.

(202) De Jong, *Het Koninkrijk der Nederlanden,* vol. 8, pp. 706-708. フュフトのユダヤ人収容所では，長老はリヒャルト・ジュスキントで，内部管理のための長はアルトゥール・レーマン博士であった．*Ibid*., p. 678.

(203) 以下における学校バラックや収容所オーケストラの写真を参照．Presser, *The Destruction of the Dutch Jews,* after pp. 434 and 274. 寄席については，ヴェステルボルクの生存者であるハンス・マルグレスによる説明を参照．In Geisel and Broder, *Premiere und Pogrom,*

pp. 161-70.

(204) Testimony by Dr. Joseph Melkman (Michman), Eichmann trial transcript, May 10, 1961, sess. 34, pp. J1, M1. リストのコピーは以下に配付された. Camp command, IV-B-4 in the Hague, Zentralstelle, Joodsche Raad（存在する限り）, and transport commander. De Jong, *Het Koninkrijk der Nederlanden,* vol. 8, p. 718.

(205) とくにフィリップ・メハニクスの日記を参照. Philip Mechanicus, *Year of Fear* (New York, 1968). メハニクスは『一般経済新聞』の記者で，1943年と44年にヴェステルボルクの経験を書いている．彼が移送を延期されたのは，以前に非ユダヤ人女性と結婚しており，子どもをもうけていたおかげであった．しかし，彼は移送され，生き残らなかった.

(206) Bene to Foreign Office, November 16, 1942, NG-2631. Summary by Zoepf, dated November 11, 1943, of deportation conference chaired by Naumann on November 10, Israel Police 1352. Seyss-Inquart to Bormann, February 28, 1944, Israel Police 1439.

(207) Harster to Zentralstelle Amsterdam, Westerbork, 's Hertogenbosch, and Aussenstellen, May 6, 1943, Israel Police 1356.

(208) Untersturmführer Werner (BdS/IV-B-5, Netherlands) on discussion with Hunsche and Günther to Harster and Zoepf, July 9, 1943, Israel Police 591.

(209) Seyss-Inquart to Bormann, February 28, 1944, Israel Police 1439.

(210) Bene to Forein Office, February 9, 1944, NG-2631. ザイス＝インクヴァルトがボルマンに宛てた手紙は，免除の数がもう少し多く，残った者の数がもう少し少なかったことを示している.

(211) Seyss-Inquart's letter. 約600件の手術は男性に対して行われたのであって，女性に対してはわずかであったのかもしれない. Werner Warmbrunn, *The Dutch under German Occupation 1940-1945* (Stanford University Press, 1963), p. 66. 教会は，1943年5月に断種に抗議した. *Ibid.,* p. 162. ザイス＝インクヴァルトは，犠牲者たちは「いかなる強制も受けなかった」と反論した. Testimony by Seyss-Inquart, *Trial of the Major War Criminals,* XVI, 45. 断種の提案は，すでにヴェステルボルクで収容所司令官ゲメッカーによって約300人になされたが，2，3週間後には，全員，アムステルダムに戻ることができると知らされた. Mechanicus, *Year of Fear,* entries for June 12 and 13, and July 3, 1943, pp. 44-46, 73. この政策は適用されたが，キリスト教徒のパートナーの不妊は，制限免除のために受け入れられる理由ではなかったようである．不妊でなければならないのは，ユダヤ人の方であった.

(212) Report by Armament Inspectorate Niederlande for November, 1942, Wi/IA 5.1.

(213) WVHA-WI (OSubaf. Mummenthey) to WVHA-W (Obf. Baier), June 8, 1944, NO-1278.

(214) Report by Dutch government, October 16, 1945, PS-1726.

(215) Proclamation by De Kampleiding of Vught, June 5, 1943, *Nederland in Oorlogstijd,* January 25, 1947, p. 87. この命令によれば，父親が働いていない場合には，両親共に，一緒に行くことができた.

(216) Mechanicus, *Year of Fear,* entries for June 7 and 8, 1943, pp. 37-38.

(217) Presser, *The Destruction of the Dutch Jews,* pp. 350-55. オランダの改革派教会とカトリック教会は，ユダヤ人や他の人びとの捜索に参加しないよう，信徒に呼びかけた．カトリック教会は，その後，生計の糧の喪失ではなく，強制収容所や死との直面だけを含む「強制」の概念を配付した．教会は，協力を拒んだために収入を失った人びとを援助するための財政的支援を行う用意があると考えられた. Werner Warmbrunn, *The Dutch under German Occupation,* pp. 160-61.

(218) Zoepf to "Judenlager" Westerbork, May 10, 1943, Israel Police 590.

(219) Bene to Foreign Office, May 3, 1943, NG-2631.

(220)　Report, probably by Fräulein Slottke, to Zoepf, May 27, 1943, T 175, Roll 671.
(221)　Bene to Foreign Office, June 25, 1943, NG-2631.
(222)　Presser, *The Destruction of the Dutch Jews,* pp. 202-211. 以下も参照. Account by Gertrude van Tijn, October 2, 1944, Leo Baeck Institute document AR-C. 1367/3477. ユダヤ人評議会の職員であるファン・ティンは，ベルゲン＝ベルゼンからパレスチナのナハリアにやって来た.
(223)　Bene to Foreign Office, June 25, 1943, NG-2631.
(224)　Mechanicus, *Year of Fear,* entry for October 1, 1943, p. 169. 以下も参照. *Ibid.*, pp. 167-70, 173. アッシャーはベルゲン＝ベルゼンを生き抜き，コーエンはテレージエンシュタットで生き延びた. Adler, *Theresienstadt,* pp. 253, 270.
(225)　De Jong, *Het Koninkrijk der Nederlanden* vol. 7 (1976), p. 335. クロアチアでの同様の噂については，以下を参照. Daniel Carpi, "The Rescue of Jews in the Italian Zone of Occupied Croatia", in Ysrael and Efraim Zuroff, eds., *Rescue Attempts during the Holocaust* (Jerusalem, 1977), p. 520.
(226)　De Jong, *Het Koninkrijk der Nederlanden* vol. 7, p. 334.
(227)　Mechanicus, *Year of Fear,* entry for July 18, 1943, pp. 95-96.
(228)　Louis de Jong, "Jews and Non-Jews in Nazi-Occupied Holland", in Max Beloff, ed., *On the Track of Tyranny* (London, 1960), pp. 139-55. エントスヘーデのユダヤ人評議会支部から受けた援助についての好意的なコメントを含む，メンコの説明も参照. Gedulla Menko (1958), Yad Vashem Oral History 228/15.
(229)　Presser, *The Destruction of the Dutch Jews,* pp. 381-405. プレッサー自身，潜伏していた.
(230)　Reports by Bene to Foreign Office, bearing dates cited above, NG-2631.
(231)　Notation by Zoepf, October 5, 1942, Israel Police 619. Note by Fräulein Slottke of telephone call from Günther to Zoepf, January 25, 1943, Israel Police 623. Eichmann to Zoepf, March 2, 1943, Israel Police 621.
(232)　Harster to Seyss-Inquart, August 19, 1943, *Nederland in Oorlogstijd,* January 25, 1947, p. 88.
(233)　Mechanicus, *Year of Fear,* entry for September 9, 1943, pp. 151-52.
(234)　Aus der Fünten to Obersturmführer Burger (Theresienstadt), January 24, 1944, in H. G. Adler, *Die verheimlichte Wahrheit* (Tübingen, 1958), pp. 31-32.
(235)　Adler, *Theresienstadt,* pp. 40-44.
(236)　Bene to Foregin Office, February 9, 1944, NG-2631.
(237)　デ・ヨングが編集した移送者と帰還者の統計. De Jong, *Het Koninkrijk der Nederlanden* vol. 8, p. 673.
(238)　以下を参照. Dutch Government report, October 16, 1945, PS-1726. オランダに残った者は，混合婚のユダヤ人8,000から9,000人，ほぼ同数の潜伏していたユダヤ人，特殊なグループ（ポルトガル・ユダヤ人，非ユダヤ系の生まれを確定する合法的な手段を得ようとしている人びとなど）約4,000人であった. 5,000人近くが，逃亡するか，移住したようである. 占領期には，死亡数が出生数を2,000～3,000上回っていた.
(239)　Generalkommissar for Finance and Economy/Personal Referent (signed Dr. Holz) to Lippmann-Rosenthal & Co., att. Dr. von Karger, October 16, 1942, enclosing Seyss-Inquart directive of same date, NI-13772.
(240)　Affidavit by von Karger, September 24, 1947, NI-13904.
(241)　ザイス＝インクヴァルトは，フュフト収容所の建設費用を賄うために，このなかから，1,400万ギルダーを差し引いた. Testimony by Seyss-Inquart, *Trial of the Major War*

Criminals, XVI, 65-66. 公式の交換レートによれば，4億ギルダー＝5億3,080万ライヒスマルク＝2億1,232万ドルであった．帝国弁務官と親衛隊・警察のあいだの協定は，帝国会計検査院と大蔵省のカレンバッハ課長の注意を引いた．しかし1944年4月，大蔵省は，取引きを黙認した．Rainer Weinert, *Die Sauberkeit der Verwaltung im Kriege* (Opladen, 1993), pp. 117-19.

(242) 以下を参照．Draft report by Dienststelle Westen of the Einsatzstab on furniture Aktion, end of 1944 or beginning of 1945, L-188. Memorandum by Dellschow (Handelstrust West), July 31, 1943, NI-14822.

(243) Rosenberg to Hitler, October 3, 1942, PS-41. 家具の売却収益を得る権利を主張したリップマン＝ローゼンタールは，何の報酬も受けなかった．Affidavit by von Karger, September 24, 1947, NI-13904.

(244) Gerald Reitlinger, *The Final Solution* (New York, 1953), pp. 341-42.

(245) Hohe Schule report, undated, PS-171. Report by Working Group Netherlands of Einsatzstab Rosenberg, undated, PS-176. ローゼンベルクは，オランダの蔵書や文書をすべて押収する権限をもっていた．Keitel to von Brauchitsch and Befehlshaber Netherlands, July 9, 1940, PS-137.

■ルクセンブルク

(246) Order by Hitler, August 2, 1940, NOKW-3474.

(247) Ino Arndt, "Luxemburg", in Wolfgang Benz, *Dimension des Völkermords* (Munich, 1991), pp. 95-104, on pp. 100-101. アルントは，1941年4月24日時点で，947人というユダヤ人の数を挙げている．以下も参照．Einsatzkommando Luxembourg/SD Führer to SD Abschnitt Koblenz, July 15, 1941, EAP 173-g-12-14/7, document once in the Federal Records Center, Alexandria, Virginia. 出動部隊によれば，労働可能なユダヤ人は425人で，305人は老人か病人であった．残ったユダヤ人の数は全部で796人だけであり，これは，最終的に移送された数よりも少ない．

(248) "Verwaltung und Verwendung des Judenvermögens in Luxemburg", *Die Judenfrage,* May 31, 1941, p. 97. しかし，すべてが処分されたわけではなかった．若干の株式と債券が残り，1944年6月末頃，ファン・ヘース博士が民政長官の委託を受けて，それらを売却しようとした．このときには，ドイツ労働銀行もドレスデン銀行も興味を示さなかった．Hees to Rimm (Dresdner Bank), June 26, 1944, and subsequent correspondence in Bundesarchiv R 7/3169.

(249) *Die Judenfrage,* September 10, 1941, p. 167. 印づけに関して，ジーモンは，ポーランドだけを除く移送地域すべての権限を前もって手にいれていた．

(250) Report by Einsatzkommando, July 15, 1941, EAP 173-g-12-14/7. ヒンツェルトは，強制収容所監査部（後の経済管理本部）の直接管轄下にあった．Inspectorate distribution list, October 13, 1941, NO-1536. ヒンツェルトの司令官は，シュポレンベルク SS 中尉であった．Pohl via SS-Personnel Main Office to Himmler, July 28,1942, NO-1994.

(251) Arndt, "Luxemburg", in Benz, *Dimension*, pp. 102-103. ウルフリンゲンにユダヤ人用の収容所を作る計画があったが，軍が資材を必要としたので，収容所は建てられなかった．War diary, Rüstungskommando, Metz/Aussenstelle Luxemburg, September 9, 1942, Wi/Ia 6. 3.

(252) Lodz Ghetto Collection, No. 58, pp. 11, 19.

(253) H. G. Adler, *Theresienstadt 1941-1945,* 2nd ed. (Tübingen, 1960), pp. 40-41.

■ベルギー

(254) Stuckart, *Neues Staatsrecht,* II, 121, 84.

(255) Directive by 6th Army/OQu/Qu 2 (signed by Oberquartiermeister Pamberg) for

"Administration and Pacification of the Occupied Areas of Holland and Belgium", February 22, 1940, NOKW-1515.

(256) Postwar report by Belgian government, UK-76. U. S. Army Service Manual M 361-2A, *Civil Affairs Handbook Belgium* (prepared by Office of Strategic Services), May 16, 1944, p. 37.

(257) American Joint Distribution Committee, Report for 1939, p. 30.

(258) Interior Ministry (signed Jacobi) to Foreign Office (att. St. S. Weizsäcker), November 19, 1940, enclosing report by military commander in Belgium and Northern France for October 1940, NG-2380.

(259) 5万2,000という数は，登録数の4万2,000に，ドイツ人が，登録されていない子どもを考慮に入れて1万を加えたものである．Von Bargen (representative of the Foreign Office in Brussels) to Foreign Office, November 11, 1942, NG-5219; *Donauzeitung* (Belgrade), August 9, 1942, p. 2. フランス北部の2つの県は，ブリュッセルの軍司令官に属した．

(260) 軍司令部は，2つの部に分けられた．レーダーを長とする行政部と，純粋に軍事上の問題に取り組む司令部である．軍政は，地域ごとに，野外司令部と地区司令部に分割された．詳細については，以下を参照．*Civil Affairs Handbook Belgium,* pp. 15-19.

エーラースは，ベルギーに来る前は，行動部隊B第4部の責任者であった．カナーリス（提督の甥）は，東プロイセンの保安警察・保安部監査官（ビアウィストク地域での権限をもつ）であった．1942年には，ユダヤ人課は第2部の下に置かれた．移送における保安警察・保安部の役割については，以下を参照．Serge Klarsfeld and Maxime Steinberg, eds., *Die Endlösung der Judenfrage in Belgien* (New York and Paris, 1980).

(261) Report by Militärbefehlshaber for October, 1940, NG-2380.

(262) Continentale Bank/Abwicklungsstelle Reich to Devisenstelle Frankfurt, January 31, 1945, NI-10229. Statement by Paul-Georges Janmart (Belgian employee of the Continentale B), March, 22, 1947, NI-13940. コンチネンタル銀行はドレスデン銀行の子会社であった．

(263) Fritz Andre (Dresdner Bank) to Direktor Overbeck (future manager of the Continentale Bank in Brussels), August 15, 1940, NI-13827. コンチネンタル銀行の典型的なやり方については，以下を参照．Overbeck to Georg Stiller (Sekretariat Dr. Rasche of the Dresdner Bank), July 21, 1941, enclosing report on attempt to acquire Grands Moulins de Bruxelles and other firms, NI-13831.

(264) Directive by Economy Ministry, May 28, 1940, NG-55. 外国貿易局は，フォン・ヤグヴィッツ次官補の下にあった．西部諸国は，シュロッテラー課長の担当で，彼の部局の「資本浸透」課長は，ゲルハルト・ザーガー博士であった．Affidavit by Saager, December 16, 1947, NI-13775.

(265) Summary of Economy Ministry conference under chairmanship of Ministerialrat Schultze-Schlutius (deputizing for USt. S. von Jagwitz), September 23, 1941, NI-10699.

(266) Summary of Finance Ministry conference with participation of MinRat Dr. Maedel and several Kriegsverwaltungsräte from the West, December 11/12, 1942, NG-5369. 大蔵省が，ドイツのために押収された資産を最終的に帳簿に記入する機関であった．この会議では，とりわけ，清算されたユダヤ人企業から国防軍最高司令部のために「獲得」された1,000の女性用毛皮のことには言及されなかった．War diary, *Rü In Belgien,* May 19, 1942, Wi/IA 4.69.

(267) Memorandum by Count Philip Orssich (Continentale Bank), undated, probably 1944, NI-5776. オランダのリップマン＝ローゼンタールとルクセンブルクのドイツ労働銀行からベルギーに送られた有価証券も含む取引きの統計については，以下を参照．Chief Inspector

of Registry Office, Brussels (signed Hopchet) to Commissar with Audit General, Brussels (Jans), March 22, 1947, NI-7358.

(268)　*Civil Affairs Handbook Belgium,* pp. 38-39. ユダヤ人協会の簡潔な歴史については，以下を参照. Maxime Steinberg, “The Trap of Legality: The Association of the Jews of Belgium”, Proceedings of the Third Yad Vashem International Conference, *Patterns of Jewish Leadership in Nazi Europe 1933-1945* (Jerusalem, 1979), pp. 353-76.

(269)　*Die Judenfrage,* October 15, 1941, p. 208.

(270)　最終的にはユダヤ人協会によって行われた星の配付については，以下を参照. Maxime Steinberg, “The Trap of Legality”, *Patterns of Jewish Leadership,* p. 361.

(271)　Final report by the Militärbefehlshaber on wage policy and labor utilization, undated, after September, 1944, pp. 78-79, 254-55, Wi/IA .24. *Civil Affairs Handbook Belgium,* p. 40.

(272)　Eichmann to Rademacher, June 22, 1942, NG-183.

(273)　Judgment of Oberlandesgericht Schleswig to commerce trial of Ehlers and others at Kiel, March 8, 1977, in Klarsfeld, *Die Endlösung in Belgien,* pp. 123, 126-28.

(274)　Von Bargen to Foreign Office, July 9, 1942, NG-5209. 軍需監査官のフランセン少将は，この時ユダヤ人たちが工場に「殺到」したと報告している. Rü In Belgien to OKW/Wi, Rü, August 1, 1942, Wi/IA 4. 64.

(275)　Steinberg, “The Trap of Legality”, *Patterns of Jewish Leadership,* pp. 364, 368. 1943年4月，1台の移送列車がパルチザンによって止められ，囚人たちは解放された. Judgment of Oberlandesgericht Schleswig, March 8, 1977, in Klarsfeld, *Die Endlösung in Belgien,* p. 128.

(276)　Von Bargen to Foreign Office, September 24, 1942, NG-5219. 以下にも，逃亡の報告が見られる. *Donauzeitung* (Belgrade), August 9, 1942, p. 2.

(277)　*Civil Affairs Handbook Belgium,* p. 40.

(278)　Protocol of 48th meeting of the Association, October 26, 1942, in Klarsfeld, *Die Endlösung in Belgien,* p. 49, and subsequent documents in the volume. 9月8日，辞職を軍当局に申し出ていたウルマンは，12月3日にマルセル・ブルムと交替した.

(279)　Von Bargen to Foreign Office, November 11, 1942, NG-5219.

(280)　Luther to von Bargen, December 4, 1942, NG-5219.

(281)　Judgment of Oberlandesgericht Schleswig, March 8, 1977, in Klarsfeld, *Die Endlösung in Belgien,* p. 139.

(282)　Memorandum by Hauptsturmführer Erdmann, September 1, 1943, *ibid.,* pp. 78-80. まだベルギーにいたアッシェは，積み込み作業を命じられた.

(283)　Report by Militärbefehlshaber for July-September and November 1, 1943, *ibid.,* p. 81.

(284)　以下の統計を参照. *Ibid.,* pp. 84-85, 88.

(285)　Report by Plenipotentiary of Security Police and SD (Canaris), June 15, 1944, *ibid.,* pp. 86-87. この報告はまた，ユダヤ人が隠れていたアパートで，連合軍の侵攻を記した壁の地図を発見したことにも触れている.

(286)　Office of Gruf. Jungclaus/SS-Führer in Race and Resettlement Matters (signed Stubaf. Aust) to RuSHA/Genealogical Records Office, May 27, 1944, NO-1494.

(287)　Steinberg, “The Trap of Legality”, *Patterns of Jewish Leadership,* pp. 375-76. Judgment of Oberlandesgericht Schleswig, March 8, 1977, in Klarsfeld, *Die Endlösung in Belgien,* p. 155.

(288)　移送者のアルファベット順のリストは，クラースフェルトによって作成された. Klars-

feld. *Mémorial de la déportation des Juifs de Belgique* (Brussels and New York, 1982). ベルギーと北フランス２県から移送された者の数は，2万5,500以上になる．約1,500人が帰還した．2万4,000人の死者には，マリネスや監獄や逮捕の過程で死亡した者，自殺した者，あるいは窮乏の結果死んだ者，数百人を加える必要がある．

■フランス

(289) とくに以下を参照．Michael Marrus and Robert Paxton, *Vichy France and the Jews* (New York, 1981), and Serge Klarsfeld, *Vichy-Auschwitz 1942* (Paris, 1983).

(290) 以下の詳細な研究を参照．Hans Umbreit, *Der Militärbefehlshaber in Frankreich 1940-1944* (Boppard am Rhein, 1968).

(291) *Ibid.*, pp. 242-44. Eugen Kreidler, *Die Eisenbahnen in Machtbereich der Achsenmächte während des Zweiten Weltkrieges* (Göttingen, 1975), pp. 60, 327-28. Nuremberg Verkehrsarchiv, Mappe vv and Mappe ww. 鉄道運輸部西部は，オランダ，ベルギー，フランスにおける軍事輸送の処理に対しても権限をもっていた．コールは，1942年６月15日以後も，この権限を保持した．

(292) ラーデマッハーが，パリと郊外地域からなるセーヌ県全体の行政を監督した．*Pariser Zeitung,* January 15, 1941, p. 4. フランスにおけるドイツの行政の一般的叙述については，以下を参照．*Krakauer Zeitung,* November 3-4, 1940.

(293) Keitel to von Bockelberg, June 30, 1940, RF-1301.

(294) Weizsäcker to Ribbentrop, July 22, 1940, NG-1719.

(295) Ribbentrop to Keitel, August 3, 1940, PS-3614.

(296) アベッツはフランス語を話し，寛大なフランスびいきとみなされた．シュライアーは，フランスの元地方部隊指揮官であった．外務省の辣腕家ラーンは，短期間パリとチュニジアで勤務していた．

(297) ブリュッセルのトーマスSS少将は，1942年３月にオーベルクが到着するまで，ベルギーとフランス双方に対する権限をもっていた．Umbreit, *Der Militärbefehlshaber in Frankreich,* pp. 107-108. Chart of office of BdS as of June 16, 1942, Centre de Documentation Juive Contemporaine, document CCCXCV-1.

(298) Trial of Robert Wagner, *Law Reports of Trials of War Criminals,* III, 34.

(299) Report on deportations received by Interior Ministry, October 30, 1940, NG-4933.

(300) Trial of Wagner, *Law Reports,* III, 34. アルザス・ユダヤ人のほとんどは，シュトラースブルクとミュールハウゼンに住んでいた．ロレーヌに住んでいるユダヤ人はほとんどいなかった．1940年のアルザスからの追放は，ユダヤ人，ジプシー，犯罪者，「反社会的分子」，精神病患者，フランス人，フランスびいきの人びとを含めて，10万5,000人に影響を与えた．1942年には残ったユダヤ人全員を含む他のグループも追放されることになった．Summary of expulsion conference held on August 4, 1942, R-114. Memorandum by OStubaf. Harders (RuSHA/Rasseamt), September 28, 1942, NO-1499.

(301) Jakob Kaplan (Acting Grand Rabbi of France), "French Jewry under the Occupation", *American Jewish Year Book* 47 (1945-46) : 73.

(302) Report to Interior Ministry, October 30, 1940, NG-4933. Memorandum by Division Germany, October 31, 1940, NG-4934. Hencke (German Armistice Commission) to Foreign Office, November 19, 1940, NG-4934. Von Sonnleithner to Weizsäcker, November 22, 1940, NG-4934.

(303) 以下における占領地域の統計．Letter by Dannecker to Zeitschel, October 20, 1941, NG-3261. 総計には，数千人のユダヤ人戦争捕虜をつけ加える必要がある．

(304) Memorandum by Best, August 19, 1940, Centre de Documentation Juive Contemporaine, *La persécution des juifs en France,* 1947, p. 48. Abetz to Foreign Office,

August 20, 1940, NG-2433.

(305)　1940年8月3日に，ヒトラーは，ヨーロッパからユダヤ人全員を除去する計画についてアベッツに語った．Affidavit by Abetz, May 30, 1947, NG-1893; memorandum by Luther, August 21, 1942, NG-2586-J.

(306)　フランスの法律が北アフリカに拡大されたケースもあった．この複雑な事態については，のちに取り扱う．

(307)　Kaplan, "French Jewry", *American Jewish Year Book* 47(1945-46) : 89.

(308)　The Delegate General of the French government for the occupied territories (signed La Laurencie) to all prefects in the occupied zone, October, 1940, NOKW-1237.

(309)　Militärbefehlshaber/Adm. Staff/Economy (signed Dr. Michel) to Militärbezirkschefs A, B, C, Paris, and Bordeaux, and to all Feldkommandanturen, November 1, 1940, NOKW-1237.

(310)　Militärbefehlshaber/Adm. Staff/Economy (signed Stülpnagel) to chiefs of military districts, November 12, 1940, NOKW-1237.

(311)　Michel to Militärverwaltungsbezirke and Feldkommandanturen, January 28, 1941, NOKW-1270. 管財人については，また戦略上重要なユダヤ人企業の管理をめぐるドイツ人とフランス人の間の微妙な対立については，以下を参照．Statement by Xavier Vallat, November 14, 1947, in Hoover Institution, *France during the German Occupation 1940-1944* (Stanford, 1957), vol. 2, pp. 626-49, とくに pp. 633-49. フランスにおけるアーリア化利害についてのより幅広い議論に関しては，以下を参照．Marrus and Paxton, *Vichy France and the Jews,* pp. 152-60.

(312)　Militärbefehlshaber/Adm. Staff/Economy (signed Stülpnagel) to French Ministry for Industrial Production and Labor, December 9, 1940, NOKW-1237.

(313)　この点については，たとえば，「賃借り」という方法で，リアンクールのロートシルト所有のオースチン自動車工場を獲得しようとしたクルップの努力についての資料を参照．Affidavit by Alfred Krupp, June 30, 1947, NI-10332 ; Ing. Walter Stein (director general of Krupp SA in France) to Schürmann, November 8, 1943, NI-7013 ; Stein to Director Schröder, November 25, 1943, NI-7012.

(314)　Schleier (Paris) to Schwarzmann (office of Ribbentrop), October 9, 1940, NG-4893.

(315)　Luther to embassy in Paris, December 18, 1940, NG-4893.

(316)　Notation by Rademacher, December 19, 1940, NG-4893. Luther to embassy in Paris, December 23, 1940, NG-4893.

(317)　Schmidt (chief of administrative staff in Militärbefehlshaber's office) to Staatssekretär Weizsäcker of Forein Office, February 22, 1941, NG-1527. Freytag (Pol. IX) via Erdmannsdorff to Wörmann, February 27, 1941, NG-4406.

(318)　Militärbefehlshaber/Administrative Staff/Administration to Bezirkschefs A, B, C, and Bordeaux, Kommandant Gross-Paris, Feld-and Kreiskommandanturen, April 1942, NOKW-1270.

(319)　Militärbefehlshaber/Adm. Staff/Economy (signed Dr. Michel) to Militärverwaltungsbezirke and Feldkommandanturen, January 28, 1941, NOKW-1270.

(320)　Report by the Militärbefehlshaber in France/Propaganda Division (signed by Major Schmidtke) for April 7-14, 1941, OKW-578.

(321)　*Donauzeitung* (Belgrade), October 20, 1943, p. 8 ; January 14, 1944, p. 1.

(322)　Report by Militärbefehlshaber Frankreich/MVZ Group 3 (signed chief of military administration Dr. Michel) for July 22-29, 1944, on administration and economy, July

30, 1944, Wi/I. 288. Report by Michel, August 6, 1944, Wi/I .288.

(323)　Umbreit, *Der Militärbefehlshaber in Frankreich,* p. 263. 以下も参照. The more detailed compilations, to June 30, 1944, taken from documents CXIXa-7 and CXIXa-112 of the Centre de Documentation Juive Contemporaine by Joseph Billig, *Le Commissariat Général aux Questions Juives,* vol. 3 (Paris, 1960), pp. 326-29.

(324)　Kaplan, "French Jewry", *American Jewish Year Book,* 47 (1945-46) : 71-72, 75, 93, 109.

(325)　Unsigned report by an OStuf. (believed to be Dannecker), July 1, 1941, RF-1207. 「取り決め」にもかかわらず，福祉局は，困窮したユダヤ人に一定の援助を与え続けた. *Die Judenfrage,* November 15, 1942, p. 249.

(326)　Kaplan, "French Jewry", *American Jewish Year Book,* 47 (1945-46) : 78, 96.

(327)　Abetz to Foreign Office, March 6, 1941, NG-2442.

(328)　Abetz to Foreign Office, April 3, 1941, NG-2432.

(329)　Law of July 22, 1941, signed by Pétan, Barthélemy, Bouthillier, Lehideux, Platon (Colonies), and Pucheu, *Journal Officiel,* August 28, 1941.

(330)　Text of correspondence in Kaplan, "French Jewry", *American Jewish Year Book,* 47 (1945-46) : 113-117. 以下も参照. Statement by Vallat, in Hoover Institution, *France during the German Occupation,* vol. 2, pp. 626-30.

(331)　以下からの抜粋. Report by Ambassador Berard to Marshal Petain, Leon Poliakov, *Harvest of Hate* (Syracuse, 1954), pp. 299-301.

(332)　*Die Judenfrage,* May 5, 1941, pp. 70-71.

(333)　Kaplan, "French Jewry", *American Jewish Year Book,* 47 (1945-46) : 91-92.

(334)　Directive by Army Group B, as transmitted by 4th Army Ic/AO Abw I (signed Chief of Staff Gen. d. Inf. Brenecke) to divisions, June 18, 1940, NOKW-1483. 軍集団Bの司令官はフォン・ボックで，第4軍はフォン・クルーゲに率いられていた. 射殺の数についての記録は手に入らない. フランス戦役の終結後は行われなかったようである. 1944年に，後衛の常設収容所に対する権限をもっていた国防軍最高司令部戦争捕虜組織の長官による指令は，ただ，帝国市民法第11命令によってドイツ国籍を剥奪されたユダヤ人捕虜の死体は，軍人の名誉を考慮しないで埋葬することと規定していた. OKW/Chef Kriegsgefangenenwesen, Befehlssammlung No. 48 (signed Meurer), December 15, 1944, OKW-1984.

(335)　OKW/Chef Kgf., Sammelmitteilungen No. 1 (signed Obstl. Breyer), June 16, 1941, OKW-1984. Befehlssammlung No. 11 (signed von Graevenitz), March 11, 1942, OKW-1984. Befehlssammlung No. 48 (signed Meurer), December 15, 1944, OKW-1984. 赤十字社の派遣団は，1944年3月にこう報告している. 第11a捕虜収容所で，ほぼ50人のユダヤ人捕虜がフランスの制服に「ユダヤ人」という消すことのできない文字をつけているのを見た，と. International Red Cross report (signed Dr. Marti and Dr. Descoedres), March 16, 1941, NG-2386. この報告が印づけの禁止に役立ったのかもしれない.

(336)　一般に，以下を参照. *Donauzeitung* (Belgrade), August 17, 1941, p. 2 ; and *Die Judenfrage,* September 10, 1941, p. 168 ; February 15, 1942, p. 37 ; April 15, 1942, p. 76 ; May 15, 1942, p. 101 ; October 15, 1942, p. 223.

(337)　Daniel Carpi, *Between Mussolini and Hitler—The Jews and the Italian Authorities in France and Tunisia* (Hanover, New Hampshire, 1994), pp. 200-227.

(338)　Abetz to Foreign Office, July 4, 1942, NG-133.

(339)　Carpi, *Between Mussolini and Hitler*, pp. 223-24, 314n., citing an "eyes only" to a cable by Foreign Minister Ciano of August 9, 1942, to the Italian Embassy in Paris.

(340)　Weizsäcker to Luther, political and legal divisions, September 2, 1942, enclosing

note from Italian Ambassador Alfieri of the same date, NG-54.

(341) Law of October 4, 1940, signed by Pētain, Peyrouton, Bouthillier, and Alibert, *Journal Officiel,* October 18, 1940.

(342) 以下を参照. Zosa Szajkowski, "Glimpses on the History of Jews in Occupied France", *Yad Vashem Studies* 2 (1958) : 133-157, on pp. 150-57. シャイコフスキは，1940年10月20日時点でセーヌ県には，フランス国籍のユダヤ人8万5,664人と外国籍ユダヤ人6万4,070人，42年３月15日時点で非占領地域には，フランス国籍のユダヤ人5万9,344人と外国籍のユダヤ人5万639人という数字を挙げている．しかし，南部地域の数値には，収容所に入れられた外国籍ユダヤ人が含まれていない可能性があるので，おそらく不完全であろう．さらに事態を複雑にするのは，40年７月22日の法律である．この法律によって，27年６月10日以降に与えられた市民権は，ユダヤ人と非ユダヤ人を問わず，再検査と取消しの対象となった．その結果，数千人のユダヤ人が，フランス国籍から外国籍のグループへと移されたのである．

(343) とくに以下を参照. Pucheu to regional prefects in the southern zone, January 2, 1942, in Centre de Documentation Juive, *Les juifs sous l'occupation* (Paris, 1982), pp. 129-33. 非占領地域では，ある管区の１つの県の知事が，その管区の全警察を監督下に置いた．この任命の結果，その知事は管区知事となった．

(344) 割り当てられた居留地，外国人労働者団，収容所については，以下を参照. Marrus and Paxton, *Vichy France and the Jews,* pp. 165-76 ; John F. Sweets, *Choice in Vichy France* (New York, 1986), pp. 112-117, 120-27 (とくにクレルモン＝フェランを含む南部地域のピュイ＝ドゥ＝ドームについて); and Zosa Szajkowski, *Analytical Franco-Jewish Gazeteer* (New York, 1963). シャイコフスキは，その索引で強制居留地，労働者団，収容所を含む場所を明らかにしており，この地名辞典のなかでは，少なくともこれらの施設を簡単に叙述している．混合婚の数百人のユダヤ人は，北部のドランシ収容所から引きずり出されて，1943年にトット機関の下でアルダーニー――戦争終結までドイツ軍の支配下に置かれたフランスの海岸沿いにあるイギリスの島の１つ――での強制労働に送られた．これらのユダヤ人の物語は，以下を参照. Charles Cruickshank, *The German Occupation of The Channel Islands* (London, 1975), pp. 197, 203-204.

(345) Kaplan, "French Jewry", *American Jewish Year Book,* 47 (1945-46): 84.

(346) *Ibid*.

(347) Schleier (embassy in Paris) to Foreign Office, September 11, 1942, NG-5109.

(348) Summary of conference attended by Abetz, Dannecker, Achenbach, and Zeitschel, February 28, 1941, NG-4895.

(349) Dannecker to RSHA IV-B, February 22, 1942, NG-2070.

(350) Kaplan, "French Jewry", *American Jewish Year Book,* 47 (1945-46): 82-83. Schleier to Foreign Office, October 30, 1941, NG-3264.

(351) すべての数字は，以下に依拠. Dannecker to Zeitschel, October 20, 1941, NG-3264.

(352) Ibid.

(353) Schleier to Foreign Office, October 30, 1941, NG-3264.

(354) Memorandum by Weizsäcker, November 1, 1941, NG-3264.

(355) Zeitschel to Foreign Office, April 30, 1942, NG-5348.

(356) *Deutsche Ukraine Zeitung* (Luck), March 28, 1942, p. 5.

(357) Rüstungskontrollinspektion/Z (signed Glt. Stud) to Waffenstillstandskommission/Rü in Wiesbaden, December 4, 1941, enclosing special report by Sonderführer (Z) Rohden, Wi/IA 3.74.

(358) Law of November 29, 1941, signed by Pētain, Darlan, Barthēlemy, Pucheu, and Bouthillier, *Journal Officiel,* December 2, 1941.

(359)　Raymond-Raoul Lambert, *Carnet d'un tēmoin,* ed. Richard Cohen (Paris, 1985), pp. 138-49. Carnet というのは，1週間かそれ以上の出来事を要約して記入した日記のことである．総同盟の形成について書いてあるのは，1941年12月28日と42年1月8日である．以下も参照．Zosa Szajkowski, *Analytical Franco-Jewish Gazeteer* (New York, 1966), pp. 39-63; Jacques Adler, *Face a la persēcution* (Paris, 1985), pp. 71-95; Kaplan, "French Jewry", *American Jewish Year Book,* 47 (1945-46) : 78, 93-96 ; and statement by Vallat in Hoover Institution, *France during the German Occupation,* vol. 2, pp. 636-42. 総同盟の政策については，以下を参照．Cynthia Haft, *The Bargain and the Bridle* (Chicago, 1983); her "L'Union Gēnérale des Israēlites de France et la politique de 'rēduction'", *Contemporary France Civilization* 5 (1981) : 261-74; Yehuda Bauer, *American Jewry and the Holocaust* (Detroit, 1981), pp. 164-69, 236-40; and Richard Cohen, *The Burden of Conscience* (Bloomington, 1987). バウアーとランベールは，1943年に移送の犠牲者となった．バウアーは，アロイス・ブルンナーの到着後に移送された．ランベールの逮捕については，以下を参照．Röthke to Knochen, August 15, 1943, in Serge Klarsfeld, *Die Endlösung der Judenfrage in Frankreich* (Paris, 1977), pp. 210-13. この書物の資料すべては，Centre de Documentation Juive Contemporaine からのものである．

(360)　Decree of the Militärbefehlshaber, December 17, 1941, *Verordnungsblatt des Militärbefehlshabers in Frankreich,* December 20, 1941.

(361)　Michel to Central Division (Haug), December 15, 1941, in Klarsfeld, *Die Endlösung der Judenfrage in Frankreich,* p. 17.

(362)　Szajkowski, *Franco-Jewish Gazeteer,* p. 61. 1942年3月11日の総同盟の会議について詳細に引用している．

(363)　Umbreit, *Der Militärbefehlshaber in Frankreich,* p. 263. Marrus and Paxton, *Vichy France and the Jews,* pp. 110-11.

(364)　アメリカ・ユダヤ人合同分配委員会のフランスでの支出は，1941年は80万ドル近く，1942年は90万ドル近くであった．Bauer, *American Jewry and the Holocaust,* p. 159. 資金の提供（スイスを通じての）は，1943～44年には大幅に減少したが，戦後に返済するという約束で地方が海外から借金するケースもあった．

(365)　Kaplan, "French Jewry", *American Jewish Year Book,* 47 (1945-46) : 78-79, 95-95. *Donauzeitung* (Belgrade), June 13-14, 1943, p. 2.

(366)　*Donauzeitung* (Belgrade), January 14, 1944, p. 1.

(367)　Summary of discussion held on October 13, 1941, between Rosenberg and Generalgouvernement Frank, dated October 14, 1941, Frank diary, National Archives Record Group 238, T 992, Roll 4.

(368)　Von Stülpnagel to OKH/GenQu, December 5, 1941, NG-3571.

(369)　GenQu to Ambassador Ritter (Foreign Office), December 12, 1941, NG-3571. フォン・シュテュルプナーゲルは，東部ばかりかフランスでも実行された，人質を大量に射殺するという国防軍の政策を懸念していた．軍政府は，フランス人への報復措置をエスカレートさせる代わりにユダヤ人を移送するという観点で考えていたのである．以下を参照．Herbert, "Die deutsche Militärverwaltung", in Jansen, Niethammer, and Weisbrod, *Aufgabe,* pp. 439-440, 447. ユダヤ人は次々と移送されたが，フランス人に対する緩和措置はとられなかった．フォン・シュテュルプナーゲルは打ち負かされて，辞職した．

(370)　Kaplan, "French Jewry", *American Jewish Year Book,* 1945, pp. 82-83.

(371)　Memorandum by Welck on telephone conversation with Legationsrat Strack, containing text of French protest, December 16, 1941, NG-5126.

(372)　Militärbefehlshaber in France/Adm. Staff/Adm. (signed Best) to representative

of RSHA in Paris, January 6, 1942, R-967.

(373) Lischka to RSHA IV-B-4, February 26, 1942, in Klarsfeld, *Die Endlösung der Judenfrage in Frankreich,* p. 46.

(374) Paris Embassy to Ambassador Ritter in the Foreign Office, February 2, 1942, NG-119.

(375) Eichmann to Rademacher, March 9, 1942, NG-4954.

(376) Luther to Paris Embassy, March 10, 1942, NG-4954. Schleier to Foregin Office, March 13, 1942, NG-4954.

(377) HStuf. Dannecker to OStubaf. Dr. Knochen and Stubaf. Lischka, March 10, 1942, RF-1216.

(378) Eichmann to Rademacher, March 11, 1942, NG-4954.

(379) Correspondence in NG-4954.

(380) Embassy memorandum, March 18, 1942, NG-4881.

(381) Serge Klarsfeld, *Le Memorial de la Deportation des Juifs de France* (Paris, 1978). この書物は，列車の出発順に，名前，国籍，年齢，出生地のリストを挙げている．頁数は付されていない．最初の列車については，以下も参照．Order by Wehrmachtverkehrsdirektion Paris/Railway Division/33 (signed Möhl), March 24, 1942, Case Ganzenmüller. 8 Js 430/67, Special Volume IV, part IV, p. 5.

(382) Herbert, "Die deutsche Militärverwaltung", in Jansen, Niethammer, and Weisbrod, *Aufgabe,* pp. 448, 430 n. 5.

(383) Schleier to Foreign Office, September 11, 1942, NG-5109.

(384) Dannecker to Knochen and Lischka, May 15, 1942, in Klarsfeld, *Die Endlösung der Judenfrage in Frankreich,* p. 56. 会談は13日に行われた．

(385) Wehrmachtverkehrsdirektion (WVD) Paris/Railway Division/33 (signed Möhl) to Paris-Nord, Paris-Ost, Nancy, Lille, WVD Brussels, RBD Saarbrücken, Generalbetriebsleitung Ost/P and PW, Transport Ministry/21, and Wehrmachttransportleitung Paris, June 3, 1942, Case Ganzenmüller, Special Volume IV, part IV, p. 12. 列車（名前付き）の配車については，以下を参照．Klarsfeld, *Le Memorial.*

(386) Abetz to Foreign Office, May 15, 1942, NG-2455.

(387) Zeitschel to Militärbefehlshaber von Stülpnagel and Higher SS and Police Leader Oberg, May 22, 1942, NG-3668.

(388) 以下における告知．*Pariser Zeitung,* June 26, 1942, p. 4. 軍政府の宣伝担当者たちは，効果を狙って，ユダヤ人は喫茶店や大通りなどからも締め出されるべきだと考えた．Morale report by Militärbefehlshaber in France/Propaganda Division, July 8, 1942, OKW-733.

(389) HStuf. Dannecker to Staf. Dr. Knochen and OStubaf. Lischka, June 15, 1942, RF-1217.

(390) Dannecker to RSHA IV-B-4, June 16, 1942, RF-1218.（車両の統計を列挙している．）Dorpmüller order to Wehrmachtverkehrsdirektionen Paris and Brussels, June 13, 1942, in Kreidler, *Eisenbahnen,* pp. 356-57.

(391) Dannecker to RSHA, June 17, 1942, Case Novak, Landesgericht für Strafsachen, Vienna, 8 Js 430/67, vol. 17, p. 297ff.

(392) Dannecker to RSHA, June 18, 1942, ibid.

(393) Dannecker to Novak, June 18, 1942, ibid.

(394) Eichmann to Knochen, June 18, 1942, ibid.

(395) HVD Paris/33 (signed Never) to Eisenbahndirektionen Paris-Nord, Paris-Ost, Paris-Süd, and Nancy, with copies to Generalbetriebsleitung West (Essen) and

Transport Ministry/21, June 19, 1942. Centre de Documentation Juive Contemporaine, document XXV b-39. 列車は予定通り出発した。Klarsfeld, *Le Memorial.*

(396) Transport Ministry/21 (signed by E II Chief Leibbrand) to Generalbetriebsleitung West (Essen), Generalbetriebsleitung Ost/L and PW, Hauptverkehrsdirektionen Paris and Brussels, Railway Plenipotentiary in Utrecht, and Reichsbahndirektion Oppeln, June 23, 1942; and Schnell (21) to 16, July 11, 1942, enclosing directive for financial purposes, Case Ganzenmüller, Special Volume IV, part III, pp. 57-58. メール（輸送管理本部パリ，第33課）が，さらなる輸送についてマイヤー＝ファルクSS少佐と議論をした際に示した気軽な気持ちに注目せよ。これは以下に記されている。Möhl's memorandum of July 2, 1942, Centre de Documentation Juive Contemporaine, document XXV b-45.

(397) Directive by Dannecker, June 26, 1942, RF-1221. フランスの憲兵隊を利用できたので，最終的には，これほどの数の野戦憲兵隊員を必要とはしなかった。Röthke to Kommandant of Gross-Paris/Kommandostab Ia/Stabsoffizier der Feldgendarmerie, July 16, 1942. この書簡は，7月19日に出る列車のフランス人職員を監視するために将校1人と8人の憲兵の配置を要求している。Centre de Documentation Juive Contemporaine, document XXV b-72.

(398) Memorandum signed by Eichmann and Dannecker, July 1, 1942, RF-1223. Dannecker to Knochen and Lischka, July 1, 1942, RF-1222.

(399) Memorandum by Dannecker, July 4, 1942, RF-1224.

(400) Daluege to Wolff, February 28, 1942, NO-2861.

(401) Ibid.

(402) クノッヘンおよびオーベルクとの会合についての，以下からの引用と説明。Pierre Laval, *Diary* (New York, 1948), pp. 97-99.

(403) Memorandum by Röthke on telephone conversation with Eichmann, July 15, 1942, RF-1226. アイヒマンは，7月14日午後7時に電話をかけた。以下も参照。Dannecker to Röthke, July 21, 1942, Israel Police 65. Testimony by Eichmann, Eichmann trial transcript, July 12, 1961, sess. 94, pp. Nn1, Oo1.

(404) Dannecker to RSHA IV-B-4, July 6, 1942, Centre de Documentation Juive Contemporaine, *La persécution des Juifs en France,* p. 128. 技術的には，これらの子どものほとんどは，フランス生まれで，フランスに住んでいたとしても，フランス国民ではなかった。1927年8月10日のフランス国籍法の規定では，フランス生まれの者は，両親の一方が国民かフランス生まれの外国人でなければ，生まれながらの国民とはみなされなかった。このような子どもは，成年に達するまでフランス国籍を取得できなかった。以下を参照。*Journal Officiel,* August 14, 1927.

(405) Dannecker to Lischka, Knochen, and Oberg, July 8, 1942, *ibid.,* p. 144.

(406) Röthke to Knochen and Lischka, July 18, 1942, in Klarsfeld, *Die Endlösung der Judenfrage in Frankreich,* pp. 91-92. 子どもの移送を承認するアイヒマンとノヴァクからの電話は，以下に記されている。Dannecker's memorandum of July 21, 1942, Ibid., p. 96.

(407) 以下の，検挙についての生々しい叙述を参照。Claude Levy and Paul Tillard, *Betrayal at the Vel d'Hiv* (New York, 1969).

(408) *Ibid.,* pp. 66-67. バケツのことは以下に言及されている。Memorandum by Röthke, July 11, 1942, in Klarsfeld, *Die Endlösung der Judenfrage in Frankreich,* pp. 89-90.

(409) Levy and Tillard, *Vel d'Hiv,* p. 67.

(410) Militärbefehlshaber in France/Propaganda to OKW/W Pr If, August 13, 1942, enclosing report for July 8 to August 11, 1942, OKW-733; once in Federal Records

Center, Alexandria, Va. この報告は，ユダヤ人についての密告が毎日，ものすごい量だったことをつけ加えている。

(411) Röthke to RSHA IV-B-4-a, November 18, 1942, Israel Police 253.

(412) Eichmann to BdS in Paris, December 9, 1942, Israel Police 253.

(413) Leguay to Commissaire Général (Darquier de Pellepoix), August 3, 1942. Facsimile in Klarsfeld, *Le Memorial.* 子どもたちの存在を暴露する輸送リストにも注目せよ。8月21日の輸送に対しては，車両ごとに次のような数字が挙げられている。子ども90人／大人７人，子ども55人／大人１人，子ども74人／大人２人，などである。*Ibid.*

(414) Tuck to Secretary of State, August 26, 1942, *Foreign Relations of the United States 1942,* vol. II, pp. 710-11. 以下も参照。Hillel Kieval, "Legality and Resistance in Vichy France : The Rescue of Jewish Children", *Proceedings of the American Philosophical Society,* 124 (1980) : 339-66.

(415) Zeitschel to Knochen, June 27, 1942, RF-1220.

(416) Dannecker to RSHA IV-B-4, July 6, 1942, Centre de Documentation Juive Contemporaine, *La persécution des Juifs en France,* p. 128.

(417) Testimony by Rudolf Rahn, Case No. 11, tr. pp. 17581-83.

(418) Lambert, *Carnet d'un témoin,* entry for September 6, 1942, pp. 177-80. Yarachmiel (Richard) Cohen, "A Jewish Leader in Vichy France, 1940-43 : The Diary of Raymond-Raoul Lambert," *Jewish Social Studies* 43 (1981) : 291-310, particularly pp. 292, 300, and 309.

(419) Statement by Francois Martin, February 7, 1951, in Hoover Institution, *France during German Occupation,* vol. 1, pp. 426-27. 以下も参照。Text of the directive by Direction de la Police du Territoire et des Etrangers/9th Bureau (signed H. Cado) to regional prefects, August 5, 1942, in Serge Klarsfeld, *Vichy—Auschwitz* (Librairie Arthème Fayard, 1983), pp. 318-19 ; subsequent orders and prefectural reports in Klarsfeld, *ibid.,* pp. 331-400.

(420) Directive of the National Police/Direction de la Police du Territoire et des Etrangers/9th Bureau (signed H. Cado) to regional prefects, August 5, 1942, in Klarsfeld, *Vichy—Auschwitz 1942,* pp. 318-19. 以下も参照。Subsequent orders and prefectural reports, *ibid.,* pp. 331-400.

(421) Hillel Kieval, "Legality and Resistence in Vichy France : the Rescue of Jewish Children," *Proceedings of the American Philosophical Society,* 124 (1980) : 339-66, particularly 357-66. 親に捨てられた子どもは，連れがないとみなされた。1,500という数字は，孤児，捨て子，矯正児童の総数であるように思われる。総同盟も収容所の外から子どもを集めていた。終戦までに，およそ1,500人の子どもが，ユダヤ人の内偵者によってスイスとの国境を通って連れ出された。*Ibid.*

(422) Summary of German-French police conference, August 13, 1942, RF-1234.

(423) Schleier to Foreign Office, September 11, 1942, NG-5109.

(424) Röthke to Knochen, Lischka, and Hagen, September 9, 1942, Israel Police 1260. 目標は1万4,000から1万5,000人の逮捕であった。

(425) Abetz to Foreign Office, August 28, 1942, reporting conversation of August 27 with Laval, NG-4578.

(426) Bergen (German Ambassador at the Vatican) to Foreign Office, September 14, 1942, NG-4578. Texts of proclamations by Archbishop of Toulouse, Jules Gérard Saliège ; Archbishop of Lyon, Cardinal J. M. Gerlier ; and Bishop of Montauban, Pierre Marie, enclosed by BdS/Kommando Orleans to BdS in Paris/IV J, January 22, 1943,

Israel Police 1258.
(427) Abetz to Foreign Office, September 2, 1942, NG-5127.
(428) Thompson (Second Secretary of Legation in Switzerland, temporarily in France) to Secretary of State Hull, August 7, 1942, *Foreign Relations of the United States 1942,* vol. I (general, etc.), pp. 463-64.
(429) Lowrie to Tracy Strong (General Secretary, World's Committee, YMCA), August 10, 1942, Leo Baeck Institute, Konzentrationslager Frankreich, AR 1584/3987, folder VI.
(430) Tuck to Secretary of State, August 16, 1942, *Foreign Relations of the United State 1942,* vol. II, pp. 710-11, and subsequent correspondence in the same volume.
(431) Abetz to Foreign Office, September 18, 1942, reporting conversation between Sauckel and Laval, NG-2306.
(432) Harrison (U. S. Minister in Switzerland) to Hull, September 5, 1942, *Foreign Relations of the United States 1942,* vol. I, 469-70.
(433) Harrison to Hull, September 26, 1942, *ibid.,* p. 472. フランスのプロテスタント聖職者ベーグナーが，ブスケ，ダルラン，ラヴァルと行った会話も参照. Alexander Werth, *France 1940-1955* (New York, 1956), pp. 61-62.
(434) Reichsbahn/16 to Reichsbahndirektion Karlsruhe, Cologne, Münster, and Saarbrücken, copies to Haupteisenbahndirektionen in Brussels and Paris, Plenipotentiary in Utrecht, and Amtsrat Stange, July 14, 1942, Case Ganzenmüller, Special Volume IV, pt. III, p. 56.
(435) Siegert to Finance Ministry, August 17, 1942, German Federal Archives, R 2/12158.
(436) Kallenbach via Bender and Bussmann to Ministerialdirigent Litter, August 25, 1942, R 2/12158.
(437) Summary of Finance Ministry conference of September 17, 1942, dated September 22, 1942 (signed Litter), R 2/12158.
(438) Draft of Kallenbach letter to Himmler, September 28, 1942, R 2/12158.
(439) Röthke to Knochen and Lischka, September 1, 1942, RF-1228.
(440) Ahnert via Hagen to Oberg, September 3, 1942, RF-1227. 占領地域の1万8,000という数字には，1941年に検挙されていた5,000人の移送が含まれている. Schleier to Foreign Office, September 11, 1942, NG-5109.
(441) Knochen to RSHA IV-B-4, September 25, 1942, NG-1971. Schleier to Foreign Office, March 13, 1942, in Randolph Braham, ed., *The Destruction of Hungarian Jewry* (New York, 1963), p. 67.
(442) Luther to Weizsäcker, July 24, 1942, NG-5094. Luther to Weizsäcker and Wörmann, September 17, 1942, NG-5093; Luther via Weizsäcker to Ribbentrop, October 22, 1942, NG-4960. 占領地域に住んでいるイタリア・ユダヤ人は，ほぼ5,000人にすぎなかった.「しかし，これで，問題の重要性が減じるわけではない」とルターは言っている. Luther to Ribbentrop, October 22, 1942, NG-4960.
(443) Orlandini to Röthke, August 4, 1942, in Leon Poliakov (ed.), *La condition des Juifs en France sous l'occupation italienne* (Paris, 1946), p. 149.
(444) Rudolf Rahn, *Ruheloses Leben* (Düsseldorf, 1949), pp. 203-204. Testimony by Rahn, Case No. 11, tr. pp. 17578-79.
(445) Rahn to Foreign Office, December 22, 1942, NG-2676.
(446) Order by Nehring, forwarded to Rahn, December 6, 1942, NG-2271. Rahn to Foreign Office, December 6, 1942, NG-2099. ネーリングは，アフリカ軍団の元司令官であっ

た.

(447)　OKH/Chef GenSt (signed Pomser) to Rahn, with copy for 5th Pz. Army/Ia, December 9, 1942, NG-2360. Rahn to Foreign Office, December 9, 1942, NG-3150. チュニジアのイタリア総領事は，ジャコモ・シリムバーニであった.

(448)　Carpi, *Between Mussolini and Hitler,* pp. 234-36.

(449)　*Ibid.,* p. 237.

(450)　Rahn to Foreign Office, December 22, 1942, NG-2676. Testimony by Rahn, Case No. 11, tr. pp. 17583-84. パリの親衛隊・警察は，大使館と接触し，大使館の支配下にある秘密のラジオ局が，北アフリカに向けて，ユダヤ人とアメリカ占領当局に対して暴動を起こすよう，その地の人びとを扇動するためにアラブ語で放送するという類似した要求を行っていた. Schleier to Foreign Office, November 24, 1942, NG-57.

(451)　Mane Katz (Paris painter), "Bei den Juden von Djerba", *Aufbau* (New York), September 3, 1954, p. 9.

(452)　Oberg to Himmler, November 16, 1942, NO-3085.

(453)　Abetz to von Krug in Vichy, November 14, 1942, NG-3192. Schleier to embassy's Vichy branch, November 20, 1942, NG-3192. ピレネー山脈にある小国のアンドラには，ユダヤ人難民が溢れたと報告されている. *Die Judenfrage,* April 15, 1943, p. 136.

(454)　Daluege to Wolff, February 28, 1943, NO-2861.

(455)　Himmler to Ribbentrop, January, 1943, NO-1893.

(456)　Schleier to Foreign Office, January 15, 1943, NG-3435. Staf. Knochen via Stülpnagel to Gfm. von Rundstedt, February 3, 1943, NG-2268.

(457)　OKW/WFSt/Qu via RSHA to OGruf. Wolff and Ambassador Ritter, December 4, 1942, NO-1118.

(458)　Schleier to Foreign Office, January 23, 1943, NG-4959. Knochen via Stülpnagel to Rundstedt, February 3, 1943, NG-2268. 以下も参照. Carpi, *Between Mussolini and Hitler,* p. 87ff. 知事の命令は，1937年以降にフランスに入国したユダヤ人に影響を与えた.

(459)　Mackensen to Foreign Office, January 16, 1943, NG-5459.

(460)　Knochen to Müller, February 22, 1943, in Poliakov, *La condition des Juifs en France sous l'occupation italienne,* pp. 150-52. Note by Bergmann (Foreign Office), February 24, 1943, NG-4956.

(461)　Summary of Mussolini-Ribbentrop conference, held on February 25, 1943, in the presence of Bastianini, Alfieri, and von Mackensen, February 27, 1943, D-734.

(462)　Rademacher and Bergmann to Pol. II, March 3, 1943, NG-5087.

(463)　Report by von Mackensen, undated, NG-2242.

(464)　Carpi, *Between Mussolini and Hitler,* p. 141.

(465)　*Ibid.,* pp. 134-44.

(466)　Report by von Mackensen on conference of March 20, 1943, with Bastianini, NG-2242. 以下も参照. Italian liaison officer with OB West (Div. Gen. Marazzani) to Stubaf. Hagen, March 19, 1943, in Poliakov, *La condition des Juifs en France sous l' occupation italienne,* p. 154. OStuf. Moritz (Einsatzkommando Marseille) to OStuf. Röthke, May 26, 1943, *ibid.,* p. 156. Stubaf. Muehler of Ekdo. Marseille to BdS IV-B, July 10, 1943, *ibid.,* p. 161.

(467)　Knochen to Müller, April 8, 1943, *ibid.,* p. 155.

(468)　OStuf. Moritz (Marseille) to Röthke, May 26, 1943, *ibid.,* p. 156. Röthke to Knochen, May 27, 1943, *ibid.,* p. 160. イタリア・ユダヤ人のドナーティについては，以下を参照. Serge Klarsfeld, *Vichy—Auschwitz 1943-1944* (Paris, 1985), pp. 13, 407.

(469) Mühler to BdS IV-B, July 10, 1943, *ibid.*, p. 161.

(470) Röthke to RSHA IV-B-4, September 26, 1943, *ibid.*, pp. 163-65.

(471) BdS in France IV-B to police prefecture of Paris, March 19, 1943, Occ 17.

(472) Eichmann to Klingenfuss, December 8, 1942, Israel Police 321. 結局，東洋のユダヤ人で移送された者はほとんどいなかった．以下を参照．Klarsfeld, *Le Memorial*（名前について）and Warren Green, "The Fate of Oriental Jews in Vichy France," *Wiener Library Bulletin* 32 (1979) : 40-50. 以下の個人的な説明も参照．Levi Eligulashvili, "How the Jews of Gruziya in Occupied France were Saved"（グルジアのユダヤ人について）and Asaf Atchildi（サマルカンド生まれの医師）, "Rescue of Jews of Bukharan, Iranian and Afghan Origin in Occupied France (1940-44)", in *Yad Vashem Studies* 6 (1967) : 251-55, 257-81. 他方，北アフリカ，シリア，トルコ生まれのユダヤ人は，定期的に移送された．以下におけるリストを参照．Klarsfeld, *Le Memorial*.

(473) Schleier to Foreign Office, January 31, 1943, NG-3377.

(474) Report by Korherr, April 19, 1943, NO-5193. コルヘア報告は，「占領フランス」について詳細に述べている．しかし，フランス全域で4万9,000という数字は以下による．Report by Röthke, dated March 6, 1943, RF-1230. 7月には，レトケの挙げる数字は，占領前に非占領地域からやってきた約1万2,000人を含む5万2,000であった．Memorandum by Röthke, July 21, 1943, Israel Police 664.

(475) Cohen, *The Burden of Conscience*, p. 127.

(476) Letters to Maurice Brenner, October 10 and 26, 1943, in Lambert, *Carnet d'un têmoin*, pp. 241-42, 244-45. 以下も参照．Cohen, "Diary of Lambert," *Jewish Social Studies* 43 (1981) : 304-305.

(477) Hagen to Knochen and Oberg, March 25, 1943, in Klarsfeld, *Die Endlösung der Judenfrage in Frankreich*, pp. 190-91, and Yad Vashem 0-9/23. この対話は3月22日に行われた．ドランシには，ギベール警察部長下のフランスの行政機関があった．Röthke to Lischka and Hagen, March 23, 1943, Yad Vashem 0-9/23. ドランシでは，1942年9月以降，ユダヤ人治安隊が活動していた．43年6月30日以後，フランス行政機関は，収容所から完全に引き上げた．治安隊が主要な監視部隊となり，総同盟が食料供給に責任を負った．ドランシの新たな体制は，ブルンナーSS大尉の到着と同時に築かれた．Haft, *The Bargain and the Bridle*, pp. 80-91, and her "L'Union Générale", *Contemporary French Civilization* 5 (1981) : 267-69.

(478) Memorandum by Stubaf. Hagen, June 21, 1943, Occ 21.

(479) ドイツ帝国外の地域にいる文官の統計は，1943年春の時点で，フランスの保安警察官2,047人を挙げている．Zentralarchiv Potsdam, Collection 07.01 Reichskanzlei, Folder 3511.

(480) Knochen to Müller, June 28, 1943, Israel Police 1217. ゲシュタポ長官は，誠意に溢れた手紙で，将校1人と下士官3人の派遣を約束した．Müller to Knochen, July 2, 1943, Israel Police 1218.

(481) Memorandum by Hagen, August 11, 1943, in Klarsfeld, *Die Endlösung der Judenfrage in Frankreich*, p. 209.

(482) Röthke to Knochen, August 15, 1943, in Poliakov, *Harvest of Hate*, pp. 178-81, fn. 以下も参照．Pierre Laval, *Diary*, p. 96.

(483) 保安警察と外務省のあいだの長い往復書簡は，モナコで逮捕を行うことの当否について論じている．Von Thadden to Hencke, September 21, 1943, NG-4978. Steengracht to Consulate General in Monaco, September 23, 1943, NG-4978. Von Thadden to Eichmann, October 25, 1943, NG-4978. German Consul General in Monte Carlo (signed Hellenthal) to Foreign Office, July 14, 1944, NG-4964. 1942年夏と44年の占領終結の間に，

最大限7,500人のユダヤ人が，スペインに，あるいはスペインを通って逃亡した．Haim Avni, *Spain, the Jews, and Franco* (Philadelphia, 1982), pp. 94-147. スイスは，フランス，イタリア，ドイツからスイスの国境を越えたユダヤ人難民を2万1,858人と記録している．Alfred A. Häsler, *The Lifeboat is Full* (New York, 1967), p. 332.

(484) Alberto Cavaglion, *Nella notte straniera* (Cuneo, 1981).

(485) KdS Lyon IV-B (signed OStuf. Barbie) to BdS Paris IV-B, April 6, 1944, RF-1235.

(486) Marie Syrkin, *Blessed in the Match* (Philadelphia, 1947), pp. 294-95, 301. Kaplan, *American Jewish Year Book* 47 (1945-46) : 97-98. Einsatzkommando Marseille (signed Stubaf. Mühler) to BdS IV-B, November 18, 1943, Occ 20. Sweets, *Choices in Vichy France,* pp. 127-36.

(487) Meister der Schupo Friedrich Kohnlein (5./PI. Wachbatl. V) to OStuf. Röthke, December 3, 1943, Occ 19.

(488) Order by Knochen and Brunner, April 14, 1944, NO-1411.

(489) Deposition by Margarete Schachnowsky, January 1965, Yad Vashem Oral History 2334/209. ユダヤ人と結婚したドイツの社会主義者であるこの女性宣誓証人は，パリで飲み屋を経営していた．

(490) Cohen, *The Burden of Conscience,* p. 98.

(491) *Ibid.,* pp. 97-98.

(492) Mutschmann to Himmler, July 25, 1944, NO-2779.

(493) Himmler to Mutschmann, July 31, 1944, NO-2778.

(494) Keitel to Gen. d. Art. Bockelberg, June 30, 1940, RF-1301.

(495) Weizsäcker to Ribbentrop, July 22, 1940, NG-1719. Ribbentrop to Keitel, August 3, 1940, PS-3614. Abetz to von Brauchitsch, August 16, 1940, NG-90.

(496) Abetz to Major Hartmann of the Devisenschutzkommando, September 10, 1940, NG-2849. Memorandum by Galleiske (Devisenschutzkommando), March 19, 1941, NG-4091. Zeitschel to BdS and OStuf. Dannecker, June 20, 1941, NG-2851. Zeitschel to Gesandter Schleier, July 29, 1941, NG-2855. Schleier to Foreign Office, April 26, 1943, NG-3452. Report by Einsatzstab Rosenberg (signed Bereichsleiter Scholz) on art seizures, July, 1944, PS-1015-B.

(497) Schleier to Foreign Office, July 31, 1942, NG-2970. Weizsäcker to Ministerialdirektor Schröder (Foreign Office personnel division), October 1, 1942, NG-2971.

(498) Dr. Bunjes (Einsatzstab Rosenberg) to Staatsrat Turner (military district, Paris), February, 1941, PS-2523. Rosenberg to Hitler, March 20, 1941, PS-14. Göring to Rosenberg, May 30, 1942, PS-1015-I, Rosenberg to Hitler, April 16, 1943, PS-15.

(499) Mayer to Patzer, March 26, 1941, NG-4063.

(500) Report by Scholz, July 1944, PS-1015-B.

(501) Schleier to Foreign Office, copy via Strack to Abetz, January 30, 1942, NG-5018. Schleier to Foreign Office, February 6, 1942, NG-3444. Schleier to Foreign Office, February 10, 1942, NG-3444. Luther via Rintelen to Ribbentrop, May 19, 1942, NG-5018. Von Russenheim (Reich Chancellery) to Foreign Office, June 16, 1942, NG-5018. 特捜隊の長はゲルハルト・ウティカルであった．以下を参照．Affidavit by Utikal, August 27, 1947, NO-5178.

(502) Final report of Dienststelle West of Einsatzstab Rosenberg, undated, L-188.

(503) Reich Security Service report of September 27, 1943, in *Meldungen aus dem Reich 1938-1945,* ed., Heinz Boberach (Herrsching, 1984), p. 5821.

(504) Reich Security Service report of January 6, 1944, *ibid.,* p. 6228.

(505) Decree of December 2, 1942, *Verordnungsblatt des Militärbefehlshaber in Frankreich,* 1942, p. 451. このとき，一家の稼ぎ手がドイツで働いている家族を援助するために，10億フランの罰金のなかから，5,000万フランがフランス政府に与えられた. Schleier to Foreign Office, December 9, 1942, NG-3335. ユダヤ人の輸送に対して，フランス国家には何も請求されなかったようである.

(506) Report by Niedermeyer, February 28, 1945, T 501, roll 184.

■イタリア

(507) Galeazzo Ciano, *Ciano's Hidden Diary 1937-1938* (New York, 1953), entry for November 17, 1938, p. 195.

(508) *Ibid.*

(509) 以下を参照. Cecil Roth, *The History of the Jews of Italy* (Philadelphia, 1946).

(510) Sergio della Pergola, "Appunti sulla demografia della persecuzione antiebraica in Italia", *La Rassegna Mensile di Israel* 18 (1981) : 120-37.

(511) Meir Michaelis, *Mussolini and the Jews* (Oxford, 1978), p. 233. 前掲論文における詳細な統計も参照.

(512) 1927年，トリエステでは，ユダヤ人同士の結婚100に対して，混合婚は259であった. Arthur Ruppin, *Soziologie der Juden* (Berlin, 1930), vol. 1, p. 213.

(513) *Ibid.,* p. 348.

(514) Institute of Jewish Affairs, *Hitler's Ten-Year War on the Jews* (New York, 1943), p. 286.

(515) Ciano, *Hidden Diary,* p. 40.

(516) *Ibid.,* entry for December 29, 1937, p. 52.

(517) *Ibid.,* entry for February 6, 1938, p. 71.

(518) *Ibid.,* entry for February 18, 1938, p. 75.

(519) *Ibid.,* entry for June 3, 1938, p. 93.

(520) *Ibid.,* entry for July 30, 1938, p. 141.

(521) *Ibid.,* entry for August 8, 1938, p. 141.

(522) *Ibid.,* entries for September 1 and 4, October 6 and 26, November 6 and 10, pp. 149-51, 174, 184, 190, 192.

(523) *Ibid.,*entry for October 6, 1938, p. 174.

(524) *Ibid.,* entry for November 10, 1938, p. 192.

(525) 改宗ユダヤ人にも免除を認めるようにという教皇の提案は拒否された. *Ibid.,* entry for November 6, 1938, p. 190.

(526) 1938年11月17日の法令（1938/XVII No. 1728 基本法），11月15日の法令（1938/XVII No. 1779 学校），12月22日の法令（1938/XVII No. 2111 軍人恩給），39年6月29日の法令（1939/XVII No. 1054 職業），7月13日の法令（1939/XVII No. 1055 改名）の全文は以下を参照. *Gazetta Ufficiale,* 1938 and 1939. 完全なドイツ語訳は以下にある. *Die Judenfrage (Vertrauliche Beilage),* October 15, 1942, pp. 78-80 ; December 1, 1942, pp. 91-92 ; December 15, 1942, pp. 94-96 ; March 1, 1943, p. 20. 要約と解説については，以下を参照. Emilio Canevari, "Die Juden in Italien", *Die Judenfrage,* October 1, 1940, pp. 143-46. 収用された農業資産の管理については，以下を参照. Rademacher to Luther, November 14, 1940, NG-3934. リストについては，以下を参照. Sergio della Pergola, "Appunti sulla demografia", *La Rassegna Mensile di Israel* 18 : 122n. これらの法律の影響についての論評は，以下を参照. Camera dei deputati, *La legislazione antiebraica in Italia e in Europa* (Rome, 1989). イタリア・ユダヤ人の運命についての主要な著作はデ・フェリーチェのものである. Renzo De Felice, *Storia degli Ebrei italiani sotto il fascismo* (Turin, 1988) (初版

は1961年).

(527) Ciano, *Hidden Diary,* entry for November 28, 1938, p. 199.

(528) Sergio della Pergola, "Appunti sulla demografia", *La Rassegna Mensile di Israel* 18 : 131, 134. 1938年から45年の間の改宗の数は，5,705であった.

(529) *Die Judenfrage,* May 1, 1942, p. 92.

(530) *Ibid.,* August 1, 1942, p. 172 ; September 15, 1942, p. 197 ; October 15, 1942, p. 223 ; September 1, 1942, p. 183.

(531) Maj. Gen. Lord Rennel of Rodd, *British Military Administration of Occupied Territories in Africa during the Years 1941-1947* (London, 1948), p. 272. リビアの東部キレナイカ地域からのユダヤ人は，イギリスに友好的な気持ちをもっていると疑われていた．一時的にイギリス軍によって占領されたキレナイカは，北アフリカでの連合軍の最終的勝利の前に，枢軸勢力によって奪還された.

(532) Institute of Jewish Affairs, *Hitler's Ten-Year War,* pp. 294-95.

(533) Luther to Weizsäcker, September 24, 1942, NG-1517.

(534) Himmler to Ribbentrop, October 22, 1942, enclosing memorandum of discussion with Mussolini, T 175, roll 69.

(535) Ribbentrop to embassy in Rome, January 13, 1943, NG-4961. Bergmann to embassy in Rome, February 18, 1943, NG-4958. Rademacher to Foreign Office representative in Brussels, February 27, 1943, NG-4955.

(536) Minister Bergmann to office of Ribbentrop, February 24, 1943, NG-4956.

(537) Dr. Carltheo Zeitschel to BdS in France, May 24, 1943, in Léon Poliakov, *La condition des Juifs en France sous l'occupation italienne* (Paris, 1946), pp. 157-58.

(538) "Judengesetze in Italien noch in Kraft", *Donauzeitung* (Belgrade), August 7, 1943, p. 1.

(539) Militärkommandantur 1021/Verwaltungsgruppe in Novara to Military Commander of Upper Italy in Riva, October 21, 1943, T 501, Roll 342. 以下に掲載された50人の名前のリストも参照. Liliana Picciotto Fargion, *Gli ebrei in provincia di Milano* (Milan, 1992), pp. 115-16.

(540) Von Thadden to missions abroad, October 12, 1943, enclosing RSHA circular dated September 23, 1943, NG-2652-H.

(541) リストの使用については，以下を参照. Liliana Picciotto Fargion, *L'occupazione tedesca e gli ebrei di Roma* (Rome and Milan, 1979), p. 18.

(542) Michaelis, *Mussolini and the Jews,* pp. 53-54.

(543) ユダヤ人の役人については，以下が描いている．Robert Katz, *Black Sabbath* (New York, 1969), pp. 16-20, 31-34, 39-42, 77-78, 142-47.

(544) *Ibid.*, pp. 7-15, 31-34. Eugenio Zolli, *Before the Dawn* (New York, 1954), pp. 140-55. フォアの否認に対しては，以下を参照. Zolli, *ibid.,* p. 203. レナート・アルマンシ博士は，グエンター・レーヴィに宛てた2通の手紙（1964年7月6日付と11月10日付）で父親についてコメントしている．この手紙をレーヴィ教授のご好意により見せていただいた.

(545) Katz, *Black Sabbath,* pp. 42-43.

(546) Zolli, *Before the Dawn,* pp. 182-84.

(547) Katz, *Black Sabbath,* pp. 79-102. 領収証は与えられなかった．ツォッリは，ジレンマのことを聞いて，彼もヴァチカンと交渉したと主張する．Zolli, *Before the Dawn,* pp. 159-61, 206-207. 金のエピソードは，ローマのドイツ外交団の間ではみんな知っていた．Testimony by Albrecht von Kassel (Embassy at Vatican), Case No. 11, tr. p. 9518.

(548) 出生記録保存役場のファイルも利用された．これらすべてのリストについては，主として

以下を参照. Katz, *Black Sabbath,* pp. 105-109, 301-303. 以下も参照. Michael Taglicozzo in Picciotto Fargion, *L'occupazione tedesca,* pp. 153-55 . ローマ市の人口調査・人種局のファイルについては, 以下を参照. Sergio della Pergola, "Appunti sulla demografia", *La Rassegna Mensile di Israel* 18 : 122n. ローマの警官マレスチアッロ・マリオ・ディ・マルコのインタヴューも参照. In *Aufbau* (New York), September 5, 1952, p. 11. この人物は, ユダヤ人のために偽造の身分証明書を用意した.

(549) Konsul Moellhausen (Rome) to Ribbentrop personally, October 6, 1943, NG-5027. 母親がフランス人で, トリエステでイタリア語を話して大きくなったメルハウゼンについては, 以下を参照. Katz, *Black Sabbath,* pp. 56-58.

(550) Von Sonnleithner to Bureau of the Foreign Minister, October 9, 1943, NG-5027. Von Thadden to Moellhausen, October 9, 1943, NG-5027.

(551) Gumpert to Foreign Office, enclosing message from Hudal, October 16, 1943, NG-5027.

(552) War diary, German commander in Rome (Gen. Stahel), Octeober 16, October 17, and October 18, 1943, NO-315. 1,007人という数字は, 以下に依拠. Report by Kappler to OGruf. Wolff, October 18, 1943, NO-2427. ローマのユダヤ人が1943年10月22日にアウシュヴィッツに到着したことは, そこのユダヤ人医師オットー・ヴォルケンによって記されている. 以下を参照. Filip Friedman, *This was Oswiecim* (London, 1946), pp. 24-25.

(553) German Commander in Rome/Administration to Plenipotentiary General of the Wehrmacht in Italy/Administration, February 14, 1944, T 501, Roll 344.

(554) Weizsäcker to Foreign Office, October 17, 1943, NG-5027.

(555) Weizsäcker to Foreign Office, October 28, 1943, NG-5027.

(556) Bernard Berenson, *Rumor and Reflection* (New York, 1952), entries for November 4 and 9, 1943, pp. 143, 147-48. フィレンツェでは, 多数のユダヤ人がBBC放送を聞き, 「ガス室について聞いていた」. Testimony by Dr. Chulda Campagnano, Eichmann trial transcript, May 11, 1961, sess. 36, pp. WI-XI.

(557) Susan Zuccotti, *The Italian and the Holocaust* (New York, 1987), pp. 201-208. 以下も参照. Alexander Stille, *Benevolence and Betrayal* (New York, 1991) [*Uno su mille—Cinque famiglie ebraiche durante il fascismo* (Milano, 1991)]. この著者は, その事例研究で, 犠牲者の心理的性質も調査し, 金持ちも貧乏人も同様に捕らえることができた密告を扱っている.

(558) 有名な軍団は, ミラノのフランチェスコ・コロンボ大佐指揮下の「エットーレ・ムティ」, マリオ・カリタ指揮下のフィレンツェの軍団, ピエトロ・コッホ指揮下のローマ (後にミラノ) の軍団であった. *Ibid.,* pp. 148-49.

(559) Prefettura di Roma to Questore di Roma, December 2, 1943, enclosing circular of Interior Ministry. Facsimile in Picciotto Fargion, *L'Occupazione tedesca,* unnumbered page. Judgement against Bosshammer, p. 19.

(560) Zuccotti, *The Italian and the Holocaust,* pp. 148-53, 189-200. 1944年2月1日のフェラーラの県知事による命令の抜粋も参照. In Liliana Picciotto Fargion, "The Anti-Jewish Policy of the Italian Socialsit Republic (1943-1945)", *Yad Vashem Studies* 17 (1986) : 17-49, on 31-32. イタリア憲兵は, 王党派で一般に信頼できないと見なされていた. ローマで彼らは, 一斉に武装解除された. イタリア警察の多様性については, 以下を参照. Organization Chart of the Highest SS and Police Leader, April 9, 1945, T 501, Roll 339.

(561) Berenson, *Rumor and Reflection,* p. 163. これは, 12月1日朝の放送に言及している. "Konzentrationslager für Juden—keine Ausnahmen mehr", *Donauzeitung* (Belgrade), December 2, 1943, p. 2. この措置は, ファシスト党の宣言がユダヤ人に「敵性外国人」

の烙印を押したあと，ドゥーチェによって命じられた. *Ibid.,* December 10, 1943, p. 2.

(562) Berenson, *Rumor and Reflection,* p. 218.

(563) Militärkommandantur 1004/Verwaltungsgruppe in Padua to Plenipotentiary Generel of the Wehrmacht in Italy/Administration, March 14, 1944, citing Security Police report from Venice of February 4, 1944, T 501, Roll 339. ヴェネチアの検挙については，以下を参照. Picciotto Fargion, "The Anti-Jewish Policy", *Yad Vashem Studies* 17 (1986) : 22-23.

(564) 最初の移送は，フィレンツェとボローニャからで，11月 9 日に出発して14日にアウシュヴィッツに到着した. 第 2 番目のものは，ミラノとヴェローナからで，12月 6 日に出て，11日にアウシュヴィッツに着いた. 日付と人数がついた，イタリアからの移送リストについては，以下を参照. Centro di Documentazione Ebraica Contemporanea (CDEC), *Ebrei in Italia* (Florence, 1975), pp. 12-30. ジュリアーナ・ドナーティによって行われたこの研究のための資料は，不完全な移送リストと目撃者の証言に依拠している. ドナーティが用意し，ミラノの「現代ユダヤ人資料センター (CDEC)」が1975年に発行した地図も参照. さらに，以下も参照. Indictment of Friedrich Bosshammer in Berlin, April 23, 1971, 1 Js 1/ 65 (RSHA), pp. 262-63, and judgement in Bosshammer case, Landgericht Berlin, (500) 1 Ks 1/ 71 (RSHA) (26/71), p. 19.

(565) Group Inland II (signed Wagner) via Hencke to Ribbentrop, December 4, 1943, NG-5026.

(566) Hilger via Steengracht and Hencke to Group Inland II, December 9, 1943, NG-5026.

(567) Italian Interior Ministry/Police Chief to heads of provinces and Questore of Rome, December 13, 1943, confirming by letter previous telegraphic instructions. Facsimile in Picciotto Fargion, *L'Occupazione tedesca,* unnumbered page. 後に，タンブリーニ自身，ダッハウの特権を得た囚人となった. インスブルックに移送された著名な収容者の名前を挙げた1945年 4 月25日のリストのコピーを参照. In Barbara Distel and Ruth Jakusch, eds., *Concentration Camp Dachau* (Brussels and Munich, 1978), p. 111.

(568) Hauptsturmführer Wilbertz (Außenkommando Bologna) to questors in his area, December 20, 1943, in large excerpt in judgement against Bosshammer, Landgericht Berlin, pp. 20-21.

(569) Excerpts from directive of Italian Interior Ministry, March 7, 1944, and excerpts from directive of the Außenkommando in Bologna to questors in Bologna, Forli, Ravenna, Ferrara, Mődena, Parma, Réggio Nell'Emilia, and Piacenza, April4, 1944, ibid., pp. 26-31.

(570) Figures by month compiled by Picciotto Fargion, *L'Occupazione tedesca,* p. 41.

(571) Jugdement against Bosshammer, pp. 24-36.

(572) Deposition by Mina Goldmann, December 12, 1961, Yad Vashem Oral History 1794/135. 生き残った少年は，この女性の息子であった. その兄弟も逃亡した. 別の生存者は，彼女が1944年 4 月に憲兵によって逮捕され，身元を知りたいと要求されたとき，ユダヤ人だと答えて，丁重に放免されたと述べている. Deposition by Ester Zohar, undated, with enclosed diary, November 1941 to March 1945, Yad Vashem Oral History 2453/72.

(573) Indictment of Bosshammer, p. 305.

(574) 日付のついた元の検挙カード数百枚がヤド・ヴァシェムにある. 以下も参照. Facsimiles in Picciotto Fargion, *L'Occupazione tedesca,* unnumbered pages. 多くの逮捕は，第 4 局B課の人員によってなされた. レジーナ・コエリは，軍の刑務所と呼ばれた. ヴェローナでは，ユダヤ人は親衛隊本部の地下室に収容された. Judgement against Bosshammer, p. 35.

(575) Trial of Generals von Mackensen and Mälzer, and trial of Albert Kesselring, *Law Reports of Trials of War Criminals,* vol. 8, pp. 1-2, 9-10, 13. Robert Katz, *Death in Rome* (New York, 1967). Centro di Documentazione, *Ebrei in Italia,* p. 32. 犠牲者のうち，57人がユダヤ人として殺されたが，*Ebrei in Italia* でドナーティが確認したユダヤ人の総数は78人である．彼女は，フィンツィをユダヤ人の犠牲者に含めていない．フィンツィについては，以下を参照．Katz, *Death in Rome,* pp. 67-68, 118, 264, and Michaelis, *Mussolini and the Jews,* p. 51.

(576) Judgement against Bosshammer, p. 22. Centro di Documentazione, *Ebrei in Italia,* pp. 15-18, and Donati's chart.

(577) Indictment of Bosshammer, particularly, pp. 303, 331ff. Arrest reports by Italian questors to camp Fossoli di Carpi, February-March 1944, Yad Vashem B 1415. フォッソーリ・ディ・カルピのドイツ人司令官，カール・ティトSS少尉は，ハルスターの運転手であった．

(578) 輸送列車は，2月22日，4月5日，5月16日，6月26日，8月1～2日に出発した．4月5日の輸送列車には，マントゥアとヴェローナで，6月26日の列車にはヴェローナで，そして8月2日の列車にはヴェローナで，刑務所からの移送者が加えられた．これらの輸送列車の平均規模は600人から700人であった．さらに，数百のユダヤ人がベルゲン＝ベルゼンへ送られた．Centro di Documentazione, *Ebrei in Italia,* pp. 18-26, and Donati's chart. 列車は，地方の国防軍輸送司令部からやってきたボスハマーによって手配された．Judgement against Bosshammer, p. 42. 国防軍輸送管理部の下の輸送司令部は，ローマ，ミラノ，ボローニャ，トリエステに置かれた．ユダヤ人の移送はイタリア・ドイツ間の交通の小さな部分であったが，頻繁に行われた連合軍の空爆が多くの問題を引き起こした．貨物列車のほとんどは，スイスを通って北のルートをとることもあったが，もちろん，この選択肢はユダヤ人の移送には利用できなかった．全般的な交通事情については，以下を参照．Report of the General Plenipotentiary of the Armament Ministry in Italy (Generalmajor Leyers), May 27, 1944, T 501, Roll 338.

(579) Questor's office in Genoa to Italian Interior Ministry, February 28, 1944, in large excerpt in judgement against Bosshammer, pp. 25-26.

(580) Statement by Eugen Keller (guard), October 29, 1970, reproduced in large excerpt in indictment of Bosshammer, pp. 353-58.

(581) Judgement against Bosshammer, p. 38.

(582) Steengracht to von Papen (Turkey), July 29, 1944, NG-4993.

(583) 1,600人のユダヤ人のうち500人が捕らえられたフィレンツェでは，6億リラ（315万ドル）にのぼる資産が押収された．*Deutsche Zeitung* (Budapest), May 16, 1944, p. 3. 農業資産と不動産については，以下を参照．*Deutsche Zeitung* (Budapest), May 17, 1944, p. 2, and *Donauzeitung* (Belgrade), June 23, 1944, p. 2.

(584) Judgement against Bosshammer, pp. 27-28, 40, 56-58. フィレンツェは8月に陥落したが，ボローニャは1945年4月まで保持された．以下も参照．Giula, Marisa, and Gabriella Cardosi, "La questione dei 'matrimoni misti' durante la persecuzione razziale in Italia 1938-1945", Estratto dalla Rivista, *Libri e documenti 3/80-1/81* (Milano). この著者たちは，彼らの母親で夫がキリスト教徒であったクララ・ピラーニ・カルドーシの移送を扱っている．

(585) Indictment of Bosshammer, p. 387. ほとんど非ユダヤ人の囚人を収容していたボルザーノの詳細な歴史と描写については，以下を参照．Juliane Wetzel, "Das Polizeidurchgangslager Bozen", Dachauer Hefte, vol. 5 (Munich, 1994), pp. 28-39.

(586) Centro di Documentazione, *Ebrei in Italia,* pp. 29-30, and Donati's chart. ドナーティは，トリエステの移送者を837人と計算しているが，この数字には，占領されたクロアチアか

らそこに連れて来られたユーゴスラヴィアのユダヤ人204人が含まれている．以下を参照．Daniel Carpi, "The Rescue of the Jews in the Italian Zone of Occupied Croatia", in Israel Gutman and Efraim Zuroff, eds., *Rescue Attempts during the Holocaust* (Jerusalem, 1977), p. 502.

(587)　Centro di Documentazione, *Ebrei in Italia,* pp. 7-41. 6,746人の名前のリスト（ドランシに移送されたボルゴ・サン・ダルマッツォのフランス人難民とアウシュヴィッツに移送されたトリエステのクロアチア人難民を含む）も参照．In Fargion, *Il libro della memoria,* pp. 94-632. ファルジオンは，別の900人から1,100人の移送者の身元を確認できなかった．彼女は，イタリアで射殺されたり，刑務所や中継収容所で死亡した303人をつけ加えている．*Ibid.,* p. 28.

(588)　Katz, *Black Sabbath,* p. 190.

(589)　Entry by Lt. Col. Mordechai Kaplan of Israel Defence Forces in the *Encyclopedia Judaica,* vol. 4, columns 52-53. Fargion, *Il libro della memoria,* p. 123.

(590)　Fargion, *Il libro della memoria,* p. 27.